Trutz von Trotha
Koloniale Herrschaft

Trutz von Trotha

Koloniale Herrschaft

Zur soziologischen Theorie der Staatsentstehung
am Beispiel des »Schutzgebietes Togo«

J.C.B. Mohr (Paul Siebeck) Tübingen

Gedruckt mit Unterstützung der Deutschen Forschungsgemeinschaft

Die Deutsche Bibliothek – CIP-Einheitsaufnahme
Trotha, Trutz von:
Koloniale Herrschaft : zur soziologischen Theorie der
Staatsentstehung am Beispiel des »Schutzgebietes Togo«/ Trutz
von Trotha. – Tübingen : Mohr, 1994
ISBN 3-16-146201-7

© 1994 J.C.B. Mohr (Paul Siebeck) Tübingen.

Das Werk einschließlich aller seiner Teile ist urheberrechtlich geschützt. Jede Verwertung außerhalb der engen Grenzen des Urheberrechtsgesetzes ist ohne Zustimmung des Verlags unzulässig und strafbar. Das gilt insbesondere für Vervielfältigungen, Übersetzungen, Mikroverfilmungen und die Einspeicherung und Verarbeitung in elektronischen Systemen.

Das Buch wurde von Typobauer in Scharnhausen aus der Monotype-Garamond belichtet, von Gulde-Druck in Tübingen auf alterungsbeständiges Werkdruckpapier der Papierfabrik Niefern gedruckt und von der Großbuchbinderei Heinr. Koch in Tübingen gebunden.

Für
Gerd Spittler,
den *madugu* und Freund

Vorwort

Am 23.August 1884 telegraphierte der Afrikaforscher und Reichskommissar Dr. Gustav Nachtigal, der sich im Auftrag der Reichsregierung auf einer Westafrikamission befand, an den Reichskanzler Fürst Otto von Bismarck: »Ich habe Protektionsvertrag mit dem König von Togo und seinen Häuptlingen abgeschlossen. Ihr Gebiet erstreckt sich östlich von den englischen Besitzungen bis nach Little Popo. Die Hauptorte sind Lome und Bagida. Heinrich Randad ist zum provisorischen Konsul bestellt und der in Quittah stationierte englische Beamte benachrichtigt« [VhRT, 6. Leg.periode, I. Session, 1884–1885, Bd.I (Nr.1–100): 36].

Der Protektoratsvertrag vom 5. Juli 1884 zwischen den Abgesandten von König Mlapa I. von Togoville und Gustav Nachtigal sicherte in diesem Raum die kolonialen Ansprüche des Deutschen Reichs gegenüber den europäischen Konkurrenten und war der Auftakt für die »Aufrichtung der deutschen Schutzherrschaft und die Erschließung des Landes« (G. Trierenberg, 1914), das die Deutschen das »Schutzgebiet Togo« nannten.

Das »Schutzgebiet Togo« war um etwa ein Drittel größer als die heutige Republik Togo. Im Gefolge des Versailler Vertrags fielen in der britisch-französischen Deklaration vom 10. Juli 1919 große Teile des westlichen »Schutzgebietes« an Großbritannien. Heute gehören sie zu Ghana. Aber mit einer Fläche von rund 87 000 qkm war die Kolonie Togo immer noch die kleinste deutsche Kolonie und die kleinste in Afrika überhaupt. Ihre Größe entsprach damals »ungefähr jener der Königreiche Bayern und Württemberg zusammengenommen, ersteres ohne die Rheinpfalz gerechnet«, wie das Deutsche Kolonialexikon (1920, Bd. 3: 498) vermerkt. Diese Fläche machte etwa 16% der Fläche des Deutschen Reichs aus. Wie im heutigen Togo brachen sich an den Ufern der Südgrenze der Kolonie die Wellen des Atlantischen Ozeans, des Golfs von Bénin. Damals nannte man die Küste noch »Sklavenküste«. Im Westen grenzte das »Schutzgebiet« an die britische »Goldküste«, im Osten und Norden an die französischen Kolonien Dahomey und Haute Volta als Teile von Französisch-Westafrika, die heutigen Staaten Bénin und Burkina Faso. So klein die Kolonie war, so bescheiden nahm sich die Bevölkerungszahl mit ungefähr einer Million Menschen aus, wenngleich in afrikanischer Perspektive die Bevölkerungsdichte mit rund 11,6 Menschen pro qkm nicht gering war und gegenüber anderen deutschen Kolonien deutlich höher lag. Nicht anders als anderswo versprachen sich die kolonialen Eindringlinge manche wirtschaftlichen Schätze, vor allem durch eine Plantagenbewirtschaftung von Baumwolle. Wie bei ähnlichen Plänen und Hoffnungen in anderen Kolonien wurde daraus nichts. Togo wurde weder zur Plantagen- noch zur Siedlerkolonie. Sie blieb eine bescheidene Handelskolonie, deren Außenhandel in der kolonialwirtschaftlichen ›Blütezeit‹ des »Schutzgebietes« gerade 0,1 % des Wertes des gesamten Außenhandels des Deutschen Reichs erreichte.

Die Schätze Togos lagen nicht dort, wo sie profithungrige Kolonialspekulanten oder imperiale Wirtschaftsinteressen suchten. Die Schätze der Kolonie lagen in den Reichtümern einer extrem vielgestaltigen Geographie, Flora und Fauna und vor allem in der beeindruckenden Vielfalt seiner Menschen, seiner kulturellen und politischen Ordnungen, die heute noch das Gesicht der Republik Togo prägen. Immerhin reichte die Kolonie mit ihrem schmalen Küstenstreifen vom atlantischen Ozean über 560 km Luftlinie nach Norden bis in die südlichen Savannenregionen des Sudans, von etwas nördlich des 6. Grades nördlicher Breite bis etwas über den 11. Grad nördlicher Breite. Mit dieser Ausdehnung barg die Kolonie die unterschiedlichsten Klimazonen, vom feuchten Tropenklima bis zur trockenen, flimmernden Hitze in den Trockenmonaten der nördlichen Savanne. Löwen fanden sich in der Kolonie, der seltene Togoserval, die Zibetkatze oder das schwarzbraune Flußpferd in den Wassern des Voltas ebenso wie Elefanten, die noch heute zu sehen sind, obgleich ihre Zahl wie anderswo klein geworden und ihr Dasein gefährdet ist. Nicht anders als die Kolonie besitzt auch das nachkoloniale Togo eine solche Vielfalt an Völkern, Kulturen und unterschiedlichen Sprachen, daß es selbst für afrikanische Verhältnisse eindrucksvoll ist. Schon vor der deutschen Kolonialherrschaft hatte vor allem im Nordwesten und im Norden der Islam unter den herrschenden einheimischen Eliten festen Fuß gefaßt. Auch das hatte dazu beigetragen, daß die deutschen kolonialen Eroberer sich einer eindrucksvollen Vielfalt nichtstaatlicher politischer Ordnungen gegenübersahen. Sie durchmaßen die ganze Typenvielfalt von der ›akephalen‹, häuptlingslosen Gesellschaft über verschiedene Formen von Häuptlingtümern bis zu den islamisierten ›Groß-Häuptlingtümern‹, wie ich sie nenne, die vorzugsweise in großen Teilen des Nordens der Kolonie das Leben der Menschen zu bestimmen suchten.

Als Nachtigal sein Telegramm an Bismarck absandte, wußten die kolonialen Eroberer schon einiges über die Region. Immerhin reichten die kulturellen und wirtschaftlichen Kontakte bis ins 15. Jahrhundert, hatten sich seit dem 18. Jahrhundert nicht zuletzt im Gefolge des Sklavenhandels rasch entwickelt und wurden mit dem Aufschwung der Missionsarbeit am Ende des ersten Drittels des 19. Jahrhunderts und der systematischen Forschungsreisen und -expeditionen Gegenstand vielseitiger wissenschaftlicher Interessen. Gleichwohl war das, was später zum »Schutzgebiet Togo« wurde, für die deutschen Eindringlinge noch weitgehend ein unbekanntes Gebiet. Von den genaueren politischen Gegebenheiten und den wirtschaftlichen Möglichkeiten hatte man keinerlei klare Vorstellung. Große Teile des Gebietes waren weiße Flecken auf den dürftigen Karten. Für den kulturellen Reichtum hatte man im Rahmen des kolonialistischen Überlegenheitsbewußtsein nicht einmal die einfachsten Begriffe. Selbst die unmittelbaren und dringlichen Fragen der Eroberung waren völlig unbeantwortet. Weder Nachtigal noch andere wußten, ob der koloniale Besitzanspruch auf den Küstenstreifen zwischen Lomé und Aného (Little Popo) und sein Hinterland sich durchsetzen ließ. Die Rechnung auf das Territorium der späteren Kolonie war völlig offen. Gänzlich ohne Sicherheiten ließ man sich mit dem kolonialen Besitzanspruch auf den Prozeß ein, der der Gegenstand der Untersuchung ist, von der in diesem Buch berichtet wird: die Entstehung des Kolonialstaats Togo.

›Staatliche Herrschaft‹ ist eine zentralisierte Gebietsherrschaft. Die Zentralgewalt beansprucht erfolgreich das Monopol des legitimen physischen Zwangs. Sie verfügt über einen bürokratischen Herrschaftsapparat. Die Verwaltungsbürokratie macht einen Anspruch auf direkte Herrschaftsausübung über die Beherrschten geltend und kann ihn zumindest teilweise verwirklichen. Zentralität, Territorialität, Gewaltmonopol, Bürokratie und direkte Herrschaftsausübung verbinden sich mit dem Anspruch auf Monopole in den drei klassischen Bereichen der Normordnung: in der Normsetzung (Gesetzgebung, staatliche Rechtsprechung, staatliche Strafverfolgung), Sanktionierung von Normabweichung (staatliche Rechtsprechung, staatliche Strafverfolgung) und im Sanktionsvollzug (Gesetzes- und Urteilsvollzug). Der Anspruch kann zumindest teilweise durchgesetzt werden. Die zentrale Frage in diesem Buch lautet: Wie gelingt die Durchsetzung staatlicher Herrschaft?

Die Frage nach der Entstehung des Staates gehört zu den alten, ehrwürdigen und gewichtigen Fragen der Geschichtsschreibung und der politischen, soziologischen und anthropologischen Theorie. Aber es ist kein akademisches Erkenntnisinteresse, das hier der Anlaß ist, den Prozeß der Staatsentstehung zu beschreiben und zu analysieren. Mich beschäftigt die Frage aus einem anderen Grund.

Seit dem europäischen Kolonialismus des 19. Jahrhunderts gehört zu den vorrangigen Problemen unserer Welt die sogenannte ›Unterentwicklung‹ oder, wie man heutzutage sagt, um keine Empfindlichkeiten wachzurufen, die ›Entwicklung‹ der Staaten der ›Dritten‹ und ›Vierten Welt‹. Ich gehe davon aus, daß die evolutionistische Problemdefinition, die die Begriffe der ›Unterentwicklung‹ und ›Entwicklung‹ unterstellen, so irreführend wie der entwicklungspolitische ›Diskurs‹ von Öffentlichkeit und Politik ist. Beide unterstellen, daß der Weg zur Industriegesellschaft und zu den politischen und besonders administrativen Strukturen, die die Industriegesellschaft benötigt, unvermeidlich geworden ist. Sie stellen ebensowenig die gedankliche Voraussetzung infrage, daß es kein Zurück zu alten und neuen Formen nichtstaatlicher Herrschaft in den ›Entwicklungsländern‹ gibt und geben wird. Vielleicht kann die westliche Kultur der ethnozentrisch-evolutionistischen Hoffnung nicht entsagen, selbst wenn sie im Auf und Ab der evolutionistischen Theorie von Kultur und Gesellschaft nicht überzeugender wird. Die andere Annahme gilt schon heute nicht mehr oder hat nie zugetroffen, wenngleich wir sie in der Bundesrepublik Deutschland aus relativer Distanz beobachten können, was sowohl in einem räumlichen als auch in einem psychologischen, kulturellen und sozialen Sinn zu verstehen ist.

Vor allem in Afrika, zum Beispiel in Somalia oder im Sudan, aber ebenso in Ländern wie Kolumbien, Peru oder Sri Lanka hat der Zerfall der staatlichen Zentralgewalt längst den Kern von Staatlichkeit, das Gewaltmonopol, erreicht. Die fortgesetzten Kriege, die man fälschlicherweise ›Bürgerkriege‹ nennt, das erstarkende Bandenwesen, die Herrschaft der ›Drogenbarone‹ Kolumbiens über große Teile des Landes, die parastaatlichen ›Todesschwadronen‹ in Argentinien oder Brasilien oder die Aktivitäten von ›Terrororganisationen‹ wie des »Leuchtenden Pfads« in Peru oder der ›Volksbefreiungsbewegung‹ »Janata Vimuktu Peramuna« in Sri Lanka sind Zeugen einer Ausformung des staatlichen Gewaltmonopols, das entweder nie wirksam durchgesetzt wurde oder sich in einem Verfallsprozeß befindet, der sich in manchen Ländern dramatisch beschleunigt. Mit Blick auf den lateinamerikanischen Staat spricht demzufolge Peter Waldmann (1992: 22 ff.) vom »nicht abgeschlossenen Prozeß der Staatenbildung« und vom »anomischen Staat«. Jakob Rösel (1993) untersucht die Entwicklung Sri Lankas unter anderem unter dem Stichwort vom »Zerfall staatlicher Macht«. Der ökonomistische Reduktionismus des entwicklungspolitischen Diskurses und die Verwechslung der Wirklichkeit staatlicher Strukturen mit der Utopie von Staatlichkeit, die global den Rahmen der politischen Auseinandersetzungen bestimmt, machen blind für die Tatsache, daß im Zentrum der Fragen von ›Unterentwicklung‹ und ›Entwicklung‹ die politische und, das heißt die staatliche, Struktur der ›Entwicklungsländer‹ steht. Kurz: Zu den zentralen Fragen der ›Entwicklungspolitik‹ gehören die Fragen, die ich in diesem Buch stelle: Wie entsteht ein Staat? Wie entsteht eine staatliche Verwaltung? Welche Einrichtungen herrschen am Beginn des Zentralisierungsvorgangs vor? In welchen Formen bewegen sich in einer Agrargesellschaft die Auseinandersetzungen zwischen den Menschen, die dem Zentralisierungsvorgang von Herrschaft unterworfen werden, und denen, die die Mitglieder der beginnenden staatlichen Einrichtungen sind?

Die Suche nach einer Antwort führt in schwieriges und unwegsames Gelände. Wie an den sandigen Ufern oder steinigen Klippen, an denen die staatenbildenden Eroberer an Land gehen, oder wie in den Steppen und Wüsten, Hochtälern und Dschungeln, die die bewaffneten Sendboten der staatlichen Zentralgewalt durchqueren, gibt es eine Vielzahl verwirrender Spuren, manche Pfade, hin und wieder ein Weg. Die eine oder andere Spur hat zu wichtigen Entdeckungen geführt. Im Rahmen der Fragen dieses Buches sind an erster Stelle die Ergebnisse der Untersuchungen von Heinrich Popitz (1992, 1967/68) zur allgemeinen soziologischen Theorie der Macht und von Gerd Spittler (1985, 1983a, 1981, 1980, 1978, 1977, 1976) zur Theorie des »Bauernstaates« anzuführen. Viele Spuren enthalten nützliche Hinweise. Die Theorie des ›Häuptlingtums‹ (vgl. u.a. E. Service, 1977) und der »klientelären Gefolgschaft« (H. Hess, 1977) gehören ebenso dazu wie die Arbeiten zur sozialanthropologischen Typologie von Streitregelungsordnungen (vgl. u.a. K.S. Newman, 1983) und zur Theorie der Entstehung des neuzeitlich-europäischen Staats (vgl. besonders C. Tilly, 1990, 1986). Sie werden die Suche, von der ich in diesem Buch berichte, oft erleichtern. Vielen Spuren wurde vergeblich gefolgt. Aber nicht anders als gescheiterte Entdeckungsreisen und Expeditionen enthalten auch sie zahlreiche aufschlußreiche Tatsachen, die denen, die später kommen, erfolgversprechendere Entscheidungen ermöglichen. Erstaunlich ist vor allem, wie groß die unbekannten und unbegangenen Teile sind, die die Landkarten des empirischen und theoretischen Wissens enthalten. Sie tun sich dort auf, wo sich staatliche Herrschaft als direkte Herrschaft entscheidet: in der Durchsetzung der staatlichen Verwaltung auf dem ›platten Land‹, in den »Hinterlandbezirken«, in den Dörfern und Weilern, in den Regionen, die fern von der Herrschaftszentrale, der ›Hauptstadt‹, liegen. Sie finden sich dort, wo der Kern einer soziologischen Theorie der Staatsentstehung zu suchen ist: in der handlungstheoretischen Analyse der Entstehung lokaler staatlicher Herrschaft.

Für die Erforschung des Prozesses, in dem eine staatliche Verwaltung aufgebaut wird und sich durchsetzt, ist vor allem anderen notwendig, sich auf die vielfältigen Einzelheiten des Geschehens einzulassen, wie es sich auf der Ebene von Verwaltungsposten, Handlungsfeldern der lokalen Beamten der staatlichen Zentrale und des Gegen- und Miteinanders der lokalen Beamten und der Menschen ›ihres‹ Verwaltungsbezirks abspielt. Einzelheiten sind die Domäne der Fallbeschreibung und Fallanalyse. Dementsprechend ist die Fallstudie die Form, in der in diesem Buch die Frage behandelt wird, wie ein Staat entsteht. Das Buch beschreibt und analysiert, wie in Togo die koloniale Verwaltung entstand, wie sie arbeitete, wie die Eroberten mit dieser Verwaltung umgingen und welchen Charakter die koloniale Herrschaft hatte, die aus dem Mit- und Gegeneinander von Herrschenden und Beherrschten entstand. Das Buch berichtet davon, wie aus einem Gebiet, dessen Grenzen noch nicht einmal festgelegt waren, und das in jeder Hinsicht reich an Unterschieden war, ein staatliches Territorium mit einer staatlichen Verwaltung, das »Schutzgebiet Togo« wurde.

Ich möchte einer ganzen Reihe von Einrichtungen und Menschen danken, die mir in der einen oder anderen Weise geholfen haben, dieses Buch zu schreiben.

Unter den Einrichtungen ist an erster Stelle der Deutschen Forschungsgemeinschaft zu danken, die es mir bis zum Beginn meiner Tätigkeit an der Universität-Gesamthochschule Siegen auf dem Wege eines Heisenberg-Stipendiums überhaupt erst ermöglicht hat, die vorliegende Studie anzupacken.

Für das Interesse, die nie nachlassende Geduld und wunderbare Großzügigkeit, die mir die Gutachter und Entscheidungsgremien – auch bei der Unterstützung der Drucklegung – entgegengebracht haben, bin nicht nur ich, sondern ebenso meine Familie dankbar.

Viele Einrichtungen haben mir auf unterschiedlichste Weise geholfen. Archivare und Bibliothekare haben mir ihr Wissen und ihre Zeit zur Verfügung gestellt, andere ihre Gastfreundschaft. Besonders dankbar bin ich für die Gastfreundschaft des Seminars für Völkerkunde der Westfälischen Wilhelms-Universität unter seinem ehemaligen Direktor Rüdiger Schott, des Laboratoire d'anthropologie juridique de Paris der Sorbonne unter seinem damaligen Direktor Michel Alliot und seinem damals stellvertretenden und heutigen Direktor Etienne Le Roy, dem Ministère de l'Education nationale et de la Recherche scientifique der Republik Togo, dem ich eine Forschungserlaubnis verdanke, und dem Institut für Soziologie der Albert-Ludwigs-Universität in Freiburg im Breisgau unter seinem damaligen Direktor Heinrich Popitz.

Zu zahlreich sind die Menschen, die mir mit Rat und Tat beigestanden haben, als daß ich sie alle erwähnen könnte. Zu ihnen gehören die gast- und auskunftsfreudigen Chefs coutumiers, Präfekten und Befragten in Togo ebenso wie die Sekretärinnen der Einrichtungen, deren Gastfreundschaft ich in Anspruch nahm. Einigen wenigen Menschen möchte ich an dieser Stelle jedoch meinen ausdrücklichen Dank sagen. Die Studie hätte ich ohne die Anregungen von zwei Kollegen nicht unternommen. Der eine ist Gerd Spittler. Ihm ist der vorliegende Band gewidmet. Unsere Freundschaft geht auf so vielgestaltige Weise in diese Arbeit ein, daß ich ihn um Nachsicht bitten muß, wenn ich vielleicht den einen oder anderen Gedanken aus unseren langen Gesprächen hier niedergeschrieben habe, ohne mir noch bewußt zu sein, daß sein Ursprung in einer Bemerkung von ihm zu finden ist. Der andere ist Rüdiger Schott, der mich als erster dazu anregte, über Togo zu arbeiten, und mir den Zugang zum Togo-Archiv im Seminar für Völkerkunde der Universität Münster geöffnet hat. E. Adriaan B. van Rouveroy van Nieuwaal hat mir ein Angebot gemacht, das eigensinnige Feldforscher nur selten über ihre Lippen bringen: ihn auf einer seiner Forschungsreisen nach Togo zu begleiten. Das Ergebnis war eine turbulente Zusammenarbeit, in der wir beide viel voneinander lernen konnten. Adriaan van Rouveroy van Nieuwaal hat mich Togo zu sehen und zu erleben gelehrt. Professor Dr. Peter Back und die Doktoren Alain und Anastasia Ladous haben die gesundheitlichen Folgen meiner Togoreise so kompetent gemeistert, daß ich nicht nur überhaupt wieder, sondern vergleichsweise bald zum Schreibtisch zurückfand. Für viele Anregungen und treffende Kritik gerade in den Anfangsphasen der Untersuchung danke ich dem Kollegen Edward Graham Norris von der Universität Münster, der mir selbst manch wichtige und unveröffentlichte Quelle, an der er selbst noch arbeitete, zugänglich gemacht hat. In gleicher Weise ließ Peter Sebald mich an seinen Forschungen teilhaben. Mit der Leidenschaft des

Historikers für Quellen und Quellenkritik und seiner unübertroffenen Kenntnis der deutschen Kolonialgeschichte Togos hat er mich vor manchen Fallstricken bewahrt und nicht die Mühe gescheut, das Manuskript auch mit den Augen des erfahrenen Lektors zu lesen. Dr. Ruth Herz und die Kollegen Kurt Beck, Thomas Herz, Georg Klute und Heinrich Popitz haben das eine oder andere Kapitel mit der wachen und kritischen Aufmerksamkeit gelesen, die jeder Autor sich wünscht. Aber natürlich gehen alle Unzulänglichkeiten, die die Studie enthält, ganz zu meinen Lasten.

Mein herzlicher Dank gilt sechs Menschen, die den alltäglichen Fortgang der Arbeit auf die eine und andere Weise nachhaltig unterstützt haben. Christiane Bach, die viel zu jung aus dem Leben schied, hat mir wieder beigebracht, die deutsche Schrift zu lesen, was mich in meine Volksschulzeit versetzte, die zum Glück schon sehr lange zurücklag. Mit mir zusammen hat sie mit unermüdlicher Ausdauer handschriftliche Quellen entschlüsselt und als Doktorandin in Geschichte an der Universität Münster mich mit ihrer Begeisterung für diese Arbeit angesteckt. Jürgen Daub M.A. hat nicht nur die mühevollen Arbeiten übernommen, Statistiken und Literaturverzeichnisse zu erstellen. Seine Hilfsbereitschaft hat in vielerlei Weise die Fertigstellung des Manuskripts beschleunigt. Anna Samlowitz hat neben ihren vielfältigen anderen Arbeiten, die an einem Lehrstuhl anfallen, das Manuskript mit bewundernswerter Kompetenz, Schnelligkeit und nie nachlassender Geduld auf dem PC druckfertig gemacht und darauf geachtet, auch stilistisch das Buch für den Leser freundlicher und leichter lesbar zu machen. In dem gleichen Bemühen haben die Mitarbeiterinnen Christina Beer, Andrea Dederichs M.A. und Bettina Zurstrassen mit Ausdauer und Genauigkeit die Gestaltung des Manuskripts unterstützt.

Besonders dankbar bin ich meinem Verleger Georg Siebeck. Sein kluger Rat und verlegerisches Engagement halfen, aus vielen Hundert Manuskriptseiten ein Buch zu machen.

Siegen, im Sommer 1994   Trutz von Trotha

Inhaltsverzeichnis

Vorwort VII

Verzeichnis der Abkürzungen XVIII

Einleitung 1

1. Die Unselbstverständlichkeit staatlicher Herrschaft –
zu vier allgemeinen theoretischen Gesichtspunkten
der Untersuchung 1

2. Methodische Stärken, Fallstricke und Grenzen
der Studie 21

3. Kurzer Überblick über die einzelnen Kapitel des Buches 28

*1. Kapitel: Entmachtung – Pazifizierung oder der gewalttätige
Anspruch auf das Gewaltmonopol* 32

1. »Was wollt ihr, Salz oder Paprika?« 33

Exkurs über Gewalt, Massaker und das staatliche Gewaltmonopol . 37

2. »Djama mit schwarzer Haut«: Die Polizeitruppe 44

3. Stationen 58

4. Die »reichlich unvollkommene Unterwerfung« 79

*2. Kapitel: Stationsleiter – die »wahren Herrscher«
über die Kolonie Togo* 86

Exkurs zur Soziologie und Sozialpsychologie
der deutschen Verwaltungsbeamten 86

1. Der Aufgabenbereich 112

2. Die Tournee 117

3. »Bewährung«, Befehl und Gehorsam 142
   3.1. Sich bewähren 142
   3.2. Befehlen 151
   3.3. Gehorchen 161

3. Kapitel: Verbindungen I: Träger und Dolmetscher 173

1. Vorwärtskommen und Versorgung – die Last der Träger 174
2. Verständigung – die Macht der Dolmetscher 186

Exkurs zur Soziologie und Sozialpsychologie
der kolonialen Gesellschaft 205

4. Kapitel: Verbindungen II: Häuptlinge 219

1. Administratives Häuptlingswesen 222

Exkurs zur politischen Anthropologie Togos:
Akephalität, Häuptlingtum und Groß-Häuptlingtum 225

2. Ordnungsformen des administrativen Häuptlingswesens 262
   2.1. Devolution – Ein- und Absetzung von Häuptlingen 262
   2.2. Hierarchie: »Oberhäuptlinge«, »Landschaftshäuptlinge«
      und »Unterhäuptlinge« 277
   2.3. Verwaltungsbezirk: »Landbezirk«, »Landschaft« und Dorf . . . 285
3. Neue Machtbilanzen 294
   3.1. Machtverluste: Abhängigkeit, Furcht und »Renten« 295
   3.2. Machtgewinne – Steigerung und Distanzierung der Macht . . . 304
   3.3. Die Häuptlingspolizei 316
      3.3.1. ›Teile und herrsche!‹ – Häuptlingspolizei
      und Macht-Staffelung 322
   3.4. Machtmißbrauch – Intermediäre Herrschaft und Willkür 327
4. Zusammenfassung 331

*5. Kapitel: Zwischen Despotismus, Ohnmacht und Freiheit –
Formen des Verwaltungshandelns und Antworten der Beherrschten* . . 335

1. Das Joch der »Muskelsteuer« und die Grenzen
   der direkten Besteuerung 344
2. Macht und Ohnmacht des Wissens 373
   - 2.1. Mündlichkeit, Schriftlichkeit und »abstraktes Wissen« 378
   - 2.2. Die Utopie vom Zensus – Ärzte und der Despotismus
     des Nichtwissens 395
3. Zwischen Freiheit und Ohnmacht – Antworten
   der Beherrschten 411
   - 3.1. Bewegung 413
   - 3.2. Verweigerung 421
   - 3.3. Defensive Kommunikation 434
   - 3.4. Die koloniale Ordnung – Vergesellschaftung
     ohne Basisvertrauen 440

*6. Schlußbetrachtung: Von der Ambivalenz der Macht
im Vorgang der Entstehung staatlicher Herrschaft* 442

Anhang: Tabellen und andere Übersichten 453
Verzeichnis der Literatur und veröffentlichten Quellen 491
Fotonachweis 508
Personenregister 509
Sachregister 513

Verzeichnis der Abkürzungen

AbT	Amtsblatt für das Schutzgebiet Togo
AJb	Die deutschen Schutzgebiete in Afrika und der Südsee. Amtliche Jahresberichte.[Erläuterung: Die Vorläufer der Amtlichen Jahresberichte werden unter derselben Abkürzung geführt. Sie erschienen als Reichstagsdrucksache jährlich unter dem Titel »Denkschrift über die Entwicklung der deutschen Schutzgebiete in Afrika und der Südsee«, bis mit dem Etatjahr 1909/10 das Reichskolonialamt die eigenständige Herausgabe der Amtlichen Jahresberichte begann].
ANP	Archives Nationales Paris. [Erläuterung: Bob (NR) = Bobine (Neue Registratur); Bobine = Mikrofilmrolle].
ANT FA...	Archives Nationales du Togo, Fonds Allemand, Lomé
DKB	Deutsches Kolonialblatt
DKL	Deutsches Kolonial-Lexikon
DKZ	Deutsche Kolonialzeitung
KHA	Kolonial-Handels-Adressbuch
LGG	Landesgesetzgebung des Schutzgebietes Togo
MbMT	Monatsberichte der französischen Militärkommandanten von Togo
Q	Quellenhinweis
RAGF	Rapport Annuel du Gouvernement Français sur l'administration sous mandat des territoires du Togo
RHE	Reichshaushalts-Etat des Deutschen Reichs
R 150 ANT FA ...	Archives Nationales du Togo, Fonds Allemand, Seminar für Völkerkunde der Westfälischen Wilhelms-Universität Münster. [Erläuterung: Manche Akten bestehen aus mehreren Mikrofilmen, in denen zwar die einzelnen Blätter fortlaufend numeriert sind, aber die Suche dadurch erleichtert werden kann, wenn man die Mikrofilm-Subnummer zur Verfügung hat. Soweit ich diese Nummer notiert habe, gebe ich sie in der Klammer nach dem /-Zeichen an, zum Beispiel: R 150 ANT FA1/58 (3−6): 139].
SGG	Schutzgebietsgesetz
SHAF	Service historique de l'armée française, Chateau de Vincennes, bei Paris
VhKK	Verhandlungen des deutschen Kolonial-Kongresses
VhRT	Verhandlungen des Deutschen Reichstags, Stenographische Berichte

Einleitung

Wie entsteht der Staat? Die Frage ist allgemein und zielt auf Grundsätzliches. Infolgedessen ist es notwendig, klare Gesichtspunkte dafür zu haben, welcher Art die wichtigen allgemeinen theoretischen Fragen und Probleme sind, die die Beschreibung und Analyse des Gegenstandes der Studie leiten. Die Methode der Untersuchung ist die der historischen Einzelfallanalyse. In Anbetracht des allgemeinen und grundsätzlichen Anliegens der Studie ist es deshalb geboten, eine unverstellte Sicht auf die methodischen Stärken, Schwächen und Grenzen des Dargelegten zu haben. Aus diesen Gründen will ich die Einleitung dazu verwenden, die wesentlichen theoretischen Gesichtspunkte vorzustellen, die die Beschreibung und Analyse des historischen Falles leiten, die methodischen Schwierigkeiten offenzulegen und abschließend einen kurzen Überblick über die einzelnen Kapitel der Abhandlung zu geben.

1. Die Unselbstverständlichkeit staatlicher Herrschaft – zu vier allgemeinen theoretischen Gesichtspunkten der Untersuchung*

Die theoretischen Gesichtspunkte, die im Mittelpunkt der Untersuchung stehen, fasse ich in vier Kategorien zusammen. Ich nenne sie: den ›Prozeßcharakter von Macht‹, die ›Subjekthaftigkeit von Handelnden und kollektiven Akteuren‹, die ›Machtvorstellung‹ und die »Unselbstverständlichkeit‹ von Prozessen der Machtbildung‹.

Herrschaft ist institutionalisierte Macht.[1] »(D)as verweist auf einen Prozeß«, wie Heinrich Popitz (1992: 233) in seiner soziologischen Anthropologie der Macht schreibt, mit der die hier vorgelegte Untersuchung den Grundgedanken vom Prozeßcharakter der Macht teilt. Herrschaft ist das Ergebnis

---

* Leser und Leserinnen, die sich nicht gerne mit theoretischen Erörterungen und denen der Soziologie im besonderen aufhalten, können die Unterkapitel 1 und 2 der Einleitung überspringen. Allerdings ist für solche Leser vielleicht das dritte Unterkapitel der Einleitung hilfreich, in dem ein kurzer Überblick über die Gegenstände der Studie gegeben wird. Ich möchte noch betonen, daß die einzelnen Kapitel und ein großer Teil der Unterkapitel so abgefaßt sind, daß sie für sich gelesen werden können.

[1] Im Anschluß an Heinrich Popitz (1992: 22) wird ›Macht‹ als das »Vermögen« des Menschen definiert, »sich gegen fremde Kräfte durchzusetzen«.

eines Vorgangs, in dem sich Macht verfestigt. Macht richtet sich in den sozialen Beziehungen ein. Sie wird beständig. Der Verfestigungsvorgang beginnt mit »sporadischer Macht« (ebda, S. 236ff.) und erreicht, wie Popitz festhalten zu können glaubt, in der staatlichen Herrschaft, wie sie der Alltag in den heutigen Industriegesellschaften kennt, eine »Endstufe in der Institutionalisierung von Macht« (ebda, S. 260). Zu den folgenreichsten Stufen des Verfestigungsvorgangs gehört die Umwandlung von Macht in ›Herrschaft‹. Erst als Herrschaft stellt sich Macht in einem engeren und gewichtigeren Sinn auf Dauer. Sie löst sich nicht nur von der ›Macht des Augenblicks‹ und der Fähigkeit einzelner oder von Gruppen, die Macht zu normieren, die ein einzelner oder eine Gruppe ausüben. Macht wird ein Teil der sozialen Ordnung selbst. Sie wird »positionalisiert« (vgl. H. Popitz, 1992: 244ff.; 1967: 10ff.). Sie wird zu einer »Machtstellung«, die »überpersonalen« Charakter hat. Macht verschwindet nicht mehr mit dem Tod des Mächtigen. Sie überdauert den Generationenwechsel.

Mit der Entstehung von Herrschaft können wir in diesem Sinne auch immer von ›Herrschaftsstrukturen‹ sprechen. Zu Recht werden mit diesem Begriff drei Tatsachen miteinander verknüpft: Die Erscheinung wird vergleichsweise dauerhaft. In der Art des »soziologischen Tatbestands« verbindet sich die relative Dauerhaftigkeit der Erscheinung mit einem bestimmten »Widerstand«, »den das Phänomen jedem Beginnen des Einzelnen« oder von Gruppen »entgegensetzt« (E. Durkheim, 1965: 112). Die Beziehung der Erscheinung zu anderen Erscheinungen fügt sich zu einem ›Ganzen‹. Macht als Herrschaft »verzahnt sich« dauerhaft »mit den ›bestehenden Verhältnissen‹« (H. Popitz, 1992: 233f.). Auf Dauer wird die Macht »eingebunden in ein soziales Gefüge, das sie stützt und das durch sie gestützt wird« (ebda, S. 234). Der Begriff der ›Struktur‹ ist ein brauchbares analytisches Werkzeug, um die Integrierung von Machtverhältnissen auf einer bestimmten Stufe der Verfestigung jenseits der »sporadischen Macht« zu bezeichnen.

Aber der Begriff der ›Struktur‹ hat seine Fallen. Sie alle aufzuzählen, hieße, eine Geschichte der Soziologie zu schreiben. Mit Blick auf den Gegenstand, der in diesem Buch behandelt wird, ist vorrangig an die Fälle zu denken, den grundlegenden prozessualen Charakter von Macht aus den Augen zu verlieren. ›Strukturen‹ sind nicht weniger, aber auch nicht mehr als bestimmte Stufen im Prozeß der Verfestigung – und Deinstitutionalisierung – von Macht. Der Prozeß von Verfestigung und Deinstitutionalisierung von Macht zwischen den Polen von sporadischer Macht und staatlicher Herrschaft kann nicht angehalten werden – selbst wenn der Prozeß in einem gegebenen Zeitraum innehalten und eine Ordnung bilden kann, die wir als ›Struktur‹ beschreiben und typologisch zu ordnen vermögen. Aber was heute normierende Macht ist, kann sich morgen zur Herrschaft verfestigen. Was heute noch ein beeindruckender Herrschaftsapparat ist, kann übermorgen zu zerfallen beginnen und die Mitglieder des Apparats der Erfahrung gegenüberstellen, daß die

Befehle, die sie kraft ihrer Ämter ausgeben, nicht mehr die gewohnten und gewünschten Wirkungen haben.

Der Prozeß der Verfestigung und Deinstitutionalisierung von Macht kommt nicht zur Ruhe, weil er Teil von »Prozessen der Machtbildung« (H. Popitz, 1992: 185 ff.) ist. Prozesse der Machtbildung sind besonders instabile Vorgänge. Sie laufen ständig ab, brechen in sich zusammen, bleiben stecken, erreichen eine Stufe der Institutionalisierung von Macht und verlieren sie wieder. Vor allen Dingen sind sie innerhalb einer sozialen Ordnung allgegenwärtig. Keine soziale Gruppe ist von ihnen ausgenommen, noch weniger die Beziehungen zwischen Gruppen innerhalb einer Gesellschaft. Sie stehen am Beginn und am Ende des Lebens der Menschen. Ihr Keim steckt im ersten widerstrebenden Schreien des Säuglings und in der Erfahrung des alten Menschen, der gebrechlich geworden ist und sich ›in die Hand‹ seiner Kinder geben muß. Prozesse der Machtbildung finden sich in den Beziehungen zwischen Geschwistern, Eltern und Kindern. Sie beanspruchen Ehepaare, Reisegruppen und jugendliche Banden. Sie sind in den Beziehungen zwischen Männern und Frauen gegenwärtig. Sie bestimmen die Konkurrenz der Interessengruppen und gehören zum Kern der Politik. Spätestens seit dem Ende des 19. Jahrhunderts hat die Idee von der »Omnipräsenz der Macht« einen festen Platz in der okzidentalen Vorstellung von Macht (H. Popitz, 1992: 15 ff.; vgl. auch H. Plessner, 1981; T. v. Trotha, 1986: 35 ff.) – und die Leugnung oder Dramatisierung von allgegenwärtigen Prozessen der Machtbildung sind selbst Mittel in den Prozessen der Machtbildung geworden.

Prozesse der Machtbildung sind Prozesse der Akkumulation von Machtchancen (vgl. H. Popitz, 1992: 185 ff.). Sie sind Prozesse, in denen das Machtpotential, also all die Elemente des menschlichen Vermögens dahingehend gestärkt und erweitert werden, daß sich die Erfolgsaussichten eines Menschen, einer Gruppe von Menschen oder einer ganzen Gesellschaft erhöhen, sich gegen fremde Kräfte durchzusetzen. Die Akkumulation von Machtchancen ist nicht dasselbe wie Machtverfestigung, obgleich Machtverfestigung per definitionem eine bestimmte Form der Akkumulation von Machtchancen ist. Aus sporadischer Macht, die vielleicht auf der überlegenen körperlichen Kraft beruht, wird die Macht, Normen zu setzen, die es dem Starken erlauben, Fügsamkeit ohne unablässige Zurschaustellung und den Einsatz seiner körperlichen Überlegenheit erwarten zu können. Auf der Stufe der staatlichen Herrschaft ist die Akkumulation von Machtchancen in der Form des staatlichen Herrschaftsapparats und bestimmter Monopolisierungen von Macht und Aufgaben, die der normativen Ordnung zugehören, augenfällig. Aber ebenso offenkundig ist, daß Machtchancen nicht mit Verfestigungsprozessen zusammenfallen. Soziale und politische Bewegungen, mächtige Interessengruppen, ›Große Männer‹ (›Big men‹) oder charismatische Führer können für diesen Tatbestand eindrucksvolle – und schreckliche – Zeugen sein. Die

Macht mancher sozialen und politischen Bewegung oder des charismatischen Führers stellen unter Beweis, daß das genaue Gegenteil der Fall sein kann. Es ist die mangelnde Machtverfestigung, die zu einem gegebenen Zeitpunkt die Machtchance des charismatischen Führers oder einer sozialen Bewegung ausmacht.

Die Studie in diesem Buch beruht darauf, die beiden Formen von Prozessen der Macht zusammen zu betrachten. Das erlaubt, die allgemeine Frage ›Wie entsteht der Staat?‹ in zwei bestimmteren Fragen genauer zu fassen.

Welcher Machtchancen bedarf es, um die Institutionalisierungen von Macht durchzusetzen, die den Staat kennzeichnen? Die Frage selbst verweist wieder auf den Prozeß der Institutionalisierung. Aus diesem Grund schließt sie eine zweite Frage ein: Durch welche institutionalisierte Machtchancen wird staatliche Herrschaft begründet und durchgesetzt?

In die Fragen gehen zwei wichtige Annahmen ein. Erstens: Herrschaft und besonders staatliche Herrschaft sind problematisch. Wir dürfen nicht voraussetzen, daß sie das Ergebnis eines allgemeinen Konsens oder der Autoritätswirkung einer Person sind. Ebensowenig ergeben sie sich von selbst durch die reine Überlegenheit der Gewalt oder durch das Vorhandensein von gegebenen Machtformen auf einer geringeren Stufe der Verfestigung (vgl. H. Popitz, 1992: 186). Staatliche Herrschaft ist das Ergebnis eines gelungenen Akkumulationsvorgangs von Machtchancen und von Machtverfestigungen. Zweitens: Das »Stufen-Modell« der Macht (vgl. ebda, S. 236ff.) enthält eine verführerische Vorstellung. Es läßt sich dahingehend mißverstehen, daß das Problem, eine staatliche Herrschaft zu begründen, ›nur noch‹ darin liegt, von der ›Stufe‹ der zentralen Herrschaft mit Herrschaftsapparaten auf die ›Stufe‹ der staatlichen Herrschaft zu gelangen. Das ist nicht der Fall. Tatsächlich beginnt der Vorgang der Machtverfestigung, an dessen Ende staatliche Herrschaft sich herausbildet, ganz von neuem. Das trifft zumindest auf den Fall der Staatsbildung zu, der in diesem Buch untersucht wird: die Staatsbildung durch Eroberer.[2] Er beginnt mit nicht mehr als »sporadischer Macht«.[3] Üblicherweise hat sie die Form einer gewonnenen ›Schlacht‹. In unserem Beispiel sind es

---

[2] Diese Frage berührt die klassische Unterscheidung zwischen ›endogenen‹ und ›exogenen‹ Staatsentstehungstheorien. Der Fall, der in diesem Buch untersucht wird, ist ein typisches Beispiel ›exogener‹ Staatsentstehung. Ich gehe auf diese Debatte hier nicht im einzelnen ein. Ich bin allerdings der Ansicht, daß die Unterscheidung mehr zuals aufdeckt – obgleich sie ohne Zweifel für bestimmte Fragen ihre Bedeutung hat. In der Analyse des kolonialen Staatsbildungsvorgangs wird indes deutlich, daß die Probleme, die bei der Durchsetzung staatlicher Herrschaft zu bewältigen sind, zu größeren Teilen jenseits dieser Unterscheidungen liegen.

[3] Um Mißverständnisse zu vermeiden: Ich schließe hier die Fälle aus, wo eine Eroberung eine bestehende staatliche Herrschaft an sich bringt. Dieser Fall ist die Eroberung eines Staates, aber kein Fall von Staatsbildung, wenngleich es im Falle der Eroberung eines Staates gleichgelagerte Probleme wie im Falle der Staatsbildung gibt.

allerdings eher ›Scharmützel‹ oder Massaker. Die Aufgabe, die sich der staatenbildende Eroberer stellt, ist, Wege zu finden, das schier unlösbare Problem zu lösen, aus der sporadischen Macht der überlegenen Gewalt das Gewaltmonopol und all die anderen Institutionalisierungen von Macht durchzusetzen und die zentralen Ordnungsformen von staatlicher Herrschaft aufzubauen. Am Beispiel des Staatsbildungsvorgangs in der Kolonie Togo läßt sich zeigen, daß es bei dieser Aufgabe keine verläßlichen ›Strukturen‹ gibt. Der ›frühe Staat‹ ist im Gegenteil ein äußerst zerbrechliches Gebilde, das im Fall des kolonialen Togos der Deutschen dementsprechend beim ersten ernstzunehmenden Angriff von außen, dem Feldzug der alliierten Truppen zu Beginn des Ersten Weltkriegs, sofort Zerfallserscheinungen zeigte, die die französischen Nachfolger der Deutschen umgehend zu ›energischen‹ Maßnahmen veranlaßte.

Die Aufgabe, die die Aufrichtung staatlicher Herrschaft dem Eroberer stellt, muß sich auf der analytischen Ebene des Beobachters wiederfinden. Seine Aufgabe, und das heißt die Aufgabe, die die Untersuchung in diesem Buch ein Stück weit zu lösen versucht, ist, den Prozeß der machtbestimmten Vergesellschaftung gleichsam ›von vorne‹ beginnen zu lassen. Mit Blick auf den Charakter dieser machtbestimmten Vergesellschaftung, nämlich die Akkumulation von Machtchancen und die Verfestigung von Macht zu staatlicher Herrschaft, lautet die These dieser Studie: Staatsbildung ist ein Prozeß von Entmachtung und Entlastung (vgl. T. v. Trotha, 1982: 19ff.; s. auch H. Popitz, 1992: 260). Staatsbildung ist auf der einen Seite ein Vorgang, in dem Menschen und Ordnungen, die sie errichtet haben, entmachtet werden. Der Entmachtungsvorgang durch die staatliche Zentralgewalt trifft besonders die lokalen und intermediären Herrschaftseinrichtungen der Beherrschten. Auf der anderen Seite setzen die Prozesse der Institutionalisierung und Integrierung von zentraler Macht voraus, daß sich die Eroberer und ihre neuen Herrschaftseinrichtungen von der Ausübung von Gewalt entlasten. Für die Beherrschten bedeutet der Entmachtungsvorgang wiederum, daß sie in zentralen Bereichen, zu denen vorrangig der Bereich der normativen Ordnung gehört, von der Bewältigung der Unwägbarkeiten und Problemen der Lebensgestaltung und der Vergesellschaftung entlastet werden.

Entmachtung und Entlastung sind also Vorgänge, die die Machtnehmenden und die Entmachteten, die Ordnungen, die unterworfen werden, und die Einrichtungen der Machtakkumulation gleichermaßen berühren. Eingedenk des problematischen Charakters der Vorgänge von Machtakkumulation und Machtverfestigung unterstellt die These nicht, daß im Prozeß der Staatsbildung der Entmachtungsvorgang immer und auf jeder Ebene zuungunsten der Machtunterworfenen erfolgt oder der Entlastungsvorgang mit der Errichtung staatlicher Herrschaft per se und in allen Bereichen der gesellschaftlichen Ordnung in gleicher Weise gegeben ist. An den Institutionen des ›Häuptlingtums‹ wird sich im Gegenteil beispielhaft zeigen, daß auf der

Ebene bestimmter Gruppen von Unterworfenen Macht-›Gewinne‹ Macht-›Verlusten‹ gegenüberstehen. In den Fällen der Durchsetzung des staatlichen Gewaltmonopols oder des despotischen Verwaltungshandelns, das ein grundlegender Bestandteil früher Staatlichkeit ist, ist wiederum ersichtlich, daß der Vorgang der Staatsbildung mit Prozessen äußerster Belastung für die Machtunterworfenen verbunden ist.

Im Prozeßcharakter von Macht steckt eine Tatsache, auf die der zweite theoretische Gesichtspunkt aufmerksam macht: die Subjekthaftigkeit von Handelnden und kollektiven Akteuren. Der Gedanke schließt an die Entwicklung der soziologischen Handlungstheorie und die Kontroversen, die um sie geführt worden sind, an. Er rückt die Vereinseitigungen einer Soziologie zurecht, die die soziale Wirklichkeit auf ›Strukturen‹ und strukturelle Abhängigkeiten verkürzt und den Handelnden aus dem Blick verloren hat. Der Grundgedanke ist so einfach, wie seine Entwicklung mit Blick auf die Vielfalt des Vergesellschaftungsprozesses zu äußerst vielseitigen und schwierigen Fragen und Zusammenhängen führt. Hier kommt es nur auf den einfachen Grundgedanken an.

›Subjekthaftigkeit von Handelnden‹ heißt: Der Handelnde hat Selbstbewußtsein. Er kann urteilen und entscheiden. Er steht in einem reflexiven Verhältnis zu sich, seinen Mitmenschen und zur sozialen Ordnung, in die er hineingestellt ist. Er ist Agens im Prozeß der Vergesellschaftung. Er gestaltet die Wirklichkeit, die er vorfindet. Er handelt ›kompetent‹ und ›rational‹. Er weiß, was er tut. Er setzt sich Ziele und wägt die Mittel ab, die er benötigt, um die Ziele zu verwirklichen. Der Handelnde kann für sein Handeln verstehbare Gründe geltend machen. Der Handelnde hat Autonomie – was ein anderes Wort für ›Freiheit‹ ist, das zu Unrecht ungebräuchlich geworden ist.

Was für die Handelnden gilt, gilt auch auf der Ebene kollektiver Akteure. ›Subjekthaftigkeit kollektiver Akteure‹ heißt: Die Subjekthaftigkeit des Handelnden bleibt auf der Ebene des Zusammenwirkens mehrerer Handelnder, sei es eine Familie, ein Dorf oder eine politische Vereinigung, erhalten. Das beobachtbare Tun und Lassen von sozialen Einheiten als kollektive Akteure läßt sich ebensowenig wie das Verhalten von Handelnden auf die Ordnung der sozialen und kulturellen Struktur verkürzen. Kollektive Akteure verfolgen Strategien, streiten über ihre Erfahrungen, definieren soziale Situationen, erfinden neue Wege, um gesetzte Ziele zu erreichen und Probleme zu überwinden. Sie organisieren ihre Ressourcen und bestimmen ihre Optionen. Sie haben Interessen und suchen nach Möglichkeiten, sie durchzusetzen. Nicht anders als die Handelnden, die die sozialen Einheiten als kollektive Akteure ausmachen, sind kollektive Akteure treibende Kräfte im Prozeß der Vergesellschaftung und des Wandels sozialer Ordnung – und manchmal machen sie Geschichte.

Die handlungstheoretische Wiederentdeckung des Subjekts und des kollektiven Akteurs wendet sich gegen die Vorstellung eines Handelnden, der nur Anhängsel struktureller Zwänge ist, getrieben, konditioniert und von biophysischen, psychischen, sozialen und ökonomischen Kräften determiniert. Der Handelnde als Subjekt und die soziale Einheit als kollektiver Akteur, das meint, daß der Handelnde weder ein Rollenspieler noch ein »kultureller Depp« (H. Garfinkel, 1967: 67) noch ein »Reaktionsdepp« (T. v. Trotha, 1977) ist, und die Wirklichkeit sozialer Akteure nicht in ›makrostrukturellen‹ Abhängigkeitsbeziehungen aufgeht, sondern interaktiv-konstitutive Eigenschaften besitzt. Zwei Ergänzungen sind allerdings notwendig. Sie gehen in die Untersuchung ein, die in diesem Buch angestellt wird.

Die erste Ergänzung erweitert die handlungstheoretische Neufassung von ›Subjektivität‹. Aus vielerlei Quellen gespeist, die vom Begriff des Interesses über die Theorie rationalen Handelns, die ökonomische Theorie, die marxistische Gesellschaftstheorie, die Verhaltenstheorie, die kognitive Psychologie bis zu allgemeinen Theorien gesellschaftlicher Rationalisierung reichen, ist die Wiederentdeckung des Subjekts mit einer Verengung der Vorstellung von Subjektivität verbunden. Ich nenne sie die ›kognitiv-rationalistische Verkürzung‹ der Subjektivität. Aus dem einstigen ›Bündel von Determinationen‹ ist der rechnende, manipulative und strategisch ans Werk gehende Akteur geworden. Er weiß um seine Interessen, wägt Kosten und Nutzen, Konformität und Abweichung ab, ist kenntnisreich, hat ein wissensgesättigtes Bild davon, wie es um seine Welt bestellt ist. Er ist auf der Hut, skeptisch und kompetent. Man kann ihm nichts vormachen (vgl. T. v. Trotha, 1987: 87ff.). Aber der ›neue Akteur‹ der soziologischen Theorie erscheint nicht als ein Handelnder, der zornig oder traurig ist. Er braust weder auf noch ist er niedergeschlagen. Ihn treiben keine Gelüste nach Rache oder nach Ruhm und Ehre. Es hat den Anschein, daß die »Zivilisierung der Affekte« die »Triebe« nicht nur »gedämpft« hat (vgl. zusammenfassend N. Elias, 1969: 312ff.), sondern daß der Handelnde überhaupt keine Emotionen hat. Die Wirklichkeit des ›neuen soziologischen Akteurs‹ ist eine merkwürdig emotionslose Welt, in der das Drama der Vergesellschaftung zur strategischen Kalkulation und zum manipulativen Einsatz der Ressourcen von Akteuren wird, die innerhalb einer Struktur alternativer Wege diejenigen Optionen wählen, die ihnen den größten Nutzen versprechen (vgl. jüngst J. S. Coleman, 1990: 11ff.). Der ›neue Akteur‹ leidet nicht. Er ist nicht von Krankheiten geplagt und von Schmerzen gequält. Er fiebert nicht, hat keinen Durst und sehnt sich nicht nach anderen Menschen. Er schreit nicht aus Angst auf und fleht nicht um Gnade. Er weint nicht, noch berauscht er sich an seiner Überlegenheit. Er empfindet keine Einsamkeit und fürchtet sich nicht vor dem Tod. Er bangt weder um sein Leben noch um das Wohl seiner Kinder. Er mag ohnmächtig sein, aber er empfindet keine Ohnmacht.

Der ›neue Akteur‹ der soziologischen Theorie verfehlt drei Grundtatsachen menschlicher Erfahrungswirklichkeit. Zwei von ihnen sind hier nicht das Thema: die reflexive und soziale Organisation der Gefühle. In Rahmen einer Soziologie von Herrschaft und Recht ist die dritte Tatsache indes von großer Bedeutung. Macht und Recht sind Welten machtvoller und widerstreitender Gefühle. Die Gefühle sind oftmals in derselben Weise bis zum äußersten gesteigert, wie es im Bereich von Macht und Recht und insbesondere im Vorgang der Staatsentstehung immer wieder und systematisch um die äußersten existenziellen Erfahrungen des Menschen selbst geht, um Leben und Tod. ›Subjektivität‹ heißt: Wissen, Rationalität und Strategie. ›Subjektivität‹ heißt aber nicht weniger, mit der affektuell-emotionalen Wirklichkeit der Todesdrohung umzugehen, Krankheiten zu meistern, Leiden zu ertragen, um das Gefühl der Würde zu ringen, Überlegenheitsgefühle zu pflegen, Verachtung für andere zu haben oder auch nur sich von ermüdenden Stunden drückender Langeweile nicht unterkriegen zu lassen. Macht und Recht stimmen darin überein, daß sie die Gefühle der Menschen benützen und objektivieren. Der Instrumentalisierung und Verdinglichung menschlicher Gefühle setzen Menschen aber Gefühle entgegen, die sie in ihrer Subjekthaftigkeit bestätigen. Sie reichen vom Haß, der Feindseligkeit und tiefen und unüberbrückbaren Gefühlen des Mißtrauens gegenüber demjenigen, der gut bewaffnet die Befehle erteilt, über das Mitleid mit dem Befehlshaber, der fiebernd darniederliegt, bis gar zur Verbundenheit und Freundschaft mit dem herrischen Eindringling. Machtvolle Gefühle haben besonders diejenigen, die in den Prozessen der Machtbildung und der Durchsetzung der normativen Ordnung alles daran setzen, die Subjekte dieser Prozesse zu sein: die mächtigen Eroberer und strengen Richter. Es ist nicht zuletzt das Machtgefühl der Mächtigen und Herrscher, das zu den wichtigen Machtchancen im Prozeß der Machtbildung gehört. Das unbedingte Überlegenheitsgefühl der Mitglieder läßt das kleine ›Expeditionskorps‹ vor zahlreichen bewaffneten Kriegern unerschrocken dreiste und abwegige Forderungen stellen. Das uneingeschränkte Gefühl der Verachtung, das der Richter für die ›barbarischen Sitten‹ des ›gemeinen Volks‹ empfindet, kehrt in seinem ›strengen, aber gerechten‹ Urteil wieder, mit dem er den ›rohen Übeltäter‹ zu fünfundzwanzig barbarischen Hieben mit einem Tauende verurteilt. Im Mittelpunkt der Soziologie der Macht stehen Streit und Konflikt. Sie sind indes emotionsgeladene Wirklichkeiten – selbst wenn es den Menschen mit der Institutionalisierung der Macht ›gelingt‹, zum Guten wie zum Schlechten die ›Triebe‹ zu ›dämpfen‹ und den Verkehr der Menschen untereinander von der konfliktreichen Dringlichkeit von Affekten und Gefühlen zu entlasten. Deshalb ist es notwendig, das Konzept vom Subjektcharakter des Handelnden um die affektuell-emotionalen Grundlagen der Subjektivität zu ergänzen.

Die zweite Ergänzung berichtet die politisch-moralische Einseitigkeit, die die Wiederentdeckung der Subjekthaftigkeit von Handelnden begleitet hat. ›Subjekthaftigkeit von Handelnden‹ war und ist vorrangig eine Kategorie für die Opfer – für die Normbrecher, Abweichenden, Ausgebeuteten, Elenden und Namenlosen. Es ist eine Kategorie, die eine Antwort auf die leidenschaftliche Frage von Howard S. Becker (1967) sucht, auf welcher Seite die Soziologen stehen. Es ist die Kategorie der ›Geschichte von unten‹ (vgl. u.a. D. Puls, 1979). Ihre methodologischen und methodischen Grundsätze – emische Perspektive, Sinnverstehen, qualitative Verfahren, ›orale Geschichte‹ oder auch ›Aktionsforschung‹, um nur einige Stichworte aus der stürmischen Entwicklung der qualitativen Sozialforschung und der Geschichtsschreibung in den letzten 25 Jahren zu nennen – bestimmen die Erforschung der ›Außenseiter‹, ›Randgruppen‹, ›sozialen Probleme‹ oder der ›Völker ohne Geschichte‹.

Die Inthronisierung des Subjekts in der soziologischen Theorie war ein ebenso notwendiger wie richtiger und sehr erfolgreicher Weg, die Würde der Geschlagenen und Entrechteten, der Einsamen und Vergessenen, der Besiegten und Inhaftierten, der Minderheiten und der ›kleinen Leute‹ – im Unterschied zu den ›Großen Staatsmännern‹ – zu entdecken, anzuerkennen und ihnen Gehör zu verschaffen. Mit der Anerkennung der Würde der Entrechteten verband sich die Erkenntnis von der Verantwortung des Handelnden, die zum Kern der Subjekthaftigkeit des Menschen gehört. Macht und Herrschaft enteignen und ordnen Verantwortung neu. Die beispielhafte Form ist der militärische Befehl, den der Befehlshaber ›zu verantworten‹ und über den der Befehlsempfänger nicht nachzudenken, sondern den er ›nur‹ auszuführen hat. Mit der Wiederentdeckung des Subjekts wurden Herrschaftsverhältnisse einer schonungslosen Kritik ausgesetzt, die den Menschen ihre Verantwortung nehmen, sie verdinglichen und dem ›besonderen Gewaltverhältnis‹ von Polizeistationen, Gerichtsverhandlungen, Gefängnissen, psychiatrischen Kliniken, Sozialarbeitern, Steuereintreibern, staatlichen Entwicklungsprogrammen, Militärregierungen, einer Partei oder Großgrundbesitzern unterwerfen.

Unglücklich ist allerdings der Umstand, daß die Entdeckung der Verantwortung des Handelnden vornehmlich negativ, als Enteignung von Verantwortlichkeit erfolgte und auf diese Weise die Subjekthaftigkeit des Handelnden zur ›Opferkategorie‹ verkürzt wurde. In der soziologischen Theorie verträgt sich die Subjekthaftigkeit der Opfer mit einer äußersten Verdinglichung der Mächtigen und Herrschenden. Sie, denen die Verantwortung zukommt, die sie den Opfern entrissen haben, sind nicht mehr als die Erfüllungsgehilfen ›objektiver Interessen‹, Träger eines abstrakten Kapitalverwertungsprozesses, Handlanger im Prozeß der Monopolbildung politischer, kultureller und ökonomischer Art, Randerscheinungen in den weltumspannenden ›System‹-Zwängen, Anhängsel einer Struktur sozialer Kontrolle. In einem großen Teil der Imperialismus- und Kolonialismustheorien dieses Jahrhunderts hat diese Verdinglichung der ›Täter‹, die sich mit einer äußersten strukturellen Betrachtungsweise verband, die der Verdinglichung des Handelnden entspricht, bis in die jüngste Zeit sehr hinderliche theoretische – und verhängnisvolle politische – Folgen gehabt. Die ›kritischen‹ Imperialismus- und Kolonialismustheorien einschließlich der jüngeren ›Dependenztheorien‹ und der Theorie des ›kapitalistischen Weltsystems‹ klammern den Prozeßcharakter von Macht und die Subjekthaftigkeit des Handelnden in diesen Machtprozessen aus und gehen auf diese Weise an der vielgestaltigen, prozessualen und von Handelnden bestimmten Wirklichkeit in den einst kolonialen und ›abhängigen‹ Regionen der Welt vorbei.

In den ›klassischen‹ Imperialismustheorien, vorrangig in ihren ökonomischen und sozialökonomischen Abwandlungen, für die John Atkinson Hobson (1968) und Lenin (1917) die folgenreichsten Grundlegungen lieferten, sind Imperialismus und Kolonialismus ausschließlich das Ergebnis der eigenständigen Expansionsdynamik der Staaten und Wirtschaftsordnungen Europas (zum folgenden vgl. W. J. Mommsen, 1987). Die Verhältnisse und Menschen der annektierten und beherrschten Länder geraten entweder überhaupt nicht in den Blick oder verbleiben ganz im Schatten der eurozentrischen Aufmerksamkeit. Diese Blindheit blieb in abgewandelten und abgeschwächten Formen in den Dependenztheorien, den Theorien des ›Neokolonialismus‹ und des ›kapitalistischen Weltsystems‹ erhalten. Das erklärte Anliegen der Theorien war, den ›Kolonisierten‹ und Ausgebeuteten eine Stimme zu geben. Die »Verdammten dieser Erde« (F. Fanon, 1966) traten aus dem Schatten des Eurozentrismus. Aber die zum Teil uneingeschränkte Parteilichkeit auf der einen Seite und die theoretische Sichtweise, die die Wirklichkeit auf Strukturen und strukturelle Prozesse verkürzt, auf der anderen Seite, haben ihren Preis. Die Menschen, die aus dem Schatten heraustraten, fanden sich in den Theorien als vollständig abhängige Größen und im verdinglichten Status einer sogenannten ›Peripherie‹ wieder, deren Wirklichkeit ganz von der vereinseitigten Wirkungsmacht der kapitalistischen ›Zentren‹ und ›Metropolen‹ bestimmt ist.

Erstaunlicherweise gilt dieser Determinismus besonders für die Handelnden des politischen Systems, allen voran die ›Eliten‹, auf die die Modernisierungstheorien einst ihre falschen Hoffnungen gesetzt hatten. Stellvertretend für viele schrieb zum Beispiel Bernard Magubane (1976: 191) in einem Band zur politischen Ökonomie, der von Peter C. W. Gutkind und Immanuel Wallerstein (1976) herausgegeben wurde, den aberwitzigen Satz: »... (D)iese Eliten hatten keinerlei Eigenständigkeit; ihr ganzes Dasein hing von der Unterstützung durch die Metropolen ab ..., sie waren Agenten der ausländischen Bourgeoisie ... .«[4] Treffend kritisierte deshalb Frank Ballot (1986: 14f.) den verdinglichenden Charakter ökonomistisch-globaler Sichtweisen und hielt ihnen zu Recht vor, »daß der Bereich des Politischen in der Betrachtung der Dritten Welt jede Eigenständigkeit verlor« und auf die Ebene eines Epiphänomens zurückgefallen war (vgl. dazu jüngst die treffende und abgewogene Bilanz von P. Chabal, 1992: 19, 23). Vor allem blendeten die Theorien der

---

[4] Die Übersetzung des englischen Zitats stammt von mir. Sofern ich fremdsprachige Texte oder fremdsprachige Zitate in deutschen Texten zitiere, stammen die Übersetzungen in diesem Buch immer von mir.

»Entwicklung der Unterentwicklung« (G. Frank, 1966) weitgehend die Frage aus, wie sich die Interessen der ›Metropolen‹ auf der »individuell-historischen Ebene des jeweiligen Landes« durchsetzen. Solange indessen die ›peripheren‹ Eliten als »Marionette(n) und Werkzeug(e) in den Händen des Zentrums der Zentralnation« (Johan Galtung, 1972: 99) verstanden werden, der Prozeßcharakter von Macht und die Subjekthaftigkeit von Handelnden unberücksichtigt bleiben, so lange gibt es auf diese Frage keine aussichtsreiche Antwort.

Es blieb den ›peripherieorientierten‹ Imperialismustheorien vorbehalten, den Determinismus der klassischen Imperialismus- und jüngeren Dependenztheorien aufzubrechen (vgl. J. Gallagher, R. Robinson, 1979; vgl. auch D. K. Fieldhouse, 1983, 1973) und in der Entstehungsgeschichte des Kolonialismus Züge herauszustellen, die für die Analyse, die in diesem Buch unternommen wird, von Gewicht sind. Die Errichtung kolonialer Herrschaft ist ein langwährender Prozeß. In diesem Prozeß konkurrieren Akteure. Diese finden sich nicht einzig auf der Seite der europäischen Eroberer, sie finden sich gleichermaßen auf seiten der Menschen, die sich in allen Teilen der Welt den Vorgängen stellen mußten, in denen die koloniale Herrschaft errichtet wurde und Gestalt gewann. Die koloniale Herrschaftsbildung erfolgte überwiegend nicht in der Form eines Nullsummenspiels antagonistischer Ordnungen. Sie vollzog sich stattdessen innerhalb der Struktur und der Interaktionsprozesse eines lokal differenzierten, euro-überseeischen Konkurrenzgeflechts, das die verschiedenen Gruppen von Europäern in den ›Metropolen‹ und die Eroberer und Einheimischen in den eroberten Ländern auf vielfältige Weise gegeneinander aufbrachte und zusammenführte. Zu dieser Konkurrenz gehören Widerstand, Arrangement und Kooperation von seiten der Einheimischen gegen und mit den Europäern ebenso wie die Tatsache, daß das Ringen in Abhängigkeit von den internen Interessens- und Konfliktlinien der betroffenen Gesellschaften und Gruppen erfolgte. Die Schlüsselkategorien, die den peripherieorientierten Imperialismus- und Kolonialismustheorien mehr oder weniger ausdrücklich zugrundeliegen, heißen also: Subjekthaftigkeit der Handelnden, Prozeßhaftigkeit der kolonialen Herrschaftsbildung und mithin der problematische Charakter der kolonialen Staatsbildung.

Im Blick auf diese Theorietradition kann die Untersuchung, die ich hier anstelle, als eine Weiterführung peripherieorientierter Kolonialismustheorien verstanden werden. Die herrschafts- und rechtssoziologischen Anliegen, denen ich in der vorliegenden Studie nachgehe, verengen indes den Gegenstandsbereich der peripherieorientierten Imperialismus- und Kolonialismustheorien. Die Theoriebildung, die ich verfolge, setzt dort an, wo auch die peripherieorientierten Kolonialismustheorien aufgehört haben. Die Studie untersucht das Geflecht konkurrierender Akteure auf der Ebene der lokalen Herrschaftsbildung. Ihre Akteure sind weder in den fernen ›Metropolen‹ noch an den Schauplätzen zu finden, wo die europäischen Eroberer zu ›Haupt- und Staatsaktionen‹ zusammentrafen. Ihre Akteure sind die Beamten im ›Busch‹, die »Häuptlinge«, die Lastenträger, Dolmetscher, »Häuptlingspolizisten«, Soldaten, Bauern und Händler der Regionen, die zum Teil weit ab von den Verwaltungszentren und vor allem der ›Haupstadt‹ liegen. Selbst dem Geschehen in der kolonialen Hauptstadt gilt die Aufmerksamkeit nur dann, wenn es für die Durchsetzung und Organisation der kolonialen Herrschaft in den »Hinterlandsbezirken« von Bedeutung ist. In der Theorie kolonialer Herrschaft, an der in dieser Untersuchung gearbeitet wird, hat der Begriff der ›Peripherie‹ einen zweifachen Sinn. Ich gehe davon aus, daß den Gegenstandsbereich der Kolonialismustheorie, die eine Theorie kolonialer Herrschaft ist, die Strukturen, Interaktionsprozesse und Handelnde bilden, die in den Machtprozessen an der ›Peripherie der Peripherie‹ aufeinandertreffen.

Angesichts des problematischen Charakters von Herrschaft ist eine wichtige Voraussetzung für die Durchsetzung und den Charakter der Herrschaft in jenem Element der Subjekthaftigkeit von Handelnden und kollektiven Akteuren zu suchen, die ich die ›Machtvorstellung‹ und im besonderen Fall der Staatsbildung die ›Utopie der staatlichen Herrschaft‹ nenne.

Macht und Herrschaft sind Wirklichkeiten, die von Phantasien und Träumen und ihren sozialen Ordnungsformen bestimmt sind. Ich unterscheide drei Formen von Machtvorstellungen: ›Gewaltphantasien‹, ›Herrschaftsvorstellungen‹ und ›Herrschaftsutopien‹. Im Zusammenhang der Durchsetzung staatlicher Herrschaft ist vor allem auf die Wirkungsmacht von Herrschaftsutopien hinzuweisen.

›Herrschaftsutopien‹ nenne ich Machtvorstellungen, die mit der vorhandenen Machtordnung brechen. Herrschaftsutopien sind ›Träume‹ von institutionalisierter Macht. Nicht anders als Herrschaftsvorstellungen sind sie Vorstellungen von der Ordnung von Macht. Aber im Unterschied zu Herrschaftsvorstellungen, die sich im Möglichkeitshorizont der institutionalisierten Machtformen bewegen, sind es Vorstellungen einer neuen Ordnung von Macht. Herrschaftsutopien sprengen den Rahmen der Formen von Macht und Herrschaft, die innerhalb einer gegebenen Gesellschaft auftreten oder institutionalisiert sind.

Typischerweise bestimmen vier ›Träume‹ die Utopien der Herrschaft: der Traum vom unwiderruflichen Ende aller Herrschaft, vom ›goldenen Zeitalter‹ der Gleichheit, der Traum von der Wiederkehr der einstigen ›Größe‹, als ebenso ›unbesiegbare‹ wie ›weise Könige‹ das ›Volk‹ zu immer neuen Höhen von ›Macht, Reichtum und Ruhm‹ geführt haben, der Traum, zu den neuen Ufern einer Macht aufzubrechen, die in der Geschichte des Volkes oder gar in der Geschichte überhaupt ihresgleichen sucht – eine Phantasterei, die dem Zwanzigsten Jahrhundert mit seinen totalitären Ideologien, in denen die Phantasie der absoluten Gewalt mit der grenzenlosen Utopie der ›Weltherrschaft‹ vereint wurde, das beispiellose Grauen gebracht hat. Aber es gibt auch den wirklichkeitsnäheren Traum, es dem ›Nachbarn‹, anderen Gesellschaften, von denen man weiß, und die mächtigere Herrschaftsordnungen errichtet haben, gleichzutun. Es sind besonders die Träume der Adligen des kleinen ›Groß-Häuptlingtums‹ von einem mächtigen ›Reich‹, des mächtigen ›Groß-Häuptlingtums‹ von einem Staat oder, wie in unserem Beispiel, des ›frühen Staates‹ mit seiner Mischung aus ›despotischer‹, ›intermediärer‹ und ›bürokratischer Herrschaft‹ von einer entwickelten bürokratischen Herrschaft.[5] Herrschaftsutopien sind handlungsleitende ›Träume‹.

Herrschaftsutopien sind in der Menschheitsgeschichte eine ›jüngere‹ Erscheinung. Das trifft zumindest auf die Utopien zu, die aus den Auseinandersetzungen mit anderen Herrschaftsordnungen und inneren Machtkämpfen erwachsen sind, und die ich nicht nach ihrem Inhalt, sondern nach ihrem Problembezug ›Utopien der Machtkonkurrenz und der Eroberung‹ nenne. Sie konnten erst mit der »neolithischen Revolution« (G. Childe, 1960: 29ff.) geschichtsmächtig werden, als die Häuptlingtümer, Groß-Häuptlingtümer und ersten Staaten entstanden. Von diesem Zeitpunkt an wurde aus Beutezügen, Vernichtung von Nachbargruppen und Vertreibung Unterwerfung und Eroberung, die eine neue Organisation von Macht voraussetzten. Jetzt wurden mit der Unterwerfung akephaler Gesellschaften der egalitären Kultur der Selbsthilfe Machtvorstellungen entgegengesetzt, in denen die Ausübung von Herrschaft zum vorrangigen Ordnungsgrundsatz von Gesellschaften erhoben wurde. Im sakralen Königtum fanden solche Herrschaftsvorstellungen ihre erste institutionelle Zuspitzung. Die neolithische Revolution brach das Monopol der akephalen Ordnungen. Extrem andersartige Herrschaftsordnungen begannen miteinander zu konkurrieren. Groß-Häuptlinge oder Könige sahen sich vor die Aufgabe gestellt, eroberte Völker und Gebiete ihrem ›Reich‹ einzuverleiben, das heißt, die eroberten Gesellschaften institutionell und kulturell neu zu ordnen und die Gesellschaft und die Herrschaftseinrichtungen, mit denen die Eroberung bewerkstelligt wurde, den neuen Aufgaben anzupassen. Ordnungen der Nachbarn, die einen höheren Grad herrschaftlicher Organisation aufwiesen, wurden Vorbilder für interne Machtkämpfe und die Auseinandersetzungen mit dem Nachbarn. Die »Produktivität der Vorstellungskraft« (H. Popitz, 1992: 124ff.) wurde herausgefordert.

Unter den Utopien der Machtkonkurrenz und der Eroberung kommt der Utopie der staatlichen Herrschaft eine besondere Bedeutung zu. Im Vergleich mit den Utopien von einem Häuptlings- und selbst einem Groß-Häuptlingtum ist sie die radikalste und ehrgeizigste Machtvorstellung, wie im Verlauf der Untersuchung in diesem Buch sichtbar wird. Häuptling- und Groß-Häuptlingtümer arbeiten vorrangig oder in beträchtlichem Umfang mit dem Grundsatz der Addition. Das eroberte Gebiet wird dem ›Kernland‹ hinzuge-

---

[5] Die Konzepte von ›Häuptlingtum‹, ›Groß-Häuptlingtum‹ und den verschiedenen Formen von Herrschaftshandeln in »Bauernstaaten« werden in der Untersuchung ausführlich erörtert (vgl. besonders die Kapitel 4; vgl. auch T. v. Trotha, 1988).

fügt, Tribute werden verlangt, der ›Zehnte‹ eingetrieben, ansonsten das neue Gebiet aber weitgehend sich selbst überlassen. Die neueingerichtete Häuptlings- oder Groß-Häuptlingsposition löst die bestehenden Einrichtungen nicht ab und gibt ihnen keine ganz neuartigen Aufgaben und Ordnungsgrundlagen. Stattdessen läßt sie die bestehenden Einrichtungen und die Werte, Traditionen und Normen, die mit ihnen verbunden sind, intakt. Die Utopien des Häuptling- und noch des Groß-Häuptlingtums sind im Unterschied zur Utopie der staatlichen Herrschaft vergleichsweise konservativ und vor allem kompromißbereit. Das gilt zumindest für die egalitäre Herrschaftsvorstellung und die Kultur der Selbsthilfe, die aufgrund des fehlenden Gewaltmonopols entweder für die gesamte Gesellschaft oder zumindest für bestimmte Stände fortbestehen. Die Utopie der staatlichen Herrschaft mit ihrem Anspruch auf das Gewaltmonopol und die direkte Herrschaftsausübung der Zentrale zielen stattdessen auf den Kern der Kultur der Selbsthilfe und auf die grundlegende Umgestaltung von Gesellschaft und Politik. Die Utopie der staatlichen Herrschaft ist revolutionär.

Im Vorgang der Staatsbildung treffen die Utopie der staatlichen Herrschaft und die bestehenden Herrschaftsvorstellungen der eroberten Gesellschaften aufeinander. Staatsbildung ist ein Konflikt von Machtvorstellungen. Eine der wichtigen Besonderheiten des kolonialen Staatsbildungsvorgangs ist, daß die Eroberer nicht nur auf der Grundlage einer ›fertigen‹ Utopie von staatlicher Herrschaft handeln konnten, sondern diese Utopie in zweifacher Weise sehr bestimmt war. Es war die Utopie des okzidentalen Staats und des Staats der Nation, der die Eroberer angehörten. Darin ist der Konflikt eingeschlossen, dem institutionell die Gegensätze zwischen der Kolonialpolitik in der ›Metropole‹, dem Gouvernement in der kolonialen ›Hauptstadt‹ und der Lokalverwaltung und den beteiligten Handelnden und kollektiven Akteuren auf jeder der drei Ebenen entsprechen: der Konflikt zwischen einer ›fertigen‹ Utopie, die innerhalb der biographischen Zeithorizonte der Eroberer keine Chance hatte, verwirklicht zu werden, und dem ›Realismus‹ der kolonialen Herrschaftsvorstellungen, die die Eroberer angesichts der Wirklichkeit, und das heißt der unzählbaren Schwierigkeiten der Eroberung, entwickelten, die der Durchsetzung staatlicher Herrschaft nach dem Muster des Vorbilds entgegenstanden.

Zu den folgenreichsten Ergebnissen von universalhistorischer Bedeutung, die der europäische Imperialismus und Kolonialismus erzeugt haben, gehört, daß der Möglichkeitsraum der Machtvorstellungen ›geschlossen‹ worden ist. Die Überlegung von Heinrich Popitz (1992: 260), daß in den Industriegesellschaften der Gegenwart »eine Endstufe der Institutionalisierung von Macht erreicht« ist, läßt sich auf der Ebene der Machtvorstellungen fortführen. Noch bis zum Auftreten von Imperialismus und Kolonialismus war der Möglichkeitsraum der Machtvorstellungen vergleichsweise ›offen‹. Mit Imperialismus und Kolonialismus wurde indessen das Modell der staatlichen Herrschaft überall gegenwärtig. Keine politische Ordnung blieb von ihm unberührt. Das gilt nach innen wie nach außen. In der Gegenwart bedeutet Machtverfestigung ein Prozeß, der solange unvollständig ist, solange er unterhalb der Schwelle von Staatlichkeit verbleibt. Die sporadische Macht in der Form der Gewalt verweist auf das Gewaltmonopol, normierende Macht auf die staatliche Rechtsordnung, Herrschaftsapparate auf die staatliche Bürokratie, Verwaltung auf die direkte Herrschaftsausübung einer staatlichen Zentralgewalt. Alle Entinstitutionalisierung von staatlicher Herrschaft steht umgekehrt im Zeichen der Unvollständigkeit. Sie ist ein Weg ›zurück zu den Anfängen‹, die man idealisieren oder verdammen mag. Staatliche Herrschaft und erst recht staatliche Herrschaft von einem Durchsetzungsgrad, wie ihn die westlichen Industriestaaten kennen, mag für viele Gesellschaften auf absehbare Zeit unerreichbar sein und vor allen Dingen anscheinend wieder unerreichbar werden. Die Utopie der staatlichen Herrschaft ist indessen in dem Sinne zur definitiven Machtvorstellung geworden, insofern sie zum Zollstock der Machtvorstellungen geworden ist. Seit dem kolonialen Staatsbildungsprozeß ist die Institutionalisierung von Macht global von der Utopie des Staates beherrscht.

Ich komme zum vierten Gesichtspunkt, der die Untersuchung in diesem Buch leitet und die vorangegangenen Überlegungen mit einigen wichtigen Ergänzungen zusammenfaßt: die ›Unselbstverständlichkeit‹ von Prozessen der Machtbildung.

Die Entstehung staatlicher Herrschaft folgt weder den Zwangsläufigkeiten der evolutionären Logik einer kommunikativen Rationalität noch denen eines Selektions-, Differenzierungs- und Integrationsprozesses von ›Systemen‹. Es gibt nur höchst voraussetzungsreiche Prozesse der Akkumulation von Machtchancen und der Verfestigung von Macht, an deren Beginn kein Beobachter und schon gar nicht die Akteure sich des Ausgangs sicher sein können. Es trifft nicht die Sache, die Prozesse der Staatsentstehung mit Begriffen aus der Welt der Mechanik zu beschreiben, wie es Norbert Elias getan hat, als er vom »Mechanismus« der Monopolbildung oder dem »Königsmechanismus« gesprochen hat, es sei denn, man gesteht zu, daß der »Mechanismus« jeden Augenblick versagen kann (N. Elias, 1969: 123 ff., 236 ff.). Es gibt nicht einmal eine »absurde Selbstverständlichkeit« von Machtprozessen (H. Popitz, 1992: 185, 231). Die Akkumulation von Machtchancen und die Verfestigung von Macht und in der Hauptsache die Institutionalisierung staatlicher Herrschaft sind stattdessen ganz und gar ›unselbstverständliche‹ Vorgänge.[6]

---

[6] ›Unselbstverständlich‹ meint nicht ›kontingent‹ im Sinne von Max Webers (1982: 184) Bemerkung über den »unendlichen Strom des Individuellen«, den »Strom des unermeßlichen Geschehens, der sich endlos der Ewigkeit entgegenwälzt«. ›Unselbstverständlich‹ meint das Ensemble vielgestaltiger, aber soziologisch grundsätzlich bestimmbarer Vorgänge, die sich der Institutionalisierung von Macht und der Akkumulation von Machtchancen entgegenstellen. Das schließt die historische Bedeutung des

Der Staatsbildungsvorgang ist ›unselbstverständlich‹, weil er Teil von äußerst zerbrechlichen Prozessen der Machtbildung ist, die sich ebenso gegenseitig verstärken wie einander entgegenarbeiten. Er ist höchst problematisch. Es stehen sich Handelnde und kollektive Akteure gegenüber, die ihre je eigenen Interessen, Werte, Wünsche, Träume, Verantwortungen, Verpflichtungen, Gefühle, Ressourcen materieller, sozialer, kultureller und politischer Art haben. Diese Handelnden und kollektiven Akteure sind Teile von Gesellschaften. Im Falle des kolonialen Staatsbildungsvorgangs treffen sogar äußerst unterschiedliche Kulturen aufeinander, wenngleich dieser Fall nur einer von mehreren extremen Fällen innerhalb des grundsätzlichen kulturellen Gegensatzes zwischen Eroberern und Eroberten ist. Immerhin ist daran zu erinnern, daß im zentralistischen Frankreich noch in der ersten Hälfte des 19. Jahrhunderts Beamte der Zentralregierung im verächtlichen Hochmut der ›Zivilisierten‹ die Bewohner vieler ländlicher Regionen als ›Wilde‹ beschrieben haben, so daß ein ausgezeichneter Chronist dieser Zeit, der amerikanische Historiker Eugen Weber (1979), das erste Kapitel seines wunderbaren Buches mit dem Titel »Peasants into Frenchmen« unter die aufschlußreiche Überschrift stellte: »Ein Land der Wilden«. Staatsbildung fordert so ziemlich alle schwerwiegenden Konflikte heraus, mit denen Menschen aneinandergeraten können.

Staatsbildung ist für die Handelnden und kollektiven Akteure, die ihn bewerkstelligen, ein ›utopisches‹ Unterfangen. Das heißt, daß sie vor allem auch eine Kette des Scheiterns ist. Befehle verhallen und werden nicht gehört. Einrichtungen der neuen Zentralgewalt fassen keinen Fuß oder zerfallen wie die schäbigen oder prachtvollen Bauten, in denen die Beamten der Zentralgewalt ihren Dienst für die Sache der staatlichen Herrschaft tun sollten. Über Verbindungswege der Lokalverwaltung mit der hauptstädtischen Zentrale wächst das Gras, und die Brücken, die ein Erdrutsch zerstört hat, bleiben unausgebessert, weil den Lokalbeamten sowohl die materiellen wie personellen Ressourcen fehlen, um sie instandsetzen zu lassen. Die administrativen Mittler in der Gestalt von Häuptlingen regeln Streitfälle auf der Grundlage eines Rechts, das nicht mehr gilt. Dolmetscher übersetzen falsch. Träger verschwinden mit den notwendigen Ausrüstungsgütern. Beamte scheren sich nicht um die Anweisungen der Zentralregierung. Oft führen sie das Leben von lokalen Potentaten und hin und wieder bereichern sie sich an dem, was dem Herrschaftsapparat und den Menschen zusteht, die es benötigen, um in der neuen Ordnung einen Platz zu finden und zu ihrem Gedeihen beizutragen. Oft zerbricht die Utopie der staatlichen Herrschaft selbst, und der vielbeschworene Wirklichkeitssinn der Eroberer bescheidet sich mit einer schicksal-

---

›Individuellen‹ und des ›Zufalls‹ nicht aus. Aber des Individuellen kann sich nur die historische Erzählung annehmen, des Zufalls vermögen sich nur die Religion und die Statistik zu bemächtigen.

haften Herrschaftsvorstellung, die sich mit der ›realistischen‹ Unvollkommenheit des Erreichten begnügt – nur um um so mehr in den ›Entwicklungsplänen‹ der zeitgenössischen Kultur der ›Entwicklungsexperten‹ von der Utopie effektiver Staatlichkeit erneut herausgefordert zu werden. Unter den Bedingungen der Prozeßhaftigkeit des Staatsbildungsvorgangs, der Subjekthaftigkeit von Handelnden und kollektiven Akteuren und der wichtigen Rolle von konfligierenden Machtvorstellungen gibt es keine Sicherheit, daß das einmal Erreichte erhalten bleibt oder die nächste Stufe in der Akkumulation und Institutionalisierung von Macht erreicht wird.

Die Ruhelosigkeit der Mächtigen ist ein alter Topos für das Nachdenken über Macht. Sie wird besonders an den ›großen‹ Herrschern, den Mächtigsten unter den Mächtigen beobachtet. Es sind die Inhaber hochverfestigter Machtpositionen, deren Unruhe und Rastlosigkeit in auffälligem Gegensatz zur relativen Festigkeit der Machtpositionen stehen, die sie innehaben. Es scheint, als würde mit zunehmender Macht die Herausforderung und Gefährdung der Macht dringlicher. Das ist sicherlich in dem Sinne mißverständlich, daß die Institutionalisierung der Macht in immer höheren Stufen der Verfestigung und die wachsende Akkumulation von Machtchancen zu den wichtigsten und erfolgreichsten Mitteln unter den Vorkehrungen der Mächtigen gehört, von den Herausforderungen ihrer Macht entlastet zu werden und Gefährdungen ihrer Macht vorzubeugen. Die Beobachtung hält aber zwei grundlegende Merkmale von Macht, vor allem von politischer Macht fest, die den Prozessen der Machtbildung und hauptsächlich der Staatsbildung ihren selbstverständlichen Charakter nehmen. Es sind Merkmale, die in den Anfängen des Staatsbildungsvorgangs in besonderer Schärfe hervortreten, weshalb die Beobachtung hauptsächlich dem despotischen Herrscher und gewalttätigen Machthaber gilt, die die Anfänge der staatlichen Herrschaft in entscheidender Weise prägen. Macht wird herausgefordert und steht als politische Macht in außergewöhnlicher Weise vor den Tatsachen der Kreatürlichkeit und »Verletzungsoffenheit« des Menschen (H. Popitz, 1992: 44ff.). Im Falle des Gegenstands, den ich in der vorliegenden Studie untersuche, ist damit vorrangig die Sterblichkeit des Menschen gemeint.

Macht beinhaltet Widerstand für den Mächtigen und die Aufgabe, den Widerstand zu brechen. Macht ist die Überwindung einer Herausforderung, wenngleich der Grad der Herausforderung äußerst unterschiedlich sein kann. Die Herausforderung von Herrschaft ist ein Teil des »anthropologischen Entwurfs«. Das Vermögen des Menschen, Macht auszuüben, ist die erfolgreiche Kehrseite des menschlichen Vermögens, der Macht Widerstand entgegenzusetzen. Deshalb steht alle Macht von Menschen über Menschen in der Gegenwärtigkeit des ›Nein‹. Alle Macht kann grundsätzlich jederzeit und aus dem nichtigsten Anlaß fragwürdig und herausgefordert werden. Die Mächtigen sind ruhelos, weil der Erfolg am heutigen Tag schon morgen der gefährlichen Herausforderung Platz machen mag.

Diese allgemeine Gegenwärtigkeit des ›Nein‹ als grundlegendes Problem der Macht spitzt sich allerdings unter den Bedingungen, die am Anfang des Staatsbildungsprozesses stehen, auf dramatische Weise zu. Die Herausforderung der zentralen Macht ist allgegenwärtig. Sie stellt sich in den natürlichen Bedingungen des Raumes her, deren große Bedeutung von Soziologen gerne unterschlagen wird. Sie tritt, worauf es im Augenblick ankommt, den Eroberern in den zahlreichen Formen des ›Nein‹ entgegen, mit denen die Eroberten den neuen Herrschaftsansprüchen begegnen. Die Herausforderung reicht vom gewaltsamen Widerstand bis zum ›Ja‹ in der ›defensiven Kommunikation‹ der Beherrschten, das auf besondere Weise eine höchst folgenreiche ›Strategie der Widerständigkeit‹ ist. Am Anfang des Staates steht eine Ordnung des ›Nein‹ der Beherrschten. Die Ruhelosigkeit des Despoten ist die Ruhelosigkeit eines Mächtigen, der sich der zahllosen Herausforderungen seiner Herrschaft kaum erwehren kann. Der Despot ist ruhelos, weil er im Vergleich zu jedem Minister einer demokratischen Regierung in einer Industriegesellschaft bemerkenswert ›machtlos‹ ist und seine Herrschaft auf tönernen Füßen steht.

Am Beginn des Staats – und üblicherweise an seinem Ende – steht die Erfahrung des Sterbens. Sie prägt die Beziehungen zwischen den Beherrschten und den neuen anspruchsvollen und despotischen Herrschenden. Nicht weniger nachhaltig bestimmt sie die Erfahrung der Träger der neuen staatlichen Macht und gibt der Unselbstverständlichkeit des Staatsbildungsvorgangs die Gestalt einer existenziellen Erfahrung für die Mächtigen. Das Sterben hat zwei Hauptursachen: Krankheit und Gewalt.

Ohne ein ausgebautes Gesundheitssystem und eine entwickelte medizinische Versorgung, die die technisch-administrative Zivilisation von Industriegesellschaften bereithält, war und ist in allen nichtindustriellen Gesellschaften die Sterberate vergleichsweise hoch. »Mitten wir im Leben / sind vom Tod umgeben« mahnte ein sinniger Spruch unserer Vorväter und drückte eine allgegenwärtige Erfahrung der Menschen aus. Das gilt noch für die Sterbeverhältnisse, denen die kolonialen Eroberer des 19. Jahrhunderts in den Kolonien unterworfen wurden.

Der Tod durch Krankheit oder durch Gewalt berührt unmittelbar zwei Grundmerkmale der frühen Stufen des Machtbildungsprozesses: die äußerste Knappheit der personellen Ressourcen der Träger des Machtbildungsvorgangs und die Abhängigkeit der Machtbildung von bestimmten Personen. So bleibt die ›Station‹, der lokale Verwaltungsposten, für Monate unbesetzt, weil kein Nachfolger zur Verfügung steht, um sie wieder zu besetzen. Wenn schließlich der Nachfolger eintrifft, stellt er fest, daß die Bevölkerung an »Gehorsam nicht mehr gewohnt ist«. Eine Seuche rafft so viele Soldaten hinweg, daß die »Strafexpedition« gegen einen abtrünnigen Landesteil unverrichteter Dinge wieder in ihr Ausgangslager zurückkehren muß. Ebenso kann der Tod des ›Anführers‹ alles zunichte machen, was gewonnen war. Der Tod des lokalen ›Statthalters‹, ›der mit seinen Leuten umzugehen wußte‹, kann den Abfall einer ›Provinz‹ nach sich ziehen. Der ›ungeschickte‹, sprich brutale, Nachfolger des Gestorbenen vermag eine ganze Region in den ›Aufruhr‹ zu treiben. Der Tod des ruhmreichen Feldherrn wendet das ›Kriegsglück‹. Der Bau einer Brücke bleibt unerledigt, weil der Lokalbeamte, der den Bau vorangetrieben hat, gestorben ist – und doch war es genau die Brücke, die die Region mit den Hauptverkehrswegen und mit der Regierungszentrale verbunden hätte. Die Beispiele lassen sich nahezu beliebig verlängern. Zerbrechlich ist der Prozeß der Staatsbildung, weil an seinem Beginn alle Hände gebraucht werden, und der Ausfall durch schwere Krankheiten oder Tod von einem der ›treibenden Kräfte‹ unter den Trägern des Staatsbildungsvorgangs nicht gerade ›alles‹, aber vieles in Frage stellen, wenigstens die Fortentwicklung des Erreichten mit neuen großen Unsicherheiten belasten kann. Die Positionalisierung von Macht ermöglicht die Lösung des Tradierungsproblems von Macht. Sie gewährleistet aber nicht, daß das ›Vakanzproblem‹ unter den Bedingungen von Personalknappheit und einem hohen Grad der Personalisierung von Herrschaft gelöst wird. Es kann das notwendige Personal überhaupt, vor allem aber die ›richtige‹ Person für die Stelle fehlen.

Es mag sein, daß in den Staatsbildungsvorgängen der Zukunft die Gefährdung der Prozesse der Machtbildung durch schwere und tödliche Krankheiten ihre wichtige Rolle verlieren wird. Nicht abzusehen ist, daß der gewaltsame Tod seinen zentralen Platz räumen wird.

Am Beginn des Staates ist eine Wirklichkeit buchstäblich überwältigend, mit der sich die neue Ordnung ankündigt: die Gegenwärtigkeit der Gewalt. Kämpfe, Massaker, ein mehr oder weniger ›strenges‹, oft blutiges Recht, eine Verwaltung, die mit Gewalt und der Androhung von Gewalt der neuen staatlichen Ordnung ihre Gestalt gibt und sie durchsetzt, sind für Herrschende und Beherrschte feste Gegebenheiten.

Die Gewalt enthält eine Antinomie. Radikale Gleichheit und radikale Ungleichheit fallen in ihr zusammen. Absolute Macht und absolute Ohnmacht treffen in ihr aufeinander. Heinrich Popitz (1992: 57ff.) nennt es die »Antinomie der Machtvollkommenheit«. Sie besagt (ebda, S. 57): »Weil Menschen andere Menschen töten können, kann Macht über andere Menschen vollkommen sein‹ . . . . – ›Weil Menschen andere Menschen töten können, ist alle Macht von Menschen über Menschen unvollkommen‹. . . . Die absolute Gewalt, die ein Machthaber ausübt, kann sich durch die Tat des Attentäters auch gegen ihn wenden.« Der Attentäter kann der Schwächste sein. Das Attentat kann zu jeder Stunde erfolgen: »Der Schutz des Machthabers bleibt immer unsicher. Selbst doppelt und dreifach bewachte Potentaten sind bis heute dem entschlossenen Täter merkwürdig ausgesetzt« (ebda, S. 58). Das ist die Quelle für die Ruhelosigkeit der Machthaber. Das ist aber ebenfalls der Grund für die Unabgeschlossenheit der Macht.

»Die Tötung des Machthabers trifft immer auch die Macht an sich« (ebda).

Der Tod des Machthabers, sein Bangen um die Macht, seine Vorkehrungen, mit denen er die Macht sichert, legen die Unvollkommenheit und die Gefährdungen der Macht offen. So kommt Macht nicht zur Ruhe. Sie steht unter dem Vorbehalt der Gewalt, die ›alles‹ zunichte machen kann, die heute die zahllosen Machtunterworfenen, morgen den Mächtigen trifft. Die Unabgeschlossenheit der Macht ist gerade in dem Augenblick gegenwärtig, in dem die Macht absolut und vollkommen ist. Shakespeare, der große poetische Analytiker der Macht, hält die Verbindung von der Antinomie der Machtvollkommenheit mit der Unabgeschlossenheit der Macht in den ahnungsvollen Zweifeln von Macbeths produktiver Gewaltphantasie fest (Macbeth, 1.Aufzug, 7. Szene): »Wär es getan, wenn es getan ist .../... Wenn Mord / Die Folgen fesseln könnte und erjagen / Durch Schlinge das Gelingen ...: / Wir gäben's Ewige dran. Doch solchen Taten / Wird stets ihr Unheil hier: wir lehren nur / Den blutigen Satz der, wenn gelernt, sich wendet / Und den Ersinner schlägt.«[7]

Was grundsätzlich gilt, verschärft sich unter den Bedingungen der Eroberung und der Staatsbildung. Die Machtnehmenden fallen der Gewalt, mit der sie ihre Herrschaft errichten, zum Opfer. Die Gewalthaber leben in der Furcht vor der Gewalt. In der Kolonie Togo blieben die Opfer unter den Gewalthabern, die militärtechnologisch und in der Organisation ihrer Gewaltfähigkeit überlegen waren, vergleichsweise gering. In anderen Kolonien ergab sich hier ein ganz anderes Bild, wie die langen Kolonialkriege insbesondere im kolonialen Deutsch-Südwestafrika grausam bewiesen. Die Dringlichkeit der Antinomie der Machtvollkommenheit und der Unabgeschlossenheit der Macht verließ indes die deutschen kolonialen Eroberer in Togo zu keinem Zeitpunkt. Noch im nachkolonialen Afrika und vielen anderen nachkolonialen Staaten blieb die Gefährdung der Machthaber erhalten. Vielfach hat sie sich dramatisch zugespitzt. Ein Zirkel des gewaltsamen Umsturzes hat sich eingerichtet. Der Machthaber, der mit Gewalt die Herrschaft an sich riß, fällt nach mehr oder minder langem Zeitraum dem blutigen Umsturz selbst zum Opfer. Oft bleibt das Herrschaftssystem, an dessen Spitze der getötete Machthaber stand, bestehen. An seine Stelle tritt ein anderer. Aber, wie viele nachkoloniale Staaten Afrikas zeigen, trifft ebenfalls zu, daß mit dem Tod des Machthabers nicht nur häufig der Wechsel von Regimen einhergeht, sondern der gewaltsame Tod des Machthabers »immer auch die Macht an sich« trifft. Die Gefährdung der despotischen Machthaber findet sich in der Ohnmacht der Despotie wieder.

Einst meinte David Hume (1985: 32), daß für ein »philosophisches Auge« nichts überraschender als die »Mühelosigkeit« sei, »mit der die vielen von

---

[7] Die Übersetzung stammt von Friedrich Gundolf (Shakespeare in deutscher Sprache. Neue Ausgabe in sechs Bänden, hrsg. und zum Teil neu übersetzt von Friedrich Gundolf. Berlin: G.Bondi, 1921).

den wenigen regiert werden«. Angesichts der Tatsache der ›Unselbstverständlichkeit‹ staatlicher Herrschaft ist das Diktum von Hume für ein soziologisches Auge etwas mißverständlich. Sicher ist die Mühelosigkeit überraschend. Überraschender jedoch ist, wie diese Mühelosigkeit, von der Hume sprechen zu können glaubt, hervorgebracht wird. Unerwartet und nicht selbstverständlich ist, daß es in einem äußerst mühevollen und zerbrechlichen Vorgang, den wir die Entstehung staatlicher Herrschaft nennen, gelingt, eine organisationsfähige Herrschaft zu errichten, die scheinbar mit solcher Leichtigkeit das Leben der vielen bestimmt. Dementsprechend lauten die Fragen, auf die in der Studie, von der ich in diesem Buch berichte, Antworten gesucht werden: Wie sehen die Anfänge einer staatlichen Herrschaft aus, die keine ›Mühelosigkeit‹ und ›Leichtigkeit‹ im Herrschen für sich beanspruchen kann? Wie gestaltet sich eine staatliche Herrschaft, in der das Ende der Mühen nicht abzusehen, und die staatliche Herrschaft für die Herrschenden nur in der Herrschaftsutopie fraglos, für die Beherrschten ganz und gar unselbstverständlich ist? Wie erfolgt der Verfestigungsprozeß von Macht zu staatlicher Herrschaft, in dem das Unselbstverständliche selbstverständlich wird?

2. Methodische Stärken, Fallstricke und Grenzen der Studie

Lassen sich an einem Fall wie der Entstehung der deutschen kolonialen Herrschaft über Togo allgemeine Vorgänge und Bedingungen der Staatsentstehung aufzeigen? Welcher Art sind die Quellen, auf die ich mich stütze? Welche Wirklichkeiten lassen sich in diesen Quellen einfangen? Diese und andere wichtige methodische Fragen verlangen eine Antwort.

Eine der Schwächen, die gerne als die größte der Einzelfallanalyse betrachtet wird und angesichts der allgemeinen Frage dieser Studie auf der Hand liegt, ist die geringste: der scheinbare Mangel an Verallgemeinerungsfähigkeit der Ergebnisse. So wenig der Einwand grundsätzlich haltbar ist, weil er mit der Unterstellung vorgetragen wird, als gäbe es sozusagen ein ›repräsentatives Sample‹ von Staatsbildungsvorgängen, so richtig ist sein methodischer Common sense. Der Vergleich von zwei oder mehr Fällen aus unterschiedlichen Zeiten, Weltgegenden und in gegensätzlichen Kulturen erleichtert eher als das Studium mehrerer Fälle aus dem gleichen ›Kulturkreis‹ oder gar nur eines einzigen Falles, das Allgemeine von historischen und kulturellen Besonderheiten zu scheiden. Aber Verallgemeinerungsfähigkeit ist weder auf eine quantitativ-statistische Größe zu verkürzen noch mit der vergleichenden Fallanalyse gleichzusetzen. Angesichts solch komplexer Datenmengen, wie sie die Untersuchung eines Staatsbildungsvorgangs zu handhaben hat, und einer Fragestellung, die der Vielgestaltigkeit des prozeßhaften Geschehens auf die Spur zu kommen hofft, stehen diese Regeln des gesunden methodischen Menschenverstandes hinter drei Überlegungen zurück. Erstens: Verallgemeinerungsfähigkeit ist eine ›systematische Größe‹. Die Verallgemeinerungsfähigkeit der Ergebnisse, was nichts anderes heißt, als die gleichen Erscheinungen in anderen Staatsbildungsvorgängen wiederzufinden, hängt davon ab, daß es gelingt, den systematischen Charakter eines Ereignisses und von Zusammenhängen überzeugend aufzuzeigen und zu begründen. Zweitens: Die allgemeinere Bedeutung, die in dieser Untersuchung dem Fall der Kolonie Togo gegeben wird, ist nicht mehr als eine Hypothese. Ich nehme an, daß die Zusammenhänge, die in der Studie dargelegt werden, in den Prozessen der Staatsbildung zu anderen Zeiten und an anderen Orten – zumindest häufig – wiederkehren. Drittens und vor allem aber gilt für die Untersuchung, von der ich hier berichte, eine schlichte Tatsache. Die Studie macht einen Anfang. Mit ihrer spezifischen Fragestellung betritt sie Neuland und hat die Aufgabe, die Erscheinungen erst einmal zu beschreiben und Kategorien für sie zu entwickeln, die die Grundlage für eine vergleichende Analyse und Theorie von Staatsbildungsprozessen im Rahmen der Fragen, die ich hier aufwerfe, sein können.

Der Einwand mangelnder Verallgemeinerungsfähigkeit verliert noch mehr an Gewicht, wenn man die Vorteile der Analyse eines einzelnen Beispiels und des Beispiels der Kolonie Togo im besonderen in Rechnung stellt. Der wichtigste Vorteil ist sicherlich, daß es sich um ein historisches Beispiel und dementsprechend komplexes und ›abgeschlossenes‹ Beispiel handelt. Das Beispiel läßt sich nicht umstandslos einem einfachen theoretischen Gedankengang unterwerfen. Der Schlichtheit des methodischen Verfahrens, beispielhaft einen einzelnen Fall zu untersuchen, um theoretische Gedankengänge zu entwickeln, steht stattdessen das handfeste Beispiel selbst gegenüber, das in seinen unzähligen Ereignissen und mit seinen vielgestaltigen Zusammenhängen erst entschlüsselt werden muß – und zu abweichenden Interpretationen und Überlegungen herausfordert. Die detaillierte Analyse des historischen Falles hält sich an die Verpflichtung der Allgemeinen Soziologischen Theorie, sich an der Wirklichkeit zu bewähren, und nimmt die Aufgabe ernst, sich im Rahmen bestimmter theoretischer Fragen auf die Komplexität empirischer beziehungsweise historischer Zusammenhänge einzulassen. Sie sucht, dem theoretischen Anliegen gerecht zu werden, das Allgemeine im Besonderen und in seiner Besonderheit aufzuzeigen. Das Allgemeine, das im Anspruch auf eine Theorie der Durchsetzung staatlicher Herrschaft bestimmt ist, ist nur allgemein, wenn es sich in jedem ›besonderen Fall‹ und damit in seiner Besonderheit zeigt. So gesehen, ist der Einzelfall im doppelten Sinne ›beispielhaft‹.

Das theoretische Anliegen, das Allgemeine im Besonderen und in seiner Besonderheit aufzuzeigen, ist in dieser Studie allerdings mit einer besonderen Vorstellung von den methodischen Aufgaben des empirischen oder historischen Fallbeispiels verbunden, die gleichzeitig den Stellenwert der historischen Quellen für die Theoriebildung bestimmen. Dem historischen Fallbeispiel sind methodisch zwei komplementäre Aufgaben gestellt. Die eine entspricht dem Anliegen, allgemeine theoretische Zusammenhänge in der komplexen Wirklichkeit eines bestimmten Zusammenhangs historischer Ereignisse zu verankern. Im Rahmen dieser Aufgabe haben historische Quellen die methodische Funktion, der Theoriebildung Grenzen zu setzen, insofern sie die Theoriebildung auf das festlegen, was sich durch die historischen Quellen für einen bestimmten historischen Ereigniszusammenhang dokumentieren läßt. Die andere Aufgabe des historischen Fallbeispiels aber ist, zu den deskriptiven Grundlagen für eine ›theoretische Ethnographie‹, wie ich sie nenne, beizutragen. In ihr markieren die historischen Quellen für den gegebenen historischen Ereigniszusammenhang nicht die methodischen Grenzen der Beschreibung, Analyse und theoretischen Reflexion. Sie sind stattdessen Anlaß und Bauelemente für eine Beschreibung und eine Analyse, die einerseits historische Quellen, Darstellungen und theoretische Ergebnisse berücksichtigen, die sich auf andere historische Zusammenhänge beziehen und in anderen empirischen Zusammenhängen gewonnen wurden. Im Falle Togos stütze ich mich besonders auf die Erfahrungen der französischen Kolonialverwaltung und der nachkolonialen Verwaltungen im ehemaligen Französisch-Westafrika. Andererseits erfolgen Deskription und Analyse der Wirklichkeit der kolonialen Herrschaft im »Schutzgebiet Togo« in Form einer theoretischen Interpretation. Sie ist weniger auf das Allgemeine in seiner Besonderheit, als auf das Allgemeine im Besonderen gerichtet und geht deshalb auf der Grundlage theoretischer Begründungen über das hinaus, was in den historischen Quellen, die ich über die deutsche Kolonialzeit Togos ausgewertet habe, unmittelbar dokumentiert ist. Methodisch beruhen das theoretische Anliegen, das in dieser Untersuchung verfolgt wird, und die Verallgemeinerungsfähigkeit des Fallbeispiels Togo also auf einem Weg, das historische Fallbeispiel und mit ihnen die historischen Quellen sowohl als restriktive Grenzen wie als produktive Grundlagen der theoretischen Reflexion zu verstehen.

Als Vorgang einer Staatsbildung, der im Rahmen des europäischen Imperialismus des 19. Jahrhunderts erfolgte, teilt der Fall des »Schutzgebietes Togo« viele Merkmale, die die Errichtung von Kolonialstaaten in diesem Zeitraum besonders in Afrika, aber ebenfalls in anderen Weltteilen kennzeichneten. Das trifft um so mehr zu, insofern in den Forschungen der letzten dreißig Jahre der Gegensatz zwischen der britischen und französischen Kolonialpolitik erheblich gemildert wurde. Bei einer systematischen Betrachtung der Wirklichkeit der kolonialen Herrschaft verblassen die Unterschiede zwischen der britischen Idee der ›indirekten Herrschaft‹ und der Kolonialpolitik der französischen Konkurrenten, die bis zum Beginn der 20er Jahre ihr revolutionäres Erbe von Zentralismus und Universalismus in den Ideen der ›direkten Herrschaft‹ und der ›Assimilation‹ propagierten. Die Betrachtung der deutschen Kolonialherrschaft erlaubt in diesem Zusammenhang von vornherein einen unbefangeneren Blick, weil die deutsche Kolonialpolitik keine vergleichbare Idee von kolonialer Herrschaft hatte und die Verwaltungsbeamten in den Kolonien pragmatisch Anleihen aus den kolonialpolitischen Ideen der Engländer und Franzosen machten, wobei sie sich lediglich vergleichsweise deutlich gegen den revolutionären französischen Universalismus mit seiner Idee der ›Assimilation‹ abgrenzten.

Als Handelskolonie teilt die Kolonie Togo die analytischen Vorteile, die die meisten Handelskolonien für die Frage nach der Entstehung des Staates haben. Zum einen ist die machtnehmende Gruppe in Gestalt der kolonialen Eroberer klar und eindeutig zu bestimmen. Sie bestand in Togo zur Zeit der deutschen Herrschaft aus einer kleinen Zahl von Verwaltungsbeamten, zu denen die kleineren Gruppen der Kaufleute und Missionare hinzukamen. Zum anderen blieben die Konflikte zwischen den Gruppen der Eroberer vergleichsweise gering. Im Unterschied zu Bergbau-, Plantagen- oder Siedlerkolonien entfallen all die zusätzlichen Verwicklungen und vorzugsweise die harten und weitreichenden Konflikte, die mit Bergbauunternehmungen, Plantagenbetrieben und Siedlern einhergehen. Zu ihnen gehören hauptsächlich der unersätliche Landhunger, der stete Bedarf nach billigen Arbeitskräften und der unerbittliche Rassismus, den typischerweise Plantagenbesitzer und Siedler sich aneignen und hochzuhalten pflegen. Vor allem ist die deutsche Kolonie Togo einer der Fälle, die für die Frage, die ich hier ein Stück weit zu beantworten suche, entscheidend sind. Nicht anders als in vielen Teilen Afrikas konnten die Eroberer in dem Raum, der zur Kolonie Togo werden sollte, nicht auf staatliche Herrschaftsstrukturen aus vorkolonialer Zeit zurückgreifen. Man konnte nicht die Verwaltungsstrukturen eines Königreichs übernehmen oder das unterworfene Gebiet durch die Mitglieder der bestehenden staatlichen Institutionen regieren und verwalten lassen. Die Eroberer mußten in allen Regionen von vorne anfangen.

Hinzukommen Besonderheiten Togos, die indes für eine vereinfachte, ›modellhafte‹ Betrachtung von Vorteil sind. Die Kolonie war klein und im Unterschied zu den meisten anderen kolonialen Territorien für die Eroberer einigermaßen überschaubar. Die unmittelbare militärische Auseinandersetzung der Eroberer mit den Eroberten war in Umfang und Zeitraum begrenzt. In den politischen Auseinandersetzungen der imperialen Nation um Kolonialismus und einzelne Kolonien blieb das »Schutzgebiet Togo« etwas am Rande. Ökonomisch und politisch zu unbedeutend und mit dem Klischee der »Musterkolonie« versehen, wurde Togo nicht häufig Gegenstand dramatischer Interventionen von seiten der imperialen Zentrale. Togo war zum Beispiel die einzige Kolonie des Deutschen Reichs, die beim Amtsantritt des Staatssekretärs Bernhard Dernburg – in der deutschen Kolonialpolitik ein gewisser, aber oft überschätzter Einschnitt – keinen Gouverneurswechsel erlebt hat. Der Staatsbildungsvorgang hat einen bestimmbaren Anfang und ein gleichermaßen bestimmbares Ende. Er reichte vom Juli 1884, als es zum Abschluß des Protektoratsvertrags kam, bis zur letzten Augustwoche des Jahres 1914, in der die deutschen Eroberer vor den vorrückenden alliierten Truppen kapitulierten. Diese und einige weitere Besonderheiten Togos, auf die im Laufe der Analyse zurückzukommen sein wird, erleichtern die analytische Aufgabe und gereichen deshalb zum Vorteil der Theoriebildung, die sozusagen mit einem vergleichsweise geringeren ›Variablensatz‹ umgehen kann, um eine Anleihe aus einem engen szientistischen Begriffsinventar zu machen.

Da der Fall der deutschen Kolonie Togo ein historisches Beispiel ist, beruht die Erschließung der Daten auf der Arbeit, die für gewöhnlich Sache der Historiker ist. Die Quellen entstammen den einschlägigen Archiven von Münster, Paris und Lomé.[8] Hinzu kamen die Quellen, die in der veröffentlichten Literatur zur deutschen Kolonie Togo wiedergegeben und ausgewertet sind, unter der die Arbeit von Peter Sebald (1988) auf der Grundlage der Akten des Postdamer Archivs sicherlich die umfassendste ist. Als Dokument der oralen Geschichte stand mir der umfangreiche Bericht von Dadja Halla-Kawa Simtaro (1982) zur Verfügung, der neben einer vielfältigen Dokumentation zur deutschen Kolonialzeit Interviews mit einer großen Zahl von Afrikanern enthält, die die deutsche Kolonialzeit erlebt hatten und zu Beginn der 8oer Jahre in Togo noch unter den Lebenden weilten. Neben meinen Archivarbeiten in Lomé im Herbst 1988 unternahm ich ergänzend eine Reise innerhalb Togos, die es mir erlaubte, mit einigen ganz wenigen und naheliegenderweise äußerst gebrechlichen Zeugen und Zeuginnen der deutschen Kolonialzeit kleinere Gespräche zu führen und Eindrücke über das Bild zu gewinnen, das Nachfahren der Frauen und Männer, die die deutsche Kolonialzeit erlebt haben, von der einstigen deutschen Herrschaft heute zeichnen.

Zu meinen historischen Arbeiten und den Quellen, die durch sie erschlossen wurden, sind allerdings zwei Bemerkungen zu machen. Beide Bemerkungen enthalten Vorbehalte und Einschränkungen gegenüber den gerechtfertigten Ansprüchen einer genuin historischen Arbeit.

Die vorliegende Studie ist nicht mit der Absicht unternommen worden, eine Geschichte der deutschen Kolonie Togo zu schreiben. Die Untersuchung ist in diesem Sinne keine historische Arbeit. Mein Anliegen ist ein theoretisch-soziologisches. Das schließt ein, daß ich im Unterschied zum Historiker nicht ohne Unterlaß vom professionellen Fieber, neue Quellen zu erschließen, getrieben war, wenngleich mich zugestandenermaßen dieses unvergleichliche Fieber desto häufiger aufsuchte, je länger ich an der Untersuchung arbeitete, je öfter ich mit Staub in der Nase, trockener Kehle und schwarzen Händen aus

---

[8] Das Potsdamer Archiv wurde erst nach Abschluß meiner Datenerhebung wieder für westdeutsche Forscher uneingeschränkt zugänglich. Ein großer Teil der amtlichen Akten befindet sich aber im Archiv von Lomé, dessen Reichtum bisher ebensowenig wie die daraus entnommenen und auf Mikrofilmen archivierten Bestände im Bundesarchiv in Koblenz (mit einer Kopie im Seminar für Völkerkunde der Universität Münster) ausgeschöpft wurde. Dies gilt zumindest dann, wenn theoretisch-soziologische Fragestellungen, wie ich sie verfolge, im Mittelpunkt der Untersuchung stehen.

dem Halbdunkel der Archive in das um so grellere Tageslicht zurückkehrte oder je mehr mir nach langen Stunden die Augen tränten und der Kopf schwindlig wurde, wie es all denen ergeht, die an Bildschirmen unleserliche Handschriften auf Mikrofilmen zu entziffern suchen. Hatten die bisherigen Arbeiten von Historikerinnen und Historikern zu meinen theoretischen Fragen schon genug Material gesammelt, so war ich um so erfreuter, zufriedener und dankbarer, ohne zeitraubende Umwege einen Gedankengang darlegen zu können.[9] Trotzdem habe ich manches unbearbeitete Dokument aufgegriffen, manch unbeachteter Darstellung in einer bekannten Akte neue Aufmerksamkeit geschenkt, auch die eine oder andere unrichtige Darstellung oder Ungenauigkeit richtigzustellen und zu verbessern versucht. Wenn deshalb die Historiker und Historikerinnen der deutschen Kolonie Togo und des Kolonialismus im allgemeinen aus der vorliegenden Studie das eine oder andere hinzulernen können, so würde ich mich um so mehr freuen. Wenn sie in meinen Bemühungen gar ein Stück weit einen Beitrag zur Geschichte des Kolonialismus und der deutschen Kolonie Togo im besonderen zu sehen vermögen, dann würde ich mich in dem wichtigen Anliegen bestätigt finden, das der interdisziplinären Arbeit in der Soziologie und der historisch arbeitenden Soziologie gilt.

Der überwiegende Teil der Quellen ist amtlicher Natur. Angesichts der folgenreichen Neuerungen, die in den letzten zwanzig Jahren mit den verschiedenartigsten methodischen und theoretischen Zugängen wie der ›Geschichte von unten‹ oder insbesondere der ›oralen Geschichte‹ erzielt worden sind, erscheint eine derartige Datengrundlage schon fast unstandesgemäß. Ich hoffe jedoch, daß die Untersuchung von Peter Sebald (1988) über die deutsche Kolonie Togo zusammen mit der hier vorgelegten Studie die Leserinnen und Leser zu einem abgewogeneren Urteil bringt. Wie immer sollten nicht Methoden den Gegenstand, sondern eine wissenschaftliche Frage die Methode bestimmen. Für die Fragen in diesem Buch sind amtliche Quellen von großer Bedeutung, denn die Entschlüsselung der ›Verwaltungsperspektive‹, das heißt der Problemsituation der Lokalverwaltung und der Handlungen und Sichtweisen der lokalen Beamten, ist für die Analyse des Staatsbildungsvorgangs auf der Ebene der Lokalverwaltung entscheidend. Ebenso hat mich die Arbeit mit amtlichen Quellen gelehrt, daß mit entsprechenden Fragestellungen die amtlichen Quellen einen bemerkenswerten Einblick in die Welt der Eroberten erlauben. Mit wenigen Ausnahmen – wie die der Arbeit von Henri Brunschwig (1983) über das afrikanische Personal der französischen Kolonialverwaltung – sind die amtlichen Quellen in dieser Hinsicht in der Kolonialgeschichtsschreibung noch viel zu wenig ausgeschöpft. In Ver-

---

[9] In diesem Zusammenhang bin ich ganz besonders den umfangreichen Studien von Edward Graham Norris (1993) und Peter Sebald (1988) verpflichtet.

bindung mit soziologischen und ethnologischen Arbeiten liefern die amtlichen Quellen der Kolonialverwaltungen ein sehr reichhaltiges Material zur Welt der Menschen, die sich der kolonialen Eroberung gegenübersahen.

Dennoch enthalten die amtlichen Quellen wichtige, zum Teil unüberwindbare Schranken. Zu denen, die am schwersten wiegen, gehört die Tatsache, daß die kulturellen Folgen der kolonialen Eroberung weit weniger als die institutionellen Auswirkungen sichtbar werden, die der koloniale Staatsbildungsvorgang auf die vorkolonialen Gesellschaften hatte. Unter den kulturellen Folgen bleiben vor allem die Wege und Ideen im Dunkeln, die die Menschen abweichend von den Vorstellungen der Eroberer ersonnen haben. Die amtlichen Quellen unterrichten aufschlußreich darüber, wie die Menschen sich gegenüber den Anforderungen staatlicher Herrschaft verhalten haben. Sie sagen uns wenig über das, was die Beherrschten über die neuen Herausforderungen gedacht haben und welche Vorstellungen zur Zukunft, die die Eroberer für sie bereithielten, die Unterworfenen in ihren Gedanken und Herzen teilten.

Noch schwerer wiegt, daß die amtlichen Quellen ebenfalls stumm sind, wo das Leben der unterworfenen Menschen gar nicht in den Gesichtskreis des Eroberers gerät. Die amtlichen Quellen sagen uns selten etwas über die Ordnungen der Menschen in ihrer Eigenständigkeit, und wie sie das Leben der Menschen bestimmen. In den amtlichen Quellen spiegeln sich die Handlungsräume und Lebenszusammenhänge der Unterworfenen nur, wenn sie für die staatenbildenden Eroberer zu einem Hindernis ihrer phantastischen Pläne und ihrer mehr oder minder rücksichtslosen Maßnahmen werden. Das schließt das wichtigste Problem amtlicher Quellen und der Quellen zur Kolonialherrschaft im besonderen ein. Das Handeln der Menschen, das für die Eroberer zum Hindernis wird, tritt vorrangig als ›Problem‹ und nicht als Teil einer ganz eigenständigen Ordnung der Menschen auf. In diesem Sinne bleibt die Analyse, von der ich hier berichte, und die die ›Verwaltungsperspektive‹ mit einer Analyse verbindet, die die Aktionen und Reaktionen der Beherrschten angesichts der staatlichen Neuordnung zum Gegenstand macht, innerhalb einer Voraussetzung, die die theoretische Fragestellung selbst enthält, über die engere quellenkritische Frage weit hinausgeht und den besonderen theoretischen Zugang, aber auch die Grenze der theoretischen Überlegungen markiert, die ich hier vortrage. Ich gehe davon aus, daß sich der Weg zur Staatlichkeit und besonders zu ›moderner Staatlichkeit‹ an diesen Hindernissen und ›Problemen‹ zeigt und entscheidet. Staatsbildung ist ein Prozeß, der mit den Voraussetzungen der Ordnungen, die ihm unterworfen sind, bricht und deshalb die vorgefundenen Verhaltensmuster, Ideen und Gefühle der Menschen und ihrer Ordnungen ›problematisch‹ macht. Die amtlichen Quellen, die das Handeln und die Lebenszusammenhänge der Beherrschten nur als ›problematische‹ Erscheinungen zulassen, soweit sie nicht den Voraussetzungen der staatlichen Herrschaft entsprechen, sind ein Widerschein dieser Tatsache. In diesem Sinne ist das, was zuerst nur wie eine Schwäche der amtlichen Quellen erscheint, zuguterletzt ein Teil ihrer Stärke.

3. Kurzer Überblick über die einzelnen Kapitel des Buches

Wer historisch oder empirisch den Prozeß der Staatsentstehung erforschen will, hat es nicht schwer, sich zu entscheiden, wo die Beschreibung und Analyse zu beginnen hat. Es gibt gleichsam einen ›natürlichen‹ Anfang – zumindest dann, wenn man es wie in dieser Studie mit einem klaren Fall von exogener Staatsbildung zu tun hat. Es ist der Vorgang der Eroberung und ›Pazifizierung‹ des eroberten Gebietes. Die Untersuchung muß mit dem Prozeß beginnen, der zum Kern der staatlichen Ordnung führt: die Durchsetzung des staatlichen Gewaltmonopols. Dementsprechend beginne ich das vorliegende Buch mit Beobachtungen zum Vorgang der Pazifizierung.

Die Wirklichkeit der Gewalt ist erdrückend, die den Monopolisierungsprozeß kennzeichnet. Aus diesem Grund steht im Mittelpunkt des ersten Kapitels das Nachdenken über die gewalthaften Prozesse in den ersten Phasen der Durchsetzung staatlicher Herrschaft. In Übereinstimmung mit den Untersuchungen von Charles Tilly (1986) fasse ich die Beobachtungen und Überlegungen in der These zusammen, daß Staatsbildung eine Form von ›racketeering‹ ist. Eine ausführliche Beschreibung und Analyse des exekutiven Arms der staatlichen Herrschaft, der »Polizeitruppe«, schließe ich an. Sie verbinden die Untersuchung eines wichtigen kollektiven Akteurs mit der Betrachtung eines strukturellen Merkmal früher Staatlichkeit: des despotischen Charakters des Herrschaftshandelns. Im Rahmen eines Exkurses zu den Voraussetzungen des staatlichen Gewaltmonopols gehe ich der These nach, daß das Massaker ein systematischer Bestandteil der Entstehung des Gewaltmonopols ist.

Für die Errichtung staatlicher Herrschaft ist die Gründung lokaler Verwaltungsposten eine Wasserscheide. Tatsächlich beginnt staatliche Herrschaft erst mit der Gründung derartiger lokaler Verwaltungseinheiten. Ich nenne sie ›Stationen‹. Mit der Analyse der Stationen suche ich, zwei Bestandteile des Gedankens vom ›Prozeßcharakter‹ der Macht zusammenzuführen. Ich knüpfe an die zentralen Theoreme der Herrschaftssoziologie von Heinrich Popitz (1992) an, nach denen Herrschaft ein Verfestigungsvorgang von Macht ist und auf der Akkumulation von Machtchancen beruht. Das erste Kapitel schließt mit einer Untersuchung über die »reichlich unvollkommene Unterwerfung« der eroberten afrikanischen Gesellschaften ab. Sie fügt die Aussagen zur Gewalt, über den Verwaltungsdespotismus und die Stationen in den Gedanken von der ›Unselbstverständlichkeit‹ staatlicher Herrschaft ein.

Das Zentrum der beginnenden staatlichen Territorialverwaltung ist der lokale Verwaltungschef, der ›Stationsleiter‹. Entsprechend seines dienstlichen Rangs nannten die Deutschen ihn auch »Bezirksamtmann« oder »Bezirksleiter«. Ich gehe im zweiten Kapitel ausführlich auf seine formale Stellung in der Kolonialverwaltung, seine Aufgaben, seine Beziehungen zu den Beherrschten und zur Herrschaftszentrale und sein Verwaltungshandeln ein. In einem längeren ›Exkurs zur Soziologie und Sozialpsychologie der deutschen Verwaltungsbeamten‹ gebe ich zu Beginn des Kapitels ein Bild über die gesamte Beamtenschaft Togos, die die wichtigste Gruppe unter den machtnehmenden Akteuren war und aus der sich die Stationsleiter rekrutierten.

Den Kern der Verwaltung durch Stationsleiter bilden: die Tournee, die ›Bewährung‹, der Befehl und der Gehorsam.

Station und Tournee ergänzen einander. Dementsprechend führe ich die Beobachtungen und theoretischen Aussagen zur Station in der Beschreibung und Analyse der Tournee fort. Auf diesem Weg rückt der Doppelcharakter der Verwaltung des Stationsleiters in den Blick: ›Ruhe‹ und ›Bewegung‹, Machtverfestigung und Machtprozeß.

Stationsleiter zu sein, heißt, sich zu ›bewähren‹. Auf der Grundlage eines Konzepts, das das Handeln des Stationsleiters als einen Typ von Handeln betrachtet, der für ›extreme Situationen‹ kennzeichnend ist, untersuche ich die verschiedenen Herausforderungen und Grenzsituationen, in denen sich der Stationsleiter zu ›bewähren‹ hat.

Der Stationsleiter ist ein Befehlshaber. Im Rahmen allgemeiner Überlegungen zur Soziologie des Befehls untersuche ich die Zusammenhänge, die zwischen den Bedingungen früher staatlicher und besonders kolonialer Verwaltung und dem Vorrang des Befehls bestehen, der den Verkehr des Stationsleiter mit den Menschen ›seines‹ Verwaltungsbezirks auszeichnet.

Der Stationsleiter ist Beamter. Als Beamter hat er zu gehorchen. Aus diesem Grund beschreibe und analysiere ich zum Abschluß des zweiten Kapitels die Mechanismen, mit denen die hauptstädtischen Zentralen den Stationsleiter kontrollieren. Ich studiere, wie mit dieser Kontrolle und dem Gehorsam des Stationsleiters staatliche Verwaltung entsteht. Ein Augenmerk gilt dabei den fortgeschrittenen Kommunikationstechnologien der kolonialen Verwaltung.

Am Anfang der staatlichen Herrschaft steht der einheimische ›Mittler‹. Frühe staatliche Verwaltung ist ›intermediäre Verwaltung‹. Der Mittler ist das Bindeglied zwischen der staatlichen Verwaltung und den Menschen in den Städten, Dörfern und Weilern. Im dritten und vierten Kapitel untersuche ich drei Typen von Mittlern: den Träger, den Dolmetscher und den ›Häuptling‹. Im Zusammenhang der Beobachtungen zu den Verbindungen zwischen Eroberern und Eroberten enthält das dritte Kapitel einen ›Exkurs zur Soziologie und Sozialpsychologie der kolonialen Gesellschaft‹, in deren Antagonismus zu den Ordnungen der Eroberten zugleich verbindende Elemente eingehen.

Im Mittelpunkt des vierten Kapitels steht das ›administrative Häuptlingswesen‹, wie ich im Anschluß an Kurt Beck (1989) das Häuptlingswesen nenne, das »im Schatten des Leviathan« entsteht und zu den Grundpfeilern der intermediären Ordnung gehört. Ich unterscheide drei Formen von administrativen Häuptlingtümern. Sie entsprechen den drei Formen nichtstaatlicher Ordnungen, die ich in einem ausführlichen ›Exkurs zur politischen Anthropologie Togos‹ vorstelle. Ich nenne diese Typen administrativen Häuptlingtums: ›administratives Oberhäuptlingtum‹, ›administratives Häuptlingtum‹ und ›amtliches Dorfhäuptlingtum‹.

Mit dem Konzept des administrativen Häuptlingswesens geraten bei der Betrachtung der intermediären Ordnung Zusammenhänge in den Blick, die jenseits der ›klassischen‹ Unterscheidungen zwischen der ›indirekten Herrschaft‹ nach britischem Muster und der ›direkten Herrschaft‹ à la française liegen. Der Grundgedanke ist, daß im Aufeinandertreffen zwischen den staatenlosen Ordnungen[10] der unterworfenen Gesellschaften und der staatlichen Ordnung, die der Eroberer durchzusetzen sucht, etwas Neues entsteht, das die oktroyierte Ordnung der Eindringlinge tiefgreifend und die überkommenen gesellschaftlichen Gefüge der Beherrschten in mehr oder minder folgenreicher Weise beeinflußt.

Die Beschreibung und Analyse der Mittler ist eine Untersuchung über die ›Subjekthaftigkeit der Beherrschten‹ im Prozeß der Institutionalisierung von staatlicher Herrschaft. Was der Stationsleiter in seiner Subjekthaftigkeit für die herrischen Eindringlinge beispielhaft ist, tritt exemplarisch auf der Seite der Beherrschten in der Figur des Häuptlings, seinen ›Gewinnen‹ an Macht und seinem ›Machtmißbrauch‹ in Erscheinung.

Die Studie ist eine Ethnographie der Verwaltung. Allen Beobachtungen und Überlegungen in dieser Studie ist gemeinsam, daß ich in den theoretischen Begriffen des Beobachters die Durchsetzung der staatlichen Herrschaft aus der Perspektive der Verwaltung betrachte. Dem ethnographischen Vorgehen entsprechend, werden die theoretischen Begriffe allerdings in enger Anlehnung an die historische Wirklichkeit entwickelt, in die die Eroberer hineingestellt waren und die sie geschaffen haben. Beispielhaft sind hierfür Begriffe und Konzepte wie ›Station‹, ›Stationsleiter‹ oder ›Tournee‹. Wie viele andere Begriffe, die in diese Studie eingehen oder in ihr entwickelt werden, sind sie analytischer Art und haben ihren Ursprung zugleich in einer bestimmten historischen Wirklichkeit.

Die Analyse der Mittler enthält jedoch einen Wechsel der Gewichte innerhalb der ›Verwaltungsperspektive‹ der Untersuchung. Bei den Analysen des Monopolisierungsprozesses der Gewalt und des Stationsleiters liegt das Gewicht der Beobachtungen auf dem Handeln der Eroberer. Ab dem dritten Kapitel gilt meine Aufmerksamkeit stattdessen der Analyse des Handelns der Beherrschten angesichts der staatlichen Neuordnung ihrer Lebenswirklichkei-

---

[10] Ich verwende den Begriff ›staatenlose Gesellschaft‹ anstelle des Begriffs ›vorstaatliche Gesellschaft‹, um die evolutionistische Unterstellung des ansonsten üblichen Begriffs zu vermeiden.

ten. Aus der Perspektive der Verwaltung betrachte ich die Art und Weise, wie die Beherrschten mit den neuen Ansprüchen der Zentralgewalt umgehen. Ich folge den Spuren des institutionellen Umbaues der sozio-kulturellen Gefüge der Beherschten, wie sie sich in den Aktionen und Reaktionen der Beherrschten auf das Handeln und aus der Sicht der staatlichen Verwaltung abzeichnen. Die unterschiedliche Gewichtung vom Handeln der Eroberer und der Beherrschten im Verlauf der deskriptiv-analytischen Theoriebildung ist ein Spiegel der Wirklichkeiten selbst, die im Prozeß der staatlichen Herrschaftsbildung gegenwärtig sind. Mit der wachsenden Verfestigung staatlicher Herrschaft gewinnt das Wechselverhältnis zwischen den Aktionen von Herrschenden und Beherrschten für die Analyse und Theorie der neuen staatlichen Ordnung zunehmend an Bedeutung.

Dieses Wechselverhältnis steht deshalb im Mittelpunkt des Kapitels, das die vorliegende Untersuchung abschließt. Die These des fünften und letzten Kapitels lautet: Frühe Staatlichkeit ist die Ordnung eines ohnmächtigen Despotismus und einer widerständigen Freiheit, in denen Herrschende und Beherrschte in einem Zirkel gefangen sind, der von der despotischen Willkür der staatlichen Verwaltung und den ›Strategien der Widerständigkeit‹ der Beherrschten geprägt ist. Der Ausbruch aus diesem Zirkel erscheint als eine höchst ungewisse Sache. Im »Schutzgebiet Togo« endete er mit dem Zusammenbruch der staatlichen Herrschaft – wenngleich nur für einige wenige Jahre, in denen die Nachfolger der deutschen Kolonialherren auf dem verkleinerten Gebiet des heutigen Togo an die vorangegangenen Gewinne an Staatlichkeit anzuschließen suchten und an deren Ende die Mandatare des Völkerbunds, als welche die französischen kolonialen Machthaber völkerrechtlich auftraten, sich aufmachten, den Prozeß der Verfestigung staatlicher Herrschaft weiter voranzutreiben.

Aufgrund der methodischen Barrieren, die der ›Verwaltungsperspektive‹ und der ihr verbundenen kolonialamtlichen Quellen eigen sind, schweigt allerdings das letzte Kapitel über die Ideen, Hoffnungen, Machtvorstellungen, Gefühle und Pläne, die die Beherrschten in der Auseinandersetzung mit der neuen oktroyierten Ordnung bewegten. Es gibt ebenfalls keine Anworten auf die Fragen, die zum Kern der ethnologischen Analyse gehören und mit denen das Handeln der Beherrschten aus der Eigenständigkeit ihrer Ordnungen entschlüsselt wird. Das letzte Kapitel handelt stattdessen von den ›Hindernissen‹, die die Beherrschten den staatenbildenden Eroberern in den Weg legen und mit denen sie sich gegen den Despotismus und die hochfahrenden Ansprüche der Eroberer zur Wehr setzen. Es begnügt sich damit, ein Bild von den ›Strategien der Widerständigkeit‹ zu vermitteln, die in der Kolonie Togo ihren Teil dazu beigetragen haben, daß der Staatsbildungsvorgang der deutschen Eroberer in einer Niederlage der herrischen Eindringlinge geendet hat, die schnell und ohne verlustreiche Kämpfe eintrat.

1. Kapitel

Entmachtung – Pazifizierung oder der gewalttätige Anspruch auf das Gewaltmonopol

Am Anfang steht die Unterwerfung. Der Vorgang, mit dem der gewalttätige Anspruch auf das Gewaltmonopol durchgesetzt wird, wird gewöhnlicherweise ›Pazifizierung‹ genannt.

In der geschichtlichen Darstellung der Kolonialherrschaft wird die Entstehung des Gewaltmonopols durchgängig implizit behandelt. Man beschreibt den Vorgang der Pazifizierung und ordnet ihn einer besonderen Phase in den Anfängen der kolonialen Herrschaft zu. Es ist eine Geschichte militärischer oder paramilitärischer Aktionen und des Aufbaus von Militär- und Polizeimacht. Für Togo gilt diese Phase im allgemeinen um 1900 herum als abgeschlossen (vgl. R. Cornevin, 1988: 180ff., 1969: 142ff.; P. Sebald, 1988: 161ff.; A. J. Knoll, 1978: 36ff.; G. Trierenberg, 1914). Auf diese Weise unterstellt die Kolonialgeschichtsschreibung ein ›Bulldozer-Modell‹ der Staats- und Rechtsentwicklung, in dem die Errichtung des Staates und des Gewaltmonopols mit militärischen Siegen und der mehr oder minder eindrucksvollen Gegenwart von überlegenen Militär- und Polizeieinheiten gleichgesetzt wird (vgl. T. v. Trotha, 1987: 115ff.). Worin sich allerdings der Prozeß, in dem das Gewaltmonopol durchgesetzt wird, von Beutezügen, Tributverhältnissen oder anderen Gewaltverhältnissen unterscheidet, die zwischen politisch-militärisch effizienteren und unterlegenen Ordnungen bestehen können, bleibt im Dunkeln. Vor allen Dingen bleibt ungeklärt, worauf die Überlegenheit des Eroberers beruht, der im Falle der kolonialistischen Besitzergreifung logistisch und ganz besonders personell hoffungslos unterlegen anmutet. Man teilt mit dem Bulldozer-Modell seine größte Schwäche, auf die ein geistreiches Wort aufmerksam macht, das Charles-Maurice de Talleyrand-Périgord zugeschrieben wird. Es besagt, daß man mit Bayonetten alles tun könne, nur nicht darauf sitzen (vgl. J. Presser, 1977: 186). Eine Kolonialgeschichtsschreibung, die auf der impliziten Grundlage des Bulldozer-Modells vorgeht, läßt außer acht, daß die Monopolisierung der Gewalt mit dem Einsatz und der Demonstration militärisch-politischer Macht nicht zusammenfällt. Der Anspruch auf das Monopol der Gewalt und seine Durchsetzung müssen auf Dauer gestellt und können deshalb nicht auf eine ›Phase‹ im Herrschaftsbildungsvorgang verkürzt werden. Die Monopolisierung der Gewalt ist ein Vorgang der Institutionalisierung der Gewalt. Sie ist ein Prozeß, in dem militärische »Aktionsmacht« (H. Popitz, 1992: 24ff., 43 ff.) in der Herrschaft des Gewaltmonopols institutionalisiert wird. Diesen Institutionalisierungvorgang gilt es zum analytischen und theoretischen Problem zu machen.

1. »Was wollt ihr, Salz oder Paprika?«

Für die Analyse des Institutionalisierungsvorgangs des Gewaltmonopols hilft uns trotz aller Vorbehalte die Kolonialgeschichtsschreibung über den Pazifizierungsvorgang ein wichtiges Stück weiter. Sie macht uns unmißverständlich klar, daß ihr Gegenstand keinen Raum für die großen, ehrwürdigen und liebgewordenen Vorstellungen läßt, die die neuzeitlich-okzidentale politische Theorie zur Entstehung des Gewaltmonopols und des Staates im weiteren Sinne entwickelt hat. An ihrem Gegenstand scheitert die Idee des Sozialvertrags ebenso wie Vorstellungen fehlgehen, die entweder einen offenen Markt unterstellen, auf dem Heerführer und Staaten ihre willigen Dienste willigen Konsumenten anbieten oder die die Idee einer Gesellschaft zugrundelegen, deren geteilte Normen und Erwartungen sich auf eine bestimmte Form von Regierung richten. Im Zentrum der Kolonialgeschichtsschreibung zur ›Pazifizierung‹ steht zu Recht die militärische Gewalt, die die Menschen unterwirft. Für die Kolonialgeschichtsschreibung gilt der Satz: Am Anfang war die Gewalt. Sie bestätigt eindringlich die bedrückende Beobachtung von Jakob Burckhardt (o. J.: 57), daß Gewalt »wohl immer das Prius« der Staatsbildung – und das Ende des Staates – ist. Die Kolonialgeschichte Togos macht hiervon keine Ausnahme, selbst wenn ihr die anderwärts geführten umfangreichen Kolonial- und Ausrottungskriege erspart geblieben sind. Der Weg der Eroberung und ›Pazifizierung‹ ist ein Weg der Menschenmassaker, der geplünderten und niedergebrannten Dörfer und Hütten, der Erschlagenen, der gefangenen Frauen und Kinder und der Flüchtlinge. Die Einzelheiten interessieren hier nicht. Sie hat Peter Sebald (1988: bes. 167ff., 277ff.) in seiner beeindruckenden Studie über die deutsche Kolonialherrschaft in Togo aufgezeichnet, die orale Tradition der heutigen Togolesen und die Zeugnisse der Zeitzeugen und ihrer unmittelbaren Nachkommen halten sie gegenwärtig (vgl. D. H.-K. Simtaro, 1982: 698 ff.). Die grauenvollen Bilder sind bekannt – sie gleichen sich, wo immer der Schrecken der ungefesselten kriegerischen, militärischen und der polizeilichen Gewaltanwendung Einzug hält.

Unter dem Gesichtspunkt der Etablierung des Gewaltmonopols ist für uns jedoch bemerkenswert, daß die militärische Unterwerfung eine ganz bestimmte Form gewinnt. Von ihr erzählte im Jahre 1965 der altgewordene Awi von Lama-Bou, das im Lande der Kabiyé im damals schwer zugänglichen Gebirgsland nördlich des Flusses Kara liegt. Awi hatte noch an den Kämpfen gegen die kolonialistischen Eroberer teilgenommen. Sein Bericht erzählt eine Geschichte, die sich so in ähnlicher Weise an vielen Orten zugetragen hat. Er wurde von dem französischen Juristen und Ethnologen Raymond Verdier (1982: 136) aufgezeichnet:

»... (E)missäre der Deutschen, die Salz und Paprikaschoten bei sich trugen, kamen in unser Dorf und fragten uns: »Was wollt ihr, Salz oder Paprika?« ... Wir hatten uns entschieden, den Paprika (= Krieg – R. V.) zu wählen, und sagten, daß die Weißen bei uns nicht das Gesetz zu bestimmen haben. Dann töteten wir die beiden Emissäre und verbrannten sie.« Es kam zu einem mehrtägigen Kampf, an dessen Ende die Dorfbewohner um Frieden baten. Die Deutschen setzten Häuptlinge ein und ordneten an, daß »man sich in Streitfällen an die deutsche Autorität in Tchaoudjo (= Sokodé, 65 km südlich – R. V.) zu wenden habe«.[1]

Wie es für viele Machtbeziehungen und jedes Herrschaftsverhältnis zutrifft, tritt die militärische Unterwerfung als Alternative auf: Fügsamkeit oder Gewalt. Sie ist eine Drohung. Entscheidend ist indes, in welcher Form hier Fügsamkeit verlangt wird. Zum einen geht sie über die Fügsamkeit hinaus, die die bloße Unterwerfungsmacht oder gewalttätige »Aktionsmacht« fordert: die Fügsamkeit hier und jetzt. Bloße Unterwerfungsmacht ist typischerweise Sache des Räubers, der sein Opfer vor die Wahl stellt ›Geld oder Leben!‹, und des Polizisten, der den Räuber mit den Worten stellt: ›Halt oder ich schieße!‹. Bloße Unterwerfungsmacht reicht so weit, wie der Drohende und die überlegene Gewalttätigkeit, die von ihm ausgeht, gegenwärtig sind. Die Fügsamkeit, die von den Kabiyé verlangt wurde, geht über die unmittelbare Situation hinaus, schließt zukünftiges Verhalten mit ein und beinhaltet die Errichtung dauerhafter Machtbeziehungen. Die Drohung zielt auf Herrschaft. Sie verlangt das Streitregelungsmonopol. Gleichzeitig geht die Forderung nach Unterwerfung mit einem ›Angebot‹ des Eroberers einher, das im dargebotenen kostbaren Salz sowohl konkret als auch eine Metapher dafür ist, Sorge für das Wohl der Besiegten zu tragen. Es ist das Angebot, die Streitregelungsaufgabe und damit die Schutzfunktion für die äußere und innere Ordnung der Besiegten zu übernehmen.

So wird im Anspruch auf das Gewaltmonopol die Beziehung zwischen Sieger und Besiegten nicht auf die vereinseitigte Fügsamkeit eines Unterlegenen verkürzt, der für den Sieger Leistungen zu erbringen hat. Die Forderung an den Bedrohten ist ebenso eine Verpflichtung des Mächtigen, sich einer Aufgabe zu unterziehen, die keineswegs eine dankbare Aufgabe sein muß. Entmachtung und Entlastung des Bedrohten markieren den Fluchtweg vor

---

[1] Zu weiteren Einzelheiten und Ereignissen der Besetzung des Landes der Kabiyé vgl. die orale Tradition, die Dadja H.-K.Simtaro (1982: 735 ff., 747 ff., 785, 790 ff., 803 f., 816 ff., 823) festgehalten hat.
Ich darf noch folgenden Hinweis für die Ortsbezeichnungen geben: Sofern ich für orts- und geographische Bezeichnungen aus der deutschen Kolonialzeit die gegenwärtigen französischsprachigen Bezeichnungen fand, habe ich letztere verwendet.

der Gewaltdrohung des Eroberers. Der Anspruch auf das Gewaltmonopol enthält die Grundform des Rechts (vgl. T.v. Trotha, 1982: 19ff.).

Dennoch weicht der Anspruch auf das Gewaltmonopol bei seiner Geburtsstunde in einer entscheidenden Einzelheit von der Grundform des Rechts unter den Bedingungen eines hochentwickelten Rechtssystems ab, wie der Bericht des alten Awi eindringlich vor Augen führt. Es ist die dominante Wirklichkeit des Zwangs, dem der offene Widerstand der Gezwungenen entspricht. Das Angebot ist ›Oktroi‹, bewußt erfahrener Oktroi. Darin unterscheidet sich der Bericht des alten Awi weder von denen, die die orale Tradition aufbewahrt haben, noch von denen, die von anderen Zeitzeugen wie z.B. dem aufmerksamen Heinrich Klose gegeben worden sind.[2] Gleichermaßen ist die achtzehnjährige Eroberungsgeschichte der späteren Kolonie eine Geschichte der Kämpfe, in denen vor allen anderen die akephalen Gesellschaften von Zentral- und Nordtogo dem Schicksal zu entgehen suchten, daß ihnen »das Gesetz« aus der Hand genommen wird.

Selbst wenn sich der Oktroi des Gewaltmonopols zwischen entstehenden und entwickelten Rechtsordnungen nur graduell unterscheidet, ist es angebracht, diesen Unterschied konzeptuell und typologisch zum Ausdruck zu bringen. Ich nehme dabei einen Gedanken des amerikanischen Sozialhistorikers Charles Tilly (1986) auf. Die These Tillys lautet: Staatsbildung ist unser größtes Beispiel für organisiertes Verbrechen in der Form von ›Racketeering‹. ›Racketeering‹ ist eine Art von professioneller Kriminalität, in der eine Gruppe von Menschen eine andere Gruppe von Menschen (z. B. Kaufleute, Wirte, Bauunternehmer) in einem bestimmten lokalen Bereich erpreßt, indem sie den Opfern gegen Geldzahlungen ›Schutz‹ (z. B. ein ungestörtes Geschäft, streikfreies Arbeiten der Arbeiter) verspricht. Ein ›racketeer‹ ist jemand, der eine Bedrohung herstellt und dann für die Verringerung der Bedrohung einen Preis verlangt. Er ist jemand, der eine gewinnträchtige ›Schutz‹-Funktion einem widerstrebenden, aber schwachen Opfer aufzwingt.

Tillys These hat den europäischen Staatsbildungsvorgang vor Augen und beschreibt treffend den kolonialistischen Befriedungsvorgang – wenn wir einmal das Merkmal des Gewinnträchtigen nicht in einem engen ökonomischen Sinn verstehen. Der Anspruch auf das Gewaltmonopol der kolonialisti-

---

[2] Als z.B. die Douglas'sche geologische Expedition (vgl. P. Sebald, 1988: 192) unter der Führung von Heinrich Klose (1899: 462) im Frühjahr 1897 den Honoratioren von Bassar eröffnete, daß die Deutschen die Absicht hätten, in Bassar eine Station zu gründen, »auf dass jeder frei im Lande umherziehen und seinem Vorteil nachgehen könne«, waren die »Väter der Stadt« über dieses Ansinnen alles andere denn erfreut: Es »entstand ein gewaltiger Lärm und jeder wollte das Wort ergreifen. Dabei gestikulierte die wilde Gesellschaft mit Händen und Füssen und schrie derartig durcheinander, dass eine allgemeine Prügelei unvermeidlich schien. Sie seien die Väter der Stadt und wollten in ihrem Lande frei schalten und walten; niemand brauche sie zu bevormunden«.

schen deutschen Eroberer läuft als gewalttätiger Oktroi einer Schutz- und Streitregelungsfunktion nach außen und innen ab. Der Oktroi ist legitimitätslos aus der Sicht derer, die von dem neuartigen ›Schutz‹ betroffen sind, denen das ›Gesetz‹ entwunden wird, und die den ›Schutz‹ deshalb nicht annehmen wollen. Der Monopolisierungsvorgang der Gewalt beginnt als ›racket‹. Er ist ein willkürlicher, gewaltbestimmter Entmachtungsvorgang – mit dem Versprechen auf Entlastung.

Aber was ist dieses Versprechen? Zuerst einmal ist es eine Belastung (vgl. T. v. Trotha, 1986: 22), die in den Massakern der Polizeitruppe nur ihre äußerste und schreckenerregendste Grenze hat. Es bringt den Verlust der Möglichkeit, über das ›Gesetz‹ selbst bestimmen zu können, wie die Menschen im Angesicht der Polizeikolonne hellsichtig sehen. Das Versprechen kommt als Befehl. Aber anders als im Falle des ›racket‹ sind die Regeln, nach denen dieses ›Versprechen‹ eingelöst werden soll, ungewiß und fremd. Der aufgezwungene Schutz bringt für viele kein ›ruhiges Geschäft‹. Das »Wettrennen« um Flaggen und Verträge, in das Engländer, Franzosen und Deutsche noch bis zur Jahrhundertwende in Togo gründlich verstrickt waren, und die gleichzeitige ›Befriedung‹ der reklamierten Gebiete machten im Gegenteil erst die Routen und Märkte unsicher, die man zu befrieden vorgab. In diesem Sinne warf der Oberhäuptling von Yendi dem damaligen Stationsleiter von Kete Krachi, dem Stationsleiter Dr. Hans Gruner – nach den Worten Gruners – vor, »der Weiße sei es, der die Straßen unsicher mache« (zit. n. P. Sebald, 1988: 181).

Flüchten und Verstecken kennzeichnen das Verhalten der Menschen in den Gebieten, die die ersten Erfahrungen mit den kolonialen Eroberern gemacht haben und leidvoll erfahren mußten, daß die »Erschließungs«- und »kleineren Expeditionen« (G. Trierenberg, 1914: 76ff., 167ff.) der deutschen Eindringlinge sich von den vorkolonialen Raubzügen und Sklavenjagden oftmals nicht, sondern aufgrund des Einsatzes von modernen Kavallerie-Karabinern und in der Hauptsache des Maxim-Maschinengewehrs sogar zum grausigen Nachteil der Menschen unterschieden. Die Erzählung über das Massaker von Binaparba betont diesen Punkt. Das Nahen der Polizeitruppe löste Flüchten und Verstecken aus, Dörfer wurden der Zerstörung überlassen und auf Dauer verlassen, wenn sie die Bekanntschaft der »afrikanischen Landsknechte« in »Siegfriedsgestalt« (W. v. Rentzell, 1922: 171) gemacht hatten.

Darin stimmen die Beobachtungen des Expeditionsleiters Klose und des Polizeimeisters Gerlach[3] aus dem Jahre 1895 und die Erinnerungen des alten

---

[3] Der Polizeimeister Gerlach war Nachfolger des Feldwebels Julius v. Piotrowski und im Frühjahr 1895 aufgrund der Abwesenheit des kommandierenden Offiziers (Hans Georg v. Doering) Leiter der Polizeitruppe in der Verwaltungshauptstadt der Deutschen in Sébé. Sein Bericht stand im Zusammenhang einer »Strafexpedition« gegen die Bewohner der Region Tové, zu der die Polizeitruppe unter der Führung Gerlachs abkommandiert worden war (vgl. G. Trierenberg, 1914: 171ff.).

Tooli Windjim aus Nandouta[4] im Dezember 1980 überein. Heinrich Klose bemerkte (1899: 158f.), daß »das einst so schöne, große Negerdorf Klonu« ein »trauriges Beispiel« dafür ist, wie »schnell ein solcher Ort vollkommen verfällt und verwildert«, wenn er von seinen Bewohnern vor den herannahenden Truppen verlassen und seinem Schicksal überlassen wird. Das beredte Zeugnis des stummen Verletzten legten von diesem Schicksal die »einzelnen Mauern« ab, »welche von dem Brande verschont geblieben sind«, den die deutsche Polizeitruppe auf einer ihrer »kleineren Expeditionen« gelegt hatte. Der Polizeimeister Gerlach (zit. n. P. Sebald, 1988: 167) meinte in einem unveröffentlichten, amtlichen Bericht, daß die Bewohner der Region Tove »nur die Furcht vor den Soldaten forttreibe«, wobei »die Klage hauptsächlich gegen den Vorbeimarsch der Togo-Hinterland-Expedition und den Rückmarsch der Soldaten im Januar d. J.« gerichtet war. »Beide Male soll gegen Menschen und Eigentum sehr gesündigt worden sein. Die Afrikaner erklärten, daß ihnen nichts übrig bliebe, als ihre Dörfer zu verlassen.« Aber weder wie Klose, der angesichts der Zeichen der Gewalt meint, über die schnelle Vergänglichkeit menschlicher Mühen in einer unberührten üppigen tropischen Natur nachsinnen zu müssen, noch distanziert-konjunktivisch und doch bemerkenswert offen wie Gerlach, faßt Tooli Windjim bitter (zit. n. D. H.-K. Simtaro, 1982: 710) seine einschlägigen Kindheitserinnerungen und Erzählungen seines Vaters in den Worten zusammen: Die »Konkomba mochten überhaupt nicht das ungesittete und unmenschliche Benehmen der Soldaten der Djama.[5] Im Verlauf der zahlreichen unanständigen Einfälle in das Land haben diese verfluchten Eindringlinge die Töchter der Einheimischen geraubt, ihre Frauen vergewaltigt, die Dörfer von oben bis unten durchgekämmt und ausgeplündert. Sobald die Dorfbewohner von einem bevorstehenden Durchmarsch der Djama wußten ..., brachten sie ihre Familien weg, um auf den Feldern oder in den Flußbetten Zuflucht zu suchen, die zum Zeitpunkt all dieser Gefechte Hochwasser hatten.«

Vor allem in den Augen der Menschen in akephalen Gesellschaften ist am Beginn der Durchsetzung des Anspruchs auf das Gewaltmonopol die ›Schutz‹-Garantie der neuen Herren zu Recht nur ein beschönigendes Geschwätz für die ›Garantie‹ der gewalttätigen Erpressung und Unterwerfung unter eine Ordnung, die zu fürchten ist und die man verachtet.

Exkurs über Gewalt, Massaker und das staatliche Gewaltmonopol

Der Anspruch auf das Gewaltmonopol kommt in der Grundform des Rechts, von Entmachtung und Entlastung (vgl. T. v. Trotha, 1982: 19ff.). Entmachtung und Entla-

---

[4] Nandouta liegt etwa 25 km südwestlich von Guérin-Kouka, nahe der Grenze zu Ghana.

[5] »Djama« ist die noch heute gebräuchliche, aus dem Englischen (»German«, »Germans«) gebildete Bezeichnung für Deutsche.

stung stehen in einem genetischen Zusammenhang. Die Entmachtung ist das »Prius«. Am Anfang stehen Gewalt und die Drohung mit der Gewalt. In diesem Sinne ist es zutreffend zu sagen, daß Macht, genauer Gewalt und die Drohung mit Gewalt, vor Recht geht.

Das belegt selbstverständlich nicht irgendeine Behauptung des Inhalts, daß im ›wirklichen Leben‹ – oder gar gleich ›in Wahrheit‹ – nicht das Recht, sondern die ›nackte Macht‹ regiert. Aber es belegt das Grundproblem der Gewaltbegrenzung, das sich mit dem Gewaltmonopol und im Vorgang der Monopolisierung der Gewalt in zweierlei Weise verschärft (zum folgenden vgl. besonders H. Popitz, 1992: 43ff.).

Erstens: Die Begrenzung der Gewalt führt zur Gewalt zurück. Um Gewalt einzudämmen, müssen die Menschen und Einrichtungen, denen die Aufgabe obliegt, selbst wieder gewaltfähig sein. Die Gewaltbegrenzung ist ein Teufelskreis von Gewalt und Gegengewalt.

Wir kennen zwei grundsätzliche Lösungen der Gewaltbegrenzung, die sich auf unterschiedliche Weise desselben Mittels, des Schreckens der Gewalt, bedienen (vgl. T. v. Trotha, 1987: 106ff.; 1986: 1ff., 80). Die eine Lösung ist die Ordnung der Selbsthilfe, in der die Gewalt durch ein Gleichgewicht des Schreckens gebändigt werden soll. Hier ist jeder streitenden Partei grundsätzlich der Rückgriff auf die gewaltsame Selbsthilfe möglich und im Falle von tödlich verlaufenden Auseinandersetzungen sogar häufig – z.B. in der Verpflichtung zur Blutrache – geboten. Die andere Lösung ist das staatliche Gewaltmonopol, das die Gewalt durch die Schaffung eines unüberwindbaren Ungleichgewichts zu bannen sucht, das zwischen der staatlichen Ordnungsmacht und allen anderen ›Tätern‹ und ›Aggressoren‹ im Innern und nach außen besteht. Dem Gewaltmonopol soll keiner und ist im ›Normalfalle‹ keiner gewachsen. Der Gewaltmonopolist vermag grundsätzlich nach innen und nach außen das Leben aller zu bedrohen.

Zweitens: Am Beginn des staatlichen Gewaltmonopols stellt sich die Aufgabe der Monopolisierung nicht anders als die jeder Eroberung, die auf dauerhafte Herrschaftsverhältnisse angelegt ist. Wie der Eroberer beweist sich das staatliche Gewaltmonopol dadurch, daß ihm keiner gewachsen ist. Die Folge ist zwingend. Der Beweis muß glaubhaft erbracht werden.

Eines der üblichen Mittel, den Gegner von der Überlegenheit der gegen ihn gerichteten Waffen zu überzeugen, ist die Vorführung der Überlegenheit, ohne schon den todbringenden Angriff zu führen. Das mag durch den Aufmarsch der überlegenen Masse der Krieger oder durch die theatralische Vorführung der überlegenen Kriegstechnik geschehen. Ohne über überlegene Kriegermassen zu verfügen, war es bei den deutschen Eroberern beliebt, mit Vorführungen der Waffentechnik zu überzeugen. Demonstrationen des Armeerepetiergewehrs und vor allen Dingen des Maschinengewehrs dienten sowohl dazu, beim ersten Zusammentreffen mit Afrikanern das ›Angebot‹ des »Salzes« überzeugender zu machen, als auch wiederholt im Verlauf der ganzen Kolonialzeit die Gewaltfähigkeit derer in Erinnerung zu bringen, die nun das »Gesetz« in die Hand genommen hatten.[6]

---

[6] Um sich Achtung zu verschaffen, führte z.B. Hauptmann Erich Kling auf seinen Zügen in das »Hinterland« von Togo »die den Eingeborenen sehr erstaunliche Wirkung des Armeerepetier Gewehres« vor. Er schoß »zur Probe große Löcher in die dicken Lehmwände der Hütten« (A. Fhr. von Danckelman, 1893: 316). Noch aus dem Jahre 1910 berichtete der Missionsarzt Dr. Rudolf Fisch (1911: 142) über seinen Aufenthalt im Bezirksamt von Sansanné-Mango: »Auch das Maschinengewehr legte

Kern des Monopolisierungsvorgangs ist der blutige Beweis der Überlegenheit. Der Anspruch auf das Gewaltmonopol bringt erst einmal die Gewalt hervor, die er zu beseitigen beansprucht. Unter den anfänglichen Bedingungen des Monopolisierungsvorgangs ist der Beweis der überlegenen Gewaltfähigkeit auf vernichtende Aktionsmacht gerichtet, denn er wird nicht zuletzt im Massaker erbracht. Das Gemetzel ist üblicherweise ein Teil des »Prius« der Gewalt – in Togo nicht anders als anderswo, wie nicht nur das erwähnte Massaker von Binaparba unterstreicht und die Beschreibung der »Befriedungsfeldzüge«« in der Studie von Peter Sebald (1988: 194ff.) festhält.

Drei Zusammenhänge verbinden sich, um dem Massaker einen systematischen Ort am Beginn des Monopolisierungsvorgangs zu geben: die Ökonomie der Gewalt, die Ohnmacht der Eroberer und die Notwendigkeit der Drohung, die Herrschaft zu begründen vermag.

Angesichts knapper Ressourcen ist Gewalt unter herrschaftssoziologischen Gesichtspunkten ein sehr ökonomisches Herrschaftsmittel. Gewalt überzeugt. Ihr Zeugnis ist über-mächtig. Da gibt es nichts zu deuten. Die Welt ist im Augenblick von Sieg und Niederlage säuberlich geordnet. Sie ist einfach und übersichtlich. Es gibt keine Verständigungsschwierigkeiten. Die ›Sprache der Gewalt‹ braucht keine Übersetzung – und das in einer Welt, in der die kolonialen Eroberer in den meisten Begegnungen mit Afrikanern sich nur in Begleitung und mit Hilfe von Dolmetschern verständlich machen konnten. In der ›Sprache der Gewalt‹ können sich die Eroberer unmittelbar ausdrücken und dürfen sich ebenso unmittelbar verstanden wissen. Gewalt ›entlastet‹ von ›Sprachproblemen‹.

Überlegene Gewalt überzeugt ohne Legitimitätsgründe, die außerhalb ihrer liegen. Überlegene Gewalt rechtfertigt sich durch ihre Tatsächlichkeit und ihre Überlegenheit selbst. Gewalt, vor allem anderen die Macht zu töten, ist so zweifelsfrei wirklich wie die Natur, zu der sie als ein Naturereignis, das sie, indem sie verletzt, auch ist, zugehört. Überlegene Gewalt ist so zweifelsfrei überlegen wie der herrische Befehl des Siegers und der gebeugte Körper des fügsamen Besiegten. Die überlegene Verletzungsfähigkeit ist überwältigend überlegen, weil sie keinen Ausgleich kennt. Die Überlegenheit ist absolut, weil das Absolute in dieser Welt, den Tod, ins Werk setzen kann. Die überlegene Verletzungsfähigkeit ist überwältigend überlegen, weil die sich selbst rechtfertigende Evidenz der Natur zur Evidenz des ›natürlichen‹ Verhältnisses zwischen Sieger und Besiegtem wird. Legitimationen sind Antworten auf Fragen. Überlegene Gewalt überzeugt, weil »es« gar keine Fragen mehr gibt. Der Tod ist stumm, der Überlebende schickt sich in das ›unvermeidliche Schicksal‹, dem ›frechen Maul‹ unter den Besiegten wird ›das Maul gestopft‹, der Sieger stellt keine Fragen, sondern ordnet an.

»Gewalt ist die *ordnungsstiftende* Erfahrung schlechthin« (H. Popitz, 1992: 61; Herv. i. Orig.). Sie ist es nicht nur, weil Gewalt das Motiv für die Errichtung von Ordnung liefert und als »›Eigengewalt der Ordnung‹« (ebda, S. 63) die Ordnung gegen ›ihre Feinde‹ aufrechterhält, wie Popitz zu Recht beobachtet. Als überlegene Gewalt schafft Gewalt Ordnung und ist sie Ordnungserfahrung. Sie schafft ›Ruhe‹. Sie braucht der Eroberer, um zu herrschen. Sie vermag er immer wieder herzustellen, solange er über

---

uns zu Ehren eine Probe ab, wozu die Vornehmen der Stadt eingeladen wurden.« Denn es waren natürlich die »Vornehmen der Stadt«, die beeindruckt werden sollten, weshalb auch das Abfeuern des Maschinengewehrs während der Dienstreisen des Gouverneurs zu den üblichen zeremoniellen Praktiken der ›Militärparade‹ gehörte (vgl. P. Sebald, 1988: 278).

überlegene Gewaltmittel verfügt. Die überlegene Gewalt löscht alle Zweifel über die Wirklichkeit und unseren Ort darin. Der Besiegte ist jetzt Besiegter und weiß sich unterlegen. Der Sieger ist Sieger und weiß sich überlegen. Die Gewalt, die ›Ordnung schafft‹, wird zur Erfahrung jener grundlegenden Ordnungssicherheit, aus der »der Ordnungswert der Ordnung als Basislegitimität« (H. Popitz, 1992: 221) erwächst. Die überlegene Gewalt läßt aus dem Chaos der Vernichtung, das sie selbst entfesselt hat, die Ordnung entstehen. Weil die Gewalt die Ordnung zerstört und sie (wieder-) erstehen läßt, beweist sie jene gottähnliche Kraft, die in den Ursprungs- und Herrschaftsmythen der Mächtigen verherrlicht wird – deren gespannte und ergötzte Zuhörerschaft vor allem die Mächtigen selbst wieder sind. Die überlegene Gewalt ist die ordnungsstiftende Erfahrung, weil sie die Ordnung sowohl zerstören als auch herstellen und aufrechterhalten kann.

»(D)ie Todesgefährlichkeit von Herrschaft (ist – TT) in der Regel die zuverlässigste aller Bestandsgarantien« (H. Popitz, 1992: 54; vgl. auch N. Machiavelli, 1961: 100ff.). Keine Herrschaftsordnung entsagt der Todesdrohung. Jede setzt auf die Angst der Beherrschten, bei Widerstand gegen die herrschende Gewalt getötet zu werden. Die Angst verläßt die Menschen nie. Dem »Prius« der Gewalt entspricht das »Prius« der Angst. Augenfällig ist dies am Beispiel des kolonialen Eroberers. Er setzt mit der Alternative »Salz oder Paprika« auf die Angst vor seiner todesgefährlichen Drohung. Dort, wo diese Angst überwunden und der Widerstand gewagt wird, zeigt der Eroberer anschließend, daß er die Menschen ›das Fürchten lehren kann‹.

Gewalt beschränkt sich niemals auf die physische Verletzung des Menschen. Sie trifft immer auch die Person. Überlegene Gewalt erniedrigt den Besiegten und preist den Sieger. Gegenüber dem Unterlegenen ist Gewalt eine Waffe der psychologischen Verletzung. Sie schlägt um so größere Wunden, je mehr sie Strafcharakter annimmt. Vor allem erniedrigt Gewalt den Schwächeren. Der Beweis überlegener Gewalt ist eine Degradierungszeremonie (vgl. H. Garfinkel, 1976). Dem Sieger ausgeliefert, wird der gewaltsam besiegte Mensch wieder in den unselbständigen Status des (Klein-)Kindes gezwungen, das ›auf Gedeih und Verderb‹ vom Willen anderer abhängig ist – und demgemäß gehört es zu Erniedrigungspraktiken von Siegern, die Besiegten Dinge tun zu lassen, in denen sie als große, unmündige ›Kinder‹ erscheinen. Die Erniedrigung durch Gewalt hat zumindest im Augenblick des Sieges den Charakter des Endgültigen, weil der Sieger das Endgültige, den Tod, herbeigeführt hat und wieder herbeiführen kann. Die Überlegenheit des Siegers ist absolut. Der Besiegte ist ausweglos dieser Überlegenheit ausgeliefert – solange er nicht ebenfalls das Absolute in die Hand nimmt und sein Leben wagt. Nichts kann der Besiegte ins Feld führen. Er ist zum Bettler geworden. Was immer der Besiegte im Augenblick des Sieges tut und erhält, es ist ›von des Siegers Gnaden‹.

Die Ausweglosigkeit des Besiegten und die absolute Überlegenheit des Siegers wird zur Quelle der Rechtfertigung des Siegers und seiner Herrschaft. Die Erniedrigung des Schwächeren wird die Lobpreisung des Erniedrigers: »Aus Todesangst kann ... demütige Ehrfurcht vor dem Tötenden entstehen, eine Anerkennung der unermeßlichen Überlegenheit des Siegers, der den Kampf um Leben und Tod gewonnen hat und immer gewinnen wird. ... Die Vollkommenheit der Macht erweist die Vollkommenheit der Person wie die Vollkommenheit der so garantierten Ordnung« (H. Popitz, 1992: 54f.).

Nicht zu vergessen ist, daß sich die Gewalt in denjenigen Auswirkungen als sehr ökonomisch erweist, die am augenfälligsten sind: die erschlagenen Menschen, die zerstörten Wohnstätten, die verwüsteten Felder, die ausgeraubten Erntespeicher. Sie vernichtet die menschlichen und materiellen Ressourcen, die eine erfolgreiche Verteidigung der Angegriffenen und Widerstand möglich machen. ›Feldherren‹ halten es in ihren Berichten fest, die in ihrer stilistischen Verbindung von mehr oder minder unterschwelliger Prahlerei und soldatischer Knappheit die instrumentelle und ökonomische Eigenschaft der Gewalt hervorheben. So heißt es zum Beispiel in dem Bericht des Leutnants Valentin von Massow über seine »Strafexpedition« gegen die Konkomba im Spätherbst und Winter 1897 (zit. n. P. Sebald, 1988: 194): »Auch das Maxim-Geschütz trat hier und da in Tätigkeit. ... Im ganzen habe ich cirka 40–50 Ortschaften eingeäschert, so viel als möglich Farmen zerstört, ca. 300 Stück Rindvieh und 100–200 Schafe fortgetrieben«. Berichte dieser Art sind für die Zeit der ›Pazifizierung‹ kennzeichnend.

Die facettenreiche Ökonomie der Gewalt ist für einen Eroberer um so anziehender, je weniger Herrschaftsmittel er selbst in der Hand hat. In dieser Hinsicht war die Lage der Deutschen alles andere denn ermutigend. Das gilt vor allem mit Blick auf die geringe Zahl der Eroberer.

Die Zahl der Eroberer war in Togo während der ›Pazifizierungsphase‹ extrem klein. Bis zum Jahr 1900 betrug die Zahl der deutschen Beamten gerade 42 (s. Anhang, Tab. 2). Das wichtigste Instrument der ›Pazifizierung‹, die Polizeitruppe, war bis Anfang der 90er Jahre wenig beeindruckend, wenn man auf ihre Mannschaftsstärke und Zuverlässigkeit blickt. 1889 umfaßte sie 35 Mann, die jedoch, wie der Landeshauptmann Eugen v. Zimmerer in einem Bericht an Bismarck meinte, »in der Hauptsache mehr zum Staate als zu irgend einem praktischen Zwecke da« seien (zit. n. P. Sebald, 1988: 97). Zu ihrer Zuverlässigkeit bemerkte Zimmerers Nachfolger, Jesko v. Puttkamer, daß sie nicht einmal im Frieden als Soldaten zu gebrauchen seien, »geschweige denn bei ernsteren Affairen« (ebda). Puttkamer baute allerdings die Polizeitruppe bis Mitte der 90er Jahre kräftig aus. Aber noch im Jahre 1900 betrug die Mannschaftsstärke der gesamten Truppe [nach den Angaben des ehemaligen Amtsvorstehers von Lomé, Richard Küas (1939: 103)] nicht mehr als 250 Mann.

Bis 1900 hatte man das Netz der »Stationen« und »Posten« angelegt und ausgebaut, die die Lokalverwaltung beherbergten. Seine personelle Ausstattung war indes bescheiden. Die deutschen Beamten waren, zu zweit, selten zu dritt, meist mehr oder weniger auf sich allein gestellt. In dem rund einen Dutzend Haupt-, Nebenstationen und wichtigeren »Posten« mußten sie sich die 250 Polizeisoldaten zu ihrem Schutz, zur Niederhaltung der Einheimischen und für die Verwaltung teilen. Da Lomé und die großen und unsicheren Nordbezirke die meisten Soldaten beanspruchten, war manche Station, mancher Posten nur mit zwei oder drei Soldaten besetzt (z. B. Bassar, Banjéli, Bapuré). Ein gut ausgebautes Straßen- und Wegenetz gab es noch nicht, und das Transportwesen war von den Trägern und ihrer Rekrutierung abhängig. Auch beim Sieg über die Kabiyé blieb, wie der alte Awi berichtete, den Siegern nichts Eindrucksvolles zu tun übrig. Sie setzten »Häuptlinge« in einer Ordnung ein, die, wie die der Kabiyé, diese Einrichtung im Sinne der Vorstellung der Eroberer nicht besaßen. Sie forderten die Besiegten auf, sich mit Streitigkeiten an eine Verwaltung zu wenden, deren Sitz weit entfernt und nur auf beschwerlichen Wegen zu erreichen war. Von vornherein waren also Zweifel angebracht, was dieser »Häuptling« und dieses Streitregelungs-›angebot‹ Nennenswertes bewirken sollten. Die Liste der ›Defizite‹ läßt sich beliebig verlängern.

Nur eines war zweifelsfrei und im Vergleich zu den Möglichkeiten der Afrikaner nicht ›defizitär‹: die Feuerkraft der Waffen und die militärische Organisation dieser Feuerkraft. Sie sollten voll genutzt werden und das um so mehr, als es nicht darum ging, diesen oder jenen Raubzug durchzuführen. Es galt, die Fähigkeit zu vernichtender Gewalt in eine glaubhafte Drohung vernichtender Gewalt umzusetzen, die die Fügsamkeit der Besiegten nicht nur auf längere Zeiträume, sondern vor allen Dingen bei Abwesenheit der neuen Herrscher gewährleisten konnte. Es sollte eine Drohung sein, die allen äußersten Mängeln der Herrschaftsmöglichkeiten trotzte. Die Gewalt sollte so fürchterlich sein, wie die Ohnmacht der Eroberer groß war, und die Drohung lange glaubhaft sein sollte.

Das Massaker ist die Antwort auf diese Problemlage. Das Massaker ist nicht ›pathologisch‹. Das Massaker ist der Normalfall der Eroberung und ›Pazifizierung‹ von bäuerlichen Gesellschaften.[7] Das Massaker teilt die Merkmale der Gewalt in einer Weise, daß die Gewaltdrohung glaubhaft wird, auf der die dauerhaften Machtbeziehungen begründet werden sollen, und die neue Rechtsordnung entstehen kann.

Den Kern des Massakers bilden drei Elemente: die Todesgefährlichkeit der Herrschaft, die kollektive Erniedrigung und Vereinheitlichung der Besiegten und Bedrohten und die Selbstverherrlichung der Gewalttäter.

Zweifellos steht im Mittelpunkt des Massakers die Todesgefahr, die von den neuen Herren ausgeht und jedem Widerstand vorbeugen soll. Diese Todesgefahr ist unmittelbar gegenwärtig und Ausdruck einer solch gesteigerten Zerstörungskraft, vor der selbst die ungewöhnlichen und schrecklichen Zerstörungskräfte der bekannten kriegerischen Auseinandersetzungen noch gewöhnlich erscheinen. Die schonungslose Grausamkeit und unübersehbare Zerstörung sollen sich tief in die Sinne der Menschen eingraben, die gerade in schriftlosen Kulturen so wach sind. Trotz aller Hindernisse der Nachrichtenübermittlung soll das Massaker allen davon künden, daß Widerstand sinnlos ist. Für Generationen soll das Massaker als beständige Mahnung im Gedächtnis der Menschen bleiben – wovon die orale Tradition, wie gezeigt, beredtes Zeugnis ablegt.

Das Massaker ist die Steigerung der kollektiven Erniedrigung, die kriegerische Niederlagen erzielen. Die verächtliche Gleichgültigkeit gegenüber allem, was das Opfer ist und darstellt, wird hier bis über die äußerste Grenze hinaus unter Beweis gestellt. Unterschiedslos und verdinglicht werden die Menschen und die Sachen, die sie geschaffen haben, in einem Akt zügelloser Gewalt vernichtet, der nur in dem Sinne ›sinnlos‹ genannt werden kann, daß er den Opfern jeglichen Sinn und jegliche Sinne abspricht. In den schon erwähnten Berichten des Leutnants von Massow heißt es dementsprechend (zit. n. P. Sebald, 1988: 199): »Hierbei (bei einem Feldzug im Gebiet der Kabiyé und ›Losso‹ zu Beginn des Jahres 1898 – TT) bewährte sich das Maxim-Geschütz vorzüglich . . . . Auf 1800–2000 Meter tötete es unter den total verdutzten, nur an Fetisch glaubenden Eingeborenen . . . im Umsehen 10 und verwundete viele andere.«

Das Massaker ist Ankündigung und äußerste Verdichtung einer Herrschaft der »kolonialen Situation« (George Balandier, 1982: 3 ff.). Der unüberbrückbare Gegensatz zwischen Herrschenden und Beherrschten ist hier bis zum Äußersten des existentiellen Gegensatzes von Leben und Tod getrieben. Die Anmaßung der Herrschenden, über die Beherrschten bedingungslos verfügen zu können, ist in der tödlichen Gewalt bis zum Willen auf vollkommene Verfügbarkeit radikalisiert. Ausweg aus der Verständigungsunfähigkeit wird hier die unmißverständliche ›Sprache der Gewalt‹. Die Verständnislosigkeit der Eroberer und Herrschenden und die Vereinheitlichung der Beherrschten sind in der unterschiedslosen tödlichen Verdinglichung beispielhaft, der Alt

---

[7] ›Normalfall‹ ist hier nicht in einem quantitativen, sondern im Durkheim'schen Sinne gemeint (1965; 141 ff., bes. 157).

»Was wollt ihr, Salz oder Paprika?« 43

Polizeisoldaten beim Exerzieren auf der Station Sansanné-Mango, 1910

und Jung, Frauen und Männer in gleicher Weise zum Opfer fallen. Die unbedingte Überlegenheit der Herrschenden versichert sich an den zahllosen fliehenden, hilflosen, stürzenden und leidenden Menschen, die den unerbittlich geführten Waffen der kleinen Schar der Eroberer nicht zu entkommen vermögen. Die unaufhebbare Bedrohung, die für die Herrschenden aufgrund ihrer absolut verschwindend kleinen Zahl immer gegenwärtig ist, verkehrt sich im Augenblick des Massakers zum gewalttätigen Triumph einer um so wertvolleren ›Größe‹ und zur Quelle des selbstherrlichen Überlegenheitsbewußtseins der Eroberer.

Im Falle der kolonialistischen ›Pazifizierung‹ war die unerbittlich geführte Waffe das Maschinengewehr. Es stand gegen Pfeile, Schwerter, Vorder- und hin und wieder »Hinterlader aller Systeme« (R. Küas, 1939: 173), die die Afrikaner in den meisten gewaltsamen Auseinandersetzungen von vornherein zu Verlierern machten (vgl. D. R. Headricks, 1981: 83 ff.). Das Massaker war ein Maschinengewehrmassaker. Die Gewalt der kolonialistischen Eroberer war demnach eine Form von Gewalt, die Heinrich Popitz (1992: 66) »totale Gewalt« nennt: jenes »Syndrom von Handlungselementen«, die aus der »Verbindung der Glorifizierung ausgeübter Gewalt mit der Indifferenz gegen die Leiden des Opfers und der Technisierung des Gewaltvollzugs« hervorgehen.

Ich fasse zusammen. Gewaltbegrenzung ist ein Mechanismus der Entwicklung von ›Gegengewalt‹. In der staatlichen Lösung des Problems der Gewaltbegrenzung soll die ›Gegengewalt‹ monopolistisch und allen inneren wie äußeren Feinden überlegen sein. Das Gewaltmonopol ist dementsprechend zuerst der Anspruch auf unbedingte politische Überlegenheit, der durch den Beweis überlegener Gewaltfähigkeit gesichert wird. Bevor aus dem Gewaltmonopol im Prozeß der »Selbst-Domestizierung« (R. Thurnwald, 1934: 188) Recht und staatlicher ›Rechtsfrieden‹ werden, ist das Gewaltmonopol gewalttätige Politik und politische Gewalt. Die ›Gegengewalt‹ entwickelt sich in einem Vorgang, in dem staatliche Gewalt entfesselt wird. Das Massaker gehört systematisch dazu. In der kolonialistischen ›Pazifizierung‹ ist es im besonderen das Maschinengewehrmassaker, das den Beweis der überlegenen Gewaltfähigkeit zu erbringen hat. Die totale Gewalt ist »wohl immer das Prius« der kolonialen Herrschaft – obwohl sie sich nicht immer des Maschinengewehrs bedienen muß.

2. »Djama mit schwarzer Haut«: die Polizeitruppe

Die »Polizeitruppe« war Werkzeug der Eroberung, Pazifizierung und später der despotischen Verwaltung.

Der Aufbau der Polizeitruppe begann in nennenswerterem Umfang erst, als die deutschen Eroberer über die Küste hinaus in das Hinterland vordrangen und die Eroberung des Hinterlandes und die Pazifizierung Togos in Angriff nahmen. Der anfängliche Grundsatz bei der Rekrutierung von Polizeisoldaten entsprach ganz dem Eroberungscharakter der Herrschaftsbildung und dem Oktroi des Gewaltmonopols. Es waren die Fremden, die Entwurzelten, die Unterdrückten und Verarmten, die in die Polizeitruppe eintraten oder, wie so oft, von Sklavenhändlern abgekauft wurden. Staat und Recht, die mit den ›Asozialen‹ und ›Kriminellen‹ später mehr oder minder unnachsichtig umgehen werden, verdanken ihr Dasein den Außenseitern.

Die Eroberer sahen darauf, daß der Graben zwischen der Polizeitruppe und der Bevölkerung durch die Anwerbung islamisierter Afrikaner und durch die Vielfalt und fremde ethnische Zugehörigkeit der Polizeisoldaten möglichst tief und breit war (vgl. P. Sebald, 1988: 99; H. Klose, 1899: 42f.). Der Graben sollte jene Gleichgültigkeit gegenüber den Unterworfenen erzeugen und unterstützen, aus der die unbarmherzige Gewalttätigkeit möglich wird.[8] Umgekehrt sollte auf diese Weise die Loyalität der Angehörigen der »Truppe« für die deutschen Eroberer gestärkt werden.[9]

Die Desertion war zu Beginn des Aufbaus der Polizeitruppe gang und gäbe (vgl. R. Klose, 1899: 43f.). Das militärische Regime, das von den deutschen Offizieren und Unteroffizieren geführt wurde, war oftmals gnadenlos streng und hart, so daß es in zweierlei Weise über die Kräfte nicht weniger neu eingetretener Soldaten gehen konnte.

Zum einen gab es das Prügelunwesen. Beispielhaft wurde es von »Soso«, dem ostpreußischen Feldwebel Julius v. Piotrowski, in den ersten Jahren verkörpert. Piotrowski, der viel Alkohol trank und nicht zuletzt daran starb, verstand keinen Spaß, wie Richard Küas (1939: 171) berichtet. Im Umgang mit Afrikanern war »Twentyfive« sein beliebtestes Wort und »das einzige Englisch, was der Mann je mit seinen Schwarzen gesprochen hat« (ebda), obwohl Englisch die Verkehrssprache zwischen Deutschen und Afrikanern an der Küste war. »Twentyfive«, das bezeichnete die Anzahl der Prügelschläge, die überlicherweise für alles und jedes, das nicht nach dem Willen der Eroberer abgelaufen war, verhängt wurden. Demgemäß nannten die Afrikaner den Feldwebel von Piotrowski bald »Soso«, was in Ewé heißt: »Der, der viel haut« (vgl. P. Sebald, 1988: 97).

Zum anderen wurden die Afrikaner in der Truppe mit jener spezifisch modernen Disziplin konfrontiert, die seit der Ablösung des frühabsolutistischen Söldnerheeres die modernen Armeen charakterisiert.

Die kennzeichnenden Eigenheiten der modernen militärischen Disziplin sind (vgl. zum folgenden zusammenfassend F. Pohlmann, 1988: 46ff.), er-

---

[8] Der Kommandant des Kriegsschiffes »Hyäne« berichtete im Jahre 1890 über die neue »Hausa«-Truppe des Landeshauptmanns Jesko von Puttkamer (zit.n. P.Sebald, 1988: 98): »Die Eingeborenen wissend, daß die Hausa, sobald sie einmal Blut gesehen, alles selbst Weiber und Kinder töten und keine Schonung kennen, haben einen großen Respekt vor dieser Truppe.«
[9] In abgewandelter Form entsprach die Rekrutierungspraxis der Einsicht von Henner Hess (1977: 770), daß zentrale Herrschaftsinstanzen über Gefolgschaften gebildet werden, die sich aus den Wurzellosen zusammensetzen. Sie sind ohne Bindung an die ethnische Majorität und verdanken ihren Status und alle ansprechenderen Lebensaussichten ihrem ›Patron‹. Aber anders als in der ›klientären‹ Beziehung, die Hess in den Mittelpunkt stellt, war der Polizeisoldat nur bis und nach Ablauf seines ›Vertrages‹ ein ›freier‹ Mensch. Mit seinem Eintritt in die Truppe gab es außer in Form der Desertion kein Entkommen mehr. Eine vorzeitige Entlassung erfolgte nur auf dem Weg einer Bestrafung, was meist Kettenhaft, Zwangsarbeit und Prügel bedeutete (vgl. ANT FA3 / 1110: 97).

stens, das Prinzip von Befehl und Gehorsam, das keine konkurrierenden Grundsätze erlaubt und das Verhältnis zwischen ›Vorgesetzten‹ und ›Untergebenen‹ auf radikale Unterwerfung und Abhängigkeit ausrichtet. Es widerspricht den egalitären Ordnungsgrundsätzen der akephalen Gesellschaften und selbst denen einfacher Häuptlingtümer. Das schließt aber nicht aus, daß Mitglieder akephaler Gesellschaften sich gut der modernen militärischen Disziplin zu unterwerfen lernen. Die Deutschen hoben gern hervor, daß in späteren Jahren die Kabiyé, ›Losso‹ oder Bekpokpam zu den »brauchbarsten Soldaten« gehörten (DKL, 1920, Bd. 3: 76). Die Einübung der Disziplin kann hier sowohl an den kriegerischen Tugenden akephaler Gesellschaften wie an Autoritätsdispositionen anknüpfen, die alle ›traditionalen‹ Gesellschaften in ausgeprägter Weise über religiöse Ordnungsschemata und in den Alters- und Geschlechterbeziehungen auszubilden verstehen (vgl. u.a. jüngst R. M. Glassman, 1986, Bd. 2; M. Duval, 1985). Aber die Häufigkeit der Desertion sowohl während der Kolonialzeit als auch besonders mit dem Beginn des Ersten Weltkrieges ist ein Hinweis, daß die Disziplinierung durch das Verhältnis von Befehl und Gehorsam in Togo begrenzt geblieben ist.

Zweitens: Ohne Uniform gibt es keine Disziplin, wie Friedrich II. von Preußen treffend bemerkt hat (vgl. W. Sombart, 1969, Bd. I. 1.: 360). Die Uniform unterscheidet nicht nur die eigenen von den feindlichen Soldaten. Sie »vergleichheitlicht den einzelnen ... mit seinem Nebenmann« (F. Pohlmann, 1988: 47). Der Uniformierte ist ein verstaatlichter und auswechselbarer Mensch. Er ist ebenso ›Masse‹, wie die Uniform die Möglichkeit zu Massenbezug und Massenherstellung erlaubt. In der Uniform wird der einzelne den Zwecken des Ganzen unterworfen. In der Uniform ist der einzelne nicht mehr ›Krieger‹, sondern ein (noch) nicht mechanisiertes Teil einer Kriegsmaschine, in der er deshalb wie ein Maschinenteil eingepaßt werden muß und zu funktionieren hat.

Dennoch zeigte sich beim Umgang der Afrikaner mit den Uniformen, daß die disziplinierende Uniformierung während der deutschen Kolonialzeit begrenzt blieb. Zwar waren Uniformen sehr begehrt. Die Verstaatlichung des Menschen durch die Soldatenuniform bedeutete, daß die Uniformträger an der Macht, dem Ansehen und der Bedeutung staatlicher Herrschaft teilhaben, beziehungsweise im konkreten Fall ihre Vorteile aus der Überlegenheit und der Macht der deutschen Eroberer ziehen konnten. Der Uniformierte ›stellte‹ in der Tat ›etwas dar‹, vor allem auch in den überkommenen Kategorien des Ansehens, insofern die Uniform den Träger als Krieger auswies. Uniformen waren aber auch deswegen begehrt, weil sie sich bequem zu ganz anderen als ›amtlichen‹ Zwecken einsetzen ließen. Während der deutschen Kolonialzeit gab es immer wieder Klagen über Fälle, in denen mit dem Tragen und Vorzeigen von Uniformstücken Menschen betrogen und übervorteilt worden sind (vgl. L. Külz, 1906: 132; ANT FA3/2093: 223; AbT 4, 1909: 20) – und zwar noch außerhalb der Willkür und Gewalttätigkeit, die feste Bestandteile

der Aktivitäten von Angehörigen der Polizeitruppe waren. Das Gouvernement versuchte deshalb, mit einem Erlaß gegen den Mißbrauch militärischer Uniformen und Abzeichen vorzugehen (vgl. LGG, S. 611).
Drittens: Militärische Disziplin ist gewohnheitsmäßiges Gehorchen. Hergestellt wird dieser Gehorsam über einen systematischen Drill. Er reorganisiert den Körper. Er gestaltet die Bewegungsabläufe und die ›Haltung‹ neu. Auf der Grundlage eines Exerzierreglements zerlegt er Handlungsabläufe in ihre einzelnen Bestandteile und setzt sie nachher wieder in einer Weise zusammen, daß sie die kriegerische Wirksamkeit des Truppen-›organs‹ als ganzem höchstmöglich steigern. Dabei soll durch unablässiges Einüben der künstlichen Handlungsabläufe eine Natürlichkeit erreicht werden, die den natürlichen Reflexen analog ist. Im gedrillten Körper verbinden sich bewußtzweckvolle Künstlichkeit und instinkthaft-bewußtlose Reflexhaftigkeit. Drill ist die planvolle Verwandlung des Menschen in einen abgerichteten, fremdbestimmten Körper. Drill will nicht Gehorsam aus Einsicht, sondern er will ein inhaltlich gar nicht mehr bestimmtes Gehorchen um des Gehorchen willen. Drill will nicht Legitimität, sondern fraglosen Vollzug.

Gern berichten die kolonialliterarischen Erinnerungen vom Exerzieren der Polizeitruppe und den Anstrengungen, die die deutschen und afrikanischen Feldwebel und Unteroffiziere und die deutschen Offiziere unternommen haben, um »auf afrikanischem Boden« durch »tüchtigen Drill« aus »unsere(n)-neuen schwarzen Rekruten ... tüchtige(..) Soldaten zu machen« (H. Klose, 1899: 41). Man lobt das Erreichte und ergötzt sich an dem Bild, wenn am Morgen »die Truppe mit klingendem Spiel von dem Gouvernementsgebäude durch die Straßen der Stadt zum Exerzierplatz« zieht, »jung und alt« sich »bei dem Anblick unserer schwarzen Burschen« freut, Knaben dem Zug folgen und »dessen Exerzitien« nachahmen, »und auch die jungen Damen des Landes neugierig aus ihrem Versteck hinter den Palmenzweigen« hervorblicken und sich freuen, »wenn sie ihren Geliebten nach dem Takte der Musik stramm in den Reihen marschieren sehen« (ebda, S. 47). Aber schon in diesen Bildern versagte man sich nicht ganz die in Wohlwollen verpackte, leicht verächtliche Überheblichkeit. Denn, was man da für »schwarze Burschen« sah, das war trotz »vieler Geduld« und »erklecklichem Aufwand« noch weit entfernt von den deutschen »Stahlnaturen«, der deutschen Körpermaschine (vgl. dazu K. Theweleit, 1980: 158ff.). Man mokierte sich regelmäßig über die deutschen Exerzierkommandos im Munde afrikanischer Feldwebel (vgl. R. Küas, 1939: 102; W. v. Rentzell, 1922: 188f.; H. Klose, 1899: 41f.). Selbst wenn »der Paradenmarsch der Barfüßler ... sich immerhin sehen lassen kann« (R. Büttner, 1911: 91), »so sind diese Barfüssler«, was das Exerzieren anbetrifft, »allerdings im großen Nachteile unseren mit Fußbekleidung versehenen Truppen gegenüber, so daß das Marschieren und Kniedurchdrücken ihnen viele Mühe macht« (H. Klose, ebda, S. 45). Der Reichskommissar für Deutsch-Ostafrika, Hermann v. Wissmann, riet deshalb in seinen »Schilderungen und Ratschläge(n) zur Vorbereitung für den Aufenthalt und den Dienst in den Deutschen Schutzgebieten« (1895) davon ab, das »heimische Ausbildungsreglement« einfach zu übernehmen, was sich dadurch rechtfertigen lasse, daß die »Schutztruppen in Afrika ... vorläufig einen in jeder Beziehung schwächeren, tiefer stehenden Feind zu überwinden (haben – TT) als Europäische Truppen« (ebda, S. 58f.). Es war ein Feind, der noch nicht zur Körpermaschine umgebildet war, der manche Übung des Exerzierreglement deshalb einfach nicht verstand und dem sie daher zuwider war (ebda, S. 60). Vor allem aber ist sein Gehorsam noch von anderer Art. Zwar meinte Wissmann: »*Gehorsam* wird dem Neger, wenigstens dem Europäischen Vorgesetzten gegenüber, leicht, da er stets das Gefühl hat, daß der Europäer ein höher stehendes Wesen ist« (ebda, S. 63; Herv. i. Orig.). Aber dieser Gehorsam war problematisch, denn leicht ging er »in unsoldatische, sklavische Furcht« über (ebda). Der Gehorsam war nicht von jener reflexhaften, entpersönlichten, gefühllosen Art, die der moderne Drill zu erzeugen sucht. Gehorsam war hier noch auf Furcht gebaut – und diese Furcht kann die Polizeisoldaten dazu veranlassen, bei einer günstigen Gelegenheit die Flucht zu ergreifen.

Plagten die desertierenden Soldaten besonders in der Anfangsphase den Aufbau der Polizeitruppe, gelang es mit der Zeit, eine vergleichsweise beachtliche Stetigkeit in das Truppenpersonal hineinzubringen. Zum Beispiel gehörten im Jahre 1914 der Polizeitruppe von Sansanné-Mango mehr als ein Drittel der Soldaten seit der Jahrhundertwende, mehr als die Hälfte der Soldaten seit neun und mehr Jahren an.[10] Mit dieser Personalverstetigung ging eine Änderung der Rekrutierung einher. Zunehmend wurden junge Männer aus der Kolonie selbst für die Polizeitruppe gewonnen. Vor allem die »kriegsgewohnten Dagomba, Konkomba, Tschokossi und die Stämme des Transkaragebietes (Losso, Kabure)« fanden den Weg zur Polizeitruppe (DKL, 1920, Bd. 3: 76).

---

[10] Dienstzeiten von afrikanischen Soldaten in der deutschen Polizeitruppe im Bezirk von Sansanné-Mango*

Anzahl der Dienstjahre	Anzahl der Soldaten	abs. in %
16 Jahre und mehr	15	17
14–15	17	19
12–13	6	7
11	1	1
9–10	8	9
7–8	9	10
5–6	7	8
3–4	11	12
2	16	18

* zusammengestellt nach ANT FA1 / 108, 138f. Die Prozentangaben sind auf- und abgerundet.

Angeblich wurde aber die Regel beibehalten, die Soldaten nicht in ihren Heimatgebieten einzusetzen (vgl. P. Sebald, 1988: 282).[11]

Die Anziehungskraft, die die Polizeitruppe im Laufe der Jahre entwickelt hat, hatte im wesentlichen drei Gründe. Vorrangig war sicherlich die Bezahlung. Es war nicht viel, was man in der Polizeitruppe verdienen konnte, sofern man nur die Löhnung in Betracht zieht.[12] Aber die Polizeitruppe war nicht nur einer der wenigen Orte, wo man überhaupt und regelmäßig an Bargeld herankommen konnte, sondern sie bot die Gelegenheit, immer noch mehr zu verdienen, als in vielen anderen Handlanger- und Arbeitertätigkeiten zu gewinnen war.

Wie jede moderne Armee besaß die Polizeitruppe, zweitens, die Möglichkeit der Beförderung. Der junge Rekrut konnte hoffen, nach Verlängerung seines ersten fünfjährigen Dienstvertrages[13] zum Gefreiten befördert zu werden und im Verlauf der zweiten Dienstzeit eine der wenigen Unteroffiziersstellen zu ergattern. Auf diese Weise konnte er seinen Tageslohn als einfacher Soldat immerhin um 50% von 1 Mark auf 1,50 Mark steigern. Auch bot die Polizeitruppe die Möglichkeit, sich als Dolmetscher hervorzutun oder sich über die vielfältigen Verwaltungstätigkeiten, die zu verrichten waren, vielleicht für eine der Verwaltungsstellen zu empfehlen. Als Angestellter konnte man in ihnen schon nach einigen Dienstjahren erheblich mehr als ein Soldat verdienen.[14]

---

[11] Ich habe allerdings gewisse Zweifel an dieser Behauptung von Sebald. Denn gerade in den Nordbezirken rekrutierte man die Soldaten der Polizeitruppe aus der lokal ansässigen Bevölkerung. Ebenso betonten die Bezirksleiter den Einsatz von landeskundigen Soldaten, weil sie sie für den normalen Verwaltungsdienst brauchten. Dementsprechend sprach sich auf dem »Bezirketag« im März 1909 in Bassar der Chef von Sokodé-Bassar, Regierungsrat Herrmann Kersting, gegen die Verwendung von Soldaten aus anderen Schutzgebieten in Togo aus (vgl. R. 150 ANT FA3 / 3037, 149; vgl. auch R. Asmis, 1942: 62; G. Trierenberg, 1914: 64f.).

[12] Je nach Bezirk schwankte der Tageslohn für einen einfachen Soldaten zwischen vierzig Pfennig und einer Mark. Dazu kamen in allen Bezirken Alters- und in den Hinterlandbezirken Verpflegungszulagen, die allerdings für die einzelnen Soldaten auf den Tag bezogen nicht über Pfennigbeträge hinausgingen. Nach einem Jahr Dienstzeit verdiente ein einfacher Soldat üblicherweise eine Mark Tageslohn und die entsprechenden Zulagen (vgl. ANT FA1 / 108, 132ff.; LGG, 374). Diese Entlohnung entsprach in etwa dem Lohn, mit dem die Europäer ihre afrikanischen Träger abzufinden hatten (vgl. H. Klose, 1899: 156) oder der den Arbeitern gezahlt wurde, die beim Straßenbau oder für andere Arbeiten im Dienst der Verwaltung standen (vgl. D. H.-K. Simtaro, 1982: 740).

[13] Eine Mindestdienstzeit von fünf Jahren wurde allerdings erst im Jahre 1908 eingeführt (vgl. DKL, 1920, Bd. 3: 76).

[14] Ein Kanzlist, Dolmetscher, Setzer, Unterlehrer, Heilgehilfe, Gesundheitsaufseher oder Zollassistent verdiente z.B. im 6.Dienstjahr ein Drittel mehr als ein Soldat, dem es zum frühestmöglichen Zeitpunkt nach einer fünfjährigen Dienstzeit gelang, in eine Unteroffiziersstelle einzurücken (vgl. LGG, S. 373, 375ff.).

Die Mitgliedschaft in der Polizeitruppe bedeutete, drittens, nicht nur an der Eroberung und Pazifizierung Togos, sondern an der Herrschaft der deutschen Eroberer teilzuhaben. Brachten die Kriegszüge und »Polizeiaktionen« der Eroberung und Pazifizierung mit ihren Plünderungen und Grausamkeiten die gemeinen Befriedigungen der »Landsknechtschaft« (R. Küas, 1939: 102; W. von Rentzell, 1922: 145 ff.) und räuberischen Reichtum, so erfüllte man mit der Etablierung der deutschen Herrschaft Schlüsselaufgaben der Verwaltung, die in nicht wenigen Fällen die Ausbeutung des »Landsknechtlebens« der Anfangsjahre fortzusetzen erlaubte.

Wenn Max Weber (1972: 545 f.) bemerkt, daß Herrschaft im Alltag die Form der Verwaltung hat, dann ist mit Blick auf die deutsche Kolonialherrschaft in Togo die Bemerkung dahingehend zu ergänzen, daß die Verwaltung zuallererst in der Gestalt von Soldaten gegenwärtig ist. Kolonialherrschaft ist eine Form von militärischer Herrschaft – selbst wenn wie in Togo die Soldaten später offiziell »Polizisten« hießen.

Vor allem im »Hinterland« und »Busch« waren die Soldaten die Boten und Vertreter der Verwaltung. Soldaten bewachten die Eisenbahn- und Straßenarbeiter, holten die Steuerarbeiter zur Arbeit und fingen die flüchtenden Arbeiter ein. Soldaten beförderten Kranke und brachten Gefangene vor das Tribunal des Bezirksleiters. Sie kontrollierten Steuerpflichtige und Grenzgänger, begleiteten die Reiseärzte der Schlafkrankheitskommission und wachten über deren Träger. Sie überbrachten den Häuptlingen Anordnungen des Bezirksleiters und versahen einen Teil der Verwaltungstätigkeiten im Bezirksamt (vgl. dazu P. Sebald, 1988: 277 ff.; A. J. Knoll, 1978: 54 ff.; R. Asmis, 1942: 60 f.; G. Trierenberg, 1914: 65; ANT FA1/108: 132; ANT FA3/2093: 54; R 150 ANT FA3/3037: 33 ff., 149).

Für die Afrikaner in ihren Dörfern und Weilern waren die Soldaten die sichtbarsten und vorherrschenden Vertreter der Verwaltung. Es waren die »Djama mit schwarzer Haut« (D. H.-K. Simtaro, 1982: 713), in denen die Menschen die neue staatliche Herrschaft erfuhren. Diese Herrschaft bedeutete für sie zweierlei: Gewalt und Willkür. Die »Truppe«, das wichtigste Werkzeug zur Begründung und Aufrechterhaltung des Gewaltmonopols, säte Gewalt und Willkür. Die Geburtsstunde des Gewaltmonopols ist auch die Geburtsstunde der despotischen Verwaltung, in deren Mittelpunkt Soldaten stehen.

Noch heute spürt man in den Erinnerungen der Menschen die Angst, den Schrecken und etwas von dem einstigen Haß, die die soldatische Verwaltung ausgelöst hat. Sie werden aufbewahrt in Liedern[15] und in Erinnerungen, die in

---

[15] In einem der Lieder hieß es z. B. (D. H.-K. Simtaro, 1982: 728): »Die Soldaten sind stärker als wir; sie schlagen uns, sie mißhandeln uns, während wir arbeiten. Warum all diese Grausamkeiten? Seid gnädig, schlagt uns nicht so grausam! Warum mißhandelt Ihr uns so sehr? Verzeihung, mißhandelt uns nicht so sehr! Warum all diese Mißhandlungen! Seid gnädig, nicht so grausam! ... «

diesem Punkt so gegenwärtig erscheinen, als sei es gestern geschehen: »Ich habe die ›Djama‹ gut gekannt. Der Weiße war sehr stark! Es war sehr schwierig, eigentlich unmöglich, seinem Gesetz zu entkommen. Um die Wahrheit zu sagen, diejenigen, denen es durch Flucht gelang, sich den harten Arbeiten der ›Djama‹ zu entziehen, diejenigen haben in Wahrheit nichts gewonnen: die Soldaten kamen, um zu konfiszieren, und nahmen ihnen alle ihre Sachen und Güter weg (Schafe, Ziegen, Hühner und Perlhühner, Paprika, Hirse und Bohnen, etc. ...). Eines Tages requirierte mich ein Soldat, um ihm einen großen Käfig mit Hühnern und Perhühnern ins Nachbardorf zu tragen. Es war Geflügel, das er von den armen Bauern der Gegend geraubt hatte .... Ich konnte mich nicht weigern, noch konnte ich auf dem Weg entkommen: er folgte mir mit seinem Gewehr! ... Das waren grausame Kerle, diese Soldaten. Sie machten auf ihrem Weg alles nieder. Sie können sich nicht vorstellen, mein Freund, wie das in dieser Zeit damals war« (zit. n. D. H.-K. Simtaro, 1982, Bd. 2: 724).

Prügel regierte die Steuerarbeit. An der einen oder anderen Zollstation kam es durch die Grenzwächter »häufig zu Exzessen«, wenn die Grenzgänger angeblich »nicht gutwillig« den Zoll zahlen wollten. Gefangene wurden auf den Wegen zu den Stationen beim »Fluchtversuch« erschossen – eine Praxis, die immerhin so verbreitet war, daß der Gouverneur im Februar 1914 offen seine Zweifel an den angeblichen Fluchtversuchen äußerte und Maßnahmen ergriff, um dieser Praxis zu Leibe zu rücken. Der »Kratschimann« und »Vizefeldwebel Quassi« schwang sich zum despotischen Herrn seines Heimatdorfes auf und »bestrafte, liebte, erpreßte in ungezügelter Herzenslust«, bis ihm das Bezirksamt in den Arm fiel und sein Treiben beendete. »Der Unteroffizier Tschafalu war der Schrecken der Mannschaft, der Eingeborenen des Bezirks und nicht zum wenigsten aller Missetäter der Station«, die er so unnachsichtig prügelte, daß der »Strafvollzug« nach dem fünften Hieb »aus Gründen der Menschlichkeit« abgebrochen werden mußte. Der alles andere als empfindliche Bezirksleiter von Sokodé, Kersting, bescheinigte im Mai 1904 den Soldaten der Polizeitruppe, daß es sich um »ganz gewöhnliche Vorkommnisse« handelte, »deren sich fast jeder Soldat oder Polizist, der einige Zeit unkontrolliert bleibt, schuldig macht, trotz aller Strafen und Ermahnungen«, wenn ein Soldat zum Beispiel den »Marktfrieden« störte und eine »Anzahl von Angehörigen« des Bezirks beraubte, die »Amtsgewalt zur Erpressung einer Kuh und zur Unterschlagung derselben« oder die Waffe mißbrauchte, und in der Folge die »Eingeborenen zu einem kriegsähnlichen Benehmen« aufgereizt wurden (zu diesem und den anderen Beispielen vgl. R. Verdier, P. Kitema, 1967a; F. F. Müller, 1962: 33; W. v. Rentzell, 1922: 182 ff., 192 ff.; H. Klose, 1899: 72; ANT FA1/211: 56; ANT FA3/3141: 1 f.; ANT FA3/4079: 8 f.; ANT FA3/4083: 8 ff.). Unter den Menschen, die mit den ›Ordnungskräften‹ schon Bekanntschaft gemacht hatten, war es ein verbreitetes Betragen, »in kopflosem Schrecken« die Flucht zu ergreifen, wenn sie der Soldaten nur ansichtig wurden (W. von Rentzell, 1922: 199). Später, nach dem Abzug und der Niederlage der Deutschen gegen die Kolonialtruppen der Alliierten hat die Bevölkerung mancherorts den Schrecken umgekehrt. Um der Strafe von seiten ihrer einstigen Opfer zu entgehen, flohen viele Soldaten an die englische Goldküste (vgl. D. H.-K. Simtaro, 1982, Bd. 2: 714f.).

Im Unterschied zu anderen deutschen Kolonien waren die Soldaten als Mitglieder der »Polizeitruppe« bzw. seit 1910 der »Landespolizei« ein Teil der Zivilverwaltung. Sie wurden dementsprechend über den Haushalt der Kolonie finanziert, was bedeutete, daß das Werkzeug der Eroberung und Herrschaft zu großen Teilen über Zölle und Steuerleistungen verschiedenster Art von den Eroberten und Beherrschten selbst bezahlt wurde. Mit Ausnahme eines 150 Mann starken Truppenkontingents in Lomé[16] unterstanden die

---

[16] In Lomé lagen die organisatorischen Verhältnisse etwas verwickelter. Zum einen gab es in Lomé die genannte 150 Mann starke »Truppe«. Sie unterstand direkt dem Gouvernement der Kolonie und wurde von sechs, später (seit 1910) sieben deutschen Offizieren und Unteroffizieren respektive Polizeiinspektoren und Polizeimeistern befehligt, denen sich noch ein Büchsenmacher zugesellte. Es gab immer Pläne, dieser Truppe den militärischen Status einer »Schutztruppe« zu geben. Daraus wurde jedoch nichts, weil man dann nicht darum herumgekommen wäre, eine kostspielige militärische Kommandogewalt und Verwaltung aufzubauen, die die vor allem aus Ostafrika sattsam bekannten Konflikte zwischen militärischer und ziviler Verwaltung mit sich gebracht hätte. Neben dieser gouvernementalen Polizeitruppe entwickelt sich im Laufe der Zeit eine ›zivile‹ Polizeieinheit, deren Mitglieder in den einschlägigen Verwaltungsberichten im Unterschied zu den Polizisten des Hinterlandes nicht mehr »Soldaten«, sondern »Polizisten« genannt wurden. Diese Einheit unterstand wie die Polizeieinheiten in den anderen Bezirken dem Bezirksleiter von Lomé-Stadt. Im Jahre 1914 war diese Einheit 35 Mann stark (vgl. ANT FA1 / 108, 133f.). In Lomé gab es mithin insgesamt 185 »Polizisten« und Polizeisoldaten.

Diese Zweiteilung der »Truppe« in Lomé macht es etwas schwierig, sich ein Bild davon zu machen, wieviel Polizisten jeweils wo zur Verfügung gestanden haben. Denn einerseits tat mancher der Unteroffiziere bzw. Polizeimeister der Truppe von Lomé seinen Dienst in einem »Hinterlandbezirk«, andererseits würden nur Spezialuntersuchungen, die womöglich ausschließlich militärgeschichtlichen Wert hätten, erbringen können, wieviel Abteilungen und andere kleinere Einheiten der Polizeitruppe Lomés vorübergehend in den Bezirken stationiert waren. Üblicherweise greifen die Darstellungen über die militärische bzw. (formell richtigerweise) ›polizeiliche‹ Schlagkraft der Bezirksverwaltungen auf die Angaben von Georg Trierenberg (1914: 67) zurück (vgl. jüngst wieder Peter Sebald, 1988: 279). Aber Trierenbergs Angaben sind aus zweierlei Gründen problematisch. Zum einen behauptete er fälschlicherweise (1914: 64f.), daß die Trennung zwischen »Polizeitruppe« und »örtlichem Polizeidienst«, wie sie für Lomé bestanden hat, für die ganze Kolonie Gültigkeit gehabt habe. Zum anderen ist es für mich nicht möglich gewesen, herauszufinden, wo Trierenberg die Zahlen entnommen hat, die über die Verteilung der Soldaten in den einzelnen Bezirken unterrichten. Nach meinen Unterlagen (ANT FA1 / 108, 121ff.) für das Jahr 1914 (das allerdings von dem Jahr, das Trierenberg zugrunde legte, wahrscheinlich abweicht, wenn man das

Einheiten der Polizeitruppe den einzelnen Leitern der Bezirke, den ›Stationsleitern‹, wie ich sie analytisch verallgemeinernd nenne. Die »Großherrscher«[17] von Sansanné-Mango und Sokodé geboten mit 90 bzw. 80 Soldaten über die größten Polizeikräfte.[18] Bedenkt man, wie relativ weniger Soldaten es bedurft hatte, um das Land zu unterwerfen und zu ›befrieden‹, dann waren diese Polizeisoldaten eine einigermaßen solide Machtgrundlage für die Stationsleiter. Die Stärke der Kontingente an Polizeisoldaten erlaubte es den Bezirksleitern, sowohl die Afrikaner zu beherrschen und zu verwalten, als auch sich gegenüber dem Gouvernement in Lomé zu behaupten, von dem man sich so wenig wie möglich hineinreden noch weniger hineinregieren lassen wollte. Über die dezentrale Ordnung der Polizeitruppe besaßen die Bezirkschefs in ihrer »Bezirkstruppe« (G. Trierenberg, 1914: 67) eine Einrichtung, die mit Ausnahme großräumigen und wohlorganisierten militärischen Widerstands allen Feindseligkeiten der Unterworfenen Herr werden konnte, ohne das Gouvernement in Lomé bemühen zu müssen. In Zeiten von Unruhen und Aufständen konnten die Bezirksleiter zusätzlich auf eigene Faust ihre Besatzungen durch Rekruteneinstellungen ergänzen (vgl. ebda, S. 66). Nach 1902 trat die Ausnahme des gefährlich werdenden Widerstandes jedoch nicht mehr auf,[19] so daß die Bezirksleiter in diesem Zusammenhang nicht in eine Abhän-

---

Veröffentlichungsdatum der Schrift von Trierenberg berücksichtigt) sah die Verteilung der Polizeitruppen ein wenig anders aus, ohne allerdings mit Ausnahme von Lomé das Bild wesentlich zu verändern. Die von mir aufgefundenen Daten sind in Tabelle 17 wiedergegeben.

[17] Diesen Ausdruck wählte Werner von Kentzell (1922: 156) für den Bezirksleiter von Sansanné-Mango bzw. gab ihn als Selbstbezeichnung des Bezirksleiters des nördlichen Verwaltungsbezirks aus.

[18] Das war sowohl im Vergleich zu Lomé wie im Vergleich zu modernen Verhältnissen sehr bescheiden. Immerhin war die Polizeidichte Sokodés und Sansanné-Mangos 18½-mal (ohne Einschluß der 150 Mann starken Polizeitruppe von Lomé; unter Einschluß dieser Truppe 99-mal) respektive mehr als 12-mal (ohne Einschluß der 150 Mann starken Polizeitruppe von Lomé; unter Einschluß dieser Truppe knapp 66-mal) geringer als die der Stadt Lomé und 12-mal bzw. 8-mal geringer als die der Bundesrepublik Deutschland im Jahre 1985.

Es ist unrichtig, wenn Peter Sebald (1988: 279) meint, daß wegen der Eisenbahnverbindungen in den Südbezirken die Truppenstärken geringer waren. Es zeigt sich im Gegenteil, daß (unter Einbeziehung des 150 Mann starken Kontingents in Lomé) die Polizeidichte im Süden am höchsten war, gefolgt von denjenigen Bezirken, in denen man besonders englischen und islamischen Einfluß zu erwarten hatte, d.h. in den Bezirken von Krachi und Sansanné-Mango (vgl. Anhang, Tab. 17).

[19] Die Jahresberichte ließen deshalb regelmäßig verlautbaren, daß »das Verhältnis zu den Eingeborenen ... auch in diesem Jahre befriedigend« gewesen sei und »Unruhen allgemeiner Natur, die ein kriegerisches Einschreiten erfordert hätten«, nicht vorgekommen seien (vgl. z.B. AJb 1909 / 10: 92). Diese Formulierungen sagen natürlich nichts über den kriegerischen Charakter des nicht »kriegerischen Einschreitens«, denn man wollte Reichstag und Öffentlichkeit im Deutschen Reich nicht unnötig aufhorchen

gigkeit von der Zentrale in Lomé gerieten. Die Polizeitruppe wurde und blieb das Werkzeug der Bezirkschefs für die Durchsetzung und Aufrechterhaltung der ›Binnenintermediarität‹ der Lokalverwaltung. Sie diente ihnen als Polizei, Militär, Justiz und allgemeine Verwaltung. Was der Bezirkschef für die Zentralregierung in ›seinem‹ Bezirk war (vgl G. Spittler, 1981: 55), waren die Polizeisoldaten für den Bezirksleiter: ›Mädchen für alles‹.

Obwohl die Polizeitruppe eine der Grundlagen der ›Binnenintermediarität‹ der Lokalverwaltung und mithin der Selbständigkeit der »Großherrscher« auf den Stationen und Bezirksämtern war, barg sie für die Bezirksleiter die Gefahr, daß die Mitglieder der Polizeitruppe sich in einem Maße verselbständigten, die mit den Aufgaben und Zielsetzungen der Bezirksleiter und der deutschen Verwaltung insgesamt nicht zu vereinbaren waren und selbst den Grundlagen der despotischen Ordnung widersprachen.

Wir können davon ausgehen, daß die Soldaten durch ihre vielfältigen Verwaltungsaufgaben im Hinterland in der Rolle von ›Maklern‹ hin und wieder in der Lage waren, Ansätze für die Position und Rolle des ›Mittlers‹ oder ›Patrons‹[20] in einem Klientelsystem zu entwickeln, wie man es in modernen ›Entwicklungsländern‹ vielfach beobachtet hat (vgl. zusammenfassend G. Spittler, 1977; s. auch S. W. Schmidt, J. C. Scott, C. Landé, L. Guasti, 1977) – ›Ansätze‹ nur deshalb, weil die staatliche Verwaltung institutionell und personell zu bescheiden war, um viel abzuwehren und zu protegieren. Aber als Grenzwächter, Steuerkontrolleure, Dolmetscher, Polizisten usw. waren die Polizeisoldaten so verortet, daß sie zwischen der lokalen Bevölkerung und den staatlichen Einrichtungen vermitteln konnten. Grundlage der Binnenintermediarität der lokalen Verwaltung war also eine Polizeitruppe, deren Mitglieder selbst wieder Teile einer Herrschaftsordnung der ›Makler‹- Beziehungen[21] zwischen der lokalen Bevölkerung und der lokalen Verwaltung waren. Auch wenn solche, durch ›Makler‹ vermittelte Beziehungen zwischen der Verwaltung und der Bevölkerung die Bezirksleiter in nicht unerheblichem Maße von den Polizeisoldaten abhängig gemacht hat, entstanden aus diesen

---

lassen. Aber es sagt immerhin so viel, daß die »Unbotmäßigkeiten« mit den vorhandenen lokalen Kräften beherrscht werden konnten.

[20] Ich unterscheide zwischen ›Makler‹ auf der einen und ›Patron‹ bzw. ›Mittler‹ (oder ›Mittelsmann‹) auf der anderen Seite. Im Unterschied zum Makler ist der Patron bzw. Mittler sowohl gegenüber dem Klienten wie von der staatlichen Verwaltung bzw. von dem Adressaten der Bitten, Gesuche, Anfragen usw. ökonomisch in dem Sinne unabhängig, daß seine Mittel zum Lebensunterhalt und sein persönliches Einkommen primär aus anderen Quellen kommen.

[21] In Fortsetzung der Unterscheidung zwischen Makler und Mittler unterscheide ich zwischen einer Herrschaft über ›Makler‹-Beziehungen (in wörtlicher Übersetzung des amerikanischen Begriffs ›broker‹) und ›intermediärer Herrschaft‹. Makler sind, wie der Name sagt, die Bindeglieder zwischen Verwaltung und lokaler Bevölkerung im Falle der Makler-Beziehungen. Im Falle der intermediären Herrschaft stehen die Patrone bzw. Mittler zwischen der Verwaltung und der lokalen Bevölkerung

Verselbständigungsvorgängen gleichzeitig verbindende Strukturen zwischen Eroberern und Eroberten.[22]

Anders gestalten sich Verselbständigungsvorgänge, wenn sie in der Form gewalttätiger Willkür und unmittelbarer persönlicher Bereicherung oder anderer persönlicher Gewinne den Graben zwischen der lokalen Verwaltung und der lokalen Bevölkerung unüberbrückbar zu machen drohen und vor allen Dingen den Herrschaftsanspruch der lokalen Verwaltung und der hauptstädtischen Zentrale selbst in Frage zu stellen beginnen. Dafür liefern die oben erwähnten Beispiele hinreichendes Anschauungsmaterial. Polizeisoldaten plünderten eigenmächtig, erschossen oder erschlugen aus welchen widerlichen oder banalen Gründen die ihnen anvertrauten Gefangenen oder warfen sich gar zu Herren einzelner Dörfer auf. Hier wurde die gewalttätige Willkür für die Bezirkschefs und die koloniale Herrschaftsordnung zweischneidig.

Auf der einen Seite ist die Willkür der Polizeisoldaten ein fester und nicht wegzudenkender Teil der despotischen Ordnung und setzt ein Verhalten fort, das in den kriegerischen und polizeilichen Aktionen unter der Führung der Stationsleiter oder nach ihren mehr oder minder ausdrücklichen Befehlen gezeigt und erwartet wird, wie Peter Sebald (1988: 281) zu Recht bemerkt. Die gewalttätige Willkür auf eigene Faust ist das alltägliche Äquivalent des Massakers und sie erlaubt, die Helfer des Eroberers materiell und psychologisch zufriedenzustellen und sie auf diese Weise an die Eroberer zu binden und ihre Ergebenheit gegenüber den Eroberern zu sichern.

Auf der anderen Seite ist die Willkür auf eigene Faust in mehrfacher Weise zur Herrschaft der Stationsleiter und zu den Zielen der Verwaltung gegenläufig.

Sie stellt, erstens, die Stationsleiter vor die Tatsache, die man das ›Kondottiere-Problem‹ nennen kann: Die Polizeisoldaten richten selbständig, eigenmächtig und auf eigene Rechnung Herrschaft ein. Anfänglich muß das nicht notwendigerweise in unmittelbarem Wettbewerb und unter Herausforderung der lokalen und zentralen Verwaltung geschehen. Ein ›Kondottiere‹ wird sich im Gegenteil zuerst im Windschatten der ›mächtigeren‹ Verwaltung ans Werk machen. Vor allem wird er versuchen, aus der Position und Rolle des Maklers in die des ›Patrons‹ beziehungsweise ›Mittlers‹ zu gelangen. Zugute kommt

---

Der wichtigste Gesichtspunkt für die Unterscheidungen ist der, daß Makler immer versuchen werden, zu Patronen zu werden, wohingegen die Verwaltung, soweit sie die finanziellen Ressourcen hat, dahin tendiert, aus Patronen Makler zu machen, wenn es ihr schon nicht gelingt, einen direkten Weg zur lokalen Bevölkerung zu gewinnen und sich als bürokratische Verwaltung einzurichten. Die Verwaltung wird also versuchen, die Patrone in die ökonomische Abhängigkeit von der staatlichen Verwaltung zu zwingen – ein Vorgang, den die Klientelsysteme moderner ›Entwicklungsländer‹ deutlich abbilden.

[22] Unter anderem drangen deshalb die Bezirksleiter darauf, landeskundige Polizeisoldaten zu rekrutieren.

ihm, daß für die lokale Verwaltung am Beginn ihrer Herrschaft nur der quantitative Aspekt des Kondottiere-Problems heikel ist. Die Tatsache, daß Polizeisoldaten und andere einheimische Mitglieder der Verwaltung selbständig, eigenmächtig und auf eigene Rechnung Herrschaft aufbauen, können und wollen die Stationsleiter nicht verhindern. Zum Einschreiten fordert sie das Kondottiere-Problem erst auf, wenn es ›ein gewisses Maß‹ überschreitet, das deshalb nicht objektivierbar ist, weil es das Ergebnis eines Konstitutionsvorganges ist, der um so personalisierter ist, je weniger die Herrschaft der lokalen Verwaltung institutionalisiert ist. Wann das Kondottiere-Problem zum ›Problem‹ wird, das bestimmen vor allen Dingen die Stationsleiter selbst – und forderten wie im Falle der Gefangenentötungen deshalb die Anfragen und Maßnahmen des Gouvernements in der kolonialen Zentrale heraus.

Das Kondottiere-Problem ist eng mit der Aufgabe der Polizeisoldaten verbunden, den Anspruch auf das Gewaltmonopol, den die Zentralregierung und ihre Lokalverwaltung geltend machen, im ›Busch‹ durchzusetzen und zu veralltäglichen. Für den Polizeisoldaten wird diese Aufgabe zur Quelle neuer Machtchancen gegenüber der lokalen Bevölkerung. Zu diesen Chancen gehört, daß er sich von der staatlichen Verwaltung unabhängig zu machen vermag. Das Kondottiere-Problem ist also eine typische Folge der Tatsache, daß die Kontrolle der Gewalt als Teufelskreis der Gewalt organisiert ist, in dem der Gewalt durch die Androhung und den Einsatz überlegener Gewalt Einhalt geboten wird. Die Vollstrecker dieser überlegenen Gewalt im ›Busch‹ sind die Polizeisoldaten – auch dann, wenn sie ›nur‹ die Befehle des Stationsleiters ausführen.

Tatsächlich handeln die Polizeisoldaten aber in vielen Fällen unabhängig von den Befehlen der staatlichen Verwaltungsspitze. Eigenmächtige Gewalt und Willkür der Ausführungsorgane staatlicher Herrschaft sind ein wesentlicher Bestandteil der despotischen Verwaltung. Sie schließen ein, daß sich das Problem des Anspruchs auf das Monopol der Gewalt auf der Ebene der lokalen Ausführungsorgane der zentralen Herrschaft erneut stellt. Man kann es das ›Monopolisierungsproblem zweiter Ordnung‹ nennen. Entsteht das ›Monopolisierungsproblem erster Ordnung‹ dort, wo der Racketeer des Gewaltmonopols innerhalb eines bestimmten Gebietes seinen monopolitischen Schutz zu oktroyieren versucht, stellt sich das ›Monopolisierungsproblem zweiter Ordnung‹ dann, wenn sich die Monopolisierungsanstrengungen auf den Monopolisten und seine Helfer selbst zu richten haben.

Monopolisierungsprobleme zweiter Ordnung kennt jedes staatliche Herrschaftsgebilde. Am Beginn der Staatsbildung sind sie indessen fortwährend in der Gestalt jener Polizeisoldaten gegenwärtig, die mit ihrer eigenmächtigen Gewalt dem Monopolanspruch des Staates Geltung verschaffen und mit derselben eigenmächtigen Gewalt dem Monopolanspruch des Staates auf zweierlei Weise gefährlich werden. Der eine Fall ist im Kondottiere-Problem benannt. Der Polizist tritt eines Tages aus dem Windschatten. Dann kann sich zeigen, daß man seiner nicht mehr ohne weiteres Herr wird. Der Polizeisoldat ist vielleicht zum grundbesitzenden Patron mit eigenen Soldaten, zum räuberischen Karawanenführer oder zum Befehlshaber einer Guerillaeinheit geworden.

Der zweite Fall ist für die augenblicklich Herrschenden weniger bedrohlich, aber gefährlich für den Anspruch auf das Gewaltmonopol. In diesem Fall provoziert das Monopolisierungsproblem zweiter Ordnung das Monopolisierungsproblem erster Ordnung. Die eigenmächtige Gewalttätigkeit der Polizeisoldaten verneint den Anspruch der Zentralregierung auf das Gewaltmonopol, indem sie stattdessen die gepeinigten Menschen dazu bringt, zu den Waffen zu greifen und ein »kriegsähnliches Benehmen« an den Tag zu legen, wie der Stationsleiter Kersting bemerkte. Aus diesem Grund war es Aufgabe der Stationsleiter, immer von neuem die nicht festlegbaren Grenzen zu markieren, die die erwartete, geförderte oder wenigstens geduldete gewalttätige Willkür von jener Willkür und Gewalt geschieden hat, die als Bedrohung des Anspruchs auf das Gewaltmonopol definiert wurde.

Zweischneidig ist die Willkür auf eigene Faust, weil sie, zweitens, die despotische Ordnung als ›Ordnung‹ fortwährend in Frage stellt. Das trifft bezeichnenderweise sowohl aus der Sicht der Herrschenden wie der Beherrschten zu. ›Sie machen, was sie wollen‹, sagen sinngemäß Herrscher und Beherrschte gleichermaßen, wenn die Polizeisoldaten »einige Zeit unkontrolliert« bleiben. Der Herrschende antwortet auf diese Einsicht, indem er den Polizeisoldaten ›Ordnung beibringt‹, ihnen die Regeln unordentlichen Verhaltens in der ordentlichen Unordnung des Despotismus lehrt.

Der Stationsleiter bedient sich hierbei einer Form (vgl. dazu P. Sebald, 1988: 281; W. von Rentzell, 1922: 192ff., 201ff.), in der beides zu seinem ›Recht‹ kommt: die gewalttätige Willkür und die Ordnung. Der Leiter einer Station antwortet auf das Verhalten des Polizeisoldaten, durch das die betroffenen Bauern und Händler zu einem »kriegsähnlichen Benehmen« aufgereizt werden, daß es fast wie eine Billigung aussieht. Lange Zeit unternimmt er nichts gegen Eigenmächtigkeiten und soldateskes Verhalten. Eines Tages macht er eine der vielen Eigenmächtigkeiten und Grausamkeiten zu einem ›Fall‹ – was allerdings nur gelegentlich dazu führt, daß der Missetäter ›fällt‹. Unmißverständlich wird indessen dargestellt, daß der Polizeisoldat nicht die Macht besitzt, die er zu besitzen vorgibt, daß er im Gegenteil ganz von seinem Herrn abhängt, der ihm jederzeit in den Arm fallen kann und fällt. Da zu gleicher Zeit ein Einschreiten des Stationsleiters nur in wenigen Fällen vorkommt und der Polizeisoldat in noch weniger Fällen mit einer Bestrafung rechnen muß, die wiederum vergleichsweise mild ist, setzt der Bezirksleiter auch die Willkür in ihr ›Recht‹.

Der Polizeisoldat wird also noch in gegensätzlichsten Handlungsweisen, in der Durchsetzung wie in der Gefährdung des Herrschaftsanspruchs der Eroberer und der von ihnen zu errichtenden Ordnung zum unverzichtbaren

Bestandteil des Despotismus. Er ist der Arm des lokalen Verwaltungschefs, der in die Dörfer und Weiler der Bauern hineinreicht. Mit den Mitteln der gewalttätigen Willkür lehrt er den Eroberten das Fürchten. Als Mitglied einer zu eigenmächtig gewordenen Soldateska, der der Bezirksleiter ›Ordnung beibringen‹ muß, ist der Polizeisoldat die Requisite einer Inszenierung, in der sich eine unordentliche Herrschaft als Ordnungsmacht in Szene setzt.

3. Stationen*

Der erste, der ein Stück Land verlangte und erhielt, ein festes Haus darauf baute, einen Soldaten oder Polizisten, eindrucksvoll bewaffnet, zur Bewachung des Hauses und zur Ausführung seiner Entscheidungen zurückließ, dreist den umstehenden Menschen befahl, die Anordnungen des Soldaten zu befolgen, denn sie seien Ausdruck des Willens des großmächtigen Herrschers in einer fernen Hauptstadt, einfältige, furchtsame oder gerissene Leute fand, die glaubten, diesem Befehl nachkommen zu sollen, und der, nachdem er das alles getan hatte, sich zur fernen Hauptstadt auf und davon machte, nicht ohne nachdrücklich zu betonen, daß er eines nicht fernen Tages zurückkommen werde, ist der wahre Begründer des Staates. Der Staat beginnt mit der Station.

Wollte man nach der hergebrachten Vorgehensweise von Historikern ein Ende der Eroberungs- und Befriedungs-›phase‹ für die deutsche Inbesitznahme Togos angeben, sie müßte daran ausgerichtet sein, wann die Grundzüge des Netzes der Stationen, d.h. der Verwaltungssitze, fertiggestellt waren. In der Terminierung kommt für Togo hierbei nichts Neues heraus. Die Grundzüge des Stationsnetzes waren um das Jahr 1900 ausgebildet, d.h. in dem Jahr, das im allgemeinen Richtschnur für das Ende der Eroberungs- und Befriedungs-›phase‹ ist. Im Juni 1898 gründete der damalige Oberleutnant Hans Georg von Doering in Atakpamé den letzten der Verwaltungssitze, die später die Bezirksleitungen und mit ihnen die lokalen Verwaltungszentren beherbergten. 1902 wurde Notsé (Nuatja) mit seiner »Landeskulturanstalt«, eine landwirtschaftliche Versuchs- und Lehranstalt, die letzte der formellen Nebenstationen eines Bezirksamtes, in diesem Falle von Atakpamé.

Die Übereinstimmung, die eine primär ›militärische‹ und eine ›Verwaltungsperspektive‹ in der Frage der Terminierung erzielen, hat systematische Gründe. In der militärischen Sichtweise liegt der Grund auf der Hand. Statio-

---

* Dieses Kapitel ist die überarbeitete, wesentlich erweiterte und um Literatur- und Quellenangaben ergänzte Fassung meines Aufsatzes mit dem Titel »Stationen: Ein Beitrag zur Theorie der Staatsentstehung auf der Grundlage der deutschen Kolonialherrschaft über Togo in Westafrika, 1884–1914« (in: Macht und Recht, Festschrift für Heinrich Popitz zum 65.Geburtstag, hrsg. v. H. Oswald, S. 197–218, Opladen: Westdeutscher Verlag.).

Die Nebenstation Yendi im Bezirk von Sansanné-Mango

nen werden errichtet, wenn die Eroberung geglückt und die Befriedung weitgehend erreicht ist. Aus der Verwaltungsperspektive muß jedoch unter Umkehrung des Zusammenhangs zwischen Befriedung und Stationserrichtung ergänzt werden: Der erfolgreiche Abschluß der Befriedung ist eine Folge der Errichtung eines Netzes von Stationen. Die Verwaltungsperspektive hebt also hervor, daß mit dem Stationsbau für die Eroberten und die Eroberer etwas Einschneidendes geschieht, und die Herrschaft einen neuen Charakter erhält, wir können auch sagen, einen neuen Verfestigungsgrad erreicht.

Als die Deutschen begonnen hatten, sich des späteren Schutzgebietes Togo zu bemächtigen, waren Flaggen und Verträge die Zeichen gelungener Inbesitznahme und besitznehmender Ansprüche. Aber Verträge und Flaggen sind so unbeständig und flüchtig wie der Wind, der sie verweht und zerzaust. Verträge finden sich nicht mehr, Flaggen werden heruntergeholt und nicht mehr aufgezogen (vgl. z.B. G. Trierenberg, 1914: 102f.; H. Klose, 1899: 163). Alles ist und bleibt in Bewegung wie die Eroberung, die eine unruhige Macht ist. Bewaffnete Trupps durchziehen das Land. Die europäischen Anführer bitten, verhandeln, drohen, schießen. Sie kommen heute und sind übermorgen wieder weg. Wenn sie wiederkommen, kann sich diejenige der afrikanischen Parteien zu ihrem wachen politischen Sinn beglückwünschen, die sich in der Zwischenzeit nicht mit einem anderen der europäischen Mitbewerber allzu bindend eingelassen hat. Am günstigsten verfährt man, wenn man sich mit allen gut stellt und für sich selbst das Beste herauszuholen sucht. Die Zukunft ist offen und ungewiß. Auf was dieser »Nationenskat« der kolonialen Eroberung, wie sich der spätere Bezirksamtmann Hans Gruner (zit. n. P. Sebald, 1988: 166) mit Blick auf das Hin und Her in Sansanné-Mango ausdrückte, hinauslaufen wird, ist für die Eroberten so lange nicht abzusehen, solange die Eroberer nicht ›Station machen‹.

Im Süden gab es allerdings schon Grenzpfähle. Wie Flaggen und Verträge dienten sie in erster Linie dazu, nach außen abzugrenzen. Mit dem Außen sind die europäischen Mitbewerber um kolonialen Boden gemeint. Notwendigerweise geht mit jeder Abgrenzung nach außen eine Zugehörigkeitsbestimmung von denen einher, die im ›Innern‹ verbleiben. Das gehört zum Wesen der Grenze. Hinzu kommt, daß diese Grenze der Grenzpfähle auf eine Idee von Territorialstaatlichkeit hinweist, die zweifach fremd und neuartig ist. Zum einen beinhaltet sie eine Idee von Territorialität, die von solcher Abstraktheit ist, daß sie nur in den Vermessungsarbeiten von Grenzregulierungskommissionen eingelöst werden kann. In Togo haben sie sich zwischen Briten, Franzosen und Deutschen bis fast zum Ende der deutschen Kolonialzeit hingezogen. Zum anderen verletzt die Idee einer Staatsgrenze in ihrer rücksichtslosen und beschränkten Abstraktheit[23] die lebendigen, gewachsenen

---

[23] ›Beschränkt‹ ist diese Abstraktheit in dem Sinne, daß sie Zusammenhängendes zum unmittelbaren Nachteil der Eroberer ausgrenzt.

Räume der Menschen und Kulturen. Jedoch war beides bis zur Fertigstellung des Stationsnetzes nur Programm, auch wenn in der Küstenregion für die Händler, für andere Grenzgänger und für diejenigen, die für die Eroberer arbeiten mußten, die Idee eines staatlichen Territoriums schon Gestalt in der Form von Zöllen, Schmuggel und unterschiedlichen Zwangsarbeitsbedingungen dieseits und jenseits der Grenze angenommen hatte.

Dort freilich, wo die deutschen Offiziere, Beamte und andere Beauftragte Militärposten errichteten, indem sie zwei oder drei afrikanische Soldaten zum Schutz der deutschen Interessen zurückließen, wurde die Idee der Station vorweggenommen, ihre Verwirklichung indes nur in einem ersten Ansatz gezeigt. Zuallererst waren diese Militärposten darauf beschränkt, lebendige, bewaffnete Zeichen nach außen zu sein, die den vordringenden Konkurrenten unmißverständlich vor Augen führen sollten, daß die Zuerstgekommenen nicht bereit waren zu weichen. Die Aufgabe der Militärposten nach innen, ihre Einmischung in die Verhältnisse der Afrikaner war so beschränkt, wie die zurückgelassenen Soldaten unbeaufsichtigt waren und deshalb wenig Vertrauen von seiten ihrer Befehlshaber erwarten konnten. Bei der Wahl und Art ihrer Unterkunft mußten sich die Soldaten ganz auf die vorgefundenen Verhältnisse der Ansiedlung einlassen. Für ihre Versorgung im Ernstfall konnten sie auf nichts als auf gewalttätig-soldateske Mittel zurückgreifen. Einer Zusammenarbeit zwischen den Anwohnern und einer europäisch geleiteten Militärabteilung, die einer konkurrierenden Kolonialmacht unterstand, konnten sie nichts entgegensetzen. Ihre Aufgabe nach innen war deshalb von der begrenzten Aufgabenstellung nach außen bestimmt. Sie sollten eine Drohung gegenüber den Bewohnern der Ansiedlung sein, sich nicht mit den europäischen Konkurrenten einzulassen. Selbst wenn ihre Mittel nicht ausreichen würden, um neue Allianzen zu verhindern, so wären sie doch der lebendige Beweis gegenüber den europäischen Konkurrenten, daß die Region oder das Dorf von den eilig weiterziehenden Deutschen schon für das Deutsche Reich vereinnahmt worden war.

Zusammen mit den Flaggen, Verträgen und Grenzpfählen leiten die Militärposten den Entmachtungsvorgang nach außen, den Verlust der selbstbestimmten Außenbeziehungen der eroberten Gesellschaften ein. Dieser Vorgang ist unabdingbarer Teil der Monopolisierung der Gewalt, die nach außen nichts anderes als das Recht des Staates ist, über Krieg und Frieden zu entscheiden (vgl. T.v. Trotha, 1986: 38f., Anm. 29). Aber ohne die Monopolisierung der Gewalt nach innen bleibt die Monopolisierung der Gewalt nach außen eine ungewisse und äußerst zerbrechliche Angelegenheit. Die Monopolisierung der Gewalt braucht die Station.

Der Kern des Neuen, das mit der Station entsteht, ist in vier Bereichen zu finden: in der Gegenwärtigkeit und Beständigkeit der Macht, in der ökonomischen und sozio-kulturellen Eingriffs- und Gestaltungsfähigkeit, die den Eroberern über die Station zuwächst, im Wissen über die Unterworfenen und in der Selbstbindung der Eroberer. Gewalt als Mittel, um zu herrschen, hat einen schwerwiegenden Nachteil. Sie erfordert die Anwesenheit des Herrschers oder des Vollstreckers seines Willens. Gewalt ist eine Macht im hier und jetzt. Gewalt ist situationale Macht. Gewaltherrschaft ist eine Herrschaft mit der Gegenwärtigkeit der Gewaltausübenden.[24] Unter den Bedingungen des Flächenstaates stehen dieser Gegenwärtigkeit erhebliche Hindernisse entgegen. Das gilt um so mehr, je geringer die Infrastruktur der Verkehrswege ausgebildet ist, und je weniger die Verkehrsmittel entwickelt sind.

Die Station ist der Ausgleich für diesen Nachteil der Gewalt. Die Station ermöglicht auch im ›Busch‹ die Gegenwärtigkeit der Herrschaftszentrale und ihrer Gewalt. Sie löst das unvermeidliche logistische Problem der Gewalt auf zweierlei Weise. Sie wandelt die zentrale Herrschaft unmittelbar in lokale Herrschaft um und erleichtert erheblich die Verbindung zwischen der Herrschaftszentrale und dem ›platten Land‹, da sie sowohl schnellere als auch kostengünstigere Verbindungen herstellt. Steht im zweiten Fall der zeitliche Gesichtspunkt von Gegenwärtigkeit im Vordergrund, treten mit der Lokalisierung der Zentralgewalt die Wahrnehmungs- und sozialen Seiten der Gegenwärtigkeit hervor. Die Station ist die sicht- und fühlbar gemachte Gegenwärtigkeit der fernen Zentralgewalt, vor allem dann, wenn sie den Eroberten wie manche Stationen in Togo wie Festungen erscheinen (vgl. D. H.-K. Simtaro, 1982: 699). Besonders aber ist sie die Zentralgewalt, die ›mitten unter uns‹ ist, was ein um so größerer Stachel ist, je weniger unter den Gewalt-Tätigen einer ›von uns‹ ist. Die Station hebt die Konstruktion einer Wirklichkeit von unwirklich-ferner Zentrale und erfahrbar-konkreter Nähe des Lokalen nicht auf, aber macht sie brüchig. Fern und nah werden mit der Station in ein anderes Verhältnis gesetzt, und in der Station wird das Lokale ein Teil eines Ganzen, zu dem auch die ferne Zentrale gehört.

Die zeitliche, visuell-physische und soziale Gegenwärtigkeit der Station machen das Gewaltmonopol überhaupt erst möglich, wenn man insbesondere berücksichtigt, daß dieses Monopol auf einer doppelt ausgerichteten Beziehung beruht. Auf der einen Seite benötigt es den Zugang des Gewaltmonopolisten zu den streitenden Parteien und ›Tätern‹, auf der anderen Seite ist es auf den Zugang des Bedrohten und Verletzten zur überlegenen Gewalt der Zentralmacht angelegt. Ein Opfer, das drei Wochen benötigt, um die Zentralmacht von seiner Unbill in Kenntnis zu setzen, wird sich mit der Unterrichtung der Zentralgewalt schwerer tun als ein Opfer, das noch am gleichen oder nächsten Tag das Eingreifen der lokalen Behörde erwarten kann.

Nicht zum wenigsten ist die Station die Voraussetzung, daß aus der Fähigkeit zu überlegener Gewalt eine eindrucksvolle Gewaltdrohung, aus »Ak-

---

[24] In der Gewaltherrschaft können die Menschen auf ihre Peiniger zeigen, die deshalb gerne das Dunkel der Nacht benutzen, um den Menschen Gewalt anzutun. Weil es keine verborgene Gewalt gibt, wird die Gewalt im Verborgenen geübt.

tionsmacht« eine wirksam »bindende Aktionsmacht« (H. Popitz, 1992: 47) werden kann. Als Vergegenwärtigung der Gewalt steht die Station am Anfang der Idee der Vorbeugung durch die Gewaltdrohung. Ohne Station gibt es keine gewaltbestimmte ›Kriminalprävention‹. Für den Staat in seinen Anfängen ist die Station das, was für den entwickelten Staat die Polizeiwache ist.

Die Station macht die staatliche Macht nicht nur gegenwärtig, sondern vor allem beständig. Das Kommen und Gehen der Macht hat ein Ende. Die Macht setzt sich fest. Sie verbindet sich mit dem Boden, den sie beansprucht, mit der Erde und den Steinen, aus denen das Mauerwerk gefertigt wird, mit den Bäumen und Pflanzen, deren Stämme, Zweige und Blätter als Bauholz, Flechtwerk und Matten dienen. Die Macht vergegenständlicht sich in festen Mauern, Wohnstätten, Höfen, Brunnen, Kasernen, Zeughäusern, Gefängnissen und wird sichtbar beständige Macht. Sie entschwindet nicht mehr wie die abziehende Truppe den Blicken der Menschen, sondern bleibt in ihrem Blickfeld. Die Macht wird ein beständiger Teil der Landschaft, an dem sich die Menschen wie an hervorstechenden natürlichen Zeichen orientieren können und sogar müssen. Das gilt um so mehr, je mehr die Stationen, wie bei den deutschen Eroberern, einen ungewöhnlichen und bestimmenden Platz besetzen und sich von den unterworfenen Menschen herrschaftlich entfernt halten. Bismarckburg zum Beispiel, die erste, im Juni 1888 errichtete Station, wurde auf dem über 700 m hohen Berg Adadia südlich von Mpoti (etwa 30 km südwestlich von Blitta) angelegt, von wo aus seine Bewohner einen weiten Blick nach Westen bis zur Bergkette von Dikpéléou und nach Südosten bis zum nicht ganz 800 m hohen Gibia hatten. Die Station Misahöhe wurde in terrassenförmiger Anordnung auf halber Gebirgshöhe von nicht ganz 500 m über dem Meeresspiegel erbaut und war für den Reisenden, der von der Küste kam, trotz des üppigen Regenwaldes schon weithin sichtbar. Die Nebenstation Kpandu lag auf einem Höhenzug, der sich im Westen der gleichnamigen Stadt hinzieht, und bot den Bewohnern »einen schönen Blick auf die etwa tausend Hütten zählende Stadt« (R. Büttner, 1911: 78). Nicht anders verhielt es sich mit den Stationen Atakpamé und Sokodé, die wie alle europäischen Ansiedlungen die gesünderen Luft- und Wasserverhältnisse von Hügeln und Bergabhängen auszunutzen suchten, wie meist die Wohnviertel der Mächtigen und Reichen oberhalb der Afrikaner und des ›gemeinen Volkes‹ angesiedelt waren.

Die Station verbindet sich nicht nur mit der Landschaft, sondern ebenso mit den Menschen der Region, und zwar gleich von Anfang an. Zum einen bedeutet die stationäre Vergegenständlichung der Zentralmacht immer eine mehr oder minder ausgeprägte Teilhabe an der lokalen Kultur. So drücken sich im Bau der Station ein Stück weit die Techniken und der ästhetische Sinn der lokalen Handwerke aus. Das ergibt sich schon aus der Notwendigkeit, die Baulichkeiten aus den Baumaterialien zu errichten, die an Ort und Stelle vorhanden sind, und bei dem Bau die einheimischen Handwerker und Arbeiter heranzuziehen (vgl. R. Asmis, 1942: 57f.).²⁵ Zum anderen wird die Station noch jenseits ihrer herrschaftlichen Interventionen zu einem Teil der sozialen und ökonomischen Ordnung der Region, indem sie kleineren Gruppen von Menschen Arbeit und Auskommen ermöglicht. Immerhin beschäftigte zum Beispiel die Station Bismarckburg in ihren Anfängen vierzig Arbeiter (vgl. L. Conradt, 1896: 30). Am Ende der deutschen Kolonialzeit beanspruchte allein Misahöhe zu den Geldern für 50 Polizeisoldaten etatisierte Zuweisungen für weitere 26 Stellen, in denen Afrikaner als Dolmetscher, Kanzlisten, Schmiede, Schreiner, Maurer, Schneider, Aufseher und mit anderen Tätigkeiten beschäftigt waren (vgl. ANT FA1/108). Erst mit der Station wird also die Zentralmacht im engeren Sinne zu lokaler Herrschaft, zu einem Teil des gesellschaftlichen Positionsgefüges und der normativen und kulturellen Ordnung der Menschen, die außerhalb des hauptstädtischen Zentrums und seines Einflußbereichs wohnen und leben.

Beständigkeit der Macht schließt ein, daß sich der Zeithorizont der Macht verändert. Als Station und mithin als Herrschaft gewinnt die Macht Zukunft. Sie verweist sie auf das Morgen, in welchem die Station noch immer da sein wird, sich die Anforderungen und Befehle wiederholen und andere, neue hinzukommen werden. Mit der Station wird es für die Unterworfenen schwieriger abzuwarten. Am nächsten Morgen ist ›der ganze Spuk‹ nicht vorbei, auch nicht am übernächsten Tag, an dem der Bauer nach seinen Feldern sehen und sein Versteck verlassen muß. Jetzt zeigt im Gegenteil der Eroberer, daß er sich Zeit nehmen wird, daß er es ist, der, wenn es notwendig sein sollte, warten kann. Nach nicht allzu langer Zeit wird diese Zukunft zur Vergangenheit, zum Gestern, vor dessen Hintergrund sich zeigen wird, wie wenig oder wieviel sich die Herrschaft, die von ihr gestaltete Umwelt und die Beherrschten geändert haben. Der Wandel des äußeren Erscheinungsbildes der Station wird hierbei wieder wichtiger Gradmesser sein.

Gegenwärtigkeit und Beständigkeit der Macht, die die Station herstellt, sind die Voraussetzungen, daß die Zentralmacht auf die lokalen Verhältnisse Einfluß nehmen kann. Neben der äußeren Sicherheit, die in Togo weitgehend mit dem Bemühen eins war, das gewonnene koloniale Terrain gegen englische

---

²⁵ Der Stationsleiter von Sokodé, der Arzt Dr. Hermann Kersting, hatte z. B. die kleineren Nebengebäude wie Baderaum, Küche, Toilette, Vorratsraum und die Wohnungen für das Personal in dem Rundbaustil mit spitzem Kegeldach der Einheimischen errichten lassen (vgl. R. Asmis, 1942: 57). Für den Schriftleiter der Zeitschrift »Kolonie und Heimat«, Rudolf Wagner, ging diese Anpassung an einheimische Bauformen bei den nördlichen Stationen so weit, daß es ihm die Sprache verschlug: »Über unsere nördlichen Stationen ist nicht viel zu sagen, sie sind äusserlich noch sehr bescheiden und machen keineswegs einen imponierenden Eindruck. Es sind eben Lehmbauten, wie die in jenen Gebieten üblichen Eingeborenengehöfte.« Zu Sokodé fügt er abschätzig hinzu, daß es einer »ostdeutschen Kathe« ähnlicher sehe als einem Kaiserlichen Dienstgebäude (Eine Reise durch die Deutschen Kolonien, 1910: 68).

und französische Ansprüche und Expeditionen zu sichern, neben der allgemeinen Verwaltung, wozu besonders die Pflege der Beziehungen zu den Häuptlingen gehörte (vgl. R. Asmis, 1942: 63 ff.), und neben der Rechtsprechung standen vier Aufgaben im Vordergrund, die nach den Vorstellungen der deutschen Eroberer die Stationen zu bewältigen hatten und die Wahl des Standortes einer Station beeinflußten: die Aufrechterhaltung von ›Sicherheit und Ordnung‹, die Kontrolle und Veränderung der Verkehrs- und Handelswege, um die Wirtschaftskraft der Kolonie zu stärken, »kulturelle Werke« (H. Seidel, 1905: 239) und die Erforschung des Landes und seiner Bewohner (vgl. R. Cornevin, 1988: 165 ff.; P. Sebald, 1988: 78 ff.; R. Asmis, 1942: 55 ff.; G. Trierenberg, 1914: 10 ff.; R. Büttner, 1911: 71 ff.; H. Seidel, 1905: 239; 1904: 289; 1900: 210 ff.; F.K. Hutter, 1901b; H. Klose, 1899: 177 ff.; L. Conradt, 1896: 29 ff.; H. von Wissmann, 1895: 47 ff.; A. B. Herold, 1894d).

Mit der Aufgabe, Sicherheit, Ruhe und Ordnung zu gewährleisten, war der Kernbereich des Gewaltmonopols bestimmt, das die Verkehrs- und Handelswege vor Kriegszügen, räuberischen Kriegern oder lokalen Machtansprüchen z.B. in der Form von lokalen Zöllen und Wegegebühren bewahren soll. Das Gewaltmonopol ist zuerst nicht mehr und nicht weniger als der Oktroi der grundlegenden Garantieleistung, den Handel und den Verkehr von Fremden und streitenden Nachbarn auf Wegen, Plätzen und in Ansiedlungen vor dem Hereinbrechen der Gewalt zu schützen und auf diese Weise ›öffentliche‹ Verkehrswege herzustellen. Das Gewaltmonopol ist die sorgenfreie Mobilitätsgarantie für zwischendörfliche und Überlandverbindungen – und die Tatsache, daß in den Medien, öffentlichen Debatten und den Vorstellungen der Menschen das ›Kriminalitätsproblem‹ heute weitgehend damit gleichgesetzt wird, daß wir uns auf Wegen, die den Status ›öffentlicher Wege‹ erreicht haben, nicht furchtlos bewegen können, erinnert an den Beginn des Gewaltmonopols und den grundsätzlichen Wandel, der mit seinem Auftreten eingeleitet worden ist.

Demgemäß wurde eine Station bevorzugt dort errichtet, wo wichtige Verkehrs- und Handelswege und ihre Knotenpunkte zu sichern und zu überwachen waren, und über diese Kontrolle Handel und Verkehr auf dem Gebiet der deutschen Kolonie gehalten, auf ihr Gebiet umgelenkt und, wenn irgend möglich, in Richtung der südlichen Zentrale, Lomé, gesteuert werden konnten. Misahöhe zum Beispiel lag am Eingang eines Gebirgspasses zwischen Kpalimé bzw. Yoh und Tomegbé bzw. Kloto,[26] den die Karawanen, die auf

---

[26] In Erinnerung an Hauptmann Curt von François, den späteren Gouverneur von Deutsch-Südwestafrika (1891–1894), der im Februar 1888 die erste amtliche Erkundungsreise in das nordwestliche Hinterland durchgeführt und auf dem Weg nach Kpandu den Paß überschritten hatte (vgl. R. Cornevin, 1988: 162 f.; P. Sebald, 1988: 79 ff.; Amegan, 1981; C. von François, 1972), gaben die deutschen Eindringlinge diesem Paß den Namen »François-Paß«.

der westlichen Seite des südlichen Atakora-Gebirges nach Süden zogen, überschritten, wenn sie den Teil der Küste erreichen wollten, der östlich der Mündung des Voltas liegt. Hauptaufgabe der Station war, diesen Handel zu verstärken und nach Lomé zu lenken und dabei den englischen Einfluß auf die Häuptlingtümer dieses Gebietes und deren überkommenen Bindungen, die der deutschen Herrschaft entgegenstanden, zu brechen. Krachi war Endpunkt einer der traditionellen Routen des Hausafernhandels, Umschlagplatz des Salzhandels, der das Salz von der Mündung des Voltas auf Kähnen billig flußabwärts schiffte, um es von Krachi aus auf dem Landweg weiterzuleiten. Nach der Zerstörung (1893) und dem Niedergang von Salaga[27] gewannen Krachi und Kete erheblich an handelspolitischer Bedeutung hinzu. Hinzu kam, daß Krachi politisch einflußreich war, weil es ein Orakel beherbergte, dessen Spruchweisheiten und Wahrsagungen seit der Zeit der Aschanti-Kriege großes Ansehen und Einfluß gewonnen hatten, und englische Bestrebungen im Gange waren, den Handel auf die rechte Seite des Voltas herüberzuziehen. Sokodé, seine wichtigste Nebenstation Bassar und Sansanné-Mango lagen ebenfalls an alten Routen des innerafrikanischen Fernhandels und waren Haupt- und wichtige Durchgangsplätze dieses Handels. Bismarckburg hingegen, das handels- und machtpolitisch ungünstig gelegen war und die ihm zugedachte Rolle deshalb nicht erfüllen konnte, wurde dementsprechend bald (1894) als Europäerstation zugunsten von Krachi aufgegeben.[28]

Die Station muß beispielgebend sein. Als Heimstatt des Eroberers und lokales Herrschaftszentrum ist die Station ein Entwurf der gegebenen und ein Stück weit ein Vorgriff auf die zukünftige Ordnung, die die Eroberer zu errichten trachten. In ihrer baulichen Anlage ist sie Herrschaftsarchitektur. In einer lokalen Herrschaft, die durch und durch von der Figur des Stationschefs geprägt ist, und unter der Bedingung, daß man sich nicht wie manche der nachkommenden französischen »Kreiskommandanten« (»Commandants de cercle«) und mehr noch der nachkolonialen »Präfekten« in dem einrichten muß, was vom Vorgänger überkommen ist, drückt der Stationschef dementsprechend der baulichen Anlage den Stempel seiner Persönlichkeit auf. »In Misahöhe«, schrieb Rudolf Asmis (1942: 57), »hatte der Thüringer Dr. Gruner sein Bezirksamt nach Art eines thüringischen Gebirgsdorfes, in Atakpamé

---

[27] Salaga war im Verlauf eines Krieges zwischen den Sultanen von Salaga und Yendi zerstört worden.
[28] Bei der Festlegung der Hinterlandstationen spielte das bestehende Verkehrs- und Handelsnetz nur im Falle von Atakpamé eine untergeordnete Rolle. Aber um so mehr war Atakpamé unter verwaltungspolitischen und militärstrategischen und damit unter zukünftigen verkehrspolitischen Gesichtspunkten interessant. An den Ausläufern des Togogebirges liegend, rund 160 km vom Lomé entfernt, befindet es sich auf halber Strecke zwischen der Küstenhauptstadt und den großen Nordbezirken. Hier sollte die 1908 begonnene und mit einer Verbindung nach Atakpamé 1913 beendete Eisenbahnmagistrale enden, die bis zum heutigen Tag lediglich bis Blitta weitergeführt wurde.

der Ostpreuße Hans Georg von Doering das Bezirksamt nach Art eines ostpreußischen Herrenhofes und in Sokodé der Balte Dr. Kersting die Station in den Ausmaßen eines kurländischen Adelssitzes aufgebaut, auf dem er sich sein stets gesatteltes Reitpferd bringen ließ, wenn er von einem Ende des Stationshofes zum anderen gelangen wollte« – was allerdings mehr für Herrschaftsgestik als für einfache Bequemlichkeit spricht, denn das Stationsareal war keineswegs von Ausmaßen, die ein Pferd erfordert hätten.

Der Lebensstil der kolonialen Eroberer in der Hauptstadt Lomé war schlicht. Wie die überlieferten Photos zeigen (vgl. u.a. Eine Reise durch die Deutschen Kolonien, 1910: 61, 63, 65, 67, 69), waren die »Herrenhöfe« und »Adelssitze« der Stationsleiter noch um manches schlichter – selbst wenn eine Station wie Misahöhe deshalb mit viel Lob bedacht wurde, weil eine »primitive Wasserleitung ... sowohl für den Haushalt als auch für die schöne Badeeinrichtung klares kaltes Wasser liefert(e)« (H. Klose, 1899: 180). Die Gebäude und Anlagen waren einfach und sparsam wie der Kolonialetat, dessen Knausrigkeit nicht zu überbieten war, und ländlich-anspruchslos wie die Bedürfnisse der Menschen im Herrschaftsbereich der Station, die vorrangig von den Erträgen einer bäuerlichen Subsistenzwirtschaft lebten. Wenn dem Schriftleiter der Zeitschrift »Kolonie und Heimat« zu der Herrschaftsarchitektur der nördlichen Hinterlandstationen nichts einfiel, mit dem er die Aufmerksamkeit seiner deutschen Leser hätte wecken und sie hätte beeindrucken können, dann lag seiner Sprachlosigkeit gewiß kein mangelndes Vorstellungs- und Ausdrucksvermögen zugrunde. Hier war nicht von ›Eindrucksvollem‹ und ›Herrschaftlichem‹ zu berichten. Wie Photos zeigen, waren die Stationsanlagen noch so ›bescheiden‹, wie die Herrschaft selbst ganz an ihrem Kern, den blank geputzten Gewehrläufen der Polizeisoldaten und dem Befehl des Kasernenhofdrills, ausgerichtet war.

Die Lage der Station und die Anordnung ihrer Gebäude inszenierte die Gräben und Schranken, die die Mitglieder der ›kolonialen Gesellschaft‹ und der Herren-Dienstboten-Ordnung voneinander trennen. Die Stationen waren von den Ansiedlungen der Afrikaner getrennt, die sie im wörtlichen Sinne ›überwachten‹, sofern sich Berge oder Hügel dazu anboten. Vor allem in den ersten Jahren sah man darauf, daß die Stationen den Erfordernissen einer guten Verteidigung genügten. Deshalb sind alle Hinterlandstationen durch einen Bauplan gekennzeichnet, dessen Prinzip, das Viereck, dem ›Wagenburg-Grundsatz‹ entspricht. Die erwähnten freien Flächen um die Gebäude herum waren nicht nur das Ergebnis der Überlegung, vor den zeitweise häufigen Buschbränden, sondern auch vor den kriegerischen Brandstiftungen geschützt zu sein, und ein Glacis, ein gut einsehbares und unbehindertes Schußfeld gegen mögliche Angreifer zu haben. Mauern wie in Krachi und Kpandu, die zusätzlich dem ›Palast‹-Charakter der Gehöfte und Anwesen der afrikanischen Reichen und mächtigen Häuptlinge entgegenkamen, oder wie z.B. in Bismarckburg große Palisadenzäune, um die »sich von außen her noch eine dicke, sehr dichte Kaktushecke anschließt« (L. Conradt, 1896: 29), schlossen die Stationen gegen die afrikanische Umwelt ab. Sie definierten das Verhältnis zwischen den Eroberern und den Unterworfenen in unterschiedlichen Graden der Distanz, die je nach dem Ausmaß der baulichen Verteidigungsmaßnahmen bis zu offener Feindseligkeit reichte. Innerhalb der Station verdoppelte sich die Distanzierung nach den kolonialistischen und Herr-Dienstboten-Gesichtspunkten. Nach Maßgabe von Entfernung, Baustil, Größe und Ausstattung waren die Unterkünfte der Soldaten, Arbeiter, Hilfskräfte und Dienstboten »getrennt von den Europäerwohnungen zu halten« (R. Asmis, 1942: 56).

In ihrer auf Ordnung, Gesundheit und Verteidigungsfähigkeit bedachten Zweckmäßigkeit sind die Stationsanlagen ein Teil der »kulturellen Werke« der Eroberer. H. Seidel hat mit dieser Aufgabenbestimmung der Station aber noch enger Gemeintes im Sinn: den Erwerb von Wissen über Land und Leute.

Stationen sind die Stützpunkte des Herrschaftswissens. Für den Erwerb dieses Wissens sind sie unentbehrlich. Keine Expedition, keine Tournee, keine Reise kann hierin die Station ersetzen. Der Grund ist einfach. Die Station erlaubt die Verstetigung des Informationsflusses. Sie macht aus Nachrichten den Nachrichtenfluß, aus Informationsbrocken Geschichten, aus Eindrücken Gemälde. Von der Station aus lassen sich Erkundungsreisen ohne großen Aufwand und deshalb mit großer Regelmäßigkeit unternehmen. Immerhin waren die Bezirksamtmänner und -leiter der verschiedenen Stationen durchschnittlich zwischen 100 und 200 Tagen im Jahr unterwegs, wobei davon auszugehen ist, daß ein großer Teil hiervon auf Erkundigungen des Bezirks entfiel (vgl. ANT FA1/108: 149ff.; L. Külz, 1906: 136). Umgekehrt ist die Station für die Zuträger von Wissenswertem erreichbar, wobei das ungewollte Zutragen in der Form des Stationsklatsches und die vielen kleinen Aufgeregtheiten, die eine Station berühren, eine wichtige Rolle spielen. Die Station ist ein Marktplatz, auf dem Nachrichten gehandelt werden. Sie ist ebenfalls eine herrschaftliche Abwandlung der wissenschaftlichen Methode der teilnehmenden Beobachtung.

Die deutschen Eroberer nahmen die Aufgabe ernst, ihr Wissen über Land und Leute wissenschaftlich und systematisch zu gewinnen. Die überwiegende Zahl der Stationsleiter in Togo betrieb eindringliche wissenschaftliche Studien. Je nach den persönlichen Neigungen, den Anforderungen, die Berlin oder das Gouvernement in Lomé stellten, oder nach den Möglichkeiten und Notwendigkeiten, die der Bezirk bot, waren die Studien botanischer, zoologischer, geologischer, kartographischer, astronomischer, meteorologischer oder agrarwissenschaftlicher Art. Es gab keine Station, die keine sorgfältigen meteorologischen Aufzeichnungen gemacht oder keine »Versuchspflanzungen« und »Versuchsgärten« angelegt und unterhalten hätte (vgl. auch E. G. Norris, 1993). Ihr Fortgang, ihre Erfolge und Mißerfolge wurden in den einschlägigen amtlichen und privaten kolonialen Veröffentlichungen dargelegt und besprochen. Die Ärzte führten gründliche Erhebungen über Krankheiten durch, besonders über Seuchen. Ob in der Rolle des regierungsamtlichen Experten oder aus eigenem Antrieb, manch einer unter den deutschen Beamten suchte, sich wissenschaftlich den Menschen und ihren Ordnungen zuzuwenden (vgl. u.a. A. Fhr. v. Seefried auf Buttenheim, 1913; R. Asmis, 1912, 1911a, 1911b, 1910; H. Klose, 1899; R. Plehn, 1898; A. B. Herold, 1892; P. Grade, 1889) – obwohl dieses Interesse eher die Anfangsjahre der Kolonialherrschaft kennzeichnete.

In den ersten Jahren der Kolonie war es üblich, die Hinterlandstationen zu »Forschungsstationen« zu erklären. So geschah es mit der ersten Station, Bismarckburg, andere, wie Misahöhe oder Sansanné-Mango, folgten für längere oder kürzere Zeit. Für eine mangelhaft unterrichtete deutsche und internationale Öffentlichkeit war diese Bezeichnung einigermaßen irreführend, wenn man die vorrangig politsch-militärischen Zwecke der Stationen bedenkt.[29] Sich mit dieser Irreführung aufzuhalten, wäre jedoch ebenso kurzsichtig, wie die Irreführung selbst kurze Beine hatte, weil im Reichstag schon seit der zweiten Hälfte der 80er Jahre die absichtsvolle Mißverständlichkeit der Bezeichnung kritisiert wurde.[30]

In dem Titel »Forschungsstation« steckt ein bemerkenswerter Hinweis, den die Stationsanlagen in ihrer schlichten Zweckmäßigkeit schon enthalten, und der in den vielfältigen Anstrengungen offenkundig wird, systematisches Wissen über den Bezirk zu gewinnen und gewonnenes Wissen planmäßig einzusetzen. Die Station ist das Mittel einer Kolonialherrschaft, die einem Herrschaftsmodell folgt, dessen Kern die spezifisch moderne, abendländische Herrschaftsrationalität ist. Das Herrschaftsmodell des modernen europäischen Kolonialismus ist positivistisch. Es enthält die rechenhafte Zuordnung von Zwecken und Mitteln, Wissen, Planung und Technik. Zwar bleibt die Kolonialherrschaft an die Gewalt und das fürchterliche Schauspiel des Todes gebunden, die im Massaker wirklich werden. Aber in dem Typus der Station, den sie entwickelt, und in dem die Gewaltdrohung, Verwaltung und systematischer Wissenserwerb und seine planmäßige Anwendung zusammenfinden, stellt sich die Kolonialherrschaft unter die Ansprüche einer anderen Zukunft der Macht. In ihr soll die Ohnmacht einer Herrschaft überwunden sein, die im

---

[29] Der wichtigste Grund dieser irreführenden Bezeichnung war ein finanzieller. Mit dieser Bezeichnung wurde der Unterhalt der Station ganz oder zu Teilen auf den Afrikafond des Auswärtigen Amtes übertragen, der für wissenschaftliche Unternehmungen eingerichtet worden war und alle großen Afrikaexpeditionen der Afrikanischen Gesellschaft in Deutschland ermöglicht hat (vgl. DKL, 1920, Bd. 1: 21f.). Auf diesem Weg konnten direkte Reichszuschüsse vermieden, die Bezuschussung verschleiert und der Mantel der Wissenschaft für koloniale Eroberungen angezogen werden.

[30] Der Afrikafond wurde als »Hilfsfond« der Kolonien kritisiert (vgl. P. Sebald, 1988: 79).

Wechselbad von einer niederschmetternden Gewalt und einer prunkvollen Herrschaftstheatralik steckenbleibt, die die Vorstellungskraft der Menschen irgendwie in den Bann der Unterwürfigkeit schlagen soll. Die Kolonialherrschaft steht im Gegenteil unter den Anforderungen einer Technik der Herrschaft, mit der die unterworfenen Menschen und ihre Umwelt planmäßig auf effiziente Weise zum Zwecke der Vervollkommnung dauerhafter Machtausübung verändert werden sollen, die auf einer produktiven Disziplin und einem arbeitsamen Gehorsam beruht. Als Stützpunkte eines systematisch-wissenschaftlichen Herrschaftswissens waren die Stationen der Kolonialherrschaft die ›Basislager‹ einer rationalen Herrschaft der Verwaltung.

Herrschaft beinhaltet, Menschen fesseln zu können und immer, wenn auch in unterschiedlichem Grade, zu fesseln. Das Zeughaus der Fesseln ist von atemberaubender Vielfalt. Sein Inventar enthält die Hanfstricke, mit denen Hände und Füße gebunden werden, ebenso wie eine vom Menschen geschaffene Objektwelt, an deren sichtbare und unsichtbare Ketten Menschen gelegt werden. Der gewaltsame Tod ist die äußerste Steigerung der Fesselung und gleichzeitig ihre Grenze. In das Zeughaus der Fesseln werden fortwährend neue Arten von Fesseln eingelagert. Waren es zur deutschen Kolonialzeit in Togo noch Ketten für Gefangene, die neu angelegten Wege und Brücken, die Landesgrenze oder die Eisenbahnen, sind es in den heutigen Industriestaaten unter vielen anderen Dingen schon Atomstrom und elektronische Datenverarbeitung. Kennzeichnend für die Entwicklungsgeschichte der Fesseln ist, daß einmal gefundene Fesseln selten und nur dann ausgemustert und archiviert werden, wenn es für sie funktionale Äquivalente gibt. Deshalb wächst das Inventar der Fesseln unaufhaltsam und ohne Unterlaß.

Die Station ist eine Form von Fessel. An dieser Fessel ist aber in erster Linie nicht hervorhebenswert, daß sie den Unterworfenen auf vielerlei Weise bindet, daß die Station z. B. ein Gefängnis hat oder Unterworfene gezwungen werden, auf der Station zu arbeiten und zu leben. Bemerkenswert dagegen ist, daß die Station den mächtigen Eroberer selbst fesselt. Die Station ist Ausdruck der Tatsache, daß die Fähigkeit der Mächtigen, andere Menschen im Oktroi der Staatlichkeit zu fesseln, von der Bereitschaft der Mächtigen abhängt, mit der Station sich selbst Fesseln anzulegen. Die Station macht offenkundig, daß der Gewinn des Gewaltmonopols und der Staatlichkeit die Selbstbindung der Begründer des Staates voraussetzt.

Es sind im wesentlichen drei Arten von Fesseln, mit denen die Station den Mächtigen an die Kette seiner eigenen Machtansprüche schmiedet: die Einschränkung der Bewegung, die Veralltäglichung des Herrschaftsbeweises und die Anpassungszwänge an die Lebenswirklichkeit der Station.

Geschwindigkeit ist eine Eigenschaft der Macht (E. Canetti, 1980: 315 f.). Bis zum Beginn des technischen Zeitalters haben berittene Krieger und Reiterheere, Pfeil und Kanonenkugel diese Geschwindigkeit der Macht verkörpert. Das Opfer ist langsamer als der Täter. Weil die Macht ›über-rasch‹ ist, ist das Opfer überrascht. Unvorbereitet kann es dem ›plötzlichen Auftauchen‹ des Reitertrupps nichts entgegensetzen. Überraschung liegt mehr oder weniger allen kriegerischen Unternehmungen zugrunde (vgl. C. von Clausewitz, 1980: 173 ff.). In Berichten über die ausgedehnten Eroberungs- und Kriegszüge von Reitervölkern wird immer hervorgehoben, wie rasch die Angreifer kamen. Sie erschienen so plötzlich, wie sie wieder verschwanden – und von den Mongolen heißt es, daß sie noch plötzlicher wieder erschienen, weil sie selbst die Eile der Flucht zum Angriff zu verwenden wußten; kaum glaubte man sie geflohen, war man von ihnen umstellt.

Außerdem wird die physische Geschwindigkeit als ein Ausdruck für den Geist und den Charakter des Mächtigen genommen. Die Macht ist schnell, weil der Mächtige einen beweglichen Geist besitzt. Der Mächtige erfaßt und durchschaut schnell die Wirklichkeit, die er vor sich hat, und ist – deshalb – entschlußkräftig. Der Mächtige ist mutig. Kein Erschrecken läßt ihn kostbare Zeit verlieren oder gar kopflos werden. Unerschrocken schreitet er zur Tat. Weil der Mächtige weiß, was er will, kann er sein Ziel zielstrebig und auf dem kürzesten Weg erreichen. Seinem kühnen Plan folgen kühne Schritte. Der Mächtige hält sich nicht mit Nebensächlichkeiten auf. Er verschwendet seine Zeit nicht mit den kleinen Gewinnen und macht sich keine Gedanken über die kleinen Verluste. Er stürmt unaufhaltsam vorwärts zum großen Ziel. Er ist voller Energie und ruhelos.

Der Machtlose ist stattdessen langsam, weil sein Geist schwerfällig ist. Er ist zögerlich, weil er kleinmütig und ängstlich ist und nicht weiß, was er will. Der Machtlose läßt sich überraschen. Er erschrickt. Verwirrt und kopflos ist er eine leichte Beute. Der Machtlose hält sich mit Nebensächlichkeiten auf. Er verschwendet seine kostbare Zeit für den landläufigen Alltag und klagt jämmerlich wegen der kleinen Mißgeschicke, die ihn ereilen. Der Machtlose hält lieber an dem fest, was er hat, und bleibt dort, wo er ist. Er hat keine Kraft und sehnt sich nach Ruhe, Stetigkeit und Beschaulichkeit.

Das Mittel einer großräumigen Herrschaft, die besonders der Geschwindigkeit der Macht verpflichtet ist, ist die periodische Razzia. Sie ist so alt wie die politische Geschichte der Reitervölker. Auch die Anufòm haben sie geübt und zu einem wesentlichen Bestandteil ihrer Herrschaft im Norden Togos gemacht. Der Grundsatz der Station ist demgegenüber die stete Gegenwärtigkeit. Das ist keine Absage an die Geschwindigkeit der Macht. Die Macht ist im Gegenteil schneller zur Stelle, weil sie dem lokalen Geschehen näher ist. Es kommt hinzu, daß die Station der Machtzentrale in der Hauptstadt eine verbesserte Logistik bereitstellt. Diese Logistik bringt eine andere Art von Geschwindigkeit hervor. Sie beruht auf der Verkürzung der Distanzen und der Beweglichkeit der Einzelteile innerhalb eines verstetigten Nachschubs, der als vergleichsweise schwerfälliges Ganzes mit beharrlichem Gleichmaß die fortdauernde Gegenwärtigkeit der Macht gewährleistet. Die Geschwindigkeit, mit der die stationäre Macht zur Stelle ist, ist nicht im gleichen Maße wie die der Razzia Ausdruck von Bewegung und Beweglichkeit, sondern von kurzen Wegen. Die stationäre Macht setzt nicht auf Überraschung. Sie rechnet mit der sicheren Erwartung der Unterworfenen, daß sie von dem wachsamen Auge der Macht beobachtet und mit Gewißheit die strafende Macht spüren werden, wenn den Mächtigen ein bestimmtes Betragen mißfällt. Die Herrschaft der Razzia lebt von dem Inhalt der Wiederholungsdrohung, von der schrecklichen Grausamkeit. Mit der Station fügt die Herrschaft dieser Wiederholungsdrohung den neuen Baustein, die Gewißheit der Strafe, hinzu. Die Station ist ein erster Schritt auf dem Weg zur Gewißheit der Strafe und zur Begründung der modernen Idee der Generalprävention.

Die Stationierung und Bindung der Machthaber an einen Ort sind kein geringer Preis für die größere Geschwindigkeit der Macht und die Gewißheit der Strafe. Die stationslose Herrschaft ist eine Herrschaft der Entbehrungen und der Völlerei. Auf die Heimkehr mit der reichen Beute folgen das Schwinden der räuberischen Schätze und das Ausbleiben der hohen und regelmäßigen Tributzahlungen. Der Beutezug selbst bewegt sich im gleichen Gegensatz. Die Bewegung, das Überwinden der Räume zwischen den Aufenthalten der Völlerei ist hart und entbehrungsreich. Die Routen sind voller Hindernisse, Schwierigkeiten und Anstrengungen bis zur Erschöpfung. Mitnehmen läßt sich nur so viel, wie man mit begrenzten Mitteln befördern kann. Die Prasserei ist eine Sache des Augenblicks. Sie gehört dem Ort, dessen Reichtum geplündert wird, und den man morgen verläßt, weil man ihn verlassen will und – leergefegt – verlassen muß. Vielleicht bringt der nächste Ort neue Beute und lohnt die Entbehrungen, die dazwischen liegen, vielleicht ist er aber so öde und leer wie der Ort, den man soeben verwüstet hat, um sich zu versorgen und die Bewohner in Furcht und Schrecken zu versetzen.

Die stationslose Herrschaft ist eine Herrschaft im Jetzt. Ebenso wie die Opfer vom Angriff überrascht werden, ebenso ungeduldig fällt den Angreifern die reiche Beute in die Hände. Für die Zukunft kann indessen der Angreifer nur so viel aufbewahren, wie er tragen kann. Der Rest ist jetzt zu kosten. Sein Genuß kann nicht auf den Morgen verschoben werden. Die Langsicht ist gegenüber der Vergangenheit ebenso wie gegenüber der Zukunft verkürzt. Was der räuberische Angriff hinterläßt, kümmert den entschwindenden Reiter gleichermaßen wenig wie die Zukunft seines Opfers, dem er alles genommen hat, was er heute bekommen und mitnehmen kann. Sicher läuft der Angreifer Gefahr, daß er sich in seinem maßlosen Jetztbezug die Beutequelle für die Zukunft zerstört. Aber das kümmert den Angreifer wenig. Zum einen sucht er sich ein anderes Dorf, einen anderen Ort für den nächsten Überfall und die nächste Gelegenheit zur Prasserei.[31] Zum anderen

---

[31] Solche Suche führte zum Beispiel die Anufòm von Kong nach Sansanné – Mango. Anhand der Chronik von Sansanné – Mango schreibt zusammenfassend Edward Graham Norris (1993: 36f.) über die Züge der Anufòm: »Der Kriegszug, der von Grumania nach Sansanne Mango führte, wird in der Chronik in vier Etappen beschrie-

vermag der Räuber im Unterschied zum Opfer, noch aus dem Überfall auf die darniederliegende Ansiedlung ›Befriedigung‹ zu ziehen, solange noch Menschen da sind, denen man den Willen aufzwingen kann, und von denen noch immer irgend etwas abzupressen ist. Es ist die Eigenart von Macht und Gewalt und eine der Quellen ihrer Anziehungskraft und Unersättlichkeit, daß man Menschen bis zum Tod und in der Leichenfledderei selbst über den Tod hinaus noch immer etwas antun kann. Die Grenze vom Einsatz überlegener Macht und Gewalt ist die Erschöpfung des Mächtigen und Gewalttätigen.[32]

Die stationslose Herrschaft ist also eine Lebensform unter dem Grundsatz des Gegensatzes. Es ist eine Lebensform der Wechselfälle und deshalb in einem Spannungsbogen, der den Gegensätzen der Kriegerrolle zwischen Sieg und Niederlage, Leben und eigenem und fremdem Tod, Freund und Feind, Frieden und Krieg, Held und Feigling ganz entgegenkommt. Es ist eine Lebensform, in der die Leidenschaften und die vereinfachten Wahrnehmungen vorherrschen. Vor allem ist es eine Lebensform der tausend Schwierigkeiten, aber ohne ›Probleme‹. Die ›Probleme‹ – das verwickelte Zusammenspiel von Schwierigkeiten, das das Fragen notwendig macht – läßt man bei denen zurück, die man nicht gefragt, sondern gezwungen hat.

Wie anders ist die stationäre Herrschaft. Mit dem Ende der Bewegung kommt das Gleichmaß und – die Ruhe ohne Ende. Für die deutschen Beamten war sie als Eintönigkeit und Langeweile eine stete »Gefahr geistigen und körperlichen Verliegens« (F.K. Hutter, 1901b: 290). »*Marschbereitschaft dem Geist und dem Körper nach*. Also Thätigkeit, Beschäftigung in jeder Hinsicht um jeden Preis!« (ebda; Herv. i. Orig.) waren deshalb verlangt und sollten durch selbstgestellte Aufgaben erreicht werden, die »planmäßig und zäh weiter zu verfolgen« waren (R. Asmis, 1942: 70). Die vielfältigen Aufgabenstellungen des Stationspersonals sollten in der ›poblemreichen‹ Station das organisierte Gegenstück zu den tausend Schwierigkeiten und zum Spannungsbogen sein, die noch die Erfahrungen der Eroberer in der Zeit der ›problemlosen‹ Expeditionen geprägt hatten.

---

ben. Zunächst überfielen die Abenteurer Ngoruni, plünderten es und brachten den Herrscher um. Hier blieben die Krieger ein Jahr und einen Monat, bevor sie auf ähnliche Weise die Ortschaft Sawi'i überfielen, um dort ebenfalls ein Jahr und einen Monat zu verbringen. Am Ende dieser Zeit schickte der Herrscher von Yagbo seinen Sohn zu dem Heer, um Hilfe zu erbitten .... Die Krieger von Mango Tura willigten ... ein. Sie überfielen Kondiya, eroberten das Land, plünderten es aus und erschlugen den Herrscher. Auch in dieser Region blieben sie ein Jahr und einen Monat ....«

[32] Mit der Mechanisierung und arbeitsteiligen Organisation des Mordens und Kriegführens fallen die überkommenen Grenzen der physischen und psychischen Erschöpfung der überlegenen Gewalttätigkeit. Die Grenzen der Vernichtung verlagern sich jetzt auf die Ebene der Organisation des Mordens und Kriegführens. Die Pausen des Mordes sind nicht mehr eine Funktion des Ruhebedürfnisses des Mörders, sondern eine Funktion der Organisation des Nachschubs ›frischer Kräfte‹.

Eine solche Umwandlung der Elemente des Spannungsbogens setzt jedoch die Umkehrung des Zeithorizonts der stationslosen Herrschaft voraus. Es ist das Jetzt, das zugunsten der Zukunft, auf die hinzuarbeiten ist, und der Vergangenheit, auf die sich vergleichend zurückblicken läßt, überwunden werden muß. Eine Station, die im Jetzt verharrt, macht den Grundsatz der Machtsteigerung, die Geschwindigkeit der Macht zu erhöhen, dem sie ihre Errichtung verdankt, zunichte. Eine Station, die den Mächtigen im Jetzt festhält, d.h. auf der der Machthaber in den Tag hineinlebt, was im Falle manch kolonialen Eroberers hieß, zum Alkoholiker zu werden, wird nicht nur zu einer Fesselung des Mächtigen, sondern darüber hinaus zu einer Fesselung der Macht. Die Herrschaft wird ›traditional‹. Sie hört auf, eine des Vergleichs zu sein, in dem das heute Erreichte sich vom Gestern erkennbar unterscheidet und gerade deshalb Anerkennung findet. Sondern es ist die Herrschaft des Gleichmaßes, in dem das Jetzt gerechtfertigt wird, weil es als die Fortsetzung der Vergangenheit erfahren wird. Die ›traditionale‹ Station ist die Station der Geschichten, aber ohne Geschichte.

Wie immer die Station im Gleichmaß verharren mag, im Vergleich zur stationslosen Herrschaft lebt sie im Horizont des Morgen. Sie kann gar nicht anders. Im Unterschied zur ruhelosen Herrschaft der Razzien muß die Stationsherrschaft an das Morgen denken, an dem sie ebenso wie heute auf Unterhalt und Versorgung angewiesen ist. Im Gegensatz zu den Teilnehmern an der räuberischen Razzia kann das Stationspersonal nicht zusehen, wie die Quellen seines Daseins bedenkenlos dem Augenblick geopfert werden. Das Stationspersonal muß sich um die Umgebung der Station und ihre Menschen wenigstens so weit Gedanken machen, daß das Überleben der Station über das Heute hinaus gewährleistet ist. Diese Zukunftsbesorgnis wirkt durchaus in Richtung einer ›traditionalen‹ Stationsherrschaft, weil jede Neuerung, die das Gleichmaß des Gewohnten durchbricht, die Gefahr des Scheiterns und mit ihr die Möglichkeit birgt, die zukünftige Versorgung der Station unsicher zu machen. Der konservative Grundsatz der kleinsten Schritte, der den jungen Beamten von den »Alten Afrikanern« beigebracht worden ist, ist eine Antwort auf diesen Zukunftsbezug der Station.

So ist die Station kein Ort des Prassens und der unbedachten Völlerei. Aber trotz aller Kargheit, Sparsamkeit und – vor allem in den Aufbaujahren – selbst kurzfristiger Not führt die Station die gebundene Macht aus der Entbehrung heraus. Die Station ist der Ort, an dem in der beschwerlichen und nicht selten bedrohlichen Fremde die Annehmlichkeiten des gewohnten Lebens ein Stück weit wiedergefunden werden können. Die Station ist der Ort, in dem die Ruhe nicht nur Langeweile, sondern auch Entspannung, Ausruhen und Genesung bedeutet.

Der Konservativismus der »Alten Afrikaner« auf den Stationen antwortet auf eine neue Problemlage der Machtausübung, die mit der Errichtung der Station entsteht: die Umwandlung von situationaler Macht in Herrschaft.

Diese Veralltäglichung der Machtausübung beinhaltet anfänglich für den Eroberer vor allem die Veralltäglichung des Herrschafts- bzw. Überlegenheitsbeweises.

Wie ›leicht‹ hat es eine Herrschaft der Razzien. Der Mächtige aus der fernen Hauptstadt kommt, vergewaltigt diejenigen Unterworfenen, die sich ihm widersetzen, oder an denen er seine überlegene Verletzungsmacht zur Warnung unter Beweis stellt, nimmt sich, was nicht niet- und nagelfest ist, verpraßt am Ort des Überfalls alles das, was er nicht mit sich schleppen kann, und verschwindet von einem Tag zum anderen aus dem Blickfeld der getretenen Menschen, um andere Dörfer und Menschen zu überfallen oder sich auf den Weg in die ferne Hauptstadt zu machen. So unüberbrückbar der Graben zwischen den Räubern und den Beraubten am Tag des Überfalls und den Tagen der Besetzung ist, am Tag, an dem die letzten der gewalttätigen Reiter entschwunden sind, treffen sich Räuber und Beraubte. Beide sind befreit: die einen vom Schrecken der räuberischen Gewalt, die anderen von der Notwendigkeit, aus der situationalen, überlegenen Verletzungsmacht einen steten Überlegenheitsbeweis machen zu müssen. Die arrogante und einschüchternde Wiederholungsdrohung, die der Anführer des Reitertrupps den vergewaltigten Menschen beim Abmarsch hinterläßt, ist das rohe Eingeständnis für eine Flucht.

Mit der Errichtung der Station ist die Flucht zu Ende. Der Eroberer nimmt die Herausforderung des verstetigten Überlegenheitsbeweises an. Die bloße Tatsache, daß er eine Station errichtet, verbaut dem Eroberer die Fluchtmöglichkeit. Im Unterschied zur Razzienherrschaft sind jetzt Abzug und Aufgaben der Station allzu leicht sichtbare Eingeständnisse der Niederlage – und die Verlegung einer Station ist Ausdruck eines Scheiterns der Herrschenden. Die Wiederholungsdrohung, mit der der Anführer der Razzia die zurückgelassenen Menschen noch einmal in Angst und Schrecken versetzt, wird bei der Aufgabe der Station zur mehr oder minder leeren Phrase einer Herrschaft, der es nicht gelungen ist, sich festzusetzen.

Zwei grundsätzliche Verfahren stehen dem festsitzenden Eroberer zur Verstetigung des Überlegenheitsbeweises zur Verfügung, die der Eroberer in unterschiedlicher Gewichtung miteinander verbinden kann. Das eine Verfahren ist ›einfach‹: Die Grundsätze der Razzia werden veralltäglicht. Gewalt und Plünderung werden auf einem Niveau gehandhabt, das sicherstellt, daß die überlegene Verletzungsfähigkeit des Stationspersonals von seiten der Beherrschten nicht in Zweifel gezogen werden kann. Gleichzeitig werden der Vergewaltigung der Menschen und der Plünderung des Landes, über das die Station gebietet, die weiten Grenzen gezogen, innerhalb derer das Plündern seinen überkommenen Gang geht, und der Unterhalt für morgen dennoch gesichert ist. Ich nenne diesen Typ von Überlegenheitsbeweis ein ›despotisch-unbewegliches Beweisverfahren‹. Es ist despotisch, weil es auf Gewalt und Willkür beruht. Es ist unbeweglich, weil es nichts in Bewegung zu setzen vermag. Das Stationspersonal bleibt weitgehend untätig und begnügt sich damit, den Beherrschten Steuern abzupressen, Männer für das Heer und für Arbeiten in der Provinzhauptstadt, in der Hauptstadt des Reiches und an den wenigen Monumenten der Zentralherrschaft einzufangen und die Sicherheit der Überlandwege zu gewährleisten. In ihrer Abgeschiedenheit von der Lebenswirklichkeit der Unterworfenen ist es für sie schwierig, das Maß der Gewalt und Plünderung in jenen Grenzen zu halten, die den Fortbestand der Station sicherstellen. Unter dem Zeitbezug nähert sich das despotisch-unbewegliche Verfahren dem Gleichmaß des Beharrens und dem Verhaftetsein im Jetzt der ›traditionalen‹ Herrschaft.

Das zweite Verfahren ersetzt nicht das erste. Es kommt hinzu und kann zusammen mit dem ersten Verfahren in Anspruch genommen werden. Es erweitert die Möglichkeiten, die Verstetigung des Überlegenheitsbeweises zu erreichen. Es ist das Verfahren, die vorgefundenen Verhältnisse nach den Grundsätzen umzugestalten, aus deren Befolgung der Aufbau der Station getätigt worden ist: die Erhöhung der Geschwindigkeit und Gestaltungsfähigkeit der Macht. Ich nenne diesen Typ von Überlegenheitsbeweis ein ›despotisch-interventionistisches Beweisverfahren‹. Es ist despotisch, weil es ebensowenig wie sein unbewegliches Gegenstück auf schreckenerregende Gewalt und Plünderung verzichtet. Aber anders als sein Gegenstück verwendet es einen Teil der gewalttätigen Willkür, um die Infrastruktur der stationären Herrschaft und mit ihr die Lebensverhältnisse der beherrschten Menschen umzugestalten. Der Stationsleiter läßt Wege, Brücken und Eisenbahnen bauen. Er sucht nach Mitteln und Wegen, Seuchen zu bannen und den Handel seines Bezirks anzukurbeln. Der Zeitbezug des Verfahrens ist eine Vergangenheit, in der ›alles angefangen hat‹, eine Gegenwart, die der sichtbare Beweis für die Veränderung und ›das Erreichte‹ ist, und eine Zukunft, in der sich bewahrheitet, daß die Stationsherrschaft nicht stillsteht und gegen alle Widerstände ihre Pläne durchzusetzen vermag. Das despotisch-interventionistische Verfahren ist ein Vergleichsverfahren. Es setzt auf den Unterschied des Heute vom Gestern, des Morgen vom Heute. Wie der Bau der Station vereitelt, daß sich die Herrschenden nach Vergewaltigung und Plünderung auf und davon machen, so setzt das Vergleichsverfahren die Stationsherrschaft unter den Zwang ihres eigenen Gestaltungsanspruchs. Die Zeichen des Interventionismus – die Zahl der instandgehaltenen Wege, der begehbaren Brücken, der gegrabenen Brunnen – sind die Meßlatten, an denen Fortgang, Stillstand und Rückschritt des Herrschaftsausbaus für jedermann sichtbar abgelesen werden können. Ebenso wie jeder neuangelegte Weg ein Beweisstück für die überlegene Gestaltungskraft der Herrschaft ist, ebenso zeugen die Gräser und der Sand, die diesen Weg wieder zudecken, vom Stillstand und schließlich von der nachlassenden Kraft der Eroberer.

Der Konservativismus der Stationsleiter ist eine Antwort auf diese Beweislastfalle des interventionistischen Verfahrens. Er unterstellt, daß schnelle und einschneidende Veränderungen der Lebensverhältnisse die hohe Geschwindigkeit der großen Macht voraussetzen, welche besonders anfangs der Station nicht zur Verfügung steht. Für den Wandel in kleinen Schritten benötigt es dagegen nur einer kleinen Macht – für den Überlegenheitsbeweis bedarf es dafür um so mehr jener gewalttätigen Willkür, die Inhalt des despotisch-unbeweglichen Beweisverfahrens ist.

Die ›koloniale Gesellschaft‹ in Togo hat ihr Deutschtum gepflegt und versucht, ihrer Umgebung einen deutschen Stempel aufzudrücken. Edward Graham Norris (1993: 83) nennt am Beispiel der Missionare dieses Verhalten die »Selbstabschirmung« der europäischen Eindringlinge.

Aber bei aller »Selbstabschirmung« war dieses Stationspersonal vor allem eins: Es war von Europa und sogar von der hauptstädtischen Zentrale in der Kolonie abgeschnitten – selbst wenn später Telegraph, Telefon, Fahrrad, Eisenbahn und zuletzt das Auto die Station der Zentrale nähergerückt haben. Anders als in Lomé gab es im Hinterland keine ›Gesellschaft‹. Allein, zu zweit, manches Mal zu dritt waren die deutschen Beamten in eine fremde Umgebung hineingestellt, die im Vergleich zu ihrem Herkunftsland nicht fremder hätte sein können. Der Eroberer lebt auf der Station in einer von Grund auf fremden Welt. Vertraut ist das, was er mit sich tragen oder nach europäischem Vorbild gestalten kann, nur um bei letzterem nie der Falle des Vergleichs zu entgehen, die aus allem einen »Behelf« macht. Der Eroberer ist »herausgerissen aus den alten Gewohnheiten«, ganz auf sich gestellt und, wie Rudolf Asmis (1942: 43) scharfsinnig fortfährt, »nur durch Eingeborene beobachtet«. Das Verhältnis zwischen Eroberern und Unterworfenen ist also am Beginn der stationären Herrschaft umgekehrt. Es ist der Eroberer, der sich unter den Augen der Unterworfenen an eine ihm völlig fremde Umgebung anzupassen hat. Mit dem Entschluß, nicht wie gewohnt weiterzuziehen, tauscht der Eindringling die »Bequemlichkeit« des vertrauten beweglichen »Hauses« seiner mitgebrachten und geraubten Habe und seiner Ungebundenheit, die ihn auf seinem Weg zur wohnlichen Heimatstadt zurückbegleiten, gegen die unbequeme Herausforderung, an einem weitgehend, oft völlig unbekannten und fremden Ort erst ein Gehäuse zu errichten, das »ihm die Heimat ersetzen« muß und »Heim« zu sein hat (E. Rodenwaldt, 1957: 62). Von den Ansässigen genau beobachtet, muß sich der Eroberer mit den Widrigkeiten seiner neuen natürlichen und menschlichen Umwelt auseinandersetzen, die ihm außer in seltenen Glücksfällen nichts schenkt. Die deutschen Eroberer lebten gesundheitlich sogar immer am Abgrund, und der Antagonismus der »kolonialen Situation« blieb während der gesamten deutschen Kolonialzeit in der »Musterkolonie« so zugespitzt, daß die Eroberer immer in dem Bewußtsein leben mußten, für bewaffneten Widerstand von seiten der Afrikaner jederzeit gerüstet sein zu müssen.

Anders als eine gängige Vorstellung glauben macht, die von den Eroberern selbst geschätzt wird, erschöpft sich deshalb das Dasein des Eroberers nicht in den verschiedensten Formen gebieterischen Auftretens. Sicher, der Eroberer befiehlt, und selbst einer Bitte wird er noch die Form des Befehls zu geben suchen. Aber ebenso sicher ist, daß der Eroberer lernen muß, wenn er auf der Station bestehen will. Der Eroberer muß sich anpassen, wenn er die Anpassung der Besiegten an seine Wünsche erfolgreich gebieten will. Der Eroberer benötigt Hilfe. Schwäche und Hilflosigkeit werden ihn fast unvermeidlich heimsuchen, und dann wird er all sein Überlegenheitskapital benötigen, das vor allem in der Furcht der Unterworfenen besteht, um bis zu den Tagen der wiedergefundenen Kraft ausharren zu können.

Keine der »alten Gewohnheiten« des Eindringlings bleibt von der machtvollen neuen Wirklichkeit des Stationslebens verschont. Der Beginn der Station ist der Beginn des Anpassungsvorgangs des Eroberers, der auszog und haltmachte, um die Anpassung der Besiegten an die neuen Ordnungsvorstellungen des Siegers sicherzustellen.

Mit der Gründung der Station übernimmt der Eroberer eine konfliktreiche Rolle zwischen Befehl und fiebrigem Schwächeanfall, zwischen (deutschen) Drillkommandos und dem Erlernen einer (afrikanischen) Sprache, zwischen Konservennahrung und den scharf gewürzten und pikanten Soßen der einheimischen Eßkultur. Ebenso bewegt sich der Anpassungsvorgang des Eroberers im Gegensatz von arroganter »Selbstabschirmung« und aufgeschlossener Akkulturation, zwischen »Unfehlbarkeitsmanieren« (R. Asmis, 1942: 44) und »Verniggern«, wie man in den Kreisen der deutschen Kolonialisten das Verhalten bezeichnet hat, das die Briten »going native« genannt haben (vgl. P. Sebald, 1988: 79). Einerseits kommt es zum »Tropenkoller«, wie »wir früher diese Entgleisungen ungewohnten Herrentums« genannt haben, wie Rudolf Asmis (ebda) über diese radikale Anpassungsverweigerung des Eroberers vergleichsweise beschönigend bemerkt hat. Andererseits finden Annäherungen an die Unterworfenen statt, indem man eine ihrer Sprachen erlernt, sich nach einheimischen Vorbilder kleidet, wie es z. B. der Beamte Richard Küas (1939: 85) mit »Haussa-Schuhen« und »Haussagown« tat, oder ein lebendiges Interesse an der Geschichte und Kultur der Besiegten entwickelt, das sich in den ethnographischen und historischen Arbeiten manches Kolonialbeamten niedergeschlagen hat. Aber wie immer der Beamte zwischen den Polen verächtlichen »Herrentums« und aufgeschlossener, sympathischer Neugier schwanken oder eine Linie zu finden vermochte, keiner kam umhin, sich auf den radikalen Bruch mit dem Gewohnten einzulassen, der die Voraussetzung einer Herrschaft ist, die sich mit Stationen mitten in die Welt der Unterworfenen hineinwagt.

---

[33] SHAF: O³, A. E. F., Cameroun / ›Togo‹, 1914–1918, carton 56. Der Brief datiert vom 4. Juli 1916.
[34] Ebda, in einem Bericht, datiert vom 4. Juli 1916.

Die Station ist das Werkzeug, mit dem die zentrale Macht zu lokaler Herrschaft wird. Aber der Preis der Station ist hoch. Die Mitglieder der zentralen Macht sind dazu verurteilt, mit einem Leben in den Gewohnheiten ihrer Ordnung zu brechen und sich an eine fremde Welt zu fesseln, die von ihnen alles fordern mag – selbst den Tod des hilflosen Fieberkranken. Vielleicht ist es dieser Preis, den Kriegergesellschaften meist nicht zu zahlen bereit sind, weshalb sie der grobschlächtigen Herrschaft der Razzien vor der großmächtigen Herrschaft des Staates den Vorzug geben.

4. Die »reichlich unvollkommene Unterwerfung«

Seit dem Ende der deutschen Herrschaft in Togo waren noch keine zwei Jahre ins Land gegangen, als im Juli 1916 der Oberkommandierende der Truppen von Französisch-Westafrika im Generalgouvernement von Dakar in einem Brief an den französischen Militärkommandanten von Togo schrieb: »Die Lektüre des Berichts (vom vergangenen Monat über die Situation in Togo – TT) ... hat mir den Eindruck vermittelt, daß unsere Feinde (= die Deutschen – TT) nur eine reichlich unvollkommene Unterwerfung der Eingeborenen Togos zu erreichen gewußt haben, besonders im nördlichen Teil des Landes und selbst in küstennahen Gebieten ... .«[33] In einem Bericht vom selben Tag an das Kolonialministerium in Paris wird der Oberkommandierende noch deutlicher: »... Togo war nicht in der Hand der Deutschen zu dem Zeitpunkt, als sie gezwungen worden sind, es aufzugeben. – Die Bevölkerung blieb ungebrochen und an vielen Stellen müssen wir die Arbeit wieder aufnehmen und zu Ende führen, die unsere Feinde nur ansatzweise geleistet haben. Togo wird nur wie ein Land verwaltet werden können, dessen Unterwerfung zweifelhaft erscheint und das nicht wirklich von den Europäern erobert worden ist.«[34]

Das Urteil von General Gabriel Angoulvant steht in überraschendem Gegensatz zum Tenor der kolonialpolitischen Literatur über das Togo der deutschen Kolonialherrschaft, zu den oppositionell-ironischen oder selbstgefälligen Bemerkungen über die »Musterkolonie« in den Reichstagsdebatten des Kaiserreichs und zu den Urteilen von Kolonialhistorikern nach dem Zweiten Weltkrieg. Trotz mancher Vorbehalte und Einschränkungen unterstreichen Historiker, daß nach einer längeren Phase der Pazifizierung die Kolonie eine ruhige und friedliche Entwicklung genommen hat. Deutscherseits hätten zu keiner Zeit Zweifel an der Unterwerfung der Bevölkerung der Kolonie aufzukommen brauchen (vgl. H. Gründer, 1985: 128; A. J. Knoll, 1978: 39; R. Cornevin, 1973: 57; 1969: 159f.). Was also veranlaßte den General zu einer solch gegensätzlichen Beurteilung der deutschen »Schutzherrschaft«?

Vorausgegangen waren einige jener mehr oder minder offenen »Unbotmäßigkeiten«, die die Kolonialherrschaft dauerhaft begleiteten. Die Kabiyé im

Gebiet von Kara des »Cercle« von Sokodé kamen nicht zur Ruhe. Erst im Februar 1916 war eine Militäraktion durchgeführt worden. Sie war von den Kabiyé mit Worten aufgenommen worden, die sich nicht wesentlich von jenen unterschieden, mit denen die Deutschen Ende der 90er Jahre des vorangegangenen Jahrhunderts empfangen worden waren: »Der Weiße braucht nur zu kommen, wir wollen Krieg mit ihm führen.« Es hatte einer Einheit von mehr als 100 Mann unter der Führung eines französischen Leutnants und mehrerer Toten auf seiten der rebellischen Bergvölker bedurft, um die Unterwerfung zu erzwingen. Im »Kreis« von Sansanné-Mango hatte es in den Monaten März und April längerer Tourneen und »vieler Geduld« des Stationsleiters bedurft, um den »schlechten Willen« der Bekpokpam zu überwinden und den »Gehorsam« der Moba und Gourma wiederherzustellen, die die Steuerarbeit verweigert hatten, nur um zu erfahren, daß in den Wochen darauf die Moba erneut bewaffneten Widerstand leisteten. Im »Kanton« Bassari desselben Kreises wurde im Juni ein Polizist erschossen, der von der französischen Verwaltung auf den Weg geschickt worden war, in einem Dorf die Verweigerer von Steuerarbeit dingfest zu machen. Selbst die Friedfertigkeit der Küstenbewohner, die die Deutschen noch mit Herablassung gepriesen haben, erwies sich hin und wieder als trügerisch. Als sich die Polizei in einem Streit um Grundbesitzansprüche zweier Parteien im Kreis von Aného zum Einschreiten veranlaßt sah, wurde sie mit einigen Gewehrschüssen empfangen. Nicht anders erging es einer Polizeieinheit, die zwei Dörfer im Kreis von Aného von ihrer Weigerung abzubringen versuchte, ihren Verpflichtungen zur Steuerarbeit nachzukommen.[35]

Unter militärischen Gesichtspunkten waren die größeren und kleineren Widersetzlichkeiten gegen die neuen Kolonialherren keine ernsthafte Bedrohung des französischen Herrschaftsanspruchs. Insofern unterschieden sie sich nicht von denen zu Zeiten der deutschen Herrschaft. Aus administrativen und kolonialpolitischen Erwägungen überzeichnete General Angoulvant die Schwierigkeiten der französischen Kolonialverwaltung mit der Befriedung des Landes.[36] An der Schlußfolgerung Angoulvants ist jedoch treffend, daß

---

[35] Zu diesen und anderen Ereignissen, s. die Monatsberichte von Libersart, Militärkommandant des französisch besetzten Teil des ehemaligen Schutzgebietes Togo, vom 27. März, 20. April und 20. Mai des Jahres 1916 an das Generalgouvernement in Dakar (SHAF, O³, A.E.F., Cameroun / ›Togo‹, 1914–1918, carton 56).

[36] Zwei Gesichtspunkte veranlassten die Oberkommandierenden die Festigkeit der ehemaligen deutschen Kolonialherrschaft in Togo herunterzuspielen. In Übereinstimmung mit der französischen Militärverwaltung in Togo wollte er einerseits die Notwendigkeit hervorheben, die Verwaltung Togos in den Händen des Militärs zu belassen und sie nicht zivilen Stellen zu übergeben. Andererseits bemühte man sich von Anbeginn der alliierten Operationen in den deutschen Kolonien, jenen Katalog von Anklagen und Rechtfertigungen zusammenzustellen, der am Ende des Ersten Weltkriegs die offizielle Rechtfertigung liefern sollte, jeden kolonialrevisionistischen deut-

diese Art von bewaffnetem und unbewaffnetem lokalem Widerstand, der sich zuerst gegen die harte Steuerarbeit gerichtet hat, keine Folge des Zusammenbruchs der deutschen Herrschaft gewesen ist – selbst wenn Dörfer da und dort die neuen Chancen ergriffen haben mögen, die ihnen der Abzug der alten und die Ankunft der neuen Kolonialmacht für eine kurze Übergangszeit eröffnet hatten.

Die Erwähnung von »Ruhestörungen«, »Störungen der Ordnung«, »Unbotmäßigkeiten«, »Schwierigkeiten« und Berichte über Fälle offenen bewaffneten Widerstands einzelner Dörfer fehlen mit Ausnahme der Jahre 1908/09 und 1912/13 selbst in keinem der offiziellen Jahresberichte des Reichskolonialamts, die der deutschen Öffentlichkeit und dem Reichstag in Berlin zugänglich gemacht wurden. Die »lokalen Unbotmäßigkeiten« waren in Art und Ausmaß vielfältig. Im Berichtsjahr 1902/03 glaubte zum Beispiel der Bezirksleiter von Sansanné-Mango, sich zu einer »Expedition« gezwungen zu sehen. Sie führte ihn in den Norden des Siedlungsgebietes der Lamba, die jedoch »in planmäßiger Weise das Lager (der vorrückenden Truppe – TT) auf allen Seiten« umstellten. Dennoch gelang es der Truppe, »bald die Angreifer niederzuwerfen« (AJb 1902/03: 110f.). Die Bewohner von Bagou (etwa 50 km östlich von Sotouboua) waren sowohl im Berichtsjahr 1905/06 wie im Jahr 1911/12 einer hochoffiziellen Erwähnung wert. In beiden Fällen widersetzten sie sich der Verhaftung eines Mitbewohners. Sie griffen die Polizisten an, die die Verhaftung durchführten, verletzten sie mal mehr, mal weniger schwer und ließen sich im Berichtsjahr 1911/12 sogar auf »Scharmützel« mit der Truppenabteilung ein, die die »Erhebung« beendet und die »Ruhe in Bagu alsbald« wiederhergestellt hat (AJb 1911/12: 86). 1918 meinte der erste französische Kreiskommandant, der sich nach dem Abzug der Deutschen in Sokodé einrichtete, Capitaine Sicre (1918: 73f.), daß sich die Tamberma im Gebiet nordöstlich und östlich von Kandé nie ernsthaft von den Deutschen hätten unterwerfen und bestimmen lassen. In der Tat fanden feindselige Handlungsweisen der Tamberma immer wieder Eingang in die Jahresberichte. 1905/06 beschossen sie eine Abordnung des Bezirksleiters von Sokodé. Nicht anders erging es einer Patrouille im Berichtsjahr 1906/07, die die Mißachtung einer Aufforderung an zwei Dörfer bestrafte, die ausgebrochenen Streitigkeiten gütlich zu regeln. 1907/08 wurde bei einer Militäraktion ein Tamberma erschossen, der sich an einer allgemeinen »Unbotmäßigkeit« seines Dorfes gegen die Bezirksleitung und den Häuptling beteiligt hatte, den die Bezirksleitung eingesetzt hatte. 1909/10 versuchten die Einwohner einer Ortschaft im Tamberma-Gebiet, einen Grenzposten zum Verlassen seiner Station zu zwingen (vgl. AJb 1905/06: 52; 1906/07: 3904; 1907/08: 6782; 1909/10: 92).

---

schen Anspruch auf Rückgabe des einstigen deutschen Kolonialbesitzes zurückweisen zu können. Deshalb bediente sich der Oberkommandierende in seinem Bericht an das französische Kolonialministerium in Paris auch einer ›deutlicheren‹ Sprache.

Im gleichen Berichtszeitraum wurden »lokale Unbotmäßigkeiten« aus zwei weiteren Bezirken gemeldet. Unter anderem »beraubte der Oberhäuptling von Bimbila mit seinem Anhang die Kasse des dortigen farbigen Zollassistenten« (AJb 1909/10: 92). Neben der »Unbotmäßigkeit der Baguleute« erforderte eine »große.. Erregung« im Bezirk Misahöhe im Berichtsjahr 1911/12 ein »scharfes Vorgehen« der Bezirksleitung (AJb 1911/12: 86f.).

Besonders in den Nordbezirken konnten sich die Eroberer nicht eines ruhigen Ganges der Herrschaftsgeschäfte sicher sein, wenngleich ein allgemeiner Aufstand innerhalb der einzelnen Bezirke oder gar des ganzen Territoriums in den Lagebesprechungen der Bezirksleiter ausgeschlossen wurde (vgl. R 150 ANT FA3/3037: 32, 149). Während für die Südbezirke schon seit 1905 eine Anweisung des Gouverneurs bestanden hatte, die Bewaffnung der Soldaten und Polizisten bei Dienstgängen außerhalb des Standortes weniger kriegerisch zu gestalten [vgl. R 150 ANT FA1/128 (1–3): 30], wiesen die Bezirksleiter von Sokodé und Sansanné-Mango noch im März 1909 ein solches Ansinnen zurück: »... (E)s gäbe noch Landschaften wie Konkomba, Namba, Tamberma etc., in welchen die Soldaten die Waffe zu ihrer persönlichen Sicherheit bedürfen« (R 150 ANT FA3/3037: 177f.). Selbst für den Bezirk Atakpamé verlieren in manchen Gegenden noch im Jahre 1913 Wörter wie »Unterwerfung« und »Befriedung« von ihrer scheinbaren Eindeutigkeit. In diesem Jahr unternahm der Tropen- und Regierungsarzt Ernst Rodenwaldt eine »Expedition« in das Akpossogebirge westlich von Atakpamé, um die Bevölkerung der Gegend zu impfen und »über den biologischen Bestand der Bergvölker dort zu einem brauchbaren Urteil zu gelangen«. Er befand sich in Begleitung einer großen Trägerzahl und des zuständigen Bezirksamtmannes Stockhausen, der mindestens seit dem Frühjahr 1910 mit wenigen Unterbrechungen im Bezirksamt von Atakpamé tätig gewesen ist (vgl. AbT 5, 1910: 233), aber »diesen Teil seines Reiches noch nicht kannte«. In dem Bericht von Rodenwaldt (1957: 90) über die Unternehmung heißt es: »Die Erkundungsreise ist nicht ganz ohne kritische Situationen gewesen. Das Volk hatte seit 10 Jahren keinen Europäer gesehen, war der Zucht entwöhnt und wollte sich an einer Stelle sogar der Trägerpflicht entziehen. Eines Spätnachmittags haben wir alle tief Luft geholt, als wir das Marschziel erreichten, ohne daß uns im Grasland des Gebirges einige Pfeile nachgesandt wurden. Denn am Morgen hatte Stockhausen in dem widerwilligen Dorf ein scharfes Strafgericht halten müssen«. Wenn aus den Strafbuchauszügen des Bezirks Lomé-Land zu ersehen ist, daß an einem Tag 55 afrikanische Personen wegen Verweigerung der Steuerarbeit mit 25 Prügelschlägen bestraft worden sind, dann ist die Vermutung nicht ganz abwegig, daß es mit der Willigkeit der Menschen selbst in den Küstenbezirken nicht immer zum besten im Sinne der Eroberer bestellt gewesen ist (vgl. ANT FA3/3131: 219f.).

Diese Vorkommnisse ändern nichts an dem Tatbestand, daß entgegen der übertriebenen Äußerung von Angoulvant Togo »in der Hand der Deutschen«

war, wenn wir darunter verstehen, daß die Deutschen den Anspruch auf das Gewaltmonopol nach außen und innen erfolgreich gegenüber den Afrikanern durchzusetzen vermocht haben. Die erwähnten Beispiele selbst zeigen, daß die Deutschen imstande waren, die offenen gewalttätigen Herausforderungen gegen die Durchsetzung von Anweisungen der Verwaltung ebenso zu brechen wie bekannt gewordene Verletzungen des Gewaltmonopols zu bestrafen. Die Sanktionsdrohung für das Verbot, mit benachbarten Stämmen kriegerische Auseinandersetzungen zu führen oder im Innern gewalttätige Selbsthilfe zu üben, konnte immer eingelöst werden, wenn es der Verwaltung richtig, wichtig und nötig erschien.

Eine Bestimmung des Durchsetzungsgrades des Gewaltmonopols, die solchermaßen an der »Sanktionsgeltung« (H. Popitz, 1980: 35f., 64ff.) des Gewaltverbots ausgerichtet war, sagt allerdings noch nichts darüber aus, in welchem Umfang die »Verhaltens«- und die »Sanktionsgeltung« des Gewaltverbots unterhalb jener Schwelle gesichert waren, von der an gewalttätige Konflikte die Wege zwischen Dörfern oder gar Handelsstraßen unsicher machten. Sie läßt offen, inwieweit vor allem gewalttätige Selbsthilfe oder gewaltsame Sanktionen von lokalen einheimischen Streitregelungseinrichtungen weiterhin in innerdörflichen oder anderen begrenzteren Konflikten ausgeübt worden sind, ohne daß die deutsche Verwaltung davon Kenntnis erlangt hat und eingeschritten ist oder sich, aus welchen Gründen auch immer, aus den gewaltsamen Streitigkeiten herausgehalten hat, obwohl sie von ihnen gewußt hat. Diese Seiten des Gewaltmonopols sind aber sicherlich einer der beiden Hauptpunkte, die der Oberkommandierende Angoulvant bei seiner Lagebeurteilung im Auge hatte.

Immerhin unterrichten die erwähnten Beispiele zu diesem Punkt darüber, daß einerseits manche Gebiete über viele Jahre hinweg von der Verwaltung ›vergessen‹ und deshalb, wie Rodenwaldt sich ausgedrückt hat, »der Zucht entwöhnt« waren. Andererseits hinderte das Vorhandensein der deutschen Verwaltung die Bevölkerung einiger Gegenden nicht, in gewalttätige Auseinandersetzungen verwickelt zu sein. Das Beispiel vom Beschuß einer Patrouille im Tambermagebiet im Berichtsjahr 1905/06, die in einem solchen Fall eingegriffen hat, ist kein Einzelfall. In dem regierungsamtlichen Jahresbericht für das vorangegangene Berichtsjahr 1904/05 heißt es: »Zwei Fälle von Unbotmäßigkeiten kamen im Hinterland des Schutzgebietes im Losso- und Kabre (= Kabiyé – TT) Gebiet vor. In einem Falle handelte es sich um zwei kleine Landschaften, welche auf eigene Hand miteinander Krieg führten und sich nicht gütlich fügen wollten ...« (AJb 1904/05: 2733). Der Jahresbericht des Bezirks Misahöhe für die Zeit vom April 1909 bis März 1910 hält fest, daß im Bereich der Nebenstation Kpandu die Streitigkeiten um bewaldetes Land immer mehr zugenommen hatten, und die »Erregung der Parteien ... sich manchmal bis zu Kriegsdrohungen« gesteigert hatte, weil sich der Kakaoanbau ausgebreitet hatte und die bewaldeten Flächen aus diesem Grund »einen vorher ungeahnten Wert« bekommen hatten. »In einem Falle kam es sogar bis zu einer Störung des Landfriedens« (ANT FA3/2124: 14f.).

Obwohl in diesen wie in anderen Fällen die deutsche Verwaltung über ihr Eingreifen die Geltung des Gewaltmonopols unmißverständlich sichergestellt hat, sind die Beispiele dennoch Hinweise darauf, daß die Verhaltensgeltung des Gewaltverbots selbst auf der Ebene von Dörfern und einzelnen Gegenden nur eingeschränkt durchgesetzt worden war. Die Unterworfenen hatten keineswegs dem Willen abgeschworn, »das Gesetz zu bestimmen«, wie sich der altgewordene Awi von Lama-Bou ausgedrückt hat.

Die aufgezählten Beispiele sind Fingerzeige darauf, was sicherlich im Vordergrund der Überlegung des französischen Generals und Oberkommandierenden gestanden hat: daß bis in die letzten Jahre der deutschen Herrschaft hinein die Kolonialherren in vielen Gegenden ungebrochen als Eindringlinge behandelt worden sind. Manches Dorf ging bis zur offenen Herausforderung des Herrschaftsanspruchs der Verwaltung und tat vor aller Augen kund, daß man nicht bereit war, Eingriffe der Verwaltung in die Angelegenheiten des Dorfes bzw. seiner Bewohner widerstandslos hinzunehmen.

Weit davon entfernt, die Kolonialherrschaft zu legitimieren, fügten sich die bezwungenen Menschen vielerorts nicht einmal der überlegenen Verletzungsmacht der Eroberer. Sie machten im Gegenteil in einzelnen abwehrenden Gesten der Gewalt den lokalen Unabhängigkeitswillen von der kolonialen Zentralgewalt offenkundig. Der Pfeil, der den Polizeibeamten bei der Ausübung seiner oftmals gewalttätigen und räuberischen Verwaltungstätigkeit traf, traf auch dann noch ins Schwarze, wenn er den Beamten verfehlt hatte. Er versinnbildlicht den Gegensatz zwischen den Eroberern und den Eroberten und den Graben der Feindseligkeit, über den keine Brücke der Herrschaftslegitimierung von den Unterworfenen zu den Eroberern geführt hat. Die Legitimität des Monopols der physischen Gewaltsamkeit war auf ihren unverzichtbaren Kern verkürzt, auf die Legitimierung der Gewalt durch den Verwaltungsstab selbst. Als Teil einer überlegenen Organisationsfähigkeit der Gewalt und in Verbindung mit einer technisch vorauseilenden Verletzungsmacht der Eroberer war das gewiß eine tragfähige und einigermaßen sichere Grundlage für eine zentrale Herrschaft. Aber nichtsdestotrotz war es auch eine »reichlich unvollkommene Unterwerfung«.

Die »reichlich unvollkommene Unterwerfung«

Stationsleiter Dr. Hans Gruner vor dem im Bau befindlichen Hauptgebäude der Station Misahöhe mit (stehend v.l.n.r.) Max Bruce, Diener, William Bruce, Koch und Diener, Karl Garber, Dolmetscher, Foli, Diener, Fritz Togbe, Diener

2. KAPITEL

Stationsleiter – die »wahren Herrscher« über die Kolonie Togo[1]

Stehen die Stationen am Beginn der staatlichen Herrschaft, so sind es ihre Leiter, die die Macht in dem beginnenden Staat ausüben. Die frühe Staatlichkeit ist eine Herrschaft der Stationsleiter.

Die Stationsleiter des deutschen Kolonialreiches und Togos hießen »Bezirksamtmänner«, »Bezirks-« und »Stationsleiter«. Die unterschiedlichen Namen waren ebenso Ausdruck von Diensträngen wie des Entwicklungsstandes, den ein Verwaltungsbezirk innerhalb des politisch-wirtschaftlichen Fortgangs der Kolonie erreicht hatte.[2] Ihre britischen und französischen Kollegen nannten sich »District Officer« beziehungsweise »Commandant de cercle«. Im Zusammenhang mit dem Begriff und Konzept der ›Station‹ verwende ich als allgemeinen Begriff die Bezeichnung ›Stationsleiter‹.

Exkurs zur Soziologie und Sozialpsychologie der deutschen Verwaltungsbeamten

Die wichtigste Gruppe der deutschen Kolonialherrschaft in Togo waren die Beamten. Sie stellten seit der ›Pazifizierungsphase‹ in der zweiten Hälfte der 90er Jahre des

---

[1] Die Kapitelüberschrift nimmt den Titel des Werkes von Robert Delavignette (1939) über »Les Vrais Chefs de l'Empire« auf. Ich übersetze allerdings das Substantiv »chef« im Anschluß an Gerd Spittler (1981: 54) mit »Herrscher«. Das kommt nicht ganz dem feinsinnigen französischen Wortspiel gleich, insofern ein »Chef« im französischen Sinne sowohl der Häuptling in einer vormodernen Gesellschaft als auch der Anführer, der Kopf einer Gruppe oder der »Chef« in den vielen modernen Formen des Vorgesetzten einschließlich des »chef de cuisine« sein kann.

[2] Den ›fortgeschrittensten‹ Verwaltungsbezirken (Lomé-Stadt, Aného, Misahöhe und Atakpamé) standen normalerweise Bezirksamtmänner vor. Diejenigen Bezirke, die kolonialwirtschaftlich weniger ›entwickelt‹ und infrastrukturell in geringerem Maße mit der hauptstädtischen Zentrale, Lomé, verbunden waren (Kete-Krachi, Sokodé-Bassar, Sansanné-Mango), wurden von Bezirksleitern geführt. Residierten die Bezirksamtmänner in Bezirksämtern, wickelten die Bezirksleiter in Stationen die Dienstgeschäfte ab. Standen die einen in Klasse 4a der Besoldungsdienstordnung mit Bruttojahresverdiensten zwischen 8300 M (Anfangsgehalt) und 13 400 M (nach 15 Dienstjahren) und konnten hoffen, mit der Ernennung zum Bezirksamtmann – oder wenigstens nach einigen Dienstjahren als Bezirksamtmann – zum Hauptmann befördert zu werden oder den Titel eines Regierungsrates verliehen zu bekommen, mußten sich die anderen mit der Besoldungsklasse 5 und Jahresbruttogehältern zwischen 7300 M und 11 200 M

vergangenen Jahrhunderts das größte Kontingent der weißen Bevölkerungsgruppe. Im Durchschnitt der Jahre 1893 bis 1913 lag ihr Anteil bei knapp 30%, seit 1906 bei rund einem Viertel (s. Anhang, Tab. 2). Sie waren es, die die Kolonie mit Hilfe afrikanischer Soldaten und afrikanischer Hilfstruppen eroberten und eine tragfähige Herrschaftsordnung zu errichten suchten. Ihre Herrschaft war eine notwendige Voraussetzung, um die imperialen und ökonomischen Zielsetzungen überhaupt zu verwirklichen, die die kolonialpolitischen Auseinandersetzungen im Deutschen Reich und vor allem auf der Bühne des Reichstages bestimmten. Aus der Gruppe der Beamten rekrutierten sich die Stationsleiter.

Wer waren diese Beamten?[3] Woher kamen sie, was suchten sie in Togo? Wie lange blieben sie? Wieviele waren es?

Die einfache Frage, wieviele Mitglieder die Verwaltung Togos hatte, läßt sich nur annäherungsweise beantworten.[4] Den besten Hinweis gibt die Statistik der europäischen Wohnbevölkerung Togos (s. Anhang, Tab. 2). Danach hielten sich noch bis Mitte der 90er Jahre des vergangenen Jahrhunderts nicht mehr als etwa zwanzig Regierungsangehörige in der Kolonie auf. Am Ende der deutschen Kolonialherrschaft waren es gerade 90 Beamte.[5] Im Jahresdurchschnitt von 1899 bis 1912 standen 67 Regierungsbeamten 948 400 Afrikaner gegenüber.[6]

›begnügen‹, wobei ihnen als Offiziere zwar weiterhin eine Beförderung bis zum Hauptmann (vgl. z. B. Adolf Frhr. v. Seefried auf Buttenheim, Leiter der Station von Sansanné-Mango), aber keine wohlklingenden zivilen Titel in Aussicht gestanden haben.

[3] Beamte werden hier nicht im dienstrechtlichen Sinne verstanden, sondern im Sinne von deutschen Mitgliedern der Verwaltung.

[4] Die sicherste Quelle für die Bestimmung des Umfangs und der Art des deutschen Verwaltungspersonals ist der Etat der Kolonie. Aber er gibt lediglich die Mindestausstattung an, da bis 1910 das Gros der Beamten nur kommissarisch oder vorübergehend angestellt war, d. h. nicht etatisierte Stellen besetzte. In erster Linie wurden diese nicht verbeamteten Mitglieder der Verwaltung durch den Etattopf »Weiße Hilfskräfte« finanziert, der jedoch aufgrund der verschiedenen Gehaltsstufen keinen genauen Einblick (nicht zuletzt dem Reichstag) in die Personalverhältnisse der Kolonie erlaubt. (Zu den verschiedenen Formen der Annäherung an den Umfang des Personals, s. Anhang, Tab. 9).

[5] Aber selbst bei den Angaben zur Wohnbevölkerung ist ein Vorbehalt zu machen, was die tatsächliche Anwesenheit der von ihr genannten Zahl von Regierungsbeamten in Togo betrifft. Insofern bei einer verpflichtenden Dienstperiode von zwei Jahren stand den Beamten ein viermonatiger Heimaturlaub zuzüglich einer Reisezeit von – anfänglich – zwei Monaten zu (vgl. LGG, S. 309f.). Rein rechnerisch befand sich deshalb immer ein Viertel der Beamten auf Heimaturlaub. Wenn wir nun davon ausgehen, daß für die Zeit des Heimaturlaubs keine Änderung des gemeldeten Wohnorts eintrat, und alle Beamten eine zweite Dienstperiode absolvierten, d. h. sich nicht in der Kolonie abmeldeten, dann sind die Zahlen der Bevölkerungsstatistik um jeweils 25% zu hoch angesetzt (s. Anhang, Tab. 9).

[6] S. Anhang, Tab. 1 und 3. Im Durchschnitt der Jahre 1899 bis 1912 lag der Anteil der Regierungsbeamten bei 0,007% der gesamten Bevölkerung (einschließlich der wenigen Europäer). Zum Vergleich: Im Jahre 1900 betrug der Anteil der Beamten in Togo (nach Maßgabe der Bevölkerungsstatistik) 0,005%. Auf jeden Beamten kamen etwa 22 000 Afrikaner. Im Deutschen Reich gab es indessen im selben Jahr 572 000 als Zivilisten im öffentlichen Dienst Beschäftigte und 629 000 Militärangehörige. Das sind

Die geringe personelle Ausstattung spiegelt die vergleichsweise konzeptionslosen kolonialpolitischen Anfänge der deutschen Kolonialherrschaft und einen finanzpolitisch höchst restriktiven Reichstag wider. Zumindest bis zur Reichstagswahl von 1907

1 % respektive, zusammengenommen, 2,1 % der Bevölkerung des Deutschen Reiches. Im Jahre 1900 kam im Deutschen Reich auf 98 Einwohner ein ziviler Angehöriger des öffentlichen Dienstes, bzw. ein ziviles oder militärisches Mitglied des staatlich-öffentlichen Personals kam auf 47 Einwohner. In einem Bild ausgedrückt: Im Deutschen Reich hatten die Mitglieder der staatlichen Verwaltung eine Zahl von Einwohnern vor sich, die der Größe einer Volksschulklasse entsprach. In Togo stand hingegen ein europäisches Regierungsmitglied einer Einwohnerzahl in der Größenordnung einer zu groß geratenen deutschen Kleinstadt gegenüber. [Die Zahlen für das Deutsche Reich sind zusammengestellt nach: O. Weitzel (1967: Anhang, Tab. 8) und K. M. Bolte, D. Kappe, J. Schmid (1980: 175)].

Dieser Vergleich ›hinkt‹ natürlich insofern, als ich die Zahl der afrikanischen Hilfskräfte der deutschen Verwaltung nicht mit eingerechnet habe. Nicht anders als im Falle Kameruns (vgl. K. Hausen, 1970: 132) ist es schwierig, die Zahl der afrikanischen Hilfskräfte zu bestimmen. Wir kennen nur die pauschalen Angaben der im Etat vorgesehenen Gelder. Die afrikanischen Hilfskräfte sind jedoch nach bestimmten Dienstalterstufen entlohnt worden. Dadurch lassen sich z.B. die Etatmittel nicht auf der Grundlage eines festen Monatslohns in die Zahl der Hilfskräfte umrechnen.

Um dennoch eine ungefähre Vorstellung zu geben, habe ich für die Jahre 1904 bis 1908 konservative Schätzungen durchgeführt, in der ich die Annahmen so gewählt habe, daß sie im Gegensatz zu meinem Argument das Kontingent an afrikanischem Hilfspersonal so groß wie möglich erscheinen läßt. Folgende Größenordnungen erhielt ich:

Jahr	insg.	dauerhaft angestellte Afrikaner	vorübergehend angestellte Afrikaner
1904	360	325	35
1905	444	413	31
1906	444	413	31
1907	531	496	35
1908	535	496	39

Im Durchschnitt der Jahre 1904 bis 1908 haben wir ein afrikanisches Personalkontingent von 463 Personen. Ich füge diesen noch 560 afrikanische Mitglieder der Polizeitruppe hinzu, ein Wert, der wiederum sicherlich zu hoch für diesen Zeitraum ist, aber der Stärke der Polizeitruppe am Ende der deutschen Kolonialzeit entspricht (vgl. G. Trierenberg, 1914: 67; S. Passarge, 1910: 112). Zusammen mit dem deutschen Personal von 66 Beamten im Durchschnitt desselben Zeitraums standen also durchschnittlich 1089 Mitglieder der Verwaltung einer afrikanischen Bevölkerung von 921 000 Menschen (im Durchschnitt der Jahre 1904 bis 1908; s. Anhang, Tab. 1) gegenüber. Das sind immer noch 846 Einwohner auf ein Verwaltungsmitglied. Die Kleinstadt ist allerdings zum Dorf geworden. Die Wirklichkeit wird irgendwo zwischen diesen 846 und den oben genannten 22 000 Einwohnern gelegen haben. [Die sprichwörtliche ›Daumenpeilung‹ von 1: 1000 bzw. 1:1200 (66 Europäer, 560 Polizisten und ?) wird von der Wirklichkeit gar nicht so weit entfernt sein].

und dem Beginn der »Dernburg-Ära« – so benannt nach dem Leiter des Reichskolonialamtes der Jahre 1907 bis 1910, Bernhard Dernburg – stand der Reichstag jeder Ausweitung des Personals in den Kolonien distanziert und kritisch gegenüber. Unter dem Banner der Kritik an »Bürokratismus«, »Assessorismus« und »Militarismus« legte er sich quer. Für die Berliner Zentrale galt immer nur ein Grundsatz: das Prinzip höchster Sparsamkeit. Die Kolonie durfte nichts kosten, zumindest so wenig wie möglich. Wie immer und für jeden öffentlichen Etat hieß das an erster Stelle, die Personalkosten so gering wie möglich zu halten. Besonders deutlich wird dies in der Entwicklung der etatisierten Personalstellen in Togo (s. Anhang, Tab. 5). Zwar hatten die Personalstellen, die im Etat verankert waren und ausgewiesen wurden, zwischen 1895 und 1909 eine jährliche Steigerungsrate von 6,2 %. Die Rate bedeutete jedoch lediglich eine Steigerung von 8 auf 18 Stellen.[7]

Konzeptionslosigkeit der Kolonialpolitik und strengste personalpolitische Sparsamkeit hatten zur Folge, daß die Beamten mit dem Dienstantritt in den Kolonien auf keine systematische und speziell auf den Kolonialdienst zugeschnittene Ausbildung zurückblicken konnten (vgl. R. Erbar, 1991: 19ff.). Ebenso blieb bis 1910 für die Mehrheit der Regierungsbeamten in Togo die berufliche Situation und Zukunft verhältnismäßig ungesichert (zum folgenden vgl. K. Hausen, 1970: 110ff.).

Seit dem Ende der 90 er Jahre des letzten Jahrhunderts gab es eine ständige Diskussion um die Ausbildung der Kolonialbeamten und die Frage einer speziellen Kolonialbeamtenlaufbahn. Anders als für die britischen und französischen Kolonialbeamten blieben alle Vorstöße in dieser Richtung lange erfolglos und bruchstückhaft. Dem setzte erst eine Regelung von 1909 ein Ende, die für alle Anwärter des Kolonialdienstes in Kamerun und Togo, die eine abgeschlossene Berufsausbildung vorweisen und unverheiratet sein mußten, eine einjährige Ausbildung am Hamburger Kolonialinstitut vorsah.

Das Vorlesungsangebot umfaßte ein breites Spektrum historischer, juristischer, staatsrechtlicher, ökonomischer, naturwissenschaftlicher, medizinischer, ethnologischer

---

[7] In diesen quantitativen Hinweisen ist die Polizeitruppe nicht enthalten, deren Stellen für deutsche Offiziere und Unteroffiziere zwischen 1903 und 1909 unverändert auf sieben Stellen festgelegt war.
Nach dem Scheitern der kolonialpolitischen Perspektiven Bismarcks gelang es erst in der Zeit der Dernburg'schen Leitung des Reichskolonialamts, Grundlinien einer kolonialen Herrschafts- und Verwaltungspolitik ansatzweise zu entwickeln. Es kam zum Beispiel zur institutionellen Reorganisation der Berliner Zentrale durch die Errichtung des Reichskolonialamts und zu einigen Neuordnungen im Verhältnis zwischen der Berliner Zentrale und den Kolonien, von denen die Einrichtung eines Selbstbewirtschaftungsfonds in Togo im Jahre 1909 zu den wesentlicheren gehörte. Ansonsten schlugen sich die Anfänge der Konzeptualisierung von Zielen und Wegen kolonialer Herrschaft in Togo institutionell nur in dem Etatisierungsschub der Personalstellen im Jahr 1910 und einer leichten Steigerung der durchschnittlichen Wachstumsrate der Personalstellen auf 7,6 % in den verbleibenden vier Jahren nieder. Betrachtet man diesen Etatisierungsschub von Personalstellen allerdings vor dem Hintergrund der Wirklichkeit, die in der Bevölkerungsstatistik Togos abgebildet ist, dann ist auch diese Erhöhung der Personalstellen tatsächlich nicht mehr als die institutionelle Festschreibung und Verstetigung einer Personalausstattung, wie sie schon im Jahre 1909, d.h. vor dem Etatisierungsschub bestanden hat. Nach den Zahlen der Bevölkerungsstatistik wurde die Personalentwicklung 1910 eingefroren (s. Anhang, Tab. 3).

und technischer Fächer. Das Lehrangebot an afrikanischen Sprachen enthielt unter anderem Ewe und Hausa (vgl. DKL, 1920, Bd. 2: 13). Obligatorisch für den Kolonialdienst in Kamerun und Togo war der Besuch von 23 bis 25 Wochenstunden an Vorlesungen, von denen 12 bis 14 Stunden dem Erlernen von Englisch und den Fächern Kolonialpolitik, -recht, Verwaltungspraxis und Bilanzkunde reserviert waren. Die anderen Stunden entfielen auf landwirtschaftliche Fächer und tiermedizinische Fragen. Ein Viertel der Vorlesungszeit beanspruchten Islam- und Landeskunde und Ethnographie. Die einzige vierstündige Vorlesung, die in den Jahren 1910 bis 1912 von dem Nationalökonomen und Japanologen Karl Rathgen gehalten wurde, galt dem Thema der Kolonialpolitik (DKL, 1920, Bd. 1: 128; J. Tesch, 1910: 36).

Das unterstreicht, daß man auf dem Wege der Ausbildung eine einheitlichere kolonialpolitische Konzeption zu institutionalisieren gedachte und ein eigenes politisch-ideologisches Selbstverständnis des kolonialen Beamtentums zu begründen versuchte. Anknüpfungspunkte waren die spezifisch preußischen Traditionen über die Aufgaben und die gesellschaftliche Stellung des Beamten. Die Beamten sollten sich durch ihre administrative und wissenschaftliche Kompetenz ausweisen und der Stand sein, der in den Kolonien das Allgemeininteresse gegenüber den egoistischen Einzelinteressen der – weißen – Gesellschaft zur Geltung bringt.[8]

Bevor es mit der Gründung des Hamburgischen Kolonialinstituts zu einer Ausbildungsordnung für Kolonialbeamten kam, wurden die angehenden Kolonialbeamten lediglich mit einigen sprachlichen und technischen Spezialfertigkeiten wie kartographischen- oder tropenmedizinischen Grundkenntnissen durch Kurse vor allem am Orientalischen Seminar in Berlin vertraut gemacht. Ansonsten brachten die Beamten nur die Erfahrungen in die Kolonien mit, die sie in ihren noch jungen Berufslaufbahnen als Offiziere, Assessoren, Mediziner, Philologen, Ingenieure oder Naturwissenschaftler gewonnen hatten. Der junge Beamte sah sich ohne nennenswerte Vorbereitung den Lebenswirklichkeiten der unterworfenen Bevölkerungen und den Besonderheiten einer kolonialen Verwaltungstätigkeit ausgesetzt – und die afrikanische Bevölkerung mußte mit dem unerfahrenen Beamten zu leben lernen. Allenfalls war der Beamte durch eine mehrmonatige Anstellung in einer Abteilung der Kolonialabteilung des Auswärtigen Amtes und später des Reichskolonialamtes etwas aktenmäßig mit den Vorgängen in den Kolonien bekannt gemacht worden.

Rudolf Asmis (1942: 4f.) schildert uns zum Beispiel die Vorbereitung für seine Tätigkeit in den Kolonien so: »Ich war im April 1906 (als junger Assessor, allerdings mit einem juristischen und philosophischen Doktortitel als Empfehlungen in der Ta-

---

[8] In diesem Sinne sagte Karl Rathgen in seiner Rede zur Eröffnung des Hamburgischen Kolonialinstituts im Oktober 1908 (zit. n. K. Hausen, 1970: 117f.): »Auch wir haben anzuknüpfen an unsere Traditionen. Wir müssen im Zusammenhang stehen mit den erprobten Einrichtungen unseres deutschen Beamtentums und mit dem wissenschaftlichen Charakter unserer höchsten Bildungsanstalten. Wir brauchen ... ein einheitliches Beamtentum in den Kolonien, wie wir es mustergültig im angloindischen Civil-Service finden .... Wir wollen nicht Kolonialtechniker ausbilden. Wir brauchen Männer mit festen Überzeugungen, Männer, die das Ehrgefühl der Zugehörigkeit zu einem festen und ehrenwerten Stande haben, den sie sauber halten wollen, Männer mit fester Staatsgesinnung, welche die dauernden Interessen verteidigen gegen die Interessenten. In Kolonien, wo der Beamte allein steht, wo die Privatinteressen sich überall in rücksichtsloser Form zur Geltung zu bringen suchen, ist das noch schwieriger als daheim. Darin fußen wir auf der Tradition des deutschen Beamtentums.«

sche – TT) zur Kolonialabteilung des Auswärtigen Amtes einberufen und erhielt hier meine aktenmäßige Vorbereitung für die spätere Verwendung in den Kolonien. In der Regel vergingen 6 bis 9 Monate, bis der junge Assessor die erste Ausreise antrat. (Jedoch am – TT) ... Donnerstag, dem 4. August 1906, vormittags zwischen 10 und 11 Uhr, ließ mich der stellvertretende Referent für Kamerun ... zu sich kommen und fragte mich, ob ich bereit sein würde, am Montag, dem 8. August, die Ausreise anzutreten. Die Aufforderung kam mir ganz überraschend .... Ich sagte ohne langes Besinnen zu, bat den auch im Amt tätigen Assessor Schlettwein, der schon eine Dienstperiode in Togo hinter sich hatte, mich zur Ausrüstungsfirma zu begleiten, und bestellte nach seinem Ratschlag ... die gesamte Ausrüstung ..., kaufte mir einen fotografischen Apparat und ließ mir zeigen, wie man fotografierte, fuhr ... nach Pommern, um mich von meiner Mutter zu verabschieden ... und stand am Montag nachmittag an Bord des Dampfers Alexandra Woermann.«

Wie für Asmis galt für die gesamte deutsche Beamtenschaft in Togo, daß sich der Eintritt in die Kolonie in einer Form vollzogen hat, die man üblicherweise einen ›Sprung ins kalte Wasser‹ nennt – ein Bild, das freilich für die Tropen nicht recht angebracht ist. Der Beginn der Verwaltungstätigkeit des Beamten in der Kolonie war von weitgehender Unkenntnis von Land, Leuten und den Anforderungen einer Verwaltung unter den Bedingungen einer kolonialen Eroberung bestimmt (vgl. dazu die Klagen von Bernhard Dernburg, 1907 e: 1196; 1908: 228).[9] Allerdings wurde die Unkenntnis zu einem Kitt des Gruppenzusammenhalts der Beamten und der Eroberer

---

[9] Für manch jungen Beamten barg diese Unkenntnis die Chance, sich mit Interesse oder gar unter Forschungsaspekten den Lebensverhältnissen der Eroberten in mehr oder minder intensiver Form zuzuwenden. Das traf vor allem für die ersten eineinhalb Jahrzehnte der kolonialen Eroberung zu. So veröffentlichten gerade in den Anfangsjahren der Kolonie einzelne Beamte zum Teil bemerkenswerte ethnographisch-landeskundliche Beiträge über Togo oder stellten wie in den Tagebuchaufzeichnungen von Curt v. François (1972; vgl. dazu Amegan, 1981) – der später interimistisch, dann zwischen 1893 und 1894 Landeshauptmann in Deutsch-Südwestafrika war – ihre aufmerksame Beobachtungsgabe und ihr Interesse für die Lebensverhältnisse der Afrikaner unter Beweis. Allen voran sind hier die Reiseberichte Heinrich Kloses (1899) aus den Jahren 1894 bis 1898 zu nennen. Aber neben ihm haben nicht wenige der frühen Eroberer und vereinzelt der späteren Stationsleiter in allerdings sehr unterschiedlichen Graden ein forschendes Interesse gezeigt. Der Sekretär des Kaiserlichen Kommissars Ernst Falkenthal, Paul Grade, berichtete 1889 in populärer Form über »volkstümliche Gebräuche und Gesetze im Togoland«. Von seiten der Beamtenschaft blieb es Rudolf Asmis vorbehalten, im Rahmen der Kodifikationsbemühungen der afrikanischen Rechtsordnungen die Behandlung dieser Gegenstände auf eine wissenschaftliche Grundlage zu stellen. Der Gründer der Station Misahöhe, der damalige Premierleutnant und spätere Hauptmann Erich Kling, schrieb ebenso wie der Gründer der Station Misahöhe, Oberleutnant und spätere Hauptmann Anton Bruno Herold und der am längsten im Gouverneursamt tätige Julius Graf v. Zech auf Neuhofen Beiträge in den »Mittheilungen von Forschungsreisenden und Gelehrten aus den deutschen Schutzgebieten« (vgl. u.a. A.B. Herold, 1897, 1895, 1894, 1893, 1892, 1891; J. Graf v. Zech, 1898). Der Forstassessor und frühe Stationsleiter von Misahöhe, Rudolf Plehn (1898), schrieb über die verschiedenen Ethnien seines Stationsbezirks eine völkerkundliche Arbeit, die von der Universität Halle als Dissertation angenommen wurde. Adolf

insgesamt. Die neuen Mitglieder der Verwaltung waren auf die Unterrichtung durch andere Beamte unbedingt angewiesen, da sie über kein unabhängiges Wissen verfügten. Dieser Effekt war jedoch zeitabhängig. Mit zunehmender Aufenthaltsdauer und damit Erfahrung in der Kolonie verlief er in die genau entgegengesetzte Richtung. Es entstanden Informationsmonopole und eine große Unabhängigkeit langjähriger Verwaltungsbeamter vor allen Dingen im »Hinterland« der Kolonie. Sie wußten sich von ihren Kollegen und einer neugierigen Zentralverwaltung in der kolonialen Hauptstadt abzuschotten.

Mit dem Fehlen einer systematischen Ausbildung war verbunden, daß sich der neue Kolonialbeamte in einen spannungsreichen Gegensatz hineingestellt sah, der sich zwischen seinem bürokratischen oder extrem begrenzt anwendbaren professionellen Wissen, das er aus Deutschland mitbrachte, und dem beispielgesättigten Handlungswissen der ›alten Hasen‹ oder, wie man damals in einer bezeichnenden Sprache sagte, der »alten Afrikaner« auftat. Diese Spannung gab notwendigerweise den Alten Afrikanern eine große Definitionsmacht in bezug auf die Lebensverhältnisse und die Probleme und Fragen, denen der Neuling sich gegenübersah und in die er unter Anleitung und Aufsicht der Alten Afrikaner eingeführt wurde. »Die Einführung des Neulings in die koloniale Verwaltungspraxis«, schrieb Rudolf Asmis (1942: 48), »erfolgte ... in der Form, daß der junge Assessor ... nach seiner Ankunft im Schutzgebiet zunächst beim Gouvernement verwendet oder einem alten Bezirksamtmann zugeteilt wurde. So konnte er beim täglichen Verkehr und der täglichen gemeinsamen Bearbeitung der anfallenden Sachen von den erfahreneren Kollegen beizeiten auf irrige Anschauungen oder unzweckmäßiges Verhalten hingewiesen werden. Er lernte aus der unmittelbaren Praxis heraus, wie er sich Afrikanern gegenüber zu benehmen hatte, inwieweit er den Afrikanern freundlich gegenüberzutreten und in welcher Beziehung er auf Strenge zu halten hatte, wollte er nicht die eigene Autorität verlieren. ... Er hatte den erfahrenen Rat des alten Afrikaners, wenn ihm Unfälle zustießen oder sonstige Schwierigkeiten auftraten.«

Eine berufliche Sozialisation dieser Art schliff sicherlich die wilhelminische ›Schneidigkeit‹ mancher jungen Beamten ab, was sich unter anderem darin dokumentiert, daß die Kolonie in den letzten fünfzehn Jahren ihres Bestehens keine ›Kolonialskandale‹ von dem Umfang einiger vorangegangener mehr erlebte. Zugleich sicherte es jedoch eine fundamental konservativ-provinzielle Ausbildung unter der Anleitung und Beobachtung einer Verwaltungsgeneration, die noch von den Erfahrungen der Eroberungszeit geprägt war. Asmis (1942: 62f.) faßte dieses konservative Prinzip treffend zusammen: »Es sollte sich jeder, der eine bereits bestehende Station oder ein schon vorhandenes Bezirksamt übernimmt, vor Augen halten: Wenn der neue Bezirksleiter glaubt, Neuerungen in der Verwaltung einführen zu sollen, so sollte er sich bewußt sein, daß mit 90% Wahrscheinlichkeit alles, was er als gänzlich neu einzuführen gedenkt, auch schon von seinem Vorgänger versucht und aus ganz bestimmten Gründen abgelehnt oder wieder aufgegeben wurde. Er sollte sich daher, bevor er Neuerungen einführt, gründlich erkundigen, ob diese allgemeine Annahme nicht auch in dem vorliegenden Falle zutrifft. Es war eine gute Verwaltungsregel, die die alten Bezirksamtmänner den Neulingen immer wieder einzuschärfen pflegten, sich mit Änderungen des bestehenden Zustandes Zeit zu lassen.« Eine Ordnung, die auf dem Wege war, die vorkolonia-

---

Freiherr v. Seefried auf Buttenheim hielt seine wichtigen Aufzeichnungen zur Geschichte der Anufòm in Sansanné-Mango, die er sich in seiner Zeit als Stationsleiter des Bezirks gemacht hatte, im Amtsblatt für das Schutzgebiet (1912) fest.

len, ›traditionalen‹ Ordnungen aus den Angeln zu heben, sah sich gezwungen, die Sozialisation ihrer Mitglieder und damit deren zukünftige Tätigkeit einem konservativen Prinzip bedächtigen Wandels zu unterwerfen.

Vor allem aber beherrschte die Ausbildung ein folgenreicher Grundsatz. Man nannte ihn »Bewährung«.

Wissen und Können sind eine Voraussetzung für den Kolonialdienst, schrieb Rudolf Asmis (1942: 43), »aber nicht jeder, der die Qualifikation für zu Hause hat, hat damit schon den Nachweis der Brauchbarkeit für gleiche Stellungen in den Tropen erbracht . . . . Das Leben in Afrika, insbesondere auf einem Posten im Innern, bedeutet für jeden, der zum ersten Mal nach Afrika kommt, ein neues und nicht ganz leichtes Examen, und nicht jeder hat es bestanden, der voller Begeisterung für die Kolonien hinauskam.«

Über das Bestehen dieses »Examens«, über die »Bewährung« (ebda, S. 46) entschied, was damals »Charakter«, also »innerer Halt, starker Wille und Takt« (ebda, S. 43) hieß. »Bewährung« ist nicht das Erzeugnis eines Lernvorgangs, auch wenn es als etwas verstanden wird, das mit Erfahrung getränkt ist. Mit der »Bewährung« wird etwas offenbar, was ›man hat‹ oder nicht hat: »Charakter«. »Charakter« ist das Ergebnis individueller Anlagen und der Biographie. Er ist Ausdruck des Standes, in den der Mensch hineingeboren wird oder hineinwächst. »Charakter« zeichnet »rechte Männer« (F. Giesebrecht, 1895: 157) aus. Sie verfügen über Vorsicht und Klugheit (F. Giesebrecht, 1898: 180) wie über »gesunden Menschenverstand« und eine »freie Anschauung«, die eine gewisse Unabhängigkeit gegenüber gesellschaftlichen Konventionen wahrt (B. Dernburg, 1907 a: 59). »Charakterfeste Männer« sind weder »Tintenkleckser und Bürokraten«, wie man es den Juristen oft meinte nachsagen zu müssen, noch sind sie den Gefährdungen des »Tropenkollers« ausgesetzt. Mit Energie und Tatkraft verfolgen sie wenige, aber um so klarere Ziele und lassen sich darin nicht beirren.

Man hatte keinen deutschen Begriff für den Typ von Persönlichkeit, den man als besonders geeignet für den Kolonialdienst betrachtete. Deshalb entlieh man sich das englische Wort des »Gentleman« (vgl. R. Asmis, 1942: 45; B. Dernburg, 1907 c: 112). Im Rückgriff auf dieses Modell wurden die besonderen Qualitäten des rechten Kolonialbeamten wie Ausdauer, Selbstdisziplin, Unerschrockenheit, Kaltblütigkeit und vorrangig die selbstbewußte Rücksichtnahme auf die Anliegen der unterworfenen Bevölkerungsgruppen gegenwärtig zu machen versucht.[10] Der Begriff des Gentleman sollte auf Qualitäten Bezug nehmen, die sich zeigten, wenn ›es darauf ankam‹, wenn sich zeigen mußte, ›aus welchem Holz einer geschnitzt ist‹.

Kolonialdienst war eine Sache der Persönlichkeit, des »Charakters«. Die »Bewährung« lieferte den Beweis, daß jemand »Charakter« hatte. Dieses Modell von »Charakter« und »Bewährung« belastete die Verwaltung der Kolonien freilich mit vielen uneingelösten Wechseln. Zutage brachten es nicht nur die ›Kolonialskandale‹ bis zur ersten Hälfte des ersten Jahrzehnts nach der Jahrhundertwende. Auch eine Bemerkung von Rudolf Asmis macht darauf aufmerksam. Unter Bezugnahme auf eine amtliche Studie berichtete Asmis (1942: 44), daß etwa ein Viertel der »sicherlich mit großer Sorgfalt für den kolonialen Verwaltungsdienst ... ausgesuchten Assessoren ... nach der ersten Dienstfrist in Afrika« als »ungeeignet« wieder ausgeschieden ist. In Anbetracht der

---

[10] Mit dem Wort ›Gentleman‹ rief man auch die sportlichen Konnotationen des Begriffs ab, vor denen jedoch einer der ersten Stationsleiter von Bismarckburg, L. Conradt (1896: 32), schon früh glaubte warnen zu müssen, weil sie ihm zu amateurhaft und zu wenig ernsthaft erschienen.

Personalknappheit und der hohen Bedeutung jedes einzelnen höheren Beamten eine um so stattlichere Zahl.

Der Mangel an spezifischer Ausbildung, Wissen und Können mußte das Erlebnis der Fremdheit verstärken. Er mußte dazu beitragen, die Welt des Afrikaners und des Europäers einander entgegenzusetzen. Die Entgegensetzung findet sich in den abwertenden kolonialistischen Sichtweisen über den »Togoneger« wieder: »Rätselhaft, diese Schwarzen. ... Wieviele Rätsel würden die noch dem weißen Fremdling aufgeben, dem Eindringling in ihr Land, der heimisch zwischen ihnen werden wollte?! Diesem Fremden, dem ihre Gesichter so undurchdringlich und ununterscheidbar schienen ... .« In diesem trivialen Illustriertenstil beschrieb rückblickend der erste deutsche Beamte in Lomé, Richard Küas (1939: 14), die Aufnahme seiner Tätigkeit als Amtsvorsteher.

Die unterschiedlichen Kenntnisse, die in der kolonialen Herrschaft über die verschiedenen sozio-kulturellen Ordnungen der Bevölkerung vorhanden waren, lagen nicht zuletzt der Hierarchie der Anerkennung der unterworfenen Völker zugrunde. In ihr nahmen die islamisierten Stämme des Nordens den ersten Rang ein, gefolgt von den Ewé-Gruppen der Küstengebiete. Die »Buschneger« – vor allem in den »Rückzugsgebieten« Zentraltogos – wurden stattdessen um so »tiefer stehend« eingeordnet.[11]

So wenig gründlich die Beamten für ihre Aufgaben in den Kolonien ausgebildet waren und ihr Wissen und Können ganz von ihren Erfahrungen in der Praxis abhing, so vergleichsweise wenig gesichert war ihre berufliche Zukunft als Kolonialbeamte, wenn sie in die Kolonien hinausgeschickt wurden.

Die Regelung der Dienstverhältnisse der Zivilbeamten – und in Togo gab es im Gegensatz zu den anderen deutschen Kolonien keine eigenständige Militärverwaltung[12] – stieß auf zahlreiche Schwierigkeiten. Erst mit dem Erlaß des Kolonialbeamtengesetzes vom Juni 1910 wurde eine abschließende Regelung gefunden (vgl. R. Erbar,

[11] In begrenztem Maße waren die Beamten allerdings bereit, bestimmte Vorurteile aufgrund konkreter Erfahrungen aufzugeben. Diese Lernfähigkeit drückt sich in dem auffälligen Gegensatz aus, der zwischen den Reden deutscher Kolonialpolitiker (auch eines Matthias Erzbergers; vgl. ders., 1906: 14) über die ›Faulheit des Negers‹ und den betonten Zurückweisungen dieses Vorurteils durch Beamte wie Asmis besteht. Selbst ein Richard Küas, dessen Rassismus und Herablassung aus so vielen Zeilen seiner »Togo-Erinnerungen« (1939) spricht, schrieb zum Beispiel (ebda, S. 113): »Das Leben dieser Menschen ist angefüllt mit Arbeit, der sie mit einem Fleiß und einer Emsigkeit nachgehen, die mich oft mit Wundern erfüllt hat. Wenn ich daran denke, wie man sich zu Hause vorstellt, daß diese Schwarzen wie im Paradiese nur unter Palmen wandeln und von der Arbeit keinen Begriff haben ...!« Aber solche Korrekturen blieben vereinzelt und bruchstückhaft.

[12] Die Aufgaben der Polizeitruppe von Togo waren dieselben, die den Schutztruppen in den anderen Kolonien zufielen. Aber im Unterschied zu anderen deutschen Kolonien unterstand die Polizeitruppe in Togo unmittelbar der zivilen Verwaltung, welche sämtliche Kosten für Unterhalt und Verwaltung für die Truppe aus eigenen Mitteln bestritt. Auf diese Weise sparte man an Personal und entlastete den Reichshaushalt von den Aufwendungen für einen Militäretat, die ihm in den anderen Kolonien oblagen. In Togo mußten also die Afrikaner selbst die Aufwendungen erwirtschaften, die die Truppe unterhielt, von der sie unterworfen und in Schach gehalten wurden – allerdings zum Vorteil jener zivilen Kontrolle der Soldaten, die in den anderen Kolonien oft zum Nachteil der unterworfenen Bevölkerungen nicht stattgefunden hat bzw. mit vielen Konflikten zwischen dem zivilen Gouvernement und der Militärverwaltung belastet waren (für Kamerun vgl. K. Hausen, 1970: 93 ff., 129 f.).

1991: 18f.). Im Vordergrund aller Kontroversen, die zur Verabschiedung dieses Gesetzes und seiner inhaltlichen Fassung führten, standen nicht die Bedürfnisse der Kolonien. Hauptgesichtspunkt war, die reibungslose Wiedereingliederung der ehemaligen Kolonialbeamten in die Beamtenschaft des Heimatlandes zu regeln. In erster Linie hob man auf das Prinzip ab, daß die Rückkehr in den heimischen Verwaltungsdienst unter Wahrung der Anciennität erfolgen konnte und jederzeit offen stand. In dieser Hinsicht konnten die Beamten auf eine gesicherte Zukunft bauen, obwohl bis 1905 ein Anspruch auf Pension und Hinterbliebenenversorgung nur mit der etatmäßigen Anstellung verbunden war. Im Unterschied zu den Reichsbeamten erfolgte indessen bis 1910 die Anstellung des neuen Kolonialbeamten nur kommissarisch. Nach der Aufstellung im Anhang, Tab. 7 betrug das Verhältnis zwischen außeretat- und etatmäßigen Beamten im Durchschnitt der Jahre 1898 bis 1909 etwa 3:1. Die kommissarische Anstellung bedeutete, daß der Beamte nach Ablauf einer Dienstperiode – und prinzipiell jederzeit – durch einen einfachen Verwaltungsakt und nicht durch gerichtliche Aberkennung seiner Ansprüche entschädigungslos entlassen werden konnte. Dies war für die Berliner Zentrale eines der wenigen Mittel, um ein Mindestmaß an Kontrolle über die Kolonialbeamten durchsetzungsfähig zu machen. Als jedoch ab 1910 die etatmäßige Anstellung zum Normalfall geworden war, beschränkte sich die Unsicherheit des Kolonialdienstes auf die erste Dienstperiode, die als Probezeit angesehen wurde.

Neben den Laufbahnunsicherheiten des Kolonialbeamten gab es noch eine ›Unsicherheit‹, die alle Weißen gleichermaßen traf. Sie war für das gesamte koloniale Lebensgefühl prägend, weil sie die Existenz jedes einzelnen in eine grundlegende Gefährdung hineinstellte: die Bedrohung von Gesundheit und Leben durch Seuchen, Krankheiten und Unfälle. Als Asmis 1906 nach Togo kam, wurde er von zwei seiner Assessorenkollegen in der Verwaltung an der Reede abgeholt, man nahm »ein für afrikanische Verhältnisse prächtiges Frühstück« ein, und die Kollegen schlugen vor, einen Spaziergang durch Lomé zu machen· »Wenn es mir recht sei, gingen wir nach Assessorsruh. In der Annahme einen schönen Erholungsplatz kennenzulernen, stimmte ich gerne zu«, fährt Asmis in seinen Erinnerungen (1942: 24f.) fort, »und die Herren führten mich durch die Hauptstraße der Stadt und über den Marktplatz und dann zum Kirchhof und erläuterten mir dabei zur Stärkung meiner Nerven, wie sie sagten, daß sie den Kirchhof so nennen, weil bereits fünf Assessoren auf ihm lägen und außer dem älteren von ihnen beiden, der schon die zweite Dienstfrist in Togo war, noch kein Assessor in Lomé eine zweite Dienstpflicht begonnen habe. Sie seien sämtlich gestorben oder tropendienstunfähig nach Deutschland zurückgekehrt.« Der Tod war den Weißen in den Kolonien gegenwärtig. Der langjährige Bezirksleiter und Bezirksamtmann von Sokodé, der ehemalige Arzt Dr. Hermann Kersting, hatte seinen Assistenten vor dem Eingang zu seinem Wohnhaus in der Nähe des Platzes beerdigt, an dem er allabendlich zu sitzen pflegte, und ihm einen Grabstein gesetzt, der von keinem unbeachtet bleiben konnte. Auf diese Weise, sagte Kersting, würde er immer daran erinnert, daß in Afrika der Tod den Menschen jederzeit unerwartet und schnell treffen kann.

Kersting hatte recht. Siegfried Passarge (1910: 114) gibt für die Weißen Togos eine jährliche Sterberate von 20 bis 40 auf Tausend der Bevölkerung an. Verglichen mit den allgemeinen Sterbeziffern des Deutschen Reiches zwischen 1885 und 1900 liegt die Ziffer von 20 nicht über diesen (vgl. K. M. Bolte, D. Kappe, J. Schmid, 1980: 150).[13] Aber dieser Vergleich sieht von der altersspezifischen Sterbeziffer ab. In den Kolonien

---

[13] Im Deutschen Reich lagen die allgemeinen Sterbeziffern zwischen 1885 und 1900 zwischen 25,7 und 22,1, zwischen 1901 und 1910 bei 18,7, und im Jahre 1913 lag die allgemeine Sterbeziffer bei 15.

befanden sich die Altersgruppen, die im Deutschen Reich niedrige Sterbeziffern hatten. Der eben genannte Kersting war zum Beispiel 34 Jahre alt, als er nach Togo gekommen ist. Andere, die nicht wie Kersting relativ spät ihre Koloniallaufbahn begonnen hatten,[14] kamen als Assessoren oder Leutnants Mitte oder Ende des dritten Lebensjahrzehnts nach Togo.[15] Vergleicht man deshalb die Angaben Passarges mit altersspezifischen Sterberaten aus dem Jahre 1913 (vgl. P. Marschalck, 1984: 169), dann liegt eine Sterbeziffer von 20 für die Altersgruppe der 25- bis 29 jährigen um etwas mehr als das Vierfache, für die der 40- bis 44 jährigen um etwas mehr als das Doppelte über den entsprechenden Ziffern im Deutschen Reich. Eine Ziffer von 40 würde gar zwischen den Sterbeziffern der Altersgruppen der 20- bis 24 jährigen und der 25- bis 29 jährigen während des Ersten Weltkrieges und etwas mehr als eineinhalbmal soviel über der allgemeinen Sterbeziffer Westafrikas im Jahre 1972 und von Togo des Jahres 1976 liegen (vgl. K. M. Bolte, D. Kappe, J. Schmid, 1980: 183; J. A. Hauser, 1974: 66, 75). Hinzu kamen die Erfahrung besonders »nasser Jahre«, die Zeiten der Epidemien oder die ungünstigen Bedingungen von Technikern beim Bahnbau. Im Jahre 1895/96 lag nach Angaben von Passarge (1910: 114) die Sterbeziffer der Weißen bei 112, im Jahre 1906/07 bei 62. Man starb an Malaria, Ruhr, Schwarzwasser- und Gelbfieber, Typhus, Infekten. Manche, die noch nach Deutschland zurückkehren konnten, erlagen wie der Hauptmann Kling, der Techniker Bugslag oder der Stationsassistent Ottens bald nach ihrer Rückkehr den Folgen der Krankheiten, die sie sich während der Zeit ihres Kolonialdienstes in Togo zugezogen hatten. Andere mußten gesundheitshalber ihren Abschied vom Kolonialdienst nehmen. Zu ihnen gehörte v. Zech, der wichtigste Gouverneur der Kolonie Togo.

In der Gegenwärtigkeit der Gefährdungen von Leben und Gesundheit der Eroberer steckt eine merkwürdige Ironie der kolonialen Besitzergreifung. Trotz aller sozio-kulturellen Vorkehrungen wird der Eroberer von den Bedingungen der eroberten Gesellschaften eingeholt. In den Augen ihrer Protagonisten war die Eroberung der Beweis und die Folge einer unvergleichlich überlegenen technisch-industriellen Zivilisation. Je nach den Extremen des kolonialistischen Selbstverständnisses waren die besiegten Bevölkerungen dem kulturellen oder gar physischen Untergang überantwortet oder sollten in den entfernt liegenden Zielen der »Kulturarbeit« einem radikalen Wandel unterworfen werden. Tatsächlich treten Eroberer den Ordnungen, die sie unterwerfen und zu Staaten umformen oder einem bestehenden Staat einverleiben, nicht ausschließlich im Stand der Subjekthaftigkeit des Mächtigen gegenüber. Die vorindustriellen Ordnungen waren für die kolonialen Eroberer nicht bloßes Objekt. Der Eroberer wird selbst Objekt der Lebensverhältnisse und Ordnungen, die er umgestaltet und sich untertan macht. Die koloniale Eroberung im imperialistischen Zeitalter zwang die Eindringlinge in Lebensverhältnisse, die für die Gesellschaft, aus der die Eroberer kamen, gerade erst Vergangenheit geworden waren.

Die eine Seite waren die vorindustriellen Sterbeverhältnisse. Die andere Seite war die vergemeinschaftlichte Gegenwärtigkeit von Krankheit und Tod. Der Tod war nicht mehr Familientod, zu dem er in den westlichen Industriegesellschaften geworden

---

[14] Kersting hatte bei seinem Eintreffen in Togo schon eine vierjährige bewegte Expeditionserfahrung in Afrika und Neu-Guinea hinter sich (vgl. DKL, 1920, Bd. 2: 259).

[15] Wie bei allen Fragen zum Personal ist es leider nicht möglich, genauere Angaben zum Eintrittsalter der Beamten in den Kolonialdienst Togos zu machen. Hierzu können nur vereinzelte biographische Hinweise vor allem im DKL Anhaltspunkte geben, das ich wie das AbT und das DKB vollständig ausgewertet habe.

war. Der Tod ging nicht nur die Familie an – die es in den ›Beamtenkolonien‹ nicht gab und von einer Behörde vom Tod ihres Angehörigen unterrichtet wurde. Der Tod der anderen war nicht ein anonymer Tod. Die Gruppe der Eroberer war klein. Man kannte sich persönlich oder wußte voneinander. Die Erinnerung war lebendig. Der Tod eines Weißen in den Kolonien war deshalb immer der Tod eines Gruppenmitglieds, von einem ›von uns‹. Jede »Tropendienstuntauglichkeit« und jeder Tod, den ein Mitglied aus der Gruppe der Eroberer traf, kündete von der Gefährdung einer Herrschaft, in der jedes einzelne Mitglied zählte. Jede schwere »Tropenkrankheit« und jeder Tod, zumal dann, wenn er nicht in kriegerischer Auseinandersetzung, sondern aufgrund der Unbillen der Lebensverhältnisse erfolgte, beschwöre die grundsätzliche Fremdheit herauf. In ihren Spielen und Witzen prahlten die Kolonialbeamten. Aber der Beweis männlicher Kaltschnäuzigkeit war zwiespältig. Die Quelle des Zwiespalts war der Tod, der Sieg und Niederlage ist. Mit Friedhöfen und Begräbnissen erobert man, weil es nur die begrabenen Toten sind, die mit fast unwiderruflicher Endgültigkeit Teil der eroberten Erde werden. Aber fast genauso unstrittig ist, daß diese Toten noch unter den Lebenden wären, wären sie in ›der Heimat‹ geblieben. So war die Gegenwärtigkeit von Krankheit und Tod für den Eroberer eine existentielle, eine soziale und eine politische Gefährdung.

Wer waren nun diese Beamten? Woher kamen sie? Was trieb sie dazu, gesicherten, ungefährlichen und ansehnlichen Karrieren in Militär, Justiz, Verwaltung, Wirtschaft oder freien Berufen im Deutschen Reich den Rücken zu kehren und sich auf eine beruflich weniger abgesicherte, oft unbequemere und existentiell gefährdete Zukunft im Kolonialdienst einzulassen?

»Der Dienst in Übersee«, schreiben zusammenfassend L. H. Gann und Peter Duignan (1977: 57), »zog hauptsächlich diejenigen an, die eingeschliffenen üblichen Routinen zu entkommen oder eine Welt exotischer Reize suchten, die sie sich in ihrer Phantasie vorstellten. Es ist deshalb nicht überraschend, daß die Deutschen mit einer sehr gemischten Mannschaft arbeiten mußten: Konsulatsbeamte, die nach einer Beförderungsmöglichkeit drängten, Offiziere, die das Leben in abgelegenen Garnisonsstädten satt hatten, Beamte, die begierig waren, die Welt zu sehen und aus den unterschiedlichsten Behörden kamen .... Unter ihnen gab es den verschiedensten Menschenschlag, einschließlich der Arbeitsbesessenen, der Abenteurer, Nichtsnutze, Schwärmer, Unzufriedenen, Sonderlinge und Unfähigen«. Das charakterisiert wahrscheinlich recht treffend die bunte Vielfalt der Menschen, die sich in den Verwaltungen der Kolonien zusammenfanden. Zurückhaltend deutet das Bild das verbreitete Ressentiment der wilhelminischen Gesellschaft gegenüber den Mitgliedern der Kolonialverwaltungen an, in dem sich die zeitgenössischen und gegenwärtigen Kritiker des Kolonialismus und die ›gute Gesellschaft‹ des Kaiserreichs in überraschender Übereinstimmung befinden. Theodor Seitz, der Gouverneur von Deutsch-Südwestafrika werden sollte, wurde zum Beispiel von einem nicht geringeren als dem Leiter der Personalabteilung des Auswärtigen Amtes davor gewarnt, in den Kolonialdienst einzutreten. Letzterer erhielt Schützenhilfe von dem damaligen Reichskanzler, Graf Leo von Caprivi, der dem jungen badischen Polizeibeamten die Leviten las und meinte, daß nur Faulenzer und Müßiggänger eine Anstellung in Afrika suchten. Als der 26 jährige Heinrich Schnee, promovierter Jurist und Reserveleutnant, seinem Vater und Landgerichtsrat eröffnete, daß er die Kolonialaufbahn einzuschlagen gedenke, war dieser bestürzt. Landgerichtsrat Schnee hielt seinem Sohn entgegen, daß die Kolonien nur Plätze für verkrachte Existenzen seien, von Leuten, die es in ihrem Beruf zu Hause zu nichts gebracht hätten oder in Schwierigkeiten geraten seien (L. H. Gann, P. Duignan, 1977: 57, 94). Eduard

Graham Norris (1993: 113) referiert in seiner Studie zur Entwicklung des deutschen und französischen kolonialen Erziehungssystems in Togo zustimmend den allgemeinen Befund des Historikers Wolfgang Petter (1980: 167), daß sich besonders unter den Offizieren viele befanden, die in Deutschland ›unmöglich‹ geworden waren.

Aber es überzeugt nicht, die Kriterien wilhelminischer Kompagniechefs und die Etikette der ›guten Gesellschaft‹ des Kaiserreichs als kolonialkritische Meßlatte an das koloniale Verwaltungspersonal anzulegen. Was besagen die wenigen Hinweise Petters, die Norris aufnimmt? Zuerst einmal lassen sie nur den Schluß zu, daß ein Teil der Kolonialbeamtenschaft, der nicht unerheblich war, in einem Verhältnis zu den Normen, Konventionen und Erwartungen der wilhelminischen Gesellschaft gestanden hat, das wenigstes teilweise spannungsreich gewesen ist. Vielleicht galten viele wie der Leutnant Pfeiffer als »unausgeglichen«, nur »im Grunde solide«. Möglicherweise waren sie gar Einzelgänger, was dem Geist militärischer Institutionen grundsätzlch verdächtig ist und dem Kastengeist des wilhelminischen Offizierkorps im besonderen sein mußte. Sie gingen wie Prinz Johann Albrecht von Preußen in die Kolonien, weil sie sich nicht standesgemäß, d.h. bürgerlich, verheiratet oder auf andere Weise gegen die Regeln der sexuellen Moral verstoßen hatten. Sie gingen, weil sie Ehrengerichtsverfahren am Hals hatten. Darunter war wohl sicher mancher, der in den Kolonien unterzutauchen suchte, weil er sich in der Tat in ›skandalöser‹ Weise zum Beispiel durch Soldatenmißhandlung disqualifiziert hatte (vgl. W. Petter, 1980: 167). Wie die ›Skandale‹ der Greuel in den Kolonien anzeigen, glaubte der eine oder andere in den Kolonien einen Ort zu wissen, an dem man auf eine gewisse Nachsicht für derartiges Verhalten rechnen konnte, und wo Menschenverachtung, die sich gegen die unterworfene afrikanische Bevölkerung richtete, Teil der sozialstrukturellen und kulturellen Arrangements gewesen ist.

Was immer die Motivationen der Beamten waren, und welche Anlässe auch immer sie bewogen haben, Deutschland den Rücken zu kehren, treffend ist die Beobachtung, die Robert Delavignette (1939: 41) zur »kolonialen Gesellschaft« gemacht hat: Kolonialbeamte sind minoritär. Sie sind es auf dreifache Weise. Sie sind minoritär gegenüber den Unterworfenen und Kolonisierten. Als die »alten« oder jungen »Afrikaner« sind sie minoritär und marginalisiert gegenüber den Mitgliedern der Gesellschaft des ›Mutterlandes‹. Sie sind minoritär und marginalisiert gegenüber den Mitgliedern der Abstammungsgesellschaft, weil sie dort als Abweichende identifiziert und unter dem mehr oder minder ausdrücklichen Verdachtsstatus des Abweichenden stehen. – Dieser Verdachtsstatus gibt der Idee der »Bewährung« einen zusätzlichen Bedeutungsgehalt. Er findet sich im sozialen Stachel für manchen Beamten, der im Kolonialdienst das Weite suchte. Der Kolonialdienst konnte eine subtile »Degradierungszermonie« (vgl. H. Garfinkel, 1976) sein. »Bewährung« beinhaltete danach, daß der Geprüfte in der »Bewährungsprobe« vergessen macht, was gewesen ist, und die gesellschaftliche Respektabilität wiedergewinnt.

Quantitative Aussagen über die »gemischte Mannschaft« der deutschen Kolonialbeamten lassen sich bisher nicht machen. Das gilt für den deutschen Kolonialdienst insgesamt (vgl. W. Petter, 1980: 167; K. Hausen, 1970: 118 f, Anm. 176) und trotz der sorgfältigen Studien von Peter Sebald (1988) und Edward Graham Norris (1993; 1990) im besonderen für Togo. Selbst die biographische Literatur aus den Federn von Kolonialbeamten ist in diesem Fall spärlich. Ich begnüge mich deshalb damit, einige allgemeinere soziale und organisationssoziologische Merkmale der Beamtenschaft zu rekonstruieren.

Unter dem Gesichtspunkt ihrer leitenden Verwaltungsmitglieder, der höheren Beamtenschaft (zur Definition s. Anhang, Tab. 5), war die Kolonie Togo eine Kolonie der Offiziere. Im Durchschnitt der Jahre 1898 bis 1904 betrug der Anteil der Offiziere 48 %, im Durchschnitt der Jahre 1905 bis 1910 waren es noch 35 %. In allen Jahren des Zeitraumes von 1898 bis 1910 stellte die Gruppe der Offiziere den größten Anteil an der höheren Beamtenschaft (s. Anhang, Tab. 8). Der langjährige und wichtigste Gouverneur Togos, Graf v. Zech auf Neuhofen, der der einzige Gouverneur war, der bei der Amtsaufnahme von Staatssekretär Dernburg nicht ausgewechselt worden ist, war ein Offizier der bayrischen Armee. Die Vorherrschaft des Offiziers war einerseits Ausdruck der Eroberungssituation kolonialer Machtnahme. Sie prägte sich deshalb um so mehr in den Jahren bis zur Jahrhundertwende aus. Andererseits zeichnete diese Vorherrschaft des Offiziers das Gesicht der Verwaltung, insbesondere wenn wir in Rechnung stellen, welche Stellung der Offizier in der gesellschaftlichen Ordnung des Kaiserreichs gehabt hat. In der Soziologie der Beamtenschaft ist eine der wichtigen Verschränkungen zwischen der Organisation der Kolonialherrschaft und der gesellschaftlichen Ordnung der sogenannten ›Metropolen‹ zu finden.

Die große Bedeutung des Militärs und des Offiziers im wilhelminischen Deutschland ist unter dem Stichwort des deutschen ›Militarismus‹ vielfach dargestellt und schon von den oppositionellen Kräften im Kaiserreich, die vornehmlich der Linken angehörten, oft kritisiert worden (vgl. M. Geyer, 1978: 30ff.). Eindringlich bleibt die rückblickende, konservative und bittere Darstellung durch Gerhard Ritter (1960; 1954), die treffende Beobachtungen zur»›Militarisierung‹ des deutschen Bürgertums« (ebda, 1960: 117ff.) enthält. Die Militarisierung des Bürgertums steigerte die Wertschätzung und die Sonderstellung, die seit der Errichtung des preußischen Militärstaates dem Offizierskorps besonders in Preußen zugewiesen und von diesem errungen worden war. Die Sonderstellung des Offizierskorps schuf eine Kluft zwischen Militär und Gesellschaft. Mit der Militarisierung des Bürgertums verwandelte sich diese Kluft in eine innergesellschaftliche zwischen Offizier und ›Zivilist‹. Die Kluft blieb in der Kolonie gegenwärtig. Die Beamtenschaft Togos, die unter der Vorherrschaft von Offizieren stand, wußte, daß die Kaufleute und Händler die »erste Nummer« waren (R. Küas, 1939: 186). Aber sie war sich ebenso sicher, daß den Kaufleuten und Händlern die »erste Nummer« nur unter den ›Zivilisten‹ zustand. Zu keinem Zeitpunkt hat sich die Beamtenschaft als willfähriger Erfüllungsgehilfe der Interessen der Kaufleute und Händler verstanden.

In der zweiten Hälfte des 19. Jahrhunderts bis zum Beginn des Ersten Weltkrieges vollzog sich im preußischen Offizierskorps ein radikaler Wandel. Karl Demeter (1962) nennt ihn in seiner bedeutenden soziologisch-historischen Studie über das deutsche Offizierskorps einen Vorgang der »Verbürgerlichung« (ebda, S. 1ff., insbes. S. 26f.). Dieser Vorgang zeigte sich in der Zusammensetzung der Offiziere in der Kolonialbeamtenschaft Togos. Mit der Zeit drängten die nicht-adligen Offiziere die adligen Standesgenossen in den Hintergrund (s. Anhang, Tab. 11). Aber, wie insbesondere Wilhelm Deist (1980: 48f.) hervorhebt, ist von dieser »Verbürgerlichung« kein reformierender Einfluß auf die Gesamtheit des Offizierskorps ausgegangen. »(E)her war das Gegenteil der Fall« (ebda, S. 49). Im Sinne der Ritter'schen Beobachtungen kam es zu einer ›Militarisierung‹ des Bürgertums.

Dementsprechend blieb das Offizierskorps nicht nur der allgemeinen »Bauidee« der Armee (K. Demeter, 1962: 172), sondern auch den Grundideen des preußischen Offizierskorps verhaftet, unter denen zwei besondere adlige Traditionen hervorzuheben sind: die Distanz zu formaler Bildung und zu formalisierten Rechtsverfahren.

Die allgemeine »Bauidee« der Armee und des Offizierkorps, »logisch im Gesetze nicht des Friedens und des Rechtes, sondern des Krieges und der Macht verhaftet« (ebda), machte für den Offizier unmittelbar und ebenso schlicht wie banal die Anziehungskraft des Kolonialdienstes aus. Die Attraktivität dieses Dienstes beruhte auf der Aussicht auf Kampftätigkeit. Es war der Kampf und der Krieg, in dem sich das Militär verwirklicht hat – und das des wilhelminischen Reiches ohne alle ideologischen Abstriche. Es waren dementsprechend die möglichen Gelegenheiten zu kriegerischer Tätigkeit, die in den Kolonien begehrt waren und die ›Lorbeeren‹ einbringen sollten, die seit den letzten Kriegen in Europa vorerst, das heißt bis zum Ersten Weltkrieg, nicht anders mehr zu gewinnen waren (vgl. W. Petter, 1980: 164). Zum Beispiel kehrten von 26 deutschen Instruktionsoffizieren 20 im Jahre 1897 vorzeitig und enttäuscht aus Chile zurück, weil es zum erwarteten Krieg gegen Argentinien nicht kommen wollte (ebda, S. 164; dort auch weitere Beispiele). Darin eingeschlossen war, daß die Offiziere der Schutztruppen kriegerische Auseinandersetzungen suchten und herbeiführten, die wie die des Leutnants Hans Dominik im Jahre 1894 im Bakokoland in Kamerun nicht selten im Debakel endeten (vgl. zusammenfassend ebda). Dazu gehörte, daß »Strafexpeditionen« über den ›angemessenen‹ Umfang von Polizeiaktionen hinaus vorangetrieben wurden – oder nachträglich zu Feldzügen stilisiert wurden, um den Statuskriterien und dem Selbstverständnis der Berufsgruppe und den versorgungsrechtlichen Anforderungen zu genügen (s. beispielhaft für Togo G. Trierenberg, 1914). Die versorgungsrechtlichen Regelungen haben vorgesehen, daß für die Pensionierung und Versorgung von Militärpersonen für jeden Feldzug ein Kriegsjahr in Anrechnung gestellt wurde (vgl. DKB 11, 1900: 53 f.).

Es gibt demnach Entsprechungen zwischen sozialpsychologischen Dispositionen, sozialen und kulturellen Erwartungen, institutionalisierten Belohnungen und den Herrschaftstechniken, die die Anfänge der Institutionalisierung von staatlicher Herrschaft auszeichnen. »Aktionsmacht« (H. Popitz, 1992: 24 ff., 43 ff.) wie Gewalt und materielle Schädigung (zum Beispiel das Niederbrennen von Hütten) ist konstitutiv für die Durchsetzung und Aufrechterhaltung kolonialer Herrschaft. Gleichzeitig liegt diese Macht in den Händen einer Berufsgruppe, die im »Kriegshandwerk« ihre berufliche Bestimmung hat und den »Gesetzen des Krieges und der Macht« verhaftet ist. Die Angehörigen dieser Berufsgruppe haben sozialpsychologische Dispositionen zur Konfliktsteigerung und »Überreaktion« (W. Petter, 1980: 164). Diese Dispositionen entsprechen den kulturellen und sozialen Erwartungen über kriegerische ›Lorbeeren‹ und den institutionalisierten Belohnungsmechanismen wie Beförderungsgutschriften oder Versorgungsansprüche.

Dieser allgemeine Befund zum deutschen Offizierkorps im Kolonialdienst ist allerdings für Togo einzuschränken. Nach Beendigung der ›Pazifizierungsphase‹ war die Kolonie nicht mehr der richtige Ort, um ›Lorbeeren‹ zu gewinnen. Die Größe und Bedeutung der Kolonie waren gering. Die Sicherung der Kolonie gegen bewaffnete Widerstände war mit der aufgestellten Polizeitruppe und ihres geringen Bedarfs an weißen Offizieren und Unteroffizieren zu bewerkstelligen. Zusammen machten sie die Kolonie nicht zu einem naheliegenden Ort, ›Schneidigkeit‹ unter Beweis zu stellen und nach militärischer Auszeichnung zu suchen.

Dennoch schrieb der junge Kolonialbeamte Werner von Rentzell in seinen späteren Togo-Erinnerungen (1922), deren maßlos schwülstiger Stil vom heutigen Leser einige Standfestigkeit erfordert, ein Kapitel, dem er den Titel »Afrikanische Landsknechte« gab. Das Kapitel skizziert unter anderem das Leben eines deutschen Stationsleiters im

»Hinterland«. Es läßt damit die Suche nach Kampf und Krieg als ein Element erscheinen, auf dem die Anziehungskraft des Kolonialdienstes für das Offizierkorps selbst noch im letzten Drittel der deutschen Kolonialherrschaft in Togo beruht hat.

Es war keine Besonderheit des Kolonialdienstes, daß er sich statt auf Ausbildung auf die ›Bewährung‹ von ›Männern‹ mit ›Charakter‹ verließ. Es war ein allgemeiner Zug des wilhelminischen Ausbildungswesens für Offiziere (vgl. K. Demeter, 1962: 94). Durch die institutionelle Unfertigkeit der kolonialen Verwaltungsstrukturen ist er in den Kolonien lediglich stärker als im Reich hervorgetreten. Das deutsche Offizierkorps hatte ein recht distanziertes Verhältnis zur schulischen und allgemeinbildenden Erziehung. Auch hierin nahm das Offizierkorps eine eigene Stellung in der wilhelminischen Gesellschaft ein, in der im 19. Jahrhundert zunehmend Bildungszertifikate zum Dreh- und Angelpunkt der beruflichen Karrieren der Mittelschichten und die Schule zur Verteilungsstelle von Sozialchancen wurden (vgl. T. Nipperdey, 1983: 451 ff.). Schulausbildung und wissenschaftliche Vorbildung waren im preußischen Offizierskorps zweitrangig.[16] Betont wurden Willens- und Entschlußkraft und andere militärische Tugenden wie Gehorsam, Disziplin, militärisches Ehrgefühl, Tapferkeit oder Abhärtung. Etwas zu unterlassen und zu versäumen, wog schwerer als ein falscher Entschluß oder selbst ein schweres Fehlurteil. Nicht Zaudern und zögerliches Abwägen, sondern entschlossenes und unbeirrtes Handeln, ›Schneidigkeit‹, war das Prinzip des Offiziers. Das »voluntaristische Prinzip« (K. Demeter, 1962: 88) beherrschte die Offiziersausbildung und das Selbstverständnis des Offizierskorps.

Zusammen mit einer anderen Tradition des Adels drückte sich das Feiern des Willens und der Willenskraft ebenfalls in einer gewissen verächtlichen Distanz des Offiziers gegenüber formalisierten Rechtsverfahren aus, die sich in der Art und Weise, wie das Recht in den Kolonien gehandhabt wurde, wiederfand. Der Offizier und insbesondere der adlige Offizier lebte noch bis zum Ersten Weltkrieg in einem eigentümlichen Zwiespalt. Die Offiziersposition und -rolle waren das Ergebnis und das Mittel der Zentralisierung von Herrschaft. Historisch waren sie Teil des staatlichen Gewaltmonopols und des Rechts des Zentralherrn. Gleichzeitig beanspruchte der Offizier für sich und seinesgleichen eine partielle Freiheit von diesem Gewaltmonopol und der Rechtsordnung, die auf ihm gegründet ist. Der Gegenstand der Freiheit war die ›Ehre‹, die Form der Freiheit war das Duell. Das Offizierkorps hielt an der traditionellen Überzeugung fest, daß bei einem Angriff auf die ›Ehre‹ Gesetz und Richter keine hinreichende Genugtuung zu geben vermögen. Der Gekränkte mußte zu erkennen geben, »daß«, wie es der preußische Rechtsgelehrte und Mitschöpfer des Allgemeinen Landrechts, Carl Gottlieb Svarez (1960: 445; zit. n. F. Zunkel, 1975: 40), ausgedrückt hat, »ihm die Ehre lieber als sein Leben sei und daß er Mut genug habe, jeden Flecken an seiner Ehre selbst mit Gefahr des Lebens wieder auszulöschen«. In Fragen der ›Ehre‹ stellte das Offizierkorps den »Brauch wider das Gesetz«. Wie in Fragen der Ausbildung betonte es die Tugenden von Mut, Entschlossenheit und raschem Handeln, die als ureigentlich soldatisch verstanden wurden und mit der ›feigen‹ und ›unmännlichen‹ Kompliziertheit einer Streitregelung durch die ›Paragraphenfuchser‹ nicht zu vereinbaren waren. In der unbeschränkten rechtlichen Regelungskompetenz

---

[16] Im bayrischen Offizierkorps lagen die Verhältnisse anders. Es hatte sich im ganzen 19. Jahrhundert weit stärker als das preußische Offizierkorps aus den gebildeten Schichten des Bürgertums ergänzt und schon bald ein viel größeres Gewicht auf die intellektuelle Seite der Offiziersausbildung gelegt (vgl. H. Rumschöttel, 1980; K. Demeter, 1962: 32 ff., 71, 95 ff., 220 ff.).

der Stationsleiter und ihrem »Bezirksleiterrecht« (R. Asmis, 1908) wurde dieser ›Voluntarismus‹ zu den Grundlagen des Rechts, mit dem die Stationsleiter die Rechtsangelegenheiten der einheimischen Bevölkerung zu regeln suchten.

Daß mit Gustav Nachtigal ein Militärarzt jenen ›Vertrag‹ abgeschlossen hat, mit dem das Deutsche Reich seinen kolonialen Besitzanspruch auf Togo geltend machte, ist für eine Soziologie der kolonialen Eroberung und Herrschaft weit bedeutsamer, als das biographische Detail auf den ersten Blick vermuten läßt. Ärzte waren neben den Offizieren eine der wichtigsten Gruppen, die im Zusammenhang der kolonialen Expansion die Aufgaben von Eroberern und Verwaltungsbeamten übernahmen. Im »Schutzgebiet Togo« stellten sie unter der höheren Beamtenschaft die zweitgrößte Gruppe. Im Durchschnitt der Jahre 1898 bis 1904 betrug ihr Anteil etwas über 27% der höheren Beamtenschaft. In den Jahren 1905 bis 1910 machte der Anteil noch knapp 24% aus (s. Anhang, Tab. 8). Als Stationsleiter und Gouvernementsangehörige prägten sie wie der langjährige Stationsleiter von Sokodé, Dr. Hermann Kersting, in entscheidendem Maße das Bild der Kolonialherrschaft. Nicht wenige wie Ludwig Wolf, Mitbegründer von Bismarckburg, der ersten Hinterlandstation Togos, August Wicke, Gründer und Leiter des Nachtigal-Krankenhauses in Aného, oder Maximilian Zupitza, dem ab 1908 die Leitung der Schlafkrankheitsbekämpfung oblag, waren als Militärärzte Berufsoffiziere. Die Ärzte unterstreichen in dieser Rolle die Bedeutung, die den Offizieren in der Kolonie zuzumessen ist. Mit den Ärzten und ihrer Tätigkeit verwirklichte sich der spezifisch rationale und wissenschaftliche Charakter der kolonialen Herrschaft. Es ist die ärztliche Tätigkeit gewesen, die die notwendigen Voraussetzungen bürokratischer Herrschaft, das heißt Zensus und Verstetigung staatlicher Kontrolle, zu schaffen suchte.

Zahlenmäßig an dritter Stelle stand die Gruppe von höheren Beamten, die unterschiedliche Ausbildungswege hinter sich hatten und aus verschiedenartigen Berufszweigen kamen. Die Naturwissenschaftler waren vorherrschend. Es sind die Forstleute, Geographen, Geologen, Kartographen, Botaniker, landwirtschaftlichen Fachleute, darunter aber auch die Verwaltungs- und Finanzfachleute. In der Person von Adam Mischlich ist selbst ein Theologe und früherer Missionar unter ihnen zu finden. Entsprechend der Entwicklung der Kolonie und ihrer Personalstellen trat diese heterogene Gruppe erst im letzten Drittel der deutschen Herrschaft in Togo in den Vordergrund. Im Jahre 1910 hat sie sogar mit der Gruppe der Offiziere gleichgezogen (s. Anhang, Tab. 8). Zwischen 1898 bis 1904 lag sie mit 14% im Durchschnitt der Jahre allerdings noch hinter der Gruppe der Juristen. Ihr prozentualer Anstieg nach 1904 markiert deshalb treffend den Beginn der Ausbauversuche der Verwaltungsorganisation und die Hinwendung zur infrastrukturellen ›Entwicklung‹ der Kolonie (u. a. Eisenbahnbau). In den Jahren zuvor hatten diese Anliegen hinter den Aufgaben zurücktreten müssen, das Terrain zu sichern, das in der ›Pazifizierungsphase‹ gewonnen worden war, und den Anspruch auf die Kolonie gegenüber den konkurrierenden europäischen Kolonialmächten aufrechtzuerhalten und durchzusetzen.

Im Gegensatz zu anderen deutschen Kolonien und zum Bild, das in den Auseinandersetzungen über die koloniale Verwaltungsorganisation im Reichstag entworfen worden ist, waren es in Togo nicht die Juristen, die in der höheren Beamtenschaft vorherrschend gewesen sind. Im Durchschnitt der Jahre 1898 bis 1910 betrug ihr Anteil an der höheren Beamtenschaft 17%. Es gab bis 1903 einzelne Jahre, in denen ihr Anteil höher, wie er umgekehrt im Jahre 1910 mit 13% niedriger gelegen hat (s. Anhang, Tab. 8). Freilich ist hervorzuheben, daß von den acht Kaiserlichen Kommissaren, Landeshauptmännern und Gouverneuren mindestens drei von Hause aus

Volljuristen gewesen sind. Aber es war nicht ein Jurist – noch ein Verwaltungsfachmann wie Ernst Falkenthal oder August Köhler –, sondern der Offizier Julius Graf von Zech auf Neuhofen, der am längsten den Posten des Gouverneurs bekleidet hat. Von Zechs Vorgänger und Nachfolger waren meist nur mehr oder minder kurze Zeit in der Kolonie tätig, zumal Urlaubs- und Dienstreisen mit sich brachten, daß der Gouverneur häufig fern der Kolonie war. Wenn aufgrund einer angeblichen Vorherrschaft der Juristen ökonomisch interessierte Kreise der Kolonialbewegung und -politik und Mitglieder des Reichstages die »Weltfremdheit« und den »Assessorismus« der Beamtenschaft beklagten, dann konnte dieser Vorwurf die Beamtenschaft Togos nicht treffen. Es war ein Jurist, Rudolf Asmis, der sich im Verlaufe der Kodifikationsbemühungen um das afrikanische Recht ernsthaft und gründlich um die Erfahrung der Lebensverhältnisse und rechtlichen Ordnungen der Menschen bemüht hat.

Ich fasse zusammen. Das »Schutzgebiet Togo« war unter dem Gesichtspunkt des beruflichen Herkommens der leitenden Beamten eine Kolonie der Militärs, eine Herrschaft von Offizieren, ergänzt durch Militärärzte. Zu ihnen gesellten sich Ärzte, Juristen und eine wachsende Anzahl von Vertretern verschiedener Berufe. Sie waren entweder als Forscher, Eroberer oder selbst als Missionare in die Kolonien gekommen und hatten die Aufgaben von Verwaltungsbeamten übernommen oder waren in ihren fachlichen Spezialgebieten tätig.

In einer entwickelten bürokratischen Herrschaft prägt das Heer der mittleren und besonders der unteren Beamten das Bild der Verwaltung, das vor allem die Verwalteten zu sehen bekommen. Ein Grundzug der deutschen Kolonialverwaltung, verstärkt durch den Grundsatz eiserner Sparsamkeit, war, daß die höheren Beamten sowohl funktional und unter Machtgesichtspunkten als auch quantitativ nicht hinter den mittleren und insbesondere den unteren Beamten zurückstanden. Ich gehe von der Entwicklung der etatisierten Verwaltungsstellen (s. Anhang, Tab. 5) und der ›Kombinationsstatistik‹ nach Anhang, Tab. 6) aus. Danach ist die Anzahl der unteren deutschen Beamten bedeutungslos. Im Höchstfall waren es nicht mehr als eine Handvoll, die als Polizeimeister in der Polizeitruppe und als Gehilfen beim Büro-, Post-, Zoll- und Eisenbahndienst tätig geworden sind. Der deutsche Kolonialbeamte in Togo war höherer oder mittlerer Beamter. Die ›einfachen‹ ausführenden Verwaltungstätigkeiten mußten diese Beamten entweder selbst erledigen oder Personen aus der zahlenmäßig weit größeren Gruppe der unterworfenen Afrikaner übertragen. Typisch war, daß sie beides taten.

Die Gruppe der mittleren und höheren Beamten hielten sich nahezu die Waage. Die Statistik der etatisierten Verwaltungsstellen (s. Anhang, Tab. 5) vermittelt den Eindruck, daß die Anzahl der mittleren Beamten zwischen zwei- (ab 1901) bis dreimal (bis 1900) so hoch wie die der höheren Beamten gewesen ist. Aus der ›Kombinationsstatistik‹ (s. Anhang, Tab. 6) läßt sich aber ersehen, daß im Durchschnitt der Jahre 1898 bis 1910 der Anteil der mittleren Beamten mit 48 % gegenüber dem Anteil der höheren Beamten mit 44 % nur geringfügig größer gewesen ist. Höherer Beamter zu sein hieß, nicht viele deutsche Beamte unter sich zu wissen und anweisen zu können. Es schloß aus, daß die Beziehung zu den untergebenen deutschen Beamten wesentlich durch das Verhältnis von Auszeichnung und Distanz bestimmt werden konnte, das aus dem quantitativen Verhältnis zwischen den wenigen Vorgesetzten und den vielen Untergebenen erwächst. Die mittleren Beamten waren absolut wie im quantitativen Verhältnis zu den höheren Beamten gleichermaßen minoritär. Nach unten hatten sie keine ›Untergebenen‹, sondern Unterworfene, das heißt Afrikaner. Mit den ›Untergebenen‹ verkehrten sie in der grundsätzlich antagonistischen Struktur, die die Eroberer von den

Eroberten, die Eindringlinge von den Eingeborenen, die Kolonisatoren von den Kolonisierten scheidet. In Verbindung mit dem Umstand, daß die Gruppe der weißen Eroberer insgesamt extrem klein gewesen ist, verstärkten die quantitativen Verhältnisse, die zwischen den Gruppen der deutschen Beamtenschaft zu den afrikanischen Hilfskräften bestanden haben, das Bewußtsein der Zusammengehörigkeit. Sie vertieften den Gegensatz, der zwischen der deutschen Beamtenschaft und den Unterworfenen, die sowohl zur Verwaltung oder zur allgemeinen Bevölkerung gehören mochten, bestand. ›Unter sich zu sein‹, das war nicht eine Vorstellung, die die verschiedenen Beamtengruppen trennte, sondern die sie gegenüber der überwältigenden Mehrheit der unterworfenen Afrikaner einte und in Gegensatz brachte.

Die geringfügige Anzahl deutscher Beamter überhaupt, die völlig bedeutungslose Anzahl von Beamten der unteren Besoldungsgruppen und das ausgeglichene Verhältnis von höheren und mittleren Beamten mit seiner vereinheitlichenden Tendenz bildeten eine administrative und soziale Struktur, in denen sich der deutsche Kolonialbeamte in einer Doppelrolle vergewissert sah. Er war Eroberer und Fachmann – wie unwissend der Beamte aufgrund mangelnder Ausbildung und anderer Umstände gegenüber den Verhältnissen der Kolonie auch sein mochte. Derjenige, der nicht oder nur wenig im Sinne der Vorstellungen, Ziele und Aufgaben der Verwaltung ausgebildet war, das war immer der unterworfene Afrikaner. Auf diese Weise ließ sich der Gegensatz zwischen den Eroberern und den Eroberten zum Gegensatz zwischen dem Fachmann und der Hilfskraft machen. Die Rationalisierung der kolonialistischen Ideologie in den Gegenüberstellungen von Wissen versus Unwissen, Sachverstand versus Unverstand, zivilisatorischer ›Überlegenheit‹ versus kultureller ›Rückständigkeit‹ war in die Struktur der Kolonialbeamtenschaft eingebaut.

Wie alt waren die Beamten, als sie in die Kolonialverwaltung von Togo eintraten? Auch zu dieser Frage lassen sich nur Anhaltspunkte geben, die sich wiederum fast ausschließlich auf die Gruppe der höheren Beamten beziehen (s. Anhang, Tab. 9 bis 11). Auf der Grundlage von Angaben über 34 Beamte ist erkennbar, daß ein Teil der Beamten, der zahlenmäßig nicht unerheblich war, keine beruflich unerfahrenen Personen waren. Fast 3/4 der erfaßten Gruppe von 34 Beamten waren zwischen 27 und 34 Jahre alt, knapp 2/3 von ihnen 30 Jahre und älter. In diesem relativ späten Eintrittsalter der Beamten in die Kolonialverwaltung Togos hat Robert Cornevin (1969: 169; 1969 a: 393) einen der Gründe gesucht, warum es seiner Meinung nach nicht ungerechtfertigt war, daß die Zeitgenossen der kleinsten Kolonie den Beinamen »Musterkolonie« gegeben haben. Nicht wenige Beamten hatten schon mehr oder minder einschlägige Kolonialerfahrungen hinter sich. Sie hatten sich im Kolonialdienst »bewährt«, bevor sie Aufgaben in der Kolonialverwaltung Togos übernahmen. Für einen nicht geringen Teil der Beamtenschaft fand der ›Sprung ins kalte Wasser‹ nicht in Togo, sondern in anderen deutschen Kolonien und im Rahmen anderer kolonialer Unternehmungen statt. Selbst wenn der Beamte in Togo keine kolonialspezifische Ausbildung durchlaufen hatte, hatte er schon Erfahrungen mit den Wirklichkeiten Afrikas oder wenigstens anderer Kolonien gemacht. Allerdings ist für diese kolonialen Vorerfahrungen charakteristisch, daß sie die kolonialistische Aufbruchphase deutlich widerspiegeln. Es waren Erfahrungen in der Rolle des Entdecker-Eroberers und im Rahmen der Unternehmung, die damals »Expedition« genannt wurde (vgl. G. Spittler, 1987 b, 1983 b).[17]

---

[17] Dazu einige Beispiele. Als der Militärarzt Dr. Ludwig Wolf 1887 in Togo eintraf, wo er mit der Erforschung des Hinterlandes der Kolonie beauftragt wurde, hatte er

Der Gruppe mit Expeditions-, Reise- und anderen Vorerfahrungen in den Kolonialländern stand die Gruppe gegenüber, die mit der Entsendung nach Togo zum ersten Mal mit der kolonialen und afrikanischen Wirklichkeit konfrontiert wurden. Cornevin betont zu Recht, daß vorrangig auf der Ebene der Stationsleiter und nicht zuletzt in der Person des langjährigen Gouverneurs v. Zech die Berufslaufbahnen der Kolonialbeamtenschaft Togos durch ›Togo-Karrieren‹ gekennzeichnet waren. Es gab einen nicht geringen Anteil von Beamten, für die Togo keine berufliche Episode war. Diese Beamten stiegen innerhalb der begrenzten Möglichkeiten der Verwaltung Togos beruflich auf. Die Zugehörigkeit zur Beamtenschaft Togos geriet zur ›Lebensstellung‹. Sie hat erst aus gesundheitlichen Gründen wie z.B bei v. Zech oder mit der Kapitulation vor den englischen und französischen Truppen im Jahre 1914 wie bei dem Bezirksamtmann und späteren Ersten Referenten, Hans Georg v. Doering, ihr Ende gefunden.[18]

Vor allem auf der Ebene der Bezirks- und Stationsleiter bildete sich eine Gruppe von eine mehrjährige Expeditionserfahrung als Teilnehmer und später Leiter jener Expedition hinter sich, die unter der Führung des preußischen Offiziers und Afrikaforschers, Hermann v. Wissmann, im Auftrag der Internationalen Afrikanischen Gesellschaft den Unterlauf des Kassai erforscht hat. Ein weiterer Teilnehmer dieses Expeditionsunternehmens, der außerdem sich zusammen mit dem britischen Missionar David Grenfell im Jahre 1885 in der Erforschung des Tschuapa und Lulongo engagiert hatte, war Curt v. François, der im Verlaufe des Jahres 1888 in Togo eintraf und im Rahmen seiner Hinterlandexpedition wesentliche Teile der Kolonie für das Deutsche Reich zu gewinnen suchte. Als Professor Richard Büttner, der zwischen 1890 und 1892 die Station Bismarckburg leitete, in die Kolonie Togo kam, hatte er schon Afrikaerfahrungen als Mitglied der letzten von der Afrikanischen Gesellschaft in Deutschland entsandten Expedition in das südliche Kongobecken hinter sich. Der Geograph und Geologe Dr. Hans Gruner, der mit 27 Jahren noch relativ jung war, als er von der Kolonialabteilung des Auswärtigen Amtes nach Togo geschickt wurde und dort mit dem Aufbau und der langjährigen Leitung des Bezirksamts Misahöhe zu einem der »wahren Chefs« der Kolonie aufstieg, hatte zumindest eine wissenschaftliche Reise in Kamerun unternommen. In gleicher Weise nicht ganz unerfahren war der Offizier Ernst v. Carnap Quernheimb, der Mitglied der Gruner'schen Hinterlandexpedition des Deutschen Togo-Komitees des Jahres 1894/95 wurde, nachdem ihn zuvor Reisen an die ostafrikanische und Somaliküste geführt hatten. Der Arzt Dr. Hermann Kersting, der während mehr als zehn Jahren die Station und den Bezirk Sokodé leitete, kam mit 34 Jahren nach Togo. Zuvor hatte er in den Jahren 1893 und 1894 an der Afrikadurchquerung von Adolf Graf v. Götzen teilgenommen und 1896 mit Dr. Carl Adolf Georg Lauterbach, Botaniker und späterer Direktor der Neuguinea Kompagnie, eine Expedition nach Neuguinea unternommen. Als der spätere Professor Adam Mischlich im Jahre 1897 in die Kolonialverwaltung Togos eintrat, in der er unter anderem zwölf Jahre lang mit der Leitung der Station Kete-Krachi beauftragt war, hatte er als Mitglied der Basler Mission zuvor Gelegenheit gehabt, über mehr als sechs Jahre die Verhältnisse an der britischen Goldküste und in Togo kennenzulernen.

[18] Auch hierzu wieder einige Veranschaulichungen: Von Zech z.B., der mit einer Offizierslaufbahn in der bayrischen Armee begann, wurde im Jahre 1895 als 27jähriger Oberleutnant zur Kolonialabteilung des Auswärtigen Amtes abkommandiert und nach Togo entsandt. Dort übernahm er in den folgenden fünf Jahren die Verwaltung der Station und des Bezirks Kete-Krachi und beteiligte sich in mehreren Militäraktionen und Expeditionen an der Inbesitznahme und Pazifizierung des neugewonnenen deutschen Kolonialbesitzes. Im Jahre 1900 verließ er allerdings Togo und unternahm

Beamten, die über langjährige und gründliche Erfahrungen mit der Herrschaft über Togo und seiner Verwaltung verfügte. Für die zahlenmäßige Größe dieser langjährigen Togo-Beamten geben die Mindestschätzungen in Anhang, Tab. 12 einige Hinweise, die auf Angaben zu 100 Beamten beruhen. Danach sind mindestens 28% der Beamten sechs und mehr Jahre in Togo tätig gewesen. Sie haben sich also für mehr als zwei Dienstperioden verpflichtet. Für zwei Dienstperioden war von seiten der Berliner Zentrale vertraglich vorgesorgt worden. Nur bei einer Verlängerung der ersten Dienstperiode kam der Beamte in den Genuß der großzügigen Urlaubsregelung und anderer versorgungsrechtlicher Ansprüche (vgl. J. Tesch, 1910: 48 ff.). Besonders augenfällig sind die langen Dienstzeiten einer kleinen Gruppe von Beamten. Sie waren acht Jahre und länger im Dienst der Verwaltung Togos und stellten mindestens etwas mehr als

Reisen in Marokko, Algerien, Tunesien und nach Tripolis. Zum Bezirksamtmann ernannt, kehrte er im selben Jahr nach Togo zurück und leitete den wichtigen Bezirk Anécho. 1901/02 war er der erste deutsche Kommissar bei der gemischten Kommission zur Abgrenzung des Hinterlandes von Togo und der Northern Territories der englischen Goldküste. 1902 wurde er Kanzler, wie damals noch die Stelle des Ersten Referenten hieß, und ab 1903 wurde er Gouverneur, wobei er nach der Ablösung von Waldemar Horn bis zum Jahre 1905 dieses Amt zuerst nur interimistisch verwaltete.

Hans Georg v. Doering wurde nach 13jährigem Dienst als Offizier in der preußischen Armee 1893 zur Kolonialabteilung des Auswärtigen Amtes abkommandiert und im selben Jahr der Forschungsstation Bismarckburg zugeteilt. Von Bismarckburg aus und als Führer der Polizeitruppe, die er mit Unterbrechungen zwischen 1894 und 1901 befehligte, war er an prominenter Stelle an der Erkundung, Eroberung und Pazifizierung der Kolonie beteiligt. Er trat einmal für kurze Zeit in die preußische Armee ein, kehrte aber wieder nach Togo zurück. Er war Leiter verschiedener Bezirke, von denen insbesondere Atakpamé während vieler Jahre seiner Herrschaft unterstanden hat, nachdem er die Ansiedlung, die dem Bezirk den Namen gegeben hat, im Juni 1898 für einen Hauptsitz der Lokalverwaltung ausgewählt hatte. Von Doering vertrat oft den Gouverneur in seinen Dienstgeschäften, wenn dieser sich aus dienstlichen Gründen oder während des Urlaubs außerhalb der Kolonie befand. 1911 wurde er Erster Referent und Stellvertreter des Gouverneurs und regierte in dieser Funktion faktisch das »Schutzgebiet«, wenn man die zeitlich relativ knapp bemessenen Aufenthalte der Nachfolger v. Zechs in der Kolonie in Rechnung stellt. So fiel v. Doering auch die Aufgabe zu, die kurzen und vergeblichen Verteidigungsmaßnahmen gegen die alliierten Kolonialtruppen beim Ausbruch des Ersten Weltkrieges zu befehligen und die Kapitulation der bewaffneten deutschen Einheiten zu vollziehen.

Der Reserveleutnant und Naturwissenschaftler Gruner repräsentiert wie kaum ein anderer in dieser Deutlichkeit, daß der Dienst in der Kolonialverwaltung Togos zur Lebensstellung werden konnte. Am Ende der deutschen Herrschaft 1914 hatte er mit 22 Dienstjahren noch länger als v. Doering der Beamtenschaft Togos angehört. Vor allem aber ist sein Name untrennbar mit der Station und dem Bezirk Misahöhe verbunden, denn von 1892 an bestimmte er als Leiter dieses Bezirks mit wenigen Unterbrechungen, die z. B. mit der Führung der schon erwähnten Togohinterlandexpedition oder der Station Sansanné-Mango in den Jahren 1896 bis 1898 auf ihn zugekommen sind, die Verwaltungsgeschicke dieses Amtsbezirks. Mit Einschränkungen gilt dies in ähnlicher Weise für den Arzt Kersting, der immerhin bis zu seiner Versetzung nach Neuguinea im Jahre 1910 seit 1897 den Bezirk Sokodé geleitet hat, dessen Verwaltungssitz er nach einer äußerst provisorischen Stationsgründung durch v. Zech aufgebaut hat.

10 % der Beamten. Aus dieser Gruppe rekrutierten sich vor allem die Stations- und Bezirksleiter.[19]

Mit den Alten Afrikanern der ›Expeditionen‹ und den Neulingen, die sich jedoch in der ›Togo-Karriere‹ mit den Alten Afrikanern trafen, verfügte die Beamtenschaft Togos spätestens kurz nach der Jahrhundertwende über eine Anzahl von Beamten in den leitenden Funktionen, die sich »bewährt« hatten und auf vergleichsweise langjährige Erfahrungen mit der Herrschaft und Verwaltung der Kolonie zurückschauen konnten. Für Togo traf die zeitgenössische Kritik am »Assessorismus« nicht zu. Die Kolonialverwaltung Togos und besonders ihre leitenden Positionen waren stattdessen Plätze der Alten Afrikaner.

Die »Bewährung« in der Kolonialverwaltung Togos hatte nicht nur eine zeitliche Seite. Die Beamten lernten die Kolonie gründlich kennen – wenngleich immer in den Grenzen der Erfahrungen, die Eroberern und Eroberten einer Agrargesellschaft im besonderen zugänglich sind. Ein nicht geringer Anteil von mindestens etwa 20 % der Beamten hat sowohl verschiedene Regionen der Kolonie als auch verschiedenartige Verwaltungsaufgaben in der Kolonie kennengelernt (s. Anhang, Tab. 13). Gezwungen durch Personalknappheit und eine großzügige Urlaubsregelung, die es den Beamten erlaubte, nach eineinhalb Jahren Dienst einen Europaurlaub anzutreten, wechselten von 58 Beamten der Jahre 1906 bis 1914, die ich erfaßt habe, mindestens 29 % dreimal und öfter, 22 % viermal und mehr ihre Dienststelle. Anders als in Deutsch-Ostafrika, dessen Beamtenschaft in der Zentralverwaltung in Daressalam von seiten des Staatssekretärs Dernburg völlige Unkenntnis des Landes bescheinigt worden ist,[20] lernten die Beamten Togos auf dem Wege ihres Dienststellenwechsels die anderen Bezirke der Kolonie kennen. Die Kleinräumigkeit der Kolonie erleichterte, sich ein genaueres Bild der Verhältnisse in der ganzen Kolonie zu machen. Der Beamte sammelte seine Verwaltungserfahrungen nicht ausschließlich aus dem Blickwinkel der Zentralverwaltung in Lomé. Er hatte sich hingegen mit den anders gearteten Verhältnissen außerhalb des Hauptsitzes der Verwaltung und im »Hinterland« der Kolonie auseinanderzusetzen. Kolonialbeamter in Togo zu sein, das schloß ein, in den ›Busch‹ geschickt zu werden.

Wie aus den angeführten Beispielen ersichtlich ist (s. Anhang, Übersicht 1), war es für den Dienststellenwechsel der Beamten nicht ungewöhnlich, daß er einen regionalen Schwerpunkt gehabt hat. Nach Dienststellenwechsel oder Europaurlaub kehrte der Beamte in seinen alten Dienstbezirk zurück. Die Beamten hatten auf diese Weise regionale Erfahrungsschwerpunkte. Im Gegensatz zu dem Anschein, den die Zahlen

---

[19] Schon die vorangegangene Anmerkung macht die z. T. relativ langen Dienstzeiten einzelner Stations- und Bezirksleiter deutlich: v. Doering – 21 Jahre, Gruner – 22 Jahre, Kersting – 13 Jahre, Mellin – knapp 11 Jahre, Seefried – (unter Einschluß seiner Tätigkeit in Togo beim internationalen Grenzvermessungsdienst) 17 Jahre; andere wie z. B. der erwähnte Adam Mischlich – 13 Jahre, der Leiter verschiedenster Bezirke und Stationen, v. Parpart – 9 Jahre, der preußische Offizier Kurt Schlettwein – knapp 8 Jahre, der Bezirksrichter und -leiter von Lomé-Stadt, Hermans – 8 Jahre.

[20] Nach der Rückkehr von seiner Inspektionsreise nach Ostafrika sagte Dernburg in einer Rede vom Dezember 1907 (DKB 18, 1907: 1199): »Es ist doch eigentümlich, daß die wenigsten Weißen, die in Ostafrika ihr Geschäft betreiben, das Land kennen, daß noch nie ein aktiver Gouverneur im Zentrum von Deutsch-Ostafrika geweilt hat, daß keiner derjenigen Beamten, welche in Daressalam die Zentralverwaltung bilden und mit dem Gouverneur die Verantwortung teilen, jemals über den Küstensaum hinausgekommen ist.«

zur Häufigkeit des Dienststellenwechsels hervorrufen, ist die personelle Kontinuität der Verwaltung in den einzelnen Stationen und Bezirken nicht in demselben Maße gebrochen worden. Hauptsächlich trifft das für die Gruppe der Stations- und Bezirksleiter zu. Nach anfänglich hoher horizontaler Mobilität wurden sie dann an der Spitze eines Bezirks belassen. Sie wurden zu dem, was man unter der französischen Kolonialbeamtenschaft einen »broussard« (»Mann des Busches«) genannt hat. Aber im Unterschied zum französischen Kollegen, der mindestens bis zu den 40er Jahren unseres Jahrhunderts fortwährend versetzt wurde (vgl. G. Spittler, 1981: 59), war der Stationsleiter und Bezirksamtmann im »Schutzgebiet Togo« beständig. Wenn der deutsche »broussard« in der Kolonie Togo von ›meinem‹ Bezirk sprach, dann war ein Verhältnis gemeint, in dem Herrschaft und Zeit miteinander verbunden waren.

Nicht nur die Kleinräumigkeit der Kolonie hat ihr Kennenlernen erleichtert. Handelskolonien wie Togo sind ›Männerkolonien‹ (s. Anhang, Tab. 3). Die Beamten im besonderen waren entweder alleinstehend oder haben Frau und Kinder im Mutterland zurückgelassen. Der Dienststellenwechsel und die Entsendung in den »Busch« waren von den Schwierigkeiten befreit, die mit der Unterbringung und den Anforderungen einer Familie und besonders einer europäischen Familie der damaligen Zeit gegeben waren. Ihre familiäre Unabhängigkeit macht es den Beamten leichter, das Wagnis des sozial und psychologisch ungeschützteren Lebens außerhalb Lomés oder der Küstenansiedlungen einzugehen.[21]

Das Gewicht des »broussard« in der Beamtenschaft Togos und die Bedeutung, die den »Busch«-Aufenthalten für die »Bewährung« der Beamten zukam, sind in zweierlei Hinsicht einzuschränken. Erstens sind zumindest die Jahre der Regentschaft des Gouverneurs v. Zech durch den personellen Ausbau der Zentralverwaltung in Lomé geprägt. Die Errichtung der Kolonialherrschaft erfolgte über den Ausbau der Zentralverwaltung.[22] Mit diesem Personalzuwachs stieg vor allem der Anteil der höheren Beamten (s. Anhang, Tab. 15)[23] und sorgte für einen einschneidenden Wandel. Der höhere Beamte, dessen Tätigkeitsgebiet in der Lokalverwaltung lag, wurde zugunsten eines Beamten abgelöst, der an der kürzeren Leine des Gouvernements lag. Aus der Übersicht zu den Wohnorten der Beamten (s. Anhang, Tab. 4) ist, zweitens, ersichtlich, daß die überwiegende Mehrheit der Beamtenschaft sich zu Lomé und Aného gehörig betrachtet hat. Im Durchschnitt der Jahre 1902 bis 1913 wird von 62 % der Beamten gesagt, daß sie in Lomé oder Aného wohnhaft waren. Davon entfiel im Durchschnitt des gleichen Zeitraums der Löwenanteil mit 51 % auf die Verwaltungshauptstadt Lomé. Wie für alle Europäer und Weiße galt für die große Mehrheit der Beamten, daß man außerhalb der beiden wichtigen Küstenorte oder gar der Küstenregion nicht gewohnt hat. Diese Konzentration der Beamtenschaft in der Hauptstadt

---

[21] Von Zech hatte nach den Aussagen des Regierungsarztes, Ernst Rodenwaldt (1957: 61), eine unverhohlene Abneigung gegen Beamte, die mit Frau und gar Kind in die Kolonie kamen, und von denen er sagte, daß sie nur »halbe Beamte« seien. Nach der Aussage Rodenwaldts, der kurz vor v. Zechs Ausscheiden aus dem Dienst im Jahre 1910 nach Togo gekommen ist, ist er der erste Beamte gewesen, der mit Frau und Kind sich nach einer Stadt jenseits der Küste, nach Palimé, aufgemacht hat.

[22] Erst im Jahre 1912 überschritten die Personalkosten für etatisierte Stellen der Lokalverwaltung diejenigen, die für die Personalstellen der Zentralverwaltung vorgesehen waren (s. Anhang, Tab. 18).

[23] Diese Entwicklung schlug sich indessen nur sehr begrenzt in der Entwicklung der etatisierten Personalstellen der höheren Beamten nieder (s. Anhang, Tab. 16).

Lomé unterstreicht aber um so mehr die besondere Stellung des »broussard«, des Stationsleiters, für die Durchsetzung der staatlichen Territorialherrschaft in Togo.

Über die formelle Stellung der Stationsleiter innerhalb des Aufbaus der Verwaltung und der Kompetenzen ihrer Mitglieder ist schnell berichtet. Es gab zu wenig Regelungen, die das Handeln der Bezirksleiter festgelegt haben, um sich mit ihnen lange aufhalten zu müssen.

Rechtlich gesehen waren Bezirksamtmänner und Bezirksleiter die Ausführungsorgane des Gouvernements in Lomé, dem sie »Gehorsam und Achtung« schuldeten, wie es in einem »Entwurf einer Dienstanweisung für Bezirksleiter« der Kolonialabteilung des Auswärtigen Amtes aus dem Jahre 1905 heißt (R 150 ANT FA1 / 128: 13) – man mußte den Respekt der Untergebenen offensichtlich ausdrücklich anmahnen. Aber die gleiche Regelung, die dem Gouvernement in der Kolonie die rechtlich abgesicherte Unabhängigkeit von der Berliner Zentrale erlaubte, verschaffte auch den Stationsleitern ein beträchtliches Maß an freier Entschlußkraft. In § 15 des SGG hieß es, daß der Reichskanzler sein Recht zu Erlassen, Verordnungen und Vorschriften mit Rechtscharakter den Schutzgebietsbeamten übertragen kann. Gemeint waren vor allen anderen die Gouverneure. Aber auf der Grundlage der Rechte, die den Gouverneuren auf diesem Weg übertragen wurden, war es wiederum den Gouverneuren möglich, ihre Verordnungskompetenz auf die Leiter der Bezirke zu übertragen. So tat es auch Gouverneur v. Zech und bestimmte die Regelungskompetenzen der Bezirksleiter weit umfangreicher, als es einer normalen Polizeibehörde üblicherweise zugekommen wäre. Zum Beispiel anerkannte v. Zech in § 3.3. der »Ausführungsbestimmungen des Gouverneurs zur Kaiserlichen Verordnung betreffend Zwangs- und Strafbefugnisse der Verwaltungsbehörden in den Schutzgebieten Afrikas und der Südsee«, daß »namentlich bezeichnete(.) Personen«, sprich die Stationsleiter, auch »obrigkeitliche Anordnungen nichtpolizeilicher Art«, nämlich solche Anordnungen treffen durften, die mit »Geldstrafen« bewehrt waren. Allerdings setzte der Gouverneur dem Strafmaß einen engeren Spielraum. Die 50 M-Grenze durfte nicht überschritten werden, um Abweichungen von den Anordnungen des Stationsleiters zu bestrafen (vgl. LGG, S. 57ff.). Das alles galt indes nur im Verkehr mit den Europäern oder anderen Personengruppen, die den Europäern gleichgestellt waren.

Nahezu unumschränkt waren demgegenüber die Regelungsbefugnisse, mit denen die Eroberer das Leben der Afrikaner zu gestalten und zu ordnen trachteten. Hier kam zur exekutiven die volle judikative Befugnis auf der Grundlage der »Verfügung des Reichskanzlers wegen Ausübung der Strafgerichtsbarkeit und der Disziplinargewalt gegenüber den Eingeborenen in den deutschen Schutzgebieten von Ostafrika, Kamerun und Togo« vom 22. April 1896 hinzu. In ihr war in § 1, Satz 2 festgelegt: »In den Bezirksämtern tritt an die Stelle des Gouverneurs (Landeshauptmanns) der Bezirksamtmann (Amtsvorsteher)« (LGG, S. 195). Lediglich die endgültige Verhängung der Todesstrafe war dem Gouverneur nach § 11 der Verfügung des Reichskanzlers vorbehalten – wobei in § 15 derselben Verfügung auch diese Einschränkung für Hinterlandstationen und Expeditionen »im Falle eines Aufruhrs, eines Überfalls oder in einem sonstigen Notstande« (LGG, S. 197) entfiel. Das Tätigkeitsfeld des Stationsleiters war auf diesem Wege ein Feld rechtlicher Generalklauseln und allgemeiner Ermächtungen. Es herrschte die Rechtlosigkeit des exekutiven Primats.[24] Wenn der Amtsvorsteher des frühen kolonialen Lomés, Richard Küas (1939: 33) meinte, berichten zu können, daß er als Stationsleiter von den Einheimischen mit »Kleiner Gouverneur« angesprochen worden ist, dann haben wir in dieser Anrede sehr genau die juristische Konstruktion des Stationsleiters vor uns mit der Einschränkung, daß in der Alltagswirklichkeit der Herrschaftsausübung dem Stationsleiter das verkleinernde Adjektiv reichlich nebensächlich erscheinen durfte.

Nahezu unbehindert von materiell-rechtlichen und prozessualen Regeln, weil es während der ganzen deutschen Kolonialzeit nicht zu einer Kodifikation des materiellen Rechts der Beherrschten und nur zu spärlichen prozessualen Regeln gekommen ist (vgl. T. v. Trotha, 1988: 335ff.), und fast vollständig der gouvernementalen Straf- und Disziplinargewalt teilhaftig, glaubte dementsprechend mancher Stationsleiter, sich ohne viel Federlesens die gesetzgeberische Aufgabe für seinen Verwaltungsbezirk aneignen zu können – abgesehen davon, daß man zumindest noch um die Jahrhundertwende die Unterschiede zwischen Disziplinar-, Polizei- und Strafrecht, Verwaltungsanordnungen und Rechtsvorschriften vernachlässigte, wahrscheinlich wegen man-

---

[24] Ein ganz formaler Blick auf den Umfang der Regelungen, die die Bezirksleiter in ihrem Verhältnis zu den Afrikanern zu beachten hatten, gibt einen zahlenmäßigen Anhaltspunkt über das Maß selbständiger Entschließungskraft des Bezirksleiters. Die »Landesgesetzgebung für das Schutzgebiet Togo« enthielt im Jahre 1910 ganze 377 Texte. Dabei handelte es sich um die »geordnete Zusammenstellung der in Togo geltenden Gesetze, Verordnungen, Verfügungen, Erlasse und Bekanntmachungen einschließlich der wichtigsten öffentlich-rechtlichen Verträge und Satzungen der in Togo tätigen Kolonialgesellschaften«, die »zum dienstlichen Gebrauch« bestimmt waren. (Man beachte, daß man all diese verschiedenartigen Texte als die »Gesetzgebung« der Kolonie betrachtet hat). Von diesen 377 Texten waren ganze 92 für die Afrikaner von unmittelbarer Bedeutung, wenn man einen ganz weiten Wichtigkeitsmaßstab zugrundelegt und z.B. auch die verschiedenen Stechmückenverordnungen, die für Afrikaner in den Orten der Europäer zu beachten waren, miteinbezieht. Das sind ein knappes Viertel der Texte. Die anderen drei Viertel betreffen die europäischen Mächte, die Europäer und ihnen gleichgestellte Personen, die Beamte selbst und den inneren Dienstbetrieb. – Im den Zusammenhang dieses rechtlosen Raums ist die Tatsache zu stellen, daß am Beginn des Verrechtlichungs-, Formalisierungs- und Bürokratisierungsvorgangs der Lokalverwaltung und besonders ihres Verhältnisses zur kolonialen Zentrale die Zentrale sich weitgehend damit begnügt, die Gegebenheiten erst einmal festzuschreiben, so wie sie in der Übung der lokalen Verwaltung entstanden sind. Für die Zentrale bedeutet es schon einen erheblichen Fortschritt, wenn sie sich überhaupt auf schriftlich festgelegte Regeln beziehen kann.

gelnder juristischer Vorbildung gar nicht gekannt hat, wie Mahnungen und Belehrungen des Gouvernements verdeutlichen (vgl. ANT FA3 / 1050: 16ff.). Der Bezirksamtmann Hans Gruner von Misahöhe verkündete 1902 »Ortsgesetze fuer die Landschaft« Misahöhe (ANT FA3 / 2099), die als ein erster Kodifikationsanlauf sogar Vorbild für die anderen Bezirke wurden. Noch im Jahre 1907 mußte deshalb das Gouvernement sehr halbherzig darauf hinweisen, daß »der Erlaß derartiger Ortsgesetze nicht zulässig erscheint« [ANT FA3 / 2093: 136 (oder – unklar – 140)].

So wenig das Handeln der Stationsleiter durch rechtliche Regelungen eingeschränkt war, so vielfältig waren die formell anerkannten und geforderten Aufgaben, denen sich die Stationsleiter stellen mußten. Er war nicht nur der militärische Befehlshaber seines Bezirks.[25] Ganz in der einseitigen ökonomistischen Blickweise der metropolitanen Kolonialpolitik hieß es im ersten Punkt des schon erwähnten Entwurfs einer Dienstanweisung für Bezirksleiter[26] unter den »Aufgaben im allgemeinen« [R 150 ANT FA1 / 128: 4 (oder – unklar – 5)]: »Die Bezirksleiter sind berufen, innerhalb ihres Bezirks die Grundlagen für eine friedliche Entwicklung von Handel und Verkehr, Landwirtschaft und Gewerbe, zu sichern und aufrechtzuerhalten.«

Die Stationsleiter hatten also den umfassenden Sicherheits- und Ordnungsauftrag der Polizei, der seit seiner Formulierung in § 10 II 17 des Allgemeinen Preußischen Landrechts von 1794 mit geringen Veränderungen formal bis heute für die deutsche Polizei gültig ist.[27] Zur Aufgabe, Sicherheit und

---

[25] Etwas anders lagen die Verhältnisse in den Kolonien, die neben der Zivilverwaltung noch eine Militärverwaltung gekannt haben.

[26] Über das Entwurfsstadium ist die Dienstanweisung allerdings nie hinausgekommen. Einzig der Gouverneur von Südwestafrika hatte bis zu diesem Entwurf eine Dienstanweisung für die Stationsleiter erlassen, die auch von Berlin genehmigt wurde. In seinem einleitenden Schreiben zu seinem Entwurf schrieb jedoch der damalige Leiter der Kolonialabteilung im Auswärtigen Amt, Dr. Oscar Wilhelm Stuebel (R 150 ANT FA1/128: 1): »Der Erlaß einer (der Kolonie Südwestafrika – TT) entsprechenden Anweisung erscheint mir jedoch auch für die übrigen Schutzgebiete erwünscht, um den Bezirksamtmännern und Stationsleitern, welche grundsätzlich allen Berufsklassen entnommen werden, eine Anleitung für die Erfüllung ihrer vielseitigen Aufgaben an die Hand zu geben. Ich habe daher in dem Entwurf einer ›Dienstanweisung für Bezirksleiter‹ diejenigen Grundsätze zusammenstellen lassen, welche für die Verwaltung der Bezirke und Stationen in sämtlichen Schutzgebieten maßgebend sein sollen.« Von Zech kommentierte den Entwurf ausführlich, um ihn dann in einer Stellungnahme vom Oktober 1906 zur Gänze abzulehnen. Auch eine noch so allgemeine Regelung wurde abgelehnt, weil sie die Unabhängigkeit der kolonialen Gouvernements bedrohte. Die Kolonialabteilung gab in einem Schreiben vom November 1906 klein bei. Sie teilte mit, daß sie für Togo den Erlaß einer Dienstanweisung für Bezirksleiter nicht in Kraft setze und die Regelung dem Gouvernement in Togo überlasse (vgl. R 150 ANT FA1/128: 26–29 und 38).

[27] Wörtlich hieß es im Allgemeinen Landrecht: »Die nöthigen Anstalten zur Erhaltung der öffentlichen Ruhe, Sicherheit und Ordnung und zur Abwendung der dem

Ordnung, Frieden und Ruhe zu gewährleisten, kam jedoch noch die allgemeine Aufgabe hinzu, die »Entwicklung« des Verwaltungsbezirks zu fördern. Beide Aufgaben waren nicht unähnlich der Aufgabenstellung eines preußischen Landrats, mit dem der Bezirksamtmann folgerichtig die gleiche Besoldungsklasse geteilt hat. Aber doch war es mehr die Aufgabenstellung eines Landrats im vormärzlichen Preußen, der in seinem »Kreis« für alles und jedes verantwortlich war (vgl. R. Koselleck, 1975: 452ff.). In Verbindung mit seiner Rolle als militärischer Befehlshaber seines Bezirks gingen die selbständige Befehlsgewalt und Entscheidungsbefugnis des Stationsleiters sogar noch über die des vormärzlichen Landrats hinaus. Angesichts der geringen rechtlichen Einschränkungen seines Handelns, soweit es vor allem die einheimische Bevölkerung betraf, war der Stationsleiter fast ein ›Alleinherrscher‹ – was mit zunehmender Entfernung von der kolonialen Zentrale sogar im wörtlichen Sinne zu verstehen ist.

1. Der Aufgabenbereich

»Mein Tag ist angefüllt mit Arbeit von Sonnenauf- bis Sonnenniedergang. Zu allen Ämtern kommen jetzt die Verwundeten und Kranken, die mich jeden Morgen aufsuchen. Da sind die niemals abreißenden Palaver, die danach kommen. Da sind die Wegebauten. Da ist die Kokospflanzung, die ich angelegt habe. Da sind die Versuche mit der Baumwolle.« So schrieb rückblickend Richard Küas (1939: 53) über Lomé zu Tagen, als Sébé noch die koloniale Zentrale der Deutschen und Küas der einzige Beamte in Lomé war. Aber mit einer Arbeit, die nicht abriß, und vor Aufgaben, die unterschiedlicher und vielgestaltiger nicht hätten sein können, stand Küas nicht allein. Der einstige Gouverneur, einflußreiche Forscher und bedeutende und große Lehrer an der Ecole Coloniale in Paris, Maurice Delafosse (1909: 163), schrieb über den französischen Stationsleiter vor dem Ausbruch des Ersten Weltkrieges, zu einer Zeit also, als die Differenzierung der Verwaltungsstellen noch in weiter Ferne lag: Der Stationsleiter ist »Sekretär, Buchhalter, Steuereinnehmer, Richter, Notar, Gerichtsvollzieher, Straßenbauingenieur, Architekt, Maurer, Zimmermann, Gärtner, Postbeamter, Spediteur, Heereslieferant, Pferdehändler, Arzt, Meteorologe, Krankenpfleger, Apotheker, Landvermesser, Feldwebel, Kommissar, Staatssicherheitsbeamter, und ich habe noch mehr vergessen, als ich aufgezählt habe«.

Diese Aufzählung der ›Berufe‹ des Stationsleiters ist eine Übertreibung. Denn die tatsächliche praktische Ausübung des größeren Teils dieser ›Berufe‹ war nicht Sache des Stationsleiters. Sie oblag stattdessen den vielen afrikani-

---

Publico oder einzelnen Mitgliedern desselben, bevorstehenden Gefahr zu treffen, ist das Amt der Polizey« (zit. n. H. Scholler, S. Broß, 1978: 12f.).

schen Hilfskräften. Treffend dagegen ist, daß die Aufzählung die Vielfalt der Aufgaben herausstellt, die ganz der Verantwortung des Stationsleiters anheimgegeben waren – wobei für den Stationsleiter immer noch eine Fülle praktischer Arbeiten, vom Richten bis zum Landvermessen, angefallen ist.

Da war die Organisation, Leitung und Überwachung des gesamten Stationsbetriebes (zum folgenden vgl. insbesondere R. Asmis, 1942: 58 ff.). Der Tag begann schon vor Sonnenaufgang – wenigstens für den Feldwebel oder Sergeanten, den man unter den Afrikanern rekrutiert hatte, und der unter dem Kommando des Stationsvorgesetzten die Polizeieinheit der Station befehligte. Wenn die Arbeiter – Gefangene, Lohn- und in der Mehrzahl »Steuerarbeiter« – mit Sonnenaufgang zum »Arbeitsappell« erschienen, wie man den Antritt zur täglichen Arbeit nennen muß, dann mußten sie ihre Unterkünfte gereinigt haben, und die Gefangenen mußten zur Latrine geführt sein. Der Feldwebel teilte nach den Anweisungen des Stationsleiters die Arbeiten zu, denn neben der praktischen Ausbildung der Soldaten, der Verwaltung des Bestandes an Waffen und Munition und der Ordnung des Gefangenenbetriebes oblag dem Feldwebel die Beaufsichtigung der Außenarbeiten der Station. Man hatte es schließlich mit Gefangenen, Gepreßten und einer Arbeitsorganisation zu tun, die auf Dauer nur für wenige erträglich war, so daß es zweckmäßig erschien, die Sache in die Hände von jemanden zu legen, dem die Gewalt und ihre rohe Anwendung nicht fremd war. Zu den Außenarbeiten gehörten die Instandhaltung der Stationsbaulichkeiten, das Sauberhalten der Station und der Wege zu ihr, die Überwachung der sanitären Einrichtungen und die Unterhaltung und Pflege der vorhandenen Stationspflanzungen und Gärten.

Wie den Gärten zum eigenen Bedarf der Station galt die besondere Aufmerksamkeit der Stationsleiter den Versuchsgärten und -pflanzungen. Nicht anders als heute dienten sie den ökonomischen, pädagogischen und wissenschaftlichen Zielen in dem Bereich, an dem sich die ›Entwicklung‹ der Kolonie in entscheidender Weise zeigen mußte, in der Landwirtschaft bzw. in der Entwicklung eines exportfähigen Agrarbereichs. Die Stationsleiter versuchten es mit allen möglichen Pflanzenarten, auch wenn das Hauptaugenmerk auf den gefragten Pflanzen – besonders in den Anfangsjahren der illusionären Plantagenpolitik – für die Plantagenwirtschaft und für den Exporthandel wie Baumwolle, Kaffee, Gummi oder Kokosnuß lag. Im Bericht der Station Atakpamé für das Jahr 1899 / 1900 (AJb 1899 / 1900: 914) wurden zum Beispiel 33 Pflanzensorten erwähnt, mit denen Anbauversuche gemacht worden sind. Die Jahresberichte des Gouvernements enthielten sorgfältige Aufstellungen der bezirklichen Anbauversuche, und mancher Stationsleiter veröffentlichte längere Abhandlungen über die landwirtschaftlichen Verhältnisse und Versuche in dem Bezirk, den er zu regieren hatte (vgl. zum Beispiel Oberleutnant Kittel, 1911; Bezirksamtmann Mezger, 1911; H. Kersting, 1907).

Die knappe Zuteilung von europäischem Personal zwang alle Stationsleiter dazu, Afrikaner für die verschiedensten Hilfstätigkeiten anzulernen. Vor allen anderen bevorzugte man Dolmetscher, dann die farbigen Unteroffiziere der Polizeitruppe und die Vorarbeiter der Stationsarbeiter. Der eine oder andere von ihnen wurde Marktpolizist, Wegeaufseher oder Heilgehilfe; einigen wenigen vertraute man die Aufgaben von Kanzlisten und Registratoren an.

Im letzten Jahrzehnt der deutschen Herrschaft wurde es üblich, auch den Hinterlandstationen einen Sekretär zuzuteilen, der die Aufgabe des Stellvertreters des Stationsleiters übernehmen konnte. Wenn aber er oder ein anderer deutscher Beamter wie ein Unteroffizier nicht zur Hand waren, dann mußte der Stationsleiter für die Abwicklung des Stationsbetriebs in der Tat all die Aufgaben noch erledigen, von denen Delavignettes Aufzählung spricht. Er mußte die Kasse in Ordnung halten, die Listen, Registraturen und das Inventar führen, die Post und die Kanzleisachen besorgen.

All diese und viele andere zeitraubenden oder kleineren Arbeiten, die der Stationsbetrieb abverlangte, mußten getätigt werden, während spätestens um 8 Uhr mit Beginn des »offiziell(en) repräsentative(n) Leben(s)« (R. Asmis, 1942: 61) der Publikumsverkehr einsetzte. Er vollzog sich nicht anders als auf dem Bild, das auch heute jede Präfektur in Togo und anderswo außerhalb der Stunden der größten Hitze zeigt: Frauen und Männer, die kommen und gehen und vor allem in kleineren und größeren Gruppen stehen oder sitzen und darauf warten, vorgelassen oder vorgeladen zu werden; Abordnungen von Honoratioren, die die Anliegen ihres Dorfes vorzubringen wünschen oder zur Station befohlen sind; junge Männer, die ungebetene Dienste im Verkehr mit der Behörde anzubieten oder sich der Behörde mehr oder minder ungebeten anzudienen suchen. In jedem Fall war es ein Publikum, das dem Stationsleiter keine Ruhe ließ – nur um ihn dann, wenn die Nacht hereingebrochen war, und die Dienstgeschäfte des Tages endgültig zur Ruhe gekommen waren, um so mehr seine Einsamkeit und sein Abgeschnittensein spüren zu lassen.

Allerdings wird es für den deutschen Stationsleiter eine Einsamkeit gewesen sein, die mit den Jahren der deutschen Herrschaft zunehmend weniger aus einem Mangel an Aufgaben erwachsen ist, die noch am Ende eines langen Tages zu erledigen waren. Hauptsächlich in den ersten Jahren der Kolonie verwendeten die deutschen Stationsleiter ihre Mußestunden darauf, eine landeskundliche Liebhaberei eindringlich zu pflegen. In steigendem Maße nahm sie jedoch später der Schriftverkehr in Anspruch (vgl. R. Asmis, 1941: 112): die umfangreiche Berichterstattung an das Gouvernement und die Korrespondenz teils wirtschaftlicher, teils wissenschaftlicher Art mit Dienststellen und Privatpersonen, die sich in irgendeiner Weise für den Bezirk interessierten. Immerhin stieg im Berichtsjahr 1913/14 die Zahl der Journalnummern der Station Sokodé-Bassar von 1029 auf 1742, also um rund 70%, und belastete die Station somit mit fast fünf amtlichen Schriftstücken pro Tag im

Der Aufgabenbereich

Jahresdurchschnitt (vgl. ANT FA1 / 211: 58). Arbeitsaufwendig und mühevoll waren unter diesen besonders die Beiträge zu den Jahresberichten des Gouvernements, die eine breite Übersicht über den Stand und die Entwicklung des Bezirks enthalten mußten und in unregelmäßigen Abständen durch Sonderberichte über einzelne Teilbereiche des Bezirks und der Verwaltungstätigkeit tunlichst erweitert sein sollten (vgl. LGG, S. 213 ff.).[28]

Mit der Organisation des Stationsbetriebs und dem Schriftverkehr mit dem Gouvernement war erst der Anfang zu all den Aufgaben gemacht, die zusammengenommen die Herausforderung kennzeichnen, die der Kern der Aufgabe des Stationsleiters ist: eine neue Welt aufzubauen, wie Robert Delavignette (1939: 21 f.) mit visionärem Pathos sich ausdrücken würde, »ein Stück deutscher Erde« aufzubauen und zu entwickeln, wie der Regierungsarzt Ludwig Külz (1906: 162) bieder, provinziell und deutschtümelnd gesagt hat.

Da kamen die vielfältigen Aufgaben der ›Entwicklung‹ des Bezirks hinzu. Nach der Sorge für die Landwirtschaft sind hier an erster Stelle der Bau und Ausbau der Verkehrswege zu nennen. Lag die Planung investitionsintensiver Infrastrukturmaßnahmen wie der Eisenbahnbau beim Gouvernement und in Berlin, war das Wege- und Straßennetz weitgehend ganz eine Sache in der Verantwortung des Stationsleiter. Alle langjährigen Bezirksleiter und Bezirksamtmänner Togos stürzten sich mit mehr oder minder großem Eifer auf diese zentrale Aufgabe.[29] Sie erledigten sie mit Hilfe der »Steuerarbeit«, des Einsatzes von Gefangenen und der Häuptlinge, die sie für den Unterhalt der Wege und Straßen in und um die Dörfer verantwortlich machten (vgl. S. Passarge, 1910: 118). Neben den Zwangsverpflichtungen für den Eisenbahnbau war es dieser Wege und Straßenbau, bei dem die deutschen Stationsleiter

---

[28] Folgende Bereiche mußten durch die Jahresberichte der Stationen abgedeckt werden (vgl. LGG, S. 213 ff.): Bevölkerungsentwicklung, Klima (vor allem meteorologische Daten) und Gesundheitsverhältnisse, öffentliche Arbeiten und Bauwesen, die allgemeinen Produktions- und Absatzverhältnisse, die landwirtschaftliche und gewerbliche Produktion der Afrikaner, die europäischen Unternehmungen, forstwirtschaftlichen Verhältnisse, Viehzucht und Versuchsgärten und ähnliches, Handel und Verkehrsverhältnisse, die politischen Verhältnisse, wobei insbesondere das Verhältnis zu den Afrikanern zu würdigen war, Änderungen in der Verwaltungs- und Justizorganisation, Rechtspflege. Wo immer möglich, besonders im Bereich der Bevölkerungsentwicklung, der Meteorologie, der Gesundheitsverhältnisse, Rechtsprechung, Zölle, des Handels und des Steueraufkommens sollten die Berichte durch ausführliche Statistiken quantitativ untermauert werden. All dies beinhaltete einen außerordentlich großen Arbeitsaufwand für die Stationen, selbst wenn mit der Zeit sich für den üblichen Gang der Dinge naheliegenderweise Formulierungsschablonen durchsetzten.

[29] Der Stationsleiter von Sokodé, Hermann Kersting, stand in dem Ruf, die Wege durch seinen Bezirk auch ohne schwierige Trassierung durch Vermessungstechniker so anzulegen, daß der Verkehr mit den günstigsten Steigungen und Wasserverhältnissen abgewickelt werden konnte (vgl. R. Asmis, 1941: 109).

für ihre unnachsichtige Härte berüchtigt wurden. Verbunden mit dem Straßenbau waren die Einrichtung von Brunnen, Quartierplätzen für die afrikanischen Händler, Rasthäusern für die Europäer, die Anlage von Fähren und Brücken und die Einrichtung von Plätzen für Vieh.

Bei der Anlage von Wegen und Straßen verwirklichten die Stationsleiter gleichzeitig einen Teil des Aufforstungsprogramms, das sie unabhängig von den großflächigen Aufforstungsversuchen des Gouvernements in Lomé in größerem Maßstab mit Nutzholzarten verfolgten (vgl. J. Booth, 1912: 374ff.; R. Büttner, 1911: 90; S. Passarge, 1910: 115; AbT 4, 1909: 119ff.). Nach europäischem Vorbild ließen sie Alleebäume pflanzen und machten neben den Häuptlingen die Familienvorstände für das gute Gedeihen der Stecklinge rechenschaftspflichtig.[30]

Der Ausbau der Verkehrswege setzte vielfach voraus, daß die Stationsleiter das Land vermaßen, Höhen bestimmten und jene kartographischen Aufnahmen machten, die vom Militär, Grenzregulierungskommissionen, Geographen und vielen anderen, nicht zuletzt von ihnen selbst dringlich gewünscht waren.[31]

Diese Vermessungsarbeiten waren Teil einer vielseitigen Erforschung des Landes, wobei die naturkundlichen Seiten im Vordergrund standen. Die Stationsleiter betrieben diese Studien ebenso aus Liebhaberei wie aus dienstlichen Gründen.

Trafen im Falle der Regierungsärzte dienstliche Aufgaben und wissenschaftliche Interessen zusammen, so mußten sich die Nichtärzte unter den Stationsleitern aus dienstlichen Gründen dennoch vielfach eindringlich um die Gesundheits- und vor allem sanitären Verhältnisse in ihren Bezirken kümmern. Das galt vor allem für Zeiten, in denen ihre oder eine benachbarte Region von einer der vielen Seuchen, sei es Gelbfieber, Pocken, epidemische Gehirnhautentzündung oder die Tsetsekrankheit bei Rindern, betroffen war.

---

[30] Der Bericht des Missionsarztes Dr. Rudolf Fisch (1911: 140f., 169, 176) aus dem Jahr 1910 erwähnte und lobte die Pflanzungen und Alleen in Sansanné-Mango, Sokodé und Bassar. Über Atakpamé schrieb Fisch (1911: 186): »Herr von Döring war gerade in Atakpamé anwesend; er empfing uns [neben Fisch die beiden Missionare G. Josenhans, Präses der Basler Mission an der englischen Goldküste und B. Groh, ebenfalls Präses, jedoch im Tschidibezirk – TT] mit größter Liebenswürdigkeit und zeigte uns die schönen, ausgedehnten Pflanzungen .... In gleicher Weise, wie in Sansanne Mango, Basari und Sokode, sind verschiedene hochwertige Nutzhölzer und Fruchtbäume in großen Mengen angepflanzt. Den Wegen entlang stehen prachtvolle Alleen von Mangobäumen, Casuarinen .....«

[31] Die kartographischen Studien der Stationsleiter waren eine nicht unwesentliche Vorarbeit und Ergänzung zur Arbeit von Paul Sprigade, der das genaueste amtliche Kartenwerk der damaligen Zeit über Togo erstellt hat, das zehn Blatt im Maßstab 1:200 000 umfaßt.

Waren die vielfältigen infrastrukturellen Maßnahmen, die Erforschung des Landes, die militärische Sicherung der Unterwerfung der Afrikaner und die Erhaltung des inneren und äußeren Friedens der Kolonie zusammen mit der Rechtsprechung schon genug der dicken Aufgabenbrocken, so kamen noch vier weitere Aufgabenfelder hinzu: der Zensus, die Steuererhebung einschließlich der Zollerhebung,[32] die Häuptlingspolitik und die Tournee.

2. Die Tournee

In den Reisen der Forscher und Gelehrten kündigte sich der Morgen der kolonialistischen Eroberung an. In den Expeditionen wurden die Menschen der Macht der kolonialen Eroberer unterworfen (vgl. G. Spittler, 1983 b). In der Tournee aber setzte sich die koloniale Machtnahme in koloniale Herrschaft um. Station und Tournee sind die Zwillingsschwestern der frühen staatlichen Verwaltung. Was für die Gesellschaft von Kriegern die Razzia ist, ist für die frühe Staatlichkeit die Tournee des Stationsleiters.

»Wenn ich über den Beruf des Kreiskommandanten nachdenke und versuche, nachdem ich diesen Beruf ausgeübt habe, ihn im Unterricht den Schülern nahezubringen«, schrieb Robert Delavignette (1939: 77f.), »dann finde ich, daß in der Tournee von Dorf zu Dorf sein eigentlicher Kern und sein einzigartiger Reiz liegt«. Die Tournee ist das Herzstück der Tätigkeit des Stationsleiters.

Das gilt für manchen Stationsleiter in dem einfachen Sinne, daß er einen großen oder selbst den größten Teil der Zeit in seinem Bezirk unterwegs ist. »Der Kreis ist fleißig zu bereisen ...«, hieß es im Jahre 1910 in einem Entwurf des Bezirksamtmannes von Misahöhe, Dr. Hans Gruner, zu einer Dienstanweisung an die Assistenten in den Nebenstationen von Ho und Kpandu [R 150 ANT / FA1, 128 (3–3): 148]. Daß solche Anweisungen nicht nur Erwartungen waren, sondern daß diese Forderung der Praxis der Beamten auf den Stationen und Bezirksämtern entsprochen hat, wird aus der Anzahl der Tage ersichtlich, die die Beamten mit Dienstreisen zugebracht haben. Für das Etatjahr 1915 beantragte das Gouvernement der Kolonie in Berlin zwischen 100 und 550 Tagegelder, die den Beamten in den verschiedenen Bezirken für ihre Tourneen und anderen Dienstreisen zugestanden haben (ANT FA1 / 108:

---

[32] Zwar baute das Gouvernement seit 1905 an der West- und Ostgrenze der Kolonie eine eigene Zollverwaltung auf, die 1913 schließlich vier Zollämter und fünfzehn Zoll-»Hebestellen« umfaßte und bis auf die Höhe von Kete Krachi gereicht hat (vgl. P. Sebald, 1988: 323). Aber die Zollerhebung war und blieb dort eine Aufgabe der Stationen und Bezirksämter, wo die neuen Zollstellen nicht hinreichten. Anschaulich erzählte Richard Küas (1939: 70f.) aus den Anfangstagen des kolonialen Lomés über die »Flut von Arbeit«, die ihm »allein die Dampfertage« zweimal im Monat wegen der Zollerhebung brachten.

149 ff.). Demnach waren die Beamten zwischen fünf Prozent und zwei Dritteln des Jahres außerhalb des Verwaltungssitzes unterwegs. Allen voran reisten die Stationsleiter. Am reisefreudigsten zeigte sich der Bezirksleiter von Sokodé mit 240 Tagegeldern, wovon 120 Tagegelder auf reine Reisetage entfallen sind. Am unteren Ende der Reisetätigkeit der Stationsleiter fand sich der Leiter des Bezirksamtes von Aného mit immerhin noch 100 Tagegeldern. Nur einzelne Stationsassistenten wie die in Sansanné-Mango verharrten vergleichsweise unbeweglich am Ort ihrer Stationierung – aber einer mußte schließlich »die Stellung halten«, wenn der Stationsleiter selbst sich mehr als vierzig Prozent der Zeit des Jahres außerhalb der Gemäuer der Station aufgehalten hat (s. Anhang, Tab. 18).

Die Tournee nimmt nicht nur zeitlich den Stationsleiter gefangen. Mit der Tournee macht sich der Stationsleiter buchstäblich auf den Weg, dessen Ausgangspunkt mit der Gründung der Station markiert ist, und ohne den die Station ihr Versprechen auf lokale Herrschaft nicht einlösen und der Leiter der Station nicht »selbständiger Befehlshaber« [R 150 ANT FA3 / 3037 (3–4): 173] sein wird. Es ist ein Weg, der diejenigen, die Macht und Herrschaft suchen, zu den Menschen bringt, die zu Untertanen gemacht werden.

Am Anfang des überregionalen Machtbereichs und der zentralen Herrschaft ist es der Mächtige, der sich bewegen muß. Der Mächtige muß sich aufmachen, um diejenigen aufzuspüren, derer er sich bemächtigen will – und dementsprechend gerät die Angelegenheit meist zur regelrechten Menschenjagd. Es sind die, die die Macht erringen wollen, die kommen. Es sind die Eroberer, die einmarschieren. Die Mächtigen sind gleich den Hausierern. Es besteht allerdings ein folgenreicher Unterschied. Die Mächtigen klopfen, wenn überhaupt, nur einmal an die verschlossene Tür, und das Klopfen ist schon ein Vorgeschmack auf das, was danach kommt. Dann treten sie die Türe ein. Ebenso sind ihre Fragen Befehle, mit denen sie das, was sie anzubieten haben, im wortwörtlichen Sinne ›losschlagen‹.

Bewegung ist das Prinzip der Macht und der Herrschaftsbildung – das gilt gleichermaßen für die, die der Macht unterworfen werden. Für sie heißt Bewegung Flucht und Verstecken. Demgemäß ist der Grad, in dem der Mächtige sich bewegen muß, um die Beherrschten zu erreichen, ein Grad für die Festigung seiner Herrschaft. Wer die Beherrschten dazu bringen kann, zum Sitz des Mächtigen zu kommen, wem es gelingt, daß die Unterworfenen sich nach den Vorstellungen des Mächtigen bewegen, der hat schon so gut wie gewonnen – deshalb auch jener Befehl an die Kabiyé, der sich wohl an allen Orten in Togo wiederholt hat, sich bei Streitigkeiten und mithin bei allen Problemen gefälligst auf den Weg zur zuständigen Station zu machen. Bewegung ist der Grundsatz der Macht, Macht über die Bewegung der Unterworfenen ist der Grundsatz der Herrschaft. Wie Gott so sind es auch die Herrschenden, die zu sich rufen lassen. Doch bis dahin ist es ein weiter Weg.

Die Errichtung der Hauptstadt und später der Station ist die notwendige

Voraussetzung, um jene Orte zu haben, zu denen die Beherrschten gerufen werden können. Aber ebenso wie zwischen der Hauptstadt und der Station die Militärexpedition in das »Hinterland« steht, steht zwischen der Errichtung der Station und dem ›Gang zur Behörde‹ die Tournee, das heißt der Gang der Behörde zu den Unterworfenen. Am Beginn der zentralen Herrschaft steht die reisende Verwaltung. Reisender ist der Stationsleiter.

Eine der besten Beschreibungen der typischen Tournee hat der Anthropologe und einstige französische Kreiskommandant Maurice Delafosse (1909) gegeben.[33] Machen wir uns mit seinem Kreiskommandanten auf den Weg.[34]

»Die Luft ist klar, der Weg schmal, der Horizont weit.« So läßt Delafosse (1909: 200) den ersten Reisetag sein, an dem sein Stationsleiter zur Tournee aufbricht. Wir wissen, daß in Togo mit seiner klimatischen Vielfalt für manchen Bezirksamtmann und Stationsleiter außerhalb der Savannengebiete zwar der Weg schmal, die Luft jedoch schwer und der Horizont wolkenverhangen und weniger weit gewesen ist. Aber für Delafosse ist der klare Morgen eines Tages in der Sudanzone mehr die Metapher für das Unternehmen selbst, auf das sich der Stationsleiter eingelassen hat.

Der Aufbruch zur Tournee bringt Klarheit. Die Station bedroht mit ihrem Gleichmaß die Klarheit der Empfindungen und Gedanken, der Seele und des

---

[33] Maurice Delafosse (1870–1926) war viele Jahre Stationsleiter in Gebieten der heutigen Elfenbeinküste südöstlich von Korhogo und von Mali gewesen, wo er den Distrikt Bamako befehligt hat. In einer charakteristischen Kolonialbeamtenlaufbahn hatte er bis zu diesem Posten vielfältige andere Aufgaben im französischen Kolonialdienst in Westafrika wahrgenommen – vom Zollbeamten in der Hafenstadt Grand-Lahou über den Konsul in Monrovia in Liberia bis zum Mitglied einer französisch-englischen Grenzregulierungskommission, die ihn mehr als 3 000 km durch den ›Busch‹, vor allem an den Oberlauf des Volta, führte. Mit Ausbruch des 1. Weltkrieges wurde er nach Dakar ins Generalgouvernement von Französisch-Westafrika berufen, wo ihm die Direktion des Generalsekretariats des Gouvernements anvertraut wurde. 1918 wurde er schließlich zum Gouverneur ernannt und war für Ubanghi-Schari in Französisch-Äquatorialafrika im Gebiet der heutigen Zentralafrikanischen Republik verantwortlich. Wenn nicht ganz untypisch, so doch ungewöhnlich für einen Kolonialbeamten war das wissenschaftliche Werk von Delafosse, der mit seinen Studien wie »Les Agni« (1894), »Les coutumes Agni« (1904), dem dreibändigen Werk »Haut-Sénégal-Niger« (1911/12), »Les langues voltaiques« (1911), »Les civilisations négroafricaines« (1925) und anderen Arbeiten sich als bedeutender Afrikanist und Anthropologe auszeichnete, als hervorragender Lehrer und Gelehrter an der Ecole coloniale und in zahlreichen anderen wissenschaftlichen Gremien und Vereinigungen wirkte und großen Einfluß ausgeübt hat.

[34] Ich nehme hier den Bericht von Delafosse als Grundlage, weil die deutschen Berichte sich mehr am Praktisch-Technischen orientieren. Die deutschen Berichte geben ausführliche Ratschläge dazu, welche Ausrüstung zu wählen ist, wie die Marschordnung zu sein hat, was unterwegs zu essen ist und so fort. Der Bericht von Delafosse hingegen behandelt die Tournee ganz unter politisch-soziologischen wie psychologischen Gesichtspunkten.

Verstandes. Die Angst vor Eintönigkeit und Langeweile, von der die Bemerkungen der Beamten Asmis und Hutter Zeugnis geben, ist eine Angst vor dem Gleichmaß ungenauer Regungen in Kopf und Herz. ›Dumpf‹ nennt man bezeichnenderweise solches Empfinden und Nachdenken. Mit dem Aufbruch zur Tournee ist die Gefahr vorbei, dieser dumpfen Eintönigkeit zu erliegen, die in nicht wenigen Fällen bedeutet hat, den Ausweg im ›Rausch‹ des gewalttätigen »Tropenkollers« oder der Trunksucht bzw. in beidem zusammen zu suchen. Die dementsprechende Lebensregel des französischen »Alten Afrikaners« lautete (M. Delafosse, 1909: 200; vgl. auch R. Büttner, 1891: 189): »Wenn Sie das Gefühl haben, daß Ihre Nerven sehr angespannt sind oder daß Sie die Schwermut überkommt, dann brechen Sie zur Tournee auf!« Sinngemäß nichts anderes meinte Hauptmann F.K. Hutter (1901 a: 176; Herv. i. Orig.), der auf der Grundlage von Stationserfahrungen in Nordkamerun in seiner »Westafrikanischen Felddienstordnung für den Forschungsreisenden« festhielt: »Für die zur Erhaltung geistiger und körperlicher Spannkraft nötige stete *Tätigkeit* sorgt das Marschleben mit seinen Anstrengungen und Wechselfällen meist schon selber.« Aber es ist nicht nur die Tournee selbst, die mit ihren kleinen und größeren Herausforderungen Klarheit bringt. Es liegt im Verhältnis von Tournee und Stationsleben.

Da ist die Tatsache der Abwechslung selbst, in der ein Element der Klarheit liegt. Abwechslung schärft unsere Sinne und unseren Verstand. Wenn wir aufbrechen, sind wir hellwach wie die klare Luft des weiten Himmels, von dem Delafosse spricht. Wenn wir zurückkehren, gibt uns die wiedergefundene Ruhe die Möglichkeit, in die verwirrende Fülle des Erlebten Ordnung zu bringen. Abwechslung stärkt und gibt uns ›klarere‹ Empfindungen, weil unsere Erfahrungen und Erlebnisweisen durch Gegensätze schärfere Umrisse gewinnen. Die Tournee wird zur befreienden Herausforderung der geistigen und körperlichen Spannkraft und die karge Station nach einer Woche »Busch« zum ersehnten Ort der Annehmlichkeiten. Aber die Abwechslung, die die Tournee bringt, steht noch in einem besonderen Zusammenhang, für den alle drei Merkmale des ersten Reisetages des Kreiskommandanten von Delafosse zur Metapher werden.

Die Tournee bringt in gewandelter Form ein Stück weit die problemlose Klarheit des kriegerischen Daseins zurück, das mit der Gründung der Station beendet worden ist. Stationsleben und Tournee bilden zusammen den neuen Spannungsbogen des Daseins, der mit der Stationsgründung dem Krieger, Söldner und Soldaten, die zu Verwaltungsbeamten geworden sind, verlorengegangen ist. Die Tournee ist die ›Razzia‹ des Stationsleiters. Das gilt nicht ausschließlich in einem funktionalen Sinne, sondern auch mit Blick auf Tätigkeitsbestandteile, Erfahrungen und Erlebnisweisen, die mit der Tournee für den Stationsleiter verbunden sind. Dabei klammere ich im folgenden aus, daß die Tournee zur Razzia oder zur »Strafexpedition« werden kann. In der Razzia oder der »Strafexpedition« treten im Gegensatz zur Tournee die unmittelbare

Drohung mit der Gewalt und ihre Anwendung ganz in den Mittelpunkt des Geschehens. Von einer Tournee spreche ich dagegen nur, wenn die Ausübung und unmittelbare Drohung mit der Gewalt nicht im Vordergrund stehen, wenn also das kriegerische Geschehen im engen Sinne nicht zum Wesentlichen gehört.

Im Unterschied zu Soldaten sind Krieger einigermaßen unabhängige und auf sich und ihren meist verwandtschaftlichen Anhang gestellte Menschen. Aber die europäischen Armee- und Marineoffiziere und ihre zivilen Mitstreiter waren als »Expeditionsführer«, die im Wettlauf um Afrika die Kolonialgebiete zusammengerafft haben, in den meisten Fällen nicht weniger unabhängige Leute. Einmal mit dem Notwendigen ausgestattet und mit Vollmachten versehen, wurden ihre Unabhängigkeit und ihre Entscheidungsfreiheit nur dort eingeschränkt, wo es naheliegenderweise zu erwarten ist: im Tätigkeits- und Eroberungsdrang der Konkurrenten, in den verschiedenartig widerständigen Handlungsweisen der Afrikaner und in den vielfältigen mehr oder minder natürlichen Widrigkeiten des afrikanischen Kontinents. Die Station bedeutet auch hier einen Einschnitt, wenngleich er nicht besonders tief geht. Aber die Station ist Dienststelle, die in mancherlei Weise dem kontrollierenden Arm der gouvernementalen Zentrale ausgesetzt ist. Die Kontrolle reicht von den vielfältigen schriftlichen Berichtspflichten bis zum Telegramm oder Telefonanruf, in dem Antworten auf Fragen sofort und persönlich übermittelt werden können.

Mit dem Aufbruch zur Tournee wird stattdessen zwischen Stationsleiter und Gouvernement ein gleichsam vorstationärer Verständigungszustand wiederhergestellt. Die Tournee hat fast alle Verbindungen abgebrochen. In dem Augenblick, in dem sich der Stationsleiter auf den Weg gemacht hat, ist er ganz »Kommandant«. Er ist der »Befehlshaber«. Ausgestattet mit fast allen Vollmachten, soweit es sich um den Umgang mit den einheimischen Beherrschten handelt – und um einen anderen geht es bei der Tournee nicht –, ist der Stationsleiter so unabhängig, wie er auch ganz auf sich gestellt ist. Er befehligt seine kleine Begleitmannschaft aus Dolmetscher, möglicherweise ein oder zwei Polizisten und Trägern, deren Zahl je nach Länge und Dauer der Tournee schwankt, in Togo aber üblicherweise für die kleineren Tourneen aus neun Leuten bestand (vgl. R. Asmis, 1942: 74). Die Gestaltung der Tournee richtet sich nach niemand anderem als dem Stationsleiter: »... (E)r geht, wohin er gehen will, er ist Herr seiner Reiseroute, seiner Bewegungen, in der Wahl der Etappenunterkünfte« (M. Delafosse, 1909: 200).

Von den Vorbereitungen bis zum Verlauf der Tournee sind Elemente der Gewalt und Willkür gegenwärtig. Durch sie werden immer wieder die Grenze verletzt, die die Tournee von der Razzia unterscheidet, und von der es abhängt, daß die stationäre Herrschaft entwicklungsfähig bleibt. Es beginnt zum Beispiel mit der Rekrutierung von Trägern. Noch in der »Denkschrift über die Verwaltung der Bezirksämter und Stationen«, die dem gouvernementalen Bericht an das Reichskolonialamt in Berlin zum Etat des Jahres 1915 beigefügt war, hieß es zum Beispiel für den Bezirk Aného (ANT FA1 / 108: 130): »Die Beförderung der bei Dienstreisen notwendigen amtlichen Lasten bei Reisen des Bezirksamtmannes geschieht z. Zt. durch Dorfschaften als Strafe oder durch Gefangene. Mit Rücksicht auf die politische Lage in den Südbezirken ist es erforderlich, daß mit diesem Zustand gebrochen wird.« Einige Jahre vorher, auf dem »südlichen Bezirksleitertag« in Lomé im September 1908, hatten die Beamten einen Fall razziagleicher Trägerbeschaffung erörtert. Zwar war in diesen Fall kein Bezirksleiter verwickelt. Aber ein als »Oberbeamter« bezeichnetes Mitglied der Verwaltung hob damals auf einer seiner Reisen zwangsweise neue Träger aus, nachdem die Träger, die ihm amtlich zu Beginn der Reise zugeteilt worden waren, ihre Entlassung erwirkt hatten (vgl. R 150 ANT FA3 / 3037: 25). Wenn es nicht der Bezirksleiter selbst ist, dann ist eine Verhaltensregel von Rudolf Asmis ein Fingerzeig dafür, daß ein gewaltfreies und geordnetes Verhältnis zu den Bewohnern der Dörfer und Weiler durch die Mitglieder der Begleitmannschaft des Stationsleiter gefährdet wurde. Asmis (1942: 82) berichtete noch aus dem letzten Jahrzehnt der deutschen Kolonialherrschaft über Togo: »Ich verließ (regelmäßig – TT) als letzter den Lagerplatz, um ... zu verhindern, daß sich die Träger etwa im letzten Augenblick Übergriffe gegen die Dorfbewohner herausnahmen.«

Am Morgen des Aufbruchs zur Tournee denkt der Stationsleiter jedoch nicht darüber nach, wie er mehr oder minder gewaltsam seine Trägerschaft zusammenbekommen hat. Die möglichen Schwierigkeiten liegen noch in der Zukunft der kommenden Tage oder gar Wochen. Der Stationsleiter »kostet in vollen Zügen den geheimnisvollen Reiz des wahren kolonialen Lebens, eines Lebens unter einem großen und weiten Himmel« (ebda), unter dem er ganz sein eigener Herr ist. Der Stationsleiter ist gar in Versuchung geführt, »sich für einen König zu halten, der seine Güter aufsucht, und in der Tat ist er da ganz bei sich zu Hause, im wiedereroberten Busch, der ihn willkommen heißt« (ebda). Der Raum der Tournee ist ›sein Reich‹, in dem er nicht nur unabhängig wie ein König ist, sondern in dem er auch Beweise für eine fast königliche Macht bekommt – wobei es fraglich ist, ob der König und so auch der Stationsleiter in manchem der Beweise die Bezeugungen der Macht erkennen wird, es sei denn, er ist ein solch vorzüglicher Beobachter wie Delafosse.

Die Zeugnisse seiner Macht erhält der Stationsleiter spätestens dann, wenn er in dem Dorf ankommt, in dem er nächtigen will. Er hat noch reichlich Zeit bis zum Hereinbrechen der Nacht, was ihm recht ist. So werden die Unbequemlichkeiten der nächtlichen Einquartierung vermieden, für die nur die Sterne, der Mond, die kleinen Herdfeuer und vielleicht hin und wieder wie in Togo eine Lampe mit Schibutter Licht geben. Vor allem aber kann sich der Stationsleiter umsehen und mit jenen Aufgaben beginnen, für die er die Tournee unternimmt. Wie Delafosse (1909: 201) meinte, wird sein Kreiskommandant feststellen, daß er in einem kleinen und ärmlichen Weiler Halt gemacht hat: »Aber der Broussard (= Stationsleiter – TT) hat schon genug Erfahrung, um zu wissen, daß es die kleinsten Dörfer sind, in denen man im allgemeinen am besten aufgenommen wird. ... Selten ist der Besuch eines Europäers, und die Eingeborenen sind eilfertig, angetrieben von einem ganz natürlichen Gefühl der Neugier und gleichzeitig von dem Bedürfnis, diesem Weißen gegenüber entgegenkommend zu sein, der ihr Chef ist und gegen dessen Zorn sie sich nicht wehren können, weil sie zu wenige sind. Denn bei einfachen Menschen ... bringt die Furcht, selbst wenn sie nicht gerechtfertigt ist, oft ein Ergebnis zustande, das man versucht ist, der freudigen Anteilnahme zuzuschreiben« (ebda). Noch in der gewaltlosen Tournee legt sich der Schatten der Gewalt auf alle Beziehungen zwischen dem Stationsleiter und den Bauern seines Bezirks. Der Atem der Macht hält die Menschen in der Furcht gefangen.

In Togo wird der Bezirksamtmann in den späteren Jahren der Kolonie nicht ganz so unvertraut mit seinem Lagerplatz gewesen sein, es sei denn, die Tournee führte den Bezirksamtmann in Gebiete, die seit Jahren kein Beamter mehr aufgesucht hatte – und selbst im vergleichsweise kleinen Togo gab es manche solcher Gebiete, vor allem in den nördlichen Gebirgsregionen. Denn großen Wert legten die Stationsleiter auf den Bau von Unterkünften, die den deutschen Beamten und anderen europäischen Reisenden vorbehalten waren. An den Hauptverbindungswegen waren solche Rasthäuser und Stationen im Abstand von Tagesmärschen errichtet. Im Bezirk von Sokodé, dem Reich des Bezirksleiters Kersting, fand sich in jedem wichtigeren Dorf eine feste Europäerunterkunft (vgl. R. Asmis, 1942: 78; S. Passarge, 1910: 118; L. Külz, 1906: 131). Sie machten es für den Stationsleiter überflüssig, Zelt, Tisch und Stuhl mitzunehmen, und verringerten demgemäß die Zahl der notwendigen Träger. Sie sparten Zeit und verschafften dem Stationsleiter schon dadurch Bequemlichkeit, daß bei seiner Ankunft im Dorf »sofort mehrere Räume für den Reisenden selbst und für sein Personal und ein fertiger, durch ein Dach auch gegen Regen und Sonne geschützter Kochplatz zur Verfügung stand« (R. Asmis, ebda). Die Bequemlichkeit für den Reisenden ist die eine Seite.

Die andere Seite der Rasthäuser ist, daß sie ein neuer, weiterer Baustein für das Gebäude der kolonialen Herrschaft sind. Die ›Herberge der Macht‹, wie ich das Rasthaus der Verwaltung nennen will, ist dreierlei. Sie ist verdinglichtes Herrschaftszeichen, Erziehungsanstalt und eine Station auf Zeit.

Das Rasthaus ist nur ein Zeichen – wenigstens für den größten Teil des Jahres. Denn selten genug wird es ein Europäer in Anspruch genommen haben, die Kaufleute am allerwenigsten, hin und wieder eine Gruppe von zwei, drei Missionaren (vgl. R. Fisch, 1911: 40f.). Es blieben die Beamten, aber selbst der reisefreudigste unter ihnen, der Bezirksamtmann von Sokodé, wird seine vielen Rasthäuser die meiste Zeit unbelegt gehabt haben. So sind die Rasthäuser in erster Linie feste, dingliche Zeichen. Sie zeigen an, daß sich die Regierungszentrale, besonders jedoch die Herrschaft des Stationsleiter wirklich unter den Unterworfenen befindet. Ist die hauptstädtische Zentrale weit entfernt, ist die Station nah, so ist das Rasthaus ›hier‹, ein Teil des Dorfes, allerdings vielleicht ein wenig an seinem Rand gelegen (vgl. ebda, S. 161). Das Rasthaus setzt die Bewegung der Zentrale zu den Unterworfenen fort. Die Zentrale macht sich gegenwärtig, ohne anwesend zu sein.

Wie alle infrastrukturellen Arbeiten, die die Beamten von den Afrikanern verlangt haben, dienten Bau und Unterhalt der Rasthäuser der Erziehung der Unterworfenen in den Grundsätzen der neuen Herrschaftsordnung. Es wurden die Häuptlinge und mit ihnen das gesamte Dorf dafür verantwortlich gemacht, daß die Rasthäuser in gutem Zustand, ordentlich und sauber gehalten wurden. Das ist nicht wenig in einem Klima, in dem alles in relativ kurzer Zeit Schaden nimmt, und viel für eine Sache, die beinahe nutzlos erscheinen mußte, nie benutzbar für die, die dafür arbeiteten, und selten benutzt von denen, für die man gearbeitet hatte. Doch liegt genau in dieser scheinbaren Nutzlosigkeit der Kern des pädagogischen Programms des Rasthauses, das sich hierfür wie vielleicht kaum eine andere Sache geeignet hat. Im Bau und Unterhalt des Europäerrasthauses findet nichts anderes als Arbeit für die Macht statt.

Jede Arbeit, zu der der Eroberer die Unterworfenen zwingt und anhält, ist aus der Sicht des Bauern eine Arbeit für die Macht (vgl. G. Spittler, 1978: 84ff.). Die Arbeit ist von den eigennützigen und hochfahrenden Plänen und Zielen des Eroberers bestimmt. Sie ist sichtbarer Ausdruck der Unterwerfung unter die Befehle des neuen gewalttätigen Herrn. Sie ist »Frondienst«. Jeder Handgriff, den der Unterworfene unter dem Kommando des Eindringlings tut, ist Arbeit am Gehäuse der Niederlage, die der Eroberte einstecken mußte. Aber anders als der Bau und Unterhalt von Brücken, Markthallen, Eisenbahngeleisen, Krankenhäusern oder auch von Palmkernsammelstellen ist im Falle des Europäerrasthauses die Arbeit für die Macht allem Beiwerk entkleidet. Ausschließlich dient sie dem Unterhalt des anspruchsvollen Eindringlings, kurz- wie langfristig, ohne Unterschied. Weder Händler noch Schüler, weder Saisonarbeiter noch Sklave haben an der Zweckbestimmung des Rasthauses teil. Im Bau und Unterhalt des Rasthauses ist aus der Arbeit für die Macht ganz Unterwerfungsarbeit geworden.

Der Stationsleiter wickelt während seines Aufenthalts im Rasthaus der Verwaltung einen Teil seiner Dienstgeschäfte ab, die ihn in das Dorf geführt haben. Das Rasthaus ist sozusagen eine Station auf Zeit.

Als Station auf Zeit ist das Rasthaus Teil des allgemeinen Vorgangs, in dem der Eindringling nicht nur seinen Machtbereich erweitert, sondern das neugewonnene Machtterrain Stufe um Stufe in eine übergreifende Herrschaftsordnung umwandelt. Dieser Vorgang der »Integrierung des Machtverhältnisses« (H. Popitz, 1992: 233) vollzieht sich im Wechsel von Bewegung (zum Beispiel Erkundungsreise, Handel, »Forschungs«- und »Strafexpedition«, Tournee,

Dienstreise) und Verharren (Gasthaus, Handelsstation, Militärposten, Station, Dienststelle). Anders als im Falle der Station liegt jedoch das Kennzeichnende des Rasthauses nicht im Verharren, sondern im Zusammentreffen von Bewegung und Verharren. Seine augenfälligste Aufgabe ist, vorübergehendes Nachtlager des Eroberers zu sein.

Das Rasthaus löst zwei Schwierigkeiten der Tournee. Die Tournee ist Bewegung. So unheildrohend das Kommen des Eroberers für die Eroberten sein mag – so daß sie häufig die Flucht ergreifen oder sich verstecken –, so willkommen ist der Abzug des Eroberers – der die Geflohenen zurückkehren läßt. Das Ende des Besuches des Stationsleiters erinnert an die Niederlage des ziehenden Kriegers, die mit der Errichtung der Station ein für allemal aufgehoben sein soll. Der Auszug des Stationsleiters macht die Eroberten wieder ein – manches Mal sehr großes – Stück weit zu Herren ihrer eigenen Welt. Wie die Station läßt hier das Rasthaus die wiedergefundene Unabhängigkeit der Besiegten brüchig werden. Das Rasthaus baut in die Bewegung der Tournee das Verharren ein, das tatsächlich ein Beharren des Stationsleiters auf seiner machtvollen Gegenwart ist, selbst wenn er und andere Angehörige der Erobererschicht nicht anwesend sind. Die funktionale Nutzlosigkeit des leerstehenden Rasthauses unterstreicht die Beharrlichkeit des Stationsleiters.

Die andere Schwierigkeit der Tournee ist das Kommen selbst. Sie ist Zeichen für eine Herrschaft, die sich noch bewegen muß, der es noch nicht gelungen ist, die Herrschaft über die Bewegung der Beherrschten durchzusetzen. Hier hilft das Rasthaus aus. Es bricht das Kommen ab und kehrt es um. Das Rasthaus wird der ›Hof‹, zu dem der Stationsleiter die Beherrschten rufen kann. Ein Stationsleiter läßt immer die Beherrschten rufen. Er mag als ›Hof‹ sein eigenes Zelt oder das Gehöft des einflußreichsten Mannes oder des Häuptlings benützen, den der Stationsleiter selbst eingesetzt hat. Ist das eine so vorläufig und in Bewegung wie die Tournee selbst, steht das andere im Widerstreit mit den Erfordernissen, sowohl die Tournee aus den Schatten der Gewalttätigkeiten herauszuführen als auch den Stationsleiter von aller Abhängigkeit von den Beherrschten zu befreien. Das Rasthaus ist unveränderlich da, vorausgesetzt die Beherrschten sorgen sich um es so, wie es der Stationsleiter erwartet. Das Rasthaus entlastet von Requisitionen oder der Inanspruchnahme eines Gastrechts, das mehr der Willkür der Requisition ähnelt. Das Rasthaus ist so ›normal‹, wie es zum alltäglichen Bild des Dorfes gehört. Der Stationsleiter und alle anderen Mitglieder der Erobererschicht haben mit dem Rasthaus eine Unterkunft, die keine Umstände mehr bereitet, wenn man einen Platz benötigt, und in der sie ›sich ganz wie zu Hause fühlen‹ können, weil es ›ihr‹ Zuhause ist. Ist das Rasthaus auf der einen Seite ein Vorgang der Integrierung des Machtverhältnisses, ist es auf der anderen Seite ein Vorgang der Ausdifferenzierung des Politischen in der Form von Verwaltung, die einen eigenen Raum gewinnt. Das Rasthaus ist ein Vorgriff auf die örtliche Dienststelle. Es ist eine Dienststelle auf Zeit.

Beständigkeit und Gegenwärtigkeit der Zentralmacht, die die Station verwirklicht, sind im Rasthaus der Verwaltung nicht nur auf eine verdinglichte Symbolik begrenzt. Wie alle infrastrukturellen Einrichtungen der Zentralmacht wird das Rasthaus zur »Normenfalle« (H. Treiber, 1973: 43f.) des Stationsleiters. Der Stationsleiter hält im Rasthaus die Beherrschten im Zustand der Kritisierbarkeit. Da es ihnen aufgegeben ist, unter der verantwortlichen Anleitung durch den Häuptling für den Unterhalt der Raststation Sorge zu tragen, ist jedes Nachlassen in der notwendigen Mühe ein Anlaß für den Stationsleiter und seine Assistenten, die Dorfbewohner zu mahnen oder die gestellte Aufgabe mit schmerzenden Sanktionen einzufordern.

Wie die Station ist das Rasthaus der Verwaltung ein Gradmesser für die erfolgreiche Herrschaft oder das klägliche Versagen der Eroberer. Ist der Rasthof ansehnlich und gut unterhalten, ist auch die Herrschaft, die seinen Bau und seinen Unterhalt veranlaßt, ansehnlich, denn ihr Arm reicht offensichtlich weit. Aber es wird mit einer Herrschaft – oder mit der Bedeutung eines Dorfes für die Herrschaft – nicht so weit her sein, wo wir auf zerfallende und vernachlässigte Rasthäuser stoßen (vgl. R. Fisch, 1911: 154). Vor allem sind Pflege und Vernachlässigung Zeichen dafür, wie erfolgreich die ›Lernziele‹ der Herrschaftspädagogik erreicht worden sind. Denn ist das Rasthaus auf der einen Seite ganz Bauwerk der Macht, muß es auf der anderen Seite der steten Aufsicht durch den Stationsleiter entbehren. Der Zustand des Rasthauses ist dementsprechend ein Gradmesser für die Verselbständigung der erzieherischen Vorstellungen des Eroberers in den Herzen und Köpfen der Beherrschten. Wiederum ist die Nutzlosigkeit der Einrichtung ein um so nützlicherer Maßstab.

Aber wie im Falle der Station ist die Gradmesserfunktion des Rasthauses gleichermaßen hilfreich und zweischneidig für den Stationsleiter. Sie hilft ihm, ohne große Anstrengungen die Bereitschaft zur Fügsamkeit der Dorfbewohner und zur Unterstützung des Stationsleiters festzustellen. Das Rasthaus ist nicht nur ein Aushängeschild des Dorfes gegenüber dem Stationsleiter, sondern ebenfalls des Stationsleiters gegenüber Vorgesetzten und anderen Angehörigen der Eroberschicht. Es kann sogar Vorbild für andere Dörfer und ein Einspruch gegenüber denjenigen sein, die sich der Unterstützung und Zusammenarbeit mit dem Eroberer entziehen, diese verweigern oder gar offenen Widerstand für angebracht halten.

In heruntergekommenem Zustand kehren sich die Folgen des Rasthauses um, die für den Stationsleiter wünschenswert sein mögen, und bringen den Eroberer in Schwierigkeiten. Das Aushängeschild für Fügsamkeit wird zum Aushängeschild der Gleichgültigkeit, Verachtung oder selbst des Widerstandes. Das Rasthaus, das der Stationsleiter in einem schlechten Zustand vorfindet, zwingt den Stationsleiter zum Handeln. Beinhaltet dieses Handeln die Anwendung von Gewalt, wird die Einrichtung der Tournee selbst gefährdet, der doch das Rasthaus sein Dasein verdankt. Gegenüber Vorgesetzten und anderen Mitgliedern der Erobererschicht wird das zerfallende und unordentliche Rasthaus zum verräterischen Zeichen von ›feiger Schwäche‹, Gleichgültigkeit, vielleicht gar trügerischer Milde oder selbst allgemeiner Unfähigkeit des Stationsleiters. Das gute Vorbild wird zum schlechten Beispiel. Das Rasthaus zeugt davon, daß die Ausbreitung der Zentralmacht nicht über die Station hinausgekommen ist und zwar dort, wo es um keine andere Sache als um die Unterwerfungsarbeit, mithin um die Bereitschaft zur Fügsamkeit und Anerkennung der Herrschaft des Eroberers geht. Das zerfallende Rasthaus zeigt die mangelnde Gegenwart des Stationsleiters, die Unbeständigkeit der Zentralherrschaft und das Scheitern der Herrschaftspädagogik an.[35]

Noch ein weiteres Merkmal teilt das Rasthaus mit der Station. Das Rasthaus ist 'die Klause der Macht. Es ist der Ort, an den sich der Stationsleiter auch dann noch zurückzuziehen vermag, wenn er mitten unter den Beherrschten weilt. Es ist ein Ort der Selbstabschirmung des Eroberers. Wiederum bricht also das Rasthaus die Bewegung der Tournee ab. Diese Bewegung führt zu den Beherrschten hin. Als Klause der Macht schließt das Rasthaus stattdessen den Stationsleiter von denjenigen ab, die aufzusuchen der Stationsleiter gekommen ist. Demnach ist das Rasthaus einerseits die Requisite, mit der der Stationsleiter die Distanz der Macht gegenüber einer Zuschauerschaft inszeniert, die den Herrscher noch nicht aufsucht, sondern der der Herrscher ganz unherrschaftlich nachläuft. Das Rasthaus ist andererseits die Hintertüre, durch die der Herrscher, dessen Körper und Seele müde und matt sind, der bedrängenden Welt der Beherrschten entkommt.

Bedrängt sehen sich aber vor allen anderen die Besuchten. Sie rechnen mehr oder weniger immer mit Unheil, wenn der »Herrscher« (vgl. L. Külz, 1906: 98) einzieht. Der Häuptling – in dem Weiler, den der Kreiskommandant von Delafosse besucht, ist es ein »armer Alter, bekleidet mit einigen Lumpen« (M. Delafosse, 1909: 201) – beweist deshalb seine und des Dorfes Ergebenheit, indem er den Kreiskommandanten demütig willkommen heißt und ihm die Reichtümer der sparsamen und bescheidenen bäuerlichen Welt anbietet: ein Huhn, einige Eier, Früchte. Die deutschen Beamten hatten meist schon vorgesorgt, wenn sie auf der Tournee ›Station‹ machten. In der Regel hatte der Dorfhäuptling die Verpflichtung, für den durchziehenden Europäer Feuerholz und Wasser heranzuschaffen. »In einem Bezirk, in dem die Häupt-

---

[35] Allerdings kann die Vernachlässigung all dessen, was in der Arbeit für die Macht entstanden ist (mit der die Unterworfenen sichtbar machen, daß die neue Infrastruktur das Ergebnis von Zwang ist), umgekehrt die Quelle des Legitimitäts- und Überlegenheitsbewußtseins der Eroberer und Herrschenden sein. Der nachlässige Umgang der Unterworfenen mit den ›Errungenschaften‹ der Eroberer zeigt die unabweisbare Notwendigkeit, daß ohne die Herrschenden kein ›Fortschritt‹, keine ›Ordnung‹, kein ›Reichtum‹ bei Menschen möglich sind, die ›wie die Kinder‹ ständiger Anleitung und Aufsicht bedürfen.

linge der Ortschaften an der Straße in guter Disziplin gehalten wurden, ließen sie Holz und Wasser sofort, sobald sie von dem Anmarsch des Europäers hörten, heranbringen. Meist trafen sie auch ohne besondere Aufforderung seitens des Europäers die Anordnung zur Herbeischaffung des Essens ...« (R. Asmis, 1942: 79), das gemäß der Dienstvorschriften allerdings zu bezahlen war, denn es war den Kolonialbeamten von Berlin aus verboten, »Geschenke« anzunehmen (vgl. LGG, S. 370). Darunter fielen nach dem Verständnis manches Beamten durchaus die Darreichungen, die ihnen beim Einzug in ein Dorf gemacht wurden (vgl. L. Külz, 1906: 123). Da indessen die reichskolonialamtliche Vorschrift den Zusatz enthielt, daß »Geschenke« dann angenommen werden dürfen, wenn »deren Zurückweisung nach der Landessitte eine Verletzung in sich schließen würde« (LGG, S. 370), darf man annehmen, daß es sich der Beamte auch ohne Bezahlung schmecken ließ und, wie der Bericht von Külz nahelegt, lediglich dort die Grenze zog, wo die »Geschenke« über den unmittelbaren Bedarf hinausgegangen sind.[36]

Für die Dorfbewohner waren die »Geschenke« allerdings nichts anderes als Tribut. Das erkannte der genaue Beobachter Delafosse (1909: 201) besser als seine deutschen Kollegen – zumindest sprach er es unverblümt aus, wenn er über die Darreichungen des armen und alten Häuptlings schreibt: »In seiner Vorstellung war es in Wirklichkeit ein Tribut, aber der Broussard nimmt ihn wie ein Geschenk entgegen ...« Die Drohung der Razzia bleibt noch im »Geschenk« gegenwärtig.[37] Ungeklärt muß vorläufig bleiben, ob auf die deut-

---

[36] So heißt es in den »Blätter(n) und Briefen« des regierungsamtlichen Impfarztes in Togo, Dr. Ludwig Külz (1906: 123 f.): »Wenn ich alle Geschenkshühner behalten wollte, so würde allmählich ein ansehnlicher Hühnerhof dabei herauskommen, und von dem mir zugedachten Yams hätte ich wohl schon ein ganzes Bataillon eine Woche lang verpflegen können. Da auf der einen Seite der Neger die Zurückweisung seiner Gaben als schwere Kränkung empfinden würde, andererseits den Kolonialbeamten von Berlin aus die Annahme von Geschenken verboten ist, so befinde ich mich oft in einer schwierigen Lage. Einen Teil des Yams benutze ich zur Verpflegung meiner Trabanten, den Rest lasse ich liegen. Die Hühner nehme ich zwar dankend an, entledige mich ihrer aber wieder durch eine kleine List. Nachdem sie etwa eine halbe Stunde weit von meinen Trägern mitgeschleppt worden sind, befreit sie August auf meine Anweisung von ihren Fesseln, so daß sie friedlich wieder in ihr Heimatdorf zurückkehren können ....«

[37] Auch wurde die Drohung von den europäischen Eindringlingen wachgehalten – abgesehen davon, daß die Zeit der Plünderungen noch nicht lange zurücklag, und die sogenannten »Strafexpeditionen« die Menschen und ihr Hab und Gut zu treffen verstanden. Ebenfalls auf dem Bezirkstag vom September 1907 brachte der Bezirksamtmann von Atakpamé Hans Georg v. Doering den Fall eines durchreisenden Europäers zur Sprache. Dieser hatte in einem Dorf, das an einer vielbegangenen Route lag, die Bewohner geheißen, ihm ein Huhn zu verkaufen. Die Dorfbewohner verweigerten ihm sein Ansinnen, denn, wie der Berichterstatter andeutete, sie waren durch häufige Forderungen dieser Art über Gebühr belastet. Daraufhin schoß sich der Europäer eines der herumlaufenden Hühner.

schen Kolonialbeamten eine ergänzende, besonders wache Beobachtung von Delafosse zugetroffen hat. Am Abend machte sein Kreiskommandant dem Gastgeber ebenfalls ein Geschenk, das mindestens von gleichem Wert wie das seines Gastgebers sein mußte: »(D)as behagte diesem armen Häuptling des noch ärmeren Weilers, aber es verminderte ein wenig seine Achtung für den weißen Häuptling, der im Gegensatz zu dem, was bei schwarzen Häuptlingen üblich war, an seine Untertanen die Tribute wieder auszahlte, die er erhalten hatte« (ebda). Im Falle der togolesischen Beamten wissen wir nur, daß sie in den Anfangsjahren der ›Expeditionen‹ die alten und neuen »Häuptlinge« mit Schnaps, deutschen Emblemen und Tand zu gewinnen und wenigstens die Mächtigen, Einflußreichen und Groß-Häuptlinge mit Aufmerksamkeiten, die dann in der Tat Geschenke waren, geneigt zu machen suchten, mit den Deutschen zusammenzuarbeiten. Den Tribut wird aber auch der deutsche Stationsleiter nicht sofort mit einem Geschenk erwidert haben. Er wird ebenfalls bis zum Abend gewartet haben. Er war der Meinung, auf diese Weise bei den Bewohnern der Ansiedlung eine größere Bereitwilligkeit für seine Wünsche zu sichern (vgl. A. B. Herold, 1893: 59). Stattdessen wird er bis zum Abend in der Fülle der Arbeiten fortgefahren sein, zu denen die Tournee zu nutzen war.

Fünf Tätigkeiten stehen im Mittelpunkt der Aufgaben der Tournee: Anordnen, Überwachen, Führen, Richten und Kennenlernen.

Zeitlich fällt das Anordnen nicht ins Gewicht. Auch der Befehl hält sich an den Grundsatz der Geschwindigkeit der Macht. Er soll knapp, unmißverständlich und deshalb einprägsam sein. Allerdings gilt es, manche Anordnung, zumal die des hauptstädtischen Gouvernements, erst bekannt zu machen und zu erläutern. Der Stationsleiter versieht also mehrere Aufgaben. Wie jeder Kolonialbeamte ist er sozusagen ›Buschtrommel‹. Er übernimmt die subalterne Rolle, Ausrufer der Bekanntmachungen und Anordnungen des Gouverneurs und seiner eigenen Entscheidungen zu sein. Selbstverständlich überträgt der Stationsleiter diese Aufgabe Untergebenen, wenn er auf der Station weilt oder in anderen Gebieten unterwegs ist. Ausgestattet mit wenig Personal, muß er aber ebenfalls die Regierungsschelle durch das Gebiet tragen, das er in seiner Tournee berührt. Die Personen und Orte für Bekanntmachungen der Herrschaft richten sich noch nicht ausschließlich nach den symbolischen Seiten der Herrschaftsdarstellung. Die ›Stimme des Herrn‹ gehört noch dem Herrn selbst und folgt dementsprechend dem Zwang eines ärmlichen Unterbaus an herrschaftlichem Personal und Einrichtungen der Eindringlinge. Die Bekanntmachung schließt ein, daß der Stationsleiter beim Anordnen Interpret des Willens der fernen Zentrale ist. Er gibt seine Erläuterungen zu Maßnahmen der Zentrale, er deutet, legt aus, stellt das eine heraus und verschweigt das andere.

Vor allem ist der Stationsleiter »selbständiger Befehlshaber« [R 150 ANT FA3 / 3037 (3–4): 173], »Kommandant«. Er gibt die Befehle, er ordnet an, er gibt kund, was gut und richtig, schlecht und falsch und was zu tun ist. Er ordnet an, einen neuen Weg anzulegen, die Händler zuvorkommend zu behandeln, für den Unterhalt der Europäer, die sich auf der Durchreise befinden, gut zu sorgen, rechtzeitig die Steuern abzuliefern oder die Steuerarbeiter zur Station zu schicken. Seine Anordnungen im Verlauf einer Tournee beziehen sich eher auf das Alltägliche. Zur Anordnung größerer Unternehmungen bestellt er den Häuptling lieber zu sich auf die Station. Die Anordnungen auf der Tournee ergeben sich vorrangig aus dem Überwachen. Die Anweisung mahnt an, korrigiert, ergänzt, verbessert das, was auf Geheiß des Stationsleiters bisher geleistet worden ist. Die Tournee ist Kontrolltätigkeit.

Zu kontrollieren ist alles, was für den Auf- und Ausbau der neuen Ordnung wichtig ist. Das ist zuerst einmal vergleichsweise wenig. Es geht um Wege und Brücken, die Größe der bebauten Flächen, die Güte der Ernte, die Zahl der Steuerarbeiter, um Handel, Schulbesuch und Krankheiten. Aber doch ist alles zuviel. Denn Kontrolle heißt nicht Zahl und Schrift, sondern es heißt Augenschein. Kontrolle ist sinnliches Tun, ist Hören und vor allem anderen Beobachten und Sehen. Noch gibt es keine Unterlagen, es sei denn diejenigen, die in großer Fülle aus der Hauptstadt kommen – und das ist nur viel, weil es wiederum ganz augenfällig mit dem Wenigen oder mehr noch dem Nichts an schriftlichen Unterlagen über die Ordnung der Beherrschten in Gegensatz tritt. Was der Stationsleiter nicht selbst gesehen, gehört und gespürt hat, das ist so unwirklich für ihn, wie für die hauptstädtische Zentrale nichts wirklich ist, was sie nicht schwarz auf weiß hat. Sicher, der Stationsleiter hat seinen Stationsassistenten, wenn er gut ausgestattet ist, und er hat seine Gehilfen, Handlanger und Soldaten, die er aus den Gruppen der Beherrschten rekrutiert hat. Aber auf ihre Angaben ist nur beschränkt Verlaß, und noch weniger ist von ihnen zu erwarten, daß sie über das berichten, was getan werden muß. Der Stationsleiter ist ganz und gar darauf angewiesen, seinen Bezirk »fleißig zu bereisen«, mit eigenen Augen zu sehen, was getan und zu tun ist.

Dementsprechend wirft der Stationsleiter einen Blick auf den Zustand der Brücke, die ihn über den Fluß oder die Schlucht bringt. Er achtet auf den Weg, der ihn zu seinem Ziel bringt. Hält der verantwortliche Häuptling sie in gutem Zustand? Der Stationsleiter läßt die entgegenkommende Karawane anhalten und sich die Zollbescheinigung vorzeigen. Er macht einen Abstecher zum nahen Grenzposten und sieht darauf, daß die stationierten Soldaten die Pflicht tun, die ihnen aufgetragen ist. Auf diese Weise zeigt er an, daß sein Arm bis an die Grenzen des Reiches heranreicht, was ein folgenreicher Fingerzeig ist. Die abstrakte Idee der Territorialstaatlichkeit wird zur Tatsache des beherrschten Raumes, und die Ideen der Abwehr nach außen und der Kontrolle des Fremden werden durch die Ideen der Kontrolle nach innen und einer Mitgliedschaft, die durch neue Herrschaft hergestellt wird, vervollständigt. Der Stationsleiter prägt sich ein, wie weit sich die Dorfbewohner von ihrem Dorf entfernen müssen, um Brennholz zu finden, und wie rücksichtslos oder achtsam sie mit dem Baum- und Waldbestand umgehen. Zufrieden stellt er fest, daß die Zahl der Ölpalmen kräftig angewachsen ist, und er schreibt diesen Umstand seinem ständigen Drängen zu. Schon von weitem sucht der Stationsleiter auszumachen, ob die Flagge, die er dem Häuptling zum Zeichen der neuen Herrschaft anvertraut hat, über den Hütten weht. Trotz den vielen Menschen, die ihm bei seiner Ankunft entgegenkommen, entgeht ihm nicht die zerbrochene Kalebasse, die, achtlos weggeworfen, zur Brutstätte der Stechmücken wird. Hat er dem Häuptling nicht wieder und wieder aufgetragen, für Ordnung und Sauberkeit Sorge zu tragen, die nicht nur Zeichen anständigen Betragens sind, sondern ebenso gefährliche Krankheitsherde beseitigen, die das öffentliche Wohl gefährden können. Den einheimischen Vertreter der europäischen Faktorei in Togo befragte er nach den Geschäften, und er erfuhr, daß weiterhin die Annahme von deutschen Münzen verweigert wurde und englische Silbermünzen entgegengenommen wurden. Die Händler in dem Rasthof, der auf Betreiben des Stationsleiters zusätzlich zum Rasthof für die Eroberer gebaut wurde, klagen über zu hohe Unterkunftspreise, und der Stationsleiter weiß, daß er nicht zögern darf, den Häuptling hierfür unmißverständlich zu mahnen, der einen zu großen Anteil von den Einnahmen des Wirtes beansprucht. Besonders liegt dem Stationsleiter die Steuerpflicht seiner Untertanen am Herzen. Robert Delavignette (1939: 85) mahnte zwar nachdrücklich, die Tournee nicht mit fiskalischen Forderungen zu belasten. Denn er hatte recht, wenn er meinte, daß »der geringste Verdacht, daß es um Abgaben geht, das Dorf unzugänglich macht und die Tournee verdirbt«. Aber, wie die schon erwähnte Anweisung des Bezirksamtmannes Gruner an die Leiter der Nebenstationen erkennbar machte, teilten die deutschen Beamten nicht in dem Maße die Bedenken ihres französischen Kollegen. Der deutsche Stationsleiter wird sich nicht gescheut haben, den Polizisten in seiner Begleitmannschaft anzuweisen, zu prüfen, ob die Dorfbewohner, die zur Steuerabgabe verpflichtet sind, ihrer Pflicht nachgekommen sind. Er wird angeordnet haben, ihm jeden Säumigen und Drückeberger unverzüglich vorzuführen. Eine harte Hand ist manchmal besser, zumal wenn es um die unverzichtbare Steuerarbeit geht. Ohne nicht nachlassende Kontrolle wird nichts bewegt werden. Der europäische Stationsleiter wollte etwas bewegen, setzte sich mit der Tournee in Bewegung und brachte auf diesem Wege eine aufmerksame Überprüfung der Verhältnisse in Gang.

Stationsleiter sein heißt führen. Mit dem Aufbruch zur Tournee wird der Stationsleiter ganz »Befehlshaber«, weil sein Wille die Tournee lenkt, und er seine Begleitmannschaft vielfach selbst anführt. »Meist« setzte sich zum Beispiel Rudolf Asmis (1942: 82) »an die Spitze der Karawane« und überließ dem »›Kapita‹ oder dem ältesten Soldaten oder Dolmetscher« den Schluß. Während der Tournee führt der Stationsleiter, weil er Befehle gibt, Dinge anordnet und darauf achtet, ob die Anweisungen, die er einst gegeben hat, zu seiner

Zufriedenheit ausgeführt wurden. Aber der Stationsleiter befiehlt, ordnet an und überwacht auch, weil es zu seiner Aufgabe als Vertreter des Erobererapparates im »Busch« gehört, die Eroberten zu führen. Im Rahmen der Tournee ist solche Führung keineswegs besonders augenfällig. Der Stationsleiter hat keine aufsehenerregende Auftritte – abgesehen davon, daß unter den Bedingungen der europäischen Kolonialherrschaft sein Erscheinen als ›Weißer‹ und ›Herrscher seines Reiches‹ immer ein gewisses Maß an Aufsehen erregte. Der Stationsleiter gibt keine Anordnungen zu großen Aufgaben. Schon gar nicht beschwört der Stationsleiter eine vergangene Ordnung oder die Einhaltung überlieferter Werte, Normen und Tätigkeiten, die er selbst dabei ist zu zerstören. Er begeistert die Menschen nicht mit der Vision einer neuen Zukunft. Sie müßte den Unterworfenen so unverständlich bleiben, wie sie ihnen fremd ist, und sie müßte an der antagonistischen Struktur scheitern, in der die Beziehungen zwischen dem Eroberer und den Eroberten geordnet sind. Ganz dem Umstand entsprechend, daß sich die Anordnungen im Rahmen der Tournee eher auf das Alltägliche beziehen, führt der Stationsleiter, indem er auf der Tournee die nahen Aufgaben benennt und erklärt, die Häuptlinge über ihre Verantwortung und Pflichten belehrt, die ihnen vom Eroberer zugedacht sind, und die allgemeinen Erwartungen der Verwaltung an die Dorfbewohner zum Ausdruck bringt. Der Kreiskommandant von Delafosse (1909: 201) hielt demgemäß den Dorfbewohnern einen kleinen Vortrag »über die Notwendigkeit und den Sinn der Steuer, über den Nutzen, Wege zu unterhalten, über die besten Verfahren bei der Gummiernte« und »über die Gefahren von Monokulturen«. Gruners Leiter der Nebenstationen von Ho und Kpandu drangen auf die Anpflanzung von Exportkulturen wie Ölpalme, Kola und Baumwolle, schärften ein, wie unabdingbar der Forstschutz ist, und hielten die Dorfbewohner »zur Höflichkeit, zum Sauberhalten der Dörfer und zur Entfernung verfallener sowie zur Ausbesserung schadhafter Hütten« an [R 150 ANT FA1 / 128 (3–3): 148; vgl. auch ANT FA3 / 2124: 28].

Der Stationsleiter hat, wegen der umfassenden Verantwortung, die er beansprucht, ein unbestechliches und wachsames Auge. Die Sache mag noch so bescheiden und gering sein, dort, wo es um die Ziele geht, die der Stationsleiter gesetzt hat, entgeht seinem Auge nichts. Der Stationsleiter führt, weil er auf der Tournee zum Lehrmeister ›seines‹ Bezirks wird. Führung ist Anleitung. Die Tournee wird zur Gelegenheit, diese Anleitung den Unterworfenen unmittelbar, handfest und mit dem unverstellten Blick auf ihr Leben in den Weilern, Dörfern, und Marktflecken zu geben. Ist es Aufgabe der Station, beispielhaft zu sein, zwingt die Tournee die Beherrschten, beispielhaft zu werden. Die Tournee ist Führung im Alltag eines Unterfangens, das nicht alltäglich und ganz und gar ehrgeizig, fast unwirklich ist: die Eroberten auf dem Weg, zu einer ›neuen Welt‹ zu führen und zu befehligen.

Führen und Richten liegen nahe beieinander. Richten ist eine Form des Führens, ist ›Streitführerschaft‹, ist Führung in einem Bereich, in dem es um nichts Geringeres als die normative Ordnung selbst geht. Naheliegenderweise wird man deshalb oft die Tatsache vorfinden, daß Führer die Aufgaben des Richters ausfüllen (vgl. H. Popitz, 1992: 246ff.). Wenigstens gilt es für den Stationsleiter, wobei es im Augenblick unerheblich ist, ob der Stationsleiter richtet, weil er als Führer die Macht hat, sich die Aufgaben und Funktionen des Richters anzueignen, oder weil ihm das Richten von zerstrittenen Menschen angetragen wird. Jedenfalls wird es im Laufe der Tournee nicht ausbleiben, daß sich der Stationsleiter im richterlichen Aufgabenbereich bewegt. Denn die Tournee erfüllt in diesem Zusammenhang mehrere Aufgaben.

So wie die Tournee die amtliche ›Buschtrommel‹ ist, so ist sie auch eine Frühform des ›Bundesgesetzblattes‹. Sie ist einer der Wege, auf dem Gesetze und Verordnungen veröffentlicht und bekanntgemacht werden. Ergänzend kommt dem Stationsleiter die Aufgabe zu, den Rechtskommentar mitzuliefern, insofern er die Gesetze und Verordnungen erläutert und auslegt. Die Tournee ist weiter eine Art wandelnde Dienststelle zur Beschwerdeführung. Das Kommen des Stationsleiters gibt den Menschen, die er aufsucht, die Gelegenheit, Streitfälle vorzutragen und den Stationsleiter in die laufenden Streitfälle einzuschalten. In manchen Gegenden verfahren die Stationsleiter sogar so, daß sie sich an Ort und Stelle zum Gericht machen und die Fälle entscheiden, die ihnen vorgetragen werden. In diesem Falle wird die Tournee zum reisenden Gerichtshof. Der sorgfältige Bericht des Capitaine Sicre aus dem Jahre 1918, in dem Verfahrensweisen der deutschen Verwaltung festgehalten wurden, erwähnt, daß zum Beispiel im Gebiet der Kabiyé im Bezirk von Sokodé alle drei Monate eine Tournee stattgefunden haben soll, »um alle Streitfälle zu untersuchen und zu richten, die (den Deutschen – TT) unterbreitet worden sind. Das Gericht versammelte sich am Kara, wo man einen bedeutenden Lagerplatz hatte errichten lassen ...« (Capitaine Sicre, 1918: 57). Regelte man den Streitfall nicht sofort, bot die Tournee die Möglichkeit, ›Ortstermin‹ und Beratung des Gerichts zu sein. Der Stationsleiter kann Streitgegenstände wie Felder in Augenschein nehmen, Beteiligte und Zeugen unmittelbar befragen und sich mit dem Häuptling und den Ältesten beraten, wie die Fälle zu beurteilen sind. Nach der Rückkehr auf die Station kann er dann noch immer die Parteien zu sich rufen lassen und die endgültige Entscheidung treffen. Mit der Tournee beginnt die Verstetigung des Vorgangs, in dem der Anspruch auf das Gewaltmonopol in eine Rechtsprechung umgewandelt wird, die den Streit zwischen den Beherrschten regelt und entscheidet. Die Tournee steht am Beginn des ›Rechtsstaats‹ und der Verstaatlichung der Streitregelung.

Anordnungen treffen, die Sinn machen, Richten, ohne Gefahr zu laufen, den Streit noch mehr anzuheizen, Überwachen, ohne etwas vorgemacht zu bekommen, das alles setzt voraus, daß das Wissen über den Bezirk umfangreich und genau ist, daß es in die Einzelheiten der Lebensverhältnisse eindringt und auf der Kenntnis der Menschen und ihrer vielfältigen Eigenarten beruht. Die Aufgabe der Tournee ist, auf dem Weg zu diesem Wissen ein Stück weit voranzukommen. Den Bezirk kennenzulernen, das ist nicht eine Aufgabe unter vielen, sondern es ist die Aufgabe der Tournee, ohne die sie all die anderen Aufgaben nicht oder nur stümperhaft wahrnehmen kann. Einen Bezirk kennenzulernen heißt, Wissen über ihn zu erwerben und mit seinen Menschen bekannt zu werden – und Delavignette wie Delafosse würden sicher hinzufügen, daß das Kennenlernen mit dem Verstehen einhergehen muß. In der Praxis und besonders in der der deutschen Beamten ist davon allerdings wenig zu spüren. Die Tournee ist weniger Forschungs- als Ausforschungsreise. Sie sucht weniger das Vertrauen als die gehorsame Verläßlichkeit der unterworfenen Menschen. Sie führt den Stationsleiter in die Dörfer und gelegentlich in die Hütten der Menschen, weniger, weil der Stationsleiter die Menschen achtet, mehr, weil er sie wie die Häuptlinge braucht, »um das angestrebte Ziel, völlige Beherrschung der Masse ... zu erreichen« [R 150 ANT FA1 / 128 (3–3): 141]. Die Menschen und Lebensverhältnisse des Verwaltungsbezirks kennenzulernen, ist Teil der herrischen Objektivierung der Eroberten.

Angekommen in dem Weiler, den der Kreiskommandant von Delafosse zum Nachtquartier bestimmt hat, beginnt der Stationsleiter nach einer kurzen Ruhepause die Notizen ins reine zu bringen, die er sich auf dem Marsch gemacht hat. In Gegenden, die selten begangen werden, gehört dazu vordringlich, die topographisch und meteorologisch wichtigen Daten festzuhalten, die die Beobachtungen und sorgfältigen Messungen mit Taschenuhr, Kompaß und Thermometer während des Marsches erbracht haben. Selbst wenn eine genaue Rekonstruktion des zurückgelegten Weges unmittelbar nach Beendigung des Tagesmarsches selten gut gelingt, ist eine rohe Skizze später sehr hilfreich (vgl. LGG, S. 586). Dann aber fängt gleich die Arbeit an, die zu den folgenreichsten Anstrengungen der neuen Herrschaft zählt: der Zensus.

Bevölkerungszählungen sind arbeitsaufwendig, mühselig und voller Unwägbarkeiten, was die Güte des gewonnenen Zahlenmaterials anbelangt. Einigermaßen systematische Zählungen begannen im »Schutzgebiet Togo« deshalb erst in Lomé und blieben im nördlichsten Verwaltungsbezirk, im Bezirk von Sansanné-Mango, während der ganzen Zeit der deutschen Kolonialherrschaft aus. Die hauptstädtische Verwaltung begnügt sich mit groben Schätzungen. Um so mehr müssen jedoch die Beamten alle Gelegenheiten nutzen, sich eine Vorstellung von der zahlenmäßigen Größe und der Zusammensetzung der Bevölkerung, über die sie herrschen, zu bilden. Die Tournee ist das geeignete Mittel. In den Augen von Robert Delavignette (1939: 83) ist der Zensus gar die eine der beiden Hauptaufgaben der Tournee. Zensus heißt nicht bloße Zählung, obwohl sie allein schon mit zahlreichen Fallstricken versehen ist. Zensus heißt, die Zahl der Geburten und Todesfälle zu ermitteln; die Zahl und Arten der Krankheiten aufzunehmen; die ethnischen und religiösen Zugehörigkeiten festzuhalten und in diesem Zusammenhang in Togo auch die Zahl der »islamischen Wanderprediger« zu notieren, die für die Deutschen immerhin solch ängstlicher Aufmerksamkeit für würdig befunden wurden, daß die Frage nach ihnen zum vereinheitlichten Fragenkatalog der Jahresberichte für die Berliner Zentrale gehörte; die zahlenmäßigen Verhältnisse der Geschlechter sowie von Alt und Jung aufzunehmen; vor allem anderen die Zahl der Menschen, in erster Linie der Männer, die steuerpflichtig sind, so genau wie nur irgendmöglich zu bestimmen. Diese und zahlreiche weitere Fragen machen einen Zensus aus, der dem Delavignette'schen Diktum (1939: 83) Genüge tut: »Wer es versteht, den Etat (einer Kolonie – TT) zu lesen, der hat das Leben der Kolonie vor Augen; wer Zensusgrößen zu lesen weiß, dem zeigt sich das Leben des Dorfes – vorausgesetzt, der Zensus ist zuverlässig.«

Angesichts der Fülle notwendiger und eingehender Fragen ist es nicht überraschend, daß Delavignette (ebda) das Gespräch mit den Dorfbewohnern und hauptsächlich mit dem Häuptling und den Ältesten zum zweiten Aufgabenpfeiler der Tournee bestimmte.

Die Tournee ist eine Übung in der Kunst des Gesprächs. Es ist ein Gespräch ohne auffällige und aufwendige Formalität. Es ergibt sich fast von selbst. Immerhin steht bis zur Stunde, zu der den Stationsleiter die Müdigkeit überwältigt, noch einige Zeit zur Verfügung. Man muß sie nutzen. Das fordert nicht nur die berufliche Aufgabe, vielleicht mehr noch die entgegengesetzte Aussicht auf eine Langeweile, die ungeduldig und ärgerlich macht. Bis zum Abend kann das Gespräch zusätzlich mit kleineren Besichtigungsgängen verbunden werden. Bei ihnen erzählt der Häuptling unter beifälligen Stimmen und Gesten der Ältesten von den Sorgen und Nöten des Dorfes und der Abwanderung der jungen Leute und zeigt auf die brachliegenden Felder. Der Stationsleiter hingegen fragt nach der Lage der Felder, die weiter außerhalb des Dorfes angelegt sind. Da er sich in Togo zum Beispiel unter Bekpokpam aufhielt, die die Deutschen allerdings noch »Konkomba« nannten, achtete er auf die Zahl der Feldhacken, die den Eindruck machten, in Gebrauch zu sein, und deren Handhabung doch Sache der Männer war, und merkte sich vor, am nächsten Tag die Größe der Felder zu begutachten, um nicht nur den möglichen Ernteertrag zu schätzen, sondern auch Hinweise auf jene Männer zu erhalten, die sich so spärlich blicken ließen.

Das Gespräch wird in einfachen Worten geführt. Auf der ›Domäne‹ ist auch der ›König‹ ein bißchen Bauer. Der eigentliche Bauer ist bekanntermaßen eher wortkarg. Zu leicht entschlüpft das falsche Wort, der Hinweis, der nicht gemacht werden will, wenn die Rede zur Ansprache oder zur aufregenden Erzählung wird. Es ist gut, auf der Hut zu sein – beide, Stationsleiter und Häuptling, halten sich an die Regel.

Aber das Gespräch wird von seiten des Stationsleiters nur geführt, um Notwendiges in Erfahrung zu bringen. Das Trachten des Häuptlings und der

Ältesten geht nicht nur dahin, die Begegnung so schnell wie möglich zu beenden, um zudringlichen Fragen zu entgehen. Sie wollen auch ein Stück weit den anderen gewinnen. Der Häuptling und die Ältesten fürchten den Stationsleiter und hoffen, ihn milde zu stimmen. Zwar wünschen sie, daß der Stationsleiter dem Dorf gleich morgen den Rücken kehrt. Aber es soll nicht zum Streit kommen, es soll niemand bestraft und dem Dorf keine schweren Lasten aufgebürdet werden. Man weiß aus eigener Erfahrung oder hat es von allen Seiten gehört, daß der Stationsleiter hart und unnachgiebig ist. Um so wichtiger ist es, ihn im Auge zu behalten. Zeigen seine treffenden Fragen nicht, daß er sich auskennt? Vielleicht gelingt es, ihn unbeschadet loszuwerden.

Dem Stationsleiter genügt erst einmal die Furcht des Häuptlings und der Ältesten. Aber er weiß, daß er sie braucht. Er hofft, daß er mehr in Erfahrung bringen kann, wenn er die Situation entspannt. In Togo erfuhr der Stationsleiter, daß »alles (,) was an eine amtliche, jedem Farbigen meist unangenehme oder peinliche Vernehmung erinnern« kann, wegfallen muß, weil es »die Leute nur ein(..)schüchtert und mißtrauisch (..)macht« (R. Asmis, 1908: 13). Der deutsche Stationsleiter war sich darüber im klaren, daß es besser ist, »(m)it den Häuptlingen ... mit Ruhe zu verkehren, und sie ... mit einer gewissen Rücksicht zu behandeln, denn ungeachtet ihrer persönlichen Fehler vertreten sie doch ihren Stamm. Man gewinnt sie dadurch und hebt ihre Autorität«, die im Dienste der Verwaltung wirkt, die der Stationsleiter verkörpert [R 150 ANT FA1 / 128 (3–3): 141]. Dort, wo seit vielen Jahren ein und derselbe Stationsleiter wirkte, da kannte man sich selbstverständlich durch viele Gelegenheiten. Mancher Häuptling konnte dort zum »alten Bekannten« werden, der wahrscheinlich gern dem durchreisenden Stationsleiter ein Nachtquartier angeboten und seine abwechslungsreiche Unterhaltung gesucht hat. (vgl. L. Külz, 1906: 114).

Im Kennenlernen, in der Annäherung, wenn man einander bekannt wird, und selbst noch in der Tatsache, daß der Häuptling und die Ältesten gebraucht werden, wird die Objektivierung der Beherrschten ein Stück weit zurückgenommen. Die Beherrschten treten in ihrer Subjektivität und als Handelnde in Erscheinung. Die Objektivierung der unterworfenen Menschen und ihrer Lebensverhältnisse durch Anordnungen, Überwachung, Führung, Rechtsprechung und Wissensorganisation hat jedoch auch auf der Seite der Eroberer eine Grenze. Sie liegt in dem Vorgang, dessen erste Etappe die Station ist, und der mit der Tournee fortgesetzt wird: die Anpassung des Eroberers an die Welt der Eroberten.

Auf den ersten Blick scheint mit der Tournee der Reigen wieder eröffnet zu sein, der mit der Razzia beginnt und mit der Gründung der Station zum Abschluß kommt. Wie die Razzia ist die Tournee Aufbruch, Bewegung, Heimkehr. Wie die Razzia besitzt die Tournee einen Spannungsbogen, der durch die Entbehrungen der Tournee und die Annehmlichkeiten des Stationslebens hergestellt wird. Ebenso hält die Tournee die Erinnerung an die Razzia wach, wenn weder der Stationsleiter noch die Dorfbewohner, unter denen der Stationsleiter die Nacht zugebracht hat, Anstalten machen, den Besuch auszudehnen. Der Stationsleiter bricht früh auf. Die Dorfbewohner, von denen die Mehrzahl bei der Morgentoilette den Abmarsch des Stationsleiters verfolgt, verharren allerorten in tiefem Schweigen (vgl. A. B. Herold, 1893: 63).

Die gewalttätige Razzia ist Macht im Jetztbezug. Die Razzia ist eine Machtform, in der die Räuber von der Erde, deren Früchte sie mit sich schleppen, verprassen und verbrennen, und von den Menschen leben, die, zu bloßen Objekten gemacht, vergewaltigt, erschlagen oder als Sklaven verschleppt werden. Anders die Tournee. Wie die Station steht sie im Zeichen der Zukunft, die sich mit dem Zurücktreten der Gewalt auftut. Der Stationsleiter und seine Begleiter leben nicht ausschließlich von, sondern gleichermaßen in dem Land, durch das die Tournee sie führt. In den Worten von Robert Delavignette (1939: 82): Die »Kunst der Tournee« besteht in der doppelten Aufgabe, »den Busch und das Dorf zur Lebensform zu machen«.[38]

Das heißt auf der einen Seite, die Delavignette unausgesprochen läßt: Die Eroberung ist zu vollenden. Sie ist in die Stetigkeit der befehlenden, überwachenden, führenden, richtenden und wissenden Verwaltung umzuwandeln. Busch und Dorf sind Objekte. Sie sind es, die auf die ›Lebensform‹ der Verwaltung zugerichtet werden müssen. Sie werden mit Wegen und Straßen überzogen, an ihnen werden Lagerplätze errichtet; ihre Produkte sind zu wiegen, zu messen, zu besteuern, auf neu eingerichteten und überwachten Märkten zu verkaufen, abzuliefern; sie haben sauber, übersichtlich, hygienisch zu sein; ihre Männer, Frauen und Kinder werden gezählt, besteuert, zur Arbeit gezwungen, umgesiedelt, geprügelt, ausgebildet.

Aber es gibt die Seite, von der Delavignette erzählt, und die er als Praxis einfordern will. Sie besteht in der Aufgabe des Stationsleiters, die Notwendigkeiten, Schwierigkeiten, ›Probleme‹ des Bezirks mit den Augen der Unterworfenen, sprich vor allen anderen der Bauern, sehen und begreifen zu lernen. Die Voraussetzung ist, sich den Menschen und Dörfern ›im natürlichen Rhythmus‹ zu nähern, was im wörtlichen wie übertragenen Sinne zu verstehen ist. Dementsprechend besingt Delavignette (1939: 78 ff.) »die Initiation durch die Tournee« (ebda, S. 79) in einem Lied, dessen Melodie wir nicht mehr hören, weil sie Teil der kolonialistischen Paraphonie ist. Aber es ist das Lied der Soziologie und Psychologie der Anpassung des Eroberers: »Die Hitze und der Durst quälten uns und ließen uns zwanzigmal den gleichen lauwarmen Schluck trinken, aber wenn wir uns dessen entsinnen, so geschieht es, um besser die Begegnungen und den Austausch des Grußes mit den Menschen der einstigen Wege des alten Afrikas nachzuerleben, mit dem fah-

---

[38] Im französischen Original heißt es: »Et l'art de la tournée implique une double tâche professionnelle: vivre la brousse et vivre le village . . . .«

renden Händler, dem Jäger, dem Musikanten und dem Pilger. ... Ob es die neuen Straßen oder die unvergeßlichen Pisten sind, jede hat ihre eigene Weisheit. Man muß von den Kurven gefangengenommen werden, um die Geheimnisse des Landes zu hören. ... Bei meiner ersten richtigen Reise im Afrika der Eingeborenen ... lernte ich ein für allemal die kleinen Dinge über das Lastkamel und den Zugstier und, daß man die Karawanenführer nicht anherrschen darf, noch daß man trotz der anderslautenden Meinung des Führers am Abend nicht aufbricht, wenn ein Sturm droht. ... Meine Lehrmeister, das waren Unbekannte, deren Lektion ich erst später verstanden habe. ... Die Tournee bringt ... (dem Stationsleiter – TT) bei, in der Masse die Menschen eines bestimmten Ortes zu suchen und auf das Dorf wie auf einen lebenden Organismus zuzugehen« (ebda, S. 79 ff.).

Delavignette verfängt sich noch sprachlich in den Fußangeln des Eroberbewußtseins. Selbst die Suche nach dem anderen, dem Unterworfenen, wird zur einseitig gerichteten Bewegung, die die herrschsüchtige Drohung aufs neue gegenwärtig macht. Der Graben zwischen dem Unterworfenen und dem Eroberer ist zu tief, der Anspruch auf unbedingte Überlegenheit und zweifelsfreie Unterwerfung für den Eroberer selbstredend. Delafosses Kreiskommandant hat darin den genaueren Blick – den Blick des Anfangs.

Mit der Tournee beginnt die zweite Etappe der Anpassung des Eroberers. Der Stationsleiter verläßt die Station. Er geht auf den beschwerlichen Wegen, die nicht mehr ausschließlich die kürzeste, ungefährlichste oder überraschendste Verbindung zwischen zwei Orten der räuberischen Bereicherung sind. Es sind die Wege ›seines Reiches‹. Der Stationsleiter nächtigt in den Wohnstätten der Besiegten. Während er die Annehmlichkeiten vermißt, die er auf der Station vorfindet, lernt er die Annehmlichkeiten dörflicher Abende kennen: »Abends hat der Europäer meist mit schriftlicher Arbeit zu thun, häufig aber ladet der Häuptling zu einem guten Tropfen Palmwein. Da ging ich gern mit meinem Dolmetscher zu ihm und saß an einem Holzfeuer in der mit allerlei Jagdtrophäen ... geschmückten Hütte, in welcher unzählige Fetischzeichen Zeugnis von der frommen Denkungsart des Häuptlings ablegten« (A. B. Herold, 1893: 62). Einem Vergleich mit den Annehmlichkeiten, die der Eroberer in seiner eigenen Umgebung anzubieten vermag, halten die Vorzüge der Lebensweisen der Unterworfenen in den überheblichen Augen des Eroberers niemals stand. Anders als der Krieger auf der Razzia bricht der Stationsleiter auf der Tournee nicht in die Erntespeicher ein, um zu jubeln, wenn sie voll sind, und um zu toben, wenn er sie leer findet. Er betrachtet hingegen genau die Felder und sieht die Erträge, die heranreifen, oder die Ernteausfälle, die als Folge des Tornados eintreten werden. Er sorgt sich um ›seinen‹ Bezirk. In einer bäuerlichen Gesellschaft heißt das notwendigerweise, ein wenig mit den Augen eines Bauern sehen zu lernen. Selbst der Autor Richard Küas, dessen kolonialistische Sprache seine »Togo-Erinnerungen« (1939) zu einer ärgerlichen Lektüre machen, bemerkt in einem Kapitel über

»de(n) schwarze(n) Bauer(n)«: »Dort sehe ich einen Mann aus der Hütte kommen. ... Neben ihm geht sein Junge ..., sie gehen nach der Farm. ... Während ich ihn ein Stück begleite, erzählt er mir, daß er heute Erdnüsse ernten will. ... Dann will er noch fleißig auf dem Maisfeld sein, die Stauden trügen meistens zwei Kolben an einem Stengel. Auch auf sein Kassawafeld müßte er, um Maniok umzuhauen und mitzunehmen .... Das Leben dieser Menschen ist angefüllt mit Arbeit, die sie mit einem Fleiß und einer Emsigkeit nachgehen, die mich oft mit Wundern erfüllt hat« (ebda, S. 110ff.). Der Stationsleiter kann bald die eine oder gar mehrere der Sprachen, die die Menschen in ›seinem‹ Bezirk sprechen. Er kann sie so weit, daß er den Dolmetscher nicht mehr benötigt oder ihm zumindest in einem Maße zu folgen vermag, daß der Dolmetscher ihm nichts Falsches sagen oder etwas vormachen kann. Die Mehrzahl der deutschen Stationsleiter Togos wußte von den einheimischen Sprachen allerdings selten mehr als Sprachbrocken.

Mit der Tournee beginnt ein Anpassungsvorgang des Eroberers und Herrschenden, der nicht nur darin besteht, die Unbillen zu ertragen und die Annehmlichkeiten dankbar aufzunehmen, denen der Stationsleiter auf der Tournee begegnet. Die Tournee fordert vom Mächtigen eine Anpassung, die weitreichender als die Summe der einzelnen Freuden und Leiden ist, von denen die Geschichten der »Alten Afrikaner« erzählen. Der Eroberer, der zur Tournee aufbricht, muß sich um die Welt des Bezirks, der ›sein Reich‹ werden wird, bemühen. Das unterscheidet ihn gleichermaßen vom Krieger, der zur Razzia aufbricht, wie vom Stationsleiter, der auf der Station verharrt und seine Überlegenheit im Wege des despotisch-unbeweglichen Verfahrens unter Beweis stellt. Der Aufbruch zur Tournee beinhaltet einen grundlegenden Wechsel des Blickwinkels. Der Blick des Mächtigen richtet sich auf den Unterworfenen und seine Wirklichkeiten.[39] Die Tournee ist aufmerksame Eroberung.

Die Wirklichkeiten der Macht und der Herrschaft trennen eine Perspektive. Am Beginn der Herrschaft »geht« der Herrschende, um die Metapher von Delavignette zu verwenden, auf den Beherrschten »zu«. Der Mächtige, der zum Herrscher wird, tut den ersten Schritt – das gilt für das erste Herrschaftsverhältnis, in das Menschen gestellt sind, das zwischen Eltern und Kindern, ebenso wie für das historisch vergleichsweise späte und allgemeinste, den Staat. Aber anders als die Aufmerksamkeit, mit der Eltern ihre Kinder betrachten, ist die ›Zuwendung‹ des staatsbildenden Eroberers nicht selbstverständlich. Sie bricht mit dem Grundsatz der »Nicht-Kommunikation« (M. Alliot, 1980: 188), der die vorstaatlichen Ordnungen auszeichnet und noch die

---

[39] Ich gebrauche bewußt den Begriff ›Wirklichkeiten‹ im Unterschied zu den Begriffen ›Welt‹ oder ›Lebenswelt‹. Denn der Blick ist objektivierend und egozentrisch wie die Macht, die auszuüben, und wie die Herrschaft, die zu gewinnen ist. Die ›emische‹ Perspektive ist für den Mächtigen von nebensächlicher Bedeutung.

machtvolle Razzia und die Gewalt, die mit ihr einhergeht, leitet. Sie tritt an die Stelle von Unwissenheit und des »absoluten Mangel(s)« an Interesse, das die »Primitiven hinsichtlich der Sitten ihrer Nachbarn« haben (ebda).

Die Tournee leitet im tatsächlichen und übertragenen Sinn einen Standortwechsel ein. Der Eroberer tritt aus dem Gefängnis der egozentrischen, gewalttätigen Sprachlosigkeit heraus und zwingt den Eroberten in die asymmetrische Kommunikation des Herrschaftsverhältnisses. Am Beginn des kolonialistischen Ethnozentrismus steht die machtbewußte Aufnahmebereitschaft in Form der Tournee. Sie sucht, Wissen gegen Nichtwissen zu setzen, mit dem prüfenden Blick die ›blinde Wut‹ zu verdrängen, mit kenntnisreichen Fragen den Lärm des Überfalls zu ersetzen, mit den Aufzeichnungen in den Notizbüchern des Stationsleiters über die halbleeren Behältnisse mit geraubtem Gut zu triumphieren.

Die ›Zuwendung‹ des Eroberers ist ungefragt. Wie im Fall des Anspruchs auf das Gewaltmonopol ist sie Oktroi. Die machtvolle Aufnahmebereitschaft für die Wirklichkeit der Unterworfenen ist einseitig. Der Bauer will um so weniger vom Stationsleiter, je mehr der Stationsleiter von ihm wissen will. Wie im Fall des Gewaltmonopols begründet der Eroberer eine Kreditbeziehung, um deren Kredit die Seite des Kreditnehmers nie nachgefragt hat. Im Unterschied zum Anspruch auf das Gewaltmonopol besteht die Leistung des Kreditgebers nicht in Schutz und Sicherheit. Es ist stattdessen die Leistung des Bemühens und der Aufnahmebereitschaft des Eroberers für die Belange des Bezirks. Es ist ein Kredit der herrischen Bemühung.

Wenn man nach den Quellen des Legitimitätsglaubens der Herrschenden sucht; sie sind nicht zuletzt hier zu finden. Im oktroyierten Kredit der herrischen Bemühung liegt das Band, durch das Herrschende und Beherrschte miteinander verbunden werden und das später zum ›öffentlichen Interesse‹ wird. Es ist der Anspruch des Eroberers auf Herrschaft, der mit der Tournee zur aufgenötigten Bemühung um die Wirklichkeit der Unterworfenen wird. Die Legitimierung von Herrschaft ist den Beherrschten schon immer voraus, denn die Beherrschten sind Schuldner eines nicht verlangten Kredits. Jeder stolze Jahresbericht und jede der kolonialistischen Bilanzen ist Ausdruck dieses Zusammenhangs.[40] In der Sicht des Eroberers, der sich auf den mühsamen Weg der Tournee begibt, bleibt den Beherrschten nur, die ›Schuld‹ abzutragen, die sie dem Eroberer gegenüber haben. – Deshalb bedürfen auch die Theorien der »defensiven Strategien« bäuerlichen Verhaltens und des »legitimitätslosen Herrschaftsmodells« von Bauern in »Bauernstaaten« (vgl.

---

[40] So heißt es aufschlußreich in einem Artikel zum 25. Jahrestag der Kolonie Togo (»Zwei Gedenktage in Deutschlands Kolonialreich«, Illustrierte Zeitung, Nr. 3445 vom 8. Juli 1909, S. 91): »In dem Vierteljahrhundert unserer Kolonialpolitik haben wir viel schwere Opfer bringen und hohes Lehrgeld zahlen müssen. Aber wir haben gelernt und bewiesen, daß auch wir Deutschen kolonisieren können.«

G. Spittler, 1978: 56ff.; 1976) einer Erweiterung. »Defensive Strategien« wie »legitimitätsloses Herrschaftsmodell« von Bauern weisen zurück auf die Situation des oktroyierten Kredits der Bemühung des Stationsleiters. Sie sind die Verweigerungsformen gegenüber einer aufgenötigten Kreditbeziehung. Der genötigte Schuldner verweigert die Annahme des nicht verlangten Kredits und stellt die ursprüngliche Oktroisituation her. In ihr ist die Begegnung zwischen Eroberer und Erobertem ein »asymmetrisches Nullsummenspiel« (G. Spittler, 1976: 276ff.) und die moralische Frage der Legitimität ist gar nicht gestellt. Das »legitimitätslose Herrschaftsmodell« ist das Modell des Beginns, in dem das einzige, was zählt, die Stärke der Aktionsmacht ist. Es ist das Modell einer Herrschaft, die noch nicht die Tournee kennt, beziehungsweise einer Machtbeziehung, der von den Adressaten der Tournee das verweigert wird, was einer der Gegenstände der Tournee ist: die Begründung einer Schuld für Bemühungen, die der Unterworfene dem Eroberer zurückzuzahlen hat, indem er seine Herrschaft legitimiert.

Es ist nicht wenig, was die Tournee vom Stationsleiter fordert. Das Gelände ist beschwerlich. Das Klima zehrt. Sein Körper ist zwar an manche Mühsal gewöhnt, und die Tournee übt. Aber die körperlichen Anstrengungen sind groß und machen sich bemerkbar. Die seelischen und geistigen Belastungen sind nicht geringer. Der Stationsleiter bewegt sich immer am Rande der Kluft, die ihn von den Menschen trennt, die er aufsucht. Sie läßt den Häuptling und langjährigen ›Freund‹ den Abstand des unteren Ranges und der Unterwerfung halten. Anordnen, Führen und Richten sind ermüdend. Aufmerksam und gegenwärtig zu sein, schließt hier ein, auf der Hut zu sein. Noch ermüdender ist die Aufgabe, die Menschen und die ›Probleme‹ des Bezirks kennenzulernen, sich anzupassen, zu lernen.

Der Kreiskommandant von Delafosse beginnt, seine Müdigkeit zu fühlen. Er hat genug. Er ist nicht wie der Krieger auf der Razzia herumgeirrt, der manche neue Route ausfindig machen muß, wenn er seine Opfer überraschen oder in neue, unbekannte Räume vorstoßen will. Der Stationsleiter will auf der Tournee normalerweise die Dorfbewohner mit seinem Besuch nicht überraschen. Er wird im Gegenteil eher die Menschen von seinem Kommen rechtzeitig verständigen (vgl. R. Delavignette, 1939: 87). Ebensowenig ist er in neue, unbekannte Räume gelangt. Er bleibt in den Grenzen ›seines‹ Bezirks, den er kennt, selbst wenn darin manche Gegend selten, vielleicht noch gar nicht aufgesucht worden ist. Der Stationsleiter aber ist in den Räumen des Wissens umhergeirrt, für die seine Karten völlig ungenügend sind – und die er durch die Tournee mit allerlei Eintragungen füllen und lesbarer machen will. Er verlangt, »bekannte Gesichter oder einfach Gesichter wiederzusehen, die zu den Wesen seiner Rasse gehören« (M. Delafosse, 1909: 202). Er möchte zur Station zurück, in deren Ausstattung er jetzt lauter Annehmlichkeiten entdeckt. Am Morgen, an dem er zur Station heimkehrt, freut er sich so wie an dem Morgen, der schon lange zurückliegt, und an dem er ungeduldig, erwartungsvoll und mit großem Tatendrang zur Tournee aufgebrochen ist. Er hofft, daß der Stationsassistent nicht selbst dienstlich unterwegs ist. Wenn ihm der Assistent tatsächlich das letzte Stück Wegs entgegenkommt, nimmt der Stationsleiter sogleich den Bericht über die Ereignisse entgegen, die das Leben auf der Station während seiner Abwesenheit bestimmt haben. Als er vernimmt, daß keine außergewöhnlichen Schwierigkeiten aufgetreten sind und nichts Überraschendes geschehen ist, gelangt er mit einem gewissen Gefühl der Genugtuung und Befriedigung auf dem Gelände der Station an. Die Station ist durch die Tournee ein wenig mehr zum Sitz der Verwaltung und der Ort, der die Errichtung der Station hinnehmen mußte, ein wenig mehr zur Provinzhauptstadt geworden. Davon erzählen die Geschichten des Stationsleiters allerdings nicht, die er abends seinem Stationsassistenten und dem Missionar, der auf Besuch weilt, zum besten gibt – und die »immer ein wenig aufgebauscht« sind (ebda).

3. »Bewährung«, Befehl und Gehorsam

Stationsleiter zu sein, heißt sich zu »bewähren«, zu befehlen und zu gehorchen.

3.1. Sich bewähren

»Geduld und Energie, zähes Abwarten und Ausharren auf der einen Seite, im entscheidenden Moment alle geistige und körperliche Spannkraft mobil machen und auf der anderen Seite dann vollstes Einsetzen der Persönlichkeit: das müssen unbedingt die Eigenschaften eines jeden sein, der nicht ein Spielball der Verhältnisse und derer sein will, über denen er stehen soll. Das Forscherleben im Busch verlangt einen ganzen Mann.« Mit »Forscherleben« meinte der Hauptmann a. D. Franz Karl Hutter (1901 a: 177) in seiner »westafrikanischen Felddienstordnung« ebenso das Leben des Stationsleiters, das ihm in Kamerun einst die Erfahrungen für diese Beobachtung vermittelt hatte.

War die Herrschaft des Stationsleiters der Kern der kolonialen Gebietsherrschaft, war der Stationsleiter der Inbegriff des ›ganzen Mannes‹ und sein Leben das Leitbild für die Herausforderungen, die der Kolonialdienst stellte. Es ist dieses Leben, welches das Bild prägte, an dem sich die Debatten über die Ausbildung von Kolonialbeamten entzündeten. Es sind die Tätigkeiten, Aufgabenstellungen und Lebensverhältnisse des Stationsleiters, die für die Vorstellung leitend waren, welcher Art die Persönlichkeit sein sollte, die für den »Dienst in Übersee« geeignet war.

Ich habe gezeigt, daß diese Vorstellung in drei Schlüsselwörtern auf den Begriff gebracht worden ist: »Examen«, »Charakter« und »Bewährung«. Das Leben auf einem »Posten im Innern« war ein »Examen«, das nur bestanden wurde, wenn man »Charakter« hatte. Stationsleiter zu sein, hieß, das »Examen« bestanden zu haben, hieß, sich immer wieder zu »bewähren«.

Aber was ist das für ein »Examen«, in dem es sich zu »bewähren« galt? Die Antwort liegt in dem Bild von den Eigenschaften, die Hutter von dem Forscher, sprich Stationsleiter, verlangte: Geduld und Energie, Zähigkeit und Beharrlichkeit, Geistesgegenwart und körperliche Spannkraft, Persönlichkeit, Einsatzbereitschaft, Führungskraft, Männlichkeit und Vollständigkeit. Ich erweitere die Hutter'sche Liste durch eine andere. Sie enthält folgende Eigenschaften (J. R. L. Anderson, 1970: 22 ff., bes. S. 31, 196): Mut, Ichbezogenheit, praktisches Können, körperliche Stärke, machtvolle Vorstellungskraft, Führungskraft, Selbstdisziplin, Zähigkeit und Durchhaltevermögen, Selbstsicherheit und Selbstvertrauen, schnelle Auffassungsgabe, Gerissenheit und Rücksichtslosigkeit.

Die beiden Listen unterscheiden sich. Aber beeindruckender sind ihre Gemeinsamkeiten. Sie wären noch zahlreicher, wenn ich der Hutter'schen Aufzählung all die Eigenschaften hinzufügen würde, die andere Kolonialbeamte nannten (vgl. u. a. DKB 19, 1908: 959 ff.). Darunter sind zu erwähnen Mut und Tapferkeit, Ruhe und Besonnenheit, Entschlossenheit und Tatendrang (vgl. H. v. Wißmann, 1895: 79 ff.) oder innerer Halt, starker Wille, Ausdauer, Unerschrockenheit, Kaltblütigkeit, Selbstbewußtsein, Tatkraft und gleichlautend mit der zweiten Liste »Selbstdisziplin«. Ebenso wie die zweite Liste nicht beansprucht, vollständig zu sein und die vielen Schattierungen der Haupteigenschaften zu nennen, ebenso können wir die Hutter'sche Liste und ihre Erweiterung als eine Ergänzung und Differenzierung der zweiten Liste verstehen.

Aber für welche Menschen sind die Eigenschaften kennzeichnend, welche die zweite Liste enthält? Es sind Eigenschaften, die der Forscher, Segler und Abenteurer J. R. L. Anderson den »Odysseus-Faktor« nennt – unter dem er etwas gedankenlos und vereinfachend einen genetisch vorgegebenen Satz an Eigenschaften versteht. Richtig ist, daß es sich um Muster von menschlichen Eigenschaften handelt, die diejenigen Menschen nach den Beobachtungen von Anderson aufweisen, die wie Odysseus zu den Abenteurern und Erforschern unbekannter Weltteile gehören. Es sind die Eigenschaften der Expeditionsführer wie Thor Heyerdahl, der Forscher und Bergführer wie Eric Shipton, der Extrembergsteiger wie Maurice Herzog, der Langstreckenflieger und Weltumsegler wie Sir Francis Chichester, der Einhandsegler wie Kenichi Horie, um nur einige zu nennen, an denen Anderson mit aufmerksamen Blick verschiedene Abwandlungen des »Odysseus-Menschen« beispielhaft herausarbeitet.[41] Es sind Eigenschaften, die allgemeiner zum »Überleben in extremen

---

[41] Der Norweger Thor Heyerdahl wurde vor allem durch seine Fahrt mit dem Balsaholz-Floßschiff Kon-Tiki von Peru zu den ostpolynesischen Inseln im Jahre 1947, durch seine Forschungen über die Osterinseln und Galapagos und seine nicht ganz

Situationen« beitragen, wie Stanley Cohen und Laurie Taylor (1972: 41 ff.) nüchtern und treffend die Handlungssituationen und Lebensumstände nennen, die der »Odysseus-Mensch« von Anderson nicht nur erträgt, sondern sogar sucht. Zu diesen Situationen gehören Kampf und Krieg, Wanderungsbewegungen, Katastrophen, Lager- und Gefängnisleben (ebda) oder manche Situation der Unvoraussehbarkeit in den Lebensverhältnissen von Elendsvierteln.

In der Typologie »extremer Situationen«, die Cohen und Taylor erstellen, fehlen die Lebensumstände des Stationsleiters. Aber so wie in der Idee vom »Charakter« des Stationsleiters die Eigenschaften des »Odysseus-Menschen« nach der Vorstellung von Anderson zusammengefaßt sind, so beinhalten die Idee der »Prüfung« ein Leben, in dem die Menschen im Sinne der Analyse von Cohen und Taylor in »extreme Situationen« hineingestellt werden, und die Idee der »Bewährung«, daß die Hinterlandbeamten diese extremen Situationen erfolgreich bewältigen.

Das Äußerste in den Lebensumständen eines Stationsbeamten ist in vier Lebensbezügen gegenwärtig. In der Frühzeit der Kolonialherrschaft war es die aggressive Begegnung mit dem Tod in Kampf und Krieg. Sie blieb für die gesamte Zeit der deutschen Kolonialherrschaft über Togo gegenwärtig, auch wenn mit zunehmender Herrschaftsdurchsetzung diese extreme Situation an Bedeutung einbüßte. Aber das war eine Sache des Grades. Ein grundlegender Wechsel fand nicht statt. Die Gegenwärtigkeit der Gewalt in der frühen Staatlichkeit beinhaltet nicht nur für die Opfer, sondern für die Hauptakteure dieser Gewalt, die Staatsgründer, ein Leben im Angesicht von Kampf und Krieg. In den kämpferischen und kriegerischen Situationen sind die Eroberer meist die Subjekte in der Begegnung mit dem Tod. Sie erfahren diese Subjekthaftigkeit im ›Sieg‹, der als genaue Umkehrung der tödlichen Niederlage

---

geglückte Expedition, mit den Papyrus-Boot Ra im Jahre 1969 über den Atlantik von Nordafrika nach Zentralamerika zu gelangen, weltberühmt. Der Brite Eric Earle Shipton, der große Himalaya- und Karakorum-Pionier, gehörte mit Francis Sydney Smythe zu den Erstbesteigern des Kamet, legte den Grundstein für die Erstbesteigung des Everest durch Edmund Hillary und Tensing Norgay, wagte sich in mehreren Expeditionen Ende der 50er, Anfang der 60er Jahre in das lebensfeindliche und unerforschte Innere der Bergwelt Feuerlands und Patagoniens und war für mehr als vier Jahre als britischer Generalkonsul in Kashgar in Sinkiang und in Kunming in Yünnan. Maurice Herzog und Louis Lachenal machten den Annapurna zum ersten von Menschen erstiegenen Achttausender. Francis Chichester, Sohn eines Pfarrers in North Devon in England, war Auswanderer, Landarbeiter, Holzfäller, Bergarbeiter, Goldsucher, Hausierer, Grundstücksmakler, wurde einer der waghalsigsten Sololangstreckenflieger, um dann mit dem Boot Gypsy Moth nicht nur der Sieger des ersten Einhandsegelwettbewerbs über den Nordatlantik im Jahre 1960, sondern vielleicht zum bisher berühmtesten Einhandsegler überhaupt zu werden. Kenichi Horie war der erste Einhandsegler, der in einem 19-Fuß-Boot den Pazifik von Osaka in Japan nach San Franzisco in den USA überquert hat.

der Besiegten selbst ein Äußerstes ist. Dringlicher für die kolonialen Eroberer war jedoch das Umschlagen der aggressiven Subjekthaftigkeit in die Objektivierung des hilflosen Kranken: »Als einziger Europäer, nur von Buschleuten, Bassari-Trägern und meinem kleinen treuen Meppo begleitet, erkrankte ich im Busch an einem schweren Fieber. Da sämtliche Pferde gefallen waren und ich den Marsch durch die grosse unbewohnte Steppe zu Fuss zurücklegen musste, versagte mir schliesslich die Kraft und ich musste mich im Reitsitz auf dem Buckel der gutmütigen Bassarileute bis zu diesem Lager schleppen. ... Wenn man krank und hilflos im Busch liegt, von keinem verstanden als von einem kleinen Jungen und umgeben von schwarzen Trägern die über den langen Aufenthalt murrend einen auch noch zu verlassen drohen, erscheint ein solches Lager in ganz anderem Lichte, als wenn man es in Gemeinschaft mit einer grossen, wohlausgerüsteten Expedition besucht« (H. Klose, 1899: 430). Diese Begegnung mit einem nahen Tod und einer um so tieferen Einsamkeit und Verlorenheit war fast Alltag, wie noch selbst in den Sterberaten der Kolonialbeamten zu erkennen ist. Kaum einer, der nicht eine schwere Tropenkrankheit mitmachte, von der er wußte, wie vielen sie bisher schon das Leben gekostet hatte. Kaum einer, dessen Mut nicht gegenüber einem ›Feind‹, sondern gegenüber der eigenen Hilflosigkeit und Schwäche auf das äußerste herausgefordert wurde: »Die größte Probe hat der Muth dann zu bestehen, wenn bei allen Schwierigkeiten, wirklichen Gefahren und Leiden Malariaerkrankung die Energie in einer Weise schwächt, die eben nur der kennt, der dies durchgemacht hat« (H. v. Wissmann, 1895: 80f.).

Das Äußerste des gewalttätigen Sieges des Eroberers und das Äußerste der einsamen Hilflosigkeit des Todkranken sind die Gegensätze ein und desselben Daseins, das dadurch selbst zum Äußersten der Gegensätze wird. Kaum einer, der nicht aus dem herrischen Dasein der überlegenen Gewalttätigkeit in die Lage gezwungen wurde, in der er sich als hilfloses Bündel der Fürsorge derer überantwortet sah, die er eben noch mit überlegener Gewalttätigkeit zum Zittern gebracht hatte. Sieg und Niederlage, Stärke und Schwäche, Macht und Ohnmacht lagen extrem nah beieinander – so nah wie in den »extremen Situationen« der Weltumsegler und Langstreckenflieger, der Bergsteiger und Wüstenbezwinger.

Die vorherrschende Wirklichkeit in der »kolonialen Situation« ist der Antagonismus zwischen Eroberer und Unterworfenen. Der Antagonismus ist so grundlegend, daß er seinen Schatten auf jede Begegnung zwischen dem Unterworfenen und dem Eroberer wirft. Es gibt kaum Brücken. Die Brücken sind außerdem auf schwankendem Grund mit höchst unsicheren Mitteln gebaut. Immer ist das Verständnis eng begrenzt, wenn es nicht gänzlich mangelt. Der Eroberer hilft sich mit der Tournee, in der er die Unterworfenen in die ungleiche Herrschaftskommunikation zwingt. Sie hilft, das Unwissen des Eroberers ein Stück weit einzuschränken. Den Graben des Unverständnisses vermag sie nicht zuzuschütten, denn er ist Teil des Antagonismus, den die

Tournee zum Ausdruck bringt. Antagonistische Herrschaftsstrukturen sind bei den Beteiligten mit äußerst vereinfachten Bildern vom jeweils anderen verbunden. Beispielhaft sind hierfür die Stereotype, in denen sich die Insassen und das Personal von Gefängnissen wahrnehmen. Auf der Seite des Eroberers gehört zu dem Bild, das er vom Unterworfenen hat, daß dies Menschen sind, denen zu mißtrauen ist – und zwar nicht hin und wieder, dann und wann, sondern im allgemeinen, grundsätzlich und ohne Unterschied: »Der Neger« ist unzuverlässig, lügenhaft und heimtückisch (vgl. E. Rodenwaldt, 1957: 65; R. Küas, 1939: 132ff.; vgl. zusammenfassend A. B. Sadji, 1986: 257ff.; G. Walz, 1981: 294f.). Angst vor Vergiftung trieb selbst den Beamten Richard Küas (ebda) um, der sich ansonsten eher hartgesotten gab (vgl. dazu auch A. B. Sadji, ebda). Die antagonistische Welt der »kolonialen Situation« ist eine Welt ohne Vertrauen. An die Stelle des Vertrauens ist dagegen die Kontrolle getreten, die indes auf erhebliche Hindernisse trifft. Häufig droht sie zu scheitern, vielerorts und keineswegs selten ist sie undurchführbar.

Um so mehr bedarf es des Beweises für die Glaubwürdigkeit des Handelns und der Ordnung. Fehlt das Vertrauen und ist die Kontrollmöglichkeit begrenzt, werden die demonstrativen Zeichen notwendige Bestandteile im Umgang miteinander. Im Rahmen eines herrschaftlich zugespitzten Antagonismus liegt die Aufgabe, derartige Zeichen zu setzen, besonders auf der Seite der Abhängigen. Sie haben die Last, die demonstrativen Zeichen der Unterwerfung und des Gehorsams zu veralltäglichen. Antagonistische Herrschaftsstrukturen wie die koloniale Ordnung sind sozusagen ›Beweislast-Ordnungen‹ des Vertrauens und Gehorsams.

Ordnungen, deren Festigkeit von demonstrativen Zeichen des Vertrauens abhängen, sind »extreme Situationen«. Beweislastordnungen des Vertrauens sind von sich aus ›extrem‹. Sie verlangen das Widersinnige. Sie fordern die Veralltäglichung des ›Extremen‹, weil sie die Darstellung dessen fordern, was dann, wenn es ›normal‹ und ›alltäglich‹ zugehen soll, nicht verlangt werden darf: die Darstellung des Vertrauens in das reibungslose Zusammenleben. Ethnomethodologisch würde man sagen, daß Beweislastordnungen wie Gefängnisse, psychiatrische Kliniken, ›totalitäre‹ Ordnungen und die »koloniale Situation« darauf beruhen, daß die ›Basisregeln‹ der Interaktion im alltäglichen Verkehr der Menschen ›problematisiert‹ sind. Der Alltag ist nicht mehr voraussetzungslose ›Welt‹. Er ist nicht mehr durch Vertrauen, sondern durch Mißtrauen bestimmt (vgl. unter vielen A. Cicourel, 1973; insbes. H. Garfinkel, 1963). Die Nicht-Authentizität im Verhältnis zwischen Herrschenden und Beherrschten in der »kolonialen Situation« hat hier ihre interaktive Grundlage. Die eine Seite der ›Mimikry der Unterwerfung‹ ist die Veralltäglichung des ganz ungewöhnlichen Beweises, daß im Zusammenleben kein Anlaß für Mißtrauen besteht.

Im Unterschied zu Einrichtungen, die mit Mauern bewehrt sind, oder zu anderen Herrschaftsordnungen, die einen vergleichsweise hohen Grad administrativer Kontrolle erlauben, ist die »koloniale Situation« eine Ordnung mit geringem administrativen Kontrollvermögen. In der Tat fallen die Person des Stationsleiters und der administrative Kontrollapparat an vielen Orten und über längere Zeiten in eins. Durch diesen Umstand verschärft sich für den Stationsleiter das Problem der demonstrativen Zeichen, aus denen er die Gewißheit des ›Alltags‹ gewinnen kann. Die koloniale Ordnung ist eine paradoxe Form der Beweislastordnung. Aufgrund ihres Antagonismus zwischen Herrschenden und Beherrschten verlangt sie die demonstrativen Zeichen. Aufgrund der äußerst begrenzten Reichweite der Herrschaft ist die »koloniale Situation« wiederum eine Ordnung, in der diese demonstrativen Zeichen außerhalb des unmittelbaren Lebensbereichs der Herrschenden weder gegeben noch ohne Umstände eingefordert werden können. Angewiesen auf die demonstrativen Zeichen des Vertrauens und Gehorsams lebt der Stationsleiter in einer Umwelt, die sich um solche Demonstrationen nicht kümmert, wenn sie sie nicht gar direkt verweigert. Das Europäerrasthaus zerfiel in demselben Maße, in dem es selten benutzt wurde und deshalb auch den Dorfbewohnern gleichgültig war; der Häuptling ließ den Europäer warten, der soeben im Dorf angekommen war, statt ihn umgehend willkommen zu heißen, wie es von ihm in der Beweislastordnung der »kolonialen Situation« erwartet wurde; die deutsche Flagge wehte bei der Ankunft des Stationsleiters nicht über dem Dorf – und der Stationsleiter betrat nicht nur ärgerlich, sondern mißtrauisch den Boden des Dorfes, denn es fehlte der sichtbare Beweis für Vertrauen.

Wie andere Beweislastordnungen hat die koloniale Ordnung differentielle Strukturen des Vertrauensbeweises. Die Dienstboten, die Hilfskräfte und die Gruppe von Unterworfenen, die die französische Kolonialverwaltung »évolué« nannte, hatten die Hauptlast des Vertrauensbeweises zu tragen. Ihnen wurde deshalb ein doppelter Vorwurf gemacht, wenn sie, diese »Hosenneger«, sich als ›frech‹ erwiesen. Aber der Antagonismus der »kolonialen Situation«, der alle Beziehungen zwischen Eroberern und Unterworfenen durchdrang, kehrte in den Tatsachen wieder, daß die Erwartung der Herrschenden auf demonstrative Vertrauens- und Gehorsamsbeweise immer gegenwärtig war und ein fortdauernder Mangel an Vertrauensbeweisen bestand.

Ich fasse zusammen. ›Extrem‹ ist die Situation des Stationsleiters, weil er in einer Welt ohne Vertrauen lebt; weil er sich in einer Welt der Macht bewegt, die für den Beweis ihrer Alltäglichkeit den fortwährenden Nachweis benötigt und einfordert; und weil er mit einer Ordnung der ›relativen Deprivation‹ von Vertrauen fertig werden muß, in der er um seine Erwartung auf Vertrauensbeweise sozusagen ständig ›betrogen‹ wird – und zwar allein schon aufgrund von mangelndem Wissen über die Verhältnisse des Bezirks und seiner Entwicklung.

›Extrem‹ ist die Lage des Stationsleiters auch, weil er in einer Situation zugespitzter Fremdheit leben muß. Er ist ein herrischer Fremder. Er lebt in der doppelten Distanz des Fremden und des Mächtigen.

Vom Fremden sagt Georg Simmel (1968: 509) zu Recht, daß er der »potenziell Wandernde« ist. Er ist, »der, der heute kommt und morgen bleibt«. Er ist der, »der, obgleich er nicht weitergezogen ist, die Gelöstheit des Kommens und Gehens nicht ganz überwunden hat. Er ist innerhalb eines bestimmten räumlichen Umkreises ... fixiert, aber seine Position in diesem ist dadurch wesentlich bestimmt, daß er nicht von vornherein in ihn gehört, daß er Qualitäten, die aus ihm nicht stammen und nicht stammen können, in ihn hineinträgt«.

Der Stationsleiter ist ein Fremder. Er ist einer, der kommt und doch das Kommen und Gehen nicht ganz überwunden hat. Das gilt in dreifacher Hinsicht. Selbstverständlich kommt der Stationsleiter aus der Fremde – auch wenn zum Beispiel in den nachkolonialen Staaten das ›Fremde‹ lediglich darin liegen mag, daß der Stationsleiter eine Ausbildung absolviert und eine Karriere durchlaufen hat, die ihn aus den lokalen Bezügen seines Heimatdorfes weggeführt hat, in die er als Stationsleiter zurückkehrt. Dabei ist das »Hineintragen« von »fremden« Ideen, Praktiken und Dingen mehr ein Aufzwingen. Zweitens: Selbst in Togo, wo der Stellenwechsel im Vergleich zu anderen Kolonien begrenzt war, war das Kommen und Gehen der Beamten groß, das sowohl durch Versetzungen als auch durch die Urlaubsregelung zustande kam, die die Rückkehr »in die Heimat« einschloß. Die Herrschaft der Tournee ist, drittens, eine ›Fremd-Herrschaft‹ in dem von Simmel gemeinten Zusammenhang, weil sie auf doppelte Weise das Verhältnis von gegenwärtigem Kommen und zukünftigem Bleiben enthält. Der Stationsleiter kommt heute. Ob er indessen bleibt, das entscheidet sich erst mit der Wiederholung. Im Unterschied zur Station wird in der Tournee das Bleiben der Herrschaft nicht in der Gegenwart, sondern in der Zukunft angezeigt. Die Regelmäßigkeit der Wiederholung kann diesen Zukunftsbezug mildern und zurücknehmen. Sie kann im Gleichmaß das Vertraute der Mitgliedschaft zu erzeugen suchen. Darauf setzt die ›traditionale‹ Herrschaft. Sofern ein despotisch-interventionistisches Beweisverfahren überlegener stationärer Herrschaft vorherrscht, ist die Herrschaft der Tournee in dem schwierigeren Sinne ›Fremd-Herrschaft‹, weil sie eine Herrschaft im Werden ist. Sie ist eine unfertige Herrschaft, die vor ›Fort‹- und ›Rückschritten‹ steht. Sie ist eine Herrschaft, die ganz im Simmel'schen Sinne erst in einem ungewissen Morgen bleiben oder wieder so wie die Eroberer verschwinden wird, die eines Tages nicht mehr kommen, die weiterziehen oder dorthin zurückkehren, von wo sie sich einst aufgemacht hatten. Mit dem despotisch-interventionistischen Beweisverfahren wird der Fremde erst dann nicht mehr ›Fremder‹ sein, wenn die Unterworfenen zur Verwaltung kommen, und das Rasthaus der Eroberer zur lokalen Dienststelle und Amtsstube geworden ist – vorausgesetzt der Eroberer bleibt.

Der Stationsleiter ist ein Fremder, weil »das Nahe fern« und »das Ferne nah ist« (G. Simmel, ebda). »Bisher komme ich mir noch vor wie ein entwurzelter Baum, herausgerissen aus dem alten Erdreich, verpflanzt in einen neuen, ungewohnten Boden. ... Vor kurzem noch im trauten Heim, bei Weib und frohem Kinderlachen, heute unter fremden schwarzen Gesichtern«, schrieb Ludwig Külz (1906: 6) und nannte die beiden Seiten, in denen das Nahe fern war: die natürliche Umwelt und die Menschen, von denen er im Antagonismus der »kolonialen Situation« so weit entfernt wie der Ozean war, den er doch überquert hat, um diese Menschen zu erreichen. Dem Stationsleiter ist wenig so nah wie die ›ferne Heimat‹, die er sich auf der Station ein bißchen wachhalten will, nur um sich der Fremdheit im Behelfsmäßigen, die das ›Heimatliche‹ in der Fremde hat, immer wieder gewahr zu werden. Selbst der ›Fremde‹ wird ihm »nah«, wenn der ›Fremde‹ nur Mitglied der Gruppe der Eroberer, der »kolonialen Gesellschaft« ist.

Der Stationsleiter ist ein Fremder in seiner ›Objektivität‹, in der er »nicht von der Wurzel her für die singulären Bestandteile oder die einseitigen Tendenzen der Gruppe festgelegt ist« (ebda, S. 510) – und worin eine besondere Herrschaftschance für die Rekrutierung von Menschen aus der Gruppe der Beherrschten und für die richterliche Tätigkeit liegt. Er besitzt die »Freiheit« des Fremden, der »auch das Nahverhältnis wie aus der Vogelperspektive erleben und behandeln läßt« (ebda), und in der die Ungebundenheit oder, wie man auch sagen kann, A-Traditionalität der staatsbildenden Herrschaft dem Zugehörigkeitsstatus des Stationsleiters gegenüber den Unterworfenen entspricht.

In dieser »Freiheit« erkennt Simmel (ebda) »allerhand gefährliche Möglichkeiten«. Er denkt dabei an die Bedrohung des Fremden. Oftmals wird der Fremde zum Sündenbock gemacht. Es genügt der Hinweis, daß ein Mensch nicht dazugehört, von »draußen kam«, »anders« ist, um ihn für alle eingetretenen Unglücke verantwortlich zu machen. Die »gefährlichen Möglichkeiten« des Fremdseins des Stationsleiters sind vielschattiger.

Die ›Objektivität‹ des Fremden ist in der Gestalt des Stationsleiters herrisch. Der Stationsleiter ist kein Händler, kein neugieriger Reisender, kein Bittsteller. Er ist im Gegenteil Befehlshaber. Das »besondere Gebilde« aus »Gleichgültigkeit und Engagiertheit«, in dem Simmel (ebda) die »Objektivität« des Fremden bestimmt, ist die Gleichgültigkeit des Mächtigen für das Schicksal und die Welt der Unterworfenen, die nur dort eine Grenze hat, wo das Engagement für den Glauben, die Interessen, Ziele, Pläne, Wünsche und Träume des Mächtigen dem Unterworfenen einen Platz und eine Aufgabe einräumt. Die »Freiheit« des Stationsleiters beinhaltet zuerst einmal also »allerhand gefährliche Möglichkeiten« für die Unterworfenen. Nicht der Stationsleiter, sondern diejenigen sind bedroht, denen er fremd ist.

Aber die Subjekthaftigkeit des Fremdseins des Stationsleiters ist eine Subjekthaftigkeit am Abgrund der Schlucht, die die Unterworfenen von den Eroberern trennt. Sie ist Teil der Beweislastordnung des Vertrauens, in der das Mißtrauen regiert. Dementsprechend enthält dieses subjekthafte Fremdsein diejenigen »gefährlichen Möglichkeiten« für den Fremden, die Simmel im

Auge hat. Der Stationsleiter lebt im Raum der Möglichkeit, daß die Subjekthaftigkeit des Sieges in die Objektivität der Niederlage umschlägt. Der Stationsleiter ahnt, daß er dann nicht nur ›schuldig‹ ist, weil er ein Fremder ist, sondern daß er ›verurteilt‹ wird, weil er mächtig und eine Bedrohung war, und weil er ›Schuld‹ auf sich geladen hat. Der Bezirksamtmann Dr. Hans Gruner von Misahöhe war in der Region Kpandu verhaßt. Als der Erste Weltkrieg ausbrach, versuchten zwischen 800 und 1 000 Männer, Gruner in einen Hinterhalt zu locken. Nur durch den Hinweis eines katholischen Missionars entging Gruner in letzter Minute seinem gewalttätigen Schicksal (vgl. H. W. Debrunner 1965: 146).

Die ›extreme Situation‹, als herrischer Fremder in einer Ordnung zu leben, die voller Mißtrauen ist, zeigt sich beim Stationsleiter in manchen mehr oder minder kleinen Zeichen, die um ein Thema kreisen: seine Einsamkeit, die er ebenso als Verlassensein wie als Quelle seines Unabhängigkeits- und Überlegenheitsgefühls erfährt.

Die Berufsarbeit ist hart, schrieb der Beamte und Arzt Ludwig Külz (1906: 108). Sie ist zusätzlich um so weniger leicht zu erledigen, je anstrengender das Klima und der Gesundheitszustand des Stationsleiter sind. Dennoch bemerkte Külz (ebda): Das Kolonialleben ist an Tagesereignissen gewöhnlich arm. »Auf einer entfernten Hinterlandstation« kann man das »Gefühl der Verlassenheit« nicht abwehren. Der »Mangel an Anregung oder Zerstreuung«, »seltene, oder auch ganz fehlende Aussprache im Kreise Gleichgesinnter, mangelndes Familienleben« und »psychisch deprimierende Einflüsse« sind gegenwärtig. Sie sind nach der Meinung von Külz eine der Ursachen für den Zuspruch, den alkoholische Getränke in der kolonialen Gesellschaft und besonders bei einigen Beamten fanden. Helle Mondnächte haben einen »aufpeitschenden Zauber« und lassen »das Unheimliche der wilden Natur ganz unkontrollierbar auf Gemüt und Nerven« wirken (R. Asmis, 1942: 17f.). Überhaupt lebt der Stationsleiter in einer unbestimmten Anspannung der »Nerven«. Sie zeigt sich eindringlicher als sonst, wenn der Tag sich ankündigt, an dem üblicherweise die Post zugestellt wird: »Der Broussard (= ›Mann des Busches‹ – TT) fühlt eine Art von Erregung, derer Herr zu werden, schwierig ist; und sobald dieser Tag verstrichen ist, ohne daß die erwartete Post eingetroffen ist, wächst die nervliche Anspannung; sie verwandelt sich in Streitlust, der kleinste Scherz wird übel vermerkt, den großen Häuptlingen wird keine Achtung mehr entgegengebracht, die Beschwerden, die von den Verwalteten eingereicht werden, werden abgewiesen oder eine Woche zurückgestellt, und die ›Boys‹ (= Hausgehilfen – TT) tun gut, nicht diese Zeit unglücklicherweise dafür auszuwählen, um einen Teller oder ein Glas zu zerbrechen. ... Manchmal gibt einer der Mitbewohner der allgemeinen Stimmungslage dadurch Ausdruck, daß er sein Glas hinstellt und mit tonloser Stimme sagt: ›Drecksland!‹« (M. Delafosse, 1909: 164). Es ist die Unruhe, die weniger mit der physischen als moralischen Gesundheit zu tun hat. Sie läßt den Stationsleiter sich des Ratschlags eines »Alten Afrikaners« erinnern, zur Tournee aufzubrechen. Sie ist aber auch dabei, wenn der Stationsleiter wieder genug von den Mühen, Anstrengungen, Fährnissen und selbst Gleichförmigkeiten der Tournee hat und nichts mehr herbeisehnt, als alsbald wieder auf der Station zu sein (vgl. ebda, S. 165, 202).

Der Stationsleiter ist bei jedem »Zwischenfall« allein – »und es kamen ständig Zwischenfälle vor«. In seinen Augen muß er wie ein Einhandsegler mit jeder Schwierigkeit allein fertig werden (vgl. R. Asmis, 1941: 106). Im Unterschied zum Einhandsegler ist er selten in einem physischen Sinne allein. Er hat einheimische Polizeisoldaten, Träger und andere Angehörige der Gruppe an seiner Seite, die er seinem herrischen Willen unterworfen hat. Er ist sozial allein. Er ist mitten unter vielen Menschen und allein.

Diese Einsamkeit des Eroberers und der ›Siege‹, die er unter den Augen der vielen erringt und wegen dieser vielen Augen erringen muß, werden zu Quellen der Kraft und des Unabhängigkeitsgefühls und des Überlegenheitsbewußtseins des Stationsleiters, die er mit den Abenteurern teilt. Wie sie hat er »bei der Überwindung jeden Hindernisses, jeder Schwierigkeit« das »erhebende Gefühl, es allein geschafft zu haben« (ebda). »(E)r spürt, daß er etwas macht, daß er Schöpferisches vollbringt (›il fait ... l'oeuvre de créateur‹ – TT)« (M. Delafosse, 1909: 164). Er hat »das Glücksgefühl des Werterlebens der Tat«, wie sich Rudolf Asmis (1941: 126) einige Jahre später in Worten ausdrückt, die Anschluß an die nazistische Ideologie des Menschen der »Tat« suchen. Der Stationsleiter »liebt die Neuartigkeit dieses Lebens, das ein wenig am Rande des Gewöhnlichen sich bewegt, seine Fremdartigkeit, seine Unabhängigkeit: keine gesellschaftlichen Konventionen mehr, die den Antrieben des Einzelnen Zwänge auferlegen. Im Busch zeigt sich jeder so, wie er ist ...« (M. Delafosse, 1909: 164). In der Sprache der Überlegungen und Auseinandersetzungen, die sich um die Rekrutierung und Ausbildung des deutschen Kolonialbeamten drehten, bedeutet das, den »Charakter« zu haben, ohne den die »Bewährung« im »Examen« der extremen Situationen eines Hinterlandbeamten kläglich scheitern muß – zum Beispiel, indem der Stationsleiter in der Form des bekannten »Tropenkollers« »entgleist« (vgl. R. Asmis, 1942: 44).

3.2. Befehlen

Der »Odysseus-Mensch« führt. Er führt wenigstens dann, ›wenn es darauf ankommt‹. Er ist ein Führer. Aber er ist nicht notwendig ein Befehlshaber. Er weiß, daß in »extremen Situationen« die Beratschlagung und die Übereinstimmung wichtige Bestandteile des Gelingens einer gewagten Unternehmung sein können. Maurice Herzog, zusammen mit Louis Lachenal, Erstbesteiger des Annapurna, befahl nicht, wenn folgenreiche Entscheidungen anstanden (vgl. J. R. L. Anderson, 1970: 145 ff.).

Der Stationsleiter befiehlt. Der Befehl ist der Schlüssel zum »Charakter« und zur »Bewährung« des Stationsleiters und zur Funktions- und Arbeitsweise der Kolonialverwaltung überhaupt: »Es gibt ein inneres Gesetz der kolonialen Territorialverwaltung, das ganz ihr eigen ist: die persönliche Autorität des Verwaltungsbeamten und, in letzter Konsequenz, die Persönlichkeit, die sich in der Kunst zu befehlen zeigt« (R. Delavignette, 1939: 27). Der Stationsleiter »sucht die Menschen und er sucht sie, um sie zu befehligen« (ebda, S. 26). Der Stationsleiter ist ein Befehlshaber. Er ist »selbständige(r) Befehlshaber ... im Inland«, wie der Stationsleiter von Sokodé, der Arzt Hermann Kersting, nicht ohne einen Stachel gegenüber dem Gouverneur in Lomé betont hat [R 150 ANT FA3 / 3037 (3–4): 173; vgl. auch H. Kuklick, 1979: 72 ff.; DKB 19, 1908: 959 ff.].

Der Befehl ist für das Verhältnis zwischen kolonialem Eroberer und unterworfenen »Eingeborenen« kennzeichnend. Dem Wesen der stationären Herrschaft in der kolonialen Situation entspricht das Wesen des Befehls (vgl. zum folgenden E. Canetti, 1980: 335 ff.) – weshalb auch unter diesem Gesichtspunkt der Streit zwischen den Ideen der ›direkten‹ und ›indirekten Herrschaft‹ die Wirklichkeit der kolonialen Herrschaftsausübung nur ganz unangemessen widergegeben hat.

Machthandeln ist die Herstellung einer Handlungsalternative: Fügsamkeit oder Zwangsmaßnahmen. Grundsätzlich ist diese Alternative in dem Sinne absolut, daß das Absolute in ihr schon immer mitgesetzt ist: die Macht zu töten, das Endgültige ins Werk zu setzen. Noch in der friedlichen Herrschaftsbeziehung der Friedfertigsten bleibt der Fingerzeig auf die Gewalt gegenwärtig. Sie ist die andere Möglichkeit der Macht und die Umkehrung des Friedens. Machtausübung ohne die Spuren der Gewalt ist eine Chimäre – denn die Gewalt gehört zumindest zu den Erfahrungen der Kinder. Gewalt ist ein Teil der Geschichte der Person, auch wenn die erwachsenen Menschen die Schlüssel für die Kammern dieser Erinnerung wegwerfen und die Erfahrungen dem ›Vergessen‹ preisgeben mögen. Ein tragender Pfeiler von Macht und Herrschaft bleibt immer die Erfahrung von der Unausweichlichkeit der absoluten Macht der ›Großen‹ über die ›Kleinen‹. Sie steckt noch in jeder machtbestimmten Handlungsalternative (vgl. T. v. Trotha, 1986: 32 ff.). Kennzeichnend für die Institutionalisierung von Macht ist allerdings, daß sie diese Gegenwärtigkeit der absoluten Macht der tödlichen Gewalt zurückzudrängen versucht. Die Entstehung von Herrschaft ist nicht zuletzt ein Entlastungsvorgang. Die Gewalt wird gezähmt, ihre Bedrohung verringert – das ›Vergessen‹ wird erleichtert, weil die Erfahrung von Gewalt eingeschränkt wird.

Das Besondere des Befehls ist, daß er das Absolute nicht in der Form der Handlungsalternative zur Darstellung bringt und doch die Todesdrohung nicht dem Vergessen anheimgibt – und dadurch phantasiert der Befehl eine Utopie der Gewaltlosigkeit, die dem bedingungslosen Gehorsam eigen ist.

Der Befehl soll die Handlungsalternative vergessen und doch die Todesdrohung gegenwärtig machen.

Der Befehl ist zweifelsfrei und unbedingt. Er enthält keine Alternative mehr. Er ist die scheinbare Aufhebung der Machtalternative. Es gibt keine Entscheidung mehr. Es heißt nicht mehr: »Was wollt ihr? Salz oder Paprika?«. Es heißt unmißverständlich: ›In drei Tagen haben sich zwanzig Steuerarbeiter auf der Station zu melden!‹ Der Befehl ist bestimmt. Er erlaubt keinen Widerspruch. Er ist die widerspruchsfreie Ordnung selbst. Nichts muß mehr geklärt und erklärt werden, nichts mehr bedacht und noch weniger diskutiert werden. ›Befehl ist Befehl‹. Der Befehl ist die ganze Welt. Das gilt für den Befehlenden und den Befohlenen.

Eroberung und Unterwerfung sind Aneignungsformen des Fremden. Sie sind Schritte ins Unbekannte. Sie machen die Welt verwickelter und schwieriger. Eroberung ist die Produktion von ›Komplexität‹ und die Herstellung einer überwältigenden Unwissenheit. Es gibt darauf zwei gegensätzliche Typen von Antworten. Die eine Antwort besteht in der Erforschung des Verwickelten, Neuen und Unbekannten. Es ist der Versuch, die eroberte und unterworfene Welt und die Beziehungen zwischen den Eroberten und Eroberern einzuholen. Es ist das Unterfangen, ›Komplexität‹ nicht zu ›reduzieren‹, sondern durchzuhalten. Die entwickelste Form dieser Antwort ist die qualitative Feldforschung, die sich bezeichnenderweise häufig ausschließlich mit der Welt der Unterworfenen auseinandersetzt. Aus vielfältigen systematischen Gründen ist es schwierig, diese Antwort mit dem Vorgang der Eroberung und der Unterwerfungsordnung in Übereinstimmung zu bringen – was sich trotz aller Verbindungen zum Beispiel zwischen Kolonialverwaltung und sozialwissenschaftlicher Forschung (vgl. G. Leclerc, 1973) im mehr oder minder ausdrücklichen Antikolonialismus und selbst Antietatismus der ›emischen‹ Betrachtungsweise der Feldforschung wiederfindet (vgl. M. Harris, 1968: 568ff.).

Die andere Antwort ist die Verkürzung, der Weg der ›Reduktion von Komplexität‹. Eine ihrer radikalen Abwandlungen ist die Konversion, in der sich der Eroberer auf die Seite der Unterworfenen schlägt. »Going native« nannten es die Briten, mit dem Wort »verniggern« hetzten die Deutschen verächtlich dagegen. Ebensowenig wie die Feldforschung taugt sie zur Eroberung, noch weniger als die Feldforschung zum Niederhalten der Unterworfenen.

Ganz anders steht es jedoch mit jener Antwort, in der die Verkürzung zum Äußersten getrieben wird: mit dem Befehl. Der Befehl ist der genaue Gegensatz zur Antwort der Feldforschung und der radikal ungleiche Bruder der Konversion, weshalb sie sich um so mehr im Gegensatz zueinander befinden. Der Befehl räumt mit allen Verwicklungen und Schwierigkeiten auf. Das tut er nicht dadurch, daß er der neuen ›Komplexität‹ die Anerkennung verweigert oder sie gar verneint. Seine Antwort ist ungleich radikaler. Er kennt die neuen Undurchschaubarkeiten und Nöte nicht. Wirklichkeit und Welt sind auf ein bestimmtes Tun verkürzt, das der Befehl unmißverständlich benennt. Gedanken interessieren ihn nicht. Er ist maßlos positivistisch und ganz dem Augenblick verpflichtet, auch wenn dieser Augenblick in der Zukunft liegen mag (›In vier Wochen beginnst du mit dem Bau der Brücke ...‹). Ihn kümmert nur, was der Befehlsempfänger in dem Augenblick tut oder läßt, für den der Befehl gilt. Der Befehlshaber weiß, was der Befehlsempfänger zu tun hat, und der Befehlsempfänger weiß, was der Befehlshaber will, und kann es tun – so sagt er es wenigstens, wenn er das stramme ›Jawohl‹ antwortet oder den Befehl wiederholt. Im Befehl gehören Befehlshaber und Befehlsempfänger der gleichen Wirklichkeit an.

Im Unterschied zu Feldforschung und Konversion entspricht der Befehl vollkommen der Eroberung. Er zielt auf das Tun, er bringt im bestimmten Tun, das der Befehlshaber zweifelsfrei verlangt, Eroberer und Unterworfene in einer befohlenen Welt zusammen und macht auf diese Weise das rückgängig, was die Eroberung und Unterwerfung gebracht haben, ›Komplexität‹ und Unwissen. Der Befehl ist das Werkzeug der Eroberung, weil er aus dem Fremden das Bekannte, aus dem Unwissen Wissen macht.

Der Befehl hält den Schrecken der tödlichen Gewalt und den Sieg des Eroberers wach. »Das Todesurteil und seine erbarmungslose Furchtbarkeit«, schreibt Elias Canetti (1980: 336), »schimmert unter jedem Befehle durch«. Canetti (ebda) fährt fort: »Das System der Befehle unter den Menschen ist so angelegt, daß man dem Tode für gewöhnlich entkommt; aber der Schrecken vor ihm, die Drohung, ist immer darin enthalten; und die Aufrechterhaltung und Vollstreckung von wirklichen Todesurteilen halten den Schrecken vor jedem Befehl, vor Befehlen überhaupt wach.« Für Canetti steht der Befehl am Schnittpunkt von Natur und sozialer Ordnung. Die Todesdrohung, die in ihm enthalten ist, ist die Todesdrohung des Stärkeren, der auf Raub ausgeht. »Der Befehl leitet sich also vom *Fluchtbefehl* her« (ebda; Herv. i. Orig.).

Man kommt allerdings ohne die Natur aus, um die grundsätzliche und folgenreiche Einsicht von Canetti als wahr erkennen zu können. Das Fundament der Natur, das scheinbar aus Granit ist, ist ein reichlich schwankender Grund. Im Unterschied zum Beispiel zur Gazelle »zwingt« den Menschen das »Brüllen des Löwen«, von dem Canetti (ebda) spricht, nicht notwendigerweise zur Flucht. Wenn wir einen festen Grund suchen, dann finden wir ihn sowohl in einer soziologischen Anthropologie der Macht als auch in den Vorgängen der Eroberung und der Verstetigung von Macht zu Herrschaft.

Der Befehl leitet sich nicht vom Fluchtbefehl her. Er leitet sich vom unauflöslichen Zusammenhang zwischen der Fähigkeit des Menschen zu töten und dem Vermögen des Menschen her, sich gegen andere Menschen durchzusetzen. Macht steht immer im Verweisungszusammenhang der Gewalt – Gewalt ›schimmert unter‹ jeder Macht ›durch‹ (vgl. T. v. Trotha, 1986: 28 ff.). Der Befehl ist unbedingte Macht. Der Befehl ist fraglose Macht – und nie wird der Zusammenbruch von Macht so augenfällig und vollständig als in den Augenblicken, in denen ›selbst Befehle‹ nicht mehr fruchten. Der unbedingte Charakter des Befehls entspricht dem unbedingten Charakter der Befehlsgewalt. Befehl und absolute Gewalt sind zwei Seiten ein und derselben Münze – was nicht zuletzt dadurch zum Ausdruck gebracht wird, daß in Kriegszeiten die Befehlsverweigerung des Befehlsempfängers mit dem Tode geahndet werden kann. Der Befehl verlangt ›blinden Gehorsam‹ und setzt deshalb immer die Gewalt voraus, die ›blind‹ macht. Der Befehl, der ›unterschiedslos‹ befolgt werden muß, bedarf der Gewalt, die unterschiedslos jeden bedroht und die jeder versteht.

Die Verbindung von Befehl und Tod hat eine genetische Seite. Canetti weist darauf hin, wenn er betont, daß »die Aufrechterhaltung und die Vollstreckung von wirklichen Todesurteilen« den Schrecken vor »Befehlen überhaupt« wachhalten. Die koloniale Eroberung ist beispielhaft. An ihrem Anfang steht die tödliche Gewalt, als Drohung und als Vollzug – wenngleich sie in Togo nicht die zahlenmäßigen Größenordnungen anderer Kolonien erreicht hat. Ebenso gibt es das Todesurteil und die »Strafexpedition«, die mit dem Tode drohen kann. Der Befehl des Stationsleiters steht also im ›Gewaltbogen‹ der Eroberung, der von der tödlichen Gewalttätigkeit der anfänglichen Besitzergreifung und ›Befriedung‹ bis zur Gegenwärtigkeit der tödlichen Strafen jetzt und in der Zukunft reicht. Der Befehl des Stationsleiters ist eine Erinnerung an den gewalttätigen Anfang seiner Herrschaft, ein Hinweis auf seine gegenwärtige Gewalttätigkeit und die Drohung mit einer gewalttätigen Zukunft, wenn der Befehl nicht als Befehl verstanden wird.

Gewalt ist kostspielig. Das gilt besonders für die Ressourcen in Gestalt von Menschen und in der Form von Transportmöglichkeiten und Zeit. Der Befehl ist sparsam. Die Worte sind knapp, ein Bote kann sie überbringen. Das Befohlene ist vielfach gleichermaßen eng gefaßt. Vor allem aber entlastet der Befehl von der Gewalt, ohne auf ihre Gegenwart verzichten zu müssen. Der Befehl ist die Verbindung von Sprache und Gewalt. Er ist gewalttätiges Sprechen. Als Sprechen ist der Befehl also eine ›Gewalt‹, die so sparsam ist, daß sie fast zu jeder Zeit und in fast allen Situationen zur Verfügung steht, die fast beliebig wiederholbar und deshalb fast unerschöpflich zu sein scheint.

Der Befehl entsituationalisiert die Gewalt. Er macht sie zur dauerhaften Drohung. Er entlastet vom gewalttätigen Tun, vom unmittelbaren Drohen mit der Gewalt und erhält dennoch die Gegenwart der Gewalt. Im Befehl ist die Gewalt ein alltägliches Werkzeug der Macht. Im Befehl wird die kostspielige Unordnung der Gewalt und die beinahe ebenso kostspielige Ordnung der Drohung mit der Gewalt in die sparsame Herrschaftsordnung der gewalttätigen Sprache umgewandelt. Der Befehl ist die Verbindung zwischen Kampf und Verwaltung. In seiner Gewalt gehört er dem Kampf und im besonderen der Eroberung an. In der ›Normalität‹ des routinierten Umgangs mit ihm und in der gewaltlosen Verstetigung von Macht ist er der Verwaltung zugehörig.

Der Befehl ist die administrativ gezähmte Beziehungsform des gewalttätigen Eroberers zu den überwältigten Menschen.

»Siegreiche Kämpfe leben in Befehlen weiter; in jedem befolgten Befehl wird ein alter Sieg erneuert« (E. Canetti, 1980: 337). Der Befehl ist die administrative Verstetigung des ersten und wichtigsten Überlegenheitsbeweises, des Sieges des Eroberers über die Menschen, die er seiner Herrschaft unterwerfen will. Für den Stationsleiter ist die Gegenwärtigkeit dieses Sieges im Verkehr mit den Unterworfenen unverzichtbar. Ludwig Külz (1906: 210) drückte diesen Sachverhalt mit den Worten aus: »Erst muß er (der Afrikaner – TT) gefühlt haben, daß der Weiße der Stärkere ist, sonst wird er ihm niemals gehorchen. ... Hat er aber einmal die Rute gefühlt, so braucht er sie keineswegs immer, nur muß er wissen, daß sie für ihn nötigenfalls bereit liegt.« Die Drohung mit der Wiederholung des ursprünglichen Sieges mag mal mehr, oft minder zurückgenommen werden. Regelmäßig besteht sie fort.

Hier schließt die Herrschaft des Stationsleiters an die Unterwerfungsstrategie des Kriegers an, der sich für die Zeit seiner Abwesenheit der Botmäßigkeit der Menschen dadurch zu versichern sucht, daß seine Taten und Worte eine schreckliche Wiederholungsdrohung beinhalten. Sie ist so schrecklich, daß sie gleichsam alle Zeit zwischen dem Jetzt und dem Morgen der Wiederkehr vernichtet. Der Stationsleiter muß stattdessen seinen Sieg in einem Überlegenheitsbeweis verstetigen. Dabei darf er jedoch nicht die Gewalt auf Dauer stellen, die der Krieger an den Tag legt, und auf der dessen Wiederholungsdrohung fußt. Der Stationsleiter muß die Gewalttätigkeit des Sieges domestizieren. Er muß sie so zurücknehmen, daß die Gewalt zu veralltäglichen ist. Er befiehlt. Er regiert mit der ordnungsgemäßen Sprache der Gewalttätigkeit. Der Befehl ist die domestizierte Gewalttätigkeit; er ist zukunftsweisende Erinnerung von Gewalttätigkeit.

Der Befehl erneuert den Sieg des Eroberers. Mit ihm erneuert der Befehl die grundsätzliche Verschiedenheit von Sieger und Besiegtem. Er ist Ausdruck der großen Machtverschiedenheit zwischen dem, der die Macht des Todes in seiner Hand hat, und dem, der vor dieser Macht im Staube liegt. Unbedingt und zweifelsfrei, versinnbildlicht der Befehl die Unerschütterlichkeit des Verhältnisses zwischen dem Befehlshaber und dem Befehlsempfänger, dem Eroberer und dem Eroberten. Er gibt diesem Verhältnis »etwas Absolutes und Unwiderrufliches«, wie Canetti (1980: 336) richtig beobachtet.

Der Befehl ist die Beziehungsform der radikalen Ungleichheit. Er ist die Beziehungsform zwischen dem Offizier und dem ›Gemeinen‹, zwischen dem Personal und den ›Insassen‹ in manchen Formen totaler Institutionen wie Gefängnissen und Gefangenenlagern, zwischen manchem ›Propheten‹ und seinen ›Jüngern‹, zwischen manchem ›Führer‹ und seiner ›Gefolgschaft‹ – und der Befehl ist die Beziehungsform im Antagonismus der »kolonialen Situation«.

Der Befehl erkennt den Abgrund an, der die Welt der Eroberten von der

Welt der Eroberer trennt. Er gibt dem Abgrund den Charakter des »Absoluten und Unwiderruflichen«. Nur die unbedingte Überlegenheit des Eroberers vermag den Abgrund zu überwinden. Es ist der radikale Reduktionismus, in dem der Eroberer selbstgewiß den Abgrund überspringt. Das ist so einseitig, wie der Befehl immer nur in einer Richtung verläuft und unumkehrbar ist. Im Befehl gibt es keinen Stellungswechsel – nur Meuterei oder Desertion. Es gibt so wenig Stellungswechsel wie in der »kolonialen Situation«. Wo der Befehlshaber und der Befehlsempfänger stehen, darüber gibt es keinen Zweifel. Sie stehen sich nicht nur gegenüber, sondern auch in einem Verhältnis unbezweifelter Über- und Unterlegenheit, Über- und Unterordnung. Der Befehl ist die Beziehungsform des unbedingten Überlegenheitsbewußtseins, das er begründet und dessen Sprache er ist.

Der Befehl ist eine Beziehungsform der Sprachlosigkeit. Sprachlos ist der Befehlsempfänger. Noch in der Wiederholung des Befehls ist der Befehlsempfänger sprachlos, denn seine Sprache ist nur das Echo der Sprache des Befehlshabers. Im Befehl führt der Befehlshaber ein Zwiegespräch mit sich selbst – und kann sich dabei vormachen, daß er mit einem anderen spricht und einen anderen hört. Sprachlos ist indessen ebenso der Befehlshaber, selbst wenn er ein geschwätziger Mensch ist. Im Befehl hat alles Räsonnieren ein Ende, werden keine Überlegungen mehr offengelegt, kein Rat gesucht, keine Zweifel offenbart. Dementsprechend muß die Lautstärke des Befehls oftmals all das sagen, was im Befehl ungesagt bleibt und bleiben muß. Der Befehl ist eine Beziehungsform lauter Verschwiegenheit. Das Laute gehört ganz dem Befehlshaber, denn ebenso wie die Antwort des Befehlsempfängers noch ›seine‹ Worte sind, ebenso ist der Befehlshaber Herr der Lautstärke selbst. Aber die Verschwiegenheit muß der Befehlshaber mit dem Befehlsempfänger teilen. Schließt sie den Befehlshaber in seine Welt der unbedingten Überlegenheit ein und von der Welt des Befehlsempfängers ab, schließt sie den Befehlsempfänger in die Welt der Befehlsempfänger ein und von der Welt der Machthaber ab.

Der Befehl ist die Beziehungsform des herrischen Fremden. Der Befehl kommt von außen. Man verfällt nicht selbst auf ihn. Er ist auferlegt.[42] Der Befehl ist wie ein Hindernis. Die Handlung, die der Befehlsempfänger nach dem Befehl ausführt, räumt das Hindernis des Befehls weg. Der Befehl ist eine Last, die aufgebürdet und zu tragen ist. Mit der befohlenen Handlung setzt der Befehlsempfänger die Last ab.

Mitglieder sehr egalitärer Ordnungen wie die der Bekpokpam sehen sich nicht gerne Befehlen gegenüber – und wir wissen nicht, wie viele akephale Gesellschaften im Laufe der menschlichen Geschichte an der grundsätzlichen

---

[42] Elias Canetti (1980: 337; Herv. i. Orig.) schreibt zu Recht: »Selbst dort, wo einsame Menschen mit einer ungeheuerlichen Häufung von Befehlen plötzlich hervortreten und einen neuen Glauben begründen, ... wird der Schein einer fremden, aufer-

Abneigung gegen den Befehl zugrundegegangen, und wie viele Menschen und Gruppen, die eine Ordnung des Befehls errichten wollten, an dieser Abneigung von Menschen akephaler Gesellschaften gescheitert sind. Auch die deutsche Kolonialmacht hatte mit den akephalen Ordnungen in den Nordbezirken der Kolonie ihre Probleme. Immerhin galten von den 25 umfangreichen militärischen ›Befriedungs‹-expeditionen in den Jahren 1897 bis 1900 vierzehn den »Unbotmäßigkeiten« der Kabiyé, Bekpokpam und Bassar (vgl. R. Cornevin, 1988: 184).

Doch ist trotz aller differentiellen Organisation von Befehlswilligkeit auf der einen Seite zu bedenken: Jeder Mensch macht die Erfahrung des Befehls und des Fremden, das die Ausführung der befohlenen Handlung beinhaltet. Denn es sind die Kinder, denen mit Befehlen am gründlichsten mitgespielt wird. Entfremdetes Handeln ist sozusagen das tägliche Brot der Kinder.

Auf der anderen Seite liegt im Fremden der befohlenen Handlung ein Stück der großen ›Überzeugungskraft‹ des Befehls. Die befohlene Handlung ist eine Äußerlichkeit. Sie ist ein Tun. Sie verlangt keine Überzeugung. Der Befehlsempfänger kann der befohlenen Handlung wegen ihrer Äußerlichkeit gleichsam selbst zusehen – auch wenn er am besten gar keine Betrachtungen über die befohlene Handlung anstellt. Der Befehl will nur Vollzug. Der Befehl will das Äußerliche so, wie er dem Befehlsempfänger äußerlich ist. Der Befehl verlangt Gehorsam. Er kümmert sich nicht um das Verhältnis des Befehlsempfängers zum Befohlenen, solange der Befehlsempfänger den Befehl ausführt. Übereinstimmung und Zustimmung sind nicht die Sache des Befehls. Die Überzeugungen, Meinungen und Haltungen der Menschen sind ein zu schwankender Grund. Zusätzlich machen sie den Befehl dann hinfällig, wenn der Mensch mit der befohlenen Handlung übereinstimmt. Dann bedarf es des Befehls nicht mehr. Vielleicht rührt daher ein Teil der Vorsicht des Befehlshabers gegenüber denjenigen, die seinen Befehlen allzu eilfertig entgegenkommen. Diensteifer, Beflissenheit oder gar Unterwürfigkeit entfernen sich zunehmend von der Ordnung des Befehls. Paradoxerweise steckt in ihnen gar die Umwandlung der Ordnung des Befehls. Sie ringen mehr oder weniger deutlich um die Gemeinsamkeit mit dem Befehlshaber. Sie behaupten eine Bindung zwischen dem Befehlshaber und dem Befehlsempfänger, die jenseits des Befehls liegt. So können sie selbst ein direkter Angriff auf das Verhältnis zwischen dem Befehlshaber und dem Befehlsempfänger werden und die ›Überzeugungskraft‹ des Befehls erschüttern. Der Befehlshaber muß die Freiheit des Fremden, seine Objektivität bewahren, damit er den Befehlsempfänger objektivieren kann. Der Befehlshaber muß die ›notwendigen‹ und

---

legten Last immer streng gewahrt. Sie werden nie im eigenen Namen sprechen. ... (U)nd so sehr sie in manchen lügen mögen, in diesem einen Punkt sind sie immer ehrlich; sie glauben, daß sie geschickt sind.«

nicht diejenigen Befehle geben, die dem Befehlsempfänger entgegenkommen. Der Befehl will nicht um die Zustimmung des Befehlsempfängers buhlen. Sein Geltungsgrund ist anderer Art. Es ist der Sieg, der die Todesdrohung des Überlegenen enthält. Der Befehl ist die Verständigungsform des Stärkeren. Das Äußerliche und Fremde der befohlenen Handlung sind deshalb ›überzeugend‹, weil sie der Widerschein der überlegenen Stärke des Befehlshabers sind. Im Gefühl der Fremdheit des Tuns mahnt die befohlene Handlung an die existentielle Unterlegenheit und das Ausgeliefertsein des Befehlsempfängers.

So ist der Befehl geschaffen für die verständnislose Ordnung von Macht. Er bewährt sich dort, wo es keine Gemeinsamkeiten zwischen dem Mächtigen und dem Unterlegenen gibt und keine Gemeinsamkeiten – wenigstens für den Augenblick – gesucht werden. Der Befehl ist deshalb nicht nur die Ordnung für die Kinder, sondern er ist Inbegriff der Ordnung der »kolonialen Situation«. Der Stationsleiter erwartete nicht, daß ›die Neger‹ ihn verstehen. Er forderte Gehorsam. Er forderte die Schlußfolgerung aus der Tatsache, daß er die überlegene Todesdrohung auszustoßen wußte. Er erwartete genausowenig Bindung wie der Afrikaner, der gehorchen sollte, und dem die befohlene Handlung so fremd wie der Eroberer war, der ins Land einbrach und ihm Befehle erteilte. Der unterworfene Afrikaner gehorchte, weil der Deutsche »hart, so hart« war, wie noch heute die Menschen vor allem jenseits der Küstenregion nicht müde werden, dem Fragesteller gegenüber zu betonen. Er gehorchte, weil die »Strafexpedition« und die Prügelstrafe im Falle von Ungehorsam nicht zu vermeiden waren.

Der Befehl ist das Werkzeug der ›Bewcislast-Ordnung‹ des Vertrauens, in der sich der herrische Fremde bewegt. Dabei ist der Befehl ebenso ein Ausdruck der Ordnung des Mißtrauens, wie er den Boden für das Mißtrauen von seiten des Befehlshabers bereitet. Der Befehl vertraut nicht. Er erwartet nicht, daß die Unterworfenen den Willen des Eroberers von sich aus und selbständig in Taten umsetzen. Er bestimmt den Grund und den Inhalt des Tuns der Unterworfenen. Er verläßt sich ganz auf das Sichtbare und mithin Überprüfbare des Vollzugs. Er beseitigt alle Zweideutigkeit, was in der Situation der antagonistischen Verständnislosigkeit um so dringlicher ist. Er läßt sich nicht auf ›Interpretationen‹ ein, wo mit der Notwendigkeit, dolmetschen zu müssen, schon vielzuviel Übersetzung stattfindet, um den Graben der Sprachlosigkeit zu überwinden.

Der Befehl verstrickt den Befehlshaber in die Ordnung des Mißtrauens. Er baut am Gefängnis der einsamen Unsicherheit. Er ist ein Stein in der Umfriedung der leeren Räume der »Befehlsangst« (E. Canetti, 1980: 342), die mit jedem Befehl größer werden und von den lauten Befehlen widerhallen, die indes nur noch der Befehlshaber zu hören vermag. »Es ist nicht schwer zu begreifen, wie diese Befehlsangst entsteht«, schreibt Elias Canetti (ebda) und fährt fort (ebda): »Ein Befehl, der zwar mit dem Tode droht, aber dann doch nicht tötet, hinterläßt die Erinnerung an die Drohung. Manche Drohungen gehen fehl, und manche treffen; diese sind es, die nie vergessen werden. Wer vor der Drohung geflohen ist oder ihr nachgegeben hat, der wird sich verläßlich rächen. Er hat sich noch immer gerächt, wenn der Augenblick kam, und der, von dem die Drohung ausging, ist sich dessen bewußt: Er muß alles daransetzen, daß eine Umkehrung unmöglich wird.«

Die »Befehlsangst« ist das Gefühl von Gefahr, »daß alles, dem man befohlen hat, alles mit dem Tode Bedrohte *lebt* und *sich erinnert*«. Sie ist das Gefühl von Gefahr, »in der man wäre, wenn die vielen mit dem Tode Bedrohten sich gegen einen zusammenschließen würden« (ebda; Herv. i. Orig.). Wie zahlreich sind in der »kolonialen Situation« die Vielen! Wie hoffungslos in der Minderzahl sind die Befehlshaber, selbst wenn sie alle verläßlichen Helfer in Rechnung stellen.

Die »Befehlsangst« bleibt so unbestimmt wie das Mißtrauen in der Beweislastordnung des Vertrauens. Nie weiß man, »wann die Bedrohten von der Erinnerung zur Aktion übergehen werden«. Deshalb ist das »tiefbegründete Gefühl« der Gefahr um so quälender und unversieglich (E. Canetti, 1980: 342).

Die »Befehlsangst« ist in dem am größten, der an der Spitze der Befehlskette steht. Sie konzentriert sich an der Quelle des Befehls. Die »Befehlsangst« begleitet den Stationsleiter, der nicht nur die größte Befehlsgewalt in ›seinem Reich‹ hat, sondern vielerorten ganz sichtbar die einzige Befehlsquelle für die Unterworfenen ist. Der »wahre Herrscher« der Kolonie bedroht mit seinem unblutigen Schwert des Befehls nicht nur die Unterworfenen, sondern sich selbst. Er bedroht sein Überlegenheitsbewußtsein. Er ist in einer widersinnigen Lage. Genau in dem Augenblick, wenn er mit der Macht des Befehls, der bestimmt und seiner selbst gewiß ist, unnachgiebig und mit der Überlegenheit des Siegers den Unterworfenen im buchstäblichen Sinne ›Beine macht‹, zerfällt ein Stück von den Fundamenten der Gewißheit des Sieges und der Überlegenheit. Mißtrauen stellt sich ein. Unsicherheit beschleicht den Befehlshaber. Angst, »Befehlsangst« erwartet ihn in seinem unruhigen Schlaf. Er fiebert. Aber am nächsten Morgen wird er gleich noch mehr Befehle erteilen. Die Ordnung des Befehls ist die Ordnung von immer mehr Befehlen und immer mehr Mißtrauen. Sie ist die Ordnung einer »kolonialen Situation«, deren Antagonismus zwischen Eroberern und Eroberten unauflöslich erscheint. Die Ordnung des Befehls ist eine Ordnung des »Tropenkollers«, in dem die Unerträglichkeit des Mißtrauens die Ordentlichkeit des Befehls zunichte macht. Der Befehl löst sich in der Situation auf, von der er seinen Ausgang genommen hat: in der gewalttätigen Willkür der Eroberung. Solchem Umschlag kann nur der Stationsleiter entgehen, der in der »extremen Situation« des Mißtrauens, die er mit seinen eigenen Befehlen mit herstellt, zeigt, ›was in ihm drin steckt‹, der »Charakter« beweist und ein ›ganzer Mann‹ ist.

3.3. Gehorchen

Der Stationsleiter muß sich in zugespitzten Lebenslagen »bewähren«. Er ist Führer und Befehlshaber. Der Stationsleiter ist aber auch Beamter. Er gehorcht und hat zu gehorchen. Die autobiographischen Veröffentlichungen einstiger deutscher Kolonialbeamten zeigen nicht dasselbe Maß an bürokratiefeindlichem Selbstbewußtsein, wie die ihrer französischen Kollegen und Gegenspieler (vgl. zusammenfassend G. Spittler, 1981: 61 f.). Aber auch sie fordern Entlastung von den »Gebote(n) des heiligen Bürokratius«, von »Kleinigkeitskrämerei«, »zweckloser Bevormundung in den nichtigsten Angelegenheiten«, »Schreibwerk, Rechnungswesen, Verfügungswut« (L. Külz, 1906: 163). Sie treten für eine »gewisse Ellenbogenfreiheit« ein (ebda). Sie lassen verlauten, daß das Beste, was der Gouverneur der Kolonie für seine Beamten tun könne, darin besteht, »keinerlei Vorschriften« zu machen (R. Küas, 1939: 118). Sie erzählen diese oder jene Anekdote »kleinlichster Pfennigfuchserei« (E. Rodenwaldt, 1957: 70) auf seiten des Gouvernements und noch mehr der Zentrale in Berlin. Daß die Bezirksamtmänner, Bezirks- und Stationsleiter aber ein Selbstverständnis hatten, das dem der französischen Beamten im »Busch« entsprochen hat, das macht das Wort von den »selbständigen Befehlshabern im Inland« [R 150 FA3 / 3037 (3–4): 173] ebenso deutlich wie die Beobachtungen des Tropenarztes Ernst Rodenwaldt (1957: 87) über das »starke ... Gefühl« des jungen Bezirksamtmannes, Oberleutnant Stockhausen im Bezirk Atakpamé, »für die Bedeutung seiner Herrscherfülle«. Das Bewußtsein, die »wahren Herrscher« der Kolonie zu sein, gibt sich in männlich-witzig gemeinten Selbstbezeichnungen wie »Großherrscher« (W. v. Rentzell, 1922: 156) gleichermaßen wie in der alltäglichen Arbeit zu erkennen, in der die selbstherrliche Abfassung von »Ortsgesetzen fuer die Landschaft« der Vorstellung entsprochen hat, daß jeder Bezirk »eine Baronie für sich, der Nachbarbezirk feindliches Ausland« war (E. Rodenwaldt, 1957: 87). Wird das Thema des Gehorsams zum Gegenstand gemacht, dann ist der Gehorsam der Untergebenen und allen voran der der Afrikaner gegenüber der deutschen Verwaltung gemeint. Als Gegenstück zum ›großherrscherlichen‹ Bewußtsein wird solcherart Gehorsam in ganz besonderem Maße für unverzichtbar gehalten: »Schon an Bord eines Kriegsschiffes ist die Stellung eines Kommandanten eine viel abgeschlossenere .... Noch weit mehr als auf unseren Kriegsschiffen ist es für den Führer in Afrika nöthig, sich mehr als Vorgesetzter zu stellen« (H. v. Wissmann, 1895: 77). Machtfülle und eine »Unnahbarmachung« des Stationsleiters und Expeditionsführers, die gegenüber dem Kommandanten eines Kriegsschiffes noch gesteigert ist, werden als zwei Seiten ein und derselben unvergleichlichen Bedingungen des abgeschlossenen Lebens in der »Wildnis« geltend gemacht (ebda).

Die Berliner Zentrale hält von »starken Gefühlen der Herrscherfülle«

wenig. Unmißverständlich erklärt sie im »Entwurf einer Dienstanweisung für Bezirksleiter« aus dem Jahre 1905 [R 150 FA1 / 128 (1–3): 13]: »Dem Gouvernement schuldet der Bezirksleiter Gehorsam und Achtung.«

Der Passus ist ein Eingeständnis, er ist gleichzeitig klärend. Die Berliner Zentrale strich das Selbstverständliche im Pflichtenkatalog des Stationsleiters heraus. Anscheinend erschien es ihr notwendig, die »wahren Herrscher« der Kolonien daran zu erinnern, daß für sie derselbe Grundsatz von Über- und Unterordnung galt, dem jeder Beamte des Reiches unterworfen war. Auf diese Weise zog der Passus ebenfalls den gewagten Analogien der Stationsleiter die bürokratischen Grenzen. Sprechen die deutschen Stationsleiter von »Großherrschern«, »selbständigen Befehlshabern« oder »Afrikanischen Landsknechten«, gefallen sich ihre französischen Kollegen darin, ihre Verwaltungseinheiten ironisch und deshalb feinsinnig-großmäulig als »Lehen« und »Satrapien« zu bezeichnen (vgl. G. Spittler, 1981: 54). Der Passus erinnerte stattdessen an die Tatsache, daß die »Großherrscher«, »Lehensmänner« und »Satrapen« weisungsgebundene Beamte waren.

Im Lichte des Selbstverständnisses des Stationsleiters über die Bedeutung seiner »Herrscherfülle« in ›seinem Reich‹ ist solch obrigkeitlicher Fingerzeig ernüchternd, platt und schnöde.⁴³ Er erinnert Stationsleiter daran, daß sie nicht die »abenteuerlichen« »Herren« im fernen »Busch«, auch nicht die »Gentlemen« oder »Commandants« sind, die kraft ihres »Charakters« jene persönliche Autorität und Ausstrahlung besitzen, auf denen einzig die Macht des Gouvernements im »Hinterland« beruht. Grobschlächtig machte der Passus die Stationsleiter zu Funktionsträgern innerhalb einer Ämterhierarchie. Sie, die so unverwechselbar sind und solches schon im Stil ›ihrer Residenzen‹ sichtbar machen, verschwinden in der Unpersönlichkeit der innerbürokratischen Struktur von Über- und Unterordnung. Vor allem anderen aber wurde ein Anspruch auf effiziente Kontrolle der Amtstätigkeiten und Amtspflichten in den Vordergrund gerückt, der mit dem Selbstverständnis von einem »persönlichen Regiment« wenig gemein hat.

Angesichts der ›Binnenintermediarität‹ der Verwaltung (vgl. T.v. Trotha, 1988: 324ff.) griff der Kontrollanspruch, den der erwähnte Passus glauben machen wollte, vor allem von seiten Berlins der Wirklichkeit weit voraus. Dennoch gab es diese Kontrolle auf verschiedenen Ebenen, in der der Stationsleiter in mehr oder minder vermittelter Weise seine Abhängigkeit erfah-

---

⁴³ Allerdings strich eine Kommentierung des Entwurfs, die wahrscheinlich vom Gouverneur von Zech selbst stammt, diesen Passus kommentarlos weg [vgl. F 150 ANT FA1/128 (1–3): 55]. Vielleicht glaubte von Zech, diesen Passus entbehren zu können, möglicherweise schien er ihm aus rein formalen Gründen überflüssig, wollte er nicht das Undurchsetzbare des Scheines wegen auf duldsames Papier bringen. Wahrscheinlich wollte er aber eher, den ›herrscherlichen‹ Unwillen seiner Bezirks- und Stationsleiter vermeiden.

ren hat, Gehorsam üben mußte und seiner beamtenmäßigen Unterordnung begegnet ist.

Anders als im Falle der französischen Kolonialbeamtenschaft gab es für die angehenden deutschen Kolonialbeamten keine Kolonialschule, die den zukünftigen Stationsleiter den Geist des Gehorsams hätte lehren können. Aber vielleicht sind deshalb die autobiographischen Zeugnisse von deutschen Kolonialbeamten weniger herausfordernd als die ihrer französischen Kollegen. Denn statt Gehorsam und Unterordnung in den Köpfen der jungen Kolonialdienstanwärter entstehen zu lassen, brachte die Ausbildung an der Kolonialschule in Paris einen starken Korpsgeist hervor und unterstützte kräftig die zukünftigen Kolonialverwalter in ihrem Drang nach Unabhängigkeit, der schon bei der Bewerbung häufig eine Rolle gespielt hatte (vgl. G. Spittler, 1981: 58). Gehorsam hatte der Stationsleiter in Togo dagegen im Laufe seiner Offizierskarriere, der eine oder andere Jurist im Wege der Ausbildung (vgl. W. Kaupen, Th. Rasehorn, 1971; R. Dahrendorf, 1965), und hatten alle auf den dornenreichen und verschlungenen Pfaden der Sozialisation in einer Gesellschaft gelernt, die wie das wilhelminische Kaiserreich den Werten der Disziplin, der Zucht, der Pflicht, des Gehorsams und der Unterordnung des Einzelnen unter das ›Ganze‹, das der Staat verkörperte, verpflichtet war.

Aber auf die Unwägbarkeiten vielfältiger sozialisatorischer Prozesse können die politische Führung und die Verwaltungszentrale nicht setzen. Eine erste direktere Form der Kontrolle übten sie deshalb über die Gestaltung des Dienstverhältnisses aus. Vor der Verabschiedung des Kolonialbeamtengesetzes brachte eine kommissarische Anstellung den Druck einer ungesicherten Zukunft gegen den noch jungen Stationsleiter ins Spiel. Nach Verabschiedung des Kolonialbeamtengesetzes im Jahre 1910 verkürzte sich jedoch die Laufbahnunsicherheit auf die erste Dienstperiode des Kolonialbeamten, die als Probezeit angesehen wurde und in der der junge Beamte nur vereinzelt und für kürzere Zeiträume an den Funktionen eines Stationsleiters teilgehabt hat. Das war dann der Fall, wenn er den abwesenden Stationsleiter vertreten mußte. Diese Form der engen Zusammenarbeit mit den »Alten Afrikanern« unter den Beamten und eine frühe Selbständigkeit des jungen Beamten werden sein Unabhängigkeitsgefühl gestärkt haben. Auf der Laufbahnstufe eines Stationsleiters war der Einsatz von Laufbahnunsicherheiten, um Wohlverhalten und Bindung an die Vorgesetzten in der Zentrale zu erzielen, deshalb ebenfalls ein wenig verläßliches Mittel. Es gehörte für den Stationsleiter der Vergangenheit an, konnte dadurch nur als sozialisatorisches Element zum Tragen kommen und stand dabei in Verbindung mit den gegenläufigen Sozialisationsprozessen, die in der Zusammenarbeit mit den »bewährten« Stationsleitern stattgefunden hatten.

Anders verhält es sich mit dem Disziplinarrecht, dem der Stationsleiter als Beamter unterworfen war. Am Beispiel des »Kulturkampfes« in Togo (vgl. R. Erbar, 1991: 246ff.) wird ersichtlich, daß das Gouvernement in Lomé und die

Berliner Zentrale durchaus bereit waren, dort mit den Mitteln des Disziplinarrechts einzugreifen, wo die Selbstherrlichkeit der Stationsleiter in offenen »Ungehorsam« umgeschlagen ist – wobei für Berlin solches »Landsknechtleben«, um das kritische Wort des Gouverneurs August Köhler (zit. n. P. Sebald, 1988: 197) aufzunehmen, überwiegend nur dann Anlaß gab, disziplinarische Schritte zu unternehmen, wenn auf anderem Wege die Wogen der öffentlichen und parlamentarischen Kritik nicht mehr zu glätten waren. Die Entlassung aus dem Dienst, die härteste disziplinarische Sanktion, wurde sehr sparsam eingesetzt. Im Falle des »Kulturkampfes« in Togo zum Beispiel traf sie bezeichnenderweise den kommissarischen Bezirksrichter v. Rotberg, aber keinen der beteiligten Stationsleiter, von denen manche selbst mit dem amtierenden Gouverneur Waldemar Horn in einer Art und Weise umzuspringen versuchten und umgesprungen sind, in der der ganze ›Afrikanische-Landsknecht-Schwulst‹ eines von Rentzell in seiner banalen Rohheit entlarvt wurde.[44] Die Stationsleiter traf stattdessen üblicherweise die Sanktion der Versetzung, wenn es in den Augen Berlins unumgänglich geworden war, einzuschreiten. Zum Beispiel wurde der Stationsleiter Geo A. Schmidt, der im »Kulturkampf« in Togo als Bezirksleiter von Atakpamé untragbar geworden war, wie andere vor ihm (zum Beispiel Leutnant Gaston Thierry) nach Kamerun beordert. Daraus ist ersichtlich, daß die ›Sanktion‹ der Versetzung im einen oder anderen Falle eher einer Beförderung gleichgekommen ist. Unter den kolonialpolitischen Gesichtspunkten der Berliner Zentrale war Kamerun die bedeutendere Kolonie und bot dem ehrgeizigen Kolonialbeamten größere Möglichkeiten, Karriere zu machen. Im Unterschied zu Thierry, der immerhin zuerst Jaunde verwaltete und dann die Residentur Garua übernahm,[45] verblieb Schmidt allerdings im üblichen Aufstiegsmuster des Stationsleiters, das mit der Ernennung zum Bezirksamtmann und Geheimen Regierungsrat geendet hat.

Grundlage der modernen Bürokratie ist die Abtrennung des Beamten von der unmittelbaren Verfügung über Verwaltungsmittel und Mittel für den Lebensunterhalt. Wie andere Beamte erhielt dementsprechend der Kolonialbeamte ein festes Gehalt. Aber im Unterschied zu den Gouvernementsbeamten hatten die Bezirksamtmänner, Bezirks- und Stationsleiter die Verfügung über eigene budgetartige Kassen. Die Kassen waren in der formalisierten

---

[44] Bei den Auseinandersetzungen zwischen dem Stationsleiter Schmidt, der Mission und dem Gouverneur, die der Jurist Horn auf einer Verhandlung in Atakpamé geregelt haben wollte, kam es z.B. zu folgendem Zwischenfall (P. Sebald, 1988: 539): »Als während der Aussage von Geo A. Schmidt der Gouverneur ein ›unwahr‹ dazwischenrief, stürzte sich Schmidt mit den Worten auf ihn: ›Das Aas kriegt eine Kugel in den Balg.‹«

[45] Thierry kam im Jahre 1904 bei einem Gefecht ums Leben. Thierry war nach Kamerun abgeschoben worden, weil er in Togo in die eigene Tasche gewirtschaftet hatte (vgl. P. Sebald, 1988: 197).

»Bewährung«, Befehl und Gehorsam 165

Weise der Selbstbewirtschaftungsfonds aus dem Gedanken einer teilweisen Dezentralisierung des Wirtschafts-, Finanz- und Rechnungswesen entstanden und erlaubten dem Stationsleiter eine selbständigere Verwaltung seines Bezirks.[46] Solche Dezentralisierung erfolgte indessen innerhalb eines streng zentralisierten Etat- und Finanzwesens und einer Kontrolle durch die verschiedenen Aufsichtsbehörden, deren peinliche Genauigkeit zu vielfachen Klagen und manchen billigen »Streichen« Anlaß gegeben hat. Die wichtigste Verfügungsmacht des Stationsleiters über Verwaltungsmittel war ihm durch die Einrichtung der »Steuerarbeit« in die Hand gegeben. Vor allem in den »Hinterlandbezirken«, in denen mit zunehmender Entfernung von der Küste die spätere Geldsteuer immer zweitrangig geblieben ist, fiel die Verfügungsmacht über die »Steuerarbeit« mit der teilweisen Verfügungsmacht über die Steuer in

---

[46] Die deutsche Entwicklung ging im Einklang mit der Betonung des förderativen Gedankens den umgekehrten Weg wie die französische Entwicklung, in der ein betonter Budgetzentralismus durchgesetzt wurde (vgl. G. Spittler, 1981: 59). Für die Entwicklung der Selbstbewirtschaftungsfonds war die Etatentwicklung in Togo maßgeblich, wo schon vor 1909, der formellen Einrichtung der Selbstbewirtschaftungsfonds, alle sächlichen Ausgaben für die Inlandbezirke summarisch eingestellt wurden. Die Selbstbewirtschaftungsfonds, die im Etat unter den fortdauernden Ausgaben der Zivilverwaltung die Bezeichnung »Abfindung der Bezirksämter und Stationen für lokale Verwaltungsbedürfnisse« führten, sollten »bei den schnell wechselnden kolonialen Verhältnissen« (DKL, 1920, Bd. 3: 339) der Lokalverwaltung, die, wie es ganz im Sinne der Stationsleiter bezeichnenderweise hieß, »so notwendige Bewegungsfreiheit« (ebda) geben. Mit den Selbstbewirtschaftungsfonds wurde die Wirtschaftsführung und die Rechnungslegung vereinfacht. Der ganze örtliche Verwaltungsbedarf für alle Bezirks wurde im Etat nur mit einer großen Pauschsumme eingestellt. Für die Bezirksamtmänner, Bezirks- und Stationsleiter waren folgende Regelungen am wichtigsten: Zwar blieben sie, wie es üblich war, an einen Wirtschaftsplan gebunden, den der Gouverneur zu genehmigen hatte. Aber sie waren unbedingt nur an die ihnen zugeteilte Gesamtsumme gebunden. Die einzelnen Unteransätze ihres Wirtschaftsplans konnten im Verlauf des Jahres noch einmal neu bestimmt werden. So konnten z.B. Ersparnisse bei dem einen Ansatz zu Mehrausgaben bei anderen verwendet werden. Noch wichtiger war die Bestimmung, wonach aufkommende Einnahmen dem Selbstverwaltungsfond des Bezirks verblieben. Die Erträge von Versuchspflanzungen z.B. gingen nicht im allgemeinen Etat des Schutzgebietes auf, sondern blieben dem Bezirk erhalten und hätten seine Mittel für die Selbstbewirtschaftung weiter verstärken können, wenn es denn Erträge gegeben hätte. Zusätzlich war der Fond übertragbar, konnte also ins nächste Etatjahr hinübergerettet werden. Ebenso war die Rechnungslegung vereinfacht. Insgesamt erlaubten die Selbstbewirtschaftungsfonds eine »große Freiheit in der Bewirtschaftung« und begrenzten etwas die strengen Kontrollen des Rechnungshofes (ebda, S. 340). Auf der anderen Seite gab es eine ganze Reihe anderer Bestimmungen, die wiederum Mißbräuche möglichst unmöglich machen sollten. Der wichtigste Grundsatz war der, daß der Etatansatz für den Selbstbewirtschaftungsfonds unter keinen Umständen überschritten werden durfte. Er konnte den gesetzgebenden Körperschaften also auch nicht zur nachträglichen Genehmigung vorgelegt werden. Mit dem, was im Rahmen dieses Fonds dem Bezirk zugestanden war, mußte der Stationsleiter ohne Wenn und Aber auskommen.

eins, die von der lokalen Bevölkerung aufgebracht wurde. Völlig unbegrenzt war diese Verfügungsmacht deswegen nicht, weil der Stationsleiter genaue Rechenschaft über die Anzahl der »Steuerarbeiter« und die durchgeführten Arbeiten geben mußte. Aber wer hätte im einzelnen kontrollieren können, wieviele »Steuerarbeiter« wieviele Stunden und Tage an welchen Arbeitsvorhaben tatsächlich gearbeitet haben. Der Zentrale in Lomé blieben hier nur die gröbsten Schätzungen, und sie mußte sich in großem Maße auf das Urteil des Stationsleiters verlassen. In den formal genauen Regelungen der »Steuerarbeit« ist der Stationsleiter Beamter. In der faktischen Organisation der »Steuerarbeit« und den mangelnden Kontrollchancen der kolonialen Zentrale, die eine faktische Verfügungsmacht über einen Grundbestandteil der Verwaltungsmittel begründeten, wurde der Stationsleiter zum »selbständigen Befehlshaber« und entfernte sich grundsätzlich vom Typ des Beamten (vgl. zusammenfassend M. Weber, 1972: 557f.).

So wird der Stationsleiter zum Beamten in erster Linie durch das Berichtswesen und den Grundsatz der Schriftlichkeit der Verwaltung, das dieses Berichtswesen begründet. Das war in Togo nicht anders wie in Kamerun (vgl. G. Walz, 1981: 32) oder in Französisch-Westafrika (vgl. G. Spittler, 1981: 60ff.). Der Kern des Berichtswesens war der jährliche Rapport über die Entwicklung des Bezirks, der nach genauen Vorgaben abzufassen war und später in öffentlich vertretbarer Weise in den Jahresbericht des Reichskanzlers eingegangen ist, der dem Reichstag zugeleitet wurde. Der Bericht enthielt eine Fülle von Statistiken, die zusammen mit anderen, die nicht in die offiziellen Berichte eingingen, fortlaufend zu führen waren. Dazu kamen hin und wieder Sonderberichte zur Lage und Entwicklung des Bezirks, die manchmal im amtlichen Organ, dem Amtsblatt für das Schutzgebiet Togo, erschienen sind, sofern man eine Veröffentlichung für wünschenswert oder wenigstens als nicht abträglich erachtet hat. Wie in jeder bürokratischen Verwaltung lag die Masse der schriftlichen Arbeiten im Führen der Korrespondenz, von Formularen der verschiedensten Art und anderen Akten, die von Inventurlisten, Verzeichnissen der »Steuerarbeiter« über Blätter zur Aufzeichnung von Niederschlagsmengen und Temperaturverhältnissen bis zu Verhandlungsprotokollen der richterlichen Tätigkeit und zum Stationstagebuch gereicht haben.

Der Zwang zur Schriftlichkeit ist im Falle der modernen Bürokratie scheinbar ohne jedes Maß. So ist er dementsprechend das Lieblingskind der Karikatur. Die »Streiche«, von denen oben berichtet wurde, sind auch Ausdruck der Empörung über die Last der Schriftlichkeit, die auf einem Stationsleiter liegt. Aber wenn die Stationsleiter sich über den Schriftverkehr und den Zwang zur Schriftlichkeit beklagen,[47] dann nicht zuletzt deshalb, weil der Zwang zur

---

[47] So heißt es z.B. wiederum bei Ludwig Külz (1906: 53): »Nach der Rückkehr von dieser Reise stand mir die höchst langweilige Erledigung der verschiedenen Quartalsabschlüsse und Berichte bevor«.

Schriftlichkeit dem Kontrollbedürfnis der Zentrale entspricht. Die Klage über die Schriftlichkeit ist die Abwehr der Kontrolle, in der der Stationsleiter ganz entgegen seinem Selbstverständnis von einem »selbständigen Befehlshaber« zum angewiesenen Beamten wird. Der Zwang zur Schriftlichkeit ist die Forderung nach Gehorsam. Die Last der Schriftlichkeit ist die Last des Gehorsams.

Wiederum ist allerdings das Kontrollmittel der Schriftlichkeit zweischneidig, solange der Wahrheitsgehalt der Schriftstücke, Berichte, Tabellen und Aufzeichnungen nicht unabhängig vom Stationsleiter überprüft werden kann. »Die Kontrolle mittels Rapports bleibt ... fiktiv«, schreibt Gerd Spittler (1981: 61) in diesem Zusammenhang zu Recht.[48] Aber wie widerwillig, verächtlich und ungenau die Stationsleiter ihre schriftlichen Aufzeichnungen für die koloniale Zentrale behandeln, sie haben sich den Berichtspflichten und den Anforderungen einer aktenmäßigen Verwaltung zu beugen. Demgemäß fährt Spittler (ebda, S. 62) fort, obwohl er die französischen Kreiskommandanten vor Augen hat, die als »wahre Herrscher« des französischen Kolonialreichs wahre Verächter allen bürokratischen »Papierkrams« gewesen sind: »Zwar ist die Statistik, die (Maurice – TT) Delafosse an das Zentralbüro abschickt, eine reine Erfindung, aber sie entspricht formal genau den Anforderungen, und Delafosse hütet sich, den Unsinn dieser Anforderungen im Bericht anzuprangern. Dieses Verhalten zeugt gewiß nicht von treuer Pflichterfüllung. Aber es ist doch insofern typisch bürokratisch, als es ganz an dem Vorgesetzten orientiert ist, einschließlich der taktischen Finessen, die in die Berichte eingehen. Das unbürokratische Selbstverständnis der Kolonialadministratoren beruht nicht auf unbürokratischem Verhalten, sondern lediglich auf Rollendistanz. Diese erlaubt eine ironische Haltung gegenüber der Bürokratie, ohne sie jedoch in Frage zu stellen.«

Das ist das eine. Das andere ist, daß dem Problem der Fiktivität in der Kontrolle des Stationsleiters allgemein und im Falle Togos auf besondere Weise die Spitze genommen wird, die Spittler am Beispiel der selbstbewußten französischen Kreiskommandanten zu erkennen glaubt.

Ein Grundbestandteil der zentralen Kontrolle durch das Berichtswesen ist die Verstetigung der Information. Das Berichtswesen ist ein Informationsfluß. Jahresbericht folgt auf Jahresbericht, eine statistische Eintragung folgt auf die andere.

Einerseits verschärft die Verstetigung des Informationsflusses das Problem der Fiktivität. Eine erfundene Wirklichkeit verliert von ihrem erdichteten

---

[48] Gerd Spittler (1981: 61) bezieht sich auf Robert Delavignette und Maurice Delafosse. Der eine berichtet von der Praxis der französischen Kreiskommandanten, die Runderlasse des Gouverneurs in die Tasche zu stecken und abends Hose und Runderlaß zur schmutzigen Wäsche zu werfen. Der andere schildert, wie die Statistiken, die er für das Gouvernement zusammenzustellen hatte, die bloßen Früchte seiner Erfindung waren.

Charakter in den Augen der Betrachter allein dadurch, daß sie als verstetigte vorgestellt wird. Unser Weltverhältnis beruht auf Wiederholung und der Regelmäßigkeit der Erfahrung. Ein verstetigter Informationsfluß stellt solche Regelmäßigkeit her. Im verstetigten Informationsfluß gewinnt deshalb jede einzelne Nachricht an Ehrbarkeit; die Nachrichtenordnung, die wir qua Regelmäßigkeit selbst geschaffen haben, nehmen wir schließlich für die bare Münze einer äußerlichen Wirklichkeit. Diskussionen über Kriminalitätsziffern gehören zu den anschaulichen Bespielen dieses Zusammenhangs. Hinzu kommt, daß mit der Verstetigung des Informationsflusses Formalisierungen und Standardisierungen verbunden sind. Der Jahresbericht wird zunehmend nach einem festen Raster und vorgefertigten Sprachschablonen und Worthülsen hergestellt. Sie kommen den Zeitressourcen des Berichterstatters, den Wünschen nach Schönfärberei oder nach knappen Aussagen für vielbeschäftigte Leser, den formellen und eingeschliffenen Regeln der Geheimniskrämerei und vielen anderen Interessen, Vorstellungen, Erwartungen, Hoffnungen und Zwängen entgegen. Zusammen machen sie aus jedem Schriftstück eine höchst kunstvolle, in diesem Falle besser, verwaltete Wirklichkeit.

Andererseits mildert sich mit dem Berichtswesen und der Verstetigung der Information das Kontrollproblem der Zentrale. Da ist zum einen die völlig unscheinbare, weil banale Tatsache, daß allein die Aufgabe der Berichterstattung Kontrolle beinhaltet. Sieht man einmal ganz von den Inhalten der Berichte ab, ist der Stationsleiter als Berichterstatter zum Beamten geworden. Die Abfassung der Berichte selbst ist verwaltende Tätigkeit, weshalb ein guter Bericht für die Zentrale nicht nur in einer guten Beschreibung und Analyse dessen besteht, was Gerd Spittler die »Realität des Bezirks« nennen würde. Der gute Bericht, d.h. der den Kontrollbedürfnissen der Zentrale entgegenkommt, ist der korrekte Bericht. Der gute Bericht entspricht den Erwartungen an Zeitaufwand, Umfang und Inhalt, die die Zentrale und nicht der lokale Beamte hat. Unter dem Gesichtspunkt der Kontrolle ist ein ›realitätsgerechter‹ Bericht ein Bericht für und mit den Augen der Zentrale.

Da ist zum anderen die Vergleichbarkeit der Informationen, die mit der Verstetigung des Informationsflusses entsteht. Einheitlichkeit und Widerspruchsfreiheit sind angesagt. Der Stationsleiter stellt sie ganz bewußt her, indem er die vorgestanzten Antwort- und Beobachtungsschablonen verwendet. Aber dennoch muß er achtgeben. Er kann sich verfangen. Die Zentrale kann Unstimmigkeiten und Ungenauigkeiten anmahnen – nicht anders wie es ein Historiker tut. Die gouvernementale Zentrale mahnt an, genauso wie die reichstagliche Kolonialkritik das Material für ihre Kritik in ganz beträchtlichem Umfang aus der sorgfältigen Lektüre der Jahresberichte gewonnen hat (vgl. M. Erzberger, 1906). Spittlers ›Fiktivitätsmeßlatte‹ ist das Auge des objektiven Dritten. Die Zentrale ist weder objektiv noch uninteressiert an Kontrolle. Sie kontrolliert mit den Kriterien einer ›Ästhetik‹ des Berichtswesens. Sie zwingt den Stationsleiter, zum Beamten zu werden, weil sie ihm die

»fiktive« Wirklichkeit der Verwaltungsperspektive abverlangt. Auch im Berichtswesen geht es um Gehorsam und nicht ausschließlich um ›Wahrheit‹. Es ist der Gehorsam, der den Stationsleiter zum guten Beamten macht.

Nicht zuletzt vermindert sich das Kontrollproblem der Zentrale durch eine Entwicklung, die in der Analyse von Spittler außer Betracht bleibt. Mit dem Aufbau der Infrastruktur erfolgt die Kontrolle des Stationsleiters nicht mehr ausschließlich durch das schriftliche Berichtswesen. Das schriftliche Berichtswesen wird stattdessen mit einem Austausch verschränkt, der auf dem Wege des Telegraphen- und ganz besonders des Telefonnetzes die Lokalbehörde mit der Zentrale verbindet und die Bedeutung des schriftlichen Berichtswesens unter dem Kontrollaspekt deutlich zurückdrängt. Die »Hinterland«-Station und der Stationsleiter werden ›an die kurze Leine‹ des Telegraphen- und Telephonnetzes ›gelegt‹.

In Togo begann der Aufbau des Telegraphennetzes noch vor der Jahrhundertwende (zum folgenden vgl. W. Schmidt, H. Werner, 1939: 138ff). Im März 1894 wurde eine Telegraphenverbindung zwischen Lomé und Aného eröffnet. Schon zwei Monate zuvor war das Gouvernement in Lomé an das internationale Telegraphennetz angeschlossen und damit mit Berlin verbunden worden. Bis die erste »Hinterland«-Station, Misahöhe, an das Telegraphennetz angeschlossen werden konnte, vergingen noch einmal fast zehn Jahre. Weitere zehn Jahre verstrichen, bis im Jahre 1913 die nördlichste der Hauptstationen, Sansanné-Mango, Mitglied des Telegraphennetzes wurde.

Vom Läuten des Telefons blieb der deutsche Stationsleiter von Sansanné-Mango allerdings verschont, obwohl in Togo schon sehr früh mit der Errichtung eines Fernsprechnetzes begonnen worden war. Noch 1895 war Togo die einzige Kolonie an der ganzen Westküste Afrikas, welche sich, und zwar unter Benutzung der Leitung der Küstentelegraphenlinie, einer Fernsprecheinrichtung erfreute. Mit dem Eisenbahnbau und der Ausweitung des Telegraphennetzes schritt dann seit Mitte des ersten Jahrzehnts des 20. Jahrhunderts der Ausbau des Telefonnetzes voran.

Wenn die Errichtung der Station beinhaltet, daß aus zentraler Macht lokale Herrschaft wird, dann machen Funktelegraphie und Telefon Stück für Stück aus der lokalen Herrschaft des Stationsleiters die zentrale Herrschaft des hauptstädtischen Gouvernements. Der Stationsleiter und »Herrscher« wird zum Lokalbeamten, ›sein Reich‹ zum Amtsbezirk, ›seine Residenz‹ zur Behörde. Die Unterscheidung zwischen »Küstenbezirk« und »Hinterlandstation« weicht der vereinheitlichenden Struktur von Bezirken. Funktelegraphie und Telefon sind Gehorsamstechnologien. Sie erlauben der hauptstädtischen Zentrale, schnell und ohne große Umstände Anweisungen zu geben, augenblicklich Berichte und vor allem persönliche Stellungnahmen des Stationsleiters anzufordern, Anwesenheit zu kontrollieren und sich ganz allgemein über die Vorgänge des Bezirks auf dem laufenden zu halten. Während das Telefon den Stationsleiter ›an die Strippe‹ ruft, vermittelt ihm der Telegraph den Willen der Zentrale ohne nennenswerte Verzögerung in verwaltungsgemäßer Form, ›schwarz auf weiß‹.

Eine unabhängige gouvernementale Kontrolle über die Lokalverwaltung führen die beiden Technologien nicht ein. Aber auch hier verändert der höhere Grad an ständiger Information zusammen mit der direkten, reaktionsschnellen und im Falle des Telefons der persönlichen und verbalen Verständigung die Kontrollsituation des Stationsleiters. Kann er bis dahin die Erlasse des Gouvernements ungelesen dem Abfall überantworten, wie Robert Delavignette (1939: 20) behauptet hat, mag er nun die telegraphischen und telefonischen Anweisungen und Fragen vergessen. Aber er kann sich kaum entziehen, sie gelesen, und auf keinen Fall kommt er umhin, die telefonischen Gespräche gehört zu haben. Das Telefon unterwirft ihn der Unmittelbarkeit sprachlicher Verständigung. Setzt die Station noch die Kategorien von nah und fern in ein anderes Verhältnis, ist das Telefon schon ganz im hier und jetzt. Der Bote aus der hauptstädtischen Zentrale kommt nicht morgen oder übermorgen, sondern der Gouverneur ist jetzt ›persönlich am Apparat‹ – um nicht zuletzt im Sinne des kumulativen Grundsatzes von Herrschaftstechniken bekanntzugeben, daß morgen oder übermorgen ein Bote eintreffen wird, der ein äußerst wichtiges Schreiben mit sich führe, dessen Inhalt sorgfältigster Beachtung bedürfe; und um dann mit den Worten zu schließen: ›Ich verlasse mich auf Sie‹.

Nach dem ebenso kumulativen Grundsatz von Kontrolltechniken steigern sich für den Stationsleiter gleichermaßen die Probleme, die er mit der Informationskontrolle gegenüber der Zentrale hat. Der verstetigte Informationsfluß des Berichtswesens wird mit dem verstetigten telegraphischen und telefonischen Informationsfluß verschränkt. Zur Prüfungsmöglichkeit von Geschriebenem kommen die Kontrollmöglichkeiten hinzu, die aus dem verstetigten Vergleich des Gesagten und von Gesagtem zu Geschriebenem entstehen. Ohne das Element des Sporadischen, das eine Kontrolle durch seltene Treffen und Inspektionen erzeugt, ist der Stationsleiter nicht mehr ganz der souveräne Herr seiner Worte. Jetzt bleiben die Worte ›im Ohr‹.

Der Stationsleiter ist nicht mehr im gleichen Maße Herr seiner Entscheidungen, denn die Telegramme werden jetzt losgeschickt, die früher nicht aufgesetzt werden konnten, und die telefonischen Anweisungen erreichen ihn – wenn nicht wieder einmal der Zusammenbruch der Leitung der hauptstädtischen Zentrale einen Strich durch die Rechnung macht.

Zu diesen allgemeinen Chancen der hauptstädtischen Zentrale, die Stationsleiter nicht ihren Beamtenstatus vergessen zu lassen, kamen für das Gouvernement in Lomé zwei weitere begünstigende Umstände zu Hilfe. Der eine war die Größe der Kolonie. Hat die geringe Größe der Kolonie schon den Ausbau des Telegraphen- und Telefonnetzes gefördert, hat sie ebenfalls die Erreichbarkeit der einzelnen Stationen erleichtert. Im Gegensatz zu anderen Kolonien (vgl. B. Dernburg, 1907: 1199; 1908: 228 f.) bereisten die Gouverneure immer wieder das »Hinterland« und konnten sich wenigstens ein Stück weit ein eigenes Bild von dem Fortgang der Arbeiten in den Bezirken machen (vgl. H. Seidel, 1903: 296; 1904: 288; R 150 FA1 / 1 (1–3): 1; R 150 ANT FA1 / 182: 1ff.; R 150 ANT FA1 / 268: 1ff.; R 150 ANT FA1 / 327: 1ff.). Wichtiger war, daß mit v. Zech als Gouverneur und mit dem langjährigen kommissarischen und später formellen Stellvertreter der Gouverneure Edmund Brückner und Adolf Friedrich Herzog zu Mecklenburg, Hans Georg v. Doering, Personen die Zentrale in Lomé befehligten, denen weder Bezirksamtmann noch Stationsleiter etwas vormachen konnten. Sie kannten aufgrund ihrer langen Dienstzeiten in Togo die Kolonie besser als die meisten ihrer Beamten und waren als einstige Stationsleiter mit dem herrscherlichen Ehrgeiz ihrer »Lehensmänner« bestens vertraut. Die Laufbahn des Kolonialbeamten in Togo machte aus einem Stationsleiter nicht nur einen »selbständigen Befehlshaber im Inland«, sondern auch einen Beamten, der dem Gouvernement vielleicht zögerlich berichtete, aber im Umgang mit dem Fiktiven Vorsicht an den Tag legen mußte, wenn er in Berichten, Telegrammen und am Telefon Auskunft gegeben hat.

Ich fasse zusammen. Der Stationsleiter ist dreifach bestimmt. Er steht am Schnittpunkt der Ungewißheit der Bewährung, der Unbedingtheit des Befehls und der Regelmäßigkeit des Gehorsams. In seinem Selbstverständnis feiert er die Aufgaben der Bewährung und die Macht seines Befehls. Von seinem Gehorsam als Beamter spricht er wenig. Wenn er es tut, dann benutzt er die ironische Distanzierung. In dieser Verknüpfung von Bewährung, Befehl und Gehorsam liegt der Schlüssel für die Rolle des Stationsleiters. Das Revolutionäre des Stationsleiters finden wir aber nicht in Bewährung und Befehl, sondern vor allem anderen im Gehorsam.

Der Stationsleiter ist ein ›ganzer Mann‹, der nicht davor zurückscheut, in unbekannte Räume vorzudringen und sich unter fremden Menschen niederzulassen. Als Befehlshaber erobert der ›ganze Mann‹ fremde Gebiete und Reiche, unterwirft die fremden Menschen und zwingt sie gewaltsam in das Joch seiner ehrgeizigen Ziele und eigennützigen Wünsche. Es ist der Befehlshaber, der das fremde Reich zu ›seinem Reich‹ macht. Die ›ganzen Männer‹ und Befehlshaber mögen erfolgreiche Entdecker, wagemutige Draufgänger, berühmte Krieger, grausame Eroberer, kühne Heerführer und großmächtige Herrscher über ›unermeßliche Reiche‹ sein. Aber für den einen wie für den anderen gilt, daß der moderne Staat durch sie nicht entsteht. Er entsteht erst, wenn sich zum ›ganzen Mann‹ und Befehlshaber in ein und derselben Figur der Beamte hinzugesellt. Er entsteht erst, wenn, wie es Robert Delavignette (1939: 33) in der treffsicheren und überraschenden Sprache seiner distanziert-heroisierenden Bilder sagt, »sich der Romantizismus der Entdeckung mit dem Positivismus der Organisation verbindet«. Soweit der Stationsleiter ›ganzer Mann‹ und Befehlshaber ist, weist wenig auf seine spezifische Rolle und Funktion beim Aufbau der staatlichen Herrschaft hin. Soweit er hingegen Beamter ist, ist er in den zentralisierenden Institutionalisierungsvorgang von Macht eingebunden, in dem direkte, bürokratische Herrschaft entsteht. Der Stationsleiter als Beamter kündet von Unpersönlichkeit, generellen Regeln, dienstlichen Pflichten, von Amt und Ämterhierarchie. Er zeigt nicht ›Herrschaft‹, sondern Verwaltung, das Kernstück veralltäglichter staatlicher Herrschaft, an. Mit dem Stationsleiter als Beamten werden aus dem »Adelssitz« des ›Herrn‹ und der Station des »bewährten« Befehlshabers die Verwaltungsbehörde und das Bezirksamt der hauptstädtischen Zentrale.

Nur aufgrund des Zusammenspiels von Bewährung, Befehl und Gehorsam in der Rolle des Stationsleiters, ist mit den »wahren Herrschern« der Kolonie ›Staat zu machen‹.

3. Kapitel

Verbindungen I: Träger und Dolmetscher

Frühe Territorialstaatlichkeit ist eine Ordnung der Distanz (vgl. T. v. Trotha, 1986). Das gilt in einem räumlichen, im Falle des vergleichsweise kleinen »Schutzgebietes Togo« vorrangig in einem soziokulturellen Sinn. Es sind die Distanzen, die in den Gegensätzen enthalten sind, die die Kolonie und die Erfahrungen der Menschen, die in ihr leben, prägen. Die »Küste« steht gegen das »Hinterland«, die koloniale »Metropole« Lomé gegen den »Busch«, das »Gouvernement« gegen den »Inlandsposten«, die »Südbezirke« stehen gegen die »Nordbezirke«, die winzige Zahl der europäischen »Weißen« steht gegen die große Zahl der afrikanischen »Schwarzen«. Die Liste der Gegensätze ist lang. Sie enthält die Distanzen, die die zentrale Herrschaft bei ihren Befehlen, Anweisungen, Fragen und der Verwirklichung ihrer Interessen, Ziele, Wünsche und Phantasien überwinden muß. Sie ist eine Liste der Herrschaftsdistanzen.

Distanz ist die Ausgangslage und das Grundproblem der frühen territorialstaatlichen Herrschaft. Überwindung und Überbrückung der Entfernungen sind die Aufgaben, an denen sich die Entwicklungsfähigkeit und der Institutionalisierungsgrad der zentralen Herrschaft erweisen. Der Grundsatz von ›divide et impera‹ regiert vor allem in der Zeit der Eroberungen und der aktionsreichen Machtnahmen. Zu ihm muß das Prinzip von ›coniunge et impera‹ hinzukommen. Das ›Teilen‹ wird gegenüber dem »Verbinden« zweitrangig. Es läßt sich über ein Gebiet nicht herrschen, das ausschließlich aus Teilen besteht, die von hohen unsichtbaren Mauern unversöhnlicher Gegensätze getrennt sind und wie in einem zerbrochenen Spiegel schneidende Kanten der Gewalt und der Willkür, der Drohung und Feindseligkeit, des Mißverständnisses und der Unkenntnis besitzen. Die unsichtbaren Mauern müssen überwunden, die scharfen Kanten vermieden und abgeschliffen werden. Ansonsten prallen die Befehle an den Mauern ab, kommen verstümmelt an oder verschwinden ganz einfach, ohne die geringste Spur zu hinterlassen. Wenn aus dem »Teilen« der Machtnahme nicht neue »Verbindungen« werden, dann führt das »Teilen« nicht zum »Herrschen«. Es mündet stattdessen in Machtlosigkeit. Der Eroberer braucht die Teilung. Die politischen Konkurrenten und Gegner brauchen die Teilung. Der Staatsgründer muß stattdessen zusammenfügen. Er ist von der nächsten Station oft viele Tagesreisen entfernt. Er ist von den Unterworfenen durch den Ozean seiner Gewalt, seines unbedingten Überlegenheitsbewußtseins und seines Unwissens abgeschnitten. Er muß Wege suchen, die ihn zu den Unterworfenen führen. Der Begründer des Staates braucht »Verbindungen«.

Ich untersuche im folgenden vier Formen von Verbindungen. Sie gehören zu den Notwendigkeiten staatlicher Herrschaft: Vorwärtskommen und Versorgung, Verständigung und Verwaltung..

Es geht um die Schwierigkeiten, im Innern des Landes voranzukommen und die Versorgung der Beamten und Stationen sicherzustellen. Eroberer und Eroberte müssen sich verständigen. Das eroberte Gebiet und seine unterworfenen Menschen müssen verwaltet werden.

Die verschiedenen »Verbindungen« entsprechen Stufen der Aufrichtung staatlicher Herrschaft. Die Stufe der Verwaltung schließt die beiden vorausgegangenen »Verbindungen« mit ein. Ohne voranzukommen und die Versorgung der Beamten zu gewährleisten, bleibt das »Hinterland« verschlossen. Ohne von Menschen verstanden zu werden, die der Eroberer unter seine Herrschaft zwingen will, bleibt selbst der kurze, unmißverständliche Befehl sinnloser Laut. Der Fluß der Fragen und Erlasse, aus denen Verwaltung entsteht, ist ohne die Möglichkeit, sich verständigen zu können, bloßes Rauschen eines administrativen Selbstgesprächs.

Die drei Formen von »Verbindungen« werden von drei verschiedenen Kategorien von Mittlern unter den Unterworfenen hergestellt: den Trägern, den Dolmetschern und den »Häuptlingen«.

1. Vorwärtskommen und Versorgung – die Last der Träger

»Wie die Toten fallen die braven Träger zu Boden. Hut ab vor den Getreuen der Straßen, den Vielgequälten ... .« Tatsächlich nahm selten ein Mitglied der »kolonialen Gesellschaft« den sprichwörtlichen »Hut« vor den Trägern »ab«. Von Trägern wurde üblicherweise nur dann berichtet, wenn sie dem Eroberer aus irgendeinem Grund Ärger bereiteten. Vielerorts führte der Weg nicht über Straßen, und sonderlich »getreu« waren die Träger auch nicht, von denen hier der Leutnant von Rentzell (1922: 125) in bemüht-gönnerhaftem Kasinoton schwadroniert. Aber »vielgequält« waren die Träger. Sie waren wie ein lebendes Inventar. Sie waren die »Lasttiere« und Zugochsen, die es nicht gab.[1] Sie wurden immer benötigt und waren häufig nicht in ausreichender Zahl zur Stelle. »Immer« hatte »man« Scherereien mit ihnen. Sie erschienen nicht, wenn »man« sie brauchte. Sie liefen fort, weil sie die Schinderei nicht mehr ertragen konnten, und sagten kein Wort. »Immer« mußte »man« ein Auge auf sie haben. Immer wieder sind sie – freiwillig oder gezwungen –

---

[1] Bei dem Journalisten Hugo Zöller (1885: 77f.) heißt es: »Was für andre Länder Pferd, Maultier, Esel oder Kamel, das ist für Mittelafrika der schwarze Mensch: das hauptsächlichste wenn nicht das einzige Lasttier.«

Vorwärtskommen und Versorgung – die Last der Träger

Ankunft einer Trägerkolonne auf der Nebenstation Yendi im Bezirk Sansanné-Mango, 1910

Rettungsanker und Lebensretter der Eroberer. Ohne sie »lief nichts« – im doppelten Sinn des Wortes. Sie trugen die Last des Vorankommens und waren mit wenigen Ausnahmen die unverzichtbaren Begleiter der Eindringlinge. Sie sicherten die Versorgung des Reisenden, der Expedition und des Verwaltungspostens. Sie haben den Gütertransport zwischen den Stationierungsorten der Eroberer und zwischen den Niederlassungen der Eindringlinge und den Ansiedlungen der Einheimischen gewährleistet.

Sie haben viel, fast alles getragen. Sie waren die »eigentlichen ›Träger(.)‹ der europäischen Zivilisation« (W. v. Rentzell, 1922: 125). Wie der genaue Bericht von Heinrich Klose (1899: 417 ff.) zum Beispiel über die Douglas'sche »Hinterland-Expedition« offenlegt, reichten die Lasten vom Zelt und dem Feldbett aus Gasrohr samt diversem Bettzeug über die zahlreichen Instrumente für geographische Messungen bis zu den einfallsreichen Gastgeschenken, unter denen für die »Könige und Sultane« Zaumzeuge, Schabracken, Kaiserbilder und Schwerter ebenso wie Uhren, Spieldosen oder Fuchsschwänze zu finden waren.

Die Last des einzelnen Trägers war schwer, sehr schwer. Üblicherweise waren es 30 kg – eine Standardlast für Träger, die sich um Zeiten und Regionen nicht kümmert. Sie wird noch heute von den Trägern der großen Himalaya-Expeditionen durch Bäche, Staub, Eis und Schnee in unwirtliche Höhen getragen (vgl. R. Asmis, 1942: 77; DKB 12, 1901: 281; H. Klose, 1899: 424; H. Zöller, 1885: 80; s.a. R. Messner, 1989: 300). Es wird einmal mehr, dann vielleicht wieder weniger gewesen sein, wenn der Expeditionsführer wie z.B. der Hauptmann Franz Karl Hutter (1901a: 175; Herv. i. Orig.) der Ansicht war, daß »*eine* Trägerlast das Gewicht von 20 kg nicht überschreiten« durfte.

Nicht ausschließlich Sachen lasteten auf den Köpfen, den Nacken, den Schultern und den Rücken der Träger. Entgegen einer unrichtigen Behauptung von Rudolf Asmis (1942: 73) war es zumindest in den ersten beiden Jahrzehnten der Kolonie bei Europäern üblich, sich hin und wieder in Hängematten tragen zu lassen. Die Europäer, ob Kaufmann oder Beamter, taten es, wenn sie müde wurden, Flüsse zu überqueren waren, oder das Gelände allzu beschwerlich war (vgl. R. Büttner, 1911: 82; L. Külz, 1906: 88, 110f., 114f.; DKB 12, 1901: 281; E. Henrici, 1888: 11 f.; H. Zöller, 1885: 78 ff.). Der Hängemattentransport erlaubte den europäischen Eindringlingen, sich die Zeit mit »Ausschauen, Schlafen, Rauchen oder auch wohl mit Lesen« zu vertreiben (H. Zöller, ebda, S. 79). Die Urteile gingen allerdings sehr auseinander, wie bequem solcherart Reisen ist. Fand Hugo Zöller anscheinend rasch Gefallen an der Hängematte, zog Ernst Henrici den Fußmarsch der Hängematte bei weitem vor.

Dem einen oder anderen haben die Rücken der geübten Träger und die Hängematte das Leben gerettet oder vielleicht das Sterben erleichtert. Wenigstens brachten sie den Kranken zu anderen Europäern oder gar nach Lomé, wo es sich in Gegenwart, unter Aufsicht oder unter der Pflege von anderen Angehörigen der »kolonialen Gesellschaft« leichter genesen und möglicherweise manchmal ruhiger sterben ließ. In den langen Monaten zwischen der Schließung der Reede in Aného und der Eröffnung der sogenannten »Küstenbahn« mußte der Leiter des Nachtigal-Krankenhauses in Aného die schwerkranken Europäer in Hängematten in einem zehnstündigen Küstenmarsch zur Einschiffung nach Lomé bringen lassen (vgl. L. Külz, 1906: 96). In diesen Augenblicken, die sich über mehrere Tage qualvollen Reisens erstrecken konnten, waren die Eroberer in lebenswichtiger Weise von den Eroberten abhängig. Es waren die Unterworfenen, die den Eroberer im wörtlichen und übertragenen Sinne gestützt und getragen haben.

In den Stunden und Tagen, in denen der kranke Eroberer an die Hängematte gefesselt ist, zeigt sich die Zweischneidigkeit, die der Hängematte als Beförderungsform des Mächtigen eigen ist. Sie ist einerseits die Bewegungsart, die die Überlegenheit des Eindringlings und besonders seinen Reichtum anderen und vor allem dem Mächtigen selbst zur Schau stellt. Wie im Falle der Dienerschaft sind es die Träger, die den Getragenen zum »Herrn« machen. Ihre Last ist in doppeltem Sinn sein Gewicht. Ihre Geschwindigkeit ist seine Eile. Ihre Erschöpfung ist seine Kraft, die ihm am Ende der Reise auch ganz unmittelbar gegenüber den Trägern verblieben ist, die »wie die Toten« zu Boden fallen. Allerdings ist die verbliebene Kraft sehr relativ und personenabhängig, wenn man bedenkt, daß Ernst Henrici (1888: 12) das Reisen in der Hängematte als »äußerst erschöpfend und wohl auch ungesund« betrachtet hat. In Gebieten, in denen wie z.B. in den Bezirken Misahöhe, Lomé-Land oder Kete-Krachi lokale Häuptlinge oder Priester ebenfalls getragen wurden (vgl. R. Asmis, 1911b: 7, 115; J. Spieth, 1906: 104), kam die Bezugnahme auf den herausgehobenen Häuptlingsstatus in der lokalen Kultur hinzu.

Ein »Alter Afrikaner« wie Rudolf Asmis (1942: 73) zeigte andererseits eine gewisse Geringschätzung für diese Art der Beförderung, wenn er bemerkte: »Im südlichen Kongo wurde auch vielfach die Hängematte gebraucht. In Togo galt es als unter der Würde eines gesunden Mannes, die Hängematte zu benutzen. Ich weiß eigentlich nur von einem einzigen Europäer, der in Togo in der Hängematte reiste, und der böse Leumund sagte diesem nach, daß er wegen seines übermäßigen Alkoholgenusses eine solche Beförderungsart benötigte.« Asmis legte die Geringschätzung des »ganzen Mannes« an den Tag, der jene Abhängigkeit verachtet, die im bewußtlosen Kranken ihren deutlichsten Ausdruck hat, der in Eilmärschen zur Küste getragen wird und dessen Leben ganz dem Willen seiner Träger überantwortet ist (vgl. W. v. Rentzell, 1922: 214, 221 ff.; L. Külz, 1906: 88). Asmis drückte die Verachtung der soldatischen Kultur und des Offiziers gegenüber einem Mangel an Entbehrungsfähigkeit aus, die die Kolonialbeamtenschaft geprägt hat. Die Hängematte ist die Reiseform des Kaufmanns und »Zivilisten«, wie man im Kaiserreich mit gewollt-abschätzigem Tonfall gesagt hat. Positiv bringt es der Journalist Hugo Zöller (1885: 78) zur Sprache, wogegen Asmis sich unausgesprochen wendet: »Die Bedenken, die in jedem Neuankommenden betreffs Benutzung dieses Transportmittels (= Hängematte – TT) aufsteigen, pflegen sehr schnell zu verschwinden, wenn er ... gar erst Bekanntschaft mit den Tücken des Klimas gemacht hat. Der Kaufmann, der den Weg von Quitta bis Lome zu Fuß zurücklegen wollte, würde daraufhin für wenigstens 24 Stunden der Ruhe bedürfen, und wenn er den Besuch häufiger wiederholte, sehr bald dem Klima zum Opfer fallen.« Die Hängematte ist eine »unmännliche« Beförderungsweise, die nicht der »Bewährungs«-latte der Kolonialbeamtenkultur entgegenkam. Noch weniger entsprach sie deshalb der gewalttätigen Gegensätzlichkeit der »kolonialen Situation«. Sie enthält keine Kampfbereitschaft. Sie verhindert sie. Sie kehrt gar das Herrschaftsverhältnis zwischen Eroberer und Unterworfenem um. Im Fall des hilflosen Fieberkranken ist es der Unterworfene, in dessen Hand das Wohl und Wehe des Eroberers liegt.

Aber selbst in dieser Umkehrung steckt eine Bestätigung und Festigung der Herrschaft des Eroberers. Sie läßt sich in der Erzählung erkennen, die Werner von Rentzell (1922: 213ff.) in einem der schwülstigsten Teile seiner schwül-sentimentalen Kolonialprahlerei zum besten gab. Rentzell gibt Kunde von »Hauptmann Fellins Ende«, womit der Bezirksleiter von Sansanné-Mango, Hauptmann Adolf Mellin, gemeint ist. Mellin, schwerkrank, starb auf einem Transport zur Küste im Januar 1910 (vgl. AbT 5, 1910: 24). In Rentzells (1922: 223f.) »glutvollen« Worten heißt es über diesen Transport: »Als die bestellten Träger zugreifen wollten, da gab es einen überraschenden Zwischenfall. Die Soldaten bestürmten mich, ›ihren‹ Hauptmann keinesfalls durch die verachteten ›Buschleute‹ tragen zu lassen. Sie verlangten von mir, ich solle das ihnen überlassen. Der leidenschaftlichen Forderung stimmte ich nur allzu freudig bei.«

Rentzell erzählt den Mythos der Kolonialherrschaft, der der Mythos jeder Herrschaft ist: die Ergebenheit des Unterworfenen für ›seinen‹ Eroberer, die Liebe des Geknechteten für ›seinen Herrn‹. Deshalb wird noch in der Umkehrung der Abhängigkeit zwischen Eroberer und Bezwungenem die Hängematte zum Triumph der Herrschaft des Eroberers. Es ist die Hilflosigkeit des Getragenen, die seine fraglose Herrschaft feiert. Wie immer, folgt man Max Weber (1972: 123) und Heinrich Popitz (1992: 197ff.), zielt dabei der wichtigere Teil der Kraft des Herrschaftsmythos, Menschen zu gewinnen, auf die Eroberer selbst. Sie sind es, die an den Mythos glauben müssen – und wollen.

Die Marschgeschwindigkeit der Träger war zügig. Selbst die Träger einer Hängematte, in der ein Europäer den Mühen des Fußmarsches zu entgehen suchte, haben vier bis fünf Kilometer in der Stunde bewältigt (vgl. H. Klose, 1899: 119f.; H. Zöller, 1885: 79).[2] Kräftige und geübte Träger hielten eine

---

[2] Auch heute rechnet man für einen Bergsteiger eine Marschleistung von vier Kilometern pro Stunde an Horizontalentfernung (vgl. G. Harder, 1980: 22).

solche Geschwindigkeit bis zu acht Stunden durch, sofern sie nach vier Stunden für eine »kurze Rast« anhalten konnten (H. Zöller, ebda). Dennoch blieben bis zur Errichtung der Eisenbahnlinien und bis zum Einsatz von zwei Lastwagen auf den Strecken Palimé-Kpandu und Atakpamé-Sokodé am Ende der deutschen Kolonialzeit (vgl. P. Sebald, 1988: 342f.) die Zeiträume vergleichsweise groß, die es benötigte, um Träger mit ihren Lasten auf dem Landweg in das Hinterland und wieder zurück in die gouvernementale Zentrale zu schicken. Sansanné-Mango lag von Lomé bei üblichem Marschtempo wenigstens drei Wochen entfernt. Die 130 Kilometer, die Lomé von Misahöhe trennten, benötigten fünf Tagesmärsche, der Weitermarsch über zusätzliche 130 Kilometer nach dem wichtigen Krachi forderten im Jahre 1901 noch einmal sechs weitere anstrengende Tage (vgl. DKB 12, 1901: 281).

Schneller ließ sich dagegen eilige Post, wohl auch Anweisungen an die Häuptlinge, befördern. Ein System von Boten und Relais machte es möglich, daß z.B. die Post von Lomé in 36 Stunden Misahöhe und von da in weiteren 48 Stunden Krachi erreichte (vgl. W. Schmidt, H. Werner, 1939: 137; DKB 12, 1901: 281). Die Schauspielerin M. Gehrts berichtete 1914 bewundernd von einem Stafettensystem für die »Häuptlingspost« (vgl. P. Sebald, 1988: 448). Sofern ein Beamter damit rechnen konnte, daß seine Botschaft einen lesekundigen Häuptling oder Helfer des Häuptlings erreichte, steckte der Beamte seine schriftliche Anweisung in eine Holzröhre. Nach den Angaben von Gehrts[3] war der Häuptling eines jeden Dorfes verpflichtet, diesen Stafettenstab durch Läufer ins nächste Dorf zu befördern. So konnte mit dieser »Häuptlingspost« gut und gern eine Strecke von etwa 90 km in zehn Stunden bewältigt werden. Die Geschwindigkeit der Stafettenläufer der »Häuptlingspost« war die Geschwindigkeit des Befehls. Die Stafettenläufer und Boten waren die schnellen Träger der Macht.

Die Ordnung der Mittler ist eine Ordnung, in der das Problem der Kontrolle der Mittler allgegenwärtig ist. Den drei Arten von Verbindungen und ihren drei Typen von Mittlern entsprechen nicht nur unterschiedliche Stufen der Aufrichtung staatlicher Herrschaft, sondern zu ihnen gehören unterschiedlich folgenreiche Kontrollprobleme für den Eroberer. Im Falle der Trä-

---

[3] Ich habe in keiner anderen Quelle eine Bestätigung für dieses Verfahren gefunden. Sebald bezieht sich allein auf Gehrts. Da jedoch im augenblicklichen Zusammenhang allein das System von Boten und die Transportgeschwindigkeiten von Bedeutung und in den Angaben von Gehrts plausibel sind, sind die restlichen Details ihres Berichts nicht so wichtig. Im Unterschied zu dem Eindruck, den Sebald hervorruft, muß hervorgehoben werden, daß das Bestehen einer fest eingerichteten »Häuptlingspost« nicht als gesichert gelten kann. Unbestritten ist die Existenz eines Postdienstes, der durch Boten bewerkstelligt wurde. Vielleicht bezog sich die Schauspielerin in ihrem Bericht auf dieses ganz offizielle Postwesen.

ger sind es drei Grundprobleme. Sie lassen sich in Fragen ausdrücken, die aus der Sicht des Eroberers heißen: Wie beschaffe ich Träger? Wie halte ich die Träger bei der Stange? Wie halte ich die Träger im Zaum?

Die erste Frage ist die Frage der Rekrutierung von Trägern. In den meisten Fällen geben die Eroberer darauf zwei Antworten. Sie heißen: Rekrutierung auf freiwilliger Grundlage und Zwangsrekrutierung. Die deutschen Kolonialherren taten es nicht anders.

Auf freiwilliger Grundlage war die Trägerarbeit den einheimischen und anderen Afrikanern, die sich in der Kolonie aufhielten, nicht unwillkommen (vgl. H. Klose, 1899: 424). Sie war vergleichsweise einträglich. Das gilt besonders in der Küstenregion mindestens bis zum Beginn des zweiten Jahrzehnts der deutschen Kolonialherrschaft. Für seinen Transport in der Hängematte von Lomé über Agbodrafo (damals Porto-Seguro), wo die Reisegesellschaft übernachtete, nach Sébé, in dieser Zeit noch Sitz der zentralen Kolonialverwaltung, mußte der Beamte Heinrich Klose im Jahre 1894 die Dienste von acht Männern in Anspruch nehmen. Er mußte jedem seiner acht Träger acht Mark für den Marsch bezahlen, der besonders mühsam war, weil er vielfach durch den tiefen Sand der Küstendüne geführt hatte (vgl. ebda, S. 54ff.). Stattdessen war eine Reise in das »Hinterland« für den europäischen Eindringling zu diesem Zeitpunkt noch um einiges kostengünstiger. Nur eine Mark zahlte Klose (ebda, S. 155f.) pro Träger und Tag für seine Reise von Lomé nach Misahöhe. Aber selbst dieser Verdienst war für die Träger nicht unansehnlich. Immerhin nahmen sie nach etwas mehr als einem Drittel des Weges zur Verwaltungsstation in Misahöhe, in dem »wichtigen Platz« Assahoun, oft auf eigene Rechnung Hilfsträger in ihren Dienst, »welche ihnen die Lasten bis Tove oder Palime abnehmen«». »Durch den höheren Wert der Tauschartikel können sich die Träger diesen Luxus gestatten, da sie die Hilfsträger oft nur mit den leicht mitzuführenden Perlenschnüren belohnen« (ebda). Spätestens im letzten Jahrzehnt zahlte die Verwaltung den Trägern aber nicht mehr als 75 Pfennige pro Tag, ohne Lasten und für Ruhetage 25 Pfennige [vgl. R 150 ANT FA1/83 (5–5): 263]. Ein Entgelt von 75 Pfennigen entsprach dem Tageslohn eines Mitglieds von Lomés Lokalpolizei im ersten Dienstjahr (vgl. LGG, S. 373) und dem üblichen Tageslohn eines Arbeiters in den Küstenorten. Verglichen mit manchen Tagelöhnen zwischen 30 und 50 Pfennigen, die im »Hinterland« gezahlt wurden, war es ein »üppiger« Lohn, besonders wenn man wie die Kolonialverwaltung das Existenzminimum bei täglich 40 Pfennigen liegen sah. Indessen betonte der katholische Pater Theodor Kost in einer internen Steuerdebatte im Februar 1908, daß für Nahrung, Wohnung und Essen das tägliche Mindesteinkommen bei 63 Pfennigen lag (vgl. P. Sebald, 1988: 353).

Nicht willkommen war den betroffenen Afrikanern die Zwangsrekrutierung zu Trägerdiensten. Von ihr machten die deutschen Eindringlinge überall und besonders in einzelnen Gegenden und Ortschaften einen nicht unerheblichen Gebrauch (s. Anhang, Tab. 19 und 20).[4] Es gab fünf verschiedene Formen der Zwangsrekrutierung. Gemeinsam war ihnen, daß die unmittelbare Rekrutierung Sache des Häuptlings war. Unterschiedlich waren stattdessen die Auftraggeber der Häuptlinge, der Personenkreis oder die Einrichtung, für die die Trägerdienste zu leisten waren, und der Grad der Willkür, der mit der Zwangsrekrutierung einherging.

Da waren zum einen Trägerdienste im Rahmen der »Steuerarbeit« abzuleisten. Diese »Fronarbeit«, wie man die Steuerarbeit in den Kreisen der Mission (vgl. DKB 18, 1907: 302) häufig genannt und kritisiert hat,[5] brachte kein Geld und war mit Kosten verbunden. Die Kosten entstanden durch An- und Abreise, die oft lange Wege enthielten. Hinzu kamen die Ausgaben für den Unterhalt, den der Steuerarbeiter aus eigenen Mitteln zu bestreiten hatte. Zur Unbarmherzigkeit der Zwangsarbeit gesellte sich noch ein Stück Willkür, wenn Trägerdienste als Strafen für ganze Ortschaften erklärt wurden. Noch im Frühjahr 1914 wurden mindestens in den Bezirken Aného und Krachi keine Löhne für Trägerdienste benötigt, weil die »Beförderung der bei Dienstreisen notwendigen amtlichen Lasten bei Reisen des Bezirksamtmannes ... z. Zt. durch Dorfschaften als Strafe oder durch Gefangene« geschah (ANT FA1/108: 130f.). Die »Pflichtarbeit« ging nicht mit weniger Zwang einher. Aber wenigstens wurde sie mit dem üblichen Tageslohn von 75 Pfennigen entgolten, die sich aus 50 Pfennigen Lohn und 25 Pfennigen für den Unterhalt zusammensetzten (vgl. P. Sebald, 1988: 345 ff., 455 ff.). Eine besondere Abwandlung solcher »Pflichtarbeit« war die ad-hoc-Zwangsrekrutierung von Trägern durch amtliche Expeditionen oder die Reisegesellschaft des Gouverneurs. Schon unter dem Regiment des Gouverneurs Waldemar Horn spielte

---

[4] Die Angaben zum quantitativen Umfang der Trägerleistungen, die in Tabelle 22 aufgezeichnet sind, enthalten nur einen Teil der geleisteten Trägerdienste. Die Angaben nennen nur die Trägerleistungen, die als sogenannte »Tagewerke« der Zwangsarbeiter, d.h. Arbeitstage der »Steuerarbeiter«, besonders ausgewiesen wurden. Die Angaben enthalten also nur einen Typ von zwangsrekrutiertem Trägerdienst. Die Angaben in Tabelle 23 enthalten verschiedene Typen von Trägerdiensten. Allein für die Trägerdienste bei den Dienstreisen der Beamten fielen mindestens 5 040 Tagewerke auf den zwangsrekrutierten Trägerdienst vom Typ der Strafe (und der Gefangenenarbeit).
Insgesamt macht die Übersicht deutlich, daß zu den Trägerdiensten im Rahmen der »Steuerarbeit« mindestens noch einmal 11 280 Tagewerke hinzu kamen, die in anderen Formen des Trägerdienstes erbracht wurden. (Bei dieser Gesamtsumme habe ich die Tagewerke der Bezirke Sokodé und Sansanné-Mango nicht einbezogen, weil zwar nicht die Reisetage des Beamten, aber die Tagewerke der Träger von mir nur unterstellt sind).

[5] Vor allem der in Togo einflußreiche Kaufmann Johann Karl Vietor hat im Verkehr mit der Kolonialabteilung des Auswärtigen Amtes in Berlin diese Bezeichnung für die »Steuerarbeit« gebraucht (vgl. P. Sebald, 1988: 347).

sich die Übung ein, lediglich mit einem vergleichsweise kleinen Stamm an Trägern aufzubrechen, »welche infolge ihrer größeren Gewandtheit beim Ordnen der Lasten und Einrichtung des Lagers sowie anderen schwierigeren Arbeitsleistungen besonders nutzbringend verwandt werden konnten« (DKB 15, 1904: 239). Die übrigen Träger waren »sämtlich Wechselträger, d.h. wurden nur auf kurzen Strecken verwandt und sobald als möglich durch neue ersetzt. Auf diese Weise war es möglich, eine im wesentlichen an das jeweilige Gelände gewöhnte Kolonne zur Verfügung zu haben und den sonst üblichen Troß von Fußkranken fernzuhalten, wodurch nicht nur eine bedeutende Ersparnis an Kosten, sondern gleichzeitig auch eine größere Bewegungsfreiheit der Expedition erzielt wurde« (ebda; s. auch H. Klose, 1899: 425). In der gleichen Weise, wenn auch in beschränkterem Umfang, erfolgten die Zwangsrekrutierungen, die Stationsbeamte, Expeditionsleiter, Forstbeamte, Zöllner oder Regierungsärzte auf ihren verschiedenen Reisen vorgenommen haben. Besonders für die Regierungsärzte bestand ein nicht unwesentlicher Bedarf, sofern sie als Impf- und Reiseärzte oder als Mitglieder der Schlafkrankheitskommission fleißig die Kolonie nach allen Richtungen bereisten und erforschten.

Ebenfalls entgolten wurden die beiden abschließenden Formen der Zwangsrekrutierung. Aber Geldgeber war in diesen Fällen nicht mehr die Verwaltung, und es läßt sich ebensowenig wie schon bei den beiden vorangegangenen Abwandlungen der Pflichtarbeit mit Bestimmtheit sagen, wie hoch das Entgeld in den einzelnen Fällen war.

Fest eingerichtet war das Verfahren, daß die zuständige Bezirksverwaltung Träger für private europäische Firmen und Interessenten zwangsrekrutierte [vgl. R 150 ANT FA1/83 (3-5): 167ff., 183ff.]. In derselben Art, die im Falle von Steuer- und Pflichtarbeit üblich war, wies das Bezirksamt den Häuptling, dessen Dorf und Region betroffen war, an, eine bestimmte Zahl von Trägern zu einem vorgesehenen Zeitpunkt zu stellen. Die Verwaltung hielt bei dieser Art der Trägerbeschaffung an ihrem Vorrecht zur Zwangsrekrutierung fest. Wie im Bezirk Atakpamé verschaffte sich die Verwaltung darüber hinaus eine zusätzliche Einnahmequelle für den knappen Haushalt, indem sie pro Träger dem privaten Auftraggeber 50 Pfennige in Rechnung stellte.

Das vorgebliche Wohl der betroffenen Regionen und Zwangsrekrutierten kam ebenfalls nicht zu kurz. Die Verwaltung versuchte auf diesem Weg, nachteiligen Auswirkungen einer weiteren Variante der Zwangsrekrutierung zu begegnen. Bei dieser Variante wandten sich die interessierten privaten Firmen und Privatpersonen direkt an die Häuptlinge, die in Frage kamen. Gegen ein entsprechendes Entgeld besorgten die Häuptlinge dann die gewünschte Trägerzahl. »(G)ewohnt, einer Gestellung durch den Häuptling als einer amtlichen unbedingt Folge zu leisten« (ebda), ließen sich die angesprochenen Dorfbewohner für die Trägerdienste der Privatpersonen und der Unternehmen verpflichten. Eine der schwerwiegenden Folgen dieser Praxis war, daß einzelne Ortschaften und Regionen, die z. B. wie Nuatjä (heute Notsé) am Endpunkt einer Bahnlinie oder an einer wichtigen Straße und einem bedeutsamen Handelsweg lagen, über alle Maßen von Trägerleistungen in Anspruch genommen wurden. Das hatte zur Folge, daß die Landwirtschaft nicht mehr im notwendigen Umfang aufrechterhalten werden konnte, die Familien auseinandergerissen wurden und eine allgemeine »Unsicherheit ... in den Lebensverhältnissen« der Zwangsrekrutierten eintrat (ebda, S. 171). Verbindung und Distanzabbau in der Ordnung des Eroberers kehrt sich in Trennung und Unsicherheit in der Ordnung der belasteten Mittler um.

Wie halte ich die Träger davon ab, sich in den »Busch« zu schlagen, sich im Dunkeln der Nacht davonzumachen, am nächsten Morgen nicht mehr zu erscheinen? Wie halte ich die Träger bei der Stange? Es ist die Frage der Regelmäßigkeit des Trägerdienstes, von der sowohl das Gleichmaß, die Dauerhaftigkeit, die Verläßlichkeit und die Wirtschaftlichkeit der Landverbindung und der Versorgung als auch die Dauerhaftigkeit der Machtbeziehung abhängt, die der Trägerdienst zwischen dem Eroberer und dem Träger herstellt. Viel steht im Fall der Ordnung des Trägerdienstes auf dem Spiel.

Viel kann geschehen, was die Ordnung des Trägerdienstes in Unordnung bringt. Die Ordnung der Mittler ist eine Ordnung der Eigenmächtigkeit. Sie schließt noch den ein, der keine Macht und scheinbar nur die Last der Macht hat, den Träger, das »Lasttier« des Eroberers.

Auf der Ebene des Eroberers, der von den Mittlern in daseinsbestimmender Weise abhängig ist, findet sich die Ordnung der eigenmächtigen Mittler in dem Vorgang wieder, in welchem der Eroberer lernt, Vorkehrungen gegen die Eigenmächtigkeiten des Mittlers zu treffen. Ein Eroberer, der es nicht lernt, Vorkehrungen gegenüber den eigenwilligen Handlungen seiner Mittler zu treffen, bleibt auf der Strecke. Wenn der Mittler ein Träger ist, ist diese Metapher im wörtlichen Sinn zu verstehen.

»Auf den Rat einiger Kaufleute schickte ich die Träger eine kurze Strecke voraus, um ihnen dann zu folgen.« Mit diesen Worten beginnt Heinrich Klose (1899: 119) die Schilderung seiner ersten Reise nach Misahöhe im Jahre 1894. Mit Worten, die fast zu feststehenden Redewendungen von Expeditionsleitern wurden, fährt er fort (ebda): »Aber die Erfahrungen, die ich mit diesem System machte, sollten mir eine Lehre für meine späteren Reisen sein; ich nahm mir vor, nie wieder die Karawane, und wenn sie auch noch so klein ist, zu verlassen.« Die Erfahrung, die Klose machte, war, daß die Träger, die er vorausgeschickt hatte, nicht im Nachtquartier anlangten, und er auf einer Strohmatte nächtigen mußte – in Anbetracht »des unter hiesigen Verhältnissen ungewöhnlich langen Marsches von 28 km« hat er dennoch »ausgezeichnet geschlafen« (ebda, S. 129).

Neben dem Rekrutierungsproblem ist das Hauptproblem, daß sich die Träger mit und ohne Last dem harten Transportregiment entziehen, zu dem sie in so vielen Fällen gepreßt worden sind. In der »Marschordnung« und ihren festen Regeln und durch bedrohliche Überwachung, Strafdrohungen und Strafen wird versucht, dieses Hauptproblem zu begrenzen.

Die Marschordnung ist eine Ordnung der Vorkehrungen, in der einerseits, wenn es sich um eine militärische Kolonne handelt, eine »Feindberührung« bedacht wird, andererseits Vorkehrungen gegen die Handlungsweisen der Marschierer, das heißt hauptsächlich gegen die Träger, getroffen sind. Neue Träger, »welche noch nicht an die Marschdisziplin gewöhnt sind, machen dem Aufsichtspersonal, dem Dolmetscher, dem am Queue marschierenden Soldaten und dem Expeditionsmeister nicht wenig zu schaffen. Bald verweigert ein Träger den Weitermarsch, ein anderer behauptet, seine Last sei ihm zu schwer, wieder ein anderer sucht den Umtausch einer ihm unangenehmen Last zu erzwingen, indem er absichtlich stolpert und sie zu Boden wirft« (ebda, S. 425). An erster Stelle gilt es zu verhindern, »dass Leute, welche schon fest engagiert sind, ... vor dem Weitermarsch desertieren« (ebda). Das übliche Mittel hierfür war die strenge Überwachung der Träger. Bei »großen Karawanen ist zum mindesten ein verantwortlicher Trägeraufseher notwendig und sind drei bis fünf Soldaten als Begleit- und Überwachungspersonal sehr erwünscht« (R. Asmis, 1942: 74). Bei einer größeren Expedition marschierten an der Spitze Soldaten und möglicherweise der oder die Europäer, denen sich der Zug der Lastträger anschloß. »Hierauf folgte der Stab der schwarzen Eskorte, der Dolmetscher, ein Hornist und etliche Soldaten, welche aufzupassen hatten, dass keiner der Träger zurückblieb« (H. Klose, 1899: 424; vgl. auch F. K. Hutter, 1901: 176). »Alte Afrikaner« führten zusätzlich eine Namensliste der Träger, »um ein etwaiges Entweichen einzelner, womit man immer rechnen muß, nachprüfen zu können« (R. Asmis, 1942: 75). Nicht weniger galt für die Lasten das Gebot einer sorgfältigen Inventur. Bei den üblichen Dienstreisen und Tourneen war allerdings das Kontrollproblem stark verringert. Gewöhnlich reisten die Beamten im letzten Jahrzent der Kolonialzeit in der Begleitung von zwölf Trägern (vgl. ANT FA1/108: 149 ff.).

Marschierten die Träger nicht in der Begleitung eines Europäers, gab man ihnen üblicherweise Soldaten zur Bewachung mit (vgl. ANT FA1/108: 149) und händigte ihnen am Ausgangsort nur einen Teil des Entgeltes und sogenannte »Trägerkontrollkarten« aus. In diese Karten trug der Beamte am Ausgangsort die Zahl und Namen der Träger des Transports, die Nummern der Waren, Ausgangs- und Bestimmungsort und das Datum des Abmarsches ein. Der Empfänger am Zielort hatte den Empfang und die Auszahlung des restlichen Lohnes zu bestätigen. [vgl. R 150 AMT FA1/128 (1–2): 24, 27]. Die Trägerkontrollkarten waren eine Form von Frachtbrief. Aber kontrolliert wurde nicht nur die Fracht, sondern in erster Linie der Spediteur. Noch war die Person und nicht nur das Gut zu kontrollieren, denn sie war das Band, das über die Verbindung von Menschen, Gütern und Regionen entschied – und die sich in der Ordnung der Eigenmächtigkeit weder scheute noch mit handhabbaren Kontrollen einfach davon abzuhalten war, sich dem Macht- und Ordnungsanspruch des Eroberers zu entziehen. In Togo ging der Träger durch manchem unwegsamen »Busch« einfach in das nahe Ghana. Dort waren nicht zuletzt die Löhne vielerorts besser (vgl. P. Sebald, 1988: 348f., 460). Mit Gewalt und Willkür eignet sich der Eroberer Menschen und Gebiete an. Aber es ist nicht nur der Eroberer selbst, der mit seinem gewalttätigen und beliebigen Gebaren die Menschen in Furcht und Unsicherheit versetzt. Die Gewalt und Willkür des Eroberers setzt sich in den Menschen und Einrichtungen der Länder und Gebiete fort, die er unterwirft. Gewalt und Willkür schlagen die Menschen in den Bann. Sie sind »strukturüberlegen«. Damit meine ich, daß Gewalt und Willkür die Tendenz haben, sich fortzusetzen und auszudehnen. Wenn sie in einer Einrichtung auftreten, bestimmen sie alle Verhaltensmuster der Menschen in dieser Einrichtung. Wenn sie sich auf der allgemeinsten Strukturebene, der politischen Ordnung einer Gesellschaft, einrichten, dann stehen die Menschen, wo immer sie sich bewegen, im Schatten von Gewalt und Willkür (vgl. T.v. Trotha, 1986: 1ff.; 1982: 11ff.; vgl. auch P. Waldmann, H.W. Tobler, 1991).

Einprägsamster Ausdruck dieser Zusammenhänge ist das Gewaltinstrument des Eindringlings, das aus Menschen besteht, die in zunehmenden Maße aus der lokalen Bevölkerung rekrutiert werden. In Togo war es die Polizeitruppe. Aber ebenso dort, wo die Menschen nur Hilfskräfte und wie die Träger die »Lasttiere« der »Herren« sind, haben sie Teil an der gewaltbestimmten Ordnung derer, für die sie den Nacken beugen, sich krummlegen und ihre Kleidung durchschwitzen.

Die Träger in Togo wurden nicht in Maria-Theresien-Talern oder englischen Münzen ausbezahlt. Sie erhielten deutsche Münzen, obwohl sich die englischen Münzen viel besser als die deutschen Münzen tauschen und wechseln ließen. Wenn die Mittler in Togo begannen, nach dem Dezimalsystem zu zählen, dann eigneten sie sich nicht nur das Zählsystem der Eroberer an, sondern sie drückten es auch in Deutsch aus. Wenn die Träger die Lasten der deutschen Eindringlinge schleppten, dann hatten sie ein Stück weit an der gewalttätigen Willkür ihrer deutschen »Herren« teil, mit der diese Eindringlinge ihre Herrschaft errichteten und festigten. »Ein Stück weit« heißt, daß sie die Bauern in dem Weiler, durch den die Route führte, oder die Bewohner des Dorfes oder Nachbardorfes, in dem der Troß des Eroberers das Nachtlager aufschlug, drangsalierten.[6] Andere Gelegenheiten boten sich, wenn die Nahrungsmittel für das karge Abendessen des Eroberers zu erstehen waren. Nicht immer werden die Dorfbewohner so wie die aus Dadiase aufzumucken gewagt haben, wenn ihnen das Huhn gestohlen wurde, das sie freiwillig nicht verkaufen wollten. Aber zuguterletzt behalten die Drohungen der Eroberer

---

[6] »In der Regel« wurden die Träger in dem Dorf untergebracht, das dem Dorf benachbart war, in dem der Europäer nächtigte (vgl. R. Asmis, 1942: 78).

gegenüber aller Empörung auf der Seite der Dorfbewohner die Oberhand (vgl. H. Klose, 1899: 93, 343).

Manch eigenmächtiges Verhalten der Träger konnte den Eroberer in beachtliche Bedrängnis bringen. Das gestohlene Huhn im Fischerdorf Abobo am Togosee kostete Klose (ebda) nur ein langes »Palaver« und ein Geschenk. Das gestohlene Huhn in Dadiase, südöstlich des fernen Krachi, stellte Klose einer Schar von Dorfbewohnern gegenüber, »welche alle mit Messern und Flinten bewaffnet waren und einen der Unsrigen ergriffen hatten«. Es bedurfte mehr als nur eines langen »Palavers« und eines Geschenks. Die Kolbenstöße, die Klose austeilte, und die Drohung, die er ausstieß, brachten ihn an den Rand des Verderbens. Nur einer aus der Gruppe der Träger, durch die die gefahrvolle Situation entstanden war, bewahrte ihn und die ganze Schar vor dem Verderben. Der Preis dafür war ein »grosses Lösegeld« (ebda).

2. Verständigung – die Macht der Dolmetscher

Für Henri Brunschwig (1983: 105 ff.) gehören sie zu den »Königen des Hinterlandes« (»rois de la brousse«). Aber das Bild ist schlecht gewählt. Denn nichts »Königliches« kommt jenen zu, die zwei Seiten Ohr und Mund leihen: den Dolmetschern. Nicht einmal der Einfluß und die Macht, die sie ausüben und die vergleichsweise groß sein können, haben etwas Königliches. Ihr Einfluß ist geborgt, ihre Macht ist geliehen. Keine Tradition rechtfertigt und überhöht sie. Was sie sind, sind sie aus eigener Kraft, aber nicht aufgrund eines eigenständigen Rechts. Sie sind eine der frühen Formen von »Expertenmacht«. Der Dolmetscher ist einer der »Experten des Busches« – selbst wenn er vom »Busch« wenig verstehen und ihm die bäuerlich-dörfliche Welt seiner Väter und Mütter nichts bedeuten mag, die er verlassen hat, um sich in der Welt der fremden Eindringlinge einen Platz zu suchen.

Der räuberische Krieger braucht für die Razzia nicht die Fertigkeit, die der Dolmetscher mitbringt. Die Welt der Razzia ist die Welt der Schmerzensschreie und des mörderischen Schweigens, das den Krieger nicht mehr bedrückt, weil er sich schon längst wieder auf und davon gemacht hat. Für den Begründer eines Staates ist die Fertigkeit des Dolmetschers überragend und unverzichtbar. Sie bestand in Togo darin, Englisch oder Deutsch und eine oder, besser, mehrere einheimische Sprachen und Dialekte zu sprechen. Wie Heinrich Klose (1899: 297f.) anerkennend beobachtet hat: »Auch ist die Sprachenkenntnis der Dolmetscher ... ganz erstaunlich. Nicht selten sprechen diese Leute zwei bis drei Sprachen ausser ihrer Muttersprache. Von den europäischen Sprachen ist es naturgemäss die englische, die fast alle diese Leute sprechen, häufig auch gut schreiben. Von den eingeborenen Sprachen sprechen sie nicht selten Ga, Tshi und Evhe, so dass sie also vier Sprachen beherrschen.«

Für das Unterfangen des Eroberers sind die Dolmetscher besonders in den Zeiten der Eroberung und »Pazifizierung« von hervorragender Bedeutung. Ohne sie gibt es keine Verhandlungen mit den Vertretern der politischen Macht und Herrschaft in den Gebieten, die auf dem Weg des Eindringlings liegen, und die er sich untertan machen will. Selbstverständlich haben auch zwei Dolmetscher, S. J. J. Garber und J. B. A. Ahjevon, den Schutzvertrag vom 5. Juli 1884 unterzeichnet, damit der Vertrag vor den Augen der europäischen Konkurrenten der Deutschen Bestand haben konnte (vgl. P. Sebald, 1988: 44).[7] Ohne Dolmetscher kann keinem Karawanenführer gesagt werden, wohin die Reise gehen soll. Ohne Dolmetscher können die Waren nicht besorgt und eingekauft werden, die die Träger zu tragen haben. Ohne sie gibt es nicht das freundschaftliche Wort, das den Gast willkommen macht und den einheimischen Gastgeber vielleicht für die Sache des Eroberers gewinnen läßt. Ohne sie gibt es ebensowenig die Drohung des Eroberers, mit der er die Menschen ohne den tätlichen Beweis überlegener Aktionsmacht gefügig macht. Es war aber auch kein Einzelfall, daß der Dolmetscher wie im Fall der Expedition des Hauptmanns Erich Kling nach Kintampo (rund 160 km nördlich von Kumasi) durch seine »ungemeine(.) Besonnenheit« den europäischen Eindringling, die anderen Mitglieder des Expeditionskorps und sich selbst vor dem sicheren Verderben gerettet hat (vgl. A. Frhr. v. Danckelman, 1893: 316).

Mit dem Ende der Eroberungsfeldzüge und der »Pazifizierung« geht der Stellenwert des Dolmetschers unter den Helfern des Eroberers zurück. Es gibt dann immer mehr Menschen, die es verstehen, sich in der Sprache der Herrschenden auszudrücken. Die Entwicklung des öffentlichen Erziehungswesens, in der die Sprache des Eroberers zwingend gelehrt wird, ist hierbei ausschlaggebend. Es kann der Versuch sein, eine der einheimischen Sprachen zur Verkehrs- bzw. »Einheitssprache« zu machen, wie man damals gesagt und darüber gestritten hat (vgl. VhKK, 1910: 732 ff.). Für den Zeitraum der deutschen Kolonialherrschaft wirkte sich die Entwicklung eines einheitssprachlichen Erziehungswesens allerdings nicht mehr in deutlich spürbarer Weise aus. Für die Planung des Etats vom Jahre 1915 wurden sechs zusätzliche Dolmetscher beantragt (vgl. ANT FA 1/108: 127 ff.; s. Anhang, Tab. 21). Bei geringer Schulquote und Vielsprachigkeit, die bis heute die Staaten Afrikas und Asiens prägt, ist der Dolmetscher eine unverzichtbare Einrichtung geblieben. Rudolf Asmis (1908: 81) hat es auf seine Weise vorweggenommen: »Auf der richtigen Übermittlung durch die Dolmetscher beruht bei der außer-

---

[7] In den deutschen Akten heißen die beiden Dolmetscher nach der offiziellen Lesart J. J. Gacher und J. B. Ahpevor [vgl. VhRT 6. Leg 6. Legislaturperiode, I. Sess., 1884-85, I. Bd. (Nr. 1-100), Nr. 41: 43; Das Staatsarchiv 43, doc. 8278, Anlage, S. 262]. In diesen Akten wird übrigens ein falsches Datum für den Vertragsabschluß, nämlich der 15. Juli 1884 genannt. Der Abdruck im »Staatsarchiv« enthält auf Seite 261 jedoch eine Anmerkung, die das Datum richtigstellt.

ordentlich großen Sprachenzersplitterung unseres Schutzgebietes noch für lange Zeit die gesamte Richter- und Verwaltungstätigkeit.«

Die Mehrzahl der Dolmetscher waren Gelegenheitsdolmetscher. Man bediente sich ihrer, wann immer die Sache es erforderte. Vielfach waren es Händler, hauptsächlich aber Soldaten, die ebenso wie die Händler Hausa sprachen. Viele Bezirksleiter konnten Hausa und bedienten sich seiner im Verkehr mit ihren Soldaten. Die Soldaten wiederum übersetzten vom Hausa in eine der Sprachen, die ihnen geläufig und gerade erforderlich war (vgl. DKB 18, 1907: 303).

Manchmal wuchs ein Bub, der sich als Diener des herrischen Fremden verdingte, in die Aufgaben des Dolmetschers hinein. Heinrich Kloses (1899: 296ff.) »Diener«, dessen Alter Klose (ebda) mit sieben Jahren angibt, war »in der ersten Zeit bei dem Verkehr mit den Schwarzen« dem »Expeditionsmeister« Hoyer »ein wertvoller Dolmetscher«. Klose (ebda, S. 297) selbst »verwandte ... ihn häufig, wenn der Dolmetscher der Expedition zufällig nicht anwesend war«. Aber Klose machte die aufschlußreiche Bemerkung, daß die Verwendung eines Knaben für Dolmetscheraufgaben im Umgang mit Häuptlingen nur ein »Notbehelf« und »thunlich« zu vermeiden ist. Denn die Beziehung des Eroberers zum Dolmetscher besitzt eine Analogie in den Verhältnissen der unterworfenen Afrikaner: »Nach dem Brauche der Schwarzen ist der Sprecher des Häuptlings oder Königs auch sein erster Berater und Minister. Als Zeichen seiner Würde trägt er den Häuptlingsstab für den König und wird infolgedessen auch meistens von den Weissen als Stabträger bezeichnet. Ein mächtiger König oder Häuptling pflegt selten bei Palavern oder Versammlungen selbst zu dem Volke zu sprechen; er läßt sein Wort oder sein Urteil durch den sogenannten Sprecher verkünden. ... Infolgedessen muss auch der Weisse einen würdigen Repräsentanten als Dolmetscher haben, und ist gezwungen, einen älteren Mann zu nehmen, der auch bei seinen Landsleuten etwas gilt und seinen Herrn dementsprechend vertreten kann« (ebda).

Oftmals mag die Bezahlung ganz dem Gutdünken des bewaffneten Eindringlings anheimgestellt gewesen sein. Aber wenn es denn nicht ein »Notbehelf« und die Aufgabe dauerhafter sein sollte, dann bot die Arbeit, die ein Dolmetscher zu erfüllen hatte, ein vergleichsweise gutes Auskommen. Klose (ebda) berichtete aus dem Jahr 1897, daß ein Dolmetscher »gewöhnlich« immerhin »monatlich mit 60 Mark und auf dem Marsche noch mit 25 Pfennig Verpflegungsgeld pro Tag bezahlt« worden ist. Selbst als die Verhältnisse für die Kolonialherren stabiler geworden waren, gehörten die Dolmetscher, die offiziell für die Regierung arbeiteten, zu den bevorzugten Gruppen, zumal wenn sie in den Küstenbezirken tätig waren. Nach der Verfügung des Gouverneurs »betr. die Regelung der Bezüge der farbigen Angestellten für die Dienststellen in Lomé und bei den Bezirksämtern« vom 12.Oktober 1908 (LGG, 1910: 375f.), die jedoch für die Bezirke Sokodé-Bassar und Sansanné-Mango nicht gültig waren, erhielt ein festangestellter Dolmetscher im ersten

Dienstjahr 30 Mark monatlich. Bis zum fünften Dienstjahr erhöhte sich das Monatsgehalt mit jedem Dienstjahr um weitere fünf Mark. Die vier im Etat ausgewiesenen Dolmetscher des Bezirks Lomé-Stadt kamen auf diese Weise im Jahr 1914 im Durchschnitt auf je 1 432,50 Mark im Jahr. Sie gehörten freilich zu den »Spitzenverdienern« unter den Dolmetschern, wenn man allein die Löhne zugrundelegt, die für die Dolmetscheraufgabe gezahlt wurden. Ein fest angestellter Dolmetscher des Bezirks Sansanné-Mango mußte sich im Jahre 1914 stattdessen mit einem Drittel des Gehalts seines südlichen Kollegen, mit durchschnittlich 480 Mark zufriedengeben (s. Anhang, Tab. 21).[8] Hinzu kamen verschiedene Beihilfen für Wohnung, Reisen und Krankheit.[9] Allerdings mußte sich der Dolmetscher für fünf Jahre verpflichten, wenn er eine feste Verwaltungsstelle bekommen wollte. Hier ging es ihm nicht anders als den Kanzlisten, Setzern, Unterlehrern, Zollaufsehern, Heilgehilfen, Gesundheitsaufsehern und Zollassistenten, mit denen er sich zu einer einheitlichen Lohngruppe der »farbigen Angestellten« zusammengefaßt sah (ebda).

Was für Menschen waren sie, die als Dolmetscher in den Dienst der deutschen Kolonialverwaltung getreten sind? Woher kamen sie? Was außer den vergleichsweise guten Verdienstmöglichkeiten veranlaßte sie, die Stelle und die Aufgaben eines Dolmetschers zu übernehmen?

Die Hinweise auf Dolmetscher sind zahlreich. Wir stoßen überall auf sie – in den Reiseberichten, in amtlichen Verlautbarungen, in den Akten des Justizwesens, in den Erinnerungen der »Alten Afrikaner«. Aber so wie die Gelegenheiten vorübergehend waren, in denen Afrikaner für eine kurze Zeit zu Dolmetschern wurden, so flüchtig sind die Spuren, die die Dolmetscher in den vielen dokumentarischen Hinweisen hinterlassen haben. Zu selten tritt

---

[8] Zum 1.April 1914 trat für die Dolmetscher und Kanzlisten der beiden großen Nordbezirke Sokodé und Sansanné-Mango eine Besserstellung in den Löhnen ein. Von da an erhielten sie:
im 1.Jahr 15 Mark
im 2.Jahr 20 Mark
im 3.Jahr 30 Mark
im 4.Jahr 40 Mark
im 5.Jahr 50 Mark
und ab dem sechsten Dienstjahr war die Verfügung des Gouverneurs vom 12.Oktober 1908 gültig (vgl. ANT FA1/1O8: 128).

[9] Zusätzliche Leistungen waren: Es wurde eine monatliche Mietentschädigung von 7,50 Mark gezahlt, wenn keine Dienstwohnung bereitgestellt wurde. Bei Krankheit erhielten die Angestellten je nach Dienstjahren und mindestens zweijähriger Zugehörigkeit zur Verwaltung Krankengelder zwischen 0,50 Mark und 1,50 Mark anstelle des Lohnes. Amtliche Behandlung und Arzneien waren kostenlos. Es bestand ein Urlaubsanspruch von 14 Tagen unter Fortzahlung des Lohnes. Daneben gab es Tagegelder, je nach Dienstjahren zwischen 1 und 2 Mark. Reisekosten wurden erstattet, gerade auch die Eisenbahnfahrkarte, allerdings in der letzten Klasse. Fahrradgelder standen ebenfalls den afrikanischen Angestellten zu (vgl. LGG, S. 375f.).

einer von ihnen mit einem Namen und einer Geschichte aus der großen Zahl der namen- und gesichtslosen Vermittler heraus.

Einer von ihnen war Fritz Togbe aus Agomé-Kussuntu. Der Bezirksamtmann von Misahöhe, Dr. Hans Gruner, hatte ihn in den 90er Jahren des vergangenen Jahrhunderts »aufgenommen« und »nach Deutschland mitgenommen« (D. H. K. Simtaro, 1982, Bd. 2: 601). Als Gruner mit Fritz Togbe wieder nach Togo zurückkehrte, sprach Fritz Togbe »sehr fliessend Deutsch« (ebda). Togbe muß außerordentlich sprachbegabt gewesen sein, denn einer seiner Neffen, von dem der Bericht über ihn stammt, gibt an, daß Togbe »Kabre, Kotokoli, Haussa, Deutsch, Englisch, Ewe, Yoruba, u.s.w.« gesprochen habe (ebda). Togbe wurde Soldat und der Dolmetscher von Gruner. »Er war immer dabei, überall wo sein Herr war, d.h. Dr. Gruner«. Er war für Gruner eine Art Adjutant. Zwischendurch war Togbe als Dolmetscher bei der Zentrale in Lomé tätig. Togbe blieb bis zum Ende der deutschen Kolonialherrschaft in Togo an der Seite von Gruner. Ein Bild, das Togbe zeigt, wie er hinter »seinem Herrn« steht, das Gewehr in der Hand, wurde 1914 bei Kamina aufgenommen.

Ein anderer war Stephan Amason (vgl. P. Sebald, 1988: 86, 697, Anm. 95; A. B. Herold, 1894d: 154). Amason war Seminarist, dann Lehrer der Basler Mission an einer ihrer Stationen an der Goldküste der Briten. Wegen Polygamie wurde er aus dem Dienst der Mission entlassen. Er machte sich wohl die guten Verbindungen der Mission nach Krachi und Kpandu zunutze und ließ sich dort als Händler nieder. Daselbst wurde er im Oktober 1890 von dem Hauptmann Anton Bruno Herold als Dolmetscher angeworben, weil Amason »mehrere Dialekte« beherrscht habe und ein »ausgezeichneter Kenner der Handelsverhältnisse des Adelilandes« gewesen sei. Herold benötigte einen Dolmetscher, weil er sich zur Station Bismarckburg aufmachte, die er als Nachfolger des Stabsarztes und Gründers der Station, Dr. Ludwig Wolf, leiten sollte. Als Bismarckburg zugunsten der Station Kete Krachi als Verwaltungsstation aufgegeben und in eine bloße Handelsstation umgewandelt wurde, fiel auf den Dolmetscher Amason die Auszeichnung, »der erste, mit Freuden zu begrüßende und nachahmenswerte Fall« zu sein, »daß die Regierung einen Schwarzen mit der Leitung einer Handelsstation betraut« hat (A. B. Herold, ebda). Herold fügte dieser Bemerkung hinzu: Amason »wird hoffentlich das Vertrauen rechtfertigen, das der kaiserliche Landeshauptmann von Puttkamer in ihn setzte ...« (ebda).

Amason rechtfertigte es nicht – wenigstens nicht in den Augen von Gottlob Adolf Krause, der schon 1892 darauf verwies, daß Amason Sklavenhandel betreibe. Später kamen die Vorgesetzten von Amason zu der gleichen Überzeugung. 1895 und 1896 mußten der damalige Stationsleiter von Kete Krachi und spätere Gouverneur v. Zech und der Nachfolger von Puttkamers, der Gouverneur August Köhler, der damals noch »Landeshauptmann« genannt wurde, die »bedenklichen Übergriffe« von Amason zur Kenntnis nehmen.

Die Übergriffe bestanden darin, daß Amason die Sklaven, die ihm »als Geschenk für die Regierung« anvertraut worden waren, selbst verkaufte (zit. n. P. Sebald, 1988: 697, Anm. 95). Unternommen hat die Verwaltung allerdings nichts mehr gegen Amason. Sie konnte nicht mehr gegen ihn vorgehen. Nach der offiziellen Aufdeckung seiner Geschäfte floh Amason im Jahr 1896 wieder zurück an die britische Goldküste.

Vier Bestandteile in den kurzen Geschichten, die uns über das Leben der beiden Dolmetscher überliefert sind, waren kennzeichnend für die afrikanischen Dolmetscher im Dienst der deutschen Kolonialverwaltung in Togo: ihre Verbindung mit der Polizeitruppe und ihre Herkunft aus dem Missionsschulwesen, ihre vielfältige Verwendbarkeit und ihre Verstrickung in »Übergriffe«, in Willkür und Machtmißbrauch.

Der eine Weg, auf dem sich ein aufmerksamer Afrikaner Deutschkenntnisse erwerben konnte, war die Polizeitruppe. Allzu weit wird er ihn normalerweise nicht geführt haben. Da hat es schon der ungewöhnlichen Chancen eines Fritz Togbe bedurft, um über den begrenzten Wortschatz eines militärischen Alltags hinauszukommen. Der andere Weg war die Missionsschule. Da die Missionsschulen das Schulwesen beherrschten, waren sie der Ort, wo man nicht nur lesen, rechnen und schreiben, sondern vor allem in Deutsch lesen, rechnen und schreiben lernen konnte. Die deutsche Verwaltung beschwerte sich bei den Missionen dementsprechend umgehend, wenn die Schüler zu geringe Deutschkenntnisse hatten und für die benötigten Dolmetscherdienste nicht zu gebrauchen waren (ebda).

Der Besuch einer Missionsschule legte dem Absolventen nahe, sich bei der Verwaltung oder den deutschen Handelsunternehmen als Dolmetscher zu verdingen. Bevor die Sprache der Herrschenden zur Verkehrssprache und damit zur billigen Münze wird, ist ihre Beherrschung eine solch grundlegende Fertigkeit, daß zusätzliche Qualifikationen zurücktreten. Sofern der Missionsschüler nicht der Mission treu blieb, wie es auch Amason in der ersten Zeit getan hat, fand er sich in den Anfangsjahren der Eroberung schnell im Regierungsdienst wieder. Wenn der Dolmetscher dort mit wichtigen Aufgaben betraut wurde, dann geschah es nicht, weil der Dolmetscher für diese Aufgaben im einzelnen die erforderlichen Kenntnisse vorweisen konnte. Der Dolmetscher wurde ausgewählt, weil der Eroberer mit ihm über diese Aufgaben sprechen konnte, und der Dolmetscher am besten auf die herrischen Fragen zu antworten und über das, was getan wurde und zu tun war, zu berichten vermochte.

In der herausgehobenen Stellung, die der Dolmetscher in den frühen Phasen der Herrschaftserrichtung und -festigung hat, steckt ein wichtiger herrschaftssoziologischer Wink. Er zeigt auf die fiktive Wirklichkeit, der die Bürokratie in »Bauernstaaten« gern erliegt (vgl. G. Spittler, 1981: 30ff.). Die Wirklichkeit der Verwaltung lebt von der Erzählung und vom Hören und Sagen. Die Verwaltung, die ihren Anfang in der Tat und zwar der Gewalt-Tat hat, unterliegt dem Bann des Wortes – das später zum Schriftstück und zur Akte wird. Vor dem Abgrund angelangt, der den Eroberer vom Eroberten trennt, und verwiesen darauf, Wege über den Abgrund hinweg zu den Eroberten zu finden, ist der Eroberer wie betört von seinen eigenen Worten, das heißt von Worten in der Sprache, die der Eroberer spricht, die ihm »heimatliche Laute« sind. Die Worte kommen indes aus dem Munde des Eroberten. Das bedeutet: Im Dolmetscher ist für den Eroberer der Abgrund aufgehoben, der Herrscher und Beherrschte trennt. Der Dolmetscher ist die Einheit von Eroberer und Eroberten. Das gilt allerdings nur in dem Augenblick, in dem der Dolmetscher die Sprache des Eroberers spricht. Nur dann ist der Eroberer zu Hause, und aus dem »wilden« Fremden wird der »Togomann« (H. Gruner, 1898: 115). In dem Augenblick, in dem der Dolmetscher die »heimatlichen Laute« spricht, ist die Wahrheit gegenwärtig. Der Eroberer kann zwischen Lüge und Wahrheit unterscheiden. Seine Sprache trügt ihn nicht. In ihr ist die Lüge eine Lüge und die Wahrheit eine Wahrheit. Da gibt es nichts zu »dolmetschen«.

Die fiktive Wirklichkeit ist das Ergebnis einer überwältigenden Glaubwürdigkeit der Sprache, die für den Eroberer »Heimat« ist, und in der die Dinge nah sind. Es ist eine Sprache, in der noch die bloße Erfindung die Glaubwürdigkeit für sich in Anspruch nehmen kann, die das Bekannte und Vertraute hat. Der Eroberer steht vor dem radikal anderen. An was soll er sich halten, wenn nicht an den vertrauten Klang der Dinge.

Zur Nähe kommen die Würde und der autoritative Anspruch einer Sprache, die nicht nur »Muttersprache«, sondern die Sprache des Herrschenden ist. Die »Hinterwäldler« mögen in ihrem »Kauderwelsch« sagen, was ihnen beliebt – im halbverstandenen Dialekt klingt manches sogar ganz drollig und bringt den Herrschenden selbst zum Schmunzeln; vielleicht muß er gar lachen, wenn er das »Derbe« liebt. Wer sich indes der Sprache des Herrschenden bedient, der spricht nicht ungestraft Mißverständliches oder gar Lügen aus. Sie sind ein doppelter Verrat. Sie verraten die ergebene Aufrichtigkeit gegenüber dem Herrn und »seinem« Wort. Wenn es weit verbreitet nicht nur Sitte, sondern selbst Norm ist, neben dem Statushöheren und erst recht neben dem Herrscher zu schweigen, dann ist ein Grund darin zu suchen, daß die Verwendung der Sprache des Herrn sowohl ein Stück Anmaßung wie ein Stück Last ist. In der Sprache des Herrn liegen alle Worte auf der Goldwaage und wehe dem, dem die Waage aus dem Gleichgewicht gerät. Das läßt sich umkehren. Der, der sich der Sprache des Herrn bedient, dessen Wort gilt.

So liegt der fiktiven Wirklichkeit der Verwaltung in »Bauernstaaten« eine doppelte Gewißheit zugrunde: die Gewißheit, die aus dem Vertrauten, der gleichen Sprache, entsteht, und die Selbstgewißheit der Macht, an der noch der teilhat, der in der Sprache des Herrschers seinen Bericht abliefert.

Die Aufgaben und Tätigkeitsfelder des Dolmetschers waren vielfältig. Die Verwaltung stand unter dem Diktat der Sparsamkeit. Sie machte den Stationsleiter zum »Mädchen für alles«. Unter den Helfern, die der Eroberer unter den Unterworfenen rekrutierte, stand der Dolmetscher nahe dem Stationsleiter – wie der Bericht über Fritz Togbe festhält, ist das sogar in einem wörtlichen Sinne zu verstehen. Dementsprechend setzten der Stationsleiter und die Verwaltung den Dolmetscher für viele und verschiedenartige Aufgaben ein. Die Aufgabenvielfalt entspricht der Kompetenz des Dolmetschers. Seine Fertigkeit ist überall dort zu gebrauchen, wo das Mit- und Gegeneinander zwischen Eroberer und Eroberten durch Sprache vermittelt wird. Das schließt so gut wie fast alles ein – denn selbst bis zu dem Zeitpunkt, zu dem nur noch die Waffen »sprechen«, ist es der Dolmetscher, der das »letzte Wort« der Drohung dem Gegner entgegenschleudert. Ist der Dolmetscher gar wie Fritz Togbe Soldat, ist er dem Stationsleiter um so willkommener. Dann spricht der Dolmetscher in der Sprache des Eroberers, wenn er den Unterworfenen die Worte »seines Herrn« übermittelt. Er droht. Kostengünstiger ist der soldatische Dolmetscher und der dolmetschende Soldat für die Verwaltung allemal.

Wie im Falle von Amason oblag dem Dolmetscher da und dort sogar die Führung eines Verwaltungspostens bzw. einer »Europäerstation«. Das galt vor allem für die Jahre der »Pazifizierung«, in denen das Personal äußerst knapp war (vgl. P. Sebald, 1988: 192). Regelmäßig fiel ihm diese Aufgabe in den Nebenstationen und kleineren Posten zu, wenn die deutschen Dienststellenleiter oder ihre Assistenten abwesend waren. Im Etatentwurf für 1915 beantragte zum Beispiel die Verwaltung in Lomé ausdrücklich einen zweiten Dolmetscher für die Station in Yendi, der »in der Abwesenheit des Assistenten die Aufsicht über die Station führt« (ANT FA1/108: 130). In Anbetracht der häufigen und längeren Abwesenheiten des deutschen Verwaltungspersonals war der Dolmetscher häufig der befristete »Stationsleiter«.

Üblicherweise waren es indessen beaufsichtigende Tätigkeiten begrenzterer Art, die dem Dolmetscher übertragen wurden. Immer und überall gab es die »Arbeiten der Wegeunterhaltung«, bei denen ein Dolmetscher die »Aufsicht über die beschäftigten Steuerarbeiter, Handwerker und Material« zu führen »und gleichzeitig die Kontrolle über die geleistete Steuerarbeit« zu übernehmen hatte (ebda, S. 129). Der Dolmetscher wurde für den Dienst am Ort der Verwaltung und im Außendienst benötigt. Er mußte sich um die Frage- und Bittsteller, die zuhauf die Verwaltungsposten umlagerten, kümmern und die deutschen Verwaltungsbeamten auf ihren Touneen im Bezirk begleiten. Er war wie z.B. in Aného oder Atakpamé für den Steuereinzug verantwortlich, kontrollierte die Steuerarbeitskarten oder ging wie z.B. auch in Sansanné-Mango dem Polizeimeister zur Hand. Er wurde überall für den Gerichtsdienst gebraucht, bei dem er nicht nur Dolmetscherdienste leistete. Er stellte die Ladungen auf und übermittelte sie. Nach amtlichem Zeugnis bereitete er selbst »gerichtliche Untersuchungen durch kleinere Vernehmungen« vor (ebda, S. 130). Vom Bezirk Sokodé wird berichtet (R. Asmis, 1908: 82), daß »früher«, wie es 1908 heißt, »die Dolmetscher selbst die Schlichtung von

Palavern vornahmen und die Leute gar nicht bis zum Bezirksleiter durchließen«. Er erhob Wegegebühren und dolmetschte für den Sekretär des Bezirksamts. Er war Schreiber auf der Verwaltungsstation und wurde für die Dienstgeschäfte in den aufstrebenden Orten benötigt, die entlang der Bahnlinien lagen. In manch einer Dienststelle wurde der Dolmetscher nicht nur in vielfältigen Aufgabenbereichen eingesetzt. Wie in Assahoun an der Bahnlinie nach Kpalimé wurde er hin und wieder für zwei Arbeitsstellen entlohnt. Der Dolmetscher in Assahoun bezog einen Dolmetscherlohn und erhielt zusätzlich den Lohn eines Kernekontrolleurs. Diese Arbeit in der amtlichen Qualitäts- und Verkaufskontrolle brachte ihm immerhin weitere 600 Mark jährlich ein, was dem Jahreslohn eines Dolmetschers in den Nordbezirken entsprochen hat (vgl. Anhang, Tab. 21).

»Ich bin augenblicklich der Dolmetscher des Kommandanten. Ich bin sein Auge, sein Ohr und sein Mund. Jeden Tag bin ich der erste und der letzte Gehilfe, den er sieht. Ich betrete sein Büro, wie es mir beliebt. Ich spreche ihn ohne jedweden Vermittler unmittelbar an. ... Ich bin Racoutié und setze mich vor die Türe des weißen Kommandanten auf eine Bank aus dem schönen Holz des Zitronenbaums. Wer unter Euch weiß nicht, daß der Kommandant das Recht hat, über unser aller Leben und Tod zu verfügen? Aber diejenigen, die es nicht wissen, tun gut daran, sich zu merken, daß es mein Mund ist, der sich heute, Gott sei es gedankt, dem Ohr des Kommandanten am nächsten ist.« So redete der einst mächtige Dolmetscher Racoutié aus Bandiagara im Mali der französischen Kolonialzeit (zit. n. H. Brunschwig, 1983: 107). Racoutié war ein alter erfahrener Soldat, an dessen Finger ein Dutzend Ringe aus Gold und Karneol prangten. Er konnte in Französisch weder lesen noch schreiben. Er hatte nicht das geringste Wissen im Arabischen. Aber er war der Zweite Mann im Bezirk und kam direkt hinter dem Stationsleiter. Racoutié war die rechte Hand des Stationsleiter im Verkehr mit den Einheimischen. Er konnte sich einer Angelegenheit annehmen und dann auch vorwärtsbringen. Eine andere Sache wiederum konnte er zu Fall bringen und im Sande verlaufen lassen. Wie es ihm paßte. Wer etwas von der Verwaltung, d.h. vom Stationsleiter, wollte, der war gut beraten, Racoutié nicht zu übergehen. Andernfalls fand er wahrscheinlich zu viele Hindernisse auf seinem Weg vor (vgl. ebda, S. 106f.). Manchmal wußte man nicht mehr, wer auf der Station der Leiter war, so groß war die Abhängigkeit der Besucher der Station und des Stationsleiters von Racoutié.

Wir wissen nicht, ob es unter der deutschen Kolonialherrschaft in Togo ähnliche machtvolle Persönlichkeiten unter den Dolmetschern wie Racoutié im fernen Bandiagara (Mali; ostsüdöstlich von Mopti) gegeben hat. Möglicherweise waren die Dolmetscher der deutschen Eroberer nicht im selben Maße sprachgewaltig und großsprecherisch. Vielleicht wagten sie weniger als ihre französischsprachigen Kollegen und spürten öfter mit den Einheimischen die Härte der Eroberer. Aber dem einen oder anderen Dolmetscher im »Schutzgebiet Togo« wird noch heute bescheinigt, daß sein Name berühmt war (D. H.-K. Simtaro, 1982, Bd. 2: 731). Mancher unter den Dolmetschern teilte die Privilegien, derer sich ein Racoutié erfreut hat. Im Berichtsjahr 1907/08 stellte man auf dem Areal des Bezirksamtes Misahöhe ein Wohnhaus fertig, das ausschließlich den älteren und verheirateten Dolmetschern eine Heimstatt sein sollte. Das Haus hatte vier Wohnräume und zwei Veranden. In Kpalimé brachte das Bezirksamt von Misahöhe stattdessen die Dolmetscher zusammen mit den Soldaten in einer neu erbauten Kaserne unter (vgl. ANT FA3/2123: 6).

Vorrangig teilten die Dolmetscher in der deutschen Kolonie mit Racoutié die Herrschaftsnähe. Die Nähe ist leiblich. Der Dolmetscher Gruners steht hinter »seinem Herrn«. Zusammen mit dem persönlichen Diener, den Kundschaftern und dem »»Geldbeutel« marschiert der Dolmetscher »unmittelbar beim Führer« der »Expedition« (F. K. Hutter, 1901: 176). Auf Rudolf Asmis' (1942: 74) »große(r) Hinterlandreise« schleppte ein langer Zug von 25 Trägern das Gepäck. Der Dolmetscher von Asmis fuhr indessen wie dieser selbst auf dem Fahrrad. Nicht anders als Racoutié wohnte mancher der Dolmetscher auf den »Herrensitzen« der Eroberer, eingebunden in die Herrschaftsarchitektur und in unmittelbarer Nachbarschaft zum »Herrn«. Die Körpermetaphorik von Auge, Ohr und Mund, mit der Racoutié die Nähe des Dolmetschers zum Stationsleiter auf den Punkt bringt, ist weniger metaphorisch, als es den Anschein hat.

Die leibliche Nähe ist eine soziale Nähe. Sie erwächst aus der Dauer der wechselseitigen Gegenwart und der Vielfalt sozialer Situationen, die die Gemeinsamkeit des Tagesablaufs von Dolmetscher und »Herr« einschließt – immer und überall war Fritz Togbe in der Nähe des Bezirksamtmanns Gruner.

Leiblich und sozial enthält die Herrschaftsnähe des Dolmetschers eine Form von Nähe, die weder die bloß leibliche Nähe, die wir zum Beispiel im Gedränge der Menschen in einer Großstadt zur Ladenschlußzeit antreffen, noch die bloß soziale Nähe kennt, wie sie zum Beispiel einen Bekanntenkreis kennzeichnet. Es ist eine Nähe, die entsteht, wenn zwei Blicke gleichzeitig auf den anderen gerichtet sind, wenn wir auf die Kräfte und Beschwerlichkeiten des Leibes des anderen und gleichzeitig auf die Darstellungsregeln seines sozialen Selbst blicken. Es ist eine Intimität, die erscheint, wenn die Gewißheit von den leiblichen Befindlichkeiten des anderen mit der Kenntnis von »Vorder«- und »Hinterbühne« der Selbstdarstellung zusammentreffen. Ich nenne diese Intimität »existenziell«.

Für bestimmte Typen ungleicher Beziehungen existenzieller Intimität ist kennzeichnend, daß der Grad des intimen Wissens vom Gegenüber auf der Seite des Machtlosen steigt. Der Diener kleidet »seinen Herrn« an, der Dolmetscher tut sich für eine »Mätresse« für den Stationsleiter um. Der »Herr«

auf der anderen Seite wird oft nicht einmal wissen, ob sein Diener oder der Dolmetscher verheiratet sind. Noch weniger wird er die Wohnlichkeiten des Dieners oder die Räumlichkeiten des Dolmetschers kennen, die dieser als sein »wirkliches« Zuhause betrachtet, selbst wenn er es nur wenige Tage im Jahr aufsuchen kann und wird. Wie alle Beziehungen zwischen Eroberten und Eroberern in der »kolonialen Gesellschaft« ist auch die zwischen Dolmetscher und Stationsleiter eine Ordnung der Asymmetrie intimen Wissens. Aber im Unterschied zu den Hausangestellten der Eroberer kann für den Dolmetscher das intime Wissen von »seinem Herrn« zu einer Quelle der Macht sowohl gegenüber dem Stationsleiter wie gegenüber allen anderen Menschen seiner Umgebung werden.

Die soziale Nähe des Dolmetschers zum Eroberer ist in einem engen Sinne herrschaftsnah. In der Beziehung existenzieller Intimität lernt der Dolmetscher zu sehen, zu hören und vor allem anderen zu sprechen wie »sein Herr«.

Den einen Blick teilt der Dolmetscher noch mit allen, die auf der Station tätig sind oder auf ihr leben. Es ist der herrschaftsnahe Stationsblick. Hin und wieder sieht er Drohung und Forderungen. Vor allem blickt er auf Menschen, die zögerlich, ergeben und ängstlich, manchmal geschlagen und gefesselt der Station näherkommen. Er sieht, wie die Soldaten den herankommenden Bauern und Händlern den Zutritt versperren und sie an den Platz verweisen, der den Wartenden gebührt. Selbst manch hochangesehener und mächtiger Häuptling findet sich unter den Wartenden wieder. Der Stationsblick ruht dann auf ihm, und der Dolmetscher kostet die Kraft des mächtigen Stationsleiters aus, die Menschen vor den Türen der Macht gleichzumachen.

Der Dolmetscherblick unterscheidet sich jedoch vom allgemeinen Stationsblick der Einheimischen. Wie »sein Herr« sieht der Dolmetscher vom Raum der Macht auf die Menschen, die kommen, warten, den inneren Raum der Macht betreten, bedrückt oder guter Dinge wieder gehen. Er sieht, wie der Raum des Eroberers immer zu groß für die Menschen ist; wie noch im mutigen Beschwerdeführer und dreisten Bittsteller, denen er ausnahmsweise und zuguterletzt noch die Tür zum Stationsleiter geöffnet hat, ein Stück Verlassenheit und Orientierungslosigkeit zu finden ist; wie die Person des Stationsleiters den Besucher in den Bann schlägt, so als gäbe es sonst nichts in dem Raum, das Beachtung verdiene. Der Dolmetscher blickt auf die Anziehungskraft des Mächtigen, die den Eroberer sicher, selbstgewiß, aber auch unersättlich und süchtig macht. Er hält fest, daß die Menschen im Bann der Macht gleichzeitig wie davongetrieben zu sein scheinen. Er sieht auf gebeugte Nacken, gesenkte Lider und unruhige Blicke. Er sieht, wie der Blick des Stationsleiters auf dem Besucher ruht, wie der Ausdruck der Augen des Stationsleiters nicht festgelegt ist, bis die Augen irgendwann den Sprecher »festnageln«. Die Blicke der Unterworfenen verstecken sich stattdessen und »ruhen« nicht. Sie richten sich nur auf den Stationsleiter, wenn sie von der hilflosen Ergebenheit eines bittenden Lächelns begleitet sind. Der Dolmetscher sieht den Blick, mit dem der Besucher stumm um seinen Beistand ringt.

Der Dolmetscher hört die gesenkte Stimme des Angekommenen. Er hört das Flüstern der Wartenden. Er genießt das laute Lachen, das indessen immer von einer der Frauen unter den wartenden Männern kommt. Er hört, daß die Welt nur aus Forderungen und Bitten besteht. Er hört, daß es immer der Stationsleiter ist, der die Fragen und Anklagen offen an die Person richtet, wohingegen die Eroberten die Fragen und Anklagen auf verdeckten und verschlungenen Wegen suchen, wobei sie sich in diesem Fall schon gewaltig vorwagen. Er hört den Gegensatz zwischen dem Verstummen der Besucher, wann immer es »amtlich« wird, und der lebendigen Erzählung, die nur ungern das Ende findet, wenn in der Begegnung die letzten unverfänglichen Familiennachrichten und der harmlose Dorfklatsch ausgetauscht wird. Er hört, daß dieser Austausch von Klatsch ziemlich einseitig und manchmal gar nicht »harmlos« ist. Denn der Dolmetscher hört und sieht, daß der Stationsleiter ein gutes Gedächtnis hat und den Klatsch, den er vernommen hat, wieder wohlbedacht ins Spiel zu bringen vermag. Indem er hört und sieht, lernt der Dolmetscher, was ein Stationsleiter ist, und ein Bauer oder Händler vor den Augen eines Stationsleiters sind.

Der Dolmetscher lernt, wie ein Stationsleiter zu sprechen. Er lernt, die »Großen Worte« der Ansprache, die so »klein« und unbedeutend wie die Weiler sind, vor dessen Bewohnerschaft der Stationsleiter seine Begrüßungs- oder Abschiedsworte spricht, die aber auch dem unerschrockenen Ehrgeiz der berittenen Krieger und dem mächtigen Selbstbewußtsein der »Großen« zu entsprechen vermögen, die den Stationsleiter mehr umringen, als daß sie sich vor ihm versammelt haben. Er lernt, wie der Stationsleiter einen Befehl zu sprechen und die rücksichtslosen Fragen des Verhörs zu stellen. Er gibt die Anordnungen des Stationsleiters bekannt und übersetzt die Amtssprache der gouvernementalen Zentrale, die als Verordnung auf des Stationsleiters Schreibtisch gelandet ist. Er spricht den Witz und die zornigen Worte des Stationsleiters gleichermaßen. Seine Worte und seine Stimme suchen die Unbeugsamkeit ebenso wie die Leutseligkeit des Stationsleiters. Nach einer langen Tagesreise spricht er so zögerlich und müde wie der Stationsleiter. Er spricht den Ärger aus, der dem beharrlichen Stationsbesucher vom Leiter der Station entgegenschlägt, und die angeregte Freude, die dem Häuptling und »alten Bekannten« gilt, von dem der Stationsleiter nichts Nachteiliges gehört hat und der lange nicht mehr auf der Station gewesen ist.

Der Dolmetscher ist das Auge, das Ohr und der Mund des Stationsleiters. Aus diesem Grund ist er ein Stück weit dasselbe für diejenigen, an die der Stationsleiter sich wendet. Er ist selbst einer der Unterworfenen. Er ist nicht mehr als einer der Schüler oder Rekruten des Eroberers. Er weiß, daß der Graben der »kolonialen Gesellschaft« nicht übersprungen werden kann. Er kennt die Willkür des Stationsleiters und weiß, daß sie vor ihm nicht haltmacht. Was er sieht, wenn er zwischen Stationsleiter und Einheimischen dolmetscht, ist ihm vertraut. Er könnte es sein, der an der Stelle des Einheimischen steht. Vor allem hört er die Worte des Einheimischen und muß sie dem Stationsleiter hörbar machen, wie er umgekehrt die Worte des Stationsleiters für den Einheimischen verständlich zu übermitteln hat. Er muß für den Unterworfenen sprechen und hören.

Der Dolmetscher ist ein Fährmann. Seine Lasten sind Worte. Manchmal wiegen sie schwerer als alles, was Boote zu tragen vermögen. Sein besonnenes Wort rettet das Leben der Expeditionsteilnehmer. In seiner Übersetzung vernimmt der gefesselte Gefangene das Todesurteil. Manchmal wiegt die Last der Worte leicht wie der Lufthauch, mit dem sie gesprochen sind. Wie oft muß der Dolmetscher für »Mißverständnisse« herhalten, die die unbesonnenen und hochfahrenden Worte des Eroberers hervorbringen. In solchen Augenblicken stiehlt sich der Eroberer davon und macht die Worte des Dolmetschers zunichte. Der Auftraggeber des Dolmetschers ist der Eroberer. Aber als Fährmann bewegt sich der Dolmetscher zwischen dem Ufer, an dem die Welt des Eroberers, und dem Ufer, mit dem die Welt des Besiegten beginnt. Wie die Ufer des Flusses gehören die beiden unauflöslich zusammen. Das bringt für den Dolmetscher Fährnisse, in denen er in nicht wenigen Fällen alles verliert.

Der Dolmetscher spricht die Worte und Sätze, die dem Eroberer vertraut und Wohlklang sind. Aber der Dolmetscher gehört gleichzeitig zu den Menschen unter den einheimischen Helfern, denen der Eroberer mit größtem Mißtrauen begegnet. Wenn die Rede auf Dolmetscher kommt, sind die großen Vorbehalte, Klagen und Anklagen nicht weit. Dolmetscher sind unzuverlässig, unredlich und vor allem anderen bestechlich. Wieder gleichen sich hier die Ansichten und Äußerungen französischer und deutscher Kolonialbeamter.[10]

---

[10] Im Jahre 1912 bekannte der Generalgouverneur von Französisch-Äquatorialafrika, Martial Merlin (zit. n. H. Brunschwig, 1983: 109): »Man kann sie (die Dolmetscher – TT) nicht empfehlen; viele unter ihnen wollen nicht, daß ein Europäer unmittelbaren Kontakt zu Eingeborenen hat, die dazu neigen, Dinge auszuplaudern, die die Dolmetscher lieber verheimlicht hätten. Die Dolmetscher strengen sich an, um Untersuchungen zu stören und unbequeme Zeugen fernzuhalten. Aus diesem Grund ist es das beste, ihrer Dienste zu entsagen, sobald man es kann, eine Sprache zu lernen, die von mehreren Stämmen gesprochen wird, und sich dieser Sprache zu bedienen, um unmittelbar mit den Eingeborenen zu reden.« Diesem Ratschlag schloß sich Rudolf Asmis (1942: 93) uneingeschränkt an, nachdem er noch weitere Einzelheiten aufgezählt hatte, die das Mißtrauen gegen die Dolmetscher augenfällig unterstrichen: »Nachteilig erwies sich nur, daß die Unkenntnis der betreffenden Sprache auf seiten des Verhandlungsführers vom Dolmetscher mißbraucht werden konnte. In der Tat sind die Dolmetscherdelikte in Afrika an der Tagesordnung. Der Dolmetscher ist entweder von einer Partei in Afrika gekauft oder mit ihr verwandt und gibt dann als Aussage der Partei und der Zeugen wieder, was dieser Partei günstig ist. Selbst der hervorragende

Den Dolmetscher treffen die allgemeinen Zurücksetzungen, Stereotypen, Vorurteile und Ablehnungen, die die Eroberer den einheimischen Helfern und besonders dem Hauspersonal entgegenbringen, zu dem mancher Dolmetscher zuzurechnen ist. Aber einiges, was das Verhältnis zwischen dem herrischen Eindringling und den Einheimischen auszeichnet, spitzt sich in der Beziehung zwischen dem Eroberer oder besonders dem Stationsleiter und dem Dolmetscher zu. Anderes kommt hinzu.

Es gibt das kluge Mißtrauen der Vorsicht. Es gibt auch das Mißtrauen des enttäuschten Vertrauens. Selten kommen die Menschen ganz davon los, und für viele ist es eine Quelle der Rachsucht. Beinahe alle tragen wir es in uns, denn fast kein Kinderdasein ist völlig frei davon. Aber es trifft uns in ganz unterschiedlichem Maße.

Hart trifft den Eroberer die Enttäuschung, die ihm der Dolmetscher bereitet. Das gesteigerte Mißtrauen des Eroberers ist die Kehrseite des Vertrauens, das der Eroberer in den setzt, der die vertrauten Laute der Sprache herzustellen und zu handhaben weiß, in denen der Eroberer zu Hause ist, und die ihm in der Ferne um so mehr »Heimat« sind.

Das gesteigerte Mißtrauen des Eroberers ist die Kehrseite seiner Abhängigkeit. Der Eroberer tritt seine Aufgabe an, um Abhängigkeiten zu schaffen. Der Dolmetscher ist das verkörperte Zeichen, daß der Eroberer von bemerkenswerter Unterstützungsbedürftigkeit ist, um so mehr, je umfangreicher die Tätigkeitsfelder des Dolmetschers sind. Dementsprechend fehlte es nie an Warnungen unter den Europäern, sich nicht in die Abhängigkeit von Dolmetschern bringen zu lassen und auf der Hut zu sein (vgl. G. Walz, 1981: 289ff., 513, Anm. 386).

Das gesteigerte Mißtrauen gegen den Dolmetscher ist das Ergebnis eines dreifachen unausgesprochenen Vorwurfs. Es ist ein Vorwurf der Bindungslosigkeit, der Grenzüberschreitung und an den Boten des antagonistischen Worts.

Ist der Dolmetscher nicht bindungslos? Ist er, der die Sprache des Eroberers lernt, nicht treulos gegenüber der Welt, die er zugunsten der Dienste für den Eroberer verläßt? Zerschneidet er nicht die Bande, die ihn an die bäuerliche Ordnung seiner Väter bindet? Schlägt er sich nicht etwa auf die Seite des Neuen, das von sich meint, die Zukunft zu sein? Der Dolmetscher scheint sich nicht vom Überkommenen beeindrucken zu lassen. Er nimmt an dem Neuen

---

Dolmetscher, der mich auf meiner großen Hinterlandexpedition in Togo ... begleitet und hierbei äußerst gewandt und zuverlässig gedolmetscht hatte, ließ sich später eine Begünstigung einer Partei im Prozeß durch wissentlich falsches Übersetzen gegen Entgeld zuschulden kommen und mußte deshalb bestraft werden. So sollte jeder Beamte möglichst schnell so viel von der Eingeborenensprache erlernen, daß er den Dolmetscher kontrollieren kann. Solange er dieses Ziel noch nicht erreicht hat, sollte er nach Möglichkeit stets zwei Dolmetscher, möglichst aus verschiedenen Stämmen oder Familien heranziehen.«

teil und ist insofern kein Traditionalist, selbst wenn er eindrucksvoll und ehrfürchtig das Verzeichnis vervollständigt, das der Eroberer über die rechtlichen Traditionen der Eroberten anfertigt. Ist der Dolmetscher nicht vielleicht wurzellos? Treibt ihn der Wind der Veränderung vor sich her?

Der Bindungslose ist ein unentbehrlicher Tritt in der Stufenleiter der Machtnahme. Er ist ein brüchiges Glied in der Kette der Machterhaltung. Was der Bindungslose gestern getan hat, wird er morgen wieder tun. Er wird sich auf die andere Seite schlagen und »seinem Herrn« den sprichwörtlichen Dolch in den Rücken stoßen. Im gesteigerten Mißtrauen gegen den Dolmetscher drückt sich die Bindungslosigkeit aus, die zum Werden von Macht und Herrschaft selbst gehört. Die Steigerung und Institutionalisierung von Macht brauchen die Bindungslosigkeit des Neuerers. Aber mit dem Erreichen der Ziele müssen die Mächtigen den Entwurzelten loswerden. Sie müssen ihn aus genau dem Grund loswerden, aus dem sie ihn einst benötigt haben. Herrschaft ist Bindung. Das Mißtrauen gegen die bindungslosen Helfer der Machtnahme ist im Vorgang der Institutionalisierung von staatlicher Herrschaft schon immer gegenwärtig. Dieses Mißtrauen trifft den Dolmetscher.

Zum Mißtrauen gegen den Bindungslosen gesellt sich das Mißtrauen des Eroberers, das demjenigen gilt, der die Grenze überschreitet, die in der unauflöslichen Gegensätzlichkeit der »kolonialen Situation« nicht überschritten werden kann und darf: die Grenze zwischen der Welt der Eroberer und der Welt der Unterworfenen. Das Mißtrauen des Eroberers wegen der Grenzverletzung hat die Form eines verallgemeinerten Mißtrauens, das noch alle Beziehungen zu den Unterworfenen umfaßt. Es trifft jeden einheimischen Helfer des Eroberers – ob Hauspersonal, Soldat oder Dolmetscher. Es findet sich selbst noch in den Lobgesängen von Kolonialbeamten auf den »afrikanischen Bauern«, von denen sich die Verachtung für den »Hosenneger« und der abschätzige Hochmut gegen den sogenannten »évolué« um so stärker unterscheiden.

Aber vom Hauspersonal bis zum Dolmetscher wächst die Schwierigkeit, dem Antagonismus der »kolonialen Situation« Geltung zu verschaffen. Die Grenzverletzung wird unverzichtbar. Im Unterschied zum Hauspersonal wachsen Polizisten, Soldaten oder Dolmetschern Verantwortlichkeiten zu. Diese Verantwortlichkeiten benötigen andere Wege, um das verallgemeinerte Mißtrauen des Eroberers einzugrenzen. Der Eroberer pocht auf Ergebenheitsbeweise und sucht nach einfachen Wegen ihrer Kontrolle.

Im Falle des Soldaten ist der Ergebenheitsbeweis vergleichsweise offenkundig und beeindruckend. Die Kontrolle ist erstaunlich einfach. Der Beweis ist das Maß des Gehorsams, von dem das morgendliche Exerzieren und das Gefecht Zeugnis geben. Im Gefecht ist der Beweis gar absolut, weil der Soldat das Leben einsetzt. Zusätzlich ist gegenüber dem Soldaten die Kontrolle leicht. Sie ist im Ergebenheitsbeweis, dem Gehorsam in den verschiedensten Situationen, selbst eingeschlossen. Konkret: Der Soldat richtet sein

Gewehr nicht auf den Befehlshaber. Daß die Bezirksamtmänner erst gegen Ende der deutschen Kolonialherrschaft angefangen haben, wenige Soldaten, an deren unbedingter Ergebenheit sie glaubten, am Maschinengewehr auszubilden, ist ein Zeichen dafür, daß das verallgemeinerte Mißtrauen gegen die grenzüberschreitenden, soldatischen Helfer die Eroberer nicht verlassen hat.

Schwieriger ist die Kontrolle des Dolmetschers, der nicht gleichzeitig Soldat ist. War er Seminarist einer Missionsschule, ist sein Ergebenheitsbeweis die »Bekehrung«. Der Beweis ist spirituell. Das ist nicht wenig. Aber es ist schwierig, ihn auf seine Zuverlässigkeit zu überprüfen. Angesichts der Spannungen, die zwischen Mission und Verwaltung in Togo bestanden haben, war er auch nicht besonders überzeugend. Noch weniger erlaubt die Arbeit des Dolmetschers, seine Ergebenheit zu kontrollieren. Korrekte Aufgabenerfüllung mag Beweis für Tüchtigkeit sein. Der Eroberer braucht indessen fortlaufend Beweise, daß er vertrauen oder wenigstens sein Mißtrauen zurücknehmen kann. Diese Beweise kann ihm der Dolmetscher nur durch besondere Anstrengungen geben. Die Eigenart des Dolmetschens und der vielfältige Aufgabenbereich des Dolmetschers sind für Vertrauensbeweise hinderlich. Sie sind eher Anlaß, daß die europäischen Eindringlinge an der Zuverlässigkeit des Dolmetschers zweifeln. Der einheimische Dolmetscher, der zwischen Eroberer und Unterworfenem steht, ist ein Bote des antagonistischen Wortes. Sein Dolmetschen ist ein verdächtiges Tun.

Die eine Quelle des Mißtrauens ist die Tätigkeit des Dolmetschens selbst. Dolmetschen enthält genügend Bestandteile, um Mißtrauen hervorzubringen. Zum Beispiel wird der Sprecher, dessen Rede zu übersetzen ist, seiner Sprache enteignet. Sprechend wird der Sprecher sprachlos, und sprachlos wird er sprechend. Alles ist voller Widersinn. Die selbstverständlichen Sicherheiten sind dahin. Die Reflexivität von gesprochenem und gehörtem Wort ist zu Ende. Die Kontrolle des Sprechers über das, was der Angesprochene hört, endet beim Dolmetscher. Er ist aber gar nicht der Angesprochene. Der Dolmetscher ist in einer einzigartigen Kontrollsituation. Er ist Herr der Bedeutung. Dementsprechend kann Dolmetschen nur gelingen, wenn die Sprecher in den Dolmetscher großes Vertrauen haben – oder seine Übersetzung in genügendem Maße zu kontrollieren vermögen, was die Kolonialliteratur nicht müde wurde zu betonen.

Im Umgang des Stationsleiters mit dem Dolmetscher ist solches Vertrauen nicht das, was für beide Seiten naheliegt. Getrennt durch den Graben der »kolonialen Situation«, ist für den Stationsleiter das Wort des Dolmetschers in zweifachem Sinne antagonistisch. Das Wort kommt von einem Sprecher, den seine Mitgliedschaft in der unterworfenen Gesellschaft immer verdächtig macht. Der Stationsleiter steht vor einer Verdachtsalternative. Entweder ist der Dolmetscher »Komplize« des Sprechers, oder er arbeitet auf eigene Rechnung, nur um Sprecher wie Hörer zu betrügen. Beide Möglichkeiten sind gleichermaßen wirklichkeitsnah. Der Dolmetscher ist dem Einheimischen wie dem Stationsleiter immer voraus. Sein Ohr ist nicht nur dem Stationsleiter nah. Im Vergleich zu einem Stationschef, der nicht oder noch nicht der Sprache »seiner Leute« mächtig ist, ist das Ohr des Dolmetschers dem Bauer, dem Händler und dem Häuptling nah. Er hört, was nicht an das Ohr des Stationsleiters gelangen soll. Er hört gar besser als der Sprecher selbst, was nicht für das Ohr des Stationsleiters bestimmt ist. Er kennt schließlich den Stationschef. Er versteht »seinen Herrn«. Er weiß, wie der Stationsleiter seinen Tag begonnen hat.

Zusätzlich übersetzt der Dolmetscher die Worte von Menschen, die ebenso wie er verdächtig sind. Der Dolmetscher ist verdächtig, weil er die Worte des Verdächtigen übersetzt. Der Verdachtszirkel des Eroberers und Stationschefs ist geschlossen. Der Dolmetscher ist in der »kolonialen Situation« für den Eroberer ein Mittler, der unter dem Verdacht steht, ein Erpresser, Hehler und Komplize des antagonistischen Wortes zu sein.

Dem Verdacht, der auf den Dolmetscher fällt, entsprechen die Chancen des Dolmetschers. Er kann der Diener des offenen und verdeckten Widerstands der Unterworfenen sein. Er kann der willige Handlanger der Eroberer sein. Er kann ganz auf eigene Rechnung, für sich und die Menschen, die ihm nah sind, nach Reichtum und Macht streben. Die drei Wege schließen sich gegenseitig nicht aus. Wahrscheinlich verbinden sie sich oft im Leben der Dolmetscher.

Aus den Anfängen der »Pazifizierung« hören wir, daß ein ehemaliger Dolmetscher des Kaiserlichen Kommissars Eugen von Zimmerer im Herbst 1888 wegen »Landesverrats« zu zwei Monaten Gefängnis verurteilt worden ist. Man warf dem Dolmetscher vor, die Bevölkerung von »Towe« in Südtogo durch »unwahre Angaben« aufgewiegelt zu haben [R 150 ANT FA1/235 (5-8): 267ff.; zum »Toweaufstand« vgl. P. Sebald 1988: 167ff.]. Im Gegensatz dazu finden wir die ordentlichen, verwaltungsmäßig-denunziatorischen Berichte des »gehorsamsten« Dolmetschers Adjiwonn, der auf dem Posten des Bezirksamts Lomé-Land in Assahoun stationiert war (vgl. ANT FA3/3141: 1f., 19f.). Wie es seine Pflicht war, berichtete er von Dorfbewohnern, die nicht, wie gefordert, zur Arbeit kamen, den Aufforderungen des zuständigen Häuptlings nicht Folge leisteten und vor den Soldaten davonliefen. Er bat das Bezirksamt »gehorsamst«, »die Leute zu bestrafen«. Er erstattete Meldung über die Tätigkeit von Polizeisoldaten, von Dorfbewohnern, die keine Steuerkarte vorweisen konnten und sich aus dem Staub gemacht hatten, und von Europäern, die Polizeisoldaten ohrfeigten.

Wir erfahren ebenfalls über die Willkür und Gewalttätigkeit, mit der Dolmetscher ihren Beitrag zu jenem »Mittler-Despotismus« leisteten, in dem sich die despotische Herrschaft der frühen Staatlichkeit auf der Ebene der intermediären Verwaltung zu erkennen gibt.

Der »Mittler-Despotismus« hat viele Zeichen. Viele von ihnen springen ins Auge. Sie tun es aus unterschiedlichen Gründen. Einer ist der Reichtum, der aller Welt vor Augen geführt wird. Nicht nur die Ringe an den Händen von Racoutié zeugten von den Schätzen, die Tag und Nacht auf ihn herabregneten. Jede Nacht spielten ihm Gitarristen und Sänger auf. Seine Frauen wußten nicht wohin mit ihrem kostbaren Geschmeide. Seine beiden Pferde fraßen feines Kouskous und soffen Milch. Sein Hammel, den er als seinen Fetisch betrachtete, war fett wie ein Schwein, trug an seinen beiden großen Ohren goldene Ringe und um seinen Nacken ein Perlencollier aus kostbaren Halbedelsteinen (vgl. H. Brunschwig, 1983: 107).

Die Mittel, mit denen der Reichtum erpreßt wird, sind oft so unverfroren und rücksichtslos, daß die Menschen murren und sich über kurz oder lang bemerkbar machen. Als Hauptmann Valentin von Massow an der Spitze seiner Söldnertruppe 1897 in Bapuré einzog, stellte er fest, daß der »Schweinehund Inussa« ein despotisches Regime errichtet hatte. Inussa war ein Dolmetscher von Hans Gruner und mit der Leitung des Postens in Bapuré beauftragt worden. Durch »ungebührliche Forderungen und Erpressungen, unangebrachte Prügelstrafen und stete Besoffenheit« soll er nach den Äußerungen von Hauptmann von Massow »die Bapurébevölkerung zur Verzweiflung gebracht haben« (zit. n. P. Sebald, 1988: 192). Aus dem »Racket« der Gewaltmonopolisierung wird das ›Mittler-»Racket«‹ einer despotischen Verwaltung.

In der Entstehung des ›Mittler-»Rackets«‹ werden die verschiedenen Bedingungen zusammengeführt, die das Dasein eines Dolmetschers in der »kolonialen Situation« prägen. Der Dolmetscher steht zwischen den Eroberern und den Eroberten. Von den einen wird er verachtet, den anderen ist er manchmal verhaßt. Ist er von beiden gelitten, kann er zufrieden sein. Die Brücke, die ihn mit den Menschen verbindet, die ihm einst nah waren und denen er zugehörte, ist schwankend, vielfach bricht sie hinter ihm zusammen, wenn er sich auf dem Weg zum Eroberer befindet. Dort aber kommt er nie an. Zu den Eroberern wird er nicht gehören. Ein Stück kultureller und sozialer Anomie wird immer Teil seines Lebens bleiben.

Die Situation des Dolmetschers ist reich an Abweichung. Sein Handeln ist selbst dann noch abweichend, wenn es in den Augen der Menschen, die einer der beiden antagonistischen Gruppen der kolonialen Situation angehören, konform ist. Hält er es mit dem Eroberer, verstößt er gegen die Normen und Werte der Eroberten. Verficht er die Anliegen der Unterworfenen, wird er sich bald im Widerspruch zu seinen dienstlichen Obliegenheiten befinden. Er befindet sich immer am Schnittpunkt einer »illegitimen Chancenstruktur« im Sinne von Richard A. Cloward und Lloyd E. Ohlin (1960: 77ff.), wobei »Chancen« das einzige sind, was ihm geblieben ist, als er sich in den Dienst des Eroberers gestellt hat. Ist die Welt der despotischen Macht des Eroberers eine Chance, um zu Reichtum und Ansehen zu kommen, ist die Welt der Unterworfenen eine Chance, sich das zu holen, was der Eroberer dem Handlanger seiner Herrschaft vorenthält.

Die »illegitimen Chancen« sind vielseitig. Sie entsprechen den verschiedenen Aufgabenbereichen des Dolmetschers, die von polizeilich-richterlichen Untersuchungen bis zur Verwaltung eines kleineren Postens reichen. Der Dolmetscher hat zudem wie kein anderer gelernt, seine »illegitimen Chancen« zu kennen (vgl. E. H. Sutherland, D. R. Cressey, 1970: 77ff.). Ist er der Mund des Stationsleiters, kann er ebenso sprechen und befehlen wie ein Stationsleiter. Ist er Auge und Ohr des Stationsleiters, kann er hören und sehen wie ein Stationsleiter. Aber er ist auch Unterworfener. Er kennt die Schwächen, die »defensiven Strategien« (G. Spittler, 1981: 69ff.), die Schätze und die Kräfteverhältnisse in der Welt der Unterworfenen. Nicht im gleichen Maße wie dem Stationsleiter können ihm die Unterworfenen ein X für ein U vormachen.

Nicht anders als das Massaker der »Pazifizierung« und das soldateske Verhalten von Polizeisoldaten sind seine »Willkür« und sein »Machtmißbrauch« fester Bestandteil der despotischen Herrschaftsordnung der Eroberer selbst. Noch im eigennützigen Handeln verwirklicht er die gewalttätige Willkür der Ordnung des Eroberers. Als der Dolmetscher Adjiwonn das Bezirksamt Lomé-Land um eine Bestrafung der Bauern bat, die sich der Zwangsarbeit entzogen hatten, wurde ihm geantwortet: »In den genannten Dörfern ist auszuklingeln, daß ich (der Bezirksamtmann Curt Schlettwein – TT) sie in Brand stecken werde, wenn die Leute nicht zur Arbeit kommen« (ANT FA3/3141: 1).

»Machtmißbrauch« und »ungebührliche Forderungen«, »Erpressungen« und »unangebrachte Prügelstrafen« von seiten des Dolmetschers sind die Zeichen des unordentlichen Handlangers, mit denen die Herrschaft des ordentlichen Eroberers in Szene gesetzt wird.

Die Qualität der Handlungen, die unter das Verdikt des Eroberers fallen, gehören oft und vielerorts zu den Dienstobliegenheiten oder zu den geduldeten Handlungen von Dolmetschern und anderem, hauptsächlich soldatischem Personal. »Machtmißbrauch« ist dementsprechend eine Funktion der Institutionalisierung der Herrschaft der Eroberer. Erst diejenige Gewalttätigkeit und Willkür des Dolmetschers werden zu »Machtmißbrauch«, gegenüber denen der Eroberer seine Überlegenheit und erhabene Gerechtigkeit zur Schau stellt. Der »Machtmißbrauch« ist das Mittel, mit dem der Eroberer sich ein Stück Unabhängigkeit von den Mittlern bewahrt und die Handlungsfreiheit zurückgewinnt, die es dem Eroberer erlaubt, sich als der anspruchsvoll Herrschende zur Geltung zu bringen. »Erpressungen« sind in den Augen des herrschsüchtigen Eindringlings das Mittel, mit dem die intermediäre Herrschaft des Dolmetschers wieder zum »Hilfsdienst« für den Eroberer gemacht wird. Der »Machtmißbrauch« der »Hilfskraft« und seine Bestrafung durch den Eroberer sind zwei Bestandteile ein und desselben Vorgangs, in dem der Eroberer seine Macht festigt. Wenn der Dolmetscher auf eigene Rechnung Furcht und Schrecken verbreitet, bestätigt er die furchterregende Gewalttätigkeit, die vom fremden Eroberer und seinen Helfershelfern ausgeht. Wenn der Eroberer die »Erpressungen« der Helfershelfer bestraft, zeigt er, daß seine

Macht selbst denjenigen haushoch überlegen ist, auf die er angewiesen ist. »Machtmißbrauch« und seine Bestrafung sind für den Dolmetscher gleichsam eine »Doppelbindungsordnung« des Machtbeweises. Der Dolmetscher wird für ein Verhalten bestraft, das nicht nur im ›heimlichen‹, sondern im ›offenen »Lehrplan«‹ des Eroberers gelehrt wird.[11] Neben dem Machtbeweis sind »Machtmißbrauch« und seine Bestrafung Quellen der Legitimation für den Eroberer. Sie bestätigen den Eroberer in der moralischen Seite seines unbedingten Überlegenheitsgefühls. Sie rechtfertigen seine Vorstellung, daß das moralische Handeln ganz dem Eroberer, die Unmoral ganz dem Eroberten zukommt. Sie sind Anlässe, zu denen der Eindringling den Eroberten, aber in erster Linie sich selbst davon zu überzeugen sucht, daß er der »gerechte Richter« ist (vgl. H. Popitz, 1992: 246ff.).

Ich fasse zusammen. In der Ordnung der Mittler ist die Welt der Eroberer mit der Welt der Besiegten unauflöslich verschränkt. Die Personen und ihre Handlungen können innerhalb der intermediären Ordnung nicht einer der beiden Seiten zugeschlagen werden – selbst wenn einzelne Handlungen der Mittler einseitig sind. Der Dolmetscher ist ein beispielhafter Ausdruck der intermediären Ordnung. Mehr als in der Figur des Trägers zeigen sich im Dolmetscher die polaren Bestimmungen der intermediären Ordnung. Die Polaritäten entsprechen dem Antagonismus zwischen Eroberer und Erobertem: Bindung und Bindungslosigkeit, existenzielle Intimität und unüberbrückbare Ferne, Sprache und Sprachlosigkeit, Vertrauen und äußerstes Mißtrauen, eilfertiger Gehorsam und großsprecherische Macht, Widerstand, Handlangerdienste und Machtmißbrauch, Lohn und Strafe, Opfer und Täter, schneller Aufstieg und rasanter Fall. Der Dolmetscher ist ein Wanderer zwischen unüberbrückbaren Gegensätzen »(u)nd so ganz leise hört schließlich jeder Dolmetscher im Hinterlande die Sträflingskette in größerer oder geringerer Ferne klirren« (R. Asmis, 1908: 82). Deshalb ist es das sicherste für den Dolmetscher, wenn er das bleibt, was die Mehrheit unter ihnen ist: Gelegenheitsdolmetscher.

Exkurs zur Soziologie und Sozialpsychologie der kolonialen Gesellschaft

Im Anschluß an Robert Delavignette (1939: 31ff.) verstehe ich unter »kolonialer Gesellschaft« die sozio-kulturelle Ordnung der Gruppen der herrschenden Minderheit im Unterschied zu den Ordnungen der unterworfenen Bevölkerungsgruppen. In den Kolonien des 19. und 20. Jahrhunderts waren Weiße und allen voran Europäer die Mitglieder der herrschenden Minderheit. In der Handelskolonie Togo setzte sich die koloniale Gesellschaft aus Beamten, Missionaren und Händlern zusammen.

---

[11] Der Begriff der ›Doppelbindungsordnung‹ habe ich in Anlehnung an das sozialpsychologische Konzept aus der ›Doppelbindungstheorie‹ geprägt, die Schizophrenie kommunikationstheoretisch zu erklären versucht (vgl. P. Watzlawick, J. H. Beavin,

Die koloniale Gesellschaft folgt dem Grundprinzip der kolonialen Herrschaft und der frühen Zentralität im allgemeinen: dem Prinzip der Distanz (vgl. T.v. Trotha, 1986: 16ff.). Trotzdem besitzt auch sie einige wenige zerbrechliche Brücken, die die Welt der Eroberer mit der Welt der Eroberten verbinden.

Die koloniale Gesellschaft war zuerst und vor allem klein – zahlenmäßig und in einem sozio-kulturellen Sinne. Das Zahlenverhältnis zwischen den weißen Eindringlingen und den unterworfenen Afrikanern war ein extrem ungleiches. Zu betonen ist, daß dieses Ungleichgewicht nicht nur relativer Art war. Auch die absolute Zahl der Mitglieder der kolonialen Gesellschaft war zu jedem Zeitpunkt der deutschen Herrschaft verschwindend gering. Es ist diese doppelte quantitative Grenze der kolonialen Gesellschaft, die in alle ihre wesentlichen Erscheinungsformen mit eingeht und sie bestimmt.

Mit dem Gewicht, das die absolute Zahl der weißen Bevölkerung hatte, trat ein Merkmal hervor. Delavignette stellte es an den Anfang seiner Charakterisierung der kolonialen Gesellschaft. Für ihn war die koloniale Gesellschaft in erster Linie europäisch. Ich will dieses Merkmal mit Blick auf die Verhältnisse in Togo modifizieren.

Der Blick auf die koloniale Gesellschaft Togos zeigt, daß die koloniale Gesellschaft durch die besonderen nationalen Bindungen und Traditionen derjenigen Nation geprägt war, die die Kolonialherrschaft innehatte. Die koloniale Gesellschaft Togos unter deutscher Herrschaft war vor allem deutsch. Die Mitglieder der kolonialen Gesellschaft hoben im Binnen- wie im Außenverhältnis die nationale Zugehörigkeit hervor. Die nationale Zugehörigkeit war für ihr Selbstverständnis bestimmend.

Die nationalistische Konkurrenz der europäischen Mächte und besonders der Nationalismus der Kolonialbewegungen in den verschiedenen europäischen Ländern waren unauflöslicher Bestandteil des Kolonialismus vor und nach dem Ersten Weltkrieg. Entsprechend prägte dieser Nationalismus von Anbeginn an das politische Denken und Handeln der Offiziere, Militärärzte und anderer Mitglieder der »Expeditionen«, mit denen das »Schutzgebiet Togo« gegen die Ansprüche und Aktivitäten der Franzosen und Briten in Besitz genommen worden ist. Der Nationalismus im Binnenverhältnis der kolonialen Gesellschaft stand in direktem Zusammenhang zur minoritären Stellung der kolonialen Gesellschaft, die das Verhältnis zur Gesellschaft des ›Mutterlandes‹ bestimmte. Die Betonung des Deutschen und der nationalen Symbole wurde zum Bindungsprinzip der kolonialen Gesellschaft, deren Ort, Probleme und Herausforderungen nichts mehr mit der Gesellschaft des ›Mutterlandes‹ zu tun hatten. Die koloniale Gesellschaft war qua Geographie und minoritärer Stellung, die selbst den Verdacht mangelnder Wohlanständigkeit einschloß, in doppeltem Sinne weit entfernt von der Muttergesellschaft. Gleichzeitig war ihr Dasein in vitaler Weise, zumindest militärisch-politisch, von der Unterstützung durch das Mutterland abhängig. In ihrem Nationalismus versicherte sich die koloniale Gesellschaft ihrer Zugehörigkeit zum ›Mutterland‹, die sowohl strukturell wie politisch fortwährend prekär war, und stellte der Muttergesellschaft ihre Zugehörigkeit unter Beweis. Die Mitglieder der kolonialen Gesellschaft waren Wanderer zwischen zwei Welten. Sie waren »heimat«-los, und um so mehr beschworen sie die »Heimat«.

In den Anfängen der Kolonie war der Nationalismus im Binnenverhältnis der kolonialen Gesellschaft begrenzt. Er war so begrenzt, wie die extrem geringe Zahl an

---

D. D. Jackson, 1974: 194ff.). Unmittelbar aus der Erziehungs- und Schulsoziologie habe ich den Begriff des »heimlichen Lehrplans« (»hidden curriculum«) übernommen (vgl. B. Davies, 1976: 131f., 161f.).

Europäern im ersten Jahrzehnt der Kolonie die kolonialen Nachbarn und Vertreter der Handelsunternehmungen unterschiedlicher Nationalität in der kolonialen Gesellschaft zusammenkommen ließ. Die Europäer waren einsam. Sie lebten unter kargen und kärglichen Bedingungen. Sie waren in die Verständnislosigkeit des Fremdseins eingeschlossen. Sie waren sowohl im wörtlichen wie angesichts der sozialen und kulturellen Kluft zwischen Eindringlingen und Afrikanern im sozio-kulturellen Sinne sprachlos. Sie waren der grenzenlosen Langeweile langer Abende ausgesetzt, die den engen Grenzen des Lebensbereichs eines Europäers und der Einsamkeit entsprach, die mit den Grenzen einherging. National zusammengewürfelt, wie es die nationalen Zugehörigkeiten der Handelshäuser in den Anfangsjahren des kolonialistischen Wettlaufs vorgegeben haben, war die koloniale Gesellschaft für jeden Europäer dankbar, den sie in ihrer Mitte aufnehmen konnte. Als Umgangsform der Europäer untereinander blieb diese ›Offenheit‹ ein Kennzeichen der kolonialen Gesellschaft – und in diesem Sinne ist Delavignettes Charakterisierung der kolonialen Gesellschaft richtig.

Mit der Festigung der deutschen Herrschaft und der Zunahme der Zahl der Deutschen in der Kolonie wurde die »Offenheit« der kolonialen Gesellschaft Togos eingeschränkt. Aufgrund der einfachen Zahlenverhältnisse zwischen Europäern deutscher und nichtdeutscher Nationalität verlor der Austausch zwischen Europäern verschiedener Nationalität seine Bedeutung. Die Politik, den Einfluß und die Aktivitäten nichtdeutscher Unternehmungen einzugrenzen, erhielt stattdessen einen wichtigen Stellenwert. Sie bestimmte die Missions-, Schul- und Sprachpolitik. Sie prägte die Wirtschafts- und die Handelspolitik, die im wesentlichen eine Politik der Zölle war, und führte dazu, daß am Ende der deutschen Herrschaft nur ein englisches Handelsunternehmen eine Vertretung in der Kolonie gehabt hat.

Balandier (1982: 19) hat treffend betont, daß Weiße verdächtig waren, die einer anderen Nation als derjenigen angehörten, die die Herrschaft innehatte. »Oft« sind diese Euopäer »von der ›eigentlichen‹ kolonialen Gesellschaft (abgeschnitten – TT)«. Manchmal hatten die Weißen anderer Nationalität engere Beziehungen zu den unterworfenen einheimischen Bevölkerungsgruppen – z.B. die Wesleyanische Mission in Aného. Im Gegensatz zu den anderen Missionen, die in Togo tätig waren, arbeitete die Wesleyanische Mission nach dem Grundsatz, den Unterricht an ihren Schulen nur von afrikanischen Lehrkräften durchführen zu lassen.

So pflegte die koloniale Gesellschaft in Togo ihr Deutschtum. Sie versuchte, ihrer Umgebung einen deutschen Stempel aufzudrücken. Die Straßen im Regierungsviertel und in den Geschäfts- und Wohnbezirken der Weißen erhielten deutsche Namen. Man erfreute sich an der »Truppe« – aus Afrikanern –, wenn sie jeden Morgen »mit klingendem Spiel« vom Gouvernementshaus zum Dienst auszog: »Natürlich spielt die Musik auch in Afrika ›Heil dir im Siegerkranz‹ und den Präsentiermarsch« (R. Büttner, 1911: 92). Neben den sportlichen Veranstaltungen, vor allem des Reitervereins von Lomé, war des Kaisers Geburtstag das wichtigste festliche Ereignis der kolonialen Gesellschaft. Dem nationalen Gedanken verpflichtet zu sein und auf ihn die Mitglieder der kolonialen Gesellschaft zu verpflichten, war eines der zentralen Leitthemen im Binnenverhältnis der kolonialen Gesellschaft.

Diese Traditionspflege und Vergegenwärtigung der »Heimat« gab der Kultur der kolonialen Gesellschaft einen Zug von Nicht-Authentizität. Die koloniale Gesellschaft lebte im Vergleich. Immer war es ein Vergleich, der mit dem Zollstock der Lebensverhältnisse in Europa und Deutschlands im besonderen selbst dann noch zum Nachteil der Kolonie ausschlug, wenn das Erreichte gefeiert wurde. Die »Metropole« Lomé war eine Kleinstadt, die am Ende der deutschen Kolonialherrschaft etwa 7 300 Einwohner zählte. Von ihnen waren nicht einmal 200 »Weiße«. Die deutschen »Weißen« nannten Lomé das »deutsche Nizza an Afrikas Westküste« und wußten, daß es mit Nizza nichts gemein hat. Die wenigen Regierungsgebäude waren stattliche Bauten. Der massive Zementbau des Gouverneurhauses brachte den Herrschaftswillen der Eroberer zum Ausdruck. Die Wohnhäuser der Weißen machten einen »vornehmen, einladenden Eindruck« (Eine Reise durch die Deutschen Kolonien, 1910: 52). Aber wenn es regnete, wurden die sauberen und breiten Straßen aus Lehm vor diesen Gebäuden und Wohnstätten zu schlammigen Pfützen. Trat man in die Wohnhäuser ein, fielen selbst die Wohnungen der Beamten dadurch auf, daß es nichts gab, was auffällt: »Denkbar einfach«, verglichen die Beamten das Mobiliar »mit der alten preußischen Gefängniszellenausstattung. Tisch, Stuhl, Bett waren eigentlich alles, was die Zimmer füllte. Eine Chaiselongue stellte schon einen sehr begehrten Luxusgegenstand dar« (R. Asmis, 1942: 15). Im Vergleich war die koloniale Gesellschaft eine Kultur des Nachstellens. Sie war eine Gesellschaft der Inszenierung. Sie stellte das »Eigentliche«, als das die »Heimat« erschien, dar und erfuhr deshalb, daß sie im Nicht-Eigentlichen lebte.

Herrschende und Beherrschte waren im gleichen Zirkel der Nicht-Authentizität gefangen. Wie viele Eroberer und Herrschende trat die koloniale Gesellschaft mit einem Zivilisationsanspruch auf. Die einen begründeten ihn rassistisch, die anderen kulturell, die Dritten ökonomisch und politisch. Im Kontakt mit den Bezwungenen zwang die koloniale Gesellschaft die »unzivilisierten« Beherrschten in der Mimikry der Unterwerfung zu leben. Aber sie stand in der »kolonialen Situation« selbst unter dem Prinzip der Nicht-Authentizität. Die koloniale Gesellschaft in den »deutschen Schutzgebieten« wurde nicht müde, ihre amüsierte Überheblichkeit über deutsche Artefakte und Symbole in den Händen afrikanischer Könige, Häuptlinge oder Ältesten und ihre blanke Verachtung für die »Hosenneger« zum Ausdruck zu bringen. Aber auf diesem Weg bestätigte sie, daß Herrschende und Beherrschte eine Kultur der Herrschaft teilen, die vom unerfüllbaren Vergleich bestimmt war.

So wenig mit Blick auf die deutsche Kolonialzeit Togos die koloniale Gesellschaft »europäisch« war, so sehr verband sie im Sinne der Beobachtung Delavignettes alle Europäer, weil sie eine Gesellschaft der »Weißen« war. »Weiß« zu sein, das beinhaltete, zur Erobererschicht zu gehören, eine Ideologie der Überlegenheit zu teilen und den Grundsatz der Einheit der Eroberer gegenüber den Unterworfenen zu verfolgen. Die Ideologie der unbedingten Überlegenheit der »Weißen« war ein Teil der allgemeinen zeitgenössischen Ideologie von der zivilisatorischen Mission Europas -»The White Man's Burden«. Sie war ebenfalls das Ergebnis der tatsächlichen militärisch-technischen Überlegenheit der europäischen Eindringlinge über die kolonisierten Kulturen.

Die Verknüpfung der Überlegenheitsideologie mit dem Grundsatz der Einheit der Eroberer ist eine Voraussetzung, den staatlichen Anspruch auf zentrale Herrschaft mit der Unabhängigkeit der lokalen Herrschaftseinrichtungen zu versöhnen (vgl. G. Spittler, 1981: 179f.). Die ideologische Trennung den den Unterworfenen und die Idee der Einheit der Eroberer beugen den lokalen Autonomietendenzen unter den Mitgliedern der Erobererschicht und der Verwaltung vor. Sie binden die Angehörigen der Erobererschicht. Sie trennen sie von den Beherrschten, wenn die Mitglieder der kolonialen Gesellschaft begrenzter oder keiner Kontrolle von seiten der Zentrale unterliegen, weil sie sich auf »Expeditionen« befinden oder ›im Busch‹ residieren. Die koloniale Gesellschaft ist der Sicherungsmechanismus der politisch-administrativen Zentralität.

Das trifft um so mehr zu, je ungünstiger das Zahlenverhältnis zwischen der herrschenden und der unterworfenen Schicht ist und je geringer die absoluten Zahlen der Eroberer sind. In diesen Fällen addieren sich das Problem der Herrschaftsorganisation und das der Sicherung der Herrschaft überhaupt. Die unbezweifelbare Idee von der Überlegenheit und Einheit der Herrschenden ist die Antwort auf eine Situation, in der jedes Mitglied »zählt«. Sie ist unter diesen Bedingungen für das Verhältnis der Herrschenden das, was die Grundsätze der Strategie des »divide-et-impera« im Verhältnis zu den Beherrschten sind.

Gebunden an die Ideologie der Überlegenheit der Eroberer und das Prinzip der Einheit der weißen Gesellschaft, lebten die Mitglieder der kolonialen Gesellschaft Togos dementsprechend in einer Welt der und von Weißen. Rechtlich, politisch und ökonomisch privilegiert und geschieden von den Afrikanern, standen das Wohnen in den Vierteln der Europäer, das alltägliche Leben, die Geselligkeit, das Feiern und die öffentlichen Veranstaltungen unter dem Grundsatz der strikten Trennung zwischen Europäern und Afrikanern. Die Einheit der kolonialen Gesellschaft war nicht nur eine dominierende, antagonistische und segregationistische Einheit gegen die Kolonisierten und eine zentralistisch-integrative Einheit gegen die Dezentralisierungstendenzen einer »Herrschaft über Bauern« (G. Spittler, 1978). Sie war eine Einheit, die das Ergebnis von Beziehungsformen ist, die sich zu dem zusammenfügen, was Delavignette (1939: 39) mit dem Wort von dem »provinziellen Reiz« der kolonialen Gesellschaft zu benennen versuchte.

Die koloniale Gesellschaft war vor allem in Handelskolonien vergleichsweise homogen, wobei wiederum die geringe absolute Zahl der Mitglieder von überragender Bedeutung ist.

Die koloniale Gesellschaft Togos war nach Geschlecht, Alter und sozialer Lage wenig differenziert. Sie war eine Gesellschaft von Männern zwischen 20 und 50 Jahren. Sie kannte kaum Kinder, Jugendliche oder gar alte Menschen. Sie hatte eine soziale Schichtung, die nicht weit reichte, weder nach oben noch nach unten. Die Beamtenschaft setzte sich aus höheren und mittleren Beamten zusammen. Der Anteil der Offiziere war hoch. Der Aufstieg der höheren Beamten endete gewöhnlich beim Regierungsrat respektive Hauptmann. Untere Beamte gab es gerade eine Handvoll. Weder die Kaufmannschaft noch die Missionare wiesen intern wie im Verhältnis zueinander und zu der Gruppe der Beamten große Statusunterschiede auf. Die Kaufmannschaft setzte sich aus selbständigen Unternehmern oder Agenten größerer und großer Handels- und Konzessionsgesellschaften und den wenigen Angestellten zusammen, die alle »leitende« Funktionen hatten, weil sie immer noch eine größere Anzahl von Afrikanern anzuleiten und zu beaufsichtigen hatten. Für die Missionare gab es in der Kolonie so gut wie keine kirchliche Hierarchie. Eine weiße Handwerkerschaft fand sich ebensowenig wie eine weiße Arbeiter- oder Dienstbotenschaft. Es war eine Gesellschaft der »Herren«. Insbesondere das Fehlen einer größeren weißen Arbeiterschaft und Unterschicht mußte die Erfahrung der sozialen Gemeinsamkeit der kolonialen Gesellschaft vertiefen, weil ihre Mitglieder aus einer Gesellschaft kamen und in eine solche regelmäßig zurückkehrten, die durch den Klassengegensatz zwischen Bürgertum und Arbeiterschaft entscheidend bestimmt war.

Vor allem waren die Mitglieder der kolonialen Gesellschaft auf einen Lebensstil festgelegt, der wenige und keine deutlich auffallenden Unterschiede zuließ. Es gab in Lomé keine Viertel der Weißen, sondern nur das Europäerviertel. Die Wohnhäuser und die Größe der Gärten um die Wohnhäuser wiesen Unterschiede auf, aber, wie die Fotos z. B. von Lomé zur Zeit der deutschen Kolonialherrschaft dokumentieren, waren die Unterschiede begrenzt, wenn wir von der Wohnstätte des Gouverneurs, dem wuchtigen Gouverneurshaus, absehen (vgl. u. a. Eine Reise durch die Deutschen Kolonien, 1910: 53). Nicht die Gegensätze der verschiedenen Varianten zwischen bürgerlicher Villa und der Mietskaserne der Arbeiter, sondern die Verbundenheit einer sozial relativ homogenen Erobererschicht, die im »Europäerhaus« im Unterschied zur »Negerhütte« wohnt, bestimmten die Wohnkultur der Weißen. »Sie sind ja nicht besonders prunkvoll, weder die amtlichen noch die privaten Gebäude, aber sie machen mit ihrem weißen Anstrich samt und sonders einen vornehmen, einladenden Eindruck«, heißt es dementsprechend in einer Reiseschilderung (ebda, S. 52).

Alle Mitglieder der kolonialen Gesellschaft standen unter den Bedingungen von materiellen Lebensverhältnissen, die zum Beispiel auf Reisen und »Expeditionen« sehr entbehrungsreich sein konnten, die jedoch die Differenzierung der Mitglieder der kolonialen Gesellschaft nach unterschiedlichen materiellen Lebensstilen definitiv begrenzte. Orientiert an der materiellen Kultur ihres Abstammungslandes, standen die Mitglieder der kolonialen Gesellschaft vor der Tatsache, daß sie zu dieser Kultur nur begrenzten Zugang hatten. Besonders in Handelskolonien waren sie nicht daran interessiert und sie hatten mit Ausnahme vielleicht des einen oder anderen Kaufmanns nicht einmal die ökonomischen Möglichkeiten, diese Zugangshindernisse durch einen unverhältnismäßigen Aufwand zu überwinden. Sie lebten unter den Bedingungen einer relativen Entbehrung, weil jeder »Luxusgegenstand« – zum Beispiel eine Chaiselongue – in der Kolonie noch zur normalen materiellen bürgerlichen Kultur des Mutterlandes – fast – eines jeden Mitglieds der kolonialen Gesellschaft gehörte. Eine Steigerung der materiellen Güter zeigte nicht die Veränderung des Lebensstils oder gar den sozialen Aufstieg, sondern lediglich ein Stück mehr von einer geteilten materiellen europäischen Normalkultur an.

Im Ghetto der Kultur der Europäer gab es für die Mitglieder der kolonialen Gesellschaft nichts an »Kultur«. Das wenige, das es gab, hing einzig und allein davon ab, daß sich die Mitglieder der kolonialen Gesellschaft zusammenfanden und ein Stück jener Kultur selbst hervorbrachten, von der sie ansonsten in der »Heimat« gewöhnt waren, sie als Zuschauer zu erleben.

Die Mitglieder der kolonialen Gesellschaft im »Schutzgebiet Togo« fanden sich zusammen. Sie veranstalten öffentliche sportliche Festlichkeiten. Sie sangen und musizierten zusammen. Sie spielten Theater. All das fand selten genug statt, denn es erforderte viele Mühen und Vorbereitungsarbeiten. Aber um so mehr band es die koloniale Gesellschaft zusammen. Im Jahre 1909 wurden für eine der musikalischen Abendunterhaltungen, »welche das kaufmännische Mitglied der Norddeutschen Mission ... unter gütiger Mitwirkung einiger kunstsinniger Damen und Herren der Gesellschaft von Zeit zu Zeit« in Lomé veranstaltete, 99 Eintrittskarten verkauft – bei einer weißen Bevölkerung von 139 Personen (AbT 4, 1909: 79f.). Es entstand eine bemühte Laienkultur, deren »Kunstsinn« im selben Verhältnis »provinziell«, wie die soziale Funktion, Zugehörigkeit und Gemeinsamkeit zwischen den Mitgliedern der kolonialen Gesellschaft zu stiften, vorherrschend war.

Die Mitglieder der kolonialen Gesellschaft waren untereinander sehr gastfreundlich. Auch das betonte die Einheit der Europäer gegenüber den Afrikanern und schloß die Europäer in einer Ordnung generalisierter Reziprozität zusammen. Jeder Europäer ist des anderen Gastgeber und Empfänger von Gastlichkeit. Die Mitglieder der kolonialen Gesellschaft waren in einer Beziehung miteinander verbunden, in dem Güter und Leistungen verlangt und gegeben wurden, die weder genau gegeneinander abgewogen noch sofort oder in einem bestimmten Zeitraum erwidert werden mußten. Der ›Tausch‹ gab der bestehenden sozialen Beziehung Ausdruck. Es war eine Gastfreundschaft, in der nicht die Stiftung sozialer Beziehungen im Vordergrund stand, sondern in der eine Zugehörigkeit anerkannt wurde, die vor aller Kenntnis vom anderen liegt –

obwohl man sich in den meisten Fällen tatsächlich kannte oder voneinander gehört hatte.

Die Mitglieder der kolonialen Gesellschaft pflegten die kleine Geselligkeit. Sie saßen zusammen – auf den Veranden im oberen Stock ihrer Wohnhäuser, im Beamtenkasino von Lomé, das früher die Residenz des Gouverneurs gewesen war. Man aß häufig zusammen, denn man wohnte zusammen. Bis zum Jahre 1906 waren die obersten Beamten Togos zum großen Teil in dem sogenannten »Großen Beamtenhaus« in der Nähe der Landungsbrücke untergebracht. Später baute man eine Reihe von Beamtenhäusern, die für zwei Beamte gedacht waren. In Lomé, dem Zentrum der kolonialen Gesellschaft, in dem spätestens seit 1904 immer mehr als die Hälfte aller Weißen gewohnt hat, hieß das Wohnen im Europäerviertel, daß man Nachbar war – selbst wenn das gesamte Wohnareal der Europäer vergleichsweise großzügig ausgelegt war. Die Häuser standen entlang der Wohnstraßen relativ nahe beieinander. Für eine Gesellschaft, für die das Gehen selbstverständlich ist, trennte auch die Notwendigkeit eines längeren Spaziergangs nicht. Die Abende waren lang, wenn die Sonne mit steter Regelmäßigkeit gegen sechs Uhr untergeht. Dann fand sich diese Männergesellschaft zusammen, unterhielt sich, spielte Karten und feierte den »Kognakismus« (R. Küas, 1939: 199), der Gemeinsamkeit stiftete und als Allheilmittel gegen Krankheiten betrachtet wurde – im »Busch« ein Mittel gegen Eintönigkeit und Einsamkeit war.

Zuletzt der Tod, der so gegenwärtig war. Er führte zusammen. Er ließ keinen abseits stehen. Er stiftete eine Verbundenheit, in der die Betroffenheit einer existentiellen Gefährdung und grundsätzlichen Fremdheit der Eroberer mit der Erfahrung von der Ungewißheit einer Herrschaft zusammentrafen, die auf dem untergründigen Boden der Angst steht, daß sich allein nach dem Kriterium der großen Zahl die Hierarchie der Herrschaft zwischen den Eroberern und den Eroberten umzukehren vermag (vgl. G. Balandier, 1982: 18).

Der Tod ist die Form, in der die koloniale Gesellschaft am ausgeprägtesten dem Umstand gegenübergestellt war, daß sie aufgrund ihrer Zahl keines ihrer Mitglieder entbehren konnte, daß jede nur vorübergehende Abwesenheit zur Improvisation und zum Neuanfang zwang. Jede Krankheit, jede Abwesenheit eines Mitglieds machte sich unmittelbar bemerkbar und stellte nicht selten das ganze jeweilige Unternehmen in Frage. Im Hinterland wurde der Ausfall eines Mitglieds sofort nachhaltig spürbar, besonders im geselligen Leben. Jede Hand wurde gebraucht – nicht zuletzt deshalb wurden die An- und Abreisen der Mitglieder der kolonialen Gesellschaft im Amtsblatt der Kolonie sorgfältig aufgezeichnet. Stellvertretungen gehörten zur Beamtenroutine, wobei charakteristisch war, daß sie die formelle Ämter- und Kompetenzhierarchie nur begrenzt berücksichtigten. Der Stationsassistent oder der Reisearzt konnten mit Aufgaben betraut und mit Kompetenzen ausgestattet werden, die, wie bestimmte Strafbefugnisse gegenüber Afrikanern, sonst dem Stationsleiter vorbehalten waren. Dieses Aufeinanderangewiesensein war bezeichnenderweise nicht nur an Rollen und Aufgabenstellungen, sondern auch an der Person orientiert, die diese Rollen besetzte und die mit ihr verbundenen Aufgaben erfüllte. Darin spiegelten sich die »provinzielle« Nähe der Mitglieder der kolonialen Gesellschaft und die Funktionsweise einer Verwaltung, die bürokratisches Handeln nur begrenzt auszubilden vermag, und das Prinzip der »Bewährung« wider, unter dem alle Mitglieder der kolonialen Gesellschaft standen. Es gab der kolonialen Gesellschaft die soziale Homogenität einer Gruppe, deren Mitglieder vor gleichen oder gleichartigen Herausforderungen standen, ihre Unterschiede mit der Erfüllung des Maßstabs der »Bewährung« zurücktreten ließen und ein Bewußtsein und Gefühl von personaler Zugehörigkeit und Verbundenheit teilten.

In dieser sozialen Einheit der kleinen Gruppe bildete die minoritäre Stellung der kolonialen Gesellschaft gegenüber der Gesellschaft des Mutterlandes die Grundlage, das Bewußtsein der Überlegenheit nicht nur gegen die Kolonisierten, sondern auch gegen die Welt des Mutterlandes zu wenden. Delavignette (1939: 51) nannte dieses Überlegenheitsgefühl »heroisch« und schrieb: »Weit entfernt von Europa hat es (das Mitglied der kolonialen Gesellschaft – TT) den richtigen Abstand, um Maß zu nehmen. Es wird sich zum Beispiel der überdauernden Züge, der wesentlichen Werte, der grundlegenden Errungenschaften Europas klar .... Das Mitglied der kolonialen Gesellschaft ist ein Mensch, der ein größeres Wissen über die Dinge der Welt als die Eingeborenen des kolonisierten Landes besitzt, aber er kennt auch besser als jene anderen Eingeborenen, nämlich diejenigen der kolonisierenden Nation, den Preis. Er bezahlt nämlich wirklich für die Zivilisation und er bezahlt nicht mit Geld, sondern mit Mühen und Wagnissen.«

Mit diesem Bewußtsein und der besonderen Art der Beziehungsformen befand sich die koloniale Gesellschaft im Gegensatz zu den Voraussetzungen und Wandlungen der Gesellschaft und Kultur des Mutterlandes, dem sie sich unauflöslich verbunden betrachtete und von dem sie existentiell abhing. Das »heroische« Überlegenheitsgefühl feierte die »wesentlichen Werte«. Es wußte, wie Delavignette (ebda) mit dem Pathos der Vereinfachung beschwörend schrieb, »daß in der Bilanz Europas das Sech des Pfluges und das Joch der Ochsen schwerer als der Schrott verrostender Maschinen unserer Tage wiegen« – und doch waren es das Kanonenboot, das Maschinengewehr, die Eisenbahn, der Telegraph, die zu den grundlegenden Voraussetzungen der objektiven Überlegenheit der Herrschaft und des Überlegenheitsbewußtseins der kolonialen Gesellschaft im Verhältnis zu den Kolonisierten gehörten. Das »heroische« Überlegenheitsgefühl hatte seinen Ort in einer relativ homogenen, vielfach kommunitären, ländlich-kleinstädtischen Welt. Aber dieser Ort war die Folge des imperialen Anspruchs einer sozio-kulturellen Ordnung, die nicht homogen, zunehmend weniger kommunitär und (groß-)städtisch war und wurde.

So war die koloniale Gesellschaft in einen Zwiespalt hineingestellt. Sie wurde gefangengenommen von den Wirklichkeiten, die zu verändern sie angetreten war. Das Überlegenheitsbewußtsein, das sie an die Kolonialnation band und das gegen die Verselbständigungstendenzen der lokalen Herrschaft gerichtet war, wurde zu einem Bezugspunkt, diese Verselbständigungstendenzen zu unterstützen und gegenüber den Wirklichkeiten der Kolonialnation »Maß zu nehmen« – was auf der Bühne der politischen Auseinandersetzungen in der Kolonialnation bedeutete, daß man sich den konservativen oder gar reaktionären politischen Flügeln verbunden fühlte. Demgemäß sind unter den Bedingungen der »kolonialen Situation« oder, wie Gerd Spittler (1981: 179) zurecht verallgemeinert, unter den Bedingungen der »Herrschaft über Bauern« die Mechanismen der Zentralität und im besonderen der zentralen Kontrolle und der lokalen Verselbständigung keine eindeutig geschiedenen Wirklichkeiten. Die Mechanismen der zentralen Kontrolle, wie die Ideologie der Überlegenheit der Eroberer, werden noch von den Verselbständigungstendenzen des Lokalen eingeholt.

Vom Grundsatz von Einheit und Trennung bestimmt, nahm die koloniale Gesellschaft diese Grundsätze in zwei Bereichen in verschiedenen Graden zurück: im Bereich der sprachlichen Verständigung mit den Unterworfenen und in dem der sexuellen Beziehungen.

Die Trennung, die aufgrund der Unkenntnis der Sprache der Unterworfenen entstand, gehört sicherlich zu den folgenreichsten Grenzziehungen zwischen der Minorität der Eroberer und der Mehrheit der Eroberten. »Sprachlos« standen sich Herr-

schende und Beherrschte gegenüber. Man half sich mit den Krücken des Dolmetschens oder mit einem Kauderwelsch aus reduziertem Deutsch, afrikanischem Küstenenglisch und vielleicht einigen Brocken aus einer der afrikanischen Sprachen.[12]
Die Unkenntnis von den Sprachen der Kolonisierten wurde indessen schon früh (vgl. E. Henrici, 1888: 134f.) und auf den verschiedensten Ebenen, auf denen über die Kolonialverwaltung diskutiert wurde, problematisiert und kritisiert. Im letzten Drittel der deutschen Kolonialherrschaft wurden die Stimmen zunehmend lauter, die für die Beamten die Kenntnis von einheimischen Sprachen forderten (vgl. J. K. Vietor, 1913: 104ff.; VhKK, 1905: 343ff.; 1910: 733ff.).

In Togo waren die Voraussetzungen vergleichsweise günstig. Unter den Missionaren gab es nicht wenige, die die Sprachen ihrer Gemeindemitglieder zu sprechen verstanden. Nicht zum wenigsten und dank der vorzüglichen Arbeiten von Diedrich Westermann traf es für das Ewé und seine Dialekte zu. Das reichte angesichts der Vielsprachigkeit Togos nicht weit. Es hat aber dazu beigetragen, einige Wege zum Verständnis vorzugsweise gegenüber der Küstenbevölkerung zu ebnen. Es schlug sich unter anderem darin nieder, daß die verschiedenen Gruppen der Ewé zu denjenigen gehörten, von denen man am Ende der deutschen Kolonialzeit die zahlreichsten Kenntnisse besessen hat. In welchem Umfang die Beamtenschaft und im besonderen die langjährigen Beamten einheimische Sprachen zu sprechen wußten, läßt sich bisher nicht sagen. Aber es gab einzelne Beamte mit guten Ewé-Kenntnissen. Vor allem die »Alten Afrikaner« unter den Beamten konnten eine oder mehrere afrikanische Sprachen. Allerdings wird diese Tatsache im Rahmen der Grundsätze von der Einheit der Eroberer und ihrer Trennung von den Beherrschten noch im Jahre 1910 zwiespältig erlebt. Zu Recht vermag man einen Zusammenhang zwischen guten Sprachkenntnissen und »allzugroßer Nachsicht« gegenüber den unterworfenen Afrikanern zu sehen [vgl. R150 ANT FA1/505 (3–5): 151 f.]. Sexuelle Beziehungen zwischen männlichen Angehörigen der Erobererschicht und afrikanischen Frauen waren in Togo ebenso fest wie in allen anderen Kolonien eingerichtet. Hauptsächlich von der Mission immer wieder auf die Anklagebank gebracht, stritt man sich im Deutschen Reich heftig um das einer »christlichen Kulturnation unwürdige Verhalten« der männlichen »Weißen«, um »Mischlinge« und »Mischehen«, um die »Schwarz-Eva« und »wollhaarige Enkel«

---

[12] Für die Herrschenden ist die eigene Sprachunkenntnis eine Herrschaftstechnik (vgl. E. Henrici, 1888: 134f.). Sie, die von den Unterworfenen umgeben und fortwährend auf sie angewiesen sind, halten mit ihrer Sprachunkenntnis selbst in der unmittelbaren Gegenwart der Unterworfenen die Kluft aufrecht, die sie trennt. Physisch einander nah und doch sprachlos, d. h. sozial und kulturell weit voneinander entfernt, zu sein, das zielt in besonderem Maße auf das ›Innere‹ des Menschen, auf die Verinnerlichung der Kluft – sowohl auf seiten des Unterworfenen als auch auf seiten des Herrschenden. Die ›Herrschaft‹ redet laut und bleibt doch für sich, selbst wenn sie nicht unter sich ist. Sie verneint mit ihrer Unkenntnis selbst das Minimum der Neugier und des Interesses an der ›Dienerschaft‹. In der Unkenntnis inszeniert die Herrschaft ihre Sonderstellung und ihre Überlegenheit.
Die Dienerschaft erweist ihre Unterlegenheit noch in der Kenntnis. Henrici beobachtete treffend, daß »viele (afrikanischen – TT) Jungen draußen durch bloßes Hören genug deutsch gelernt haben, um ihre Herren zu verstehen, wovon sie sich freilich nichts merken lassen«. Ihr Wissen behält die Dienerschaft für sich selbst und ihresgleichen. Selbst wenn die Herrschaft weiß, daß die Dienerschaft weiß, und so tut,

(zit. in J. Petschull, T. Höpker, 1984: 121, 124), wie man so und anders in der lüsternen Debatte einer prüden Öffentlichkeit sagte. In einem auffälligen Gegensatz zu diesen Kontroversen stand die Selbstverständlichkeit, mit der die männlichen Mitglieder der kolonialen Erobererschicht die angeprangerten sexuellen Beziehungen unterhalten haben.

Die sexuellen Beziehungen sind beispielhaft für die Gleichzeitigkeit von Trennung und Verbindung im Verhältnis von Eroberern und Eroberten.

Auf dem einen Pol der Arten der sexuellen Beziehungen zwischen der Erobererschicht und den Unterworfenen finden wir die Merkmale der Willkür, Rechtlosigkeit, Erniedrigung und Gewalt. Sie drücken die tiefe Kluft aus und vertiefen sie, die die Erobererschicht von den Unterworfenen trennt. Sie sind eingebettet in die Ideologie der Überlegenheit, mit der die Erobererschicht ihre Herrschaft rechtfertigt. Sie zeigen sich in der Banalität einer Soldateska- oder gleichermaßen banalen »Herren«-Mentalität.

Auf dem entgegengesetzten Pol finden wir die Form der sexuellen Beziehung, die innerhalb der antagonistischen Struktur zum Weg wird, auf dem die Mitglieder der kolonialen Gesellschaft einen Zugang zu den Wirklichkeiten der Kolonisierten gewinnen. Ein extremes Beispiel dieses Typs sexueller Beziehung ist das des erfahrenen Alten Afrikaners aus den ersten Jahrzehnten der Kolonialzeit. Allein, sprich ohne andere Europäer, residierte er »im Busch«. Er hatte eine gute Kenntnis afrikanischer Sitten. Seine lokale Verankerung und sein relativ enger Kontakt mit der Bevölkerung seines Herrschaftsbereichs ging damit einher, daß er eine oder mehrere afrikanische Mätressen hatte (vgl. G. Spittler, 1981: 50; R. Delavignette, 1939: 9ff.), manchmal sogar nach Landessitte eine Ehe mit einer einheimischen Frau einging und gar beim Verlassen der Kolonie materielle Vorsorge für seine einheimische Frau und seine einheimischen Kinder traf (vgl. J. Petschull, T. Höpker, 1984: 119f.; E. Rodenwaldt, 1957: 76f.).

Zwischen diesen beiden Polen – dem der gewaltbestimmten Willkür des übermächtigen Eroberers und dem des Zugehens auf die Ordnung der Beherrschten innerhalb der Bedingungen einer Herrschaft, die sich auf die lokalen Bedingungen einläßt – wird die Mehrzahl der sexuellen Beziehungen zwischen der Erobererschicht und den Eroberten und selbst von ein und demselben Mitglieds der Erobererschicht gelegen haben. Da waren zum Beispiel Kaufleute, die im Einvernehmen mit den afrikanischen Eltern, mit der Übergabe von Geschenken, bestehend aus Waren und Geld, und mit einem Hochzeitsfest ein afrikanisches Mädchen für sich und ihren Haushalt gewonnen haben. Allerdings hielt sich die junge Frau vorzugsweise nur während der Nacht oder, wenn ihr weißer Ehemann krank war, im Haus des »Weißen« auf. Ansonsten lebte sie weiterhin in ihrem Dorf (vgl. H. Zöller, 1885: 245ff.). Da ist z.B. das Schreiben, das ein Faktorei-Angestellter im Jahre 1901 an die Polizeidienststelle in Lomé geschickt hat, in dem er der Polizeibehörde mitteilte, daß die »irrtümlich als Prostituierte« aufgegriffene Afrikanerin seine »Konkubine« sei. Der Angestellte schloß sein Schreiben mit den Worten (zit. n. J. Petschull, T. Höpker, 1984: 124): »Ich bitte ergebenst, sie mir wieder umgehend zur Verfügung zu stellen.« Die Mehrzahl der Fälle wird indessen von jener gleichgültigen aristokratischen wie bürgerlichen Dienstherrenmoral geprägt gewesen sein, von der eine Anekdote erzählt, die Johann Karl Vietor (1913: 99) mit

---

als ob die Dienerschaft nicht wisse, um so mehr stellt die Herrschaft auf symbolische Weise die Trennung und Überlegenheit der Herrschenden heraus, wie die faktische Trennung der Herrschaft von der Dienerschaft abnimmt.

der Entrüstung des Leiters der »frommen Firma«[13] festgehalten hat: »Ich ging draußen eines Abends mit einem anderen Europäer spazieren. Uns begegnete ein ziemlich großes, ganz nacktes Mulattenmädchen. Mein Freund streichelte es und sagte ganz traurig zu ihm: ›Mein liebes Kind, wie gehen deine Eltern mit dir um.‹ Und das war der Vater!« Die sexuellen Beziehungen zwischen Europäern und Afrikanerinnen waren – und in einer fast reinen Männergesellschaft um so mehr – Bestandteil der Beziehung zwischen Dienstherrschaft und Dienstbotenschaft. Sie waren das Ergebnis einer Haushaltsstruktur, die neben dem europäischen Mann beziehungsweise den europäischen Männern nur noch aus Dienstboten bestand, die alle Tätigkeiten des alltäglichen Lebens und Unterhalts verrichteten.

»Für den Beginn der eigenen Wirtschaftsführung«, schrieb Rudolf Asmis (1942: 16), »ist die Regelung der Dienerfrage vordringlich«. Nach den sozialen Standards der kolonialen Gesellschaft galt es für Assessoren zum Beispiel, einen Koch, den man sich häufig mit einem Kollegen geteilt hat, zwei persönliche Diener, einen Waschmann und einen Pferdejungen zu finden, sofern man sich auf das Risiko eingelassen hat, Pferde zu halten. Hinzu kam ein Hausboy, der meist von der Regierung für je zwei Wohnungen gestellt worden ist (ebda). Die Dienstboten verblieben außerhalb ihrer Arbeitszeit entweder in den afrikanischen Haushalten, denen sie zugehörten, oder waren, soweit man ihre ständige Anwesenheit verlangt hat, in einem Nebengebäude des Wohnhauses der Europäer untergebracht. In Lomé hat ihre Zahl mehrere hundert Personen erreicht.[14]

Henri Brunschwig (1983) hat am Beispiel von Französisch-Schwarzafrika materialreich und mit großem Scharfsinn die Schlüsselrolle der Kolonisierten im Dienste der Weißen für die Entstehung und relative Beständigkeit der europäischen Kolonialherrschaft herausgearbeitet. Brunschwig betont zu Recht und provozierend, daß es die Kolonisierten in Gestalt der »Akkulturierten«, der sogenannten »évolués« in Französisch-Westafrika, und der »Kollaborateure«[15] waren, die zu den Trägern der Kolonisation wurden. Sie haben den okzidentalen Ordnungsentwürfen und Vorstellungen Eingang in die afrikanischen Kulturen verschafft (ebda, S. 89ff). Im Unterschied zu den Akkulturierten brachen die »Kollaborateure« nicht mit den soziokulturellen Ordnungen ihrer Herkunft. Anders als die um ein Vielfaches größere Zahl der Bauern und die winzig kleine Gruppe der Akkulturierten lebten die »Kollaborateure« zwischen den beiden Welten der Eroberer und der Unterworfenen. In dieser Zwischenstellung spielten sie eine »kapitale Rolle« in dem Vorgang, in dem sich Bestandteile der Zivilisation der Eroberer in den Ordnungen der Eroberten festsetzten (ebda, S. 99). Die afrikanischen Dienstboten waren ein Teil der vielgestaltigen Gruppe von Kollaborateuren.

Anders als die Polizisten, die Häuptlinge, die Dolmetscher und die anderen unter-

---

[13] Unter diesem Namen war das Handelsunternehmen Vietors in Westafrika bekannt, weil es sich nicht am Alkoholhandel beteiligte und die beschäftigten Arbeiter vergleichsweise ordentlich bezahlte(vgl. H. Gründer, 1985: 128).

[14] Geht man von den Angaben von Asmis und den Zahlenangaben über Köche und Waschmänner in Lomé im Jahresbericht 1912/13 (AJb 1912/13, Stat. Teil, S. 115) aus, dann bewegte sich die Zahl der Dienstboten in Lomé um 400 Personen, was einem Anteil an der afrikanischen Bevölkerung Lomés von knapp 6% entsprach.

[15] H. Brunschwig (1983: 96) verwendet den Begriff »Kollaborateur« ausdrücklich ohne die politisch negativen Konnotationen, die ihm auf dem Hintergrund der deutschen Besetzung Frankreichs während des Zweiten Weltkriegs gerade in einem französischen Kontext zukommen.

geordneten Mitglieder der Verwaltung oder die Faktoreiangestellten hatten die Dienstboten keine Positionen inne, in denen sie in mehr oder minder starkem Maße auf die Geschicke der Unterworfenen Einfluß nehmen konnten – es sei denn, daß die Dienstbotenrolle zu einem Weg wurde, um in solche Positionen und Aufgaben wie z. B. in die des Dolmetschers hineinzugelangen. Das Gesicht der kolonialen Gesellschaft und ihres Verhältnisses zu den Unterworfenen prägten sie dennoch mit.

Die Tatsache, daß wohl jedes Mitglied der kolonialen Gesellschaft über wenigstens ein oder zwei Dienstboten verfügt hat, unterstrich die soziale Homogenität der kolonialen Gesellschaft. Die Verfügung über Dienstboten stellt die soziale Einheitlichkeit selbst dort ein Stück weit her, wo nach den Verhältnissen im Mutterland nicht davon ausgegangen werden konnte, daß sich zum Beispiel der Postangestellte die Ausgaben für eine Hausangestellte hätte leisten können. Diese Art der sozialen Homogenität ist zuerst einmal im Sinne der Erfahrung zu verstehen, in einer gemeinsamen bürgerlich-aristokratischen Lebensform[16] verbunden gewesen zu sein. Dienstpersonal zu haben, das machte jeden Weißen in mehr oder minder starkem Umfang zu einem »Herrn«. Wichtiger indes ist die Gemeinsamkeit des Eroberstatus, der in der Verfügbarkeit über Dienstboten veralltäglicht ist. Die Betonung liegt auf »Herrschaft«.

Im Unterschied zur bürgerlichen Herrschaft über Dienstboten war die Verfügung der kolonialen Gesellschaft über Dienstboten nicht Bestandteil einer bürgerlichen Familienorganisation. In der Männergesellschaft der frühen kolonialen Gesellschaft hat es diese Familie nicht gegeben. Von Afrikanern bedient zu sein, das enthielt kein Stück familialer Arbeitsteilung, kein Stück Entlastung der »Hausherrin«, noch weniger Kindererziehung, die in der bürgerlichen Familie direkt oder indirekt ein wichtiges Element der Dienstbotenrolle war. Dienen im Haushalt der kolonialen Gesellschaft war das Bedienen von Männern, die nicht in das Land gekommen waren, um sich ihren Unterhalt zu verdienen oder bürgerlichen Geschäften nachzugehen. Die Männer waren gekommen, um zu herrschen.

Der politische Aspekt der Verfügung der kolonialen Gesellschaft über Dienstboten drückt sich darin augenfällig aus, daß im Dienstverhältnis Männer über Männer verfügen. Afrikanische Männer bedienten europäische Männer. Die Verfügung über Dienstboten war unmittelbar Herrschaft über diejenigen, die die Träger des bewaffneten Widerstands gegen die Eroberer sein konnten und die es zu besiegen galt. Vor allem aber lag die Herrschaft über Dienstboten in der kolonialen Gesellschaft genau im Schnittpunkt, in dem sich die politische und die soziale Herrschaft sichtbar treffen, dort, wo die politische Herrschaft vor den Augen aller in die soziale Herrschaft

---

[16] ›Bürgerlich-aristokratisch‹ war die Verfügung über Dienstpersonal sowohl im Bezugsrahmen der sozialgeschichtlichen Entwicklung des Dienstpersonals in der »Heimat« wie im Bewußtsein der Mitglieder der kolonialen Gesellschaft selbst. Bürgerlich war die Verfügung über Dienstpersonal in dem Sinne, daß in der wilhelminischen Gesellschaft die Beschäftigung von Hauspersonal – wenigstens des ›Dienstmädchens‹ – bis tief in die mittleren Bürgergruppen hineinreichte (vgl. T. Nipperdey, 1983: 123). ›Aristokratisch‹ war sie in dem Sinne, daß mit der Beschäftigung von Hausangestellten nach dem Ende des ›ganzen Hauses‹ eine Abwertung der körperlichen Arbeit in der bürgerlichen Familie Einzug hielt, die zuvor dem aristokratisch-höfischen Leben vorbehalten war (vgl. I. Weber-Kellermann, 1981: 118). Beide Bezüge spiegelten sich deutlich im Sprachgebrauch der kolonialen Gesellschaft wider, die sowohl vom »häuslichen Gesinde« (AbT 9, 1914: 103) wie vom »Hauspersonal« (vgl. LGG, S. 366) sprach.

übersetzt wird. In der Verfügung über afrikanische Dienstboten wurden die Eroberer sichtbar zur Herrschaftsschicht. Darin liegt die bedeutungsvolle herrschaftssoziologische Funktion der Dienstbotenschaft.

Das Dienstpersonal trennte auf der einen Seite die »Herrschaft« von den alltäglichen Lebenswirklichkeiten der Mehrheit der Menschen und von diesen Menschen selbst. Auf der anderen Seite verband die Dienstbotenschaft die »Dienstherrn« in einem begrenzten Ausschnitt mit dem Leben der »Unter-Schichten«.

Sie trennte, weil sie der »Herrschaft« all diejenigen Tätigkeiten abnahm, die die Mehrheit der Menschen verrichten muß. Das Dienstpersonal unterband den sozialen Kontakt, den die alltäglichen Tätigkeiten, wie flüchtig sie auch immer sein mögen, herstellen. Die Dienstbotenschaft nahm eine Pförtnerfunktion im Zugang zur »Herrschaft« wahr.

Aber das Dienstpersonal verband auch die »Herrschaft« mit den Menschen. Unter den Bedingungen der kolonialen Gesellschaft war das in wesentlichen Grundzügen nicht anders als in den Dienstbotenverhältnissen der wilhelminischen Gesellschaft. Neben Befehl und Gehorsam, fristloser Kündigung und »Züchtigungsrecht« gab es das Gespräch, Vertrauen, Fürsorge, persönliche Verbundenheit. Mätressen und Ehefrauen teilten das alltägliche Leben mit dem Europäer ebenso wie der »Boy«, der ständiger Begleiter des Europäers war und sich zusammen mit »seinem Herrn« den Strapazen der Reisen unterwerfen mußte. Aber anders als in den Dienstverhältnissen in der »Heimat« war der Europäer in den Kolonien auf die Dienste der Kolonisierten grundlegend angewiesen. Sie waren wichtige Lehrer für die Sprachkenntnisse, die es erlaubten, einiges an Alltagsunterhaltungen sinngemäß zu begreifen; sie waren Informanten für eine fremde Kultur, für das alltägliches Leben und die Vielzahl der Fragen, denen sich die Europäer im Rahmen ihrer Tätigkeiten notwendig gegenübersahen; und sie waren als Abkömmlinge und Mitglieder dieser fremden sozio-kulturellen Welt selbst Beispiele für das Denken, Fühlen und Verhalten derer, von denen man weit entfernt war, obwohl man unter ihnen war.

Paradoxerweise steckt jedoch in diesem alltäglichen Umgang von »Herr« und »Knecht« ein zusätzliches Element der Trennung. Nach dem Prinzip des »Mitzählens«, das heißt, den kleinen Ausschnitt für das Ganze zu nehmen, wurde das soziale Beziehungsmuster zwischen der »Herrschaft« und den Hausangestellten, zwischen den Europäern und dem afrikanischen Dienstpersonal zu einem bestimmenden Erfahrungsraum, anhand dessen die Stereotypen und Vorstellungsmuster »vom Arbeiter«, von den »kleinen Leuten«, von »den Schwarzen« oder »den Negern« mitgeformt wurden. Sie mündeten in die tiefe Kluft vorurteilsvoller Trennung – und wurden noch als Erfahrungswissen in Anspruch genommen. »Anhänglichkeit« und »Gaunerei«, »überraschende Konservativität« und »Erregbarkeit« (vgl. R. Asmis, 1942: 16ff.), solche und andere Typisierungen »der Schwarzen« wurden nicht zuletzt im Verhältnis zwischen dem Europäer und den Hausangestellten entwickelt. Die trennenden Vorstellungsmuster zwischen den Eroberern und den Unterworfenen entstehen also dort, wo beide Gruppen sich am nächsten sind.

Die quantitative Verteilung der Prügelstrafe, die nach den offiziellen Statistiken in Lomé außergewöhnlich und unverhältnismäßig häufig zur Anwendung kam, ist ein Hinweis darauf, daß die koloniale Ideologie der Erziehung vorrangig in den Beziehungen zu den Hausangestellten genährt wurde und dort ihr alltägliches Anwendungsfeld hatte. Es waren zuerst die Hausangestellten, gegenüber denen der Europäer die Rolle des Erziehers beanspruchte und die Rolle ihm selbstverständlich wurde. Ihnen gegenüber machte der »Weiße« den ungebrochenen kulturellen Unterwerfungsanspruch geltend und übte ihn für sich selbst und für das Dienstpersonal ein. Hier fiel die Umsetzung politischer in soziale Herrschaft mit der Errichtung des privaten Lebensraums, des Haushalts, zusammen.

Der Anspruch auf die Erzieherrolle knüpfte an die Verhältnisse in der wilhelminischen Gesellschaft an. Aber unter den Bedingungen der frühen kolonialen Gesellschaft wurde die Erziehung des afrikanischen Dienstpersonals durch zwei Besonderheiten zusätzlich aufgewertet und geprägt. Anders als in der bürgerlichen Familie im Mutterland lag die Erziehung fast ausschließlich in den Händen von Männern. Damit erhielt die Dienstbotenbeziehung einen wesentlich öffentlich-politischen Charakter, der der politisch-öffentlichen Position und Rolle des Eroberers entsprach. War also der ungebrochene kulturelle Formungsanspruch des Europäers vom privaten Raum, dem Haushalt bestimmt, stand der private Raum im Kontext der politischen Herrschaft und der Ziele, die sie setzte. »Erziehung« von afrikanischen Hausangestellten, das war immer »zivilisatorische« Aufgabe. Das »Einbleuen« – im übertragenen wie zu oft im buchstäblichen Sinne – der wilhelminischen »Tugenden« von »Fleiß, Ordnung, Pünktlichkeit, Sauberkeit« wurde unmittelbar als Einübung in die Voraussetzungen der häuslichen Ordnung des Europäers und als Erziehung zum kolonialen Untertan begriffen. Verstärkt wurde der politisch-öffentliche Bezug der Erzieherrolle dadurch, daß die »Erziehung« der Dienstbotenschaft wie jede »Erziehung« der Kollaborateure beispielhaft war. Sie überschritt die Grenzen des spezifischen sozialen Verhältnisses, in dem sie stattfand, und der Aufgaben, die in diesem Verhältnis zu lösen verlangt wurden. Sie war »Modell-Erziehung«, die das aufzeigen sollte, was von allen Unterworfenen erwartet und verlangt wurde.

So war die Dienstbotenschaft ein Element der Einheit, des Bewußtseins der Überlegenheit und der Trennung der kolonialen Gesellschaft von den Kolonisierten. Sie war aber auch ein Zugang zu den Wirklichkeiten der Beherrschten, ein Zugang freilich, der die Abschließung der kolonialen Gesellschaft gegenüber den Besiegten mit enthielt.

4. Kapitel

Verbindungen II: Häuptlinge

Die einen nutzten die Gunst der Stunde. Als in Sansanné-Mango das Oberhaupt der Dyabu-Lineage, Na Byema, in einem Handgemenge mit den deutschen Eindringlingen unter der Führung von Oberleutnant Gaston Thierry erschossen wurde, griffen die Mitglieder der konkurrierenden Sangbana-Lineage in die Auseinandersetzungen mit den gewalttätigen Fremden nicht ein und traten ihren bedrängten Konkurrenten nicht helfend zur Seite. Mit Hilfe des mordenden Eindringlings ließen sie im Gegenteil einen der ihren, Adjanja, zum Oberhaupt der Anufòm machen. Die anderen standen auf der ›falschen‹ Seite und bezahlten wie Na Byema mit ihrem Leben oder wurden wie Dagadu, Oberhaupt des Akpini-Häuptlingtums, eines Tages deportiert. Die Dritten verwandelten ihre veränderten Rechte und Aufgabenstellungen in klingende Münze. Sie strichen »Renten« ein und wurden an Steuer-, Zoll-, Herbergseinnahmen und Gerichtsgebühren beteiligt. Für die Vierten waren die veränderten Einkommensquellen nur ein bescheidener Ersatz für einst reiche Quellen aus Tribut, Zöllen, Gerichtsgebühren, Raub und Sklavenhandel. Die Fünften erweiterten ihren Einfluß- und Machtbereich mit der Hilfe und den Gewehren der Eroberer und wurden zu »Oberhäuptlingen« und machtvollen und gewichtigen Herrschern. Die Sechsten waren bloß vorgeschoben, während die tatsächliche Macht in den Händen der vorkolonialen Führung blieb. Die Siebten übernahmen eine ganz und gar neue Aufgabe. Sie taten es zögerlich, widerwillig und ohne Interesse an der Sache. Die Achten gebrauchten ihre neue subalterne Macht, um sich auf ebenso subalternen Wegen zu bereichern und andere Menschen zu schikanieren und zu drangsalieren. Die Neunten setzten auf die Eroberer, hofften auf Frieden, Auskommen und Ordnung für ihr kleines oder größeres Gemeinwesen und wurden zu treuen Gefolgsleuten der Eindringlinge. Die Zehnten machten sich auf und davon, um an der englischen Goldküste mit manch britischer Unterstützung die Opposition gegen die harten und despotischen Eroberern zu wecken. Bei sehr vielen von ihnen traten diese und andere Handlungsmuster mal mehr oder minder gleichzeitig, je nach Umständen und Gegenständen, je nach der Entwicklung der Verhältnisse auf.

Die Häuptlinge und solche, die erst mit dem Kommen der deutschen Eindringlinge dazu wurden, verhielten sich ganz unterschiedlich. Sie entschieden angesichts neuer Herausforderungen und auf der Grundlage von Vorgaben, die das Ergebnis der geschichtlichen Erfahrungen und der vielfältigen vorkolonialen politischen Strukturen waren. Sie handelten nach den Möglichkeiten, die das Häuptlingswesen enthielt, das sie im Mit- und Gegeneinander mit den Eroberern geschaffen oder wenigstens hingenommen hatten. Man verkürzt die Zusammenhänge zu stark, wenn man die Häuptlinge pauschal zu loyalen Anhängern oder zu Opportunisten der Kolonisation erklärt (vgl. dazu G. Spittler, 1981: 79).

Nicht weniger kurzsichtig ist eine Betrachtungsweise, die die Häuptlinge zu den Kugellagern einer gut geölten Verwaltungsmaschinerie des Eroberers macht, im Häuptling bloß ein »ausführendes Organ der Kolonialadministration« sieht und die eigenbestimmte Herrschaft der Häuptlinge auf den »Spielraum verliehener oder verbliebener Machtpositionen« beschränkt (P. Sebald, 1988: 286, 288).

Tatsache ist, daß es für beide, den Eroberer wie den Eroberten, keine fertigen Rezepte gibt. In Togo wußten am ehesten noch die Eroberten, mit den neuen Anforderungen umzugehen. Die einen, wie die »Großen« in Yendi, Sansanné-Mango oder Paratao, saßen schon immer am Schachbrett bzw. »aweli«[1] von Krieg, Eroberung, Unterwerfung, Razzia und Tributforderungen und machten ihre draufgängerischen oder vergeblichen Züge. In den vielfachen, räuberischen, tributären und auf staatlicher Expansion beruhenden Abhängigkeitsverhältnissen der vor- und frühkolonialen Zeit war geliehene und durch Dritte gestützte Macht nicht die Ausnahme, sondern die Regel. Die kolonialen Eroberer entsprachen dieser Regel und bekräftigten sie. Den anderen, die, wie die Bekpokpam oder Kabiyé, nicht einmal Häuptlinge als Teil ihrer politischen Struktur besaßen, mußte das Ansinnen nach Häuptlingen als eine neue Form der alten Willkür, Gewalt und Rücksichtslosigkeit erscheinen, mit denen kriegerische Eindringlinge und Sklavenjäger sie seit eh und je bedrängten und gegen die sie sich bisher immer zur Wehr zu setzen gewußt hatten.

Für die Eroberer gab es keine Vorbilder und keine Kontinuität, wenn man im Falle der Deutschen davon absieht, daß sie die Kolonialpolitik der Briten und Franzosen, der Spanier und Portugiesen, der Holländer und Belgier mehr oder minder schlecht kannten. Der Eroberer hatte ›nur‹ die ethnozentrische Vision einer staatlichen Verwaltung nach dem Muster des ›Mutterlandes‹ und das Wissen, daß eine solche Verwaltung außer jeder Reichweite war.

Die Aufgabe ist indessen klar, die der Eroberer zu lösen hat, wenn er vor den Gerüstteilen seines Rohbaus der Staatlichkeit steht. Die Dolmetscher gewährleisten den Fluß der Verständigung und die Träger den Fluß der Waren. Die Stationen wandeln die zentrale Macht in lokale Herrschaft um. Die Tourneen führen den Stationsleiter zu den Dörfern der Bauern,

---

[1] »aweli« oder »tomebi« bezeichnen ein auch unter dem Bambara-Wort »woli« bekanntes, in ganz Westafrika verbreitetes Spiel, das in der erfolgreichen Wegnahme von Spielfiguren besteht.

Administratives Häuptlingswesen

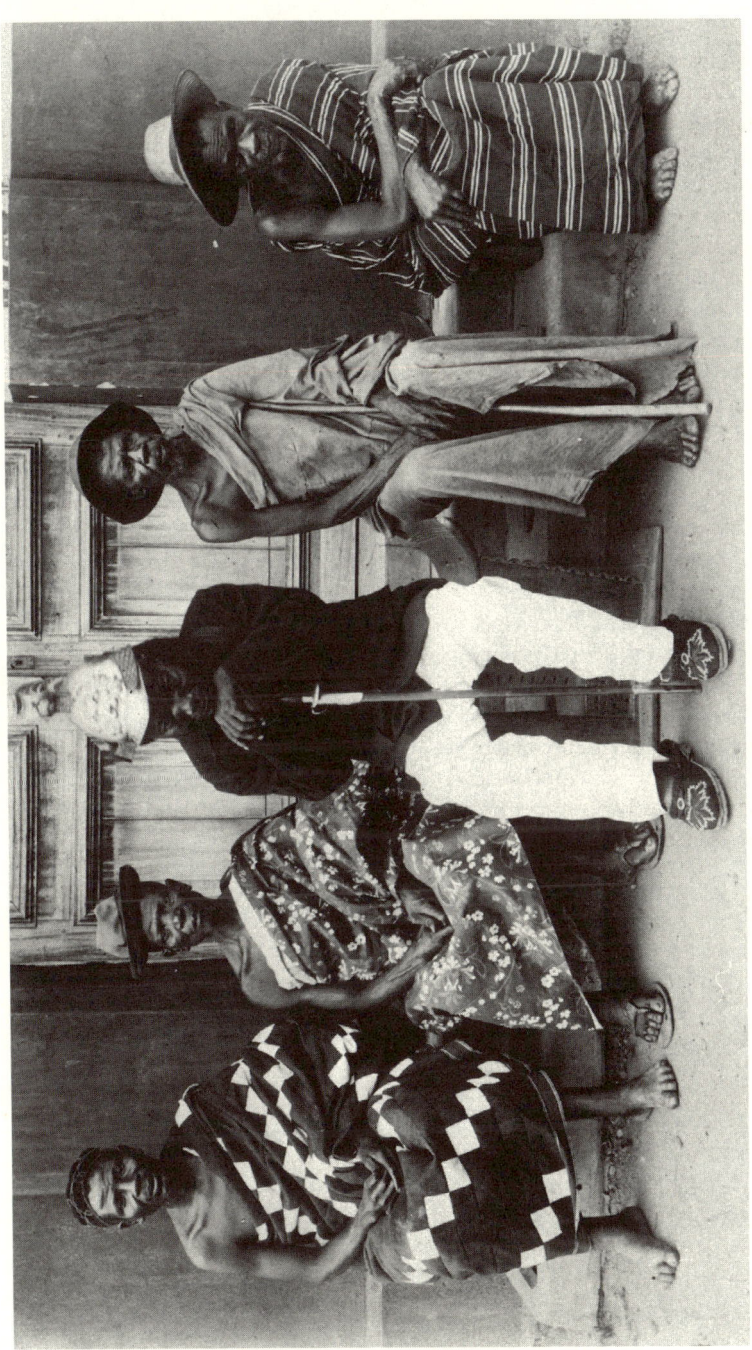

Häuptling Gide-Gide von Kpalimé mit vier Ältesten

Schmiede, kleinen Händler, Gummizapfer und Jäger. Das Rasthaus macht den Stationsleiter und Eroberer gegenwärtig und bringt wenigstens vorübergehend die Amtsstube in das Dorf. Aber es fehlt ein unverzichtbares Verbindungsstück: die Brücke zwischen dem Leiter der Station und den Unterworfenen in ihren Haushalten, auf ihren Feldern und in ihren Verstecken ›im Busch‹. Es fehlt das Verbindungsstück, das folgende Aufgaben übernimmt: Es verstetigt die Befehle, Anweisungen und Anregungen, die von der Station und ihrem Leiter ausgehen. Es verteilt die Befehle. Es stellt in beiden Richtungen die Verbindung zwischen dem Eroberer und den einzelnen Menschen her, über die der anmaßende Eindringling zu herrschen sucht. Es begründet Verantwortlichkeit, die es dem Eroberer ohne zu großen Aufwand erlaubt, Lob und Tadel zu verteilen und sich des gesamten anderen Inventars aus dem Zeughaus der Macht- und Herrschaftsausübung zu bedienen. Vor allem öffnet es die Möglichkeit, den Verantwortlichen zur Verantwortung zu ziehen, wenn der Eroberer der Ansicht ist, daß seine Anweisungen und Erwartungen nicht angemessen aufgenommen werden. Es fehlt das Verbindungsstück, mit dem die stationäre Herrschaft verstetigt und in die lokale Ordnung integriert wird.[2] In den Worten von Rudolf Asmis (1910: 166): »Es war unmöglich, die Durchführung von Befehlen vom Bezirksamt allein aus zu kontrollieren. Die Regierung bedurfte Mittelspersonen, die die Anordnungen auch den auf Farmdörfern im Busch versteckt wohnenden Eingeborenen bekanntgeben und die andererseits für deren Ausführung haftbar gemacht werden konnten.«

Klar bestimmbar war die Problemstellung, wenig Überlegung bedurfte die Antwort auf die gestellte Frage: »Es war naheliegend, hier auf das Institut der Häuptlinge zurückzugreifen und für deren Befugnisse die ›Landschaft‹ als örtlichen Bereich zu wählen« (ebda). Das Verbindungsstück war das Häuptlingswesen.

1. Administratives Häuptlingswesen

Die Ordnung des Häuptlingswesens war die Demarkationslinie. An ihr schieden sich nicht nur Kolonialreiche, sondern Weltanschauungen und Kulturen. Hier standen sich der »Geist der britischen Institutionen mit seiner Hochschätzung alter Einrichtungen, seinem optimistischen Liberalismus und seinem realistischen Empirismus« und die cartesianische Logik des »unverbesserlichen« französischen »Verstandesmenschen« gegenüber, für den das Leben der Logik und das Gewachsene dem zentralistischen Mißtrauen der geplanten, abstrakten und vereinheitlichten Ordnung unterworfen sind (H. Deschamps, 1970: 204). Hier stießen die Kolonialpolitik der ›indirekten Herr-

---

[2] Zum Begriff der ›Integration‹ in diesem Zusammenhang vgl. H. Popitz (1992: 223 ff.).

schaft‹ nach britischem Muster und der ›direkten Herrschaft‹ à la française, die innerfranzösische Auseinandersetzung um ›Assoziation‹ und ›Assimilation‹ der Kolonien und ihrer Menschen aufeinander. So wenigstens haben die Beteiligten das Problem des Häuptlingswesens gesehen und auf den Begriff gebracht und die entsprechende Konzeption von Kolonialpolitik entworfen (vgl. Albertini, 1985: 246ff., 273ff.; R.F. Betts, 1961; s. auch M. Crowder, 1970; H. Deschamps, 1970).

Tatsache ist jedoch, daß sich in der Praxis der Eroberer weniger schroffe Gegensätze aufgetan haben – die Gegensätze ergaben sich aus der äußersten Vielgestaltigkeit der Ordnungen der Beherrschten von ganz allein. In der Kontroverse zwischen Hubert Deschamps (1970) und Michael Crowder (1970) aus der ersten Hälfte der 60er Jahre, in der der Franzose die Gemeinsamkeiten, der Brite stattdessen die Unterschiede zwischen britischer und französischer Kolonialpolitik betonte, betrachtete Crowder die französische Form der Kolonialherrschaft als eine der Formen der ›indirekten Herrschaft‹. Die Idee der vollausgebildeten direkten Herrschaft war schon seit dem Ersten Weltkrieg als so unwirklich erkannt, wie sie es am Beginn der Staatlichkeit ist.

Trotzdem ist der Weg Crowders analytisch eine Sackgasse. Deschamps Einwände gegen Lord Lugard und gegen den Lugardismus bleiben auf diesem Weg unbeantwortet. Denn der Lugardismus und seine vielfältigen ethnologischen und postkolonialen Varianten zeichnen mit unterschiedlichen Gewichtungen ein mißverständliches Bild des Häuptlingswesens.

Sie betrachten den Häuptling wie den Stamm, dessen Oberhaupt der Häuptling ist, vorrangig unter ethnisch-kulturellen Gesichtspunkten. Der Stamm ist aber vor allem eine politische Struktur und der Häuptling eine politische Institution, wo der tribale Zusammenhalt auf einer höheren Ebene als der von kurzen Lineages stattfindet, besonders im Falle von Oberhäuptlingtümern (vgl. K. Beck, 1989: 20). Wie im Beispiel der konkurrierenden Lineages in Sansanné-Mango werden die Fragen des Zusammenhalts auch als Machtfragen und nicht ausschließlich auf der Grundlage ethnisch-kultureller Zugehörigkeit entschieden. Der Lugardismus pflegt stattdessen das »Stammbaum-Konzept der Geschichte« von Stämmen (ebda), das in der apolitischen Idealisierung sozialer und kultureller Kontinuität von Stamm und Häuptlingtum wiederkehrt. Der Lugardismus wie eine ihm verwandte funktionalistische Ethnologie feiern eine ahistorische Idee von Traditionalität, die der instabilen Natur von Stämmen und ihrer politischen Organisation nicht gerecht wird. Lange bevor die Idee der indirekten Herrschaft zur britischen Verwaltungsdoktrin wurde, waren die britischen Verwaltungsoffiziere im Sudan davon durchdrungen, einen traditionellen Sudan der Stämme wiederherzustellen, den es nur in den Köpfen der Verwaltungsbeamten gab (vgl. ebda, S. 25).

Auf diese Weise entgeht dem Lugardismus, daß sich für die unterworfenen Akteure, d.h. für die Häuptlinge und ihre Lineages, der Handlungsraum mit dem Auftreten einer Zentralmacht grundlegend ändert. Es entsteht ein Häuptlingtum, das seinen sozialen, ökonomischen und allem voran politischen Ehrgeiz mit Hilfe der Zentralgewalt zu befriedigen versucht. Ist geliehene Macht in den interethnischen, intertribalen und interimperialen Konkurrenzgeflechten die normale Wirklichkeit, ist sie es im innerstaatlichen Verhältnis zwischen der Zentralgewalt eines Eroberers und den Häuptlingtümern nicht weniger. Im Lugardismus gewährleistet die indirekte Herrschaft über eine traditionale Häuptlingschaft die gemächliche Evolution einer ebenso traditional gedachten Kultur und Gesellschaft in der Form des Stammes. Die Glieder der berühmt-berüchtigten »Ketten uralter Tradition« bleiben unverletzt (E.S. Hartland, 1970: 138). Dementsprechend blendet der Lugardismus sowohl den Subjektcharakter des machtpolitisch handelnden Häuptlings als auch die Strukturveränderung des Häuptlingtums aus. Der strukturelle Wandel beinhaltet, daß mit dem Auftreten der Zentralgewalt das Häuptlingtum immer ein Häuptlingtum im Verhältnis zur Zentralgewalt ist. Es ist ein Häuptlingtum, dessen Entwicklungshorizont von zwei Extremen bestimmt ist. Entweder wird es im Sinne der Idee der ›direkten Herrschaft‹ zur subalternen Verwaltungsbehörde umgewandelt oder eignet sich »im Schatten des Staats« (K. Beck, 1989) die Attribute der Staatlichkeit an und gibt der Herrschaft und der von ihr beherrschten Stammesgesellschaft eine neue Grundlage.

Geflissentlich übersieht der Lugardismus das Maß an ›direkter Herrschaft‹, das der Eroberer und die von ihm eingerichtete Zentralgewalt in der Gestalt von Stationsleitern oder selbst »Residenten« ausüben. Hubert Deschamps (1970) hat diese Tatsache in seiner ironischen Frage »Und nun, Lord Lugard?« auf den Punkt gebracht. Ebenso wenig wie das Auftreten der Zentralgewalt die bestehende Machtordnung eines Häuptlingtums und die tribale Ordnung unberührt läßt, ebenso wenig sind die Elemente der ›direkten Herrschaft‹ innerhalb einer Politik ›indirekter Herrschaft‹ für die Arbeitsweise der Häuptlingsordnung unbeachtlich. Die eindeutige Befehlsstruktur vom Gouverneur über die Residenten und District Commissioners zu den Häuptlingen beinhaltete nicht eine bloß additive Erweiterung der bestehenden Autoritätsstruktur der Stammesgesellschaft. Wenn die Briten Emire und Häuptlinge in ihrem Amt bestätigten und sich das Recht zur Absetzung vorbehielten, änderten sie die Grundlage der Häuptlingsposition selbst. Unvermeidlicherweise verschwand die Grenze zwischen der ›indirekten Herrschaft‹ britischer und französischer Art dort, wo die Briten, wie im Südosten Nigerias, vor allem im Gebiet der Ibos, eine Häuptlingsordnung mit den sogenannten »Warrant Chiefs« einrichteten, wo Häuptlinge in der vorkolonialen Ordnung keinen Platz hatten. Das Prinzip des Lugardismus, möglichst wenig in die angetroffenen Verhältnisse einzugreifen und die europäischen Verwaltungsbeamten mehr als Berater denn als Befehlshaber handeln zu lassen, ist eine Abwandlung innerhalb eines Häuptlingswesens, das mit dem Auftreten des kolonialen

Eroberers und Staatsgründers erst eine Gestalt gewinnt. Das Häuptlingswesen, das im »Schatten des Leviathan« entsteht, ist eine Ordnung eigener Art. Ich nenne es im Anschluß und in Erweiterung der Beobachtungen von Kurt Beck (1989) ›administratives Häuptlingswesen‹. Das administrative Häuptlingswesen ist ein Teil der intermediären Ordnung von »Bauernstaaten« und früher Staatlichkeit. Seine »überragende Bedeutung« (G. Spittler, 1981: 74) ist das Ergebnis seiner Schlüsselposition zwischen der Zentralverwaltung und ihren lokalen Vertretern auf der einen und der großen Mehrheit der Bevölkerung, hauptsächlich der Bauern und anderer nicht-städtischer Gruppen von Menschen (vor allem Nomaden), auf der anderen Seite. In dieser Position ist das administrative Häuptlingswesen das janusgesichtige Tor, das einerseits der Zentralgewalt den Zugang zur Bevölkerung, über die Herrschaft ausgeübt werden soll, öffnet und Verwaltung auf der Ebene der Haushalte und der einzelnen Menschen ermöglicht. Andererseits mediatisiert das administrative Häuptlingswesen in unterschiedlichen Graden die ökonomischen, sozialen und politischen Ressourcen, die ihm sowohl von seiten der neuen, zentralen Herrschaftseinrichtungen als auch von seiten der Ordnung zuwachsen, die der Häuptling gegenüber der Zentralgewalt vertritt.

Die Struktur der Organisation der Ressourcen und die Prozesse der Mediatisierung sind das Ergebnis des Wechselwirkungsgefüges zwischen der neuen staatlichen Ordnung und der Stellung und Funktion des Häuptlings in der Gesellschaft und Kultur, die der neuen Zentralgewalt unterworfen wird. Das administrative Häuptlingswesen ist mithin notwendigerweise ein differenziertes Gebilde. Es ist eine vielgestaltige Ordnung. Es ist eine Ordnung aus unterschiedlichen Typen administrativer Häuptlingtümer.

Ich unterscheide im Zusammenhang der vorliegenden Studie drei Formen von administrativen Häuptlingtümern: administratives Oberhäuptlingtum, administratives Häuptlingtum und amtliches Dorfhäuptlingtum. Sie entsprechen den drei Formen vorstaatlicher politischer Ordnungen im »Schutzgebiet Togo«: dem Groß-Häuptlingtum, dem Häuptlingtum und der häuptlingslosen Gesellschaft.

Exkurs zur politischen Anthropologie Togos: Akephalität, Häuptlingtum und Groß-Häuptlingtum

Das Herrschaftsproblem der Kolonialmacht variierte nach der Vielgestaltigkeit der politischen Ordnungen, die im vorkolonialen Togo entstanden waren. Das gilt in besonderem Maße für den Unterschied zwischen Togos Norden und Süden und seiner Abwandlung in der Gebirgsregion vor allem des Nordostens. Zur Verdeutlichung dieser Problematik bedarf es eines kurzen Blicks auf diese Ordnungen. Ich tue ihn an den Beispielen der Hauptlingsgesellschaften der Ewé des Südens, der akephalen Gesellschaft der Bekpokpam (Konkomba) in den Otiniederungen des Nordwestens und des Groß-Häuptlingtums der Anufòm im Norden Togos. Um jedoch die Lebensbedingungen der Menschen in diesen Ordnungen und die fundamentale Geschichtlichkeit dieser

Ordnungen selbst anzudeuten, die die knappe, strukturell orientierte Analyse nicht angemessen zum Ausdruck zu bringen vermag, will ich eine kurze Schilderung des natürlichen und politisch-historischen Raums von Togo zu Beginn der deutschen Kolonialherrschaft voranstellen.

Lagunen, Gebirge, Savannen

Der kurze Küstenstreifen des Golfs von Guinea zwischen den Mündungsgebieten des Voltas im Westen und des Monos im Osten war für die europäischen Seefahrer, Entdecker, Händler und Eroberer nicht bedeutsam genug, um ihn mit einem Namen auszuzeichnen. Er war entweder das Gebiet östlich der Gold- oder westlich der Sklavenküste (vgl. E. G. Norris, 1993: 22). Seiner Namenlosigkeit entsprach die Zwischenstellung, die der Raum der späteren deutschen Kolonie in politischer, kultureller und ökonomischer Hinsicht innerhalb des Gefüges und der Geschichte der »Ostatlantischen Kulturprovinz« (H. Baumann, 1940, zit. n. W. Schulz-Weidner, 1979: 373) einnahm. Die Zwischenstellung hat eine Nord-Süd- oder vertikale und eine Ost-West- oder horizontale Achse. Beide Achsen erschließen sich am besten dort, wo sie unter anderem buchstäblich zu Stein geworden sind, das heißt mit einem Blick auf die natürliche Beschaffenheit dieses Raums (vgl. P. Sebald, 1988: 1ff).

Die Geschichte der Menschen Togos ist mit den beiden großen geographischen Zonen Westafrikas verbunden, die sich von Ost nach West erstrecken: dem nördlichen Savannengebiet zwischen der Sahara und dem tropischen Urwaldgürtel im Küstenbereich auf der einen und dem südlichen Gebiet des tropischen Regenwaldes und der unmittelbaren Küstenregion auf der anderen Seite. Mit der Savannenzone im Norden hat Togo Anteil an dem riesigen Gebiet zwischen dem Atlantik und dem Roten Meer, mit dem aus der Sicht der arabischen Welt die Lebensräume der »Schwarzen« begannen, wie im Arabischen das Wort »Sudan« zum Ausdruck bringt. In der anspruchsvollen Wortwahl der kolonialistischen deutschen Eindringlinge nannte man deshalb den Norden Togos (zusammen mit dem Norden Kameruns) den »Deutschen Sudan« (vgl. H. Klose, 1899: 283).

Klimatisch bedeutet der Anteil Togos an den Savannen des Sudans, daß die Verteilung des Regens im nördlichsten Teil von Togo wesentlich verschieden von der des Südens ist. Besitzt der Süden zwei Regenzeiten, muß sich der Norden mit einer begnügen. Nicht zuletzt damit gehen markante Unterschiede in den Feuchtigkeits- und Temperaturverhältnissen zwischen dem Norden und Süden einher. Mit einem mittleren Minimum und Maximum der Tagestemperaturen von 23 und 30 Grad Celsius und einer Luftfeuchtigkeit, die im Jahresmittel zwischen 85% und 95% liegt, ist der Süden schwülwarm. An der Küste bringt zwar die Seebrise eine gewisse Erleichterung. Aber um so feuchter ist es. In einem Brief an seine Frau vom August 1902 erzählte der Regierungsarzt Dr. Ludwig Külz (1906: 9) über das Nachtigal-Krankenhaus in Aného, daß »alle Eisenteile rasch rosten, und selbst die chirurgischen Instrumente sich nur unter dauerndem Ölüberzug einigermaßen unversehrt halten lassen; Leder verschimmelt, Glas beschlägt vom salzhaltigen Wasser und die Uhren versagen nach kurzer Zeit ihren Dienst«. Wie anders der Norden! Mit zwölf Grad Unterschied zwischen dem mittleren Minimum von 22 und dem mittleren Maximum von 34 Grad Celsius zeigt er nicht nur große Temperaturunterschiede. In der regenlosen Zeit ist er außerdem von der trockenen Hitze der Savannengebiete geprägt. Mit dem Harmattan, einem periodisch vor der Regenzeit auftretenden Nord- und Nordostwind aus den Tiefen der Sahara, steigert sich die Trockenheit der Luft so, daß, wie ein deutscher Kolonialbeamter berichtet hat, die Schokolade zu Mehl zerfällt und das Gewehr versagt, weil das Öl von der trockenen Luft vollständig aufgesogen wird (Eine Reise durch die Deutschen Kolonien, 1910: 3). Von der jährlichen Niederschlagsmenge aus gesehen, ist allerdings Lomé mit 800 mm die regenärmste Region Togos. Je weiter man sich von Lomé nach Osten, Norden und Nordwesten und in Richtung der Höhen- und Gebirgszüge bewegt, desto größer werden die Niederschlagsmengen, die in den Gebirgsregionen Mittel- und Nordtogos in der Übergangszeit zwischen Trocken- und Regenperiode häufig in Gewitterstürmen mit gewaltigen Regenschauern niedergehen. Mit dem Überschreiten der Bergzüge und dem Eintreten in die offenen Savannengebiete Nordtogos nehmen die Niederschlagsmengen dann allmählich wieder ab, so daß z.B. rund 1650 mm mittlerer jährlicher Regenmenge in Misahöhe weniger als 1000 mm im Grenzland zum heutigen Burkina-Faso gegenüberstehen.

Aber anders als die Teilhabe Togos an den zwei großen geographischen Zonen auf der Ost-West-Achse erwarten läßt, sind Flora und Fauna zwischen dem Norden und dem Süden nicht in derselben Weise einander entgegengesetzt, wie es sich in sicherlich stark vereinfachender Weise von den Temperatur- und Feuchtigkeitsverhältnissen sagen läßt. Das hängt mit zwei Besonderheiten zusammen.

An der gesamten Küste von Ostghana bis Nigeria hat die mächtige Ozeanbrandung in Verbindung mit einer starken, an Togos Küste südwestlichen Meeresströmung eine breite Sandbarriere aufgeworfen. Nur die großen Flüsse wie Niger, Mono und Volta vermochten diese Sandbarriere zu durchbrechen. Flüsse wie der Sio und Haho in Togo, die beide ihren Ursprung am Ostabhang des Atakora-Gebirges zwischen Kpalimé und Atakpamé haben, führen lediglich so viel Wasser mit sich, daß daraus das Lagunensystem entstanden ist, das für die Küste typisch ist und zu dem der etwa 50 km große Togo-See gehört, der dem Lauf von Haho und Sio kurz vor dem Erreichen des Ozeans das Ende bereitet. Diese Sandbarriere und das Lagunensystem, das hinter ihr liegt, prägen das Bild von Flora und Fauna der unmittelbaren Küstenregion.[3]

Togo ist von einem bewaldeten Mittelgebirgsmassiv beherrscht. Es erstreckt sich in mehreren Ketten, deren höchste Erhebungen auf etwas mehr als 900 Meter ansteigen,[4] von Südsüdwest nach Nordnordost.[5] Mit diesem Gebirgsmassiv entstand zwischen den

---

[3] In den Augen der deutschen Eindringlinge hatte es eine gewisse Gleichförmigkeit und schien manchen zu enttäuschen, der eine üppige Pflanzenwelt erwartet hatte. So heißt es in einem Bericht, der von der Zeitschrift »Kolonie und Heimat« herausgegeben wurde (Eine Reise durch die Deutschen Kolonien, 1910: 2):»Nähert man sich von der See her der Küste unserer Kolonie Togo ..., so kann man sich eines gewissen Gefühls der Enttäuschung nicht erwehren. Denn was wir sehen, ist nichts als ein Streifen gelben Sandes .... Auf dem ersten schmalen Uferstreifen, einem richtigen Sandstrand, lässt das Meer natürlich keinerlei Pflanzenwuchs aufkommen. Dahinter beginnt dann auf dem salzdurchtränkten Boden ein ziemlich dürftiger Graswuchs, der allmählich dichtet, teilweise unddurchdringlichem Dornbusch Platz macht. Nur wenige schmale Negerpfade führen durch dieses Dickicht, das durch seine einförmige Färbung die Reizlosigkeit der Landschaft nicht zu mildern vermag.«
[4] Der höchste Berg von Togo ist der Agou mit 986 Metern. Es ist ein »Inselberg« östlich der Hauptkette, etwa 20 km östlich von Kpalimé.
[5] Das Gebirgsmassiv reicht vom südöstlichen Ghana (nördlich vom nahen Accra) bis in den fernen Norden der heutigen Volksrepublik Bénin. Geologisch betrachtet ist

klimatischen Bedingungen der Savannenzone des Nordens und der Zone des tropischen Regenwalds im Süden eine folgenreiche Verbindung, als die fortschreitende Ausdehnung der Sahara den tropischen Regenwaldgürtel immer weiter nach Süden abgedrängt und das Savannengebiet des Nordens, das Togogebirgsmassiv, erreicht hatte. Das Gebirgsmassiv lenkt die trockenen Nord- und Nordostwinde nach Süden bis zur Küste ab. Auf diese Weise schlugen die Winde eine Bresche in den Tropenwaldgürtel. Togo wurde zu einem Gebiet, das keine geschlossene Regenwaldzone mehr kennt.[6] Togo wurde im Gegenteil und im Unterschied zu den Nachbarstaaten waldarm.

Die Waldarmut beginnt mit der erwähnten Sandbarriere, dem Dünengürtel zwischen Strand und Lagune. Soweit dieser Gürtel nicht von den Kulturen der Menschen in Anspruch genommen wird, die große Strecken mit Kokospalmen und Maniok, seltener mit Mais bepflanzen, ist er mit schwer durchdringbarem Gebüsch und ziemlich sterilen, grassteppenartigen Flächen der Überschwemmungsgebiete bedeckt. Wilde Dattelpalmen fangen jedoch häufig den Blick ein. Der Bestand an Mangroven, eine sonst so typische Baumart für die Niederungen der Tropen im Bereich von Ebbe und Flut, ist mit Ausnahme weniger Wasserläufe in der Lagunenregion ziemlich arm. Die Inseln der Lagunen und das Überschwemmungsland sind wieder nur mit Gras bewachsen. Um so reicher war allerdings noch zu Beginn und während der deutschen Kolonialzeit die Welt der Wasservögel und Reptilien. Enten, Gänse, Möven, Strandläufer, Kiebitze, Ibisse, Reiher, Störche, Kraniche und der afrikanische Seeadler sind nur einige der vielen Vogelarten, die die Küstenregion mit ihrem Strand und ihren Lagunen bevölkerten. In den Küstenlagunen lebte das Nilkrokodil und in den Uferregionen des Volta das Voltakrokodil, von dem der Gouverneur v. Zech (1904: 111) zum besten gab, daß es in den Abendstunden brüllende Töne solcherart ausstoße, daß es oft Verwechslungen mit dem Gebrüll von Löwen gegeben habe. Der Fischreichtum der Lagunen hat wie bei vielen Ethnien an der Guineaküste die Fischerei zu einer nicht unerheblichen Einkommens- und Nahrungsquelle der Menschen gemacht. Im Unterschied zu manch anderen Küstenstämmen spielt an Togos Küste die Küsten- und Hochseefischerei allerdings keine wichtige Rolle. Man fischt in den Lagunen und Flüssen mit Schleppnetzen, die von zwei Kanus gezogen werden, ferner mit Wurfnetzen, Angeln, Fischzäunen, Reusen, mit Speeren, Pfeil und Bogen und auch Pflanzengiften.

Schon unfern der Küste treten die Ölpalmen auf, deren Erzeugnisse das Rückgrat der Kolonialwirtschaft wurden. Hier sind es aber noch niedere, »kümmerlich aussehende Exemplare« (DKL, 1920: Bd. 3, S. 505), die unter dem schädigenden Einfluß der salzigen Seebrise leiden. Ihre eigentliche Heimat beginnt, wenn man den Hügelwellen nach Norden folgt, die, scharf gegen die sandige Küste abgesetzt, hinter den Lagunen ansteigen. Dazu muß man das Gebiet nördlich der Lagunen durchqueren, in dem viel Mais und Maniok angebaut wird. Noch zur Zeit der kolonialen Eroberung

---

es außergewöhnlich und hat nur eine Parallele in der größeren Gebirgskette, die mehr als 1 000 km östlich sich vom Golf von Biafra bis zum Tschadsee erstreckt (vgl. E. G. Norris, 1993: 23).

[6] Bei Ankunft der kolonialistischen deutschen Eroberer war der Regenwald auf Reste um Baguida und Porto Séguro, einige wenige kleinere Gebiete an der windabgewandten Seite der Gebirgskette im Südwesten, schmale Streifen an Gewässern und in Schluchten und auf mehr oder minder größere Flächen in einigen breiten Tälern zurückgedrängt (vgl. DKL, 1920, Bd. 3: 504ff.).

und Herrschaft mußte man sich durch übermannshohen, dichten, schwer durchdringlichen Busch schlagen, wobei jedoch die häufig hier vorkommenden Baobabbäume zum schattigen Ausruhen einladen. Dann erreicht man die sogenannte »Ölpalmenzone«, die sich, etwa 15 km von der Küste entfernt, in einer Breite von ungefähr 40 km von Ost nach West erstreckt. Hier kommt die Ölpalme in den größten zusammenhängenden Beständen vor, die in ganz Süd- und Mitteltogo, im südlichen Teil der Gebirgszone, in der Gebirgsregion westlich und nordwestlich von Atakpamé und selbst im Gebiet der Kabiyé und »Lósso«[7] im nördlicheren Teil Togos vielfach verbreitet ist. Es ist eine Region, in der die Afrikaner neben Mais und Maniok häufig Yams und Erdnüsse auf der Grundlage einer Landwirtschaft anbauen, die, wie in der ganzen »Ostatlantischen Provinz«, auf dem Hackbau unter Zuhilfenahme der Wechselbrache (›shifting cultivation‹) beruht. Hinzu kommt in den tropisch-feuchten Waldgebieten das Feldbeutertum.

Aber selbst in die Ölpalmenzone ragt an vielen Stellen schon die Baumsteppe des Nordens herein. In sie tritt man nach Verlassen der Ölpalmenzone ein. Sie ist es, die Togo sein spezifisches landschaftliches Gepräge gibt. Sie reicht von der Ölpalmenzone bis an das Gebirge heran und bestimmt in den nördlichen Gebirgsregionen das Landschaftsbild, um mit der Überschreitung der Höhenzüge dann allmählich in die Grassteppe der Savannenzone des Sudans überzugehen. Gegen Ende der Regenperiode ist sie mit übermannshohem Gras bestanden, das trotz seines büschelartigen Wachstums so dicht steht, daß es von einem Menschen zu Fuß nur mit Mühe durchdrungen werden kann. Bei militärischen Aktionen der kolonialen Eroberer bedurfte in dieser Zeit die Durchquerung der Grassteppe besonderer Sicherheitsmaßnahmen und erhöhter Aufmerksamkeit, um gegen Überfälle gefeit zu sein. Das schloß ein, daß man sich das hohe Steppengras kriegstaktisch zunutze machte (vgl. G. Trierenberg, 1914: 167f.; H. Klose, 1899: 293f.). In dieser Grasfläche stehen dicht oder weniger dicht, jedoch nie geschlossene Bestände bildend, zahlreiche Baum- und Straucharten, zu denen die Akazien der verschiedenen Arten gehören, die für das afrikanische Landschaftsbild der Savanne so kennzeichnend sind. Während der Trockenzeit dörrt das Steppengras aus. Die forstlich aufmerksame Kolonialverwaltung hob in diesem Zusammenhang immer hervor, daß große Flächen des trockenen Grases von den Afrikanern teils zur leichteren Anlage von Feldern und zur Düngung, teils zu Jagdzwecken, aber auch aus militärischen Gründen im Verlauf von Kriegshandlungen abgebrannt wurden. Nach dem Niederbrennen des Grases wird das Gelände dann bemerkenswert übersichtlich.

Mit dem Eintreten in die Baumsteppe geht die Mais- und Maniokkultur zurück, wenngleich vor allem letztere noch bis etwa auf die Höhe von Atakpamé weit verbrei-

---

[7] Der Name »Lòsso« ist ein Erbe der Kolonialzeit. Weder beinhaltet er eine linguistische Einheit, noch findet er sich als Selbstbezeichnung der von ihm zusammengefaßten Ethnien. Tatsächlich meint er die Nawda, die sich aus den Bevölkerungsgruppen von Niamtougou, Baga, Kouka, Ténéga, der Präfektur Binah und vieler anderer verstreuter Örtlichkeiten entlang der Straßenverbindung Sokodé-Lomé und entlang der Eisenbahnlinie Blitta-Lomé zusammensetzen, wohin es die Menschen während der Kolonialzeit verschlagen hatte (vgl. W.O. Yagla, 1978: 13, Anm. 6). Da der Name jedoch sowohl in der Kolonialliteratur wie in vielen modernen Arbeiten hauptsächlich historischer Provinienz gängig ist (vgl. R. Cornevin, 1988: 56f.), wobei er nicht selten noch andere Ethnien miteinschließt, werde ich ihn in Anführungszeichen weiter verwenden.

tet ist. In den östlichen Teilen beginnt schon von der Höhe von Nuatja an (rund 70 km südlich von Atakpamé) der Anbau von Sorghum. Zusammen mit dem Yams erlangt das Sorghum eine um so größere Bedeutung, je weiter man nach Norden kommt, um in den Nordregionen mit der Hirse zur vorherrschenden Anbaukultur und Nahrungsquelle zu werden. In der Baumsteppe ist der Schibaum beheimatet, der für die Menschen Togos noch während der deutschen Kolonialzeit eine wichtige Rolle als bevorzugter Fettlieferant eingenommen hat.

Die Übergangszonen von Wald und Steppe und die Steppengebiete boten noch zu den Tagen der deutschen Eindringlinge einer vielfältigen Tierwelt Lebensraum. Für die teils jagdbegeisterten, teils naturkundlich sehr interessierten europäischen Eroberer[8] gehörten neben den Krokodilen und Flußpferden der Lagunenregion und der größeren Flüsse sicherlich die Geparden, Servale, Zibetkatzen, die Löwen (hauptsächlich im tieferen Hinterland), die Leoparden in den waldigeren Gebieten und die Elefanten zu den spektakulärsten Arten. In den Grassteppen des Nordens war noch der Strauß anzutreffen. Aber schon damals war der Strauß eine Seltenheit. Von den großen Vögeln, die das Bild der Steppenlandschaft prägten, ist vor allem der Aasgeier zu erwähnen. Manche Afrikaner bestritten ihren Lebensunterhalt ganz von der Jagd. Es war indes ein mühseliges Unterfangen, das außerordentlich viel Geduld und Ausdauer erforderte.

In den Gebirgsregionen bestehen in unterschiedlichem Maße mehr oder minder stark abweichende Vegetationsformen, von denen ich das Vorkommen des tropischen Regenwaldes erwähnt habe. Die Gebirgsregionen sind oft sehr zerklüftete und schwer zugängliche Gebiete, von tiefen Tälern mit Bächen durchzogen, die in der Regenzeit so viel Wasser führen, daß die Wege unpassierbar werden. Mit hohen, steil abfallenden Hängen, schroffen Felsen und dichtem Pflanzenwuchs an vielen Orten wehren sie den Eindringling ab. An die Stelle des Steppengrases tritt das hohe, starke Elefantengras. Vor allem zwei Besonderheiten sind hervorzuheben, von denen die eine geologischer Natur ist.

In den waldreicheren, südlichen und mittleren Teilen der Gebirgszone tritt zur Kultur von Mais, Yams und Maniok noch die von Mehlbananen, Taro – eine dem Yams verwandte Knollenfrucht – und vor allem von Reis. Aus dem Jahre 1895 berichtete Heinrich Klose (1899: 246f.) von der Gegend um die ehemalige Station der Bremer Mission Amedzofe, daß »viele große Reisfarmen« sich »an den Berglehnen und in den Gründen hinzogen«. Klose hob hervor: »Der Bergreis hat in diesen Gebirgsge-

---

[8] Anschaulich über die besonders pflanzenkundlichen Interessen einzelner Bezirksamtmänner schrieb Rudolf Asmis (1942: 67): »Das Interesse für die Pflanzenwelt war zu meiner Zeit (1906 bis 1912 – TT) unter den Bezirksleitern in Togo besonders groß. Es galt damals als höchstes Ziel, einer Pflanze seinen eigenen Namen zu geben. Ich erinnere mich noch mit Vergnügen jener sehr eindrucksvollen Feier, als der lebensfrohe Bezirksamtmann in Atakpame, Hans Georg von Doering, die Nachricht erhielt, daß endlich das Botanische Institut in Dahlem einer von vielen von ihm eingeschickten Pflanzen den Beinamen ›Doeringi‹ gegeben hatte. ... Wer einmal das Botanische Museum in Dahlem besucht hat, hat sicherlich auch die hervorragende Hölzersammlung bewundert, die Dr. Kersting im Hinterland von Togo zusammengebracht und dem Museum überwiesen hat.« Wie andere Beamte war Kersting ein eifriger Sammler für die Bestände des Königlich Zoologischen Museums in Berlin (vgl. DKB 17, 1906: 141).

genden eine ganz besondere Verbreitung erfahren, so daß die Ernte nicht nur den eigenen Bedarf deckt, sondern auch schon Reis nach der Küste exportiert worden ist, wo er in Lomé und anderen großen Handelsplätzen billiger als der importierte Reis verkauft werden soll« (vgl. dazu jüngst L. Brydon, 1981).

In der Region um Bandjéli, nordwestlich von Sokodé in der Nähe der heutigen Grenze zu Ghana, war schon in vorkolonialer Zeit auf der Grundlage des hochwertigen Eisenerzes, das dort zu finden ist, ein beachtliches Verhüttungs- und Schmiedehandwerk und -gewerbe entstanden.[9] Die Werkzeuge, die von den Schmieden des Stammes der Bassar hergestellt wurden, fanden bis zur Küste Verbreitung. Darunter sind Eisenscheiben für Feldhacken, Äxte, Messer, Pfeil- und Speerspitzen, die mit denkbar einfachsten Mitteln unter Einsatz größten handwerklichen Geschicks gefertigt wurden (vgl. H. Klose, 1899: 497ff.).

Im ganzen Schutzgebiet nördlich der Ölpalmenzone ist die Baumwolle verbreitet, auf die die deutsche Kolonialwirtschaft vergeblich so große Hoffnungen setzte. Zusammen mit dem Verweben der Fasern der Raphia-Palme lieferte sie den Rohstoff für die Herstellung von Stoffen bester Qualität, die auf den vertikalen Griff- oder den waagerechten Trittwebstühlen gefertigt wurden (vgl. DKL, 1920: Bd. 3, S. 512; H. Klose, 1899: 154f., 262f.). Ebenso finden sich überall Haustiere: Ziegen, verschiedene Schafrassen, Schweine, Hühner. Das gilt mit Einschränkungen – hauptsächlich auf die Küstenregion, um Atakpamé und auf den Norden – auch für das Rind. Aber außerhalb des Nordens ist die Rinderhaltung zu problematisch, da nur das Zwerg- (oder Lagunen-) Rind resistent gegen die Tsetsefliege ist. Das Gleiche trifft auf das Vorkommen des Pferdes zu. Es findet nur im Norden die erforderlichen Lebensbedingungen vor und wurde von den dortigen Savannenvölkern als wichtiges Mittel kriegerischer Expansion eingesetzt.

Zwischen Königreichen, islamischen Eroberern und europäischem Kolonialismus

Das Gebiet der späteren Kolonie nahm auch in politisch-historischer Sicht eine ›Zwischenstellung‹ ein. Es war nicht der Schauplatz, auf dem sich große und größere Reiche einrichteten oder von dem solche ihren Ausgang nahmen. Es war stattdessen in den drei Jahrhunderten vor der Errichtung der deutschen Kolonialherrschaft[10] ein Gebiet, auf dem Teile größerer Stämme und Herrschaftsgebilde mehr oder minder kleinräumige Herrschaften einzurichten wußten und beim Aufbau größerer und gefestigterer Herrschaften an äußeren und inneren Widerständen scheiterten, und in dem sich Menschen verschiedenster ethnischer Gruppen gegen kriegerische und expansive Nachbarn wehrten und die Bedrängten Zuflucht und eine bescheidene Unabhängigkeit suchten. Es war ein Gebiet, dessen ›Zwischenstellung‹ in den Tatsachen widerscheint, daß noch im heutigen Togo eine Vielfalt an ethnischen Gruppen mit unterschiedlichen Sprachen, religiösen Vorstellungen, Traditionen und Ordnungsweisen vorgefunden

---

[9] Die Untersuchungen zum Schmiedehandwerk der Bassar zeigen, daß es schon im 15. Jahrhundert verbreitet war, und Robert Cornevin (1988: 47) geht davon aus, daß es sich in dieser Region eigenständig entwickelt hat.

[10] Nur für diesen Zeitraum hat die historische Forschung bisher ausführlichere und zuverlässigere Daten ermittelt, obwohl die archäologischen Forschungen zeigen, daß die vorgeschichtlichen Wurzeln des Menschen in diesem Raum bis in das Paläolithikum hineinreichen (vgl. R. Cornevin, 1988: 43ff.).

wird, die selbst für die modernen afrikanischen Staaten bemerkenswert ist.[11] Noch zu Beginn der deutschen Herrschaft reichten die politischen Ordnungsformen von der häuptlingslosen Gesellschaft z.B. der Bekpokpam (wie sie sich selbst nennen, besser bekannt unter dem Namen »Konkomba«) über die mehr oder minder einflußreichen kleinen Häuptlingtümer z.B. der Ewé im Süden bis zu den Groß-Häuptlingtümern ständisch geschichteter und islamisierter Eroberergesellschaften wie z.B. der Anufòm (»Tschokossi«, »Tyokosi«, »Cakosi«) im Norden mit der Hauptstadt Sansanné-Mango.

Für diese politisch-historische ›Zwischenstellung‹ lassen sich vereinfachend vier historische Grundtatbestände der Region der späteren Kolonie anführen. Erstens entstand im ausgehenden 17. Jahrhundert im Westen des späteren »Schutzgebietes« das expansive und machtvolle Königreich der Asante.[12] Es brachte in der Hauptphase seiner Expansion zwischen 1700 und 1750 vor allem die südlichen Akan-Völker unter seine Kontrolle, gegen die sich nur die Fanti im Gebiet um Cape Coast erfolgreich zur Wehr zu setzen wußten. Auf diese Weise blockierten sie kriegerische Expansionen aus dem Osten, lösten Migrationen der Besiegten nach Osten aus und trugen dazu bei, die ständigen Konflikte der verschiedenen Häuptlingtümer diesseits und jenseits der Grenze des südwestlichen Gebietes der späteren deutschen Kolonie zu verschärfen, in denen um vielfältige Rechte und Ansprüche gestritten und gekämpft wurde. Ein nicht geringer Anteil der Auseinandersetzungen entfiel auf das Ringen um die Kontrolle des Sklavenhandels. Beispielhaft ist der Krieg der Jahre 1869 bis 1873, der von einem Konflikt zwischen Peki und Ho ausging und in der Folge zu einem kriegerischen Eingreifen der Asante führte, die die widerständigen Dörfer plünderten, die Männer massakrierten und Frauen und Kinder nach der Hauptstadt Kumasi verschleppten (vgl. R. Cornevin, 1988: 126; A. B. Herold, 1891).

Zweitens: Was für die Westgrenze Togos das Asante-Reich war, war für seine Ostgrenze das nicht weniger mächtige und im Inneren noch despotischere Reich von Dahomey mit der Hauptstadt Abomey, der Hauptstadt der heutigen Volksrepublik Bénin. Der Aufstieg des Fo- (»Fon«-) Staates, dessen Anfänge im dritten Jahrzehnt des 17. Jahrhunderts liegen, erfolgte ebenso wie die seines westlichen Konkurrenten in der

---

[11] Im heutigen Togo unterscheidet man zwischen 40 bis 45 Ethnien. Hierbei ist zu berücksichtigen, daß nach einer Aufstellung von Yves Marguerat (abgdr. in R. Cornevin, 1988: 361) knapp die Hälfte der Bevölkerung (47 %) sich auf die drei ethnischen Gruppen der Ewé, Kabiyé und Ouatchi verteilt, wobei die Ewé mit einem Fünftel der Bevölkerung die größte Gruppe stellen. Zur Zeit der deutschen Kolonialherrschaft unterschied man neun Hauptgruppen (vgl. u.a. DKL, 1920, Bd. 3: 507): die Ewé-, Guang-, Tschi- (Asante-), Tim-, Dagomba-Mossi-, Gurma-, Yoruba- und Ga-Gruppe und die »Splitterstämme« oder »Togo-Restvölker«.

[12] Die Asante sind der Tshi-(Twi-, Kyi-) sprechende Hauptstamm der Akanvölker, die zwischen 1000 und 1300 n. Chr. aus den Savannen des Nordens in die Waldregion des heutigen Ghanas eingedrungen sind. Seit Anfang des 15. Jh. bildeten sich dort die ersten protostaatlichen Akan-Herrschaften wie z.B. von Fante, Denkyira, Akyem, Akwamu, Feti und Aguafo. Um 1620 listeten portugiesische Beobachter etwa zwanzig ›Staaten‹ in den südlichen und mittleren Regionen der Goldküste auf. Das entscheidende Ereignis für die Konsolidierung und beherrschende Rolle des Asante-Staates war die militärische Niederlage, die er unter der Herrschaft von Osei Tutu dem südlich gelegenen Denkyira und seinem Oberhaupt, Ntim Gyakari, in der Schlacht von Feyiase im Jahre 1701 beigebracht hat (vgl. u.a. Naomi Chazan, 1988: 61 ff.; K. Y. Daaku, 1976).

ersten Hälfte des 18. Jahrhunderts, als in den Jahren 1724 bis 1734 der König Agaja das ganze Aja-Gebiet bis zur Küste unter seine Kontrolle brachte, und er und seine Nachfolger in den Jahrzehnten danach die Herren des Sklavenhandels mit den Europäern wurden. Ebenso wie der Aufstieg des Asante-Staates zog auch der des Fo-Reiches Wanderungsbewegungen nach sich – in diesem Fall nach Westen. Zu diesen gehörte die Fluchtbewegung der Besiegten aus Ouidah[13] nach Aného bzw Gridji und bis nach Bè und die Migration der Ewé von Nuatja (»Notsé«, »Notsie«) in ihre heutigen Siedlungsgebiete (vgl. P. Sebald, 1988: 14f.).[14] Nicht anders als das Königreich der Asante bedrohten auch die Sklavenjagden, Raubzüge, Überfälle und Kriege des östlichen Nachbarreiches und der Völker, die Dahomey tributpflichtig waren, die Menschen und Stämme Togos. Robert Cornevin (1988: 127) führt am Beispiel einiger kriegerischer Auseinandersetzungen in der Region von Atakpamé in den 150 Jahren vor der kolonialistischen Eroberung die Gegenwärtigkeit dieser Bedrohungen vor Augen.

Drittens: Der Norden Togos war bestimmt vom Vordringen kriegerischer islamischer Völker und Gruppen aus dem Südwesten, Norden und Nordosten, die die ansässigen oder vormals eingewanderten Stämme unterwarfen oder zum schrittweisen Rückzug in die Gebirgsregionen Togos zwangen (vgl. u.a. R. Cornevin, 1988: 51ff., 84ff.; K. Dittmer, 1979). Dabei bildeten sich im Norden Togos Groß-Häuptlingtümer wie z.B. das der Anufòm aus. Aber neben dem Problem der Staatsbildung, die selbst von den einflußreichsten und mächtigsten unter ihnen nicht vollzogen worden ist, waren diesen Herrschaftsgebilden drei Grenzen gezogen, die ihre expansiven Möglichkeiten einschränkten. Zum einen gerieten sie wie z.b. die Dagbamba (»Dagomba«) oder die Anufòm mehr oder minder langfristig in Abhängigkeit von anderen Reichen wie vor allem von dem Asante-Staat. Zum anderen scheiterten sie nach Süden sowohl an der verhältnismäßigen Unzugänglichkeit der Gebirgsregion Togos, die zum Teil die militärischen Vorteile des Einsatzes von Pferden aufhob, als auch an der damit verbundenen Widerstandsfähigkeit und Widerstandsbereitschaft der dort ansässigen Bergvölker wie z.B. der Kabiyé (»Kabre«, »Cabrai«), die auf der Flucht vor den Expansionen der sie umgebenden Völker hier ihre Zuflucht gefunden hatten. Obwohl die Menschen

---

[13] Die Eroberung Ouidahs durch Agaja fand im Jahre 1727 statt.
[14] Nach der mündlichen Überlieferung (vgl. A. K. P. Kludze, 1973: 4; D. Westermann, 1952: 233f.; J. Spieth, 1906: 53f.) kamen die Ewé aus Ketu im Südosten des heutigen Bénin in mehreren Etappen in ihr ursprüngliches Siedlungsgebiet in der Gegend um Nuatja (Notsé, Notsie), das in der heutigen oralen Tradition der Ewé Togos der Ursprungsort ihrer Geschichte ist. Um 1700 kam es zum Auszug der Ewé aus Nuatja, die in drei Marschgruppen in ihre heutigen Siedlungsgebiete wanderten: westlich und nordwestlich ins Gebirge, südwestlich bis an den Unterlauf des Volta und südlich an die Küste und seine Lagunenregion. Für diese Abwanderung aus Nuatja waren jedoch neben den Kriegszügen der Könige von Abomey und den mit ihnen verbundenen unsicheren Verhältnissen auch innenpolitische Konflikte verantwortlich. Üblicherweise wird dabei auf die tyrannische Herrschaft unter dem König Agokoli verwiesen, der die Ewé sich durch ihren Auszug entzogen haben. Nicoué Lojou Gayibor (1984) zeigte indes jüngst, daß für den Auszug der Ewé wie für die Herrschaft Agokolis die Zusammenhänge komplizierter lagen. Er hebt hervor, daß Nuatja vor einem drängenden Zuwanderungsproblem gestanden hat, mit dem allerdings anscheinend vergleichsweise drastische Maßnahmen von seiten Agokolis einhergegangen sind.

der Bergregionen häufig Objekt von Sklavenrazzien und anderen Raubzügen waren, war diese Region nicht zuletzt von untergeordneter politisch-ökonomischer Bedeutung. Seit Anfang des 18. Jahrhunderts vermied die Hauptstrecke der Handelskarawanen den mühsamen und unsicheren Weg durch das Gebirge. Die Handelsroute lag an Togos Westgrenze und damit unmittelbar im Bereich der Herrschaftsansprüche des Asante-Staates.[15] Dementspechend finden sich im Norden Togos einerseits die nicht expansiven akephalen Gesellschaften und Häuptlingtümer besonders der Gebirgsregionen und andererseits die stark geschichteten Eroberergesellschaften mit einer kleinen islamischen Herrschaftsschicht, deren Herrschaftsgebiete indessen relativ begrenzt waren.

Viertens: Von Süden her machten sich seit dem 16. Jahrhundert zunehmend die Machtansprüche und ökonomischen Aktivitäten der europäischen Mächte und Unternehmungen geltend, die, wie P. Sebald (1988: 4) zu Recht gegen eine ›Geschichte der Ethnien‹ unterstreichen will, »in entscheidendem Maße« die Interessen und das Schicksal der Völker in der Region der späteren Kolonie und ihrer Nachbarstaaten mitbestimmt haben – die Bedeutung des Sklavenhandels für die Aufstiege und die Staatsbildungsvorgänge im Reich der Asante und Fo ist hierfür nur der augenfälligste Ausdruck. Unter dem Gesichtspunkt der ›Zwischenstellung‹ Togos sind folgende kolonialpolitische Entwicklungen der Region hervorzuheben (zum folgenden vgl. P. Sebald, 1988: 4ff.):

In der Zeit zwischen der ersten portugiesischen Fortgründung südlich der Sahara, dem Fort Sao Jorge da Mina (»Elmina«), im Jahre 1482 bis zur Mitte des 17. Jahrhunderts war die Küstenregion Togos von handelspolitisch zweitrangiger Bedeutung. Der Küstenstrich lag außerhalb des Gebietes, aus dem der Hauptausfuhrartikel Gold exportiert wurde, der dem Gebiet von der Voltamündung nach Westen den Namen gab. Die afrikanischen Zwischenhändler, in deren Händen der Handel lag, hatten keine Veranlassung, an der Küste Togos Handelsniederlassungen zu gründen, was demzufolge das Desinteresse der europäischen Händler nach sich zog. Erst mit dem Zusammenbruch der portugiesischen Vorherrschaft zu Beginn des 17. Jahrhunderts und der Forcierung des Sklavenhandels durch die Holländer zog die Küste Togos mehr Aufmerksamkeit auf sich. Aber nach den Erfahrungen der Afrikaner mit den gefährlichen Forts der Europäer der »Goldküste« duldete die einzig wichtigere politische Einheit, Aného, keine politisch-militärischen Exklaven der Europäer auf ihrem Boden und wurde unter anderem deshalb nicht wie Ouidah zu einem Hauptexportplatz der »Sklavenküste«.

Das Interesse der Staaten und Häuptlingtümer bzw. ›Königreiche‹ der Region am Zugang zum transatlantischen Handel bestimmte in wesentlichem Maße das Mit- und Gegeneinander der Afrikaner. Das gilt um so mehr, als die Menschen selbst zunehmend zum Handelsobjekt wurden, und die kriegerische Expansion auf diese Weise zum Mittel wurde, der ständigen Bedrohung von seiten der Nachbarn zu entgehen. Man war in einen Konkurrenzkampf verstrickt, den die rivalisierenden europäischen Mächte verschärften, indem sie in Kriegs- und Friedenszeiten Könige, Häuptlinge und

---

[15] Die Hauptstrecke der Handelskarawanen vom Norden des heutigen Nigerias führte über Kete-Krachi nach Salaga, dem Handelszentrum des Asante-Staates, und erstreckte sich von Salaga über Bimbila und Yendi, der Hauptstadt des alten Reichs der Dagbamba, bis nach Sansanné-Mango. Die Handelskarawanen brachten Tücher und Kleidung, Salz, Ziegenleder und Rinder nach Salaga und führten vor allem Kolanüsse zurück nach Nordosten, die als mildes Stimulans ein teuer gehandeltes Luxusgut für die Savannenregion waren (vgl. E. G. Norris, 1993: 24, 34; 1984).

Zwischenhändler zu Überfällen und Kriegszügen ermunterten. Die Europäer waren willkommene Verbündete der konkurrierenden afrikanischen Parteien, die Soldaten, die auf den europäischen Forts stationiert waren, zeitweilig auf eigene Rechnung ausliehen. In diesem von Krieg und Gewalt gekennzeichneten ›euro-überseeischen Konkurrenzgeflecht‹ blieb Togos Küstenregion jedoch vergleichsweise im Schatten des Geschehens.

Sie litt zwar ebenfalls an den Kriegszügen der mächtigeren Nachbarstaaten und ihrer tributpflichtigen Völker, an kleineren, kriegerischen, lokalen Auseinandersetzungen und an dem mehr oder minder »›stillen‹ Sklavenhandel«, dem »tagtägliche(n) kleine(n) Aderlaß durch individuellen Sklavenkauf auch durch die Zwischenhändler von Klein Popo« (P. Sebald, 1988: 16). Aber die besondere Verbindung von Schwäche und Stärke erlaubte der Küstenregion eine relative Unabhängigkeit bis zum Beginn der deutschen Kolonialherrschaft. Die Menschen und ihre politischen Ordnungen waren zu schwach und politisch-militärisch zu wenig organisationsfähig, um zu Konkurrenten der Asante und Fo zu werden. Sie waren jedoch zu stark und fanden in der Abwehr zusammen, um für die Begehrlichkeit ihrer Nachbarn eine leichte Beute zu sein. Sie waren politisch erfahren genug, um einer vorschnellen Etablierung der Mitglieder der europäischen Mächte allzu willig die Hand zu reichen. Das geschah erst, nachdem der Sklavenhandel sein Ende gefunden hatte, und die europäischen Mächte begannen, sich tiefer auf die koloniale Herrschaft einzulassen.

Verglichen mit den langen und verlustreichen Anstrengungen der britischen und französischen Kolonialmacht, die nötig waren, um den Asante-Staat und Dahomey zu unterwerfen, war die Eroberung des späteren deutschen »Schutzgebietes« unter militärischen Gesichtspunkten ›leicht‹. Neben der entscheidenden unterschiedlichen Organisationsfähigkeit der vorkolonialen politischen Ordnungen Togos ist dabei zu berücksichtigen, daß für die Menschen Togos das Leben in der Gegenwart von Gewalt, Krieg, Unterdrückung und Abhängigkeit eine Grunderfahrung war. Krieger, Heere, Sklavenräuber kamen und gingen. Wenn es die Kräfte nicht erlaubten, mußte man sich in das Unvermeidliche schicken beziehungsweise sich auf das Instrumentarium »defensiver Strategien« besinnen, die das Leben in einer relativen Unabhängigkeit möglich machten – und auf bessere Zeiten hoffen, das heißt auf Möglichkeiten, die Eroberer loszuwerden.

Erstes Beispiel: Grundzüge des Häuptlingtums der Ewé

Im Unterschied zu den Nachbargebieten gab es auf dem Boden der späteren deutschen Kolonie keinen Staat in dem von mir definierten Sinn. Vorherrschend war ein vielgestaltiges Häuptlingtum, dessen Formalisierung, Entscheidungsmacht, Durchsetzungsfähigkeit oder räumlicher Einflußbereich große Unterschiede aufwiesen.

Unter ›Häuptlingtum‹[16] verstehe ich eine politische Ordnung, in der lokale Einheiten von Gruppen von Menschen (Dörfer, Stadtviertel, städtische Ansiedlungen) durch eine Zentralinstanz zu einer umfassenderen politischen Einheit integriert sind. Diese Zentralinstanz besteht mindestens aus einer Position und normalerweise aus einem

---

[16] Anders als im Englischen und Französischen hat im Deutschen der Begriff ›Häuptling‹ eine mehr oder minder kolonialistisch-abfällige oder jugendlich-abenteuerliche, von Karl May geprägte Konnotation. Dennoch verwende ich ihn mangels eines anderen Begriffs weiter. Der Begriff ›Königtum‹ zum Beispiel, der zunehmend als Übersetzungskrücke emischer Kategorien benutzt wird, trifft leider die Sache nicht, weil er sowohl für staatliche wie vorstaatliche Ordnungen verwendet wird.

Positionsgefüge mit einer ›obersten‹ Position (zum Begriff der »Position« vgl. H. Popitz, 1967: 10f.). Diese Position wird von einer Person (dem Häuptling oder Oberhäuptling) auf der Grundlage von Erbfolgeregeln oder durch eine mehr oder minder formalisierte Wahl besetzt. Die Entscheidungen, die der Häuptling zur Gestaltung und Aufrechterhaltung des Gemeinwesens und innerhalb der Ordnung der Streitabwicklung trifft, sind formell als ›höchste Entscheidungen‹ anerkannt und gelten als verbindlich. Das schließt nicht aus, daß es zur Durchsetzung der Entscheidungen der Unterstützung der lokalen Einheiten oder ihrer (oder eines Teils ihrer gewichtigen und einflußreichen) Repräsentanten bedarf, weil die Zentralinstanz nur einen kleinen Stab von Funktionsträgern für die Lenkung der Geschicke des Gemeinwesens besitzt, der darüber hinaus nicht unabhängig von den lokalen Einheiten ist. Die Integration der lokalen Einheiten in die umfassendere des Häuptlingtums kommt unter anderem dadurch zum Ausdruck, daß die Zentralinstanz mindestens bestimmte Kategorien von Mitgliedern des Gemeinwesens (z. B. die Altersklasse der wehrfähigen jungen Männer) zu ›öffentlichen Arbeiten‹ (z. B. Wegebau, Errichtung und Instandhaltung der Baulichkeiten der Zentralinstanz) heranziehen kann und in Streitfällen zwischen Mitgliedern oder ganzen lokalen Einheiten legitimerweise intervenieren kann. Diese Intervention beinhaltet, daß die Zentralinstanz zwingend vorschreiben und – mit Unterstützung – durchsetzen kann, daß die Streitenden vor der Streitregelungsinstanz des Häuptlings erscheinen.

Wesentlich für das Häuptlingtum sind also die Aufhebung der lokalen Souveränität zugunsten einer überlokalen Zentralinstanz (Integration), die Positionalisierung einer zentralen Führung, die Formalisierung der Besetzungsmodalitäten der zentralen Führungsposition, der Anspruch auf die Verbindlichkeit der Entscheidungen der Zentralinstanz, die Indienstnahme von Mitgliedern des Gemeinwesens für ›öffentliche Arbeiten‹ und die Durchsetzbarkeit des Interventionsrechtes in Streit- und Konfliktfällen.

Am Beispiel der Ewé Südtogos gibt Madeline Manoukian (1952) einen Überblick über die Grundzüge eines Häuptlingtums.[17]

Wie überall im späteren »Schutzgebiet« war die Welt der Ewé eine bäuerliche Welt. Die bäuerliche Familienwirtschaft war die Grundlage des Lebensunterhalts. Alle, die in Handel und Handwerk noch anderen Beschäftigungen für den Lebensunterhalt nachgingen, waren gleichzeitig immer auf ihre bäuerliche Existenz angewiesen. Die Hauptanbaufrüchte waren Mais und Yams. Hinzu kamen Maniok, Pfeffer, Bohnen, Kaschokel, Erdnüsse, die Ölpalme und Baumwolle. Die Arbeit verrichteten Mann, Frau und Kinder. Die besonders schweren Arbeiten wie Roden oder das Abbrennen des

---

[17] Die Arbeit von Manoukian, die im Rahmen des Forschungsprogramms »Ethnographic Survey of Africa« des International African Institute erstellt wurde, beruht im wesentlichen auf einer Zusammenfassung der monumentalen Werke von Jakob Spieth (1911, 1906) und Diedrich Westermann (1935) und einer Feldstudie von Barbara E. Ward (1949). Im Gegensatz zu einigen jüngeren Arbeiten (vgl. A. K. P. Kludze, 1973; A. Asamoa, 1971) liegt in unserem Zusammenhang der Vorteil der Zusammenfassung von Manoukian darin, daß sie den Tatbeständen am Vorabend und zu Beginn der deutschen Kolonialherrschaft näher ist. Mit den meisten Arbeiten – sowohl der Klassiker Spieth und Westermann wie der jüngeren Arbeiten – teilt sie allerdings die Schwäche, die Unterschiede zwischen den verschiedenen Stammesgruppen der Ewé zu wenig zu berücksichtigen, die von Krzysztof Zielnica (1976: 10) zu Recht als »loses ethnisches Gebilde« bezeichnet werden. Darauf machen jüngst besonders die ausgezeichneten

Grases fielen dem Mann zu. Ansonsten wurden die meisten anderen Arbeiten von Männern wie Frauen getätigt. Die Frauen gingen in Begleitung ihrer Töchter fast jeden Tag auf das Feld. Die Männer suchten die Felder zusammen mit ihren Söhnen auf, aber waren auch des öfteren auf der Jagd. Die Handwerke, denen neben der Landwirtschaft nachgegangen wurde, waren Spinnen, Weben, Korbflechten, Töpfern, Schmiedearbeiten, Holzschnitzereien, Leder-, Elfenbein-, Gold- und Silberschmiedearbeiten. Soweit die landwirtschaftlichen Erzeugnisse und Handwerksprodukte nicht dem Eigenbedarf vorbehalten waren, wurden sie auf Märkten gehandelt, auf dem täglichen Markt der Dörfer, dem großen Markt in bestimmten Ortschaften und den Märkten entlang der vielbegangenen Wege.

War die bäuerliche Familienwirtschaft die Grundlage des Lebensunterhalts, so war das Lineage-Prinzip wie in fast allen westafrikanischen Gesellschaften das Kernstück der Organisation der Sozialbeziehungen. Im Falle der Ewé – und in ganz Togo

---

Studien von Michel Verdon (1983, 1981, 1980) aufmerksam (vgl. auch A. K. P. Kludze, 1973: 1 f., 5 ff.).

Mit einer Ausnahme wiegt diese Schwäche in den Arbeiten der Klassiker und Manoukians für die Absichten, die in diesem Exkurs verfolgt werden, allerdings nicht zu schwer. Hier geht es einerseits darum, dem Leser einige wenige Anhaltspunkte zu geben, damit er eine Vorstellung von der Wirklichkeit gewinnen kann, der sich die Eroberer gegenübersahen und die sie in einer Weise wahrgenommen haben, die von den Bedingungen der kolonialen Situation nicht zu trennen ist. Andererseits sollen die fogenden Skizzen erlauben, einige Aspekte der politischen Ordnungen der Eroberten festzuhalten und hervorzuheben, die für das Verständnis und die Analyse der Herrschaftspraxis wichtig ist, die die Deutschen in Togo entwickelt haben.

Die Ausnahme bezieht sich auf eine Folgerung, die sich aus der strengen Unterscheidung ergibt, die Michel Verdon zwischen den Anlo der Küstenregion, den Tonu der Voltaregion und den Ewedome der Inlandregion trifft. In seiner Studie über Abutia und die Ewedome begründet Verdon überzeugend die These, die der Untertitel seines Werkes aus dem Jahre 1983 formuliert: »Die Abutia von Westafrika. Ein Häuptlingtum, das es niemals gab«. Verdon zeigt, daß die Ausdifferenzierung einer Häuptlingsposition bei den Abutia mit einem Niveau der Aggregierung politischer Herrschaft einherging, das nicht über die Ebene eines einzelnen Dorfes hinausreichte. Die politische Organisation der Ewedome reichte, mit anderen Worten, nicht weiter als zu den Anfängen eines Häuptlingtums. Sie bildete ein Protohäuptlingtum. Ein Häuptlingtum, dessen Integrationskraft über die Dorfebene hinausging, erkennt Verdon lediglich den Tonu und vor allem den Anlo zu, ohne daß er auf die politische Organisation letzterer allerdings näher eingeht (vgl. jedoch M. Verdon, 1981). Bei der auf Manoukian, Spieth und Westermann fußenden Darstellung muß deshalb berücksichtigt werden, daß im Falle der Ewedome die Verhältnisse sich tendenziell den Problemlagen der akephalen Gesellschaften von Zentral- und Nordtogo annähern. Für den von mir untersuchten Fragenkomplex heißt das, daß sich der Gegensatz zwischen den Groß-Häuptlingtümern des Nordens und den Häuptlingtümern des Südens noch stärker ausprägte.

Noch eine Anmerkung zur Form der nachfolgenden Skizzen. Ich wähle bewußt die Vergangenheitsform, weil ich nicht unterstellen will, daß das, was Spieth, Westermann und Manoukian festgehalten haben, noch für die Gegenwart gültig ist, obwohl wir annehmen können, daß manches noch Bestand hat.

vorherrschend – ist es das der Patrilineage.[18] Die Dörfer wurden von einer begrenzten Anzahl lokaler Patrilineages gebildet. Die Lineage des Dorfgründers hatte bestimmte Vorrechte. Landbesitz, die Wohnviertel der größeren Dörfer und städtischen Ansiedlungen und politische Rollen waren den lokalen Lineages zugeordnet. Der Haushalt bestand vielfach aus der Kernfamilie, aber häufig wurde er um Mitglieder erweitert, die normalerweise der Patrilineage des Familienoberhauptes angehörten. Nicht selten umfaßte ein Gehöft mehrere patrilinear verbundene Haushalte von zwei oder drei Generationen, die das tägliche Leben, ihre Ausgaben und auch Lebensmittel ganz oder teilweise teilten.

Das Familienoberhaupt war normalerweise das älteste männliche Mitglied der Lineage. Seine Nachfolge wurde nach der ›Z-Regel‹ bestimmt. Zufolge dieser Regel werden die männlichen Nachfolger nach dem Ancienitätsgrundsatz solange aus der gleichen Generation rekrutiert, bis diese Generation ausgeschöpft ist. Erst dann wird die nächste Generation männlicher Nachkommen berücksichtigt, wobei wieder mit dem Ältesten aus dieser Generation begonnen wird. Das Familienoberhaupt regelte alle Fragen, die die familiären Interessen der Lineage berührten. In einer Gesellschaft, deren Sozialbeziehungen nach dem Lineage-Prinzip organisiert sind, ist das ein Fragenkatalog, der vergleichsweise umfangreich ist. Die Aufgaben des Familienoberhauptes sind, für das Wohl der Lineage und ihrer Mitglieder Sorge zu tragen, den Zusammenhalt und die gegenseitige Unterstützung und Hilfe der Lineage-Mitglieder zu sichern und zu fördern und als Mittler zwischen den Lebenden und den Toten den Segen der Ahnen für das Wohlergehen der Lineage zu bewahren oder wiederzugewinnen. Das Familienoberhaupt war der rechtliche Repräsentant der korporativen Einheit der Lineage. Es war in Streitangelegenheiten Adressat von Beschwerden und Klagen und trug die allgemeine Verantwortung für das Betragen und Handeln der Mitglieder der Lineage. Vor allem anderen konnten die wichtigen Fragen, die in einer bäuerlichen Gesellschaft mit dem Zugang und der Nutzung des Bodens verbunden sind, nicht ohne seinen oder seines Vertreters Ratschluß geregelt werden, weil das Bodeneigentum in der Hand der Lineage war. Als ›Ältestem‹ fielen dem Familienoberhaupt darüber hinaus oft wichtige Aufgaben innerhalb der Entscheidungsvorgänge des Häuptlingstums zu, um so mehr, je enger die Grenzen der politischen Herrschaft des Häuptlingstums gezogen waren. Bei den Ewé waren die Grenzen eng gezogen.

Sucht man nach einer Figur, die sich am ehesten als Metapher eignet, um eine Vorstellung von der Struktur des Häuptlingstums der Ewé zu gewinnen, so würde ich die bekannte russische Steckpuppe wählen, die drei Grundzüge auszeichnet: Wiederholung, Eigenständigkeit, Addition.

---

[18] Die Patrilineage ist eine Verwandtschaftsgruppe, die von einem gemeinsamen Vorfahr abstammt, deren Genealogie in allen Zwischenstufen bekannt und angebbar ist, in der die Zugehörigkeit von dem männlichen Ahn über dessen männlichen Nachkommen zugewiesen wird, und die Nachkommen der Frauen zur Abstammungsgruppe der Männer gehören.
Die Anlo kannten zusätzlich Patriklane (vgl. M. Manoukian, 1952: 23f.; s.a. S. E. Greene, 1981). Im Unterschied zur Lineage beruhte im Falle des Klans die Gemeinsamkeit der Gruppe nicht auf einer genau angebbaren Genealogie. Der Klan war hingegen eine Abstammungsgruppe, in der die Mitglieder im Glauben an einen gemeinsamen, oft mythischen Ahnen miteinander verbunden sind und in diesem Zusammenhang bestimmte gemeinsame Praktiken üben. Ein Klan konnte deshalb wesentlich größere Mitgliederzahlen und eine größere räumliche Ausdehnung als eine Lineage erzielen.

Wiederholung: Das Häuptlingtum der Ewé kannte drei Grundeinheiten, »du«, die umfassendste politische Einheit, »duta«, eine Untereinheit von »du«, und »saa«, die kleinste Einheit, die die Nahtstelle zwischen der Lineage als politischer Einheit und als Verwandtschaftsgruppe von einzelnen Familien war.[19] Jede der drei Einheiten wiederholte die Organisationsform der beiden anderen, obwohl mit dem abnehmenden Umfang des Entscheidungsbereiches von der Ebene »du« zur Ebene »saa« die Anzahl und funktionale Differenzierung der Positionen der politischen Struktur naheliegenderweise abnahm.

Die umfassendste Einheit »du« hatte ein definiertes Territorium[20] und wurde durch den Oberhäuptling repräsentiert.[21] Diedrich Westermann (1935: 166) schätzte die Zahl der »du«-Einheiten und damit der unabhängigen Häuptlingtümer im Ewéland auf »rund 120« – und gab damit einen anschaulichen Hinweis für den sehr begrenzten Herrschaftsbereich in bezug auf die Anzahl der Menschen und den Raum eines einzelnen Ewé-Häuptlingtums. Die Zahl der Menschen eines Häuptlingtums konnte von einigen wenigen Hundert bis zu mehreren Tausend reichen, wobei jedoch die größten Mitgliederzahlen nicht viel mehr als 20 000 Menschen betrugen. Ebenso konnte ein Häuptlingtum aus nur einer größeren Ansiedlung mit einigen wenigen kleinen Dörfern und Weilern oder einer vergleichsweise ansehnlichen Stadt und einer Vielzahl mehr oder minder größerer Dörfer bestehen.

Zentrum und Hauptstadt des Häuptlingtums war der Sitz des Oberhäuptlings, der

---

[19] Ich folge hier der Darstellung von A. K. P. Kludze (1973: 11 ff.), setze aber einige Akzente deutlich anders. Zum Beispiel stellt sich anhand der Darstellungen von Spieth, Westermann und Manoukian die Frage, ob das Maß an Ausdifferenzierung der saa-Einheit aus der Lineage-Einheit »dzotinu« im Sinne einer strengen Trennung der politischen und der verwandtschaftlichen Dimension der Lineage, wie sie Kludze beobachten zu konnen glaubt, nicht ein Produkt der Kolonialzeit ist. Ebenso scheint mir der vergleichsweise hohe Grad an Zentralisierung und Hierarchisierung zwischen den Ebenen des politischen Entscheidungsprozesses, den Kludzes Feststellungen vermitteln, zumindest für die vorkoloniale Zeit nicht zuzutreffen.

[20] Alle Gesellschaften stellen ihre Einheit auch durch die Definition des Raumes her, den sie als den ›ihrigen‹ beanspruchen. Im Zusammenhang mit dem von mir verwendeten Begriff des Staates ist indes anzumerken, daß das, was man ›Gebietsherrschaft‹ nennen sollte, ein spezifisches Merkmal des Staates ist. Erst mit dem Staat entwickelt sich das Territorium zu jener abstrakten Einheit, die sich dann in Grenzpfählen symbolisiert. Vorstaatliche Territorien sind vergleichsweise stärker an die Menschen bzw. Personenverbände gebunden, die sie bevölkern (vgl. dazu J.-C. Barbier, 1982: 47ff.). Nicht zuletzt aus diesem Grund gehört die sogenannte ›künstliche‹ Grenzziehung, die für die nachkolonialen Staaten Afrikas große Probleme aufgeworfen hat und ein wissenschaftliches und politisches Dauerthema ist (vgl. jüngst zu Togo M. W. Videlga, 1984), zu einem Grundmerkmal des modernen Staates, von dem auch in Europa die vielfältigen Probleme um ›ethnische Minderheiten‹ Zeugnis geben [vgl. auch das Heft der Sozialwissenschaftlichen Informationen (20, 1991, Heft 3) über »Grenzen«]. Die ›künstliche‹ Grenzziehung hat in Afrika nur insoweit möglicherweise einen besonderen kolonialistischen Akzent, als die Abstraktheit der kolonialistischen Grenzziehung außergewöhnlich augenfällig ist.

[21] Der Begriff »Oberhäuptling« ist eine Übersetzung des von A. K. P. Kludze (1973: 14) gebrauchten Worts »Head Chief« (im Unterschied zu »Chief«), dem der Ewé-Begriff »fiaga« zugrundeliegt.

ihm verbundenen Funktionsträger[22] und seines Rates aus den ›Ältesten‹ der Segmente der ›königlichen‹ Lineage,[23] in die diese ob ihrer größeren genealogischen Tiefe üblicherweise aufgespalten war. Die Besetzung der Oberhäuptlingsposition hatte sowohl ein erbliches Element wie eines der Wahl, in denen sich die Aspekte der Zuschreibung und des Konflikts wiederfanden, die das Lineage-Prinzip kennzeichnen. Der Oberhäuptling wurde aus der königlichen Lineage rekrutiert. Dabei konnte einerseits zwischen den Lineage-Segmenten strittig sein, welches Segment den Nachfolger des gestorbenen oder abgesetzten Oberhäuptlings stellte. Andererseits mußte Übereinstimmung darüber erzielt werden, welchem der Männer aus der Lineage, aus der der Nachfolger kommen soll, die Oberhäuptlingswürde übertragen wird. Die endgültige Wahl trafen die Ältesten der königlichen Lineage, die sich mit den Ältesten der Lineages der Hauptstadt und den Ältesten auf der Ebene der Untereinheit duta abstimmten. Der Auswahlvorgang war lang, ging oft mit einem mehrjährigen Interregnum einher und war ein Prozeß voller politischer Schachzüge der interessierten Parteien.[24] Der Gewählte wurde in einer hochzeremoniellen Weise in seine Position eingesetzt und erhielt die Insignien seiner Oberhäuptlingswürde wie den Stuhl,[25] eine weiße Stirnbinde, Sandalen, Kleider, Schirm, Hängematte und das zeremonielle Schwert.[26]

Die Schlüsselrolle, die den Ältesten und anderen einflußreichen Mitgliedern der Lineages sowie unabhängig von bestimmten Positionen des Häuptlingtums zufiel, setzte sich im Bereich der Entscheidungsmacht des Oberhäuptlings fort. Die Grenzen der Herrschaftsposition des Oberhäuptlings waren eng gezogen. Zwar hing die Macht des Oberhäuptlings zu nicht geringen Teilen von seiner Persönlichkeit ab, aber ausschlaggebend war die Stärke seiner Lineage bzw. des Lineage-Segments der königlichen Lineage, dem er angehörte. Die Stärke des Oberhäuptlings beruhte auf dem Maß an Unterstützung, das ihm seine Lineage gewährte, das heißt, das ihm die Ältesten der königlichen Lineage, die Ältesten insgesamt und die Berater und Funktionsträger zukommen ließen. War er sich der Ältesten sicher, galt sein Wort, und seine Entscheidungen waren verbindlich. Tatsächlich waren die Entscheidungen des Ober-

---

[22] Diedrich Westermann (1935: 208 ff.) führt zwölf Positionsgruppen auf. Unter ihnen sind die Hauptleute, Aufseher, Königsboten, der Sprecher, der Ausrufer, der Scharfrichter, die Musiker und Diener. Eine ähnliche Liste findet sich bei Jakob Spieth (1906: 98 ff.).

[23] Abgesehen davon, daß die königliche Lineage diejenige war, der es gelungen war, die Besetzung der Position des Oberhäuptlings zu monopolisieren, legitimierte sich die königliche Lineage als ›königliche‹ durch den tatsächlichen oder fiktiven Anspruch, daß ihre Mitglieder Nachkommen derjenigen waren, die entweder als erste das Land besiedelt und bebaut oder in der Geschichte der Ansiedlung bedeutende Führungspositionen eingenommen hatten.

[24] Die Besetzung der Position des Oberhäuptlings kannte etliche Varianten wie z. B. die Primogeniturregel der Häuptlingtümer von Bè oder Baguida.

[25] Der Stuhl, auf dem der Häuptling saß, verwies lediglich auf den »Stuhl«, den Stuhl der Ahnen, der Inbegriff des sakralen Raumes der Häuptlingswürde ist, auf dem der Häuptling selbst nie saß (wie der Häuptling selbst keine sakrale Person war) und der niemals den Blicken der Öffentlichkeit freigegeben wurde (vgl. A. K. P. Kludze, 1973: 22).

[26] Die Insignien des Häuptlingtums wie das Modell des Häuptlingtums selbst waren stark von dem Akan-Vorbild im Westen geprägt (vgl. M. Manoukian, 1952: 32; D. Westermann, 1935: 181 ff.).

häuptlings meist die Entscheidungen der Ältesten. Als Ratgeber in einzelnen definierten Positionen wie als Mitglieder der verschiedenen Beratungs- und Beschlußversammlungen, in denen die administrativen, normativen (›gesetzlichen‹) und (schieds-) richterlichen Entscheidungen getroffen wurden, bestimmten die Ältesten die Entscheidungen und das Handeln des Oberhäuptlings. Verlor der Oberhäuptling die Unterstützung der Ältesten, war er mit seiner Macht am Ende. In vielen Häuptlingtümern der Ewé konnte der Oberhäuptling sowohl bestraft wie aus seiner Position entfernt werden.

Die Grenzen der Herrschaft des Oberhäuptlings waren nicht zuletzt dadurch markiert, daß seine Position nicht sakraler Natur war. Zwar war auch er Mittler zwischen den Lebenden und den Toten, aber, wie Westermann (1935: 223) schrieb: »Er regiert weniger im Namen der Ahnen als der Ältesten, die ihn gewählt haben.« Seine sakrale Autorität tritt hinter der der Lineageältesten zurück. »Er ist«, so fuhr Westermann fort, »das repräsentative Haupt des Stammes nach außen hin gegenüber anderen Stämmen, aber auch gegenüber den eigenen Stammesgenossen. Im Königtum ehrte der Stamm sich selber und seine Vergangenheit.« Die Position des Oberhäuptlings der Ewé hatte sich nur begrenzt aus der älteren gerontokratischen Herrschaftsstruktur ausdifferenziert. Dementsprechend war der Kern der Aufgaben des Oberhäuptlings zeremonieller und ritueller Natur, wenngleich der Alltag ausgefüllt war, zusammen mit den Ältesten, Beratern und Funktionsträgern über die Geschicke des Gemeinwesens zu beraten und zu entscheiden, wobei die richterlichen Tätigkeiten ein wesentlicher Bestandteil waren.

Wendet man sich nun den lokalen Untereinheiten des Häuptlingtums zu, so findet man alle Grundzüge der du-Einheit wieder.[27] Auch hier regierten die Ältesten zusammen mit dem Häuptling als dem Vertreter der duta-Einheit, der in der gleichen Weise wie der Oberhäuptling von den Ältesten ausgewählt wurde. Auch hier war der Häuptling Repräsentant des Stuhls seines Gemeinwesens und mit Insignien ausgezeichnet, die denen des Oberhäuptlings entsprochen haben. Sein Titel »tia« ließ zwar erkennen, daß er im Rang dem Oberhäuptling (»fiaga«) nachgeordnet war. Nicht selten aber waren die Titelunterschiede eingeebnet, wenn es sich um einen einflußreichen und bedeutenden Häuptling der duta-Einheit gehandelt hat. Deutlicher wurde der Rangunterschied und die Unterordnung unter den Oberhäuptling dadurch gekennzeichnet, daß der Oberhäuptling vor der Ernennung des duta-Häuptlings unterrichtet werden mußte, der Oberhäuptling bei den Einsetzungszeremonien des duta-Häuptlings repräsentiert und erwartet wurde, daß der duta-Häuptling dem Oberhäuptling einen zeremoniellen Besuch nach seiner Einsetzung abstattete. In der hauptstädtischen Ratsversammlung des Oberhäuptlings hatten die duta-Häuptlinge keinen festen Sitz. Bei wichtigen Entscheidungen wie über Krieg und Frieden fanden sich jedoch die duta-Häuptlinge in der Hauptstadt zusammen.

Ebenso wie im Häuptlingtum insgesamt gab es auf der duta-Ebene eine Rangordnung der Häuptlinge, die auf das Ancienitätsprinzip gegründet war. Zusammen mit seinen anderen Funktionsträgern war der duta-Häuptling für die Aufrechterhaltung von Recht und Ordnung und die Durchführung der Beschlüsse und Anordnungen verantwortlich, die auf der du-Ebene gefällt und getroffen wurden. Der duta-Häuptling war ebenso für die Streitregelung innerhalb seiner duta-Einheit wie für Streitfälle zwischen seiner duta-Einheit und der einer anderen zuständig. Ausgenommen waren nach Westermann (1935: 257) lediglich Tötungsdelikte, die direkt vor die Rechtsinstanz

---

[27] Keineswegs alle Häuptlingtümer kannten die duta-Einheit als Untereinheit ihrer Herrschaft – sie waren hierfür einfach zu klein.

des Oberhäuptlings gelangten, der Berufungsinstanz für die Rechtsentscheidungen des duta-Häuptlings war.

Kleinste Einheit war die saa-Einheit. Sie war eine Nachbarschaftseinheit, deren Kern normalerweise aus den Mitgliedern einer einzigen Lineage bzw. eines einzigen Lineage-Segments bestand. Auch ihr stand ein Häuptling mit einem Stuhl vor, der in fast gleicher Weise wie die Häuptlinge der beiden anderen Ebenen eingesetzt wurde. Ebenso wie die Ältesten auf den beiden anderen Ebenen wichtige Entscheidungsträger waren, war der Häuptling der saa-Einheit auf die Unterstützung und das Wohlwollen des Lineageältesten angewiesen, der als Familienoberhaupt für die Lineage beziehungsweise das Lineage-Segment verantwortlich war und dessen Entscheidungen sich auch der Häuptling der saa-Einheit unterwerfen mußte, sofern sie Lineageangelegenheiten im engen Sinn betrafen.

Geht man also von ›oben‹ nach ›unten‹, von der du- über die duta- zur saa-Ebene wiederholt sich die Organisationsform der du-Einheit. Immer finden sich Häuptlinge, gewählt auf der Grundlage der Lineagezugehörigkeit. Es gibt Funktionsträger, deren Zahl von ›oben‹ nach ›unten‹ lediglich abnimmt. Es gibt Älteste, deren Unterstützung für den Häuptling unabdingbar ist. Mit wenigen Unterschieden, in denen sich die Rangordnung ausdrückt, gleichen sich Aufgaben der Häuptlinge.

Dieser Grundsatz der Wiederholung weist darauf hin, daß die Teile, in die sich ein Häuptlingtum gliedert, eine vergleichsweise große Eigenständigkeit haben – wie die immer kleiner werdenden Puppen in der Puppe, die jeweils eigenständige Abbilder der größten Puppe sind, von der sie ein Teil sind.

Eigenständigkeit: Was konnte der Oberhäuptling respektive das hauptstädtische Entscheidungszentrum der königlichen Lineage von den Dörfern verlangen, die ihm unterstanden? Der Oberhäuptling konnte alle waffenfähigen Männer zum Beispiel zum Kriegsdienst zusammenrufen – einschließlich der Frauen, die Trägerdienste leisteten. Der Oberhäuptling konnte ebenso die Häuptlinge und Ältesten auffordern, sich zu Versammlungen und Beratungen in der Hauptstadt zusammenzufinden. Er konnte Anordnungen (›Gesetze‹)[28] erlassen, die als bindend betrachtet wurden und deren Übertretung Strafen nach sich zogen. Der Oberhäuptling konnte wie jeder andere Häuptling das Erscheinen eines Stammesmitglieds, das eines Normbruchs beschuldigt wurde, vor dem Häuptlingsgericht erzwingen. Der Oberhäuptling beanspruchte das Monopol der Rechtssprechung in Tötungsdelikten. Neben Ehrfurcht und Achtung stand ihm wie jedem Häuptling ein Anteil an den Gerichtsgebühren, Zöllen, Marktabgaben und an der Jagdbeute zu.

Diese und andere Herrschaftsbefugnisse des Oberhäuptlings schränkten die Eigenständigkeit der Dörfer und Weiler, die dem Oberhäuptling ›untertan‹ waren, indes nur begrenzt ein. Das wird vor allem an drei Zusammenhängen sichtbar. Erstens: Der

---

[28] Über den Charakter der »Gesetze« der Ewé schrieb Diedrich Westermann (1935: 260): »Die in einem Gemeinwesen geltenden Gesetze sind eine lose und in vielen Einzelheiten auch unbestimmte Sammlung von Ordnungen, die aus der Vorzeit überliefert und durch Gewohnheit allgemein anerkannt, sie aber gleichzeitig auch durch übernatürliche Autoritäten gestützt sind. Mit dem gleichen Ausdruck sé (= Gesetz – TT) werden auch Erlasse des Stammeskönigs, des Ortshäuptlings, eines Sippenhauptes, des Priesters oder des Altenrates benannt, die sich auf bestimmte Fälle und begrenzte Zeit beziehen, ja die manchmal nur eine Einzelperson angehen. ... Im engeren Sinn sind aber Gesetze die innerhalb der politischen Einheit, des Stammes, als gültig anerkannten Ordnungen.«

Entscheidungsprozeß, an dessen Ende eine Anordnung oder ein anderer Beschluß stand, der für das Gemeinwesen wichtig war, erfolgte in der Form einer »Kette von Beratschlagungen« (M. Manoukian, 1952: 36). In sie waren alle drei Ebenen des politischen Gemeinwesens eingebunden. Die Entscheidungen des Oberhäuptlings und seiner Räte statuierten nicht den Willen des Oberhäuptlings und des hauptstädtischen Entscheidungszentrums. Sie drückten stattdessen die Übereinstimmung aus, die auf den verschiedenen Ebenen zu erreichen gewesen war – und mit der die Durchsetzbarkeit der Entscheidungen stand und fiel. Zweitens fehlte dem Oberhäuptling die ökonomische Grundlage zentraler Herrschaft: die Steuer. Er lebte von den erwähnten Abgaben und Zöllen, von seinem Handel, von Kriegszügen und Sklavenrazzien. Er konnte mehr Land als andere Mitglieder des Gemeinwesens bestellen, weil er, wenn es nötig war, die jungen Männer auf seinen Feldern arbeiten lassen und sie dafür verpflegen konnte. Aber, wie Jakob Spieth (1906: 104) für den »König« von Ho festhält, erwartete man, daß der Oberhäuptling »ein fleißiger Ackerbauer« war, »damit er durch tüchtige Arbeit seinen Untertanen ein gutes Beispiel geben kann«. Alain Mignot (1985: 23) unterstreicht selbst für das einflußreiche »Königreich« Glidji unter der Herrschaft der Tougban,[29] daß die verschiedenen Dörfer weder zu Abgaben genötigt waren,[30] noch der Oberhäuptling in Glidji im Falle eines bewaffneten Konflikts verlangte, daß man ihm Güter und Soldaten für die Führung des Krieges stellte.[31] Drittens: Ein Recht auf gewaltsame Konfliktregelung und Selbsthilfe nahmen anscheinend nicht nur die einzelnen Lineages bzw. Lineage-Segmente in Anspruch, sondern vor allem die duta-Einheit machte dieses Recht für sich geltend. Westermann (1935: 261) berichtet, daß erst »in neuerer Zeit jeder Totschlag vor dem Gericht des Stammeskönigs in Glidyi »unter den drei Kapokbäumen« verhandelt wurde«, wohingegen »früher die Sippe des Totschlägers diesen an die Sippe des Erschlagenen« ausliefern mußte, die den Ausgelieferten töten oder verkaufen konnte.[32] Ebenso kannte man nach den Erhebungen Wester-

---

[29] Die Tougban gehören zu den Ga und sind um 1660 unter der Führung von zwei ›Prinzen‹ aus der Lineage der Tougban, Foli Bebé und Foli Hémazro, aufgrund kriegerischer Auseinandersetzungen zwischen den Ga und den Akwamu in die Küstenregion des heutigen Südostens von Togo ausgewandert. Aus dieser Migration entwickelte sich das ›Königreich‹ Guin mit der Hauptstadt Glidji unter der Vorherrschaft der königlichen Lineage der Toubgan (vgl. A. Mignot, 1985: 14ff.).

[30] Die einzige Abgabe, die der Oberhäuptling von Glidji verlangte, war die Lieferung von Reisig und Mais aus Anlaß des Ekpéssosso-Rituals, in dem erkundet wurde, ob das kommende Jahr ein gutes oder ein schlechtes werden wird. Selbst diese Abgabe galt nicht im engeren Sinn dem Oberhäuptling in Glidji. Sie war ein Beitrag zu einer religiösen Zeremonie, die die Mitglieder des Königreichs Guin einte, und zu der sie ihren Beitrag leisteten (vgl. A. Mignot 1985: 23 f.). Interessant in diesem Zusammenhang ist, daß Abgaben als ›Geschenke‹ an den Oberhäuptling verstanden wurden und damit das Prinzip der Reziprozität der egalitären Ordnungen aufscheint (vgl. D. Westermann, 1935: 229).

[31] »Vielmehr«, ergänzt der Informant von Alain Mignot (1985: 24), »war es Glidji, das Krieger aussandte, um die Grenze zu bewachen«.

[32] Darüber hinaus ging straflos aus, wer den Ein- oder Ehebrecher auf frischer Tat ertappte und erschlug, wie es ebenso immer solche gab, die im Falle von Schuldstreitigkeiten sich eines Mitglieds der Lineage des Schuldners bemächtigten und ihn solange festhielten, bis die Sache geregelt war. Nüchtern stellt Westermann (1935: 262) fest: »Zu einem solchen Eingriff, der Verwicklungen nach sich ziehen konnte, war theore-

manns (1935: 246) den »Bürgerkrieg, das heißt einen Krieg zwischen zwei Ortschaften des gleichen Stammes (= Häuptlingtums – TT) oder gar eine Aufsässigkeit im gleichen Ort«. Zwar versuchte man einen solchen gewaltsamen Konflikt »mit dem Aufgebot aller Kräfte im Keim zu ersticken, was aber nicht immer gelang«.

Im Licht des Grundsatzes der Eigenständigkeit zeigt sich, daß das Prinzip der Wiederholung nur in Ansätzen die Grundsätze der Hierarchie und Zentralität verwirklicht. Sein Kern ist hingegen das Prinzip der Addition. Die Integration verschiedener dörflicher und städtischer Gemeinwesen in die umfassendere Einheit des Häuptlingtums geschieht auf dem Weg einer strukturellen Differenzierung. Die Differenzierung führt weder funktional zu strikten Trennungen der Aufgabenbereiche der Einheiten, die es bilden, noch begründet sie Ansprüche auf Entscheidungsmonopole der Zentralinstanz – von der erfolgreichen Durchsetzung solcher Ausschließlichkeitsansprüche gar nicht zu reden. Die Integration erfolgt stattdessen dadurch, daß die Alternativen innerhalb der bestehenden Einrichtungen der Willensbildung und Entscheidungsfindung erweitert werden. Es entstehen neue Möglichkeiten, die Konfliktregelungs- und Entscheidungsressourcen zu aggregieren. Durch das Interventionsrecht der Zentralinstanz wird eine zusätzliche Chance eröffnet, bestehende Konflikte und Auseinandersetzungen wirksam anzuhalten und verbindlich zu regeln, bevor die Sache aus dem Ruder läuft, das heißt, die Ordnung des Gemeinwesens empfindlich gefährdet.

Zum Beispiel behalten die Häuptlinge auf allen Ebenen des Häuptlingtums ihre Streitregelungskompetenzen. Die Streitregelungsinstanz des Oberhäuptlings erweitert jedoch das Netz der bestehenden Einrichtungen und bildet eine Alternative zu ihnen. Dem Spruch, den sie fällt, kommt Verbindlichkeit zu, weil in ihm das Ansehen und der Einfluß gleichsam gebündelt sind, die die Mitglieder des »königlichen Gerichtshofes« einschließlich seines präsidierenden Oberhäuptlings in Verbindung mit der sakralen Würde des königlichen Stuhls in ihrem Gemeinwesen auszeichnen. Deshalb ist es etwas mißverständlich, von dem königlichen Gerichtshof als einer Berufungsinstanz zu sprechen, da seine Urteile weder im engen Sinn das Urteil einer anderen, lokalen Streitregelungsinstanz aufheben noch diese für die Zukunft binden. Oder ebensowenig wie der Oberhäuptling und die Zentrale in der Hauptstadt die Gestellung von Soldaten einem Dorf ›befehlen‹ kann, ebensosehr enthält das Häuptlingtum die Möglichkeit, die Ressourcen der Kriegsführung jeder einzelnen Einheit des Häuptlingtums zum Nutzen des ›Ganzen‹ auf institutionell vorgesehenem Wege zu aggregieren.

Das Häuptlingtum der Ewe beinhaltete weniger eine grundlegende Umgestaltung der älteren häuptlingslosen Ordnung[33] – auch wenn die Grundsätze der Zentralität und Hierarchie unübersehbar sind. Das Häuptlingtum wurde demgegenüber der älteren Ordnung hinzugefügt und fand deshalb im Grundsatz der Eigenständigkeit enge Grenzen der Macht vor, die von den Ältesten gezogen und bewacht waren.

---

tisch ebenfalls nur der König oder Häuptling berechtigt, aber es gab immer solche, die rascher und billiger zum Ziel zu kommen hofften, wenn sie die Sache selbst in die Hand nahmen.« Dieses »Abfangen von Schuldnern« oder ihrer Angehörigen hat die Kolonialverwaltung vielfach beschäftigt und zu unterbinden versucht.

[33] Dazu D. Westermann (1935: 182): »Die Eingeborenen selber sagen, sie hätten bei der Einwanderung noch keine Könige, sondern nur Älteste gehabt.«

Zweites Beispiel: Grundzüge der häuptlingslosen Ordnung der Bekpokpam

Neben den Häuptlingtümern gab es im Raum der Kolonie Togo eine ganze Reihe von häuptlingslosen Gesellschaften. Zu ihnen zählten die der Kabiyé ebenso wie die der Bekpokpam (Konkomba). Am Beispiel der Bekpokpam will ich die wichtigsten Merkmale der politischen und rechtlichen Ordnung einer häuptlingslosen Gesellschaft erläutern.

Die Bekpokpam leben in den Ebenen und Niederungen westlich und östlich des Oti, des bedeutenden Nebenflusses des Voltas, der südlich von Sansanné-Mango bis etwas nördlich der Höhe der Stadt Bassar die Westgrenze des heutigen Togos zu Ghana bildet.[34] Die Bekpokpam siedeln in diesem Raum wahrscheinlich schon seit etlichen Jahrhunderten und gelten als einer der autochthonen Stämme der Region (vgl. R. Cornevin, 1988: 52). Ihre Wanderungen nach Osten über den Oti und nach Süden waren relativ kleinräumig und antworteten auf die Invasionen der Dagbamba (Dagomba) und Anufòm. Zu den natürlichen Lebensbedingungen bemerkt ungeschminkt der bedeutendste Erforscher der Bekpokpam, David Tait (1961: 13):»Das Konkombaland hat dem Fremden wenig zu bieten. Die Otiniederung ist abwechselnd ein Sumpf und ein Staubloch. Während des Harmattans sinkt die Sichtweite auf zwei- bis dreihundert Meter; die Temperaturen steigen am Tag auf über 43 Grad Celsius und sinken in der Nacht vielleicht auf zehn Grad Celsius.« In der Regenzeit tritt der Oti weiträumig über die Ufer, und viele kleine Weiler können nur noch mit dem Boot erreicht werden, andere werden ganz von der Außenwelt abgeschnitten.

Nicht zuletzt wegen dieser natürlichen Bedingungen waren die Bekpokpam z. B. im Unterschied zu ihren westlichen Nachbarn, den Dagbamba, keine Bauern, die das ganze Jahr über mit landwirtschaftlichen Arbeiten beschäftigt waren. Wenn keine Arbeit auf den Feldern getan werden konnte und mußte, dann gingen die Bekpokpam auf die Jagd, fischten, widmeten sich den Begräbnisriten und -feierlichkeiten oder verdingten sich als Arbeiter in anderen Teilen des Landes und der Nachbarstaaten, vorausgesetzt, sie waren jung. Dennoch galt das Hauptaugenmerk der Bekpokpam dem Land und der Ernte. Die Hauptanbaufrucht und das bevorzugte Grundnahrungsmittel war Sorghum (Guineakorn), das man in den üppigen Jahren und Zeiten zusammen mit einem scharf gewürzten Fleisch- oder Fischeintopf aß. Neben dem geschätzten Sorghum wurden Hirse und Yams angebaut. Wenngleich nach den Beobachtungen von Tait (1967: 167) die Viehhaltung von zweitrangiger Bedeutung war, fanden sich bei den meisten Bauern einige wenige Stück Rindvieh; es wurden Schafe, Ziegen und Geflügel gehalten. Die Feldarbeit unterlag vielfältigen Regelungen; wer was tat und tun durfte, wechselte nach Klan- und Lineagezugehörigkeit, sozialem Status, Geschlecht, Alter und der Art des Stück Landes, das zu bebauen war (vgl. J.-C. Froelich, 1963: 126f.; D. Tait, 1961: 191f.). Von den handwerklichen Fertigkeiten sind insbesondere das Schmieden und die Leder- und Messingarbeiten zu nennen, die alle drei von den Schmieden ausgeführt wurden. Frauen töpferten und schneiderten, wohingegen das Weben den benachbarten Mossi (Mosi) überlassen wurde (vgl. J.-C. Froelich, 1963: 132f.). Soweit man die landwirtschaftlichen Erträge und handwerklichen Erzeugnisse nicht für den Eigenbedarf benötigte, wurden sie wie bei den Ewé auf einer festen Anzahl von Märkten ver- und gekauft, die eine wichtige räumliche, zeitliche, gesellige und rechtliche Ordnung im Leben der Bekpokpam waren (ebda, S. 133; D. Tait, 1961: 17ff.). Der begrenzten Effizienz der Produktionstechniken, dem geringen Anteil der

---

[34] Im heutigen Togo liegt das Hauptgebiet der Bekpokpam, in der Unterpräfektur Guérin-Kouka.

Güter an der Gesamtproduktion, die für den Markt erwirtschaftet wurden, und den schwierigen klimatischen und anderen natürlichen Bedingungen entsprach, daß die Bekpokpam vergleichsweise kleine soziale Einheiten bildeten und diese nicht allzu groß werden ließen.
Die wichtigste soziale und politische Einheit war der Patriklan (zum folgenden vgl. D. Tait, 1967; 1961: 1ff., bes. 32ff., 72ff.; 1953). Der Patriklan[35] der Bekpokpam war eine Abstammungsgruppe, die selten mehr als 500 Menschen umfaßte.[36] Er war in ›Segmente‹[37] gegliedert, die sich nach dem Grad der genealogischen Tiefe, die die Gruppen repräsentierten, die das Segment ausmachten, und nach den sozialen Rollen unterschieden, die den einzelnen Segmenten zugeordnet waren.[38] Ein Klan bestand aus

---

[35] In der Sprache der Bekpokpam (die sie selbst Lekpokpam nennen und die zur Gurma-Gruppe der Volta-Sprachen gehört) gibt es kein eigenständiges Wort für ›Klan‹. Dasselbe gilt für die Begriffe ›Bezirk‹ und ›Lineage‹, die David Tait in seiner Analyse verwendet. Tait zeigt aber anschaulich und überzeugend, daß die mit diesen Begriffen benannten sozialen Einheiten Grundeinheiten der Ordnung der Bekpokpam und dementsprechend verhaltensrelevant sind.

[36] Die Angaben schwanken hier zwischen 250 und 500 Menschen (vgl. D. Tait, 1961: 73; 1953: 213).

[37] Der Begriff des ›Segments‹ und, davon abgeleitet, der ›segmentären Gesellschaft‹ ist, wie bekannt, von Emile Durkheim (1977: 216ff., 231ff.; 1965: 170ff.) in die Sozialanthropologie und Soziologie eingeführt worden. Durkheim wollte mit dieser biologischen Analogie das Merkmal der Wiederholung hervorheben, das ich schon am Beispiel der Häuptlingsgesellschaft der Ewé erörtert habe. Durkheim (1977: 216) schreibt:»Wir nennen diese Gesellschaften segmentäre, um aufzuzeigen, daß sie aus der Wiederholung von untereinander ähnlichen Bestandteilen gebildet sind, analog den Ringen des Ringelwurms ....« Etwas problematisch ist dieses Bild allerdings insofern, als der Begriff des Segments sowohl in seinem biologischen wie seinem geometrischen Verwendungszusammenhang schon eine Einheit unterstellt bzw. der Begriff ohne den Begriff des Ganzen (des Ringelwurms, des Kreises) keinen Sinn macht. Für segmentäre Gesellschaften ist es charakteristisch, daß diese Einheit, das Ganze, Ergebnis eines durchaus ungewissen und prekären Prozesses ist, der durch einen Anstoß von außen (z. B. ein Heiratswunsch, ein Angriff) in Gang gesetzt wird, wobei wir das bekannte Schema beobachten, daß die eigenständigen und sogar in Opposition zueinander stehenden Segmente sich auf jeder Ebene gegen denjenigen zusammenschließen, der im Verhältnis zu der jeweiligen Ebene der Dritte ist. Die Einzelhaushalte eines Dorfes artikulieren sich als Teile von Lineages, die Lineages eines Dorfes schließen sich beim Konflikt mit einem Nachbardorf zum Dorf zusammen, die Dörfer werden zum Unterstamm, die Unterstämme zum Stamm. Es ist das ›Reißverschlußprinzip der Einheitsfindung‹, wie ich, um ein Bild zu gebrauchen, sage. In diesem Grundsatz sind sowohl die Chancen als auch Probleme von Eroberern zu suchen, die auf der einen Seite wegen dieses Prinzips einen Unterstamm nach dem anderen ›aufrollen‹ können, auf der anderen Seite große Mühe haben, die Widerstandskraft der segmentären Gesellschaften endgültig zu brechen (vgl. dazu C. Sigrist, 1978: 29f.).

[38] Nach dem ›klassischen‹ Modell der segmentären Gesellschaft sind die Segmente nach dem Grundsatz der funktionalen Äquivalenz aufgebaut. Das besagt, daß jede Einheit »in ökonomischer und in anderer Hinsicht für sich dasjenige tut, was auch die anderen Einheiten für sich selbst tun« (M. D. Sahlins, 1968: 21). Bei einem der drei Klantypen der Bekpokpam, den David Tait (1961: 72ff.; 1953: 214ff.) »kontrapunk-

bis zu sechs »Großlineages« (»major lineages«), die die unfassendsten Teileinheiten bildeten, in der noch der gemeinsame Ahnherr genannt und genealogisch dargestellt werden konnte. In der Regel entsprach das einer Abstammungsreihe von fünf Generationen. Sofern ein Klan aus mehr als einer Großlineage bestand, war die Rückführung auf einen gemeinsamen tatsächlichen Ahn nicht mehr darstellbar, aber die Mitglieder der verschiedenen Großlineages waren im Glauben an eine gemeinsame Abstammung verbunden.[39] Die Großlineages gliederten sich selbst wieder in »Kleinlineages« (»minor lineages«) und »Kernlineages« (»nuclear lineages«), d.h. in patrilineare, lokale Verwandtschaftsgruppen, deren gemeinsamer Ahnherr der gemeinsame Groß- oder Urgroßvater beziehungsweise der gemeinsame Vater oder Großvater der gegenwärtigen Gehöftvorstände (Haushaltsvorstände) war. Bestehend aus Abstammungsgruppen vom Typ der Patrilineage war indessen der Klan selbst territorial definiert. Der Klan war eine soziale Einheit, die ein bestimmtes Territorium innehatte, das Tait »Bezirk« nennt. Ein »Bezirk« war dasjenige Stück Land, das von einem bestimmten Klan gehalten wurde. Religiös wurde die komplementäre Bestimmung von Bezirk und Klan in der Weise ausgedrückt, daß der Bezirk durch ein bestimmtes Erdheiligtum charakterisiert war, das das wichtigste Heiligtum im Erd- und Ahnenkult und das unverzichtbare Symbol der Autonomie des Klans und des Bezirks war. Ebenso wie die Anzahl der Klanmitglieder sich wandelte und das Bild des Klans sich durch die fortwährenden Segmentierungsvorgänge veränderte, ebensowenig waren die Grenzen und die Anzahl der Bezirke ein für allemal festgelegt. Die Grenzen der Bezirke dehnten sich nach den Landbedürfnissen der Klans aus oder wurden kleiner, und neue Bezirke wurden im Gefolge der Segmentierungsvorgänge geboren.

Der Klan war eine ökonomische, rituelle und rechtlich-politische Einheit, die so wichtig in der Vorstellungswelt und dem Handeln der Bekpokpam war, »daß es manchmal schwierig ist, die kleineren Segmente ausfindig zu machen« (D. Tait, 1961: 47). In allen wichtigen Bereichen der Subsistenz, bei der Feldbestellung, der Tierhaltung, der Jagd und dem Fischen trat der Klan in den einen oder anderen Bezügen als »korporierte« Einheit[40] auf. Vor allem war der Klan eine produktive Einheit, in der die Mitglieder zu wechselseitiger Hilfe verpflichtet waren. Ebenfalls wurde der wichtigste Ritus der Trockenzeit, ein Ritus der Aussaat, auf der Ebene des Klans durchgeführt. Der Klan war die politische Einheit der segmentären Ordnung der Bekpokpam. Innerhalb der Grenzen des Klans bestanden ein Bewußtsein und ein Gefühl der Verpflichtung gegenüber den Mitbewohnern und dem Territorium. Jenseits der Grenzen des Klans gab es sie nicht. Jenseits der Klangrenzen finden wir eine Welt, in der mit Gewalt gedroht und in der Gewalt angewendet wurde. Innerhalb des Klans wurde von den Mitgliedern und Mitgliedsgruppen normativ erwartet, daß sie ihren Streit und ihre Konflikte ohne den Rückgriff auf Gewalt beilegten. Nur innerhalb

---

tisch« nennt, finden wir stattdessen eine funktionale Differenzierung der den Klan konstituierenden Lineages. Diese Tatsache steht in Verbindung mit der Genese und der territorialen Definition des Klans.

[39] Im Falle des kontrapunktischen Klans wird allerdings kein gemeinsamer Ahn bei den beiden Großlineages, die den Klan bilden, mehr unterstellt.

[40] ›Korporiert‹ bedeutet in diesem Zusammenhang, daß dar Klan als eine eigenständige Einheit innerhalb der segmentären Struktur der Bekpokpam eine genau bestimmbare normative Ordnung repräsentiert, die Kontrolle über ebenso genau bestimmbare Güter innehat und die Organisationseinheit bestimmter sozialer, ökonomischer und ritueller Handlungen ist.

des Klans gab es das Verfahren der Kompensation, bestand man gegenüber dem Dieb darauf, daß er den Schaden durch Rückzahlung wiedergutmachte, suchte man den widerspenstigen Normbrecher dadurch zur Vernunft zu bringen, daß man ihn stigmatisierte oder ihm mit der Ausstoßung drohte. Nur innerhalb der Klangrenzen gab es das schlichtende Einschreiten der Ältesten der verschiedenen Segmente, und erachtete man ein solches Einschreiten für notwendig, um die Streitenden doch noch zu einem Einvernehmen zu bewegen und die Gefahren gewaltsamer Weiterungen von Auseinandersetzungen zu bannen. Außerhalb der Grenzen des Klans wurde dagegen eine solche Einmischung der Ältesten nicht als notwendig angesehen. Mit einer Ausnahme gab es hier nur die gewaltsame Austragung von Streit und Konflikt.

Die Ausnahme war auf der Ebene angesiedelt, die Tait mit dem Begriff des »Stammes« benennt. Der Stamm war im Unterschied zu den kleineren segmentären Einheiten und vor allem zum Klan keine korporierte Einheit. Aber er war die umfassendste Einheit der Bekpokpam, in der noch ein starkes Zusammengehörigkeitsgefühl den Zusammenschluß seiner Mitglieder und Mitgliedsgruppen bewirkte, wenn es zu einer Bedrohung durch einen Dritten kam. Der Stamm war die umfassendste Einheit, in der die Bekpokpam noch geteilte Werte und Zugehörigkeit erfahren haben. Diesen Gemeinsamkeiten verlieh man durch übereinstimmende Gesichtsnarben und durch die Tatsache Ausdruck, daß Klans desselben Stammes durch rituelle Beziehungen miteinander verbunden sein konnten. Vor allen Dingen war der Stamm eine Einheit der Verteidigung und eine Einheit, die über einen letzten Rettungsanker verfügte, mit dem ein opferreicher Fehdezustand zwischen zwei Klans desselben Stammes zu guter Letzt doch angehalten werden konnte. Die Klans eines Stammes leisteten sich gegenseitig Hilfe, wenn es zu intertribalen Auseinandersetzungen gekommen war, und konnten auf den Ritus »Sie-begraben-den-Streit« zurückgreifen, mit dem eine Fehde zwischen Klans desselben Stammes beendet und zu gewaltfreier Nachbarschaft zurückgekehrt werden konnte. Ein solches Streitregelungsverfahren gabt es in intertribalen Auseinandersetzungen nicht. Zwischen den Klans von verschiedenen Stämmen der Bekpokpam herrschte fortdauernder Kriegszustand.

Vergleicht man die Ordnung der Bekpokpam mit der der Ewé, finden wir wieder die Grundsätze der Wiederholung und Eigenständigkeit. Aber anders als bei den Ewé sucht man vergeblich nach dem Grundsatz der Addition. Die Institution des Häuptlings kannte die Ordnung der Bekpokpam nicht. Sie kannte überhaupt keine zentrale Institution. Die Ordnung war ›akephal‹.[41] Das galt sowohl auf der Ebene der politischen Entscheidungsfindung und -durchsetzung als auch auf der normativen und symbolischen Ebene. Kein Häuptling, keine Hauptstadt, kein Stuhl, kein Gesetz, kein Gericht und kein Gendarm artikulierten und setzten den Willen einer zentralen Einrichtung durch und repräsentierten die Einheit einer Ordnung jenseits von Klan und Bezirk.

Im Falle der Bekpokpam bedeutete Akephalität indessen nicht, daß die Bekpokpam ihre Angelegenheiten ganz auf der Grundlage egalitärer Strukturen regelten. Jede Kleinlineage hatte einen Ältesten, die Ältesten der Kleinlineages repräsentierten zusammen die Großlineage, und die Erfahrensten unter den Ältesten der zwei oder mehr Großlineages, die einen Klan bildeten, wurden als die Klanältesten angesehen. Als

---

[41] Vor allem in der deutschsprachigen Literatur ist es üblich, ›akephal‹ und ›staatenlos‹/›Gesellschaften ohne Staat‹ synonym zu gebrauchen. Obwohl ich in meinen eigenen Arbeiten dieser Usance bisher gefolgt bin, will ich hier zwischen ›akephalen‹ Gesellschaften und ›Gesellschaften ohne Staat‹ deutlicher unterscheiden. ›Akephal‹

Hüter der Tradition, der moralischen und vor allem religiösen Ordnung, die in das ganze Leben der Bekpokpam hineinverwoben war, kam den Meinungen, Vorstellungen, Ratschlüssen, Vorschlägen und Worten der Ältesten ein beachtliches Gewicht zu, selbst wenn ihrer institutionalisierten Macht enge Grenzen gezogen waren. Denn weder den Ältesten als Gruppe noch weniger einem einzelnen Ältesten war die Macht gegeben, Urteile zu fällen und Entscheidungen und Urteile mit gewaltsamen Mitteln durchzusetzen. Es war nicht Sache der Ältesten zu befehlen, zu richten und zu bestrafen. Außerhalb des Haushaltes der Familien stand dies keinem Dritten zu. Aber der Älteste verlangte z. B. die Beilegung eines lautstarken Gezänks, weil es die Erde beleidigte, deren Hüter er war, und zu der er in einer rituellen Beziehung stand. Auch hätte der Älteste einem Mitglied seines Klans Einhalt geboten, wenn es gegen die bestehenden Normen verstoßen hätte, weil er der Hüter der moralischen Ordnung und der gesamten Tradition war. Der Älteste hatte darauf zu achten, daß die überkommenen Gebote und Verbote beachtet und geachtet wurden. Dazu waren die Lebenden gegenüber den Ahnen verpflichtet, denen der Älteste am nächsten stand und in erhöhtem Maße verantwortlich war. So war trotz enger institutioneller Grenzen die Macht der Ältesten so groß, daß David Tait (1953: 216) glaubte schreiben zu können: »Innerhalb des Klans ist die Autorität des Ältesten unangefochten . . . .«

Das mag überzeichnet sein. Aber Tait lenkte auf diesem Wege die Aufmerksamkeit auf Merkmale der Ordnung der Bekpokpam, in denen diese zusammen mit der Mehrzahl der westafrikanischen segmentären Gesellschaften sich deutlich vom Erscheinungsbild des ›klassischen‹ Typs der segmentären Gesellschaft unterschieden, wie es an den Beispielen der Tiv (P. und L. Bohannan, 1953), der Ibo (D. Forde, G. I. Jones, 1950) oder Nuer (E. E. Evans-Pritchard, 1979) entworfen wurde. Deren segmentäre Lineagesysteme hatten drei Grundmerkmale: strukturelle und funktionale Gleichwertigkeit und politische Gleichrangigkeit. Strukturelle Gleichwertigkeit bedeutet, daß die Einheiten jeweils austauschbar sind, die in einem Plan der Organisation der Gesellschaft, also im Falle der Bekpokpam die Klans des Stammes, die Groß-, Klein- und Kernlineages, auf gleicher Ebene liegen. Aufgebaut mit den gleichen sozialen Bausteinen und in der gleichen Form, gleichen sie einander wie ein Ei dem anderen. Ich nannte diese Tatsache das Prinzip der Wiederholung. Dasselbe gilt für die Funktionen, die die Einheiten innehaben. Alle Einheiten erfüllten für sich die gleichen Funktionen. Es gab keine funktionale Differenzierung zwischen den Segmenten. Ebenso waren alle Segmente politisch gleichrangig. Es gab keine Über- und Unterordnung. Das Bild war durch die Gleichheit und Autonomie der Einheiten bestimmt. Ich habe es das Prinzip der Eigenständigkeit genannt.

Robin Horton (1985) zeigt indessen, daß diese ›klassischen‹ Grundzüge des segmentären Lineagesystems an die Vorherrschaft des Verwandtschaftsprinzips und daran gebunden sind, daß die Segmente, die auf der gleichen Ebene liegen, und ihre Mitglieder übereinstimmende Beziehungen zu dem Land, zu dem Grund und Boden haben, den sie bewohnen, bebauen und anderweitig nutzen. Beide Bedingungen trafen für die Bekpokpam und andere westafrikanische segmentäre Gesellschaften nicht zu.

Die eine Abweichung habe ich schon ausdrücklich benannt. Auf der höchsten Stufe der segmentären Ordnung trat an die Stelle des Merkmals gemeinsamer Abstammung das Merkmal der Territorialität, das gemeinsame Zusammenleben auf einem bestimm-

---

nenne ich nur häuptlingslose Gesellschaften. Auf diese Weise will ich im Anschluß an Elmar Service (1977: 12, 39f., 106ff., 375ff.) die Bedeutung unterstreichen, die der Entwicklung des Häuptlingtums zukommt.

ten Gebiet. Die Klans z.B. wurden über den Bezirk definiert. Die zweite Abweichung stand in Verbindung mit der Form von Segmentierungsvorgang, die Paul Bohannan (1954: 10ff.) »beziehungslösende Wanderung« (»disjunctive migration«) nennt. Sie hält sich nicht an die Struktur, die den Kern des ›klassischen‹ segmentären Lineagesystems ausmacht: die Korrespondenz zwischen genealogischer, sozialer und räumlicher Distanz, wodurch die engsten Verwandten die nächsten Nachbarn und die Menschen sind, mit denen man den häufigsten Umgang pflegt und am engsten verbunden ist. Die beziehungslösende Wanderung unterbricht die Korrespondenz, und die einzelnen Distanzgrößen nehmen nicht mehr im gleichen Verhältnis ab oder zu. Gruppen, die aus welchen Gründen auch immer (z. B. Bodenknappheit, Zurückweichen vor fremden und feindlichen Völkern) nach neuem Grund und Boden suchen, lassen sich nicht mehr in den Gebieten und den angrenzenden Räumen ihrer genealogisch engeren und engsten Nachbarn nieder. Sie durchlaufen die Gebiete all ihrer engeren Verwandten, um schließlich Land von Gruppen zu erbitten, zu denen sie nur entfernte oder gar keine verwandtschaftlichen Beziehungen mehr haben.

Eine Folge dieses Segmentierungsmusters ist, daß das Verhältnis von Genealogie und Territorialität neu geordnet wird, um Zugehörigkeit festzulegen. Die andere ist, daß vom Prinzip der funktionalen Gleichwertigkeit abgewichen wird. An die Stelle dieses Grundsatzes tritt das Prinzip der funktionalen Differenzierung. Damit geht einher, daß das ›klassische‹ Bauelement der Opposition zwischen Einheiten der gleichen Ebene der Komplementarität der Segmente weicht, und der Grundsatz der politischen Gleichrangigkeit der Segmente zerbrechlicher wird. Es bildet sich ein Unterschied zwischen den ›Bodenbesitzern‹ oder, wie man auch sagen könnte, den ›Pionieren‹, denen, die zuerst gekommen sind und als erste den Boden bestellt haben, und den ›Zugezogenen‹ und ›Nachzüglern‹, die um das Recht, sich niederzulassen, mehr oder weniger respektvoll bitten müssen. Es entstehen Klans, die keinen gemeinsamen Ahn mehr unterstellen, und in denen Positionen des Erdherrn und des Ältesten ausgebildet worden sind. In seinen Studien über die Bekpokpam nennt Tait (1967: 170ff.; 1961: 35ff., 72ff.; 1953: 215) diesen Klantyp »kontrapunktisch«.

Mit dem Attribut »kontrapunktisch« meint Tait sowohl die Komplementarität der Großlineages, die den Klan bildeten, als auch die Teilung ritueller Rollen. Beide Aspekte wurden in den Positionen und Rollen des Erdherrn und des Ältesten und in ihrem Verhältnis zueinander zum Ausdruck gebracht.

Erdherr und Ältester standen an der Spitze der beiden Großlineages, die den Klan bilden. Sie verwiesen auf die Migrationsgeschichte ihrer jeweiligen Lineage und auf das Verhältnis der beiden Lineages, die beide aufeinander angewiesen waren. So repräsentierte der Erdherr die autochthone Lineage. Sein Urahn galt als die Person, »die sich hier zuerst angesiedelt hat«« (D. Tait, 1953: 214). Der Älteste verkörperte die zugewanderte Lineage. Sein Urahn wurde als derjenige angesehen, »der dem geholfen hat, der sich hier zuerst angesiedelt hat«« (ebda).

Im gleichen Sinne gab es eine Arbeitsteilung zwischen Erdherr und Ältestem in rituellen Zusammenhängen. Der Erdherr war der Hüter der Schreine des Klans und, obwohl er rituell dem Ältesten überlegen war, war es doch der Älteste, der bei manchen Schreinen des Klans die Opferriten durchführte. Beide, Erdherr wie Ältester, überschritten in ersten Ansätzen die Grenzen zwischen den Gruppen, die die segmentäre Ordnung zugunsten der Autonomie und Egalität ihrer Einheiten zog.

Mit der territorialen Definition der Gruppenidentität wuchs die Bedeutung des Erdkultes erheblich an, der fast in ganz Westafrika verbreitet ist, in den ›klassischen‹ segmentären Gesellschaften aber nicht im gleichen Maße im Vordergrund stand. In

Verbindung mit der Unterscheidung zwischen ›Bodenbesitzern‹ und ›Zugezogenen‹ war naheliegenderweise die spirituelle Macht der Erde in der Lineage der Bodenbesitzer verkörpert, und der Erdherr Haupt der Lineage. Aber er erfüllte seine rituellen Aufgaben im Auftrag und zugunsten der Gemeinschaft, des Klans als ganzem. Denn der Geist der Erde war Quelle und Hüter einer normativen Ordnung, der alle Menschen unterworfen waren, die auf einem bestimmten Stück Land lebten und tätig waren, unabhängig von der Lineagezugehörigkeit. Der Erdherr war der Hüter dieser Ordnung. So wie die Erde Respekt von jedem beanspruchen konnte, der von ihr lebte, und mit ihrem Zorn die verfolgte, die den Geboten zuwiderhandelten, so konnte der Erdherr auch von denen Respekt erwarten und gegenüber denen seinen Unmut ausdrücken, die von dieser Erde lebten, selbst wenn sie nicht Angehörige seiner Lineage waren. So repräsentierte der Erdherr nicht nur seine Lineage nach außen, sondern er stand in gewissem Umfang, auch wenn er sehr begrenzt war, sowohl seiner eigenen wie der Lineage vor, die zusammen mit der Lineage des Erdherrn den Klan ausmachte. Dasselbe galt für den Ältesten. Sein Wort wog vor allen Dingen in allen Fragen der Streitbeilegung und mithin in allen politischen Angelegenheiten. Auch er sprach in diesen Zusammenhängen nicht nur als Vertreter seiner eigenen Lineage, sondern er war Repräsentant der territorialen Gruppe als ganzer.

Von den Ewé sagte ich, daß ihr Häuptlingtum noch viele Züge der häuptlingslosen Ordnung zeigte, die ihr vorausgegangen war. Für die akephale Ordnung der Bekpokpam gilt das Umgekehrte. Sie, eine der Paradebeispiele segmentärer Ordnungen, zeigte in Abweichung vom ›klassischen‹ Typ und zusammen mit vielen anderen akephalen Gesellschaften Togos und Westafrikas Ansätze zu einer Positionalisierung von Macht, die über die segmentären Grenzziehungen hinwegging. Ihre Repräsentanten waren Erdherr und Ältester, so daß hier die Umkehrung dessen gilt, was für die Ewé festzuhalten war. Zogen dort im Rahmen eines schon fortgeschritteneren Differenzierungs- und Zentralisierungsvorgangs politischer Herrschaft die Ältesten die Grenzen der Herrschaft eng, die dem Häuptling zugebilligt wurden, finden wir in der häuptlingslosen Ordnung der Bekpokpam die Ausdifferenzierung von Ältesten-Positionen, die, vom Blickpunkt der ›klassischen‹ segmentären Lineagegesellschaft aus gesehen, mit einem Machtzuwachs verbunden sind. Dieser Machtzuwachs hat eine gesamtgesellschaftliche Stoßrichtung.

Die Grenzen der segmentären Ordnung wurden bei den Bekpokpam allerdings nicht gesprengt. Es waren Verschiebungen der Gewichte in den Grundsätzen, nach denen die soziale Ordnung gebaut war: mehr Territorialität als Verwandtschaft, mehr funktionale Differenzierung als funktionale Äquivalenz, mehr Komplementarität als gleichgewichtige Opposition, etwas mehr Herrschaft und Autorität als betonte Egalität, mehr Bezugnahme auf die gesamte Gemeinschaft als Beharren auf der Eigenständigkeit der Segmente. Dementsprechend konnte David Tait (1961: 65) ein Bild von Menschen zeichnen, das immer wiederkehrt, wenn über akephale Gesellschaften und Kulturen berichtet wird: »Die Konkomba wissen um ihren Ruf für Gewalttätigkeit und Kampf. Sie sind sich des Schadens bewußt, der mit den immer wieder aufflackernden Kämpfen entsteht, in denen mancher sein Leben lassen muß. Und in ruhigen Augenblicken bedauern sie es auch.« In der volkstümlichen Version der Eroberperspektive hieß es schlicht, daß die Bekpokpam »ein ursprünglich sehr wilder und hinterlistiger Stamm« waren (Eine Reise durch die Deutschen Kolonien, 1910: 32), eine Kennzeichnung, die man so oder ähnlich auch für andere akephale Gesellschaften in Togo z.B. für die Kabiyé der östlichen Gebirgsregion und Nachbarn der Bekpokpam verwendet hat. (vgl. F. Hupfeld, 1900: 281).

Drittes Beispiel: Grundzüge des Groß-Häuptlingtums der Anufòm

Unter einem ›Groß-Häuptlingtum‹ verstehe ich ein Häuptlingtum, in welchem die relative soziale Gleichheit, die das einfache Häuptlingtum kennzeichnet, einer markanten Ungleichheit gewichen ist, insofern deutlich voneinander abgegrenzte soziale Schichten entstanden sind (jenseits der Schicht der Sklaven), zwischen denen ein ausgeprägtes Herrschaftsgefälle von ›oben‹ nach ›unten‹ (meist in Form einer privilegierten Adelsschicht und einer unterprivilegierten Bauernschicht) besteht. Die markante Ungleichheit geht einher mit der Einrichtung eines Abgabensystems, das nicht die Form der ›Steuer‹ hat, ebensowenig wie sich keine klare Trennung zwischen dem ›Staat‹ bzw. dem Gemeinwesen als ganzem und der herrschenden Schicht findet. Aber es ist ein Abgabensystem, das auf Kategorien von Abgabepflichtigen beruht und den Unterhalt der Positionen des politischen Zentrums auf der Grundlage regelmäßiger Einkünfte organisiert. Die Herrschaft ist Gebietsherrschaft. Im Vergleich zum einfachen Häuptlingtum nimmt der Verwaltungsapparat zu und kann den Umfang und den Charakter einer ausgebildeten Bürokratie des patrimonialen Typs haben, insoweit die Mitglieder der Verwaltung sich üblicherweise aus der/den ›königlichen Familie/n‹ rekrutieren. In der Hauptstadt, die Sitz des Groß-Häuptlings ist, ist der Gerichtshof des Groß-Häuptlings die erste und letzte Instanz bei der Regelung von Streit und Konflikt, und die Bewohner der Hauptstadt unterliegen seiner Rechtsprechung. Von seiten des politischen Zentrums in der Hauptstadt werden mindestens gegenüber den Angehörigen der unteren und abhängigen Schichten Ansprüche auf Monopolisierungen der Gewalt in den Außenbeziehungen und den Beziehungen zwischen den Schichten geltend gemacht. Der Groß-Häuptling hat das Recht und die Möglichkeit, Urteile zu erzwingen, auch wenn beim hohen Dezentralisierungsgrad der Herrschaftsausübung im Groß-Häuptlingtum die Möglichkeiten, Urteile zu erzwingen, mit zunehmender Entfernung von der Hauptstadt schnell schlechter werden. Grundzüge des Groß-Häuptlingtums will ich für den Raum der Kolonie Togo am Beispiel der Anufòm verdeutlichen.

Die Anufòm sind Abkömmlinge jener Mande, die Ende des 17. Jahrhunderts von dem bedeutenden Handelszentrum der Mande, der Stadt Kong,[42] nach Süden vorgedrungen waren, um im Hinterland der heutigen Elfenbeinküste und am Nordrand des Regenwaldes kleinere Herrschaften zu begründen. Die islamisierten Mande-Krieger wollten auf diesem Weg den Zugang zu den Erntefeldern der weißen Kolanuß unter ihre Kontrolle bringen (vgl. hierzu und zum folgenden E. G. Norris, 1986: 33 ff.; s. auch A. v. Seefried, 1913; R. Asmis, 1912: 73 ff.; J. v. Zech, 1904: 133 ff.; G. Thierry, 1899). Eines dieser Herrschaftszentren war die Stadt Groumania (in der Mande-Sprache Mango Tura).[43]

Sie war die Heimatstadt der Anufòm, die sie jedoch aus Anlaß innerer Zwistigkeiten verlassen hatten, um in einem Zug gegen die Ungläubigen zu neuen Ufern – im buchstäblichen Sinne – aufzubrechen. Es sollten die Ufer des Oti im Nordwesten Togos sein. Anders als die Ewé des Südens hatten die Anufòm also einen längeren Weg hinter sich, als sie um 1750/51 in ihr heutiges Siedlungsgebiet in Togo vorgedrungen

---

[42] Die Stadt Kong liegt etwa 140 km ostsüdöstlich von Korhogo und an der Nordwestgrenze des Nationalparks von Komoé im heutigen Staat Elfenbeinküste.

[43] Groumania in der Elfenbeinküste liegt etwa 200 km südsüdöstlich von Kong und etwa 150 km ostnordöstlich von Bouaké, das auf der zentralen Nordroute nach Burkina Faso etwa 450 km nordnordwestlich von Abidjan liegt.

waren und auf den Ruinen der eroberten Stadt Kondjoko am Ufer des Oti ihre Hauptstadt Sansanné-Mango errichteten.

Die kriegerischen Unternehmungen, von denen die Anufòm gelebt hatten, prägten das Dasein der Anufòm auch in Sansanné-Mango. Die gesellschaftliche Ordnung wiederholte in ihrem Aufbau die Abhängigkeitsbeziehungen eines Heeres. Die Anlage der Stadt folgte dem Vorbild eines Heerlagers, und die Kriege und Sklavenrazzien füllten das Leben der Krieger in der Trockenzeit aus.

Die Anufòm waren eine streng geschichtete Gesellschaft mit drei Statusgruppen. An der Spitze der Statuspyramide stand die herrschende Schicht der ›Ritter‹, Krieger, deren Statussymbol und wichtiges Kampfmittel das Pferd war. Diesem ›Stand‹ der »donzom« gehörten alle Mitglieder der sieben[44] Patrilineages an, die Nachkommen der Kriegführer waren, die einst von Groumania nach Nordosten aufgebrochen waren. Von diesen sieben Patrilineages hatte wiederum nur eine das Anrecht auf die Position und den Titel des Oberhäuptlings, des »fèmè«.[45] Ökonomisch hatten die donzom das

---

[44] Zur Anzahl der Patrilineages gibt es immer wieder mißverständliche bzw. falsche Aussagen, die daher rühren, daß es beim Aufbruch aus Groumania sechs Patrilineages gewesen sind. Nach der Ankunft in Sansanné-Mango spaltete sich wegen eines Streits ein Teil der Lineage von Byema Bonsafo ab, so daß von da an sieben Lineages die drei Stadtteile bewohnten, aus denen Sansanné-Mango bestanden hat (zu den Zahlenangaben vgl. E. G. Norris, 1993: 36; E. A. B. und E. A. van Rouveroy van Nieuwaal, 1976: 100; E. A. B. van Rouveroy van Nieuwaal, 1976: 80; J.-C. Froelich, 1963: 178; zu dem Abspaltungsvorgang innerhalb der einen Lineage vgl. D. Rey-Hulman, 1975: 299; J.-C. Froelich, 1963: 178).

[45] Ob es ein oder zwei Lineages, die der Nachkommen des Byema Bonsafo oder die des Soma, des Sohnes des älteren Bruders Byema Bonsafos, d.h. die Lineages Dyabu oder Sangbana, sind, die das Anrecht auf die Position des Oberhäuptlings (fèmè) haben, ist seit der Intervention der Deutschen im Jahre 1897 nicht nur bei den beteiligten Lineages, sondern auch bei den Forschern umstritten. Damals, im November 1897, ist der nicht sehr deutschfreundliche Oberhäuptling Na Byema wegen seines Widerstandes im Verlauf eines Handgemenges zwischen seinen Anhängern und der deutschen Polizeitruppe unter der Führung des Oberleutnants Gaston Thierry erschossen worden. Die anschließenden Auseinandersetzungen forderten von den Anhängern Byemas weitere 35 Menschenleben (vgl. G. Trierenberg, 1914: 152f.; s. auch D. H.-K. Simtaro, 1982: 832). Als Antwort auf diesen Konflikt setzte Thierry das Haupt der konkurrierenden Sangbana-Lineage ein, die sich aus den Kämpfen herausgehalten hatte und deshalb als deutschfreundlich wahrgenommen wurde. Diesen Bruch der Tradition stellte Thierry anschließend anders dar – wahrscheinlich beeinflußt sowohl von der politisch begründeten Traditionsrekonstruktion der Mitglieder der Sangbana-Lineage als auch von dem verbreiteten Anliegen der deutschen Eroberer, Eingriffe in die traditionelle, gewohnheitsrechtliche Ordnung der Afrikaner nicht unnötig und mutwillig vorzunehmen bzw. wenigstens nach außen Besonnenheit vorzugeben. Thierry (1899: 16) behauptete demgemäß, daß die »Königswürde ... stets zwischen den beiden ersten Familien ... gewechselt hat«. Die gleiche Version der Nachfolgeregelung wurde sowohl von Graf v. Zech (1904: 134) als auch von Rudolf Asmis (1912: 75) übernommen, als er über seine Forschungen zu den »Stammesrechten des Bezirkes Sansane-Mango« berichtet hat. In neuerer Zeit haben noch einmal Els und Emile van Rouveroy van Nieuwaal (1976: 92ff.) der Turnus-Version neue Glaubwürdigkeit zu geben versucht, die unter den Anufòm selbst heutzutage Vertreter hat (vgl. D. H.-K.

Heft in der Hand. Ihnen fiel die Kriegsbeute zu, auch wenn sie die anderen Schichten notgedrungenermaßen mehr oder minder reichlich daran beteiligen mußten. Sie hatten das Monopol des Handels mit Sklaven und der Jagd auf sie, das nur nach längerer Siedlungszeit in Sansanné-Mango abgeschwächt wurde (vgl. D. Rey-Hulman, 1975: 315). Ihnen ›gehörten‹ die eroberten Dörfer, so daß es an ihnen lag, die Verteilung der Dörfer auf die Lineages der verschiedenen Schichten vorzunehmen. Ihre Kontrolle über den Fernhandel brachte ihnen nicht nur Einkünfte, sondern auch den Zugang zu Eisen, das die untere Schicht für die Herstellung von Hacken dringend benötigte. Auch in dieser Hinsicht war die untere Schicht auf die donzom angewiesen.

Der Schicht der donzom folgten auf der mittleren Statusebene die Angehörigen des ›Standes‹ der »karamon«. Als Islamgelehrte waren sie die Berater der donzom, von denen mancher der einflußreicheren Persönlichkeiten einen karamon als persönlichen Berater in seinen Dienst nahm und für seinen Lebensunterhalt aufkam. Die wichtigsten Aufgaben der karamon waren, den Zeitpunkt der kriegerischen Unternehmungen festzulegen und unter religiös-zeremoniellen Aspekten über die Verteilung der Kriegsbeute aus Menschen und Gütern zu wachen. So hatten die karamon an zentralen Aufgaben der kriegerischen Lebensweise der Anufòm teil, was ihnen immer einen nicht unerheblichen Anteil an der Beute, seien es Sklaven, Güter oder Zwangsdienste der unterworfenen Bevölkerungsgruppen, einbrachte. Daneben gab es mit dem Verkauf von Talismanen erträgliche Einkünfte, da jeder Krieger auf seinem Kriegshemd einen Lederbeutel trug, in die eine möglichst hohe Anzahl von Koranversen eingenäht war, die die karamon ausgewählt und aufgeschrieben hatten.[46] Die gesellschaftliche Position und die mit ihr verbundenen Funktionen waren den karamon als einer korpo-

---

Simtaro, 1982: 833 ff., 838 ff.). Die Forschungen von Edward G. Norris (1993: 37 ff., 63 f.) haben aber jüngst die Ergebnisse der Studien des einstigen Stationsleiters von Sansanné-Mango, Adolf Freiherr v. Seefried auf Buttenheim (1913: 423), überzeugend bestätigt, daß das Vorrecht auf die Oberhäuptlingswürde bei der Dyabu-Lineage gelegen hat. Die Sangbana-Lineage ist nur dann zum Zuge gekommen, wenn sich in der Dyabu-Lineage kein geeigneter Nachfolger gefunden hatte. Vor der Intervention von Thierry geschah das lediglich zweimal.

[46] Allerdings ist davon auszugehen, daß nicht alle männlichen Mitglieder des »karamon«-Standes (vielleicht nicht einmal die Mehrheit unter ihnen) gelehrte Islamkundige waren. Die Zugehörigkeit zu den karamon bedeutete nur, daß man Abkömmling eines derjenigen Islamgelehrten war, die Byema Bonsafu auf dem Weg nach Sansanné-Mango begleitet hatten.

Insgesamt darf der Einfluß des Islams im Leben der Anufòm nicht überschätzt werden. Zum einen ist zu berücksichtigen, daß der karamon-›Stand‹ von Sansanné-Mango etwa 5% der Einwohnerschaft umfaßt hat (vgl. E. G. Norris, 1993: 52). Das wären bei einer Stadtbevölkerung von etwa 5 000 Menschen (vgl. DKL, 1920, Bd. 3: 251) 250 Personen gewesen. Für die anderen Schichten der Anufòm lieferten hingegen die Beobachter Gaston Thierry (1899: 15 f.), Rudolf Asmis (1912: 80) oder Freiherr v. Seefried (1913: 226, 430) keine Schilderungen eines auffällig islamisierten Lebens. Es wird nicht nur vom »Fetischhaus« und »Fetischpriester« in Sansanné-Mango, sondern ebenso von »Fetischopfern« der donzom an die verstorbenen ›Könige‹ und von der Einbeziehung animistischer Geistlicher und der Verwendung animistischer Bahrproben im Streitregelungsverfahren berichtet, wobei es bezeichnenderweise bei Asmis (1912: 80) heißt: »Gehört der des Lügens Verdächtige nicht zu den Malam (= islamischer Gelehrter – TT), so macht man Fetisch.« Vgl. auch AJb 1896/97: 932.

rativen Gruppe dadurch verbürgt, daß es den Söhnen und einigen wenigen Töchtern der Mitglieder des karamon-›Standes‹ vorbehalten war, die Koranschule zu besuchen und auf diese Weise eine Schulausbildung zu erhalten. Die jungen Mitglieder der donzom-Lineages und künftigen Kriegsführer beschränkten sich auf das Erlernen des Kriegshandwerks, seiner Fertigkeiten, Kenntnisse und Tugenden. Lehrer waren für sie erfahrene ältere Ritter, Lerngelegenheiten unter anderem die Ringwettbewerbe unter den Mitgliedern der donzom-Lineages und die häufigen kriegerischen Unternehmungen selbst.[47]

Den unteren Teil der Statuspyramide und die große Mehrheit der Anufòm bildeten die »n'gyem«, die in den Kriegszügen die Rolle und Aufgaben des Fußvolkes hatten. Ihre Abhängigkeit von den donzom war während des Kriegszuges nach Nordosten und Sansanné-Mango darauf gegründet, daß sie auf eine einzige Aufgabe beschränkt waren: unter der Führung der donzom zu kämpfen. Bewaffnet mit Lanzen, Pistolen und Steinschloßgewehren, die ihnen von den donzom zur Verfügung gestellt wurden,[48] oblag es den n'gyem, Vorhut des Angriffs zu sein. Weder hatten sie die Möglichkeit, selbständig Sklaven zu erbeuten, noch hatten sie einen Zugang zum Handel mit Sklaven, der in den Händen der donzom lag. Sie waren der Unterhaltsmittel für eine kriegerische Lebensweise beraubt und ganz von den donzom abhängig. Allerdings war es keine Abhängigkeit von den donzom als dem höheren ›Stand‹ insgesamt, sondern die n'gyem waren nur von dem jeweiligen Haupt und Führer derjenigen donzom-Lineage abhängig, der sie zugehörig waren. Das Abhängigkeits- und Loyalitätsverhältnis war lineagespezifisch und auf die Person des Kriegsführers der Lineage zugeschnitten.

Mit der Ankunft und dem Siedeln in Sansanné-Mango änderten sich allerdings die Position und Funktion der n'gyem, die etwas mehr Gewicht und Unabhängigkeit gegenüber ihren ritterlichen Herren gewannen. Auf der einen Seite wurden sie für die donzom ein wenig von dem, was später die afrikanischen Häuptlinge für die kolonialen Eroberer sein sollten: das Bindeglied, die intermediäre Struktur zwischen den Eroberern und den Unterworfenen. Auf der anderen Seite gelang es den n'gyem, sich von der Lieferung von Munition und Pulver durch die donzom freizumachen. Sie unternahmen sogar auf eigene Rechnung Plünderungen und Sklavenrazzien in noch nicht unterworfenen Gegenden, mußten indes einen Teil der erbeuteten Menschen und Güter an die donzom abliefern (vgl. D. Rey-Hulman, 1975: 209, 315).

Nach der Eroberung von Kondjoko und der Gründung von Sansanné-Mango richtete sich die Aufmerksamkeit der Anufòm auf zwei Dinge: zum einen auf die größtmögliche Ausdehnung der Kontrolle über Gebiete entlang des Handelsweges, der von Kumasi in den Nordosten und zum Niger führte und auf dem Gold ein sehr begehrtes Handelsgut war; zum anderen auf die Organisation des Verhältnisses zwi-

---

[47] Während der Kriegszüge wurden die Jüngsten mit den furchterregenden Grausamkeiten des Krieges vertraut gemacht, um jene menschlichen Eigenschaften zu lernen und zu üben, die in kriegerischen Gesellschaften immer hoch geschätzt sind. Edward G. Norris (1993: 53) berichtet von den Anufòm: »Die Aufgabe dieser Jüngsten war es auch, die von Schußwunden verletzten Angegriffenen mit dem Schwert zu töten, um ihren Kopf und linken Arm als Trophäe abzuschlagen, einzusammeln und mitzunehmen.«

[48] Die donzom stellten die Gewehre, aber behielten die Kugeln und das Pulver (oder eines von beiden) und gaben sie nur im Falle des Kriegszuges an die n'gyem ihrer Lineage aus (vgl. D. Rey-Hulman, 1975: 309f.).

schen den Eroberern und Unterworfenen, die den Eroberern ein gesichertes Auskommen zu gewährleisten hatten. Die Anufòm hatten keineswegs im Sinn, mit ihrer Etablierung in Sansanné-Mango zu Bauern zu werden und mit bäuerlicher Arbeit statt mit furchterregenden Kriegszügen, Razzien, Plünderung und Raub für ihren Lebensunterhalt zu sorgen. Letzteres war indes nur in der Trockenzeit einträglich. Es reichte weder für den alltäglichen Bedarf an Unterhaltsmitteln noch brachte es so viel ein, um die langen Wochen und Monate zu überbrücken, in denen die Witterung kriegerische Unternehmungen nicht begünstigte.

Die Ausdehnung ihrer Kontrolle ließ die Anufòm zu einer ganzen Reihe von Kriegszügen aufbrechen, die sie in fast alle Himmelsrichtungen und bis über 200 km weg von Sansanné-Mango geführt haben (vgl. E. G. Norris, 1993: 42 ff.). Mit ihnen wurden Tributverhältnisse begründet, Schätze und Sklaven erbeutet.[49] Auf diese Weise gelang es, den durchreisenden Händlern in den unterworfenen Städten Marktfrieden und in den Gebieten, die unter dem Zugriff der grausamen Angriffe der Anufòm lagen, gesicherte Wege zu gewährleisten, auf denen nun Waren und Luxusgüter aller Art ihren Weg nach Sansanné-Mango fanden. Das war eine wichtige Pazifizierungsleistung, allerdings nicht, wie es bei Edward G. Norris (1993: 43 f.) anzuklingen scheint, in einem modernen territorialstaatlichen Sinn. Die Befriedung von Märkten und der Schutz von Handelswegen war nicht das Ergebnis des Anspruchs auf das Gewaltmonopol. Die Sicherung der Handelswege geschah analog zu einer Politik, die heute – nach der nationalstaatlichen Aufteilung der Erde – nur noch auf See verfolgt werden kann, nämlich freie Schiffahrtsrouten zu erzwingen und zu gewährleisten. Dem gleichen Interesse folgte die Gewährleistung des Marktfriedens in den besiegten Städten, die sich ebensowenig wie die Sicherung der Handelswege mit dem Anspruch verbunden hat, die inneren Verhältnisse der unterworfenen und tributpflichtig gemachten Städte mitzubestimmen. In diesem Zusammenhang – und ganz entgegen den territorialstaatlichen Ansprüchen des Kolonialstaats – dürfte es den Anufòm nicht problematisch geworden sein, daß sie in den Gebieten ihres Zugriffs die Menschen zur Flucht getrieben und menschenleere Räume geschaffen haben. Sie behielten im Gegenteil ihre Politik der Beutezüge und Menschenjagden bei, durch die sie selbst zu einem Faktor jener unsicheren Verhältnisse geworden sind, aufgrund derer andere Völker sich in die Gebirgsregionen Togos zurückgezogen hatten oder wie die Kabiyé trotz hoher Bevölkerungsdichte dort ausharrten, andere ihre Städte mit Mauern umgaben oder wie die Utamare (Tamberma) ihre Gehöfte als Burgen auslegten.

Die Ordnung des Verhältnisses zwischen Eroberern und Unterworfenen im unmittelbaren Umkreis von Sansanné-Mango[50] brachte hingegen eine Gebietsherrschaft der Eroberer auf der Grundlage von Abhängigkeitsverhältnissen, in denen gegenüber dem Häuptlingtum neue Formen der Entmachtung lokaler Gruppen entstanden und die Grundzüge eines Groß-Häuptlingtums verwirklicht wurden.

Waren Kriege und Sklavenrazzien die eine Form, in der die Anufòm ihren Lebensunterhalt sichergestellt haben, waren die anderen Formen Handdienste der eroberten bäuerlichen Bevölkerungsgruppen unterschiedlicher ethnischer Zugehörigkeit, die

---

[49] Die Sklaven waren entweder Handelsware oder wurden in den ›Stand‹ der n'gyem integriert oder bildeten gar selbst eigene Lineages in direkter Abhängigkeit von einer der donzom-Lineages. In den beiden letzten Fällen erhöhten sie auf willkommene Weise die demographische Stärke der jeweiligen donzom-Lineage.

[50] Dieser Umkreis erstreckte sich auf eine Entfernung von etwa 60 bis 80 km um Sansanné-Mango (vgl. E. G. Norris, 1993: 47).

Administratives Häuptlingswesen

unter der Kolonialzeit dann zur »Steuerarbeit« geworden sind, und ein Abgabensystem für die unterworfenen Dörfer im Herrschaftsbereich der Anufòm. Beide Formen versprachen mehr Stetigkeit und erlaubten damit mehr Vorausschau und Sicherheit als die Wagnisse der kriegerischen Unternehmungen.

Die unterworfenen Dörfer im Umkreis von Sansanné-Mango wurden auf die verschiedenen Lineages der donzom und n'gyem verteilt,[51] um für deren Unterhalt zu sorgen. Sie wurden deshalb treffend »die Ernährer« genannt (hierzu und zum folgenden vgl. D. Rey-Hulman, 1975: 311 ff.). Zur Erntezeit sandten die Häupter der verschiedenen Lineages von Sansanné-Mango je einen der älteren und zuverlässigen Männer unter ihnen in die Dörfer, die ihnen gehörten bzw. deren Dienste sie in Anspruch nehmen durften. Diese Männer trugen Säcke bestimmter Größe bei sich, die von den Dörfern mit Sorghum und Hirse zu füllen waren. Dazu kam für jedes Dorf ein Korb, den es mit Bohnen zu füllen hatte. Der Mann, der die Abgaben erhob und »abruam« genannt wurde, wußte, wieviel Säcke an Sorghum und Hirse er fordern und erwarten konnte, denn es war seine Aufgabe, den befriedeten Busch zu durchstreifen, die bebauten Flächen festzustellen und danach festzulegen, wieviel Säcke Sorghum und Hirse von jedem einzelnen Dorf abzuliefern waren. Die gefüllten Säcke und Körbe ließ er sich durch Träger aus den unterworfenen Dörfern zu den Vorratskammern der Lineages schaffen.

Neben diesem ›Zehnten‹ mußten die unterworfenen Dörfer noch andere regelmäßige und unregelmäßige Abgaben leisten: Fleisch – besonders Perlhühner – und Schibutter für die verschiedenen großen Feste, Opferriten und Begräbnisfeierlichkeiten. Hinzu kam die Zwangsarbeit, die für die donzom und karamon geleistet werden mußte und für die der Älteste oder Häuptling der unterworfenen Dörfer ›seine‹ Dorfbewohner abzuordnen hatte. Immerhin hatte die Zwangsarbeit für einen großen Teil der besiegten Bauern den Umfang von zweimal zehn Tagen im Jahr (vgl. P.-P. Rey, 1982: 67). Erschwerend war zusätzlich, daß die Zwangsarbeit auf den Feldern in unmittelbarer Nähe der Hauptstadt oder, wenn es z. B. um Bauarbeiten ging, in der Hauptstadt selbst getätigt werden mußte. So waren die Bauern gezwungen, ihr Dorf zu verlassen, was um so belastender war, als diese Zwangsarbeit naheliegenderweise zu Zeiten befohlen wurde, zu denen die Bauern ihre eigenen Felder dringend bestellen mußten. Daß die Ansprüche der Eroberer an die unterworfenen Dörfer nicht gering waren, läßt sich daraus ersehen, daß eine Region, die immer große Märkte gehabt hatte, unter den Anufòm nur noch einen einzigen kleinen Markt gekannt hat, der heimlich in der kurzen Zeit der Feste nach dem Einbringen der Ernte abgehalten wurde und auf dem nur Hirsebier und Geflügel gegen Kauri getauscht wurden, und daß nach dem Ende der Herrschaft der Anufòm die Region zur Hirsekammer des nördlichen Togos aufsteigen konnte (vgl. P.-P. Rey, 1982: 67 f.).

So erfolgreich die Anufòm eine Herrschaft durchzusetzen vermochten, die auf dem Rücken der unterworfenen Bauernvölker die Bedürfnisse der Eroberer zufriedenstellte, mit einem Staat hatte die politische Ordnungsform, in der die Anufòm lebten, ebensowenig gemein, wie die Anufòm sich selbst auf die Strukturen eines Groß-Häuptlingstums nur in ersten Ansätzen eingelassen hatten.

Blickt man auf die Position und Rolle des Oberhäuptlings der Anufòm, findet man

---

[51] Gegensatz zu den Lineages der donzom ›gehörten‹ den n'gyem die Dörfer nicht, die für ihren Unterhalt aufzukommen hatten. Die n'gyem konnten die Dorfbewohner für sich arbeiten lassen, aber sie konnten nicht vorgeben, ›Besitzer‹ zu sein (vgl. D. Rey-Hulman, 1975: 312).

eher die Struktur der begrenzten Herrschaft des Häuptlingtums denn die Umrisse eines starken Groß-Häuptlingtums mit einem machtvollen Herrscher an seiner Spitze. Zwar war der Oberhäuptling weder auf rein symbolische und rituelle Aufgaben beschränkt (vgl. D. Rey-Hulman, 1975: 298, Anm. 6; A. v. Seefried, 1913: 424), noch war er bloßer Sprecher eines Ältestenrats, der die Entscheidungen fällte. Vielleicht ist es angemessener, ihn als einen primus inter pares von Lineageoberhäuptern zu verstehen (vgl. E. A. B. und E. A. van Rouveroy van Nieuwaal, 1976: 93; E. A. B. van Rouveroy van Nieuwaal, 1976: 72), der jedoch zwei wichtige Befugnisse und Aufgaben hatte, die das gesamte Gemeinwesen betroffen haben und dem »fèmè« ein besonderes Gewicht im politischen Kräfteverhältnis der donzom-Lineages gaben oder geben konnten. Zusammen mit dem Imam (dem geistlichen Oberhaupt der Muslime von Sansanné-Mango) entschied er über den Zeitpunkt, zu dem zum Krieg aufzubrechen war (vgl. R. Asmis, 1912: 78). Bedenkt man, daß in einer Kriegergesellschaft das politische, vor allem ökonomische, aber auch kulturelle Wohl und Wehe von dieser Entscheidung in beträchtlichem Umfang abhängig ist, dann ist einsichtig, daß dieses Initiativrecht von politischem Gewicht ist. Ebenso ist es einer der ersten wichtigen Schritte zu einer Monopolisierung der Gewalt im Außenverhältnis der Gesellschaft. Der Oberhäuptling hat den ersten Schritt auf dem Weg getan, an dessen Ende er zum ›Kriegsherrn‹ wird. Zusätzlich verkörperte der Oberhäuptling die Einheit der Anufòm und besonders die Einheit der herrschenden donzom. Ihr zeremoniell wichtiger Ausdruck war unter anderem das »Fest des Perlhuhns«, mit dem die Anufòm noch heute ihre Wanderung nach Sansanè-Mango, ihre ruhmreiche Unterwerfung der ansässigen Völker und ihre Niederlassung feiern. Beide Aufgaben des Oberhäuptlings müssen im Zusammenhang der Tatsache gedacht werden, daß der Oberhäuptling Repräsentant der mächtigen Dyabu- oder Sangbana-Lineages, von den Ältesten seiner Lineages ausgewählt und auf Lebenszeit in das Amt berufen war.

Eine wichtige dritte Aufgabe des Oberhäuptlings, die zum Kernbestand der Merkmale des Groß-Häuptlingtums zählt, ist die richterliche Tätigkeit. Wie weit sie allerdings gereicht hat, ist unter den Beobachtern strittig. Glaubt man dem beeindruckenden Rudolf Asmis (1912: 79f.) und stellt die heutigen Verhältnisse der ›traditionalen‹ Rechtsprechung (vgl. dazu E. A. B. und E. A. Rouveroy van Nieuwaal, 1976: 92; E. A. B. van Rouveroy van Nieuwaal, 1976: 70f.) in Rechnung, dann entspricht die Rechtsprechung des Oberhäuptlings in wichtigen Zügen der Rechtsprechung von Groß-Häuptlingtümern. Der Gerichtshof des Oberhäuptlings war die letzte und einzige Instanz in der Hauptstadt Sansanné-Mango.[52] Der Oberhäuptling fällte seine Urteile in enger Beratung und Abstimmung mit den beisitzenden Ältesten des herrschenden Lineages, aber die Entscheidung lag bei ihm, er traf sie allein und ließ sie in der Form des Urteils durch seinen Sprecher verkünden. Ganz im Unterschied zum einfachen Häuptlingtum vermochte der Gerichtshof des Oberhäuptlings, seine Urteile (zumindest in einem Teil der Fälle) zu erzwingen. Glaubt man stattdessen dem zuverlässigen Freiherrn v. Seefried (1913: 424), dann gab es die zentrale Rolle des Gerichtshofes des Oberhäuptlings für die Hauptstadt nicht. Nach Seefried gab es weder ein Monopol des ›königlichen‹ Gerichtshofes, noch waren die Grenzen des Einzugsbereiches dieses Gerichts anders gezogen. Wie die Gerichte der anderen Lineageoberhäupter reichte der Einzugsbereich des Gerichts des Oberhäuptlings so weit wie der Stadtteil, den die

---

[52] Hier bleibt unberücksichtigt, daß die Rechtsprechung über die Malam beim Imam lag. Im Gegensatz zu den heutigen Verhältnissen ist aus den Beobachtungen von Asmis nicht zu entnehmen, daß es in der Hauptstadt untere Instanzen gegeben hat.

Lineage ihr eigen nennen durfte, und erfaßte den Personenkreis, der der Lineage angehörte oder direkt von ihr abhängig war. Nach den Beobachtungen von Seefried war die Rechtsprechung eine Angelegenheit der herrschenden Lineages, die in ihren Herrschaftsbereichen keine letztentscheidende, vereinheitlichende, zentrale Instanz duldeten.

Welcher der beiden Beobachter das Rechtswesen des vorkolonialen Sansanné-Mango der Anufòm treffender überliefert hat, ist hier in unserem Zusammenhang nicht abschließend zu klären. Daß indes einiges für die Lesart von Seefried spricht, ist daran abzulesen, daß zwischen den Beobachtern – einschließlich der ›Kontrahenten‹ Asmis und Seefried – einigermaßen Übereinstimmung dazu besteht, daß die herrschenden Lineages (und nicht nur sie) sich einer vergleichsweise großen Unabhängigkeit erfreuten, die mit dem Bild einer starken Zentralgewalt nicht umstandslos zu vereinbaren ist. Das eine Element der Unabhängigkeit der Lineages war, daß sie es sich nicht nehmen ließen, auf Beutezüge auszugehen. Der Oberhäuptling mag den Zeitpunkt der Beutezüge festgelegt haben, er mag ebenfalls in den Ablauf der kriegerischen Unternehmungen eine Ordnung hineingebracht und vielleicht die Objekte des Angriffs nicht dem völligen Belieben der Lineages überlassen haben. Aber schlicht heißt es bei Asmis (1912: 77): »Früher hatte jede von diesen Familien (= Unterlineages oder minimal lineages) das Recht, abwechselnd ein Jahr lang mit den Buschleuten Krieg zu führen und dabei auf eigene Rechung Beute zu machen.«

Nach innen scheint allerdings die Eingrenzung der Gewalt weiter gediehen zu sein, obwohl hier Unklarheit herrscht. Während Hauptmann Adolf Mellin, der während vieler Jahre Stationsleiter von Sansanné-Mango war, gegenüber dem regierungsamtlichen Forscher Rudolf Asmis (vgl. T.v. Trotha, 1988: 323, 335ff.) aufrechterhielt, daß in vorkolonialer Zeit gewaltsame Selbsthilfe gegeben war, lautete das Ergebnis der Asmis'schen Studie (1912: 81): »Auch hatten die Verwandten des Getöteten nicht das Recht, Angehörige des Mörders ihrerseits zu töten. Die erschienenen Mangu (= die von Asmis Befragten – TT) wiesen meine derartige Frage mit der Antwort zurück, ›das tun nur die Buschleute‹.« Diese innere Befriedung wurde unter anderem über ein Sanktionsverfahren sichergestellt, in dem (wohl auf Initiative und unter der Überwachung des Lineageoberhaupts) die jungen Leute als Vollstrecker tödlicher Sanktionen eingesetzt wurden. Zum Beispiel wurde bei einem schweren Diebstahl, bei dem der Täter auf frischer Tat ertappt worden war, die Tat öffentlich mit der Schelle bekannt gemacht, und die »jungen Leute kamen mit einem Koruma (Stock der Manguleute mit einem eisernen Ring) zusammen und schlugen auf den Täter ein, bis er tot war« (R. Asmis, 1912: 81).

In diesen Hinweisen der Beobachter auf das Sanktionsverfahren bei den Anufòm erscheint die Zentralgewalt nicht in prominenter Rolle. Andere Entwicklungen lassen sogar den Eindruck entstehen, daß mit dem Ende der kriegerischen Wanderung und der Niederlassung in Sansanné-Mango sich die Lineages verstärkt auf die Wahrung ihrer Unabhängigkeit besonnen haben beziehungsweise sie zu erreichen wünschten. Das trifft besonders auf die Rechte zu, die die Verfügung über Gewaltmittel regelten. Beispielhaft ist hierfür die Revolte der von den donzom abhängigen »asadrom«, deren Aufgabe und Geschäft darin bestanden hat, den donzom die notwendigen Waffen und vor allen Dingen das Pulver zu besorgen. Sie weigerten sich eines Tages, sich mit dem zufrieden zu geben, was die donzom ihnen zugedacht hatten, und sperrten den donzom die Lieferung von Munition. Sie belieferten anstelle der donzom die n'gyem mit Waffen und Munition und bedrohten mit ihren Gewehren unmittelbar die donzom. Die donzom gaben klein bei. Sie erfüllten die Forderungen der asadrom. Das Ergebnis war, daß die n'gyem von den donzom unabhängig geworden waren und sich von da an selbständig auf die Jagd nach Sklaven und die Unterwerfung neuer Dörfer machen konnten. Jetzt stand selbst der unteren Schicht der Eroberer der Weg zu kriegerischen Unternehmungen und reicher Beute offen (zum ganzen vgl. D. Rey-Hulman, 1975: 314f.).

Auch die donzom Lineages untereinander wetteiferten um Reichtum und Macht. Vorzugsweise die beiden ›königlichen Gründerlineages‹, Dyabu und Sangbana, schenkten sich in diesem Wettbewerb nichts. Es hat den Anschein, daß Sangbana der Lineage Dyabu, aus deren Mitte der Inhaber der Position des fèmè und das Symbol der Zentralgewalt kam, schon vor dem Eintreffen der Deutschen den Rang abgelaufen hat (vgl. die Hinweise von E.G. Norris, 1993: 221f., Anm. 88, 222, Anm. 98). Die entscheidende Stunde für die Lineage Sangbana aber kam mit dem Eintreffen der konkurrierenden europäischen Kolonialmächte. Sangbana ließ sie nicht verstreichen. Sie ließ sich nicht von der ›Frankreich freundlichen‹ Politik des fèmè der Lineage Dyabu vereinnahmen. Sie wartete ab und übernahm deshalb mit Hilfe der Deutschen die Position des fèmè (ebda, S. 60ff.).

Von der französischen ritterlichen Jugend des 12. Jahrhunderts, die den kriegerischen Kern des französischen Adels ausgemacht hat, sagt ganz in der Nachfolge eines strengen Urteils von Aurelius Augustinus (1977: 173 f.; vgl. auch B. de Jouvenel, 1972: 127f.) Georges Duby (1968: 206), daß es sich um »eine Bande« gehandelt habe, »losgelassen von adligen Häusern, um ihren Überschuß an Kraft und Gewalttätigkeit loszuwerden – hinaus, um Ruhm zu ernten, Gewinn und weibliche Beute zu machen«. Ich glaube, daß dieses Bild die Verfassung der donzom gut wiedergibt – wenn wir die Beute an Sklaven nicht so einseitig weiblich verstehen. Diese »Bande« unter der Autorität von Ältesten, Lineagehäuptern, Imam und fèmè hatte die Mehrheit der Menschen in ihrer Gesellschaft von sich abhängig und in Grenzen für sich dienstbar gemacht. Sie hatte fremde Gebiete mit furchterregender Gewalt und Grausamkeit unterworfen, Tribute erpreßt, aber auch Regionen befriedet und zum eigenen Nutzen steuerähnliche Abgaben organisiert, die die unterworfenen Bauern zu erbringen hatten. Aber die »Bande« ging nicht so weit, ihre kriegerische Unabhängigkeit einer Zentralgewalt zu opfern. Sie beharrte auf einer relativ großen Unabhängigkeit in den Strukturen der Lineage, die das Organisationsprinzip von Gleichheit und Unabhängigkeit in der segmentären Gesellschaft sind. Sie nutzte die Grundsätze von Schichtung und Zentralität, um die egalitäre Unabhängigkeit der Besiegten in die ungleiche Abhängigkeit der Unterworfenen zu verwandeln, und den Grundsatz der Lineageautonomie, um eine Zentralität im Zaum zu halten, die die Handlungsfreiheit der Lineages und ihrer Kriegerschichten gefährdet hätte. Die Prinzipien der Zentralität entwickelten sich in der gesellschaftlichen Vertikalen, die Prinzipien der lokalen Autonomie bestimmten die Organisation der gesellschaftlichen Horizontalen. Deshalb hatte die politische Ordnung der Anufòm nichts mit einem Staat gemein und tat sich selbst mit den Strukturen eines Groß-Häuptlingtums schwer.

Akephale Gesellschaft, Häuptlingtum und Groß-Häuptlingtum waren die drei Grundtypen von Ordnungen, denen sich die Eroberer in Togo gegenübersahen und die sie zu einer neuen Ordnung des administrativen Häuptlingswesens zusammenzufügen hatten. Mit dem amtlichen Dorfhäuptlingtum, den administrativen Häuptling- und Groß-Häuptlingtümern fand sich jedoch die Vielgestaltigkeit der vorkolonialen Ordnungen im neuen Häuptlingswesen wieder. Der wichtigste Unterschied zwischen den Typen des administrativen Häuptlingswesens wird durch die Adjektive bezeichnet. Sie verweisen auf die vorkolonialen Ordnungsformen der eroberten Gesellschaften. Auf der einen Seite gab es Ordnungen, die vor Beginn der zentralstaatlichen Vereinnahmung Häuptlingtümer waren. Auf der anderen Seite trafen die Eroberer auf Gesellschaften, deren egalitären Ordnungen keine institutionalisierten Führungsinstanzen jenseits von Haushaltsvorständen, Ältesten, Geistlichen und Erdherren aufwiesen. Dementsprechend variierten die Formen, in denen die Eroberer die unterworfenen Gesellschaften organisierten. Administratives Oberhäuptlingtum und Häuptlingtum sind Formen der ›indirekten Herrschaft‹, im Falle des amtlichen Dorfhäuptlingtums handelt es sich stattdessen um eine Form ›direkter Herrschaft‹. Das amtliche Dorfhäuptlingtum ist das genuine Ergebnis der Einrichtung zentralstaatlicher Verwaltungsorgane. Es ist ohne Vorbild und ohne ›Tradition‹. Das amtliche Dorfhäuptlingtum ist ein Zeichen dafür, daß das administrative Häuptlingswesen nicht auf die Begriffe ›direkte‹ oder ›indirekte Herrschaft‹ verkürzt werden kann. Seine Eigenheit liegt darin, daß es je nach den gegebenen Bedingungen beide Formen der Herrschaft in sich zu vereinigen vermag. Das schließt ein, daß die ›direkte Herrschaft‹ unter Umständen wesentlich weniger als ihre ›indirekte‹ Schwester zu bewerkstelligen vermag.

Im folgenden beschreibe ich die Institutionalisierungsvorgänge des administrativen Häuptlingswesens, die Rechte und Aufgabenstellungen der Häuptlinge, die Art, wie sie in Abhängigkeit von den Strukturen ihrer vorkolonialen Ordnungen mit diesen Aufgaben umgegangen sind, wie sie die verschiedenen Macht- und Herrschaftsressourcen mediatisieren konnten und mediatisiert haben. Die Aufgabe der wissenschaftlichen Beschreibung und Analyse ist der Problemstellung der ›direkten Herrschaft‹ mithin entgegengesetzt. Die Aufgabe der ›direkten Herrschaft‹ ist es zu vereinheitlichen. Die wissenschaftliche Aufgabe ist dadurch bestimmt, im Rahmen der Beschreibung des Vereinheitlichungsvorgangs zentraler Herrschaftsbildung der Vielfalt der Ordnungen gerecht zu werden, die in diesem Vorgang entstehen. Das administrative Häuptlingswesen enthält die Strukturen von Widerstand, Opportunismus und Ergebenheit. Es kann in verschiedenen Regionen gleichzeitig eine ›Maschine‹ sein, die gut geölt und vergleichsweise problemlos arbeitet, und ein ›Getriebe‹, das vor lauter Sand nur in seltenen Augenblicken ordnungsgemäß läuft und vom Stationsleiter am liebsten aus den Augen verloren würde und manchmal wird. Das administrative Häuptlingswesen kann aus Häuptlingen, die sich bloßen Vollzugsorganen des Willens des Stationsleiters annähern, oder aus selbstherrlichen »Großen« bestehen, in deren Verhältnis zum Stationsleiter nicht mehr leicht zu entscheiden ist, wer hier wen im Sinne der Idee der ›indirekten Herrschaft‹ berät und der Träger der staatlichen Souveränität ist.

2. Ordnungsformen des administrativen Häuptlingswesens

Das administrative Häuptlingtum entsteht durch drei institutionelle Veränderungen, mit denen der Eroberer die politischen Ordnungen, die er vorfindet, umgestaltet. Es kommt zur Neugestaltung der Verfahrensweisen, mit denen Häuptlinge ein- und abgesetzt werden (Devolutionsgrundsatz). Es wird eine hierarchische Neuordnung des Häuptlingswesens eingeleitet (Hierarchiegrundsatz), und das unterworfene Gebiet wird in Verwaltungseinheiten aufgeteilt (»Bezirk«, »Landschaft«, Dorf), die territorial definiert und hierarchisch geordnet sind (Grundsatz des Verwaltungsbezirkes).

2.1. Devolution – Ein- und Absetzung von Häuptlingen

Der Grundsatz der Devolution ist für zentrale Herrschaft unabdingbar.[53] Trotz aller Theorie von ›indirekter Herrschaft‹ ließen die Briten nicht an ihm rütteln (vgl. R. v. Albertini, 1985: 246ff.). Für die zentralistischen Franzosen gehörte er zu den Säulen der ›direkten Herrschaft‹ (vgl. E. A. B. van Rouveroy van Nieuwaal, 1988: 75ff., 1987a: 6ff., 1987b: 20ff.; M. Crowder 1970: 222ff.). Für die verwaltungsgewohnten deutschen Kolonialeroberer ergab sich der Grundsatz ohne große theoretische Rechtfertigung wie von selbst. Die nachkolonialen Herrscher hielten und halten es nicht anders (vgl. E. A. B van Rouveroy van Nieuwaal, 1988, 1987a, 1987b; A. Mignot, 1985: 205). Es ist der Grundsatz, daß bei der Besetzung der Stellen, die zum Kern der Herrschaftseinrichtungen der zentralen Ordnung gehören und die das Herrschaftszentrum nicht zu konkurrierenden Machtzentren werden lassen will und kann, dem Zentralherrn die endgültige Personalentscheidung vorbehalten ist.

Die Häuptlinge gehörten für die kolonialen Eroberer zum Kernbestand der Herrschaftsorganisation. Dem entsprach, daß sie dem Grundsatz der Devolution unterworfen wurden. Das ist oft genug in einem kriegerischen Sinn zu verstehen. Das Beispiel der Ereignisse in Sansanné-Mango zum Zeitpunkt der deutschen Besitzergreifung hat es belegt. Der Anwärter der Dyabu-

---

[53] Das Papsttum in Rom hat um ihn spätestens seit dem Ketzertaufstreit zwischen Cyprian von Karthago und Stephan I. von Rom im 3. Jahrhundert gerungen. Im Investiturstreit der zweiten Hälfte des 11. Jh. wurde aus der innerkirchlichen Auseinandersetzung ein epochemachender Konflikt zwischen König- und Papsttum. Ludwig XIV. von Frankreich nahm den Grundsatz zum Anlaß, seinen ersten Eroberungskrieg zu führen, der dementsprechend als »Devolutionskrieg« in die Geschichtsbücher eingegangen ist und mir als Vorlage zur Bildung des Wortes ›Devolutionsgrundsatz‹ diente.

Lineage auf die Position des Oberhäuptlings wurde kurzerhand erschossen. Der »afrikanische Landsknecht«, Oberleutnant Gaston Thierry, setzte das Haupt der konkurrierenden Sangbana-Lineage ein, weil er ihn und die Mitglieder dieser Lineage für deutschfreundlich hielt. Noch blutiger waren die Ereignisse, die der Einsetzung des Oberhäuptlings in Yendi Anfang Mai des Jahres 1900 vorausgegangen waren. Es gab Gefechte mit den Dagbamba, die sich zur Wehr setzten und nicht wenige Krieger in den Kämpfen verloren. Im Gefecht von Sambu waren unter den Gefallenen »sechs Große« und der älteste Sohn des alten Oberhäuptlings der Dagbamba, der im August 1899 gestorben war (G. Trierenberg, 1914: 164; s. auch P. Sebald, 1988: 201 ff.). Auf der Grundlage seiner Siege setzte der damalige Stationsleiter von Sansanné-Mango, Dr. phil. Rigler, Leutnant der Reserve, den Häuptling von Savelugu ab. Der Häuptling von Savelugu stand an der Spitze von einem der drei Häuptlingtümer in der Hierarchie der Häuptlingtümer der Dagbamba, aus denen der Oberhäuptling von Yendi, der NaYa, rekrutiert wurde (vgl. D. Tait, 1961: 6).[14] In einem Brief an den Gouverneur August Köhler meldete er großsprecherisch und mit hohem Pathos (zit. n. P. Sebald, 1988: 203): Der Häuptling von Savelugu »hat meinem Ersuchen, er solle in öffentlicher Versammlung erklären, daß ihm das Herrscheramt lediglich eine Last und keine Freude sei, sofort entsprochen. In derselben Versammlung erhob ich Kraft der Gewalt, welche seine Majestät in meine Hände gelegt, zu Nutz und Frommen des Landes und mit Dank gegen Gott, der es mir gnädig gewährt habe, einen Bruderkrieg zu verhindern, den Serkin Karga zum Herrscher in Jendi. Ich trug alsdann Sorge, daß es allen den Großen und ihren Getreuen an einem Trunk und reichlicher Kola, den Tag festlich zu begehen, nicht fehlte.« Weniger blutig, aber zu nicht geringen Teilen gleichermaßen »Kraft der Gewalt«, die die Jägerbüchsen Modell 71 seiner Majestät des preußischen Königs und deutschen Kaisers in die Hände der »afrikanischen Landsknechte« gelegt hatte, wiederholte sich die Einsetzung von Häuptlingen an anderen Orten.

Wie in Sansanné-Mango, in Yendi oder zum Auftakt der kolonialen Eroberung in Aného und Avévé bringt der Eroberer durch seine Personalpolitik mancherorts die bestehenden Machtverhältnisse durcheinander. Bedeutet er

---

[14] Die politische Ordnung der Dagbamba kannte drei Hauptkategorien von Häuptlingtümern: das Oberhäuptlingtum in Yendi (YaNanema), das Häuptlingtum der Söhne früherer Oberhäuptlinge (YaNabihinama) und das Häuptlingtum der Enkel früherer Oberhäuptlinge (YaNajansinama). Der Nachfolger des Oberhäuptlings mußte aus einem der drei Häuptlingtümer kommen, die innerhalb der Anciennitätsordnung der Häuptlingtümer zu den drei obersten Häuptlingtümern nach dem Oberhäuptlingtum gehörten. Sie hießen Miong, Karaga und Savelugu. Im Text von Georg Trierenberg (1914: 165) heißt der Häuptling des Häuptlingtums Karaga »Serkin-Karaga«, wohingegen in dem nachfolgend zitierten Brief des Stationsleiters Dr. Rigler der Name »Serkin Karga« verwendet wird.

für die einen das Aus, verhilft er den anderen in die Positionen der Macht (vgl. A. Mignot, 1985: 204ff.). Das gilt vor allen Dingen für das Groß-Häuptlingtum. Sofern der Eingriff der kolonialen Eroberer mit Kämpfen, theatralischem Gestus und Diplomatie auf verschiedenen Ebenen, die die Verhältnisse sowohl zwischen den betroffenen Afrikanern als auch zu anderen Kolonialmächten einschlossen, begleitet war, schienen hauptsächlich die Auseinandersetzungen in den Groß-Häuptlingtümern den Bruch zwischen der überkommenen und der neuen Ordnung des Eroberers hervorzuheben. Das ist ein Mißverständnis. Der Bruch, der die rücksichtslose und gewalttätige Einsetzungspolitik des Eroberers in den Groß-Häuptlingtümern und Häuptlingtümern hervorruft, ist im Vergleich zur Einrichtung von Häuptlingspositionen in häuptlingslosen Gesellschaften begrenzt.

Die Einsetzung von Häuptlingen scheint vorbildlos und ohne Anknüpfung an überkommene Legitimität zu sein. Sie ist ein Zeichen für den Neubeginn der Gesellschaft, auf die sich die gewalttätige Hand des Eroberers legt. Schon im Akt des Einsetzens von Häuptlingen von des Eroberers Gnaden zeigt sich in den Häuptling- und Groß-Häuptlingtümern die kennzeichnende Doppelgerichtetheit der intermediären Herrschaft, in der sich die zentrale Herrschaft mit der Ordnung der unterworfenen Gesellschaft verschränkt. In der Einsetzung von Häuptlingen herrscht nicht der voraussetzungslose Kür-Wille des Eroberers. Die Willkür bricht sich. Statt radikaler findet sich geordnete Diskontinuität. Als der Reserveleutnant Rigler sich anschickte, »auf eigene Faust«, wie es in einem Kommentar aus dem Auswärtigen Amt hieß (zit. n. P. Sebald, 1988: 201; s. auch ebda, S. 707, Anm. 139), das Dagbamba-Reich zu unterwerfen, erging es ihm nicht anders als Gaston Tierry in Sansanné-Mango. Er mußte sich damit zufriedengeben, einen Häuptling auf den Herrschersitz zu bringen, der aus einem der drei Häuptlingtümer kam, die legitimerweise den Na Ya stellten. Die Besiegten bleiben noch im Oktroi ordnungsmächtig. Der Eroberer greift bei »seiner Wahl« des Häuptlings auf die überkommene Ordnung »zurück«, wie Asmis richtigerweise schrieb. Der Eroberer geht in zahlreichen Fällen nicht über die traditional legitimierten Optionen hinaus.

Auf diese Weise bestehen in den Häuptling- und Groß-Häuptlingtümern die Positionalität der überkommenen Herrschaftsordnung und ihre Legitimität fort. Es kommt zur typischen Machtkonstellation der intermediären Herrschaft. Mit der Einsetzung macht der Zentralherr den Häuptling zum Werkzeug seiner Herrschaft und wird auf doppelte Weise zum Werkzeug dessen, den er sich dienstbar macht.

Sofern sie zu den »Großen« unter den Häuptlingen gehören, sind die Häuptlinge schon zum Zeitpunkt der Einsetzung einerseits Pfandleiher lokaler Macht. Die würdige Ansprache, die der Kandidat des Eroberers hält, wird zur Würde des Eroberers und zur Aufforderung an den Eroberer, dem Häuptling mit Respekt zu begegnen. Das Ansehen des Häuptlings, der für die

Zusammenarbeit mit dem Eindringling wirbt, wird zum Ansehen des Eindringlings und verpflichtet ihn, dieses Ansehen des Häuptlings nicht leichtfertig zu untergraben und zu verspielen. Das Fest der Inauguration wird zum Fest und zur Schuld des Bezwingers. – Bezeichnenderweise sind es nicht die Eroberungs-, sondern die Ausrottungsfeldzüge und Glaubenskriege, in denen die Eroberer oder neuen Zentralherrn ohne Bedenken die Eliten der Besiegten hinschlachten. Dann regiert der Eroberer jedoch bald nur über die, die er aus seinem Land mitbringt oder die er nachholt, wie die typische Problemlage von Siedlungskolonien verdeutlicht. Gegenüber den Besiegten hofft der Eroberer auf das grausame Siechtum in den Menschenreservaten oder er errichtet eine Herrschaft, deren erbarmungslose ›Direktheit‹ die Welt der Besiegten zu einem Tollhaus des Todes macht.

Andererseits leihen sich die Häuptlinge die Macht des Eroberers für die Auseinandersetzungen mit ihren Konkurrenten, die sie um die Nachfolge für die Spitzenposition des Herrschaftsgefüges führen. Absichtsvoll wird der Eroberer von diesem Borgen der Macht vielerorts im Unklaren gelassen. Welche Lineage in Sansanné-Mango oder welches Häuptlingtum im Reich der Dagbamba das Anrecht auf die Position des Oberhäuptlings hatte, blieb den Deutschen ganz oder, wie im Falle von Sansanné-Mango bis zu den Nachforschungen des Stationsleiters Adolf Freiherr v. Seefried auf Buttenheim (1913), für viele Jahre verborgen – um bis heute für Unklarheiten und Auseinandersetzungen zu sorgen.

Die Instrumentalisierung der Häuptlinge im Einsetzungsvorgang und die Instrumentalisierung des Eroberers von seiten der Häuptlinge kann in ganz unterschiedlichen Mischungsverhältnissen auftreten. Sie sind Zeichen, wie die Gewichte der Ordnungsmächtigkeit zwischen der überkommenen Ordnung der Bezwungenen und der neuen Ordnung des Eroberers verteilt sind und die Zukunft für sich beanspruchen.

In den häuptlingslosen Gesellschaften liegen die Verhältnisse anders. Hier gibt es keine vergleichbare Position, auf die der Eroberer »zurückgreifen« kann. So greift sich der Eroberer zu Beginn den erstbesten. Das ist wörtlich zu verstehen, wie die Erinnerungen des alten Awi von Lama-Bou bezeugen (zit. n. R. Verdier, 1982: 136): »Am vierten Tag (der Kämpfe vom Januar 1898 – TT) verlangten die Deutschen, einen Vertreter der Bevölkerung zu treffen. Ein Mann von Bohu, Kanindje, bot sich an, die Deutschen setzten ihm eine Mütze auf und bestimmten ihn zum Häuptling. Am darauffolgenden Tag überquerten Nabédé Nyasimbè von Akodé, Kundjolu aus unserem Dorf und eine Frau namens Halukpayi von Wayindè den Fluß (Kara – TT); sie hatten ein weißes Huhn bei sich; sie traten vor die Deutschen hin ..., um Frieden zu erbitten. Kundjolu wurde zum Häuptling bestimmt; Nyasimbè lehnte zugunsten seines großen Bruders Toki ... ab.«

In der Ablehnung von Nyasimbè meldet sich die Ordnung der Welt der Besiegten zu Wort. Aber es ist mehr eine Verlegenheit. Was von dem neuen

Häuptling verlangt wird, ist für die Kabiyé und andere häuptlingslose Gesellschaften ohne Vorbild. Es widerspricht den Grundsätzen ihrer Ordnung. Es »kommt einer widerrechtlichen Anmaßung und einer individuellen Machtbereicherung gleich, die in schreiendem Gegensatz zu den Grundsätzen einer gleichgewichtigen und geteilten Macht stehen« (ebda, S. 143), nach denen die häuptlingslosen Gesellschaften geordnet sind.

Anders als in den Häuptling- und vorzugsweise Groß-Häuptlingtümern wird mit der Einsetzung von Häuptlingen in den häuptlingslosen Gesellschaften eine positionale Gegenstruktur eingerichtet. Der Devolutionsgrundsatz fällt mit dem Organisationsoktroi ineins. Die überkommenen Legitimitäten, die sich an die Positionen des Ältesten, Haushaltsvorstands oder Erdherren knüpfen, stehen in deutlichem Unterschied und Gegensatz zu den Aufgaben, die mit der neuen Häuptlingsposition verbunden sind. Ihr Legitimitätskern ist die überlegene Gewaltfähigkeit der fremden Macht. Ihre Inhalte heißen Steuern und Zwangsarbeit und manchmal, wie im Falle der Kabiyé, umfangreiche Umsiedlung. Ihr Vollzug ist gegründet auf Befehl und Gehorsam. Die positionale Gegenstruktur ist eine entgegengesetzte Kultur, ›Gegenkultur‹. Aus der geordneten Diskontinuität der Häuptling- und Groß-Häuptlingtümer wird so die radikale Diskontinuität der häuptlingslosen Gesellschaften.

Für den Eroberer macht sich diese Art der Diskontinuität in der Weise bemerkbar, daß er Rekrutierungs- und Kompetenzprobleme mit den sozusagen ›dienstverpflichteten Häuptlingen‹ hat. Noch 1911 hieß es in einem Bericht des Bezirksamtmanns Stockhausen, Stationsleiter des Bezirks Atakpamé [R 150 FA1/83 (4–5): 249]: »Bei den Akpossos fehlte jegliche eingeborene Autorität. Erst das Bezirksamt musste Häuptlinge einsetzen, denen aber noch vielfach die zu einem Häuptling notwendigen Eigenschaften abgehen.« Treffend und unverändert hieß es dazu bei den französischen Nachfolgern (zit. n. R. Verdier, 1982: 143): »Ein Mensch, der nicht zu gehorchen weiß, ist im allgemeinen auch unfähig zu befehlen und ihm selbst gegenüber Gehorsam herzustellen.«

Die Herrschaft des Eroberers selbst gewinnt ganz den Charakter der ›direkten Herrschaft‹. Von den Häuptling- zu den Groß-Häuptlingtümern nimmt die ›indirekte‹ Natur der Herrschaft der Zentralregierung zu. In den »Residenturen« von Kamerun, Südwest- und Ostafrika war die ›indirekte Herrschaft‹ ganz am britischen Vorbild ausgerichtet. Die Intermediarität wird auf diese Weise verstärkt eigenmächtig und konfliktfähig. Richard Thurnwald (1939: 275) machte daraus eine kühne Kolonialismusapologie und meinte, daß sich in Deutsch-Ostafrika »88 % der Eingeborenenbevölkerung zur deutschen Zeit der Selbstregierung (erfreuten – TT)«. Im Unterschied dazu ist die Intermediarität der häuptlingslosen Gesellschaften je nach der persönlichen Statur des eingesetzten Häuptlings mehr oder minder exekutiven Charakters. Von seiten der deutschen Eindringlinge wurde dieser Unterschied trotz britischem Vorbild nicht zugedeckt. 1910 schrieb Siegfried Passarge (1910: 112), der in dem zweibändigen Werk über »(d)as Deutsche Kolonialreich« die Kolonie Togo behandelte: »Wichtig ist auch die Stellung der deutschen Verwaltung zu den einheimischen Staatswesen. Größere blieben erhalten und regieren sich selbst, nur duldet man keine Fehden und überwacht die Gerichtsbarkeit. In den Gebieten mit kleinen Sippenorganisationen sucht man größere Verbände zu bilden und diese unter einen Häuptling zu stellen, dem man Macht verleiht. Er erhält die Befehle der Regierung, hat diese auszuführen und besonders beim Wegebau und der Besteuerung die Regierung nach jeder Richtung hin zu unterstützen.«

Der verantwortliche Häuptling ist in den häuptlingslosen Gesellschaften der Büttel der Stationsleitung. Ohne eigene Macht ist er ganz der Macht ausgeliefert und auf die Machtmittel angewiesen, über die der Stationsleiter gebietet und die er dem Häuptling zugesteht. Der Stationsleiter Gaston Thierry, der in Sansanné-Mango dem Oberhäuptling der Anufòm, dem Imam und den Häuptlingen der einzelnen Stadtbezirke die Gerichtsbarkeit weitgehend überließ (vgl. R. Asmis, 1912: 79) und gar nicht umhin kam, den »Großen« diese Zuständigkeiten zu überlassen, richtete in den Gebieten der Bekpokpam Häuptlingspositionen ein und besetzte sie mit Häuptlingen, »ohne ... (den Häuptlingen – TT) jedoch das Recht zu geben, Palaver zu schlichten« (ebda, S. 90). Es ist vor allem der Häuptling in den vormals häuptlingslosen Gesellschaften, der, wie es noch heute heißt (vgl. E. A. B. van Rouveroy van Nieuwaal, 1976: 66), ein »Kind der Regierung« ist. Umgekehrt wird in den Augen der Dorfbewohner der zum ›Häuptling‹, der eine Verwaltungsfunktion erfüllt. Rudolf Asmis (1912: 101) konnte zum Beispiel bei den Lamba[55] von Kandé und Umgebung bemerken, daß »vielfach diejenigen, die von den Leuten als Häuptlinge bezeichnet werden, nur von der Station eingesetzte sog. Eingeborenenpolizisten sind«.

Die Abhängigkeit des amtlichen Dorfhäuptlingtums der häuptlingslosen Gesellschaft darf indessen nicht mit dem Grad der administrativen Verfügungsmacht des Stationsleiters über die unterworfene Gesellschaft insgesamt ineins gesetzt werden. Die Abhängigkeit des Dorfhäuptlings kann Zeichen eines Verhältnisses zwischen der Zentralmacht und der unterworfenen Gesellschaft sein, in dem die Besiegten sich große Unabhängigkeit und im Vergleich mit starken Häuptlingtümern und Groß-Häuptlingtümern umfassendere »Selbstregierung« bewahren. Im Zusammenhang mit einer Anfrage des Internationalen Kolonialen Instituts in Brüssel zur vorkolonialen und kolonialen Lage der »politischen Organe der Eingeborenen« (ANT FA1/214: 2), antwortete das Gouvernement in Lomé auf die Fragen des Reichskolonialamts mit einer Beobachtung, die auch in anderen Kolonien und von anderen Kolonial-

---

[55] In Anlehnung an die Bezeichnung »Nambane« von seiten der Anufòm (vgl. J.-C. Froehlich, P. Alexandre, R. Cornevin, 1963: 63) nennt sie Rudolf Asmis (1912) »Namba«.

mächten gemacht wurde (vgl. C. Siegrist, 1978: 29). Der Bericht des Gouvernements aus dem Jahre 1900 vermerkte, daß die häuptlingslosen Gesellschaften sich »am schwersten zugänglich« zeigten (ANT FA1/214: 11). Die Abhängigkeit der neu geschaffenen Häuptlingsposition von der Station und ihren Beamten ist zweischneidig. Sie gewährleistet auf der einen Seite, daß der Häuptling sich den Anordnungen des Stationsleiters willfährig beugen muß. Auf der anderen Seite begrenzt sie den gouvernementalen Zugriff auf zweierlei Weise. Die Abhängigkeit des Häuptlings erfordert, daß die Drohungen der Zentralverwaltung hart und glaubwürdig sind. Das setzt ein hohes Maß an Gegenwärtigkeit der Zentralregierung voraus. Wo sie, wie in manchen Gegenden der Akposso zum Beispiel, fehlte, kam es dementsprechend zu einer politischen Lage, die die Tournee des Stationsleiters noch im Jahre 1910 zur »Expedition« werden ließ. Es kam zu »kritischen Situationen«. Das Volk, das der »Zucht entwöhnt« war, empfing die Schar mit Pfeilen, und der Stationsleiter Leutnant Stockhausen glaubte, sich zu einem »scharfe(n) Strafgericht« veranlaßt zu sehen. Die Abhängigkeit des Häuptlings von der Zentralverwaltung schlägt in mehr oder minder augenfällige Bedeutungslosigkeit um, wenn diese Gegenwärtigkeit nicht hergestellt werden kann. Dabei mag der Häuptling dankbar seiner Aufgaben entsagen, an der bitteren Last der Erfahrung tragen, für seine Anordnungen kein Gehör zu finden, oder vom Mißtrauen gepeinigt sein, das ihm feindselig entgegenschlägt. Immerhin mußte mancher Häuptling der Kabiyé am Ende der deutschen Herrschaft sich verstecken oder gar fliehen, weil er um sein Leben fürchtete (vgl. R. Verdier, 1982: 143).

Das beanspruchte Recht, Häuptlinge einzusetzen, geht mit dem komplementären Recht einher, Häuptlinge abzusetzen. Die deutschen Stationsleiter haben von dieser Möglichkeit reichlich Gebrauch gemacht.

Von dem langjährigen Bezirksamtmann Gruner von Misahöhe berichtet Peter Sebald (1988: 288), daß er im Laufe von fast zwanzig Jahren alle 544 Häuptlinge seines Bezirks ausgewechselt hat. In den Augen der deutschen Stationsleiter gab es der Anlässe genug. Der eine – wie z.B. der Oberhäuptling von Kpandu, Dagadu – galt zu Recht als probritisch (vgl. P. Sebald, 1988: 569, 625; H.W. Debrunner, 1966: 146; H. Klose, 1899: 213ff.), der andere wie der Tougban der Guin in Avévé als frankophil (vgl. A. Mignot, 1985: 204). Der dritte wurde »wegen ... Unbotmäßigkeit ... entfernt« bzw., weil er sich daran beteiligt hatte, dem islamischen Geistlichen seines Ortes zugunsten eines anderen das Leben schwer zu machen (ANT FA3/1216: 106). Der vierte vereinigte die Rollen des »Fetischpriesters« und Häuptlings und verstieß gegen das Verbot, Ordale abzuhalten (R. Büttner, 1911: 40). Der fünfte, Bodjona von Kidjang, den die Deutschen zum Häuptling gemacht hatten, vermochte nicht, sich gegen die Unruhe unter seinen Leuten durchzusetzen, oder wurde einfach das Opfer einer Intrige (D. H-K. Simtaro, 1982, Bd. 2: 817ff.).

Nicht anders als die oktroyierte Einsetzung trifft ebenfalls die Maßnahme, einen Häuptling abzusetzen, auf unterschiedliche politische Machtverhältnisse und Ordnungen, Regelungen und Traditionen der betroffenen Menschen. Ist die Absetzung eines Sultans oder »Großen« in einem islamisierten Groß-Häuptlingtum eine offene Herausforderung der Machtbeziehung und im Falle des Gelingens ein Beweis für die Stärke des Eroberers, geht der Austausch eines Dorfhäuptlings in einer einst häuptlingslosen Gesellschaft so verwaltungsmäßig vonstatten, wie die Dorfbewohner selbst den Häuptling als bloßes »Kind der Regierung« betrachten. In einem Groß-Häuptlingtum vermag die Absetzung das ganze Prinzip der ›indirekten Herrschaft‹ zu gefährden. Sie wird zu einem tiefen Einschnitt in das Gefüge der konkurrierenden Herrschaftsgruppen und -interessen und berührt die legitimatorischen Grundlagen des Groß-Häuptlingtums, um so mehr, je enger die Rollen von Herrscher und Priester in der Position des Groß-Häuptlings verbunden sind. Im amtlichen Dorfhäuptlingtum unterstreicht die Absetzung stattdessen nur, was sowieso für jedermann offensichtlich ist: die ›direkte Herrschaft‹. In vielen Häuptlingtümern, wie z. B. in denen der Ewé, gab es die Möglichkeit, den Häuptling abzusetzen, wenn er nicht mehr das Vertrauen der Menschen besaß und den Namen und das Ansehen des Stammes schädigte (vgl. J. Spieth, 1906: 103). Die zentralstaatliche Praxis war hier im Unterschied zu den häuptlingslosen Gesellschaften nicht vorbildlos.

Ebenso wie davon auszugehen ist, daß die Absetzung von Häuptlingen durch den Stationsleiter unterschiedliche Folgen hat, ebensowenig kann unterstellt werden, daß Ein- und Absetzung innerhalb bestimmter lokaler Verhältnisse in gleicher Weise wirken. Ein Häuptling, der innerhalb der überkommenen Ausscheidungskämpfe von der Verwaltung oktroyiert wird, mag noch ein Stück weit diese Parteinahme der Verwaltung auf sein Stärkekonto buchen können. War es dagegen üblich, daß der Häuptling bis zu seinem Tod Häuptling blieb, dann ist es weniger der Ein- als der Absetzungsoktroi, der den Bruch sichtbar macht, der mit der neuen Ordnung des Eroberers erfolgt. Lediglich in den häuptlingslosen Ordnungen fügen sich Absetzung und Einsetzung in den gleichen Oktroi von zentraler Herrschaft, der mit der Einrichtung der Häuptlingsposition einhergeht.

Die Hinweise in den Quellen sind allerdings spärlich. Das gilt wie üblich im besonderen für die unspektakulären Fälle. Die Fälle müssen erst einen gewissen unüblichen Grad erreichen, um festgehalten zu werden. Zum Beispiel der Fall aus dem Gebiet der yorubastämmigen Ana, der gar Eingang in den Jahresbericht 1911/12 für den Reichstag gefunden hat (AJb 1911/12, S. 86): »Im Sokodebezirk kam es zu einer Unbotmäßigkeit der Baguleute,[56] die aber auf die Örtlichkeit beschränkt blieb und von der Bezirksleitung bald

---

[56] Bagu (heute Bagou) liegt etwas mehr als 90 km westlich von Sotouboua und etwa 50 km westlich der Grenze Togos mit Bénin.

unterdrückt werden konnte. Die Veranlassung bildete die Verhaftung eines seit Jahren abgesetzten und flüchtigen Häuptlings der Baguleute, der, in seine Heimat zurückgekehrt, dem von der Bezirksleitung neu eingesetzten Häuptling Schwierigkeiten bereitete. Der mit der Verhaftung betraute Beamte wurde, als er den Häuptling zur Station bringen wollte, von Baguleuten überfallen und durch einen Streifschuß an der Ferse leicht verletzt.«

In der Absetzungspolitik, die scheinbar zur bloßen Verwaltungsmaßnahme geworden war, wie die zahlenmäßigen Angaben zum Bezirk Misahöhe nahezulegen scheinen, verbirgt sich eine vielgestaltige Wirklichkeit. Sie besteht aus einem Spektrum von Handlungsmustern, mit denen die betroffenen Menschen im ›Busch‹, in den Dörfern und städtischen Ansiedlungen auf die Absetzung eines Häuptlings antworteten, der selbst wiederum in ganz unterschiedlichem Grade der ›ihre‹ ist. Das Antwortspektrum enthält die stille Erleichterung, wenn der eigensüchtigen Willkür eines amtlichen Dorfhäuptlings ein Ende bereitet wird, und reicht bis zu gewalttätigen lokalen Widerstandshandlungen und Anklagen im Rahmen einer politischen Oppositionsbewegung. Letztere suchte zum Beispiel das Gehör der Öffentlichkeit, als der Oberhäuptling von Kpandu, Dagadu, wegen einer mutmaßlichen Beteiligung an einer antideutschen Presseveröffentlichung des »Gold Coast Leader« verhaftet und nach Kamerun verbannt wurde. Die Oppositionsbewegung in und außerhalb der Kolonie nahm diesen Fall auf und suchte, ihn im Rahmen einer Petition an den Reichstag vom Mai 1914 zu einem kolonialpolitischen Streitgegenstand zu machen (vgl. P. Sebald, 1988: 659f., 671ff.).

So wenig es eine einheitliche Wirklichkeit der Antworten auf die Absetzungen von Häuptlingen von seiten der betroffenen Menschen gibt, so augenfällig bringt die umfängliche Praxis, Häuptlinge auszuwechseln, den Veralltäglichungsvorgang von Herrschaft zutage. Die Absetzung von Häuptlingen wird Institution. Ihr Umfang ist ein Maß dafür, wie die politisch-militärische Kontrolle in Verwaltung überführt wird. Hauptsächlich sind davon die kleinen Häuptlingtümer und häuptlingslosen Gesellschaften betroffen. Ein Bezirk von der Größe Misahöhes hatte zum Beispiel 106 Oberhäuptlinge und 438 Häuptlinge. Legen wir die Bevölkerungsschätzung der Verwaltung für das Jahr 1910/11 zugrundelegen, dann kamen auf einen Oberhäuptling etwa 1300 Personen, auf einen Häuptling rund 320 Menschen. Die Auswechslung dieser Häuptlinge traf also in erster Linie nicht die ansehnlichen Häuptling- und mächtigen Groß-Häuptlingtümer, sondern die Dörfer und kleinen Ansiedlungen.

Die Errichtung von Herrschaft und zentraler Herrschaft im besonderen sucht hin und wieder die aufsehenerregende Tat. Dann stirbt einer der »Großen« oder wird mit anderen harten Schlägen wie der Verbannung aus der Position eines Häuptlings verjagt. Die Macht zeigt, zu was sie fähig ist. Die Veralltäglichung der Herrschaft geht stattdessen den Weg des geringsten Widerstands. Sie schont ihre Quellen der Macht. Sie ist ökonomisch. Sie trifft die, die ihr nichts entgegenzusetzen haben. Das sind die kleinen Häuptlingtümer und, mit Einschränkung, die häuptlingslosen Gesellschaften. Die Ein- und Absetzungen von Häuptlingen kehren den Vorgang der Stationserrichtung und vergleichbarer Geschehnisse um und ergänzen sie auf diesem Wege. Macht die Station aus zentraler Macht lokale Herrschaft, machen Ein- und Absetzung von Häuptlingen aus lokaler Herrschaft zentrale Regierung. Der Kern des Vorgangs liegt in der Ablösung der lokalen Grundlagen der Herrschaft. Der Fremde tritt dazwischen. Er hat keine ortsbestimmten Bindungen. Im besonderen hat er keine lokalen Verwandtschaftsbezüge. In einer Ordnung, in der Verwandtschaftsbeziehungen in der Form von Lineage- und Klanorganisation bestimmend sind, geht die Loslösung vom Verwandtschaftsprinzip tief. Sie läßt nichts unberührt.

Im Rahmen der geordneten Diskontinuität der Häuptlingsgesellschaften ist aber selbst noch die Loslösung vom Verwandtschaftsgrundsatz begrenzt. Die Loslösung kommt in der Form eines Vorbehalts. Der Stationsleiter bestimmt, welche der Lineages das Rennen macht. Auf diese Weise bleibt das Verwandtschaftsprinzip wirksam. Es wird konditional. Das schleift einen wichtigen Schutzwall. Er besteht in der fraglosen Voraussetzung, daß das soziale Ordnungsprinzip vor- bzw. außersozialen Charakter hat und deshalb unabänderlich ist.

Der Devolutionsgrundsatz greift ein zweites ›partikularistisches‹ Ordnungsprinzip an, das die lokale Welt der Beherrschten gewährleistet: das Alter. Vor allen anderen sind es die Alten und Älteren, die als ›Älteste‹ gewichtigen Anteil bei der Lenkung der Geschicke haben. Oftmals liegt die Auswahl des Häuptlings in ihren Händen. Fast immer stehen sie im Mittelpunkt, wenn es gilt, einen Häuptling aus seinem Amt zu entfernen. Das Devolutionsprinzip setzt sich über sie hinweg. Es institutionalisiert und formalisiert die Zweitrangigkeit der Ältesten. Das ist nicht weniger einschneidend als die Ersetzung oder Vorbehaltlichkeit des Verwandtschaftsgrundsatzes. Zu vielfältig sind die Zusammenhänge, die davon berührt werden.

Zu ihnen gehören die religiösen Grundlagen des Lebens. In vielen häuptlingslosen, Protohäuptlings- und Häuptlingsgesellschaften sind die Ältesten die Garanten einer gerechten Ordnung. Das beruht nicht zum wenigsten auf der engen Verbindung zwischen der Autorität der Ältesten und den Ahnen, die bei vielen afrikanischen Völkern die letzte Gewalt besitzen, die Handlungen der Abkömmlinge gutzuheißen oder zu verurteilen (vgl. dazu und zum folgenden R. Schott, 1980, 1978). Die Ältesten sind den Ahnen nach Alter und Status am nächsten. Hin und wieder scheint selbst die Unterscheidung zwischen den lebenden Ältesten und den toten Ahnen an Bedeutung zu verlieren, insofern »die lebenden Ältesten und die toten Ahnen in Afrika einander ähnlicher sind, als es die Lebenden und die Toten im Westen sein können«, und weil »die soziale Rolle eines Ältesten sich nicht radikal ändert, wenn er die Linie, die die Lebenden von den Toten scheidet, überschreitet«

(I. Kopytoff, zit. n. R. Schott, 1980: 273). Dementsprechend geht vielfach von den Ältesten die gleiche Furcht aus, und wird dieselbe Achtung gegenüber ihnen eingefordert, die man den Ahnen entgegenbringt.

Der Devolutionsgrundsatz verweist mit den Ältesten auch die Ahnen auf einen Platz, der dem Ratschluß des Stationsleiters nachgeordnet ist. Er untergräbt die Autorität der Ältesten und mit ihnen eine Ordnung, die auf der Furcht und Ehrfurcht vor den Ahnen beruht. Der Devolutionsgrundsatz bereitet vor, was in der Gegenwart von den Ältesten eines Dorfes der Bulsa in Nord-Ghana stellvertretend für die Lage aller Ältesten am Gehöftherrn[17] beobachtet wird (zit. n. R. Schott, ebda, S. 281f.; Herv. i. Orig.): »Der weiße Mann brachte Frieden und die Menschen fürchten sich nicht mehr voreinander und das gegenseitige Töten wurde unterbunden. [Aber:] heute respektieren die schlechten Menschen nicht mehr die Gehöftherren, weil der weiße Mann gekommen ist. Weil die Gehöftherren nicht mehr respektiert werden, sitzen sie (die Bewohner eines Gehöftes) nicht mehr zusammen. In früheren Zeiten pflegten sie zusammenzusitzen und teng (dem ›Land‹ oder der ›Erde‹) Opfer darzubringen. Heute kommen auch die Gehöftherren (oder Ältesten) nicht mehr zusammen, um ›teng zu trinken‹ ... .« Wo die Beratschlagung der Ältesten an Gewicht verloren hat, der Entscheid des Vertreter der Zentralgewalt hingegen alles ist, ist es nicht mehr sinnvoll, zusammenzukommen und über die Geschicke der Gemeinschaft zu beratschlagen und zu befinden.

Was die Ältesten trifft, trifft die kulturelle Ordnung. Die Ältesten sind eine Ordnungsform der Dauer. Das knüpft an der Lebenszeit der Ältesten an. Es meint den sozialen und kulturellen Reichtum, der in dieser Lebenszeit eingeschlossen ist. Die Ältesten sind das Gedächnis der schriftlosen Kultur. Sie sind die Vermittler der Vergangenheit. Sie sind die gegenwärtige Vergangenheit. Die Ältesten haben Nachkommen. Sie sind die Mittler zur Zukunft. Es ist eine Zukunft, die wegen der bestimmenden Stellung der Ältesten die Gemeinsamkeiten mit Gegenwart und Vergangenheit betont. Die Zukunft der Ältesten ist nicht eine Zukunft, in der alles ganz anders sein wird. Sie ist eine Zukunft der Kontinuität. Die Kontinuität ist um so deutlicher, je mehr die Ältesten den Ahnen nähergerückt sind, und in der Gegenwart der Ahnen die Scheidelinien zwischen Vergangenheit, Gegenwart und Zukunft an Deutlichkeit einbüßen. Die Ältesten sind eine Einrichtung der gewachsenen und konservativen Zeit.

Der Devolutionsgrundsatz ist eine Ordnungsform der Diskontinuität. Er setzt auf den Bruch mit der Vergangenheit. Für ihn zählen Gegenwart und Zukunft. Vor allem das Jetzt, denn morgen ist die Entscheidung, die heute

---

[17] Der Gehöftherr (yeri-nyono) ist der rangälteste Mann eines Gehöfts. Er vollzieht die Opfer für die Ahnen und besitzt deshalb auch bestimmte Rechte. Zum Beispiel hat er ein übergeordnetes Recht über alles Vieh in dem Gehöft, dessen Führer er ist (vgl. R. Schott, 1980: 275f.).

gefällt wurde, wieder zu ändern. Die Vergangenheit hat in ihm keinen Anspruch – nur soweit der Grundsatz sie in das Gewand der Tradition kleidet. Die Vergangenheit ist nicht mehr als eine Übung. Sie ist ein Steinbruch, der nach den Anforderungen der Gegenwart abgebaut wird. Rudolf Asmis (1911b: 53) beobachtete z.B. in einigen Dörfern, die an den Gebirgsabhängen zum Volta im Westen des Bezirks Misahöhe gelegen waren, daß es »noch heute in Uebung« ist, die Häuptlingswürde zwischen zwei Lineages abwechselnd zu vergeben. Aber »(d)er Grundsatz, daß immer der Älteste der betreffenden Familie Häuptling werde, wird in letzter Zeit nicht mehr innegehalten.« Denn, wie ihm auf Befragen mitgeteilt wurde: »Die jetzigen Zeiten erforderten, daß immer nur der Klügste und Gewandteste Häuptling sein könne.« Der Devolutionsgrundsatz benötigt nicht erfahrungsgesättigte Lebenszeit. Ihm genügt Ausbildungszeit. Der Devolutionsgrundsatz setzt nicht auf das Gedächtnis, sondern auf Intelligenz, die den Anforderungen des Jetzt gewachsen ist. Er steht am Beginn sich wandelnder Zeiten. Er ist eine Einrichtung der neuen Zeit.

Die Ältesten sind eine Ordnungsform der gelebten Erfahrung. Ihre Erfahrung ist Erfahrungsschatz (vgl. T.v. Trotha, 1986: 44f.). Sein Grundsatz ist die persönliche Vertrautheit mit dem, über das zu sprechen und zu beratschlagen ist. Diese Vertrautheit ist eine Welt der unbefangenen Vereinfachung wie der Einzelheiten und Einzelfälle. Die Einzelheiten drücken ein sinnhaftes Ganzes aus. Die Einzelfälle sind beispielhaft. In Beratschlagungen ist es die Anschaulichkeit, aus der Überzeugungskraft geboren wird. Lebendige Erfahrung ist konkret. Sie lebt von den Spuren der Zeit und wird erinnert in der Form der lebendigen Erzählung. Ihre Bedeutsamkeit für Gegenwart und Zukunft ergibt sich nicht durch Schlußfolgerungen. Der Erfahrungsschatz wird in Lebensregeln und Sprichwörtern weitergegeben. Sie sollen nicht von bloßem Erfahrungsreichtum zeugen. Sie lassen Lebensklugheit erkennen und preisen die Weisheit.

In den Anfängen der Staatsentstehung und der kolonialen Situation im besonderen ist der Devolutionsgrundsatz eine Ordnungsform, in der sich die Gegensätze von Willkür und mittelbarer Erfahrung treffen. Willkürlich ist der Devolutionsgrundsatz im bloßen Hin und Her der Ein- und Absetzung. Als Willkür schert er sich nicht um Erfahrungsreichtum. Er hält sich nicht damit auf, was war. Er kümmert sich nicht darum, was übermorgen sein wird. Wie die Willkür ist er situational und entscheidungsfreudig. Wie die Willkür ist sein zeitlicher Horizont das Jetzt. Er lebt ganz in der Gegenwart. Jetzt gilt es zu bestehen. Wer im Wege steht, muß gehen. Vielleicht kann der Verjagte morgen wieder Gnade finden, nur um übermorgen wieder verjagt zu werden und sich in einer Strafsiedlung oder in der Verbannung wiederzufinden.

Gleichzeitig ist die Devolutionsregel eine Ordnungsform der aktenmäßigen Erfahrung. Die Personalakte ist ganz im Geist des Devolutionsgrundsatzes, selbst wenn sie die Gestalt des Zuträgers oder Spions hat. Dem Devolutionsgrundsatz entspricht der Erhebungsbogen mit allen wichtigen Angaben zu jedem Dorf, den der Stationsleiter sorgfältig führt. Der Devolutionsgrundsatz mündet in die »kartei«, »in der neben kurzen Angaben über den jeweiligen Stamm alles Wissenswerte über die verschiedenen Häuptlinge eingetragen war, z. B. außer dem Namen und der Familie die Bewährung des Häuptlings bei der Steuererhebung, der Unterhaltung der Wege, der Trägergestellung, der Durchführung angeordneter hygienischer Maßnahmen und dergl. mehr« (R. Asmis, 1942: 65). Der Devolutionsgrundsatz zielt auf ein Wissen, in dem die Einzelheiten und Einzelfälle wenig gelten, aber die Summe der Einzelheiten und Einzelfälle alles ist. Der Devolutionsgrundsatz ist buchhalterisch. Ihn kümmert nicht der Erfahrungsreichtum der Amtsinhaber, auch wenn solcher Reichtum von Nutzen sein kann. Entscheidend ist die »Bewährung«. Der Erfahrung von Gehorsam gilt das ganze Augenmerk. Es zählen die Erfahrungen, die der Stationsleiter mit dem Amtsinhaber während der Amtszeit macht. Dem Devolutionsgrundsatz stehen Lebensregeln, Sprichwörter und Lebensweisheiten nicht entgegen. Eher sind sie ihm gleichgültig. Mittelbar, wie die meisten Erfahrungen sind, nach denen die Entscheidungen über Ein- und Absetzung von Amtsinhabern erfolgen müssen, setzt er auf überprüfbare Erfahrungen. So braucht der Devolutionsgrundsatz den Bericht, Ergebnisse und die personalpolitische Schlußfolgerung.

Der Devolutionsgrundsatz begründet eine neue Rechenschaftspflicht. Ihr Zentrum ist der Stationsleiter. Der Stationsleiter befindet, ob der bisherige Häuptling sich ›bewährt‹ hat. Er ist zufriedenzustellen. Sein Ärger und sein Unmut ziehen die Absetzung nach sich. Seine Fragen sind vorrangig, und seine unmißverständlichen Befehle dürfen nicht unbeantwortet bleiben. Die neue Rechenschaftspflicht gegenüber dem Stationsleiter tritt in Konkurrenz mit bestehenden Rechenschaftspflichten. Die Stimme der Ältesten wird schwächer, weil die Fragen der Ältesten an den Häuptling und die Unterstützung, die sie ihm geben, an Gewicht einbüßen, wenn sich der Häuptling der Unterstützung des Stationsleiters sicher weiß. Der Häuptling muß die Ältesten nur so weit berücksichtigen, soweit sie für die Erfüllung der Erwartungen des Stationsleiter Unterstützung und Hilfe geben oder Schwierigkeiten bereiten können. Der Bedarf an Unterstützung nimmt ab, je neuartiger die Aufgaben sind, die der Stationsleiter dem Häuptling zuweist. Dem Häuptling Schwierigkeiten zu bereiten sind Grenzen gezogen. Der Häuptling vermag z.B., die Ältesten beim Stationsleiter zu denunzieren, was ihm um so leichter fällt, je ausschließlicher der Stationsleiter mit dem Häuptling die Angelegenheiten des Dorfes regelt und bespricht. Eine Obstruktion des Häuptlings von seiten der Ältesten wird gefahrvoll, wenn aus diesem Grund der Häuptling in den Augen des Stationsleiters versagt und das ganze Dorf den Zorn des Stationsleiters zu spüren bekommt.

Die Rechenschaftspflicht, die der Devolutionsgrundsatz begründet, hat einen neuen Charakter. In den einstmals häuptlingslosen Gesellschaften ist sie so neu wie die neugeschaffene Häuptlingsposition selbst. In den Häuptlingtümern und vorrangig den kleinen Hauptlingtümern tritt an die Stelle einer lokalen Rechenschaftspflicht innerhalb von sozialen Beziehungen, die auf Interaktionen von Angesicht zu Angesicht beruhen, eine überlokale Rechenschaftspflicht. Sie ist innerhalb einer formellen und hierarchischen Beziehung angesiedelt, die von Anweisungen und Befehlen und ihrer Ausführung bestimmt ist. Wo vorher die Nebenbemerkung eines Ältesten im Verlauf einer alltäglichen Unterhaltung den Häuptling mahnt, erreicht den Häuptling jetzt die Anweisung eines Stationsleiter von einer fernen Station, die durch den bewaffneten Polizeisoldaten überbracht wird. Die Erfüllung dieser Anweisung braucht deutliche Zeichen: die geforderten Meter bebauter Straße, soundsoviele Steuerarbeiter, die der Station überstellt werden, soundsoviele gepflanzte Bäume. Die Rechenschaftspflicht des Devolutionsgrundsatzes ist auf Quantifizierung angelegt. Durch sie kann die ferne Zentralgewalt und der Stationsleiter auf der Station am besten erkennen, ob die »Bewährung« erfolgt ist, und der Häuptling in seinem Amt belassen werden kann. Da es außer Menschen meist nicht viel vorzuzeigen gibt, gewinnt die demonstrative Tat um so mehr an Gewicht. Der ›Versuchsgarten‹, das ›Lehrbeispiel‹ oder, wie wir heute sagen, das ›Modellprojekt‹ werden zu den Meßlatten der überlokalen Rechenschaftspflicht.

Neben der Ein- und Absetzung von Häuptlingen nach dem oktroyierten Devolutionsrecht der Zentralregierung und ihres lokalen Statthalters gibt es eine dritte Praxis: die Bestätigung. Hier billigt der Vertreter der Zentralgewalt die Entscheidungen über Ein- und Absetzung von Häuptlingen, die ganz ohne sein Zutun zustandegekommen sind oder bei denen er auf die Rolle des Zuschauers und Ehrengastes, wenngleich mächtigen, beschränkt ist. Die Bestätigung bestimmt den Alltag des Devolutionsgrundsatzes.

Im Falle der mehr oder minder kleinen administrativen Häuptlingtümer und amtlichen Dorfhäuptlingtümer spielte sich die Einsetzung eines Häuptlings auf der Ebene der Station und des Bezirksamts zum Beispiel in folgender Weise ab (vgl. ANT FA3/1108: 26ff.): Die Nachricht vom Tode eines Häuptlings erreichte das Bezirksamt. Das Dorf, für das der Häuptling verantwortlich gewesen war, lag eine Tagesreise vom Bezirksamt entfernt. Die Nachricht wurde in einer Aktennotiz schriftlich festgehalten, der am nächsten Tag eine weitere Notiz hinzugefügt wurde. Sie bestimmte, daß nach einem Monat »bei Eintreffen des neuen Häuptlings« die Ernennung auszusprechen war. Nach einem Monat war der neue Häuptling noch nicht eingetroffen. Auch nach einem weiteren Monat hatte er sich auf dem Bezirksamt noch nicht vorgestellt. Schließlich schickte man einen Soldaten. Tags darauf meldete sich der Sprecher des Häuptlings, dem man mitteilte, sich binnen einer Woche zusammen mit dem Häuptling »zur Bestätigung durch den Bez. Amtmann« wieder auf der Station einzufinden. Schon am nächsten Tag wurde indes der Vorgang der ›Ernennung‹ des Häuptlings mit der lapidaren Aktennotiz abgeschlossen: »Der neue Häuptling ... hat sich gemeldet und ist bestätigt worden.«

In einem anderen Fall wurden die ›amtlichen‹ Wege noch kürzer gehalten. Die Ernennung zum Häuptling eines Dorfes und die Beförderung zum »Landschaftshäuptling« wurden von den Betroffenen in einem Zug erledigt. In einer Notiz vom September 1912 hielt das Bezirksamt Atakpamé die Meldung der Häuptlinge der Landschaft Lobo fest, in der mitgeteilt wurde, daß der Polizist eines Dorfes zu dessen Häuptling »und gleichzeitig zum Landschaftshäuptling gewählt worden ist«. Der unmittelbar darauffolgende Schlußsatz der bezirksamtlichen Notiz heißt kurz und bündig: »Er (der Häuptling – TT) ist von mir (dem Assessor Körmigk – TT) bestätigt worden.«

Im Lichte dieser Vorgänge blieb von der interventionistischen Seite des bezirksamtlichen Devolutionsrechts lediglich ein »Vorbehalt«. Rudolf Asmis (1911a: 73) hat es am Beispiel der Häuptlingswahl bei den Akposso richtig beobachtet, zu der er schrieb: »Die Wahl und der Thronbesteigungsakt vollzieht sich unter folgenden Formalitäten: Alsbald nach dem Tode des früheren Häuptlings kommen die Aeltesten auf dem Versammlungsplatze zur Häuptlingswahl zusammen. Der in Aussicht genommene Nachfolger, über dessen Person man sich schon vorher geeinigt hat, sitzt mit den übrigen auf der bloßen Erde. Dann fragt der älteste der Anwesenden ihn: ›Dein Vater ist uns ein guter Häuptling gewesen, willst du, wenn du Häuptling würdest, uns auch ein guter Häuptling sein?‹ Und wenn er dies bejaht hat, weiter: ›Willst du Häuptling werden?‹. Und auch dies bejaht der Nachfolger und richtet nunmehr an die versammelten Aeltesten und das ganze umstehende Volk die Frage: ›Wollt ihr, wenn ich Häuptling bin, mir gehorsam sein?‹ Ein lautes vielstimmiges ›Njo‹ bekundet die Zustimmung. Die Ältesten ergreifen nun den Gewählten, setzen ihn auf den Häuptlingsstuhl, geben ihm den Stab in die Hand und legen ihm den Pferdeschwanz über die Schultern. Damit ist er – vorbehaltlich der Bestätigung durch das Bezirksamt – rechtmäßiger Häuptling geworden und bleibt es bei guter Geschäftsführung bis zu seinem Tode.«

Wenn es um die Ernennung eines »Großen« ging, war der Stationsleiter zur Stelle. Seine Rolle war indessen nicht weniger zurückhaltend. Er sah und hörte zu und am Ende bestätigte er »im Namen des Kaiserlichen Gouverneurs« die Wahlentscheidung der Versammlungen, in denen »(e)inige Hundert Dorfhäuptlinge und Grosse« und »viel Volks« zugegen waren und »in denen die Prätendenten vor dem Bezirkschef und allem Volk ihre Anrechte, Absichten und Eigenschaften darlegten, und ihre Ansprüche begründeten« (AbT 2, 1907: 255). So berichtete es uns der einstige Bezirksamtmann von Sokodé, Dr. Hermann Kersting, über die Wahl des Groß-Häuptlings der Temba (= Kotokoli; singular: Têm), die schon die dritte Wahl während der Amtszeit des Bezirksamtmannes war.

War die Bestätigung das Verfahren, das die Wahrnehmung des Devolutionsrechts des Stationsleiters beherrschte, war sie auch der Weg, auf dem die überkommene Ordnung der Unterworfenen sich am ausdrücklichsten und gebieterisch zu Wort meldete. Zusammenfassend hieß es dementsprechend in der »Dienstanweisung für den Stationsassistenten in Ho« vom September 1910, die der Bezirksamtmann Gruner von Misahöhe nach mehrmaliger Umarbeitung erlassen hatte [R 150 ANT FA1/128 (3–3): 142]: »Der Tod eines Häuptlings ist sofort der Station zu melden, die die Wahl eines neuen Häuptlings ... und die Bestätigung, sowie Einweisung des Neugewählten vornimmt. Die Freiheit der Wahl ist den Eingeborenen in keiner Weise zu beschränken. ... Sehr wichtig ist, dass jeder neue Häuptling ... mit einer gewissen Feierlichkeit (Handschlag und Aufsetzen der Mütze) von dem weissen Beamten eingesetzt wird. Vorher ist zu prüfen, ob auch der Vorschrift gemäß alle wahlberechtigten Aeltesten bzw. ihre Vertreter erschienen sind.« Selbst die Absetzung eines Häuptlings konnte fast zu einem bloßen Vollzug von Entscheidungen werden, die die Beherrschten gefällt hatten, wie die folgende Bemerkung von Rudolf Asmis (1911a: 74) über das Akposso-Gebiet deutlich macht: »Erwirbt er (der Häuptling – TT) sich aber nicht die Zufriedenheit seines Dorfes – es macht sich dies zuerst darin bemerkbar, daß seine Leute wiederholt seinen Befehlen nicht nachkommen – so treten die Aeltesten wieder zusammen und setzen ihn durch gemeinsamen Beschluß ab.« Der Alltag ist die Domäne des Überkommenen und der Traditionalisierung des Neuen.

2.2. Hierarchie: »Oberhäuptlinge«, »Landschaftshäuptlinge« und »Unterhauptlinge«

Das formale Prinzip ist rücksichtslos einfach und klar. Es baut auf Effizienz. Ganz im Geiste dieses Prinzips hieß es in einer Antwort auf eine Frage des Reichskolonialamts aus dem Jahre 1909 nach den »(gegenwärtigen) politische(n) Organen der Eingeborenen« (ANT FA1/214: 2, 10): Es gibt »(g)eschlossene Dörfer als ständige Niederlassungen, an deren Spitze ein Häuptling steht und zu denen ein bestimmter Landbezirk gehört. ... Mehrere Dörfer bilden eine Landschaft unter einem Oberhäuptling ...«. Manches Mal wurden die Oberhäuptlinge auch »Landschaftshäuptlinge«, die Dorfhäuptlinge »Unterhäuptlinge« genannt (vgl. A. Schlettwein, 1930: 13, 16). Dorfhäuptling, Dorf und Landbezirk und Oberhäuptling, Dörfer und Landschaft bildeten die beiden Verwaltungseinheiten unterhalb der Ebene von Bezirksleiter, Bezirksamt und Bezirk. Den beiden Herschafts- und Verwaltungsebenen der Eroberer, Gouvernement und Bezirksamt (Station), entsprachen zwei Ebenen des intermediären Häuptlingswesens.[58]

---

[58] Zusätzlich waren verschiedene Landschaften zu »Kreisen« zusammengefaßt. Den »Kreisen« entsprachen indessen keine Verwaltungseinheiten auf der Ebene des Häupt-

Aber der rigide Geist des formalen Prinzips war mehr der Vorgriff auf eine ferne Zukunft. Nicht weniger als in vielen anderen Bezügen im Verhältnis zwischen dem kolonialen Eroberer und den Unterworfenen steht das Häuptlingswesen am Schnittpunkt von Binnen- und ›Außenintermediarität‹ und der vielfältigen Konflikte, die die Herrschenden und Beherrschten über die Regelungen der neuen, oktroyierten Ordnung haben.

Unter dem Gesichtspunkt der Binnenintermediarität der Verwaltung ist das Häuptlingswesen das Ergebnis der unabhängigen Gestaltungsmacht des Stationsleiters. Wie der Stationsleiter allgemein von dem Vewaltungsbezirk spricht, für den er verantwortlich ist, so redet er in gleicher Weise vom Häuptlingswesen. Das Häuptlingswesen ist ›sein‹ Häuptlingswesen, die Häuptlinge sind ›seine‹ Häuptlinge. Diese Art von Aneignung beinhaltet nicht, daß der Stationsleiter die freie Verfügungsmacht über ›seine‹ Häuptlinge hat. Es ist die Perspektive der Binnenintermediarität, die aus der verbalen Besitzergreifung spricht und die eigenverantwortliche Verfügungsmacht des Stationsleiters über ›seine‹ Häuptlinge in Anspruch nimmt.

Aus der Sicht der ›Außenintermediarität‹, die die Häuptlinge als Mitglieder der Ordnung der ›Mittler‹ in den Blick rückt, ist stattdessen die Verfügungsmacht des Stationsleiters begrenzt. Das Maß der Einschränkung ist sehr unterschiedlich. Die Unterschiede hängen von der Persönlichkeit des Stationsleiters ab. Sie wurzeln in den Gegebenheiten der vorkolonialen Ordnungen. Sie folgen den Konflikten, die zwischen der Station und der Bevölkerung bestehen und zwischen den Häuptlingen untereinander ausgetragen werden.

Entgegen dem Anschein des formalen Prinzips ist deshalb die hierarchische Ordnung des kolonialen Häuptlingswesens vielgestaltig, voller Eigenwilligkeiten und Unstimmigkeiten, mit wenigen Ansätzen zu einer bezirksübergreifenden Einheit und voller Regelwidrigkeiten innerhalb ein und desselben Verwaltungsbezirks. Vereinheitlichung und Verschiedenheit prägen das Ge-

---

lingswesens oder anderer Institutionen, die von Afrikanern besetzt waren. »Kreise« waren ausschließlich Verwaltungseinheiten der Eroberer. »Kreise« waren aber nur dann mehr als bloß zusammenfassende Bezeichnungen mehrerer, geographisch bestimmter Landschaften, wenn ihnen eine sogenannte »Nebenstation« eines Bezirksamts oder eine vergleichbare Einrichtung zugeordnet war. Zum Beispiel war der Bezirk Atakpamé in drei geographische »Kreise« (»Nord«-, »Mittel«- und »Südkreis«) aufgeteilt, wobei jedoch nur der »Südkreis« verwaltungsmäßig eine wenngleich sehr begrenzte Bedeutung hatte, weil er in den Verantwortungsbereich der Nebenstation Nuatjä (= Notsé) fiel, die mit einem Stationsassistenten besetzt war. Im Bezirk Misahöhe gab es vier Kreise, von denen zwei, Palime (= Kpalimé) und Boem, vom Bezirksleiter in Misahöhe selbst verwaltet wurden. In den beiden anderen Kreisen gab es jeweils eine Nebenstation in Kpandu und Ho, die mit Stationsassistenten besetzt waren, die für die Kreise gleichen Namens zuständig waren (vgl. R. Asmis, 1908: 31, 129ff.).

sicht des Vorgangs, in dem das Häuptlingswesen zur Verwaltungsorganisation umgestaltet wird. Augenfällig werden sie in den organisatorischen Unterschieden von Verwaltungsbezirk zu Verwaltungsbezirk und in den Rechten und Pflichten der Häuptlinge.

Beispielhaft waren die Bezirke Misahöhe und Sansanné-Mango. Der Grad, in dem die beiden Bezirke verwaltungsmäßig aufgeteilt und nach dem Grundsatz der zwei Verwaltungsebenen des Häuptlingswesens geordnet waren, unterschied sich deutlich. Misahöhe war in vier »Kreise« aufgeteilt, denen tatsächliche Zuständigkeiten von Bezirksamt und Nebenstationen entsprachen und die insgesamt 81 »Landschaften« umfaßten. Ganz im Einklang mit dem Hierarchisierungsgrundsatz des Häuptlingswesens stand »(a)n der Spitze jeder selbständigen Landschaft ... ein Oberhäuptling«, dem »die Häuptlinge der verschiedenen Landschaftsdörfer, die Unterhäuptlinge« unterstanden (R. Asmis, 1908: 131). Die »Landschaftsgrenzen« folgten nicht rein abstrakten Verwaltungsgrundsätzen. Sie knüpften an den politischen Grenzen städtischer Siedlungen und sprachlich-ethnischer Zugehörigkeiten und den Grenzen an, innerhalb derer nach dem Wissen und der Meinung des Stationsleiters und der anderen Angehörigen der staatlichen Verwaltung die Mitglieder einer Lineage oder eines Klans Land bebauten und beanspruchten. Landschaftsgrenzen zog die Verwaltung dort, »wo die Grenzen von Familienland zweier aus verschiedenen ... (G)eschlechtern entstandenen Familien aneinander stießen« oder »wo das Familienland noch an Neuland grenzte« (R. Asmis, 1910: 166). Auf diese Weise blieb im Oktroi des admininistrativen Häuptlingswesens und selbst des amtlichen Dorfhäuptlingtums die vorkoloniale Ordnung von Zugehörigkeiten gegenwärtig.

Im Bezirk Sansanné-Mango hören wir nichts von »Kreisen« und nur sehr unbestimmt von »Landschaften«, die der einstige Stationsleiter Gaston Thierry mit dem Namen »serrota«[59] belegt hat. Dagegen heißt es in dem unveröffentlichten amtlichen und dem veröffentlichten Forschungsbericht von Rudolf Asmis (1908: 87; 1912: 73): »Der Bezirk zerfällt somit stammesrechtlich in 5 Teile, bzw. 6.« Zu diesen »Teilen« gehörten die Groß-Häuptlingtümer der Dagbamba und Anufòm, die sich »große Teile« der »weiterstreuten Dorfgemeinschaften ... botmäßig und tributpflichtig« gemacht hatten und »teilweise ihre Autorität den Unterworfenen so einzuprägen verstanden, daß [in einer ganzen Reihe von Fällen][60] die Verwaltung dies Abhängigkeitsverhältnis in gewissem Umfang anzuerkennen und beizubehal-

---

[59] Vermutlich handelt es sich hier ursprünglich um das Hausa-Wort »saraute«, das »Adel« oder »Amtsinhaber« heißt.
[60] Die in der eckigen Klammer hier aufgeführte Formulierung ist im Originaltext wieder durchgestrichen. In der Version von 1912 taucht die Formulierung nicht mehr auf.

ten sich genötigt sah« (R. Asmis, 1908: 86; vgl. auch 1912: 72). Die hierarchische Ordnung des Häuptlingswesens institutionalisierte nicht ausschließlich ein abstraktes Verwaltungsschema. Sie institutionalisierte gleichfalls vorkoloniale Herrschaftsbeziehungen und solche Machtverhältnisse, die die Groß-Häuptlingtümer und andere »Neger-Reiche«, wie Asmis (1908: 85) sich ausdrückt, erfolgreich gegenüber dem Eroberer geltend machen konnten, wie neu oder althergebracht sie auch sein mochten. Allerdings gab es innerhalb des Bezirks Sansanné-Mango das Gebiet, in dem »geschlossene Stammesorganisationen« fehlten (ebda). Dieses Gebiet wurde in »serrota« aufgegliedert. An die Spitze der »serrota« wurden Häuptlinge gestellt, die von der »deutschen Regierung« eingesetzt und gestützt wurden (ebda, S. 86). Von einem formalisierten Abhängigkeitsverhältnis zwischen Ober- und Unterhäuptlingen in diesen »serrota« erfahren wir aber nichts.

Die Uneinheitlichkeit der Organisationsformen des Häuptlingswesens setzte sich in den anderen Bezirken fort. Sie darf aber nicht mißverstanden werden. Sie macht den Vereinheitlichungsvorgang nicht zur Makulatur, der mit der verwaltungsmäßigen Hierarchisierung des Häuptlingswesens einsetzt. Der Vereinheitlichungsvorgang ist wie die Vielfalt gegenwärtig. Vielgestaltigkeit und Vereinheitlichung sind Bestandteile ein und derselben Wirklichkeit. Das gilt nicht weniger für die Ordnung der Rechte und Pflichten, die der Eroberer für das Häuptlingswesen errichtet.

Wenn der Stationsleiter besonders in der Frühphase der kolonialen Machtnahme in ›seinem‹ Bezirk ›das Mädchen für alles‹ ist (G. Spittler, 1981: 55), dann ergeht es den Häuptlingen, die die Schlüsselrolle zwischen dem Stationsleiter und den Menschen in den Weilern, Dörfern und Städten innehaben, nicht anders. Sie sind ›Adressat für alles‹, was den Stationsleiter mit Blick auf die »Landschaft« und das Dorf bewegt, die der Stationsleiter dem Einfluß- und Verantwortungsbereich des Häuptlings zuschreibt. Die entgrenzte Verantwortlichkeit des Häuptlings ist das Negativ der »wahren Herrscher des Empire«. Der Unabhängigkeit des Stationsleiters von der Regierungszentrale entspricht seine Vorstellung vom Häuptling, die vom Bild der fraglosen Dienstbarkeit des Häuptlings bestimmt ist.

Aber was die Binnenintermediarität für die Regierungszentrale ist, ist die Außenintermediarität für den Stationsleiter. Findet sich die Machtlosigkeit der Regierungszentrale über das Lokale in der selbstherrlichen Herrschaft des Stationsleiters, kehrt sich die Machtlosigkeit des Stationsleiters über die Menschen in seinem Bezirk in den Anspruch des Stationsleiter an den Häuptling um, für alle Zwecke dienstbar und fast unbegrenzt rechenschaftspflichtig zu sein.

Aufschlußreich für die umfassende Zuständigkeit und Rechenschaftspflicht des Häuptlings ist die Aufzählung der »Pflichten und Rechte der Häuptlinge«, die der Bezirksamtmann von Misahöhe, Dr. Hans Gruner, einst in der Form einer Anweisung an die Häuptlinge seines Bezirks gegeben hat. Die Anweisung richtete sich in erster Linie an die unbedeutenderen Landschafts- und Dorfhäuptlinge. Sie enthielt jedoch den Kern der Rechte und Pflichten der Häuptlinge aller Bezirke Togos.[61] In der Anweisung gab Gruner den Häuptlingen bekannt, daß sie für die gesamte Ordnung ›ihres‹ Dorfes verantwortlich, das heißt rechenschaftspflichtig, waren. Der Bezirksamtmann forderte (ANT FA3/1108: 4): »Der Häuptling hat die Pflicht, darüber zu wachen, daß in seinem Dorf nichts Unrechtes geschieht, vor allem, daß die von der Regierung erlassenen Befehle befolgt und die Verbote nicht übertreten werden.« Was im einzelnen mit diesem umfassenden Wächteramt zur Durchsetzung der Herrschaft des Stationsleiters in den Dörfern gemeint war, dafür gibt es in dem Zwölfpunkte-Katalog der »Pflichten und Rechte« der Häuptlinge zahlreiche Hinweise. Insgesamt enthalten sie die ökonomischen, polizeilichen, gerichtlichen, kommunikativen und symbolischen Aufgabenstellungen, die die Erwartungen des Stationsleiters an die Rolle des Häuptlings festlegen.

Obenan stand die Aufgabe der Ressourcenmobilisierung. »Der Häuptling hat die Pflicht, seine Dorfgenossen zur pünktlichen Entrichtung der Steuer anzuhalten ....« Er »soll die Bewohner seines Dorfes zur Arbeit anhalten« und »die von der Regierung dazu bestimmten Wege reinigen lassen«, eine Aufgabe, die für die infrastrukturelle ›Entwicklung‹ der Bezirke vorrangig war. Vor Einführung der Geldsteuer bedeutete die Durchsetzung der Steuerpflicht, daß der Häuptling die Steuerpflichtigen bzw. diejenigen, die er dazu bestimmt hatte und die sich ihm nicht entziehen konnten, jener »Fron« auszuliefern hatte, die hauptsächlich die Menschen der Nordbezirke noch heute mit großer Bitterkeit von den deutschen Kolonialherren sprechen läßt. Zu dieser »Fron« gehörten auch die Trägerdienste, für die der Häuptling Leute zu stellen hatte.

»Fron« und vorzugsweise Prügel- und Kettenstrafen und die Verschleppung in »Besserungssiedlungen« waren Teil der umfassenden polizeilichen Aufgabenstellung, die dem Häuptling zugewiesen war. »Eingeborene«, die den Befehlen des Stationsleiters nicht nachkamen oder seine Verbote mißachteten, waren »der Behörde zur Bestrafung anzuzeigen bzw. ... zu verhaften und der Behörde zuzuführen.« Der Häuptling hatte dem Bezirksamt die Menschen anzuzeigen oder zu überstellen, die im behördlichen Polizeijargon zur Gruppe der »Arbeitsscheue(n), Landstreicher, Gewohnheitsdiebe« und zu denen gehörten, »die die Wege unsicher machen«, die sich wiederholt, »ohne krank zu sein«, der monatlichen Reinigung der »von der Regierung ... bestimmten Wege« entzogen oder die dem Häuptling als dem Vertreter der

---

[61] Die Anweisung wurde z.B. von anderen Bezirksämtern angefordert (vgl. ANT FA3/1108: 2). Zu beachten ist, daß sich die Anweisung im Ton und manchem Inhalt nicht unmittelbar an die sogenannten »Großen« der vorkolonialen ›Reiche‹ gewendet hat.

Staatsgewalt »nicht gehorchen, oder die ihn beleidigen oder die ihm gebührende Achtung verletzen ...« (ebda, S. 41 f.).

Unter den polizeilichen Aufgaben wurden besonders die sanitäts- und gesundheitspolizeilichen Tätigkeiten hervorgehoben. Sie reichten von der Meldepflicht in den Fällen, in denen ansteckende Krankheiten ausbrachen oder zahlreiche Erkrankungen und Todesfälle auftraten, über den Umgang mit Lepra- und Pockenkranken, an der Schlafkrankheit und am Guineawurm Erkrankten bis hin zur Aufsicht über die »Reinhaltung öffentlicher Abortanlagen«, zum »Sauberhalten des Dorfes und zur Entfernung verfallener Hütten« (ebda, S. 5).

Die Rolle des Stationsleiters kennt nicht den Grundsatz der Gewaltenteilung. Ebensowenig findet sie sich in der Konzeption der Häuptlingsrolle, die zum Relais zwischen dem Stationsleiter und den Dorfbewohnern bestimmt ist. Im Einklang damit war in Togo dem Häuptling die Aufgabe zugewiesen, die unterste Gerichtsinstanz zu sein. Das entsprach sowohl den tatsächlichen Grenzen der zentralherrschaftlichen Durchdringung als auch dem Umstand, daß dort, wo es bei der Ankunft der Deutschen Häuptlinge gegeben hatte, die Streitschlichtungsaufgabe zum Kernbereich der Häuptlingsrolle gehörte. Freilich kam es darauf an, nach den Grundsätzen der strengen Hierarchie zwischen Stationsleiter und Häuptling wie der Häuptlinge untereinander und entgegen den vorkolonialen Gegebenheiten die Streitschlichtungskompetenzen der Häuptlinge einzuengen. Das geschah je nach Bezirk in unterschiedlichen Graden, wobei im Mittelpunkt jene Streitschlichtungskompetenzen standen, die nach den Vorstellungen der Stationsleiter dem ›strafrechtlichen‹ Bereich zugehörten.

Kommunikation ist unverzichtbar, wenn Herrschaft effektiv sein soll. Kommunikation bedeutet, daß die Befehle, Anweisungen, Verordnungen, Fragen, Propagandareden oder Wünsche der Herrschenden den Beherrschten zugänglich gemacht werden. Kommunikation schließt ebenfalls ein, daß die Herrschenden über die Beherrschten die Informationen gewinnen, aus denen sich das »abstrakte Wissen« entwickelt, ohne das keine bürokratische Herrschaft auskommen kann (G. Spittler, 1980). Als ›Adressat für alles‹ ist der Häuptling deshalb auch die Kommunikationszentrale der Herrschaft des Stationsleiters. In den Worten der Gruner'schen Anweisung (ANT FA3/1108: 4): »Der Häuptling hat die Pflicht, die Verordnungen und Befehle der Regierung seinen Dorfgenossen bekannt zu geben durch Ausschellen oder mündlich in einer Versammlung der erwachsenen Männer.«

Benannte die Gruner'sche Anweisung die Wege der Kommunikation vom Stationsleiter zu den Dorfbewohnern, bezeichneten die wiederholten Gebote für den Häuptling, »anzuzeigen« oder »zu melden«, die Pflicht, dem Stationsleiter Wissen über die lokale Situation und seine Menschen zur übermitteln. Zu den Pflichten des Häuptlings gehörte, »eine Namensliste aller steuerpflichtigen Männer seines Dorfes einschließlich aller Abwesenden bzw. Ausgewanderten zu führen« (ebda). Dem Häuptling war auferlegt, den Häuptlingsversammlungen beizuwohnen, die der Stationsleiter anberaumte. Der Häuptling als »Mittelsperson(..) der örtlichen Verwaltungsbehörden« (G. Trierenberg, 1914: 49) und »Kind der Regierung« hatte die Aufgabe, den Herrschaftsanspruch und mit ihm den Anspruch auf Legitimität und Würde der neuen Macht darzustellen. Zusammen mit den Anreizen ökonomischer Art, mit denen die Zentralverwaltung den Häuptling für eine rege Mitarbeit zu gewinnen suchte, drückte sich diese symbolische und darstellende Aufgabe in den besonderen Rechten aus, die dem Häuptling zugestanden wurden. Zu ihnen gehörte der Anspruch auf Ehrerbietung und Achtung. Der Anspruch richtete sich ausdrücklich auch an die Gruppe der »Regierungsbeamten« und der »Privaten«, um eine Herabsetzung des Ansehens des Häuptlings »bei seinen Leuten« zu vermeiden (ANT FA3/1108: 5). Nicht weniger wichtig waren die Rechte auf einen »Sprecher«, einen bzw. im Falle von Oberhäuptlingen zwei »Polizisten«, Anteile an den Steuereinnahmen, Gerichtsgebühren, Strafgeldern und die Insignien der Häuptlingswürde.

Die Anweisung Gruners listete den Kernbestand an Rechten und Pflichten der Häuptlinge auf, der bezirksübergreifend und vereinheitlichend angelegt war. Nicht anders als im Falle der Organisationsstruktur behauptete sich aber auch hier die Verschiedenheit. Das trifft besonders auf zwei Bereiche zu: auf die Aufgaben in der Rechtsprechung und auf die Einnahmen, die den Häuptlingen formell von seiten der Verwaltung zugestanden waren.

Die Kompetenzen in der Rechtsprechung unterschieden sich von Bezirk zu Bezirk in beträchtlichem Maße. In allen Bezirken führten die Stationsleiter zum Beispiel die Unterscheidung zwischen zivil- und strafrechtlichen Gegenständen und Verfahren ein.[62] Gleichzeitig beließen sie einhellig die Zivilgerichtsbarkeit und mehrheitlich die Verfolgung der »unbedeutenderen« Strafsachen in den Händen der Häuptlinge.[63] Augenfällige Unterschiede bestanden in dem Umfang, in dem die Stationsleiter sich zivilrechtlicher Streitfälle angenommen und die Grenzen der Strafbefugnisse der Häuptlinge gezogen haben. Rudolf Asmis (1908: 34) berichtete, daß im Bezirk Atakpamé »die Familien und erbrechtlichen Streitigkeiten vornehmlich den Häuptlingen überlassen bleiben«. Zum Bezirk Sokodé-Bassar hielt er stattdessen fest, daß »der Bezirksleiter auch jede Zivilsache, die vor ihn gebracht wird, erledigt, und das sind namentlich, wenn der Bezirksleiter sich innerhalb des Bezirks auf

---

[62] Die Unterscheidungen der Stationsleiter zwischen Zivil- und Strafrecht waren zum überwiegenden Teil allerdings die von Laien, weil unter den Lokalbeamten nicht viele Juristen vertreten waren.

[63] Im Augenblick gehe ich nur auf die Konzeptionen der Bezirksleiter ein. Tatsächlich konnten die Bezirksleiter die schon vorkolonial bestehenden Streitschlichtungsverfahren und -institutionen nicht in der Weise effektiv beeinflussen, daß ›Strafsachen‹, die bisher von diesen verhandelt wurden, nun ganz in die Hände der Stationsleiter gelegt wurden.

Reisen befindet, eine ganz beträchtliche Anzahl, die von Jahr zu Jahr erheblich zunimmt und für den Bezirksleiter eine sich ständig steigernde Inanspruchnahme durch Palaverangelegenheiten zur Folge hat« (ebda, S. 50). Diese Unterschiede kamen zur vorkolonial gegebenen Vielfalt hinzu, die schon deshalb fortbestand, weil man »(b)ezüglich der Gerichtsbarkeit ... alles möglichst beim alten (ließ), insofern, als die Oberhäupter der Sippen, respektive die Oberhäuptlinge nach wie vor nach ihren Überlieferungen Recht sprechen« (S. Passarge, 1910: 112; Herv. i. Orig.), die Kontrolle der Rechtsprechung die Möglichkeiten des Stationsleiters bei weitem überstieg und die Durchsetzungs- und Kontrollmacht des Stationsleiters mit zunehmender geographischer Entfernung vom Ort der Station sich rasch verringerte.

Wenig Übereinstimmung zwischen den Bezirksleitern gab es über die Regelung der Häuptlingskompetenzen in Streitfällen, die von den Bezirksleitern als »Strafsachen« bezeichnet wurden. Billigten die einen, den Häuptlingen die »unbedeutenderen« Strafsachen zu überlassen (z. B. in Misahöhe), entschieden die anderen, nur die »Oberhäuptlinge« mit diesen Angelegenheiten zu betrauen (z. B. in bestimmten »Landschaften« im Bezirk Sansanné-Mango). Im Blick auf bestimmte Regionen ihres Bezirks war das Ziel derselben oder wieder anderer Bezirksleiter, eine Kompetenz in Strafsachen überhaupt nicht zuzulassen (z. B. in Sokodé-Bassar und Kete-Krachi). Herrschte eine gewisse formale Übereinstimmung in der Regelung, den Häuptlingen nicht zu gestatten, Freiheits-, Körper- oder gar Todesstrafen zu verhängen und vollstrecken zu lassen, trafen die Bezirksleiter sehr verschiedenartige Bestimmungen über die Höhe der Geldstrafen, zu denen ein Häuptling einen Angeklagten verurteilen konnte. Das schloß eine Grenzziehung über die ›Schwere‹ der ›Taten‹ und dementsprechend über die Art der Delikte ein, die der Regelungskompetenz der Häuptlinge überlassen wurde. Der Strafrahmen bewegte sich in verschiedenen Bezirken zwischen 20 Mark und 200 Mark.

Die Einnahmen, die den Häuptlingen bei der Erfüllung ihrer Aufgaben für die Verwaltung zugestanden wurden, waren gleichermaßen vereinheitlichend und durch beachtliche Unterschiede gekennzeichnet. Zu den einheitlichen Grundzügen gehörte, daß den Häuptlingen im Laufe der Jahre fast überall Anteile aus den Steuereinnahmen und Einkünfte aus ihren Tätigkeiten bei der Rechtsfindung zugestanden wurden. Der Anteil an den Steuereinnahmen betrug üblicherweise 5 %. Als auf dem Treffen der Bezirksleiter der »Hinterlandsbezirke« im März 1909 dieser Steueranteil für alle Häuptlinge vorgeschlagen und angenommen wurde, setzte der Bezirksamtmann von Sokodé, Dr. Hermann Kersting, jedoch durch, daß »in den Hinterlandsbezirken die Verteilung (der Steueranteile der Häuptlinge – TT) nach Lage der Verhältnisse durch den Bezirksleiter vorgeschlagen und den Gouvernement zur Bestätigung eingereicht« wurde (R 150 ANT FA3/3037: 146).

Die Vielfalt, die das Ergebnis der binnenintermediären Unabhängigkeit des Stationsleiters war, zeigte sich augenfällig in den verschiedenen Regelungen, die die Stationsleiter für die Einnahmen der Häuptlinge aus den Streitschlichtungsaufgaben getroffen hatten. Die »Gerichtskosten«, die der Kasse des Häuptlings und den anderen Mitgliedern des Häuptlingsgerichts zuflossen, reichten von 5 Mark (z. B. in Kete-Krachi) bis zu 20 Mark (z. B. in Sokodé-Bassar). In manchen Bezirken wie z. B. in Atakpamé gestanden die Stationsleiter den Häuptlingen zu, bis zu 10 % des Streitwertes oder der Geldstrafe für sich einzubehalten. Andere legten einen geringeren Satz von 5 % fest (z. B. in Misahöhe), wieder andere (z. B. im Bezirk Kete-Krachi) untersagten eine anteilige Regelung der Einnahmen aus Gerichtsgebühren, Geldtrafen und zivilrechtlichen Streitfällen.

Vorrangig spiegelt die Vielfalt der Regelungen die Verschiedenartigkeit der lokalen Verhältnisse und die Vielgestaltigkeit der vorkolonialen Welt wider. Ihnen müssen die Stationsleiter gerecht werden, indem sie die Vielfalt anerkennen, sie manchmal, hauptsächlich wenn es um die »Großen« unter den Häuptlingen geht, fördern oder ihr entgegenarbeiten.

2.3. Verwaltungsbezirk: »Landbezirk«, »Landschaft« und Dorf

Devolutionsgrundsatz und Hierarchisierung berühren vielerorts den Kern der vorkolonialen Ordnungen der Unterworfenen. Nicht weniger nachhaltig wirkt das Organisationsprinzip der Verwaltungseinheit, mit dem die neue staatliche Ordnung gegliedert wird. Die Einführung des Territorialprinzips in das Häuptlingswesen war insbesondere im Rahmen der politischen Ordnungen Afrikas ein Neuanfang. Er kam einem Umsturz der vorkolonialen Grundlagen politischer Macht und Herrschaft gleich.

Das Prinzip des Verwaltungsbezirks entspricht dem Territorialgrundsatz mit seiner Institution der ›Staatsgrenze‹. Die Staatsgrenze bestimmt Zugehörigkeit radikal materialistisch, nämlich physisch. Sie ist solange von hoher und willkürlicher Abstraktion, solange sie allein eine politisch-administrative Einheit quer zu den gewachsenen politischen, soziokulturellen und ökonomischen Räumen ist. Was die Staatsgrenze nach Außen tut, wiederholt die Grenze des Verwaltungsbezirks im Inneren. Allerdings besteht ein gewichtiger Unterschied zwischen beiden Grenzziehungen. Die Staatsgrenze zielt wenigstens langfristig auf die Zugehörigkeitsvorstellungen der Menschen, die sie trennt und deren Wege sie unterbricht. Der Verwaltungsbezirk und seine Grenzen sind auf solche Zugehörigkeitsvorstellungen nicht angelegt, selbst wenn sie sie langfristig, in wie schwacher Form auch immer, entstehen lassen mögen. Das Prinzip der Staatsgrenze ist die Trennung. Das Prinzip des Verwaltungsbezirks ist administrativer Art. Es folgt den Anforderungen der Verwaltung. Die Verwaltung blickt auf ihre personellen und finanziellen Ressourcen, das ›Entwicklungsniveau‹ des Verwaltungsbezirks unter dem Gesichtspunkt seiner Verwaltbarkeit, auf Kompetenzbereiche, Überschaubarkeit, die Länge der Kommunikationswege und ähnliches. Verwaltungsbezirke werden dementsprechend in größeren Abständen neu geschnitten. Noch im Jahre 1981 wurden die »Präfekturen« des nachkolonialen Togos wieder einmal neu geordnet. Vielfach geht solche Neuordnung ohne großen Widerhall in der betroffenen Bevölkerung vonstatten. Die Abstraktheit der administrativen Ordnung kehrt als mangelnde Anteilnahme der betroffenen Menschen wieder.

Der territorial-administrative Grundsatz wurde in den »Landschaften« und »Dörfern« auf die unteren Einheiten der Gebietsverwaltung ausgedehnt. »Landschaft« und »Dorf« wurden auf diese Weise zu territorial definierten Untereinheiten, denen je besondere Aufgabenbereiche und Verantwortlichkeiten zugehörten. Sie sind im Grundsatz freilich so gedacht, daß sie von oben nach unten kleiner werden. »Bezirk« und »Dorf« bildeten demzufolge die hierarchische Einheit der Gebietsverwaltung. Durch die Verknüpfung dieser Hierarchie der Verwaltungsgebiete mit der Hierarchie der Häuptlinge wurde eine neue Ordnungsform von Herrschaft begründet.

Der moderne Flächenstaat verachtet die Grenzen der politisch-sozialen Einheiten, die ihm vorangehen. Er faßt zusammen, was getrennt war und vielerorts in den Vorstellungen der Menschen noch lange getrennt bleibt, nur um hin und wieder in den erregendsten Augenblicken von Zugehörigkeitskonflikten Sezessionsanstrengungen auszulösen. Die Verachtung für die vorgefundenen Grenzen setzt sich in unterschiedlicher Radikalität in der inneren Gebietsordnung fort. Anders als in weiten Teilen Afrikas und im ganzen Raum der Kolonie Togo war in Europa mit dem Feudalismus schon lange eine Ordnung der Gebietsherrschaft in der Weise eingerichtet, daß bestimmte Ländereien einem Feudalherrn ›gehörten‹. Es gab Grundherrschaft, in der der dingliche und vor allem anderen bodenrechtliche Kern der Herrschaft den Stellenwert der persönlichen Bindungen in den grundherrschaftlichen Verhältnissen stark gemindert hatte. Unter dem Gesichtspunkt der territorialen Grundlegung von Herrschaft war der Schritt vom Grundherrn zum Landesherrn kleiner als der Wechsel von einer Herrschaft über Menschen zu einer Herrschaft über Menschen und ein ›Territorium‹, die der Kolonialismus durchsetzte.

So wenig es im Raum der Kolonie Togo vor Beginn der Kolonialherrschaft Flächenstaaten gab, so wenig gab es ein ›Staatsvolk‹ und ein ›Staatsgebiet‹. Versteht man unter einem ›Staatsvolk‹ die Gesamtheit der Rechtssubjekte eines unpersönlich aufgefaßten politischen Gebietsverbandes vom Typ des Staates, dann war diese Vorstellung den Völkern des vorkolonialen Togo wie vielen anderen afrikanischen Völkern fremd. Führung, Macht und Herrschaft bleiben noch bis zu den Groß-Häuptlingtümern eine Ordnung der persönlichen Beziehungen, in die der einzelne zu übergeordneten Autoritäten auf der Grundlage von Rechten und Pflichten eintritt, die beide Seiten umfassen (vgl. R. Schott, 1965: 28 ff.). Dieses persönliche, wenngleich üblicherweise familial vermittelte Gefolgschaftsprinzip schließt ein, daß territoriale Ausschließlichkeitsansprüche, die mit der Organisationsform des ›Staatsgebietes‹ verbunden sind, nicht in dem unbedingten Anspruch entwickelt werden, wie er für den Staat mit ›seinem Territorium‹ kennzeichnend ist (ebda, S. 26ff.). In Afrika war die Herrschaft vom Protohäuptlingtum bis zum Groß-Häuptlingtum eine Herrschaft über Menschen. Sie war nicht Raumbeherrschung im Sinne des Territorialstaates, in dem die Herrschaft über Menschen eine abgeleitete Größe der Gebietsherrschaft ist. Deshalb dehnten sich die afrikanischen Groß-Häuptlingtümer und selbst frühen Staaten oft in wenigen Generationen über weite Gebiete aus, um dann ebenso rasch wieder zu schrumpfen, wenn ein Nachbar oder ein einstiges tributpflichtiges Häuptlingtum mächtiger wurde und die Oberherrschaft an sich riß, was hieß, daß der Nachbar oder das Häuptlingtum mehr Menschen an sich zu binden wußte. Die Vorherrschaft der Tributbeziehungen in den politischen Abhängigkeitsbeziehungen Afrikas ist der Vorrang der personalen vor der territorialen Beziehung (vgl. ebda, S. 27). Um die Unterschiede zwischen einem Gebiet, dessen Grenzen nach dem relativen Besitzanspruch personaler Beziehungen gezogen sind, zu einem Gebiet zu kennzeichnen, das nach dem absoluten Territorialgrundsatz des ›Staatsgebietes‹ oder des ›Schweifgebietes‹ der Wildbeutervölker Afrikas (vgl. R. Schott, 1965: 26)[64] bestimmt ist, unterscheide ich zwischen ›Stammesgebiet‹ (akephale Gesellschaften und Häuptlingtümer) und ›Reich‹ (Groß-Häuptlingtümer) auf der einen und ›Territorium‹ [›Schweifgebiet‹ der Wildbeuter, ›Großreich‹ oder ›Imperium‹ der alten ›Großreiche‹ bzw. ›Imperien‹, ›Staatsgebiet‹ des (National-)Staates] auf der anderen Seite.

Überfluß an Land ist das Merkmal einer Herrschaft, deren Aufmerksamkeit vorrangig nicht Grund und Boden, sondern Menschen gilt. Das war in Europa nicht anders als in Afrika (vgl. G. Duby, 1977: 20). Aber anders als Afrika wurde Europa seit dem 9. Jahrhundert davon geprägt, daß es sich regelmäßig mit Phasen der Überbevölkerung und der Landknappheit auseinanderzusetzen hatte. In der Grundherrschaft des europäischen Feudalismus findet sich dieses produktive Problem wieder. Grundherrschaft ist eine Ordnung der Unbeweglichkeit und der Bindung. Häuptlingsherrschaft ist in weiten Teilen Afrikas eine Herrschaft gegen die Gegenwärtigkeit der Kündigung. Häuptlingsherrschaft ist in der Gestalt von regelmäßigen Kriegszügen nicht nur eine Herrschaft mit der Drohung der gewalttätigen Bewegung. Sie ist eine Herrschaft unter der Drohung der defensiven Bewegung. Angesichts eines Überflusses an Boden macht sich der unzufriedene Gefolgsmann aus

---

[64] Neuere Forschungen scheinen allerdings darauf hinzudeuten, daß zumindest einige der Jäger- und Sammler-Gesellschaften sich nicht von einem strikten Territorialprinzip leiten lassen, das Rüdiger Schott noch glaubte, als allgemeine Erscheinung der Wildbeuter festhalten zu können (vgl. zusammenfassend U. Luig, 1990: 84).

dem Staub. Die Geschichte der Völker Afrikas ist eine Geschichte der Migrationen.

Aus dieser Sachlage heraus kehrte sich im Vergleich zur europäischen Entwicklung die politische Bedeutung von Grund und Boden in Afrika vielerorts um. Im feudalen Europa war der Zugang zu Boden mit der Ordnung von Fron und Abgaben verbunden, die der Grundholde an den Grundherrn zu leisten hatte. Anders als in der Welt des vorkolonialen und nichtstaatlichen Afrikas hatten die Menschen nicht per se ein Anrecht auf ein Stück Land, das ihnen und den ihren ausreichenden Unterhalt außerhalb der Fron und der Abgaben und jenseits der Bannrechte des Gundherrn sicherte. Im europäischen Feudalisierungsvorgang von Herrschaft wurde die Verfügungsmacht über Grund und Boden zum Schlüssel der Herrschaft über Menschen. Territoriale Grenzziehungen und mit ihnen die Herrschaft über Gebiete wurden vordringlich und schlossen die Herrschaft über Menschen ein. Im neuzeitlichen Territorialstaat setzt sich diese vorrangige Bedeutung von Boden, Grenzen und Raumbeherrschung in gesteigerter Form fort.[65]

Angesichts eines Überflusses an Land und einer ihm entsprechenden normativen Ordnung von Nutzungs- und Kontrollformen, die keine Monopolisierungen von Verfügungsgewalten im grundherrlichen Sinne der feudalen Ordnung zuließ, verringerte sich in Afrika deutlich die Bedeutung des Bodens für den Gewinn von Macht und Herrschaft. Gebietshoheit taugte nicht recht, um Über- und Unterordnungsverhältnisse jenseits der Razzien und Tributbeziehungen einzurichten.[66] Die Menschen hatten ein Anrecht auf ein

---

[65] Gesteigert ist die Raumbezogenheit von territorialstaatlicher Herrschaft deshalb, weil diese Herrschaft auch den Wirrwarr grundherrschaftlicher Besitzverhältnisse zugunsten vergleichsweise klarer Raumordnungen mit Grenzen, die den Blaupausen der Vermessungsingenieure entsprechen, zu beseitigen sucht und ganz besonderen Wert auf die Einhaltung der Grenzen zu anderen Staaten legt.

[66] Damit wird nicht behauptet, in Afrika habe der Boden keine besondere Bedeutung gehabt. Wie Rüdiger Schott (1965: 27ff.) zu Recht unterstreicht, ist das Gegenteil der Fall: »Bei den meisten afrikanischen Völkern, die Pflanzenbau betrieben, wurde das von ihnen besiedelte Land geradezu als numinöse Potenz angesehen, von deren Fruchtbarkeit auch im metaphysischen Sinne Heil und Unheil der Gemeinschaft wie jedes einzelnen abhing« (ebda, S. 27f.). Gleichermaßen spielte der Boden in dem Sinne eine politisch zentrale Rolle, weil die Legitimität der Häuptlingsmacht vor allem im sakralen Groß-Häuptlings- oder Königtum und hauptsächlich in Westafrika eng mit verschiedenen Formen des Erdkultes verbunden war (vgl. R. Schott, 1980; M. Gluckman, 1977: 104ff., 123ff.). Im Zusammenhang der mythischen und rituell-religiösen Besetzung des Bodens kehrt sich die in Europa typische Beziehung zwischen Verfügungsmacht über Boden und Herrschaft über Menschen vielerorts in ihr Gegenteil: »Vielfach mußten ... selbst Eroberer, die kraft kriegerischer Gewalt die politische Vorherrschaft über ein Gebiet erlangt hatten, bei den Unterworfenen alljährlich die Erlaubnis zur Bestellung des Bodens einholen« (R. Schott, 1965: 28). Auf diesem Wege wird der Überfluß an Boden zu einer kultischen Waffe der Unterworfenen gegen die Unterwerfungsansprüche der Herrschenden.

Stück bebaubaren und nutzbaren Boden, soweit er nicht aufgrund der Rechte anderer schon in den vorgesehenen Weisen in Gebrauch war. Jedermann konnte zum Häuptling oder König gehen und Land zur Bearbeitung verlangen (vgl. M. Gluckman, 1977: 40). Die Bindung an ein bestimmtes Gebiet und mit ihr an einen Herrscher oder Häuptling war bei den afrikanischen Völkern keinesfalls unlösbar (vgl. R. Schott, 1965: 30). Wenn der Häuptling das zerbrechliche Gefüge der persönlichen Bindungen in Unordnung brachte, hielt auch der Boden die Menschen nicht mehr davon ab, sich eine neue Heimstätte zu suchen.

Der Kolonialstaat brachte das Prinzip der Gebietshoheit. Die hierarchische Territorialordnung von Bezirk, Landschaft und Dorf setzte diesen Grundsatz nach innen fort. Sie wandelte in diesem Vorgang die Beziehung zwischen dem Häuptling und den Menschen um, für die der Häuptling von der Lokalverwaltung des Eroberers verantwortlich gemacht wird.

Im Gruner'schen Pflichtenkatalog für die Häuptlinge wird der Gegensatz zwischen der neuen territorialen Ordnung des Eroberers und der vorgefundenen Ordnung der Völker der Kolonie, der Gegensatz zwischen einer Ordnung der Fesseln und einer Ordnung der Kündigung festgehalten. Der Katalog bestimmte, daß alle Abwesenden und Ausgewanderten in der Steuerliste namentlich festzuhalten waren, und jeder, der »heimlich ohne Erlaubnis« auswanderte, der »Behörde zu melden« war (ANT FA3/1108: 4). Auf diese Weise zerstörte die neue raumbeherrschende Ordnung sowohl den Konstruktionsgrundsatz der überkommenen Herrschaftskontrolle als auch den besonderen Kontrollmechanismus der Abwanderung. Das Prinzip, daß Herrschaft durch die Beherrschten zu kontrollieren ist, weicht dem Grundsatz der verwaltungsinternen Kontrolle, der auf den Über- und Unterordnungsverhältnissen hierarchisch geordneter Behörden beruht, und die ›Abstimmung mit den Füßen‹ verwandelt sich in Normverletzung, in Drückebergerei und feige Flucht. Es entsteht eine Forderung nach Gehorsam, die sich auf den Aufenthaltsort der Menschen gründet. ›Bodenständigkeit‹ beinhaltet Gehorsam. Bewegung wird ›kriminell‹.

Eindrücklich trat in Togo die territoriale Ordnung der Verwaltung in den Häuptlingsversammlungen zutage, zu denen die Stationsleiter in mehr oder vielerorts minder regelmäßigen Abständen die Häuptlinge ihres Bezirks oder von Teilen ihres Bezirks zusammenriefen.

In der Institution der Häuptlingsversammlung macht der Stationsleiter den Anspruch gegenüber den Häuptlingen und hauptsächlich für sich selbst geltend, in ›seinem Reich‹ zu sein. In der Station, die in ihrer baulichen Anlage den deutlichen Stempel der Persönlichkeit des Stationsleiters trägt, ist der Anspruch gewiß. In Gestalt der anwesenden Häuptlingen, die aus den abgelegensten Teilen des »Reichs« zusammengekommen sind, wird der Anspruch auf die entferntesten Gegenden des Herrschaftsbereichs des Stationsleiter erhoben. Es ist die Anwesenheit der Häuptlinge aus den fernen Grenzregio-

nen und den unzugänglichen Gebieten, die den ›Herrn‹ zum Zentralherrn eines ›Territoriums‹, den Stationsleiter zum ›gebiet-erischen‹ Herrscher macht. Ein Häuptling, der nicht zur Häuptlingsversammlung erscheint, handelt deshalb nicht nur gegen die Anweisung des Stationsleiters und beschwört das unverzeihliche Vergehen hervor, »ungehorsam« zu sein. Er schmälert den Umfang des Gebietes der Herrschaft des Stationsleiters.[67]
Die Häuptlingsversammlung führt die Häuptlinge zusammen. Die Häuptlingsversammlung läßt eine neue Einheit in den Ordnungen der unterworfenen Gemeinwesen lebendig werden. Die Einheit entsteht dadurch, daß die Häuptlingsversammlung die Dörfer, Landschaften und überkommenen Häuptling- und Groß-Häuptlingtümer zu Teilen eines Ganzen, des Verwaltungsbezirkes, macht. Die Häuptlingsversammlung verpflichtet die versammelten Häuptlinge auf eine neue Zugehörigkeit. Diese Mitgliedschaft liegt jenseits der bestehenden Partikularismen und gründet auf dem ›Universalismus‹ der administrativen Gebietseinheit.

Die Häuptlingsversammlung ist eine Gelegenheit für die Häuptlinge, Gespräche untereinander zu führen, Sorgen und Hoffnungen auszutauschen und vor allen Dingen, sich überhaupt erst kennenzulernen, wo zuvor kein Austausch bestanden hat. Sie ist ein Ort, wo die Häuptlinge über die vielfältigen trennenden Elemente hinweg die Gemeinsamkeit vor Augen haben, daß sie zu den Unterworfenen gehören. Der islamische »Große« rückt dem neuen »Oberhäuptling« nahe, dessen Heimat er noch jüngst in grausamen Razzien ausgeplündert hat. Der reiche ›König‹ muß sich vielleicht gemeinsam mit dem armen Dorfhäuptling die arroganten Forderungen und die Besserwisserei des Stationsleiters anhören. Der Antagonismus der Zeichen unterstützt die neue Einheit der Häuptlinge unübersehbar – die Baulichkeiten der Station und mancher Tropenhelm auf der einen, die mehr oder weniger festlichen Kleider der Häuptlinge und ihr Gepäck auf der anderen Seite.

Tatsächlich kann aus dieser Art von Vereinheitlichung eine widerständige, gar konspirative Vereinigung erwachsen. Deshalb empfahl Rudolf Asmis (1942: 64 f.), mit Häuptlingsversammlungen sparsam und vorsichtig umzugehen, und schrieb: »Ist der Bezirk schon in seiner Gesamtheit von europäi-

---

[67] Rudolf Asmis (1942: 64f.) sah sich angesichts dieser Zusammenhänge genötigt, die Kolonialbeamten zu ermahnen, nicht jedes Fernbleiben eines Häuptlings von einer Häuptlingsversammlung zu bestrafen: »Das Fernbleiben eines Häuptlings (von der Häuptlingsversammlung – TT) braucht nicht auf bösem Willen zu beruhen, kann vielleicht durchaus entschuldbar auf unzulänglicher Übermittlung der Einladung oder auf zwingenden ›anderen‹ Verpflichtungen des Häuptlings, z.B. Teilnahme an Totenfeiern oder sonstigen im Stammesrecht wurzelnden Zeremonien, beruhen. So sehr auf die Befolgung der Wünsche und Anordnungen des Bezirksleiters zu achten ist, so wäre es doch verfehlt, in einem solchen Falle den Häuptling sofort wegen Nichtbefolgung einer Anordnung des Bezirksamts etwa in Strafe zu nehmen.«

schem Einfluß durchsetzt, so dürften alle Häuptlinge unbedenklich auf einmal zu einer großen Häuptlingsversammlung eingeladen werden können. ...
... In weniger entwickelten Bezirken hat es sich als das Zweckmäßigste erwiesen, die Häuptlinge einzeln innerhalb bestimmter Frist auf das Bezirksamt zu beordern. ... Massenversammlungen von Häuptlingen mit Gefolge geben ... , solange das Vertrauen und der Respekt vor dem neuen Herrn noch nicht hergestellt sind, leicht Gelegenheit zu Verabredungen und Besprechungen der Häuptlinge untereinander, die unter Umständen auch eine Spitze gegen den Bezirksleiter haben, ja eventuell auch direkter Auflehnung dienen können. Später können naturgemäß auch regelmäßig allgemeine Häuptlingsversammlungen abgehalten werden.« Der ›Universalismus‹ des territorialen Ordnungsgrundsatzes schafft mit den Häuptlingsversammlungen nicht ausschließlich eine Einheit, die unterwürfig und lenkbar ist. Er legt gleichzeitig Grundlagen zur Vereinigung und für Solidaritäten, die zum Herrschaftsproblem des Stationsleiter werden können.

Die administrative Vereinheitlichung, die die territoriale Verwaltungsordnung bewirkt, bleibt trotzdem begrenzt. Verwaltungseinheiten werden nicht auf dem Reißbrett entworfen, um so weniger, wenn sie im Gefolge einer Eroberung entstehen, die über mehrere Jahre hinweg immer mehr Regionen unter die Herrschaft des Eindringlings bringt und dabei vielfach eher jenen Zufälligkeiten folgt, die man in militaristischeren Zeiten ›Kriegsglück‹ genannt hat. Verwaltungseinheiten spiegeln in diesem Falle mehr den Stand der Eroberung und anschließenden ›Pazifizierung‹ als die ›Rationalisierungsprozesse‹ beim Aufbau der Verwaltung wider. Die Trennung von »Küsten«- und »Hinterlandbezirken«, von »Nord«- und »Südbezirken« oder die Größe der Nord im Unterschied zu den Südbezirken in Togo sind beispielhaft.

Verwaltungseinheiten knüpfen an den vorgefundenen Lebensordnungen an. Dieser Tatbestand ist im Vorgang der Eroberung eingeschlossen. Die Eroberung stößt an die natürlichen Grenzen von Bergzügen, unwirtlichen Schluchten, wasserarmen Steppen, Sümpfen oder schiffbaren Flüssen, die den eroberten Völkern selbst als Bausteine der verschiedensten Grenzziehungen untereinander und innerhalb ihrer Ordnungen dienen. Die Verwaltungseinheiten zerschneiden nicht immer die bestehenden Lebensräume der eroberten Gebiete. Was für die Grenzziehungen zwischen den Staaten gilt, gilt nur in abgeschwächter Form im Innern. In Togo wurden die Völker und Volksgruppen, die ausschließlich innerhalb des »Schutzgebietes« und diesseits der Grenzen zu den britischen und französischen Kolonien lagen, mehrheitlich nicht auseinandergerissen.

Dementsprechend enthält die territoriale Verwaltungshierarchie des ›Staatsgebietes‹ eine Ordnung ab- und zunehmender Übereinstimmung mit den Grenzen der beherrschten Gesellschaften, Kulturen und lokalen Gruppen. Das bedeutet, daß am Beginn der staatlichen Herrschaft zwei Gebietseinheiten bestehen. Die eine ist die der Zentralregierung. Sie entspricht nicht den überkommenen Ordnungen der Menschen und ist eine Wirklichkeit der Zentralregierung und ihrer Verwaltung. Allerdings bekommen die Beherrschten diese Ebene in der Form von Zöllen, Tourneen des Gouverneurs, Straßen oder auch, wie im »Schutzgebiet Togo«, in der Form von Prügelstrafen oder Jubiläumsausstellungen und vielem anderen mal sehr schmerzlich, mal unter Umständen erwartungsfroh zu spüren. Dennoch ist die territoriale Einheit des ›Staatsgebietes‹ kulturell eine abstrakte, fast unwirkliche Größe, die nur in den Köpfen und im eigenen Tun der Eroberer und im Falle der Kolonialherrschaft im fernen ›Mutterland‹ handlungsmächtig ist.

Der Verwaltungsbezirk ist stattdessen eine Einheit, in der die Ordnungen der Beherrschten und die Ordnung des kolonialen Eroberers zusammentreffen. Ist der Stationsleiter der »wahre Herrscher« der Kolonie, ist der Verwaltungsbezirk das ›wahre Kolonialgebiet‹. Wie die Beziehungen des Stationsleiter zu den Bewohnern ›seines‹ Verwaltungsbezirks reich an Konflikten, Brüchen und Mißverständnissen sind, ist der Verwaltungsbezirk ein Ordnungsraum voller Antagonismen, Distanzen, Fremdheiten und Abstraktionen. Er ist ein intermediärer Herrschaftsraum. In diesem Sinne teilt der Verwaltungsbezirk die Abstraktheit der gesamtstaatlichen Ebene und fällt mit der Station und der Anwesenheit des Stationsleiter zusammen. Aber anders als die gesamtstaatliche Ebene der Kolonie mit ihren trennenden internationalen Grenzen beläßt der Verwaltungsbezirk in großem Umfang die gegebenen Raumordnungen der Beherrschten. Die Grenzen des Verwaltungsbezirks waren für die Tamberma, Akposso, Kabiyé, Tougban oder Ouatchi von geringer Bedeutung. Diese Grenzen berührten nur eingeschränkt die politischen, ökonomischen, sozialen und kulturellen Ordnungen.

Für das Häuptlingswesen ist besonders die »Landschaft«, der Verantwortungsbereich der »Oberhäuptlinge«, eine ›kritische‹ Verwaltungseinheit. Die »Landschaft« übersetzt den Hierarchie-Grundsatz des Häuptlingswesens in eine territoriale Ordnung von hierarchisierten Häuptlingsterritorien. Die »Landschaft« begründet Häuptlingsgebiete erster und zweiter Ordnung. Eher als im Falle des Bezirks stoßen in der »Landschaft« die gegensätzlichen Herrschaftsgrundlagen, das Territorialprinzip des Eroberers und der Gefolgschaftsgrundsatz des einheimischen Häuptlingtums, aufeinander. Es kommt zu konkurrierenden Verantwortlichkeiten zwischen den »Landschafts«- bzw. »Oberhäuptlingen«, die an der Spitze einer »Landschaft« stehen, und den einheimischen Häuptlingen und Groß-Häuptlingen, deren Verantwortlichkeiten entsprechend den vorstaatlichen Ordnungen landschaftsüberschreitend sind. Zum Beispiel mußte der Bezirksleiter Hermann Kersting im Bezirk Sokodé-Bassar die Regelung treffen, daß »(i)n den verschiedenen Tschaudjo-Landschaften ... der König des Tschaudjoreichs überall konkurrierende II. Instanz (ist). Jeder Eingeborene kann gegen das Urteil seines Dorfhäuptlings entweder bei dem König oder dem Landschaftshäuptling Berufung einlegen« (R. Asmis, 1908: 51). Es kommt zu einer janusgesichtigen ›intermediären

Situation«. In ihr konkurrieren die Ordnungsweisen der Hierarchie und territorialen Einheit des Verwaltungsbezirks auf der einen mit denen der Gefolgschaft und soziokulturellen Einheit des überkommenen Häuptlingtums auf der anderen Seite.

Zu Beginn scheint in dieser intermediären Situation das überkommene Häuptlingtum die besseren Karten zu haben. Eine Beobachtung von Rudolf Asmis (ebda, S. 51 f.) ist charakteristisch. Sie hielt fest, daß entgegen den Vorkehrungen der formellen Regelung der Groß-Häuptling der Temba in dieser dualen Struktur »eine mehr tatsächliche, auf der historischen Tradition beruhende ... Vorzugsstellung einnimmt«. Die neue Einheit der »Landschaft« behauptet sich auf diese Weise als eine intermediäre Ordnung, mit der die Zentralverwaltung im wörtlichen und übertragenen Sinne an die ›natürlichen‹ Gegebenheiten anknüpft. In nicht wenigen Fällen war in Togo der Begriff der »Landschaft« selbst das begriffliche Gegenstück der Verwaltung für die ethnographischen Bezeichnungen von Gesellschaften und Kulturen. Die einzelnen »Landschaften« eines Bezirks fielen vielerorts mit den Siedlungsräumen einzelner Völker und Volksgruppen zusammen. So wurden z. B. die »Landschaften« des »Transkaragebietes« aus den Landschaften »Kabure«, »Tamberma«, »Loso«, »Süd-Loso« usw. gebildet. »Häufig bildet aber auch eine einzelne Ortschaft bereits eine selbständige Landschaft«, wie der Gouverneur v. Zech in einer handschriftlichen Ergänzung zur Antwort auf eine Anfrage des Reichskolonialamts festhielt (ANT FA1/214: 10). In der »Landschaft«, die zu Zwecken der Verwaltung die ethnischen und politischen Einheiten der Beherrschten in territoriale Verwaltungsbereiche verwandelte, behauptete sich in einer nicht unbeachtlichen Zahl von Fällen die vorkoloniale Ordnung im neuen behördlichen Gewand. Das gilt um so mehr, je »weniger entwickelt« ein Bezirk ist, wie Rudolf Asmis gesagt haben würde. Im Bezirk Sansanné-Mango ließen die Bezirksleiter nicht nur die Hände davon, innerhalb der unmittelbaren Einfluß- und Herrschaftsbereiche der Groß-Häuptlingtümer eine Aufteilung in »Landschaften« vorzunehmen. In den anderen Bereichen hielten sich die »Landschaftsgrenzen« eng an die bestehenden Siedlungsräume und ethnisch-politischen Grenzen der »Konkomba«, »Moba«, »Namba« oder »Gurma«.

Auf diesem Weg kehrte sich der Vorgang um, in dem die Ordnungen der Beherrschten administrativ vereinheitlicht werden. Statt bloßer Vereinheitlichung verfestigte die »Landschaft« die ethnisch-politische Vielfalt der unterworfenen Bevölkerung. Die intermediäre Einheit der »Landschaft« institutionalisiert die Verschiedenartigkeit. Sie fügt der Ordnung des Stammesgebietes die Raumbeherrschung des Territoriums hinzu.

Die unterste Verwaltungseinheit, das Dorf, ist, formal betrachtet, nicht weniger abstrakt und oktroyiert wie die gesamtstaatliche Ebene. Auch sie ›territorialisiert‹ Verantwortlichkeiten, denen der Häuptling gerecht werden muß. Aber die dörfliche Verwaltungseinheit ist konkret. Sie liegt auf der

Ebene der unmittelbaren Lebenszusammenhänge der Menschen, zu denen vor allen anderen die produktiven Tätigkeitsbereiche gehören, die für die ›Entwicklung‹ des Verwaltungsbezirk vorrangig sind. Innerhalb der Grenzen der bäuerlich-handwerklichen Welt ist die dörfliche Verwaltungseinheit dementsprechend eine Ordnung des Unterschieds. Sie repräsentiert die Vielfalt der besonderen, nämlich lokalen Ordnungen. Allein im Süden bis zur Grenze von Atakpamé gab es z. B. nach den Angaben aus den Untersuchungen von Samuel Suka Adabra (1973: 48) etwas mehr als 3 200 Dorfhäuptlingtümer. Also gab es etwas mehr als 3 200 dörfliche Verwaltungseinheiten und ›amtlich‹ verantwortlich gemachte Dorfhäuptlinge, die in eine Struktur politischer Institutionen eingefügt waren, zu denen Älteste, Priester, »Erdherren«, Klan- und Lineageoberhäupter, Haushaltsvorstände und andere zu rechnen sind. Im untersten Verwaltungsbereich, im Dorf, kommt die Vielfalt gleichsam zum Abschluß, die sich auf allen Ebenen der Hierarchie der Verwaltungsbereiche geltend macht und zu dem Vorgang der Vereinheitlichung gegenläufig ist. Es entsteht eine Hierarchie administrativer Verantwortungsbereiche, die von der abstrakten Einheit des »Schutzgebietes«, das dem Eroberer ›gehört‹, bis zur konkreten Vielfalt der Dörfer reicht, in denen die Beherrschten zu Hause sind.

So ist das administrative Häuptlingswesen eine Ordnung der Gegensätze, in der Anpassung und Konflikt, Ohnmacht und Gestaltungsfähigkeit das Handeln der Eroberer und der Unterworfenen bestimmt. Es ist keine Ordnung, die den Blaupausen der administrativen Ordnungsgrundsätze (Devolution, Hierarchie, Verwaltungsbezirk) entspricht. Diese Ordnungsgrundsätze bestimmen das Verwaltungshandeln und bleiben doch administrative Utopien. Sie beschreiben keine bestehende Ordnung. Sie sind der Vorgriff auf eine ganz und gar ungewisse und offene Zukunft. Das administrative Häuptlingswesen hat einen rechthaberischen und befehlsgewohnten Stationsleiter, der oft eine Quelle der Furcht für die Häuptlinge ist. Aber es hat keine Kommandostruktur. Es ist ein Gefüge aus verschiedenartigsten Elementen, die als Teile der intermediären Struktur doppelte Chancen und doppelte Ansprüche enthalten: die der Eindringlinge und die der bezwungenen Menschen.

3. Neue Machtbilanzen

Die Entstehung des administrativen Häuptlingswesens verändert die Grundlagen und Formen der Häuptlingsmacht und erzeugt neue Machtverhältnisse in den einst häuptlingslosen Gesellschaften. Dieser Wandel enthält Machtverluste und Machtgewinne. Ich habe schon an verschiedenen Stellen auf Veränderungen in den Machtbilanzen hingewiesen. Im folgenden will ich die bisherigen Beobachtungen ergänzen. Ich beginne mit dem, was angesichts der

»Aufrichtung der Schutzherrschaft« auf der Hand liegt: mit den Machtverlusten des Häuptlings.

3.1. Machtverluste: Abhängigkeit, Furcht und »Renten«

Von Anfang an brüsteten sich die kolonialen deutschen Machthaber, seien es Beamte oder Angehörige der Handels- und anderer Wirtschaftskreise, gerne damit, daß die deutsche Kolonialherrschaft die Macht der Häuptlinge gebrochen habe. Im verächtlichen Ton, der vielerorts zum ›guten Ton‹ gehört hat, schrieb z. B. der Pflanzer Hermann Rackow in der Deutschen Kolonialzeitung (1891: 128) über seine Ankunft im ehemaligen Porto-Séguro (heute Agbodrafo): »Nach ... Erholung vom ... Marsch begaben wir uns zu dem Häuptling des Orts, ... welchem ... die deutsche Regierung durchaus nicht sympathisch war, die mit dem ... Despotismus aufgeräumt hat. Er ist jetzt indes ziemlich kirre und seine Machtbefugnis auf die eines Ortsschulzen eingeschränkt.« Nicht anders heißt es elf Jahre später in den Briefen und Tagebuchaufzeichnungen des Regierungsarztes Dr. Ludwig Külz (1906: 29): »Hier in Kleinpopo (Aného – TT) haben wir drei ›Kings‹ Lahwson, Garber und Aite; treffender wäre wohl die Bezeichnung Dorfschulze, denn ihre Rolle ist wenigstens in der Öffentlichkeit seit der deutschen Besitzergreifung stark eingeschränkt worden.« Etwas vorsichtiger hieß es dagegen in einem amtlichen Bericht aus dem Jahre 1909, daß die Groß-Häuptlingtümer wie die der Dagbamba, Temba oder Anufòm »durch die Anerkennung der deutschen Oberhoheit einen Teil ihrer früheren Macht eingebüsst haben« (ANT FA1/214: 10). Rudolf Asmis (1942: 136f.) bilanzierte: »Die Errichtung der Herrschaft der kolonisierenden Macht und damit die Unterordnung aller Eingeborenenautorität unter einen neuen Machtfaktor hatte in jedem Falle eine Minderung des Ansehens der ... Häuptlinge zur Folge. ... (D)ie bisher als unbegrenzt empfundene Macht des Häuptlings endete am Machtanspruch des Weißen.«

Aber Rechnungen dieser Art sind unbefriedigend. Sie verstellen den Blick auf die wichtige Frage, wo im einzelnen die Machtverluste lagen, die mit der Errichtung der Kolonialherrschaft einhergingen. Die Frage ist wiederum mit dem Blick darauf zu stellen, daß die Ausgangslage der betroffenen Gesellschaften und Kulturen ganz unterschiedlich war.

Der Anspruch auf das Gewaltmonopol trifft vorstaatliche Gesellschaften und Kulturen in ihrem Kern. Aber es gibt Unterschiede in der Art und den Graden der Betroffenheit, zumal wenn anfänglich die Durchsetzung des Gewaltmonopols darauf beschränkt ist, die Außenbeziehungen der bezwungenen Völker zu kontrollieren. Groß-Häuptlingtümer wie das der Anufòm sind davon besonders berührt. Anders als im Falle der Akposso, Akebou, Tamberma oder Bekpokpam und anderer Völker Togos waren die vorkolonialen, ökonomischen und politisch-sozialen Verhältnisse der Anufòm aufs engste mit der Razzia-Ökonomie verbunden. Im Unterschied zur bäuerlichen Wirtschaft, die aufgrund des Gewaltmonopols von den verderblichen Einwirkungen der Razzia-Ökonomie entlastet wird, zerstört das Gewaltmonopol des Eroberers die Razzia-Ökonomie. Indem das Gewaltmonopol die Razzia beseitigt, zerbricht es tragende Pfeiler der politischen, sozialen und kulturellen Verhältnisse einer Kriegergesellschaft, wie sie die Anufòm verwirklicht hatten.

Unmittelbar sind davon die Position an der Spitze der Kriegergesellschaft und alle anderen Häuptlingspositionen betroffen, in denen die kriegerischen Aktivitäten und Tugenden einer Gesellschaft von ›Rittern‹ zusammengeführt sind. Das Gewaltmonopol beseitigt die unabhängige militärische Führungsrolle des Groß-Häuptlings und der Häuptlinge der adligen Lineages. Das berührt nicht nur den Kern des Selbstverständnisses einer Kriegergesellschaft, in der die militärische Ausbildung und die Bewährung als Krieger und Kriegsführer im Mittelpunkt der Aufmerksamkeit steht (vgl. E. G. Norris, 1993: 53). Mit dem Entzug der militärischen Führungsrolle wird die Verbindung des Häuptlingtums zu einem der drei »Archetypen von Herrschaft«, zur Rolle des »Anführers in der Gefahr« unterbrochen (H. Popitz, 1992: 246ff., 254).[68] Gewaltsame Bedrohung und wehrhafter Schutz der Menschen innerhalb und außerhalb des Reiches gehen auf die neue Zentralmacht über und berauben das Groß-Häuptlingtum seines politischen Kerns. Es wird politisch auf die Wahrnehmung von Interessen, befehlsabhängige militärische Aufgaben bzw. »Hilfsdienste« und ausführende Tätigkeiten in der staatlichen Verwaltung beschränkt.

Um so mehr gewinnen wirtschaftliche, religiös-symbolische und vor allem rechtliche Aufgaben in der Häuptlingsrolle ein größeres Gewicht. Das Beispiel der afrobrasilianischen Häuptlingssippen in den Küstenbezirken Togos verdeutlicht, welchen Rang wirtschaftliche Aktivitäten für die Neugestaltung des Häuptlingtums erhalten. In der Gegenwart hat das zur Folge, daß eine Teilnahme an den ruinösen Ausscheidungskämpfen für eine der wichtigen Häuptlingspositionen wie z. B. für die des Oberhaupts der Temba ohne beträchtliche finanzielle Ressourcen ziemlich aussichtslos ist. An relativer Bedeutung gewinnen ebenfalls die symbolisch-religiösen Funktionen des Häuptlings, wenngleich im Bereich der religiösen Rollen die Konkurrenz groß ist. Sie reicht von Geistlichen über Erdherren bis zu Lineageältesten und Haus-

---

[68] Im Falle des »Anführers in der Gefahr«, d. h. des Heerführers, stellt Popitz allzu verkürzend die Schutzfunktionen des Archetyps von Herrschaft in den Mittelpunkt der Konzeptualisierung. Der »Heerführer« ist mindestens ebenso als Angreifer ein Archetyp von Herrschaft. Angriff und Schutz sind aufs engste miteinander verbunden. Eine Verkürzung auf die eine oder andere ›Funktion‹ geht an der Sache vorbei.

haltsvorständen in den nicht-islamischen Kulturen und Ständen, zu denen in den islamisierten Adelsständen noch die Imame und Islamgelehrten wie die Karamon unter den Anufòm hinzukommen. Dennoch gehört auch der Häuptling zur wichtigen Kategorie der Personen, die für das Band zwischen den Ahnen und den Lebenden verantwortlich sind, die Tradition verkörpern und für das Wohlergehen der Gemeinschaft haften, dessen sich immer wieder rituell zu versichern ist. Die Häuptlinge bleiben Oberhäupter ihrer Sippen mit all den damit verbundenen weitreichenden Rechten und Pflichten. Sie repräsentieren die Einheit der Gemeinschaft, deren Oberhaupt sie sind, und die besonderen Traditionen und Vorrechte, die besonders in westafrikanischen Gesellschaften derjenigen Lineage zukommt, zu deren Ahnen der Gründer der Niederlassung, derjenige, der als erster den Boden ›in Besitz‹ genommen hat, gerechnet wird und dem deshalb das Recht zusteht, den Häuptling zu stellen.

Vorrangig aber bleibt dem Häuptling der wichtige Bereich der Streitregelung, der bis in die Gegenwart mit der Häuptlingsposition aufs engste verbunden ist. Allerdings erzwangen in diesem Aufgabenfeld die koloniale und nachkoloniale Herrschaft eine Verengung der Aufgabenstellungen des Häuptlings. Die Einschränkung folgte der Richtung des Monopolisierungsvorgangs der Gewalt. Die Lokalverwaltung entzog dem Häuptling das Recht, über schwerere, dem Strafrecht zugeordnete Normverletzungen und besonders über Kapitalverbrechen zusammen mit den Mitgliedern des Häuptlingsgerichshofes zu urteilen. Der Verlust der »Oberhoheit« setzte sich demnach dort fort, wo der zweite Archetyp von Herrschaft, die Position des Richters, betroffen ist. Freilich reichte anfänglich der Verlust, der der Macht der Häuptlingsposition zugefügt wurde, hier im wesentlichen nur so weit, so weit jener Kern berührt ist, der beide Archetypen von Herrschaft verbindet und auf den der Anspruch auf das staatliche Gewaltmonopol vorrangig zielt. Es ist die Macht zu töten und der körperlichen Integrität des Menschen zu schaden, worin die Macht eingeschlossen ist, Menschen einzusperren oder ihnen auf andere Weise die Freiheit zu nehmen. Im Verlust der »Oberhoheit« wird diese Macht für die Gestaltung der Innenbeziehungen gebrochen. Übrig bleiben die Geschichten von ruhmreichen Heerführern in einer noch glorreicheren Vergangenheit, ein Richter, dessen Herrschaft beschnitten ist, und ein Häuptling als Patriarch – der dritte Archetyp von Herrschaft (vgl. H. Popitz, 1992: 248ff.) –, dem es aber mit dem Verlust der beiden anderen archetypischen Herrschaftsbezüge schwergemacht ist, das »Prestige des Numinosen« (ebda, S. 246) auf sich zu ziehen.

Zur Einschränkung der Streitfälle, die das Häuptlingsgericht aburteilen darf, kommt hinzu, daß dem Groß-Häuptling das letztinstanzliche Urteil, allen Häuptlingen das Gewicht ihrer rechtlichen Entscheidungen genommen wird. Urteile stehen von nun an unter Vorbehalt, weil die Vertreter der zentralstaatlichen Verwaltung in den Stationen zur Korrektur der Urteile der

Häuptlingsgerichte angerufen werden können und es den kolonialen Machthabern grundsätzlich jederzeit frei steht, einen Rechtsstreit an sich zu ziehen. Im Unterschied zu Entscheidungen vieler einfacher Häuptlingsgerichte sind darüber hinaus die Urteile von Vertretern der Kolonialmacht bindend. An die Stelle einer ›Konkurrenz der richterlichen Weisheit‹, wie ich die Arbeitsweise stärker horizontal organisierter, einfacher Häuptlingsgerichte nenne, tritt die Ordnung des staatlichen Instanzenrechts, die eine ›Hierarchie der richterlichen Weisheit‹ begründet, die Übereinstimmung mit der Entscheidung der höheren und hauptsächlich der Instanz des Stationsleiters belohnt und das Ansehen des Häuptlingsgerichtshofes und den autoritativen Charakter seiner Urteile mindert.

Innerhalb des Zeitraums der deutschen Kolonialzeit dürfen die Machtverluste der Häuptlinge im rechtlichen Bereich allerdings nicht überschätzt werden. Betrachtet man die ›Schwere der Straftat‹ als eine abgeleitete Größe der ›Schwere der Strafe‹, dann billigten nicht wenige Stationsleiter mit dem Strafrahmen der Geldstrafe, der unter den Bedingungen einer bäuerlichen Wirtschaft vergleichsweise weit gesteckt war (vgl. auch A. Mignot, 1985: 208), den Häuptlingen zu, so gut wie die gesamte alltägliche ›Kriminalität‹ vor dem Gerichtshof des Häuptings zu verhandeln. Das Fehlen eines materiellen Strafrechts eröffnete den Häuptlingen wie den überlasteten Stationsleiter und ihren Assistenten einen weiten Spielraum, Streitfälle der Einheimischen nach bestehenden ›zivilrechtlichen‹ Verfahren des Schadensausgleichs im Gerichtshof des Häuptlings behandeln zu lassen. Die Substitution der richterlichen Konkurrenz durch die Instanzenhierarchie des »Palavers« vor dem Stationsleiter und Häuptlingsgerichten blieb begrenzt. Selbst im Bereich der Prügel- und Todesstrafen, deren Anwendung den Häuptlingen untersagt war, ist gegenüber vorschnellen Effektivitätsunterstellungen zum Gewaltmomopol des Stationsleiters Vorsicht angebracht. Wie in vielen bäuerlichen Gesellschaften wurde ebenso im Raum der Kolonie Togo nicht nur auf Tötungsdelikte, sondern auch auf bestimmte Formen des Diebstahls und der Hexerei mit tödlichen Sanktionen geantwortet. Die europäische Kategorie des ›Kapitalverbrechens‹ lag mit Ausnahme des Bereichs der Tötungsdelikte ganz neben der Sache. Prügel sind – bis heute – eine verbreitete Sanktionsform. Dementsprechend finden sich in den Akten der Kolonialverwaltung noch bis zum Beginn des letzten Jahrzehnts und selbst bis in die letzten Jahre der deutschen Kolonialherrschaft Hinweise darauf, daß »Fetischpriester« die Prügelstrafe angewendet haben und daß es zu Todesfällen von Menschen gekommen ist, die der Hexerei beschuldigt waren. Stellt man noch den vergleichsweise geringen Grad in Rechnung, in dem die Vertreter der staatlichen Verwaltung insbesondere in den »Hinterland«- und hauptsächlich in den Nordbezirken gegenwärtig sein konnten, dann ist die Annahme nicht leicht von der Hand zu weisen, daß nicht anders als in anderen Bereichen auch im Falle der Sanktionsmacht des Häuptlings die formellen Regelungen der Verwaltung eine gute Portion mehr Programmatik denn Erfahrungswirklichkeit enthalten haben. Aber selbst wenn die Machtverluste im rechtlichen Bereich zu gradualisieren und zu relativieren sind, ist zu betonen, daß die Struktur des Unterschieds, der zwischen einer formellen und ›informellen‹, abweichenden Wirklichkeit tatsächlich ausgeübter Sanktionsmacht des Häuptlingsgerichts besteht, selbst eine Erscheinung des Machtverlusts des Häuptlings ist. Die überkommene Rechtsprechung des Häuptlings gerät dort, wo sie den Regelungen und Vorstellungen des Stationsleiters widerspricht, unter das Damoklesschwert der ›Illegalität‹. Intermediarität bedeutet für den Häuptling, ein Seiltänzer zwischen Konformität und Abweichung zu werden.

Die Intermediarität des Häuptlingswesens ist eine Struktur der Furcht.[69] Verpflichtet, »darüber zu wachen, daß in seinem Dorfe nichts Unrechtes geschieht«, wie es in der erwähnten Gruner'schen Anweisung über die »Pflichten und Rechte der Häuptlinge« hieß, und gefangen in einer Struktur der Illegalität, ist der Häuptling der erste Adressat aller Beschwerden und Maßregelungen der Lokalverwaltung.

Der Grad der Furcht ist von dem Umfang der Machtressourcen und dem Status des Bedrohten abhängig, wenngleich es hier keine linearen Beziehungen gibt. Am Groß-Häuptling wird zum Beispiel das abschreckende Exempel statuiert. In Togo wurde er vor allem in den Anfangsphasen der Eroberung und Pazifizierung erschossen oder gehängt, in späteren Zeiten wurde er wie der Oberhäuptling von Kpandu, Dagadu, nach Kamerun in die Verbannung geschickt (vgl. P. Sebald, 1988: 569, 625; F. Agbodeka, 1984: 162; H. W. Debrunner, 1965: 146). Der Dorfhäuptling mag stattdessen damit wegkommen, wie so viele andere vor und nach ihm, abgesetzt zu werden.

In Togo war mancher Dorfhäuptling über die Absetzung erleichtert. Der Greis Nabede Kagnaya Tagba Tchenzi aus Tchitchao meinte sich im Jahre 1980 daran erinnern zu können, daß die Familie weinte, als einer seiner Onkel, ein älterer Bruder des Vaters, von den Deutschen zum Häuptling ernannt worden ist (vgl. H. D.-K. Simtaro, 1982, Bd. 2: 742). Und er ergänzte (ebda): »Ja, geweint haben wir. Nichts von Freude .... Nein, nein. Denn es war nichts Erfreuliches, zur damaligen Zeit Häuptling zu sein, oder einen älteren Verwandten zum Häuptling gemacht zu sehen. Immer lebte man in der Ungewißheit, eines Tages erleben zu müssen, daß dein Verwandter und Häuptling ins Exil verbannt oder ins Gefängnis geworfen wurde ....« Häuptlinge wurden erschlagen – wie Toki »der Dicke« von Kétao, den eine Polizeieskorte ermordet hat. Die Häuptlinge wurden zu Freiheitsstrafen ver-

---

[69] Der etwa 85jährige Patchoudi Kolou Sanda aus Lama-Kara traf diesen Tatbestand genau, als er in einem Interview, das von Tchao Kodjo im März 1980 durchgeführt wurde, erklärte (D. H.-K. Simtaro, 1982, Bd. 2: 787): »Zu Zeiten des ›Djama‹ war das Häuptlingswesen eher gleichlautend mit Angst.«

urteilt, in das Gefängnis geworfen, in Ketten gelegt, zur Zwangsarbeit verdammt, als Geiseln festgehalten, verschleppt und in »Besserungssiedlungen« interniert. So erging es selbst Bodjona von Kidjang, der »sehr große Krieger« und »sehr große Häuptling«, zu dem ihn die Deutschen bestimmt hatten, nachdem er sie im Land aufgenommen und mit ihnen Freundschaft geschlossen hatte. Kinder der Häuptlinge nahm die Verwaltung als Geiseln, und der Sohn des Häuptlings Toki mußte den abgetrennten Kopf seines Vaters, den man vor seinen Augen getötet hatte, auf die Station nach Sokodé bringen (vgl. H. K.-D. Simtaro, 1982, Bd. 2: 790ff., 816ff.).

Die Struktur der Furcht des administrativen Häuptlingswesens ist freilich eine Struktur der doppelten Furcht. Es gibt die zweite Drohung. Anders als die Drohung des Stationsleiter ist sie nah und deshalb dringlich. Sie geht von dem ganzen Potential der Sanktionen und Entzüge von Anerkennung aus, das die Beherrschten zur Hand haben. Vor allem in den einst akephalen Gesellschaften ist in diesem Potential die Todesdrohung enthalten – wie die grausame Tatsache bestätigt, daß am Ende der deutschen Herrschaft mancher Häuptling von seinen einstigen ›Untertanen‹ umgebracht worden ist.

Die Häuptlinge wurden gedemütigt. Die Bezirksverwaltung tat es systematisch mit denen, die sie bestrafte. Auf dem »Bezirketag« in Bassar im März 1909 berichtete der Bezirksamtmann von Sokodé, Hermann Kersting, daß er »einflussreiche Häuptlinge« nach ihrer Freiheitsstrafe bevorzugt als »Pflichtarbeiter in den Stationspflanzungen oder in ähnlichen Beschäftigungen verwendet«: »Sie werden dabei ganz wie andere Arbeiter behandelt, wohnen in Hütten der Station, und erhalten nach ihren Leistungen kleine Löhne. ... Sind dieselben längere Zeit in der sehr geringen Stellung von Pflanzungsjungen gewesen, so verschwindet allmählich die Neigung zu ... Übeltaten, wenn sie später entlassen werden« [R 150 ANT FA3/3037 (3-4): 172].

Demütigung trifft hauptsächlich die Ausübung autoritativer Macht. Degradierungszeremonien sind Umkehrungen von Handlungen, in denen Menschen ihre überzeugende Durchsetzungsfähigkeit unter Beweis stellen. Aus dem »sehr großen Krieger« wird der »Pflanzungsjunge«. Der gewohnt ist, Befehle zu geben, muß jetzt Befehle annehmen und in der Wiederholung des Befehls, die so unerläßlich für die Ordnung des militärischen Befehls, wie sie stupide und maschinenhaft ist, seine unbedingte Unterwerfung laut kundtun. Der Häuptling, dem, wie Bodjona, der mächtige Eroberer einst reiche Geschenke an Mützen, Stoffen, Schmuck und Bestecken gemacht hat, muß, verschleppt und gefangen, selbst für die dringlichsten Notwendigkeiten, die das Überleben sichern, hart arbeiten. Die Waffenkammer der Degradierungszeremonien ist so unerschöpflich wie das ›normale‹ Leben, dem der größte Teil der Waffen entnommen ist.

Dem administrativen Häuptlingtum können im Unterschied zum amtlichen Dorfhäuptlingtum allerdings die überkommenen Legitimationsquellen der Macht und vor allem ein Anspruch auf die Häuptlingswürde nicht kurzfristig genommen werden. Die positionalen Quellen autoritativer Macht bleiben den administrativen Häuptlingtümern erhalten – und das Leid, das der Eroberer zufügt, kann sogar den überkommenen Quellen der autoritativen Macht neue Kräfte zuführen und sie um so mächtiger erscheinen lassen. Das durfte zum Beispiel der Oberhäuptling Dagadu von Kpandu erfahren, dessen Rückkehr aus Kamerun im Jahre 1915 zu seinem persönlichen Triumph wurde. Bodjona hingegen war »ganz alt und matt«, als er schließlich am Ende der deutschen Herrschaft heimfand: »Er hatte etwas Mühe mit dem Sprechen . . . . Wenig später starb er« (H. K.-D. Simtaro, 1982, Bd. 2: 821).

Bestrafungen und Demütigungen der Häuptlinge fügen sich in eine Vielzahl unterschiedlicher Aktivitäten und struktureller Veränderungen ein, die auf eine maßgebliche Schwächung der autoritativen Macht des Häuptlingtums hinauslaufen. Neben der »Unterordnung der Eingeborenenautorität unter einen neuen Machtfaktor« und dem Status einer »Hilfsbehörde der . . . kolonisierenden Macht« gehörten zu ihnen in Togo die sinnfälligen, standesbewußten und rassistischen Arrangements der kolonialen Gesellschaft. Zum Beispiel nahmen an den »festlichen Veranstaltungen im Gouverneurshaus in Lomé« zwar die »führenden Eingeborenen der Stadt Lomé und die Häuptlinge der Nachbarorte« teil, ihr Platz jedoch war »im unteren Stockwerk des Gouverneurshauses«, »während sich die weiße Bevölkerung im oberen Stockwerk versammelte« (R. Asmis, 1942: 97, 136f.).

Die grundlegenden Veränderungen der Position und Rolle der Häuptlinge treffen nicht weniger einschneidend die wirtschaftlichen Ressourcen der Häuptlingsmacht. Wiederum sind sie ein härterer Schlag für die machtvollen Häuptlinge und Groß-Häuptlinge.

Die deutsche Kolonialherrschaft traf die Ökonomie des Häuptlingtums vor allem in drei Feldern. Sie beseitigte die Ökonomien der Razzia und des innerafrikanischen Sklavenhandels, soweit dieser auf der Razzia aufgebaut war. Davon waren besonders die islamischen Groß-Häuptlingtümer betroffen. Die Kolonialherrschaft entzog den Häuptlingen die Einnahmen aus Handelsabgaben, die die durchreisenden afrikanischen Händler und Handelskarawanen und die wenigen europäischen Unternehmungen an der Küste zu entrichten hatten. Der »Zoll« wurde die Sache der Zentralverwaltung. Von Anfang an wurde der Handel über die Seegrenze vergleichsweise erfolgreich kontrolliert. Naheliegenderweise gestaltete sich die Zollkontrolle des Handels über Land schwieriger. Seit 1905 baute die Verwaltung die West- und Ostgrenze des »Schutzgebietes« zur Zollgrenze aus. Bis 1913 errichtete sie vier Zollämter und 15 Zoll-»Hebestellen«. In Nordtogo blieb die Verwaltung bei dem vorkolonialen Verfahren, das sie indessen wirksamer gestaltete. Es wurden erhebliche »Wegegebühren« eingeführt, verbindliche Routen festgelegt und das Ausweichen oder, wie es hieß, »Abtreiben auf Nebenstraßen« verboten (vgl. P. Sebald, 1988: 323, 454). Gleichzeitig sahen sich die Häuptlinge um ihre Einnahmen aus Handelsabgaben gebracht, weil die Zoll- und Abgabenpolitik der Kolonialverwaltung die Handelskarawanen veranlaßte, andere Routen zu wählen, die das Gebiet der Kolonie nicht oder nur kurz in Anspruch nahmen. So erging es z. B. der traditionsreichen Handelsroute von Salaga bzw. Kete-Krachi über Yendi nach Sansanné-Mango und weiter bis zu den Gebieten am Niger. Diese Route verlor bis 1914 immer mehr an Bedeutung, weil der Transithandel sich in die Nordgebiete außerhalb der Kolonie verlagerte (vgl. ebda, S. 452).

Zu den Verlusten der Einnahmen aus dem Handelsverkehr im engeren Sinne kamen Einbußen bei Übernachtungs-, Fährgeldern oder Marktabgaben hinzu (vgl. E. A. B. van Rouveroy van Nieuwaal, 1968; H. Klose, 1899: 321). Die Kolonialverwaltung erließ neue Bestimmungen über die Höhe und die Empfänger von Abgaben, die manchen Häuptling und mit ihm manche Gemeinde empfindlich trafen. Zum Beispiel veranlaßte die Verwaltung den Bau von Rasthäusern für afrikanische Händler und Reisende oder wies ein neues Stadtviertel für die Fremden aus (vgl. E. G. Norris, 1993: 108; H. Seidel, 1900: 212). Ein Aufseher war für diese Einrichtungen verantwortlich. Sofern dieser Aufseher nicht mit dem lokalen Häuptling identisch war oder das Bezirksamt die Angelegenheit in die eigene Regie nahm (ebda), wurden auf diesem Weg die überkommenen Regelungen außer Kraft gesetzt. Statt den Reichtum des Häuptlings zu mehren, brachten die Reisenden und Fremden ihre Geschenke und Abgaben direkt dem Bezirksamt oder zu dem Aufseher, den die deutsche Verwaltung eingesetzt hatte. Andernorts richtete die deutsche Verwaltung Wochenmärkte ein oder verbot dem ansässigen Häuptling, Marktabgaben zu erheben (vgl. R. Büttner, 1911: 31).

Der Kolonialverwaltung war klar, daß derartige Eingriffe in die ökonomischen Verhältnisse der Gemeinwesen politisch heikel sind. Bezeichnenderweise war es deshalb einer der frühen Gouverneure, der Landeshauptmann Jesko v. Puttkamer, der regelmäßige Zuwendungen an einflußreiche Häuptlinge einführte. Die »Renten« und »Abfindungen« sollten wenigstens für den Verlust entschädigen, der dadurch entstand, daß die Zahlungen aus den europäischen Unternehmungen entfielen. Trotz Widerspruch von seiten der Berliner Kolonialabteilung des Auswärtigen Amts setzte Puttkamer lebenslängliche und vererbliche »Renten« durch. Unumwunden und kenntnisreich schrieb er nach Berlin (zit. n. P. Sebald, 1988: 107): »Rente muß unter allen Umständen dauernd und vererblich sein, wenn wir nicht beim Ableben eines der Empfangsberechtigten und Einziehung der Rente einen Aufstand herbeiführen wollen.« Er bemerkte sogar, daß die »Renten«-Zahlungen an die Häuptlinge erst dann als Sanktionsmittel verfügbar werden, »wenn wir im Lande militärisch stark genug sind. ... Vorläufig brauchen wir die Häuptlinge und diese brauchen die Rente, um ihren Pflichten nachkommen zu können« (ebda).[70]

---

[70] Hier kehrt sich der Vorgang der Staatsbildung als ›racketeering‹ zum Nachteil der Eroberer und zugunsten der vorkolonialen Häuptlinge um. Die »Renten« der Häupt-

Eingedenk des Umstandes, daß hier nicht nur ein ökonomischer Ausgleich zu schaffen, sondern auch ein ›politischer‹ Preis zu zahlen war, zeigte sich die Verwaltung nicht kleinlich. Trotz ihres Zwangs zu äußerster Sparsamkeit zahlte die Verwaltung den einflußreichen Häuptlingen z.B. der Küstenregion Jahresrenten zwischen 500 Mark und 1 500 Mark (vgl. P. Sebald, 1988: 107; vgl. auch SHAF O3, A. E. F. Cameroun, »Togo«, 1914–1918, carton 56, Annexe N 2, Fascicule N VI). Mit Beträgen zwischen rund 1,35 Mark und 4,10 Mark pro Tag lagen diese »Renten« zwischen dem Tageslohn eines Gefreiten der Polizeitruppe nach zwölfjähriger Dienstzeit und eines Dolmetschers im vierzehnten Dienstjahr.[71] Zu diesen Renten kamen noch »Abfindungen« für entgangene Einnahmen und andere Zuwendungen zum Beispiel Geschenke hinzu. Geht man von den offiziell ausgewiesenen Mindestbeträgen des ordentlichen Etats aus, dann ergaben die »Renten«, »Abfindungen« und anderen Zuwendungen an die Häuptlinge einen Betrag, der in den Jahren 1902 bis 1905 in der Größenordnung von gut einem Fünftel der Personalausgaben lag, die für die weißen Mitglieder der Verwaltung im ordentlichen Etat vorgesehen waren (s. Anhang, Tab. 16).[72]

Angesichts dieser neuen Einkommensquellen des vorkolonialen Häuptlingtums ist deutlich, daß der Kern des ökonomischen Machtverlusts der Häuptlinge im allgemeinen nicht in einer Minderung der Einkünfte bestand. Maßgeblich war stattdessen die radikale Neuordnung des ökonomischen Charakters des Häuptlingswesens. Aus einem ›Herrscher‹ kraft Tributen wurde ein staatlicher ›Rentier‹, aus einem ›Häuptling‹ ein Versorgungsempfänger der Verwaltung, aus einem ›Richter‹ ein Mittelsmann mit einträglichen Rechtsprechungsaufgaben. Mit dem Verlust der »Oberhoheit« schwand die ökonomische Unabhängigkeit des Häuptlingtums. Das galt hauptsächlich für das Groß-Häuptlingtum. In ihm ist der Häuptling nicht gleichzeitig Bauer, der von den Erträgen seiner eigenen Felder lebt, auf denen er sich selbst abmüht. Umgekehrt konnte das überkommene Häuptlingtum, wenn es sich nicht ganz auf den Sklavenzwischenhandel verlassen hat, in den Grenzen der

---

linge sind die ›Schutzgeldzahlungen‹ der staatlichen Verwaltung. Dementsprechend bekommt der Häuptling wenig oder kein Geld, der wenig oder keinen eigenständigen ›Schutz‹ zu geben vermag. Die neuen, amtlich geschaffenen Häuptlingtümer, die keine eigenständigen Machtgrundlagen haben und ihr Dasein dem »neuen Machtfaktor« verdanken, haben gegenüber den vorkolonialen Häuptlings- und Groß-Häuptlingtümern das Nachsehen.

[71] Ich lege hier die Regelungen der Dienstbezüge aus den Jahren 1907 und 1908 zugrunde (vgl. LGG, S. 373, 375).

[72] Besonders mit dem Etatisierungsschub von 1910 sank der Anteil auf 4,6% im Jahre 1914.

Kolonialökonomie wirtschaftlich seine Unabhängigkeit wahren. Für einen Häuptling, der gleichzeitig Bauer ist, ist diese Unabhängigkeit in einer Wirtschaft groß, in der der Markt nicht über die Sicherung des bäuerlichen Daseins entscheidet.

3.2. Machtgewinne – Steigerung und Distanzierung der Macht

Der Rückblick von Kiyolou Pamali verschwieg es nicht. Der alte Mann zog Bilanz und meinte (D. H.-K. Simtaro, 1982, Bd. 2: 821): »Man muß sagen, daß zur Kolonialzeit, ganz egal ob es die Zeit der Djama (= Deutschen – TT) oder der Faransi (= Franzosen – TT) war, alle Häuptlinge großen Nutzen aus den unbeschränkten Befugnissen zogen, die ihnen die Weißen übertragen hatten .....«

Die Rechnung, die der Achtzigjährige aufmachte, weist darauf hin, daß das Häuptlingtum in der Kolonie Togo keine Ausnahme von den Verhältnissen anderswo in Afrika gemacht hat (vgl. E. A. B. van Rouveroy van Nieuwaal, 1987a: 13; C. Coquery-Vidrovitch, 1985: 115 ff.). Der Kolonialismus hat das Häuptlingtum nicht nur geschwächt. Zum einen verallgemeinerte er das Häuptlingtum, indem er es in der Gestalt einer intermediären Herrschaftseinrichtung den häuptlingslosen Gesellschaften aufzwang. Der Kolonialismus setzte das Häuptlingtum durch. In den Abwandlungen des administrativen Groß-Häuptlingtums und Häuptlingtums und des amtlichen Dorfhäuptlingtums wurde das Häuptlingtum zur beherrschenden Einrichtung an der Nahtstelle zwischen Verwaltung und einheimischer Bevölkerung. Mit dem Kolonialismus fiel in Afrika die Durchsetzung des Territorialstaates mit der Durchsetzung des Häuptlingtums zusammen – und es ist keineswegs ausgemacht, ob nicht in manchen Regionen Afrikas am Ende wieder das Häuptlingtum stehen wird.

Zum anderen löste der Kolonialismus zwei Vorgänge aus: den Prozeß der Machtsteigerung und den Vorgang, den ich die ›Distanzierung der Macht‹ nenne. Die beiden Vorgänge sind eng miteinander verbunden und haben nachhaltige Folgen für das System der Machtkontrollen in den überkommenen Formen des Häuptlingtums und der häuptlingslosen Gesellschaft.

Der Vorgang der Machtsteigerung (vgl. H. Popitz, 1992: 234f.) hatte im Fall der kolonialen Neuordnung des Häuptlingswesens mehrere Seiten. Es begann mit der Einrichtung von Oberhäuptlingspositionen, die mit der Hierarchisierung des administrativen Häuptlingswesens gebildet wurden. Mit ihr wurden alte und zerbrochene Tributverhältnisse in neuer Form wiederhergestellt oder neue und bis dahin unbekannte Über- und Unterordnungsverhältnisse geschaffen (vgl. P. Sebald, 1988: 186f.; H. Klose, 1899: 321, 448; ANT FA1/214: 10). Insbesondere in den Anfangsphasen der kolonialen Staatsbildung verbanden sich das euro-afrikanische Konkurrenzgeflecht und der Institutionalisierungsvorgang von Oberhäuptlingspositionen in der Weise, daß die Häuptlinge, die sich in den wechselvollen Auseinandersetzungen behaupten konnten, als Oberhäuptlinge neue Machtchancen bekamen oder verlorengegangene wieder errangen.

Im Sinne des Popitz'schen »Stufen-Modells« der Institutionalisierung von Macht handelte es sich bei der Einrichtung von Oberhäuptlingspositionen um die Entstehung oder den Ausbau des »Positionsgefüges« der Häuptlingsherrschaft an der Nahtstelle zwischen dem Herrschaftsapparat der Kolonialverwaltung und der bezwungenen Bevölkerung (vgl. H. Popitz, 1992: 236ff., 255). Der einstige Häuptling einer größeren Ansiedlung wußte sich mit einem Mal den vielen Dorfhäuptlingen übergeordnet, er konnte sie zu öffentlichen Arbeiten heranziehen, Träger von ihnen verlangen und ihre Urteile erneut verhandeln. Neue machtsteigernde Chancen einer arbeitsteiligen Herrschaftsausübung öffneten sich (vgl. ebda, S. 63). Allerdings blieben diese Chancen begrenzt.

Vielerorts wie z.B. im Lande der Bassar fehlten »Unterhäuptlinge«, in anderen Regionen und für andere Einrichtungen wie das Groß-Häuptlingtum blieben die vorgesehenen Über- und Unterordnungen auf dem Papier oder gingen nicht über den vorkolonialen Zustand hinaus. Im Unterschied zu den Popitz'schen Beispielen, mit denen er die Entstehung eines Herrschaftsapparates illustriert, handelte es sich bei den neuen »Unterhäuptlingen« auf der Dorfebene nicht um »Gefolgschaft«, um »Vertraute«, »Mitkämpfer«, »Gefährten« und Gefolgsleute des Oberhäuptlings. Stattdessen waren es Menschen in einem oktroyierten Ahängigkeitverhältnis. Die Chancen, die sich hier für die arbeitsteilige Herrschaftsausübung öffnen, sind ›passiv‹. Sie erforderten die Initiative des Oberhäuptlings. Sie benötigten nicht selten Drohung und Zwang, um verwirklicht zu werden. Der Ausbau des Positionsgefüges des Häuptlingtums verlängerte in diesem Fall das ›Oktroi-Problem‹, das zwischen Eroberern und Bezwungenen besteht, in die Beziehung zwischen dem Häuptling und den Menschen seines Verantwortungsbereichs hinein. Das administrative Häuptlingswesen steht im Schatten der kolonialen Situation.

Um so mehr lagen die Chancen der Machtsteigerung für das Oberhäuptlingtum in der Errichtung oder Erweiterung von Klientelbeziehungen. Klientelbeziehungen sind die Antwort auf die ›Passivität‹ der Chancen arbeitsteiliger Herrschaftsausübung und das Oktroi-Problem des administrativen Häuptlingswesens. Statt von den Dorfhäuptlingen und ihren Dorfbewohnern etwas zu verlangen, machte sich der Oberhäuptling zum Anwalt und Bittsteller für die Menschen seines »Landbezirks« und paßte als Schutzpatron gegenüber der Verwaltung seine traditionelle Schutzaufgabe den neuen Verhältnissen an. Aus einer Anweisung wurde eine Dienstleistung. Aus den ›passiven‹ Chancen arbeitsteiliger Herrschaftsausübung wurden die ›aktiven‹ Chancen einer Kreditbeziehung. Aus den gezwungenen Dorfhäuptlingen und Dorfbewohnern wurden Menschen, die um Schutz, Hilfe und Gefälligkeiten baten.[73] Der Oberhäuptling – und der amtliche Dorfhäuptling gegenüber dem Oberhäuptling – wurde zum Mittelsmann, zum ›broker‹ (zum ganzen vgl. G. Spittler, 1977). Er vermittelte zwischen den staatlichen Institutionen und der lokalen Bevölkerung. Nach oben, gegenüber dem Stationsleiter und anderen Gouvernementsbeamten sicherte er zu, daß die Verwaltungsanordnungen befolgt wurden. Nach unten schützte er die Dorfbewohner vor staatlichen Übergriffen, vor Steuern, Zwangsarbeiten und gegen das neue Recht des Eindringlings. Der Oberhäuptling und der Groß-Häuptling im besonderen waren für diese ›Patron‹-Rolle geeignet. Es waren hauptsächlich sie, mit denen die Verwaltung sprach, die zu den Häuptlingsversammlungen kamen und wie im Bezirk Sokodé-Bassar dazu verpflichtet waren, »ständige Vertreter am Bezirksleitersitz zu halten« (R. Asmis, 1942: 65).

Heute sind Klientelbeziehungen vorherrschendes Merkmal der politischen Ordnungen afrikanischer Staaten. Man kann sagen, daß sie endemisch sind. Für den Beginn des kolonialen Staatsbildungsvorgangs gilt indes eine Einschränkung. Der Raum für Klientelbeziehungen blieb äußerst begrenzt. Die Berührungspunkte zwischen Verwaltung und Bezwungenen waren beschränkt, positive Leistungen wie staatliche Kredite oder Arbeitsplätze gab es nicht oder in zu geringem Umfang. Wichtig waren allein die »Fron«-Dienste, vor denen zu bewahren, den Häuptlingen die Schlüsselrolle zufiel.

Die Chancen für Klientelbeziehungen sind ein Aspekt der Tatsache, daß mit der Entstehung des administrativen Häuptlingswesens teilweise eine Zunahme der Reichweite der Macht verbunden ist. Größere Gebiete und mehr Menschen fallen in den Herrschaftsbereich des Häuptlings. Das galt für den Groß-Häuptling der Temba ebenso wie für alle neu geschaffenen Oberhäuptlingtümer. Der »tatkräftige Häuptling von Dako« erlebte zum Beispiel auf diesem Weg den Aufstieg zum Oberhäuptling des »Transkaragebietes« (vgl. G. Trierenberg, 1914: 157).

Im Mittelpunkt der Machtsteigerung, die das Häuptlingtum erfährt, stehen die Steigerung der Aktionsmacht, der »instrumentellen Macht« und der Durchsetzungskraft von Entscheidungen, die der Häuptling trifft oder verantwortet (vgl. zu den allgemeinen Konzepten H. Popitz, 1992: 25ff., 79ff., 234f.).

Die Steigerungen in allen drei Formen der Macht beruhen auf dem Zugang zu dem neuen Machtpotential des Stationsleiters und der staatlichen Verwaltung im allgemeinen. Zu diesem Machtpotential gehören die überlegene Waf-

---

[73] Sie bilden zwar eine Anhänger-, aber keine Gefolgschaft. Kennzeichnend für Klientelbeziehungen ist ihr individualistischer Charakter. Es sind Beziehungen zwischen dem Patron und dem Klient, so daß zwar der Patron die Klienten zur Anhängerschaft mobilisieren kann, aber ein Zusammengehörigkeitsgefühl der Klienten und damit auch die Gefahr eines Zusammenschlusses gegen den Patron gebannt sind.

fentechnik des Eroberers, die militärisch aufgebaute und geschulte Polizeitruppe, Zwangsarbeit und Geldsteuer und das ganze Zeughaus der Bestrafungstechniken, die von der Prügelstrafe bis zur Deportation reichen. Wie andere benutzte zum Beispiel das Oberhaupt der Temba überlegt die Feuerkraft und militärische Ausbildung der Polizeitruppe, um seine tributäre Herrschaft und sein Oberhäuptlingtum gegenüber Tashi, das unter der Führung von Uro Baya stand, durchzusetzen (vgl. Peter Sebald, 1988: 156f.). In anderen, alltäglicheren Fällen forderten Häuptlinge Soldaten der Polizeitruppe an, »um ... (ihren – TT) ... nur widerwillig gehorchenden Leuten zu zeigen, ... (sie – TT) und der Weiße seien eins«, daß sie »über jedes Machtmittel« verfügten, »das der Weiße besitze« (vgl. ANT FA3/1309: 2).

Der Zuwachs an gewalttätiger und materieller Aktionsmacht blieb freilich eng begrenzt. Die Sperre, die den Zuwachs verhinderte, ist grundsätzlicher Natur. Alle Machtsteigerung, die das Häuptlingtum mit der zentralisierenden Kolonisierung für sich verbuchen konnte, ist eine Steigerung geliehener Macht. Das Häuptlingtum bleibt ein Schuldner der Macht in Gestalt der gouvernementalen Zentrale und der staatlichen Lokalverwaltung.

Die Verfügbarkeit über geliehene Macht ist für den Entleiher begrenzt. Das gilt vorzugsweise für die Verfügbarkeit von Aktionsmacht und traf besonders unter den Bedingungen der deutschen Kolonialherrschaft zu, deren Richtschnur war, keine moderne Waffentechnik den Besiegten zugänglich zu machen. Die Steigerung der Aktionsmacht des Häuptlings ist davon abhängig, daß der Eroberer und das Personal, hauptsächlich die Soldaten, die der Eroberer befehligt, unmittelbar tätig werden. Das Borgen von Aktionsmacht geht für den Häuptling nicht damit einher, über die geliehene Macht verfügen zu können. Die Bedingungen, unter denen die Ausleihe der überlegenen Aktionsmacht des Eroberers erfolgt, bleibt in der Hand des Eroberers. Das schließt nicht aus, daß der Häuptling diese Bedingungen zu umgehen versucht oder gewollt oder ungewollt Umstände erzeugt, in denen der Eroberer in Aktion treten muß.

Die Definitionsmacht des Eroberers über die Bedingungen, unter denen er zur Ausleihe von Aktionsmacht bereit ist, bedeutet für den Häuptling zum einen, daß er wenigstens den Schein herstellen muß, die Bedingungen des Leihgebers zu erfüllen. Zum anderen aber wird der Häuptling nicht zum Herr des Verfahrens, in dem die überlegene Aktionsmacht des Eroberers entfesselt wird. Das Ausleihen von überlegener Aktionsmacht wird für den Häuptling sogar zur riskanten Unternehmung. Er muß auf der Hut sein, nicht gegen die Bedingungen des Eroberers zu verstoßen und dadurch selbst zum Opfer zu werden.

Mit den Unwägbarkeiten geliehener Aktionsmacht konfrontiert, ist es für den Häuptling naheliegender, die überlegene Aktionsmacht des Eroberers für die Steigerung der »instrumentellen Macht« einzusetzen. Instrumentelle Macht ist die Macht der Drohung und des Versprechens (vgl. H. Popitz, 1992:

22 ff., 79 ff.). Sie ist die typische Alltagsmacht und »ein notwendiges Element aller dauerhaften Machtausübung« (ebda, S. 27). Die Gegenwart des kolonialen Eroberers enthielt für den Häuptling eine unvergleichliche Steigerung instrumenteller Macht. Für alle Anweisungen, die der Häuptling in Togo im Namen des Eroberers gab oder zu geben vorgab, stand die Drohung im Raum, daß im Verweigerungsfalle die Zentralgewalt in Gestalt des Stationsleiters tätig wurde. Die Gegenstände für Anweisungen waren zahlreich. Sie reichten von den Straßenreinigungsarbeiten über die Trägerstellung bis zur Beteiligung an den Impfaktionen der Regierungsärzte. Sie gingen über einzelne Anweisungen sogar hinaus und enthielten den Anspruch auf eine allgemeine Gehorsamspflicht gegenüber dem Häuptling. Dabei konnten die Menschen nicht immer darauf setzen, daß im Verweigerungsfall der Stationsleiter zu weit weg war und nichts erfuhr. Häuptlinge forderten durch Boten oder Briefe die Sanktionsmacht des Stationsleiters an, wie ein Schreiben des Häuptlings Kowu aus dem Jahr 1913 anschaulich macht: »Sehrgeehrter Herrn«, wendete sich der Häuptling an das Bezirksamt von Lomé-Land, »(h)ierdurchteile ich Ihnen, Senden Sie mir ein Soldat Ich will 7 Männer in meinen Stadt zu Dir schicken, um zu bestrafen. Sie sind ungehorsam. In der Hoffnung ... Häuptling Kowu« (ANT FA3/ 3141: 64).

Die großen Vorteile der instrumentellen Macht im Unterschied zur Aktionsmacht liegen für den Häuptling darin, daß instrumentelle Macht so beweglich und gegenwärtig wie das gesprochene Wort ist, mit dem die Drohung ausgesprochen wird, und die Verfügungsmacht beim Häuptling selbst liegt. Aus diesem Grund kann der Häuptling die instrumentelle Macht für Anliegen einsetzen, die nicht unmittelbar mit den Vorgaben der staatlichen Verwaltung in Zusammenhang stehen. Die Anliegen können andere Angelegenheiten des Gemeinwesens betreffen oder den eigennützigen Zielen des Häuptlings zugutekommen. Geliehene instrumentelle Macht ist eine Häuptlingsmacht zu allen Zwecken. Voraussetzung ist freilich, daß der Stationsleiter den Häuptling nicht im Stich läßt, wenn die Drohung mit dem Eingreifen der staatlichen Verwaltung nichts gefruchtet hat, wie es im Fall des Begehrens von Häuptling Kowu geschehen ist. Geliehene instrumentelle Gewalt steht in besonderer Weise vor dem Problem der »ungedeckten Macht« (H. Popitz, 1967/68). Das Problem des Machtbeweises, die Umsetzung der Drohung in Aktionsmacht, hängt in diesem Fall nicht von den eigenen, sondern von den fremden Entscheidungen der staatlichen Verwaltung ab. Je stärker die staatliche Verwaltung auf die Mittlerfunktion der Häuptlinge angewiesen ist, und je weniger Möglichkeiten sie hat, die Angaben der Häuptlinge auf ihre Richtigkeit, d.h. auf ihre Übereinstimmung mit den Bedingungen für den Einsatz von Aktionsmacht, zu überprüfen, desto eher wird sie den Begehren der Häuptlinge auf Unterstützung durch die Verwaltung entsprechen.

Die Steigerung von Aktionsmacht und instrumenteller Macht enthält die Steigerung der Durchsetzungskraft von Entscheidungen des Häuptlings in einem Maße, das selbst den Groß-Häuptlingtümern der Kolonie Togo fremd war. Die Steigerung bewirkte, daß sich die politischen Gewichte vor allem in den einst häuptlingslosen Gesellschaften gründlich zugunsten der Häuptlinge verschoben.

Zum einen brachte die Kolonialherrschaft eine Entlastung des Häuptlingtums von Kriegen, Sklavenjagden und Thronfolgeauseinandersetzungen von oftmals blutigem Charakter. Das erlaubte den Häuptlingen, ihre Macht zu festigen. Tribute wurden wie im Fall der Tashi wieder regelmäßig abgeliefert, ohne daß es des kriegerischen Nachdrucks von seiten des Groß-Häuptlings bedurfte. Der Häuptling ließ die Leute im Rahmen der Zwangsarbeit für sich selbst arbeiten und für die staatliche Verwaltung öffentliche Arbeiten durchführen. Für das Etatjahr 1912/13 wies selbst der offizielle Jahresbericht der Kolonie darauf hin, daß in den beiden Bezirken Sokodé-Bassar und Sansanné-Mango, die ich die ›Zwangsarbeitsbezirke‹ nenne, 3,3% aller 638 172 registrierten Zwangsarbeitstage von »Arbeiter(n) (,) gestellt an Häuptlinge«, abgeleistet wurden (berechnet nach AJb 1912/13, Statistischer Teil: 80, Tab. B. I. 2.a).

Zum anderen unterstützte das Regime des Stationsleiters das Ansehen, die Durchsetzungskraft und den Respekt für den Häuptling auf vielerlei Weise. Die Stationsleiter forderten von den Menschen »Gehorsam« gegenüber dem Häuptling und sicherten diese allgemeine Gehorsamspflicht normativ ab. Besonders die frühen ›Expeditionen‹ berichten regelmäßig von den entsprechenden Ermahnungen, die in die Ansprachen an die Bewohner der Dörfer und Städte eingingen (vgl. H. Klose, 1899: 222f., 462).

Es blieb nicht bei Ermahnungen. Neben dem Bezirksamtmann Gruner, der in seiner Anweisung über die »Rechte und Pflichten der Häuptlinge« Gehorsam und Respekt für den Häuptling dekretierte, sahen auch die anderen Stationsleiter auf die Stützung der Stellung des Häuptlings. Vom Bezirk Atakpamé berichtete die Erhebung von Rudolf Asmis (1908: 44), daß »Unbotmäßigkeit gegen die von der Station anerkannten Häuptlinge« gleich dem »Widerstand gegen Beamte und Soldaten« und dem »Angriff oder Beleidigung gegen Weiße überhaupt« folgte, und wie sie »naturgemäß ... relativ streng bestraft« wurde. Über die Rechtspolitik im Bezirk Sokodé-Bassar hieß es, daß Beleidigungen, die »gleichzeitig den Ausdruck der Mißachtung gegenüber den von der Regierung anerkannten Organen, – es wird z. B. ein Häuptling beschimpft« – enthielten, aus einer Privatklage ein Offizialdelikt machten, auf das »die Station auch ohne Antrag« einschritt (ebda, S. 57f.). Ebenfalls wirkte es in diesem Bezirk »allgemein erschwerend«, »wenn das Delikt gegen einen Häuptling begangen wurde ... « (ebda, S. 71).

Mit dem kolonialen Staat richtete sich das Häuptlingtum nicht nur in den häuptlingslosen Gesellschaften ein, es erhielt in den Häuptling- und Groß-Häuptlingtümern die Waffen, Soldaten und die politische und normative Unterstützung, um zu einer wirksamen intermediären Herrschaftseinrichtung zu werden. Mit der Kolonialherrschaft wurde aus traditionalem Ansehen und überkommener Autorität Herrschaft. Aus einer Einrichtung, die vielerorts weit eher die Aufgabe hatte, die Gemeinsamkeiten der Menschen oder herrschenden Stände zur Sprache zu bringen, wurde eine Institution, die Entscheidungen gegen die betroffenen Menschen, auch gegen die Mitglieder des eigenen herrschenden Standes duchzusetzen vermochte.

Die kolonialen Eroberer setzten bei diesem Umwandlungsvorgang des Häuptlingtums ausdrücklich auf die ökonomischen Interessen der betroffenen Häuptlinge. Im »Jahresbericht über die Entwicklung des Bezirks Misahöhe« für das Etatjahr 1909/10 hieß es dementsprechend (ANT FA3/2124: 12): »Die Belohnung der Häuptlinge hat sich bewährt, nur ist sie zu klein.« Damit war ein Anteil von 5% am Steueraufkommen gemeint.[74] Und der Stationsleiter ergänzte (ebda): »Es wäre zur Interessierung der auch in anderen Beziehungen viel für Verwaltungsangelegenheiten in Anspruch genommenen Häuptlinge sehr erwünscht, wenn sie auf 10% erhöht würde. Die Nachbarkolonie Dahomey zahlt diesen Betrag 25 cts. auf 2 frs. 50 cts. Die Mehrausgabe würde mehr als wiedereingebracht. Erst wenn soviel gezahlt wird, ist zu erwarten, dass wir tüchtige und für die Interessen der Regierung tätige Häuptlinge bekommen. Eine jeden Eingeborenen erfassende Verwaltung ist nur mit Hülfe der Häuptlinge möglich.«

Die Häuptlinge hatten Einnahmen aus vielerlei Quellen. Sie waren vorkolonialen Ursprungs oder wie die »Renten«, die manche von ihnen erhielten, eine Neuerung der Kolonialherrschaft. Die Einkünfte entstammten privaten Unternehmungen, öffentlichen Kassen oder ergaben sich aus privaten Geschäften in amtlicher Funktion.[75] Die Ökonomie der Häuptlingsherrschaft ist auf Ressourcenvielfalt aufgebaut. Die Vielfalt der Einkommensquellen ist nichts anderes als die ökonomische Form politischer Intermediarität. In diesem Sinne ist das, was in einer bürokratischen Verwaltung zur ›Korruption‹ wird, die Ausnutzung amtlicher Funktionen für ›private‹ geschäftliche Unter-

---

[74] Eine Beteiligung von 5% im Steueraufkommen scheint die binnenintermediäre Praxis der Verwaltung gewesen zu sein (vgl. ANT FA3/2124: 219). Tatsächlich war aufgrund von § 5 der Verordnung des Gouverneurs über »die Heranziehung der Eingeborenen zu Steuerleistungen« vom September 1907 außer »Belohnungen durch Geld oder sonstige Geschenke« kein Entgeld zulässig. Erst die Dienstanweisung vom Januar 1909 setzte eine ›Vergütung‹ von 4% der »eingenommenen Steuerbeiträge« fest und teilte sie im Verhältnis von 1:3 zwischen »Landschafts-, Oberhäuptlingen« und »Dorfhäuptlingen« auf (LGG, S. 414, 416). Das heißt, daß bei der Aufteilung auf Dorf- und Oberhäuptlinge die Lokalverwaltung ihren eigenen Weg ging, indem sie eine Aufteilung vom 2:1 vornahm. Allerdings bestätigte der Gouverneur auf dem Bezirkstag vom März 1909 in Bassar die 5%-Regelung der Stationsleiter [R 150 ANT FA3/3037 (3-4): 146].

[75] Dazu gehörte zum Beispiel die Rekrutierung von Trägern für Privatleute, in erster Linie für Kaufleute, eine Praxis, die später untersagt wurde (vgl. R 150 ANT FA1/83: 167ff.).

Neue Machtbilanzen 311

nehmungen, ein kennzeichnender Baustein der intermediären Ordnung. Nicht anders als im politischen Bereich gilt für die ökonomischen Tätigkeiten, Mittler zu sein und verschiedene Lebensbereiche miteinander zu verbinden.

Die Beteiligung des Häuptlings an den Steuereinnahmen kündigte eine einschneidende Umwandlung der ökonomischen Grundlagen des Häuptlingtums an. Sie entspricht der politischen Umwälzung zum administrativen Häuptlingtum. Zusammen mit den erblichen »Renten« und regelmäßigen Abfindungen zielte die Beteiligung an der »Geldsteuer« – im Unterschied zur »Muskelsteuer« der Zwangsarbeit – darauf, die Ökonomie des administrativen Häuptlingtums zu verstetigen. Die Steuerbeteiligung bindet ökonomisch das Häuptlingtum in die Ordnungsgrundsätze der stationären Herrschaft der Zentralgewalt ein. Sie ist das Gegenprinzip zur Razzia. Die Steuer ist auf Regelmäßigkeit, Voraussehbarkeit, Formalisierung und Individualisierung angelegt. Sie ist bestimmt, rechenhaft und buchhalterisch. Sie setzt auf Normativität und mit ihr auf Methoden der Ressourcengewinnung, die nicht kriegerisch sind. Unter den Verhältnissen der intermediären Herrschaft kommt es dazu freilich nur in begrenztem Maße, insofern mit den razziaähnlichen Formen der Steuererhebung nicht gebrochen wird, und die Grenzen zwischen Razzia und Steuer fließend bleiben.

Die Steuer ist die ökonomische Zwillingsschwester der bürokratischen Herrschaft. Unter den Bedingungen des administrativen Häuptlingtums hat sie jedoch einen intermediären Preis. Sie gewährleistet dem Häuptlingtum eine Form von unabhängigen ›Betriebsmitteln‹. Der Häuptling bewahrt Elemente des ›Steuerpächters‹, wenngleich zu diesem zwei wichtige Unterschiede bestehen. Die Unterschiede wirken in Richtung der Ordnungsgrundsätze der bürokratischen Verwaltung und schränken die Unabhängigkeit des Häuptlings ein. Anders als im absolutistischen Regime der Steuerpacht hatte die Lokalverwaltung in Togo eine grobe Kontrolle über die Höhe des Steueraufkommens, indem sie Steuerzettel an die Personen ausgab, die die Steuer bezahlt hatten. Hinzu kam, daß die anteilsmäßige Vergütung des Häuptlings von der Stationsverwaltung selbst vorgenommen wurde. Auf diesem Weg behielt die Stationsverwaltung die Übersicht über das offiziell gebilligte Einkommen des Häuptlings und glaubte, sich ein wirksameres Druckmittel zu bewahren, um die Folgsamkeit des Häuptlings sicherzustellen.

Trotz dieser Einschränkungen der Unabhängigkeit des Häuptlings bleibt aber die Struktur der Intermediarität erhalten. Zum einen entzieht sich der Häuptling in wichtigen Bereichen der Kontrolle der Verwaltung. Die Verwaltung hat keine Kontrolle über die Methoden, mit denen der Häuptling die Steuern zusammenbringt. Sie hat ebenfalls keine genaue Übersicht über die Steuerpflichtigen. Mit der Wirksamkeit seiner Steuererhebung entscheidet zum anderen der Häuptling über die Höhe seines Einkommens selbst. Im Unterschied zum Angehörigen der staatlichen Bürokratie, den Stationsleiter eingeschlossen, bleibt die Sorge für das Einkommen die Sache des Häuptlings. Und im Gegensatz zum absolutistischen Steuerpächter, dem seine unerhörten Einnahmen wirtschaftliche Unabhängigkeit verschafften, ist der Häuptling weiterhin auf andere Quellen angewiesen, die den Unterhalt für ihn und die seinen sichern. Die Einkünfte aus dem Steueraufkommen sind äußerst begrenzt und insgesamt ohne wirtschaftliche Bedeutung für den Lebensunterhalt der Häuptlinge. Statt Reichtum, wie im Falle des Steuerpächters, bringt hier die finanzielle Bedeutungslosigkeit des Steueranteils Unabhängigkeit hervor.

Im kolonialen Togo enthielten die Anteile aus dem offiziellen Steueraufkommen keine Gewinnaussichten. Sie waren völlig unvergleichlich zu den Größenordnungen, in denen sich der ›Raub‹ der absolutistischen Steuerpächter in Europa bewegt hat. Der Vorschlag des Bezirksamts Misahöhe, den Anteil der Häuptlinge am Steueraufkommen zu erhöhen, enthielt schon Selbsttäuschung und Beschönigung, insoweit selbst eine Verdoppelung des prozentualen Anteils an den mageren finanziellen Ergebnissen nichts geändert hätte. Unter einem finanziellen Gesichtspunkt und mit Blick auf die ökonomische »Interessierung« der Häuptlinge blieben die Wirkungen der Steuerbeteiligung der Häuptlinge ohne Gewicht. Der radikale Wandel in den Konstruktionsgrundsätzen der ökonomischen Ordnung des Häuptlingtums brach sich an den bescheidenen ökonomischen Wirklichkeiten der Kolonie.

Die Einnahmen für den einzelnen Häuptling waren trotz der rasanten Entwicklung der Geldsteuer völlig unerheblich. Das erste effektive Steuerjahr für Togo war das Etatjahr 1909/10. Von diesem Jahr an bis zum Etatjahr 1912/13 entwickelte sich das Steueraufkommen aus der Geldsteuer von 388 621 Mark auf 695 853 Mark (vgl. P. Sebald, 1988: 352).[76] Mit dem vorgesehenen Anteil von 5% vergrößerte sich folglich der absolute Betrag für die Häuptlinge von 19 431 Mark auf 34 792 Mark. Das ließ für die Zukunft hoffen. Aber diese Beträge verteilten sich auf viele Häuptlinge. Zusätzlich wurden sie nach dem Hierarchiegrundsatz vergeben. Die Praxis der Verwaltung sah vor, daß zwei Drittel des Steueranteils von 5% auf die Dorfhäuptlinge, ein Drittel auf die Oberhäuptlinge entfiel. Am Beispiel des Bezirks Misahöhe, für den Rudolf Asmis (1911b: 2) für das Jahr 1907 die genaue Zahl der Oberhäuptlinge festhielt, zeigt sich, daß selbst für die bevorzugte Gruppe der Oberhäuptlinge ein äußerst mageres Ergebnis herauskam. Vom Etatjahr 1909/10 über das Jahr 1911/12 bis zum Jahr 1912/13 stieg der jährliche Durchschnittsbetrag aus dem Steueraufkommen, der den Oberhäuptlingen zufloß, von 25 Mark über 30 Mark auf 32 Mark (errechnet aus AbT 5, 1910: 446; AbT 7, 1912: 294; AJB 1912/13, Statistischer Teil, Tab. C3, S. 409). Das waren monatliche Zuverdienste in der Höhe von zwei oder etwas mehr als zweiundeinhalb Tageslöhnen eines einfachen Soldaten der Polizeitruppe.[77]

---

[76] In diesem Angaben sind die Stadt-Bezirke Lomé und Aného nicht enthalten.

[77] Es könnte sein, daß die von mir angestellte Berechnung zu niedrig ausfällt, weil

Noch krasser waren die Verhältnisse in den Nordbezirken und für die Dorfhäuptlinge. Im Unterschied zu den Bezirken von Mitteltogo und denen der Küste erlangte die Geldsteuer in den Nordbezirken keinen nennenswerten Umfang, obwohl diese Bezirke die bevölkerungsreichsten der Kolonie waren. Im Norden herrschte die »Steuerarbeit« ungebrochen bis zum Ende der deutschen Kolonialzeit. Im Bezirk Sokodé-Bassar erreichte die Geldsteuer im Etatjahr 1912/13 75 624 Mark, im Bezirk Sansanné-Mango lediglich 37 116 Mark (ebda). Es waren Summen, von denen das Drittel eines fünfprozentigen Anteils, verteilt auf eine Reihe von Oberhäuptlingen, nicht das geringste finanzielle Gewicht hatte. Es waren keine Summen, die einen Groß-Häuptling in Sansanné-Mango oder Paratao beeindrucken und zur regen Beteiligung an der Steuereintreibung bewegen konnten. Völlig belanglos waren die Beträge, die aus der Geldsteuer für die Dorfhäuptlinge zusammenkamen. Ihre Beträge waren so gering, daß selbst die kritische Feststellung im Jahresbericht von Misahöhe, die Belohnung der Häuptlinge habe »sich bewährt« und sei nur »zu klein«, zur kühnen Behauptung wird.

Die Feststellung im Bericht des Bezirksamts ist freilich nur dann von der Wirklichkeit weit entfernt, wenn man sie wörtlich versteht. Tatsächlich stand anderes an. Dessen unausgesprochenen Zwängen folgten der Gouverneur und die versammelten Stationsleiter aus Atakpamé, Krachi, Sokodé-Bassar und Sansané-Mango zusammen mit anderen hohen Gouvernementsbeamten, als sie auf dem »Bezirketag« in Bassar vom März 1909 übereinkamen, auch in den Nordbezirken die wichtigen Häuptlinge und islamischen Würdenträger am Geldsteueraufkommen zu beteiligen [vgl. R 150 ANT FA3/3037 (3-4): 146f.]. Es geht um die Steigerung der politischen Macht der Häuptlinge. Finanziell gab es nichts zu verteilen. Aber die Wirtschaft des Häuptlingtums und die Steuererhebung im besonderen sind Tätigkeitsfelder, in denen die neu gewonnne Macht und die neuen Verfahren der Machtausübung des Häuptlings sich augenfällig unter Beweis stellen. Die Beteiligung an der Steuer war kein Mittel, um die ökonomischen Grundlagen des Häuptlingtums zu festigen. Aber die unbedeutenden Steuereinnahmen waren ein beweiskräftiges Mittel, um die politische Macht des Häuptlings zu festigen und seine Teilhabe an der Herrschaft hervorzuheben. Das ökonomische Interesse vereinnahmte nicht die Politik, sondern das politische Interesse bediente sich der Ökonomie.

Die Beteiligung des Häuptlings am Steueraufkommen bringt den Häuptling in Gegensatz zu den Menschen, für deren Steuerleistung er gegenüber dem Stationsleiter verantwortlich ist und die er – auf welchen Wegen auch

---

vielleicht nicht alle 81 Oberhäuptlinge des Bezirks Misahöhe am Steueraufkommen beteiligt wurden. Aber die Zahl der Häuptlinge müßte schon um das Vier- oder Achtfache vermindert werden, um zu Größenordnungen zu kommen, bei denen sich Fragen des finanziellen Interesses sinnvoll stellen lassen.

immer – veranlassen muß, die Summe zusammenzubringen, die die Lokalverwaltung erwartet. Die Beteiligung an den Steuereinnahmen bringt die materielle Seite des ›Distanzierungsvorgangs‹ der Macht zum Ausdruck, die den Prozeß der Machtsteigerung begleitet.

Distanz ist eines der unverzichtbaren Konstruktionsmittel der Macht. Herrschaftsordnungen sind Ordnungen institutionalisierter Distanz. Distanz ist der Grundsatz der Ungleichheit. Das gilt mit unterschiedlichen Schwerpunkten in einem räumlichen, sozialen und psychologischen Sinn. Der König lebt »im Dorf des Königs«, wie die Bamum zum Palast des Königs sagen (vgl. C. Geary, A. Ndam Njoya, 1985: 47). Der König gewährt dem Untertan eine Audienz. Er vertraut sich seinem Diener an, weil der Diener kein Vertrauter ist und doch schweigen muß. Distanz steht vor allem am Beginn staatlicher Herrschaft (vgl. T. v. Trotha, 1986). Distanzierung ist deshalb auch der Weg, den das Häuptlingtum bei seiner Einbeziehung in die Verwaltung des Eroberers und dem Vorgang der Machtsteigerung geht.

Das Devolutionsprinzip distanziert sich von dem Überkommenen und den gegebenen Verhältnissen der Beherrschten. Der Grundsatz der Hierarchie schafft doppelte Distanz: die Distanz des Instanzenweges und die Distanz von Über- und Unterordnung. Das Territorialgesetz des Verwaltungsbezirks distanziert sich von den überkommenen Zugehörigkeiten und dem Gefolgschaftsprinzip. Hinzu kommen die Distanzierungen, die von der gestärkten instrumentellen Macht und der neu gewonnenen Durchsetzungskraft von Entscheidungen ausgehen. Die geliehene Macht des Häuptlings gibt den Ausschlag.

Der deutlichste Fall sind die einst häuptlingslosen Gesellschaften, in denen aus den Strukturen der Gleichheit die Position des Häuptlings hervorgehoben und den bestehenden Einrichtungen und Verfahren entgegengesetzt wird. Von dem »großen Häuptling« Bodjona von Kidjang, der den vordringenden Deutschen den Weg in das Gebiet der Kabiyé geebnet hat, hieß es auch (vgl. D. H.-K. Simtaro, 1982, Bd. 2: 821): »... (D)em Häuptling Bodjona gelang es mit der Unterstützung durch seinen Freund Djama (= deutschen Freund – TT), daß zusehends die Bogen und vergifteten Pfeile in unserem großen Gebiet von Kidjang zur Seite gelegt wurden.« Der Häuptling tat Unerhörtes. Er gab die Anweisungen des siegreichen »Freundes«, er ordnete die Gestellung von Trägern und Zwangsarbeitern, er ließ arbeiten und machte gemeinsame Sache mit dem Eroberer gegen die Menschen, denen er bis dahin nicht befehlen konnte und die nicht gewohnt waren, Anweisungen und Befehle entgegenzunehmen.

Der Eroberer hebt die Position des Häuptlings in vielerlei Weise hervor. Er sichert sie normativ ab, er fordert für sie Anerkennung und erweist ihr selbst seinen Respekt. Er gab den Häuptlingen »Renten« und Abfindungen. Vorzugsweise distanzierten die deutschen Eindringlinge den Häuptling von den Menschen seiner Umgebung, indem sie ihn symbolisch der Seite der neuen

Machthaber zuschlugen. In die Obhut des Häuptlings wurde die Reichsflagge gegeben, die das Zeichen der deutschen Herrschaft war und von der Ergebenheit der Afrikaner zu künden schien, wenn sie bei der Ankunft eines Europäers den Fahnenmast schmückte und vor dem Gehöft des Häuptlings die Besucher an die neue Zugehörigkeit erinnerte. Als Zeichen seines Amtes verlieh die Kolonialmacht dem Häuptling »ein typisches Symbol des preußisch-deutschen Militarismus: die billige schildlose Unteroffiziersmütze« (P. Sebald, 1988: 285).[78]

Stigmata sind die Distanzierungszeichen für die Aussätzigen und Ausgestoßenen. Hoheits- und Rangabzeichen sind umgekehrte Stigmata. Sie halten die ›einfachen Leute‹ und Untergebenen von den Ausgezeichneten und Vorgesetzten fern. Sie tun dies aber nur, wenn sie auch mit Würde getragen werden. Das Gouvernement in Lomé sorgte sich im Jahr 1912 nicht zu Unrecht, ob die islamischen Groß-Häuptlinge und Würdenträger die deutschen Insignien anlegen würden, und schlug anstelle der bisherigen Unteroffiziersmütze ein Blechschild mit vergoldetem Adler und eine vernickelte Kette vor. Immerhin bedurften die Groß-Häuptlinge oder Imame nicht deutscher Uniformteile oder Ehrensymbolik, um, gekleidet in die eigenen Insignien der Macht, in würdevollem Auftreten die Distanz der Herrschaft gegenüber Gemeinen, Bauern oder tributpflichtigen Nachbarn darzustellen.

Die Würde der Menschen ist abhängig von der Würde der Zeichen, die den Menschen Würde verleihen. Aber die Würde der Zeichen ist abhängig von der Würde derer, die die Zeichen verleihen und tragen, und derer, für die die Zeichen Aufforderung sein sollen, ehrerbietigen Abstand zu halten. Deshalb bemühten sich Stationsleiter und Verwaltungsbeamte, den Abstand zwischen dem Häuptling und den Menschen, die zu seinem Verwaltungsbezirk gehörten, zu erhöhen. Sie taten es, indem sie ihm neue Machtmittel in die Hand gaben, von denen die Drohung, daß bei »Unbotmäßigkeit« und »Ungehorsam« das Bezirksamt die Angelegenheit in die Hand nimmt, zur wichtigsten Waffe gehörte. Die Mahnungen der Mitglieder der Verwaltung, die Autorität des Häuptlings zu achten, waren Aufforderungen, mit den Verkehrsformen der Gleichen zu brechen – die Gleichen mochten die Ältesten oder adlige Krieger gewesen sein. Es waren Aufrufe und Warnungen, umgehend die Distanz der herrischen Ungleichheit an die Stelle der unbotmäßigen Nähe der Gleichheit zu setzen.

Mahnungen sind indes so flüchtig wie der Klang der Worte, mit denen sie

---

[78] Im Jahr 1912 schien dieses »typische Symbol« dem Gouvernement nicht mehr uneingeschränkt zu behagen. In einem Schreiben an die Bezirksämter hieß es (ANT FA3/1108: 21): »Anstatt der Häuptlingsmützen sind andere Hoheitsabzeichen für die Häuptlinge in Aussicht genommen und zwar in derartiger Gestalt, dass sie auch von den Häuptlingen der Nordbezirke getragen werden können. Über anliegendes Blechschild mit vergoldetem Adler und vernickelter Kette, dessen Preis sich auf 11,25 M beläuft, sehe ich einer Äußerung baldigst entgegen.«

ausgesprochen sind. Auf Mahnungen verlassen sich deshalb weder Eltern noch Lehrer und keineswegs Herrscher, die immer Erzieher und gerne die ›Väter‹ der Menschen sind, denen sie Befehle geben. Die Macht, die die Zentralgewalt dem Häuptling leiht, beschränkt sich nicht auf das Wort, sie ist – im doppelten Sinn des Wortes – ›handfest‹. Die Menschen fühlten es vielerorts, wenn sie die Mahnungen nicht ernst genommen hatten und eine Handvoll Poizeisoldaten im Dorf eintraf. Die Zentralgewalt erlaubte den Häuptlingen und bestärkte sie, eine eigene Häuptlingspolizei einzurichten.

3.3. Die Häuptlingspolizei

Zu seiner Uniformhose sollte der Häuptlingspolizist eine Jacke mit gelben Knöpfen, eine blaue Schärpe und eine Mütze mit gelbem Adler sowie Leibriemen mit Schloß und Seitengewehr tragen. So verlangte es eine Anordnung des Stationsleiters des Bezirks Atakpamé aus dem Jahre 1906 [R 150 ANT FA1/83 (4–5): 228 ff.; ANT FA3/1110: 28 f.].[79] Die Uniform des Häuptlingspolizisten war mit knapp 34 Mark nicht billig, fast soviel wie der Monatslohn eines »farbigen Angestellten« im zweiten Dienstjahr in den Dienststellen von Lomé oder bei den Bezirksämtern (vgl. LGG, S. 375). Aber die »Ortspolizisten«, wie die Häuptlingspolizisten auch genannt wurden (ANT FA3/1110: 33), trugen »Waffe und Uniform des Kaisers ... nicht zum Schmuck, sondern zur Erhöhung ihres Ansehens« (ebda). Das Ansehen, das erst noch durchzusetzen und zu gewinnen war, hatte unumgänglicherweise einen ansehnlichen Preis. Die Kolonialverwaltung übernahm nur die Erstausstattung. Ersatz ging zu Lasten der Kasse des Häuptlings.

Mit der Einrichtung der Häuptlingspolizei verbanden die Eroberer die Hoffnung, das allgemeine Verwaltungsvermögen, vor allem aber die Durchsetzungskraft des Häuptlingtums zu vergrößern und seine Distanzierung gegenüber den Menschen zu erhöhen, für die der Häuptling verantwortlich war. In diesem Sinne heißt es in der »Dienstanweisung für die Häuptlingspolizisten« des Leiters des Bezirks Atakpamé vom März 1906, die für die gesamte Kolonie maßgeblich war (ANT FA3/1110: 28): »Dorfhäuptlinge können auf Wunsch zur Stütze ihres Ansehens und ihrer Befehlsgewalt Polizisten erhalten« (vgl. für die entsprechenden Zielsetzungen der französischen Kolonialzeit, H. Brunschwig, 1983: 129 f.).

Mit der Häuptlingspolizei sollte aus dem Dorfältesten ein Häuptling, aus dem Ersten unter den Gleichen das Haupt des Orts und der örtliche »Befehlshaber« werden. Der Häuptlingspolizist löst das Häuptlingtum aus den beste-

---

[79] Später, auf dem Bezirkstag vom Lomé im September 1908 wurde dann über eine einheitliche Uniform beraten, die wie folgt aussah: Rock, Hose, Hemd, Mütze wie bei den Soldaten der Polizeitruppe, gelbe Metallknöpfe und blaue Schärpe [R 150 ANT FA3/3037 (1–5): 104].

Oberhäuptling Dagadu von Kpandu im Bezirk Misahöhe mit Familie und Häuptlingspolizist

henden Strukturen der Abhängigkeit heraus – ein Stück weit. Er ist der institutionelle Baustein, der das Häuptlingtum auf die Zentralgewalt hin neu ordnet. Mit der Häuptlingspolizei entsteht das administrative Häuptlingswesen. Jetzt gelten nicht mehr die Verpflichtungen unter adligen Kriegern und die langsamen Verfahren, in denen nach Zu- und Übereinstimmung gesucht wird, wenn Entscheidungen anstehen. Jetzt nimmt der Häuptling die Anordnungen der Zentralgewalt entgegen, die ihm der Häuptlingspolizist überbringt, und schickt den gleichen oder einen anderen Häuptlingspolizisten aus, um die Anordnungen der Zentralgewalt ausführen zu lassen. Jetzt entscheidet der Häuptling, was zu tun ist, und kann seine Entscheidungen mit der Hilfe des Häuptlingspolizisten durchsetzen, sofern er sich wenigstens eines allgemeinen Wohlwollens des Stationsleiters sicher ist. Das blitzende Seitengewehr läßt niemand im Unklaren, daß nicht nur der Häuptling, sondern auch der machtvolle Stationsleiter erwartet, daß die Befehle des Häuptlings befolgt werden (zu ähnlichen Entwicklungen im nördlichen Sudan vgl. K. Beck, 1989: 25 ff.).

Die Häuptlingspolizisten hatten als ausführende Organe und Hilfskräfte des Häuptlings in all den Bereichen tätig zu sein, für die der Häuptling gegenüber der Verwaltung verantwortlich war. Sie mußten für »Ruhe, Ordnung und Reinlichkeit« im Dorf sorgen. Ihnen oblag »die Instandhaltung etwaiger Stationsanlagen« und anderer Einrichtungen der Verwaltung im Ort. Sie waren die Botengänger der Häuptlinge im Verkehr mit der Bezirksleitung. Als Gerichtsdiener des Häuptlings luden sie Parteien und Zeugen. Sie waren für die Gefangenentransporte verantwortlich und überstellten dem Bezirksamt »Verdächtige«, für deren Strafverfahren der Häuptling sich nicht zuständig hielt. Im Laufe der Jahre ordneten die deutschen Bezirksleiter die Häuptlingspolizei freilich zunehmend dem Kernbereich der Herrschaft des Eroberers zu. Es ging um die militärische Sicherung von ›Ruhe und Ordnung‹ und von Leistungen der unterworfenen Bevölkerung.

Zu den hauptsächlichen Leistungen gehörten die »Steuer«- und »Pflichtarbeit«. Die Verwaltung sah vor, daß neben der Polizeitruppe die Häuptlingspolizei zu einer wichtigen Säule wurde, um diesen Aufgaben gerecht zu werden. Zum einen waren die Häuptlingspolizisten »für das völlige Zusammenbringen der Steuerarbeiter bis auf den letzten Mann« verantwortlich (ANT FA3/1110: 34). Die Häuptlingspolizei wurde die Polizei der Zwangsarbeit. Deshalb trat sie in den beiden nördlichsten Bezirken quantitativ besonders hervor.[80] Zum Ende der deutschen Kolonialzeit in Togo gab es 561 amtlich ausgewiesene Häuptlingspolizisten, von denen fast dreiviertel auf die beiden großen Nordbezirke entfielen (vgl. ANT FA1/108: 33f.). Zum anderen

---

[80] Auf die Nordbezirke entfiel die Mehrzahl der Steuerarbeiter. Selbst im Etatjahr 1912/13 konnte nicht einmal 30% der herangezogenen Afrikaner die »Geldsteuer« als Ausweg aus der »Fron« in Anspruch nehmen (s. Anhang, Tab. 30).

kamen das Gouvernement und die Bezirksleiter der Nordbezirke auf dem Bezirketag in Bassar vom März 1909 überein, eine militärische Reserve aus der Häuptlingspolizei aufzubauen. Im Jahresbericht des Bezirks Sokodé-Bassar hieß es noch im Jahre 1913 (ANT FA1/211: 56): »Die Arbeiteranwerbung sowohl für Steuer als auch sogenannte Freiarbeit (= Pflichtarbeit – TT) macht nicht unerheblich Schwierigkeiten, sie bedarf jedoch dauernd des militärischen Nachdruckes. ... Ist auch die Gefährdung der Sicherheit im Bezirk nicht wahrscheinlich, so machte doch schon seine Ausdehnung und sein Menschenreichtum eine gut gerüstete Truppe, sowie eine brauchbare Häuptlingspolizei und Reserve erforderlich.« Nach den Vorstellungen der Verwaltung sicherte die Häuptlingspolizei die Gewaltdrohung und die Kontrolle der Beherrschten vor Ort. In der Kette von Gouvernement, Stationsleiter, Polizeitruppe, Trägern und Dolmetschern ist die Häuptlingspolizei zusammen mit dem Häuptling das letzte Glied der Kette, mit der sich die Zentralgewalt lokal verankert und behauptet.

Die Dienstanweisung des Bezirksleiters und Hauptmanns von Doering zählte die Aufgaben des Häuptlingspolizisten genau auf. Sie sagte, was ihm erlaubt und verboten war. Sie gab Beispiele für das eine und das andere. Sie ging in die Einzelheiten. Dieses Regelungsbemühen stand in auffälligem Gegensatz zur finanziellen Beteiligung der Verwaltungsbehörde. Kurz und bündig legte v. Doering fest (ANT FA3/1110: 31): »Der Häuptling hat für seine (= des Polizisten – TT) Besoldung zu sorgen.« Der Häuptling selbst war für den Unterhalt seiner Hilfskräfte verantwortlich. Es war Sache des Orts, für den Unterhalt des »Ortspolizisten« aufzukommen (vgl. auch R. Asmis, 1908: 53f., 119). Der Grundsatz der äußersten Sparsamkeit verlangte, daß die beaufsichtigten und gezwungenen Menschen ihre Bewacher und Polizisten selbst finanzierten. Allerdings behielt sich der Bezirksleiter vor, die Einrichtung einer Häuptlingspolizei abzulehnen. Im Rahmen des Devolutionsgrundsatzes nahm der Stationsleiter sich das Recht, nur der Einstellung solcher Leute zuzustimmen, die sich eines »tadellosen Rufes« erfreuten, körperlich »brauchbar« erschienen und, wenigstens soweit es den Bezirk Atakpamé betraf, Ewe sprachen (ANT FA3/1110: 28).

Wiederum zeigt sich im Gegensatz, der zwischen dem normativen Regelungsanspruch des Stationsleiters und der ökonomischen Belastung des Häuptlings besteht, eine Spielart des intermediären Zwiespalts. Auf der einen Seite ist die Häuptlingspolizei eine Antwort auf die administrativen und ökonomischen Produktivitätsansprüche der Zentralgewalt. Die Häuptlingspolizei gibt dem Häuptling die personelle Unterstützung und gestärkte Durchsetzungskraft, um den Forderungen des Stationsleiters entsprechen zu können. Zusammen mit der Hierarchisierung des Häuptlingswesens gestaltet die Häuptlingspolizei das Häuptlingtum zur arbeitsteiligen Herrschaftsverwaltung um – inmitten der Ordnung der Beherrschten. Der Häuptlingspolizist versteigt auf diesem Weg den administrativen Zugriff des Stationsleiters auf die Ordnung und das Leben der Beherrschten und macht ihn spürbarer. In Togo war der stete Fluß von mehr als 60 000 »Steuerarbeitern« pro Jahr ein eindrucksvolles und bedrückendes Zeichen für diese Tatsache (s. Anhang, Tab. 27). Trotzdem bleibt der Zugriff des Stationsleiters ein vermittelter. Die Einrichtung der Häuptlingspolizei ist die Sache des Häuptlings. Der Häuptling entscheidet, wen er mit der Aufgabe betraut. Vor allem anderen kommt er selbst und mit denen, die er zu einer Beteiligung bewegen kann, für den Unterhalt des einen oder der beiden Häuptlingspolizisten auf. In diesem Sinne ist es ›seine‹ Häuptlingspolizei. Sie ist es um so mehr, als der Häuptling durch sie eine eigenständigere und herausgehobene Stellung unter seinesgleichen gewinnt und die Häuptlingspolizei selbst vom Wohlwollen des Häuptlings abhängig bleibt. Die Abhängigkeit der Häuptlingspolizisten schafft für den Häuptling neue Möglichkeiten, die Häuptlingspolizei für seine eigenen Ziele und Interessen einzusetzen. Solche Möglichkeiten tauchen zum Teil unter der Bezeichnung »Machtmißbrauch« als Verwaltungsproblem des Stationsleiters wieder auf.

Die Einrichtung der Häuptlingspolizei geht mit einer Machtsteigerung und Distanzierung des Häuptlingtums einher. Sie ist aber auch mit Vorgängen verbunden, die zum Prozeß der Distanzierung gegenläufig sind.

Der Häuptling, der ein oder zwei Häuptlingspolizisten ›erhält‹, sondert sich nicht nur herrisch ab. Er schafft Möglichkeiten, auf einem neuen Feld nach überkommenen Regeln und Gewohnheiten zu verfahren und den Zusammenhalt mit seinesgleichen und denen zu wahren, gegenüber denen er nach den Vorstellungen der Zentralgewalt sein »Ansehen« und seine »Befehlsgewalt« zu stärken hat. Es beginnt mit der Auswahl der Häuptlingspolizisten. Anders als die Führer der Polizeitruppe und die Stationsleiter, die vor allem in den ersten Jahren der deutschen Machtnahme Soldaten zu rekrutieren suchten, die nicht ortsansässig waren, blieb dem Häuptling in Togo nichts anderes übrig, als einen Mann aus dem eigenen Wohnort oder seiner näheren Umgebung zu gewinnen. Ein anderes Rekrutierungsverfahren wäre ihm auch sicherlich fremd gewesen und verbot sich schon deshalb, weil die Anweisung des Stationsleiters gebot, auf den Ruf des geworbenen Mannes zu achten. Allerdings wissen wir fast nichts über die Herkunft und Rekrutierung der Häuptlingspolizisten. In einem Bericht des Bezirksleiters aus Atakpamé im Jahre 1901 heißt es jedoch, daß die Häuptlingspolizisten, die »für einige Wochen« auf der Station »eingestellt und erzogen« wurden, »Familienangehörige der Häuptlinge« waren (zit. n. P. Sebald, 1988: 287). Wir treffen hier also auf den gleichen Vorgang, der die Besetzung der Häuptlingsposition bestimmt hat. Das Rekrutierungsverfahren für die Positionen der intermediären Verwaltungsordnung war deutlich von den vorkolonialen Strukturen geprägt.

Gegenläufig, aber nicht im Widerspruch zum Vorgang der Distanzierung ist ein anderer Umstand, der sich mit der Errichtung der Häuptlingspolizei ergibt. Der Häuptling wird zum ersten Mal in die Lage versetzt, selbst Positionen in Verbindung mit der staatlichen Verwaltung zu vergeben. Für Dolmetscher, Zollaufseher, Soldaten und all die anderen afrikanischen Mitglieder der Kolonialverwaltung konnte der Häuptling nur Vermittler sein. Er konnte beim Stationsleiter vorstellig werden und Empfehlungen mit auf den Weg geben. Im Falle der Häuptlingspolizisten hatte stattdessen der Häuptling selbst die Stellen zu besetzen, selbst wenn er am Ende noch die Zustimmung des Stationsleiters benötigte. Aber wo immer Stellen zu vergeben sind, besteht ein positionaler Kern für Gefolgschaftsbildung. Das gilt für die Stellen des Häuptlingspolizisten nicht weniger. Zwar war es nicht viel, was hier zu besetzen, und möglicherweise noch weniger, was dabei offiziell zu verdienen war, wenngleich wir darüber nichts wissen. Aber wichtig waren die Stellen des Häuptlingspolizisten. Das trifft um so mehr zu, je bedeutsamer das Häuptlingtum für die Zentralverwaltung war. In den alltäglichen Dienstobliegenheiten waren die Häuptlingspolizisten die Scharniere zwischen Häuptling und Stationsleiter, zwischen Häuptling und den Menschen, für die der Häuptling verantwortlich war. Was für den Stationsleiter die Soldaten waren, waren für den Häuptling in Sachen der staatlichen Verwaltung die Häuptlingspolizisten. Ein Häuptling, der in der Wahl der Häuptlingspolizisten eine unglückliche Hand hatte und die administrativen Gehilfen selbst nicht wirksam beaufsichtigen und zum Schutz der Menschen einsetzen konnte, verstärkte auf der einen Seite den Prozeß der Distanzierung des Häuptlingtums, aber ohne dabei an »Ansehen« und »Befehlsgewalt« zu gewinnen, wie es sich die Zentralverwaltung wünschte. Auf der anderen Seite konnte ein Häuptling, der in den Augen der Betroffenen die richtigen Männer mit den Aufgaben der Häuptlingspolizei betraute, die Bande zwischen sich und den Betroffenen festigen, möglicherweise wiederum gegen die Vorstellungen der Angehörigen der Zentralverwaltung.

3.3.1. ›Teile und herrsche!‹ – Häuptlingspolizei und Macht-Staffelung

In den Zielsetzungen, die die Kolonialverwaltung mit der Einrichtung der Häuptlingspolizei verbunden hat, tritt deutlich zutage, daß sie nach dem Grundsatz von ›Teile-und-herrsche!‹ handelte. Nicht anders als die Errichtung der Polizeitruppe aus Afrikanern oder die Zusammenarbeit mit den Häuptlingen selbst war die Schaffung der Häuptlingspolizei ein Vorgang im Prozeß der Macht-»Staffelung« (H. Popitz, 1992: 209ff.). Es ist der Prozeß, die »Außenstehenden *in ihrer Beziehung zum Machtzentrum* zu differenzieren, abzustufen und durch diese Art der Teilung verschiedene Interessenlagen zu schaffen« (ebda, S. 210f.; Herv. i. Orig.). Im Falle der Häuptlingspolizei war es ein Vorgang der ›Binnen‹- oder ›internen Staffelung‹ der ›Kollaborateure der Macht‹, wie ich die Gesamtgruppe der Teilhaber der Macht und des Stabes des Machtzentrums nenne. Zu ihnen gehörten die Dolmetscher und andere einheimische Hilfskräfte der Verwaltung, mancher langjährige Träger in den Diensten des Eroberers, allen voran die Mitglieder der Polizeitruppe, manche aus der Gruppe der einheimischen Mitarbeiter der europäischen Firmen und der afrikanischen Händler und Kaufmannschaft vor allem in der Hauptstadt und der gesamten Küstenregion und die Häuptlinge des administrativen Häuptlingtums. Die Bildung der Häuptlingspolizei brachte die interne Staffelung jener Untergruppe der Kollaborateure der Macht zu einem vorläufigen Ende, die als ›Stab‹ unmittelbar an der Verwaltung der Bezwungenen teilhatte.

Im Vorgang der internen Staffelung des ›Stabes‹ verbinden sich die Grundsätze der Hierarchie und Intermediarität. Die Angehörigen des ›Stabes‹ sind nicht nur im Sinne einer Über- und Unterordnung gegliedert. Sie unterscheiden sich im Grad ihrer intermediären Unabhängigkeit vom Herrschaftszentrum. Solche intermediäre Unabhängigkeit stimmt mit dem üblichen Bedeutungsgehalt des Begriffs ›Stab‹ nicht überein. Ich unterscheide deshalb die Mitglieder des ›Stabes‹.

Den ›Verwaltungsstab‹ im engeren Sinne bilden alle Mitglieder der Verwaltung, die in einem ›Dienstverhältnis‹ zum Beispiel im Sinne der »Landesgesetzgebung des Schutzgebietes Togo« (LGG, S. 373, 375) stehen. Sie bestreiten ihren Unterhalt zum überwiegenden Teil aus den ›Bezügen‹, die ihnen das Machtzentrum zukommen läßt. Sie sind folglich ökonomisch vom Machtzentrum weitgehend abhängig. Ihre tägliche Arbeit vollzieht sich nach den Vorgaben, Aufgabenstellungen und Tätigkeiten ihrer ›Dienststelle‹. Zu den Mitgliedern des Verwaltungsstabs gehörten in Togo die Mitglieder der Polizeitruppe und alle einheimischen ›Angestellten‹ in den ›Dienststellen‹ der Hauptstadt und der Lokalverwaltung (vgl. ebda).

Die ›administrativen Mittler‹ sind einerseits Teil der Verwaltung, insofern ihnen bestimmte Aufgaben der Verwaltung vom Machtzentrum zugewiesen sind, die mit gewisser Regelmäßigkeit anfallen. In anderen Bereichen und ökonomisch sind die administrativen Mittler stattdessen lediglich begrenzt vom Machtzentrum abhängig. Sie haben andere nennenswerte Einkommensquellen für sich und die ihrigen. Dieses unabhängige Einkommen kann mancherorts höher als die Zuwendungen sein, die das Machtzentrum zur Verfügung stellt. Vor allem aber ist die Organisation der Arbeit und die Art und Weise, wie die Aufgaben für die Verwaltung erfüllt werden, weitgehend die Sache der administrativen Mittler selbst. Sie finden nicht im Rahmen einer ›Dienststelle‹ der Verwaltung statt.

Die Grenzen zwischen den beiden Gruppen der Verwaltung, zwischen dem Verwaltungsstab und den administrativen Mittlern sind fließend. Sie sind um so undeutlicher, je weniger weit der Aufbau des Verwaltungsstabs gediehen ist. Funktional und in seiner Beziehung zum Stationsleiter kann ein Dorfhäuptling in der Nähe einer Station seine intermediäre Unabhängigkeit weitgehend verlieren. Ein Mitglied der Polizeitruppe, dem es zusätzlich gelingt, seine Position und Rolle zu einem einträglichen Geschäft auszubauen, vermag stattdessen funktional und selbst in der Beziehung zur Stationsleitung, den Großteil der Eigenheiten des administrativen Mittlers zu erlangen. Andere typische Beispiele waren Dolmetscher wie Racoutié in Bandiagara oder Fritz Togbe vom Bezirksamt Misahöhe.

Die vielgestaltige Staffelung der Kollaborateure der Macht insgesamt sowie des Verwaltungstabes und der administrativen Mittler im besonderen ist das organisierte Gegenstück zu den ungezählten Grenzen, die die Ordnungen der Bezwungenen durchziehen. Einerseits besteht die Aufgabe des Eroberers darin, die vielfältigen Konfliktlinien, die er in und zwischen den Ordnungen der Eroberten vorfindet, zu seinen Gunsten zu nutzen, indem er an ihnen anknüpft, sie verstärkt oder durch seine Aktivitäten neu gestaltet. Im Vorgang der Staffelung werden andererseits neue Grenzen gezogen, die unterschiedliche Beziehungen und Konflikte der neuen ›Staffeln‹ mit dem Machtzentrum und untereinander herbeiführen. Die Differenzierung der Kollaborateure der Macht auf das Machtzentrum hin, ihre Herauslösung aus der Mehrheit der Unterworfenen und ihre Entgegensetzung untereinander sind die drei Seiten, nach denen der Eroberer die Teilhaberschaft der Bezwungenen an seiner Herrschaft und ihre Dienste für sich organisiert.

Die Staffelung der Kollaborateure der Macht unterstreicht, daß der Grundsatz ›Teile-und-herrsche!‹ vorrangig für die Mitglieder des Machtzentrums selbst gilt. Die Teilhaber der Herrschaft, die die Verwaltung in den Händen haben, sind im selben Maße, in dem sie der unverzichtbare organisatorische Kern der Herrschaft des Eroberers sind, eine Kraft, an deren Widerstand die Herrschaft des Eroberers zuschanden gehen kann. In den ›Befreiungsbewegungen‹, deren Führer sich vorrangig aus den Kollaborateuren der Macht rekrutiert haben, wurde diese Gefahr zum Beginn des Endes der Kolonialherrschaft.

Die Vielfalt der ›Staffeln‹ und die Staffelung der Häuptlingspolizisten im besonderen machen kenntlich, daß es bei dem Vorgang der Machtstaffelung weder »zunächst« noch »wesentlich um die Trennung, Teilung, um das Auseinanderhalten der Interessen« geht, wie Heinrich Popitz (1992: 211) annimmt. Die Teilung der Interessen ist die eine Seite. Sie ist wichtig, wie die Rekrutierungspolitik der kolonialen Eroberer für die Polizeitruppe oder ihre Häuptlingspolitik augenfällig macht. Die anderen Seiten sind: der Mechanismus der sekundären Staffelung, die Entlastung von Verantwortlichkeit und vor allem anderen die Ordnung der administrativen Kontrolle.

Die Staffelung des Verwaltungsstabes geht unmittelbar mit der Vielfalt und Unterschiedlichkeit der Herrschaftsaufgaben zusammen. Bei der Entstehung der Häuptlingspolizei kommt indessen noch etwas anderes hinzu. Die Häuptlingspolizei ist das Ergebnis einer ›sekundären Staffelung‹. Darunter verstehe ich eine Machtstaffelung, die deshalb erfolgt, um die ›primäre‹ Staffelung, zum Beispiel die Errichtung des Häuptlingtums, zu unterstreichen und zu stärken und auf diese Weise den Unterschied zwischen den Teilgruppen der Bezwungenen zu vertiefen. Im Vorgang der sekundären Staffelung wird die Position eines Kollaborateurs der Macht in der Weise hervorgehoben und gestärkt, daß zwischen dem Kollaborateur der Macht und denen, für die er gegenüber dem Machtzentrum verantwortlich ist, eine oder mehrere Positionen mit Herrschaftsaufgaben eingefügt werden. Sekundäre Staffelung folgt dem Grundsatz, daß die Machtfülle und besonders das Ansehen des Mächtigen davon abhängt, wieviele Menschen er unmittelbar für seine Herrschaft einsetzen kann. Das Prinzip der sekundären Staffelung gilt für Häuptlinge ebenso wie für Abteilungsleiter oder Universitätsprofessoren. Was der Häuptlingspolizist für den Häuptling ist, ist die Sekretärin oder die ›Vorzimmerdame‹ für den Universitätsprofessor oder Abteilungsleiter. Sekundäre Staffelung verknüpft den Vorgang der Distanzierung der Herrschenden mit dem Vorgang der Teilung der Beherrschten.

In einer »vollentwickelten Bürokratie«, schreibt Hannah Arendt (1985: 80), »gibt es, wenn man Verantwortung verlangt ..., nur den Niemand.« Die Hierarchisierung und Bürokratisierung von Entscheidungen und der Aufgabenwahrnehmung sind Vorgänge, in denen die Menschen von der Verantwortlichkeit für ihr Handeln zunehmend entlastet werden. Entgegen den Rechtfertigungslegenden der ›Verantwortlichen‹ ist es üblicherweise gar so, daß die Verantwortlichkeit von unten nach oben abnimmt, obgleich die Verantwortung für andere und anderes von unten nach oben zunimmt. Je höher eine Person in der Entscheidungshierarchie verortet ist, desto weniger Personen oder Einrichtungen gibt es, die sie zur Verantwortung ziehen können, und desto mehr Möglichkeiten stehen ihr zur Verfügung, um zu vermeiden, zur Verantwortung gezogen zu werden. Eine der Möglichkeiten ist, die Verantwortung auf den Untergebenen abzuwälzen. In unterschiedlichen Graden, gewöhnlicherweise wiederum von oben nach unten zunehmend, übernehmen deshalb die Kollaborateure der Macht »die Funktion des ›Ableiters‹ für eventuelle Mißerfolge«, wie Heinrich Popitz (1992: 212) zu Recht festhält. Sie decken für »das Machtzentrum wie für die jeweils speziell Geschädigten ... die Unfehlbarkeit der Spitze, indem sie die Zurechnung des Mißerfolgs auf sich zieh(en)« (ebda). Der Stationsleiter ist gegenüber der Zentrale in der Hauptstadt für alle zuständig und für alles verantwortlich, was in seinem Verwaltungsbezirk geschieht. Daß solch umfassende Verantwortlichkeit für die kolonialen Stationsleiter nicht zur Bürde wurde, ist dem Umstand zuzuschreiben, daß in den kolonialistischen Ideologien genügend Rechtfertigungsmuster enthalten waren, um jeden Fehlschlag und Fehler dem »faulen«, »dummen« oder »unzivilisierten Neger« anzulasten. Der Alleinverantwortlichkeit des Stationsleiters steht in der Ideologie von der Minderwertigkeit der Beherrschten, wie imner sie auch verstanden sein mag, eine ebenso umfassende Entlastungsideologie zur Seite.

Was dem Stationsleiter gegenüber der Regierungszentrale hilft, bringt ihn indes gegenüber den Beherrschten nicht weiter. Um so wichtiger ist, daß sich zwischen den Stationsleiter und die Beherrschten die Gruppe der Helfer des Stationsleiters schiebt. Es sind nicht viele. Es sind die Mitglieder der Polizeitruppe, Dolmetscher, Zollassistenten, die Häuptlinge, die mit dem Stationsleiter zusammenarbeiten. Die Häuptlingspolizisten schließen diesen administrativen Differenzierungsvorgang ab. Sie alle sind es, die vorrangig die Gegenwart der zentralen Verwaltung verkörpern. Sie sind es deshalb, die noch heute die Bitterkeit über die Härte der kolonialen Herrschaft auf sich ziehen. In einem Lied des alten Sängers und Dichters Azindj-Louwa aus Koumandé (10 km südlich von Bafilo) heißt es bezeichnenderweise (zit. n. D. H.-K. Simtaro, 1982, Bd. 2: 733): »Was hat nun der Weiße gemacht? Wohlgemerkt, er ist sehr hart gegen jedermann. Er duldet nicht den geringsten Fehler. Aber, meine Brüder, wir dürfen auch nicht die Augen davor verschließen, daß es unsere eigenen Brüder waren, die Soldaten und die Häuptlinge, die uns das harte Leben gebracht haben! Waren nicht sie es, die uns unser Gut entrissen haben: das Vieh, das Federvieh und die Ernten? Waren nicht sie es, die unsere Frauen geschändet und unsere Mädchen entführt haben? Kann der Weiße etwas dafür? Außer, daß er all seine Macht den Soldaten und den Häuptlingen überlassen hat. Fortan, unter dem Schutz des Weißen, konnten sie alles machen, was sie wollten.«

Die Klagen und Anklagen in den Petitionen der einheimischen Häuptlinge legen allerdings offen, daß die Menschen darüber nicht übersahen, wer die Ursache ihrer Schmach und ihrer Leiden war. Name für Name wurden die Stationsleiter genannt (vgl. P. Sebald, 1988: 671 ff.). Die wenigen Eroberer, die äußerst personalisierte Herrschaft des Stationsleiters und der Antagonismus der kolonialen Situation trüben den Beherrschten nicht den Blick, wer für die Lasten und Leiden, die die Herrschaft des Eroberers bringt, verantwortlich ist. Die Entlastungsfunktion von Verwaltungsstab und administrativen Mittlern, vom Soldaten bis zum Häuptlingspolizisten, zeichnet sich ab. Aber der Stationsleiter kann nicht auf sie setzen.

Hierarchien sind Ordnungen der Kontrolle von oben nach unten, vom Statushöheren über den im Status Tieferstehenden, vom Vorgesetzten über den Untergebenen. Die Häuptlingspolizei ruft in Erinnerung, daß Hierarchien auch Ordnungen einer Kontrolle von unten nach oben sind. In der »Polizisten Instruktion« der Station Atakpamé aus den Jahren 1901/03 werden sorgfältig die verschiedenen Aufgaben aufgezählt, die der Polizist »als Stütze des Häuptlings« zu erfüllen hatte, wie es von da an in allen einschlägigen Aufgabenbestimmungen der Häuptlingspolizei hieß (ANT FA3/1110: 1 ff.). Aber der Polizist, der der Helfer des Häuptlings war und aus Mitteln unterhalten werden mußte, die der Häuptling aufzubringen hatte, wurde nichtsdestoweniger direkt zur Hilfskraft der Station gemacht. Ohne Umschweife wurde von ihm verlangt, daß er Streitfälle, die nicht in die Regelungskompetenz des Häuptlings fielen, »unbedingt auf der Station anzuzeigen« hatte (ebda, S. 3). Der Häuptlingspolizist war nach dem Willen der Verwaltung in Togo dafür mitverantwortlich, daß der Häuptling seinen Aufgaben nach den Vorgaben der Verwaltung nachging. Er war das Werkzeug des Stationsleiters, um die vorgeschriebene Aufgabenwahrnehmung des Häuptlings durchzusetzen. Aus der Hilfskraft des Häuptlings wurde auf diese Weise der Wächter des Häuptlings und der Häuptlingsordnung im Dienste der Lokalverwaltung.

Die Binnenstaffelung der Kollaborateure der Macht verbindet die Kontrolle über die Mehrheit der Beherrschten mit einer Kontrolle der Kollaborateure der Macht selbst, die in der Hierarchie der Staffeln sowohl von oben nach unten wie von unten nach oben erfolgt. Die Anweisungen des Stationsleiters an den Häuptlingspolizisten unterstreichen darüber hinaus, daß die Kontrolle von unten nach oben nicht nur im ›informellen‹, sondern auch im ›formellen‹ Bereich liegen.

In den Augen der deutschen Stationsleiter erfüllte die Häuptlingspolizei ihre Aufgaben zufriedenstellend. »Die Häuptlingspolizei bewährt sich im allgemeinen gut und wird voraussichtlich auch im Ernstfall nicht versagen«, hieß es in dem erwähnten Jahresbericht der Bezirksleitung von Sokodé (ebda). Bedauert wurde lediglich, daß »reichere Mittel zu Belohnungen der Polizisten« fehlten (ebda). Es ist ein Bedauern, in dem sich die wirtschaftlichen und intermediären Grenzen der Herrschaft des Eroberers gleichzeitig zu Wort melden.

3.4. Machtmißbrauch – Intermediäre Herrschaft und Willkür

Intermediäre Herrschaft verschärft das ›Paradoxon der institutionellen Kontrolle‹. Institutionelle Kontrolle ist ein Teufelskreis der Kontrolle – das hat sie mit der Gewaltbegrenzung gemeinsam. Jede Kontrolleinrichtung fordert die Frage heraus: Auf welche Weise werden die Kontrolleure kontrolliert? Eine endgültige Antwort gibt es nicht – nur das zerbrechliche Gefüge der ›Gewichte und Gegengewichte‹.

In der intermediären Ordnung des entstehenden Staates ist das Kontrollproblem von vorrangiger Bedeutung. Es ist gleichsam ein Definitionsmerkmal des frühen Staates. Es macht aus Stationsleiter die »wahren Herrscher« des Staates. Es läßt die Träger in der Weite des unbekannten ›Buschs‹ verschwinden. Es macht aus Dolmetschern die ›heimlichen Statthalter der Station‹. Es verwandelt die Soldaten der Polizeitruppe in die ›Befehlshaber des Buschs‹.

Die administrativen Mittler, unter ihnen die Häuptlinge und Häuptlingspolizisten, stellen die staatliche Verwaltung und an erster Stelle den Stationsleiter vor zusätzliche Kontrollprobleme. Sie erwachsen aus der besonderen Distanz und Unabhängigkeit der administrativen Mittler, den neuen Formen von Macht und Herrschaft und den Machtgewinnen, die den administrativen Mittlern zufallen. Ein besonderes Kontrollproblem ist der ›Machtmißbrauch‹ der Häuptlinge. Der Missionsinspektor und Direktor der Norddeutschen Missionsgesellschaft A. W. Schreiber faßte auf dem ersten Deutschen Kolonialkongreß der Deutschen Kolonialgesellschaft im Jahre 1902 dieses Kontrollproblem in die Worte: Die Gefahr beim »Zusammenwirken der einheimischen und europäischen Obrigkeit« liegt darin, »dass die inländischen Häuptlinge ... ihre durch den Einfluss der europäischen Regierung sehr gesteigerte Macht nun in schändlicher Unterdrückung und Aussaugung ihrer Untertanen verwenden, so dass das Volk unter einem solchen Herrn und Richter viel schlimmer daran ist, trotz der europäischen Oberherrschaft, als es früher der Fall war. Es ist eine grosse Gefahr, die überall dort droht, wo die europäische Kolonialregierung sich irgendwie eingeborener Organe bedient, ohne dieselben genau kontrollieren zu können« (VhKK, 1902: 87).

Die grellen Farben, mit denen der Missionsinspektor das Bild einer despotischen Häuptlingsmacht kennzeichnete, standen allerdings in deutlichem Gegensatz zu den vergleichsweise bescheideneren Vorwürfen, in denen die Mitglieder der staatlichen Verwaltung das Kontrollproblem bestimmten. Die Verwaltung beklagte, daß Häuptlinge bei der Gestellung von Trägern an Privatleute hauptsächlich ihren Gewinn im Auge haben, weil die Häuptlinge noch nicht »auf so hoher sittlicher Stufe stehen, daß sie dem Gelde widerstehen und das Wohl ihrer Untertanen voransetzen« [R 150 ANT FA3/83 (4–5): 172]. Die gleiche Anschuldigung traf die Rechtsprechung der Häuptlinge. Wieder und wieder wurde von seiten der Bezirksverwaltungen darauf aufmerksam gemacht, daß Häuptlinge »meistens um Geld zu bekommen, das größte Strafmaß nehmen« (ANT FA3/2l24: 220; vgl. auch R. Asmis, 1908: 83, 105). Die Häuptlinge würden »nach Ansehen der Person« urteilen (ebda; vgl. auch R. Asmis, 1908: 205). Sie würden Orakel und Ordale verwenden. Pauschal hieß es, daß die Häuptlinge »sich ihnen nicht zustehende Rechte anmaßen«. Nach den Soldaten der Polizeitruppe käme bei ihnen der »Mißbrauch der Amtsgewalt« am häufigsten vor (R. Asmis, 1908: 111, 127).

Die Beispiele verdeutlichen es. Das Kontrollproblem der Verwaltung besteht hauptsächlich dort, wo der institutionelle und normative Oktroi des Eroberers mit den Einrichtungen und Regeln zusammenstößt, die in der Ordnung der Beherrschten gültig sind. Machtmißbrauch als »Mißbrauch der Amtsgewalt« ist für die Verwaltung das Werkzeug, um die neue Ordnung des Stationsleiters abzugrenzen und durchzusetzen. Die »Anmaßung« der Häuptlinge bestimmt sich aus der Logik der Eroberung. Sie ist der Anspruch auf Macht von seiten desjenigen, der die Macht verloren hat; sie ist der Anspruch auf eine alte Ordnung, die vor der neuen nicht mehr bestehen kann; sie ist der Anspruch auf die Mittel der neuen Macht, um überkommene Ziele zu erreichen; sie ist der Gebrauch von Machtmöglichkeiten des Eroberers, um zu erreichen, was nach den Machtansprüchen und Zielsetzungen des Eroberers von den Beherrschten nicht gewonnen werden darf.

Deshalb schwiegen die Mitglieder der Verwaltung über jenen anderen ›Machtmißbrauch‹, der in den Erinnerungen der Menschen lebendig geblieben ist, und der in der Feststellung des Missionsinspektors Schreiber in kennzeichnender Ungenauigkeit aufscheint. Es ist der Mißbrauch der Macht, der damit verbunden ist, daß die Häuptlinge die Forderungen und Ansprüche des Eroberers erfüllen. Es ist ein Mißbrauch der Macht, den der Missionsinspektor Schreiber den Häuptlingen anlastete, der indessen nicht nur ein Ergebnis mangelnder Kontrolle über die Häuptlinge ist, sondern daraus erwächst, daß die herrische Unmäßigkeit des Eroberers mit der organisatorischen Ohnmacht des Eindringlings zusammentrifft. Machtmißbrauch ist das systematische Ergebnis einer Herrschaft, die auf Intermediarität gegründet ist und die überkommene Ordnung der ›Gewichte und Gegengewichte‹ zerstört. Es ist ein Machtmißbrauch, in dem sich die Willkür der Verwaltung über die Positionen des Häuptlings und Häuptlingspolizisten hinaus im institutionellen Gefüge der Beherrschten fortsetzt.

Der vorrangige Bereich des Machtmißbrauchs ist dementsprechend der Kernbereich der Herrschaft des Eroberers selbst. Es ist die Organisation der Zwangsarbeit. »Fünfhundert Personen aus den Dörfern von Kidjang und fünfhundert Personen aus unseren Dörfern. Eintausend Männer, mit Gewalt von den Häuptlingen zusammengebracht«, erzählte der alte Nabede Kagnaya Tagba Tchenzi aus Tchitchao. »In unserer Gegend«, erinnerte sich der hundertjährige Kisserou Bikalabou Soumiye Kouss'ma von Kidjang-Houloun, »beauftragte der Häuptling Bodjona damals seine Helfer und seine Polizei, die

Männer in allen Dörfern, in den Bergen und in der Ebene als Arbeitskräfte zu rekrutieren«. »Der Häuptling und seine Polizei mußten immer die Leute für diese harten Arbeiten von zwölf oder fünfzehn Tagen zusammenbringen, die die ›Steuer‹ ersetzten.« So beschrieb der etwa siebzigjährige Nassouma Sakinzou aus Sansanné-Mango das, was mit dem Kommen des Eroberers zur »schändlichen Unterdrückung und Aussaugung« der Beherrschten wurde (zit. n. D. H.-K. Simtaro, 1982, Bd. 2: 739, 805, 843; Herv. i. Orig.). Auf welche Weise der Häuptling die Zwangsarbeiter rekrutierte, war der staatlichen Lokalverwaltung gleichgültig. Für sie zählte allein, daß die geforderten Zwangsarbeiter zur Stelle waren. Den Häuptling ließ sie über diese Tatsache nicht im unklaren. »Die Beschaffung von Trägern gestaltete sich denn auch sehr einfach«, läßt uns der Missionsarzt Rudolf Fisch (1911: 143f.) wissen. »Die Häuptlinge hatten den Befehl erhalten, um die bestimmte Stunde so und so viel Träger bereit zu halten. Am Abend vor unserer Abreise meinte ein schwarzer Angestellter (der Station Sansanné-Mango – TT), es sei zu befürchten, daß die Träger nicht zur bestimmten Stunde bereit seien, ob er nicht den Häuptlingen nochmals den Befehl zur Stellung der Träger übermitteln solle. Er wurde kurzer Hand abgewiesen mit dem Bescheid, man sei nicht gewohnt zweimal zu befehlen. Werde der einmalige Befehl nicht ausgeführt, so wüßten ja die Häuptlinge, was das auf sich habe. Zur bestimmten Zeit fehlte denn auch kein Mann.«

In Togo erfaßte die Steuerarbeit jährlich mehr als 30 000 Männer. Aber wo immer Forderungen der staatlichen Verwaltung zu erfüllen sind, befinden sich die administrativen Mittler im Raum der Gewalttätigkeit und Willkür, mit denen die antagonistischen Ordnungen der Herrschenden und Beherrschten verbunden sind. »Schändliche Unterdrückung« erfuhren auch die männlichen Jugendlichen: »Sobald der ›Djama‹ überall Häuptlinge eingesetzt hatte, verlangte er von ihnen, daß sie junge Leute holten, um sie auf seine Schule zu schicken. Die Häuptlinge wollten alles andere denn ihre eigenen Kinder in die Schule des Weißen schicken. Sie rekrutierten vielmehr die Kinder der armen Bauern, mit Gewalt versteht sich! Ihnen standen schwarze Soldaten der Polizei der ›Djama‹ zur Seite, die sich zu den Dörfern aufmachten und Kinder ›jagten‹«. So erinnerte sich der achtzigjährige Patchoudi Kolou Sanda aus Lama-Kara (zit. n. D. H.-K. Simtaro, 1982, Bd. 2: 787; vgl. auch S. 746). Der eine Häuptling mag bösartig, der andere habgierig gewesen sein. Wie im vorangegangenen Beispiel schützte der vierte die seinen auf Kosten der Kinder armer Bauern vor dem Zugriff der Eroberer. Sie mögen sich bei der Steuererhebung oder der Rechtsprechung bereichert haben. Vielerorts haben sie die Dorfbewohner »in allen Bereichen« und »sehr häufig mißbraucht«, wie der alte Kiyolou Pamali sich zu erinnern glaubte (zit. n. D. H.-K. Simtaro, ebda, S. 821).

Die Stationsleiter schauen dem eigensüchtigen, gewalttätigen und willkürlichen Treiben so manches Häuptlings zu. Solange keine Unruhen drohen und die Schwierigkeiten mit der Bevölkerung aus diesem Grund nicht das übliche und erwartete Maß übersteigen, gibt es für den Stationsleiter keinen Anlaß einzuschreiten. Die intermediäre Ordnung ist so zusammengefügt, daß der Stationsleiter weder wissen kann noch wissen will, wie im einzelnen der Umgang des Häuptlings mit der Bevölkerung ist, für die der Häuptling verantwortlich gemacht wird. Die staatliche Verwaltung ist am Ergebnis und nicht daran interessiert, wie das Ergebnis zustandegekommen ist. Sie selbst stützt sich auf die Seitengewehre der Soldaten und auf die Drohung mit der »Strafexpedition« und ist auf den Häuptling angewiesen, ohne den die Erlasse, Verfügungen und Anforderungen des Stationsleiters die Menschen in den Dörfern und Weilern nur sehr bruchstückhaft und unvollkommen erreichen würden. Es ist der Häuptling, nicht der Stationsleiter, der den unmittelbaren Zugang zu den Beherrschten hat (vgl. H. Brunschwig, 1983: 128). In diesem Sinne trifft die Beobachtung des Missionsinspektors Schreiber den Kern der Sache. Es ist das »Zusammenwirken der einheimischen und der europäischen Obrigkeit«, das die überkommene Ordnung der ›Gewichte und Gegengewichte‹ aus dem Gleichgewicht bringt und zum Mißbrauch der Häuptlingsmacht führt. Aber anders als der Gedanke von Schreiber nahelegt, sind die Orte des Mißbrauchs nahe den Bereichen, in denen das Zusammenwirken der Häuptlinge mit der staatlichen Verwaltung stattfindet. Der Mißbrauch der Häuptlingsmacht erfolgt im Umgang mit der Gewalttätigkeit, Willkür und Unbarmherzigkeit der Ordnung des Stationsleiters und der Eigennützigkeit der neuen Herren.

Das Problem des ›Machtmißbrauchs‹ bedarf vor dem Hintergrund der frühen nachkolonialen Verachtung für das Häuptlingswesen freilich einer einschränkenden Nachbemerkung.

Die nachkoloniale Verachtung für die Häuptlinge entsprach den Machtinteressen der nachkolonialen Machthaber und setzte als solche mehr oder minder ungebrochen die kolonialistische Verachtung für das Häuptlingswesen fort. Mit Blick auf die deutsche Kolonialzeit Togos scheint deshalb der ›Machtmißbrauch‹ der Häuptlinge ebenso ein bestimmtes Geschehen wie ein Topos der historischen Erzählung zu sein. Zum einen beeindrucken zahlenmäßig die historischen Quellen nicht, wenn es darum geht, jenseits pauschaler Feststellungen den ›Machtmißbrauch‹ der Häuptlinge an einzelnen Ereignissen oder gar nur an einzelnen Praktiken zu verdeutlichen. Zum anderen sind den Möglichkeiten des Machtmißbrauchs in den Schwächen des neu errichteten amtlichen Dorf- und Oberhäuptlingtums und in den Machtverlusten des vorkolonialen Häuptlingtums Grenzen gezogen – trotz der Machtgewinne der Häuptlinge. Manche dieser Mechanismen der Machtbegrenzung sind neu. Ein grundlegender Begrenzungsmechanismus ist indes so alt und überkommen wie die Geschichte der politischen Verfassungen: der Abbruch der Beziehung in Gestalt der Flucht. Angesichts des Überflusses an Land und angesichts der Arbeitsmöglichkeiten an der englischen Goldküste im besonderen flohen die Menschen vor der Herrschaft der deutschen Eindringlinge und der Häuptlinge, die sie im Namen und für diese Herrschaft der Eindringlinge knechteten. Das Weglaufen war durch die Grenzkontrollen schwieriger geworden. Aber hindern ließen sich die Bedrückten nicht, wenn die Last zu groß geworden war.

Die überkommene politische Ordnung der ›Gewichte und Gegengewichte‹ der akephalen Gesellschaften und Häuptling- und Groß-Häuptlingtümer wird durch das neue staatliche Regime in den Grundfesten erschüttert. Neue Möglichkeiten und Formen des Machtmißbrauchs bedrücken die Menschen. Das folgenreichste Gegengewicht gegen den Mißbrauch der Macht bleibt jedoch erhalten. Es ist ein Gegengewicht, das vor allem für die politischen Ordnungen in Afrika von großer Bedeutung war und noch immer ist. Flucht der Beherrschten kann auch dem Eigennützigen, Habgierigen, Machthungrigen, Maßlosen oder dem schlicht mehr oder minder großen und kleinen Gauner unter den Häuptlingen Zügel anlegen. Flucht gehört zu den wirksamsten Gegengewichten zur Maßlosigkeit der Macht – das trifft bisher auf alle Regionen und Zeiten zu.

4. Zusammenfassung

In den Augen der royalistischen Briten waren die Häuptlinge der Schlüssel für Ordnung, Tradition und Führung. In der ›indirekten Herrschaft‹ sollten die »chiefs« an der »Bürde des weißen Mannes« teilhaben. Für die Erben der Französischen Revolution waren die Häuptlinge anstößig. Die ›direkte Herrschaft‹ sollte die »chefs« zu nützlichen Werkzeugen der assimilatorischen Mission machen. Für die Revolutionäre der Unabhängigkeit waren die Häuptlinge eine ›Bastion des Feudalismus‹. Diese ›Bastion‹ war zu schleifen. Die Deutschen, die imperiale Weltgeltung suchten und keine Theorie kolonialistischer Herrschaft hatten, machten es wie alle anderen Kolonialmächte der Zeit. Aus diesem Grund zeigen sie beispielhaft, daß das administrative Häuptlingswesen sich in keine der weltanschaulichen Vereinfachungen einfügen läßt. Die Verkürzungen widersprechen der Ordnung des administrativen Häuptlingswesens im Kern. Der Kern ist die Intermediarität. Intermediarität aber ist Vielfalt und Zwiespalt.

Die intermediäre Herrschaftsordnung des administrativen Häuptlingswesens ist eine Ordnung eigener Art. Sie entsteht in dem Vorgang, in dem die zentralstaatliche Ordnung in der Form der stationären Herrschaft des Stationsleiters in lokale Verwaltung umgewandelt wird. Ihr Kennzeichen ist ihre Vielgestaltigkeit. Es geht in sie die Vielfalt ein, die ein Ergebnis der Binnenintermediarität der Herrschaft des Stationsleiters ist, in der sich vor allen Dingen aber die Mannigfaltigkeit der politischen Ordnungen wiederfindet, die dem Oktroi des Eroberers unterworfen werden und im Raum des Schutzgebietes Togo von der akephalen Gesellschaft der Bekpokpam bis zum Groß-Häuptlingtum der Anufòm reichten.

Das administrative Häuptlingswesen ist eine Ordnung der Gegensätze. Gegensätze prägen die kennnzeichnende Prozeßhaftigkeit der Ordnung. Das administrative Häuptlingswesen ist ein Institutionalisierungsvorgang von Macht, in dem Vereinheitlichung und die Entfaltung von Vielgestaltigkeit, Anpassung und Konflikt, Ohnmacht und Gestaltungskraft, radikaler Bruch mit der vorstaatlichen Ordnung und geordnete Diskontinuität, Machtgewinne und Machtverluste, neue Chancen des Machtmißbrauchs und alte Formen der Machtkontrolle gleichzeitig gegenwärtig sind.

Es beginnt mit dem Devolutionsgrundsatz. Mit ihm wird aus der Egalität akephaler Gesellschaften und lokaler Herrschaft der Häuptlinge zentrale Regierung. Mit ihm werden die lokalen Grundlagen der Herrschaft, vor allem Verwandtschaft und Alter, abgelöst. Es entsteht eine neue Ordnung der Zeit und der Erfahrung. Gegenwart, Zukunft und mittelbare Erfahrung gewinnen über Vergangenheit und gelebte Erfahrung die Oberhand. An die Stelle lokaler tritt eine überlokale Rechenschaftspflicht des Häuptlings. Die Rechenschaftspflicht gegenüber der Zentralregierung ist auf Quantifizierung angelegt und benötigt den Positivismus beweiskräftiger Tatsachen.

Die Handhabung des Devolutionsgrundsatzes führt zur Abhängigkeit der Häuptlinge vom staatlichen Machtzentrum. Das Hierarchieprinzip erzeugt neue und vertieft und verfestigt alte Abhängigkeiten zwischen den Häuptlingen. Es organisiert ein Gefüge der Über- und Unterordnung, schafft eine Hierarchie der Ämter, Instanzenzüge und Kompetenzverteilungen. Als Ergebnisse der Gestaltungsmacht des Stationsleiters sind sie auf den Stationsleiter zugeschnitten. Adressat für alles, was den Stationsleiter mit Blick auf den Verantwortungsbereich des Häuptlings bewegt, sehen sich die Häuptlinge der Erwartung des Stationsleiters gegenüber, für alle Zwecke dienstbar zu sein. Die Pflichten der Häuptlinge fordern umfassende Zuständigkeit und Verantwortlichkeit des Häuptlings für Ruhe, Sicherheit und Ordnung.

Das Organisationsprinzip des Verwaltungsbezirks vervollständigt die administrative Vereinheitlichung. Die hierarchische Territorialordnung von »Bezirk«, »Landschaft« und Dorf setzt die Ablösung des afrikanischen Gefolgschaftsprinzips, die die staatliche Territorialordnung herbeiführt, nach innen fort. Das administrative Häuptlingswesen ist eine territoriale Ordnung. Der territoriale Gehorsamsgrundsatz hat für den Stationsleiter Vorrang.

Der Verwaltungsbezirk der »wahren Herrscher des Empire« ist das ›wahre Kolonialgebiet‹. Die »Landschaft« der »Oberhäuptlinge« ist die Einheit des administrativen Häuptlingswesens. Mehr als anderswo treffen in diesem intermediären Herrschaftsraum die Ordnungen des Eroberers und der Eroberten zusammen, sind hier staatlich-administrative Vereinheitlichung und die Verschiedenartigkeit der Welten der Eroberten gleichzeitig gegenwärtig.

Das Dorf führt stattdessen am eindrücklichsten vor, daß die neuen Ordnungsgrundsätze des Eroberers administrative Utopien sind. Die konkrete Vielfalt, die Gewalttätigkeit der »Strafexpeditionen« und der bewaffneten Kollaborateure der Macht, der Machtmißbrauch von Häuptlingen und Häuptlingspolizisten belegen es.

Der Devolutionsgrundsatz steht am Anfang und erzeugt Dramatik. Die Bestätigung von Häuptlingen und Oberhäuptlingen, die die Beherrschten ausgewählt und beauftragt haben, bestimmen den Alltag des Devolutionsrechts des Stationsleiters. Der Hierarchiegrundsatz verfolgt die Idee straffer Einheit. Uneinheitlich sind die administrativen Über- und Unterordnungsverhältnisse, weil sie die Besonderheiten der Unterwerfungsfeldzüge, die Eigenheiten des Stationsleiters und die unübersichtlichen und widersprüchlichen Wirklichkeiten der Beherrschten aufzunehmen haben. Uneinheitlich sind die Zuständigkeiten und Verantwortlichkeiten der Häuptlinge. Der Organisationsgrundsatz des Verwaltungsbezirks ist dem Ziel der administrativen Einheit verpflichtet. Tatsächlich behaupten sich die politisch-ethnischen Grenzen der vorkolonialen Ordnungen ein großes Stück weit. Die »Landschaft« vereinheitlicht und institutionalisiert Verschiedenartigkeit, indem sie der Ordnung des Stammesgebietes die Raumbeherrschung des Territoriums hinzufügt.

Sind Einheit und Vielfalt dem administrativen Häuptlingswesen gleichermaßen zugehörig, sind es auch die Bilanzen der Machtgewinne und -verluste, die sich nur in einem einzigen Punkt aufrechnen lassen. Die Kolonialherrschaft der europäischen Mächte hat in Afrika das Häuptlingtum in Gestalt des administrativen Häuptlingswesens über alle vorkolonialen Grenzen hinweg verallgemeinert. Die Kolonialherrschaft machte das administrative Häuptlingswesen zur unangefochtenen Institution ›traditionaler Autorität‹.

Das vorkoloniale Häuptlingtum zahlte für diesen Gewinn manchen Preis. Den Groß-Häuptlingtümern zerbrach der tragende Pfeiler der Razzia-Ökonomie, den akephalen Gesellschaften die Ordnung der Gleichheit. Die Häuptlinge wurden getötet, ins Gefängnis gesteckt, geprügelt, zu Zwangsarbeit verurteilt, in Kettenhaft getan, in »Besserungssiedlungen« erniedrigt und deportiert. Das administrative Häuptlingswesen ist eine Struktur der Furcht. Es ist eine Ökonomie der Abhängigkeit. Sie trifft besonders das Groß-Häuptlingtum, das auf mehr oder minder große Macht zugunsten abhängigen Reichtums und geringer Macht verzichten muß.

Gleichzeitig kommt es zu Machtsteigerungen. Neue »Oberhäuptlinge« gewinnen unerwartet neue und alte »Unterhäuptlinge«. Alte Häuptlinge und ›Groß-Häuptlinge‹ zwingen alte Konkurrenten mit Hilfe der Kolonialmacht in die Knie oder befreien sich von vorkolonialen Abhängigkeiten. Amtliche Dorfhäuptlinge erleben, wie die Ordnung der Gleichheit zu ihren Gunsten zerfällt – und vielerorts zögern sie, die Machtchancen, die sich öffnen, zu ergreifen. Größere Gebiete und mehr Menschen werden zu ›Untertanen‹ des Oberhäuptlings. Neue Möglichkeiten entstehen, klientelare Beziehungen einzurichten. Aktionsmacht, instrumentelle Macht und die Durchsetzungskraft von Entscheidungen wachsen. In der Häuptlingspolizei erhalten die Häuptlinge eine eigene exekutive Einrichtung.

Der Häuptling distanziert sich von der Gesellschaft, über die er in engen Bereichen vergleichsweise große Macht ausübt. Der neue Verbündete, die koloniale Macht, unterstützt die Distanzierung des Häuptlings und reicht ihm ihren gewalttätigen Arm.

Mit dem administrativen Häuptlingtum zeichnet sich eine Neuordnung des Verhältnisses von Politik und Gesellschaft ab. Politik wird im engen Sinne ›fremd‹-bestimmt, und ihr lokaler Protagonist ist der Häuptling. Die vorstaatliche Ordnung der Machtausübung und Machtkontrolle, das System der ›Gewichte und Gegengewichte‹ wird in seinen Grundfesten erschüttert. Die gewalttätige Willkür des Eroberers setzt sich in neuen Formen des ›Machtmißbrauchs‹ der Häuptlinge und ihren Helfern, den Häuptlingspolizisten, fort.

Überkommene Formen der Machtkontrolle bleiben jedoch erhalten, neue gesellen sich hinzu. Die Flucht der bedrückten Menschen in den ›Busch‹ oder über die Grenzen des Kolonialstaats treffen den Eroberer und den Häuptling, der seine Macht mißbraucht. In mehr oder minder zerbrechlichen Kompromissen behauptet sich die überkommene Ordnung der Beherrschten und eignet sich die neue Ordnung des Eindringlings an.

Vor allem ist die Intermediarität des administrativen Häuptlingtums selbst nicht nur das Einfallstor, sondern auch das Nadelöhr für den herrischen Zentralherrn, wenn er seinen Befehlen Geltung verschaffen will. Der Stationsleiter ist auf den Häuptling angewiesen. Er benötigt seine Bereitschaft zur Zusammenarbeit. Diese Bereitschaft bedeutet vielerorts nicht mehr, als daß der Häuptling sich den Drohungen zu beugen hat, die unausgesprochen oder ausdrücklich alle Befehle des Stationsleiters an den Häuptling begleiten.

Die Intermediarität der Träger, Dolmetscher und der Häuptlinge enthält so vielleicht das bedeutendste Gegengewicht zur gewalttätigen Willkür der Eroberer: die Ohnmacht der Herrschenden. Vom direkten Zugang zu den Beherrschten ausgeschlossen, brauchen die Herrschenden ›Verbindungsleute‹. Sie kommen ohne intermediäre Einrichtungen nicht aus. Diese Ohnmacht der Herrschenden ist die Last, aber ebenfalls die Macht der Mittler. Im administrativen Häuptlingtum wird sie zu Herrschaft und institutionalisierter Gegenmacht.

Der Preis, den die Beherrschten für die Ohnmacht der Herrschenden und die Gegenmacht des administrativen Häuptlingswesens zahlen, ist hoch. Er besteht in der Bestätigung der gewalttätigen Willkür des Eroberers.

5. KAPITEL

Zwischen Despotismus, Ohnmacht und Freiheit – Formen des Verwaltungshandelns und Antworten der Beherrschten

Willkür und Gewalt sind gegenwärtig, wenn der Stationsleiter seine Befehle erteilt und der bewaffnete Soldat sich auf den Weg macht. Aber der Weg führt den Soldaten üblicherweise zum Häuptling des Dorfes, dem es obliegt, die Träger zu rekrutieren, die der Stationsleiter anfordert. Vielleicht hat der Soldat Glück und trifft den Häuptling mit einer Gruppe von Arbeitern an, die im Rahmen der Zwangsarbeit den Weg befestigen, der das Dorf mit der Station verbindet. Der Soldat wird sich nicht lange damit aufhalten, den Befehl eines Stationsleiters dem Häuptling zu erläutern, und der Häuptling wird nicht zögern, einige der anwesenden Arbeiter sofort dem Soldaten mitzugeben. Allerdings werden Häuptling und Soldat noch einen schattigen Platz zu einer kleinen Unterhaltung aufsuchen, bevor sich der Soldat mit der gewünschten Zahl von Arbeitern auf den Weg macht. Die Bauern, die der Soldat mitnimmt, warten derweil. Soldat und Häuptling werfen hin und wieder einen Blick auf die Gruppe der jungen Bauern, denen trotz aller äußeren Ruhe und Gleichgültigkeit die innere Spannung anzumerken ist. Es ist gut, die Bauern im Auge zu behalten, ansonsten hat sich allzu schnell der eine oder andere auf und davongemacht.

Verwaltung ist die veralltäglichte Herrschaft von Herrschaftsapparaten. Im Anschluß an Gerd Spittler (1985, 1983a, 1981: 21 ff.; 1980: 578 ff.) unterscheide ich drei Formen von Verwaltungshandeln: despotisches, in dem die Willkür von einer Gewaltdrohung begleitet ist, intermediäres, in dem die Beherrschten nicht erreicht werden, ohne die Gruppe der administrativen Mittler einzuschalten, und bürokratisches Verwaltungshandeln. Bürokratisches Verwaltungshandeln beruht auf abstrakten Regeln. Eine Kopfsteuer von sechs Mark für alle erwachsenen Einwohner, eine »Muskelsteuer« für alle erwachsenen arbeitsfähigen Männer oder die Aushebung von Soldaten nach der Zugehörigkeit zu einer bestimmten Altersgruppe folgen ebenso den abstrakten Regeln bürokratischen Handelns wie die Absetzung eines Häuptlings, der dem Gebot des Stationsleiters regelmäßig zuwiderhandelt, bei der Entscheidung von Rechtsstreitigkeiten keine Ordale zu verwenden. Die abstrakten Regeln, soweit sie für die Einwohner von Bedeutung sind, werden öffentlich bzw. den Repräsentanten der Beherrschten, den Kollaborateuren der Macht oder den administrativen Mittlern im besonderen bekanntgemacht. Üblicherweise sind die abstrakten Regeln bürokratischen Verwaltungshandelns schriftlich niedergelegt. Durch ihre schriftliche Festlegung erhöht sich der Grad von Voraussehbarkeit, die bürokratisches Handeln im Unterschied zur Unvorhersehbarkeit des despotischen Handelns auszeichnet.

Anders als die Unterscheidungen der Kategorien nahelegen, ist für die Lokalverwaltung kennzeichnend, daß die verschiedenen Formen des Verwaltungshandelns eng ineinandergreifen. Wie das fiktive Beispiel eingangs verdeutlichen soll, kommen in ein und demselben Verwaltungsakt alle drei der genannten Typen von Verwaltungshandeln zusammen. Willkürlich ist die Rekrutierung von Trägern oder Zwangsarbeitern, weil im vorhinein weder abzusehen ist, wann die Forderung erhoben wird, noch wen sie treffen wird. Despotisch ist sie, weil sie von der Drohung der Gewalt begleitet ist. Intermediär ist sie, weil sie ohne die Einschaltung des Häuptlings nicht auskommt, der nach ›seinen‹ Regeln die geforderte Anzahl von Personen zusammenbringt. Bürokratisch ist die Rekrutierung der Träger, weil sie auf der Verordnung beruht, daß alle arbeitsfähigen erwachsenen Männer jährlich für eine bestimmte Anzahl von Tagen zur Steuerarbeit herangezogen werden können, und weil sie den Anspruch nach einem direkten Zugriff auf die Untertanen enthält.

Das Verhältnis der einzelnen Typen des Verwaltungshandelns zueinander ist verschiedenartig. Da sind zum einen die regionalen Unterschiede. Herrschte z. B. bei der Steuererhebung in Lomé und Aného seit der Einführung der »Geldsteuer« das bürokratische Verwaltungshandeln vor, ist die Wirklichkeit der »Hinterlandbezirke« und der nördlichen Bezirke im besonderen durch die intermediäre Rolle der Häuptlinge und die Gegenwärtigkeit von Willkür und Gewalt bestimmt. Da sind zum anderen die unterschiedlichen Temperamente der Stationsleiter und der persönliche Charakter ihrer Herrschaft. Gefiel sich zum Beispiel der Bezirksamtmann Gruner in der Rolle des Gesetzgebers, scherten sich andere wie Gaston Thierry nicht um ›abstrakte Regeln‹ und setzten vor allem auf die Einschüchterung der Bevölkerung durch despotisches Handeln – was allerdings Gruner nicht vergaß, von dem es in einem Brief eines Afrikaners an den Reichstag hieß, daß man ihn »Teufel« genannt habe, und von dem der Briefschreiber meinte, daß er im Misahöhe-Bezirk »wie ein Demi-Gott« regiert habe (zit. n. P. Sebald, 1988: 660). Da sind, drittens, die verschiedenen vorkolonialen Ausgangspunkte. Ließ sich angesichts der mehr oder minder kleinen Häuptlingtümer in der Küstenregion die Herrschaft in Lomé und Aného leichter bürokratisieren, war in den Einflußbereichen der Groß-Häuptlingtümer intermediäres Handeln unumgänglich. Da sind, viertens, die verschiedenen Ebenen des Verwaltungshandelns. Im Rahmen der Binnenintermediarität zwischen gouvernementaler Zentrale und Lokalverwaltung des Stationsleiters herrscht das bürokratische Verwaltungshandeln von Anweisungen und Verordnungen vor. Anders dagegen ist das Verwaltungshandeln zwischen den Beherrschten und der Lokalverwaltung, wo innerhalb der Eigenheiten des »persönlichen Regimes« des Stationsleiters die vielgestaltigen Verhältnisse der drei Verwaltungsformen anzutreffen sind. Aufgrund dieses ebenenspezifischen Handelns ist die Möglichkeit eingeschlossen, daß es bei einem Wachstum des Beamtenapparats zu einer ›doppelten Wirklichkeit‹ der staatlichen Verwaltung kommt. Für sie ist charakteristisch, daß das innerbürokratische Handeln die Vorherrschaft gewinnt, und die ritualisierte Beschäftigung der Verwaltung mit sich selbst um so augenfälliger von dem Handeln gegenüber den Beherrschten absticht, das auf ein Mindestmaß von Kontakten begrenzt und von Willkür und Gewaltdrohung bestimmt ist (vgl. am Beispiel von Französisch-Westafrika G. Spittler, 1981: 13 ff., 89 ff.).

Trotz aller Unterschiede in den Gewichtungen zwischen despotischem, intermediärem und bürokratischem Verwaltungshandeln treten zwei Elemente in der Verwaltung früher Staatlichkeit hervor. Erstens: Alles Verwaltungshandeln steht im Schatten des despotischen Handelns. Der Wegezoll, den der Händler entrichtet, die »Muskelsteuer«, die der Bauer leistet, das Pflanzen der Alleebäume, das der Stationsleiter angeordnet hat, sind Bestandteile einer Wirklichkeit, in der Willkür und Gewalt gegenwärtig sind. Der Händler, der von den Zollbeamten übervorteilt wird, wenn er seinen Wegezoll entrichtet, tut gut daran, sich nicht zur Wehr zu setzen – und stattdessen durch eine neue Preiskalkulation seinen Schaden wiedergutzumachen. Der Bauer wird sich auf die Aufforderung des Häuptlings hin, zur Steuerarbeit anzutreten, vielleicht in den ›Busch‹ schlagen. Aber wenn er diesen Ausweg nicht sieht, wird er zur Stelle sein. Ansonsten sind weder seine engen Familienangehörigen vor Zwangsmaßnahmen der Verwaltung noch er selbst vor den Schlägen der Polizeisoldaten, die ihn jagen, sicher – es sei denn, daß ihn der Häuptling vor den Nachstellungen der Polizeisoldaten schützt. Auf der Verschränkung der verschiedenen Formen des Verwaltungshandelns liegt der Schatten des Despotismus. Er bildet selbst dann den untergründigen Boden, wenn die Beherrschten sich der Regelhaftigkeit bürokratischen Handelns gegenübersehen oder aus dem Schutz des Häuptlings Vorteile ziehen, wobei die intermediäre Rolle des Häuptlings nur deshalb ›Schutz‹ ist, weil ohne sie Willkür und Gewalt drohen.

In diesem Zusammenhang kommt den nicht alltäglichen Übergriffen und Grausamkeiten wie den Massakern der Eroberungszeit eine wichtige Funktion zu. Sie halten die Willkür und Gewalttätigkeit des Eroberers selbst im Vorgang der Veralltäglichung seiner Herrschaft im Bewußtsein der Menschen [vgl. die zusammenfassenden Beobachtungen von M. W. Daly (1986: 452) über den südlichen anglo-ägyptischen Sudan der Jahre 1922–1933]. Es ist auffällig, daß in den Stellungnahmen der »antikolonialen Bewegung«, wie Peter Sebald (1988: 526 ff.) die vereinzelten Ansätze zu einer Opposition gegen die deutsche Herrschaft etwas vorschnell stilisiert, wieder und wieder dieselben ›Kolonialskandale‹ zur Sprache gebracht wurden, die in den Anklagen der Mission und in den Auseinandersetzungen des Reichstags ihren Niederschlag gefunden haben. Sieht man von dem spezifischen Mobilisierungszusammenhang solcher typischen ›Anklagebilanzen‹ ab, ist das Wesentliche an ihnen nicht, daß sie im Unterschied zur kolonialistischen Rechtfertigungsliteratur das ›wahre Gesicht‹ der kolonialen Herrschaft zeigen. Aber die Anklagebilanzen bringen den untergründigen Boden zur Sprache, auf dem die Menschen sich beim Umgang mit der Verwaltung bewegen. Sie bringen zum Ausdruck, daß die Vorherrschaft des despotischen Handelns aus der Ordnung der ›Einzelfälle‹ besteht, die Schrecken verbreiten und den Menschen im Gedächtnis bleiben. Mit den ›Einzelfällen‹ außergewöhnlichen Despotismus bleibt die Gegenwart unter dem Schatten der vergangenen ›Fälle‹.

Die Vorherrschaft des despotischen Handelns ist für das Verhältnis von Verwaltung und Beherrschten in einer Weise folgenreich, die nicht nachdrücklich genug hervorgehoben werden kann: Despotisches Verwaltungshandeln verneint die Wirklichkeit bürokratischen Handelns. In der Vorherrschaft des Despotismus wird die allgemeine Regel selbst dann noch in Frage gestellt, wenn sie das augenblickliche Handeln der Verwaltungsbeamten leitet. Mit der Verschränkung von despotischem und bürokratischem Verwaltungshandeln entsteht gleichsam ein ›Despotismusvorbehalt‹. In ihm meldet sich in den bürokratisierten Beziehungen wie in jedem Verkehr zwischen Verwaltung und Verwalteten nicht nur die alltägliche Willkür, Gewaltdrohung und Gewalt der Verwaltung zu Wort. Der Despotismusvorbehalt wandelt ebenfalls die ›Einzelfälle‹ der gesteigerten Willkür und Gewalt in demonstrative Fälle um. Aus dem ›Fall‹ wird ›die‹ Wirklichkeit der staatlichen Herrschaft. An der Gegenwart despotischen Handelns geht die Praxis bürokratischen Handelns zuschanden. Der Despotismus korrumpiert die allgemeine und abstrakte Regel, auf der bürokratisches Handeln beruht.

Zweitens: Es gibt auch eine Vorherrschaft des bürokratischen Handelns. Aber sie wirft auf andere Weise als der Despotismus ihren Schatten auf das Verwaltungshandeln. Ist der Despotismus der ›untergründige Boden‹, so ist die Vorherrschaft des bürokratischen Handelns der ›Himmel‹ der Verwaltung. Es ist die Utopie von staatlicher Bürokratie, die die Vorherrschaft bürokratischen Handelns begründet.

Das Vorhandensein bürokratischen Handelns ist die Grundlage des Staates. Das gilt zunächst rein definitorisch, denn ich habe den Staat von anderen politischen Verbänden dadurch abgegrenzt, daß der Staat über einen bürokratischen Verwaltungsstab verfügt. In Wirklichkeit erschöpft sich die Verwaltung am Beginn des Institutionalisierungsvorgangs staatlicher Herrschaft nicht im bürokratischen Handeln. Bürokratie verbindet sich im Gegenteil mit Despotie und Intermediarität. Die Vorherrschaft des bürokratischen Handelns erwächst jedoch aus dem utopischen Element, das ihm eigen ist. Bürokratisches Handeln enthält einen Vorgriff auf die Zukunft. Diese Zukunft besteht in den Voraussetzungen, die bürokratisches Handeln erst möglich machen – und die durch das Vorhandensein intermediären und despotischen Handelns verneint werden. Die Institutionalisierung staatlicher Herrschaft ist ein Prozeß, in dem die Voraussetzungen bürokratischen Handelns institutionalisiert werden.

Gewalt und Willkür sind voraussetzungslos. Das macht die besondere ›Freiheit‹ der despotischen Herrschaft aus. Der Despot nimmt sich, was er findet, und ergötzt sich an den Schätzen, die seine Schatzkammern füllen. Für die Aushebung von Soldaten oder die Errichtung von Bauten zu seinem Ruhm unternimmt er Menschenjagden. Solange er sich der überlegenen Gewaltfähigkeit sicher weiß, solange seinen Untertanen noch etwas geraubt werden kann und der Despot noch etwas zu finden vermag – hier stößt er erst mit der Verwüstung und Entvölkerung seines Landes an unüberwindbare Grenzen –, solange drängt den Despoten nichts, von despotischem Handeln zu lassen. Das despotische Handeln ist ein Bestandteil der Institutionalisierung staatlicher Herrschaft. Es zerschlägt, was es vorfindet. Es zerstört, was dem Neuen der staatlichen Herrschaft entgegensteht. Es ist die Umwandlung der gewalttätigen Eroberung und Unterwerfung in die Alltäglichkeit einer gewalttätigen und willkürlichen Verwaltung.

Obgleich mit der Errichtung und Verstetigung der neuen staatlichen Ordnung verbunden, sind dem Zukunftsbezug des despotischen Handelns engste Grenzen gezogen. Despotisches Handeln ist situational wie die Gewalt und Willkür, die das despotische Handeln bestimmen. Innerhalb des erweiterten Zeitbezugs staatlicher Herrschaft lebt der Despotismus im Jetzt. Er ist das staatliche Gegenstück zur vorstaatlichen Razzia.

Das despotische Handeln spiegelt den unüberbrückbaren Gegensatz zwischen Beherrschten und Herrschenden in der kolonialen Situation. Die koloniale Situation kennt kein Vertrauen. Vertrauen ist eine Vergesellschaftung, die im Horizont des Morgen stattfindet. Aus diesem Grund ist das Vertrauen so wichtig für die Kinder und unabdingbar für jedes Miteinander, das über den Augenblick und den Tag hinaus währen soll. In seinem Zukunftsbezug ist Vertrauen eine der Grundbedingungen von Gesellschaft. In der kolonialen Situation fehlt das Maß an Vertrauen, das für ein ›vertrauensvolles‹ Zusammenleben notwendig ist. Stattdessen tritt an die Stelle des Vertrauens die Gewaltdrohung, die zum ausdrücklichen oder stummen Begleiter der Vergesellschaftung von Herrschenden und Beherrschten wird. Die Gewaltdrohung ist in zwei Zeitwelten angesiedelt, im Jetzt der Gewalt und in der bedrohlichen Zukunft. Zwar gehört die Gewaltdrohung zur staatlichen Ordnung, weil sie Teil des staatlichen Gewaltmonopols ist. Das Maß der Gegenwärtigkeit der Gewaltdrohung nimmt aber mit dem Übergang von der Vorherrschaft des despotischen Handelns zur Vorherrschaft des bürokratischen Handelns ab. Die hohe Gegenwärtigkeit der Gewaltdrohung und des Jetztbezugs der Gewalt stehen deshalb immer am Anfang und meist am Ende der staatlichen Ordnung.

Mit der Vorherrschaft des bürokratischen Verwaltungshandelns tritt der Zeithorizont der allgemeinen Regel in den Vordergrund. Die allgemeine Regel ist in der konditionalen Logik ihrer Wenn-dann-Beziehung gleichsam zeitlos. Ihr empirisches Dasein ist auf Dauer angelegt. Sie sticht darin von der Willkür ab, die vom Augenblick bestimmt ist und in der sich die besondere Freiheit des Despoten als auch der Augenblickscharakter der Beziehungen zwischen Herrschenden und Beherrschten wiederfinden. Im Unterschied zur augenblicklichen Willkür ist die bürokratische Ordnung der allgemeinen Regel eine Ordnung des Regelmaßes. Sie enthält nicht bloße empirische Wiederholung und Regelmäßigkeit, die noch die wiederholte Willkür kennzeichnet und sie als despotische Ordnung herstellt. Die bürokratische Ordnung der allgemeinen Regel ist im Gegenteil gesetzte und vielfach gar gesatzte Wiederholung. Sie ist verpflichtende Wiederholung. Sie ist eine Ordnung des Sollens und nicht der bloß tatsächlichen Wiederkehr. Zukunft entsteht in der bürokratischen Ordnung, weil über die allgemeinen Regeln eine Verpflichtung für die Zukunft eingegangen wird.

Zum normativen Zukunftsbezug bürokratischen Handelns tritt ein utopischer Vorgriff auf die Zukunft. Im Unterschied zum despotischen Handeln ist bürokratisches Handeln äußerst voraussetzungsreich. Zu großen Teilen sind die Voraussetzungen deckungsgleich mit den Hindernissen, die bei der Institutionalisierung von staatlicher Herrschaft zu überwinden sind. Die eine Seite ist die Errichtung des bürokratischen Verwaltungsapparats selbst, die andere Seite ist die Umgestaltung der Welt, die es zu verwalten und deshalb ›verwaltungsgerecht‹ zu machen gilt. Die Institutionalisierung von staatlicher Herrschaft beginnt mit der beinahe unüberschaubaren lokalen Vielgestaltigkeit im ökonomischen, sozialen und kulturellen Bereich, die den bürokratischen Ansprüchen auf Vereinheitlichung und Einfachheit, den Anwendungsbedingungen der allgemeinen Regel, widersprechen. Sie führt zu schwierigen Fragen, zum Beispiel wie die Geldwirtschaft durchgesetzt oder eine standardisierte Zeit und ein Zeitbewußtsein, das ihr entspricht, oder der sperrige Analphabetismus beseitigt werden können. Es sind die Hindernisse bürokratischen Handelns selbst, in denen sich die Zukunft einer verwaltungsgerechten Ordnung zu Wort meldet.

Despotisches Handeln kennt in dem Sinne keine Hindernisse, weil es die Hindernisse, die ihm begegnen, mit Gewalt und Willkür beseitigt. Der Despot lernt nicht. Der Erfolg ist ihm sicher – soweit die Gewalt reicht und die Willkür eine Lösung für den Augenblick erlaubt. Vom Bürokraten behaupten wir zwar, daß er nichts lernt. Aber bürokratisches Verwaltungshandeln setzt voraus, daß die Verwalteten gelernt haben, den allgemeinen Regeln der Verwaltung entsprechend zu handeln. Darin ist eingeschlossen, daß bürokratisches Handeln auf die Veränderung der Welt angelegt ist. Die Verwaltung muß die Voraussetzungen schaffen, die es ihr erst ermöglichen, regelgerecht zu handeln. Bürokratisches Handeln kennt Hindernisse. Es muß die Hindernisse so beseitigen, daß sie in Zukunft nicht mehr auftreten. Die Hindernisse sind bestimmte Hindernisse, die bestimmte Antworten verlangen. Eine Kopfsteuer in Geld verlangt sowohl Zensus wie Geldwirtschaft. Mit Blick auf ein bestimmtes Hindernis ist also die Zukunft der bürokratischen Ordnung eine bestimmte Zukunft.

Die Veränderung der Welt in eine verwaltungsgerechte Wirklichkeit ist grundsätzlich ein unendlicher Vorgang. Die Wirklichkeit besteht immer aus Einzelfällen, die Annäherung an die allgemeine Regel ist immer unvollkommen. Jede Maßnahme zur verwaltungsgerechten Wirklichkeit schafft neue Voraussetzungen für neue Maßnahmen. Jede neue Wirklichkeit, die die Verwaltung hervorbringt, erzeugt neue Möglichkeiten und neue allgemeine Regeln. Wer den Zensus hat, kann leichter Seuchen bekämpfen oder die Steuerlast unterschiedlich verteilen. Wer Seuchen bekämpft, führt die Meldepflicht von Krankheitsfällen ein. Wer die Steuerlast unterschiedlich verteilt, führt Steuererklärungen ein.

Die Zukunft der Bürokratie ist geplante Zukunft – selbst wenn das Maß der Planung äußerst verschieden sein kann. Bürokratisches Handeln setzt Planung voraus. Wo es nach Plan gehen soll, müssen Pläne vorhanden sein. Wer einen Zensus benötigt, muß systematische Schritte unternehmen, die vergleichsweise genau bestimmt sind, um zum Erfolg zu kommen. In den Jahresberichten und Etatentwürfen von Gouvernement und Lokalverwaltung ist die Planung retrospektiv und prospektiv enthalten. Es wird festgehalten, was erreicht wurde, und es wird in ökonomischen Begriffen festgelegt, was erreicht werden soll. Die Vorherrschaft des bürokratischen Handelns ist die Vorherrschaft der Planungsutopie.

Die Vorherrschaft der bürokratischen Utopie ist sehr gefährdet. Im gleichen Maße wie das bürokratische Handeln selbst ist sie einer Wirklichkeit ausgesetzt, die sich in ihrer Vielgestaltigkeit und ihren Bedingungen bürokratischen Handlungsweisen nicht fügt und das Gewicht der alternativen Möglichkeiten unterstreicht, die im intermediären und despotischen Verwaltungshandeln zur Verfügung stehen. Die Versuchung der Lokalverwaltung, unbürokratisch zu handeln, ist groß. In dem Maße, in dem sich intermediäre und despotische Handlungsmuster in der Lokalverwaltung verbreiten, im entsprechenden Umfang nimmt das Gewicht der bürokratischen Utopie für die Verwaltung ab. Wenn der ordentliche Zensus nicht zu bewerkstelligen ist, dann begnügt sich die Lokalverwaltung, wie z.B. in den beiden Nordbezirken Sokodé-Bassar und Sansanné-Mango, damit, die einmal grob geschätzten Zahlen Jahr für Jahr fortzuschreiben. Die Wirklichkeit einer nichtstaatlichen und bäuerlichen Welt ist eine ›Desillusionierungsfalle‹. Auf diese Falle antwortet der Konservativismus des erfahrenen Lokalbeamten.

Im Zusammenwirken von Desillusionierungsfalle und der doppelten Wirklichkeit der staatlichen Verwaltung besteht ein starker Zug dahin, die andere Seite bürokratischen Handelns, den ihm eigenen Regelritualismus, auf Kosten der zukunfts- und veränderungsorientierten Elemente zu betonen. Dieser Ritualismus ist für die Lokalverwaltungen von Vorteil, weil er die Lösung für ein Problem verspricht, das für die Lokalverwaltung von überragender Bedeutung ist: die Sicherung ihrer Unabhängigkeit in der Form der Binnenintermediarität.

Im Gegensatz zur Lokalverwaltung, der in Verbindung mit dem persönlichen Regiment des Stationsleiters die Wahl von intermediärem und despotischem Handeln leichtfällt, hat die Regierungszentrale großes Interesse an der Durchsetzung bürokratischen Verwaltungshandelns. Nur wenn es ihr gelingt, das despotische und intermediäre Handeln zurückzudrängen, kann sie auf wirksamere Kontrolle der Lokalverwaltung hoffen. Die Verwaltungszentrale in der Hauptstadt ist die institutionalisierte Form, in der der ›Himmel‹ der bürokratischen Utopie in die Wirklichkeit von Erlassen, Anordnungen, Kontrollkommissionen und gouvernementalen Prüfungen umgewandelt wird. Bürokratisches Handeln ist für die Zentrale gleichbedeutend mit Kontrolle. Dementsprechend ist vor allem die hauptstädtische Zentrale der Ort, wo die Vorherrschaft der bürokratischen Utopie verankert ist. Es gibt ein Bürokratie- und Utopiegefälle zwischen Hauptstadt und Lokalverwaltung.

Die Lokalverwaltung wehrt sich üblicherweise gegen den Bürokratisierungsdruck der Zentrale, indem sie eine administrative Sonderwirklichkeit schafft. Es ist eine fiktive Wirklichkeit (vgl. G. Spittler, 1981: 30ff.). Ich nenne sie die ›gouvernementale Rapportwirklichkeit‹. Sie kann mündlich oder schriftlich erstellt werden, und ihr Inbegriff sind die Jahresberichte der Lokalverwaltungen. ›Fiktiv‹ ist diese Wirklichkeit in dem Sinne, daß sie vielfach buchstäblich auf bloßen Erfindungen der Lokalverwaltung beruht, wie Maurice Delafosse (vgl. ebda, S. 61) unumwunden zum Ausdruck gebracht hat. Sie läßt eher im Unklaren, als daß sie offenlegt, wo die Berührungspunkte zwischen der ›Blaupausenwirklichkeit‹ des Gouvernements und den lokalen Verhältnissen liegen und in welchem Maße Entsprechungen zwischen der gouvernementalen und lokalen Wirklichkeit bestehen. Typisch für den Umgang mit der gouvernementalen Rapportwirklichkeit ist, daß diejenigen, die regelmäßig mit ihr zu tun haben, sie nicht für ›wirklich‹ halten und den Berichten, in denen die Rapportwirklichkeit üblicherweise erstellt wird, keinen Glauben schenken. Das hindert aber nicht, daß die gouvernementale Rapportwirklichkeit die Quelle ist, die jeden neuen Bericht und die Mehrzahl der neuen Maßnahmen speist. Im Falle der Jahresberichte des Gouvernements in Lomé bedeutete das z.B., daß dem Reichstag Jahr für Jahr eine Angabe zur Bevölkerungszahl von Togo vorlag, die Genauigkeit mindestens von der vierten Stelle vor dem Komma an vorgegaukelt hat.

Obgleich im hierarchischen Verhältnis zwischen Zentralregierung und Lokalverwaltung eine strukturelle Vorherrschaft der bürokratischen Utopie verankert ist, ist das Maß, in dem diese Vorherrschaft wirksam wird, nicht zum wenigstens von der administrativen Kultur abhängig. Hier liegt einer der großen Unterschiede zwischen den europäischen Kolonialverwaltungen und den nachkolonialen Verwaltungen der Staaten der Dritten und Vierten Welt, zwischen den kolonialen Verwaltungen der europäischen Staaten und mancher Verwaltung der außerokzidentalen historischen Groß-Reiche. Gouvernement und Stationsleiter waren in einer gemeinsamen administrativen Kultur verbunden, die von der Bürokratie des rationalen Staates im Sinne des Max Weber'schen Merkmalkatalogs geprägt war (für den anglo-ägyptischen Sudan vgl. W. M. Daly, 1986: 451 f.). Sie hatten diese Kultur zwar verlassen und entwickelten in der Auseinandersetzung mit den Verhältnissen, die sie in den Kolonien vorfanden, abweichende Vorstellungen über die Möglichkeiten und den Charakter der Verwaltung in den Kolonialgebieten. Die Idee der indirekten Herrschaft von Lord Lugard oder die Idee von Maurice Delafosse, die der von Lord Lugard sehr nahekommt und gleichfalls auf die Institutionen der Afrikaner und ihre Eigenständigkeit setzt, gehörten zu den einflußreichsten Anpassungen. Aber diese Abweichungen blieben innerhalb eines ethnozentrischen Selbstgesprächs, in dem die Grundannahmen nicht in Frage gestellt wurden.

Zu diesem Selbstgespräch gehörten zwei Vorstellungen, die sich ergänzten. Die eine war die von der ›Entwicklung‹ der Kolonie, die vor allem ökonomisch, aber gleichfalls sozial und kulturell das zukunftsorientiert-transformative Element bürokratischen Handelns zur Meßlatte machte. Die andere Vorstellung war die eines Beamtentums, das auf das Ziel der ›Entwicklung‹ im Rahmen von Prinzipien verpflichtet war, die im Binnenverhältnis der Verwaltung den Grundsätzen der legalen Herrschaft entsprachen und noch im Verhältnis zu den Beherrschten die rational-universalistische Distanzierung gegenüber Despotismus, Intermediarität und Klientelismus hochhielt. Es war die Idee eines Beamtentums, das »nur *sachlichen* Amtspflichten gehorcht(..)«, in eine »feste(.) Amtshierarchie« eingebunden ist, sich durch Leistung und »Fachqualifikation« auszuweisen hat, durch »feste(.) Gehälter in *Geld*« entgolten wird, »in völliger ›Trennung von den Verwaltungsmitteln‹ und ohne Appropriation der Amtsstelle« arbeitet, das Amt »als einzigen oder Haupt-Beruf« ausübt und »einer strengen einheitlichen Amtsdisziplin und Kontrolle unterlieg(t)« – um nur einige der wichtigsten Kennzeichen zu nennen, mit denen Max Weber (1972: 126 f.; Herv. i. Orig.) das idealtypische Beamtentum unter den Bedingungen legaler Herrschaft charakterisiert hat.

Die Wirklichkeit der ›Entwicklung‹ der Kolonien wie das Kolonialbeamtentum wichen von diesen Vorstellungen mehr oder minder augenfällig ab. Aber die Rechtfertigungszusammenhänge administrativen Tuns hielten an diesen Vorstellungen fest. Sie bestimmten die Jahresberichte, die ›Entwicklungs‹-bilanzen sind. Sie sind gegenwärtig, wenn in einem der vielen ›Kolonialskandale‹ das Verhalten der Beamten kritisch geprüft wurde. Sie bestimmten die »Pflichten und Rechte« des Beamten nach den Festlegungen des Kolonialbeamtengesetzes (LGG, S. 343 ff.). Die »Gentleman«-Idee des Kolonialbeamten war eine Abwandlung der Vorstellung vom Beamten. Sie ließ den Kern der Vorstellung unberührt. Deshalb stand der Idee nach dem Wechsel vom Kolonial- zum Reichsdienst, von der Kolonialverwaltung zur Verwaltung, die den Grundsätzen der legalen Herrschaft folgte, nichts entgegen, wie die entsprechenden Vorschriften der »Landesgesetzgebung des Schutzgebietes Togo« dokumentieren (LGG, S. 348).

Auf diese Weise kam zur Stärkung bürokratischen Verwaltungshandelns, die in der Struktur der Kontrolle der Zentrale über die Lokalverwaltung enthalten ist, in der europäischen Kolonialverwaltung eine Verwaltungskultur hinzu, die sowohl bürokratisches Handeln als auch die zukunftsorientiert-transformative Seite dieses Handelns betonte. Der ›Himmel‹ der bürokratischen Vorherrschaft war in der europäischen Kolonialverwaltung nicht nur in der sozialen, sondern gleichfalls in der kulturellen Struktur enthalten. Um so spannungsreicher mußte diese Verwaltungskultur werden, je länger und spürbarer sich die europäische Verwaltung in die Muster des despotischen Handelns verstrickte, dem eine Verwaltungsohnmacht entsprach, an der die bürokratische Utopie der kolonialen Eroberer Stück für Stück zerbrach.

1. Das Joch der »Muskelsteuer« und die Grenzen der direkten Besteuerung

Macht und Herrschaft sind mit besonderen Zugangschancen zu den ökonomischen Ressourcen einer Gesellschaft verbunden. Reichtum verschafft Macht, Macht öffnet die Schatztruhen. Spätestens mit dem Groß-Häuptlingtum werden die Abgaben der Beherrschten zum unabdingbaren Teil der Ökonomie der Herrschenden. Die Abgaben der Beherrschten nehmen die unterschiedlichsten Formen an. Sie reichen von Tributzahlungen über Marktabgaben, den ›Zehnten‹, ›Beihilfen‹ für die Finanzierung von Kriegszügen, ›Geschenken‹ für die großen Feste und als Huldigung an den Herrscher bis zu Zöllen und Steuern. Nicht anders als die Ordnung der Macht wandelt sich mit der Staatlichkeit die Ordnung der Abgaben. Das Gewaltmonopol ist der eine, das ökonomische Verfügungsmonopol ist der andere Pfeiler, der die staatliche Herrschaft trägt.

Das ökonomische Verfügungsmonopol des Staates besteht in der Macht, über bestimmte ökonomische Leistungen einer festgelegten Kategorie von Menschen, die auf dem staatlichen Territorium ansässig sind, verfügen zu können. Welche Kategorien von Untertanen zur Abgabenleistung verpflichtet sind, legt das staatliche Herrschaftszentrum selbst fest. Häufig, aber nicht notwendigerweise haben diese Leistungen die Form der direkten Steuer. Sie können jedoch ebenso in einer allgemeinen Zwangsarbeit oder in einer Naturalabgabe bestehen. Kennzeichnend für das ökonomische Verfügungsmonopol des Staates ist, daß es den staatlichen Einrichtungen ökonomische Ressourcen verschafft, die besonders in Agrargesellschaften im Vergleich mit den Ressourcen der Untertanen normalerweise konkurrenzlos sind. Das gilt besonders dann, wenn das ökonomische Verfügungsmonopol zum Steuermonopol wird. In diesem Sinne gibt es eine enge Beziehung zwischen dem Gewaltmonopol und dem ökonomischen Verfügungsmonopol des Staates. Hat der Staat in der Ordnung der Gewalt den Anspruch auf unbedingte Vorherrschaft, und kann er diesen Anspruch ausreichend sichern, dann fällt ihm die Vorherrschaft in der Verfügung über ökonomische Ressourcen tendenziell und üblicherweise zu. Besonders eng ist der Zusammenhang zwischen der Ordnung der Gewalt und der ökonomischen Ordnung am Beginn des Institutionalisierungsvorgangs, den das staatliche Steuermonopol abschließt. Gewalt und Ökonomie treffen sich in einer gewalttätigen Ökonomie des Staates.

Die vorstaatliche Abgabenwirklichkeit ist uneinheitlich, voller Unregelmäßigkeiten und Unvorhersehbarkeiten. In abgeschwächter Form findet sich dieselbe Situation noch in der vorsteuerlichen Ordnung des Staates. In Afrika herrschte Tribut vor. Der Tribut ist so schwankend wie die Durchsetzungsfähigkeit der Groß-Häuptlinge und des kriegerischen Adels, der mit den Groß-Häuptlingen die Herrschaft teilt, und wie die Bereitschaft und Fähigkeit der Tributpflichtigen, den Tribut zu verweigern. Den Unterhalt sichert der Boden, über den der Groß-Häuptling verfügt, die Frauen und Sklaven, die den Boden bewirtschaften, die Razzia, der Handel und der Fernhandel im besonderen (vgl. C. Coquery-Vidrovitch, 1985: 76ff.). Zu den tributären Leistungen der unterworfenen Nachbarvölker kommen die Abgaben, die für die Rechtsuchenden am Gerichtshof des Groß-Häuptlings anfallen oder welche die Händler auf dem Markt der Hauptstadt entrichten müssen, die hohen Zinsen aus den Kreditgeschäften des Groß-Häuptlings, die verbindlichen Gastgeschenke der Reisenden oder die Gaben für die großen Festlichkeiten, die in der Hauptstadt zu allerlei rituellen und anderen Gelegenheiten anfallen und den Reichtum der Wirtschaft des Groß-Häuptlings und Herrschers mehren. Im feudalen Europa war die Unübersichtlichkeit der Abgaben kaum zu überbieten. Es war ein Gestrüpp aus grundherrlichen Rechten, Prärogativen und Privilegien: Zölle, Gerichtsgebühren, Abgaben, die die Ehrgeizigen, Eitlen, Gewinnsüchtigen, Verschwender oder einfach Tatkräftigen für die Vielzahl der Privilegien, Ämter und Titel aufzubringen hatten. In den Monopolen verschiedenster Art, die vom Bergbau über die Münzprägung bis zum Brauen des Bieres reichte, finden sich die vorsteuerlichen Gegenstücke zu den indirekten Steuern des Staates (vgl. zusammenfassend R. Braun, 1975: 251f.). Empfindlich trafen die Bauern und Bürger die feudalen Umlagen, die die Könige und adligen Herren für die Kriegs- und Kreuzzüge oder Notlagen wie z.B. Lösegeldforderungen erbitten mußten. Sinnigerweise waren es diese unregelmäßigen, uneinheitlichen, unvorhergesehenen und ›freiwilligen‹ Umlagen, die zum wichtigsten Werkzeug auf dem Weg zum staatlichen Steuermonopol wurden. Mit ihnen sprengten die konkurrierenden grundherrlichen Heerführer und Könige die wirtschaftlichen Grenzen ihrer Herrschaft. Die Umlagen erwiesen sich als die wirtschaftliche Form der Institutionalisierung zentraler Herrschaft.

Die Steuer bricht mit Uneinheitlichkeit, Unregelmäßigkeit, Unvorhersehbarkeit und Freiwilligkeit (vgl. G. von Schmoller, 1974: 134). Die Steuer ist einheitlich, regelmäßig, normalerweise im voraus festgelegt und zwingende Pflicht. Beispielhaft ist die ›Kopfsteuer‹. Die Steuer entspricht in allen Merkmalen ganz dem Wesen des Staates und der staatlichen Bürokratie. Wie der Staat selbst ist der Geltungsbereich der Steuer territorial festgelegt. Die direkte Steuer ist eine Pflicht für alle ›Steuerpflichtigen‹, ohne Unterschiede. Sie macht allerdings meist sehr große Unterschiede, wer von dieser Pflicht ganz oder in mehr oder minder großem Umfang befreit ist. Sie beruht auf einer allgemeinen Regel. Obwohl die Steuer viele Möglichkeiten für individuelle Aushandlungsprozesse läßt, machen die Steuerpflichtigen ihre Interessen gewöhnlicherweise dadurch geltend, daß sie auf die Fassung der allgemeinen, abstrakten Regel Einfluß zu nehmen suchen. Die allgemeine Regel ist weitgehend formalisiert, sei es nach Alters-, Geschlechts-, Besitz- oder anderen politischen, ökonomischen, sozialen oder kulturellen Kriterien. Die Steuer ist auf den einzelnen Untertan gerichtet, obwohl sie damit anfänglich große Schwierigkeiten hat. Ein Teil der Steuern mag ›körperschaftlich‹ geordnet sein. Mit der direkten Steuer beansprucht die staatliche Verwaltung die direkte Herrschaft über die Untertanen. Versinnbildlicht ist die direkte Herrschaft der Verwaltung in der Steuerkarte, die jeder Steuerpflichtige erhält, der seiner Pflicht nachgekommen ist, und die in der Kolonie Togo »zur besseren Kontrolle jährlich aus verschiedenfarbigem, starkem Papier« herzustellen war (LGG, S. 416).

Steuern werden nicht in der Form von Sachleistungen oder Naturalien, sondern in Geld oder geldähnlichen Zahlungsmitteln wie z. B. wertvollen Metallen eingezogen. Auf diese Weise erreicht der Staat die größtmögliche Verfügungsfreiheit über die Leistung, die seine Untertanen für ihn erbringen. Die Steuer kann er im Unterschied zu Naturalien für alles verwenden. Er kann die Arbeiter bezahlen, die eine Straße zur Provinzhauptstadt bauen, oder Waffen einkaufen. Zusätzlich entfällt weitgehend die schwierige Logistik und Ökonomie der Lagerung der Abgaben, wenngleich bekanntermaßen bei wachsendem Umfang der Staatskasse die Logistik und Ökonomie der Sicherung des Staatsschatzes neue Probleme erzeugt. Anders als die Naturalleistung ist die Steuer im höchsten Maße definiert – ›in Mark und Pfennig‹. Im Unterschied zur Naturalabgabe läßt sich die Steuer leichter erhöhen und besser kontrollieren. Die Steuer ist eine Leistung für die Zentralregierung. Die Naturalabgabe läßt sich nur begrenzt, die Zwangsarbeit so gut wie nicht durch die Zentralregierung kontrollieren. Die Steuer macht stattdessen die zentrale Kontrolle erheblich leichter. Das trifft im besonderen für den Fall zu, daß die Steuer als Kopfsteuer erhoben wird. Zensus, doppelte Buchführung und Buchprüfung arbeiten zusätzlich in die Hand der Zentralregierung. Darüber hinaus entstehen für die Zentralregierung keine nennenswerten Transport- und Lagerungsprobleme. Ohne Steuer ist die Zentralregierung der Lokalverwaltung hoffnungslos unterlegen, denn die Zwangsarbeit ist die ›Etathoheit‹ der Lokalverwaltung. Erst in der Form von Steuern verknüpfen sich die wirtschaftlichen Ressourcen des Staates zum staatlichen ›Zentralnervensystem‹ – um die Bemerkung Jean Bodins (1583, zit. n. R. Braun, 1975: 243) abzuwandeln, daß die Finanzmittel die »Nerven des Staates« seien.

Norbert Elias (1969, Bd. 2: 279 ff.) hat recht, wenn er der Entwicklung des Steuermonopols eine ähnlich umwälzende Rolle wie dem Gewaltmonopol bei der Entstehung des modernen Staates zumißt – obwohl im Unterschied zum Gewaltmonopol die direkte Steuer keine unverzichtbare Voraussetzung des Staates ist (anders dagegen N. Elias, ebda, S. 142). Aber wie das bürokratische Verwaltungshandeln ist die Erhebung direkter Steuern äußerst voraussetzungsreich. Tatsächlich faßte die direkte Steuer deshalb im kolonialen Togo nur langsam Fuß. Die Mehrheit der Menschen in der Kolonie sah sich dem ökonomischen Anspruch der zentralen Herrschaft nicht in der Form eines Steuersystems, sondern in Gestalt einer gewalttätigen Ordnung der Zwangsarbeit gegenüber. Zu Beginn des Institutionalisierungsvorgangs staatlicher Herrschaft beansprucht nicht die direkte Steuer, sondern die Zwangsarbeit die Vorherrschaft.

Die Ökonomie der Kolonialverwaltung in Togo hatte sechs Quellen. Die ertragreichste war und blieb bis zum Ende der deutschen Kolonialherrschaft die Quelle der Zolleinnahmen (vgl. R. Erbar, 1991: 175). Ihren größten Beitrag zu den Einnahmen des Staatshaushalts erreichte sie im Etatjahr 1904/05. Die Zolleinnahmen bestritten damals 82 % aller Einnahmen (vgl. P. Sebald, 1988: 326, Tab.: »Einnahmen des Gouvernements«). Aber noch im Etatjahr 1913/14 betrug der Anteil der Zolleinnahmen an den gesamten Einnahmen des Etats 48 %. Immer gewichtiger wurde über die Jahre hinweg die unbescheidene Ordnung aus indirekten Steuern, Gebühren und anderen Abgaben, die mit mehr als 370 000 Mark einen Anteil von 11 % am gesamten Einnahmeetat hatten (vgl. ebda). Eine Petition an den Reichstag vom Mai 1914 führte eine Liste von 33 Posten auf, aus denen sich die Einnahmen in dieser peinlich uneinheitlichen Etatkategorie zusammensetzten. Die Einnahmeposten reichten von einer »jährlichen Handelssteuer für Firmen (800 M)« über eine »Steuer für offene Marktlager (6 M)«, »Ausfuhr von Vieh (2–5 M)« und »Geflügel (0,50–2 M), Zutritt zur Landungsbrücke (0,50 M) usw. bis zur Hundesteuer (5 M)« (P. Sebald, 1988: 325). Diese Einnahmekategorie enthielt ebenfalls die »Wegegebühren«, die nach ihrer Einführung in Nordtogo nicht unerhebliche Beträge abwarfen. Im Jahre 1906/07 machten sie 45 % dieses gesamten Etatpostens aus (vgl. ebda). Nachdem bis zum Etatjahr 1903/04 die Verkehrsanlagen vom Reichshaushalt bezuschußt worden waren, wurden sie ab dem Jahr 1907/08 zu einer bedeutenden Einnahmequelle. Mit fast 600 000 Mark bestritten sie im Etatjahr 1913/14 ein wenig mehr als 17% der Einnahmen. Nicht anders als die Reichszuschüsse für die Reede von Lomé und den Eisenbahnbau ein Jahr zuvor hörten ab dem Etatjahr 1905/06 die Zuschüsse aus dem »Afrikafonds« auf, die noch im Jahr 1897/98 mit 41% der Einnahmen auf der Einnahmenseite des Etats zu Buche geschlagen waren (zu allen angeführten Angaben vgl. P. Sebald, 1988: 326, Tab.: »Einnahmen des Gouvernements«).

Die überragende Bedeutung der Zölle und der beachtliche Stellenwert der indirekten Steuern, Abgaben und Gebühren sind der Tatsache zu verdanken, daß zu Beginn des Institutionalisierungsvorgangs zentraler Herrschaft nicht die ›direkten‹ Steuern, sondern Zölle, Abgaben, Gebühren und indirekte Steuern die ›direktesten‹ Formen sind, in denen die staatliche Verwaltung auf die ökonomischen Ressourcen der Beherrschten Zugriff hat. Zölle, Abgaben, Gebühren und indirekte Steuern entsprechen einer Herrschaft der Stationen und der gewalttätigen Drohung. Zölle, Wegegebühren, Viehausfuhrsteuern, Steuern für offene Marktlager, Gebühren zur Benutzung der Reede und der Großteil der anderen ›sonstigen Abgaben‹ des Etats der zentralen Regierung sind Abgaben, die an Zoll- und Mautstationen, an Grenz- und Militärposten oder auf der Zollbehörde des gutbewachten Hafens zu entrichten sind. Es sind Abgaben, die an den festen und beweglichen Schlagbäumen der zentralen Herrschaft anfallen. Die Schlagbäume werden an den Verkehrswegen errichtet, die die Menschen gewohnt und genötigt sind zu benutzen oder auf die sie durch die Grenz-, Militär- oder Polizeipatrouillen gezwungen werden – und die zahlreiche Menschen auf Routen zu umgehen suchen, die mit der Herrschaft der Schlagbäume und Patrouillen zu ›Schmugglerpfaden‹ und ›Schleichwegen‹ werden.

Der Fluß der Zolleinnahmen entspricht dem Aufwand an Formularen, mit denen sich das bürokratische Verwaltungshandeln bemerkbar macht. Die Bürokratisierung ist Ausdruck der Tatsache, daß es in der »Küstenmetropole«, die im Gegensatz zu den heutigen städtischen Agglomerationen der Dritten Welt im damaligen Togo nicht viel mehr als eine Kleinstadt war, schwierig war, den Augen der Verwaltung zu entgehen. Die Bewachung des Warenverkehrs des einzigen Hafens und die ordnungsgemäße und ertragreiche Abwicklung waren zufriedenstellend, wenn man den großen Umfang des Warenverkehrs bedenkt. Der Posten am Eingang des Hafens und der Zollbeamte kannten die meisten ihrer Kunden, die den größeren oder kleineren Faktoreien der Stadt angehörten.

Ob im unübersichtlichen ›Busch‹ oder in der Küstenstadt, in der Behörden und Beamte sich zusammendrängen, die Abgaben fallen dort an, wo die Menschen ihres Weges gehen, wo sie ihre Waren lagern oder unter den Augen

Das Joch der »Muskelsteuer« und die Grenzen der direkten Besteuerung 349

der Angehörigen von Posten und Stationen Waren befördern oder von den Mitgliedern der Verwaltung Dienste, Bescheinigungen und Papiere erbitten. Abgaben entstehen dort, wo die Menschen ihren alltäglichen Geschäften nachgehen oder bei diesen Unternehmungen einer bewaffneten Patrouille in die Hände fallen. Der Zugriff auf das Geld und die Waren der Beherrschten ist direkt. Er findet statt, wo die Verwaltung der Untertanen und ihrer Güter deshalb habhaft wird, weil sie in Posten, Stationen oder Hafengebäuden auf das Kommen der Untertanen warten kann oder die Menschen und ihre Transporte der bewaffneten Patrouille über den Weg laufen. Die Patrouille ist für den Zollposten und die Mautstation das, was die Tournee für die stationäre Herrschaft ist. Zölle und Abgaben sind eine staatlich institutionalisierte Form von Wegelagerei. In der »Petition« des unidentifizierten Herald Patriot Diasempa an den Reichstag vom Mai 1914, die mehr eine politische Streitschrift und eine moralische Anklage war, wird dieser Tatbestand angesprochen, wenn die Verwaltung mit ihrer »vielfältigen Geldeintreibung« der »Räuberei« bezichtigt wurde (zit. n. P. Sebald, 1988: 325, 667).

Dem Fehlen einer entwickelten Geldwirtschaft, der Herrschaft des Stationsleiters und dem hohen Stellenwert, den despotisches und intermediäres neben bürokratischem Verwaltungshandeln haben, entspricht die fünfte Quelle der Ökonomie der Kolonialverwaltung: die Zwangsarbeit.

Die ›Entwicklung‹ des »Schutzgebietes Togo« war die Frucht der Zwangsarbeit. Sie hat die Verkehrswege, die Brücken und Eisenbahntrassen, die Postämter und Fernmeldeleitungen, die Bahnstationen und die Reede von Lomé, die Rasthäuser und Herbergen für Europäer und afrikanische Händler, den ›Gouverneurs-›palast‹ in Lomé und die »Herrensitze« der Stationsleiter geschaffen. Der Beitrag, den die Zwangsarbeit zur Entstehung und Mehrung des ›öffentlichen‹ Sachvermögens geleistet hat, ist unschätzbar. Einen Anhaltspunkt liefert die Lohnsumme, die die Verwaltung durch den Einsatz der nicht entlohnten Zwangsarbeit gespart hat. Legt man die offiziellen Zahlen über die jährlich ausgehobenen Zwangsarbeiter und den Tageslohn von 50 Pfennigen zugrunde, den die Verwaltung üblicherweise den sogenannten »Pflichtarbeitern« zahlte, dann schlug sich die Zwangsarbeit in Ausgabenersparnissen folgender Größenordnung nieder: In den Etatjahren 1909/10 bis 1912/13, in einem Zeitraum also, in dem die Verwaltung schon den vergleichsweise steilen Aufstieg der Steuer und die Ablösung der Zwangsarbeit in allen, außer den beiden bevölkerungsreichen Nordbezirken erlebte, rekrutierte die Verwaltung in ganz Togo offiziell immer noch insgesamt 245 745 Zwangsarbeiter. Pro Etatjahr waren es zwischen 55 000 und 65 000 Arbeitskräfte. Sie stellten im Durchschnitt der Jahre 1909/10 bis 1912/13 etwas mehr als ein Drittel der Menschen, die die Verwaltung als steuerpflichtig ansah (s. Anhang, Tab. 25 und 27). Die Zwangsarbeiter verrichteten in dem Zeitraum der Etatjahre 1910/11 bis 1912/13 2 195 728 Tagewerke und hätten im Falle einer Entlohnung damit den Etat mit 1 097 864 Mark belastet

(s. Anhang, Tab. 28). Im Schnitt der Etatjahre 1910/11 bis 1912/13 ersparten die Zwangsarbeiter dem Etat der Kolonie etwa 12,1% der Ausgaben. Rechnet man mit dem späteren Lohn von 75 Pfennigen pro Tag (vgl. Pater Theodor Kost, 1908, zit. b. P. Sebald, 1988: 353; R. Erbar, 1991: 209) oder dem üblichen Trägerlohn von einer Mark pro Tag, dann betrug die Ausgabenersparnis gar etwas mehr als 18% bzw. 24% auf der Ausgabenseite des Etats (s. Anhang, Tab. 28 und 29; P. Sebald, 1988: 328, Tabelle). Bedenkt man, wie knapp der Finanzhaushalt der Kolonien war, ist dieser Betrag um so gewichtiger. Vor allem ist zu berücksichtigen, daß ohne die Infrastruktur, die die Zwangsarbeit geschaffen hat, die Einnahmen der Verwaltung in der Form von Zöllen, Abgaben und später Steuern wesentlich geringer ausgefallen wären. Die ökonomische Macht der Zentralgewalt in Gestalt ihrer Finanzkraft ist das Ergebnis eines Vorgangs, in dem sich die Aktionsmacht und instrumentelle Macht der Zentralgewalt, die die Menschen unter das Joch der »Steuerarbeit« zwingt, in die »datensetzende Macht« (H. Popitz, 1992: 30f., 180) einer leistungsfähigeren Infrastruktur des Territoriums umsetzen. Aus gesteigerter datensetzender Macht wird gesteigerte ökonomische Macht und im besonderen eine gesteigerte Finanzkraft der Zentralgewalt.

Noch eindrucksvoller erscheint der Beitrag der nicht entlohnten Zwangsarbeit, wenn man die Zwangsarbeit auf der Einnahmenseite des Etats verbucht und mit den Steuereinnahmen vergleicht, wie es die Verwaltung aus durchsichtigen Gründen tat, und bei dieser Betrachtung den regionalen Unterschieden die angemessene Aufmerksamkeit schenkt (s. Anhang, Tab. 27). Noch im Jahre 1909/10, drei Jahre nach der Einführung der direkten Steuer im Herbst 1907, kamen in den vier »Hinterlandbezirken« Atakpamé, Kete Krachi, Sokodé-Bassar und Sansanné-Mango fast 3/4 aller Menschen, die zur Steuerpflicht herangezogen wurden, ihrer Steuerpflicht dadurch nach, daß sie sich der Zwangsarbeit unterwarfen. In den Bezirken von Sansanné-Mango und Sokodé-Bassar, die die bevölkerungsreichsten der Kolonie waren, betrug die »Muskelsteuer«-Quote an den Steuerpflichtigen im Jahre 1909/10 93% bzw. 84%. Selbst im Etatjahr 1912/13 war die Quote lediglich auf 75% bzw. 72% gesunken. In den Nordbezirken trat die institutionalisierte ›Räuberei‹ der staatlichen Verwaltung deshalb überwiegend nur in drei Formen den Beherrschten entgegen: in Zöllen, Abgaben, davon hauptsächlich Weggebühren, und in der Zwangsarbeit.

Die Zwangsarbeit hatte zwei Formen: die unentgeltliche und die entlohnte Zwangsarbeit, die die Kolonialverwaltung »Pflichtarbeit« nannte. Über den zahlenmäßigen Umfang der jährlichen »Pflichtarbeiter« wissen wir so gut wie nichts (vgl. P. Sebald, 1988: 457). Die Pflichtarbeiter wurden vor allem für den Eisenbahnbau zwangsrekrutiert. Im Etatjahr 1909/10 stellten zum Beispiel die Bezirke Atakpamé, Sokodé-Bassar und Sansanné-Mango 774, 2 903 und 1 866, nach den offiziellen Angaben insgesamt also 5 543 Pflichtarbeiter für den Eisenbahnbau ab. Das waren etwa 10% der Zwangsarbeiter der drei

Bezirke (vgl. AbT 5, 1910: 446; vgl. auch Anhang, Tab. 23). Im Unterschied zu den nicht entlohnten Zwangsarbeitern wurden sie wesentlich länger, in der Regel ein halbes, manchmal selbst ein ganzes Jahr eingezogen. Gleichfalls wurden sie im Unterschied zu den nichtentlohnten Zwangsarbeitern oft weit entfernt von ihren Heimatorten eingesetzt (s. Anlage E. I). Das traf hauptsächlich die Pflichtarbeiter beim Eisenbahnbau. Anders als die nicht entlohnten Zwangsarbeiter waren sie von der Steuer befreit [vgl. R. Erbar, 1991: 184; P. Sebald, 1988: 457; s.a. R 150 ANT FA3/3037 (3–4): 146] und erhielten einen Tageslohn von 50 Pfennigen. Mit diesen Abwandlungen teilten die Pflichtarbeiter jedoch in den Grundzügen das Schicksal der nichtentlohnten Zwangsarbeiter.[1]

In der Öffentlichkeit nannten die kolonialen Eroberer die nicht entlohnten Zwangsarbeiter »Steuerarbeiter«, »Steuerarbeit« das Joch, unter das die Arbeiter gezwungen wurden. Die Missionare nannten die »Steuerarbeit« hin und wieder »Fron« und in den nicht öffentlichen Verhandlungen und Berichten der Verwaltung fiel ab und zu das Wort von der »Muskelsteuer« oder man sprach vom »Frohnden« (vgl. P. Sebald, 1988: 221). Nicht anders als das französische Gegenstück im Wort von der »prestation« beschönigte die Rede von der »Steuer« und der »Steuerarbeit« auf der einen Seite die despotische und intermediäre Wirklichkeit, die der ›Entwicklung‹ der Kolonie zugrunde lag. Der Begriff drängte die Vorstellung bürokratischer Ordnung und einer Leistung auf, die der deutschen Öffentlichkeit und dem kritischen Reichstag im ›Mutterland‹ vertraut war. Auf der anderen Seite zeigt der Begriff der »Steuerarbeit« zweierlei an: die kennzeichnende Verschränkung der Hand-

---

[1] Daß es sich bei der »Pflichtarbeit« um Zwangsarbeit handelte, macht eine kurze Debatte auf dem Bezirketag in Lomé im September 1908 deutlich [R 150 ANT FA3/3037 (1–4): 59]. Es ging um den Abschluß von Arbeitsverträgen mit den Arbeitern beim Eisenbahnbau. Mit Blick auf die »Pflichtarbeiter« entspann sich zwischen dem Juristen und Bezirksrichter, Adolf Schlettwein, dem Bezirksamtmann von Atakpamé, von Doering, und dem Vorsitzenden und Gouverneur, von Zech, eine kurze Debatte, die das Protokoll folgendermaßen wiedergibt:
Von Doering: »Es sollte im Vertrag nicht heissen: ›verpflichtet‹ sich, sondern ›ist verpflichtet‹.«
Schlettwein: »Das ist dann kein Vertrag mehr.«
Von Zech: »... Vielleicht werden so viele Leute freiwillig kommen, dass wir weniger Pflichtarbeiter ausheben brauchen.«
Von Doering: »will mit den Pflichtarbeitern keinen Vertrag abschliessen; der Arbeiter soll sich nicht verpflichten, sondern der Bezirksleiter verpflichtet den Mann.«
Von Zech: »Bejaht dies. Mit den freiwilligen Arbeitern soll die Bauleitung einen Vertrag schliessen; die Pflichtarbeiter sind von den Bezirksleitern zu beauftragen, zum Bahnbau zu kommen ....«
An anderer Stelle heißt es im Protokoll [R 150 ANT FA3/3037 (1–4): 17]: »An Stelle der bisherigen ›Steuerarbeit‹ würde dann die ›Pflichtarbeit‹ treten müssen. Man würde für dieselben Verhältnisse nur einen anderen Namen geben.«

lungsmuster der Verwaltung und die Utopie einer Herrschaftsordnung, in der, direkte Steuern zu erheben, eine feste Einrichtung ist.

Die »Steuerarbeit« führt beispielhaft die Verschränkung der drei Typen von Verwaltung, der bürokratischen, intermediären und despotischen Verwaltung, und die Rolle des Stationsleiters in der Verwaltung vor Augen. Als ›Steuer‹-Arbeit gründet sie sich auf die bürokratische Wirklichkeit der allgemeinen Regel. Die allgemeine Regel, die spätestens seit der »V. d. G. (= Verordnung des Gouverneurs – TT) betr. die Heranziehung der Eingeborenen zu Steuerleistungen« vom September 1907 verbindlich und schriftlich für die Beherrschten niedergelegt war (LGG, S. 413 f.), sah »außer in Notfällen« eine zwölftägige Zwangsarbeit pro Jahr vor (ebda, S. 414). Die Art der Zwangsarbeiten wurde »von der Verwaltung festgesetzt« (ebda). Bezeichnend für die Herrschaft der Stationsleiter war, daß die Verordnung des Gouverneurs vom September 1907 noch keine steuerpflichtigen Untertanen und keine Steuerpflicht kannte. Die Verordnung wußte nur von »Eingeborenen«, die »durch die Verwaltungsbehörden« zu Steuerleistungen herangezogen werden »dürfen« (ebda, S. 413). Die Lokalverwaltung ›durfte‹ nicht unter unerfüllbare Rekrutierungszwänge gestellt werden. Mit der »D. A. (= Dienstanweisung – TT) zur V. d. G. betr. die Heranziehung der Eingeborenen zu Steuerleistungen vom 20. September 1907«, die eineinhalb Jahre später erging (LGG, S. 415 f.), war es damit vorbei. Die Beherrschten wurden zu »Steuerpflichtigen«, und mit der »Steuerpflicht« war formell die Selbstbestimmung der Lokalverwaltung in dieser Sache zu Ende.

In Einklang mit der binnenintermediären Ordnung der Verwaltung war in der Gouverneursverordnung vom September 1907 nicht genau bestimmt, wer unter den Beherrschten »zu Steuerleistungen herangezogen werden« konnte (ebda, S. 413). Allein von den Zwangsarbeitern wurde gesagt, daß »in der Regel nur erwachsene männliche Eingeborene, welche völlig arbeitsfähig sind, herangezogen werden« dürften (ebda, S. 414). Die Dienstanweisung des Gouverneurs vom Januar 1909 wurde hier gleichfalls bestimmter. Zum einen wurde unter Anknüpfung an eine verbindliche reichsrechtliche Dogmatik bekräftigt, daß »die Entscheidung, ob ein Eingeborener erwachsen und völlig arbeitsfähig ist oder nicht, ... dem pflichtgemäßen Ermessen der örtlichen Verwaltungsbehörde überlassen« blieb (ebda, S. 415). In einer Herrschaftsordnung, die keine Geburtsurkunden kennt, in einer Vorstellungswelt, in der die Überzeugung einen festen Platz hat, daß der Beherrschte grundsätzlich ›faul‹ ist, und im Antagonismus der kolonialen Situation, der die Rechthaberei und Unversöhnlichkeit der Herrschenden belohnt, wurde im Interesse der gouvernementalen Kontrolle auf diese Weise der Willkür der Lokalverwaltung bei der Altersbestimmung und der Definition der Gesundheit eine bürokratische und im engeren Sinne verwaltungsrechtliche Grenze gezogen. Zum anderen wurden einzelne Kategorien männlicher Erwachsener benannt, die zu den »Steuerpflichtigen« zu zählen waren. Unter ihnen befanden sich Missionsschüler und Missionslehrer, wohingegen »vorübergehende Passanten wie Wagenzieher« nach dem Wohnsitz-Grundsatz »nur in dem Bezirk besteuert werden« durften, »in welchem sie ihren Wohnsitz« hatten (ebda).

Dem Zusammenhang zwischen allgemeiner Regel und bürokratischem Verwaltungshandeln entspricht der Zusammenhang zwischen allgemeiner Regel und bürokratischer Kontrolle, die eine der wichtigsten Trumpfkarten der Zentralregierung im Poker mit der selbstherrlichen Lokalverwaltung ist. Demgemäß brachte die Dienstanweisung des Gouverneurs vom Januar 1909 eine Verschärfung der kommunikativen und formularmäßigen Kontrolle. Unter anderem verlangte das Gouvernement in Fällen der verlängerten Zwangsarbeit, in »Notfällen«, über den Grund für diese Maßnahme unterrichtet zu werden. Nachdem schon die Verordnung von 1907 festgelegt hatte, daß die Zwangsarbeit unter mehreren Gesichtspunkten schriftlich zu dokumentieren war, begleitete die Dienstanweisung von 1909 ein Formular, das für diese Dokumentation eine Liste von neunzehn Merkmalen vorsah.

Die bürokratische Kontrolle der Zentralregierung ist wesentlich eine ›Kontrolle durch Wissen‹ und zwar durch ›doppeltes Wissen‹. Die formularartige Kontrolle erfaßt einerseits die Tätigkeit der lokalen Verwaltungsbehörden und gibt andererseits Einblicke in die Wirklichkeit der Beherrschten. Auf diesem Weg wird die ›Multifunktionalität des Wissens‹ gesteigert. Zum Beispiel konnte die Zentralregierung mit der Frage nach der »Einwohnerzahl« der Ortschaft, deren Männer zu Steuer und Zwangsarbeit herangezogen wurden, einen Schritt auf dem dornenreichen Weg zur Durchführung und Verbesserung des Zensus machen und im Vergleich mit anderen Daten wie der »Zahl der arbeitsfähigen Männer« und der »Zahl der Arbeiter« zentralisiertes Wissen darüber erwerben, wie wirksam die Lokalverwaltung die »Steuerpflichtigen« zwangsrekrutierte.

Das Gouvernement sucht die Kontrolle über die Lokalverwaltung und benötigt bürokratische Verfahren. Die Lokalverwaltung sucht die Unabhängigkeit von der Zentrale und hält an den Schotten der Binnenintermediarität fest. Die Zwangsarbeit ist eine dieser Schotten.

Für die Lokalverwaltung hat die Zwangsarbeit zwei überragende Vorteile gegenüber der Pflichtarbeit und gegenüber der Kopfsteuer oder anderen direkten Besteuerungsformen. Im Unterschied zur Pflichtarbeit und zur Steuer gewährleistet die Zwangsarbeit die ›Finanzhoheit‹ der Lokalverwaltung. Pflichtarbeit und Steuer zentralisieren die finanziellen Ressourcen der Verwaltung. Steuern müssen abgeführt werden und kommen erst auf dem Umweg über die Zentralregierung in der Form von Zuweisungen wieder zur Lokalverwaltung zurück. Die Gelder für die Entlohnung der Pflichtarbeiter müssen gleichfalls den Weg über das Gouvernement gehen. In der ausschließlichen Verfügungsmacht der Station bleibt stattdessen die Zwangsarbeit. Solange keine Aufstände entstehen, keine unüblich schweren Klagen das Gouvernement erreichen (vgl. R. Erbar, 1991: 185), keine teuren, zusätzlichen

Soldaten angefordert werden, interessiert es das Gouvernement nicht, wie viele Zwangsarbeiter auszuheben, eine Station für nötig hält. Die Zwangsarbeit gehört zur Ordnung des Befehls und zur Welt des Stationsleiters. Mit der Pflichtarbeit und besonders mit der Steuer kommen Gehorsam und die Ordnung der Bürokraten. Stationsleiter verachten beides, wenngleich sie nicht umhinkommen, ein Stück weit selbst gehorsame Verwaltungsbeamte zu sein.

Der zweite Vorteil der Zwangsarbeit für die Lokalverwaltung ist: Im Unterschied zu Pflichtarbeit und Steuern kann die Zwangsarbeit weder an den knappen Finanzmitteln der Zentralregierung noch an der finanziellen Armut der Beherrschten scheitern. 1904 mußte der Stationsleiter von Doering von seinen 40 Soldaten viele und von den entlohnten Arbeitern fast alle entlassen, weil er mangels ungenügender Zuweisungen von seiten des Gouvernements die Löhne und Tagegelder nicht mehr auszahlen konnte (vgl. R. Erbar, 1991: 41). Was ihm und anderen Stationsleitern blieb, war die Zwangsarbeit und das eine oder andere kleine Geschenk, von dem noch in § 5 der Gouverneursverordnung vom September 1907 die Rede war: »Ein Stückchen Zeug an den Häuptling, einige wenige Bündelchen Tabak an die Arbeiter und ein ›schönen Dank‹ an alle ist das, was für die willig geleistete Arbeit beim Bau den Eingeborenen gegeben wird ...« (Stationsleiter Geo A. Schmidt, zit. n. R. Erbar, ebda). Nicht anders mußten sich die Beherrschten in den abgelegeneren Gegenden des Bezirks Atakpamé und im größten Teil der beiden Nordbezirke der Zwangsarbeit beugen, weil sie sich nicht wie die Menschen der südlichen Bezirke und hauptsächlich in den Städten Lomé und Aného mit der Steuerzahlung von der Zwangsarbeit loskaufen konnten. Wenn später die »Steuerarbeit« als »Steuerleistung« verbucht und quasi der Einnahmenseite des Etats zugewiesen wurde, dann entsprach dieses Verfahren der Ordnungsform der Ökonomie der Station. Die Zwangsarbeit ist auf der Einnahmenseite des Budgets der Station zu finden, und Gewalt, gewalttätige Drohung und das eine oder andere kleine Geschenk sind die ›Währungseinheiten‹ des ›Markts‹ der Lokalverwaltung. Angepaßt an eine Wirtschaft ohne Markt und Geld, kennt die Zwangsarbeit nur zwei Hürden: die Organisation der Zwangsarbeit (Rekrutierung, Arbeitsorganisation und Kontrolle) und das Gewalt- und Drohpotential des Stationsleiters. Werden sie überwunden, dann ist die ›Ressource‹ Zwangsarbeit solange unerschöpflich, solange noch Menschen da sind, die zur Arbeit gezwungen werden können. Das hat die Zwangsarbeit mit der Gewalt gemeinsam, die das Fundament der Zwangsarbeit ist.

Der Berliner Kolonialverwaltung waren sowohl die beiden Vorteile, die die Zwangsarbeit den »wahren Herrschern« der Kolonie bietet, als auch der Interessensgegensatz zwischen Lokalverwaltung und kolonialem Gouvernement bewußt. Im April 1914 führte der Staatssekretär im Reichskolonialamt, Wilhelm Solf, aus (zit. n. P. Sebald, 1988: 349f.): »Daß der einzelne Bezirksleiter die Steuerarbeit lieber sieht als die Steuerzahlung, ist verständlich, da er über die Steuerarbeit unmittelbar selbständig verfügen kann, während die Geldsteuer zunächst in die Kasse der Kolonie fließt. Die Schutzgebietsverwaltung darf diesen Standpunkt der Bezirksleiter keinesfalls teilen .....«

Die Unabhängigkeit, die die Zwangsarbeit den Stationsleitern verschafft, findet sich in den unterschiedlichen Formen wieder, die die Zwangsarbeit in den Bezirken hat. Im Gebiet der Station Sokodé-Bassar versuchte der Stationsleiter Hermann Kersting eine möglichst gleichmäßige Verteilung der Zwangsarbeit zu erreichen. Er bestimmte, daß jeweils zehn zusammengehörige Hütten einen Mann zu stellen hatten. Die Dauer der »Fron« setzte er zweiundeinhalbmal so lange wie die spätere gouvernementale Regelung von zwölf Tagen fest. 30 Arbeitstage mußten sich die »arbeitsfähigen, erwachsenen Männer« im Bezirk Sokodé-Bassar dem Joch der »Steuerarbeit« unterwerfen (vgl. R. Erbar, 1991: 184). Im Bezirk Atakpamé hielt die Lokalverwaltung stattdessen mehr davon, verschiedene Ortschaften abwechselnd zur Zwangsarbeit heranzuziehen (vgl. ebda, S. 185). Gleichfalls unterscheiden sich die Arbeitseinsätze der Zwangsarbeiter nach der Dringlichkeitsliste der Vorhaben, mit denen die Lokalverwaltungen die Bezirke umgestalteten. Im Etatjahr 1910/11 entfielen im Bezirk Sokodé-Bassar von knapp 200 000 »Tagewerken« 40 % auf Arbeiten in den Versuchspflanzungen. Im selben Etatjahr verteilte die Lokalverwaltung des Bezirks Sansanné-Mango die mehr als 230 000 Zwangsarbeitstage ziemlich gleichmäßig mit je einem knappen Viertel auf Bauten von Stationsanlagen, Rasthöfen und Herbergen, Aufforstungen und auf Arbeiten in den Versuchspflanzungen. Im Jahre 1911/12 drehte sich die Sache um. Im Bezirk Sokodé-Bassar beanspruchten der Bau und die Unterhaltung von Wegen, Brücken, Märkten und Plätzen mehr als die Hälfte aller Zwangsarbeitstage. Im Bezirk Sansanné-Mango befahl die Lokalverwaltung stattdessen, daß fast 40 % der Tagewerke in den Versuchspflanzungen, weniger als ein Viertel der Zwangsarbeitstage jedoch mit dem Bau von Stationsanlagen, Rasthöfen und Herbergen zu verbringen waren (vgl. P. Sebald, 1988: 459f., Tabellen). Die Steuer schafft die finanziellen Grundlagen für gesamtstaatliche Investitionen. Die Zwangsarbeit ist das Mittel lokaler Anlagen. Sie erlaubt der Lokalverwaltung, ›ihren‹ Verwaltungsbezirk nach ihren Vorstellungen zu ›entwickeln‹.

Die Zwangsarbeit ist eine Trumpfkarte der Binnenintermediarität des Stationsleiters. Sie ist gleichfalls eine intermediäre Machtressource für Häuptlinge und Häuptlingspolizisten. Die Zwangsarbeit kommt ohne die Mitarbeit von Häuptlingen und Häuptlingspolizisten nicht aus. Darin unterscheidet sie sich von der Sklavenrazzia, mit der der Nachschub von ›Zwangsarbeitern‹ durch bloße Menschenjagden bewerkstelligt wird. Die Rekrutierung für die Zwangsarbeit ist die verstetigte Form der Sklavenrazzia. Sie bedarf der organisatorischen und kommunikativen Vorkehrungen, die in den Händen der Häuptlinge liegen.

Am Anfang steht der Befehl der Stationsleitung. Er bestimmt die Zahl der

Zwangsarbeiter, die zu rekrutieren sind, und daß die Arbeiter sich in den folgenden Tagen für das geplante Vorhaben einzufinden haben. Unter den Aufgaben für die »Steuerarbeiter«, d.h. die nicht entlohnten Zwangsarbeiter, standen in Togo an erster Stelle Arbeiten zum »Bau und (zur – TT) Unterhaltung von Wegen, Brücken, Märkten und Plätzen«. Im Jahr 1910/11 entfielen 39% der »Tagewerke« der »Steuerarbeiter« auf sie, in den Etatjahren 1911/12 bis 1912/13 waren es gar 52% der »Tagewerke«. An zweiter Stelle folgte mit 21% der »Tagewerke« im Mittel der Etatjahre 1910/11 bis 1912/13 die Zwangsarbeit zur »Anlage, Unterhaltung und Bewirtschaftung von Versuchspflanzungen und Stationsfeldern«, gefolgt von der Arbeit für die »Ausführung und Instandhaltung von Bauten (auf den Stationen, Rasthöfen, Herbergen)«. Die anderen statistisch erfaßten »Steuerarbeiten« waren »Aufforstung«, die »Anlage und Unterhaltung von Siedlungen (Muster- und Besserungssiedlungen)«, die Arbeit in den staatlichen »industrielle(n) Betriebe(n) (Ziegelei, Herstellung von Zementrohren, Nutzholzherrichtung, Aufbereitung von Kapok und Baumwolle, Kalkbrennerei)«, »Arbeiten im Interesse der Volkshygiene (Sanierungsarbeiten, Schlafkrankenlager, Lepraheime usw.), »Lastenbeförderung und Botengänge«, Arbeiten für Häuptlinge und anderes (s. Anhang, Tab. 24). Der Befehl der Stationsleitung machte aus rund zwei Dritteln der nicht entlohnten Zwangsarbeiten Straßen- und Bauarbeiten.

In welcher Weise sich die entlohnten Zwangsarbeiter, d.h. die »Pflichtarbeiter«, auf die verschiedenen Arbeitsvorhaben verteilt haben, ist mit einer Ausnahme ungeklärt. Die Ausnahme ist der Eisenbahnbau, zu dem in großem Umfang »Pflichtarbeiter« eingesetzt worden sind. Am Bau der Strecke zwischen Lomé und Kpalimé wurden durchschnittlich 1 000 Arbeiter, bei den späteren Arbeiten an der »Hinterlandbahn« zwischen der kolonialen Hauptstadt, Atakpamé und weiter Richtung Sokodé durchschnittlich 2 000 bis 3 000 Zwangsrekrutierte eingesetzt [vgl. R. Erbar, 1991: 202, 209; P. Sebald, 1988: 338; R 150 ANT FA3/3037 (1–4): 58f.; s. auch Anlage E. I]. Sie wurden in späteren Jahren in ihrer überwiegenden Mehrheit aus den beiden Nordbezirken abkommandiert. Vorzugsweise waren es Kabiyé, die davon betroffen waren (vgl. R. Verdier, 1982a: 145). Der Bezirksamtmann v. Doering, Stationsleiter von Atakpamé, erklärte sich stattdessen auf dem Bezirketag in Lomé vom September 1908 nur bereit, etwa 100 Mann für den Eisenbahnbau zur Verfügung zu stellen [vgl. R 150 ANT FA3/3037 (1–4): 58.].

In der intermediären Struktur der Lokalverwaltung gibt es keinen direkten ›Stellungsbefehl‹ an die einzelnen Zwangsarbeiter. Der Befehl geht an den Häuptling. Es ist seine Sache, die Zwangsarbeiter zusammenzubringen. Im Falle der Zwangsarbeiter für den Eisenbahnbau gestaltete sich die Rekrutierung zum Beispiel folgendermaßen, wie der hundertjährige Kisserou Bikalabou Soumiye Kouss'ma von Kidjang-Houloun sich erinnerte (zit. n. D.H.-K. Simtaro, 1982, Bd 2: 805): »In unserer Gegend beauftragte der Häuptling Bodjona seine Mitarbeiter und seine Polizei, in allen Dörfern in den Bergen und in der Ebene die Männer für die Arbeit dienstzuverpflichten. Die Leute wurden vom Zeitpunkt des Abmarsches eine Woche oder einige Tage vorher unterrichtet, damit sie sich entsprechend für die langen und beschwerlichen Märsche mitten durch den Busch bis nach Sokodé, Atakpamé oder Lomé vorbereiten konnten. Man mußte sich mit Vorräten (Hirsemehl, Yams, Erdnüssen und ähnliches) für die Reise versorgen, denn der Weiße gab den Arbeitern keine Nahrungsmittel. Die tapferen Frauen begleiteten oft ihre Ehemänner oder andere Mitglieder ihrer Familie auf diesem schmerzensreichen Leidensweg, um das Essen zu kochen.«

Die Intermediarität der Rekrutierung von Zwangsarbeitern verbindet sich mit Gewalt und gewalttätiger Drohung. Noch heute ist diese Gewalt wieder lebendig, wenn die Menschen, die selbst oder deren Eltern und Großeltern die Zwangsarbeit erfahren haben, sich mit Bitterkeit daran erinnern, daß die »Djama« »sehr hart« (»très dur«) gewesen seien. Das trifft besonders für die Menschen aus den einstigen Nordbezirken zu, die die Hauptlast der Zwangsarbeit getragen haben und im Unterschied zu den Menschen in den südlichen Regionen bis zum Ende der deutschen Herrschaft nur minderheitlich die Möglichkeit hatten, durch die Steuerzahlung der Zwangsarbeit zu entgehen [vgl. die Erinnerungen, die in zahlreichen Interviews geäußert werden, die D. H.-K. Simtaro (1982, Bd. 2) aufgezeichnet hat]. In der Ordnung der Zwangsarbeit ist der Despotismus der Verwaltung nicht nur der ›untergründige Boden‹ der staatlichen Herrschaft. Er ist unmittelbare, schmerzhafte Gegenwart. Die Zwangsarbeit ist die institutionalisierte Fortsetzung des gewalttätigen Beginns des Staates. Gewalttätige Aktionsmacht und instrumentelle Macht der Gewaltdrohung sind die ständigen Begleiter der Zwangsarbeit. Sie bestimmen die Wirklichkeit der Rekrutierung, durchziehen den alltäglichen Fortgang der Zwangsarbeit und reichen bis zur Kontrolle, mit der die Ableistung der »Steuerarbeit« überwacht wird.

Die Zwangsarbeit ist eine Strategie der Unterwerfung. Man nannte die Zwangsarbeit die »Arbeiten des Weißen« [Häuptling M'Beta Hasson Yabadjou, zit. n. D. H.-K. Simtaro (1982, Bd. 1: 486)]. Es sind Arbeiten für die Eroberer und Herrschenden, aus denen mit der Institutionalisierung staatlicher Herrschaft ›öffentliche Arbeiten‹ werden. Entsprechend bemerkte der Missionsarzt Rudolf Fisch (1911: 22; vgl. auch DKB 12, 1901: 111): »Nachdem in den neunziger Jahren des vorigen Jahrhunderts die unbotmäßigen Völkerschaften der Tschakosi und Dagomba ... gründlich unterworfen waren, wurde als Zeichen der tatsächlichen Unterwerfung in Nordtogo bis nach Atakpamé im Jahr 1898 die Fronarbeit eingeführt. ... Im folgenden Jahre wurde von Herrn Dr. Gruner diese Fronarbeit auch im Misahöhe-Bezirk eingeführt. Es war die allerhöchste Zeit.« Zehn Jahre zuvor, noch unmittelbar das Geschehen vor Augen, hatte der Stationsleiter von Sansanné-Mango, Gaston Thierry, im Deutschen Kolonialblatt (12, 1901: 111) sinngemäß nichts anderes geschrieben, als er auf die Kämpfe des Jahres 1899 zurückblickte und bemerkte: »Das ganze Unternehmen wurde mit Erfolg durchgeführt, so daß jene Stämme ... jetzt endlich zur Unterwerfung gebracht wurden. Sie haben den Gehorsam in der Folgezeit auch fortgesetzt betätigt; so haben die Leute von Djapurre während längerer Zeit an dem Wege Gerinkuka-Kabo ohne jedwedes Entgelt fleißig gearbeitet.« Der analytisch begabte Hauptmann Sicre, der erste Kommandant im »Cercle« von Sokodé nach dem Abzug der Deutschen, der das Lob des kolonialen Eroberers für die Verwaltung seiner Vorgänger nur mühsam unterdrücken konnte, war genauer und sah in der Organisation der Zwangsarbeit eine Verbindung, in der der Grundsatz der Gegenwärtigkeit von Herrschaft mit den Regeln einer Psychologie der Unterwerfung zusammengebracht sind. Er ergriff ausdrücklich Partei für die »Steuerarbeit« (»prestation«) und meinte (1918: 128): »Die Steuerarbeit ist notwendig, sie ist sogar unverzichtbar .... Außer den materiellen Vorteilen, die die Steuerarbeit bringt, gibt es einen anderen, moralischen Vorteil, der seine eigene Bedeutung hat. Der Eingeborene, der immer unter der Fürsorge von irgendjemandem gelebt hat, ... braucht das Gefühl, daß es über ihm fähige und vernünftige Leute, eine gerechte und wohlwollende Verwaltung gibt, die über ihn und die seinen wacht, die ihn vor Galgenvögeln und Spitzbuben beschützen wird, und dieser moralische und politische Vorteil der Steuerarbeit kommt genau durch die Gelegenheit zur Wirkung, die sie den Verwaltungsbeamten gibt, ihr Handlungsvermögen spüren zu lassen und wenigstens einmal im Jahr Kontakt mit Bevölkerungsgruppen aufzunehmen, die noch so abgeschieden leben mögen.«

In der kurzen Zeit der deutschen Herrschaft folgte die Unterwerfungsstrategie der Zwangsarbeit freilich weniger den Gesetzen einer paternalistischen Psychologie der Herrschaft als den Gesetzen der überlegenen Gewalt. Sie sollten zum Beispiel die kriegerischen Akposso gefügig machen, die der Stationsleiter von Atakpamé, Geo A. Schmidt, nach seinen eigenen Aussagen (vgl. R. Erbar, 1991: 184) häufiger als andere Völker, die sich dem Willen der Verwaltung ohne Widerstand gefügt hatten, zur »Steuerarbeit« herangezogen hat. Noch im Jahresbericht 1912/13 der Station Sokodé-Bassar wird festgehalten (ANT FA1/211: 56): »Die Arbeiteranwerbung sowohl für Steuer als (für die – TT) sogenannte Freiarbeit macht nicht unerhebliche Schwierigkeiten, sie bedarf jedoch dauernd des militärischen Nachdrucks.« Die Drohung mit Gewalt bei der Aushebung von Steuerarbeitern war nicht auf die Nordbezirke beschränkt. Wo es »Steuerarbeit« gab, gab es Widerstand dagegen. Im Mai 1912 berichtete der Posten in Assahoun (rund 50 Straßenkilometer nordwestlich von Lomé) an das Bezirksamt Lomé-Land, daß sich die Leute einer Aufforderung ihres Häuptlings verweigerten, zehn Männer zur Steuerarbeit nach Assahoun zu entsenden (ANT FA3/3141: 1). Die Antwort des Bezirksamtmanns Schlettwein vom Bezirksamt Lomé-Land beanspruchte nur wenige Zeilen. Sie lautete (ebda, S. 1 f.): »In den genannten Dörfern ist auszuklingeln, daß ich sie in Brand stecken werde, wenn die Leute nicht zur Arbeit kommen. Nach einer Woche ist zu berichten, ob die Leute gekommen (sind – TT).«² Die Gesetze der überlegenen Gewalt bestimmten nicht nur die ›Jagd‹ der Rekrutierung, sondern vor allem anderen den Alltag der Zwangsarbeit.

Wenn die »Pflichtarbeiter« sich auf den Weg machten, hatten sie Monate körperlichen und seelischen Leids vor sich. Die »Steuerarbeiter« hatten es in dieser Hinsicht besser. Vor ihnen lagen nur zwei Wochen. Sie konnten sie üblicherweise in einer Entfernung vom heimatlichen Dorf verbringen , die es ihnen entweder erlaubte, zu Hause zu wohnen, oder die zum heimatlichen Dorf nicht zu groß war, weil die Verwaltung vermeiden wollte, daß für die vierzehntägige Steuerarbeit zu lange Marschwege für die Zwangsarbeiter anfielen. So mindestens bestimmten es später die gouvernementalen Verordnungen – außer in »Notfällen«. Hauptmann Sicre meinte allerdings, daß die Gepreßten lieber einige Tage zusätzlich gearbeitet hätten, als geprügelt zu werden. Freilich ist Hauptmann Sicre (1918: 127) in diesem Punkt kein zuverlässiger Zeuge. Er teilte uneingeschränkt die allgemeine französische Sicht von der deutschen Kolonialpolitik, die sich darauf richtete, den »herrischen und brutalen Willen« (ebda, S. 121) der deutschen Vorgänger aufzudecken und anzuprangern. Dennoch war richtig, daß mit der Zwangsarbeit die beständige Drohung von gewalttätiger Willkür, Mißhandlung, Erniedrigung und Prügel kam.

Man nannte die Zwangsarbeit »bayari«, »Arbeit ohne Unterlaß«: »Sie wissen, der Djama war sehr hart! Er ließ uns ohne Unterlaß arbeiten. Er ließ die Männer zu den Wegen und Routen von Bassar, Sokodé und Agbabou (in den Bergen von Fazao TT) bringen, um den ›Bayari‹ zu machen. ... Sobald man angefangen hatte, sich zu bücken, um zu graben und die Erde für die Straße aufzureißen, durfte man sich nicht mehr aufrichten. Es kam überhaupt nicht in Frage, innezuhalten, um ein wenig zu verschnaufen. Das war der ›Bayari‹: ›Keiner richtet sich auf, keiner hört auf, zu arbeiten ... .‹ Wer immer auch innehielt oder nur eine Sekunde sich aufrichtete, bekam von den brutalen Soldaten, die die Arbeit überwachten, Prügel. ... Während der Arbeiten sangen die arbeitenden Konkomba ›Bayari‹, um ihren Mut zu behalten und gleichzeitig den Weißen und seine Soldaten zu beleidigen, die den Sinn dieses Singsangs nicht verstanden .... Zwölf Tage ›Bayari‹! Ich frage mich, ob es heutzutage solch schwere und harte Arbeiten gibt?! ... Und das Ganze für die ›Steuer‹. Ein Stück Karton (der Steuerzettel – TT)! ... Ich weiß nicht mehr, wo ich meine ›Steuern‹ des Djama hingelegt habe. Ich finde sie nicht mehr ...« (Häuptling Yendjè im Kanton Naware, zit. n. D. H.-K. Simtaro, 1982, Bd. 2: 724). Und Kisserou Bikalabou Soumiye Kouss'ma aus Kidjang-

---

² Eine Anmerkung des Postens von Assahoun, vierzehn Tage nach dem Schreiben des Bezirksamtmanns aus Lomé lautete: »Die Assahunleute sind zur Arbeit gekommen« (ANT FA3/3141: 2).

Houloun ergänzte (zit. n. ebda, S. 805 f.): »Jede neue Welle von Arbeitern mußte zwölf Tage lang harte Arbeiten verrichten, Steine, Sand, Kies, Eisenschienen, usw. schleppen ... und das alles unter den unablässigen Schikanen der Soldaten, die mit Peitschen und Knüppeln bewaffnet waren. ... Bestimmte Soldaten waren außergewöhnlich grausam, und man sah nicht selten, wie arme Arbeiter unter ihren fortgesetzten unbarmherzigen Schlägen zusammenbrachen. ... Was will man machen, wir konnten nichts tun. Das war die Macht der Soldaten. Was sage ich? Die Macht des Weißen. Es war der Weiße, der ihnen gestattete, uns zu mißhandeln ... .«

Die »Arbeit ohne Unterlaß« beschäftigte im Falle der zwangsrekrutierten Arbeiter und der Lohnarbeiter beim Eisenbahnbau[3] selbst den Bezirketag in Lomé vom Herbst 1908. Der Bezirksrichter Adolf Schlettwein vom Gouvernement in Lomé bemerkte, daß »(b)eim Bau der Bahn nach Palime ... viele Leute ohne Pause durchgearbeitet (haben - TT), um früher Abends fertig zu werden« [R 150 ANT FA3/3037 (1-4): 58]. Zusammen mit dem Bezirksamtmann Karl Mezger von Aného regte er an, die Arbeiter nicht »bis zum Sonnenuntergang« arbeiten zu lassen. Man solle ihnen Zeit gewähren, »noch vor der Dunkelheit ihr Essen kochen (zu - TT) können« (ebda, S. 59).

Zur »Arbeit ohne Unterlaß« und Erniedrigung durch brutale Mißhandlung, zu Schikanen und Prügel kam die alltägliche Herabsetzung, die die Sprache der harten Befehle und besonders der herrischen Beschimpfungen hervorruft. Wahrscheinlich verstanden die Mehrzahl der Arbeiter nur sinngemäß, was der Weiße sagte, aber dem alten Nabede Kagnaya Tagba Tchenzi von Tchitchao klangen die Beschimpfungen des Weißen, wenn er die Arbeit inspizierte, noch im Jahre 1980 in den Ohren (zit. n. D. H.-K. Simtaro, 1982, Bd. 2: 740): »Ick sag' nit aber? Dumm!‹ – ›Dumm Muck!‹ – ›Swein!‹ – ›Affe!‹ – ›Swein-Affe!‹ – ›Sweinbande!‹.« Allerdings waren deutsche Schimpfworte anscheinend gleichfalls den einheimischen Aufsehern der Arbeit wohl vertraut. »Bei einer Begehung der Eisenbahntrasse«, fiel dem Gouverneur v. Zech auf, »dass ein farbiger Arbeiteraufseher die unterhabenden Arbeiter durch den Zuruf ihr Schweinehunde anzufeuern suchte« [R 150 FA1/1 (1-3): 4]. Der Gouverneur nahm diesen Fall zum Anlaß, »der Bauleitung bekannt geben zu lassen, dass die farbigen Arbeiteraufseher derartige Schimpfwörter nicht gebrauchen dürfen« (ebda).

Im Falle der Zwangsarbeiter beim Eisenbahnbau hatte die Erniedrigung, die den Umgang der Aufseher und Verantwortlichen mit den Zwangsarbeitern kennzeichnete, eine zusätzliche Seite: die gesundheitlichen und hygieni-

---

[3] Neben der Zwangsarbeit gab es Lohnarbeit. Peter Sebald (1988: 338) gibt an, daß die freiwilligen Arbeiter beim Eisenbahnbau indes nicht mehr als ein Drittel der Arbeiter ausgemacht haben. Ihre Privilegien bestanden nicht nur in der Bezahlung sondern vor allem in der Möglichkeit, jederzeit die Arbeit zu beenden. Da sie ansonsten die gleichen Arbeitsbedingungen wie die Zwangsarbeiter hatten, taten sie es »sobald als möglich« (ebda): »Sie wechselten so schnell, daß man sie z.B. in der

Das Joch der »Muskelsteuer« und die Grenzen der direkten Besteuerung 361

schen Verhältnisse. Besonders für die Jahre 1909 und 1910 berichten die internen amtlichen Mitteilungen, daß die gesundheitlichen und hygienischen Verhältnisse beim Bau der »Hinterlandbahn« in »Besorgnis erregender Weise« sich verschlechtert hatten. Die Sterblichkeit und die Erkrankungen häuften sich (vgl. R. Erbar, 1991: 212). Insgesamt starben nach offiziellen Angaben von 10 800 »Pflichtarbeitern«, die beim Bau der Hinterlandbahn eingesetzt worden waren, 3,4% (ebda, S. 213; vgl. auch AJb 1910/11, S. 83), was etwas höher als die vorindustrielle Sterberate im Gebiet des späteren Deutschen Reiches war.

Krankheit, Schmerzen und Tod kann auf unterschiedlichste Weise begegnet werden, so verschieden wie die Kulturen der Menschen, so gegensätzlich, wie Individuen sind. Aus Krankheit und unhygienischen Verhältnissen werden aber Leid, Erniedrigung und Dreck, wenn sie Teil einer organisierten Erniedrigung sind. Die existenzielle Bedrohung, die zum Wesen der Gewalt gehört, bestimmt die anderen, gleichfalls existenziellen Erfahrungen unserer Körperlichkeit. Die gewalthafte Bedrohung setzt sich gleichsam in ihnen fort. Es entsteht das, was ich die ›Misere der Macht‹ nenne. Die Misere der Macht beschämt und erniedrigt die Beherrschten, weil sie die Not einer verallgemeinerten Unterwerfung ist. Das Leid ist angetaner Schmerz. Die Krämpfe des Hungers sind die Kehrseite des Machthungers. Die Zwangsarbeiter trinken verseuchtes Wasser und leben in ungesunden Verhältnissen, weil die Eroberer sich ›einen Dreck‹ um sie scheren. Zwangsarbeit ist eine kollektive Degradierungszeremonie. Sie macht aus der Unterwerfung der Eroberungszeit eine Ordnung der Erniedrigung. In Verbindung mit Krankheit, Hunger und unhygienischen Verhältnissen wird die Zwangsarbeit zur ›totalen Degradierungszeremonie‹. Die Macht der Erniedrigung bemächtigt sich der gesamten Lebensverhältnisse. Die Natur wird erniedrigend, weil sie ein Teil der beschämenden Ordnung der Zwangsarbeit ist.

Den Despotismus der Zwangsarbeit vervollständigte in Togo eine »scharfe Steuerkontrolle« [R 150 ANT FA1/128 (3-3): 144], die in den Landbezirken Zwangsarbeiter und Steuerzahler gleichermaßen bedrohte und verletzte.

Die Kontrolle von Zwangsarbeit und Steuerzahlung hatte in Togo mehrere Elemente. Die Stationsleitungen legten »Steuerlisten« von Ortschaften und ganzen »Landschaften« an. Die Häuptlinge hatten »die Pflicht, ... (ihre – TT) Dorfgenossen zur pünktlichen Entrichtung der Steuer anzuhalten und eine Namensliste aller steuerpflichtigen Männer ... (ihrer Dörfer – TT) einschließlich aller Abwesenden bzw. Ausgewanderten zu führen« (ANT FA3/1108: 4). Damit die Häuptlinge möglichst viele steuerpflichtige Männer in den Listen erfaßten, wurden sie am Steueraufkommen beteiligt. Im Jahresbe-

---

Krankenstatistik nicht erfaßte. Offensichtlich suchten die meisten ›Freiwilligen‹ schnell die jährliche Steuersumme von 6 M zu erarbeiten (der Tagelohn betrug 0,50 und 0,25 M Verpflegungsgeld), dann schieden sie wieder aus« (ebda).

richt 1909/10 bekundete die Stationsleitung von Kpandu große Zufriedenheit mit diesem Verfahren (vgl. ANT FA3/2124: 219). Die Steuerpflichtigen, die ihre Steuerpflicht durch Zwangsarbeit oder Steuerzahlung erfüllt hatten, erhielten dem Grundsatz nach eine Steuerkarte mit insgsamt vier Angaben, von denen die Quittierung der Steuer oder Zwangsarbeit für die betroffenen Männer die wichtigste war [vgl. R 150 ANT FA3/3037 (3-4: 147]. Tatsächlich aber hielt das Protokoll des Bezirketages in Bassar vom März 1909 bezeichnenderweise fest (ebda): »Von der Erteilung von Quittungen für geleistete Steuerarbeit soll in den Hinterlandsbezirken abgesehen werden, da dies noch nicht durchführbar sei; hingegen sei für jede Steuerleistung in Geld Steuerquittung zu erteilen.« Mit den Steuerkarten sollten und konnten »die Drückeberger leichter als früher überführt werden«, wie sich der Bezirksamtmann Gruner ausdrückte (ANT FA3/2123: 1).

Die Kontrolle, daß die Männer ihrer Steuerpflicht nachgekommen waren, erfolgte, wann immer es möglich und angebracht erschien. So hieß es in der »Dienstanweisung für den Stationsassistenten in Ho« aus dem Jahre 1910 [R 150 ANT FA1/128 (3-3): 144]: »Jeder Eingeborene, der in irgendeiner Angelegenheit nach der Station kommt, wenn tunlich auf Dienstreisen die unterwegs oder in den Dörfern Angetroffenen sind nach dem Steuerzettel zu fragen. Ausserdem sind durch Soldaten die Bewohner der einzelnen Dörfer und Farmen auf den Besitz von Steuerzetteln zu prüfen.« »Jeder Polizist« konnte »die Vorweisung dieser Bescheinigung verlangen, und bei Gerichtsverhandlungen« hatten »Kläger und Angeklagte ihre Steuerzettel vorzuweisen« (R. Fisch, 1911: 23). Zu den Polizeisoldaten kamen Dolmetscher und andere Mitglieder der Verwaltung. Angesichts des geringen Personalbestands zogen die Lokalverwaltungen für diese wichtige Aufgabe jeden heran, der in Frage kam. Wenn es der Personalbestand erlaubte, stellte man einen Mann ganz für die »Steuerarbeitskartenkontrolle« ab (vgl. ANT FA1/108: 5 ff.).

Hauptsächlich von den Soldaten ist überliefert, wie sie die Kontrolle von Zwangsarbeit und Steuerzahlung benutzt haben, um die Menschen zu schikanieren und zu mißhandeln und sich selbst zu bereichern. »Hier ein Beispiel«, sagte Tooli Windjim aus Nandouta und erzählte (zit. n. D. H.-K. Simtaro, 1982, Bd. 2: 713): »Es war ein Markttag. Die Bauern waren gegen Mittag vom Feld zurückgekommen, hatten ihre Mahlzeiten eingenommen und waren so weit, zum Markt aufzubrechen, der am frühen Nachmittag begann. Da aber kamen die Soldaten der Djama; unter dem Vorwand, die ›Steuer‹ (= Steuerkarten – TT) zu überprüfen, mißhandelten sie die Leute. ... Was sollten unsere Leute machen? ... Die Gewehre waren auf sie gerichtet .....« Von denen, mit denen D. H.-K. Simtaro (ebda, S. 477, 723, 806) Gespräche geführt hat, behauptete mancher, daß Männer, die vor den Soldaten, die die Erfüllung der Steuerpflicht kontrollierten, flohen und nicht entkamen, von den Soldaten einfach erschlagen wurden. An denen, die entkamen, hielten sich die Soldaten auf andere Weise schadlos: »(D)ie Soldaten beschlagnahmten das ganze Hab und Gut (Schafe, Ziegen, Hühner und Perlhühner, Yams, Hirse und Bohnen, usw.) und nahmen alles mit« (ebda, S. 477). Eine andere Form der Soldaten, zum Ziel zu kommen, war eine Art Geiselnahme von Familienangehörigen. Im November 1912 berichtete der Dolmetscher vom Posten Assahoun an das Bezirksamt Lomé-Land, daß ein Mann ohne Steuerkarte »entlaufen« war. Der Bericht fuhr fort (ANT FA3/3141: 19; Herv. i. Orig.): »(D)a haben die Soldaten die Schwester von dem Mann gefangen; dass die *Schwester* den Soldaten die Stelle ihres Bruders zeigen solle; wo er ist ... .«

Nicht abwegig erscheint deshalb, daß die Steuerkarte zu einem »Talisman« wurde, wie der Häuptling Moutal seinem Gesprächspartner D. H.-K. Simtaro (1982, Bd. 2: 718) berichtet hat: »... (M)an mußte sie sorgfältig für die Kontrollen aufbewahren. Manche Leute hatten aus ihr eine Art ›gri-gri‹ oder ›Talisman‹ gemacht, den sie immer an einer Schnur um den Hals trugen. Für sie war er ein Zeichen der ›Freiheit‹! Sie brauchten nichts mehr zu fürchten, sie konnten gehen, wann und wohin sie wollten!« Das ist wörtlich zu verstehen. Immerhin hatte der Bezirksamtmann Gruner den Stationsassistenten in Ho angewiesen, daß selbst Ausländer, »von 2 Monaten im Kreise an steuerpflichtig« waren. Händler, »die ständig den Bezirk besuchen«, waren »auch bei kürzerem Aufenthalt als 2 Monate steuerpflichtig«. »Eingeborene aus anderen Bezirken Togos« mußten »einen Steuerzettel haben«, andernfalls drohte ihnen, bestraft zu werden. »Bei angeblichem Verlust der Steuerkarte« mußte die Karte bezahlt werden, die die Behörde neu ausstellte und mit einem Duplikatsvermerk zu versehen hatte [R 150 ANT FA1/128 (3–3): 144f.]. Die Steuerkarte war zu einer Art Passierschein in einer Ordnung geworden, die für die überwiegende Mehrheit der Beherrschten weder Pässe noch Personalausweise vorsah und die Menschen wegen der Zwangsarbeit zusätzlich in Bewegung gebracht hatte.

Für die ostafrikanische Kolonie waren schon am Ende des letzten Jahrhunderts Entwürfe für eine Steuererhebung vorgelegt und praktische Schritte unternommen worden. Die Budgetkommission des Reichstags regte deshalb gleich Anfang 1900 an, in Togo eine allgemeine Steuer einzuführen (vgl. B. v. König, 1910: 425ff., 431). Daß noch sieben Jahre ins Land gingen, bevor der Gouverneur von Togo seine erste amtliche Steuerverordnung erließ, zeigt, daß die Uhren der ›Peripherie‹ anders als die der ›Metropole‹ gehen. Wenn der Gouverneur die Lokalverwaltung immer wieder drängen mußte, die Einführung der Steuer zügig voranzutreiben, dann ist das ein Zeichen dafür, daß der Gang des Lebens der Lokalverwaltungen sich vom Rhythmus des Regierungssitzes und der kolonialen Hauptstadt deutlich unterschied.

Das Gouvernement in der kolonialen Hauptstadt muß mit knappen Finanzmitteln sparsam haushalten. Ohne Zwangsarbeit ist an eine rasche infrastrukturelle Erschließung der Kolonie nicht zu denken. Die Stationsleiter achten wachsam auf ihre Unabhängigkeit. Die Zwangsarbeit hilft mit, sie zu sichern. Die Geldwirtschaft ist wenig entwickelt. Ihre Grenzen sind die Tore zum Reich der Herrschaft des Stationsleiters. Das wußte Gouverneur v. Zech und pflichtete auf dem Bezirketag in Bassar vom März 1909 den versammelten Beamten bei, »dass eine Geldsteuer nur da erhoben werden kann, wo Verdienstmöglichkeit ist, wo eine wesentliche Produktion zum Zwecke der Ausfuhr noch nicht besteht, wird es nicht möglich sein, die Leute zu besteuern« [R ANT FA3 3037 (3-4): 144f.; vgl. auch AJb 1908/09: 674]. Von Zech mußte sich dem Diktum der Stationsleiter der Nordbezirke auf demselben Bezirketag beugen, daß »die Einführung der Steuer zur Zeit nicht durchführbar« sei. Dem Gouverneur blieb nichts anderes übrig, als sich mit der Versicherung der Stationsleiter aus den beiden bevölkerungsreichen Nordbezirken zufriedenzugeben, die »Eingeborenen ... jetzt schon regelmäßig darauf aufmerksam ... (zu machen – TT), dass eine Ablösung der Steuerarbeit durch Geld zulässig sei«, und »die Händler ... jetzt schon zur Ablösung der Steuerarbeit durch Geld nach Möglichkeit angehalten werden« (ebda, S. 145).

Die Zwangsarbeit benötigt nur so viele Menschen, wie Arbeiten organisiert werden können. Sie ist haushälterisch und begnügt sich mit den geringen personellen und finanziellen Ressourcen, die zur Verfügung stehen, um die »Steuerpflichtigen« zu erfassen und für staatliche Aufgaben heranzuziehen. Solange für die anstehenden Arbeiten Zwangsarbeiter in ausreichender Zahl ausgehoben werden können, ist es für die Ordnung der Zwangsarbeit unerheblich, wie viele »Steuerpflichtige« sich ihrer aufgezwungenen Pflicht entziehen. Die Zwangsarbeit kann nicht jeden »Steuerpflichtigen« gebrauchen. Die Steuer will dagegen die vollständige Erfassung der Steuerpflichtigen. Sie zieht jeden Steuerpflichtigen zur Steuerleistung heran. Sie ist rücksichtslos und unersättlich. Sie bereichert sich an jedem. Ihr Anspruch ist unbedingt. In diesem Sinne ordnete der Gouverneur v. Zech auf einer Besprechung mit den leitenden Beamten, die im Dezember 1908 im Sitzungssaal des Gouverneurshauses stattfand, nachdrücklich an, daß besonders in Lomé und Aného so rasch wie möglich zur Steuer übergegangen werden müsse. Der Grund für sein Drängen war, daß die Steuerkraft der Bürger von Aného und Lomé durch die Steuerarbeit nicht voll ausgeschöpft werde (vgl. ANT FA3/2093: 49f.).

Völlig unvereinbar ist die Zwangsarbeit mit der marktwirtschaftlichen Ordnung. Das sah der stellvertretende Bezirksamtmann Walther Stockhausen vom Bezirk Atakpamé. Im Jahre 1911 kritisierte er im Zusammenhang mit der Zwangsrekrutierung von Trägern die Zwangsarbeit allgemein, die seines Erachtens »immer ein Übelstand« ist, selbst wenn er sie vorläufig noch für unvermeidlich hielt (R 150 ANT FA1/83 (3-5): 169). Er schrieb an das Gouvernement in Lomé (ebda, S. 171): Die Bezahlung einer geleisteten Arbeit ergibt sich »nicht mehr nach Angebot und Nachfrage«. Der Träger »kann nicht den Preis selbst stellen, er wird ein unfreiwilliger Konkurrent der freiwilligen Arbeiter und drückt die Löhne«.

Andere, alltäglichere Widrigkeiten sah Stockhausen hinzukommen. Ob-

Das Joch der »Muskelsteuer« und die Grenzen der direkten Besteuerung 365

wohl die Steuerverordnung des Gouverneurs vom September 1907 in § 3 ausdrücklich bestimmt hatte (LGG, S. 414), daß »(w)ährend der Hauptfarmzeit ... Steuerarbeiten auf das unbedingt notwendige Maß zu beschränken (sind – TT)«, beobachtete Stockhausen (ebda): Der Zwangsarbeiter »wird aus seinem Beruf, seiner Farmarbeit, aus seiner Familie unerwartet herausgerissen. Er kann sich nicht mit seiner Arbeit dementsprechend einrichten, es tritt eine Unsicherheit in seinen Lebensverhältnissen ein«.

Zusätzlich werden die stationsnahen Ortschaften unverhältnismäßig in Anspruch genommen (ebda, S. 172f.). Entsprechend der Reichweite der Macht und der Durchsetzungsfähigkeit des Bezirksamts, der Lage der Verkehrswege und großer Investitionsvorhaben der Verwaltung oder der Bevölkerungszahl gibt es eine ›Geographie der Zwangsarbeit‹. Für manche Zwangsarbeiten ist der Belastungsgrad für die Bevölkerung um so höher, je näher sie an den Stationen oder Bauvorhaben liegen. Für andere Arbeiten, wie z. B. in Togo für den Eisenbahnbau, werden bestimmte Bevölkerungsgruppen vermehrt herangezogen, was beispielsweise die Kabiyé leidhaft erfahren haben. Die Steuer, die ein bürokratisches Werkzeug ist, räumt mit der Unsicherheit der Lebensverhältnisse auf und ist am Maßstab der gleichmäßigen Belastung der Steuerpflichtigen orientiert. Das gilt selbst für eine Steuer, die wie in Lomé und Aného nach Einkommen gestaffelt war (vgl. LGG, S. 417ff.). Von demjenigen, der mehr hat, kann man mehr verlangen, weil es ihn weniger belastet. Hierin ist die Steuer ein äußerst bewegliches Werkzeug, dem die starre Zwangsarbeit um so unhandlicher gegenübersteht. Die Steuer hat die Beweglichkeit des Abstrakten. Die Zwangsarbeit hat die relative Schwerfälligkeit der Körper, die sie tun.

Die Steuer teilt mit der Zwangsarbeit ein gewichtiges Herrschaftsproblem: Die Menschen fliehen in Scharen vor Zwangsarbeit und Steuer. Sie verlassen das Territorium. Zum Beispiel suchten die Menschen in Togo, vor allem an der englischen Goldküste dem Los von Zwangsarbeit und Steuern zu entkommen. In den grenznahen Gebieten des Bezirks Misahöhe sollen nach den Schätzungen der Bezirksleitung im Jahre 1904 etwa 8% der Bevölkerung nach der Goldküste ausgewandert sein (vgl. ANT FA3/2124: 20). In einem Tourneebericht an das Gouvernement schrieb im April 1912 der Bezirksamtmann Curt Schlettwein vom Bezirk Lomé-Land [R 150 ANT FA1/92 (3–3): 180]: »Vor etwa 5 Jahren, d.h. mit dem Beginn der Heranziehung der Eingeborenen zu Steuerleistungen, machte sich eine Rückwanderung der Abeno-Siedler in die Goldküste bemerkbar, so wurde unter anderem das ganze Dorf Sokpe, das aus etwa 30 Wohnhütten bestand, völlig aufgegeben; auch der damalige Häuptling ging, aus Furcht, für diese Rückwanderung seiner Leute verantwortlich gemacht zu werden, über die Grenze.« Als die Männer im Bezirk Sansanné-Mango von den »zahlreichen Todesfälle(n)« der »Pflichtarbeiter« beim Bau der »Hinterlandbahn« erfuhren, machten sie sich auf und davon. Der Jahresbericht des Gouvernements für 1910/11 schätzte eine »Abwanderung von etwa 500 Menschen auf englisches Gebiet« (AJb 1910/11, S. 83).

Die Flucht vor der Zwangsarbeit wirkt sich aber nachhaltiger als die ›Steuerflucht‹ auf die ›Entwicklung‹ des Landes aus. Im Unterschied zur ›Steuerflucht‹ ist der Verlust tatsächlich unwiederbringlich, der der Verwaltung entsteht, wenn sich die Menschen massenweise der Zwangsarbeit entziehen. Lokalverwaltungen haben in Togo von Rückkehrern, derer sie habhaft werden konnten, zwar verlangt, die ausgefallene Steuerarbeit nachträglich abzuleisten. Aber bei massenhafter Flucht und Rückkehr überschreitet eine solche Maßnahme rasch die organisatorischen Grenzen der Zwangsarbeit, ganz abgesehen davon, daß »die Verhängung von Geldstrafen und Nachleistung von Steuerarbeit bei der Rückkehr ... wirkungslos zu sein« schienen, wie im Jahresbericht 1909/10 des Bezirksamts Misahöhe ernüchternd festgestellt wurde (ANT FA3/2124: 9). Nichtbezahlte Steuern, zumal in der Form einer feststehenden Kopfsteuer, lassen sich vergleichsweise einfach rückwirkend erheben. Mit der Steuer kehrt sich sogar der Zusammenhang zwischen staatlicher Leistungsforderung und Flucht oftmals um. Der Begriff von der ›Steuerflucht‹ ist wörtlich zu verstehen. Die Menschen gehen in das Nachbarland, das zum Beispiel wie die britische Goldküste ein höheres Lohnniveau hat, und nutzen als Wanderarbeiter die günstigeren Erwerbsmöglichkeiten, um die Steuern in ihrer Heimat bezahlen zu können (vgl. P. Sebald, 1988: 461). Die Flucht wird zur Quelle für die Staatskasse. Wie hoch freilich der Anteil der Flüchtlinge war, die nach dem Erwerb der notwendigen Geldmittel wieder in ihre Ortschaften und auf ihre Felder in Togo zurückgekehrt sind, läßt sich bisher nicht sagen. Tatsache ist, daß der ›Steuerflucht‹, die mit der Einführung der Steuer beachtlichen Umfang erreichte, eine »erhebliche Rückwanderung« in die Kolonie entgegenstand (AJb 1910/11: 87). In demselben Tourneebericht des Bezirksamtmanns Schlettwein, der von der Flucht aus dem Ort Sokpe zu Beginn der Steuererhebung berichtete, hieß es [R 150 ANT FA1/92 (3–5): 180]: »Vor 10 Monaten bat der Häuptling um die Erlaubnis, mit seinem Anhang in das deutsche Gebiet zurückkehren zu dürfen.«

Die Widrigkeiten der Zwangsarbeit werden zu den Trümpfen der Steuer. Dazu gesellt sich der Umstand, daß die Ordnung der Zwangsarbeit die Einführung der Steuer vorbereitet. Sie tut es indirekt, indem die Infrastrukturleistungen, die mit ihr erbracht werden, Handel, Verkehr und mit ihnen die Geldwirtschaft begünstigen, ohne die es keine Steuern gibt. Direkt bereiten der Steuer die bürokratischen und intermediären Bestandteile bei der Organisation der Zwangsarbeit den Boden. Die Listen der Zwangsarbeiter sind der Grundstock für die Steuerlisten. Das Verfahren, mit denen Zwangsarbeiter erfaßt und versammelt werden, weist den Weg, die Steuer auf dem intermediären Weg über die Häuptlinge kollektiv an die Lokalverwaltung abzuführen. Der Geldbetrag, den der Häuptling auf der Station abliefert, ersetzt den Befehl zur »Steuerarbeit« und den Marschbefehl für die »Pflichtarbeit«.

Die Zwangsarbeit mit ihren Halbheiten erfüllt nicht das Maß, das der Zollstock der bürokratischen Utopie verlangt. Die Zwangsarbeit kann nicht vor dem ehrgeizigen Anliegen der hauptstädtischen Zentralregierung bestehen, Kontrolle über die Lokalregierung und direkten Zugang zu den Finanzquellen des Landes zu gewinnen. Im September 1907 erließ Gouverneur v. Zech die Verordnung zur »Heranziehung der Eingeborenen zu Steuerleistungen« (LGG, S. 413f.). Die Verordnung hob die Zwangsarbeit nicht auf. Sie faßte die Zwangsarbeit in Regeln, indem sie sie formell als »Steuerarbeit« auswies. In § 4 der Verordnung wurde aber die Steueralternative geöffnet. Nüchtern und so knapp, daß der radikale Wandel fast unscheinbar eingeleitet wurde, hieß es (LGG, S. 414): »Jeder Eingeborene ist berechtigt, die Steuerarbeit durch eine Geldabgabe abzulösen. Die Höhe der Geldabgabe ist nach den örtlichen Arbeitslöhnen zu berechnen.«

In Togo haben die Beherrschten die Möglichkeit umgehend aufgegriffen, der Zwangsarbeit durch die Zahlung einer Steuer von normalerweise sechs Mark zu entgehen. Die Steuer wurde erst seit 1908 in nennenswertem Umfang eingezogen (vgl. P. Sebald, 1988: 351). Aber im Etatjahr 1909/10 war in den beiden wichtigsten Städten der Küste die »Steuerarbeit« schon verschwunden (s. Anhang, Tab. 27). In den Landbezirken von Lomé und Aného sind die Steuerpflichtigen im selben Jahr zu mehr als acht Zehnteln bzw. zwei Dritteln von der Zwangsarbeit auf die Steuer ausgewichen. Das gleiche gilt für den Bezirk Misahöhe. Kete Krachi folgte im Etatjahr 1911/12, um 1912/13 gleichfalls auf einen Anteil von 92% der Steuerpflichtigen zu kommen, die ihre »Steuerleistung« durch Geld eingelöst haben. Vor die despotische Wirklichkeit der Zwangsarbeit gestellt, ist die bürokratische Effizienz der Steuer das kleinere Übel. Das ›racketeering‹ im Vorgang der Monopolisierung der Gewalt wiederholt sich auf diese Weise bei der Einführung der Steuer. Die Verwaltung unterwirft die Menschen der gewalthaften Zwangsarbeit, um nach etlichen Jahren den ›Schutz‹ der Steuer anzubieten. Die Steuer, die entmachtet, entlastet von einer Bedrohung, die der Eroberer wiederum selbst geschaffen hat. Allein in den beiden Nordbezirken Sokodé-Bassar und Sansanné-Mango konnte bis zum Ende der deutschen Herrschaft eine Zwangsarbeiterquote von über 70% der Steuerpflichtigen, die zu »Steuerleistungen« herangezogen wurden, nicht unterschritten werden. Die Menschen hatten weder die finanziellen Möglichkeiten noch wurden sie von der Lokalverwaltung gedrängt, sich aus der Zwangsarbeit auszulösen. Die Stationsleiter hatten es nicht eilig, eine sparsame Investitionsquelle zuzuschütten und ein Machtpotential aus der Hand zu geben, das die Unabhängigkeit von der Zentralregierung gewährleistete.

Die rasche Durchsetzung der Steuer überraschte die Kolonialverwaltung Togos. Die Verwaltung hatte damit gerechnet, daß im Jahr 1909 etwa 6 000 Mark an Steuergeldern zusammenkommen würden. Tatsächlich flossen dem Fiskus 388 621 Mark zu (vgl. AbT 5, 1910: 182; s. auch R. Erbar, 1991: 189).

Wenn man vereinfachend den üblichen Steuersatz von 6 Mark zugrundelegt, haben statt 1 000 Steuerpflichtigen mehr als 64 000 Steuerpflichtige von der Möglichkeit Gebrauch gemacht, sich von der Zwangsarbeit freizukaufen. Der große Erfolg des ›Steuerracket‹ brachte den ›racketeer‹ in Verlegenheit.

Die Verlegenheit steckt in den Zusammenhängen, derentwegen der Eroberer auf die nichtentlohnte Zwangsarbeit anfänglich setzt. Der wichtigste Grund ist, daß die Steuer, die die Kassen des Fiskus der Zentralregierung füllt, zum Bankrott der Lokalverwaltung zu werden droht. Der Ausbau und selbst der Unterhalt der bestehenden Infrastruktur sind gefährdet. Ein Anstieg der Lohnkosten stellt ›Entwicklungsprojekte‹ in Frage. Selbst die Mindestlöhne für die zwangsrekrutierten ›Pflichtarbeiter‹ schienen in Togo die finanziellen Möglichkeiten der Lokalverwaltungen bei weitem zu überschreiten. Im Jahresbericht für 1912/13 des Bezirksamts Atakpamé hielt der Berichterstatter Oberleutnant Walther Stockhausen fest (ANT FA3/ 1120: 4): »Wie ... ersichtlich sind im Berichtsjahre rund 5000 M mehr Steuern eingegangen wie im Vorjahre. Da dementsprechend die Zahl der ihre Steuern durch Arbeit ableistenden Männer immer mehr zurückgeht, wächst die Schwierigkeit der Verwaltung die laufenden Unterhaltsarbeiten und Neuanlagen mit Steuerarbeitern zu bewältigen.« Immerhin lag die Steuerquote der Steuerleistenden zu diesem Zeitpunkt im Bezirk Atakpamé schon über 60 %. 5 000 Mark mehr an Steuereinnahmen für die Zentralregierung bedeutete für den Bezirksleiter einen Verlust von rund 400 nichtentlohnten Zwangsarbeitern. Bei der gleichen Gelegenheit und mit der gleichen Absicht mahnte die Bezirksleitung von Sokodé-Bassar das Gouvernement (ANT FA1/211: 53): »Die Steuerleistung durch Arbeit nimmt ständig ab zu Gunsten der Geldablösung und wird bei der Unbeliebtheit der Steuerarbeit weiter rasch abnehmen. In wenigen Jahren kann daher der Ausbau des Strassennetzes das Doppelte und Dreifache, von dem kosten, was er heute kostet. ... Sofortiges Zugreifen ist die grösste Sparsamkeit.«[4] Die Lokalverwaltung führt die Gewißheiten der despotischen Ökonomie gegen die ökonomische Nachlässigkeit einer zentralistischen Bürokratisierung ins Feld. Aus dem Blickwinkel der Stationsleiter und des Konservativismus der Alten Afrikaner war der bürokratische ›Rationalisierungsprozeß‹ in diesem Fall eine Unternehmung, die, wenn nicht glücksritterhaft, so doch wenigstens sorglos und gegen jede ökonomische Vernunft war.

Andere Probleme kommen hinzu. Steuerpflichtige verschulden sich wegen

---

[4] Allerdings trifft die Feststellung der Bezirksleitung von Sokodé-Bassar nur im Vergleich mit dem vorangegangenen Jahr 1911/12 zu, gegenüber dem die Zahl der »Steuerarbeiter« um wenige 4% abgenommen hat. Die in dem Jahresbericht der Station selbst niedergelegten Zahlen zeigen, daß die Anzahl der »Steuerarbeiter« nicht geringer als im Jahr 1909/10 war (vgl. ANT FA1/211: 53). Die Lokalverwaltungen überbetonen aus Eigeninteresse die Finanzprobleme, die sich für sie aus der Ablösung der Zwangsarbeit durch die Steuerzahlung ergeben.

der Steuerabgaben.⁵ Hauptsächlich von seiten einflußreicher Einwohner Lomés und Anéhos wurden Klagen laut, daß die Steuerlast zu hoch sei.⁶ Auf das Kernproblem, das mit dem Wandel von der Despotie der Zwangsarbeit zur bürokratisch-zentralistischen Ordnung der Steuer auftritt, wies in Togo die Flucht der Steuerpflichtigen in die Nachbarländer hin, die mit der Einführung der Steuer einen erneuten Aufschwung nahm. Es ist die Schwierigkeit, mit den unordentlichen Halbheiten der despotischen Zwangsarbeit Schluß zu machen und der bürokratischen Utopie des Steuersystems gerecht zu werden. Die Utopie heißt Vollständigkeit. Jetzt ist es an der Zeit, alle Steuerpflichtigen zu erfassen und zu zwingen, die festgelegte Steuer zu entrichten. Wer bisher von der Zwangsarbeit verschont wurde, weil die Zwangsarbeit nicht jeden gebrauchen kann, der sollte jetzt damit rechnen, der Steuerpflicht nachkommen zu müssen. An die Stelle der Schwierigkeit, unbezahlte Zwangsarbeiter in ausreichender Zahl für verschiedene Arbeiten des Eroberers zu pressen, tritt das Problem, die Steuerpflicht der Untertanen vollständig durchzusetzen. Die ›Logik der Vollständigkeit‹ birgt die Versprechen, dem Bankrott der Lokalverwaltung vorzubeugen, der mit einer unvollständigen Durchsetzung der Steuerpflicht droht, die Marktproduktion zu steigern und die Menschen zur Lohnarbeit zu zwingen und auf diesen Wegen vier Fliegen mit einer Klappe zu schlagen: die Geldwirtschaft durchzusetzen, im besonderen die Exportproduktion anzukurbeln, die der Angelpunkt der ökonomischen Interessen des kolonialistischen Unternehmens war, die Finanzkraft der Kolonie zu stärken und damit die wirtschaftliche Unabhängigkeit vom ›Mutterland‹ zu gewinnen bzw. wie im Falle Togos zu festigen (vgl. A. Wirz, 195: 319).

⁵ Im Jahresbericht des Bezirksamts Misahöhe für 1910/11 heißt es (ANT FA3/2125: 2):»Lieber als dass der Eingeborene 12 Tage Steuerarbeit auf dem Bezirksamt leistet, leiht er sich den Steuerbetrag von einem Bekannten oder Freund und arbeitet dann bei diesem den Betrag ab oder ersetzt ihn denselben später.« Die dabei entstehenden Verschuldungsprobleme wurden zu Beginn des Bezirkstages der Südbezirke im Februar 1913 zu einem extra Tagesordnungspunkt einer Besprechung im Gouverneurshaus in Lomé gemacht [vgl. R 150 ANT FA3/3037 (4-4): 24].

⁶ Im Unterschied zu den Landbezirken hatte man in Lomé und Aného zuerst ein System von 12 verschiedenen Steuerklassen eingerichtet, beginnend mit 6 Mark für die Steuerklasse I und endend mit 180 Mark für die Steuerklasse XII (vgl. LGG, S. 417; s. auch R. Erbar, 1991: 188f., Anm. 74 und 75). (Die französischen Nachfolger der Deutschen fanden dieses Steuersystem einigermaßen »merkwürdig« und schenkten ihm »wegen seiner Originalität« Aufmerksamkeit; vgl. SHAF, O³, A. E. F., Cameroun, »Togo«, 1914-1918, carton 56, Fascicule IX). In einer Petititon an den Staatssekretär und Leiter des Reichskolonialamts, Dr. Wilhelm Solf, der im Oktober 1913 Togo besuchte, forderten führende Persönlichkeiten von Lomé unter Punkt 6 der sieben Punkte umfassenden Petition die »Ermässigung der Steuer«, weil die »bisherigen Steuersätze ... für unser noch in der Wirtschaft rückständiges Schutzgebiet unerträglich (sind)« (zit. n. P. Sebald, 1988: 653; s. auch M. Nussbaum, 1962: 111; zum Besuch Solfs und der Übergabe der Petition vgl. P. Sebald, ebda, S. 562f.).

Togos Kolonialverwaltung bewerkstelligte in beachtlichem Umfang die Aufgabe, die Steuern nach den gesatzten Regeln möglichst ausnahmslos den Steuerpflichtigen abzuverlangen. Schon im Jahre 1909/10 beanspruchte sie, alle Steuerpflichtigen Lomés und Anéhos besteuert zu haben (s. Anhang, Tab. 25 und 26). Eindrucksvoller sind aber die Ergebnisse für die Land- und besonders die »Hinterlandbezirke«, wo die Steuererhebung ganz in den Händen des wenigen Stationspersonals und allen voran der Häuptlinge lag. Mit Ausnahme des Bezirks Sansanné-Mango wurde für diese Bezirke zwischen 1909/10 und 1912/13 eine Quote von Steuerpflichtigen, die zu Steuerleistungen herangezogen wurden, geltend gemacht, die bei mindestens 80% der Steuerpflichtigen lag (s. Anhang, Tab. 25 und 26). Die methodische Schwierigkeit dieser Erfolgsmeldungen liegt in dem Umstand, daß die Angaben auf der ungesicherten Volkszählung beruhen. Aufschlußreicher sind deshalb Einblicke, die einzelne Beobachtungen und Feststellungen von Beamten in die Wirklichkeit der Steuererhebung geben, und die Statistik des Anteils der besteuerten Personen an der geschätzten Gesamtbevölkerung.

Das Bild, das aus einzelnen Beobachtungen entsteht, ist uneinheitlich. Schon unmittelbar nach Einführung der Steuer glaubte die Bezirksleitung von Misahöhe, dem Gouvernement in Lomé die beruhigende Mitteilung machen zu können (ANT FA3/2123: 1): »Die Versuche, sich der Steuer zu entziehen, bleiben nur auf Einzelne beschränkt.... (Die Steuer – TT) geht... ohne jede Schwierigkeit ein.« Die Stationsleitung von Kpandu meldete für das Etatjahr 1910/11, daß die Steuerleistung für den Bereich der Station »zufriedenstellend« war (ANT FA3/2124: 275). Dasselbe behauptete der Bericht für den gesamten Bezirk Misahöhe. Er stellte für den gleichen Zeitraum fest (ANT FA3/2125: 2): »Die grosse Mehrzahl der Eingeborenen genügt ihrer Steuerpflicht, indem sie die Steuer in Geld entrichtet.« Der Bericht hielt ausdrücklich fest, daß »sich verhältnismäßig wenige Eingeborene« der Steuerpflicht entzogen haben (ebda). Die Erfolgsmeldungen kehrten bis zum Ende der deutschen Herrschaft wieder. In ihrem Jahresbericht für 1912/13 meinte zum Beispiel die Stationsleitung von Ho, daß in ihrem Herrschaftsbereich die Steuerleistung der Beherrschten »wieder sehr zufriedenstellend« war (ANT FA3/2127: 9).

Diesen Versicherungen stehen zum Teil in denselben Berichten andere Beobachtungen und Maßnahmen entgegen. Die deutlichsten Zeichen setzten die häufigen Wanderungen in die Nachbarkolonien, wobei sich nach den Beobachtungen der Verwaltung ironischerweise die wenigen Christen besonders hervorgetan haben, »die sich damit auch der Kirchensteuer entziehen wollen« (ANT FA3/2124: 20). Weitere Hinweise gab die »ausserordentlich gewachsene Zahl der Strafsachen wegen Steuerhinterziehung« (ANT FA3/2124: 15f.). Im Etatjahr 1910/11 machten die Verurteilungen wegen »Steuerhinterziehung« in dem grenznahen Bereich der Station Ho immerhin fast 40% der Verurteilungen aus. Sie trafen jedoch nur knapp 3% der Steuerpflichtigen, die zu Steuerleistungen herangezogen wurden. Zusammen mit den Verurteilungen wegen »unerlaubter Auswanderung« stellten sie jedoch mehr als 70 % aller Strafurteile, die die Station Ho im Zeitraum des Berichtsjahres 1910/11 verhängt hat (vgl. ANT FA3/2124: 276).

Unter denen, die von der Lokalverwaltung wegen »Steuerhinterziehung« bestraft worden sind, befand sich vielleicht der eine oder andere, den man in seinem Versteck aufgestöbert hatte. Zum Beispiel hatten sich im Etatjahr 1909/10 in den »Landschaften Agotinu, Taingbe und Alutia«, die zum »Kreise Ho« gehörten, »eine grössere Anzahl durch Verstecken der Steuerpflicht entzogen« (ANT FA3/2124: 10). Sich auf diesem Weg der Steuerpflicht zu entziehen, wurde durch die »Verzettelung weitabgelegener Feldhütten« erleichtert. In den »Kreisen Palime und Buem« gab es »einige Landschaften bzw. Dörfer, in denen sich eine ganze Anzahl Männer der Steuerpflicht« entzogen. Es gab nicht genügend Soldaten für die ›Jagd‹ auf Steuerpflichtige: »Die geringe Anzahl von Soldaten gestattet(e - TT) kein gründliches Absuchen.« Andere suchten der Steuerpflicht zu entgehen, indem sie sich »fast das ganze Jahr hindurch ... ausserhalb des Bezirks« aufhielten. Wieder andere hofften, dem »Absuchen« der Soldaten nach Steuerpflichtigen dadurch zu entkommen, indem sie »von Ort zu Ort« wanderten (zu den ganzen Beispielen s. ANT FA3/2124: 10f.). Im »Kreise Kpandu« schätzte die Bezirksleitung die Zahl der Männer, die auf solche Art zu Nichtseßhaften gemacht worden waren, auf etwa 300 Personen (ebda, S. 10).

Immer gehen die Zahlen in die Hunderte, die die Bezirksleitungen schätzten, wenn sie sich ein Bild von dem zahlenmäßigen Umfang machen wollten, den die Flucht vor der Steuerpflicht in verschiedenen »Landschaften« annahm. Aber es fehlen die Bezugsgrößen, aus denen der gesamte zahlenmäßige Umfang der Erscheinung sichtbar wird. Um so wichtiger ist deshalb z. B. die Beobachtung der Bezirksleitung von Misahöhe, daß die Flucht vor Steuer und Zwangsarbeit sich in Verschiebungen der Bevölkerungszahlen niederschlug, die nicht unbeträchtlich waren (ebda, S. 11): »Vergleiche bei 14 genau durchgezählten Dörfern ergaben, dass im Durchschnitt auf 5,3 Seelen 1 Steuerpflichtiger kommt. In Dörfern, wo keine Auswanderung, die ja nur steuerpflichtige Männer betrifft, und kein Umherziehen stattfindet, sogar schon auf 4,4 Seelen ein Steuerpflichtiger.« Mit anderen Worten: Knapp 17 % der Steuerpflichtigen machten sich auf und davon.

Für die Güte der Schätzung der Bezirksleitung von Misahöhe spricht, daß der Anteil der besteuerten Personen an der Bevölkerung des Bezirks mit dem Anteil übereinstimmt, der im Durchschnitt für die ganze Kolonie Togo in den Jahren 1909/10 bis 1912/13 anhand der geschätzten Bevölkerungszahlen und der Zahl der besteuerten Personen errechnet werden kann (s. Anhang, Tab. 25). Im Durchschnitt wurden 18 % der Bevölkerung der Kolonie zu Steuerleistungen herangezogen. Geht man davon aus, daß rund ein Viertel der Bevölkerung aus steuerpflichtigen Männern bestand, dann ist aus den

Aufstellungen im Anhang, Tab. 27 zu ersehen, daß das koloniale Steuersystem durch große Unterschiede gekennzeichnet war. Vor allem ist es eine dichotome Struktur. Die Despotie der Zwangsarbeit regiert im ›Busch‹, die bürokratische Steuer beherrscht stattdessen die städtischen Verwaltungszentren.

Die Hauptstadtbevölkerung Lomés hat sich der Zwangsarbeit entledigt. Um so mehr mußte sie indes die Last der Steuer tragen. Über 30% der Bevölkerung wurde zur Steuerleistung herangezogen. Genau entgegengesetzt lagen die Verhältnisse in den fernen und bevölkerungsreichen »Hinterlandbezirken«. Hier wurde die despotische Ordnung der Zwangsarbeit bis zum Ende der deutschen Herrschaft nicht überwunden. Unverändert wurden die Menschen unter das Joch der Zwangsarbeit gezwungen. Aber der Preis der Despotie für die Herrschenden ist, daß ein großer Teil der Menschen nicht unter das Joch der Zwangsarbeit gebeugt werden kann. Im Bezirk Sokodé-Bassar gelang es, lediglich von 16% der Bevölkerung Steuerleistungen abzuverlangen. Im Bezirk Sansanné-Mango waren es gerade 10% und 11% in den Berichtsjahren 1911/12 und 1912/13. In den fernen Bezirken geht es nach den ersten Erfolgen mühsam voran. Die Verwaltung des Bezirks Sokodé-Bassar wiederholte ihren anfänglichen Erfolg in den nächsten Jahren nicht, nachdem sie im Jahre 1909/10 gleich eine Steuerleistungsquote von 14% der Bevölkerung erreicht hatte. In den beiden folgenden Jahren, stieg die Steuerleistungsquote nur auf 16% der Bevölkerung – was der Lokalverwaltung allerdings zugute kam. Im Bezirk Sansanné-Mango kam der Rückschlag für den anfänglichen Erfolg um so deutlicher. Schaffte es die Verwaltung von 1909/10 auf 1911/12 den Anteil der Steuerleistenden an der Bevölkerung von 5% auf 10% zu verdoppeln, blieb es im Berichtsjahr 1912/13 bei einer Steigerung von 10% auf 11%. Was einmal gewonnen wurde, ist für die Verwaltung kein sicherer Besitz. Das galt in Togo nicht nur auf der prozentualen Ebene, sondern selbst für die absoluten Zahlen von Steuerpflichtigen, die zu Steuerleistungen herangezogen wurden. Nachdem zum Beispiel in den Bezirken Lomé-Land und Atakpamé im Jahre 1911/12 Anteile von 26% und 27% Steuerleistender an der Bevölkerung bzw. knapp 31 000 und mehr als 21 400 Steuerleistende erreicht worden waren, sanken im nächsten Berichtsjahr die entsprechenden Anteile auf 21% und 23% und die absoluten Zahlen auf rund 29 600 und etwas mehr als 18 400 Steuerpflichtige, die den Forderungen der Verwaltung nicht entgehen konnten (s. Anhang, Tab. 25).

Die Steuererhebung ist voraussetzungsreich. Sie vermag an vielen Hürden zu scheitern. In der kolonialen Situation einer Agrargesellschaft gibt es zahlreiche Widrigkeiten. Die Geldwirtschaft erreicht viele Steuerpflichtige nicht. Es fehlt an der Markteinbeziehung der Bauern. Es mangelt an einem Arbeitsmarkt, der die Steuerpflichtigen die Löhne erarbeiten läßt, die es ihnen erlaubten, die geforderten Steuern zu zahlen. Das Herrschaftspersonal reicht zahlenmäßig für eine durchsetzungsfähige Steuerverwaltung nicht aus. Auf dem

Weg der finanziellen Beteiligung mögen die Häuptlinge in ihrer intermediären Funktion für die Steuererhebung gewonnen werden. Wie nicht zuletzt die Nordbezirke Togos im Unterschied zu den Verwaltungszentren des Südens und zur Gouvernementsverwaltung in der Hauptstadt Lomé erkennen lassen, sind die Häuptlinge nur die intermediäre Krücke einer bürokratischen Zentralregierung, die das »Hinterland« nicht erreicht. Die Steuerpflichtigen fliehen vor der staatlichen Geldforderung. Aber die Mobilität der Beherrschten entzieht sich buchstäblich auf ›weiten Strecken‹ den Mitteln der Kontrolle, die die Verwaltung aufzubringen weiß. Der Lokalverwaltung eilt es ohne Not nicht, die billige Zwangsarbeit und Verfügungsfreiheit, die mit der Zwangsarbeit einhergeht, rasch zugunsten der bürokratischen Kontrolle der Zentralregierung aufzugeben. Die Stationsleitungen raten der Zentralregierung zu Vorsicht und Behutsamkeit und verlangsamen den Vorgang, durch den die Steuer die Zwangsarbeit ablöst. Die Zentralregierung, deren Finanzmittel keine ehrgeizigen ›Entwicklungsvorhaben‹ erlauben, läßt die Stationsleiter gewähren. In den »Hinterlandbezirken« ist die unabdingbare Voraussetzung einer Steuer, die tatsächlich alle Steuerpflichtigen erreicht, nicht gegeben. Eine Volkszählung, die die Steuerpflichtigen angemessen erfaßt, gibt es nicht und ist nicht in Sicht.

So enthält der Institutionalisierungsvorgang der Steuer ein Paradoxon. Der wichtigste Helfer der Steuer ist die Ordnung, die der Steuer entgegensteht: die Despotie der Zwangsarbeit. Die gewalttätige Willkür der Zwangsarbeit ist der Wegbereiter für den Erfolg der bürokratischen Steuer. Aber gleichfalls ist es die ›Rationalität‹ der Zwangsarbeit, die die Trennlinie zwischen den verwaltungsnahen Regionen der Steuer und dem verwaltungsfernen ›Busch‹ der Despotie zieht und der bürokratischen Utopie der Steuer enge Grenzen setzt.

2. Macht und Ohnmacht des Wissens

Nichtwissen ist der Grundsatz der Despotie. In der intermediären Ordnung ist die Verwaltung an lokales Wissen und Mündlichkeit gebunden. Bürokratische Herrschaft stützt sich auf abstraktes Wissen und Schriftlichkeit.

Der Despot ist unwissend. Er will nicht wissen. Seine Ratgeber, Beamten und Gefolgsleute stehen ihm darin nicht nach: »Alles, was nicht diesen Palast oder die Hauptstadt unmittelbar gefährdet, macht auf unwissende, eingebildete und voreingenommene Geister keinerlei Eindruck. Sie vermögen die Verknüpfung der Begebenheiten nicht zu verfolgen, nicht vorauszusehen, ja nicht einmal zu verstehen.« Die Despotie ist selbstbezogen. Aber Montesquieu (1965: 159) lastet in diesen Formulierungen die Verantwortung für die Voreingenommenheiten der Despotie zu einseitig dem »trägen« und »wollüstigen« Despoten (ebda, S. 115) und seinen »eingebildeten Geistern« an. Es sind die Märchen der romantischen Antipoden Montesquieus und Anekdoten, die den polemischen Scharfsinn Montesquieus ergänzen. Sie erzählen die Geschichten der Königskinder, die voller Tatendrang und Wißbegier den engen und langweiligen Schloßmauern zu entkommen suchen, und besingen die Könige, die sich verkleidet und unerkannt unter ›das Volk‹ mischen, um von den Sorgen und Nöten zu erfahren, die die ›einfachen Leute‹ bewegen. Die Wohnstätten der Mächtigen sind nicht nur Paläste der Hoffart und der »stumpfsinnigen Leidenschaften« (ebda, S. 116). Sie sind gleichfalls die Gefängnisse der Macht. Gefangene sind der Herrscher und seine Gefolgsleute. Die Burgen und Schlösser der Macht mauern die Mächtigen ein. Sie schließen sie aus. Sie verweigern den königlichen Despoten die Teilhabe am Leben ›ihrer Untertanen‹. Dabei sind Wall und Graben die einfachsten Hürden auf den Wegen des Herrschaftswissens, die an Hindernissen reich sind. Manches Hindernis bleibt unter den wirtschaftlichen und organisatorischen Bedingungen früher Staatlichkeit unüberwindbar.

Das größte Hindernis ist der Zirkel von gewalttätiger Willkür und Nichtwissen. Die Früchte von Willkür und Gewalt sind die großsprecherische oder kalte Gleichgültigkeit des Gewalthabers und die Flucht, die Heimlichkeiten und die Lügen der Bedrohten und Verletzten. Der Despot ist mißtrauisch, aber nicht neugierig. Der Despot schweigt oder redet. Die despotische Rede ist ein Wortschwall oder ein Befehl. Aber der Despot hört nicht zu. Er hat es nicht nötig zuzuhören. Der Despot verlangt von demjenigen, an den der Befehl sich richtet, lediglich das zu tun, was der Befehl verlangt und die gewalttätige Drohung erzwingen will. Mehr verlangt der Despot nicht. Es ist dem Despoten gleichgültig, ob die Dorfbewohner einsehen, daß der Bau der Straße dem Dorf wirtschaftlichen Vorteil bringt. Aber er wird die Bauern unnachsichtig bestrafen, wenn er auf seiner nächsten Tournee nicht auf der neuangelegten Straße in das Dorf einreiten kann. Die Fragen des Despoten gleichen mehr Befehlen, denn Gewalt wirft keine Fragen auf, sondern fordert nur Antworten. Gewalt ist üblicherweise nicht an Wissen interessiert. Gewalt ist im Gegenteil die machtvolle Antwort auf die Ohnmacht des Nichtwissens.

Das Nichtwissen der deutschen Eindringlinge über die Region und die Menschen und Kulturen, die sie unterwarfen, war abgrundtief. Die Landkarten des Herrschaftswissens waren im wörtlichen[7] und übertragenen Sinne weiß. Sicher, die Missionare, die Vorreiter des Wissens, hatten über Togo manches zusammengetragen.[8] Später kamen die Kaufleute und Händler hinzu, die den Verwaltungsbeamten als Informationsquellen hilfreich sein konnten. Vor allen Dingen ist jeder Hinweis wertvoll, solange der neue

---

[7] Erst im ersten Jahrzehnt des 20. Jahrhunderts wurde z. B. die kartographische Erfassung des »Schutzgebietes Togo« mit der Herausgabe des Kartenwerks von Paul Sprigade, leitender Mitarbeiter des kartographischen Instituts von Dietrich Reimer, dem das Reichskolonialamt die koloniale Kartographie übertragen hatte, vorläufig abgeschlossen.

Beamte nichts weiß. Wichtig ist, daß der Beamte Auskunft über lokale Konflikte und über Personen erhält, die lokal einflußreich sind und mit denen eine Zusammenarbeit möglich erscheint. Missionare und Kaufleute waren hier von Nutzen. Aber entgegen den aufgeregten Debatten in der Ethnologie über den Zusammenhang zwischen anthropologischer Forschung und Kolonialherrschaft (vgl. H. Fischer, 1990: 107ff.; T. Asad, 1973; G. Leclerc, 1973) ist am Beginn des Institutionalisierungsvorgangs zentraler Herrschaft das ethnologische Wissen, das in Togo zum Beispiel so bedeutende Forscher unter den Missionaren wie Carl Spiess und Jakob Spieth zusammengetragen hatten, von geringem Nutzen. Was hilft dem Stationsleiter ein differenziertes Wissen über »Fetischismus«, wenn er dazu noch von der Mission gedrängt wird, dem »Fetischglauben« das Wasser abzugraben. Was fängt ein Stationsleiter mit der Kenntnis einer Häuptlingsgenealogie an, wenn der Herrscher, den er antrifft, die Unterwerfung verweigert. Die übliche Antwort von Eroberern ist nicht, die Genealogie zu Rate zu ziehen, sondern wie in Sansanné-Mango und anderswo die Häuptlinge umzubringen oder auf anderem Wege loszuwerden. Im Zusammenhang von intermediärer und bürokratischer Herrschaft sind für den Stationsleiter solche Auskünfte vorrangig, die entweder sehr individuell über Mittelsmänner verschiedener Art unterrichten oder auf den allgemeinsten Datenmengen, nämlich Massendaten, beruhen. Missionare können zu der ersten Sorte von Auskünften das eine oder andere innerhalb ihres eng begrenzten lokalen Wirkungskreises beitragen. Für die Größe der Herrschaftsbereiche der Lokalverwaltungen ist es immer zu wenig. Über Massendaten, die bürokratisches Handeln ermöglichen, wissen Missionare nichts zu sagen. Sie müssen hier eher auf die Arbeit der Verwaltung warten, als daß sie die Arbeit vorwegnehmen.

So sind die Fragen, auf die es keine Antwort gibt, für die Stationsleiter und das Gouvernement in der Hauptstadt wie für jede despotische Herrschaft zu zahlreich. Wer kommt als Häuptling in Frage? Wie viele Händler besuchen den Markt? Welche Früchte bauen die Bauern an? Wie viele Menschen leben in einem Dorf? Am besten ist es, viele Fragen gar nicht zu stellen. Die Dorfbewohner sollen einen aus ihrer Mitte bestimmen, ansonsten greift sich der Despot einen Mann heraus und macht ihn zum Häuptling. Das Dorf hat die geforderte Zahl an Arbeitern zu stellen, gleichgültig, wieviele Menschen in dem Dorf wohnen und abkömmlich sind: ›Wir werden den Leuten schon Beine machen!‹ Der Despot kann nichts dagegen tun, daß die »Steuerarbeiter« sich verstecken oder entfliehen. Er weiß nicht, wo und wie er ihrer habhaft werden soll. Aber er kann einen der Angehörigen des Entflohenen ergreifen

---

[8] Die annotierte »Bibliographie deutschsprachiger Literatur zur Ethnographie und Geschichte der Ewe in Togo und Südostghana, 1840–1914« (Staatliches Museum für Völkerkunde Dresden, 1990), enthält allein bis zum Jahre 1885, den Anfängen der kolonialen Machtnahme, 378 Titel, die hauptsächlich in Missionszeitschriften abgedruckt worden sind.

und den Entflohenen zur Rückkehr erpressen. Die Gewalt braucht kein Wissen, weil sie sich ganz auf die unmittelbare Erfahrung verläßt. Die Gewalt ist eine ausgesucht empiristische Ordnung. Sie hält sich an das Tun der Vergewaltigten. Sie braucht kein Gedächtnis und keine Listen. Sie braucht keine Informationsspeicherung und keine Schriftlichkeit (vgl. G. Spittler, 1980: 581). Die gewalttätige Willkür hat es nicht nötig, Zusammenhänge zu ergründen. Sie stiftet die Zusammenhänge selbst. Im Extremfall verlangt die gewalttätige Willkür nicht einmal den mündlichen Austausch. An der Spitze seiner Soldaten mit schußbereiten Gewehren wird für den Despoten selbst der Dolmetscher überflüssig, dem er sowieso nicht traut. Willkür und Gewalt sind die Rationalität einer Herrschaft ohne Wissen.

Vor allem zwei Typen des Wissens, die den Kern bürokratischen Herrschaftswissens am Beginn der Institutionalisierung zentraler Herrschaft ausmachen, sind für despotisches Verwaltungshandeln entbehrlich. Ich nenne sie ›Kontrollwissen‹ und ›Rekrutierungswissen‹. Unter ›Kontrollwissen‹ verstehe ich den schriftlich niedergelegten Bestand »abstrakten Wissens« (G. Spittler, 1980), der über die Durchsetzung und Abweichung von den Zielen und gesatzten Regeln der Bürokratie unterrichtet. Inbegriff des Kontrollwissens sind Verwaltungslisten und Verwaltungsakten (vgl. unter dem Gesichtspunkt von mündlicher Kommunikation, J. Goody, 1978: 74ff.). ›Verwaltungslisten‹ sind Bestandsverzeichnisse, die quantifizierte oder leicht quantifizierbare Angaben über Menschen und Dinge enthalten, die für die Verwaltung einschlägig sind. Wichtige Listen sind Steuerlisten, Musterungslisten, Aus- und Einfuhrverzeichnisse, Zensus, Kataster. Kennzeichnend für die Verbindung von bürokratischer und intermediärer Verwaltung ist, daß die Angaben in den Listen über Menschen dem ›indirekten‹ Charakter der Herrschaft folgen und oftmals nicht individualisierbar sind. Zum Beispiel hält die Liste fest, wie viele Zwangsarbeiter erschienen sind, aber nicht, wer namentlich dazugehört. Bürokratische Listen über Menschen sind nach den Grundsätzen der ›direkten‹ Kontrolle erstellt und deshalb personenbezogen. ›Verwaltungsakten‹ sind schriftliche Zeugnisse von Vorgängen, die entweder zu Verwaltungszwecken erstellt oder zusammengetragen werden. Vorrangig sind Protokolle, Personalakten, Gerichtsakten, Verträge. Listen und Akten entsprechen den zwei Seiten bürokratischen Handelns. Listen kommen dem Abstraktionsgrad der allgemeinen Regel, die auf die zahlenmäßige Erfassung von ›Massen‹ angelegt sind, Akten den Konkretisierungszwängen von einzelnen Entscheidungen, entgegen, in denen die allgemeine Regel in den besonderen Umständen des Einzelfalls enthalten ist.

Rekrutierungswissen ist ein besonderer Typ des Kontrollwissens. Es ist deshalb eigens hervorzuheben, weil es eine wichtige Voraussetzung ist, um despotisches und intermediäres Verwaltungshandeln durch den bürokratischen Zugriff der Verwaltung auf die ›Untertanen‹ zu ergänzen oder abzulösen. ›Rekrutierungswissen‹ nenne ich den Wissensbestand der Verwaltung, der es ihr ermöglicht, den direkten Zugriff auf die Beherrschten massenhaft zu bewerkstelligen. Rekrutierungswissen ist in Volkszählungslisten, Steuer- und Musterungslisten oder Melderegistern enthalten. Es ist ein Wissen, in dem die Individuen zu ›Massen‹ und die Massen zu identifizierbaren Personen werden. Rekrutierungswissen ist eine eigenständige Form des ›Mobilisierungswissens‹, insofern es den Grund legt, die Heranziehung der ›Untertanen‹ zu Kriegs- und Militärdienst, zur Steuerleistung und zu ›öffentlichen Aufgaben‹ radikal zu verallgemeinern und zu verstetigen. Dem einzelnen Beherrschten begegnet das Rekrutierungswissen der Verwaltung hauptsächlich im Steuerbescheid und im Gestellungsbefehl.

Am Beginn der Institutionalisierung zentraler Herrschaft über Bauern, die nur teilweise für den Markt wirtschaften, und im Antagonismus der kolonialen Situation im besonderen sind Kontroll- und Rekrutierungswissen lediglich in stark eingeschränktem Umfang oder gar nicht zu haben. Gerd Spittler (1980: 578) hat am Beispiel der Kopfsteuer einige Schwierigkeiten aufgezählt, die sich bei der Aufgabe stellen, das Rekrutierungswissen für die Kopfsteuer zusammenzutragen. Spittler betont, daß es sich noch um einen »besonders einfachen Fall« handelt und schreibt: »Ein Staat führt eine Kopfsteuer für alle Erwachsenen ein. Es genügt nun keineswegs, eine solche Norm aufzustellen, sondern schon diese einfache Regel bringt Probleme mit sich. Schon die Definition eines Erwachsenen ist schwierig, wenn die Bauern nicht gewöhnt sind, ihr Alter nach Jahren zu zählen – und das tun sie in einer schriftlosen Kultur selten. Das Eintragen in eine Liste setzt voraus, daß der Befragte nicht nur einen für Identifikationszwecke brauchbaren Namen hat, sondern daß er diesen Namen konsistent über die Zeit beibehält – nichts ist weniger selbstverständlich als das. Fragt der Beamte den Familienvater nach der Zahl der Kinder, dann tauchen neue Schwierigkeiten auf. Zunächst das Problem, was man unter ›sein Kind‹ versteht – keine einfach zu beantwortende Frage, wenn man nicht in die Subtilitäten des Familien- und Verwandtschaftssystems eingeweiht ist. Dann die Zahl der Kinder. Daß er seine Kinder abstrakt zusammenzählt, mag für den Bauern durchaus ungewohnt sein. Gegenüber all diesen Fragen zeigt der Bauer Unverständnis und Gleichgültigkeit. Aber selbst wenn er sie versteht, wird er vermutlich Unverständnis vortäuschen, um falsche Angaben zu machen.«

Für die Vermeidung all dieser Hürden ist despotisches Verwaltungshandeln eine einfache und im doppelten Wortsinn ›durchschlagende‹ Lösung. Die ›Steuer‹ hat den Charakter einer Beute (vgl. ebda, S. 580) und die ›Steuererhebung‹ ähnelt der Razzia, die die deutschen Eroberer »Strafexpeditionen« nannten und besonders in den Jahren bis zur Jahrhundertwende gehandhabt haben. Zum Beispiel hat auf diese Weise der Stationsleiter Gaston Thierry von Sansanné-Mango seine eigne Kasse und die der Station wesentlich aufgebessert (vgl. P. Sebald, 1988: 221). Gewalt kann auf Kontroll- und Rekrutierungswissen verzichten, weil die Kontrolle und Rekrutierung der Menschen so weit wie die Gewalt reicht, mit der die Beute gemacht und die Menschen gejagt werden, die zu Zwangsarbeiten gepreßt werden. Despotisches Handeln strebt nicht wie bürokratisches Handeln nach Vollständigkeit und Stetigkeit, und die Kategorie der Abweichung ist ihm in gleichen Maße fremd, in dem das despotische Handeln keine allgemeinen Regeln kennt. Despotisches Handeln begnügt sich mit der Kontrolle der Menschen, die es buchstäblich in seiner Gewalt und in der Hand hat. Der Despot verschickt keine Steuerbescheide und Gestellungsbefehle. Er holt sich mit seinen Truppen die Schätze, die seinen Palast schmücken, und die Menschen, die den Palast bauen. Der Reichtum der Hauptstadt des Despoten und der Prunk seines Palastes wirken oft wie ›Wunder‹ und sind Stätten einer anderen Welt. Sie sind ›Wunder‹, weil sie im despotischen Staat so einzigartig wie der Augenblick sind, in dem die Gewalt zuschlägt. Sie gehören einer ›anderen Welt‹ an, weil der Despot über die Regionen, die er beraubt, und die Menschen, die er verschleppt, genausowenig weiß, wie die Menschen im ›Busch‹ die ›märchenhafte‹ und ›legendäre Hauptstadt‹ nur vom ›Hören und Sagen‹ kennen. Die deutschen kolonialen Machthaber nannten ihre Hauptstadt Lomé »schmuck« und fanden selten großsprecherische Vergleiche. Sie hatten keine Pläne für Prachtbauten, um wie der Despot in der Lust zu schwelgen, wenigstens an einem Ort die Sinne der Menschen gefangenzunehmen. Sie mühten sich stattdessen damit ab, die Macht des Rekrutierungswissens zu gewinnen. Ihre Praxis war despotisch. Ihr Geist mit dem Bemühen um Kontrollwissen war bürokratisch.

2.1. Mündlichkeit, Schriftlichkeit und »abstraktes Wissen«

Despotisches Handeln ist die eine, intermediäres Verwaltungshandeln die andere Säule der Verwaltung. Im binnenintermediären Verhältnis zwischen hauptstädtischer Zentrale und Stationsleitung regieren Nichtwissen, bürokratisches Handeln und Schriftlichkeit. Das Unwissen ist auf seiten der Zentrale, die Anstrengungen unternimmt, mittels Schriftlichkeit und bürokratischen Handlungsmustern die »wahren Herrscher« auf den Stationen unter die zentrale Kontrolle zu bringen. Lokales Wissen und Mündlichkeit bestimmen die Außenintermediarität. Hier liegt das relative Unwissen auf der Seite des Stationsleiters. Das lokale Wissen ist die Trumpfkarte der Mittler unter den Beherrschten. Mündlichkeit beherrscht den Verkehr zwischen den Mittlern und der Stationsleitung.

In Togo gab es einen schriftlichen Verkehr zwischen der Lokalverwaltung und den Mittlern, die der deutschen Schrift mächtig waren. Nachrichten wurden auf Zetteln ausgetauscht. Wenn Häuptlinge Soldaten von der Station anforderten, gaben sie dem Boten eine schriftliche Bitte mit. Wenn Häuptlinge Gefangene oder Zwangsarbeiter der Station überstellten, hielten sie auf einem Begleitschreiben die Zahl der Personen fest, die der Polizeisoldat oder

Häuptlingspolizist auf die Station zu bringen hatte. Diese Versicherung war nicht nur hilfreich, um Abmachungen zwischen Gefangenen und Bewachern zu verhindern. Vor allem boten sie einen gewissen Schutz für die Überstellten, am Zielort anzukommen. Andere Stationsleiter regelten die Tätigkeiten der Häuptlinge und Häuptlingspolizisten mit schriftlichen Dienstanweisungen und geschriebenen »Ortsgesetzen«. Aber der mündliche Austausch ist das vorherrschende Mittel im Umgang miteinander. Die Herrschaft des Stationsleiters ist mündliche Herrschaft.

Es ist offenkundig, daß eine Herrschaft, in der die überwiegende Mehrheit der Beherrschten nicht des Lesens und Schreibens kundig ist oder Übersetzungshindernisse im Schriftverkehr zu große Hürden bilden, nicht umhin kann, die Angelegenheiten mit den Beherrschten in mündlichen Formen zu verhandeln. Das Gespräch mit Dolmetschern, Polizeisoldaten und Häuptlingen auf der Station, die Häuptlingsversammlung und die Tournee sind die Institutionen der mündlichen Herrschaft.

Mündlichkeit entspricht gleichfalls den Ordnungsgrundsätzen der intermediären Herrschaft. Intermediäre Herrschaft ist personalisierte Herrschaft. Es ist die Herrschaft der ›bewährten‹ Stationsleiter und der ›bewährten‹ Mittler. Mündlicher Austausch ist personengebundene Kommunikation. Mündlich übermitteltes Wissen ist personenabhängiges Wissen. Schriftlose Informationsspeicherung ist in einer Kultur ohne elektronische Datenverarbeitung eine Sicherung von Erfahrungen, Gedanken und Ereignissen, die dem personengebundenen Gedächtnis der Menschen anheimgegeben ist. Personengebundenes Wissen ist lokales Wissen. Es ist besonderes Wissen, dessen Reichtum und Mangelhaftigkeit mit den Erfahrungsweisen und Erfahrungsräumen der Person, die es aufbewahrt und vermittelt, zusammenfällt.

Das lokale und personengebundene Wissen ist für Mittler eine beträchtliche Machtressource. Das gilt sowohl für die Mittler unter den Beherrschten wie für die Beamten der Lokalverwaltung in ihrem binnenintermediären Verhältnis zur hauptstädtischen Zentralregierung. Die Mittler haben Informationsvorrechte, oftmals Informationsmonopole. Die Informationsmonopole bestehen vor allen Dingen auf seiten der einheimischen Mittler. Als Rudolf Asmis zum Beispiel nach Wegen zu einer Kodifizierung des Rechts suchte, führte kein Weg an der Befragung von Häuptlingen und Ältesten vorbei. Die Monopolisierung der Information variiert mit der geographischen Distanz der Beherrschten zur Station. In großer Nähe zur Station gibt es einen regeren Verkehr zwischen den Ansiedlungen und der Station. Mehrere Nachrichtenkanäle und Informationswege stehen zur Verfügung. Mit zunehmender Entfernung von der Station steigt die Chance, daß der Häuptling und seine Polizisten zur ausschließlichen Informationsquelle der Stationsleitung werden.

Üblicherweise nähert sich gleichfalls die binnenintermediäre Verfügungsmacht der Stationsleitung einem Informationsmonopol. Was die Zentralregierung in der Hauptstadt über die Verwaltungsbezirke weiß, ist vorrangig das, was die Angehörigen der lokalen Verwaltungsposten und hauptsächlich die Stationsleiter die ferne Hauptstadtverwaltung wissen lassen. In der Kolonie Togo war allerdings die gouvernementale Zentrale in einer günstigeren Position. Die Kolonie war klein. Das erleichterte den Informationsaustausch. Besonders mit der Einführung von Telegraphie und Telefon wurden die Bezirksämter und Stationen an die ›kurze‹ kommunikative ›Strippe‹ der hauptstädtischen Zentrale angebunden.[9] Die leitenden Kolonialbeamten und der Gouverneur kannten sich aufgrund ihrer langjährigen Erfahrungen in den Verhältnissen der einzelnen Stationen aus. Vornehmlich in den Missionaren, aber ebenso in den Kaufleuten gab es Konkurrenten der Informationskontrolle, die die Stationsleiter ausübten. Allerdings gilt auch hier, daß mit zunehmender Entfernung zur hauptstädtischen Zentrale die informationelle Machtpolitik der Stationsleiter zunehmend der Gegengewichte entbehrte. In Togo fielen in den beiden großen Nordbezirken die Kaufleute und die Missionare als Konkurrenten der Lokalverwaltungen weitgehend aus, weil die Bezirke bis 1912 für die Mission gesperrt waren (vgl. R. Erbar, 1991: 275 ff.) und die Kaufleute ihre Faktoreien in den »Inlandbezirken« den Einheimischen anvertraut hatten.

Konnten die Stationsleiter in Togo weniger als in anderen, größeren Kolonien auf die geographische Distanz bauen, so durften sie mehr als in anderen Kolonien damit rechnen, daß sie immer unentbehrlicher wurden. Die Personalpolitik für die Lokalverwaltung setzte in Togo auf Kontinuität. Ich habe die Daten zu dieser Politik erörtert. Es war eine Personalpolitik, die keineswegs von allen Kolonialmächten und in allen Kolonien und noch weniger in den nachkolonialen Staaten verfolgt wurde. Aber sie entsprach treffend einer Verwaltung, die auf dem mündlichen Austausch zwischen Herrschenden und Beherrschten beruht und der Aufgabe gerecht werden soll, die Beziehungen zwischen ihnen zu verstetigen. Stetigkeit heißt unter den Bedingungen der Mündlichkeit, daß der personelle Wechsel so gering wie möglich gehalten wird. Personengebundenes und lokales Wissen läßt sich nur sichern, wenn die Personen dieselben bleiben. Derselbe Mittler – ob im außenintermediären Verhältnis der Häuptling oder in der binnenintermediären Beziehung der Stationsleiter – wird für eine mündliche Verwaltung immer unentbehrlicher, je länger er seine Mittleraufgabe wahrnimmt und je mehr Wissen er buchstäblich ›verkörpert‹. Ein Stationsleiter wie Kersting vom Bezirk Sokodé, der seit 1897 den Bezirk regiert, fand in Angelegenheiten, die ›seinen‹ Bezirk betra-

---

[9] Die Entwicklung der Telegraphie verlief in folgenden Zeiträumen: Lomé-Aného, 1894; Lomé-Kpalimé 1903; seit 1907 Kpalimé-Ho, Kpalimé-Kpandu, Lomé-Atakpamé, Aného-Tokpli (etwa 16 km nordöstlich von Tabligbo an. der Grenze zu Bénin), Atakpamé-Sokodé (1909), Kpandu-Kete Krachi, Kete Krachi-Sansanné-Mango (1913).
Telefon: Lomé-Aného, 1894; seit 1907 mit der Ausweitung des Telegraphennetzes; vgl. dazu W. Schmidt, H. Werner (1939: 138ff., 146f.), P. Sebald (1988: 343).

fen, auf keinem Bezirkstag Widerspruch. Schriftlichkeit ist die Ordnung auswechselbarer Personen, Mündlichkeit ist die Ordnung von Personen, die aufeinander angewiesen sind.

Am Beginn der Staatlichkeit ist die intermediäre Verwaltung institutionell, personell und finanziell sparsam. Unter diesen drei Gesichtspunkten ist ebenfalls die mündliche Verwaltung sparsam. Mündliches Verwaltungshandeln setzt nicht auf den feinsäuberlich gegliederten Verwaltungsstab und ist nicht auf ein Heer von Sachbearbeitern und Schreibkräften angewiesen. Es packt die Aufgaben an, so wie sie fallen bzw. so dringlich sie den Beteiligten im Augenblick der Begegnung erscheinen. Mündliches Verwaltungshandeln ist beweglich und braucht nur die Gelegenheiten, in denen der mündliche Austausch mit den Menschen, mit denen etwas zu besprechen ist, möglich ist. Der Besuch des Stationsleiters in einem Dorf dient ebenso dazu, die Fragen der Steuerarbeit, der Häuptlingswahl, den Bau einer Straße anzusprechen wie einen Streitfall zu regeln. Mündlichkeit ist eine sparsame multifunktionale Kommunikationsform. Die mündliche Verwaltung hat die Sparsamkeit des Befehls, der den Austausch zwischen Herrschenden und Beherrschten im Antagonismus der kolonialen Situation prägt und in besonderem Maße die Mittler unter den Beherrschten trifft, die die ersten Adressaten im Verkehr mit der Stationsleitung sind. Mündlichkeit ist so rasch und umstandslos, wie sich die Menschen in der Gegenwart des Stationsleiters zu verhalten haben und die Angelegenheiten abgewickelt werden.

Mündlichkeit hat zwei Eigenheiten, die einem Bürokraten der westlichen Tradition geradezu standeswidrig erscheinen müssen. Im Verhältnis zwischen Stationsleiter und Mittler bedeuten sie jedoch eine Entlastung. Die mündliche Verwaltung vergißt und überläßt die Erledigung von Angelegenheiten der Zeit. Zwar verstauben auch Akten, und Schriftstücke landen ungelesen in der Ablage. Aber sie bleiben lediglich unbeantwortet. Eines Tages kann der Staub weggewischt und die Akte, schwarz auf weiß, erneut vorgelegt werden. Solche ›Wiedervorlage‹ hängt im Falle der mündlichen Kommunikation vom Gedächtnis der Beteiligten und von der Kooperation der kommunizierenden Parteien ab. ›Vergessen‹ ist nicht nur eine physiologische und psychologische, sondern ebenfalls eine herrschaftssoziologische Tatsache. So, wie der Mächtige darauf bestehen kann, etwas gesagt oder nie ausgesprochen zu haben, so kann der Mittler kraft seiner Schlüsselrolle im Zugang zu den Beherrschten manches ›vergessen‹. Mittler sind ›vergeßlich‹.

Zeit ist Mangelware in den hochbürokratisierten und verschriftlichten Gesellschaften unserer Tage. Der Mangel an Zeit hat unmittelbar mit der Verschriftlichung unseres Alltagslebens zu tun. Schriftlichkeit ist verschwenderisch mit der Zeit. Mündlichkeit ist kostbare Zeit. Mündlichkeit verlangt, das alles gesagt ist, was zu besprechen war, sobald die Beteiligten auseinandergehen. Was nicht gesagt ist, muß auf das nächste Mal warten. Unter den Bedingungen der Lokalverwaltung kann das ›nächste Mal‹ Monate, manchmal

Jahre dauern. Schriftlichkeit gibt die Zeit mit vollen Händen aus. Sie macht selbst die Nacht zum Tage, wenn ein heller Mond in einer klaren Nacht oder gar die verschiedenen Formen mehr oder minder künstlicher Lichtquellen es erlauben. Was in der Besprechung gesagt wurde, wird noch einmal in der ›Aktennotiz‹ festgehalten. Was nicht gesagt wurde, wird durch ein Schriftstück nachgetragen, das nach der Besprechung angefertigt wird. Was nebensächlich ist und die kostbare Zeit der mündlichen Begegnung nicht in Anspruch nehmen durfte, wird dem Briefverkehr anvertraut. Ohne auf Gesprächspartner angewiesen zu sein, kann sich in Verbindung mit ausreichendem Personal die schriftliche Beschäftigung Fragen zuwenden, die in der Hierarchie dringlicher Verwaltungsprobleme eines Stationsleiters zweit- und drittrangig sind. Auf diese Weise läßt die Schriftlichkeit keinen Raum, so daß Fragen ungefragt bleiben und sich deshalb vielmals von selbst erledigen können. Schriftlichkeit ist das Medium steter Problematisierung. Deswegen ist sie das Herzstück von Bürokratie und Wissenschaft gleichermaßen. Das Dringliche wie das Nebensächliche entgeht ihr nicht. Schriftlichkeit ist ein Fluß wie die Tinte, mit der die Worte auf das Papier gebracht werden. Mündlichkeit ist so punktuell und situational wie die Interaktion, die sie benötigt. Schriftlichkeit ist eine Ordnung steter Fragen, Antworten und Anweisungen. Mündlichkeit ist wählerisch, sprunghaft und von den Stimmungen und Leidenschaften der Gesprächsteilnehmer bestimmt. Schriftlichkeit ist dauerhafte Herrschaft. Mündlichkeit lebt vom Eindruck des Augenblicks. Deshalb bevorzugen Mittler die Mündlichkeit und verachten wie die Stationsleiter den ›ganzen Papierkram‹.

Die situationalen Grenzen mündlichen Verwaltungshandelns sind ein Teil der Beweglichkeit des Mündlichen. Beweglichkeit ist ein wichtiger Schlüssel für die Rolle, die der einheimische Mittler auszufüllen hat. Eine geschriebene Genealogie der Männer, denen die Häuptlingswürde zusteht, ist wesentlich unbeweglicher als die mündliche Legitimierung einer Wahl, in der politische Erwägungen weit vor legitimatorischen Bedenken rangieren. Eine Verwaltung, deren Schriftlichkeit sich darauf beschränkt, eine bestimmte Anzahl von Männern für die »Steuerarbeit« anzufordern, erlaubt den Mittlern in Gestalt der Häuptlinge viel eher, zu arbeitsfähigen erwachsenen Männern nur die zu bestimmen, die zu den Sklaven gehören oder einst gehört haben (vgl. P. Manning, 1990: 136). Am wichtigsten in diesem Zusammenhang ist, daß die Beweglichkeit durch mangelnde Kontrollmöglichkeiten sichergestellt wird. Schriftlichkeit heißt Kontrolle, weshalb sie ein Grundpfeiler moderner Rechtsstaatlichkeit ist. Mündlichkeit entzieht sich in unvergleichlich höherem Maße der Kontrolle, weil sie anpassungsfähig und flüchtig wie die Stimme ist, die deutlich ist oder verstummt, und wie die Worte, die lügen, ablenken oder die Wahrheit aussprechen können. Die Zentralregierung und die Lokalverwaltung brauchen Mittler, weil sie keine Kontrolle über die Beherrschten haben. Dementsprechend gehören Mittler nicht zu dem Personenkreis, der

der Kontrolle durch Schriftlichkeit viel abzugewinnen vermag. Mittler sind nicht Menschen der Feder und der Schreibmaschine. Sie sind Menschen des Worts.

Die dritte Säule der Lokal- und gouvernementalen Verwaltung ist das bürokratische Verwaltungshandeln. Es ist der Schlüssel der hauptstädtischen Zentralregierung für die Kontrolle der selbstherrlichen Stationsleiter und die direkte Herrschaft über die Unterworfenen. Bürokratie heißt »abstraktes Wissen« und Schriftlichkeit.

In einer kurzen Studie, die in meinen Augen zum Besten gehört, was zu diesem Thema geschrieben wurde, bemerkte Gerd Spittler (1980: 574): »Der Kampf zwischen staatlicher Bürokratie und Adel im Absolutismus ist häufig beschrieben worden. Die Zentralisierung der Steuern und der physischen Gewalt sind dabei wichtige Voraussetzungen für die Durchsetzung der Bürokratie. Parallel dazu verläuft aber ein anderer Prozeß, der weniger beachtet wurde, aber für den Sieg der Bürokratie ebenso wichtig war: die Zentralisierung des Wissens. Bürokratische Herrschaft beruht auf abstrakten Normen und damit auf abstraktem Wissen.«

Im Zusammenhang bürokratischen Verwaltungshandelns verstehe ich unter »abstraktem Wissen« das Herrschaftswissen der Verwaltung, das auf der zahlenmäßigen Erfassung von Sachverhalten des beherrschten und verwalteten Gebietes beruht und schriftlich niedergelegt und festgehalten ist. Die Sachverhalte betreffen hauptsächlich die Beherrschten und ihre Welt. Sie erstrecken sich ausdrücklich oder indirekt auf den Regierungs- und Verwaltungsapparat und die Beamten selbst. Bürokratisch-abstraktes Wissen enthält immer große Bestandteile an ›selbstreferentiellem‹ Wissen. Abstraktes Wissen ist vor allem anderen ›Tabellenwissen‹«.

Tabellenwissen ist quantifiziertes Wissen, in dem am reinsten die formalisierte Regel bürokratischen Handelns mit dem Wissen über die ›Masse‹ verbunden wird, die die Bürokratie zu verwalten hat. Zur Quantifizierung von Sachverhalten kommen der Vergleich der Sachverhalte und die Analyse von Beziehungen zwischen den erfaßten Tatbeständen hinzu. Der Vergleich kann entweder zwischen bestimmten Merkmalen der erhobenen Tatsachen oder nach zeitlichen Gesichtspunkten erfolgen. Eine Bürokratie, die in der ›Entwicklung‹ des beherrschten Gebietes ein vorrangiges Ziel ihrer Tätigkeit sieht, legt besonderen Wert auf den Zeitvergleich. Dementsprechend enthalten die frühesten, wichtigsten und die meisten Statistiken der Kolonialverwaltung einen Zeitvergleich. Eine Meßlatte für das Wachstum des abstrakten Wissens der Verwaltung ist die Anzahl der Tabellen selbst, die ihr zur Verfügung stehen oder die sie selbst zusammenstellt. Die erste »Denkschrift über die deutschen Schutzgebiete« vom Dezember 1885 enthielt noch keine tabellarisch-quantifizierenden Übersichten. Die folgenden Denkschriften enthielten für Togo schon manche Zahlen, aber keine Tabellen. Erst die Denkschrift des Jahres 1894/95 begann mit quantitativen tabellarischen Darstellungen. Am

Ende der deutschen Kolonialherrschaft war das abstrakte Wissen dermaßen angewachsen, daß die »Jahresberichte« einen eigenständigen »Statistischen Teil« enthielten.

Abstraktes Wissen ist empirisches Wissen, das systematisch und methodisch gewonnen ist. Das methodische Ideal wird in der wissenschaftlichen Methode verkörpert, die positivistisch und quantifizierend ist. Quantifizierbare Aufstellungen in Listenform und Fragebögen sind die gebräuchlichsten Werkzeuge. Während seiner Tätigkeit als französischer Kolonialbeamter in Togo führte zum Beispiel Robert Cornevin auf seinen Tourneen immer einen Fragebogen mit sich, den er »Dorfkartei« nannte und mit dem er unter 45 Haupt- und weiteren Unterkategorien die wichtigsten Merkmale der Dörfer festhielt, die er aufsuchte (vgl. R. Cornevin, 1988: 18f.). Allerdings bleibt das abstrakte Wissen der Verwaltung oft mehr oder minder weit hinter dem positivistischen Methodenideal der Wissenschaft zurück. Das gilt besonders am Beginn der Institutionalisierung bürokratischer Herrschaft. Praktische und legitimatorische Zwecke und vielfältige Hindernisse, die bei der Erhebung von Sachverhalten auftreten, verhindern, strengen wissenschaftlichen Anforderungen gerecht zu werden.

Abstraktes Wissen der Verwaltung teilt auf und vereinheitlicht. Es teilt auf, weil es analytisches Wissen ist, dessen Kategorien von den Zielen und Aufgaben der Verwaltung bestimmt und in den abstrakten Regeln vorgegeben werden. Es scheidet den Händler vom Bauern, selbst wenn beide der gleichen Ethnie angehören und aus demselben Dorf kommen. Es trennt den Lieferanten der Palmkerne von dem Bauern, der Mais anbaut, obgleich es sich um ein und dieselbe Person handelt. Es sondert den Häuptling von den Ältesten und hebt ihn hervor, selbst wenn der Häuptling in ›seinem‹ Dorf wenig zu sagen hat und die Ältesten und Erdherren das Wort führen. Es teilt die Zwangsarbeiter in »Pflicht«- und »Steuerarbeiter« ein.

Die analytische Trennung, die im abstrakten Wissen vorgenommen wird, ist die Vorbedingung, um die Vielfalt unterschiedlichster konkreter Sachverhalte zu vereinheitlichen. Die Vereinheitlichung findet anhand der abstrakten Normen der Verwaltung statt. So wurden aus den einen, die zum Beispiel im Süden der Kolonie Togo lebten und eine Steuer an die Kolonialverwaltung abführten, ebenso »Steuerpflichtige«, die zahlenmäßig erfaßt waren, wie diejenigen, die im Norden unter einer despotischen Zwangsarbeit litten. Die Maßeinheiten des abstrakten Wissens, dessen unnachsichtiger Eifer sich an den Stellen hinter dem Komma beweist, suchen, die feinsten Unterschiede zum Beispiel in der Produktivität jeder Region und jedes Wirtschaftszweiges festzuhalten. Aber die feinsinnigen Unterscheidungen erfordern, daß zuerst die Vielfalt der Maßeinheiten vereinheitlicht werden, die die Menschen gebrauchen und in Togo nicht anders als im »Bauernstaat Preußen« (G. Spittler, 1980) von Ort zu Ort und von Gegenstand zu Gegenstand sich wandelten. In Aného folgte beispielsweise der Kalender den Durchbrüchen der Lagune (vgl. Zeitbestimmung, 1902). Die Woche der Bassar und Bekpokpam umfaßte nur sechs Tage, so »daß es einem der ersten Stationsleiter ganz unmöglich war, den Leuten klarzumachen, daß jeden Montag und Donnerstag Gerichtstag sein sollte!« (F. Hupfeld, 1899: 168). Die Unterscheidungen des abstrakten Wissens richten sich auf die Vereinheitlichung der Wirklichkeit, deren bester Ausdruck die ›Normalzeit‹ ist, die in Togo offiziell zum 1. Januar 1908 eingeführt wurde (vgl. LGG, S. 607).

Abstraktes Wissen ist geschriebenes Wissen. Auf diese Weise ist es losgelöst von Personen und unempfindlich gegenüber Personalwechsel. Abstraktes Wissen ist institutionalisiertes Wissen und dementsprechend in einem strengeren Sinne objektives Wissen. Es läßt sich bearbeiten, vorlegen, vorenthalten – und mit dem Papierkorb oder gar dem Reißwolf dem Vergessen anheimgeben. Diese letzte Möglichkeit einer einschneidenden Zäsur, in der das Vergangene verschwindet und der Anfang ohne die Schatten der Vergangenheit zum ›unbelasteten‹ Neubeginn erklärt wird, ist nur das Gegenstück zur unvergleichlichen Dauerhaftigkeit abstrakten, geschriebenen Wissens. Abstraktes Wissen stirbt nicht mit den Menschen, die es erzeugt und in ihrem Gedächtnis bewahrt haben. Wenn es die formalisierte Form des Tabellenwissens hat, verbindet sich seine Dauerhaftigkeit mit einer sperrigen Festigkeit, die der mündlichen Überlieferung fremd ist. Mit dem abstrakten Wissen bleibt die Vergangenheit in einer objektivierten Form unmittelbar gegenwärtig, selbst wenn die dicke Schicht roten Staubs und Wasserflecken auf verblaßten Aktendeckeln kundtun, daß diese Gegenwärtigkeit so abstrakt wie das Wissen selbst und vom lebendigen Alltag ausgeschlossen ist, der der Raum der Mündlichkeit ist. Die Beständigkeit des abstrakten Wissens der Verwaltung legt aber die Grundlagen für eine neue Stufe in dem Prozeß, der mit der Station beginnt und die spezifische Zukunftsorientierung bürokratischer Herrschaft erlaubt, die der ausschließlich mündlichen Ordnung fremd ist. Abstraktes Wissen macht die systematische Entwicklung und Akkumulation von Wissen möglich und fordert sie gleichsam heraus. Jeder neue »Jahresbericht« der Kolonie läßt die unvergleichliche Akkumulationsfähigkeit des abstrakten Wissens in der unscheinbaren und einfachen Tatsache augenfällig werden, daß zu den Daten des Vorjahres die entsprechenden Daten des anstehenden Berichtszeitraums hinzugefügt wurden. Es ist diese Art des Akkumulationsvermögens abstrakten Wissens, die erst Dauer und Einheit in der Zeit herstellt und die Zukunft als ›Entwicklung‹ aus dem, was vergangen ist, hervorbringt. Im Tabellenwissen springen ›Fortschritte‹ und ›Rückschritte‹ unmittelbar ins Auge. ›Erfolge‹ und ›Mißerfolge‹ liegen ›schwarz auf weiß‹ vor dem Betrachter. Die »Jahresberichte« und »Denkschriften« sind Berichte über »die Entwicklung der deutschen Schutzgebiete«. Selbst wenn die amtlichen Jahresberichte ab dem Berichtsjahr 1909/10 nicht mehr auf den Gedanken der »Entwicklung« in ihrem Titel verweisen, beginnen sie regelmäßig mit bezeichnenden Sätzen wie: »Das Berichtsjahr ... war für unsere Schutzgebiete in vieler

Hinsicht eine Zeit des Fortschritts« (AJb 1909/10: III). Oder: »In dem Berichtsjahr ... ist die Entwicklung der Schutzgebiete im allgemeinen günstig gewesen« (AJb 1910/11: III). Tabellenwissen ist vergleichendes Wissen, und als Vergleich in der Zeit ist abstraktes Wissen buchhalterisch. Es bilanziert.

Abstraktes Wissen ist in einem anderen Sinne als die Mündlichkeit beweglich. Seine Beweglichkeit entspricht der Umgestaltung der Lebensverhältnisse, die für bürokratisches Handeln unerläßlich ist und sich im mehr oder minder großen Maß an zukunftsorientiertem Handeln wiederfindet. Im abstrakten Wissen kann die Wirklichkeit ständig neu geordnet und zusammengefügt werden. Abstraktes Wissen ist ein Wissen für ›Entwicklungspläne‹, ›Projekte‹ und ›Evaluation‹. Dabei kommt ihm zugute, daß es, auf Tatsachen beruhend, ohne jede unmittelbare Erfahrung und ohne mündlichen Austausch mit den Lokalbeamten oder gar den Betroffenen zu handhaben ist – mit der bemerkenswerten Folge, daß die Wirklichkeit, die mit abstraktem Wissen entworfen wird, zur ebenso imaginären wie vorrangigen Wirklichkeit bürokratischen Handelns zu werden vermag (vgl. G. Spittler, 1981: 91 ff.). In der Verachtung von Stationsleitern für das Tabellenwissen der Jahresberichte steckt nicht zuletzt der konservative Vorbehalt unmittelbarer Erfahrung, die um die Regeln weiß, nach denen das abstrakte Wissen hervorgebracht wird.

Abstraktes Wissen steht im Einklang mit den bürokratischen Ordnungsgrundsätzen der Territorialität und Zentralität. Abstraktes Wissen ist überregional. Es führt die einzelnen lokalen Wissensbestände der Stationen zusammen. Aus den Berichten, die in Togo die Stationen und Bezirksämter in regelmäßigen Abständen zu erstellen hatten und von besonderen Fachleuten wie den Forstbeamten zu Einzelfragen vorgelegt wurden, zu denen noch die Berichte der Missionen kamen, fertigte das Gouvernement in Lomé seinen Rechenschaftsbericht für die gesamte Kolonie, der an das Reichskolonialamt in Berlin ging. Das Reichskolonialamt in Berlin wiederum stellte aus den Jahresberichten der einzelnen Kolonien den jährlichen Bericht für den Reichstag zusammen, der den interessierten Abgeordneten und der Öffentlichkeit einen Einblick in die Lage der Kolonien von Afrika bis in die Südsee erlaubte.

In den tabellarischen Übersichten der »Denkschriften« und »Jahresberichte«, die alle Kolonien umfaßten, ist der überregionale Charakter des abstrakten Wissens buchstäblich mit einem Blick zu erkennen. Die tabellarischen Übersichten, deren regionale Grenzen mit den Grenzen des kolonialen Besitzes des Deutschen Reichs zusammenfielen, sind Abwandlungen der »Universaltabelle«, die der Inbegriff des abstrakten Wissens einer bürokratischen Territorialverwaltung ist. In Preußen wurde sie schon am Ende des 18. Jahrhunderts eingeführt, »um den Zustand der ganzen Monarchie auf einem Bogen übersehen zu können« (zit. n. G. Spittler, 1980: 596). In der »Universaltabelle« macht sich der besondere Ehrgeiz des abstrakten Wissens geltend, so einheitlich und vollständig wie der Territorialstaat selbst zu sein. Das

Reichskolonialamt mahnte in diesem Sinne die Gouvernements der Kolonien [R 150 ANT FA1/125 (4–5): 231]: »Die bisherige Statistik ist auch in der Weise zu verbessern, daß sie ganz lückenlos eingesandt wird.« Wenn, wie im Fall der Bevölkerungsstatistik Togos, für manche Bezirke keine neuen Daten für den Jahresbericht vorlagen, was für die Nordbezirke die Regel war, dann verlangte die Logik des Tabellenwissens und der »Universaltabelle«, daß die alten Zahlen einfach fortgeschrieben wurden. Wenn die Daten einmal nicht hinreichten, dann wurden sie einfach erfunden, »geschätzt«.

Der überregionale Charakter des abstrakten Wissens steht in Zusammenhang mit der Eigenschaft des abstrakten Wissens, die es deutlich vom lokalen Wissen der intermediären Verwaltung unterscheidet und zu diesem lokalen Wissen in Gegensatz bringt. Abstraktes Wissen ist zentralisierbar. Es ist ein Wissen, das auf die Regierungs- und Verwaltungszentrale in der Hauptstadt und im Fall der Kolonialreiche zusätzlich auf die Zentralen in den ›Mutterländern‹ zugeschnitten ist. Zusammen mit der Schriftlichkeit liegt hierin die folgenreichste Eigenart des abstrakten Wissens.

Abstraktes Wissen ist im Raum der Verwaltung ›Vorgesetzten-Wissen‹. Das meint verschiedene, aber eng aufeinander bezogene Sachverhalte. Es ist zuerst einmal ein Wissen, das für Vorgesetzte erstellt wird. Die Folge ist, daß Verwaltungsbeamte die Daten, die dieses Wissen erzeugen, ungern zusammenstellen. Besonders trifft das auf die Stationsleiter zu. Als ›Mädchen für alles‹ haben die Stationsleiter mehr Arbeiten zu verrichten, als sie bewältigen können. Hinzu kommt, daß sie keine Eile mit Tätigkeiten haben, die ihrem herrschaftlichen Selbstbewußtsein zuwiderlaufen, das sie als »wahre Herrscher« der Kolonien pflegen. Zwar mag das Verhalten des Bataillonskommandanten Auguste-Edmond Bouchez etwas außergewöhnlich gewesen sein, der während seiner Dienstzeit in Sansanné-Mango nach dem Ende der deutschen Herrschaft keinen einzigen Bericht über die politische Situation, die der französische Militärkommandant, der damalige Oberstleutnant und spätere General Jean Maroix, von den Kreiskommandanten monatlich anforderte, abgesandt hat (vgl. SHAF, O³, A. E. F., Cameroun/ »Togo«, 1914–1918, carton 56, Bericht von Maroix an das Generalgouvernement in Dakar v. 24. August 1915). Aber auch die deutschen Beamten beklagten sich über die lästige und »langweilige Erledigung der verschiedenen Quartalsabschlüsse und Berichte« (L. Külz, 1906: 53). Die Station Sansanné-Mango mußte im Jahre 1913 vom Gouvernement in Lomé telegraphisch gedrängt werden, ihren Jahresbericht umgehend zuzusenden (ANT FA3/4009: 5), obwohl der Gouverneur in einer Verfügung vom August 1911 »die pünktliche Einreichung der Jahresberichte erneut zur Pflicht« gemacht hatte (AbT 6, 1911: 318).

Zur Abneigung, sich mit Berichten an die Vorgesetzten in der gouvernementalen Zentrale zu plagen, gesellt sich die Notwendigkeit, die Berichte so abzufassen, daß sie so wenig Licht wie möglich auf die Mißerfolge, Eigenmächtigkeiten und Verstöße der Lokalverwaltung gegen die Anordnungen aus der Regierungszentrale werfen. Die Produktion abstrakten Wissens zu Herrschafts- und Verwaltungszwecken ist ein legitimatorischer Vorgang. Dabei verändert sich und steigt der Legitimationsbedarf von der Lokalverwaltung über das Gouvernement bis zur Zentralverwaltung im ›Mutterland‹, wo er ganz den Konfliktlinien der politischen Ordnung des ›Mutterlandes‹ folgt. Abstraktes Wissen ist Teil eines legitimatorischen Diskurses.

Die empfindlichsten Ebenen in dieser Legitimationsdebatte des abstrakten Wissens sind das Gouvernement in der Kolonie und die Regierungszentrale im ›Mutterland‹. Das Gouvernement der Kolonie steht zwischen der Scylla unkontrollierter Herrschaft der Stationsleiter, die ihr Wissen für sich behalten, und der Charybdis der Kontrolle, die die Regierungszentrale im ›Mutterland‹ aufgrund der Informationen ausübt, die von den Kolonien bei ihr eingehen. Die heimische Zentrale steht zwischen der Aufgabe, die Gouvernements in den Kolonien zu überwachen und soweit wie möglich zu beeinflussen, und den politischen Konflikten im ›Mutterland‹, in denen sie in ihren Augen gleichfalls so wenig Wissen wie möglich aus der Hand geben darf. Deshalb beginnen sowohl das koloniale Gouvernement wie die heimische Regierungszentrale bald, die Erstellung und vor allem die Veröffentlichung bürokratischen Herrschaftswissens strengen Regeln zu unterwerfen. Vorgesetzten-Wissen ist solchermaßen ein Wissen, bei dem die Definitionsmacht über das, was gewußt werden soll und wie es dargestellt werden darf, in den Händen der Vorgesetzten liegt.

Die Regeln, denen die Produktion und Darstellung abstrakten Wissens unterworfen werden, folgen Grundsätzen, die auf die möglichst weitgehende Formalisierung und Quantifizierung des Wissens gerichtet sind, für die das Tabellenwissen vorbildlich ist. Sie verweisen darauf, daß sich im Tabellenwissen die Zwecke der Verwaltung mit den Zwecken der administrativen Legitimation zusammenfinden. Die Grundsätze heißen Knappheit, Übersichtlichkeit, Einheitlichkeit, Vollständigkeit und Objektivität. Spätestens seit dem Erlaß der Kolonialabteilung des Auswärtigen Amtes vom Februar 1902 »betr. die Jahresberichte« (LGG. S. 213 ff.) drängten die Zentralbehörden in Berlin und Lomé darauf, daß die Beamten bei der Abfassung ihrer Berichte sich diese Grundsätze zu eigen machten. In wiederkehrenden Erlassen und Schreiben unternahmen die Zentralen den Versuch, die »wiederholte Nichtbeachtung der auf die äußere Form der Berichterstattung bezüglichen Vorschriften« zu beseitigen und neue Vorgaben für die Erhebung und Darstellung des Wissens durchzusetzen (LGG, S. 220). Sowohl die Abfassung von Spezialstatistiken wie die Bevölkerungsstatistik oder die Berichte der Regierungsärzte (LGG, S. 212f., 221ff.) boten Anlaß, an die allgemeinen Grundsätze zu erinnern und weitere Regeln für die Formalisierung und Quantifizierung des Wissens aufzustellen. Die Neuordnung der Jahresberichte, die seit 1909/10 nicht mehr als Reichstagsdrucksache, sondern als gesonderte Buchveröffentlichung des Reichskolonialamtes erschienen, benutzte das Reichskolonialamt noch einmal, um zusammenfassend die wichtigsten Gesichtspunkte des abstrakten Wissens den Gouvernements und ihren Beamten zu vergegenwärtigen. In einem Brief des Staatssekretärs des Reichskolonialamts an den Gouverneur in Lomé vom April 1911 hieß es [R 150 ANT FA1/125 (4–5): 226ff.; Herv. i. Orig.]: »Es ist vor allem darauf Wert zu legen, daß ein möglichst reicher Inhalt in möglichst *knapper Form* geboten wird. Weitschweifigkeiten und Wiederholungen sind zu vermeiden. Unwichtiges ist wegzulassen, alles Wichtige dagegen in prägnanten, klaren und nicht zu langen Sätzen mitzuteilen, weil nur bei einer möglichst wenig subjektiven, ganz einfachen und knappen *Schreibweise* die wünschenswerte Einheitlichkeit des Stils erreicht werden kann. .../... Die Berichterstattung soll *inhaltlich* sich in der Hauptsache darauf beschränken, *objektiv Tatsachen mitzuteilen*. Bei kritischen Urteilen, die nicht ausgeschlossen sein sollen, ist Vorsicht am Platze. Es ist durchaus nicht notwendig, über eine im Berichtsjahr getroffene Maßnahme auch schon ein abschließendes Urteil ... zu fällen; es genügt vielmehr vollständig, zunächst die vorläufige Wirkung festzustellen und vielleicht in einem späteren Jahresberichte darauf zurückzukommen. Ebenso sind Prophezeiungen und Ausblicke in eine ferne Zukunft zu vermeiden, sofern nicht ganz besonders beweiskräftige Tatsachen hierfür vorliegen. Ganz verfehlt ist es, wenn sich der subjektive Charakter der Berichterstattung zu langen Erörterungen über Weltanschauungsfragen versteigt. Die Knappheit des Raumes und der neue Charakter des Jahresberichtes ... bedingen es, daß *Textanlagen zum Berichtsteile* künftig *nicht mehr* oder doch nur in den seltensten Fällen zum Abdruck gelangen. Es kommen nur noch rein statistische Beilagen für den statistischen Teil in Betracht. .../... Der zweite Teil des Jahresberichtes stellt als gesonderter Band ein *statistisches Jahrbuch der deutschen Schutzgebiete* dar, in welches tunlichst alle Zahlenreihen aus dem Texte der Berichte zu verweisen sind. Es kann nicht gesagt werden, daß die *bisherige Statistik der Schutzgebiete* durchweg auf der erstrebenswerten Höhe sei. Deshalb ist sehr zu wünschen, daß ... in Zukunft möglichste Exaktheit gewährleistet wird. ... Die bisherige Statistik ist auch in der Weise zu verbessern, daß sie ganz lückenlos eingesandt wird.«

Das abstrakte Wissen der Verwaltung ist aufbereitetes und diszipliniertes Wissen. Im Zusammenhang mit den legitimatorischen Ansprüchen, die Vorgesetzte an dieses Wissen stellen, ist es daraufhin entworfen, widerspruchsfrei zu sein. Knappheit, Übersichtlichkeit, Einheitlichkeit und Objektivität sind die Formeln, um unterschiedliche Einschätzungen und Urteile der Beamten »tunlichst« zu vermeiden und »eine größere Übereinstimmung der Stationsberichte mit der Politik des Gouvernements« zu erreichen (ebda, S. 230). Das Vorgesetzten-Wissen ist ein Wissen, das an Einzelheiten nicht interessiert ist. Es verachtet alle »Weitschweifigkeiten« und alles »Unwichtige« und sieht darauf, daß »möglichst wenig subjektiv« berichtet wird. Einzelheiten läßt das abstrakte Wissen der Verwaltung, soweit es irgend geht, nur in der Form kategorialer Differenzierungen zu, für die die Merkmale des Tabellenwissens, die immer ergänzt und geändert werden, beispielhaft sind. Die Produktion abstrakten Wissens enthält die Aufgabe, an die Stelle einer vielgestaltigen Welt eine Ordnung differenzierter Standardisierungen zu setzen, die dem bürokratischen Verwaltungshandeln zugehört.

Auf diese Weise bringen sich das abstrakte und besonders das Tabellenwissen in strengen Gegensatz zum lokalen Wissen, das für die Mittler und die Stationsleiter den Zugang zu den Beherrschten ermöglicht. Nicht ›Differenzierungen‹, sondern Einzelheiten sind das, was für das lokale Wissen der Mittler zählt. Persönliche Beziehungen, die größeren und kleineren Schwächen und Stärken der Menschen, mit denen sie zusammenleben, Wünsche und Hoffnungen, die unentwirrbaren Verwicklungen von Familien- und Erbschaftsangelegenheiten, Streitigkeiten, das Glück und Pech des Händlers, die Autorität des Häuptlings und die Zuverlässigkeit des Dolmetschers, die Qualität der Böden und der Ertrag der Felder, der Markttag der Frauen und das Einkommen des Wanderarbeiters, das sind die Dinge, die dem lokalen Wissen zugehören und für die es keine kategorialen Muster gibt – weshalb sie der Mittler bedürfen, die die Scharniere zur überlokalen Ordnung des Staates sind. Die Welt der Mittler ist eine Welt der Geschichten und nicht der Geschichte, die gar noch zur ›Entwicklungsgeschichte‹ organisiert wird. Jenseits der ›Haupt- und Staatsaktionen‹ enthält die kategoriale Welt der Geschichte keine Namen, keine Gesichter, keine Lebensgeschichten und keine Bilder. Die Welt der Mittler, die im lokalen Wissen aufgehoben ist, enthält nicht die Standardisierungen des Tabellenwissens, keine Nationalsprache, keine Staatsangehörigkeit und kein Territorium. Die Menschen sprechen stattdessen Dutzende von Sprachen, denen ebenso viele oder mehr ethnische Zugehörigkeiten entsprechen. Die Grenzen der Zugehörigkeiten trennen die Menschen innerhalb des staatlichen Territoriums und verbinden sie diesseits und jenseits der Staatsgrenze. Die Maße, nach denen die Menschen wiegen, messen und Grenzen ziehen, sind ungezählt.

In den unterschiedlichen Organisationsweisen lokalen und abstrakten Wissens ist die Fallgrube einer fiktiven Wirklichkeit des abstrakten Wissens eingeschlossen, das die ›harten‹ quantitativen Daten der Verwaltung und des Expertenwissens feiert, wie Gerd Spittler (1981: 91 ff.) am Beispiel von Französisch-Westafrika der Jahre 1919 bis 1939 eindrucksvoll belegt hat. Organisiert nach den Anforderungen bürokratischen Handelns ›abstrahiert‹ das Tabellenwissen von den Einzelheiten der lokalen Welt. Aber es sind diese ›Einzelheiten‹, aus denen die lokale Welt besteht und die im Vorgang der ›Entwicklung‹ erreicht werden müssen, wenn sie umgestaltet und für die allgemeinen Regeln und Standardisierungen der Bürokratie erreichbar sein sollen. Was in den Auseinandersetzungen über die »Förderung der Negerkulturen« (B. Dernburg, 1908: 226) zu weltanschaulichen Debatten im Deutschen Reich geriet, ist ebenso mit dem Gegensatz von lokalem Wissen verbunden wie die kleine Anekdote, die Ludwig Külz (1906: 155 f.) über seine ärztliche Tätigkeit aus

Aného zum besten gegeben hat und die den Sachverhalt schlaglichtartig beleuchtet. In einem Brief an seine Frau vom Mai 1905 schrieb er: »Mit dieser Post über den Stand der Gelbfieberseuche einige Zeilen.... Unter den Bewohnern Anechos selbst ist seit zwei Monaten keine neue Erkrankung wieder vorgekommen!... Leider haust der unheimliche Gast noch im benachbarten Dahomey.... Am härtesten ist die französische Schwesterniederlassung in Agoué betroffen worden. Alle 4 Schwestern erkrankten, und nur eine von ihnen ist genesen.... Um zu verhindern, daß neue weitere Fälle über die französische Grenze zu uns gebracht wurden, konnten wir natürlich nicht anders, als eine strenge Grenzsperre gegen Dahomey zu verhängen.... Von einem ... seltsamen Telegramm muß ich Dir noch erzählen, da es eine recht bezeichnende Probe aus unserm Kolonialbetriebe darstellte. Es traf vor ungefähr 14 Tagen aus Berlin hier ein, nachdem also bereits 6 Europäer unter meinen Augen und weitere in Dahomey gestorben waren..., daß für Anecho die Gefahr wieder im Abzuge zu sein schien. Es lautete lakonisch, daß eine Gelbfieberseuche für Anecho nach Ansicht erster Autoritäten ausgeschlossen sei. Kommentar überflüssig. Wenn es nicht so furchtbar ernst für uns hier wäre, hätten wir darüber lachen können.«

Verwaltungsmäßiger wird in einem Jahresbericht der Station Sokodé-Bassar aus dem Jahre 1913 über das Scheitern im Baumwollanbau berichtet, für den die Verwaltung und Wirtschaftsinteressen im Deutschen Reich hochgesteckte Erwartungen gehabt hatten. In der Statistik der Kolonie war dem Baumwollanbau und -handel ein wichtiger Platz eingeräumt worden. Der Bericht ist lang und ausführlich, gespickt mit Zahlen und einer Statistik der Baumwollproduktion des Bezirks, die bis zum Jahre 1902/03 zurückreicht. Unbeabsichtigt ist der Bericht eine Bankrotterklärung des Wissens der Verwaltung, das das lokale Wissen unbelehrbar mißachtete. In gleicher Weise ging die Berliner Zentrale und das Gouvernement in Lomé mit dem Wissen des Stationsleiters um. Der Bericht versetzt den heutigen Leser in die Gegenwart entwicklungspolitischer Projektberichte. Der Bericht führte unter anderem aus (ANT FA1/211: 34ff.): »Die B. W. (= Baumwolle – TT) ist in vielen Teilen des Bezirks seit langer Zeit bekannt, sie ist voraussichtlich bereits im 17. Jahrhundert von Indien hier eingeführt worden. Der Anbau erfolgte nur zum Eigenbedarf und wurde ... gefördert. Dieser Anbau für den Eigenbedarf, durch den B. W. von vorzüglicher Beschaffenheit hervorgebracht wurde, ... beweist ... , dass es möglich war mühelos in einzelnen Teilen B. W. anzubauen. ... Die Bezirksleitung hat sich nun seit Bestehen der Stationen weitgehend mit der Förderung des B. W. Baues sowohl in Versuchsgärten, wie als Eingeborenenanbau, sowohl als Rein, wie als Zwischenkultur befasst. Angebaut wurden sämtliche im Schutzgebiet und in den Nachbarkolonien vorgefundenen Sorten, eine grosse Zahl amerikanischer Sorten in erheblicher Menge Ägyptische und Indische Arten. Eine Lösung der Sortenfrage ist nicht erreicht worden. ... Im Interesse der Erzielung einer reinen neglectum Saat war der Anbau der alten Eingeborenensorten verboten worden. Diese ... Massnahme ... hatte ... im Gefolge, dass bei Versagen der neglectum im Jahre 1911 nun überhaupt keine andere Saat zur Verfügung stand und somit die Erntemenge noch weiter sinken musste. Einen weitern Nachteil des Anbauverbotes der alten B. W. gibt der Stationsbericht ... darin an, dass er die Neglectum Kultur als eine Zwangskultur bezeichnet, die trotz theoretischer Richtigkeit den B. W Bau bei den Eingeborenen unbeliebt gemacht hat. ... Die gesamte Arbeit ruht auf den Schultern des Bezirksleiters .... Es konnte ... nur von gelegentlichen Informationsreisen die Rede sein, auch die früheren Reisen der B. W. Sachverständigen sind nicht höher anzuschlagen. ... Eine örtliche Untersuchung der animalischen Schädlinge hat bisher überhaupt nicht stattgefunden, da die Reisen der Fachgelehrten stets nur bis in das südliche Togo führten.«

Mit anderen Worten: Die Verwaltung wußte nichts, mindestens viel zu wenig. Sie scherte sich nicht um das lokale Wissen der ansässigen Bauern. An die Stelle ihres Unwissens und eines abstrakten Wissens, das an den lokalen Verhältnissen scheiterte, setzte sie einerseits despotisches Handeln und Kontrolle und andererseits die Forderung nach »eingehender Belehrung« (ebda, S. 37) der »Eingeborenen«, denen nicht anders als im kolonialen Französisch-Westafrika (vgl. G. Spittler, 1981: 96ff.) die ganze Last der Unwissenheit aufgebürdet wurde (ebda, S. 38): »Es herrschen denn auf diesem Gebiete bei den Eingeborenen auch noch heute die allerunklarsten Begriffe vor.« Gestärkt durch die vergleichende Betrachtung der »Erfolge anderer Länder, namentlich Ugandas« ließ der Stationsbericht kein Verzagen zu und meinte (ebda, S. 41f.): »Vorbedingung aber für ein Prosperieren der (Baumwolle als – TT) Volkskultur ist die Anlehnung der Bevölkerung und auf lange Sicht hinaus ihre ständige Bewachung, hierzu bedarf es eines in straffen amtlicher Organisation stehenden Personals.« Die Kluft zwischen dem lokalen und abstrakten Wissen und die Fiktivität des abstrakten Wissens, die daraus entsteht, wird mit der ebenso fiktiven Forderung nach einer Kontrolle beantwortet, die keine Verwaltung und noch weniger eine Kolonialverwaltung aufbringen kann, die keine personellen Ressourcen hat.

Das abstrakte Wissen ist das Wissen der Vorgesetzten. Es ist zentralisiertes Wissen. Es ist ein Wissen, das hauptsächlich für Vorgesetzte zugänglich und wichtig ist und für ihre Entscheidungen Bedeutung hat. Es ist das Herrschaftswissen der Zentralen. Der überregionale Charakter des abstrakten Vorgesetzten-Wissens ist beispielhaft. Die Daten des Vorgesetzten-Wissens werden lokal ermittelt – vielerorts nur geschätzt, oftmals frei erfunden. Die Daten finden sich in den Listen der Häuptlinge über die Zahl der »Steuerpflichtigen« und »Steuerarbeiter«, die sie für die Zwangsarbeit zusammengebracht haben, in den Listen der Zöllner und Stationsbeamten über die Größe der Herden und die Art der Waren, die die Karawanen mit sich führen, in den Zensusbögen der Stationsleiter und Reiseärzte über die Anzahl der Hütten der Dörfer und die Zahl der Frauen und Männer, die nach den ersten Eindrücken eines Besuches oder aufgrund von Impflisten genauer geschätzt werden. Mit der Ordnung dieser Daten in den Berichten und Statistiken der Lokalverwaltung entsteht das abstrakte Wissen des Stationsleiters über seinen Bezirk. Ich nenne es ›Bezirkswissen‹. Es ist kein lokales Wissen, sondern das abstrakte Wissen der Lokalverwaltung über ihren Verwaltungsbezirk. Es ist nicht das Wissen der Dorfhäuptlinge, Dolmetscher oder gar der Träger. Vielleicht bringt der Stationsleiter manches von diesem Wissen dem einen oder anderen einflußreichen Häuptling oder Groß-Häuptling zur Kenntnis. Die Teilhabe am Bezirkswissen der Verwaltung ist ein Gradmesser für die politische und administrative Einbeziehung der Mittler eines Bezirks in die Herrschaft und den Verwaltungsapparat der Zentralmacht.

Im Vorgesetzten-Wissen ist das Bezirkswissen nicht nur regional und sachlich beschränkt, sondern unvollständig. Das abstrakte Wissen ist auf den Vergleich angelegt. Es sind die Vorgesetzten, die diesen Vergleich anstellen. Das ›Gouvernement-Wissen‹ ist Bezirksvergleichendes Wissen, das ›Zentralwissen‹ der Kolonialverwaltung im ›Mutterland‹ beruht auf dem Vergleich von allen Gouvernements und allen Kolonien. Erst im Zentralwissen ist das abstrakte Vorgesetzten-Wissen ›vollständig‹. ›Vollständigkeit‹ ist keine quantitative Größe, wenngleich mit steigendem Zentralisierungsgrad des Wissens der relative Umfang des Wissens zunehmen kann. Sie ist eine Größe des Herrschaftsanspruchs der Zentralmacht, die das ›Ganze‹ repräsentiert und für die Bezirks- und Gouvernement-Wissen nur Teile des Zentralwissens sind. Das schließt eine Hierarchie relativer Bedeutungslosigkeit des abstrakten Verwaltungswissens ein. Ist das Wissen über den Bezirk für die Lokalverwaltung vorrangig, das Zentralwissen stattdessen von vergleichsweise nachgeordnetem Interesse, kehrt sich für die Zentrale im ›Mutterland‹ der Zusammenhang um. Diese inverse Beziehung unterstreicht das zentralistische Merkmal des abstrakten Wissens. Je abstrakter, das heißt, je allgemeiner die Vergleichsebene des abstrakten Verwaltungswissens ist, desto ausschließlicher ist es ein Wissen, das von den Aufgaben, Zielen und Interessen der Herrschaftszentrale bestimmt ist.

In der Zensur, der alle Veröffentlichungen der Kolonialbeamten unterlagen, und den ausführlichen Regelungen über Formen und Inhalte der Berichterstattung zeigt sich für den Lokalbeamten im doppelten Sinn die Zentralität des Wissens, das er hervorzubringen hat. Im August 1901 erging von der Kolonialabteilung des Auswärtigen Amtes an die Regierungsärzte eine Anweisung. Sie schrieb den Ärzten nicht nur vor, über was sie zu berichten hatten, sondern machte gleichfalls die Musterformulare verbindlich, die für die Berichterstattung zu verwenden waren (vgl. LGG, S. 212f.). Nicht anders wurde von der Kolonialabteilung die Entwicklung der Bevölkerungsstatistik gehandhabt (vgl. LGG, S. 221f.). Bezeichnenderweise bezog sich der Regelungsaufwand für das zentralisierte Wissen im Erlaß vom Juli 1903 nur auf die

»weiße Bevölkerung«. »In Anbetracht der großen Schwierigkeiten, welche in den Schutzgebieten noch für absehbare Zeit einer systematischen und vollständigen Statistik sowohl der eingeborenen als auch der nichteingeborenen farbigen Bevölkerung entgegenstehen« (ebda, S. 222), konnten die nicht mit einbezogen werden, auf die es ankam: die Masse der Beherrschten. Im Falle Togos ist auf der Ebene des Gouvernement-Wissens die Unverhältnismäßigkeit des Aufwandes, um dieses Wissen herzustellen, mit Blick auf die Zahl der erfaßten Personen, die zum Kreis der Europäer gehörten, besoders augenfällig, handelt es sich doch um nicht mehr als zwischen 56 und 368 Personen (vgl. Anlage A. II. 3.). Bedeutsamkeit des Wissens ist auch hier eine herrschaftliche Kategorie, die direkt auf das Selbstverständnis der kolonialen Gesellschaft zurückverweist. Der Unmöglichkeit abstrakten Wissens über die Beherrschten gegenübergestellt, ist dem abstrakten Wissen am Beginn seiner Institutionalisierung der Zug eigen, mit großem Aufwand die Verhältnisse der Herrschenden, soweit es unter legitimatorischen Gesichtspunkten dem Herrschaftsapparat nicht schadet, und die Lebensverhältnisse in den zugänglichen Verwaltungszentralen aufzunehmen. Zentralisiertes Wissen ist in diesem Fall ›Spiegel-Wissen‹ im Sinne des bekannten Märchens aus der Grimmschen Sammlung. Es ist nicht nur zentralisiert, sondern ebenfalls ›egozentrisch‹. Der zentralistische Anspruch des Vorgesetzten-Wissens wird den unteren Verwaltungsebenen selbst in scheinbaren Nebensächlichkeiten unmißverständlich klar gemacht, nach denen die Regeln der Berichterstattung für die Zentrale im ›Mutterland‹ abgefaßt werden. In dem erwähnten Brief des Staatssekretärs des Reichskolonialamts zur Neuordnung des Berichtswesens (R 150 ANT FA1/125 (4–5): 227; Herv. i. Orig.) heißt es: »In *räumlicher Beziehung* wird nur noch eine kleine Kürzung des Kapitels Togo ins Auge zu fassen sein, wohingegen das Kapitel Südwestafrika um einige Druckseiten verlängert werden könnte. ... Im übrigen entspricht die jetzige Raumeinteilung der Größe und Bedeutung der Schutzgebiete und ist bei der Berichterstattung als Maßstab zu nehmen, damit nicht bei der Bearbeitung hier manches gestrichen werden muß, auf dessen Veröffentlichung Euere Exzellenz vielleicht Wert legen.«

Abstraktes Wissen ist Teil des Kontrollwissens der direkten bürokratischen Herrschaft. Der Zensus ist unabdingbar für die direkte Besteuerung der Beherrschten und für die Musterungslisten der Wehrpflichtigen, der Kataster für die Regelung des Bodenbesitzes und seiner Besteuerung und für viele andere Fragen, wie Erbstreitigkeiten. Das abstrakte Wissen, das die Berichte und Statistiken der Beamten erzeugen, dient gleichfalls dazu, die Verwaltung selbst zu kontrollieren. Das trifft besonders auf Vorgesetzte zu, die keinen direkten Zugang zu den Verhältnissen der Beherrschten und wenig Möglichkeiten haben, das Regime der Lokalverwaltung zu bestimmen und die Mitglieder der Lokalverwaltung unabhängig von den Beamten selbst zu überprüfen.

Die Kontrolle geschieht in Gestalt eines unablässigen Schriftverkehrs. Monatliche, halbjährliche und jährliche Berichte zu den verschiedensten Tätigkeitsbereichen der Lokal- und Gouvernementsverwaltung vereinigen sich mit Brief- und Telegrammverkehr zu einem papierenen Strom, in dem den Zentralen das zukommen soll, was sie benötigen, um zu wissen zu glauben, was die Beamten vor Ort tun und lassen – und was ihnen nach Meinung vieler Beamter die Zeit stiehlt, das zu tun, was vor Ort nötig ist (vgl. für Französisch-Westafrika G. Spittler, 1981: 60f.). »Andere Dinge, welche die Berufsfreudigkeit untergraben, kommen hinzu«, schrieb der Regierungsarzt Külz (1906: 163) und fuhr fort: »Es ist ganz undenkbar, in den werdenden Verhältnissen einer jungen Kolonie die Berufspflichten eines Beamten in eine strenge Instruktion eingrenzen zu können. ... (J)eder wird in die Lage kommen können, selbständig handeln und die Verantwortung für sein Tun auf sich nehmen zu müssen. ... Nichts ermüdet mehr als Kleinigkeitskrämerei und zwecklose Bevormundung in den nichtigsten Angelegenheiten .... Schreibwerk, Rechnungswesen, Verfügungswut.« Mit der Verfestigung der Herrschaft und dem Ausbau der Verwaltung trat selbst in der kurzen Zeit der deutschen Kolonialherrschaft in Togo schon das ein, was die Antithese zum Rollenbild des Stationsleiters ist, wie es im Persönlichkeitsbild vom »Gentleman«, der Ausbildungsdevise der »Bewährung« und der Institution der Tournee verankert ist. »Immerhin war auf einem großen Bezirksamt schon damals«, beobachtete Rudolf Asmis (1942: 59), »die Tätigkeit des leitenden Beamten überwiegend Bürotätigkeit. Noch mehr gilt es für den dem Bezirksamt zugewiesenen mittleren Beamten.« Die Anforderungen, die die Herstellung von Kontrollwissen der Zentralen in Gouvernement und ›Mutterland‹ an den Stationsleiter stellten, zielten darauf ab, aus den »wahren Herrschern« der Kolonien ›herrschende Bürokraten‹ zu machen.

2.2. Die Utopie vom Zensus – Ärzte und der Despotismus des Nichtwissens

Wie entsteht das abstrakte Wissen der direkten Herrschaft der Verwaltung? Am Beginn der Institutionalisierung bürokratischer staatlicher Herrschaft fällt die Antwort auf die Frage mit der Aufgabe zusammen, zwei Datensätze vorrangig zu behandeln: den Kataster, in dem aller Grund und Boden vermessen, Äcker nach ihrer Güte bestimmt und die gesamten Grundbesitzverhältnisse des staatlichen Territoriums registriert sind, und den namentlichen Zensus, der die gesamte Bevölkerung eines Staatsgebietes erfaßt. Beide »stellen bürokratische Herrschaftsinstrumente von unschätzbarem Wert dar« (G. Spittler, 1980: 583). Beide Wissensbestände enthalten Grundinformationen von solchem Reichtum, daß eine unübersehbare Fülle anderer Kenntnisse aus ihnen gewonnen werden kann. Der Kataster ist eine Wissensform am Schnittpunkt von politischer und ökonomischer Macht. Er enthält ›zentrale‹

Bestandteile des Wissens über die große Machtressource des Bodeneigentums. Der Zensus ist die Wissensform der Herrschaft über Individuen. Es ist die Wissensform, die dem Kern bürokratischer Herrschaft zugehört.

Am Kataster ist die deutsche Kolonialherrschaft schlicht und einfach gescheitert. Trotz mancher optimistischer Willensbekundungen und administrativer Erlasse und Maßnahmen ist es über erste bescheidenste Ansätze in Lomé und Aného zu keinem Kataster für das »Schutzgebiet« gekommen. Die Verordnung des Gouverneurs »betr. die Anlegung eines Grundbuchs« vom Juli 1904 blieb Papier (LGG, S. 86f.). Finanz- und Personalmangel verlegten von vornherein einen umfassenden Kataster in die ferne Zukunft. Lediglich in Aného und hauptsächlich in Lomé, die wirtschaftlichen Aufschwung nahmen und Mittelpunkte der Verwaltung und des Handels wurden, waren genügend Personalressourcen vorhanden, um die aufwendigen Arbeiten für Europäer, die Verwaltung und das eine oder andere einheimische Handelsunternehmen durchzuführen und die Kontrolle durchzusetzen, die mit der Grundbucheintragung verbunden ist. Grundsätzlich stand das Bodenrecht dem Kataster entgegen. Nicht anders als in anderen Teilen Schwarzafrikas war das einheimische Bodenrecht mit dem Eigentumsbegriff des Bürgerlichen Gesetzesbuchs unvereinbar. Das Grundbuch schrieb das Bodeneigentum im Sinne des westlich-kapitalistischen Eigentumsbegriffs fest. Mit spezifischen Formen von Nutzungs- und Verfügungsrechten an einem Boden, dem zusätzlich erstrangige Bedeutung in der religiösen und rituellen Ordnung der Menschen zukam und bis heute zukommt (vgl. zum ganzen R. Schott, 1980, 1978; M. Gluckman, 1977: 36ff.; s. auch für Togo A. Mignot, 1985; R. Verdier, 1982: 99ff.), weiß und wußte das Grundbuch nichts anzufangen. Das Grundbuch setzt Veränderungen in der ökonomischen, politischen und sozialen Ordnung und den einheimischen Vorstellungen über Boden und das Eigentum am Boden voraus. Innerhalb des Zeitraums der deutschen Herrschaft gab es selbst Anfänge eines solchen Wandels ausschließlich in den Verwaltungs- und Handelszentralen der Eroberer, die in ihrem kleinstädtischen Charakter für den Eroberer damals noch überschaubar und wirksam zu kontrollieren waren. Aber selbst in Aného wurde ein Grundbuch erst im Jahr 1911 angelegt (vgl. AbT 6, 1911: 313).

Der Zensus machte größere Fortschritte. Ein vollständiger namentlicher Zensus für das gesamte »Schutzgebiet« war, nicht weniger als der Kataster, dennoch eine ungeheure Phantasterei. Im wohlerzogenen, beamtenhaft-akademischen Stil drückte man diesen Sachverhalt im Jahr 1911 mit dem Satz aus (F. Hänsch, 1911: 389): »Unendlich viel bleibt der Statistik aber noch zu tun übrig.« Am Ende der deutschen Kolonialzeit in Togo war man dem namentlichen Zensus lediglich ein kleines Stück weit nähergekommen. Wieder waren Lomé und Aného als Mittelpunkte der kolonialen Gesellschaft, des Handels und der Verwaltung die Paradeplätze. Aber die Verwaltung arbeitete stetig an ihren bürokratischen Träumen.

Aus den Anmerkungen zur Tabelle 1 des Anhangs, die die Statistik der afrikanischen Bevölkerung der Kolonie Togo enthält, ist zu ersehen, wie verschieden und äußerst unsicher die Datengrundlage der ›Bevölkerungsstatistik‹ war. Augenfällig ist, daß von den 78 Einträgen für die neun Verwaltungsbezirke in den Jahren 1899/1900 bis 1912/13 allein 32 Einträge (41 %) aus dem Vorjahr übernommen wurden. In den beiden Nordbezirken, die immerhin etwa die Hälfte der Bevölkerung beherbergten, waren von 19 Einträgen 10 Eintragungen (53 %) Übernahmen der Vorjahreszahl. 24 Einträge (31 %) beruhten auf dem »rohen System« (ANT FA1/211: 26) der »Schätzungen« der Bezirksleitungen. Sie waren, mit anderen Worten, frei erfunden. Lediglich 18 der 78 Eintragungen (23 %) beanspruchten, »Zählungen«, »Volkszählung«, »genaue Zählung« oder »jährliche Einzelzählung« zu sein. 12 der 18 Einträge entfallen auf die Hauptstadt Lomé, drei weitere auf Aného und Aného-Land. »Zählung«, die keineswegs mit einer namentlichen Registrierung verbunden sein mußte, war eine Sache der beiden wichtigsten Küstenstädte. Beim Zensus für das »Hinterland« mußte sich die Verwaltung mit mehr oder minder methodischen »Schätzungen« oder der wirklichkeitsnahen Vorstellungskraft des Stationsleiters begnügen.

Gerd Spittler (1981: 89 ff.; 1980) hat einen wichtigen Teil der vielgestaltigen Hindernisse dargestellt, die dem Zensus entgegenstehen. Die Erhebungsmethoden geben einen Eindruck dieser Hindernisse. In den »Inlandbezirken« Togos verwendete man eine ganze Anzahl von Verfahren, um den Umfang der Bevölkerung in Erfahrung zu bringen und, »wo es sich thun ließ« (H. Seidel, 1901: 219), die personenbezogene Identifizierung der Einwohner zu bewerkstelligen. ›Methode der vielfältigen Gelegenheiten‹ nenne ich zusammenfassend den Satz der verschiedenartigen Verfahrensweisen, die die Verwaltung einsetzte, um Bevölkerungsdaten zu gewinnen. Jede günstige Gelegenheit wurde für den Zensus eingesetzt. Zensusarbeiten wurden durchgeführt, wann immer sich die Gelegenheit bot oder sich günstige Anlässe herstellen ließen. Auf der Tournee schätzte oder zählte der Stationsleiter die Zahl der Hütten der Dörfer, die er besuchte. Wenn man es genauer wissen wollte, ermittelte man die Bewohner der Gehöfte. Die Zwangsarbeit und die Steuererhebung waren ebenfalls hervorragende und naheliegende Anlässe, Zensusdaten zu gewinnen. Afrikanisches Hilfspersonal der Verwaltung wurde zur Zählung der Bevölkerung eingesetzt. In anderen Fällen wie im Bezirk Misahöhe ließ die Stationsleitung »durch die Familienältesten für jedes Mitglied je nach dem Geschlecht ein Maiskorn oder ein Steinchen abliefern« (H. Seidel, 1902: 208).

Unter Berücksichtigung dieser verschiedenen Anlässe und Verfahren, Zensusdaten zu erheben, unterscheide ich den ›intermediären Zensus‹, wie ich diejenigen Volkszählungsverfahren nenne, bei denen Mittler wie Häuptlinge oder Familienvorstände tätig wurden, den ›bürokratisch-intermediären Zensus‹, für den »afrikanische Hilfskräfte« eingesetzt wurden, den ›Zwangsarbeit-Zensus‹ und den ›Steuer-Zensus‹, wo die Rekrutierung für die Zwangsarbeit und die Steuererhebung von der Verwaltung zum Anlaß genommen wurde, Zensusdaten zu gewinnen.[10] Charakteristischerweise bringen diese Formen des Zensus Volkszählungsergebnisse, die die Zahl der Menschen geringer erscheinen lassen, als sie in Wirklichkeit ist. Die Verwaltung schätzte, daß die »afrikanischen Hilfskräfte« die Bevölkerungszahl um 10% bis 15% zu niedrig ansetzte. »(D)urch das Bestreben der Aeltesten möglichst viel Männer zu verheimlichen, um so wenig wie möglich zur Steuerarbeit schicken zu können« (ANT FA3/2124: 22), und aufgrund der Flucht der erwachsenen Männer aus Bezirken, die von Zwangsarbeit und Steuer besonders betroffen waren (vgl. ebda, S. 19 ff.), kamen unzutreffende Bevölkerungszahlen und irreführende Zahlenverhältnisse zwischen Männern und Frauen zustande. Das Bezirksamt von Misahöhe meinte gar, daß die Bevölkerungszahl, die mit Zwangsarbeit- und Steuer-Zensus ermittelt worden war, zwischen einem Fünftel und einem Drittel nach oben zu korrigieren war (vgl. ebda, S. 11, 21).

Der wichtigste Schritt zu einem namentlichen Zensus war der ›medizinische Zensus‹. So nenne ich die indirekte Volkszählung, die von Regierungsärzten zu medizinischen Zwecken durchgeführt wurde und deren Ergebnisse auf dem Weg des ›Datenabgleichs‹, wie man heute sagt, der allgemeinen Verwaltung zur Verfügung gestellt wurden. Gerd Spittler (1980: 597) hat entdeckt, daß die preußische Bürokratie dem Dorfpfarrer »wie keinem anderen ihre Grundlagen verdankte«, und die Kirchenbücher »die wichtigste Informationsbasis für die bürokratische Herrschaft auf dem Land« waren. Im Zeitalter der kolonialen Herrschaft des Deutschen Reichs waren in Togo aus Dorfpfarrern Regierungsärzte und aus den Kirchenbüchern Impflisten der Regierungs- und amtlichen Reiseärzte und die Krankenbücher der Ärzte der Schlafkrankheitskommission geworden.

Im kolonialärztlichen Gesundheitsdienst waren viele Eigenschaften wie in einem Brennspiegel gebündelt, die den Beginn moderner staatlicher Herrschaft und des modernen kolonialen Staates im besonderen kennzeichnen. Da war die Ehe zwischen dem Rationalismus der Wissenschaft und dem Überlegenheitsbewußtsein der kolonialen Gesellschaft. Sie unterstützten sich wechselseitig. Die Wissenschaft war eine Quelle für das Überlegenheitsbewußtsein der kolonialen Gesellschaft, und das Überlegenheitsbewußtsein feiert meistens die Wissenschaft vor allem in Gestalt von Brücken, sanitären Einrichtungen, Krankenhäusern und Medikamenten, Telegraphenanstalten und Dampfschiffen. Ebenfalls stellte der Rationalismus der medizinischen Wissenschaft den Rahmen für eine wissenschaftliche Objektivierung der Beherrschten. In ihr konnten die Verdinglichung und Instrumentalisierung der unter-

---

[10] Zwangsarbeit und Steuer-Zensus können intermediäre Formen des Zensus sein und sind es üblicherweise auch, weil sie meist in den Händen der Häuptlinge liegen. Aber sie können ebenfalls mit despotischen und bürokratischen Verwaltungsformen einhergehen. Deshalb sind sie keine Subkategorien des ›intermediären Zensus‹.

worfenen Menschen ohne Brüche aufgehen, die im uneingeschränkten kulturellen oder rassistischen Überlegenheitsgefühl der Ärzte verankert waren, das die Ärzte mit der kolonialen Gesellschaft, der sie zugehörten, teilten. Die politischen und ethischen Probleme dieser Ärzte wurden in den scheinbar aseptischen, numerierten und tabellarischen Krankengeschichten gegenstandslos gemacht. Die medizinischen Experimente mit den »Schwarzen« und »Eingeborenen«, zu der die Untersuchung und Bekämpfung von Seuchen und endemischen Krankheiten – von den Pocken über Gelbfieber und Malaria bis zu Lepra – unter den gegebenen Verhältnissen geriet, konnten von der Verwaltung und der wissenschaftlichen Öffentlichkeit anhand der veröffentlichten Medizinalberichte überprüft werden.

In der medizinischen Tätigkeit vermählte sich der Rationalismus der Wissenschaft unangreifbar mit den Ideen der Caritas und der Humanität. Da waren die despotischen Ausschließungsvorgänge, mit denen Kranke und Menschen, die ansteckender Krankheiten verdächtig waren, in Lager und Aussätzigenheime, zum Beispiel in das Lager am Berg Kluto unweit von Misahöhe, gebracht wurden, in das die Ärzte der Schlafkrankheitskommission die Kranken schickte oder verschleppen ließ. Nicht weniger als der moderne Krieg und die moderne politische Unterdrückung hat die moderne Seuchenbekämpfung das Lager zu einer Institution der staatlichen Herrschaft gemacht. Da waren Ärzte, die vielen Menschen das Leben retteten, wobei ihnen bekanntermaßen das eines »Weißen« viel mehr am Herzen lag (vgl. für Togo P. Sebald, 1988: 506ff.), die aber einen großen Teil der Rolle des Stationsleiters übernommen hatten und mit ihrer »Strafgewalt« auf ihren Impfreisen vor allem bis zum letzten Jahrzehnt der deutschen Herrschaft in Togo nicht weniger Eroberer als Ärzte waren. Sie waren nicht nur institutionell und von der Ausbildung her, sondern im unmittelbaren Wortsinn ›Militärärzte‹.

Im Zusammenhang mit der Frage nach der Entstehung des abstrakten Verwaltungswissens sind drei Sachverhalte hervorzuheben. Den ersten Tatbestand brachte der Impfarzt Dr. Paschen zutreffend auf den Punkt, der vom Reichskolonialamt zum Jahreswechsel 1911/12 den Auftrag bekommen hatte, »zur Erforschung und Bekämpfung der Pocken nach Togo zu reisen« (AbT 7, 1912: 162). Paschen stellte fest (ebda, S. 177): »Genauere Statistiken (über Art und Erfolg der Pockenimpfung – TT) lassen sich nur ausführen, wenn die Bevölkerung in der Art, wie es bei der Schlafkrankheitskommission geschieht, registriert wird und Impflisten mit Angabe der Erfolge gemacht werden.... Die Listen bringen aber der Regierung einen sehr großen Nutzen, ist es doch die einzige zuverlässige Volkszählung.« Die Registrierung der Schlafkrankheitsfälle und vor allem die »Durchimpfung« ganzer Ortschaften und Regionen ging notwendigerweise mit der Einzelzählung der begutachteten und geimpften Personen einher. 1912 schrieb der Regierungsarzt Dr. Karl Schmidt (zit. n. P. Sebald, 1988: 517): »Die Impflisten sind für die Bezirksämter wertvoll als Einwohnerlisten.« Der Regierungsarzt von der Hellen unterzog sich sogar ausdrücklich den Mühen einer Volkszählung, um »absichtlichem Fernbleiben« von den Untersuchungen der Reiseärzte der Schlafkrankheitskommission »vorzubeugen« und die verreisten Personen »wenigstens ab und zu« zu einer Untersuchung »heranzubekommen« (zit. n. W. U. Eckart, 1988: 32). Seine Absicht war, durch »Kreuzverhör aller Erwachsenen ... möglichst lückenlose Familien- und Einwohnerlisten« zu erhalten (ebda). Die ehrgeizigen Befragungen nutzte von der Hellen anschließend zu demographischen Studien, in denen er unter anderem das Bevölkerungswachstum herauszufinden suchte (vgl. P. Sebald, 1988: 512).

Wie Paschen selbst bemerkte (AbT 7, 1912: 166), erfaßte die Impfung in sehr kurzer Zeit eine große Anzahl von Menschen. Paschen (ebda) gab an, daß er zusammen mit einem Kollegen einmal an einem Morgen innerhalb von dreieinhalb Stunden 1 200 Menschen geimpft habe – knapp sechs Personen pro Minute. Ludwig Külz (1906: 125) erwähnte in einem Brief an seine Frau, daß er innerhalb von sechs Wochen etwa 10 000 Menschen während einer ärztlichen Tournee geimpft habe.

Aus Gründen einer genauen Erfolgskontrolle, die wissenschaftlich haltbar war, machte Paschen detaillierte Vorschläge, die die Durchsetzung des Impfzwangs, den schon der Landeshauptmann August Köhler im Januar 1898 eingeführt hatte (vgl. AbT 7, 1912: 212), im gleichen Zug zum Zensus erweiterte. Paschen forderte (ebda): »Um eine genauere Übersicht über den Impfstand der Bevölkerung zu erhalten, ist eine Listenführung absolut erforderlich. Die Listen hätten zu enthalten: 1) den Namen des Impflings, 2) bei Kindern den Namen des Vaters, 3) das ungefähre Alter«, dazu einen ganzen Katalog medizinisch einschlägiger Daten und den Impfort. Zusätzlich sollte die Überprüfungspraxis, die schon gehandhabt wurde, verbindlich sein. Sie bestand darin, daß »(j)eder Impfling ... einen Impfschein« erhielt, »der sorgfältig von dem Haushaltungsvorstand mit dem Steuerzettel aufzubewahren« war (ebda).

Der zweite Tatbestand ist die typische Verbindung von bürokratischem, intermediärem und despotischem Verwaltungshandeln in der gesundheitsdienstlichen Tätigkeit der Reise- und Impfärzte.

Das bürokratische Handeln, nach dem die Impftätigkeit organisiert war, setzte das despotische Handeln vielerorts voraus. Die kolonialärztliche Arbeitsweise zeigt, daß Despotismus und Bürokratie nicht notwendig Gegensätze sind, sondern daß gerade am Beginn der Institutionalisierung bürokratischen Handelns despotisches Vorgehen der Verwaltung zur Voraussetzung bürokratischer Regelhaftigkeit gehört. Hier tritt bürokratisches Handeln nicht an die Stelle des despotischen Umgangs mit den Beherrschten. Hier löst das bürokratische Handeln nicht das despotische Handeln ab, wie eine Vorstellung annehmen mag, die vom Gedanken der ›Entwicklung‹ ausgeht und Despotie und Bürokratie ausschließlich als zwei unterschiedliche ›Entwick-

lungsphasen« im Vorgang der Entstehung von staatlicher Herrschaft versteht.
Die eine Seite der Tätigkeit der Impf- und Reiseärzte war bürokratisch direkt. Sie untersuchten auf den Stationen den »starken Steuer-Arbeiterschwarm«, der gerade eingetroffen war (AbT 6, 1911: 13). Sie impften die Schüler der Missions- und Regierungsschulen. Oder die Ärzte machten sich auf den Weg. Unangemeldet oder, nachdem die Bezirksleitungen die Häuptlinge der Dörfer und Städtchen, die aufgesucht werden sollten, verständigt hatten, trafen sie in den Untersuchungsregionen und Imporfen ein. Die Impfungen in den Dörfern selbst wurden von den Ärzten persönlich geleitet und durchgeführt. Paschen mahnte ausdrücklich, daß »nur in Ausnahmefällen« die Impfungen durch »Eingeborene(.)« vorgenommen werden dürften. »(I)st das nicht zu umgehen, so soll es möglichst im Anschluß an Reisen des Bezirksamtmanns im Bezirke geschehen, damit der Eingeborene unter Autorität arbeitet und beaufsichtigt wird« (AbT 7, 1912: 212). Bevor die Ärzte mit der Impfung begannen, »ging eine allgemeine Belehrung voraus über den Nutzen und das Wesen der Impfung und Verhaltensmaßregeln nach der Impfung« (ebda, S. 166). Den Geimpften wurde die Impfung anschließend bescheinigt (vgl. L. Külz, 1906: 131). »Die Impflinge ließen wir in der Regel einige Zeit nach der Impfung warten, um zu verhindern, daß sie die Impfstellen mit Citronensaft oder sonstigen Mitteln auswüschen« (ebda).

Derartige Vorkehrungen der Geimpften waren oftmals Vorsichtsmaßnahmen gegen die Impfung. Es hatte sich an vielen Orten herumgesprochen, daß die Impfungen der Ärzte der bestehenden heimischen Technik der Inoculation[11] scheinbar nicht überlegen, sogar risikoreicher waren. Tatsächlich war unter bestimmten Bedingungen, über die sich die Ärzte nicht im klaren waren, durch Impfung kein Schutz zu erreichen: »Dr. Rodenwaldt berichtet 1911, daß bei von Dr. v. d. Hellen Ende 1909 durchgeimpften westlichen Teile des Bezirkes von Anecho nicht von der Seuche verschont geblieben seien, und fragt dabei, ob vielleicht abgeschwächte Trockenlymphe verwendet worden sei. In dem früher geimpften Dorfe Akumavhe wurde nochmals geimpft, da wieder Pocken ausgebrochen waren, dieses Mal mit Kälberlymphe. *Es starben* nach Meldung des Häuptling *Leute, die geimpft waren, an Pocken*. Ein großer Teil war sicher schon in der Incubation der Pocken bei der Impfung .... Dr. Rodenwaldt konnte sich aber selbst überzeugen, daß eine ganze Reihe von Personen trotz zweifellos erfolgreicher Impfung erkrankte« (ebda, S. 203; Herv. i. Orig.).

---

[11] Der Arzt Paschen schreibt hierzu (AbT 7, 1912: 202; Herv. i. Orig.): »Die Eingeborenen gehen auch hier von der alten Erfahrung resp. von der richtigen Beobachtung aus, daß in der größten Zahl der Fälle die *gepflanzten Pocken milder verlaufen, als die auf dem gewöhnlichen Wege acquirierten*. Schon in den alten Zeiten wurde diese Methode von den Chinesen, Arabern und, solange man geschichtliche Kenntnisse über Afrika hat, auch dort geübt .... Die Erfolge der alten Inoculatoren waren zum Teil glänzend gewesen.«

Wo Nachrichten dieser Art die Menschen nicht verunsichert oder, besser gesagt, klüger gemacht hatten, »drängten sich« an vielen Orten »die Eingeborenen zur Impfung« (ebda, S. 177). Von seiner Impfreise mit dem Fahrrad im Herbst 1904 schrieb Ludwig Külz (1906: 126) an seine Frau: »... (I)n allen Ortschaften wurde ich von hunderten impflustigen Eingeborenen erwartet, lärmend empfangen und ebenso lärmend verabschiedet.« Aber es gab andere Antworten. Sie stellten sich unter anderem dort ein, wo die Menschen von den zweifelhaften Impfergebnissen gehört hatten oder »die Angst, nach dem Schlafkrankendorf geschickt zu werden, allzu sehr in die Glieder gefahren (war – TT)« (R. Fisch, 1911: 122). Angesichts schwerkranker Menschen war das Schlafkrankenlager am Kluto ein Ort, von dem viele Menschen nicht mehr zurückkehrten oder viele Menschen absichtlich ihren Angehörigen überlassen wurden, wenn die Ärzte den nahen Tod kommen sahen (vgl. P. Sebald, 1988: 521). Hinzu kamen ungünstige klimatische Bedingungen am Kluto, mangelhafte hygienische Verhältnisse und das Regime einer kustodialen Institution beziehungsweise eines »Sammel- oder Konzentrationslagers«, wie Zupitza in seinen »Vorschlägen für eine rationelle Behandlung der Schlafkrankheit in Togo« aus dem Jahre 1908 das Isolierungslager nannte. Im Lager am Kluto behandelte der leitende Arzt und Lagerkommandant Dr. Werner von Raven »ohne Rücksichtnahme auf einen zu erzielenden therapeutischen Effekt« unter rein pharmakologischen Gesichtspunkten, »wodurch zunächst allerdings das gesamte Endergebnis nach der negativen Seite hin beeinflußt wurde« (zit. n. W. U. Eckart, 1988: 31; vgl. auch P. Sebald, 1988: 519ff.). Gleichfalls erinnerten sich die Menschen, daß die ersten Patienten des Lagers, das bis zum Jahre 1908 bestanden hatte und nicht zuletzt aufgrund der zahlreichen Unmutsbekundungen der Betroffenen aufgelöst und auf einen benachbarten Höhenzug am Kluto verlegt worden war (vgl. W. U. Eckart, 1988: 32), allesamt gestorben waren, »da ein geeignetes Heilmittel damals (= das Jahr 1903 – TT) noch nicht gefunden war« (AJb 1908/09: 675).

»Offenbar wegen der Verweisung der Schlafkranken nach dem fernen Lager« verhielt sich die Bevölkerung gegenüber den Untersuchungen der Ärzte der Schlafkrankheitskommission »sehr abweisend. ... (S)ehr viele Leute waren ›verreist‹, d.h. sie hatten sich, wie ich später durch die Station Sokode erfuhr, nach dem benachbarten Bo und Fasau gedrückt«, berichtete der Oberstabsarzt Maximilian Zupitza (AbT 5, 1910: 530). In den tabellarischen Aufzeichnungen über die »Schlafkrankheitsverhältnisse« der verschiedenen Regionen notierten die Ärzte immer wieder, daß »(a)uffallend wenig Einwohner im Verhältnis zur Hüttenzahl« angetroffen wurden. Nach den Beobachtungen von Zupitza traf dieser Sachverhalt auf gut 26% der 19 Orte zu, die er zwischen April und Juni 1910 nach Vorkommen von Schlafkrankheitsfällen untersucht hatte (ebda, S. 530f., Tabelle). »Obgleich ich nun beim Übertritt in das Gebiet von Sokode hatte verkünden lassen, dass fortan jeder Schlafkranke ... in seiner Heimat ungestört belassen würde«, schrieb Zupitza in einem späteren Bericht (AbT 6, 1911: 12), »so versuchten doch noch die Einwohner des Grenzortes Dofoli-Akpali, sich in grosser Anzahl von der Untersuchung zu drücken. Offenbar waren sie von dem benachbarten Adele her verängstigt und misstrauten meinen Versicherungen«. Nicht erwähnt wird in dem Bericht, daß die Menschen möglicherweise ebenfalls deshalb »verängstigt« waren, weil die ärztliche Untersuchung schmerzhaft war, sofern sie mittels Punktionen der Nackenlymphdrüsen und durch Blutabnahmen durchgeführt wurde.

Dem Impfarzt Paschen erging es in manchen Gegenden nicht anders. Gerade dann, wenn sein Kommen angekündigt war, machten sich die Menschen auf und davon. Im Hinblick darauf schrieb Paschen ein wenig irreführend in seinem Bericht »über seine Reisen zur Erforschung und Bekämpfung der Pocken in Togo« (AbT 7, 1912: 177): »... (N)ur ein kleiner Teil« erschien zur Impfung, »obwohl wir durch das Bezirksamt angemeldet waren. Auf Befragen gaben die Häuptlinge an, die Leute seien in den Busch geflohen oder in benachbarte Dörfer, weil sie nicht geimpft werden wollten. ... Vielfach war den Eingeborenen gesagt worden, sie würden nach der Impfung erst recht die Pocken und zwar viel schwerer bekommen.«

Der direkte bürokratische Zugriff auf die Beherrschten war also gleichfalls für den einzig »zuverlässigen«, medizinischen Zensus voller Fallstricke. Nicht anders als die übrigen Mitglieder der Verwaltung waren die Ärzte auf die Hilfe der Mittler angewiesen. Neben den Häuptlingen und Ältesten (vgl. L. Külz, 1906: 131; AJb 1912/13: 102) bedienten sie sich, wie Ludwig Külz (ebda, S. 130) erzählte, einer weiteren Gruppe. Sie waren gleichsam die zukünftigen ›Häuptlingspolizisten‹ der Gesundheitsverwaltung. Külz nannte sie »meine Impfprinzen«. Es waren »junge Häuptlingssöhne«, die der Stationsleiter des Bezirks Sokodé-Bassar, der ehemalige Arzt Hermann Kersting, angefordert und »zum Erlernen der Impftätigkeit« Külz für die Dauer seiner Impfreise »zur Verfügung gestellt« hatte (ebda, S. 129). Sie sollten »später in ihrer Heimat unter K's (= Kersting – TT) Leitung die Impfungen fortführen« (ebda, S. 130).

Den Schwierigkeiten, denen sich die Impf- und Reiseärzte der Schlafkrankheitskommission bei der »Durchimpfung« und den Untersuchungen der Bevölkerung gegenübersahen, begegneten Gouvernement und Bezirksleitungen mit den Mitteln der Despotie. Die Willkür der Internierungen in das Schlafkrankenlager und bei der Durchführung der Untersuchungen und Impfaktionen sicherte man durch den Einsatz militärisch-polizeilicher Gewalt. Sie hatte drei Elemente.

Die Lokalverwaltung nahm die Sicherung von ›Ruhe und Ordnung‹, unmittelbar in die eigene Hand. Im Jahresbericht von 1911/12 (AJB 1911/12: 86f.; vgl. auch P. Sebald, 1988: 524) liest sich das folgendermaßen: »Vereinzelte Todes- und Erblindungsfälle im Schlafkrankenlager auf dem Kluto bildeten bei der Misahöhe-Bevölkerung den Anlaß zu einer großen Erregung gegen die Schlafkrankheitskommission. Die Erregung gab sich in mehr oder weniger geheimen Versammlungen und in Masseneingaben kund. Große Teile der Bevölkerung des Bezirks scharten sich unter der Führung des Oberhäuptlings Dagadu von Kpandu und des ehemaligen Häuptlings Gidigidi zusammen, wobei die unruhigen und ordnungsfeindlichen Elemente, so namentlich die durch die europäischen Ärzte stark in ihrem Erwerb geschädigten Zauberer und Fetischleute, nach Kräften das Feuer schürten. Scharfes Vorgehen gegen die Rädelsführer und erneute eingehende Belehrung der Eingeborenen über Zweck und Nutzen der Schlafkrankheitsbekämpfung bewirkten alsbald ein völliges Abflauen der Erregung.«

Das zweite Element der militärisch-polizeilichen Gewalt bestand in der Übertragung der »Strafbefugnis« an die Impf- und Reiseärzte und den Lagerarzt des Schlafkrankenlagers. Mit dieser Befugnis hatten die Ärzte freie Hand, mittels Disziplinar-, Geld-, Prügel- und selbst Gefängnisstrafen ihre Maßnahmen vor Ort und im Lager durchzusetzen. Wer der Internierung zu entgehen suchte, wer aus dem Lager flüchtete und ergriffen wurde, wer sich vor den Impfungen versteckte und entdeckt wurde, den traf die Strafgewalt der Ärzte. Die Ärzte gingen mit der Strafgewalt, die sie auf Antrag an das Gouvernement übertragen bekamen, dermaßen selbstherrlich und ausgiebig um, daß es zum Konflikt mit der Lokalverwaltung selbst kam. Sie sah sich zum einen in ihrem Herrschaftsbereich eingeschränkt, zum anderen befürchtete sie Konflikte mit den Beherrschten. Im Mai 1911 schrieb der Bezirksamtmann Walther Stockhausen an das Gouvernement in Lomé (R 150 ANT FA1/505: 248f.): »Als weiteren Punkt für den Bezirketag schlage ich gehorsamst vor: Strafbefugnisse für Reiseärzte. Zur Erläuterung bemerke ich, daß von einem Reisearzt ein Stadtteil Atakpames mit einer Geldstrafe belegt worden ist. ... (I)ch bin der Ansicht, daß wenn selbst in dem Hauptort des Bezirks unter den Augen des Bezirksamts eine fremde Person Strafen über einen ganzen Stadtteil verhängen kann, das Ansehen des Bezirksamts entschieden leidet und Verwirrung bei den Eingeborenen entsteht. Ich würde deshalb vorschlagen, daß der Reisearzt die zu verhängenden Strafen dem Bezirksamt mittheilt, durch das sie zu vollstrecken sind.« Mit den gleichen Begründungen hatte sich zwei Monate zuvor schon der Bezirksleiter Gaisser von Sokodé-Bassar in eine heftige Auseinandersetzung mit dem Leiter der Schlafkrankheitskommission, Oberstabsarzt Zupitza, eingelassen. Er hatte sich an das Gouvernement mit der Ansicht gewandt, daß »(a)ls einzige, Befehle erteilende und strafende Behörde ... sämtlichen Eingeborenen nur die Bezirksleitung bekannt (ist – TT). Und nur solche Leute, die vom Bezirksleiter den Eingeborenen gegenüber legitimiert wurden, werden von ihnen als Vorgesetzte angesehen. Dieses Verhältnis findet seine Begründung in der engen Zusammenschweißung und Zusammenarbeit zwischen Bezirksleitung und Eingeborenenmachthabern, die bisher das Ziel der Verwaltung des Bezirks war. ... Dieser Zusammenhang ... wird gelockert, sobald sich zwischen beiden eine dritte,

von außerhalb kommende Autorität schiebt. Ihr Erscheinen und Auftreten gefährdet die ... erwähnten, aus dem bisherigen Verhältnis zwischen Bezirksleitung und Eingeborenen sich ergebenden Vorteile und bringt Beunruhigung unter die Bevölkerung ...« (R 150 ANT FA1/505: 190ff.).
Vor diesem Hintergrund intervenierte der neue Gouverneur Edmund Brückner wenige Monate nach seinem Dienstantritt in Togo beim Reichskolonialamt mit der »dringenden Bitte um Abhilfe« und ersuchte das Reichskolonialamt, »die Tätigkeit der Schlafkrankheitsärzte allmählich einschränken zu dürfen« (zit. n. P. Sebald, 1988: 523). Mit vergleichsweise offenen Worten begründete er sein Anliegen (ebda): »Das energische Vorgehen unserer Schlafkrankheitskommission hat unter den Eingeborenen der Schlafkrankheitsgebiete bereits zu solcher Erregung geführt, daß ... mit offenem Widerstand und vielleicht mit militärischem Eingreifen gerechnet werden muß.« Die »Eingeborenen« hätten sich gegen die Ärzte »mehrfach frech und aufsässig« gezeigt. »Ein Nachgeben in diesem Zeitpunkt hätte daher zweifellos als Schwäche ausgelegt werden können« (ebda). Die Zwangsvorstellung der despotischen Herrschaft war berührt. Mit einem bemerkenswerten Vergleich drückte Brückner seinen Unmut über die Ärzte der Schlafkrankheitskommission aus, aber beschwerte sich dabei über etwas, was für die koloniale Herrschaft kennzeichend ist, nämlich über die Willkür und das gewaltsame Vorgehen der Ärzte: »Man sollte das teure Geld und die Arbeit zunächst auf die Bekämpfung der Pocken verwenden. Wenn man zuhause alle Lungenkranken gewaltsam zur ärztlichen Behandlung internieren wollte, so würde sich zweifellos ein Sturm der Entrüstung und der denkbar größte Widerstand ergeben. Hier bei den unverständigen Eingeborenen reißt man aus den Familien Angehörige, an deren Krankheit weder sie noch ihre Angehörigen glauben, gewaltsam heraus und interniert sie, daß die Eingeborenen das niemals verstehen, ist klar.«[12]

Das exekutive Element der ärztlichen Willkür und Gewalt waren diejenigen, die sich auf das militärische Handwerk verstanden: die Polizeisoldaten. Im Bezirk Sokodé-Bassar begleiteten zum Beispiel vier von ihnen die Külz'sche ›Impftruppe‹, wie man die ärztliche Reisegesellschaft in diesem Falle besser nennt.[13] Sie trieben die Menschen zusammen, holten sie aus ihren

---

[12] Später hat das Gouvernement die Strafbefugnis der Reiseärzte eingeschränkt. Insbesondere wurde festgelegt, daß »(i)nnerhalb eines Umkreises von 10 km von dem jeweiligen Aufenthaltsorte des Leiters der ... (vom Arzt – TT) berührten Bezirke ... (der Arzt – TT) zur Ausübung der Strafbefugnis gegenüber Farbigen, die nicht zu ... (der – TT) Expedition (des Arztes – TT) gehören, nicht befugt« ist. Die Ärzte hatten »vielmehr bei innerhalb dieses Kreises vorkommenden Fällen die Entscheidung des Bezirksamtmannes- oder Leiters nachzusuchen« (R 150 ANT FA3/1022: 168).

[13] Im Bezirk Atakpamé waren es nur zwei Soldaten, die Ludwig Külz (1906: 119) auf der Impfreise begleiteten.

Verstecken, setzten den Flüchtigen nach, überwachten den ordnungsgemäßen Ablauf der Massenimpfungen und hielten die gewalttätige Drohung der Stationsleitungen und des Gouvernements gegenwärtig (vgl. P. Sebald, 1988: 516; A. J. Knoll, 1978: 88; AbT 7, 1912: 381; ANT FA3/2093: 54). Sie waren allerdings gleichfalls Helfer des Arztes für die massenweise »Durchimpfung«. Der eine oder andere von ihnen hatte schon eine Ausbildung als Lazarettgehilfe abgeschlossen und sollte, wie Külz (1906: 119) hoffte, »imstande sein« nach Külz' Abreise »die Durchimpfung des Bezirks weiter fortzusetzen«. Zu den Polizeisoldaten der Lokalverwaltung kamen die intermediären Helfer in Gestalt der Häuptlingspolizisten hinzu. Sie requirierten die Kälber, die erforderlich waren, um die Lymphe zu gewinnen, die für die Pockenimpfung nötig war. Sie »benachrichtigten« die Menschen in den Weilern und auf den Farmen, daß sie zur Impfung »anzutreten« hatten (ebda, S. 131).

Das despotische Element des medizinischen Zensus führt die Ohnmacht der Verwaltung vor Augen. Die Beherrschten sind nicht auskunftsfreudig. Sie verstecken sich und flüchten, wenn Auskünfte von ihnen verlangt werden. Sie entziehen sich den Untersuchungen der Ärzte. Der Flüchtende findet »hierbei bereitwilligste Unterstützung bei seinen Miteinwohnern oder gar bei den Häuptlingen .... Und wem die Untersuchung nicht paßt, der läßt sich verleugnen; er ist eben verreist. Dazu kommt, daß die Zahl der Ärzte nicht einmal ausreicht, bei allen Personen mit Drüsenschwellungen Punktionen vorzunehmen, geschweige denn ... Blutuntersuchungen auszuführen. So merkten die Eingeborenen sehr bald, worauf es bei dem Aufsuchen der Schlafkranken ankommt. Und da ja geschwollene Drüsen leicht zu fühlen sind, so liegt es auf der Hand, daß gerade die damit Behafteten in ihrer Verständnislosigkeit alles daran setzen, sich den Untersuchungen zu entziehen« (M. Zupitza, zit. n. W. U. Eckart, 1988: 32). Die Gewalt muß die Hindernisse überwinden, die dem abstrakten Wissen, das im Verlauf der gesundheitsärztlichen Tätigkeit zu gewinnen ist, entgegenstehen. Der Erfolg der Gewalt ist jedoch begrenzt. Die »vorgenommene Impfung von 1 392 Personen (war – TT) nur durchführbar durch Zwangsmaßregeln mit den Soldaten des Bezirksamtes. Indessen hatte sich eine große Anzahl der Bewohner den Impfungen entzogen«, berichtete der Arzt Ernst Rodenwaldt im Jahre 1911 an das Gouvernement. In dieser schlichten Nachricht brachte er den Zusammenhang zwischen Despotie, Ohnmacht der zentralen Herrschaft und den Grenzen des abstrakten Wissens auf den Punkt (zit. n. P. Sebald, 1988: 516).

Ein wichtiger Sachverhalt bleibt in der Nachricht von Rodenwaldt unausgesprochen. Despotismus, Ohnmacht und Nichtwissen haben die Neigung, sich wechselseitig zu verstärken. Aus Gewalt entsteht Ohnmacht, aus Ohnmacht mehr Gewalt, aus mehr Gewalt zunehmende Widerstände, aus der wachsenden Zahl der Versteckten und Flüchtenden größere Unkenntnis. Gewalt-, Schweige- und Ohnmachtsspirale entsprechen einander. Der Zeitpunkt, zu dem Rodenwaldt seine Beobachtungen gemacht hat, ist ein Hinweis auf diesen Tatbestand. Ludwig Külz berichtete von den Anfängen der Impfreisen und des medizinischen Zensus und aus den ersten Jahren nach der Jahrhundertwende. In diesen Jahren machte Külz neben allen Widrigkeiten und Hindernissen die Erfahrung, daß die Menschen zu den Impfungen »zusammenströmten« oder wenigstens von den Häuptlingen erfolgreich dazu angehalten wurden, sich zu den Impfungen auf den Dorf- und Marktplätzen oder auf dem freien Feld vor den Dörfern und Städten zu versammeln. Solche Erfolgsmeldungen wurden mit den Jahren spärlicher. »Bereits im Herbst 1909 flohen zwei Drittel der Dorfbewohner in den Busch, wenn ein Arzt nahte« (P. Sebald, 1988: 522). 1910 mußte der Baseler Missionsarzt Rudolf Fisch (1911: 122, 131, 134) feststellen, daß die Häuptlinge sein Anerbieten, Kranke zu ihm zu bringen und sie unentgeltlich zu behandeln, mit der Ausflucht zurückwiesen, »(e)s seien keine Kranke unter ihnen«. Stattdessen traten in den Berichten Zwangsmaßnahmen und der Einsatz der »vollen Strafgewalt« zusammen mit der Erfahrung in den Vordergrund, daß die Menschen sich auf und davongemacht hatten. Das despotische Verwaltungshandeln behauptete sich in wachsendem Maße gegenüber bürokratischen Regelmäßigkeiten. Die »Verständnislosigkeit« der »Eingeborenen« war allerorten, und »Aufopferungssinn und Pflichtgefühl gegenüber der Allgemeinheit« kam »völlig abhanden«, wie man die Ergebnisse des schnellen Lernprozesses der Einheimischen bezeichnete (M. Zupitza, zit. n. W. U. Eckart, 1988: 32). Unter diesen Bedingungen stieß deshalb gleichfalls der medizinische Zensus zunehmend an die Grenzen der Ausflüchte, des Versteckens und der Flucht der Menschen.

Aus diesen Spiralen der Gewalt, des Schweigens, der Organisationsunfähigkeit und des Nichtwissens gibt es typischerweise zwei Auswege für die Verwaltung. Sie sind den Verfahren analog, mit denen die Stationsherrschaft ihren Überlegenheitsbeweis erbringt. Den einen ›Ausweg‹ nenne ich den ›despotisch-genügsamen Weg‹. Tatsächlich ist es kein ›Ausweg‹ aus der Zwickmühle, sondern das Eingeständnis, daß dem bürokratischen Handeln unüberwindbare Hürden entgegenstehen und die Zukunft des abstrakten Wissens eine Chimäre ist. Die Zahlen der Zensuslisten bleiben, was sie sind: Schätzungen. Ab und zu werden »Neuschätzungen« vorgenommen, wie die Fortschreibung alter Zahlen in der Bevölkerungsstatistik der Kolonie genannt wurde. Die Lokalverwaltung hält auch am Zählen fest. Aber es werden nur diejenigen gezählt, derer die Soldaten gerade habhaft werden können. Der Despotismus des Zählens richtet sich in den Grenzen der gegebenen Verhältnisse ein. Die Zahl der Fliehenden ist kein Stachel. Sie ist nur der lebendige Beweis dafür, daß ›exaktes Wissen‹ vergeblich ist. Das Ergreifen der Flüchtigen ist kein Akt, um das »Pflichtgefühl gegenüber der Allgemeinheit« zu stärken und den medizinischen Zensus zu verbessern. Die gefangenen Flüchtige führen nur den Beherrschten vor Augen, daß die Verwaltung überlegene Gewaltmittel besitzt. Im Unterschied zur Statistik oder zur Seuchenbekämpfung, die die Vollständigkeit fordern, kann der Überlegenheitsbeweis an den wenigen erbracht werden, die in die Hände der wenigen Häscher geraten. Die Statistik erhält denselben geringen Wert wie die subalternen Beamten, denen die Zusammenstellung und Erhebung der Statistiken überantwortet ist. Die Statistik wandert über kurz oder lang in die Keller der Stationen. Aus den Schätzen des abstrakten Wissens und den Grundlagen der bürokratischen Utopie wird abschätzig der ›Papierkram‹ der Zentralverwaltung. Die Statistik ist der Beweis für getane Arbeit und Rechtfertigung. Die Verwaltung in der Hauptstadt und auf dem ›platten Land‹ weiß um den Vorrang des Handelns in der despotischen Herrschaft. Im mehr oder minder ausdrücklichem Einverständnis zwischen Lokal- und Zentralverwaltung wird die Verwaltung der Statistik rituell. Stationsleiter und Gouvernement stehen gegenüber der Zentralverwaltung im ›Mutterland‹ ständig in der Versuchung, den despotisch-genügsamen Weg zu gehen.

Den anderen Ausweg nenne ich den ›despotisch-utopischen Weg‹. Im Verwaltungshandeln unterscheidet er sich kurzfristig nicht grundlegend vom despotisch-genügsamen Weg. Seine Richtung ist jedoch nach zwei Grundsätzen festgelegt, die sich von den Voraussetzungen des despotisch-genügsamen Weges deutlich unterscheiden. Der despotisch-utopische Weg hält unbeirrt am Ziel des abstrakten Wissen und seinem Prinzip der Vollständigkeit fest. Die Vielfalt der Hindernisse bestätigen nur den Nutzen der Methode der vielfältigen Gelegenheiten. Wenn die Menschen vor den Ärzten der Schlafkrankheitskommisssion fliehen, dann ist es um so mehr die Aufgabe der Impfärzte und der Beamten der allgemeinen Verwaltung, sich die Zählmethoden der Schlafkrankheitskommission zu eigen zu machen. Vor allem beruht der despotisch-utopische Weg auf der Einsicht, daß unter den Bedingungen der frühen zentralen Herrschaft Nichtwissen nicht nur ein Mangel, sondern auch eine Trumpfkarte ist.

Ich knüpfe direkt an Rudolf Asmis (1908: 57) an. Asmis schrieb in seinem gutachterlichen Forschungsbericht über die »Grundlagen für die Codifizierung des Eingeborenenstrafrechts«: »In der ersten Zeit nach der Begründung der Station ... zwangen die geringen Machtmittel, die dem Stationsleiter zur Verfügung standen, in manchen Fällen, wo ihm Übergriffe mächtiger Häuptlinge oder Verbrechen ihrer Untertanen von dritter Seite zu Ohren kamen, diese einfach zu überhören. ... Jetzt, nachdem die Macht der eingeborenen Fürsten gebrochen ist, ... wird jede Straftat ohne Ansehen der Person ex officio verfolgt.« Mit dieser Beobachtung schränkte Asmis das vielzitierte Bacon'sche Diktum[14] ein und ergänzte es, nahm das Popitz'sche Gesetz von der »Präventivwirkung des Nichtwissens« (1968) in wichtigen Bezügen vor-

---

[14] »... (W)issen an sich ist Macht ... .« (F. Bacon, 1963: 253).

weg und stellte es in einen allgemeineren herrschaftssoziologischen Zusammenhang. Das Asmis'sche Gesetz, selbst wenn er es in diesen Worten nicht bekannt gemacht hat, lautet: Nichtwissen ist der Weg zur Herrschaft. Ich unterscheide zwei Formen des Nichtwissens. Die eine Form rückt Asmis in den Blick. Es ist das ›strategische Nichtwissen‹. Die Verwaltung sieht weg, fragt nicht nach, überhört. Es ist das Nichtwissen, mit dem Streit im alltäglichen Leben der Menschen ebenso wie Konflikte vermieden werden, die ganze Gesellschaften bewegen und den Rhythmus des politischen Lebens beschleunigen. In allen Gesellschaften ist strategisches Nichtwissen als Handlungsressource institutionalisiert. Der individuelle Einsatz des strategischen Nichtwissens kann mehr oder minder bewußt sein. Strategisches Nichtwissen hat vielfach die Form ›latenten Wissens‹. Es ist ein Nichtwissen, aus dem ›zu gegebenem Anlaß‹ Wissen werden kann. An das Überhörte wird sich mit einem Male erinnert, das Gesehene erscheint vertraut, die Frage wird gestellt. Strategisches Nichtwissen ist fester Bestandteil des Werkzeugkastens politischen Handelns. Im Verhältnis zwischen Lokalverwaltung und Gouvernement, zwischen Lokalverwaltung und Mittlern ist strategisches Nichtwissen, wie Asmis richtig beobachtet hat, eines der vorrangigen Mittel, um jene Ordnung der Distanz aufrechtzuerhalten, die zum strukturellen Arrangement der Intermediarität gehört und die Unabhängigkeit der Mittler garantiert. Das Gouvernement läßt den erfahrenen »selbständigen Befehlshaber im Inland« gewähren. Der Stationsleiter schert sich nicht um die Art und Weise, auf welche Weise der Groß-Häuptling die Zwangsarbeiter zusammenbringt und wen er von den Steuerpflichtigen unterschlägt, solange das Steueraufkommen in etwa den Erwartungen des Stationsleiters entspricht. Strategisches Nichtwissen ist der Stoff, aus dem ›Skandale‹ und ›Kolonialskandale‹ im besonderen gemacht sind, wobei die Beschuldigten sich damit entschuldigen, von nichts gewußt zu haben. Nichtwissen ist unverzichtbarer Bestandteil im Verkehr zwischen Herrschenden und Beherrschten und vorrangig unter den »defensiven Strategien«, mit denen Bauern der Zentralmacht und Dienstboten den Mitgliedern der kolonialen Gesellschaft begegnen. Strategisches Nichtwissen nimmt mit dem wachsenden Antagonismus zwischen Herrschenden und Beherrschten zu. Das ist in totalen Institutionen wie Gefängnissen und Konzentrationslagern nicht anders als in der kolonialen Situation.

Eng verbunden mit strategischem Nichtwissen ist die Form des Nichtwissens, die ich ›strukturelles Nichtwissen‹ nenne. Anders als das strategische Nichtwissen ist es keine Handlungsressource von Akteuren. Es ist stattdessen eine Handlungsbedingung, die üblicherweise als Grenze und Hindernis und im Gegensatz dazu als Herausforderung, Unabhängigkeit, Freiheit oder wie in den westlichen Industriegesellschaften als ›Abenteuer‹ begriffen wird. Strukturelles Nichtwissen ist die Handlungsbedingung zwischen Fremden. Es nimmt auf der Ebene der Handelnden mit steigender Anzahl der Gesellschaftsmitglieder und wachsender sozialer Differenzierung zu. Sie ist unauflöslich mit dem Institutionalisierungsvorgang zentraler Herrschaft verbunden, Bedingung für intermediäre Ordnungsformen und beispielhaft für die koloniale Situation.

Die Erzeugung abstrakten Wissens ist darauf gerichtet, den Umfang strukturellen Nichtwissens einzuengen. Für das abstrakte Wissen ist strukturelles Nichtwissen Hindernis und Grenze der direkten bürokratischen Organisationsfähigkeit. Das Handeln vermag strukturelles Nichtwissen stattdessen auch frei und unabhängig zu machen. Im Falle des Staatsbildungsvorgangs und der kolonialen Eroberung im besonderen ist es treffender zu sagen: Strukturelles Nichtwissen erlaubt jene Rücksichtslosigkeit, mit der die Utopie von Staatlichkeit und Bürokratie die gegebenen Verhältnisse zerschlägt und die neue Ordnung aus dem Boden gestampft wird.»Schutzverträge« werden mit lokalen Machthabern und Vertretern der lokalen Häuptling- und Groß-Häuptlingtümer abgeschlossen, ohne in jedem Fall zu wissen, für wen die Machthaber und Häuptlinge sprechen. Es geschieht mit der Maßgabe, sich bei Unstimmigkeiten und Auseinandersetzungen mit anderen Machthabern, Häuptlingen und den kolonialen Konkurrenten auf diese Verträge zu berufen. Die Grenzen des neuen Staates werden festgelegt, soweit die militärische Macht reicht. Der Eroberer macht sich nicht die Mühe, zu wissen, wo die Grenzen der unterworfenen Ethnien verlaufen. Der Devolutionsgrundsatz kümmert sich bei der Einsetzung von Häuptlingen ebensowenig um Legitimität wie darum, ob es in der betroffenen Gesellschaft überhaupt Häuptlinge gibt. Das Wissen, das er fordert, fällt mit den Grenzen der politischen Opportunität zusammen. Die Lokalverwaltung fordert Bauern zur Zwangsarbeit an einer Verbindungsstraße an, ohne sich darum zu scheren, ob die Bauern ihre Felder im Stich lassen können. Der Fiskus eignet sich alles »herrenlose Land« an, ohne sich im klaren zu sein, welche Vorstellungen die Beherrschten über das enteignete Land haben. Der Lehrstoff in der Regierungs- und Missionsschule wird nach den Untertanenvorstellungen und Zwecken der Verwaltung entworfen, ohne zu wissen, wie hilfreich das Gelernte für die Schüler ist, noch weniger, ob er die Schüler zum Lernen anhält.

In den Kodifikationsanläufen, die die Verwaltung in Togo zum »Eingeborenenrecht« unternommen hat (vgl. T.v. Trotha, 1988: 335 ff.), treffen sich strukturelles und strategisches Nichtwissen. Nach gleichermaßen bruchstückhaften wie bewunderungswürdigen Vorarbeiten von Rudolf Asmis, der die einheimische Rechtsnormen durch Befragungen von Häuptlingen, Ältesten und Stationsleitern zu erforschen und schriftlich festzuhalten suchte, wurde entgegen den Empfehlungen von Asmis der Kodifikationsvorschlag von seiten des Gouvernements und des Reichskolonialamts abgebrochen. Gouverneur v. Zech war im Einverständnis mit seinen Beamten übereingekommen, das koloniale Recht nicht mit einem Mal zu schaffen, sondern in einem jahrzehntelangen Vorgang Norm für Norm zusammenzufügen. Im Reichskolonialamt fand er für dieses Verfahren offene Ohren, das die Kodifikation auf eine unbestimmte Zukunft vertagte. Tatsache war, daß der Versuch, strukturelles Nichtwissen in einem wichtigen Bereich einzuschränken, in dem Augenblick durch den Einsatz strategischen Nichtwissens abgebrochen wurde, als die Unabhängigkeit des Handelns von Gouvernement und Lokalverwaltung bedroht war. Nichtwissen über das Recht der Beherrschten gewährleistete den verantwortlichen »wahren Herrschern« der Kolonien die Unabhängigkeit und Freiheit, die sie im exekutiven »Bezirksleiterrecht« verwirklicht hatten.

Wissen ist Macht. Wissen ist aber gleichfalls eine Fessel. In der Gewalt kommt diese Einschränkung des Bacon'schen Gesetzes auf den Punkt. Gewalt braucht kein Wissen und deshalb ist sie die Schwester des strukturellen Nichtwissens. Aber es ist die Gewalt, ohne die Staaten nicht entstehen und Menschen nicht zu den Untertanen werden, von denen die Auskünfte verlangt werden können, mit denen das abstrakte Wissen zusammengefügt wird, das die Grundlage bürokratischer Herrschaft ist.

In unseren Alltagsvorstellungen über ›Praxis‹ und ›Theorie‹, ›weltfremden Gelehrten‹ und ›dem Menschen, der mit beiden Füßen auf dem Boden steht‹, geht die Erfahrung von den Fesseln des Wissens mit ein. In der Idee der ›Bewährung‹ als dem Gütesiegel des Stationsleiters werden die Rücksichtslosigkeit des Nichtwissens und das erfahrungsgesättigte Wissen zusammengebracht, das den Stationsleiter und »Alten Afrikaner« nicht zum Spielball der Unterworfenen machen soll. In der Abschätzigkeit, mit der Stationsleiter bürokratischem Handeln und abstraktem Wissen begegnen können, kehrt die Tatsache wieder, daß Bürokratie und abstraktes Wissen ihren gemeinsamen Geburtshelfer verleugnen: die despotische Rücksichtslosigkeit des Nichtwissens.

3. Zwischen Freiheit und Ohnmacht – Antworten der Beherrschten

Die Despotie ist auf den Gegensatz von Freiheit und Ohnmacht gegründet. Der Despot ist so frei, wie die Freiheit der gewalttätigen Willkür den Despoten keinen Gesetzen unterwirft und seine »vollkommene Macht« (H. Popitz, 1992: 52ff.) die Menschen im Augenblick der Begegnung in den Staub wirft und in der Hauptstadt und im Palast des Despoten gebückt gehen läßt.[15] Der Despot ist so ohnmächtig, wie die Gewalt situational und der Graben zwischen dem Despoten und den ›Untertanen‹ abgrundtief ist, wie die Herr-

---

[15] Das ist nicht nur metaphorisch zu verstehen. In der Eingabe von Häuptlingen und Honoratioren Lomés an den Staatssekretär des Reichskolonialamts vom Oktober 1912 heißt es unter Punkt 1 (zit. n. P. Sebald, 1988: 652): »Es ist leider sehr oft vorgekommen, dass der Eingeborene beim Nichtgrüssen eines unbekannten Europaers von diesen einfach tätlich angegriffen wird ....«

schaftsressourcen knapp und die Mittler für den Alltag des Herrschens unverzichtbar sind. Die Antinomie von Freiheit und Ohnmacht kehrt auf der Ebene der Beherrschten wieder.

Die Beherrschten erfahren die vollkommene Ohnmacht in der Angst vor dem unausweichlichen Tod (vgl. H. Popitz, 1992: 54f.), der in den Massakern der Eroberung, ›Pazifizierung‹ und »Strafexpeditionen« Entsetzen verbreitet und die Einsamkeit der letzten Minuten des zum Tode Verurteilten beherrscht. Sie erfahren die Ohnmacht in ihren niedergebrannten Hütten und zerstörten Feldern und in den grausamen Schlägen der Prügelstrafe, die die Haut des Gefesselten zerfetzen. Die vollkommene Ohnmacht der Beherrschten ist die Kehrseite der vollkommenen Macht des Despoten, die in militärisch-polizeilichen und administrativ-rechtlichen Einrichtungen institutionalisiert ist.

Vollkommene Macht ist eine Antinomie (vgl. ebda, S. 83ff.). Ihr ist die unbedingte Freiheit des Menschen entgegengesetzt, die die »Autonomie der Eigenmacht, sich töten zu lassen«, begründet (ebda, S. 86). Macht kann vollkommen sein und ist doch durch die unaufhebbare Freiheit des Menschen definitiv begrenzt, seinem Leben ein Ende zu setzen. Im gewaltsamen Widerstand der Beherrschten, der zur kriegerischen Auseinandersetzung mit den Herrschenden gerät, kommen alle drei Bestimmungen der »Antinomie der Machtvollkommenheit« (ebda) zusammen. Da ist die vollkommene Macht des Beherrschten, der den Despoten oder üblicherweise einen der Soldaten im Dienst des Despoten tötet. Da ist die vollkommene Ohnmacht des Beherrschten, der seinen Speer gegen die Truppe des Despoten richtet und von der Soldateska erschlagen wird. Und da ist die unbedingte Freiheit des Beherrschten, der den Unterwerfungsanspruch des Despoten verweigert und dafür sein Leben gibt.

Nicht anders als in anderen Kolonien gab es in Togo den gewaltsamen Widerstand gegen die deutschen Eindringlinge und später gegen die französischen Nachfolger. Zwar wurde der gewaltsame Widerstand nach der ›Pazifizierungsphase‹ zu keiner ernsthaften Bedrohung mehr für die deutsche Herrschaft, aber er blieb gegenwärtig. Mit der »reichlich unvollkommenen Unterwerfung«, auf die der französische Militärkommandant nach dem Zusammenbruch der deutschen Herrschaft traf, waren dementsprechend vollkommene Ohnmacht und unbedingte Freiheit die Polaritäten, die die Antworten der Beherrschten auf die »Aufrichtung der deutschen Schutzherrschaft und die Erschließung des Landes« (G. Trierenberg, 1914) bestimmten.

Der Alltag der Beziehungen zwischen den Menschen in den Städten, Dörfern und Weilern und der Verwaltung auf den Stationen bewegt sich indes zwischen diesen Polen der vollkommenen Ohnmacht und der Freiheit des gewaltsamen Widerstands, der keine Aussicht auf nahen Erfolg hat. Auf der einen Seite ist der Alltag von den vielfältigen Formen der Zusammenarbeit mit der Verwaltung geprägt. Sie reicht von der Teilhabe an der gewalttätigen

Willkür der Verwaltung über die Zusammenarbeit in den intermediären Strukturen, die Dienstverhältnisse in der kolonialen Gesellschaft, die Ehe und Familie des Stationsleiters und die Beamten mit einer einheimischen Frau bis zum Ausbildungsverhältnis, in dem die Beherrschten sich die Kultur der Herrschenden ein Stück weit zielstrebig aneignen und die neuen ökonomischen, sozialen und politischen Chancen zu nutzen suchen, die das neue Herrschaftsverhältnis eröffnet. Der Soldat im Dienst der neuen Herrschaft, der Dolmetscher, Häuptling und Träger, der Dienstbote und die Frau im Haushalt des Beamten und in der Kleidung der Einheimischen und der Missionsschüler sind die typischen Gestalten dieser Form der Zusammenarbeit.

Auf der anderen Seite beherrschen im Antagonismus der kolonialen Situation diejenigen Umgangsformen den Verkehr zwischen Herrschenden und Beherrschten, die ich die ›Strategien der Widerständigkeit‹ der Beherrschten nenne. Zwischen den Polen von Freiheit und Ohnmacht angesiedelt, umfassen sie drei Gruppen von Handlungsweisen: Bewegung, Verweigerung und defensive Kommunikation. Sie können einzeln und in vielfältigen Verbindungen miteinander auftreten (zum folgenden vgl. für das koloniale Französisch-Westafrika vor allem G. Spittler, 1981: 69ff.; für den nachkolonialen Staat in Westafrika G. Spittler, 1978: 56ff.; vgl. auch J.C. Scott, 1990, 1985).

3.1. Bewegung

»Der ›freie‹ Mensch ist nur der, der es verstanden hat, Befehlen auszuweichen...«, hält Elias Canetti (1980: 339) zu Recht fest. Freiheit wird vorrangig dadurch gewährleistet, daß den Menschen Befehle nicht erreichen. Dementsprechend gehören Bewegung und ihre Voraussetzung, die Kündbarkeit sozialer Beziehungen, zu den unverzichtbaren Konstruktionsprinzipien der Freiheit. Sie tragen die freiheitliche Gleichheit der Jäger- und Sammlergesellschaften, sie gewährleisten die Unabhängigkeit der Haushalte in den ›Camps‹ der Nomaden, sie kennzeichnen in den westlichen demokratischen Industriegesellschaften den Kern der bürgerlichen Freiheit, der Chancengleichheit und der freiheitlichen Egalität des Individualismus. Freiheitliche Ordnungen sind Ordnungen der Bewegung.

Die Fessel ist das Zeichen der Unfreiheit. Im Despotismus sind die Zeichen der Fessel allerorten, wo der Despot und die despotische Verwaltung gegenwärtig sind. Die Menschen werden zu Boden geworfen. Sie werden gefesselt und mit Ketten aneinandergeschmiedet. Sie tragen Eisen um den Hals. Die Kasernen der Soldaten sind bewachte Unterkünfte für gepreßte Bauernsöhne. An den Straßen und Gebäuden des Despotismus plagen sich die Zwangsarbeiter. Für die Erhebung der Steuer werden die Dörfer von Soldaten umstellt. Menschen und Vieh werden zusammengetrieben. Während die despotische Gewalt sich der Fesseln entledigt, die die Gewalt begrenzen, werden die

Menschen in Ketten gelegt und der Unfreiheit der Willkür ausgesetzt. ›Ruhe‹ ist das Ziel der despotischen Regierung (Montesquieu, 1965: 159). Der erste deutsche Beamte in Lomé, Richard Küas, fand für das Ziel und die Mittel des Despotismus eine unnachahmliche Formulierung, die er dem ersten Gouverneur, dem Landeshauptmann Jesko von Puttkamer, in den Mund legte. In seinen »Togo-Erinnerungen« erzählt Küas (1939: 157ff.; Herv. i. Orig.): »Mich erreicht das Gerücht, die Be-Leute planten seit längerem einen Angriff auf Lome. ... Als ich Herrn von Puttkamer bei seinem nächsten Besuche von dem geplanten Überfall erzählte, sagt er: ›Na, die Kerls sind doch leicht vom Kriegsschiff zu erreichen. Dann lassen wir mal eins von Kamerun rüberkommen und ein Dutzend Granaten reinschmeißen.‹ ›Und *dann* ... ?‹ frage ich. Puttkamer sieht mich erstaunt an. ›*Dann*? Dann werden sie still sein.‹« Dementsprechend gehörte zu den dringlichsten Auskünften, die die Jahresberichte der Gouvernements der Kolonien zu geben hatten, die Feststellung, daß »(d)ie Haltung der Eingeborenen ... ruhig (war – TT)« (AJb 1912/13: XI).

Aber der Despotismus am Beginn der Institutionalisierung staatlicher Herrschaft ist eine Ordnung, in der die Befehle die Menschen jenseits des Palastes des Despoten, der Hauptstadt und der persönlichen Gegenwart des Despoten, seiner Verwaltungsbeamten und seiner Soldaten typischerweise nicht erreichen. Der Mensch in der despotischen Ordnung ist nicht nur der Mensch, der in Fesseln gelegt ist. Zur despotischen Ordnung gehört der »›freie‹ Mensch«, den kein Befehl der Verwaltung erreicht. In der kolonialen Ordnung können und verstehen es die Menschen, »Befehlen auszuweichen«.

So wenig die koloniale Ordnung eine freiheitliche Ordnung der Bewegung ist, so augenfällig bringt die koloniale Herrschaft die Menschen in Bewegung. Der freiheitliche Grundsatz der Bewegung hat die Form der Flucht. Die Flucht zeigt sich in vielerlei Gestalt und bringt unterschiedliche Grade von Freiheit beziehungsweise Ohnmacht zum Ausdruck. Die wichtigste Form der Flucht ist die Abwanderung.

Die Abwanderung trifft die Institution der Herrschaft selbst. Sie kündigt Herrschaft auf. Besonders in Afrika, wo aufgrund des Überflusses an Land soziale Beziehungen vergleichsweise leichter kündbar waren, gehörte die Abwanderung zu den wichtigsten Werkzeugen, um Herrschaft zu begrenzen und einer Herrschaft ein Ende zu bereiten, die in den Augen der Beherrschten nicht mehr zu ertragen war. Gegenüber der europäischen Kolonialherrschaft in Afrika enthielt die Abwanderung deshalb zugleich eine Bestätigung des überkommenen Gefolgschaftsprinzips von Herrschaft. Abwanderung aus einer Kolonie war in diesem Sinne sowohl ›traditional‹ als auch eine bewußte Strategie, um Herrschaftskonflikte zu beenden. In Togo war besonders die Abwanderung nach englischem Gebiet ein ständiges Verwaltungsproblem der westlichen Landesteile der Kolonie. Der Jahresbericht 1913/14 der Station Ho erwähnte, daß es »Zeiten« gab, zu denen 75% bis 90% der männlichen Bevölkerung die Dörfer verlassen hatten und nach der britischen Goldküste

»ausgewandert« waren (ANT FA3/2127: 7). Auf weitere Daten, die den erheblichen zahlenmäßigen Umfang der Abwanderung belegen, habe ich im Zusammenhang mit der Steuererhebung hingewiesen. In Verbindung mit den vielerorts besseren Verdienstmöglichkeiten an der Goldküste lieferte die Steuererhebung zusammen mit der Zwangsarbeit den wichtigsten Anlaß, die Kolonie zu verlassen.

Unter der Bedingung vergleichsweise hoher Kündbarkeit des Herrschaftsverhältnisses bleibt das Element der Ohnmacht begrenzt, das die Strategie der Abwanderung enthält. ›Hohe Kündbarkeit‹ heißt einerseits, daß weder die verschiedenartigen Bindungen an den heimatlichen Ort noch die Gefahren übermächtig sind, die von den Fesselungsstrategien der Herrschenden ausgehen. Zum Beispiel muß die ›grüne Grenze‹ zum Nachbarland einigermaßen gefahrlos überschritten werden können. Angesichts der organisatorischen und personellen Ressourcenknappheit der kolonialen Herrschaft war dies üblicherweise der Fall. ›Hohe Kündbarkeit‹ heißt andererseits, daß für die Fliehenden am Ende ihrer Flucht nicht das Elend des Flüchtlingslagers, Hunger und Einsamkeit stehen – obwohl die Geschichte des 20. Jahrhunderts lehrt, daß selbst die Aussicht auf zukünftiges Elend viele Menschen nicht davon abhält, einer unerträglichen Herrschaft den Rücken zu kehren. Bei Landüberfluß, günstigen wirtschaftlichen Bedingungen im Zufluchtsland und der Möglichkeit, im Zufluchtsgebiet auf verwandtschaftliche, ethnische, religiöse, wirtschaftliche oder andere soziale Netze zurückgreifen zu können, birgt die Abwanderung sogar die Hoffnung, daß das Los sich im Vergleich zur einstigen Heimat bessert. In derartigen Fällen kann die Strategie der Abwanderung von den Beherrschten verwendet werden, um den Herrschenden wirkungsvoll zu drohen. Das gilt besonders für Bewohner grenznaher Gebiete, die zu den Menschen des Nachbarlandes oftmals enge Beziehungen haben.

Der Arzt Ludwig Külz (1906: 101), der wie andere Mitglieder der Verwaltung für einige Zeit in Aného die Rolle des Verwaltungschefs übernehmen mußte, berichtete zum Beispiel aus dem Jahre 1903, daß er in einem Streitfall mit den Bewohnern Anéhos nicht zuletzt deshalb einlenkte, weil die Häuptlinge ihm damit drohten, zur Abwanderung in die französische Nachbarkolonie gezwungen zu sein. Die Tatsache einer zunehmenden Abwanderung brachte vor allem die Lokalverwaltung, die davon betroffen war, regelmäßig dazu, ihre Politik der Zwangsarbeit, der Prügel und der steuerlichen Belastung zu überdenken, hin und wieder sie gar zugunsten der Menschen ihrer Region zu verändern. Nachdem zum Beispiel die steuerliche Belastung, die die deutsche Herrschaft in Togo brachte, viele Einwohner der Region Lomés und Anéhos veranlaßt hatte, in die angrenzenden Kolonien der Briten und Franzosen abzuwandern, sah sich das Gouvernement auf Drängen der Lokalverwaltung zweimal veranlaßt, die Steuerforderungen zu verringern (vgl. A. J. Knoll, 1978: 54ff., 71ff.). Der einstige Missionar und Bezirksamtmann

Professor Adam Mischlich änderte auf zahlreiche Erklärungen und nachdrückliche Bitten der Häuptlinge im Berichtsjahr 1910/11 die Strafe für »unerlaubte Auswanderung« im »Kreis« Ho, um der Entvölkerung der grenznahen Gebiete Einhalt zu gebieten. »Von der Erwägung ausgehend, dass das Land um so wertvoller sei, je stärker es bevölkert ist, wurde ... angeordnet, unerlaubte Auswanderung nicht mit Freiheits- sondern mit Geldstrafe zu ahnden« (ANT FA3/2125: 1).

Eine besondere Form der Flucht ist die ›Desertion‹ der Soldaten, Träger und Zwangsarbeiter. Sie berührt unmittelbar die Durchsetzung, Sicherung und den Ausbau des Herrschaftsapparats und im Falle der Zwangsarbeiter die ökonomische und infrastrukturelle ›Entwicklung‹ des Landes. Die Desertion der Soldaten beherrschte in Togo hauptsächlich die ersten beiden Jahrzehnte, also die Zeit der »Aufrichtung der deutschen Schutzherrschaft«, und das Ende der deutschen Herrschaft (vgl. P. Sebald, 1988: 602ff.; H. Klose, 1899: 43f.). Weil die Truppe das Rückgrat der despotischen Herrschaft ist, scheint eine große Desertionsrate eine unmittelbare Gefährdung der Herrschaft anzuzeigen. Tatsächlich trifft dies so lange nicht zu, so lange die Polizeitruppe vorrangig ein Werkzeug der Herrschaftssicherung nach innen ist und wie im Falle der europäischen Kolonialherrschaft eine große organisatorische und militärtechnologische Überlegenheit gewährleistet ist. Unter diesen Umständen vermag eine hohe Desertionsrate durch eine typischerweise hohe Rekrutierungsrate ausgeglichen werden, wie Heinrich Klose (1899: 43f.) in seiner vorübergehenden Eigenschaft als Leiter der Polizeitruppe Togos im Jahre 1894 beobachten konnte und in anschaulichen Worten festhielt: »Da die Truppe ... aus Söldnern bestand, so war es bei den vielen Desertionen nicht leicht, sie immer in derselben Stärke zu erhalten. Häufig musste man minderwertiges Material einstellen und da der eine heute, der andere morgen kam, waren immer Rekruten vorhanden. Die alten Unteroffiziere bekamen dann zur Ausbildung die Rekruten, die nun im Marschieren und langsamen Schritt vier Wochen lang gedrillt wurden; nach weiteren vier Wochen fand Exerzieren mit dem Gewehr statt und danach wurden sie in die Kompanie eingestellt.« Als indessen die Deutschen sich mit den anrückenden britischen und französischen Verbänden einem organisatorisch und technologisch gleichwertigen Gegner gegenübersahen, trug nicht zuletzt die Tatsache, daß die afrikanischen Soldaten sich »massenhaft« auf und davon machten, dazu bei, daß die Deutschen in kürzester Zeit vor den alliierten Truppen kapitulierten (Hans Georg v. Doering, zit. n. P. Sebald, 1988: 602).

Äußerst hinderlich war ebenfalls die Desertion der Träger. Es findet sich kaum ein ›Expeditionsbericht‹, der nicht eine ›Trägeranekdote‹ enthält, in der sich die vielfältigen Schwierigkeiten mit unzuverlässigen Trägern zu einem Stilmittel der Erzählung geformt hatten. Es kam durchaus vor, daß von 15 oder 20 Trägern ein Drittel oder die Hälfte entliefen [vgl. R 150 ANT FA1/66 (3–7): 142]. Die Desertion der Träger schlug sich in der Marschordnung und in der Aufgabe der begleitenden Soldaten nieder. Bei nichtmilitärischen Unternehmungen lag sie zu wesentlichen Teilen darin, die Träger zu bewachen. Aber nicht anders als im Falle der Desertion von Zwangsarbeitern vermochte spätestens die Drohung mit gewalttätigen Repressalien, die eingetretenen Personallücken rasch aufzufüllen.

Die dritte Form der Flucht ist, sich zu verstecken. Sie ist immer gegenwärtig, sobald Zwangsarbeit, Steuereintreibung, Impfungen oder Trägerdienste, oftmals selbst jede Ankunft von Angehörigen der Verwaltung und Mitgliedern der kolonialen Gesellschaft bevorstehen. Sie verfestigte sich sogar in einer eigenen bäuerlichen Lebensweise. Schon im Jahre 1900 berichtete Missionar Diehl im Deutschen Kolonialblatt (Jg. 11: 421) von der Beobachtung, daß sich an wichtigen Durchgangsstraßen der Kolonie »nicht ein einziges Dorf oder eine Farm« mehr befand. Und Diehl erläuterte (ebda): »Es sind früher Farmen dagewesen; dieselben sind aber, ebenso wie das Dorf Amlame, vor Kurzem von Regierungsbeamten in Atakpame niedergebrannt worden und zwar deshalb, weil die Bewohner sich alle von dem Hauptwege weg in ihre Plantagen verzogen.« Solcherart Rückzug in den mehr oder minder abgelegenen ›Busch‹ wurde über die gesamte deutsche Kolonialzeit hinweg aufrechterhalten. In dem erwähnten Jahresbericht 1913/14 der Station Ho (ANT FA3/2127: 6f.) führte der Berichterstatter Voß aus: »Der Eingeborene entzieht sich ... den Pflichten, die er zum Wohle der Allgemeinheit auf sich zu nehmen hat. ... Er geht der Arbeit dadurch aus dem Wege, daß er ... sich seine Farmhütte weit in den Busch baut, wo ihn diesbez. Befehle nur schwer bzw. gar nicht erreichen.« Zahlenmäßig erreichte der Rückzug auf die abgelegenen Farmhütten mancherorts einen bemerkenswerten Umfang. Der Beamte Richard Büttner (1911: 42) gibt anhand von Atakpamé einen Anhaltspunkt: »Von den ursprünglich etwa zehntausend Bewohnern der Stadt Atakpame leben jetzt deren achttausend auf den Farmdörfern, und von den übrig gebliebenen zweitausend sind gewiß drei Fünftel Frauen.«

Gegenüber der Abwanderung tritt in der Strategie, sich zu verstecken, das Element der Ohnmacht stärker in den Vordergrund. Wenn der Mensch, der sich versteckt, nicht allein in unwegsamem Gelände auszukommen versteht oder im Gewirr der Gassen und in der Menge der Menschen größerer Städte ›untertaucht‹, braucht er dringend die Hilfe seiner Mitmenschen. Er braucht ihr Schweigen, ihre falschen Auskünfte gegenüber den Häschern. Der Mensch, der sich versteckt, fürchtet, entdeckt zu werden. Seine Flucht dauert an. Wer sich versteckt, kann nicht drohen. Er gibt den Häschern kund, daß er an seinen Lebensbereich gebunden ist – nicht anders als diejenigen, die ihre Farmhütten in unzugänglichere Gebiete verlegen. Wer sich versteckt, steht über kurz oder lang vor der Alternative, doch abzuwandern oder das Los auf sich zu nehmen, die Befehle zu erhalten, sich ihnen zu unterwerfen und dazu noch die Strafe zu ertragen, die die Herrschenden ihm ohne Erbarmen auferlegen. Die Ohnmacht bestimmt die Strategie, sich zu verstecken, besonders dort, wo sie im Unterschied zur Strategie, die Farmhütten in den ›Busch‹ zu verlegen, individuell ist. Die Ohnmacht schwingt noch in den Worten des Häuptlings mit, der einem Regierungsarzt zwei oder drei Leute mit den Worten überstellte: »›Die gehorchen mir nicht; sie haben sich im Busch versteckt . . . . Bestrafe sie sogleich‹« [R 150 ANT FA1/237 (4–5): 210: f.]. Die Ohnmacht ist in den Listen der Bestraften und Geprügelten festgehalten, die die Häscher aus ihren Verstecken geholt und gefangen genommen haben (vgl. ANT FA1/512: 1ff.). Die Ohnmacht führte die Leprakranken in ihre Verstecke, in denen sie dem Zugriff der Verwaltungsbeamten zu entgehen suchten, die sie in Lepraheimen gefangensetzen oder in Hütten verbrachten, die die Leprakranken vom Leben des Dorfes abschnitten (vgl. ANT FA3/2124: 25 f.). Von den Menschen in Atakpamé, die sich in großer Zahl in den ›Busch‹ zurückgezogen hatten, erzählte Richard Büttner (1911: 42): Als Hauptmann Erich Kling an der Wende von den 80er zu den 90er Jahren des letzten Jahrhunderts sich in Atakpamé aufhielt, traf er auf Männer, die er als »zurückhaltend, selbstbewußt und sogar unverschämt« kennzeichnete. »Neuere Reisende fällen« stattdessen »ein anderes Urteil und erklären die Atakpame für . . . eher ängstlich, schüchtern und weich . . .«. Selbst wenn die Menschen die Strategie, sich zu verstecken, kollektiv anwenden, können sie sich nicht den Auswirkungen der Ohnmacht entziehen. Sie ist ein Teil der Erfahrung, sich verstecken zu müssen.

Am deutlichsten ist die Ohnmacht in der vierten Form der Flucht gegenwärtig. Sie zeigt sich dort, wo die Menschen vor den anrückenden Polizeisoldaten und Verwaltungsbeamten alles liegen und stehen lassen und fliehen. Fliehen herrscht in den Jahren der ›Pazifizierung‹ vor. Es verschwindet aber während der deutschen Kolonialherrschaft nicht (vgl. P. Sebald, 1988: 522; R. Fisch, 1911: 147).

Fliehen kehrt wichtige Eigenschaften der Abwanderung um. Die Abwanderung fordert den Herrschenden heraus, dem sie die Herrschaft aufkündigt. Sie tut kund, daß der Beherrschte ›frei‹ ist, weil er den Befehlen auszuweichen vermag. Sie führt den schlüssigen Beweis, daß der Herrschende den Beherrschten, aber der Beherrschte nicht den Herrschenden braucht. Sie stellt den Herrschenden im wörtlichen und übertragenen Sinne bloß. Der Beherrschte droht und entzieht mit seiner Drohung und dem Vollzug der Abwanderung der Ordnung der Hilflosigkeit, die das Verhältnis zwischen Befehl und Gehorsam begründet, den Boden. Der Befehl hat keinen Empfänger mehr. Er verhallt ungehört. Die Abwanderung macht sogar den Befehlshaber hilflos, der den Beherrschten jetzt im selben Maße dringend nötig hat, wie der Befehl dem Befohlenen keine Zeit und keinen Spielraum läßt.[16] Deshalb ver-

---

[16] In diesen Punkt geht die Abwanderung selbst über den gewaltsamen Widerstand der Beherrschten hinaus. Der gewaltsame Widerstand hält an der Beziehung zwischen Herrschenden und Beherrschten fest. Hilflos ist der Herrschende gegenüber dem

führt die Abwanderung den Herrschenden zu hilflosen Gesten. Oftmals bedienen sich diese Gesten noch der befehlsgewohnten Formen und bezeugen, wie hohl die Befehle angesichts der Abwanderung der Beherrschten sind. Zum Beispiel trägt das Dokument des Berichts des Stationsbeamten Voß, der das Gouvernement darüber unterrichtete, daß 75% bis 90% der männlichen Bevölkerung zeitweise auswanderten, die Marginale: »Das ist unzulässig« (ANT FA3/2127: 7).

Fliehende Menschen sind stattdessen die ersten und schnellsten Sendboten von der vollkommenen Macht des Herrschenden. Der Fliehende ist kein ›freier‹ Mensch. Nur der Entkommene ist ›frei‹. Der Fliehende ist die Beute. Er ist der Gejagte. ›Sie fliehen wie die Hasen‹, heißt es. Die Metapher weist auf die Tatsache hin, daß Befehl und Fliehen einem Zusammenhang von gleichsam naturgesetzlichem Zwang angehören, dessen »ursprünglichste(.) Form« sich »zwischen zwei Tieren verschiedener Gattung« abspielt, »von denen das eine das andere bedroht« (E. Canetti, 1980: 336). Die Fliehenden sind ›kopflos‹, weil nur noch die Schnelligkeit der Beine zählt. Der Fliehende ist der Bedrohte, wobei noch in jedem Fliehenden, selbst wenn es nicht um Leib und Leben geht, die Todesdrohung gegenwärtig ist, die »unter jedem Befehle durch(schimmert)« (ebda). Der Fliehende gibt mit Ausnahme seines Lebens und der Menschen, die ihm nahe sind und die er oftmals mit sich zerren muß, damit sie ihn in seinem eiligen Schritte nicht verlieren, alles aus der Hand, was ihm wert und teuer ist. Yendjè Dalare, 85jähriger Häuptling im Kanton Naware, bemerkte mit Blick auf die deutsche Kolonialzeit dazu im Jahr 1980 in einem Gespräch mit D. H.-K. Simtaro (1982, Bd. 2: 724): »Um die Wahrheit zu sagen, diejenigen, denen es gelang, durch Flucht sich den harten Arbeiten der ›Djama‹ zu entziehen, gewannen dadurch tatsächlich nichts: Die Soldaten kamen, beschlagnahmten alle ihre Sachen (Schafe, Ziegen, Hühner und Perlhühner, Paprika, Hirse und Bohnen, etc. ...) und nahmen alles mit.« Der Fliehende verliert alles. Indem der Soldat seine Taschen mit dem Gut des Entflohenen vollstopft, die Habe des Gejagten einem Gefangenen aufbürdet, der in der Angst der Flucht den Häschern in die Arme lief, und sich so beladen auf und davon macht, ist es der Mächtige, der zur Schau stellt, daß er den Beherrschten nicht braucht – was er haben wollte, hat er bekommen.

---

gewaltsamen Widerstand nur dann, wenn er ihn nicht brechen kann, ihm am Ende unterliegt und aus dem einstigen Befehlshaber der Befehlsempfänger wird, der um sein Leben bangt. Solange der Herrschende seiner tödlichen Überlegenheit gewiß ist, vermag der gewaltsame Widerstand, den er bricht, das Bewußtsein von unerschöpflicher Kraft, Überlegenheit und Unbesiegbarkeit in seinen und in den Augen der Beherrschten gar zu stärken. Die Abwanderung bricht stattdessen mit der Beziehung selbst und läßt den Herrschenden allein zurück.

Aber auch im Fliehenden kommen die Erfahrungen von Freiheit und Ohnmacht zusammen. In seiner Ohnmacht weicht der Fliehende noch dem Befehl aus. Die Befehle gehen entweder im Durcheinander der Flucht und in den angstvollen Schreien der Ergriffenen unter oder bleiben in der Stille, die die lautlose Flucht der Menschen begleitet, nicht anders als bei der Abwanderung ohne Antwort – wenngleich die Stille der Fliehenden ängstlich und nicht gleichgültig oder verächtlich wie die Ruhe der Abwanderung ist. Ohnmächtig jagt der Fliehende einem Ort zu, wo ihn kein Befehl erreicht. Es ist die Größe seiner verzweifelten Ohnmacht, die dem Fliehenden die Kraft gibt, zu diesem Ort zu gelangen. Der Fliehende ist ganz davon durchdrungen zu entkommen. Der Entkommene aber ist der ›freie‹ Mensch. Das gilt um so mehr, als jenseits der gewalttätigen ›Pazifizierung‹ und der »Strafexpeditionen« die Fliehenden im Alltag der despotischen Herrschaft nicht weit zu laufen haben. Sie fliehen nicht ›kopflos‹ und ziellos, sondern zum nächsten Versteck. Die Geflohenen kehren zurück, wenn die Eindringlinge abgezogen sind oder die Nachricht durchdringt, daß keine ernsthafte Bedrohung von den herrischen Eindringlingen ausgeht. Vielleicht wandern die Zurückgekehrten ab. Vielleicht kehren sie zu ihrem gewohnten Alltag zurück und sehen sich vor, indem sie Wachen aufstellen, die die anrückenden Soldaten frühzeitig entdecken, und mittels Boten die Häuptlinge und Einwohner anderer Dörfer »rechtzeitig von der Annäherung des Weissen ... benachrichtigen« (H. Klose, 1899: 213).

In Abwanderung, Desertion, Sich-Verstecken und Fliehen gehen unterschiedliche Grade von Freiheit und Ohnmacht ein. Aber noch in der Ohnmacht der überstürzten Flucht und in der Angst der Fliehenden kehrt sich die freiheitliche Bewegung gegen die Herrschenden. Aus der Ohnmacht der Beherrschten wird die strukturelle Ohnmacht der despotischen Herrschaft. Die despotischen Herrscher müssen zusehen, wie ihre Soldaten und Beamten auf leere Dörfer treffen und an den Hauptverkehrswegen die Versorgung und die Entwicklung von Handel und Infrastrukturen nicht gesichert sind. Sie geraten in höchste Bedrängnis, wenn sich an ihren Grenzen ein ebenbürtiger Gegner zum Angriff rüstet und ihre Truppen nicht zahlreich genug sind, um die hohe Desertionsrate zu verkraften. Der Despotismus verwendet seine personellen und organisatorischen Möglichkeiten darauf, Menschen in Verstecken aufzustöbern und Fliehenden nachzujagen. Er rennt gegen eine Struktur der Bewegung an, die in den institutionalisierten Strategien der Flucht entsteht und die Freiheit in der despotischen Herrschaft begründet. Allerorten trifft die despotische Herrschaft auf ›freie‹ Menschen, deren Freiheit so unbedingt wie der Unterwerfungsanspruch der despotischen Herrschaft ist: Der Befehl erreicht die Beherrschten nicht.

3.2. Verweigerung

Die Menschen verstehen es, Befehlen auszuweichen. Dennoch erreichen üblicherweise die Befehle der Lokalverwaltung den Adressaten. Insgesamt wandert die Mehrheit der Beherrschten nicht ab. Die Versteckten verlassen ihre Verstecke. Die Geflohenen kommen zurück. Vor allem ist die Gruppe der unmittelbaren Adressaten der Befehle klein. Es sind die Mittler, allen voran die Häuptlinge. Dementsprechend müssen die Beherrschten auf das Ansinnen und die Befehle der Verwaltung antworten. Eine der Formen, in denen sie mit den Zumutungen der Verwaltung umgehen, ist, sich den Forderungen der Verwaltung zu verweigern und den Befehlen nicht unmittelbar Folge zu leisten.

Nicht anders als die Strategie der Flucht trifft die Verweigerung die Kernbereiche der Ordnung, die die Verwaltung neu ordnet: die Arbeitskraft, den Unterhalt der Herrschenden, den Handel, die Landwirtschaft, das Recht und die Umgangsformen der Unterwerfung. Die Verweigerung hat viele Gestalten. Vom gewaltsamen Widerstand unterscheidet sie sich durch ihre gewaltlosen Mittel, wenngleich die offene Verweigerung von Ansinnen und Befehlen der Herrschenden oftmals mit Gewaltbereitschaft verbunden ist und dementsprechend immer wieder dort endet. Die anderen Formen reichen von der Strategie, die Zeit zu manipulieren, über die Strategie der Verheimlichung, der absichtlichen Mißachtung und Gleichgültigkeit bis zur Strategie der »Deformation« (G. Spittler, 1978: 61f.), in der die Anweisungen und Pläne der Verwaltung an »Obstruktion« und »Umfunktionieren« (ebda) zuschanden werden.

Die offene Verweigerung von Befehlen und gewünschten Leistungen für die Herrschenden bestimmt hauptsächlich die Anfangsjahre der kolonialen Herrschaft. Ihre Nähe zum gewaltsamen Widerstand spiegelt die Gewaltbereitschaft der Beherrschten in der ›Pazifizierungsphase‹. Sie ist gefährlich. Sie fordert die Herrschenden direkt heraus. Sie ist dementsprechend eine Strategie schmerzhafter Niederlagen, weil die Geduld einer despotischen Herrschaft gegenüber offenem Widerstand kurz ist und mehr oder minder umgehend mit Gewalt beantwortet wird. Typisch für die offene Verweigerung sind die Erfahrungen der frühen ›Expeditionen‹, denen Nahrung, Träger und Handelswaren vorenthalten werden.

Die »Reisebilder« von Heinrich Klose (1899) kehren wieder und wieder zu solchen Szenen zurück. Im Zusammenhang der Untersuchung der Tournee habe ich auf die vielfältigen Leistungen hingewiesen, die Dorfbewohner durchreisenden Europäern meist unentgeltlich zu erbringen hatten (vgl. R. Asmis, 1942: 79). Aber Dorfbewohner weigerten sich, den Durchreisenden etwas zum Essen zu verkaufen oder gar eine Unterkunft zur Verfügung zu stellen (ebda, S. 93, 158, 163, 343, 535). Daß die unentbehrlichen Lastenträger zur Belastung der anspruchsvollen Herrschenden wurden, habe ich an vielen

Stellen erwähnt. Noch am Ende des dritten Jahrzehnts der deutschen Herrschaft mußte eine »Expedition« des Bezirksamtmanns von Misahöhe, Walther Stockhausen, die Erfahrung machen, daß »das Volk« sich »an einer Stelle sogar der Trägerpflicht entziehen« wollte. Erst ein »scharfes Strafgericht« brachte das »widerwillige(.) Dorf« auf den untertänigen Pfad der »Pflicht« zurück. Sofern Beamte in späteren Jahren nicht immer die gewalttätige Drohung der »Strafbefugnis« einsetzen konnten, weil sie nach den Verfügungen des Gouvernements im Einzelfall auf den Beamten übertragen werden mußte, kamen sie in »beträchtliche Schwierigkeiten bei der Heranziehung der Steuerarbeiter und dem Einzug der (Steuer- – TT) Gelder« [R 150 ANT FA1/505 (3–5): 151]. Noch im Jahre 1910 weigerten sich Dörfer im Bezirk Lomé-Land, auf Anordnung des zuständigen Häuptlings Zwangsarbeiter zu stellen, wenn der Befehl von einem Boten des Häuptlings überbracht wurde – mit der Folge, daß der Häuptling einen Soldaten mit der Rekrutierung beauftragte und die Dorfbewohner nur noch die Möglichkeit sahen, vor dem Soldaten zu »entlaufen« (ANT FA3/3141: 1). Die offene Verweigerung steckt in der Zwickmühle von Gewalt und Flucht, weil die typischen Antworten der despotischen Herrschaft auf offene Verweigerung die Drohung mit Gewalt und die gewalttätige »Strafexpedition« sind. Deshalb hat die offene Verweigerung im Alltag der Herrschaftsbeziehungen einen kurzen Atem. Zahllose Menschen im »Schutzgebiet Togo« erfuhren es. Sie fanden sich in den langen Straflisten wegen »tätlichem Angriff« gegen Soldaten und Aufseher, »Ungehorsam« gegen Befehle, Verletzungen der Umgangsformen der Unterwerfung wie die »Beleidigung eines europäischen Kaufmanns« oder »ungehöriges« und »ungebührliches Verhalten« wieder und gehörten zur traurigen Zahl der Tausenden von Geprügelten und Strafgefangenen (vgl. ANT FA1/512: 1 ff.).

Angesichts der Gefahr, die die offene Verweigerung gegenüber einem gewaltbereiten Machthaber darstellt, treten Strategien der Verweigerung in den Vordergrund, die weniger unmittelbar die staatliche Verwaltung herausfordern. Eine dieser vielfältigen Formen, Sand in das Getriebe der Herrschaftsausübung zu bringen, ist die Manipulation der Zeit.

Die Verfügung über die Ordnung der Zeit gehört zu den wesentlichen Machtressourcen. Sie entscheidet über Schlachten und das Schicksal von Nationen. Sie ist eine unentbehrliche Säule der Streitregelung. Despotische Herrschaft, wie im »Schutzgebiet Togo« oder anderen deutschen Kolonien, macht ›kurzen Prozeß‹ oder vergißt die Menschen, die sie kurzerhand in die Kerker geworfen hat. Die Mächtigen haben Zeit. Das heißt nicht, daß die Mächtigen faulenzen, wenngleich die politische Philosophie die Ansicht von Montesquieu über den Despoten teilt, daß der Despot das Regieren Statthaltern beziehungsweise seinem »Wesir« überträgt und sich in seinem »Serail den rohesten Leidenschaften« überläßt (Montesquieu, 1965: 116). Spätestens seit Friedrich II. von Preußen haben aber selbst die Despoten keine Muße mehr. Macht haben heißt, mit der Zeit wie mit einem Besitz umgehen zu können, die Zeit zu ›haben‹, und sie dementsprechend den Machtunterworfenen zuteilen zu können. Sinnfälliger Ausdruck dieser Gegebenheit sind das Warten und die ›Zeitgeschenke der Macht‹. Mächtige warten nicht. Ihre Zeit ist so kostbar wie der Umfang der Macht, die sie in den Händen halten. Um so mehr lassen die Mächtigen die Menschen warten, die von ihrer Macht abhängen. Es gibt eine ›Wartezeit der Macht‹ und unterschiedlich üppige und erlesene ›Zeitgeschenke‹. In beiden bilden sich die Hierarchie der Mächtigen und die Statushierarchie ab. Die Mächtigen und Angesehenen können auf Pünktlichkeit rechnen. Die Machtlosen erfahren stattdessen ihre Machtlosigkeit, indem sie zu warten haben und nicht selten unverrichteter Dinge und vom Warten erschöpft nach Hause zurückkehren. Die Mächtigen und Angesehenen schenken sich untereinander viel Zeit. Die Machtlosen gehen leer aus. Macht und Ansehen lassen sich in Minuten messen.

Im Unterschied zu manch anderer Handlungsressource kann der Mächtige und Herrscher jedoch nur in den beiden Extremfällen, der lebenslangen Kerkerhaft und des Todes, die Zeit in seine ausschließliche Verfügungsgewalt bringen. Ansonsten bleibt Zeit auch eine Machtquelle der Beherrschten. Um so konfliktreicher ist diese Ressource. Viele Konflikte zwischen Herrschenden und Beherrschten sind ein Ringen um Zeit. Dabei kann die Zeit selbst Gegenstand des Konflikts sein. Dann geht es zum Beispiel um die Länge der ›Dienst-Zeit‹ und der ›Frei-Zeit‹. Die Zeit kann ein Mittel der Konfliktaustragung sein. Dann ist der Gegenstand des Konflikts die Machtausübung selbst. Ich unterscheide drei Strategien der Widerständigkeit, in denen die Zeit das Mittel ist, um den Ansprüchen der Herrschenden entgegenzuarbeiten: die ›offene‹ und die ›verdeckte Manipulation der Zeit‹ und die ›Strategie der verallgemeinerten Langsamkeit‹.

Die offene Manipulation der Zeit ist der offenen Verweigerung nahe. Sie kehrt die Strategie der Mächtigen, die Machtabhängigen warten zu lassen, gegen die Eroberer und Herrschenden selbst. Als Strategie der Widerständigkeit zielt sie darauf ab, herauszufinden, ob die Macht der Herrschenden ›gedeckt‹ und aus diesem Grund Fügsamkeit angesagt ist (zum Problem der »ungedeckten Macht« vgl. H. Popitz, 1967/68). Bei der offenen Manipulation der Zeit ist Herrschenden und Beherrschten bewußt, daß die offene Auseinandersetzung gesucht wird und beide Seiten nach Anzeichen Ausschau halten, ob in den gefahrvollen Prozessen der Macht der nächste Zug gewagt werden kann. Deshalb hat die offene Manipulation der Zeit ihren typischen Ort dort, wo die Herrschaftsverhältnisse entweder noch nicht endgültig geklärt sind oder erneut in Frage und auf die Probe gestellt werden. In der Kolonie Togo fand sie sich aus diesem Grund hauptsächlich in den ersten beiden Jahrzehnten der deutschen Herrschaft.

Die Expeditionsberichte von Heinrich Klose (1899) aus den 90er Jahren enthalten etliche Beispiele der offenen Manipulation der Zeit. Immer wieder traf die Expeditionstruppe auf Dörfer und Städte, in denen statt des geforderten freundlichen und hilfsbereiten Empfangs den Angekommenen Feindseligkeit entgegenschlug (ebda, u.a. S. 163, 226f., 235, 299). Das Mittel der Zurückweisung bestand unter anderem darin, daß der Häuptling die Expeditionstruppe nur zögerlich und nach einigem Warten begrüßte. War die Herausforderung für die Expeditionstruppe offen und direkt, nahm Heinrich Klose in der Unerschrockenheit, Härte und im fraglosem Überlegenheitsbewußtsein von Stationsleitern den hingeworfenen Fehdehandschuh gewöhnlicherweise auf. Klose (ebda, S. 226f.) schildert beispielsweise einprägsam den Einmarsch der Expeditionstruppe in ein Dorf der Region Kpandu im Jahre 1895: »Im Geschwindschritt drangen wir in das Dorf... ein, wo ich auf einem ziemlich grossen Platze vor der Königshütte die Truppen in zwei Gliedern aufmarschieren liess. ...(B)ald war die Kunde von unserem Erscheinen durch den Ort ... gedrungen. Sogleich war auch der König benachrichtigt und nahm mit seinen Grossen und Würdenträgern vor seiner Hütte auf der anderen Seite des Platzes gegenüber den Soldaten Platz. Auf der Seite meiner Soldaten liess ich mir meinen Feldtisch und Stuhl aufklappen und setzte mich ebenfalls .... Unterdessen hatte der König einen englischen Händler, der als Dolmetscher fungierte, zu mir mit der Nachricht gesandt, dass er bereit sei, mich zu empfangen. Um nun sofort einen Trumpf gegen das hochfahrende Wesen des Häuptlings auszuspielen, liess ich ihm erwidern, dass ich von dem weiten Marsche zu ermüdet sei, um zu ihm zu kommen und dass er gut thun würde, sich zu mir zu begeben .... Der König schickte wiederum seinen Dolmetscher zu mir, um mir zu sagen, dass er bald kommen würde. Ich liess ihm danken und forderte ihn auf, sich ein wenig zu beeilen, da ich nicht lange am Orte zu bleiben beabsichtige.«[17] Nach einigem weiteren Hin und Her endete das ›Zeitringen‹ in der Weise, wie Strategien offener Widerständigkeit unter den Bedingungen der despotischen Herrschaft für die Beherrschten gewöhnlicherweise zu enden pflegen: Der »König« gab »(i)nfolge meines

---

[17] Noch ›offener‹ war ein anderes ›Zeitringen‹, das bezeichnenderweise jedoch nicht auf dem Gebiet der Kolonie Togo und deshalb zwischen zwei Kontrahenten stattfand, die sich wechselseitig als ebenbürtig definieren konnten. Es ist eine Begegnung zwischen Klose an der Spitze einer Expediton und dem Sultan von Salaga im Jahre 1895. Klose (1899: 374f.) erzählt: »Mit Sonnenaufgang wurde aufgebrochen .... Wir ritten bis vor die Stadt, wo uns bedeutet wurde, dass wir warten müssten, bis der König seine Erlaubnis zu unserem Einzuge gegeben haben würde. Wahrscheinlich imponierte ihm meine kleine Karawane nicht, und er wollte mich seine Macht fühlen lassen. Da ich aber keineswegs gewillt war, mich bei meiner schwierigen Mission von der Laune dieses schwarzen Usurpators abhängig zu machen, erklärte ich dem Hofmarschall, dass ich als Abgesandter Sr. Majestät des deutschen Kaisers und als Gast des Sultans nicht beabsichtige, vor den Thoren der Stadt zu warten.« Auch in diesem Fall setzte sich Klose durch. Sein Erfolg beruhte allerdings auf der Drohung, daß eine nachlässige Behandlung der Klose'schen ›Expedition‹ dem »König der Dagomba« in Yendi mißfallen könnte.

energischen Auftretens« nach und »besuchte mich ... mit seinen sämtlichen Würdenträgern, die sich um ihn geschart hatten« (ebda, S. 227).

Weniger selbstbewußte, einflußreiche und mächtige Häuptlinge bedienten sich beim Anrücken von Europäern weniger herausfordernder Mittel. Sie setzten auf eine der Formen der verdeckten Manipulation von Zeit. Auch in diesem Falle muß der Eindringling warten. Unter Umständen wartet er sogar länger und vergeblich, was auf Dauer wesentlich hinderlicher als die Provokation eines Sultans von Kpandu sein kann. Die verdeckte Manipulation bietet dem überlegenen Eindringling keinen unmittelbaren Anlaß für eine »Strafaktion«. Typisch beim Anrücken des unerbetenen deutschen Eindringlings war, daß der Häuptling sich verleugnen ließ. Auf diesem Weg konnten die Dörfer einerseits dem Eindringling zu erkennen geben, daß er nicht gewünscht war, und je nach der Dauer der Wartezeit und ihrer begleitenden Umstände den Eindringling selbst demütigen. Auf der anderen Seite erlaubt die Strategie, sich verleugnen zu lassen, Zeit zu gewinnen, den Herrschenden zu beobachten und zu beratschlagen. Als zum Beispiel Heinrich Klose (ebda, S. 299) »nach dem grossen Fetischorte der Kunyaleute, nach Wurupong« kam, ließ »sich der Häuptling wie gewöhnlich verleugnen«. Man teilte Klose mit, daß der Häuptling »zur Farm gegangen sei«. »Es ist dies ein Kniff«, schreibt Heinrich Klose, »den wir schon kennengelernt haben und der uns meistens eine nicht gerade wohlwollende Aufnahme der Bevölkerung und des Häuptlings verkündet. Auf meine Versicherung, dass ich nur gekommen sei, um den Häuptling zu begrüssen und ihm vor allem Geschenke zu überreichen, wurde ich schliesslich vorgelassen«.

Ob in der Form einer offenen oder einer verdeckten Manipulation der Zeit, der Unterworfene, der den Verwaltungbeamten warten läßt, bedient sich unvermeidlicherweise einer dritten Form der Manipulation der Zeit. Sie gehört zur Gruppe der verdeckten Manipulationen. Ich nenne sie ›Zeitraub‹. Geraubt wird Zeit. Wenn die Beherrschten die Räuber sind, ist es die Zeit der Herrschenden. Die Herrschenden müssen sich gedulden, werden vertröstet und ›mit der Zeit‹ zermürbt. Es geschieht nichts. Die Beherrschten bleiben nicht im Zeitbudget, das ihnen die Herrschenden ausdrücklich zugeteilt oder unausgesprochen zugebilligt haben. Die Beherrschten nehmen sich mehr, oftmals beliebig mehr Zeit.[18] Der Zeiträuber unter den Beherrschten gibt auf den Befehl des Herrschers die gewünschte Antwort. Er ist weit davon entfernt, dem Herrscher in offener Widerständigkeit die Stirn zu bieten. Aber der

---

[18] Beim Zeitraub handelt es sich wieder um eine Strategie der Widerständigkeit, die eine Machtstrategie gegen die Mächtigen selbst wendet. Auch die Herrschenden rauben Zeit. Sie rufen den Bauern zu Zwangsarbeiten, während der Bauer all seine Zeit benötigt, um seine Felder zu bestellen. Sie lassen die Eisenbahnarbeiter von Sonnenaufgang bis Sonnenuntergang arbeiten. Ihre Aufseher treiben die Zwangsarbeiter an. Zwangsarbeit ist institutionalisierte Zeiträuberei. Strategien der Widerständigkeit, die gleichzeitig Machtstrategien der Herrschenden sind, machen naturgemäß aus der Be-

Gehorsam des Zeiträubers ist für die Pläne des tatendurstigen Gouverneurs so lähmend wie das wiederkehrende Fieber für den Malariakranken. Der Premierleutnant und spätere Hauptmann Anton Bruno Herold (1893: 59f.; Herv. i. Orig.) schrieb in seinen Notizen über die »Lebensweise und Sitten der Buschneger im Togogebiet«: »Will man etwas von den Negern, was ihnen nicht *ganz annehmbar* erscheint, so sagen sie, daß man überlegen und in einigen Stunden oder am nächsten Morgen Antwort geben wolle. Natürlich benutzen sie die Zeit bis dahin, um die Antwort genau festzusetzen. Sie fragen nun heimlich auch ihren Fetisch um Rat. Gefällt später dem Weißen die Antwort nicht, so müssen sie wieder Zeit zu einer neuen Antwort haben. So kann man acht Tage an einem solchen Ort sitzen, um dann schließlich als Antwort zu erhalten, man solle ruhig weiterreisen, da man noch *ganz sorgfältig prüfen* wolle – dann werde man eine hochoffizielle Antwort schicken. Auf diese Art werden die Neger den Weißen los und die Sache wird hingezögert.«

Zeitraub ist für eine Herrschaft besonders nachteilig, die der ›Entwicklung‹ von Staat und Gesellschaft verpflichtet ist. Wie die Notiz von Herold veranschaulicht, hat Zeitraub die Neigung, in eine dritte Form der Zeitmanipulation einzumünden. Ich nenne sie die ›Strategie der verallgemeinerten Langsamkeit‹. Sie unterscheidet sich von der widerständigen Strategie des Zeitraubs dadurch, daß sie jeder Bestimmtheit entbehrt. Langsamkeit, Schwerfälligkeit und Trägheit werden nicht mehr gezielt eingesetzt, um bestimmte Anweisungen und Vorhaben der Herrschenden im Vollzug durch die Beherrschten zu Fall zu bringen. Sie legen sich stattdessen über einen großen Teil oder die Gesamtheit der Interaktionen von Herrschenden und Beherrschten. Sie berühren die meisten oder alle Anweisungen, die die Herrschenden an die Beherrschten richten.

Das hat zwei gewichtige Folgen. Erstens treten die konservativen Grundsätze, am Bestehenden festzuhalten und zu verharren, an die Stelle einer Utopie von ›Entwicklung‹, deren Gesetze Bewegung (›Fortschritt‹) und Wandel sind. ›Unterentwicklung‹ ist der Grundsatz der Strategie der verallgemeinerten Langsamkeit, ›Traditionalismus‹ ist seine kulturelle Tracht. Zweitens: Aufgrund des unbegrenzten Anwendungsfeldes läßt sich die Strategie gut als eine allgemeine Persönlichkeitsdisposition typisieren und in den Motivationshaushalt integrieren. Besonders im Rahmen antagonistischer Herrschaftsverhältnisse ist der Beherrschte in den Augen des Herrschenden gewöhnlicherweise immer ›faul‹ oder ›dumm‹ oder beides zusammen. Der Bauer ist ebenso ›dumm‹ wie die Dienstmagd oder später das Dienstmädchen, wie der Lehrjunge und der Arbeiter. Die Strategie der verallgemeinerten Langsamkeit ist gleichfalls der Stoff, aus dem die rassistischen Stereotypen vom ›dummen‹ und ›faulen Neger‹ gewoben sind. Die Hauptschauplätze der Strategie und

---

ziehung zwischen Herrschenden und Beherrschten ein Nullsummenspiel. Was der eine gewinnt, verliert der andere und umgekehrt.

der entsprechenden Stereotypen sind die Stätten der Zwangsarbeit, darunter vorrangig die Plantagenwirtschaft des Eroberers.

Als ›Strategie‹ der Widerständigkeit ist die Strategie der verallgemeinerten Langsamkeit eine Grenzerscheinung. Die Verallgemeinerung und motivationale Integrierbarkeit der Strategie enthalten die Möglichkeit, daß der mehr oder minder bewußte, überlegte und zweckgerichtete Herrschaftsbezug beim Umgang mit der Strategie sich in einem solchen Maß auflöst, daß nicht mehr sinnvoll von einer institutionalisierten ›Strategie‹ der Verweigerung gesprochen werden kann. Aus der ›Strategie‹ der verallgemeinerten Langsamkeit kann langfristig eine ›Kultur‹ der Langsamkeit und Trägheit werden. Die Kultur der Langsamkeit hat manche Gemeinsamkeiten mit der »Kultur der Armut« im Sinne der Untersuchungen von Oscar Lewis (1974, 1967: 26ff.) und den »Kristallisationspunkten« der »Kultur der Unterschicht«, wie sie in den Analysen von Walter B. Miller (1968) beschrieben sind.

Die wichtigste aller Verweigerungsstrategien besteht in dem Verfahren, das der Beamte Voß von der Station Ho, der anscheinend mit Arbeit überhäuft war, im Jahresbericht 1913/14 der Station ohne Umschweife und genau in dem verzweifelten Wort beschrieb: »... (U)nd die Leute tun doch, was sie wollen« (ANT FA3/2127: 8). Die Beherrschten kümmern sich nicht um die Anweisungen des Stationsleiters und die gouvernementalen Verfügungen. Sie »ignorieren« (G. Spittler, 1978: 61), was von seiten der Verwaltung in Gestalt von Forderungen, Befehlen, Ratschlägen, Anweisungen und Plänen auf sie zukommt. Sie beachten die Verwaltung nicht.

Die kurzfristige Wirkung der Strategie der Mißachtung stimmt mit dem Zeitraub überein. Auf die Anweisungen der Verwaltung erfolgt nichts. Die langfristige Wirkung des Ignorierens geht über den Zeitraub hinaus. Zeitraub verlangsamt den Rhythmus des Herrschaftsalltags, was fast bis zum Stillstand führen kann. Dennoch bewegt sich etwas. Langsamkeit bricht nicht mit den Beziehungen von Anordnung und Ausführung, von Befehlshaber und Befehlsempfänger, von Eroberer und Erobertem. Ignorieren ist stattdessen die symbolische Abwandlung der Strategie der Abwanderung. Mißachtung kündigt die Herrschaftsbeziehung auf. Sie tut es nicht mit Kopf und Füßen wie die Abwanderung. Sie vollzieht die Kündigung nur im Kopf. Das bleibt notwendigerweise begrenzt. Anders als der Auswanderer kann derjenige, der bleibt, nicht jeden Befehl ignorieren. Immer wieder muß er seine Reaktionen auf die Ansinnen der Verwaltung festlegen. Immer wieder muß er gehorchen.[19] Zum Beispiel ist er möglicherweise gezwungen, für seine Mißachtung

---

[19] Mit zunehmender Entfernung von der Station kann die Strategie der Mißachtung allerdings in einem Maße verallgemeinert sein, daß die Beherrschten gleichsam wie die Ausgewanderten in einem anderen Land, das heißt, wie in ihrem ursprünglichen Heimatland leben. Regionen, in denen die Strategie der Mißachtung aufs äußerste verallgemeinert ist, müssen als nicht vollständig ›befriedet‹ betrachtet werden. Sie stehen nicht unter der Kontrolle der Verwaltung.

die Strafe auf sich zu nehmen, mit der ihm die Verwaltung zu Leibe rückt. Aber wie es in dem Bericht des Beamten Voß heißt (ANT FA3/2127: 8): »Lieber« zahlen sie »die Gebühr mit M 10.- nach, als daß sie sich an die gegebene Zeitdauer« halten, die in den ausgestellten Passierscheinen für einen Besuch in der britischen Nachbarkolonie vermerkt war.

Die Strategie der Mißachtung erstreckt sich auf alle Bereiche der Verwaltung, in denen Anweisungen nicht durch die physische Gegenwart von Soldaten, Aufsehern und den Beamten selbst durchgesetzt werden können. Die Menschen in Togo kümmerten sich nicht um das Verbot von »Buschfeuern« (vgl. C. Martin, 1916: 13) und hielten an dem »streng verbotenen Verfahren« fest, beim Gummisammeln gleich die ganzen Wurzeln der Lianen auszugraben (R 150 ANT FA1/83 (5–5): 257). Sie scherten sich nicht darum, daß ein Teil des Handels, der über die Grenzen der Kolonie in die Nachbarkolonien hineinreichte, zum ›Schmuggel‹ geworden war. Der ›Schmuggel‹ blühte (vgl. R 150 ANT FA3/3037: 46f.). Sie wanderten massenhaft in die Nachbarkolonien aus, obwohl es »nicht zulässig« war. Sie hielten am »Königseid«, an Ordalen und an der Tötung von Hexen fest (vgl. ANT FA3/2093: 140; ANT FA3/1045: 1ff.; ANT FA3/4089: 58ff.). Sie kamen nicht zu den Impfaktionen und nahmen es noch weniger auf sich, den Arzt ein zweites Mal, wie vorgeschrieben, aufzusuchen, um den Impferfolg feststellen zu lassen. Sie blieben gleichgültig gegenüber den Anstrengungen der Verwaltung, die überkommene Hacke durch den Pflug zu ersetzen (vgl. A. J. Knoll, 1978: 140f.). Die Afrikaner benutzten nicht einmal die neu angelegten Straßen und Wege (A. B. Herold, 1894e: 25). Sie zogen die Trampelpfade des ›Buschs‹ den ›Straßen der Macht‹ vor, wie ich die Straßen nenne, die die Kolonialverwaltung anlegen ließ, und die einfacher zu überwachen waren. Frühe staatliche Herrschaft ringt mit einem Meer der ›Ignoranz‹. Die Beherrschten sind scheinbar nicht zu beeindrucken. Sie haben, wie es der Arzt und Leiter der Schlafkrankheitskommission, Dr. Maximilian Zupitza, ausgedrückt hat, kein Verständnis gegenüber den Absichten des Gouvernements. Sie tun vielmehr so, als ob es die staatliche Verwaltung gar nicht gäbe.

Die Beherrschten der frühen staatlichen Herrschaft sind Geheimniskrämer. Sie verweigern Wissen. Sie kommen nicht zum Zensus. Sie machen keine Angaben über ihre Kinder. Sie lassen den Boden, den sie bebauen, nicht in das Grundbuch eintragen. Sie halten nichts von Standesamtsregistern. Sie unterrichten keinen Regierungsarzt von den Symptomen der Schlafkrankheit, die sie an sich bemerkt haben. Sie machen keine Angaben über die Güte der Ernte. Im Antagonismus der kolonialen Situation verweigern die Beherrschten das Rohmaterial für das Herrschaftswissen. Die Häuptlings- und akephalen Gesellschaften knüpfen mit der Verweigerung des Wissens dabei noch an das »Ideal der Nicht-Kommunikation« (M. Alliot, 1980: 188) an, das der Aufrechterhaltung der Gleichheit dient, ein Bestandteil der Ordnung der Machtkontrolle ist und sich zum Beispiel darin bemerkbar macht, daß die

Neugier der Menschen für ihre Nachbarvölker und selbst innerhalb eines Dorfes für die benachbarte lineage wenig ausgeprägt ist. Dem Wissenshunger der bürokratischen Verwaltung steht also eine Wissensverweigerung der Beherrschten entgegen. In der Wissensverweigerung treffen auf augenfällige Weise ›Traditionalität‹ und ›Rationalität‹ zusammen, die in unterschiedlichen Mischungsverhältnissen in das gesamte Spektrum der Distanzierungsstrategien der Beherrschten eingehen.

Die Verweigerung von Wissen gewinnt häufig die Form der »Obstruktion«, die Gerd Spittler (1978: 61) zusammen mit der Reaktion des »Umfunktionierens« der Strategie der »Deformation« zuordnet. Die Obstruktion macht »die Anordnungen der Verwaltung unschädlich« und die Anstrengungen zunichte (ebda). Spittler erwähnt zum Beispiel, daß die Bauern im nachkolonialen Niger die Hackarbeiten auf dem »Parteifeld« (»champ du parti«) zum falschen Zeitpunkt durchführten oder Vieh über die Saat laufen ließen, um die Produktion auf diesen Feldern zu stören. Es ist anzunehmen, daß hinter mancher Mißerfolgsmeldung der Bezirksverwaltungen im landwirtschaftlichen Bereich, zum Beispiel im Baumwollanbau, aber auch im Handel, gleichartige Obstruktion am Werk war (vgl. R. Erbar, 1991: 128ff.). Von den Fehlschlägen, den Pflug einzuführen, habe ich schon berichtet. Die Absolventen der Landwirtschaftsschule in Notsé (Nuatja), die als Vorreiter neuer landwirtschaftlicher Techniken beispielgebend sein sollte, kehrten nach Beendigung ihrer Ausbildung auf kürzestem Weg zu den bewährten Methoden zurück. Das Gouvernement mußte sich eingestehen, daß es bei der Ausbildung der Schüler mehr als die Schüler über tropische Landwirtschaft gelernt hatte (vgl. A. J. Knoll, 1978: 141; R. Erbar, 1991: 152ff.). Jahresberichtsfähige Obstruktion war hingegen die nachlässige Instandhaltung der öffentlichen Wege, was der Berichterstatter – zwanzig Jahre nach der vergleichbaren Beobachtung des Hauptmanns Herold, die ich oben erwähnt habe – mit dem knappen Satz kommentierte (ANT FA3/2127: 6): »Den Nutzen der Verkehrsstraßen erkennt er (der ›Eingeborene‹ – TT) nicht.« Ebenfalls war die Einführung von Zehn- und Zwanzigpfennigstücken ein Schlag ins Wasser. Die Einheimischen ließen sich nur darauf ein, deutsche Markstücke anzunehmen, weil sie dem englischen Schilling nahekamen. Das Verbot, Gummibäume zu fällen, stieß gleichermaßen auf beträchtlichen Widerstand. Die Gummisammler waren zu großen Teilen nicht davon abzubringen, die Bäume umzuschlagen. Eine ausreichende Kontrolle war nicht möglich (ebda, S. 128, 150).

Zur Obstruktion gesellt sich das Umfunktionieren von Sachen (z. B. Maschinen, Gebäuden, Handwerkszeug) und Geldmitteln (z. B. Kredite, Hartgeld). Die Beherrschten verwenden sächliche Neuerungen und Sach- und Geldleistungen, die ihnen die Verwaltung, öffentliche Einrichtungen oder private Organisationen und Wirtschaftsunternehmen im Rahmen regierungsamtlicher Programme zukommen lassen, in einer Weise und für Zwecke, die mit den Zielsetzungen der Programme und den Zwecken der Leistungen nichts zu tun haben, ihnen zuwiderlaufen und in ihr Gegenteil verkehren. Umfunktionieren, wie das Regierungssaatgut zu verkaufen, wird in vielen Fällen zu einer Art ›Weißer-Kragen-Kriminalität‹ des ›einfachen Mannes‹. Umfunktionieren enthält die ›Korruption von unten‹. Zum Beispiel erhielten die Absolventen der »Ackerbauschule« in Notsé beim Verlassen der Schule einen Pflug und weitere Gerätschaften zur Bebauung des Landes. Die Verwaltung des jeweiligen Heimatbezirks des Absolventen hatte zwei bis drei zur Arbeit geeignete Rinder sowie Saatgut unentgeltlich zur Verfügung zu stellen. »Schon bald stellte sich jedoch heraus, daß das Zugvieh nicht selten einer wenig zweckdienlichen Verwendung zugeführt wurde. Der Bremer Kaufmann Vietor berichtete in seinen Erinnerungen rückblickend, »*dass die Familie, wenn der Sohn wiederkam, zunächst ein grosses Freudenfest machte und die Ochsen schlachtete und auffrass*«« (R. Erbar, 1991: 154; Herv. i. Orig.). Ein verbreitetes Beispiel für Umfunktionieren gehört allerdings eher zum Gegenstand der Kunstethnologie als der Soziologie der Abweichung und der Herrschaft, wenngleich es unmittelbar die Durchsetzung der Geldwirtschaft berührte. Als Hauptmann Herold in den ausgehenden 80er Jahren des 19. Jahrhunderts im Bezirk Misahöhe Hartgeld als Zahlungsmittel einführte, mußte er wenig später feststellen, daß die Geldstücke zu Ringen und anderen Schmuckstücken verarbeitet worden waren (vgl. A. J. Knoll, 1978: 129).

Nicht anders als die Strategien der Flucht können die verschiedenen Formen der Verweigerung unterschiedliche Grade der Herausforderung an die Mitglieder der herrschenden Gruppe und die staatliche Verwaltung enthalten. Beide Strategien können immer individuell, aber ebenfalls kollektiv eingesetzt werden.[20]

Die Flucht der Dorfbewohner kann angekündigt und von den Häuptlingen als Drohung verwendet werden. Die Strategie, den Eindringling warten zu lassen, kann einerseits ›hochfahrend‹ sein. Andererseits mag sie sich durch ›Ausflüchte‹ tarnen. Die Menschen fliehen einzeln und mit ihrer Familie über die Grenze. Ebenfalls macht sich ein ganzes Dorf oder wenigstens ein großer Teil der Dorfbewohner, vor allem die Männer, unter der Führung des Häuptlings auf, um in den Nachbarländern eine Besserung des Loses zu suchen.

---

[20] Gerd Spittler (1978: 64) geht davon aus, daß die »defensiven Strategien« der von ihm untersuchten Bauern »individuell, nicht kollektiv« sind. Die Daten aus dem »Schutzgebiet Togo« legen stattdessen nahe, daß sich Spittler unausgesprochen zu sehr von der Vorstellung des selbständigen bäuerlichen Haushalts leiten läßt. Dieser Haushalt schließt aber nicht aus, daß gerade in stärker egalitär geordneten, kleineren Häuptlingstümern und in den akephalen Gesellschaften Nachbarn oder Häuptlinge Sanktionen zur Hand haben, um Dorfbewohner, die mit dem ›Feind‹ zusammenarbeiten oder an ihm verdienen, zu einem Verhalten zu veranlassen, das weniger kooperativ gegenüber dem Eroberer ist.

Dorfbewohner können sich individuell weigern, einer durchziehenden ›Expedition‹ Lebensmittel zu verkaufen oder Unterkunft zu gewähren. Ein Dorf vermag auf seine Mitglieder Druck auszuüben, sich auf die Versorgung und den Handel mit den Eroberern nicht einzulassen. Das traf im »Schutzgebiet Togo« besonders auf die ersten Jahrzehnte der Errichtung der Kolonialherrschaft und hauptsächlich auf bestimmte Dörfer zu, zu denen die »berüchtigten Fetischnester« (R. Küas, 1939: 21) gehörten. In den Dörfern, »die von den Fetischpriestern aufgehetzt waren«, gab es für die herrischen Besucher »beständig Scherereien, da die Häuptlinge die Weissen als Feinde betrachteten und ihnen alle Hindernisse in den Weg zu legen suchten«. Die Dorfbewohner, die dem Eindringling Proviant verkauften und Quartier gaben, erklärte Heinrich Klose (1899: 163), wurden »von ihren Landsleuten scheel angesehen und dazu aufgehetzt..., künftig dem Reisenden keine Unterkunft zu gewähren«.

Im Unterschied zu revolutionärem und besonders gewaltsamem kollektivem Widerstand sind die Strategien der Widerständigkeit nicht ›diskontinuierlich‹. Revolutionärer Widerstand erfordert typischerweise über kurz oder lang eigenständige Organisationsformen. Zu den äußersten Formen solcher Eigenständigkeit zählen ›Revolutionsarmeen‹, aber auch ›Terrororganisationen‹ und ›Untergrundbewegungen‹, wie sie bezeichnenderweise heißen. Zusammen mit dem besonderen Charakter von Widerstandshandlungen geht mit den eigenständigen Institutionen eine Diskontinuität des Alltags, des Lebenslaufs und der Gruppenzugehörigkeiten einher. Die Strategien der Widerständigkeit brauchen stattdessen keine eigenen Einrichtungen. Widerständigkeit ist alltägliches Gegeneinander. Widerständigkeit braucht keine neuen Verbündeten. Sie ist ein Teil der sozialen Ordnungen der Beherrschten selbst. Zu ihnen gehört der bäuerliche Haushalt, aber ebenso und vorrangig in bäuerlichen Gesellschaften das Dorf. Unter den Bedingungen der intermediären Herrschaft ist es das Dorf, das der Adressat der Forderungen der Verwaltung ist. An das Dorf richten sich die Begehren nach Verproviantierung, Unterkunft, Zwangsarbeit und Steuern. Das Dorf ist die Einheit, nach der die Verwaltung ihr abstraktes Wissen zu organisieren sucht. Das Dorf ist aufgefordert, die Wege oder Herbergen der Macht zu bauen und zu pflegen. Der Dorfhäuptling ist die unterste Einheit in der Hierarchie des administrativen Häuptlingswesens. Es ist das Dorf, das die »Strafexpeditionen« heimsuchen. Es ist dementsprechend das Dorf, das die individuellen Reaktionen der Widerständigkeit zu unterstützen, zu verschärfen und zu konkreten Gelegenheiten zu vereinheitlichen vermag.

Sind die Strategien der Flucht in besonderem Maße auf den despotischen Teil des Verwaltungshandelns bezogen, sind die Strategien der Verweigerung hauptsächlich ein Bestandteil des intermediären Verwaltungshandelns. Sie wären ohne die intermediäre Organisationsweise des Despotismus in »Bauernstaaten« nicht im gehandhabten Umfang möglich. Anschaulich ist es in dem oben erwähnten Fall, in dem die Dorfbewohner dem Boten des Häuptlings offen die Stellung von Zwangsarbeitern verweigerten, um nach der Entsendung eines Soldaten die Flucht zu ergreifen. Die Widerständigen sind wenigstens zuerst einmal nicht unmittelbar der despotischen Macht der Verwaltung ausgesetzt. Ihre Widerständigkeit richtet sich zuerst gegen den Häuptling. Er ist einer der ihren und in vielen Gesellschaften einer, dessen institutionelle Macht in vorstaatlicher bzw. vorkolonialer Zeit deutlich begrenzt war. Manchmal kann er als reines ›Kind der Regierung‹ nicht einmal die traditionalen Vorrechte und das überkommene Ansehen des Häuptlings für sich in Anspruch nehmen. Sich dem Häuptling gegenüber deshalb den Forderungen der Zentralverwaltung zu verweigern, gehört zu den institutionalisierten Verfahrensweisen der Machtkontrolle und Tugenden in Häuptlingsgesellschaften und erst recht in akephalen Kulturen.

Verweigerung liegt um so näher, je weniger der Beherrschte von der staatlichen Verwaltung fordert. Typisch für eine bäuerliche Gesellschaft, in der die Bauern nur eingeschränkt für den Markt produzieren, und für das despotische Machtverhältnis ist, daß die Beherrschten nichts von der Verwaltung verlangen. Die große bäuerliche Mehrheit nicht anders als die Mehrheit der mehr oder minder großen Händler wollen nicht einmal die Verwaltung in ihren Entscheidungen beeinflussen. Das A und O im Verhältnis zwischen Beherrschten und Herrschenden ist stattdessen der Grundsatz, die Verwaltung und alle Repräsentanten der staatlichen Ordnungsmacht und des Herrschaftszentrums von sich fernzuhalten, wie Gerd Spittler (1978: 64) treffend und genau unterstreicht. Distanz ist das Ordnungsgesetz. Auf dem Weg zum direkten Zugriff der Verwaltung auf die Beherrschten, das heißt zur bürokratischen Herrschaft, wird das Distanzprinzip von seiten der Verwaltung durch den Grundsatz der Nähe ergänzt (vgl. T. v. Trotha, 1986: 54ff.). Der Weg enthält die Unterwerfung und den Oktroi von Leistungen. Ganz im Unterschied zu der anspruchsvollen Hilflosigkeit der ›Staatsbürger‹ im hochindustrialisierten Sozialstaat haben die Beherrschten am Beginn des Institutionalisierungsvorgangs zentraler Herrschaft und unter den Bedingungen einer bäuerlichen Ökonomie mit geringer Marktintegration keine Verwendung für die staatlichen Leistungen. Für die Beherrschten sind ein großer Teil der ›Leistungen‹ Lasten, die die Beherrschten bis zum äußersten belasten. Diese Lasten gegenüber dem Mittler zu verweigern, entspricht der Rationalität der Interessen der Beherrschten.

Verweigerung ist gleichfalls für den Mittler rational, obwohl sie für ihn mit abnehmenden Ressourcen an Macht, Einfluß und Ansehen von Anfang an risikoreich ist. Als Mittler ist er nicht nur einer, der den Menschen seines Dorfes oder seiner Stadt zugehört, er muß gleichfalls Mitglied bleiben und die Interessen der Beherrschten zur Geltung bringen, wenn er die Rolle des Mittlers angemessen ausfüllen soll. Zusätzlich hängt die Nutzung und Erweiterung der Machtchancen, die die Position und Rolle des Mittlers enthalten, davon ab, daß er in einem Hochseilakt der Ausbalancierung der Interessen ›Distanz‹ zur staatlichen Verwaltung zu wahren vermag. Er wird diese Distanz vornehmlich mit der Strategie des Zeitraubs herzustellen suchen. In der Lage des Mittlers hat er gegenüber der Verwaltung charakteristischerweise meist ›Ausreden‹ zur Hand. Die Zahl und Stichhaltigkeit seiner ›Ausreden‹ entspricht dem Grad, in dem die Verwaltung unwissend und auf Informationen über die lokalen Verhältnisse durch den Mittler angewiesen ist.

Hinzu kommt, daß in einer intermediären Verwaltung die Kommunikationswege von sich aus lang sind. Zusammen mit den infrastrukturellen Kommunikationshindernissen stützen sie alle Verweigerungsstrategien jenseits der offen Verweigerung und der offenen Manipulation der Zeit. Bis die Lokal- oder gar die Zentralverwaltung von ihren fehlgeschlagenen Anweisungen, Befehlen und Plänen erfährt, verstreicht jedesmal viel Zeit, wobei ab einer bestimmten Entfernung der Adressaten von den Stationen und Hauptverkehrswegen der Zeitgewinn für die Beherrschten unverhältnismäßig anwächst. Eine Vorstellung davon vermittelt die Bemerkung des Arztes Ernst Rodenwaldt (1957: 50), daß die Dörfer im »Akposso-Gebiet«, die er auf der »Expedition« mit dem Stationsleiter Walther Stockhausen aufsuchte, »seit 10 Jahren« »keinen Europäer (mehr – TT) gesehen« hätten. ›Intermediäre Zeit‹ und die Zeit einer schwerfälligen Infrastruktur sind Zeiten, die die Beherrschten ›haben‹. Sie sind ›Untertanenzeiten‹. Sie entlasten die Beherrschten von Zeitdruck und der Gegenwart der Verwaltung. Diese Entlastung steigert die Chance, Verweigerungsstrategien zu veralltäglichen.

Die Länge der Kommunikationswege ist Teil einer äußersten Verwischung von Verantwortlichkeiten und ›Schuld‹ in der intermediären Herrschaft, die die Beherrschten in Rechnung stellen können und im Wege der mehr oder minder verdeckten Verweigerungsstrategien zusätzlich steigern. Für die Lokalverwaltung ist erst nach langer Zeit, wenn überhaupt entscheidbar, daß z.B. die Vernachlässigung der öffentlichen Wege nicht darauf beruht, daß die Bauern sich nicht aus bloßem ›Ungehorsam‹ der Arbeit an den Straßen der Macht verweigern, sondern daß dringende Arbeiten auf den Feldern zu erledigen sind – wobei der Sache nach das eine mit dem anderen eng verbunden ist. Die Verwaltung steht vor dem Problem, eine sehr schwierige Güterabwägung vorzunehmen. Gewöhnlicherweise hält sie sich damit allerdings nicht auf. Sie setzt auf die produktive Rücksichtslosigkeit des Nichtwissens. Die Verwaltung reagiert mit den Mitteln des despotischen Verwaltungshandelns. Typischerweise macht sie jedoch dann die Erfahrung, daß die Menschen, vor die Schrecken der Gewalt gestellt, abwandern oder fliehen. Statt die Dorfbewohner verantwortlich zu machen, denen »Aufopferungssinn und Pflichtgefühl völlig« abgehen (Dr. Maximilian Zupitza, zit. n. W. U. Eckart, 1988: 32), kann die Verwaltung sich anschließend an den Häuptling, den ersten Adressaten aller Kommunikation mit den Beherrschten, halten. Sie wechselt den Häuptling aus, wie es zum Beispiel der Bezirksamtmann von Misahöhe, Dr.

Hans Gruner, in großem Umfang gehandhabt hat. Die mögliche Folge ist, daß die größere Kooperation, die der neue Häuptling im glücklichsten Falle gewährleistet, mit verstärkten Verweigerungsstrategien der Dorfbewohner gegenüber einem Häuptling erkauft wird, der weniger Mittler denn ›Kind der Regierung‹ ist.

Angesichts der Gewalttätigkeit der staatlichen Verwaltung ist die Strategie der Verweigerung mit großen Gefahren verbunden, wenn sie zur direkten Konfrontation zwischen Verwaltung und Beherrschten führt. Sie ist grundsätzlich todesgefährlich. Der Despotismus schließt ein, daß die ›beste Ausrede‹ und die feinsinnigste Zeiträuberei jäh durch Gewalt beendet wird. Im sogenannten ›Tropenkoller‹ mußten es die Unterworfenen in Togo leidvoll erfahren. Aber die intermediäre Herrschaft setzt in Verbindung mit einer hindernisreichen Infrastruktur dem unmittelbaren Aufeinandertreffen von Herrschenden und Beherrschten enge Grenzen. Diese Grenzen ordnen sich zur Chancenstruktur der Strategien der Verweigerung. Die intermediäre Struktur wirkt wie Sicherungsschleusen, hinter denen die Menschen, abgeschottet vom direkten Zugriff der Verwaltung, die verschiedenen Formen der Verweigerung üben und veralltäglichen. Verweigerungsstrategien blühen im Schatten der Intermediarität.

3.3. Defensive Kommunikation

»Was ist der Eingeborene für ein Mensch? ... Wahrheit und Ehrlichkeit sind ihm etwas Unbegreifliches und Unverständliches, man muß es annehmen, sonst könnte man kein Verständnis für diese Verlogenheit haben« [Ada Cramer (1913), zit. n. A. Brooker Sadji, 1985: 259].[21] Die »ungeheure Verlogenheit des Eingeborenen« – so der stellvertretende Gouverneur Togos, Dr. jur. Ernst Heim, in einem Gutachten zur Regelung des »Strafrechts für die Eingeborenen« im Jahr 1900 [R 150 ANT FA1/491 (4–8): 212] – gehörte zum festen Bestand an Vorurteilen der deutschen Eroberer. Was aber hier im Vorurteil von meist rassistischen Charakter aufscheint, ist die Tatsache, daß das Lügen im Antagonismus der kolonialen Situation zu einer wichtigen Kommunikationsform der Beherrschten wird. Zum Lügen gesellen sich die Strategien der ›Ausreden‹, des vorgespielten Nichtwissens, der vorgeblichen Zustimmung und des Verbergens der Wahrheit durch Schweigen oder beliebige unwahre Angaben.

Wenngleich diese Kommunikationsformen der Beherrschten dazu dienen können, die Herrschenden und die staatliche Verwaltung im besonderen in

---

[21] Ada Cramer war die Frau eines Farmers namens Otto Cramer aus dem einstigen Deutsch-Südwestafrika und hat ein Buch mit dem Titel »Weiß und Schwarz. Lehr- und Leidensjahre eines Farmers in Südwest im Lichte des Rassenhasses« geschrieben.

einer bestimmten Richtung zu beeinflussen, prägt die Suche, die Fragen, Ansinnen und Forderungen der Herrschenden abzuwehren, den Charakter dieser Verkehrsformen, wie Gerd Spittler (1978: 64) zu Recht betont hat. Diese Kommunikationsformen sind »defensiv«, weil es sich um Re-Aktionen auf die Aktionen der staatlichen Verwaltung oder anderer Mitglieder der herrschenden kolonialen Gesellschaft handelt. Die Initiative geht von den Herrschenden aus. Die Beherrschten stellen keine Forderungen. Die Beherrschten wehren Forderungen ab, die an sie herangetragen werden. Der Kommunikationssituation selbst ist oftmals ein Zug schicksalhafter Ausweglosigkeit eigen. Der Familienvater, dem man soeben einen seiner Söhne zur Zwangsarbeit verschleppt hat, wird gefragt, ob noch andere junge Männer im Hause sind. Besonders in Arbeitsverhältnissen und im Umgang der kolonialen Gesellschaft mit den Dienstboten kommt es zu Situationen, die ich aus der Perspektive des Unterlegenen ›Situationen der ausweglosen Handlungsnot‹ nenne, und von der besonders die koloniale Memoirenliteratur erzählt.[22] Der Unterlegene sieht sich einer Anschuldigung gegenüber. Leugnet er die Tat, derer er beschuldigt ist, wird er geprügelt, weil er sie leugnet und damit unausgesprochen ›seinen Herrn‹ der falschen Anschuldigung oder nur des einfachen Irrtums bezichtigt. Bekennt er sich zu der Anschuldigung, gleichgültig ob er die Tat begangen hat oder nicht, wird er geprügelt, weil er die Strafe ›verdient‹ hat. ›Defensiv‹ ist die Kommunikation der Beherrschten, weil vor allem eine Absicht ihr kommunikatives Handeln beherrscht: den Herrschenden mit all seinen Fragen, Ansinnen und Befehlen so umgehend wie möglich loszuwerden und von sich fernzuhalten. »Defensive Kommunikation« ist auf die Distanzierung des Herrschenden in einer Situation gerichtet, wo es typischerweise nicht mehr in der Hand des Beherrschten liegt, die Kommunikation abzubrechen und das Weite zu suchen. Defensive Kommunikation schlägt keine Brücken zwischen dem herrischen Eindringling und dem Einheimischen. Sie bestätigt stattdessen den tiefen Graben, der Herrschende und Beherrschte in der kolonialen Situation trennt. Sie ist aber auch eine Kommunikationsform der Subjekthaftigkeit des Handelnden in einer Situation, in der der Handelnde auf mehr oder minder ausgeprägte Weise auf den Objektstatus des Unterlegenen festgelegt ist.

Lügen als defensive Strategie hat ihren Ort vor allem in Situationen, wo herrisch gefragt wird und das Mißtrauen des Befragten ein Spiegel des gebieterischen Ansinnens des Fragenden ist. In der Kolonie Togo traf es deshalb hauptsächlich die Rekrutierung von Zwangsarbeitern, die Erhebungen zum Zensus oder die neugierigen Fragen der Ärzte. Die Ältesten eines Dorfes machten zum Beispiel bei Fragen nach der Anzahl der Männer ihres Dorfes so geringe Angaben wie möglich, »um so wenig als möglich zur Steuerarbeit

---

[22] Vgl. den Fall der ›Gift-Anschuldigung‹ auf der Farm des Siedlers Otto Cramer (A. Booker Sadji, 1985: 257f.).

schicken zu können« (ANT FA3/2124: 22). Für ethnomedizinische Studien gab der Arzt Ludwig Külz (1906: 58f.) den Ratschlag, »vorher das volle Vertrauen der Eingeborenen« zu erwerben, »denn der Neger mißtraut zunächst jeder Frage des Weißen, deren Grund er nicht versteht, und wo er mißtrauisch ist, antwortet er stets mit einer Lüge«. Der Arzt Ernst Rodenwaldt (1957: 65) erzählt: »Von der Paßhöhe (= Françoispaß – TT) kam ich mit dem Rade rasch in die Ebene zu den Dörfern, die ich suchte. Unter dem Dorfbaum saßen auf den Baumstämmen einige Leute. ›Ihr habt hier Pocken?‹ ›Nein!‹ In den nächsten Hütten lagen mit Schwären übersäte Kranke .... Lüge? Die berechtigte Abwehrreaktion jedes Primitiven, der dem Fremden nichts sagen wird, bevor er weiß, was er vorhat!« Von seinen Erhebungen zum »Eingeborenenstrafrecht« behauptete allerdings Rudolf Asmis (1908: 15f.) selbstbewußt und großspurig, daß er »nur zweimal Anlaß« hatte, »einer zutage tretenden absichtlichen Unwahrheit entgegen(zutreten)«. Eine besondere Form des Lügens ist der Namenswechsel. Gerd Spittler (1978: 63) berichtet aus dem nachkolonialen Niger, wie Bauern im Zusammenhang mit Zensuserhebungen von der Strategie, den Namen zu wechseln, Gebrauch machen, »damit sie (die Bauern – TT) mit neuen Angaben starten können«. Nicht wesentlich anders hieß es in einem Schreiben des Gouverneurs von Zech vom Mai 1910 (ANT FA3/3134: 159): »Die Arbeit der Schlafkrankheits-Kommission ist wiederholt dadurch erschwert worden, dass in manchen Bezirken die Eingeborenen ihre Namen willkürlich gewechselt haben, um ihre Feststellung zu erschweren. Ich ersuche ergebenst, bei sich darbietenden Gelegenheiten die Eingeborenen immer wieder darauf hinzuweisen, dass sich strafbar macht, wer vor der Behörde oder in Ausübung amtlicher Befugnisse handelnden Personen, einen falschen Namen angibt. Auch bitte ich, unnachsichtig Strafen eintreten zu lassen, wenn die Angabe falscher Namen (zweiter Namen, Palmweinnamen und dergl.) festgestellt wird.«

Lügen bei Erhebungen der Verwaltung oder Namenswechsel werden gleichermaßen wie manche ›Ausrede‹ oder vorgebliches Nichtwissen von amtlichen Verordnungen und ›Gesetzen‹ [vgl. R 150 ANT FA1/411 (84–10): 197ff.] zielgerichtet und in diesem Sinne ›strategisch‹ eingesetzt. Der Befragte oder angesprochene ›Untertan‹ weiß oder meint zu wissen, wie er zu antworten hat, um ein Ergebnis zu erzielen, das für ihn günstig ist. Vielfach weiß indes der angesprochene und befragte Bauer, Händler oder Hausangestellte nicht, welche Aussage für ihn die günstigere ist. In diesem Fall antworten die Beherrschten auf die Fragen der überlegenen Eindringlinge vor allen Dingen mit zwei Mustern: mit Zustimmung oder Verbergen der Wahrheit.

›Der Boss hat immer recht‹, lautet ein zutiefst undemokratischer und verhängnisvoller Leitsatz von Untergebenen. In der defensiven Kommunikation der Zustimmung erfährt diese Maxime jedoch eine Wendung, die den Sinn der unterwürfigen Lebensregel in sein Gegenteil verkehrt. Statt Unterwerfung unter den Willen des Mächtigeren soll der Überlegene mit einer Zustimmung abgespeist werden, die ihn befriedigt, zu keinen weiteren Fragen veranlaßt, die Interaktion so schnell wie möglich beendet und den Machtunterworfenen aus einer Situation entläßt, die der Machtunterworfene als solche schon für höchst unangenehm, wenn nicht gar gefährlich hält. Anschaulich ist das zugespitzte Beispiel der Zeugenaussage von Afrikanern, das in der Kolonialrechtsliteratur einen wichtigen Platz hatte und von Rudolf Asmis (1942: 93 f.) in folgender Weise aufgegriffen wurde: »Eine besondere Schwierigkeit besteht ... in der Aufgabe, die Zeugen selbst im Prozeß zur wahrheitsgemäßen Aussage zu veranlassen. Wir kannten im allgemeinen nur die Ermahnung zur wahrheitsgemäßen Aussage und die Strafdrohung für die bewußt falsche Aussage. ... Aber selbst wenn alle diese Mittel zur Erreichung einer wahrheitsgemäßen Aussage angewendet sind, ist man noch keineswegs sicher, daß der Eingeborene wirklich die objektive Wahrheit sagen wird, selbst wenn er keineswegs bewußt einen Tatbestand verschleiern oder entstellen will. ... (Der Eingeborene – TT) ... wird häufig etwas sagen, von dem er glaubt, daß er damit dem Europäer einen Gefallen tut.«

In vielen Situationen vermag die Zustimmung den Machtunterworfenen aus der gefährlichen Interaktion mit dem Mächtigen befreien. Selbst wenn die Zustimmung zum Beispiel in der Form eines ›Geständnisses‹ zu grausamen Prügeln führt, kann der Machtunterworfene in der ›Strafe‹ das ›kleinere Übel‹ als die Unberechenbarkeit eines gereizten Eroberers erkennen, dem der Schwache widerspricht. Aber anders als die Lüge bestätigt die Zustimmung die grundsätzlichen Ansprüche des Eroberers auf uneingeschränkte Unterwerfung der Eroberten und auf die bedingungslose Überlegenheit des Eroberers.

In ähnlicher Weise wie die Lüge schränkt stattdessen das Verbergen der Wahrheit diese beiden Ansprüche ein. Im Unterschied zur Zustimmung sucht der Machtunterworfene, Abstand vom Mächtigen nicht dadurch zu gewinnen, daß er die objektivierende Interaktion so schnell wie möglich hinter sich bringt. Im Verbergen der Wahrheit distanziert sich der Schwache von den hochfahrenden Ansprüchen des Mächtigen innerhalb der Interaktion selbst. Das kann und soll für den Eroberer undurchschaubar bleiben. Auf diese Weise gewinnt der Machtunterworfene ein Stück interaktiver Handlungsfreiheit oder glaubt, sie zu gewinnen. Oft ist es vor allem ein Zeichen und ein Beispiel für all die anderen unter den Eroberten und Schwachen, die anders als der Eroberer wissen, was dem Eroberer vorenthalten wird. Defensive Kommunikationsformen, die im Beisein von anderen Machtunterworfenen ausgeübt werden, sind oftmals Formen kommunitärer ›Verschwörungen‹.

Das Verbergen der Wahrheit tritt hauptsächlich in zwei Formen auf: in der beliebigen unwahren Aussage, die Gerd Spittler (1978: 63 f.) anhand von Beobachtungen des Ethnologen M. G. Smith (1955: 117) erläutert, und im Schweigen. Anders als die Lüge, bei der der Machtunterworfene zu wissen meint, wie die für ihn günstige Aussage lauten muß, besteht die beliebige unwahre Aussage darin, immer das Gegenteil von dem zu sagen, was der Machtunterworfene als Frage des Mächtigen bestimmt. So wurde auf dem Deutschen Kolonialkongress von 1910 in einem Diskussionsbeitrag zur »Reform des Eingeborenenrechtes« angemerkt (VhKK, 1910: 582): »Auf die Fragen eines ihm nicht vertrauten Europäers nach den Rechtsgebräuchen wird das bei ihm (dem ›Neger‹ – TT) sehr stark entwickelte Misstrauen ihn eher veranlassen, das Gegenteil von dem zu sagen, was Geltung hat, weil er fürchtet, dass eine Offenheit ... in der Hand des ihm intellektuell so überlegenen Weissen nur eine Waffe gegen ihn werden könnte.«

Angesichts der neugierigen Fragen des Verwaltungsbeamten oder eines anderen Europäers wird der Dorfbewohner vor allen Dingen jedoch schweigen. Der Dorfhäuptling, der Älteste oder ein anderer der Dorfbewohner, den die Fragen des Verwaltungsbeamten und machtvollen Eindringlings erreichen, bringt schweigend die Stereotypen hervor, die die Städter, die so gesprächig wie die Vielzahl der Auskünfte sind, die von ihnen verlangt werden, und die Mächtigen, die die Macht der Rede und besonders die Macht über die Rede haben, von ihm zu haben pflegen. Der Dorfangehörige schweigt wie der ›tumbe Hinterwäldler‹, der ›dumme Bauer‹ oder der ›verstockte Bauernflegel‹. Er erscheint in seinem Schweigen so, wie Heinrich Klose (1899: 509) von den Bassar glaubte beobachten zu können, wobei er sich einer Wahrnehmungsschablone bediente, die nicht weniger kennzeichnend und besserwisserisch ist: »Eigentümlich ist es, dass die Leute eine abergläubische Scheu haben, von ihren Kindern zu sprechen.« Der Kolonialstrafrechtler Hans Karlowa (1911: 59) faßte in seiner Doktorarbeit über »(d)ie Strafgerichtsbarkeit über die Eingeborenen in den deutschen Kolonien« die verbreitete Erfahrung der kolonialen Eroberer in der allgemeinen herrschaftssoziologischen Beobachtung zusammen: »Da es ... für das herrschende Volk meistens unendlich langwierig und schwierig ist, die Rechtsgewohnheiten der beherrschten Stämme kennen zu lernen, die sich mißtrauisch aus Angst vor vermeintlichen Ausbeutungen (z. B. Steuern) verschließen und allen Fragen gegenüber lange und hartnäckig taub zu sein pflegen, so muß die kolonisierende Nation das Vertrauen der Eingeborenen zu gewinnen suchen ... .«

Abgesehen von dem vorrangigen Ziel, den Herrschenden über die Verhältnisse des Beherrschten im Unklaren zu lassen, liegt der Vorteil des Schweigens gegenüber der Zustimmung und der beliebigen unwahren Aussage darin, daß das Schweigen gefährliche Festlegungen vermeidet. Die eine Festlegung ist inhaltlicher Art. Was ausgesprochen ist, kann als ›Waffe‹ gegen den Sprecher verwendet werden, wie in dem Debattenbeitrag auf dem Deutschen Kolonialkongress von 1910 zu Recht, wenn auch mit anderer Absicht festgehalten wurde. Die andere Festlegung ist interaktiven Charakters. Schweigen läßt Handlungsoptionen offen. Der Machtunterworfene wartet ab. Vielleicht nimmt der Mächtige das Schweigen hin und wartet die Antwort nicht ab, um so mehr, als Eile den Mächtigen typischerweise auszeichnet. Wenn der machtvolle Inquisitor auf einer Antwort besteht, dann läßt sich immer noch lügen, zustimmen oder eine beliebige unwahre Aussage machen.

Nicht zuletzt kann das Schweigen ein Stück Herausforderung enthalten. Als defensive Kommunikation erfolgt Schweigen vielfach in einer »eher passiven Form, indem die Bauern keine Stellungnahme zu den Aktionen (der Verwaltung – TT) und auch nicht zu ihren eigenen Reaktionen (auf die Aktionen der Verwaltung – TT) abgeben« (G. Spittler, 1978: 62). Die ›aktivere Form‹ des Schweigens, von der Heinrich Klose erzählte, und die die verallgemeinerten Beobachtungen von Hans Karlowa in den Blick rückten, besteht darin, »daß die Bauern auf Fragen nicht antworten« und selbst »bei stärkstem Insistieren keine Antwort geben« (G. Spittler, ebda). Der Befragte gibt mit seinem Schweigen zu erkennen, daß er vom unbedingten Unterwerfungsanspruch des Eroberers ein Stück weit unbeeindruckt ist. Im besonderen beugt sich der schweigsame ›Untertan‹ nicht der Utopie des bürokratischen Handelns, die sich mit Nichtwissen nicht verträgt.

Schweigen drückt nicht nur die Ohnmacht des Unterworfenen aus. Schweigen ist gleichfalls eine Weise der Macht. Schweigen kann bekanntlich ›feindselig‹ oder ›bedrohlich‹ sein.[23] Unter den Bedingungen intermediärer Herrschaft ist Schweigen ein wichtiges Werkzeug des Mittlers, mit der er seine Schlüsselstellung zwischen staatlicher Verwaltung und den beherrschten Menschen verteidigt. Schweigen bestätigt auf dreifache Weise die Herrschaft des Mittlers. Das Schweigen des einfachen Dorfangehörigen stärkt die Stellung des Mittlers gegenüber der Zentralverwaltung, der dem Stationsleiter ein wenig von dem preisgibt, was der Bauer oder Händler aus dem Dorf des Mittlers für sich behält. Schweigen stützt gleichfalls die Position des Mittlers gegenüber den Mitbewohnern des Dorfes. Einerseits gerät der Mitbewohner in die Schuld des Mittlers, der sich mit seinem Schweigen zum Beschützer und Komplizen des Dorfangehörigen macht. Andererseits führt das erfolgreiche Schweigen des Mittlers dem Dorfbewohner vor Augen, daß der Mittler gegenüber dem herrischen Eroberer ›Schweigemacht‹ besitzt, daß er stark genug ist, dem neugierigen und überlegenen Eindringling die Antwort vorzuenthalten. Nicht zuletzt macht der Mittler dem Eroberer selbst deutlich, daß der Mittler eine Schweigemacht besitzt, mit der der Eroberer rechnen muß.

---

[23] Das Schweigen des Mächtigen kann so furchtbar sein, wie der verzweifelte Redefluß des Menschen hilflos ist, der ›um sein Leben bettelt‹. Das Schweigen des Mächtigen ist dann das gottgleiche Schweigen. Noch das ›defensive‹ Schweigen des Schwachen und Unterworfenen hat an diesem Schweigen des Mächtigen Anteil – was unter anderem in den romantischen Umkehrungen des Bildes vom ›dummen Bauern‹, in der Betonung der kraftvollen ›Ruhe‹ des Bauern, dessen Wort erfahrungsgesättigt ist und gilt, ebenso eingefangen wie in der schrecklichen Zumutung zum Ausdruck gebracht wird, daß in der Stunde des Todes der Verurteilte seine Würde durch Schweigen wiedergewinnt.

3.4. Die koloniale Ordnung – Vergesellschaftung ohne Basisvertrauen

Angesichts der defensiven Kommunikation der Eroberten erkennen es die Eroberer selbst. Die Strategien der Widerständigkeit sind das Ergebnis der antagonistischen kolonialen Situation, die das Vertrauen zwischen Herrschenden und Beherrschten nicht kennt. Nicht anders als die Eroberer selbst sind die Beherrschten im Verkehr mit den Eroberern immer auf der Hut. Die Beherrschten verweigern in hohem Maße den Eroberern das ›Basisvertrauen der Interaktion‹.[24]

Im Antagonismus der kolonialen Situation besteht eine eingeschränkte Voraussehbarkeit des Handelns.[25] Der Interaktionsteilnehmer auf der anderen Seite des Grabens der Macht erscheint nicht kreditwürdig. Der Machtunterworfene ist sich nicht sicher, ob die Interaktion mit dem Mächtigen gefahrlos zu Ende zu bringen ist oder das eine oder andere seines Tuns die Grundlage dafür liefert, daß der Mächtige in nächster oder fernerer Zukunft ihm schaden wird. Den Mächtigen bewegt ein analoges Mißtrauen gegenüber dem Machtunterworfenen. Antagonistische Vergesellschaftung ist verdachtsgeleitet.

In diesem Sinne ist die Verweigerung von Basisvertrauen keine ›Strategie der Widerständigkeit‹. Sie ist keine Re-Aktion auf Aktionen der staatlichen Verwaltung. Sie ist ebensowenig eine Aktion. Sie ist ein Zustand. Sie ist eine verallgemeinerte Antwort auf die Tatsache der Eroberung selbst, die das existenzielle und soziale Mißtrauen, das die Gegenwärtigkeit von Gewalt hervorbringt, mit dem sozialen Mißtrauen gegenüber dem Fremden verbindet und beide im Despotismus der Verwaltung aufs äußerste steigert. Sie ist ein Bestandteil der antagonistischen Ordnung der kolonialen Situation selbst und als allgemeine Handlungsdisposition im Verkehr zwischen Eroberern und Eroberten institutionalisiert. Sie ist die allgegenwärtige Schranke einer Vergesellschaftung, die der gewalttätige Entmachtungsvorgang am Beginn der Errichtung zentraler Herrschaft erzwingt. Sie ist der Boden, auf dem die Strategien der Widerständigkeit blühen.

Das hohe Maß an Verweigerung von Basisvertrauen[26] ist die Hypothek eines Institutionalisierungsvorgangs zentraler Herrschaft, der auf die Durch-

---

[24] Im Anschluß an die phänomenologisch-ethnomethodologische Interaktionstheorie (vgl. H. Garfinkel, 1963) bezeichne ich mit ›Basisvertrauen der Interaktion‹ die Unterstellung von Handelnden, daß die soziale Interaktion routinemäßig bzw. alltäglich und, das heißt, ohne Überraschungen und besonders ohne Gefahren für die Interakteure vonstatten gehen kann.

[25] Vgl. zum allgemeinen Problem der Voraussehbarkeit des Handelns, H. Popitz (1980: 1 ff.); s. auch T. v. Trotha (1982: 12 ff.).

[26] Ohne ein Mindestmaß an Basisvertrauen kommt allerdings keine Herrschaftsordnung aus. Lediglich der Krieg, genauer: die kriegerische Auseinandersetzung selbst, ist eine ›Vergesellschaftung‹ ohne jegliches Basisvertrauen der Interaktion – weshalb nur der Tod die Menschen verbindet. Jenseits des Krieges ist das Basisvertrauen indes immer eine relative Größe, ein Mehr oder Weniger.

setzung bürokratischen Verwaltungshandelns zielt, aber auf intermediäre Verwaltung angewiesen ist und auf den Schrecken des Despotismus baut. Im »Schutzgebiet Togo« blieb die Hypothek bis zum endgültigen Zusammenbruch der deutschen Herrschaft ungeschmälert erhalten. Die deutschen Eroberer erfuhren es in der Stunde der Niederlage. Angesichts der vorrückenden alliierten Truppen kamen zu den Strategien der Widerständigkeit die Strategien des offenen Widerstands gegen die Eroberer hinzu. Von denen, die sie einst »unsere schwarzen Kerle« nannten, mußten die »Alten Afrikaner« jetzt berichten (zit. n. P. Sebald, 1988: 603): »Nicht mit dem Kolben waren sie zu bewegen anzugreifen, und wir mußten erwarten, daß auch der Rest in der Nacht das Weite suchen würde.« Die Strategien der Widerständigkeit haben ihre dramatischen Stunden. In diesen Stunden erweist sich, daß der Unterworfene nicht nur Subjekt ist, sondern daß er zuweilen Geschichte macht. Oft ist diese Art der »Historizität« des ›einfachen Mannes‹ (vgl. J.-F. Bayart, 1989: 41 ff.) allerdings von kurzer Dauer – in Togo nicht anders als an vielen anderen Schauplätzen der Geschichte.

Der deutsche Versuch, eine koloniale Herrschaft auf Dauer zu stellen und zu ›entwickeln‹, war am Ende. Ganz im Sinne des Burckhardt-Popitz'schen Diktums scheiterte der Versuch an der Gewalt, mit der er begonnen hatte und die wieder von außen kam. Die Strategien der Widerständigkeit und des Widerstands, die in den letzten Tagen der deutschen Herrschaft den Zusammenbruch beschleunigten, machen offenkundig, daß die gewalttätigen und überlegenheitsbewußten Fremden auf ihrem Weg nicht weit gekommen waren. Von ihrer Ordnung, die auf die Herrschaft von Stationsleitern und despotisches, intermediäres und bürokratisches Verwaltungshandeln gegründet war, blieb ihnen am Ende nur die Ohnmacht der Despotie.

SCHLUSSBETRACHTUNG

Von der Ambivalenz der Macht im Vorgang der Entstehung staatlicher Herrschaft

In seinem großen Werk »(ü)ber die Staatsgewalt« schloß Bertrand de Jouvenel (1972: 127) an Augustinus (1977: 173 f.) illusionslosen Bemerkungen über die Anfänge großer »Reiche« an und entschieden wie die Unbedingtheit seines Gegenstandes schrieb er: »So entsteht der Staat im wesentlichen aus den Erfolgen einer ›Räuberbande‹, die sich kleine eigenständige Gesellschaften unterwirft. Mag die Bande in sich noch so brüderlich und gerecht organisiert sein, ihr Verhältnis gegenüber den Besiegten, den Unterworfenen, ist das nackter Gewalt.« Die einstigen Kolonialherren waren eine solche »Bande«, wenngleich nicht besonders brüderlich organisiert. Auch am Beginn ihrer Herrschaft stand die Gewalt. Aber auf Bayonetten kann man nicht sitzen, wie Talleyrand sagte. Die »sporadische Macht« der »Bayonette« und die staatliche Herrschaft sind durch die voraussetzungsreichen Geschehnisse des Vorgangs voneinander geschieden, in dem Macht institutionalisiert wird und die staatliche Territorialverwaltung entsteht.

In diesem Verfestigungsvorgang von Macht herrscht indessen nicht die Eindeutigkeit vor, die jene gewalttätige Wirklichkeit des Beginns prägt, die de Jouvenel vor Augen hat. Das Diktum von Talleyrand ist ein Fingerzeig. Die Entstehung staatlicher Herrschaft ist stattdessen ein Vorgang, der an Ambivalenzen reich ist, in denen sich die nicht auflösbare Konflikthaftigkeit und Unabgeschlossenheit von Macht und Herrschaft zum Ausdruck bringen und die Unselbstverständlichkeit von Prozessen der Machtbildung ihre Wurzeln hat.

Staatliche Herrschaft entsteht im Zusammenspiel von Bewegung und Verharren. Das gilt sowohl in einem unmittelbaren physischen als auch im übertragenen Sinne. Bewegung ist das Gesetz der Eroberung, der Tournee, der Träger und der Polizeisoldaten, die Jagd auf Steuerpflichtige und Zwangsarbeiter machen. Bewegung ist der Grundsatz der ›Entwicklung‹, der der Utopie der bürokratischen Herrschaft eigen ist und die Eroberten und ihre Welt in Bewegung bringt. Um eine Bemerkung von Claude Lévi-Strauss (1972: 38) herrschaftssoziologisch abzuwandeln: In seinem Grundsatz der Bewegung ist der Institutionalisierungsvorgang von staatlicher Herrschaft eine »heiße« Erscheinung. Aber wenn aus den gewalttätigen ›Expeditionen‹ der Eroberer staatliche Herrschaft werden soll, muß die Bewegung angehalten werden. Macht muß sich verfestigen, zu Herrschaft institutionalisiert werden. Zu den

Ambivalenz der Macht im Vorgang der Entstehung staatlicher Herrschaft 443

folgenreichsten Erscheinungen der Verfestigung von Macht gehört die Station. Andere Erscheinungen sind das administrative Häuptlingswesen, die Zwangsarbeit, die Steuer, Grenzpfähle, Fahnenmasten mit der Flagge des fremden Eindringlings, die Herbergen und Straßen der Macht und all die anderen Ausdrucksweisen der »datensetzenden Macht« (H. Popitz, 1992: 30f.) der fremden Herren, die ihre Herrschaft – im wörtlichen Sinne – auf ›Fundamente‹ stellt, die ein Versprechen auf Dauer enthalten.

Aber Bewegung und Verharren gehören nicht ausschließlich dem Raum der Herrschaftsbildung zu. Sie sind gleichfalls Erscheinungen, an denen die Errichtung staatlicher Herrschaft zuschanden gehen kann. Bewegung ist nicht nur das Prinzip der Eroberung, sondern auch der Freiheit. Die Händler suchen sich andere Routen. Die steuerpflichtigen Männer wandern in Scharen ab. Die gepreßten und geschundenen Soldaten desertieren. Die Bauern verstecken sich. Vor den anrückenden Soldaten fliehen die Bewohner des Dorfes in den Busch. Gleiches gilt für das Verharren. Ohne Verharren gibt es keine lokale Verwaltung. Eine Lokalverwaltung indessen, die sich ganz dem Bestehenden überläßt, wird bald die Erfahrung machen, daß ihre Organisationsmacht mit jedem Monat schwindet. Statt auf das despotisch-interventionistischen Beweisverfahren ihrer Überlegenheit zu setzen, in dem die Beherrschten zur Umgestaltung der Lebensverhältnisse gezwungen werden, verläßt sie sich auf das despotisch-unbewegliche Beweisverfahren und verstrickt sich im ›Schlendrian‹ der ›traditionalen‹ Herrschaft. Statt allen Hindernissen zum Trotz mit der ›Methode der vielfältigen Gelegenheiten‹ an der Verwirklichung der Utopie des vollständigen Zensus zu arbeiten, begnügt sie sich mit dem despotisch-genügsamen Weg und überantwortet ihre statistischen Erhebungen, deren Ergebnisse auf bloßer Erfindung beruhen und deren Zweck allein in der Rechtfertigung für eine Arbeit liegt, die nie getan wurde, den Schaben und dem Moder dunkler Keller. Die Herbergen der Macht zerfallen, und die Gräser und der Sand, die die Straßen der Macht zudecken, werden zu augenfälligen Beweisen von der nachlassenden Kraft des Eroberers.

Staatliche Herrschaft entsteht im Zusammenspiel und Gegeneinander von despotischer, intermediärer und bürokratischer Verwaltung. Willkür, Gewalt und die Drohung mit Gewalt sind Teil des Herrschaftsalltags. Sie sind in den Befehlen des Stationsleiters gegenwärtig. Sie sind die Grundlage der Organisationsmacht der neuen Herren. In der Form der Zwangsarbeit sind sie die produktive Kraft der beginnenden staatlichen Herrschaft. Sie sind Teil der Organisation des »abstrakten Wissens«, ohne das der Weg zur direkten, bürokratischen Herrschaft für immer versperrt ist. Sie kommen in der Gestalt von »Strafexpeditionen«, »Impfärzten«, Polizeisoldaten, Aufsehern, Zöllnern oder Häuptlingen, die ihre neuen Machtchancen zu eigennützigen Zwecken ergreifen.

Die Ordnung der frühen Staatlichkeit ist eine Ordnung der Distanz. Das gilt nicht nur in einem räumlichen Sinne, dem der große Stellenwert der

Bewegung in einem ganz physischen Sinne entspricht. Distanz prägt die soziokulturelle Ordnung der beginnenden staatlichen Herrschaft. Die winzige Minderheit der Eroberer steht der ›Masse‹ der Beherrschten gegenüber. Die koloniale Gesellschaft hält sowohl räumliche als auch soziale und kulturelle Distanz zu den Lebensverhältnissen und der Welt der Beherrschten. Die Verwaltung steht vor kaum überschaubaren Herrschaftsdistanzen, die nicht allein dem Verhältnis zu den Beherrschten, sondern gleichfalls dem Binnenverhältnis der Verwaltung ihren Stempel aufdrücken. So muß die Verwaltung Verbindungen schaffen, mit denen die Distanzen überwunden werden können und ohne die es nur die kurzfristigen ›Siege‹ der situationalen Gewalt des despotischen Handelns gibt. Die Herrschaftsdistanzen zwingen die Verwaltung im Außenverhältnis zu intermediärem Handeln. Sein Raum ist vorrangig die neue Ordnung des administrativen Häuptlingswesens. Die Ordnung des administrativen Häuptlingswesens ist eine vielgestaltige Ordnung. Entsprechend den soziopolitischen und kulturellen Gefügen der Eroberten vor ihrer Unterwerfung und ›Pazifizierung‹ besteht es aus verschiedenen Formen administrativer Häuptlingtümer, deren einer Pol ein Oberhäuptlingtum ist, für das in den Formen gesteigerter Unabhängigkeit von der Verwaltung Lugards Theorie der ›indirekten Herrschaft‹ kühne Grundsätze formuliert hat, und deren anderer Pol durch ein amtliches Dorfhäuptlingtum markiert ist, in dem sich die Vorstellungen der Theorie der ›direkten Herrschaft‹ wiederfinden.

Aber die Utopie der bürokratischen Verwaltung will anderes und mehr als die regellose und gewalttätige Willkür des Despotismus und die Eigenmächtigkeit und Unzuverlässigkeit von Mittlern, die als ›Verbindungsleute‹ die Zugänge zu den Menschen kontrollieren. Im Binnenverhältnis der Verwaltung bürokratisiert die Zentralverwaltung ihre Beziehungen zu den Lokalverwaltungen und im Außenverhältnis unternimmt die Lokalverwaltung manche Anstrengungen, die Regellosigkeit des despotischen Handelns zurückzudrängen und die Voraussetzungen für den direkten Zugang zu den Beherrschten zu schaffen. Die Lokalverwaltung erläßt »Ortsgesetze«. Im Verein mit der Zentralverwaltung setzt sie Regeln für die Zwangsarbeit und die Steuerabgabe. Und sie macht sich an die fast kaum lösbare Aufgabe, einen Zensus zu erstellen – bei der Einrichtung eines annehmbaren Katasters bauen sich solch unüberwindbare Hindernisse auf, daß er erst einmal auf eine ferne Zukunft vertagt wird. Die Lösung dieser Aufgabe liegt in hohem Maße in den Händen der ›Kundschafter des »abstrakten Wissens«‹, die zu großen Teilen aus der Gruppe rekrutiert werden, die an der Nahtstelle zwischen der staatlichen Verwaltung und der gesellschaftlichen Organisation des Wissens liegen – die Ärzte der kolonialen Gesundheitsverwaltung und insbesondere der Seuchenprävention.

Hauptakteur im Vorgang der Institutionalisierung staatlicher Herrschaft ist der Stationsleiter. In seiner Rolle werden die unterschiedlichen Formen der

Verwaltung wie in einem Brennglas gebündelt. Er ist despotisch wie seine Befehle, die die Bauern von ihren Feldern wegholen, wie seine gewalttätigen Drohungen, mit denen er vor jeder Flucht aus der »Fron« des Wegebaues warnt, und wie das »Strafgericht«, mit dem er ein »widerwilliges Dorf« »züchtigt«. Er tut sein möglichstes, um der Herr der intermediären Ordnung zu sein, indem er Häuptlinge ein- und absetzt, ›seine‹ Häuptlinge zur »Häuptlingsversammlung« zu sich bestellt, Polizeisoldaten beauftragt, einen »Straftäter« in einem fernen Dorf zu ergreifen und auf die Station zu schaffen, und die Wahl des Groß-Häuptlings bestätigt, dessen Wahl er in einer Versammlung von »einigen Hundert Dorfhäuptlingen«, »Grossen« und »viel Volks« auf einem Ehrenplatz verfolgt hat. Aber er weiß ebenfalls um die Notwendigkeit allgemeiner Regeln und die geordnete Verwaltung, die mit ihnen entstehen. Er gibt den Bewohnern ›seines‹ Bezirks die Anweisungen der Zentralregierung bekannt, die ihm wichtig erscheinen. Er legt die Höhe der Gebühren fest, die die Rechtsuchenden den Häuptlingen für ihre richterliche Tätigkeit schulden. Er findet im Laufe seiner Tätigkeit zu Grundsätzen der Rechtsprechung, die als »Bezirksleiterrecht« die ersten Ansätze für ein »Eingeborenenrecht« werden können, das indes nicht anders als der Kataster noch lange Zeit auf sich warten muß. Er kartographiert ›seinen‹ Bezirk, zählt die Hütten der Dörfer, die er auf seinen Tourneen besucht, und schätzt die Zahl ihrer Bewohner. Er weiß auch, daß seine Stellung nicht nur davon abhängt, daß er sich in den Augen des Gouvernements ›bewährt‹ hat, sondern daß er versteht zu gehorchen. Er ist Beamter. Er hat gelernt, seinen Vorgesetzten zu gehorchen. Er muß Rechenschaft über die Gelder ablegen, die ihm die Zentralverwaltung zur Verfügung stellt. Er schreibt Berichte nach Anforderungen, die die Zentralverwaltung festlegt, und hat Formulare auszufüllen, die ihm die Zentralverwaltung zuschickt. Er muß darauf achten, in seinen Berichten Unstimmigkeiten zu vermeiden, wenn er peinlichen Nachfragen des Gouvernements entgehen will. Und wenn er sich in den Augen der Zentrale nicht ›bewährt‹, kann es ihm widerfahren, versetzt oder gar entlassen zu werden – zumindest in einer deutschen Kolonie mußte er sich allerdings über letzteres nicht allzu viele Gedanken machen.

Mit den Strukturen der Binnen- und Außenintermediarität ist die Ordnung der Distanz ein Gefüge der Unabhängigkeit. Nicht das Gouvernement in der kolonialen Hauptstadt und noch weniger die geschäftige Zentrale in der fernen ›Metropole‹, sondern die Stationsleiter des ›Hinterlandes‹ waren die »wahren Herrscher« der Kolonialreiche – und je nach den politischen Bedingungen der vorstaatlichen Ordnungen und der Durchsetzungsfähigkeit der Stationsleiter waren die Häuptlinge oder mancher Dolmetscher die »»wahren Herrscher«« über die Menschen in den Städten und Stadtvierteln, in den Dörfern und unzugänglichen oder abgelegenen Räumen, die selbst ein reisefreudiger und ›bewährter‹ Stationsleiter nur hin und wieder aufsuchen konnte (E. A. B. van Rouveroy van Nieuwaal, 1992).

Die Stationsleiter bezeichnen sich selbst als die »selbständigen Befehlshaber im Inland« und handeln danach. Sie haben die Macht über das Wissen, das die Zentralverwaltung über den Bezirk des Stationsleiters benötigt, wenngleich es in der Kolonie Togo die Stationsleiter schwieriger hatten, daraus ein Monopol zu machen. Sie suchen die Anstrengungen der Zentralverwaltung zunichte zu machen, den Stationsleitern durch die Einführung der Geldsteuer die Verfügung über die Zwangsarbeit zu entziehen, was ihnen um so besser gelingt, je weiter entfernt ›ihr‹ Bezirk von der Hauptstadt ist. Sie scheren sich nicht um gouvernementale Anweisungen und sind selbst unter den Bedingungen fortgeschrittener Kommunikationstechnologien auf der Tournee für die Zentralverwaltung nicht oder kaum erreichbar. Mancher Stationsleiter gefällt sich in der Rolle des Gesetzgebers. Im Gespräch mit Ältesten und Häuptlingen und nach eigenem Gutdünken richten die Stationsleiter die Streitigkeiten, die an sie herangetragen werden oder in die sie sich einmischen. Ist die Ordnung des administrativen Häuptlingswesens vielgestaltig, so ist es die ›Ordnung der Bezirke‹ nicht weniger. Sie ist so unterschiedlich wie im »persönlichen Regime« der Stationsleiter die Erfahrungen und Vorstellungen der Stationsleiter und die lokalen Bedingungen sie zeichnen. Sorgt sich der eine unter den Stationsleitern um ein möglichst dichtes Netz von »Rasthäusern«, hat der andere den Ehrgeiz, viele Pflanzungen und Alleen anzulegen. Läßt der eine den Häuptlingen des Bezirks in Fragen des Rechtsprechung weitgehend freie Hand, nimmt es der andere mit der Beschränkung der Rechtsprechung der Häuptlinge auf die »niedere Gerichtsbarkeit« genau und zieht der Zuständigkeit ›seiner‹ Häuptlinge enge Grenzen.

Aber Häuptlinge – zumindest einstige Groß-Häuptlinge, Häuptlinge in vormaligen Häuptlingtümern und zahlreiche Häuptlinge, die weit entfernt vom despotischen Arm des Stationsleiters sind – kümmern sich nicht um solche Eingriffe von Stationsleitern – und noch weniger die Menschen, für die die Häuptlinge vor dem Bezirksleiter verantwortlich sind und die in ihren Streitigkeiten den Häuptling aufsuchen. Oft wissen stattdessen die Häuptlinge ihre neugewonnenen Machtchancen als Mittler zwischen der Stationsleitung und den Menschen in den Dörfern und Weilern souverän zu nutzen, wenn sie nicht zu denen gehören, die im Konflikt um Macht, Ansehen, Vorstellungen und Lebensweisen ›Fehler‹ machen und den unbarmherzigen und unwissenden Despotismus der Stationsleiter zu spüren bekommen. Sie sehen mit Wohlgefallen auf den neuen Häuptlingspolizisten, der sie zwar Geld kostet, der sie aber nicht nur über die Menschen ihres Dorfes und vor allem über die Ältesten, die bis dahin das Heft in der Hand hielten, hinaushebt, sondern ihnen eine nicht gekannte Macht über ›ihre Untertanen‹ gibt. Der einstige Groß-Häuptling mag sich mit Wehmut die alten Lieder anhören, in denen die ›großen Taten‹ der Väter besungen werden, die kein »Weißer« herumkommandiert hat. Aber in seiner neuen Rolle als Oberhäuptling wird er nicht vergessen, daß er mit der Hilfe des »Weißen« den widerspenstigen

Nachbarn unter seine ›Oberhoheit‹ gebracht hat. Im Bewußtsein seiner Macht wird er mit Würde und Selbstgefälligkeit die Menschen willkommen heißen, die sich zur Stunde der morgendlichen Audienz in seinem Gehöft versammeln und seinen Rat, seine Hilfe und seinen Schutz suchen, die er ihnen im Verkehr mit der Stationsleitung gewährt, aufgrund seiner Verbindung zu dem mächtigen Stationsleiter für alte und neue Fragen und Schwierigkeiten geben kann und an die er die Wartenden eines Tages erinnern wird, wenn er ihre Unterstützung braucht – eine Unterstützung, von der er allerdings seit dem Eintreffen des Stationsleiters und seiner Truppen ein ganzes Stück weit unabhängiger geworden ist. Die Häuptlinge verschonen die Verwandten, Freunde, Bekannten und angesehenen Mitglieder ihrer Gemeinwesens und schicken stattdessen die Sklaven, die es formell nicht mehr gibt, zur Zwangsarbeit. In Konflikten mit ihren Widersachern setzen sie die Stationsleitung als Drohung ein und bedienen sich der Polizeisoldaten. Wenn die Menschen, für die die Häuptlinge verantwortlich sind, die Zwangsarbeit nicht mehr ertragen, geben die Häuptlinge mit der Warnung, daß das ganze Dorf abwandern wird, dem Stationsleiter unmißverständlich zu erkennen, daß die Grenze der Belastung und des Leids erreicht ist. Und als in Togo am Ende einer dreißigjährigen Herrschaft die Eroberer geschlagen und gedemütigt abziehen mußten, waren es die Häuptlinge der alten Häuptling- und Groß-Häuptlingtümer und viele unter den neuen Häuptlingen des administrativen Häuptlingswesens, die blieben – unter den einen mancher mit größerer Macht als je zuvor, die anderen mit der Macht einer Herrschaft, die vor der Ankunft der Eroberer keinen Platz in der Ordnung des Gemeinwesens gehabt hatte.

Die staatliche Herrschaft, die vor kaum überwindbaren Herrschaftsdistanzen steht, auf Mittler und Makler auf ›Gedeih und Verderb‹ angewiesen ist und in der der Herrschaftsalltag von gewalttätiger Willkür gezeichnet ist, ist eine Ordnung der Ohnmacht und der ›Freiheit‹. Die Herrschenden haben die ›Freiheit‹ der Willkür, der überlegenen Gewalt und der Rücksichtslosigkeit, die eine Schwester der Unwissenheit ist. Ihre Verwaltung ist ohnmächtig, weil ihre Macht an die tägliche Marschleistung einer Polizeitruppe gebunden bleibt. Sie benötigt für ihre Versorgung Träger, von denen sich viele bei der ersten sich bietenden Gelegenheit in die Büsche schlagen. Sie braucht Dolmetscher, die ihre Anweisungen übersetzen. Sie muß mit Häuptlingen auskommen, die in den Angelegenheiten ihres Gemeinwesens entweder wenig zu sagen haben oder ihre Macht zu Zwecken ausnützen, die mit den Ansinnen der Herrschenden nichts gemein haben. Sie ist ohnmächtig, weil der Graben des Mißtrauens zwischen Herrschenden und Beherrschten unüberbrückbar erscheint. Die Beherrschten sind so ›frei‹ wie die Verwaltung ohnmächtig ist und wie sie in den Strategien der Widerständigkeit durch Bewegung, Verweigerung und defensive Kommunikation die Herrschaftsdistanzen vergrößern und den Herrschenden den direkten Zugang zu der Welt der ›Untertanen‹ versperren. Die Beherrschten sind ohnmächtig, weil die überlegene Gewalt der Verwaltung keinen Widerspruch duldet und die Willkür der Beamten und ihrer Helfer die Ausübung von Herrschaft so unbeeinflußbar und wechselnd wie die Anwesenheit, die Persönlichkeiten und Entscheidungen »selbständiger Befehlshaber« und ihrer Helfer und die Anschauungen der Verwaltung über das sind, was heute not tut und richtig ist. In der Despotie sind Politik und Verwaltung für die Beherrschten gleich dem Schicksal, das sich nicht lenken läßt und den einen trifft, den anderen verschont – und selten einen anrüchigen Wohlstand, ein zweifelhaftes Ansehen und ein zerbrechliches Lebensglück bescheren.

Das Zusammenspiel von Despotismus, Intermediarität und Bürokratie und die Strukturen der Ohnmacht des ›Leviathan‹ und der ›Freiheit‹ der Beherrschten stehen im Vorgang der Institutionalisierung staatlicher Herrschaft jeder vereinfachenden Bilanz der Eroberer und des Beobachters entgegen. Auf der Seite der Stationsleiter gewinnt sie typischerweise die Form des Konservatismus der »Alten Afrikaner«, der weiß, »daß mit 90% Wahrscheinlichkeit alles, was er als gänzlich neu einzuführen gedenkt, auch schon von seinem Vorgänger versucht und aus ganz bestimmten Gründen abgelehnt oder wieder aufgegeben wurde« (Asmis, 1942: 62). In dem kennzeichnenden Überlegenheitsbewußtsein der Eroberer macht sich dieser Konservatismus dabei noch vor, die Gründe für das Scheitern von Neuerungen genau ›bestimmen‹ zu können. Tatsächlich sind in Machtprozessen die Gründe für Erfolg und Scheitern von den Handelnden meist nur äußerst spärlich zu erkennen – und unter den Bedingungen des Nichtwissens, die die Anfänge der staatlichen Herrschaft kennzeichnen, allemal.

Tatsache ist stattdessen, daß es in der Konflikthaftigkeit der Prozesse der Vergesellschaftung und der Institutionalisierung von Macht im besonderen, in denen Akteure um ihre Subjekthaftigkeit, die Ordnung von Gesellschaften als soziale, kulturelle und ökonomische Gefüge und die Beziehungen dieser Ordnungen untereinander ringen, keine Eindeutigkeit gibt. So ist Bewegung der Grundsatz, mit dem Eroberer Herrschaft errichten. Bewegung ist aber auch der Grundsatz, mit dem die Menschen, die der Eroberer unter seine Gewalt zu bringen sucht, sich seiner Herrschaft entziehen. So schafft die Territorialverwaltung mit despotischem Handeln die Voraussetzungen für die Verwirklichung ihrer Utopie bürokratischer Herrschaft. Aber ihr Despotismus vertieft den Graben, der in der »kolonialen Situation« der Verwaltung den direkten Zugang zu den Beherrschten versperrt. So drängt die Zentralverwaltung auf die Produktion formalisierten »abstrakten Wissens« und fällt in die Falle einer fiktiven Wirklichkeit, die das Ergebnis des Zusammenspiels despotischer, intermediärer und bürokratischer Herrschaft ist. Der beste Ausdruck für die Ambivalenz der Macht ist die Struktur der ›doppelten Intermediarität‹. In Form der Binnenintermediarität ist sie der Raum, in dem aus weisungsgebundenen Beamten die »selbständigen Befehlshaber« und die »wahren Herrscher« der Kolonialreiche werden. Als Außenintermediarität öffnet sie der Verwaltung den Zugang zu den Beherrschten, aber um den Preis von Mittlern, die ihre neuen Machtchancen vielerorts zu nutzen verstehen. Der Preis kann für die ehrgeizigen Pläne der Eroberer hoch sein. In den Formen zum Beispiel von ›Amtsmißbrauch‹, ›Schlendrian‹, ›Vetternwirtschaft‹, ›Korruption‹ oder in Gestalt des ausgeprägten Unabhängigkeitsstrebens der Mittler, die der intermediären Verwaltung sowohl in ihrem Binnen- als auch in ihrem Außenverhältnis zu den Beherrschten eigen ist, kann der Preis darin bestehen, daß der Institutionalisierungsvorgang zentraler Herrschaft entweder blockiert oder im einen oder anderen Fall sogar zu Fall gebracht wird – weshalb zum Beispiel alle Vorstellungen über das administrative Häuptlingswesen der Kolonialreiche fehlgehen, die es entweder zum Hort einer widerständigen vorkolonialen ›Traditionalität‹ oder zu einer Speerspitze kolonialer Herrschaft verkürzen.

Anders als die »Alten Afrikaner« haben die Eliten unter den Beherrschten der einstigen Kolonialreiche und vor allem die Grenzgänger zwischen Politik, Wissenschaft und Dichtung unter ihnen auf die Ambivalenz der Macht in den Prozessen der Staatsbildung geantwortet. Im Antikolonialismus kehrten sie den Konservativismus der »Alten Afrikaner« um und schrieben die radikale, revolutionäre Neuerung auf ihre Fahnen – und waren unter dem Gesichtspunkt der utopischen Seite des Staatsbildungsprozesses ihren Gegnern typischerweise verwandter, als sie selbst und ihre kolonialistischen Gegner je zugegeben hätten. Aber die Aufgabe des analytischen Beobachters und sein Ziel, empirisch gehaltvolle Theorien zu formulieren, vertragen sich nicht mit den Verkürzungen konservativer und revolutionärer Praktiker, fraglosem Konservativismus und utopischer Abstraktion. Die Aufgabe der Theoriebildung ist stattdessen, die Uneindeutigkeit der Macht in den Vorgängen, in denen staatliche Herrschaft errichtet wird, zum Mittelpunkt der Analyse zu machen. Der Beobachter muß die komplexen Ketten von Verfestigungen und Entinstitutionalisierungen von Macht, Machtgewinnen und -verlusten, Machtkonflikten und Konfliktstrategien der Handelnden und kollektiven Akteure verfolgen – und ist dabei der Allerweltsweisheit näher, die besagt, daß ›alles‹ seine ›zwei Seiten‹ habe. Der wissenschaftliche Beobachter kann sich nicht mit den Vorstellungen von einer ›Dialektik‹ der Macht begnügen, die in die Irre führen, weil sie ganz im Sinne einer Idee der Einheit, die auf das Religiöse verweist, in der ›dialektischen Bewegung‹ noch die Möglichkeit der ›Synthese‹, der endgültigen Bilanz behaupten – die bekanntlich am Ende der Geschichte steht. Die Ambivalenz der Macht kennt diesen Fluchtpunkt der Konfliktfreiheit und Abgeschlossenheit von Prozessen der Machtbildung nicht. Ebenfalls wird ihr jene Form des ›Modell‹-Denkens nicht gerecht, das die ästhetische Eindeutigkeit der theoretischen Zusammenhänge für die Sache selbst nimmt und dem die uneindeutige Wirklichkeit komplexer Machtprozesse und -konstellationen in ceteris paribus-Klauseln abhanden kommt.

Eine historisch-empirische Soziologie der Entstehung staatlicher Herrschaft strebt Eindeutigkeit nur dort an, wo sie ihren Ort hat, nämlich in den Anstrengungen zu klaren Begriffen, Anschaulichkeit, Intersubjektivität und theoretischen Aussagen, die den Grundsatz der empirischen Überprüfung anerkennen. In der Sache läßt sie sich stattdessen auf einen Weg ein, der die Gewißheit der Schlußbilanzen nur kennt, sofern sie von den Akteuren in ihren Konflikten, Vorstellungen und Träumen selbst zum Ausdruck gebracht wird oder zu den Kulturen gehört, die die Bedeutungsressourcen der Akteure sind und denen die Handelnden neue Bedeutungsmuster zuführen, wofür zum Beispiel das Überlegenheitsbewußtsein der staatenbildenden Eroberer und die ›Jahresberichte‹ der Verwaltungen beispielhaft sind.

Die Aufgabe des soziologischen Beobachters besteht deshalb darin, sich an eine Abwandlung dessen zu halten, was Peter L. Berger (1979: 40) mit der »›Kunst des Mißtrauens‹« zu Recht einmal dem Kern des soziologischen Denkens zugerechnet hat. Ich nenne es die ›Kunst des Perspektivenwechsels‹, die ›Kunst‹, die ›andere Seite der Münze‹ zu betrachten, in dem einsamen Beamten im Busch zum Beispiel den »wahren Herrscher« des staatlichen Territoriums, in der schäbigen Station die Machtfülle der staatlichen Herrschaft, im traditionsbewußten Häuptling den machtbewußten Spieler um die Ressourcen des fremden Eindringlings, in den Zensusdaten der hauptstädtischen Verwaltung die Strategien der Verweigerung, Abwanderung und der defensiven Kommunikation der Beherrschten, in den Formularen, die die Lokalverwaltung mit erfundenen Daten füllt, einen Schritt auf dem Weg wirksamer gouvernementaler Kontrolle oder in der »Häuptlingsversammlung« auf der Station sowohl einen Wendepunkt zentraler Herrschaft, nämlich von der Bewegung des Eroberers zur Kontrolle über die Bewegung der Beherrschten, als auch die Chance zur Konspiration der Beherrschten zu entdecken. Die Kunst des Perspektivenwechsels ist nicht gleich dem zweifelhaften Ehrgeiz, dem Geschehen ›hinter dem Rücken der Akteure‹ auf die Spur zu kommen, denn das, was die Akteure denken, empfinden und tun, ist für die Analyse von Machtprozessen von entscheidender Bedeutung, weil es der Kern der Subjekthaftigkeit des Handelnden und seiner Historizität ist. Die Kunst des Perspektivenwechsels übersetzt lediglich in einen analytischen Grundsatz des Beobachters, was die vorherrschenden Wirklichkeiten in der Institutionalisierung staatlicher Herrschaft sind, von denen sich die Beschreibungen, Analysen und theoretischen Überlegungen auf den vorangegangenen Seiten leiten ließen: die Unabgeschlossenheit der Macht als Teil ihrer Prozeßhaftigkeit, der grundlegende Konfliktcharakter machtbestimmter Interaktionen von Handelnden und kollektiven Akteuren und vom Aufeinandertreffen von Bedeutungsordnungen und unter ihnen insbesondere der politischen Kulturen und die ›Unselbstverständlichkeit‹ des Vorgangs, in dem staatliche Herrschaft entsteht. Diese Tatsachen sind mit ›Zwischenbilanzen‹ zwar vereinbar, die dem Begriff der ›Stufe‹ im analytischen Modell von der Institutionalisierung der Macht entsprechen. Sie machen jedoch darauf aufmerksam,

Ambivalenz der Macht im Vorgang der Entstehung staatlicher Herrschaft 451

daß es im Vorgang der Entstehung staatlicher Herrschaft keine Gewißheit gibt, daß die ›nächsthöhere Stufe‹ der Verfestigung erreicht wird, und es kein Zurück mehr gibt, wenn eine bestimmte ›Stufe‹ der Machtverfestigung erreicht ist. Für die deutschen Eroberer des Gebiets, das sie das »Schutzgebiet Togo« nannten, wurde diese Tatsache in der Stunde, als sie sich den angreifenden Kolonialtruppen der Briten und Franzosen gegenübersahen, zur bitteren Erfahrung – und es ist nicht von der Hand zu weisen, daß in Afrika und anderswo nicht wenige ›Staaten‹ gegenwärtig auf dem Weg sind, sich diesen Tatsachen stellen zu müssen.

ANHANG

Tabellen und andere Übersichten

Tabelle 1
Schätzungen des Umfangs der afrikanischen Bevölkerung, nach Verwaltungsbezirken, 1899–1913

Jahr	Lomé-Stadt	Lomé-Land	Aného-Stadt	Aného-Land	Misahöhe	Atakpamé	Kete-Krachi	Sokodé-Bassar	Sansanné-Mango/Yendi	Togo insg.
1899/1900	3054[1]	–	4000[2]	–	–	–	–	400000[2]	–	–
1900/01	3554	–	31400[3,7]	–	86161	–	–	400000[2]	32500	–
1901/02	–	–	–	–	–	–	–	–	–	900000[6]
1902/03	–	–	–	–	–	–	–	–	–	–
1903/04	3942[4]	–	–	–	85070[3]	–	39320[3]	–	–	–
1904/05	5784[3]	–	2604	–	–	–	–	–	–	–
1905/06	6227[3]	75000[2]	61000[2,7]	–	85000[2]	40000[2]	40000[2]	360000[2]	250000[2]	–
1906/07	5917[3]	75000[5]	61000[5,7]	–	100000[2]	40000[5]	40000[5]	360000[5]	300000[2]	981917[6]

Die Anmerkungen benennen die Basis der Schätzungen. In Anführungszeichen stehen diejenigen Bezeichnungen, die in den Berichten für die jeweiligen Zahlen genannt werden. Ansonsten geben die Anmerkungen meine Formulierungen der methodischen Grundlagen, der Art und des Wertes der Schätzungen wieder.

[1] »Volkszählung«
[2] Schätzung durch Bezirksleitung
[3] »Zählung«
[4] »genaue Zählung« bzw. »jährliche Einzelzählung«
[5] Der amtliche Bericht übernimmt (manchmal mit kleinen Vereinfachungen) die Vorjahreszahl.
[6] Sehr grobe Schätzung
[7] Aného-Stadt und Aného-Land werden nicht getrennt ausgewiesen.

Fortsetzung s. nächste Seite

Tabelle 1 (Fortsetzung)
Schätzungen des Umfangs der afrikanischen Bevölkerung, nach Verwaltungsbezirken, 1899–1913

Jahr	Lomé-Stadt	Lomé-Land	Aného-Stadt	Aného-Land	Misahöhe	Atakpamé	Kete-Krachi	Sokodé-Bassar	Sansanné-Mango/Yendi	Togo insg.
1907/08	6333[4]	75000[5]		61000[5,12]	100000[5]	40000[5]	40000[2]	337000[6]	224552[6]	883885[11]
1908/09	6484[4]	75000[2]	3692[4]	96300[6]	108000[6]	46000[2]	22447[6,7]	337000[5]	224552[5]	919475[11]
1909/10	7415[4]	117500[8]	3700	96300[6]	108000[5]	58500[8]	18796[9]	274616[6,7]	224500[5]	909327[11]
1910/11	7770[4]	119000[6,8]		112000[6,8,12]	140000[6,8]	80000[6,8]	20000[6,8]	300000[2]	225000[5]	996000[11]
1911/1912	7090[4,10]	119000[5]	3700	108300	140500[5]	80000[5]	20000[5]	300000[5]	225000[5]	996000[11]
1912/13	7078[4,10]	136400[6]	3237	120000	140500[5]	80000[5]	20000[5]	300000[5]	225000[5]	1031715[11]

[2-5] s. ersten Teil der Tabelle 1

[6] Beruht auf einer Kombination von Hüttenzählung, Zählung der Personen pro Hütte und einer Hüttenschätzung

[7] Zählung erfolgte durch afrikanische Hilfskräfte. Diese Zählungen waren in den Augen der Verwaltung um 10% bis 15% zu niedrig.

[8] Diese Zahlen beruhen auf Zählungen bei der Steuererhebung, wobei ein Verhältnis von 1:5 von Steuerpflichtigen zu Einwohnern zugrunde gelegt wurde.

[9] Vorjahresschätzung, abzüglich der Einwohner, die durch eine neue Bezirksabgrenzung dem Bezirk Atakpamé zugeschlagen worden sind.

[10] abzüglich der »Fremden«

[11] sehr grobe Schätzung

[12] Aného-Stadt und Aného-Land werden nicht getrennt ausgewiesen.

Q.: zusammengestellt nach (z. T. sehr verstreuten) Angaben in den AJb, 1899/1900ff.

Tabelle 2
Weiße Bevölkerung und berufliche Stellung der erwachsenen, weißen männlichen Bevölkerung, 1893–1913

Jahr	Weiße Bevölkerung insg. 1	Beamte abs.	in % von Sp.1	Missionare abs.	in % von Sp.1	Kaufleute Händler abs.	in % von Sp.1	Beamte/ Missionare/ Kaufleute/ Händler insg. 2	in % von Sp.1	Beamte in % von Sp.2
1893	56	17[1]	30	13	23	24	43	54	96	31
1894	73	19	26	22	30	32	44	73	100	26
1895	88	23	26	27	31	21	24	71	81	32
1896	89	28	31	23	26	19	21	70	78	40
1897	107	25	23	32	30	27	25	84	78	30
1898	112	35	31	27	24	25	22	87	77	40
1899	118	42	36	18	15	33	28	93	79	45
1900	114	41	36	22	19	29	25	92	80	45
1901	137	46	34	29	21	36	26	111	81	41
1902	159	65[2]	41	31	19	35	22	131	82	50
1903	168	70[3]	42	37	22	35	21	142	85	49
1904	189	62	33	32[4]	17	44[5]	23	138	73	45
1905	224	63	28	26	12	44	20	133	60	47
1906	243	64	26	43	18	45	19	152	63	42
1907	288	76	26	41	14	54	19	171	59	44
1908	268	63	24	42	16	51	19	156	59	40
1909	330	77	23	52	16	55	17	184	56	42
1910	372	92	25	60	16	55	15	207	56	44
1911	363	87	24	66	18	64	18	217	60	40
1912	345	94	27	56	16	61	18	211	58	45
1913	368	94	26	76	21	66	18	236	65	40

[1] Regierungsbeamte einschließlich des Personals der vorgeschobenen Stationen im Innern und der Wegebauer.
[2] davon sind 9 Beamte von der Brückenbauanstalt in Gustavburg
[3] davon sind 10 Beamte von der Brückenbauanstalt Gustavburg
[4] ab 1904: »Geistliche und Missionare«
[5] ab 1904: »Kaufleute, Händler, Gastwirte, Frachtfahrer etc«

Q.: AJb 1893 ff.

Tabelle 3
Weiße Bevölkerung nach Geschlecht, Altersstatus, Staatsangehörigkeit und Beruf, 1893–1913

Jahre	insg. 1	Personen über 15			Personen unter 15 J.	Deutsche	Beamte einschl. begleitender Familienangeh.		Missionare einschl. begleitender Fam. ang. u. a. Miss.pers.	
		Männer abs.	in % von (1)	Frauen			abs.	in % von (1)	abs.	in % von (1)
1893	56	54	96	2	–	49	–	–	–	–
1894	73	67	92	6	–	63	21	29	25[1]	34
1895	88	79	90	9	–	79	–	–	–	–
1896	89	77	87	12	–	81	–	–	–	–
1897	107	91	85	14	2	102	30[2]	28	–	–
1898	112	94	84	17	1	101	40[2]	36	38[3]	34
1899	118	101	86	17	–	107	47	40	36[4]	31
1900	114	95	83	18	1	104	44	39	37[4]	32
1901	137	117	85	19	1	126	–	–	–	–
1902	159	136	86	21	2	149	–	–	42[5]	26
1903	168	148	88	20	–	155	–	–	48[5]	29
1904	189	160	85	25	4	179	64[6]	34	49[7]	26

[1] Missionare und Ehefrauen
[2] davon sind 4 Ehefrauen und 1 Kind
[3] Missionare einschl. Ehefrauen und Kinder
[4] Missionare einschl. Ehefrauen, Kinder und Missionsschwestern
[5] Missionare und Missionsschwestern
[6] ab 1904: Beamte einschließlich Ehefrauen und Ehefrauen von europäischen Schutztruppenangehörigen
[7] Missionare einschließlich Ehefrauen und erwachsenen weiblichen Missionsangehörigen

Tabelle 3 (Fortsetzung)
Weiße Bevölkerung nach Geschlech-, Altersstatus, Staatsangehörigkeit und Beruf, 1893–1913

Jahre	insg. (1)	Personen über 15 — Männer abs.	in % von (1)	Frauen	Personen unter 15 J.	Deutsche	Beamte einschl. begleitender Familienangeh. abs.	in % von (1)	Missionare einschl. begleitender Fam. ang. u. a. Miss.pers. abs.	in % von (1)
1905	224	189	84	31	4	216	69	31	44	20
1906	243	197	81	39	7	232	70	29	67	28
1907	288	241	84	40	7	273	82	28	67	23
1908	268	216	81	52	5	239	69	26	70	26
1909	330	272	82	51	7	300	81	25	85	26
1910	372	310	83	62	7	337	100	27	95	26
1911	363	302	83	61	4	327	98	27	100	28
1912	345	282	82	63	2	316	105	30	91	26
1913	368	301	82	67	2	320	109	30	114	31

Q.: AJb 1893ff.

Tabelle 4
Wohnorte von Beamten, Missionaren, Kaufleuten/Händlern, 1902–1913

	insg. 1	Beamte Lomé	Aného	in % von Sp.1	in % von Sp.1	insg. 2	Missionare Lomé	Aného	in % von Sp.2	in % von Sp.2	insg. 3	Kaufleute/Händler[1] Lomé	Aného	in % von Sp.3	in % von Sp.3
1902	65	33	8	51	12	31	9	4	29	13	35	21	9	60	26
1903	70	40	8	57	11	37	12	8	32	22	35	23	8	66	23
1904	62	31	8	50	13	32	9	4	28	13	44	32	9	73	21
1905	63	30	8	48	13	26	5	4	19	15	44	32	8	73	18
1906	64	30	8	47	13	43	14	8	33	19	45	31	8	69	18
1907	76	41	8	54	11	41	7	12	17	29	54	38	6	70	11
1908	63	29	7	46	11	42	7	8	17	19	51	36	3	71	6
1909	77	40	7	52	9	52	18	8	35	15	55	39	7	71	13
1910	92	49	9	53	10	60	20	10	33	17	55	36	10	65	18
1911	87	47	7	54	8	66	19	9	29	14	64	47	8	73	13
1912	94	48	8	51	9	56	14	9	25	16	61	41	10	67	16
1913	94	48	7	51	7	76	24	8	32	11	66	39	10	59	15

[1] einschließlich Gastwirte und Frachtfahrer ab 1904
[2] Bis einschließlich 1904 sind vier Beamte, 1905 fünf Beamte in Sébé mitberücksichtigt.

Q.: AJb 1901/02ff.

Tabelle 5

Die Entwicklung der etatisierten[1] Verwaltungsstellen und der Polizeitruppe (Stellen für Deutsche), nach Besoldungsklassen, 1891–1914

Jahr	insg. 1	höhere Beamte[2] abs. 2	höhere Beamte[2] in % von Sp.1	mittlere Beamte[3] abs. 3	mittlere Beamte[3] in % von Sp.1	untere Beamte[4] abs. 4	untere Beamte[4] in %	Summe von Sp. (2)-(4)	Polizeitruppe abs.	Polizeitruppe in % von Sp.1
1891	3	1	33	1	33	1	33	3	–	–
1892	3	1	33	1	33	1	33	3	–	–
1893	5	1	20	3	60	1	20	5	–	–
1894	7	1	14	5	71	1	14	7	–	–
1895	8	1	14	6	75	1	14	8	–	–
1896	10	1	10	8	80	1	10	10	–	–
1897	11	2	18	8	73	1	9	11	–	–
1898	11	2	18	8	73	1	9	11	–	–
1899	11	2	18	8	73	1	9	11	–	–
1900	13	3	23	8	61	2	15	13	–	–
1901	15	4	27	9	60	2	13	15	–	–
1902	24	5	29	10	59	2	12	17	7	29
1903	24	5	29	10	59	2	12	17	7	29
1904	24	5	29	10	59	2	12	17	7	29
1905	24	5	29	10	59	2	12	17	7	29

[1] Bis zum Jahre 1895 wurden die etatisierten Stellen sowohl aus dem Etat des auswärtigen Amtes wie aus dem eigenen Etat der Kolonie finanziert; danach sind sie nur noch Bestandteil des eigenen Schutzgebietetats.

[2] Die Besoldungsklassen folgen den Angaben von J. Tesch (1910: 3). »Höhere Beamte«: Gouverneure Besoldungsklassen 2–5, »Regierungsbaumeister« (die unter dieser Bezeichnung bei Tesch nicht registriert sind)

[3] Besoldungsklassen 6–8d

[4] Besoldungsklassen 8e–9

Fortsetzung s. nächste Seite

Tabelle 5 (Fortsetzung)

Die Entwicklung der etatisierten[1] Verwaltungsstellen und der Polizeitruppe (Stellen für Deutsche), nach Besoldungsklassen, 1891–1914

Jahr	insg. 1	höhere Beamte[2] abs. 2	höhere Beamte[2] in % von Sp.1	mittlere Beamte[3] abs. 3	mittlere Beamte[3] in % von Sp.1	untere Beamte[4] abs. 4	untere Beamte[4] in %	Summe von Sp. (2)-(4)	Polizeitruppe abs.	Polizeitruppe in % von Sp.1
1906	25	6	33	10	56	2	11	18	7	28
1907	25	6	33	10	56	2	11	18	7	28
1908	25	6	33	10	56	2	11	18	7	28
1909	–	6	33	10	56	2	11	18	–	–
1910	62	16	30	33	61	5	9	54	8	13
1911	64	17	30	34	61	5	9	56	8	13
1912	67	20	34	34	58	5	8	59	8	12
1913	69	21	34	36	59	4	7	61	8	12
1914	80	22	31	46	64	4	5	72	8	10

[1-4] s. ersten Teil der Tabelle 5

Erläuterungen zur Kategorisierung der Beamten:

»Höhere Beamte«: Gouverneur, Erster Referent (früher: Kanzler), Referenten (früher: Hilfsarbeiter), Bezirksamtmann, Bezirksrichter, Beiräte für Landeskultur und Forstwesen, Leiter des Bauwesens und der Eisenbahnverwaltung, Finanzdirektor, Leiter der Versuchsanstalt in Notsé (Nuatja), Regierungsärzte, höherer Beamter für geologische Forschungen, Regierungsbaumeister, Bezirks- und Stationsleiter 1. Klasse.
»Mittlere Beamte«: Vorstände für Kasse, Bureau, Zoll, Hauptzollamtsvorsteher, Landmesser, Sekretäre, Stationsleiter 2. Klasse, Rektor, Werkstättenvorsteher, Assistenten 1. Klasse, Techniker 1. Klasse, Lehrer, Assistenten 2. Klasse, Werkmeister für Bauverwaltung, Techniker 2. Klasse, Materialienverwalter, Katasterzeichner, Förster, Stationsleiter 3. Klasse.
»Untere Beamte«: Polizeimeister, Gehilfen.

Q.: RHE 1891/92 ff.

Tabelle 6
Die Entwicklung des Verwaltungspersonals[1] nach Besoldungsklassen auf der Grundlage von einer Kombination aus den Daten zur Personaletatentwicklung und Daten aus dem Kolonial-Handels-Adressbuch, 1898–1910

Jahr	insg.	höhere Beamte	mittlere Beamte	untere Beamte
1898	21	7	13	1
1899	22	13	8	1
1900	23	10	11	2
1901	25	11	11	3
1902	27	13	11	3
1903	37	15	19	3
1904	41	21	17	3
1905	43	17	21	5
1906	42	16	23	3
1907	43	17	23	3
1908	50	21	23	6
1909	54	23	25	6
1910	67	31	32	4

[1] ohne Polizeitruppe.

Q.: KHA 1898ff. und RHE 1898ff.

Tabelle 7
Ein Vergleich der Zahl der Regierungsbeamten nach Bevölkerungsstatistik[1],
kombinierter Statistik[2] und nach Etatentwicklung[3], 1898–1910

Jahr	Bevölkerungs-statistik		Kombinations-statistik	Etatentwick-lung	Verhältnis
1898	35	(26)	21	11[4]	3,2: (2,4:) 1,9:1
1899	42	(31)	22	11	3,8: (2,8:) 2:1
1900	41	(31)	23	13	3,2: (2,4) 1,8:1
1901	46	(34)	25	15	3,1: (2,3:) 1,7:1
1902	65	(49)	27	24[5]	2,7: (2:) 1,1:1
1903	70	(54)	37	24	2,9: (2,3:) 1,5:1
1904	62	(46)	41	24	2,6: (1,9:) 1,7:1
1905	63	(47)	43	24	2,6: (2:) 1,8:1
1906	64	(48)	42	25	2,6: (1,9:) 1,7:1
1907	76	(57)	44	25	3: (2,3:) 1,8:1
1908	63	(47)	50	25	2,5: (1,9:) 2:1
1909	77	(58)	53	18[4]	4,3: (3,2) 2,9:1
1910	92	(69)	67	62[5]	1,5: (1,1:) 1,1:1

[1] siehe Tab. 3
[2] siehe Tab. 6
[3] siehe Tab. 5
[4] ohne Polizeitruppe (bis einschließlich zum Jahre 1901)
[5] mit Polizeitruppe (bis einschließlich zum Jahre 1908)

Tabelle 8
Höhere Beamte[1] der deutschen Kolonialverwaltung Togos und Offiziere der Polizeitruppe nach Berufsausbildung[2], 1898–1910

Jahr	insg.	Sp.3–6 insg.	Offiziere einschl. Sp.7 abs.	Offiziere einschl. Sp.7 in % von Sp.1	Offiziere ohne Sp.7 abs.	Offiziere ohne Sp.7 in % von Sp.2	Juristen abs.	Juristen in % von Sp.2	Ärzte abs.	Ärzte in % von Sp.2	andere abs.	andere in % von Sp.2	Offiziere d. Polizeitruppe
	1	2			3		4		5		6		7
1898	8	7	4	50	3	43	1	14	2	29	1	14	1
1899	14	13	7 (6)[3]	50 (43)	6 (5)	46 (38)	3	23	3 (4)	23 (31)	1	8	1
1900	12	10	6	50	4	40	2	20	3	30	1	10	2
1901	13	11	6	46	4	36	2 (3)	18 (27)	3	27	1 (2)	9 (18)	2
1902	16	13	8	50	5	38	2	15	4	31	2	15	3
1903	19	15	8	42	4	27	3 (4)	20 (27)	4	27	3 (4)	20 (27)	4
1904	–	21	–	–	9	43	2 (3)	10 (14)	5	24	4 (5)	19 (24)	–

[1] ohne Polizeitruppe
[2] Die Angaben sind gewonnen zum einen durch die Berufsangaben im KHA, zum anderen durch andere biographische Quellen für die im KHA genannten Stelleninhaber.
[3] Die in Klammern gesetzten Zahlen sind Alternativen, weil der eine oder andere Stelleninhaber nicht genau zugeordnet werden konnte.

Fortsetzung s. nächste Seite

Tabelle 8 (Fortsetzung)
Höhere Beamte[1] der deutschen Kolonialverwaltung Togos und Offiziere der Polizeitruppe nach Berufsausbildung[2], 1898–1910

Jahr	insg.	Sp.3–6 insg.	Offiziere einschl. Sp.7 abs.	in % von Sp.1	Offiziere ohne Sp.7 abs.	in % von Sp.2	Juristen abs.	in % von Sp.2	Ärzte abs.	in % von Sp.2	andere abs.	in % von Sp.2	Offiziere d. Polizeitruppe
	1	2		Sp.1	3	Sp.2	4	Sp.2	5	Sp.2	6	Sp.2	7
1905	19	17	8	42	6	35	3	18	5	29	3	18	2
1906	18	16	7	39	5	31	3	19	4	25	4	25	2
1907	19	17	6	32	4	24	3	18	4	24	6	35	2
1908	23	21	9	39	7	33	4	19	4	19	6	29	2
1909	24	23	7	29	6	26	4	17	5	22	8	35	1
1910	32	31	10	31	9	29	4 (5)[3]	13 (16)	7	23	10 (11)	32 (35)	1

[1-3] s. ersten Teil der Tabelle 8

Erläuterung zur Kategorisierung der Beamten: s. Anmerkungen zu Tabelle 5

Q.: KHA, 2. Jg., 1898ff.

Tabelle 9
Lebensalter von 34 Beamten[1] zum Zeitpunkt der ersten dienstlichen Entsendung in die Kolonie nach dienstlicher Stellung[2] und Jahr des Dienstantritts

Name	Jahr des Dienstantritts	Lebensalter
Gouverneure[3]		
Falkenthal, Ernst	1885	27
Puttkamer, Jesko v.	1887[4]	32
Zimmerer, Eugen v.	1888	45
Köhler, August	1895	37
Zech auf Neuhofen, Julius Graf v.	1895	27
Horn, Waldemar	1902	–
Brückner, Edmund	1911	40
Mecklenburg, Adolf Friedrich Herzog zu	1912	39
Bezirksamtmänner[5]		
Wolf, Ludwig, Militärarzt	1887	37
François, Curt v., Offizier	1888	36
Kling, Erich, Offizier	1888	34
Büttner, Richard, Forscher	1890	32
Herold, Anton Bruno, Offizier[6]	1890	30
Gruner, Hans, Geograph	1892	27
Doering, Hans Georg v., Offizier	1893	27
Carnap Quernheimb, Ernst v., Offizier	1894	31
Seefried auf Buttenheim, Adolf Freiherr v., Offizier	1895	22
Massow, Valentin v., Offizier[7]	1896	32
Thierry, Gaston, Offizier	1896	30
Kersting, Hermann, Arzt	1897	34
Mischlich, Adam, Theologe/Missionar[8]	1897	33[7]
Preil, Wilhelm, Offizier	1899	27

[1] Soweit nicht anders vermerkt, sind die Angaben dem DKL entnommen.
[2] Die Angaben beziehen sich nicht auf die erste dienstliche Stellung in der Kolonie, sondern auf die zuletzt in der Kolonie erreichte Position.
[3] einschließlich interimistischer Kommissare, Kaiserlicher Kommissare und Landeshauptmänner
[4] Diese Angabe bezieht sich auf die interimistische Ausübung der Aufgaben des Kaiserlichen Kommissars. Seit Dezember 1891 ist Puttkamer dann etatmäßiger Kaiserlicher Kommissar und später Landeshauptmann (s. H. Gründer, 1985: 249).
[5] einschließlich Expeditions-, Stations- und Bezirksleiter
[6] s. F. Giesebrecht (1898: 111)
[7] DKB 10, 1899: 555f.
[8] Mischlich war allerdings schon seit 1890 als Mitglied der Basler Mission in Togo tätig gewesen.

Tabelle 9 (Fortsetzung)
Lebensalter von 34 Beamten[1] zum Zeitpunkt der ersten dienstlichen Entsendung in die Kolonie nach dienstlicher Stellung[2] und Jahr des Dienstantritts

Name	Jahr des Dienstantritts	Lebensalter
Ärzte		
Wicke, August, (Militärarzt)[9]	1888	32
Krueger, Ernst	1901	31
Külz, Friedrich Otto Ludwig	1902	27
Martin, Max[10]	1905	28
Zupitza, Maximilian, (Militärarzt)	1908	40
Andere		
Boeder, Gustav, Zollbeamter	1889	29
Plehn, Rudolf, Forstassessor	1895	27
Gleim, Otto, Kanzler, (Jurist)	1896	30
Oberndorff, Maximilian, Graf. v., interimistischer Kanzler, (Jurist)[11]	1900	33
Koert, Willi, Geologe	1904	29
Wagner, Jakob Adam, Bauassistent[12]	1905	27
Sprigade, Paul, Kartograph	1907	44
Graness, Werner, Bezirkslandwirt[13]	1911	28

[1,2] s. ersten Teil der Tabelle 9
[9] DKB 10, 1899: 195
[10] AbT 2, 1907: 66
[11] DKB 11, 1900: 458
[12] AbT 4, 1909: 6
[13] AbT 6, 1911: 189

Tabelle 10
Lebensalter von 34 Beamten der Verwaltung zum Zeitpunkt der ersten dienstlichen Entsendung in die Kolonie

Lebensalter in Jahren	insg.	in %
22		3
27–29	12	35
30–34	13	38
36–39	4	12
40–45	4	12

Q.: s. Anmerkungen 1,4–7, 9–13 in Tabelle 9

Tabelle 11
Offiziere und Adlige unter der Beamtenschaft (einschließlich der Polizeitruppe) und unter den Expeditionsführern, Stations- und Bezirksleitern/Bezirksamtmännern, 1898–1910[1]

Jahr	Offiziere insg. 1	Adlige insg.	Adlige in % von Sp.1	insg. 2	Expeditionsführer, Stations-, Bezirksleiter und Bezirksamtmänner Offiziere insg.	Offiziere in % von Sp.2	adlige Offiziere insg.	adlige Offiziere in % von Sp.2	Adlige[2] insg.	Adlige[2] in % von Sp.2
1898	4	3	75	4	3	75	2	50	–	–
1899	7	4	57	7	5	71	3	43	–	–
1900	6	3	50	6	4	67	2	33	–	–
1901	6	3	50	6	4	67	2	33	–	–
1902	8	3	38	7	5	71	3	43	–	–
1903	8	3	38	7	3	43	1	14	–	–
1904	–	–	–	–	–	–	–	–	–	–
1905[3]	8	3	38	9	5	56	1	11	–	–
1906	7	2	29	8	4	50	0	0	–	–
1907	6	3	50	7	3	43	1	14	–	–
1908	9	3	33	9	3	33	–	–	1	11
1909	7	2	29	10	4	40	–	–	2	20
1910	10	3	30	12	7	58	–	–	3	25

[1] Die Angaben beruhen auf den begrenzten Hinweisen der Kolonial-Handels-Adressbücher ab 2. Jg., 1898 ff.
[2] einschließlich der adligen Offiziere
[3] ab 1905 nur noch Stations-, Bezirksleiter und Bezirksamtmänner

Q.: KHA ab 2. Jg., 1898 ff.

Tabelle 12
Geschätzte Mindestdienstzeiten[1] von 100 Verwaltungsbeamten (ohne Gouverneure) 1904/1906–1914

Jahr bis unter ... Jahre		Anzahl
1	2	25
2	3	7
3	4	17
4	5	11
5	6	12
6	7	8
7	8	7
8	9	6
9	10	1
10	10 und mehr	6

[1] Die Dienstzeiten schließen die Urlaubszeiten mit ein. Diese Mindestdienstzeiten sind durch eine Auswertung der amtlichen Personalnachrichten im AbT gewonnen, die über Versetzungen innerhalb des Dienststellenbereichs der Kolonie, über Urlaubsantritt und die Rückkehr von Beamten in die Kolonie Auskunft geben. Ergänzend wurden Todesanzeigen, Nachrufe und andere biographisch relevante Quellen benutzt. Aufschlußreich ist diese Aufstellung jedoch wahrscheinlich nur im Hinblick auf den *Mindest*anteil der längerfristig in Togo diensttuenden deutschen Beamten. Für den Anteil der kurzfristig (vor allem bis zu drei Jahren) diensttuenden Beamten ist die Quellengrundlage zu unsicher.

Peter Sebald arbeitet im Augenblick an einer umfangreichen Erhebung über alle sozialstatistischen und verwaltungsbiographischen Aspekte der deutschen Kolonialbeamtenschaft Togos (s. Tabelle 13/2).

Tabelle 13/1
Annäherung[1] an die Häufigkeit des Dienststellenwechsels von 58 Verwaltungsbeamten innerhalb der Kolonie, 1906–1914

Häufigkeit des Dienststellenwechsels	Anzahl der Beamten	%
kein Wechsel	7	12
1-mal	21	36
2-mal	13	22
3-mal	4	7
4-mal	10	17
mehr als 4-mal	3	5

[1] Grundlage dieser Annäherung sind die amtlichen Personalnachrichten des AbT. Die Tabelle gibt nur vorsichtige Hinweise auf den *Mindest*anteil *häufiger* Versetzungen.

Tabelle 13/2
Häufigkeit des Dienststellenwechsels.
Beispiel: Station Sokode-Bassar, *Liste der Stationschefs*

21. 4. 1898 – (?).9. 1899	Dr. Hermann Kersting
(?).9. 1899 – (?).12.1899	Leutnant Adolf Mellin
(?).12.1899 – (?).1. 1901	Dr. Hermann Kersting
(?).1. 1901 – (?).11.1901	Leutnant Adolf Mellin
(?).11.1901 – (?) 1903	Dr. Hermann Kersting
(?) 1903 – (?) 1903	Oberleutnant Hans von Doering
(?) 1903 – (?).6. 1906	Dr. Hermann Kersting
(?).6. 1906 – (?).12.1906	Oberleutnant Arthur Rieck
(?).12.1906–17. 6. 1909	Dr. Hermann Kersting
17. 6. 1909–24. 6. 1910	Oberleutnant W. Haering
24. 6. 1910–22.11. 1911	Oberleutnant Karl Gaisser
22.11. 1911–22. 5. 1913	Kurt von Parpart
22. 5. 1913 – (?).12.1913	Oberleutnant Jungschulz von Roebern
(?).12.1913 – (?).8. 1914	Kurt von Parpart

Q.: Zusammengestellt nach persönlichen Angaben aus den Forschungen von Peter Sebald, Berlin.

Tabelle 14

Die Entwicklung der etatisierten Verwaltungsstellen[1] (ohne Polizeitruppe) in der Zentralverwaltung (ZV) und in der Lokalverwaltung (LV) nach Besoldungsklassen, 1900–1914

Jahr	ZV insg.	LV insg.	LV in % der Beamten	höhere Beamte ZV abs.	höhere Beamte LV abs.	mittlere Beamte ZV abs.	mittlere Beamte LV abs.	untere Beamte ZV abs.	untere Beamte LV abs.
1900	7	6	46	2	1	4	4	1	1
1901	7	8	53	2	2	4	5	1	1
1902	7	10	59	2	3	4	6	1	1
1903	7	10	59	2	3	4	6	1	1
1904	7	10	59	2	3	4	6	1	1
1905	7	10	59	2	3	4	6	1	1
1906	8	10	56	3	3	4	6	1	1
1907	8	10	56	3	3	4	6	1	1
1908	8	10	56	3	3	4	6	1	1
1909	8	10	56	3	3	4	6	1	1
1910	25	29	54	9	7	15	18	1	4
1911	26	30	54	10	7	15	19	1	4
1912	27	32	54	10	10	16	18	1	4
1913	28	33	54	10	11	17	19	1	3
1914	28	44	61	11	11	16	30	1	3

[1] s. Anmerkungen zu Tabelle 5

Q.: RHE 1891/92ff.

Tabelle 15

Die Personalentwicklung von Zentralverwaltung (ZV)[1] und Lokalverwaltung (LV)[1] nach Besoldungsklassen auf der Grundlage der Angaben aus dem Kolonial-Handels-Adressbuch, 1905–1910

Jahr	ZV insg.	LV insg.	LV in % der Beamten	höhere Beamte		mittlere Beamte		untere Beamte	
				ZV abs.	LV abs.	ZV abs.	LV abs.	ZV abs.	LV abs.
1905	7	26	79	4	13	3	12	–	1
1906	6	28	82	3	13	3	15	–	–
1907	6	30	83	3	14	3	16	–	–
1908	22	18	45	12	10	10	8	–	–
1909	23	19	45	14	10	9	9	–	–
1910	29	20	48	18	12	11	8	–	–

[1] ohne Polizeitruppe und ohne Postverwaltung, bei der Zentralverwaltung ist jedoch die Justizverwaltung miteingeschlossen.

Q.: KHA, 9. Jg., 1905 ff.

Tabelle 16
Personalausgaben (in Reichsmark, ohne Kolonialzulagen) für etatisierte Stellen (ohne Polizeitruppe) der Zentralverwaltung (ZV), der Justizverwaltung (JV) und der Lokalverwaltung (LV) im ordentlichen Etat der deutschen Kolonie Togo, 1900–1914

Jahr	ZV	JV	ZV u. JV	LV	LV in %
1900	25300	–	25300	11400	31
1901	28800	–	28300	16600	37
1902	29600	–	29600	22320	43
1903	28500	–	28500	21540	43
1904	27000	–	27000	21460	44
1905	30400	–	30400	23180	43
1906	32100	3600	35700	23000	39
1907	33100	4200	37300	25200	40
1908	34100	4200	38300	26300	41
1909	36200	6000	42200	28600	40
1910[1]	196000	17000	213000	204150	49
1911	209500	17400	226900	208700	48
1912	211100	16600	227700	232900	51
1913	230100	14200	244300	246900	50
1914	234900	16200	251100	298900	54

[1] Jahr der Etatisierung eines großen Teils der Stellen in der Schutzgebietsverwaltung (Verbeamtung).

Q.: RHE 1900ff.

Tabelle 17
Die Mannschaftsstärke der lokalen Polizeieinheiten (»Truppe«) und die Polizeidichte, 1914

Bezirk (1)	lokale Polizeieinheiten (2)	Truppe (nach Trierenberg) (3)	Polizeidichte[1] (4)
Lomé-Stadt	35	161–171[2]	1: 202[3]
Lomé-Land	35	30	1: 3897[4]
Aného	36	40	1: 3423[5]
Misahöhe	50	50	1: 2800
Atakpamé	40	60	1: 2000
Kete-Krachi	40	30	1: 500
Sokodé-Bassar	80	90	1: 3750
Sansanné-Mango/Yendi	90	100	1: 2500
Truppe des Gouvernements	150		
Togo insg.	556	561–571	1: 1856
Zum Vergleich*:			
Bundesrepublik Deutschland 1985			1: 358[6] [7]
Bayern, 1985			1: 371[6]
West-Berlin, 1985			1: 145[6]

[1] Die Angaben beziehen sich auf die Daten aus Spalte (2).
[2] Einschließlich der deutschen und afrikanischen Offiziere und Unteroffiziere, soweit sie von Trierenberg berücksichtigt sind.
[3] Mit Polizei-»Truppe« beträgt die Polizeidichte 1: 38.
[4] Unter Einbeziehung der Polizei-»Truppe« im nahen Lomé beträgt die Polizeidichte 1: 737.
[5] Unter Einbeziehung der Polizei-»Truppe« im relativ nahen Lomé beträgt die Polizeidichte 1: 663 und 1: 584
[6] Polizeidichte = Zahl der Einwohner, geteilt durch die Zahl der Polizei*vollzugs*beamten in einem bestimmten Gebiet und *ohne* die Polizeivollzugsbeamten des Bundes.
[7] Unter Einschluß der Polizeivollzugsbeamten des Bundes beträgt die Polizeidichte 1: 312.

* Polizei-Lexikon (1986: 309).

Q.: zusammengestellt und errechnet aus G. Trierenberg (1914: 67); ANT FA1/108: 133ff.; Tabelle 1 und von mir erhobenen Daten zur regionalen Verteilung der europäischen Wohnbevölkerung im »Schutzgebiet Togo«.

Tabelle 18
Anzahl der für das Etatjahr 1915 beantragten Tagegelder für Dienstreisen des deutschen Verwaltungspersonals auf Bezirksämtern und Stationen, nach Bezirk und Stellung des Beamten

Bezirk	Anzahl der Tagegelder insgesamt	Anzahl der Tagegelder nach der Stellung der Beamten	
		Bezirksamtmann	Assistenten
Lomé-Land	200	–	–
Aného	–	100	–
Misahöhe	200		
Ho[1]	–		175
Kpandu[1]	–		175
Atakpamé	–		150
Kété-Krachi	–	200	120
Sokodé-Bassar	–	240[2]	80[3]
Sansanné-Mango	–	150	60[4]

[1] Nebenstation vom Bezirksamt Misahöhe
[2] davon 120 Tage reine Reisetage
[3] für drei Stationsassistenten (2 in Sokodé, 1 in Bassar)
[4] für drei Stationsassistenten (2 in Sansanné-Mango, 1 in Yendi)

Q.: ANT FA1/108: 149 ff.

Tabelle 19

Anteil der Trägerdienste (»Lastenbeförderung und Botengänge«) an der Steuerarbeit (in »Tagewerken«) nach Verwaltungsbezirken, 1910–1913

Verwaltungs-bezirk	Tagewerke 1910/11			Tagewerke 1911/12			Tagewerke 1912/13		
	insg.	Lastenbeförderung und Botengänge		insg.	Lastenbeförderung und Botengänge		insg.	Lastenbeförderung und Botengänge	
		insg.	in % von Sp.1		insg.	in % von Sp.2		insg.	in % von Sp.3
	1			*2*			*3*		
Lomè-Land	49020	–	–	68172	–	–	55260	–	–
Aneho	15396	–	–	13224	–	–	4800	–	–
Misa-höhe	10437	301	2,9	6511	932	14,3	5292	823	15,6
Atakpamé	98844	–	–	88350	–	–	81468	–	–
Kete-Krachi	10560	5076	48,1	9804	3852	39,3	514	274	53,3
Sokodé	199932	8400	4,2	421568	22961	5,4	408000	18612	4,6
Sansané-Mango	232830	720	0,3	183541	9540	5,2	230172	15084	6,6
Togo insg.	617055	14497	2,3	791170	37285	4,7	785506	34793	4,4

Q.: zusammengestellt und berechnet nach AJB 1910/11, Statistischer Teil: 60, Tabelle; AJB 1911/12, Statistischer Teil: 64, Tabelle; AJB 1912/13, Statistischer Teil: 80, Tabelle.

Tabellen und andere Übersichten

Tabelle 20
Umfang der Trägerdienste (in »Tagewerken«) für die etatmäßig in Anschlag gebrachten Dienstreisen der Beamten im Jahre 1914, nach Bezirk und Entlöhnung der Träger

Verwaltungsbezirk	Anzahl der Reisetage der Beamten	Anzahl der Tagewerke der Träger entlohnt	unentgeldlich
Lomé-Land	200	1467	933
Aného	100		1200[1]
Misahöhe	200[2]	2400[3]	
Atakpamé	120		1440[4]
Kete-Krachi	320		3840[1]
Sokodé	200		2400[5]
Sansanné-Mango	210		2520[5]
Togo insg. (ohne Lomé-Stadt)	1350	3867	12333

[1] Trägerdienste durch Gefangene und als Strafe
[2] ohne Ho und Kpandu (Tabelle 18)
[3] Es ist möglich, daß Misahöhe nicht anders als die anderen Bezirks verfahren ist, aber dennoch die Trägerdienste als bezahlte in Anschlag gebracht hat.
[4] Hier gibt es keine Angaben darüber, in welcher Form die unbezahlte Trägerarbeit geleistet wurde, ob als »Steuerarbeit« oder durch Gefangene usw.
[5] Hier gibt es nicht einmal Angaben darüber, ob Träger in Anspruch genommen worden sind. Ich habe hier einfach die gleichen Verhältnisse wie in den anderen Bezirken unterstellt, wo 12 Träger mit einem Lohn von je 0,75 Mark pro Reisetag etatmäßig in Anschlag gebracht worden sind.

Q.: zusammengestellt nach ANT FA1/108: 149ff.

Tabelle 21

Anzahl und Löhne (in Mark) der für den Etat 1914 und den geplanten Etat 1915 ausgewiesenen Dolmetscher, nach Bezirk

Verwaltungs-bezirk	Anzahl der Dolmetscher 1914	1915	Jahreslöhne 1914	1915	durchschnittlicher Jahreslohn je Dolmetscher 1914	1915
Lomé-Stadt	4	4	5730	5910	1432,50	1477,50
Lomé-Land	7[1]	8[1]	5580	6120	797,14	765,00
Anêho	6	8	5360	6690	893,33	836,25
Misahöhe	8	9	9440	10000	1180,00	1111,11
Atakpamé	7[1]	7[1]	4700	5060	671,43	722,86
Kete-Krachi	4[1]	5[2]	2040	2780	510,00	556,00
Sokodé	10[1]	10[1]	5000	5580	500,00	558,00
Sansanné-Mango	5	6	2400	3960	480,00	720,00
Togo insgesamt	51[1]	57[1]	40250	46100	789,22	808,77

[1] einschließlich der »Kanzlisten«, die indessen teilweise ausdrücklich Dolmetscheraufgaben wahrnahmen. In manchen Bezirken ist es allerdings nicht eindeutig, ob das Dolmetschen zum Aufgabenbereich des Kanzlisten gehört hat.
[2] Es ist unklar, ob die geplante Stelle eine Dolmetscher- oder eine »Kanzlistenstelle« ohne Dolmetscheraufgaben sein sollte.

Q.: zusammengestellt nach ANT FA1/108: 128ff.

Tabelle 22
Afrikanische Arbeiter beim Bahnbau Lomé-Atakpamé, 1908/09

	Dezember 1908	Januar 1909	Februar 1909	März 1909	April 1909	Mai 1909	Juni 1909	Juli 1909	August 1909
»Freiwillige«[4]	ca.400	ca.465	484	379	345	369	544+100[2]	763	1139+600[2]
davon in % aus:									
Lomé-Land Lomé-Stadt	85	76	60	38(145)[1]	43(147)	46(171)	61[3](332)	61(466)	74(839)[3]
Anèho		2	12	16(59)	20(69)	19(69)	12(65)	7(54)	2(27)
Misahöhe	10	10	9,5	13(49)	14(47)	13(47)	9(49)	11(85)	6(63)
Atakpamé		4	11	15(62)	11(37)	10(37)	10(55)	10(78)	11,5(132)
Sokodé-Bassar			6	11(41)	8(27)	7(27)	4(23)		3(36)
Sansanné-Mango/ Yendi			2		0,3(1)	0,2(1)	0,2(1)	0,1(1)	0,1(1)
andere				6(23)	5(17)	5(17)	3,5(19)		3,5(41)
Pflicht- arbeiter[5]	ca.1000	ca.1420[6]	1908[7]	2608	2401	2552	2558	2788	2297
insgesamt	1400	1885	2392	2987	2746	2921	3092	3551	3436

[1] in den Klammern die absoluten Zahlen
[2] extra für Brückenbauten eingestellt
[3] nur auf Erdschachtarbeiter bezogen
[4] Die in dieser Zeile angegebenen Zahlen beinhalten *nicht*, daß die gen. Zahl an Arbeitern zu *einem* Zeitpunkt vorhanden war (nur etwa die Hälfte).
[5] Müssen wie *alle* Pflichtarbeiter keine Steuern zahlen (s.DA d.G. v. 28.8. 1910), wenn sie länger als 2 Monate für öffentl. Arbeiten herangezogen werden.
[6] Atakpamé, Sokodé, Mango
[7] Nordbezirke

Fortsetzung s. Tabelle 23

Tabelle 23
Afrikanische Arbeiter beim Bahnbau Lomé-Atakpamé, 1909/10

	Dezember 1909	Januar 1910	Februar 1910	März 1910	Juni 1910	Juli 1910	August 1910	September 1910	Dezember 1910
Freiwillige	1276		897/547[1]	1109/623		1143/749		1275/798	1022/796
Pflichtarbeiter	2242		2565	2457	2581	2633	2695	2115	1972
insgesamt	3518		3462	3566		3776		3390	2994

[1] Die Angabe nach dem Schrägstrich nennt die Zahl derjenigen unter den »Freiwilligen«, die für die Dauer des gesamten Monats beschäftigt waren.

Q.: DKB 21, 1910f.

Tabelle 24
Formen des Einsatzes der nicht entlohnten Zwangsarbeiter (»Steuerarbeiter«) in Prozent der Gesamtzahl der »Tagewerke«, 1910–1913

Art der Zwangsarbeit	1910/11	Etatjahr 1911/12	1912/13
1. Ausführung und Instandhaltung von Bauten (auf den Stationen, Rasthöfen, Herbergen)	16	14	15
2. Bau und Unterhaltung von Wegen, Brücken, Märkten und Plätzen	39	52	52
3. Anlage und Unterhaltung von Siedlungen (Muster- und Besserungssiedlungen)	2	1	–
4. Anlage, Unterhaltung und Bewirtschaftung von Versuchspflanzungen und Stationsfeldern	24	21	18
5. Aufforstung	11	3	1
6. Industrielle Betriebe (Ziegelei, Herstellung von Zementrohren, Nutzholzherrichtung, Aufbereitung von Kapok und Baumwolle, Kalkbrennerei)	5	1	2
7. Arbeiten im Interesse der Volkshygiene (Sanierungsarbeiten, Schlafkrankenlager, Lepraheime usw.)	0,2	1,5	1
8. Lastenbeförderung und Botengänge	2	5	4
9. Arbeitergestellung an Häuptlinge	0,05	0,5	3
10. sonstiges	0,2	1	2

Q · AJb 1910/11, Statistischer Teil: 60 Tab. B.I.2.; AbT 7, 1912: 295; AJb 1912/13, Statistischer Teil: 80, Tab. B.I.2.

Tabelle 25
Steuerpflichtige Afrikaner nach Bezirk und Anteil der nichtbesteuerten Steuerpflichtigen anhand der Schätzungen der Verwaltung, 1909–1913

	Steuerpflichtige insgesamt			Steuerpfl. in % aller Steuerpflichtigen Togos			Anteil (abs.) der besteuerten Personen in % der Bevölkerung		
	1909/10	1911/12	1912/13	1909/10	1911/12	1912/13	1909/10	1911/12	1912/13
Lomé-Stadt	1770	2196	2228	1	1	1	24 (1770)	31 (2196)	31 (2228)
Lomé-Land	24137	31166	31063	15	16	16	20 (23067)	26 (30980)	21 (29620)
Aného-Stadt	649	625	486	0,4	0,3	0,3	18 (649)	17 (625)	15 (486)
Misahöhe	26549	25537	26302	9	11	10	17 (23730)	18 (25237)	19 (26302)
Atakpamé	15464	21981	23680	9	11	10	26 (15264)	27 (21481)	23 (18470)
Kete-Krachi	3993	5238	5133	2	3	3	17 (3193)	22 (4338)	26 (5133)
Sokodé-Bassar	39781	48926	52000	24	25	25	14 (39781)	16 (47487)	16 (46604)
Sansanné-Mango/Yendi	23189 30900	3100	14	16	14	5	10 (10404)	11 (21772)	(24852)
Togo insg.	163410	193533	201302	98,4[1]	99,3[1]	99,3[1]	18 (144376)	18 (180208)	18 (183105)

[1] Rundungsfehler.

Q.: zusammengestellt nach AbT 5,1910: 446, Tab; 7,1912: 294 , Tab.; AJb 1912/13

Tabelle 26
Nichtbesteuerte steuerpflichtige Afrikaner nach Bezirk und Anteil der nichtbesteuerten Steuerpflichtigen anhand der Schätzungen der Verwaltung, 1909–1913

Bezirke	absolut			in % aller Steuerpflichtigen		
	1909/10	1911/12	1912/13	1909/10	1911/12	1912/13
Lomé-Stadt	0	0	0	0	0	0
Lomé-Land	1070	258	1443	4,4	1	5
Aného-Stadt	0	0	0	0	0	0
Aného-Land	1360	800	0	5	3	0
Misahöhe	2819	300	0	11	1	0
Atakpamé	200	500	5210	1,2	2	22
Kete-Krachi	800	900	0	20	17	0
Sokodé-Bassar	0	1439	5396	0	3	10
Sansanné-Mango/Yendi	12785	9128	6148	51	30	20
Togo insg.	19034	13325	18197	11	7	9

Q.: zusammengestellt nach AbT 5,1910: 446, Tab; 7,1912: 294, Tab.; AJb 1912/13

Tabelle 27
Verhältnis der zu Steuerleistungen herangezogenen Afrikaner nach Art ihrer Steuerleistung und Bezirk in % (abs.), 1909–1913

Bezirk	Geld					Steuerarbeit			
	1909/10	1910/11	1911/12	1912/1913		1909/10	1910/11	1911/12	1912/13
Lomé-Stadt	100 (1770)	–	100 (2196)	100 (2228)		–	–	–	–
Lomé-Land	87 (2026)	–	82 (25227)	84 (25015)		13 (3041)	–	18 (5681)	16 (4605)
Aného-Stadt	100 (649)	–	100 (625)	100 (486)		–	–	–	–
Aného-Land	66 (17573)	–	96 (25067)	98 (29010)		33 (8780)	–	4 (1102)	1,4 (4009)
Misahöhe	86 (20347)	–	98 (24724)	98 (25862)		14 (3383)	–	2 (508)	1,7 (440)
Atakpamé	34 (5000)	–	62 (13351)	63 (11681)		66 (9690)[1]	–	38 (1930)	36 (6789)
Kete-Krachi	51 (1641)	–	81 (3521)	92 (4731)		49 (1552)	–	19 (871)	8 (402)
Sokodé-Bassar	0,5 (181)	–	26 (12374)	27 (12604)		84 (30951)[1]	–	74 (35108)	72 (33683)
Sansanné Mango/Yendi	6 (521)	–	30 (6486)	25 (6186)		93 (7907)	–	70 (15286)	75 (18666)
Togo insg.	49 (67708)[2]	65 (111160)	63 (113581)	64 (117803)		47 (65304)[2]	34 (55024)	37 (64985)	35 (64985)

1 Ohne Pflichtarbeiten beim Bahnbau. [Mit Pflichtarbeiten beim Bahnbau wird das Verhältnis von Steuerarbeit zu Geldzahlung: Atakpamé (774 Pf.Arb.) = 68 %: 32 %; Sokodé-Bassari (2903) = bleibt gleich; Mangu-Jendi (1866) = 94 %: 5 %]
2 Rundungsfehler

Q.: zusammengestellt nach AbT 5,1910 :446,Tab.; 7,1912 :294,Tab.; AJb 1912/13; ANT FA1/211: 53

Tabelle 28

In gesparter Lohnsumme ausgedrückte Steuerarbeit der Afrikaner nach Bezirk[1] und unterschiedlichen Lohnsätzen, 1910–1913.

Bezirke	gesparte Lohnsumme bei einem Tageslohn von 50 Pf.			gesparte Lohnsumme bei einem Tageslohn von 75 Pf.			Anteil der Bezirke in % der gesparten Gesamtlohnsumme		
	1910/11	1911/12	1912/13	1910/11	1911/12	1912/13	1919/11	1911/12	1912/13
Lomé-Land	24510	34086	27630	36765	51129	41445	8	9	7
Aného-Land	6698	6612	2400	10047	9918	3600	2	2	1
Misahöhe	7236	3255	2646	10885	4883	3969	2	1	1
Atakpamé	49422	44175	40734	74133	66262	61101	16	9	10
Kete-Krachi	5280	4902	257	7920	7353	386	2	1	0,06
Sokodé-Bassar	99966	210784	204000	149949	316176	306000	32	53	52
Sansanné Mango/Yendi	116415	91770	115086	174622	137656	172629	38	23	29
Togo insg.	309527	395584	392753	464291	593377	589130	100	98[2]	100[2]

[1] Lomé-Stadt und Aného-Stadt entfallen, da in diesem Zeitraum alle Steuerleistungen schon in Geldabgaben erbracht wurden.
[2] Rundungsfehler

Q.: zusammengestellt nach AbT 7,1912: 295; AJb 1912/13

Tabelle 29
Anteil der durch Zwangsarbeit gesparten Lohnsumme an den Einnahmen/Ausgaben
der Etats von 1910/11 – 1912/13

Jahr	Einnahmen		Ausgaben	
	Etat[1]	Lohnsumme in % d. Etats	Etat[1]	Lohnsumme in % d. Etats
1910/11	3.296.423	9,4	2.502.977	12,4
1911/12	4.005.149	9,9	3.357.987	11,7
1912/13	3.613.859	10,8	3.217.690	12,2

[1] in Reichsmark

Q.: errechnet aus Peter Sebald (1988:327f.)

Tabellen und andere Übersichten 489

Übersicht 1
Sechs Beispiele (3 Stationsleiter, 2 mittlere und ein unterer Beamter)
zum Dienststellenwechsel von Verwaltungsbeamten

1. Fall, 1907–1913:

Stationsleiter P. tritt am 28. Dezember 1907 seinen Heimaturlaub an. P. kommt am 18. Juli 1908 wieder in die Kolonie zurück und übernimmt die Leitung von *Misahöhe* für den heimreisenden Oberleutnant F. P. nimmt in der ersten Septemberhälfte am Bezirketag in Lomé teil. Im Februar 1909 übernimmt P. die Leitung der Station *Aného* für den heimreisenden Regierungsbaumeister M. Nach Rückkehr von Regierungsbaumeister M. kehrt P. wieder nach *Misahöhe* zurück. Im Januar 1910 übernimmt P. die Leitung der Station *Mango-Yendi,* dessen Inhaber gestorben ist. Im März 1911 tritt P. seinen fälligen Heimaturlaub an. Er kehrt im November wieder zurück und übernimmt die Leitung des Bezirks *Sokodé-Bassar.* Im April 1912 wird P. zum Bezirksleiter ernannt. Im Juni 1913 geht P. nach Europa auf Urlaub, von wo er im November zurückkehrt und die Leitung von *Sokodé* wieder übernimmt.

2. Fall, 1909–1913:

Oberleutnant H. wird im September 1909 als Vertreter des demnächst heimreisenden Professors M. nach *Kete-Krachi* versetzt und übernimmt dort die Bezirksleitung. Im März 1910 wird H. dem Bezirksamt *Misahöhe* zugeteilt. Im Oktober 1910 macht sich H. auf die Heimreise nach Europa. Im März 1911 kehrt H. in die Kolonie zurück. Er wird für den heimreisenden Oberleutnant S. kommissarisch vom 10.11.-20.12. 1911 mit der Leitung des Bezirks *Lomé-Land* betraut. Im Oktober 1911 übernimmt H. die Leitung des Bezirks *Aného.* Im April 1912 erledigt H. einen Sonderauftrag im Bezirk *Aného.* Im Spätherbst 1912 tritt H. seinen Heimaturlaub an. Er kehrt im April 1913 in die Kolonie zurück und übernimmt die Leitung des Bezirks *Sansanné-Mango.*

3. Fall, 1907–1914:

Der Leutnant und spätere Oberleutnant S. trifft im August 1907 in Togo ein. Er wird mit der Führung der *Polizeitruppe* beauftragt und zu Verwaltungsgeschäften dem Bezirksamtmann von *Lomé-Land* zugeteilt. Im Mai 1908 gibt S. die Aufgabe des Truppenführers zugunsten einer vollen Verwaltungstätigkeit im Bezirksamt von *Lomé-Land* ab. Im April 1909 tritt S. seinen Heimaturlaub an. Nach seiner Rückkehr im Oktober übernimmt er die Geschäfte des heimreisenden Leutnants G. in *Lomé-Land.* Im Frühjahr 1911 macht sich S. zu seinem Heimaturlaub auf. Nach seiner Rückkehr im Oktober wird er mit der Leitung vom Bezirk *Lomé-Land* beauftragt. Ab Dezember 1911 begleitet S. den Gouverneur auf einer *Hinterlandreise.* Im März 1912 nimmt S. wieder die Geschäfte in *Lomé-Land* auf. Im Juni 1913 reist S. zum Heimaturlaub wieder nach Europa. Er kehrt Ende 1913 zurück und übernimmt wieder die Leitung von *Lomé-Land.*

4. Fall, 1908–1914:

Im Januar 1908 trifft Stationsassistent G. in der Kolonie ein und wird dem Bezirksamt *Lomé-Land* zur Verfügung gestellt. Später wird G. der Station *Kete-Krachi* zugeteilt, aber noch im Juli 1909 wird er vom *Gouvernementsbüro* angefordert. Nach dem üblichen Heimaturlaub, einer weiteren Dienstzeit, nochmaligem Urlaub wird G. im Juni 1912 dem Bezirksamt *Atakpamé* zugeteilt. Am Ende desselben Jahres wird G. nach *Misahöhe* versetzt. Im Mai 1913 muß G. wieder in das *Gouvernementsbüro* zurückkehren. Am Ende des Jahres nimmt G. seinen Heimaturlaub. Im Mai 1914 trifft er wieder in der Kolonie ein.

5. Fall, 1906–1914:

Zu Beginn des Jahres 1906 kehrt Stationsassistent S. von seinem Heimaturlaub in Europa zurück. Er wird der Station *Sansanné-Mango* zugeteilt. Nach Ablauf seiner Dienstzeit tritt er im Mai 1907 seine Heimreise an. Ende Oktober 1907 trifft S. wieder in der Kolonie ein und kehrt an seine alte Dienststelle in *Sansanné-Mango* zurück. Er bleibt daselbst bis zum April 1910, um erneut den längst überfälligen Urlaub zu nehmen. Im November kehrt er hiervon in die Kolonie zurück und wird der Station *Sansanné-Mango* zugeordnet, die ihn in der Nebenstation *Yendi* einsetzt. Dort wird er zwecks seines Heimaturlaubs im April 1912 abgelöst. Im November kehrt S. zurück, um für weitere achtzehn Monate seinen Dienst zu tun. Danach wird er wohl nicht mehr dienstlich nach Togo zurückgekehrt sein, denn vor dem Ende seiner Urlaubszeit hatten Franzosen und Briten die deutsche Kolonialherrschaft abgelöst.

6. Fall, 1907–1913:

Im Mai 1907 trifft Stationsassistent P. im Lomé ein und wird der Station *Sokodé-Bassar* zugeteilt. Nach der üblichen Dienstzeit tritt er im November 1908 seinen Heimaturlaub an, von dem er im Mai 1909 zurückkehrt, um dem Bezirksamt *Atakpamé* zugeordnet zu werden. Weil auf der Station *Sansanné-Mango* der Stationsassistent S. zum Heimaturlaub abreist, übernimmt P. im Februar 1910 dessen Aufgaben. Im Dezember 1910 nimmt P. seinen Heimaturlaub und kehrt nach einem halben Jahr zurück. Er wird der *Zollverwaltung* zugeteilt, aber nach Beendigung seiner dort zu erledigenden Aufgaben zur Station Sokodé versetzt, das ihn mit Aufgaben in der Nebenstation *Bassar* betraut. Im April 1912 löst P. den Stationsassistenten S. in *Yendi* ab. Im Januar 1913 verläßt P. die Kolonie und scheidet aus dem Kolonialdienst aus.

Q.: zusammengestellt nach AbT 1, 1906 ff.

Verzeichnis der erwähnten oder zitierten Literatur und veröffentlichten Quellen

Ablass, Dr. (1906): »Die Enthüllungen des Reichstagsabgeordneten Dr. Ablass«. In: Die Deutschen Kolonien. (Aus fernen Landen). Monatsschrift des Deutschvolklichen Kolonialvereins 5: 22–29, 51–56.

Adabra, Samuel Suka (1973): Les autorités traditionelles et le pouvoir politique moderne au Togo. Unveröffentl. Thèse pour le Doctorat d'Etat en Droit. Paris: Université de Paris I, Panthéon-Sorbonne.

Agbodeka, Francis (1984): »The Origins of the Republic Idea in Eweland. The North Western Region.« In: Peuples du Golfe du Bénin. Aja-Ewé (Colloque du Cotonou), hrsg. v. F. de Medeiros, S. 159–162. Paris: Karthala/Centre de Recherches Africaines.

Albertini, Rudolf von (1985): Europäische Kolonialherrschaft 1880–1940. Wiesbaden: Steiner; (zuerst 1976).

Alliot, Michel (1980): »Über die Arten des ›Rechts-Transfers‹«. In: Entstehung und Wandel rechtlicher Traditionen, hrsg. v. W. Fikentscher, H. Franke, O. Köhler, S. 161–231. Freiburg, München: Alber.

Amegan (1981): Curt von François et le Togo. Thèse pour le doctorat de 3è cycle. Paris: Université de la Sorbonne, Nouvelle, Paris III.

Anderson, J.R.L. (1970): The Ulysses Factor. The exploring instinct in man. London: Hodder-Stonghton.

Arendt, Hannah (1985): Macht und Gewalt. München, Zürich: Piper; (amerik. zuerst 1970).

Asad, Talal (Hg.) (1973): Anthropology and the Colonial Encounter. London: Ithaca.

Asamoa, Ansa (1971): Die gesellschaftlichen Verhältnisse der Ewe-Bevölkerung in Südost-Ghana. Berlin: Akademie.

Asmis, Rudolf (1942): Kalamba Na M'Putu. Koloniale Erfahrungen und Beobachtungen. Berlin: E. S. Mittler.

Asmis, Rudolf (1941): »Erfahrungen aus meinen kolonialen Wanderjahren«. In: Das afrikanische Kolonialproblem, Zeitschrift der Gesellschaft für Erdkunde zu Berlin 1–4: 102–126.

Asmis, Rudolf (1912): »Die Stammesrechte des Bezirkes Sansane-Mangu. (Schutzgebiet Togo)«. In: Zeitschrift für vergleichende Rechtswissenschaften 27: 71–128.

Asmis, Rudolf (1911a): »Die Stammesrechte des Bezirkes Atakpame. (Schutzgebiet Togo)«. In: Zeitschrift für vergleichende Rechtswissenschaften 25: 67–130.

Asmis, Rudolf (1911b): »Die Stammesrechte der Bezirke Misahöhe, Anecho und Lome-Land. (Schutzgebiet Togo)«. In: Zeitschrift für vergleichende Rechtswissenschaften 26: 1–133.

Asmis, Rudolf (1911c): »Die Besserungssiedlung an der Chra. Ein Beitrag zur Lehre vom Strafvollzug in den Kolonien«. In: Koloniale Rundschau 9: 529–540.

Asmis, Rudolf (1910): »Landschaft und Grundeigentum im östlichen Teil des Misahöhebezirks. (Schutzgebiet Togo). Eine kolonialrechtliche Skizze«. In: Blatt für vergleichende Rechtswissenschaft und Volkswirtschaftslehre: 11–19, 42–49, 71–75, 102–105, 141–145, 164–171.

Asmis, Rudolf (1908): Grundlagen für die Codifizierung des Eingeborenenstrafrechts in Togo. In amtlichen Auftrage gesammelt und bearbeitet von Dr. jur. et phil. Asmis. Bonn: Politisches Archiv des Auswärtigen Amts der Bundesrepublik Deutschland.

Augustinus, Aurelius (1977): Vom Gottesstaat (De civitate dei). Buch 1–10. München: Deutscher Taschenbuchverlag; (latein. zuerst 1467/413–427).

Bacon, Francis (1963): The Works of Francis Bacon. Faksimile-Neudruck der Ausgabe von J. Spedding, R. L. Ellis, D. D. Heath, London 1857–1874, in 14 Bänden, Bd. VII. Stuttgart, Bad Cannstatt: Frommann-Holzboog; (latein. zuerst 1597).

Balandier, Georges (1982): Sociologie actuelle de l'afrique noire. Dynamique sociale en afrique centrale. Paris: Presses Universitaires de France; (zuerst 1955).

Balandier, Georges (1976): Politische Anthropologie. München: Deutscher Taschenbuchverlag; (franz. zuerst 1967).

Ballot, Frank (1986): Politische Herrschaft in Kenia. Der neo-patrimoniale Staat 1963–1978. Rheinfelden: Schäuble.

Barbier, Jean-Claude (1982): »Pot de terre contre pot de fer. Les sociétés dites acéphales et l'état«. In: Travaux et Documents de L'ORSTOM 142: 31–61. Paris: ORSTOM.

Bauer, Paul (1905): »Die Strafrechtspflege über die Eingeborenen der deutschen Schutzgebiete«. In: Archiv für Öffentliches Recht 19: 32–86, 433–475.

Bayart, Jean-Francois (1989): L'État en Afrique. La politique du ventre. Paris: Fayard.

Beck, Kurt (1989): »Stämme im Schatten des Staats: Zur Entstehung administrativer Häuptlingstümer im nördlichen Sudan«. In: Sociologus 39: 19–35.

Becker, Howard S. (1967): »'Whose Side Are We On?'«. In: Social Problems 14: 239–247.

Berger, Peter L. (1979): Einladung zur Soziologie. Eine humanistische Perspektive. München: Deutscher Taschenbuchverlag; (amerik. zuerst 1963).

Bertaux, Pierre (1966): Afrika. Von der Vorgeschichte bis zu den Staaten der Gegenwart, Fischer Weltgeschichte, Bd. 32. Frankfurt/M., Hamburg: Fischer.

Betts, Raymond F. (1961): Assimilation and Association in French Colonial Theory 1890–1914. New York u. London: Columbia University Pr.

Bibliographie (1990): Bibliographie deutschsprachiger Literatur zur Ethnographie und Geschichte der Ewe in Togo und Südostghana, 1840–1914, annotiert, v. C. Seige, W. Liedtke. Afrika-Bibliographie 3, hrsg. v. Direktor des Staatlichen Museums für Völkerkunde Dresden. Dresden: Staatliches Museum für Völkerkunde Dresden – Forschungsstelle.

Bohannan, Laura und Paul (1953): The Tiv of Central Nigeria. London: International African Institute.

Bohannan, Paul (1954): »The Migration and Expansion of the Tiv«. In: Afrika 24: 10–16.

Bolte, Karl Martin, Dieter Kappe, Josef Schmid (1980): Bevölkerung. Statistik, Theorie, Geschichte und Politik des Bevölkerungsprozesses. Opladen: Leske-Budrich.

Booth, John (1912): »Togo«. In: Zeitschrift für Tropische Landwirtschaft 16: 360–377, 401–419.

Braun, Rudolf (1975): »Taxation, Sociopolitical Structure, and State-Building: Great Britain and Brandenburg-Prussia«. In: The Formation of National States in Western Europe, hrsg. v. C. Tilly, S. 243–327. Princeton, New York: Princeton University Pr.

Brunschwig, Henri (1983): Noirs et Blancs dans l'Afrique Noire Française où comment le colonisé devient colonisateur (1870–1914). Paris: Flammarion.

Brunschwig, Henri (1963): L'Avènement de l'Afrique noire. Paris: Colin.

Brunschwig, Henri (1957): L'Expansion allemande outre-mer du XVe siècle à nos jours. Paris: Presses Universitaires.
Brunschwig, Henri (1949): La colonisation française. Paris: Calman-Levy.
Brydon, Lynne (1981): »Rice, yams and chiefs in Avatime: speculations on the development of a social order«. In: Africa 51: 659–677.
Buchner, Max (1914): Aurora colonialis. Bruchstücke eines Tagebuches aus dem ersten Beginn unserer Kolonialpolitik 1884/85. München: Piloty-Lochle.
Burckhardt, Jacob (o.J.): Weltgeschichtliche Betrachtungen. Historisch-kritische Gesamtausgabe. Mit einer Einleitung und textkritischem Anhang von Rudolf Stadelmann. O.O.: Neske; (zuerst 1905/1868–1873).
Büttner, Richard (1911): »Togo«. In: Das überseeische Deutschland. Die deutschen Kolonien in Wort und Bild, Bd. 2. 2.Aufl. Stuttgart u. a.: Union Deutsche Verlagsgesellschaft.
Büttner, Richard (1891): »Bericht des Dr. Büttner über die Station Bismarckburg (Togo-Gebiet)«. In: Deutsches Kolonialblatt 2: 466–469, 492–494.
Canetti, Elias (1981): »Macht und Überleben«. In: idem, Das Gewissen der Worte, S. 25–40. Frankfurt/M.: Fischer Taschenbuch; (zuerst 1962).
Canetti, Elias (1980): Masse und Macht. Frankfurt/M.: Fischer Taschenbuch; (zuerst 1960).
Chabal, Patrick (1992): Power in Africa. An Essay in Political Interpretation. Basingstoke/London: MacMillan.
Chazan, Naomi (1988): »The Early State in Africa: The Asante Case«. In: The Early State in African Perspective. Culture, Power and Division of Labor, hrsg. v. S. N. Eisenstadt, M. Abitol, N. Chazan, S. 60–97. Leiden: Brill.
Childe, Gordon (1960): Vorgeschichte der europäischen Kultur. Hamburg: Rowohlt; (engl. zuerst 1960).
Cicourel, Aaron V. (1973): »Basisregeln und normative Regeln im Prozeß des Aushandelns von Status und Rolle«. In: Alltagswissen, Interaktion und gesellschaftliche Wirklichkeit, Bd. 1: Symbolischer Interaktionismus und Ethnomethodologie, hrsg. v. Arbeitsguppe Bielefelder Soziologen, S. 147–188. Reinbek: Rowohlt Taschenbuch; (amerik. zuerst 1970).
Clausewitz, Carl von (1980): Vom Kriege. Hinterlassenes Werk. Frankfurt/M., Berlin, Wien: Ullstein; (zuerst 1832).
Cloward, Richard A., Lloyd E. Ohlin (1960): Delinquency and Opportunity. A Theory of Delinquent Gangs. New York, London: Free Pr./Collier-Macmillan.
Cohen, Stanley, Laurie Taylor (1972): Psychological Survival. The Experience of Long-Term Imprisonment. Harmondsworth: Penguin.
Coleman, James S. (1990): Foundations of Social Theory. Cambridge, London: Belknap-Harvard University Pr.
Conradt, Leopold (1896): »Das Hinterland der deutschen Kolonie Togo«. In: Petermanns Mitteilungen 42: 11–20, 29–33.
Cornevin, Robert (1988): Le Togo. Des origines à nos jours. Paris: Académie des Sciences d'outre-mer.
Cornevin, Robert (1974): Geschichte der deutschen Kolonien. Goslar: Hermann Hübner; (franz. zuerst 1969).
Cornevin, Robert (1973): Le Togo. Paris: Presses universitaires de France.
Cornevin, Robert (1969): Histoire du Togo. Paris: Berger-Levrault; (zuerst 1962).
Cornevin, Robert (1969a): »The Germans in Africa before 1918«. In: Colonialism in Africa 1870–1960, Bd. 1: The History and Politics of Colonialism 1870–1914, hrsg. v. L. H. Gann, P. Duignan, S. 383–419. Cambridge: Cambridge University Pr.

Crowder, Michael (1970): »Indirekte Herrschaft – französisch und britisch«. In: Moderne Kolonialgeschichte, hrsg. v. R. v. Albertini, S. 220–229. Köln, Berlin: Kiepenheuer-Witsch; (engl. zuerst 1964).
Crowder, Michael (1968): West Africa under Colonial Rule. London: Hutchinson.
Daaku, Kwame Yeboah (1976): Osei Tutu of Asante. London: Heinemann.
Dahrendorf, Ralf (1965): »Deutsche Richter. Ein Beitrag zur Soziologie der Oberschicht«. In: idem, Gesellschaft und Freiheit. Zur soziologischen Analyse der Gegenwart, S. 176–196. München: Piper.
Daly, M. W. (1986): Empire on the Nile. The Anglo-Egyptian Sudan 1898–1934. Cambridge u. a.: Cambridge University Pr.
Danckelman, Alexander Dr. Frhr. von (1893): »Mitteilungen über die letzte Reise von Hauptmann Kling in die Hinterländer von Togo 1891–92«. In: Verhandlungen der Gesellschaft für Erdkunde in Berlin, Jan. -Dez. 1893, 20: 313–319.
Darkoh, M. B. K. (1967/68): »Togoland under the Germans: Thirty Years of Economic Development (1884–1914)«. In: Nigerian Geographical Journal 10, H. 2: 107–122; 11, H. 2: 153–168.
Davies, Brian (1976): Social Control and Education. London: Methuen.
Debrunner, Hans W. (1965): A Church Between Colonial Powers. A Study of the Church in Togo. London: Lutherworth Pr.
Deist, Wilhelm (1980): »Zur Geschichte des preußischen Offizierskorps 1888–1918«. In: Das deutsche Offizierskorps, 1860–1960. Büdinger Vorträge 1977. In Verbindung mit dem Militärgeschichtlichen Forschungsamt, hrsg. v. H. H. Hofmann, S. 39–57. Boppard a. Rh.: Boldt.
Delafosse, Maurice (1909): »Les états d'ame d'un colonial«. In: L'Afrique française 1909: 62–65, 102–104, 127–130, 162–165, 200–202, 240–241, 288–289, 311–313, 338–339, 373–375, 414–416.
Delavignette, Robert (1939): Les vrais chefs de l'Empire. Paris: Gallimard.
Demeter, Karl (1962): Das deutsche Offizierskorps in Gesellschaft und Staat 1650–1945. Frankfurt/M.: Bernard und Graefe Verlag für Wehrwesen; (zuerst 1930).
Dernburg, Bernhard (1908): »Fragen der Eingeborenenpolitik«. (Rede vor der Budgetkommission des Reichstages vom 18. Februar 1908). In: Deutsches Kolonialblatt 18: 216–231.
Dernburg, Berhard (1907a): »Zielpunkte des Deutschen Kolonialwesens«. (Vortrag, gehalten auf Veranlassung einer freien Vereinigung von Gelehrten und Künstlern am 8. Januar 1907). In: Deutsches Kolonialblatt 18: 57–64.
Dernburg, Bernhard (1907b): »Zielpunkte des Deutschen Kolonialwesens«. (Vortrag, gehalten auf Veranlassung des Deutschen Handelstages am 11. Januar 1907). In: Deutsches Kolonialblatt 18: 64–74.
Dernburg, Bernhard (1907c): »Über koloniale Erziehung«. (Vortrag, gehalten am 21. Januar 1907 in München). In: Deutsches Kolonialblatt 18: 106–112.
Dernburg, Bernhard (1907d): »Koloniale Finanzprobleme«. (Vortrag, gehalten in Frankfurt a. M. am 3. Februar 1907). In: Deutsches Kolonialblatt 18: 151–159.
Dernburg, Bernhard (1907e): »Zwei Reden Seiner Exzellenz des Herrn Staatssekretärs des Reichs-Kolonialamts Dernburg über seine Reise nach Deutsch-Ostafrika. I«. (Rede, gehalten auf der außerordentlichen Hauptversammlung der Deutschen Kolonialgesellschaft zu Frankfurt a.M. am 5. Dezember 1907). In: Deutsches Kolonialblatt 18: 1195–1199.
Dernburg, Bernhard (1907f): »Zwei Reden Seiner Exzellenz des Herrn Staatssekretärs des Reichs-Kolonialamts Dernburg über seine Reise nach Deutsch-Ostafrika. II«. (Rede, gehalten auf Einladung Seiner Königlichen Hoheit des Großherzogs von

Oldenburg zu Oldenburg am 9. Dezember 1907). In: Deutsches Kolonialblatt 18: 1199–1207.
Deschamps, Hubert (1970): »Und nun, Lord Lugard?«. In: Moderne Kolonialgeschichte, hrsg. v. R. v. Albertini, S. 203–219. Köln, Berlin: Kiepenheuer-Witsch; (franz. zuerst 1963).
Deutsches Kolonial-Lexikon (1920): 3 Bde., hrsg. v. H. Schnee. Leipzig: Quelle-Meyer.
Diehn, Otto (1956): Kaufmannschaft und deutsche Eingeborenenpolitik in Togo und Kamerun von der Jahrhundertwende bis zum Ausbruch des Weltkrieges. Dargestellt unter besonderer Berücksichtigung des Bremer Afrikahauses J. K. Vietor. (unveröfentl. Diss. phil., Universität Hamburg). Hamburg: Universität Hamburg.
Dittmer, Kunz (1979): »Die Obervolta-Provinz«. In: Die Völker Afrikas und ihre traditionellen Kulturen, hrsg. v. H. Baumann, S. 495–542. Wiesbaden: Steiner.
Duby, Georges (1968): »In Northwestern France. The ›Youth‹ in Twelfth- Century Aristocratic Society«. In: Lordship and Community in Medieval Europe. Selected Readings, hrsg. v. F.L. Cheyette, S. 198–209. New York usw.: Holt-Rinhart-Winston.
Durkheim, Emile (1977): Über die Teilung der sozialen Arbeit. Frankfurt/M.: Suhrkamp; (franz. zuerst 1893).
Durkheim, Emile (1965): Die Regeln der soziologischen Methode. Neuwied, Berlin: Luchterhand; (franz. zuerst 1895).
Duval, Maurice (1985): Un Totalitarisme sans état. Essai d'anthropologie politique à partir d'un village burkinabé. Paris: Harmattan.
Eckart, Ulrich (1988): »Arzneimittelerprobung in der ehemaligen deutschen Kolonie Togo. Zum Gewaltverhältnis von Kolonialpolitik, Kolonialmedizin und pharmakologischer Erkenntnisbildung«. In: Forum Wissenschaft 5: 29–35.
Elias, Norbert (1969): Über den Prozeß der Zivilisation. Soziogenetische und psychogenetische Untersuchungen. 2 Bde. Bern, München: Francke; (zuerst 1936).
Erbar, Ralph (1991): Ein ›Platz an der Sonne‹? Die Verwaltungs- und Wirtschaftsgeschichte der deutschen Kolonie Togo, 1884–1914. Stuttgart: Steiner.
Erzberger, Matthias (1906): Die Kolonial-Bilanz. Bilder aus der deutschen Kolonialpolitik auf Grund der Verhandlungen des Reichstages im Sessionsabschnitt 1905/06. Berlin: Germania.
Evans-Pritchard, Edward E. (1979): The Nuer. A description of the modes of livelihood and political institutions of a Nilotic people. New York: Oxford Univerisity Pr.; (zuerst 1940).
Fanon, Frantz (1966): Die Verdammten dieser Erde. Frankfurt/M.: Suhrkamp; (franz. zuerst 1961).
Fieldhouse, David K. (1983): Colonialism 1870–1945. An Introduction. London: Weidenfeld-Nicolson; (engl. zuerst 1981).
Fieldhouse, David K. (1973): Economics and Empire 1830–1914. London: Weidenfeld-Nicolson.
Fisch, Rudolf (1911): Nord-Togo und seine westliche Nachbarschaft. In Bildern und Skizzen für Missions- und Kolonialfreunde. Berlin: Basler Missionsbuchhandlung.
Fischer, Hans (1990): Völkerkunde im Nationalsozialismus. Aspekte der Anpassung, Affinität und Behauptung einer wissenschaftlichen Disziplin. Berlin, Hamburg: Reimer.
Forde, C. Daryll, G.I. Jones (1950): The Ibo and Ibibo Speaking Peoples. London: International African Institute.
Foucault, Michel (1977): Überwachen und Strafen. Die Geburt des Gefängnisses. Frankfurt/M.: Suhrkamp; (franz. zuerst 1975).

François, Curt von (1972): Ohne Schuß durch dick und dünn. Erste Erforschung des Togohinterlandes. Major a. D., ehemaliger Landeshauptmann von Deutschsüdwestafrika aus seinen bisher unveröffentlichten Tagebuchaufzeichnungen, hrsg. v. G. v. François. Idstein, Ts.: Esch-Waldems (Eigenverlag).

Frank, Gunnar (1966): »The Development of Underdevelopment«. In: Monthly Review 18, H. 4: 23–28.

Froelich, Jean-Claude (1954): »La Tribu Konkomba du Nord Togo«. In: Mémoires de l'Institut Français d'Afrique Noire 37: Dakar: Ifan.

Froelich, Jean-Claude, Pierre Alexandre, Robert Cornevin (1963): Les Populations du Nord-Togo. Paris: Presses Universitaires de France.

Full, August (1935): Fünfzig Jahre Togo. Mit einem Vorwort des Vorsitzenden der Wissenschaftlichen Kommission der Deutschen Kolonialgesellschaft Staatssekretär a. D. Dr. Brugger und einem Geleitwort des letzten deutschen Gouverneurs von Togo Adolf Friedrich, Herzog zu Mecklenburg. Berlin: Reimer-Vohsen.

Gallagher, John, Ronald Robinson (1979): »Der Imperialismus des Freihandels«. In: Imperialismus, hrsg. v. H.-U. Wehler, S. 183–200. Köln, Berlin: Kiepenheuer-Witsch; (engl. zuerst 1953).

Galtung, Johan (1972): »Eine strukturelle Theorie des Imperialismus«. In: Imperialismus und strukturelle Gewalt. Analysen über abhängige Reproduktion, hrsg. v. D. Senghaas, S. 29–104. Frankfurt/M: Suhrkamp; (engl. zuerst 1971).

Gann, L. H., Peter Duignan (1977): The rulers of German Africa, 1884–1914. Stanford, CA.: Stanford University Pr.

Garfinkel, Harold (1976): »Bedingungen für den Erfolg von Degradierungszeremonien«. In: Seminar: Abweichendes Verhalten III. Die gesellschaftliche Reaktion auf Kriminalität, Bd. 2: Strafprozeß und Strafvollzug, hrsg. v. K. Lüderssen, F. Sack, S. 31–40. Frankfurt/M.: Suhrkamp; (amerik. zuerst 1956).

Garfinkel, Harold (1967): Studies in Ethnomethodology. Englewood Cliffs, New York: Prentice Hall.

Garfinkel, Harold (1963): »A Conception of, and Experiments with ›Trust‹ as a Condition of Stable Concerted Actions«. In: Motivation and Social Interaction, hrsg. v. O. J. Harvey, S. 183–238. New York: Ronald.

Gärtner, Karl (1924): ›Togo‹. Finanztechnische Studie über die Entwicklung des Schutzgebiets unter deutscher Verwaltung. Zum 40. Jahrestag deutscher Kolonialarbeit. Mit einem Anhang über Erlebnisse des Verfassers in englischer Gefangenschaft. Darmstadt: Erdmann-Raabe.

Gayibor, Nicoué Lodjou (1985): L'aire culturelle ajatedo des origines à la fin du XVIIIè siècle. Thèse pour le doctorat d'état, 2 Bde. Paris: Université de Paris I – Panthéon – Sorbonne.

Gayibor, Nicoué Lodjou (1975): Migration, Société, Civilisation: Les Ewe du Sud-Togo. Thèse de Doctorat de 3ème Cycle (histoire), 2 Bde. Paris: Université de Paris I – Panthéon – Sorbonne.

Geary, Christraud, Adamou Ndam Njoya (1985): Mandu Yenu. Bilder aus Bamum, einem westafrikanischen Königreich 1902–1915. München: Trickster.

Gehrts, M. (1914): A Camera Actress in the Wild of Togoland. London: Seeley.

Geyer, Michael (1978): »Militarismus«. In: Geschichtliche Grundbegriffe. Historisches Lexikon zur politisch-sozialen Sprache in Deutschland, Bd. 4, hrsg. v. O. Brunner, W. Conze, R. Koselleck, S. 23–46. Stuttgart: Klett-Cotta.

Giesebrecht, Franz (Hg.) (1898): Die Behandlung der Eingeborenen in den deutschen Kolonien. Ein Sammelwerk. Berlin: S. Fischer.

Giesebrecht, Franz (1895): »Kolonialgreuel. Kulturhistorische Studie«. In: Neue Deutsche Rundschau 6, 2: 143–157

Glassman, Ronald M. (1986): Democracy and Despotism in Primitive Society. A Neo-Weberian Approach to Political Theory, 2 Bde. Millwood, New York usw.: Associated Faculty Pr.

Gluckman, Max (1977): Politics, Law and Ritual in Tribal Society. Oxford: B. Blackwell; (zuerst 1965).

Gouvernement von Togo, Kaiserliche[s] (Hg.) (1910): Die Landesgesetzgebung des Schutzgebietes Togo. Geordnete Zusammenstellung der in der Togo geltenden Gesetze, Verordnungen, Verfügungen, Erlasse und Bekanntmachungen einschließlich der wichtigeren öffentlich-rechtlichen Verträge und der Satzungen der in Togo tätigen Kolonialgesellschaften. Berlin.

Grade, Paul (1889): »Volkstümliche Bräuche und Gesetze im Togoland«. In: Aus allen Weltteilen 20: 1–6, 25–35.

Graef, Dr. jur. (1910): »Beobachtungen aus dem Strafrecht der Evheneger (Südtogo)«. In: Koloniale Zeitschrift 11: 289–292.

Green, Sandra E. (1981): »Land, lineage and clan in early Anlo«. In: Africa 51: 451–464.

Gründer, Horst (1985): Geschichte der deutschen Kolonien. Paderborn usw.: Schöningh.

Gruner, Hans (1898): Beitrag zu: Die Behandlung der Eingeborenen in den deutschen Kolonien. Ein Sammelwerk, hrsg. v. F. Giesebrecht, S. 115–118. Berlin: Fischer.

Haan, Leo de (1983): »Die Kolonialentwicklung des deutschen Schutzgebietes Togo in räumlicher Perspektive«. In: Erdkunde. Archiv für wissenschaftliche Geographie 37: 127–137.

Hänsch, Felix (1911): »Der gegenwärtige Stand und die Weiterentwicklung der Farbigenstatistik in den deutschen Schutzgebieten«. In: Zeitschrift für Kolonialpolitik, Kolonialrecht und Kolonialwirtschaft 13: 381–390.

Harder, Gustav (1980): Bergsteigen. Vom Bergwandern zum Felsklettern. Training, Technik, Taktik. Reinbek: Rowohlt.

Harris, Marvin (1968): The Rise of Anthropological Theory. A History of Theories of Culture. New York usw.: Harper-Row.

Hartland, E. Sidney (1924): Primitive Law. London: Methuen.

Hausen, Karin (1970): Deutsche Kolonialherrschaft in Afrika. Wirtschaftsinteressen und Kolonialverwaltung in Kamerun von 1914. Zürich: Atlantis.

Hauser, Jürg A. (1974): Bevölkerungsprobleme der Dritten Welt. Ein Vademecum mit Tatsachen, Beziehungen und Prognosen. Bern, Stuttgart: Haupt.

Headrick, Daniel R. (1981): The Tools of Empire. Technology and European Imperialism in the Nineteenth Century. New York, Oxford: Oxford University Pr.

Henrici, Ernst (1895): »Das Volksrecht der Epheneger und sein Verhältnis zur deutschen Colonisation im Togogebiet«. In: Zeitschrift für vergleichende Rechtswissenschaften 11: 131–156.

Henrici, Ernst (1888): Das deutsche Togogebiet und meine Afrikareise 1887. Leipzig: C. Reißner.

Herold, Anton Bruno (1897): »Rechtssprechung der Ewe-Neger«. In: Deutsche Kolonialzeitung 10: 19–20.

Herold, Anton Bruno (1895): »Die Bewohner des südlichen Togogebietes«. In: Deutsche Kolonialzeitung 8: 282–284.

Herold, Anton Bruno (1894a): »Anehó an der Togoküste«. In: Deutsche Kolonialzeitung 7: 22–23.

Herold, Anton Bruno (1894b): »Lomé an der Togoküste«. In: Deutsche Kolonialzeitung 7: 83–84.
Herold, Anton Bruno (1894c): »Die Sudanländer im Norden Togos«. In: Deutsche Kolonialzeitung 7: 117–118.
Herold, Anton Bruno (1894d): »Kratschi und Bismarckburg«. In: Deutsche Kolonialzeitung 7: 153–154.
Herold, Anton Bruno (1894e): »Land und Leute in Togo«. In: Jahresbericht des Vereins für Erdkunde zu Metz 17: 22–26.
Herold, Anton Bruno (1893): »Lebensweise und Sitten der Buschneger im Togogebiet«. In: Verhandlungen der Gesellschaft für Erdkunde 20: 53–60.
Herold, Anton Bruno (1892): »Bericht betreffend Rechtsgewohnheiten und Palaver der deutschen Ewe-Neger«. In: Mitteilungen aus den deutschen Schutzgebieten 5: 160–175.
Herold, Anton Bruno (1891): Die politische Vergangengheit des westlichen Togo-Gebietes. Mitteilungen von Forschungsreisenden und Gelehrten aus den deutschen Schutzgebieten 4: 113–127.
Hess, Henner (1977): »Die Entstehung zentraler Herrschaftsinstanzen durch die Bildung klientelärer Gefolgschaft. Zur Diskussion um die Entstehung staatlich organisierter Gesellschaften«. In: Kölner Zeitschrift für Soziologie und Sozialpsychologie 29: 762–778.
Hobsbawn, E., T. Ranger (Hg.) (1983): The Invention of Tradition. Cambridge usw.: Cambridge University Pr.
Hobson, John Attkinson (1968): Der Imperialismus. Köln, Berlin: Kiepenheuer und Witsch; (engl. zuerst 1902).
Hofmann, Hanns Hubert (Hg.) (1980): Das deutsche Offizierskorps 1860–1960. Büdinger Vorträge 1977, in Verbindung mit dem Mitlitärgeschichtlichen Forschungsamt. Boppard/Rhein: Boldt.
Horton, Robin (1985): »Stateless Societies in the history of West Africa«. In: History of West Africa, Bd. 1, hrsg. v. J. F. A. Ajayi, M. Crowder, S. 87–128. Harlow, Lkeja u. a.: Longman; (zuerst 1971).
Hume, David (1985): »Of the first principles of government«. In: idem, Essays. Moral, Political and Literary, hrsg. v. E. F. Miller. Indianapolis: Liberty Classics; (zuerst 1741, 4. Aufl. 1777).
Hupfeld, Friedrich (1908): »Togo 1907«. In: Deutsche Kolonialzeitung 25: 332–334.
Hupfeld, Friedrich (1907): »Togo 1905 und 1906«. In: Deutsche Kolonialzeitung 24: 211–213.
Hupfeld, Friedrich (1900): »Die Erschließung des Kaburelandes in Nordtogo«. In: Globus 77: 281–285.
Hupfeld, Friedrich (1899): »Land und Leute in Bassari«. In: Beiträge zur Kolonialpolitik und Kolonialwirtschaft 1: 161–176.
Hutter, Franz Karl (1901a): »Westafrikanische Felddienstordnung für den Forschungsreisenden«. In: Globus 80: 173–177.
Hutter, Franz Karl (1901b): »Westafrikanisches Stationsleben«. In: Globus 80: 288–290.
Jouvenel, Bertrand de (1972): Über die Staatsgewalt. Die Naturgeschichte ihres Wachstums. Freiburg/Brsg.: Rombach; (franz. zuerst 1969).
Kaupen, Wolfgang, Theo Rasehorn (1971): Die Justiz zwischen Obrigkeitsstaat und Demokratie. Neuwied: Luchterhand.
Kersting, Hermann (1907): »Bericht über die Versuchspflanzungen im Bezirk Sokode-Bassari«. In: Amtsblatt für das Schutzgebiet Togo 2: 126–129, 142–155.

Kittel (1911): »Produktion der Eingeborenen im Bezirk Kete Kratschi«. In: Amtsblatt für das Schutzgebiet Togo 6: 125–127, 132–136, 177–179, 181–184, 189–192.

Klose, Heinrich (1899): Togo unter deutscher Flagge. Reisebilder und Betrachtungen. Berlin: Reimer.

Kludze, A. K. P. (1973): Ghana. I: Ewe law of property. London: Sweet-Maxwell.

Knoll, Arthur J. (1978): Togo Under Imperial Germany 1884–1914. A Case Study in Colonial Rule. Stanford: Hoover Institution Pr.

Köbner, Otto (1910): »Die Reform des Kolonialrechts«. In: Verhandlungen des Deutschen Kolonialkongresses 1910 zu Berlin am 6. 7. und 8. Oktober 1910, hrsg. v. Redaktionsausschuß, S. 386–424. Berlin: Reimer.

Koselleck, Reinhart (1975): Preußen zwischen Reform und Revolution. Allgemeines Landrecht, Verwaltung und soziale Bewegung von 1791 bis 1848. Stuttgart: Klett; (zuerst 1967).

Küas, Richard (1939): Togo Erinnerungen. Berlin: Vorhut-O. Schlegel.

Kuklick, Henrika (1979): The Imperial Bureaucrat. The Colonial Administrative Service in the Gold Coast, 1920–1939. Stanford: Hoover Institution Pr.

Külz, Ludwig (1906): Blätter und Briefe eines Arztes aus dem tropischen Deutschafrika. Berlin: Süsserott (3. Aufl. 1943 unter dem Titel ›Tropenarzt im afrikanischen Busch‹).

Kuper, Adam (1988): The Invention of the Primitive Society. Transformation of an Illusion. London, New York: Routledge.

Leclerc, Gérard (1973): Anthropologie und Kolonialismus. München: Hanser; (franz. zuerst 1972).

Lenin, W. I. (1960): »Der Imperialismus als höchstes Stadium des Kapitalismus. Gemeinverständlicher Abriß«. In: idem, Werke, Bd. 22. Berlin: Dietz; (russ. zuerst 1917).

Leopold (1896): »Das Hinterland der deutschen Kolonie Togo«. In: Petermanns Mitteilungen 42: 11–20.

Le Roy, Etienne, Trutz v. Trotha (Hg.) (1993): La violence et l'Etat: formes et évolution d'un monopole. Paris: Harmattan.

Lévi-Strauss, Claude (1972): ›Primitive‹ und ›Zivilisierte‹. Nach Gesprächen aufgezeichnet von Georges Charbonnier. Zürich: Arche.

Lewis, Oscar (1974): »The Culture of Poverty«. In: Conflict and Conformity. Readings in Cultural Anthropology, hrsg. v. J. P. Spradley, D. M. McCordy, S. 303–313. Boston: Little-Brown; (zuerst 1966).

Lewis, Oscar (1967): Die Kinder von Sánchez. Selbstporträt einer mexikanischen Familie. Frankfurt/M., Hamburg: Fischer Bücherei; (amerik. zuerst 1961).

Luig, Ute (1990): »Sind egalitäre Gesellschaften auch geschlechtsegalitär? Untersuchungen zur Geschlechterbeziehung in afrikanischen Wildbeutergesellschaften«. In: Frauenmacht ohne Herrschaft. Geschlechterverhältnisse in nicht patriarchalischen Gesellschaften, hrsg. v. I. Lenz, U. Luig, S. 75–152. Berlin: Orlanda Frauenverlag.

Machiavelli, Nicollò (1961): Der Fürst. Stuttgart: Reclam; (italien. zuerst 1532).

Magubane, Bernard (1976): »The Evolution of the Class Structure in Africa«. In: The Political Economy of Contemporary Africa, hrsg. v. P. C. W. Gutkind, I. Wallerstein, S. 169–197. Beverly Hills: Sage.

Manning, Patrick (1990): »Review Article: Slavery and the Slave Trade in Colonial Afrika«. In: Journal of African History 31: 135–140.

Manoukian, Madeline (1952): The Ewe-speaking People of Togoland and the Gold Coast. London: International African Institute.

Marschalck, Peter (1984): Bevölkerungsgeschichte Deutschlands im 19. und 20. Jahrhundert. Frankfurt/M.: Suhrkamp.
Martin, Camille (1916): Togo et Cameroun. Paris: Publication du Comité de l'Afrique Française.
Meinhof, Carl (1910): »Die praktische Bedeutung der Einheitssprachen für die Kolonien. (Mit Diskussion)«. In: Verhandlungen des Deutschen Kolonialkongresses 1910 zu Berlin am 6. 7. und 8. Oktober 1910, hrsg. v. Redaktionsausschuss, S. 732-746. Berlin: Reimer.
Messner, Reinhold (1989): Die Freiheit, aufzubrechen, wohin man will. Ein Bergsteigerleben. München, Zürich: Piper.
Meyer, Hans Heinrich Joseph (Hg.) (1909/1910): Das deutsche Kolonialreich. Eine Länderkunde der deutschen Schutzgebiete. 2 Bände. Leipzig: Bibliographisches Institut.
Mezger, Karl (1911): »Die Produktion der Eingeborenen im Bezirk Anecho«. In: Amtsblatt für das Schutzgebiet Togo 6: 261-264, 268-270.
Middleton, John, David Tait (Hg.) (1967): Tribes without rulers. Studies in African Segmentary Systems. London: Routledge-Kegan Paul; (zuerst 1958).
Mignot, Alain (1985): La Terre et le pouvoir chez les Guin du Sud-Est du Togo. Paris: Publications de la Sorbonne.
Miller, Walter B. (1968): »Die Kultur der Unterschicht als ein Entstehungsmilieu für Bandendelinquenz«. In: Kriminalsoziologie, hrsg. v. F. Sack, R. König, S. 343-351. Frankfurt/M.: Akademische Verlagsgesellschaft; (amerik. zuerst 1958).
Mommsen, Wolfgang J. (1987): Imperialismustheorien. Ein Überblick über die neueren Imperialismusinterpretationen. Göttingen: Vandenhoeck; (zuerst 1977).
Montesquieu, Charles Louis de (1965): Vom Geist der Gesetze. Stuttgart: Reclam; (franz. zuerst 1748).
Müller, Fritz Ferdinand (1962): Kolonien unter der Peitsche. Berlin: Rütten-Loening.
Müller, Gustav (1904): »Die Stellung der Regierung und der Mission zur Eingeborenenpolitik«. In: Evangelisches Missionsmagazin 48: 313-338.
Müller, Gustav (1904): Geschichte der Ewe-Mission. Bremen: Norddeutsche Missionsgesellschaft.
Naucke, Wolfgang (1988): »Deutsches Kolonialstrafrecht 1886-1918«. In: Rechtshistorisches Journal 7: 297-315.
Newman, Katherine S. (1983): Law and Economic Organization. A Comparative Study of Preindustrial Societies. Cambridge usw.: Cambridge University Pr.; (zuerst 1979).
Nipperdey, Heinrich (1886): »Der Kruboy als Arbeiter und seine Geschichte«. In: Deutsche Kolonialzeitung 3: 411-412.
Nipperdey, Thomas (1983): Deutsche Geschichte 1800-1866. Bürgerwelt und starker Staat. München: C. H. Beck.
Norris, Edward Graham (1993): Die Umerziehung des Afrikaners. Togo 1895-1938. München: Trickster.
Norris, Edward Graham (1993): »Die Unfähigkeit der Entwicklungshilfe, aus ihrer eigenen Geschichte zu lernen: Die vergessenen Erfahrungen der deutschen kolonialen Ackerbauschule«. In: Entwicklungshilfe und ihre Folgen. Ergebnisse empirischer Untersuchungen in Afrika, hrsg. v. T. Bierschenk, G. Elwert, S. 143-154. Frankfurt/M., New York: Campus.
Norris, Edward Graham (1990): »Die Rhetorik imperialistischer Praxis und die Praxis des Imperialismus. Die Tagebuchblätter des Hauptmanns Wilhelm Preil«. In: Intelligenz und Allgemeinbildung 1848-1918. Biographische Zugänge zur Wirkung und

Krise gymnasialer Bildung. Anneliese Mannzmann zum 65. Geburtstag, hrsg. v. U. Bracht, D. Keiner, H. Zimmer, S. 123–154. Münster, New York: Waxmann.

Norris, Edward Graham (1984): »The Hausa Kola Trade through Togo, 1899–1912: some quantifications«. In: Paideuma 30: 161–184.

Nussbaum, Manfred (1962): Togo – eine Musterkolonie? Berlin: Rütten-Loening.

Passarge, Siegfried (1910): »Togo, Südwestafrika, Schutzgebiete in der Südsee und das Kiautschougebiet«. In: Das Deutsche Kolonialreich. Eine Länderkunde der deutschen Schutzgebiete, Bd. 2, hrsg. v. H. Meyer, S. 1–128. Leipzig, Wien: Bibliographisches Institut.

Petschull, Jürgen, Thomas Höpker (1984): Der Wahn vom Weltreich. Die Geschichte der deutschen Kolonien. Hamburg: Gruner-Jahr.

Petter, Wolfgang (1980): »Das Offizierskorps der deutschen Kolonialtruppen«. In: Das deutsche Offizierskorps, 1860–1960, hrsg. v. H. H. Hofmann, S. 163–174. Boppard/Rh.: H. Boldt.

Plehn, Rudolf (1898): Beiträge zur Völkerkunde des Togo-Gebietes. Diss. phil.. Halle: Universität Halle.

Plessner, Helmuth (1981): »Die Emanzipation der Macht«. In: idem, Gesammelte Werke, Bd. V: Macht und menschliche Natur, hrsg. v. G. Dux, O. Marquard, E. Ströker. Frankfurt/M.: Suhrkamp.

Pohlmann, Friedrich (1988): Politische Herrschaftssysteme der Neuzeit. Absolutismus, Verfassungsstaat, Nationalsozialismus. Opladen: Westdeutscher Verlag.

Polizei-Lexikon (1986), hrsg. v. R. Rupprecht. Heidelberg: Kriminalistik.

Popitz, Heinrich (1992): Phänomene der Macht. Tübingen: Mohr.

Popitz, Heinrich (1987): »Autoritätsbedürfnisse. Der Wandel der sozialen Subjektivität«. In: Kölner Zeitschrift für Soziologie und Sozialpsychologie 39: 633–647.

Popitz, Heinrich (1980): Die normative Konstruktion von Gesellschaft. Tübingen: Mohr.

Popitz, Heinrich (1968): Über die Präventivwirkung des Nichtwissens. Dunkelziffer, Norm, Strafe. Tübingen: Mohr.

Popitz, Heinrich (1967/68): Phänomene der Macht. Vorlesung, gehalten im Wintersemester 1967/68 an der Universität Freiburg im Breisgau; eigene Mitschrift.

Popitz, Heinrich (1967): Der Begriff der sozialen Rolle als Element der soziologischen Theorie. Tübingen: Mohr.

Presser, Jaques (1977): Napoleon. Das Leben und die Legende. Stuttgart: Deutsche Verlagsgesellschaft; (holländ. zuerst 1946).

Puls, Detlev (Hg.) (1979): Wahrnehmungsformen und Protestverhalten. Studien zur Lage der Unterschichten im 18. und 19. Jahrhundert. Frankfurt/M.: Suhrkamp.

Rackow, Hermann (1891): »Zwei Jahre bei dem Ewevolke«. In: Deutsche Kolonialzeitung 4: 128–131, 147–149.

Rebuffat, Gaston (1986): Sterne und Stürme. Die großen Nordwände der Alpen. München: Bruckmann; (franz. zuerst 1976).

Rentzell, Werner von (1922): Unvergessenes Land . . . . Von glutvollen Tagen und silbernen Nächten in Togo. Hamburg: Alster.

Rey, Pierre-Philippe (1987): »La production d'arachide au Nord-Togo (1935–1949): échec économique mais rupture politique réussie«. In: La Colonisation: Rupture ou Paranthèse ?, hrsg. v. M. H. Piault, S. 177–227. Paris: Harmattan.

Rey, Pierre-Philippe (1982): »Guerres et politique lignagères«. In: Guerres de lignages et guerres d'Etats en Afrique, hrsg. v. J. Bazin, E. Terray, S. 32–72. Paris: Archives Contemporaines.

Rey-Hulman, Diana (1975): »Les dépendants des maîtres tyokossi pendant la période précoloniale«. In: L'esclavage en Afrique précoloniale, hrsg. v. C. Meillassoux, S. 297–300. Paris: Maspero.

Riesz, János (1992): »Le sang et la langue de la France«. Positionen französischer Sprachpolitik im 19. Jahrhundert«. In: Le Français aujourd'hui, une langue à comprendre. Mélanges offerts à Jürgen Olbert, hrsg. v. G. Dorion, F. -J. Meißner, J. Riesz, U. Wielandt, S. 379–396. Frankfurt/M.: Diesterweg.

Ritter, Gerhard (1954): Staatskunst und Kriegshandwerk. Das Problem des ›Militarismus‹ in Deutschland. 4 Bde. München: R. Oldenbourg.

Rodenwaldt, Ernst (1957): Ein Tropenarzt erzählt sein Leben. Stuttgart: Enke.

Rösel, Jakob (1993): »La révolte des jeunes et l'érosion de l'Etat au Sri Lanka. La guerre d'une organisation secrète«. In: La violence et l'Etat: formes et évolution d'un monopole, hrsg. v. E. Le Roy, T. v. Trotha, S. 217–234. Paris: Harmattan.

Rouveroy van Nieuwaal, Emile A. B. van (1992): »Et toujours ce chef coutumier. Résistance au pouvoir étatique dans le sud du Togo sous tutelle française«. Beitrag zur Tagung »Die Legitimation von Herrschaft und Recht«, 3. Kolloquium deutsch-französischer Rechtsanthropologen, Sankt Augustin b. Bonn, 22. 11. – 25. 11. 1992. Leiden: Africa-Studiecentrum.

Rouveroy van Nieuwaal, Emile A. B. van (1990): »The Togolese Chiefs: Caught between the Scylla and Charybdis«? Vortragsmanuskript, VI. Internationales Symposium der ›Commission on Folk Law and Legal Pluralism‹, Ottawa, 15. -18. August 1990. Leiden: Africa-Studiecentrum.

Rouveroy van Nieuwaal, Emile A. B. van (1988): »Etat et pouvoir traditionnel en Afrique – position ambigue du chef coutumier face à l'Etat africain (notes préliminaires)«. In: Droit et Cultures 15: 71–114.

Rouveroy van Nieuwaal, Emile A. B. van (1987a): »Chiefs and African States: Some Introductory Notes and an Extensive Bibliography on African Chieftaincy«. In: Journal of Legal Pluralism and Unofficial Law 25/26: 1–46.

Rouveroy van Nieuwaal, Emile A. B. van (1987b): »Chef coutumier: un métier difficile«. In: Politique Africaine 27: 19–29.

Rouveroy van Nieuwaal, Emile A. B. van (1976): A la recherche de la justice. Quelques aspects du droit matrimonial et de la justice du Juge de Paix et du Chef Supérieur de Anufóm à Mango dans le Nord du Togo. Leiden: Afrika-Studiecentrum.

Rouveroy van Nieuwaal, Emile A. B. van (1968): »Le Droit Coutumier des Tschokossi d'apres R. Asmis«. In: Documents du Centre d'Etudes et de Recherches de Kara (Togo), Collection de travaux de Sciences Humaines: 191–204.

Rouveroy van Nieuwaal, Emile A. B., E. A. Rouveroy van Nieuwaal-Baerends (1976): Ti Anufó, un coup d'oeil sur la société des Anufòm au Nord-Togo. Hasselt: Imprimerie Hasselt.

Sadji, Amadon Booker (1986): Das Bild des Negro-Afrikaners in der deutschen Kolonialliteratur (1884–1945). Ein Beitrag zur literarischen Imagologie Schwarzafrikas. Berlin: Reimer.

Sahlins, Marshall D. (1968): Tribesmen. Englewood Cliffs, N. Y.: Prentice-Hall.

Scharlach, Julius (1903): »Die Ausbildung des Kolonialbeamten«. In: Koloniale und politische Aufsätze und Reden von Dr. Scharlach, hrsg. v. H. v. Poschinger. Berlin: E. S. Mittler.

Schlettwein, August (1930): Das Eingeborenenrecht von Togo. Stuttgart: Strecker-Schröder.

Schlettwein, August (1930): »Togo«. In: Das Eingeborenenrecht. Sitten und Gewohnheitsrechte der Eingeborenen der ehemaligen deutschen Kolonien in Afrika und in der Südsee. Gesammelt im Auftrage der damaligen Kolonialverwaltung von Beamten und Missionaren der Kolonien, geordnet und kommentiert von früheren Kolonialbeamten, Ethnologen und Juristen, hrsg. v. E. Schultz-Ewerth, L. Adam, S. 5–120. Stuttgart: Strecker-Schröder.

Schlunk, Martin (1914): Das Schulwesen in den deutschen Schutzgebieten. Hamburg: Friederichsen.

Schmidt, Steffen W., James C. Scott, Carl Landé, Laura Guasti (Hg.) (1977): Friends, Followers, and Factions. A Reader in Political Clientelism. Berkeley: University of California Pr.

Schmidt, W., Hans Werner (Hg.) (1939): Geschichte der Deutschen Post in den Kolonien und im Ausland. Leipzig: Konkordia-Reinhold Rudolph.

Schnee, H. (1926): German Colonisation, Past and Future. The Truth about the German Colonies. London: Allen-Unwin.

Scholler, Heinrich, Siegfried Broß (1978): Grundzüge des Polizei- und Ordnungsrechts in der Bundesrepublik Deutschland. Heidelberg, Karlsruhe: C. F. Müller.

Schott, Rüdiger (1980): »Triviales und Transzendentes: Einige Aspekte afrikanischer Rechtstraditionen unter besonderer Berücksichtigung der Bulsa in Nord-Ghana«. In: Entstehung und Wandel rechtlicher Traditionen, hrsg. v. W. Fikentscher, H. Franke, O. Köhler, S. 265–301. Freiburg, München: Alber.

Schott, Rüdiger (1978): »Das Recht gegen das Gesetz: Traditionelle Vorstellungen und moderne Rechtsprechung bei den Bulsa in Nordghana«. In: Recht und Gesellschaft. Festschrift für Helmut Schelsky zum 65. Geburtstag, hrsg. v. F. Kaulbach, W. Krawietz, S. 603–636. Berlin: Duncker-Humblot.

Schott, Rüdiger (1965): »Beharrung und Wandel der traditionellen Staatsformen in Afrika«. In: Zeitschrift für vergleichende Rechtswissenschaften 67: 23–44.

Schreiber, A. W. (1903): »Diskussionsbeitrag«. In: Verhandlungen des Deutschen Kolonialkongresses 1902, hrsg. v. Redaktionsausschuß, S. 385–389. Berlin: Reimer.

Schreiber, Clemens (1907): Jenseits des Urteils Roeren gegen Schmidt. Köln: Boissere'sche Buchhandlung.

Schulz-Weidner, W (1979): »Die Ostatlantische Provinz«. In: Die Völker Afrikas und ihre traditionellen Kulturen. Teil II: Ost-, West- und Nordafrika, hrsg. v. H. Baumann, S. 373–425. Wiesbaden: Steiner.

Scott, James C. (1990): Domination and the Arts of Resistance. Hidden Transcripts. New Haven, London: Yale University Pr.

Scott, James C. (1985): Weapons of the Weak. Everyday Forms of Peasant Resistance. New Haven: Yale University Pr.

Sebald, Peter (1988): Togo 1884–1914. Eine Geschichte der deutschen ›Musterkolonie‹ auf der Grundlage amtlicher Quellen. Berlin: Akademie.

Sebald, Peter (1972): Malam Musa – Gottlob Adolf Krause 1850–1938. Forscher, Wissenschaftler, Humanist. Leben und Lebenswerk eines antikolonial gesinnten Afrika-Wissenschaftlers unter den Bedingungen des Kolonialismus. Berlin: Akademie.

Seefried, Adolf Freiherr von (1913): »Beiträge zur Geschichte des Manguvolks in Nord-Togo«. In: Zeitschrift für Ethnologie 45: 421–435.

Seidel, H. (1906): »Togo im Jahre 1905«. In: Globus 89: 205–207.
Seidel, H. (1905): »Togo im Jahre 1904«. In: Globus 87: 238–241.
Seidel, H. (1904): »Togo im Jahre 1903«. In: Globus 85: 288–291.
Seidel, H. (1903): »Togo im Jahre 1902«. In: Globus 83: 295–296.
Seidel, H. (1902): »Togo im Jahre 1901«. In: Globus 81: 208–209.
Seidel, H. (1901): »Togo im Jahre 1900«. In: Globus 79: 217–220.
Seidel, H. (1900): »Togo im Jahre 1898/99«. In: Globus 77: 207–212.

Seidel, H. (1900a): »Nordtogo und der deutsche Sudan«. In: Deutsche Rundschau für Geographie und Statistik 23: 14–20, 117–125.
Seidel, H. (1899): »Togo im Jahre 1897/98«. In: Globus 75: 329–332.
Service, Elmar (1977): Ursprünge des Staates und der Zivilisation. Der Prozeß der kulturellen Evolution. Frankfurt/M.: Suhrkamp; (amerik. zuerst 1975).
Sicre (Capitaine) (1918): Monographie du cercle de Sokode/Capitaine Sicre, 29. septembre 1918. Kara: Centre d'Etudes et de recherches de Kara (1972).
Sigrist, Christian (1978): »Gesellschaften ohne Staat und die Entdeckungen der social anthropology«. In: Gesellschaften ohne Staat. Bd I: Gleichheit und Gegenseitigkeit, hrsg. v. F. Kramer, C. Sigrist, S. 28–44. Frankfurt/M.: Syndikat.
Simmel, Georg (1968): Soziologie. Untersuchungen über Formen der Vergesellschaftung. Berlin: Dunker-Humblot; (zuerst 1908).
Simtaro, Dadja Halla-Kawa (1982): Le Togo ›Musterkolonie‹. Souvenirs de l'Allemange dans la Société Togolaise. 2 Bände. Aix-en-Provence: Université de Provence.
Smith, Michael Garfield (1955): The Economy of Hausa Communities of Zaira: a report to the Colonial Social Science Research Council. London: H. M. S. O.
Sombart, Werner (1969): »Die historischen Grundlagen des modernen Kapitalismus«. In: idem, Der moderne Kapitalismus. Historisch-systematische Darstellung des gesamteuropäischen Wirtschaftslebens von seinen Anfängen bis zur Gegenwart. 1. Bd. 1. Halbbd: Die vorkapitalistische Wirtschaft, S. 318–462. Berlin: Dunker-Humblot; (zuerst 1902).
Sozialwissenschaftliche Informationen (1991), 20. Jg. Heft 3: Grenzen.
Spidle, Jake Wilton, Jr. (1972): The German Colonial Civil Service: Organization, Selection and Training. Stanford: Stanford University Pr.
Spieth, Jakob (1911): Die Religion der Eweer in Süd-Togo. Göttingen/Leipzig: Vandenhoeck-Ruprecht/Hinrichs'sche Buchhandlung.
Spieth, Jakob (1906): Die Ewe-Stämme. Material zur Kunde des Ewe-Volkes in Deutsch-Togo. Berlin: Reimer.
Spittler, Gerd (1987a): »Tschajanow und die Theorie der Familienwirtschaft«. In: Alexander Tschajanow, Die Lehre von der bäuerlichen Wirtschaft. Versuch einer Theorie der Familienwirtschaft im Landbau, S. VII-XXVIII. Frankfurt/M., New York: Campus.
Spittler, Gerd (1987b): »European Explorers As Caravan Travellers in the West Sudan. Some Thoughts on the Methodology of Journeys of Exploration«. In: Paideuma 33: 391–406.
Spittler, Gerd (1985): »L'administration coloniale en Afrique Occidentale Française (AOF): despotisme et bureaucratie.« Vortragsmanuskript zum Colloque Européen ›Perspectives Anthropologiques sur l'histoire africaine: Pouvoirs et Etat‹. Paris: Maison des Sciences de l'Homme.
Spittler, Gerd (1983a): »Administration in a Peasant State«. In: Sociologia Ruralis 23: 130–144.
Spittler, Gerd (1983b): Der Forscher und die Eingeborenen. Die Praxis der Feldforschung vor der Kolonialarbeit, dargestellt am Beispiel der Reisen und Expeditionen ins Innere Afrikas. Unveröffentl. Manuskript. Freiburg: Institut für Soziologie, Universität Freiburg.
Spittler, Gerd (1981): Verwaltung in einem afrikanischen Bauernstaat. Das koloniale Französisch-Westafrika 1919–1939. Freiburg, Zürich: Atlantis.
Spittler, Gerd (1980): »Abstraktes Wissen als Herrschaftsbasis. Zur Entstehungsgeschichte bürokratischer Herrschaft im Bauernstaat Preußen«. In: Kölner Zeitschrift für Soziologie und Sozialpsychologie 32: 574–604.

Spittler, Gerd (1978): Herrschaft über Bauern. Die Ausbreitung staatlicher Herrschaft und einer islamisch-urbanen Kultur in Gobir (Niger). Frankfurt/M., New York: Campus.

Spittler, Gerd (1977): »Staat und Klientelstruktur in Entwicklungsländern. Zum Problem der politischen Organisation von Bauern«. In: Europäisches Archiv für Soziologie 18: 57–83.

Spittler, Gerd (1976): »Herrschaftsmodell und Herrschaftspraxis. Eine Untersuchung über das legitimitätslose Herrschaftsmodell von Bauern in Niger«. In: Legitimitätsprobleme politischer Systeme, Sonderheft 7 der Politischen Vierteljahresschrift, hrsg. v. P. Graf Kielmannsegg, S. 270–288. Opladen: Westdeutscher Verlag.

Sutherland, Edwin H., Donald R. Cressey (1970): Criminology. Philadelphia usw.: Lippincott; (zuerst 1955).

Svarez, Carl Gottlieb (1960): Vorträge über Recht und Staat, hrsg. v. H. Conrad, G. Kleinheyer, Köln-Oplalden: Westdeutscher Verlag; (zuerst 1791/92).

Tait, David (1967): »The Territorial Pattern and Lineage System of the Konkomba«. In: Tribes without rulers. Studies in African Segmentary Systems, hrsg. v. J. Middelton, D. Tait, S. 167–202. London: Routledge-Kegan Paul.

Tait, David (1961): The Konkomba of Northern Ghana. London u. a.: Oxford University Pr.

Tait, David (1953): »The Political System of Konkomba«. In: Africa 23: 213–223.

Tesch, Johannes (1910): Die Laufbahn der deutschen Kolonialbeamten, ihre Pflichten und Rechte. Berlin: O. Salle.

Theweleit, Klaus (1980): Männerphantasien. Bd. 2: Männerkörper – zur Psychoanalyse des weißen Terrors. Reinbek: Rowohlt Taschenbuch; (zuerst 1978).

Thierry, Gaston (1899): »Togo: Über den Bezirk von Sasanne Mangu«. In: Deutsches Kolonialblatt 10: 15–17.

Thurnwald, Richard (1939): Koloniale Gestaltung. Methoden und Probleme überseeischer Ausdehnung. Hamburg: Hoffmann-Campe.

Thurnwald, Richard (1934): Die menschliche Gesellschaft in ihren ethno soziologischen Grundlagen. Bd. 3: Werden, Wandel und Gestaltung des Rechtes im Lichte der Völkerforschung. Berlin, Leipzig: de Gruyter.

Tilly, Charles (1990): Coercion, Capital and European States, AD 990–1990. Oxford, Cambridge: Basil Blackwell.

Tilly, Charles (1986): »War Making and State Making as Organized Crime«. In: Bringing the State Back, hrsg. v. P. B. Evans, D. Rueschemeyer, Th. Skokpol, S. 169–191. Cambridge u.a.: Cambridge University Pr.; (zuerst 1985).

Touzet, André (1937/1938): Le Problème Coloniale et la Paix du Monde, 4 Bde. Paris: Receuil Sirey.

Trierenberg, Georg (1914): Togo, die Aufrichtung der deutschen Schutzherrschaft und die Erschließung des Landes. Berlin: E. S. Mittler.

Trotha, Trutz von (1988): »Zur Entstehung von Recht. Deutsche Kolonialherrschaft und Recht im ›Schutzgebiet Togo‹, 1884–1914«. In: Rechtshistorisches Journal 7: 317–346.

Trotha, Trutz von (1987): »Zwischen Streitanalyse und negativem Evolutionismus. Skizzen über einige Probleme der Rechtsethnologie aus soziologischer Perspektive«. In: Zeitschrift für vergleichende Rechtswissenschaft 86: 61–137.

Trotha, Trutz von (1986): Distanz und Nähe. Über Politik, Recht und Gesellschaft zwischen Selbsthilfe und Gewaltmonopol. Tübingen: Mohr.

Trotha, Trutz von (1982): Recht und Kriminalität. Auf der Suche nach Bausteinen für eine rechtssoziologische Theorie des abweichenden Verhaltens und der sozialen Kontrolle. Tübingen: Mohr.

Trotha, Trutz von (1977): »Ethnomethodologie und abweichendes Verhalten. Anmerkungen zum Konzept des ›Reaktionsdeppen‹«. In: Kriminologisches Journal 9: 98–115.

Verdier, Raymond (1982): Les Pays Kabiyé. Cité des dieux, cité des hommes. Paris: Karthala.

Verdier, Raymond (1980): »Pouvoir, justice et vengeance chez les Kabiyé (Togo)«. In: La vengeance: Etudes d'ethnologie, d'histoire et de philosophie, vol. 1, hrsg. v. R. Verdier, S. 201–211. Paris: Cujas.

Verdier, Raymond (1967a): »Enquête auprès de M. Anawi du village de Kare (Canton de Kuhema), le 23 janvier 1965«. In: Centre d'Etudes et de Recherches de Kara (Togo): 167–171.

Verdier, Raymond, Kitema, P. (1967b): »Enquête auprès de M(onsieur-TT) Awi, chez le chef Nabede de Lama-Bou (Canton de Lama), le 8 fevrier 1965«. In: Centre d'Etudes et de Recherches de Kara (Togo): 172–173.

Verdon, Michel (1983): The Abutia Ewe of West Africa. A Chiefdom that Never Was. Berlin u.a.: Mouton.

Verdon, Michel (1981): »Political sovereignty, village reproduction and legends of origin«. In: Africa 51: 465–476.

Verdon, Michel (1980): »Re-defining pre-colonial Ewe polities: the case of Abutia«. In: Africa 50: 280–292.

Vermot-Mangold, Ruth (1977): Die Rolle der Frau bei den Kabre in Nord-Togo, hrsg. v. Stiftung zur Förderung des Museums für Völkerkunde und schweizerischem Museums f. Volkskunde Basel. Diss. phil.. Basel: Universität Basel.

Videlga, Michel W. (1984): »Quelques aspects des frontières coloniales en pays aja, éwé et yoruba (1863–1892)«. In: Peuples du Golfe du Bénin. Aja – Ewé Colloque du Cotonou, hrsg. v. F. de Medeiros, S. 103–125. Paris: Karthala.

Vietor, Johann Karl (1913): Geschichtliche und kulturelle Entwicklung unserer Schutzgebiete. Berlin: Reimer.

Waldmann, Peter (1992): Staatliche und parastaatliche Repression in Lateinamerika. Ebenhausen: Stiftung Wissenschaft und Politik.

Walz, Gotthilf (1981): Die Entwicklung der Strafrechtspflege in Kamerun unter deutscher Kolonialherrschaft. Freiburg/ Brsg.: K. Schwarz.

Ward, Barbara E. (1949): The Social Organisation of the Ewe-speaking People. Unveröffentlichte Magisterarbeit. London: University of London.

Watzlawick, Paul, Janet H. Beavin, Don D. Jackson (1974): Menschliche Kommunikation. Formen, Störungen, Paradoxien. Bern usw.: H. Huber; (amerik. zuerst 1967).

Weber, Eugen (1979): Peasants into Frenchmen. The modernization of rural France 1870–1914. London: Chatto-Windus.

Weber, Max (1982): »Die ›Objektivität‹ sozialwissenschaftlicher und sozialpolitischer Erkenntnis«. In: idem, Gesammelte Aufsätze zur Wissenschaftslehre, hrsg. v. J. Winckelmann, S. 146–214. Tübingen: Mohr; (zuerst 1922/1904).

Weber, Max (1972): Wirtschaft und Gesellschaft. Grundriß der verstehenden Soziologie. Fünfte, revidierte Auflage, hrsg. v. J. Winckelmann, Studienausgabe. Tübingen: Mohr.

Weber-Kellermann, Ingeborg (1981): Die deutsche Familie. Versuch einer Sozialgeschichte. Frankfurt/M.: Suhrkamp; (zuerst 1974).

Westermann, Diedrich (1954): Wörterbuch der Ewesprache. Berlin: Akademie; (zuerst 1905/06).
Westermann, Diedrich (1952): Geschichte Afrikas. Staatenbildungen südlich der Sahara. Köln: Greven.
Westermann, Diedrich (1935): Die Glidyi-Ewe in Togo. Züge aus ihrem Gesellschaftsleben. Berlin: de Gruyter.
Westermann, Diedrich (1931): »Kindheitserinnerungen des Togonegers Bonifatius Foli, in der GE-Mundart des Ewe niedergeschrieben und übersetzt«. In: Mitteilungen des Seminars für Orientsprachen 34, H. 3: 1–69.
Wilson, S. (1984): »Aperçu historique sur les peuples et cultures dans le golfe du Bénin: le cas des ›Mina‹ d'Anécho«. In: Peuples du Golfe du Bénin. Aja-Ewe (Colloque du Cotonau), hrsg. v. F. de Medeiros, S. 127–150. Paris: Karthala/Centre de Recherches Africaines.
Wirz, Albert (1985): »Die deutschen Kolonien in Afrika«. In: Europäische Kolonialherrschaft 1880–1940, verfaßt v. R. v. Albertini in Verbindung mit A. Wirz, S. 302–327. Zürich: Atlantis; (zuerst 1976).
Wissmann, Hermann (1895): Afrika. Schilderungen und Ratschläge zur Vorbereitung auf den Aufenthalt und den Dienst in den Deutschen Schutzgebieten. Berlin: E. S. Mittler.
Yagla, Wen'Saa Ogma (1978): L'édification de la nation togolaise. Naissance d'une conscience nationale dans un pays africain. Paris: Harmattan.
Zech auf Neuhofen, Julius Graf von (1904): »Land und Leute an der Nordwestgrenze von Togo«. In: Mitteilungen von Forschungsreisenden und Gelehrten aus den deutschen Schutzgebieten 17: 107–135.
Zech auf Neuhofen, Julius Graf von (1898): »Vermischte Notizen über Togo und das Togohinterland«. In: Mitteilungen von Forschungsreisenden und Gelehrten aus den deutschen Schutzgebieten 11: 89–161.
Zielnica, Krzysztof (1976): Bibliographie der Ewe in Westafrika, Acta Ethnologica et Linguistica, vol. 38. Wien. Institut für Volkerkunde der Universität Wien.
Zöller, Hugo (1885): Die Deutschen Besitzungen an der westafrikanischen Küste. I. Das Togoland und die Sklavenküste. Leben und Sitten der Eingeborenen, Natur, Klima und kulturelle Bedeutung des Landes, dessen Handel und die deutschen Faktoreien auf Grund eigener Anschauungen und Studien geschildert. Berlin, Stuttgart: Spemann.
Zunkel, Friedrich (1975): »Ehre, Reputation«. In: Geschichtliche Grundbegriffe. Historisches Lexikon zur politisch-sozialen Sprache in Deutschland, Bd. 2, hrsg. v. O. Brunner, W. Conze, R. Koselleck, S. 1–63. Stuttgart: Klett.

Fotonachweis

Die Fotos wurden mit freundlicher Genehmigung der Basler Mission, Evangelische Missionsgesellschaft in Basel (BM), der Staatsbibliothek Preußischer Kulturbesitz, Berlin (SPK), und von Peter Sebald, Berlin (PS), abgedruckt.

BM: Polizeisoldaten; Träger (Dr.med. Rudolf Fisch: D-30.53.16; D-30.54.12)
PS: Häuptlingspolizist
SPK: Station; Stationsleiter; Häuptling [Nachlaß 250 (Dr. Hans Gruner), Kästen 21, 23, 20]

Personenregister

Adabra, S. S. 294
Agbodeka, F. 299
Albertini, R. v. 223, 262
Alexandre, P. *267*
Alliot, M. X, 139, 428
Anderson, J. R. L. 143f., 151
Arendt, H. 324
Asamoa, A. *236*
Asad, T. 375
Asmis, R. *49*, 50, 64ff., 68f., 74, 77f., 90ff., 102f., 113ff., 120ff., 128, 131f., 150f., 176ff., 184ff., 193, 195, *198*, 205, 208, 215, 217, 222, 252ff., 258f., 264, 267, 273f., 276ff., 283, 290, 292f., 295, 301, 306, 309, 312, 319, 328, 379, 395, 408ff., 421, 436f., 448
Augustinus, A. 260, 442
Awi 33, 35, 41, 84, 265
Azindj-Louwa 325

Bacon, F. 408, 411
Balandier, G. 42, 207, 211
Ballot, F. 10
Barbier, J.-C. *239*
Baumann, H. 226
Bayart, J.-F. 441
Beck, K. XI, 29, 223ff., 318
Becker, H. S. 9
Berger, P. 450
Betts, R. F. 223
Bismarck, Fürst O. von Vf., 37, *89*
Bohannan, L. 249
Bohannan, P. 249f.
Bolte, K. M. *88*, 95f.
Booth, J. 116
Braun, R. 345, 347
Brückner, E. 171, 405
Brunschwig, H. 26, 186, 194, *198*, 203, 215, 316, 330
Brydon, L. 231
Burckhardt, J. 33
Büttner, R. 47, 63, 65, *104*, 116, 120, 176, 207, 268, 302, 417f.

Canetti, E. 70, 152, 154ff., 413, 419
Chabal, P. 10
Chazan, N. *232*
Childe, G. 13
Cicourel, A. 146
Clausewitz, C. von 71
Cloward, R. A. 203
Cohen, S. 144
Coleman, J. S. 7
Conradt, L. 64ff., 68, *93*
Coquery-Vidrovitch, C. 304, 345
Cornevin, R. 32, 65, 79, 104f., 158, *229*, *231*, 232f., 245, *267*, 384
Crowder, M. 223, 262

Daaku, K. Y. *232*
Dahrendorf, R. 163
Daly, M. W. 337, 343
Danckelmann, A. Frhr. von 187
Davies, B. *206*
Deist, W. 99
Delafosse, M. 112, 119ff., 127ff., 132, 134, 138, 141, 150f., 167, 342f.
Delavignette, R. *86*, 98, 114f., 117, 131, 134f., 137ff., 141, 152, *167*, 170f., 205ff., 212, 214
Demeter, K. 99, 101
Dernburg, B. 24, 89, 91, 93, 99, 107, 170, 390
Deschamps, H. 223f.
Diasempa, H. 349
Diehl, Missionar 417
Dittmer, K. 233
Doering, H.-G. von *36*, 58, 67, 105, *106*, *128*, 171, *230*, 319, *351*, 354, 356, 416
Duby, G. 260, 287
Duignan, P. 97
Durkheim, E. 2, *42*, *246*
Duval, M. 46

Eckart, U. 400, 402, 406f., 433
Elias, N. 7, 14, 347

Erbar, R. 89, 94, 163, 347, 350f., 353ff., 358, 361, 367, *369*, 380, 429f.
Erzberger, M. *94*, 168
Evans-Pritchard, E. E. 249

Falkenthal, E. *91*, 103
Fanon, F. 10
Fieldhouse, D. K. 11
Fisch, R. *38*, *116*, 123, 126, 329, 347, 362, 402, 407, 418
Fischer, H. 375
Forde, C. D. 249
Frank, G. 11
Froelich, J.-C. 245, *253*

Gallagher, J. 11
Galtung, J. 11
Gann, L. H. 97
Garfinkel, H. 7, 40, 98, 146, *440*
Gayibor, N. L. *237*
Geary, C. 314
Gehrts, M. 179
Gerlach, Polizeimeister 36f.
Geyer, M. 99
Giesebrecht, F. 93
Glassmann, R. M. 46
Gluckmann, M. *288*, 289, 396
Grade, P. 45, *69*
Green, S. E. *238*
Gründer, H. 79, *215*
Gruner, H. 36, 60, 66, *105*, 111, 117, 131f., 150, 190, 192, 195, 203, 268, 277, 281ff., 289, 299, 309, 336, 357, 362f., 434,
Guasti, L. 54

Hänsch, F. 396
Harder, G. *178*
Harris, M. 153
Hartland, E. S. 224
Hausen, K. *88*, 89, *90*, *94*, 98
Hauser, J. A. 96
Headrick, D. R. 44
Henrici, E. 176f., *213*
Herold, A. B. 65, 69, *91*, 129, 137f., 190, 232, 426, 428ff.
Hess, H. IX, *45*
Hobson, J. A. 10
Höpker, T. 214
Horn, W. *106*, 164, 181

Horton, R. 249
Hume, D. 20f.
Hupfeld, F. 251, 385
Hutter, F. K. 65, 73, 120

Jackson, D. D. *206*
Jouvenel, B. de 260, 442

Kappe, D. *88*, 96
Karlowa, H. 438f.
Kaupen, W. 163
Kersting, H. *49*, 51, 57, *64*, 67, 95f., *96*, 102, *105 ff.*, 113, *115*, 123, 152, *230*, 276, 284, 292, 300, 355, 380, 403
Kisserou, B. S. K. 328, 356, 359
Kitema, P. 51
Kittel, Oberleutnant 113
Kling, E. *38*, *91*, 96, 187, 418
Klose, H. 35ff., 45ff., *49*, 60, 65ff., *81*, 145, 176ff., 182ff., 226, 229ff., 268, 302ff., 309, 416, 420f., 423ff., 431, 438f.
Kludze, A. K. P. *233*, *236*, *239*f.
Knoll, A. J. 32, 50, 79, 406, 415, 428ff.
Köhler, A. 103, 164, 190, 263, 400
Kopytoff, I. 272
Koselleck, R. 112
Kost, T. 180, 350
Küas, R. 41, 44f., 47, 50, 78, *84*, 94, 99, 110, 112, *117*, 138, 146, 161, 211, 414, 431
Kuklick, H. 152
Külz, L. 46, 68, 115, 123, 127f., 136, 149f., 156, 161, *166*, 176f., 226, 295, 387, 390, 395, 400ff., 415, 436

Landé, C. 54
Leclerc, G. 153, 375
Lenin, W. I. 10
Lévi-Strauss, C. 442
Lewis, O. 427
Le Roy, E. X
Luig, U. *287*

Machiavelli, N. 40
Magubane, B. 10
Manning, P. 382
Manoukian, M. 236, *236*ff., *240*, 243
Marguerat, Y. *232*
Marschalck, P. 96

Martin, C. 428
Massow, V. von 41f., 203
Merlin, M. *188*
Messner, R. 176
Mezger, K. 113, 360
Mignot, A. 243, 262ff., 268, 298, 396
Miller, W. B. 427
Mischlich, A. 102f., *107*, 416
Mlapa I V
Mommsen, W. J. 10
Montesquieu, C. L. de 373f., 414, 422
Müller, F. F. 51

Nachtigal, G. Vf., 102
Ndam Njoya, A. 314
Newman, K. S. IX
Nipperdey, T. 101, *216*
Norris, E. G. *26*, 68, *72*, 77, 98, 226, 252, 256, 260
Nussbaum, M. *369*

Ohlin, L. E. 203

Passarge, S. *88*, 95f., 115f., 123, 266, 284
Petschull, J. 214
Petter, W. 98, 100
Piotrowski, J. von *36*, 45
Plehn, R. 69, *91*
Plessner, H. 3
Pohlmann, F. 45f.
Popitz, H. VII, 1ff., 13ff., 28, 33, 38ff., 44, 63, 83, 100, 124, 133, 178, 205, 236, 296f., 350, 408, 411f., 423, 441, *440*, 443
Presser, J. 32
Puls, D. 9

Rackow, H. 295
Racoutié 194f., 203, 323
Randad, H. V
Rathgen, K. 90
Rentzell, W. von 36, 47, 50ff., *53*, 57, 100, 161, 164, 174, 176ff.
Rey, P.-P. 257
Rey-Hulman, D. 253ff., 260
Rigler, Leutnant 263
Ritter, G. 99
Rodenwaldt, E. 77, 82f., *108*, 146, 161, 214, 401

Rösel, J. V, VIII
Rotberg, Frhr. von 164
Rouveroy van Nieuwaal, E. A. B. X, *253*, 258, 262, 267, 302, 304, 445

Sadji, A. B. 146, 434, *435*
Sahlins, M. D. *246*
Sakinzou, N. 329
Sanda, P. K. *299*, 329
Schlettwein, A. 227
Schlettwein, C. 91, *107*, 204, 358, 365f.
Schmidt, G. A. 164, 354, 358
Schmidt, K. 399
Schmidt, S. W. 54
Schmidt, W. 169, 179, *380*
Schmoller, G. von 346
Schnee, H. 97
Scholler, H. *112*
Schott, R. X, 271f., 286ff., 396
Schreiber, A. W. 327f., 330
Scott, J. C. 45, 413
Schulz-Weidner, W. 226
Sebald, P. 25ff., 32f., *35*f., 39, 41f. 45, 49f., 52, 57, 60, 65, *69*, 78, 98, *117*, 164, 179ff., 185, 187, 190ff., 202f., 220, 226, 233ff., 263f., 268, 270, 299, 301ff., 307, 312, 315, 320, 325, 336f., 347f., 350f., 354ff., *360* , 366, 399f., 402f. 405ff., 416, 418, 441
Seefried auf Buttenheim, A. Fhr. von 69, *87*, *92*, *107*, 252, *254*, 258f., 265
Seidel, H. 65, 68, 171, 302, 397
Service, E. IX, *249*
Sicre, Capitaine 81, 133, 258f.
Sigrist, C. *246*
Simmel, G. 148f.
Simtaro, D. K.-H. 25, 33f., 37, *49*, 50ff., 62, 190, 195, *253*f., 268, 299ff., 304, 314, 325, 329, 356f., 359f., 362f., 419
Smith, M. G. 437
Solf, W. 354, *369*
Sombart, W. 46
Spieth, J. 177, *233*, *236*f., *239*f., 243, 269, 375
Spittler, G. IX, X, 54, *86*, 104, 108, 117, 124, 141, 161ff., *165*, 166ff. 191, 204, 208f., 212, 214, 220, 225, 280, 282, 306, 335, 337, 342, 376f., 383f.,

386, 390, 392, 395, 397f., 413, 421, 427, 429f., 432, 435ff., 439
Sprigade, P. *116, 374*
Stuebel, O. W. *111*
Stockhausen, W. 82, 161, 266, 268, 364f., 368, 404, 422, 433
Sutherland, E. H. 204
Svarez, C. G. 101

Tait, D. 245ff., 263
Talleyrand-Périgord, C.-M. de 32, 442
Taylor, L. 144
Tesch, J. 90, 106
Theweleit, K. 47
Thierry, G. 164, 219, 252ff., 263, 267, 279, 336, 357, 377
Thurnwald, R. 44, 266
Tilly, C. IX, 28, 35
Tooli Windjim 37, 362
Trierenberg, G. V, 32, 36, 49ff., 60, 65, *88*, 100, 229, *253*, 263, 283, 306, 412

Verdier, R. 34, 51, 265f., 268, 356, 396
Verdon, M. *237*
Videlga, M. W. *239*
Vietor, J. K. *181*, 213f., *215*, 430

Wagner, R. *64*
Waldmann, P. V, VIII, 185
Walz, G. 146, 166, 199
Ward, B. E. *236*
Watzlawick, P. *205*
Weber, E. 16
Weber, M. *15*, 50, 166, 178, 343
Weber-Kellermann, I. *216*
Werner, H. 169, 179, *380*
Westermann, D. 213, *233*, *236*f., 239f., 241ff.
Wirz, A. 369
Wissmann, H. 47f., 65, 104, 145, 161

Yagla, W. O. *229*

Zech auf Neuhofen, J. Graf von 96, 99, 103ff., 108f., *111*, *162*, 171, 190, 228, 252, *253*, 293, *351*, 360, 364, 367, 410, 436
Zielnica, K. *236*
Zimmerer, E. von 41, 202
Zöller, H. *174*, 176, 178f., 214
Zunkel, F. 101
Zupitza, M. 102, 402, 404, 406f., 428, 433

Sachregister

Ärzte 69, 102, 393ff., 401ff., 444
- Impf~ 400, 408, 443
- Militär~ 102, 399

Akteur 1, 6f., 11ff., 28f., 144, 233, 409, 448
- Subjekthaftigkeit von Handelnden 1, 6ff., 17, 435, 450

Arbeit
- Pflicht~ 181f., 300, 318, 349ff., *351*, 353ff., 359, 361, 365f., 368
- Steuer~ 50f., 80ff., 113, 115, 130f., 153, 165ff., 181, 193, 257, 275, 313, 318, 320, 329, 336f., 350, *351*, 354ff., 364ff., *368f.*, 375, 382f., 392, 398, 422, 435
- Zwangs~ *45*, 181, 204, 257, 266, 300, 306f., 309, 311, 314, 318, 328, 333, *351*, 360, 368, *398*, 425, 335f., 344ff., 378, 384, 392, 397f., 409f., 415f., 427, 431, 434f., 442ff., 446

Assimilation 23, 223

Bauernstaat 140, 191f., 225, 384, 431
Beamte 11, 16, 26, 29, 41, 86ff., 97
- Alter *96*, 104
Befehl(s) 142ff.
- ~angst 159f.
- ~gewalt 160, 316, 320f.
- ~haber 8f., 29, 57, 61, 112, 118, 121, 129, 131, 142ff., 149, 161f., 166f., 171f., 224, 316, 327, 409, 418, 427, 446ff.

Besserungssiedlungen 281, 300, 333, 356

Bevölkerung 18, 45, *49*, 52, 54, *59*, 79, 82ff., *88 f.*, *94*, 102, 112, 134, 166, 185, 213f., *215*, 225, *254*, 265, 270, 305, *325*, 342, 365, 371f., 394, 397, 400, 414

Beweisverfahren
- despotisch-interventionistisches 76, 148, 443
- despotisch-unbewegliches 75, 77, 443

- Überlegenheitsbeweis 75ff., 156, 407
Bezirk 285ff.
- ~etag *49*, 300, 313, *351*, 356, 360, 362, 364, *369*, 380, 404
- ~samt *38*, 50f., 54, 58, 66, 82, 92, 109, 121, 172, 182, 188, 194f., 202, 222, 266, 275ff., *278*, 282, *290*, 291, 302, 313, 315, 318, 358, 365, *369*, 380, 395, 403f.

Despotismus
- despotisch-genügsamer Weg 407f., 443
- despotisch-utopischer Weg 408
- Mittler~
Devolution 262ff., 410
Distanz 173
- ~abbau 183
Dolmetscher 12, 29, 39, 49, 54, 64, 114, 121, 131, 138f.,173ff., 220, 303, 319, 321ff., 325, 327, 334, 362f., 376, 379, 390, 392, 413, 424, 445, 447
- Mißtrauen (gegen den) 198ff.

Entlastung 5, 35ff., 152, 309, 324f., 433
Entmachtung 5, 32, 35ff., 61
Expedition
- Straf~ *36*, 41, 100, 120, 124, *128*, 155, 159, 330, 333, 377, 412, 420, 422, 431, 443

Gesellschaft
- akephale VI, 13, 35, 37, 46, 157f., 225, 234, *237*, *248*, 251, 260, 287, 300, 331ff., 428, *430*, 432
- häuptlingslose VI, 225, 232, 245, *248*, 264ff., 274, 294, 304, 309, 314
- koloniale 29, 67, 77, 98, 149f., 174, 177, 196, 198, 205ff., *216*, 301, 394, 396, 398, 409, 413, 417, 435, 444
- segmentäre *246*, 249ff.
Gesundheit 68, 95f., 150, 352

Gewalt
- absolute 12, 19, 155
- ~drohung 35, 42, 63, 69, 319, 335, 337ff., 357
- ~enteilung 282
- ~fähigkeit 20, 38f., 44, 339
- Gegen~ 38, 44
- Massaker 5, 19, 28, 33, 36ff., 39, 42f., 55, 69, 204, 337, 412
- ~monopol 4, 6, 14, 28, 32ff., 44, 50, 56f., 62, 65, 70, 83f., 101, 133, 140, 203, 256, 295ff., 339, 344f., 347
- Monopolisierung 32, 38, 61, 258, 367
- Racketeering 28, 35, 302, 367
- Tod 2, 7f., 18ff., 39f., 42, 69f., 73, 79, 95ff., 144f., 154ff., 159f., 194, 211, 265, 269, 275ff., 361, 402, 412, 423, *439f.*
- Todesdrohung 7, 40, 152, 154, 159, 300, 419
- totale 44

Händler 12, 44, 57, 61, 99, 112, 188, 190, 234f., 337, 364, 374, 384, 432, 436f.
Häuptling(s)
- Dorf~ 127, 276ff., 281, 294, 299, 304f., *310*, 313, 323, 393, 431, 445
- Groß~ 129, *237*, 313, 409, 446
- Landschafts~ 276f., 292
- Ober~ 219, 236, 238ff., *243*, *252*, 254ff., 263, 277ff., 305, *310*, 313, 446
- ~herrschaft 287, 310
- ~polizei, ~polizist 12, 316ff., 355, 379, 403, 406, 446
- ~wesen, administratives 29f., 219ff., 431, 443ff.
Häuptlingtum
- administratives Ober~ *277*, 30, 220ff.
- amtliches Dorf~ 30, 225, 260f., 267ff., 275
- Groß~ VI, 12ff., 222ff., *237*, 252, *288*, 301, 303f., 336, 344f., 393, 445ff.
Handeln
- bürokratisches 211, 335ff., 347, 375, 378, 383, 386, 390, 400, 407, 411, 439
- despotisches 6, 335ff., 376ff., 392, 400, 444, 448
- intermediäres 335f., 339, 341f., 378, 400, 441, 444

- Verwaltungs~ 6, 29, 294, 335ff., 347f., 353, 376ff., 381ff., 390, 400, 407f., 431, 433, 441
Herrschaft(s)
- ~anspruch 55, 57, 80, 84, 283, 393
- antagonistische 146, 426
- ~apparate VII, 2ff., 15f., 305, 335, 394, 416
- ~ausbau 76
- ~bildung 11, 31, 44, 118, 261, 443
- bürokratische 13, 102f., 172, 282, 311, 373, 375, 383ff., *394ff.*, 398, 411, 432, 442, 448
- der Häuptlinge 221, 332
- des Stationsleiters 142, 156, 169, 280ff., 290, 325, 331, 349, 364, 379
- despotische 13, 202, 339, 375, 405, 408, 416, 420ff., 448
- direkte VII, IX, 14, 23, 30, .152, 172, 223f., 261f., 266, 269, 331, 346, 383, 395, 443f.
- ~gebiete 234
- Gebiets~ VII, 142, *239*, 252, 256, 286
- indirekte 23, 30, 152,222f., 261f., 331, 343, 444
- intermediäre 13, *54*, 204, 264, 311, 327, 375, 379, 431, 433f., *439*, 448
- koloniale IX, 11f., 21ff., 32, 44, *89*, 94, 100, 102, 117, 123, 235, 297, 325, 338, 398, 405, 414f., 421, 441, 449
- ~nähe 195
- mündliche 379
- personalisierte 325, 379
- staatliche VII, IX, *1*ff., *4*, 12ff., 19ff., 27ff., 46, 50, 56, 86, 100, 171f., 174, 179, 200, 291, 314, 338ff., 344, 347, 357, 395, 398ff., 414, 428, 442ff., 447ff.
- ~struktur 2, 24, 146, 241
- Territorialstaatlichkeit 60, 130, 173
- ~technik 100, 170, *213*
- Todesgefährlichkeit von 40
- traditionale 76, 148, 443
- veralltäglichte 172, 335
- ~zeichen 123
- ~zentrale IX, 29, 62, 393
Hierarchie der Anerkennung 94

Imperialismus 9, 13, 23
- ~theorie 10f.

Sachregister

Impfung 395 ff.
Intermediarität
- Außen~ 278, 280, 367, 445, 448
- Binnen~ 54, 162, 278, 280, 336, 342, 353, 355, 445, 448

Klientelbeziehungen 305 f., *306*
Kodifikation *91*, 103, 110 f., 410
Kollaborateure 215, 218, 322 ff., 333, 335
Koloniale Situation 146 f., *236*, 339, 410
Kolonialismus VII, 10 f., 24, 26, 69, 97, 206, 231, 286, 304
Kolonialtheorie 9, 11

Legitimität
- Basis~ 40
- ~sglauben 140
- legitimitätslos 36

Macht
- ~akkumulation 5
- Aktions~ 32, 34, 39, 63, 100, 141, 187, 306 ff., 334, 350, 355
- Ambivalenz der 442, 448 f.
- autoritative 301
- ~bildung 1 ff., 8, 15 f.
- Burgen und Schlösser der 374
- ~chancen 3 f., 8, 15, 56, 305, 332, 443
- datensetzende 350, 443
- Distanzierung der 304
- Experten~ 186
- Gefängnisse der 374
- Geschwindigkeit der 70 ff.
- ~gewinn 304, 327, 330, 332, 349
- Herberge der 123, 432, 443
- instrumentelle 306 ff., 355, 431
- Integrierung von 2
- ~kontrolle 304, 332, 334, 428, 431
- Misere der 361
- ~mißbrauch 30, 191, 204 f., 320, 327 ff.
- Ohn~ 7, 19 f., 39, 42, 69, 145, 294, 328, 332, 334 ff., 373 ff., 406, 411 f., 439, 441, 447 ff.
- Prozeßcharakter von 1 ff., 6, 9 f., 28
- ~ressource 261, 299, 355, 379, 396, 422, 432
- ~staffelung 322 ff.
- ~steigerung 74, 304 ff., 314, 320
- Straßen der 428, 433, 443
- Stufen-Modell der 4, 305

- ~verfestigung 2 ff., 15 f., 21, 28, 154 f., 442, 450
- ~verlust 6, 294 ff., 303, 330, 332
- Vollkommenheit der 19 f., 412
- ~vorstellung 1, 12 ff., 31
Makler 54 f., *144*, 447
Mittler 16, 29 f., 54 f., 174, 179, 183 ff., 204 f., 278, 322 f., 326 f., 334 ff., 378 ff., 390 ff., 397, 403, 409, 412, 421, 432 ff., 444 ff.
Mündlichkeit 378 ff.

Oktroi 35 ff., 44, 65, 70, 140, 264, 266, 269, 279, 305, 328, 331, 432

Pazifizierung 28, 32 ff., 86, 102, *105* f., 187, 193, 202, 204, 256, 291, 299, 412, 418, 420 f., 444
Peripherie 10 ff., 363
Personal
- ~mangel 396
- ~stellen 89, *108*, *102*
- personelle Kontinuität der Verwaltung 108
Polizei
- ~soldaten 41, 44 ff., *52*, *55*, 64, 67, 151, 202, 204, 275, 357, 362, 379, 405 f., 118, 442 ff.
- ~truppe 28, 36, 41, 44 ff., *48*, *52* f., *88* f., *94*, 100, 114, 185, 191, 303, 312, *316*, 318 ff., 327 f., 416, 447

Rassismus 24, *94*
Razzia 72, 74 ff., 117, 120 ff., 128, 136 ff., 186, 220, 296, 301, 311, 333, 339, 345, 355, 377
Reise
- Forschungs~ VI, IX, *91*, 120, 134

Schriftlichkeit 378 ff.
Station(s)
- Forschungs~ 69, *106*
- Hinterland~ 66, 67, 69, 102, 110, 114, 148, 169
- ~leitung 267, 323, 355 f., 361, 370, 373, 378 ff., 397, 406, 446 f.
Stationsleiter
- Bewährung 29, 93 f., 98, 101, 107 f., 142 ff., 152, 171 f., 211, 274 f., 395, 411

- Bezirksamtmann 28, 86, 102, 108f., *111*, 164
- Bezirksleiter 28, 86, 102, 108f.
- Charakter 93, 142ff., 151, 162
Sterbeverhältnisse 18, 96
Steuer
- direkte 348f., 352, 356
- ~erhebung 274, 311, 313, 329, 336, 363, 366, 370, 372, 377, 397, 415
- ~flucht 366
- indirekte 348
- Kopf~ 335, 341, 346, 347, 366, 377
- ~pflicht 131, 281, 350, 352f., 362f., 369f.
Strategie(n)
- defensive 141, 204, 235, 409, *430*
- der Widerständigkeit 31, 413, 423f., *425*, 431, 440, 441, 447
Streitregelung 101, 133, 241, 297, 422

Territorium VII, IX, 61, 82, *239*, 247f., 286f., 290, 293, 333, 344, 350, 365, 390, 395, 450
- Dorf 285ff.
- Landschaft 285ff.
Tournee 29f., 117ff., 145, 148, 221, 268, 379, 395, 400, 442, 446
Träger 12, 18, 29, 41, *49*, 121ff., 173ff., *180*f.281, *310*, 322, 328, 335f., 443, 447

Vertrauen
- Basis~ 440
- Beweislastordnung des 149, 160

Verwaltung
- Lokal~ 14, 16, 26, 41, 54, 56, *106*, 108, *110*, *165*, 170, 289, 297, 299, 307, *310*, 311, 314, 322, 326, 329, 336f., 341, 342ff., 352ff, 362ff., *368*ff., 378ff., 387ff., 403ff., 433, 443f., 450
- Zentral~ 92, 107f., *108*, 225, 268, 283, 293, 301, 321, 388, 408ff., 444ff.

Willkür 31, 46, 121, 125, 160, 173, 181, 185, 191, 197, 202, 204, 214, 220, 264, 270, 273, 327ff., 334ff., 352, 359, 373f., 376, 403, 405, 411ff., 443
Wissen 373ff.
- abstrakte(s) 282, 373, 376, 378, 383ff., 406ff., 410f., 431, 443f., 448
- geschriebene(s) 385
- Kontroll~ 376, 378, 394f.
- lokale(s) 373, 378ff., 390ff.
- Nicht~ 140, 373f., 378, 395, 406ff., 433ff., 439, 448
- personengebundene(s) 379f.
- Vorgesetzten~ 387, 390ff.
- zentralisierte(s) 353, 392f.

Zeit
- Manipulation der 421ff., 433
- ~geschenke 423
- ~raub 425ff., 433
Zensus 102, 117, 134f., 341, 347, 353, 376, 394ff., *398*, 406f., 428, 435, 442, 444f., 447
Zivilisationsanspruch 208

Sachregister

Impfung 395 ff.
Intermediarität
- Außen~ 278, 280, 367, 445, 448
- Binnen~ 54, 162, 278, 280, 336, 342, 353, 355, 445, 448

Klientelbeziehungen 305 f., *306*
Kodifikation *91*, 103, 110 f., 410
Kollaborateure 215, 218, 322 ff., 333, 335
Koloniale Situation 146 f., *236*, 339, 410
Kolonialismus VII, 10 f., 24, 26, 69, 97, 206, 231, 286, 304
Kolonialtheorie 9, 11

Legitimität
- Basis~ 40
- ~sglauben 140
- legitimitätslos 36

Macht
- ~akkumulation 5
- Aktions~ 32, 34, 39, 63, 100, 141, 187, 306 ff., 334, 350, 355
- Ambivalenz der 442, 448 f.
- autoritative 301
- ~bildung 1 ff., 8, 15 ff.
- Burgen und Schlösser der 374
- ~chancen 3 f., 8, 15, 56, 305, 332, 443
- datensetzende 350, 443
- Distanzierung der 304
- Experten~ 186
- Gefängnisse der 374
- Geschwindigkeit der 70 ff.
- ~gewinn 304, 327, 330, 332, 349
- Herberge der 123, 432, 443
- instrumentelle 306 ff., 355, 431
- Integrierung von 2
- ~kontrolle 304, 332, 334, 428, 431
- Misere der 361
- ~mißbrauch 30, 191, 204 f., 320, 327 ff.
- Ohn~ 7, 19 f., 39, 42, 69, 145, 294, 328, 332, 334 ff., 373 ff., 406, 411 f., 439, 441, 447 ff.
- Prozeßcharakter von 1 ff., 6, 9 f., 28
- ~ressource 261, 299, 355, 379, 396, 422, 432
- ~staffelung 322 ff.
- ~steigerung 74, 304 ff., 314, 320
- Straßen der 428, 433, 443
- Stufen-Modell der 4, 305

- ~verfestigung 2 ff., 15 f., 21, 28, 154 f., 442, 450
- ~verlust 6, 294 ff., 303, 330, 332
- Vollkommenheit der 19 f., 412
- ~vorstellung 1, 12 ff., 31
Makler 54 f., *144*, 447
Mittler 16, 29 f., 54 f., 174, 179, 183 ff., 204 f., 278, 322 f., 326 f., 334 ff., 378 ff., 390 ff., 397, 403, 409, 412, 421, 432 ff., 444 ff.
Mündlichkeit 378 ff.

Oktroi 35 ff., 44, 65, 70, 140, 264, 266, 269, 279, 305, 328, 331, 432

Pazifizierung 28, 32 ff., 86, 102, *105* f., 187, 193, 202, 204, 256, 291, 299, 412, 418, 420 f., 444
Peripherie 10 ff., 363
Personal
- ~mangel 396
- ~stellen 89, *108*, 102
- personelle Kontinuität der Verwaltung 108
Polizei
- ~soldaten 41, 44 ff., *52*, *55*, 64, 67, 151, 202, 204, 275, 357, 362, 379, 405 f., 418, 442 ff.
- ~truppe 28, 36, 41, 44 ff., *48*, *52* f., *88* f., *94*, 100, 114, 185, 191, 303, 312, *316*, 318 ff., 327 f., 416, 447

Rassismus 24, *94*
Razzia 72, 74 ff., 117, 120 ff., 128, 136 ff., 186, 220, 296, 301, 311, 333, 339, 345, 355, 377
Reise
- Forschungs~ VI, IX, *91*, 120, 134

Schriftlichkeit 378 ff.
Station(s)
- Forschungs~ 69, *106*
- Hinterland~ 66, 67, 69, 102, 110, 114, 148, 169
- ~leitung 267, 323, 355 f., 361, 370, 373, 378 ff., 397, 406, 446 f.
Stationsleiter
- Bewährung 29, 93 f., 98, 101, 107 f., 142 ff., 152, 171 f., 211, 274 f., 395, 411

– Bezirksamtmann 28, 86, 102, 108f., *111*, 164
– Bezirksleiter 28, 86, 102, 108f.
– Charakter 93, 142ff., 151, 162
Sterbeverhältnisse 18, 96
Steuer
– direkte 348f., 352, 356
– ~erhebung 274, 311, 313, 329, 336, 363, 366, 370, 372, 377, 397, 415
– ~flucht 366
– indirekte 348
– Kopf~ 335, 341, 346, 347, 366, 377
– ~pflicht 131, 281, 350, 352f., 362f., 369f.
Strategie(n)
– defensive 141, 204, 235, 409, *430*
– der Widerständigkeit 31, 413, 423f., *425*, 431, 440, 441, 447
Streitregelung 101, 133, 241, 297, 422

Territorium VII, IX, 61, 82, *239*, 247f., 286f., 290, 293, 333, 344, 350, 365, 390, 395, 450
– Dorf 285ff.
– Landschaft 285ff.
Tournee 29f., 117ff., 145, 148, 221, 268, 379, 395, 400, 442, 446
Träger 12, 18, 29, 41, *49*, 121ff., 173ff., *180*f.281, *310*, 322, 328, 335f., 443, 447

Vertrauen
– Basis~ 440
– Beweislastordnung des 149, 160

Verwaltung
– Lokal~ 14, 16, 26, 41, 54, 56, *106*, 108, *110*, *165*, 170, 289, 297, 299, 307, *310*, 311, 314, 322, 326, 329, 336f., 341, 342ff., 352ff, 362ff., *368*ff., 378ff., 387ff., 403ff., 433, 443f., 450
– Zentral~ 92, 107f., *108*, 225, 268, 283, 293, 301, 321, 388, 408ff., 444ff.

Willkür 31, 46, 121, 125, 160, 173, 181, 185, 191, 197, 202, 204, 214, 220, 264, 270, 273, 327ff., 334ff., 352, 359, 373f., 376, 403, 405, 411ff., 443
Wissen 373ff.
– abstrakte(s) 282, 373, 376, 378, 383ff., 406ff., 410f., 431, 443f., 448
– geschriebene(s) 385
– Kontroll~ 376, 378, 394f.
– lokale(s) 373, 378ff., 390ff.
– Nicht~ 140, 373f., 378, 395, 406ff., 433ff., 439, 448
– personengebundene(s) 379f.
– Vorgesetzten~ 387, 390ff.
– zentralisierte(s) 353, 392f.

Zeit
– Manipulation der 421ff., 433
– ~geschenke 423
– ~raub 425ff., 433
Zensus 102, 117, 134f., 341, 347, 353, 376, 394ff., *398*, 406f., 428, 435, 442, 444f., 447
Zivilisationsanspruch 208

Trutz von Trotha
im Verlag J.C.B. Mohr (Paul Siebeck)

Recht und Kriminalität
Auf der Suche nach Bausteinen für eine rechtssoziologische Theorie des abweichenden Verhaltens und der sozialen Kontrolle

Erstmals wird innerhalb der Perspektiven der sogenannten ›Neuen Rechtssoziologie‹ eine Theorie der Kriminalität entwickelt, die historischen Wandlungen der Erscheinungsformen der Kriminalität und einige ihrer gegenwärtigen Erscheinungsbilder systematisch aus den Wandlungen und Gegebenheiten des Rechts beleuchtet.

1982. VII, 162 Seiten. Broschur.

Distanz und Nähe
Über Politik, Recht und Gesellschaft zwischen Selbsthilfe und Gewalt

An einzelnen Phänomenen wird die Struktur von Distanz und Nähe untersucht, die das Verhältnis von Politik, Recht, Gesellschaft und Individuum in den demokratischen Industriegesellschaften bestimmt.

1986. X, 102 Seiten. Fadengeheftete Broschur.

J.C.B. Mohr (Paul Siebeck) Tübingen